Motorrad-Tourenplaner

DEUTSCHLAND

2. Auflage
Januar 2009

ISBN-Nr. 978-3-933385-41-3

Liebe Leser,

noch ein Übernachtungsführer für Motorradfahrer? Wofür? Das mag der eine oder andere von Ihnen gedacht haben, als er diese Ausgabe von „Biker-Betten“ zum ersten Mal in den Händen hielt.
Darauf gibt es zwei einfache Antworten. Erstens: „Biker-Betten“ ist kein Motorrad-Hotelführer im herkömmlichen Sinn, sondern ein echter, nach Regionen gegliederter Tourenplaner. Sie finden darin nicht nur Übernachtungsmöglichkeiten in jeder Preislage, sondern auch Campingplätze, Restaurants, Cafés und Motorradgeschäfte. Darüber hinaus machen wir Ihnen für jede Region einen oder mehrere Tourenvorschläge und geben Ihnen Sightseeing-Tipps. So bekommen Sie alles, was Sie für einen gelungenen Motorradurlaub brauchen, aus einer Hand.
Unterschied Nummer zwei zu herkömmlichen Motorrad-Hotelführern ist die Tatsache, dass die in „Biker-Betten“ aufgeführten Häuser bewertet werden. So etwas gab es bisher noch nicht. Sie können dadurch nicht nur Ihre ganz persönliche Meinung über einen Betrieb abgeben, sondern auch besser für Ihren Urlaub planen. Denn jetzt wissen Sie, was auf sie zukommt. Wir möchten Sie deshalb bitten, von der Möglichkeit der Bewertung fleißig Gebrauch zu machen.
Weitere Unterschiede zu anderen Motorrad-Hotelführern? Zum Beispiel unsere Internetseite www.bikerbetten.de mit dem kompletten „Biker-Betten“-Angebot und den Online-Formularen für die Bewertung der Häuser. Oder die Symbolleiste, die auf einen Blick die Ausstattung des Betriebes erkennen lässt. Oder der Tourentipp direkt vom Chef. Sie sehen, „Biker-Betten“ bietet einen echten Mehrwert. Nutzen Sie ihn und berichten Sie uns von Ihren Erfahrungen.

Viel Spaß auf Ihren Touren wünscht Ihnen Ihr „Biker-Betten“-Team

Impressum

Motorrad-Tourenplaner Biker Betten
erscheint in Zusammenarbeit

von

TVV Touristik Verlag GmbH
Am Rathaus 8
34233 Fuldatal
Tel. +49 (0)5 61 / 400 85-0
Fax +49 (0)5 61 / 400 85-26
e-Mail: info@bikerbetten.de
www.bikerbetten.de

Geschäftsführer: Peter Schmitz
Amtsgericht Kassel HRB 13254
Ust-IdNr. De813611060

und

Highlights-Verlag
Harasim und Schempp GbR
Ringstraße 11
53881 Euskirchen
Tel. +49 (0) 22 51 / 74 76-0
Fax +49 (0) 22 51 / 74 76-1
www.highlights-verlag.de

Texte: Highlights-Verlag
Layout: Peter Schmitz
Karten: Falk Verlag Ostfildern
Bilder: siehe Fotonachweis Seite 539

Inhaltsverzeichnis

Erläuterung der Symbole

Anzahl der Betten im Haus

Anzahl der Zimmer im Haus

mit Frühstück möglich

mit Halbpension möglich

mit Vollpension möglich

Lunchpakete

 Fernseher im Zimmer

 Sauna vorhanden

 Garage vorhanden

 Überdachter Parkplatz vorhanden

 Parkplatz vorhanden

 Schrauberecke vorhanden

  Trockenraum vorhanden

 Motorrad-Waschplatz vorhanden

 Gastgeber gibt Tourentipps

 Gastgeber ist selber Biker

Übersicht Regionen Deutschland

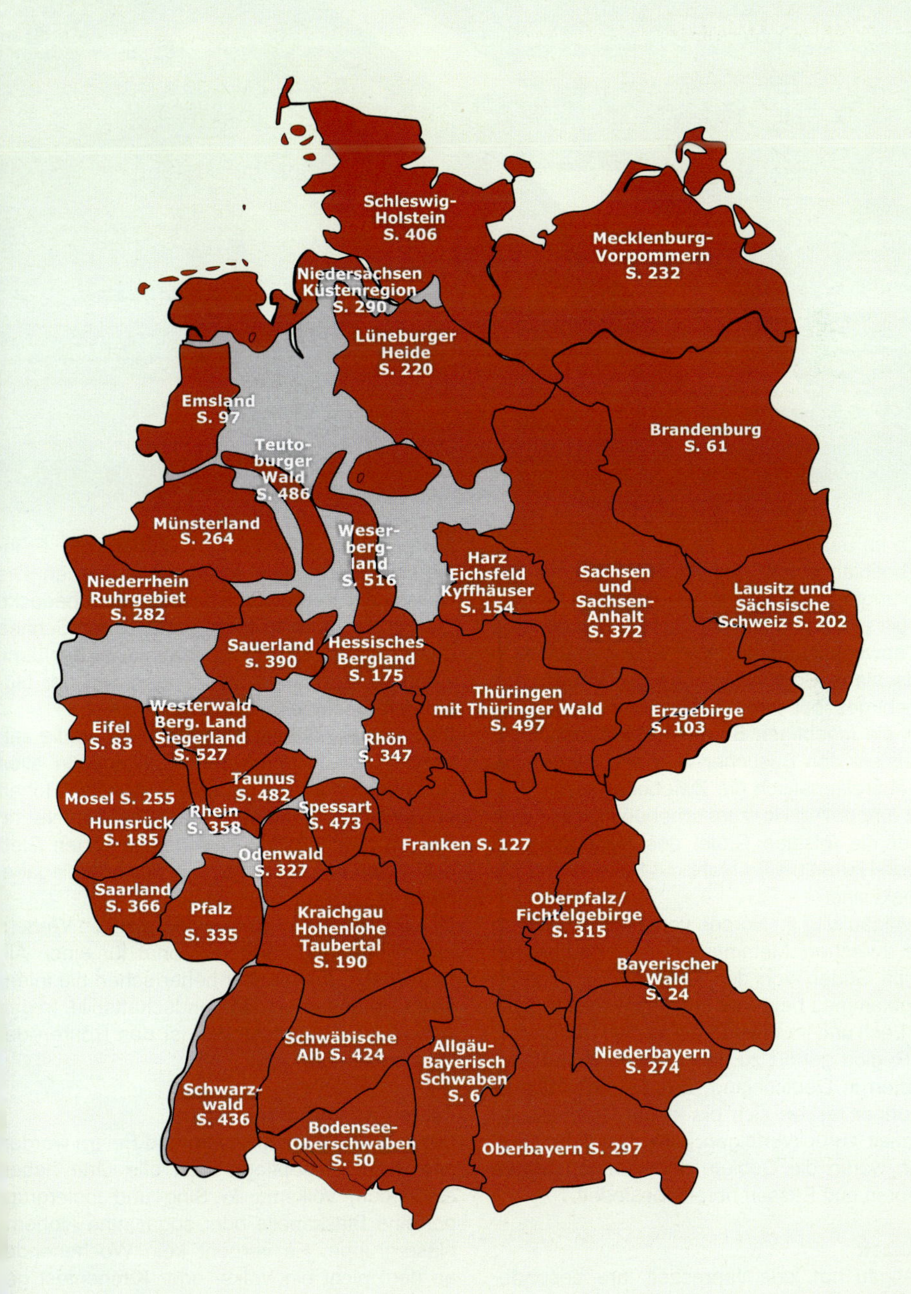
Schleswig-Holstein S. 406
Mecklenburg-Vorpommern S. 232
Niedersachsen Küstenregion S. 290
Lüneburger Heide S. 220
Emsland S. 97
Teutoburger Wald S. 486
Brandenburg S. 61
Münsterland S. 264
Weserbergland S. 516
Harz Eichsfeld Kyffhäuser S. 154
Sachsen und Sachsen-Anhalt S. 372
Lausitz und Sächsische Schweiz S. 202
Niederrhein Ruhrgebiet S. 282
Sauerland S. 390
Hessisches Bergland S. 175
Thüringen mit Thüringer Wald S. 497
Erzgebirge S. 103
Eifel S. 83
Westerwald Berg. Land Siegerland S. 527
Rhön S. 347
Taunus S. 482
Mosel S. 255
Hunsrück S. 185
Rhein S. 358
Spessart S. 473
Franken S. 127
Odenwald S. 327
Saarland S. 366
Pfalz S. 335
Kraichgau Hohenlohe Taubertal S. 190
Oberpfalz/ Fichtelgebirge S. 315
Bayerischer Wald S. 24
Schwäbische Alb S. 424
Allgäu-Bayerisch Schwaben S. 6
Niederbayern S. 274
Schwarzwald S. 436
Bodensee-Oberschwaben S. 50
Oberbayern S. 297

Allgäu - Bayerisch Schwaben
Durch sanfte Hügel, über Pässe und Serpentinen

Ob im Sommer oder im Winter – die Bilderbuchlandschaft des Allgäus ist eines der bevorzugten Reiseziele deutscher Urlauber und gilt nicht umsonst als eines der schönsten und abwechslungsreichsten Urlaubsgebiete in Deutschland. Sowohl die hügeligen Wiesen des Vorgebirges mit ihren hellbraunen Kühen als auch die mächtigen Berge der Allgäuer Alpen begeistern den Besucher. Aus den Dörfern ragen charakteristisch die Zwiebeltürme der Kirchen empor. Am Horizont erheben sich wie eine Mauer die felsigen Gipfel des Hochgebirges, die von Herbst bis Frühjahr mit Schnee und Eis bedeckt sind.
Das Allgäu wird im Norden von einer gedachten Linie zwischen Memmingen und Kaufbeuren und im Süden von den Gipfeln des Allgäuer Hauptkammes begrenzt. Im Osten reicht es bis zum Lech und im Westen bis an den Bodensee. Die Region gehört zu den ältesten Kulturlandschaften in Deutschland. Die Spuren früherer Bewohner lassen sich bis in die Bronze- und Steinzeit zurückverfolgen. Um das Jahr 1200 v.Chr. waren die Gebiete der heutigen Städte Kempten und Füssen bereits besiedelt.

Reisezeit
Im Allgäu hat jede Jahreszeit ihre besonderen Reize: Im Frühjahr leuchten die Wiesen im Grün des frischen Grases und im Gelb des Löwenzahns. Dazwischen blühen die Frühjahrsblumen in allen erdenklichen Farben. Die Kulisse der Berggipfel ist noch schneebedeckt. Die alpine Flora erwacht, sobald der Schnee geschmolzen ist. Ein Höhepunkt ist der Juni, wenn ganze Hänge im feurigen Rot der blühenden Alpenrosen erstrahlen.
Im Sommer herrschen in den Tallagen die satten Farben der Wiesen und Wälder in allen Schattierungen des Grüns vor. Auf den Höhen verschwindet allmählich der Schnee. Nur in einigen „Löchern“ und auf dem einzigen Gletscher des Allgäus unterhalb der Mädelegabel bleibt er ganzjährig liegen.
Der September ist wegen des stabilen Wetters eigentlich der günstigste Monat für einen Allgäu-Urlaub. Im Oktober beherrschen die intensiven Herbstfarben das Landschaftsbild. In den Abend- und Nachtstunden ist das Röhren der Hirsche zu hören.

Feste und Veranstaltungen
Bei den zahlreichen Festen und Feiern werden alte Bräuche gepflegt. Fast alle Orte haben eine eigene Volksmusik-, Sing- und Jodlergruppe, eine Blaskapelle oder sogar eine Alphornbläsergruppe. Es vergeht kein Wochenende, an dem nicht ein Volks- oder Kirchenfest gefeiert wird. Höhepunkte im Festkalender sind die Fasnacht, die Prozessionen an den kirch-

lichen Feiertagen, die traditionellen Volksfeste im Sommer und Herbst sowie der Almabtrieb im September.

Burgen und Schlösser

Zwei Schlösser gehören zu den Hauptanziehungspunkten der Region: Der bayerische Kronprinz Maximilian errichtete ab 1832 auf den Mauern einer zerstörten Burg aus dem 12. Jahrhundert rund drei Kilometer östlich von Füssen das Schloss Hohenschwangau. Sehenswert sind dort die Fresken, die bedeutende Ereignisse der deutschen Geschichte sowie Sagen und Legenden darstellen.

Auf einem ca. einen Kilometer entfernten Bergsporn ließ der bayerische König Ludwig II. in den Jahren 1868 bis 1886 das Schloss Neuschwanstein im neuromanischen Baustil erbauen. Das „Märchenschloss" wird alljährlich von mehreren zehntausend Menschen aus dem In- und Ausland besucht.

Freizeitaktivitäten

Breitachklamm

Unweit von Tiefenbach bahnt sich das Wasser der Breitach durch eine enge Schlucht mit fast hundert Meter hohen senkrechten und überhängenden Wänden den Weg. Sie stürzt donnernd über hohe Felsbänke, gurgelt in tiefen Gumpen und versprüht sich in feinste Tröpfchen, in denen das Licht spielt. Über gut ausgebaute Wanderwege geht es in Richtung Felssturz. Über das beeindruckende Felsmassiv fließt Wasser - hier sieht man wie gewaltig der Berg wirklich ist. Die Kleine Runde kann man auch mit Motorradstiefeln bewältigen!!

Wandern

Das gesamte Allgäu ist ein ideales Wandergebiet mit einem Netz von mehr als 6.000 Kilometern markierter Spazier- und Wanderwege. Im Voralpengebiet und in den Tallagen des Hochgebirges gibt es leicht ansteigende Wege, die für erholsame Spaziergänge und kleinere Wanderungen gut geeignet sind. Um Pfronten und Nesselwang führen die Routen zu Wäldern, Seen und einsamen Bauernhöfen. Von Oberstdorf aus gelangt man in kilometerlange Bergtäler.

Höhenwanderwege

Die Allgäuer Höhenwanderwege mit einer Länge von insgesamt 60 Kilometern verbinden verschiedene Berge des Allgäuer Hauptkammes. Die markierten Strecken sind von geübten Wanderern in mehreren Tagen ohne Kletterpartien gut zu bewältigen. Unverzichtbare Voraussetzungen für mehrtägige Touren sind eine gute Ausrüstung und das Einhalten der Sicherheitsregeln.

Die bekanntesten und schönsten Höhenwege sind der Heilbronner Weg von der Rappenseehütte zur Kemptener Hütte, der sich daran anschließende Weg zum Prinz-Luitpold-Haus und der dort beginnende Jubiläumsweg bis zum Geiseckjoch. Sie führen in Höhen von meist über 2.000 Metern und eröffnen phantastische Ausblicke auf die Gipfel der Allgäuer Alpen und der benachbarten Bergketten. Übernachtungsmöglichkeiten bieten eine Reihe von Berghütten des Alpenvereins.

Klettern

Das griffige Dolomitgestein des Allgäuer Bergkamms mit Höhen um die 2.500 Meter bietet geübten Kletterern Routen aller Schwierigkeits-

grade. Die beliebtesten sind die Höfatsnadel und die Trettachspitze.

Wassersport

Auch Badefreunde und Wassersportler kommen im Allgäu auf ihre Kosten. Das Angebot an Frei- und Hallenschwimmbädern ist groß. Überraschender ist die Tatsache, dass mehr als 30 Seen die Möglichkeit zum Segeln, Surfen und Wasserskifahren bieten.

Sehenswerte Orte

Wangen

Die einstige freie Reichsstadt gefällt heute vor allem mit ihrer mittelalterlichen Alstadt. Dort stehen neben vielen gut erhaltenen Patrizierhäusern mit ihren typischen Fassadenmalereien das aus dem 15. Jahrhundert stammende Alte Rathaus und die spätgotische Pfarrkirche St. Martin. Ebenfalls sehenswert: der Saumarkt mit dem Antoniusbrunnen, das Martinstor, der Postplatz und das Alte Spital.

Bad Wörrishofen

An der Schwäbischen Bäderstraße gelegen, erlangte das Kurbad durch Pfarrer Sebastian Kneipp Weltruhm. Der verschrieb hier ab 1855 seine damals revolutionären Wasserkuren. Man sollte daher dem im Kloster untergebrachten Kneipp-Museum unbedingt einen Besuch abstatten. Auch empfiehlt sich ein Spaziergang durch die Kuranlagen mit ihren herrlichen Rosengärten.

Kaufbeuren

Die an der Wertach gelegene ehemalige Freie Reichsstadt steht auf einem im 8. Jahrhundert angelegten fränkischen Königshof. Die gemütliche Alstadt Kaufbeurens ist immer einen Abstecher wert. Dort wurde 1855 der Heimatschriftsteller Ludwig Ganghofer geboren, dessen Arbeitszimmer im Heimatmuseum originalgetreu aufgebaut wurde.

Isny

Die Altstadt von Isny ist von einem kompletten und sehr gut erhaltenen Mauerring umgeben. Darüber hinaus gefallen im historischen Ortszentrum der Bläserturm am Marktplatz, das Rathaus und die Nikolauskirche.

Pfronten

In erster Linie seine traumhafte Lage inmitten der Berge an der Grenze zu Österreich ist dafür verantwortlich, dass Pfronten heute einer der beliebtesten Ferienorte des Allgäus ist. Die Gemeinde besteht aus 13 im Tal der Vils verstreuten Siedlungen.

Hindelang

Im Mittelalter war Hindelang eine wichtige Station an der Salzstraße, die von Hall in Tirol über das Oberjoch an den Bodensee führte. Heute ist Hindelang ein bekannter klimatischer Kurort und Wintersportplatz.

Der Marktplatz von Günzburg

Allgäu - Rundfahrt

Diese Voralpen-Region im Süden Deutschlands hält eine Vielzahl optischer Highlights bereit: Sanfte Hügel, hohe Berge, stille Täler, weite Wälder. Besonders romantisch zeigt sich das Allgäu in seinem westlichen Teil. Die Region zwischen Kempten und dem Bodensee ist geradezu gespickt mit hübschen Ortskernen und historischen Altstädten. Dazu kommen verschlungene, meist nur wenig befahrene Landstraßen. Wer also ganz gemütlich durch eine paradiesische Landschaft touren will, ist hier goldrichtig.
Als Ausgangspunkt empfiehlt sich die älteste Stadt Deutschlands: Kempten. Im Tal der Iller gelegen, ist Kempten nicht nur Hauptstadt des Allgäus, sondern gleichzeitig auch eine der reizvollsten Städte der Region. Von der Umgehungsstraße aus folgt man zunächst dem Schild historisches Zentrum und rollt anschließend auf Kopfsteinpflaster bis direkt zum Marktbrunnen. Die gesamte Altstadt Kemptens ist verkehrsberuhigte Zone und darf im Schrittempo jederzeit befahren werden. Hier am Brunnen heißt es nun, das Bike abstellen, den Blick über die verzierten Fassaden der Bürgerhäuser schweifen lassen und das prächtige Rathaus ein wenig genauer betrachten.
Weiter geht es in Richtung Buchenberg. Hierzu verlassen wir Kempten in westlicher Richtung und landen automatisch auf einer perfekt ausgebauten Landstraße, die in sauberen, runden Kurven schnell an Höhe gewinnt. Schräglagenspaß am Morgen – das passt. Hinter Buchenberg folgt die Strecke dem Flüsschen Argen und lässt uns ausgiebig Zeit, die Gegend zu betrachten. In Nellenbruck beginnt ein interessanter Schlenker nach Süden, der auf engem und kurvigem Asphalt über die Orte Silbratshofen, Elbratshofen, Grünenbach und Maierhöfen zum nächsten Zwischenstopp führt.
Und der heißt Isny. Das Städtchen mit seinem mittelalterlichen Kern bietet einen einzigartigen Anblick: Eine Insel aus roten Ziegeldächern inmitten eines Ozeans aus grünen Almwiesen. Dazwischen die fürs Allgäu typischen Zwiebelkirchtürme, am Horizont die Alpen. Da die komplette Altstadt nur für Fußgänger geöffnet ist, empfiehlt es sich, zunächst auf der Hauptstraße zu bleiben und dann in Höhe einer Sportanlage rechts abzubiegen. Diese Straße führt durch das nördliche Stadttor direkt zu einem Parkplatz, von dem aus das Zentrum mit wenigen Schritten erreicht ist.
Die Bundesstraße 12, die nun weiter in Richtung Wangen führt, ist nur dem Namen nach eine schnöde Schnellstraße. In Wirklichkeit entpuppt sie sich als kurvenreiche Strecke mitten durch ein idyllisches Bauernland. Gehöfte, Ortschaften und Kirchtürme ziehen vorüber. Dunkelbraune Kühe stehen auf prallen grünen Weiden. Es rieht nach Gras, Heu und frisch geschlagenem Holz. Kurz vor Wangen dann zweigt ein schmales Sträßchen nach rechts ab und bringt uns über Staudach und Schwarzenberg direkt an die Stadtmauer der ehemals freien Reichsstadt.
Wangen hat nicht umsonst den Ruf, eine überaus freundliche Stadt mit fast mediterranem Flair zu sein. Wer zu Fuß oder im Motorradsattel durch die Gassen der Altstadt bummelt, lässt sich schnell von der friedlichen und entspannten Atmosphäre einfangen.
Durch das Stadttor verlassen wir Wangen und fahren südwärts über Opfenbach hinab zur B 308, wo wir uns links Richtung Osten halten. Das nächste Stück bis Oberstaufen entpuppt sich als Panorama-Etappe der feinsten Sorte. Auf der rechten Seite liegt das gewaltige Panorama der Allgäuer und Österreichischen Alpen, links das Meer der grünen Almwiesen. Eine echte Postkarte. Der Asphalt würdigt diese Ausblicke, indem er sich nur leicht gewunden und bestens präpariert gegen Osten zieht. Ein toller Pausen-Tipp ist der Rastplatz Paradies kurz vor Oberstaufen, von wo man einen sehr schönen Rundblick hat.
Der 7.000-Seelen-Ort Oberstaufen wurde durch eine ganz spezielle Heilmethode weltberühmt: die Schrothkur. Sie greift auf das Prinzip der feuchten Wärme zurück. Dazu wird der Patient in kalte Tücher gewickelt, die sich am Körper erwärmen. Erfunden hat die Schrothkur der schlesische Arzt Johann Schroth im Jahre 1820. Hinter Oberstaufen erklimmt die Bundes-

straße einige Höhenmeter und führt dann mitten durch ein Hochtal. Schöne Ausblicke nach links auf die Salmaser Höhe und nach rechts auf den Hochgrat folgen. Wie ein dunkelblauer Tintenfleck taucht dann plötzlich der Alpsee auf. Schilf wogt bedächtig an seinem Ufer, das klare Wasser lädt zum Baden ein. Wie? Einfach rechts ranfahren, das Bike abstellen und zehn Meter zu Fuß zum See gehen.

Mit Immenstadt wartet kurz nach dem Alpsee eine der ältesten Tuchmacher-Städte Deutschlands. Zwischen dem 15. und 19. Jahrhundert war Immenstadt berühmt für seine aufwendig gewebte Leinwand. Doch dann kippten billige Importe aus den Kolonien den gesamten Allgäuer Stoffmarkt. Ein kurzes Stück hinter Immenstadt erreichen wir Sonthofen.

Für die Fahrt von Oberstaufen nach Sonthofen gibt es übrigens eine Alternative: Man fährt nach Süden, überquert bei Aach die Grenze nach Österreich und steuert Hittisau an. Dort weiter ostwärts. Hinter Balderschwang beginnt die Riedberg-Passstraße. Noch nie etwas davon gehört? Na dann wird es aber Zeit. Die Riedberg-Straße ist nämlich eine überaus kurvige und verzwickte Angelegenheit. Sie windet sich, oder besser gesagt: sie zackt sich hoch bis auf 1.420 Meter Höhe. Sehr schmal, sehr steil und insgesamt in eher rauem Zustand. Geraden sind Mangelware, dafür warten Bodenwellen ohne Ende. Also ehrlich: Diese Passstraße ist eine super Sache und fast ein Geheimtipp. Da es vom Sattel aus nicht viel zu sehen gibt, nimmt man sich am besten gleich den Abstieg vor. Und der ist von der gleichen 1a-Qualität wie die Auffahrt. Vielleicht sogar noch eine Spur interessanter. Weil der Belag mit Flicken übersät ist und die ganze Konzentration fordert.

Vor Obermaiselstein biegen wir nach Tiefenbach ab, um in einem kleinen Bogen Oberstdorf zu erreichen. Das Dorf ist mit seinen 12.000 Einwohnern eigentlich schon eine Kleinstadt und liegt zwischen den Gipfeln von Fellhorn, Nebelhorn und Söllereck mitten in einem phantastischen Alpenpanorama. Die Qualitäten Oberstdorfs entdeckte natürlich auch der Fremdenverkehr, und so stehen auf der Statistik der Touristik-Information jährlich 2,5 Millionen Übernachtungen. Dennoch vermisst man in dem Ort jenen Alpen-Kitsch anderer Urlauberzentren. Ob aus Vernunft oder wegen Bauvorschriften – Oberstdorf hat es letztendlich geschafft, seinen ursprünglichen Charakter zu bewahren.

In Sonthofen rechts ab Richtung Hindelang. Immer noch gemächlich geradeaus. Doch das ändert sich schnell. Denn eine etwa fünf Kilometer lange Achterbahn bringt uns von Hindelang hinauf ins 1.136 Meter hoch gelegene Oberjoch. Eine feine Sache. Das Wort geradeaus existiert nicht mehr, das Motorrad steht nur noch sehr selten in der Senkrechten. Einziger Wermutstropfen: Das für die ganze Strecke geltende Überholverbot. So sollte man auf freie Fahrt warten, um nicht hinter irgendeiner Familienkutsche oder einem Wohnmobil hergurken zu müssen.

Ein großes Schild mit der Aufschrift “Grüß Gott im Tannheimer Tal” begrüßt uns gleich hinter Oberjoch. Vielen Dank, liebe Tannheimer. Aber auch so wären wir gerne gekommen. Dieses Hochtal ist nämlich ein echtes optisches Highlight. Seine Hänge sind fast bis hinauf zu den Felsspitzen mit Almwiesen bewachsen und verwandeln das Tal in einen grünen Schlauch. Als Alternative zur Hauptstraße bieten sich die links davon verlaufenden asphaltierten Landwirtschaftswege an. Von Gehöft zu Gehöft lässt es sich auf ihnen genüsslich das Tal entlangbummeln.

Vor dem Haldensee biegen wir links nach Grän ab und erreichen über Pfronten auf gut ausgebauter, kurviger Straße Füssen. Bayerns höchst gelegene Stadt (803 Meter) war im Mittelalter ein wichtiger Handels- und Warenumschlagplatz auf der Route Augsburg – Oberitalien. Die Bedeutung ist geblieben, nur werden heute statt Stoffen und Gewürzen Touristen gehandelt. Der Grund sind die Königsschlösser rund um Füssen.

Als Panoramaroute führt die B 16 aus Füssen hinaus Richtung Norden. Sanfte Kurven, jede Menge traumhafter Blicke nach rechts auf den Forgensee. Weiter hinten erkennt man Schloss Neuschwanstein vor der grandiosen Kulisse der Ammergauer Alpen.

In Rieden links ab Richtung Seeg und Lengenwang. Im hübschen Marktoberdorf biegen wir links auf die B 472 ein, um gleich anschließend die B 12 unter die Räder zu nehmen, die uns nach Kempten zurückbringt.

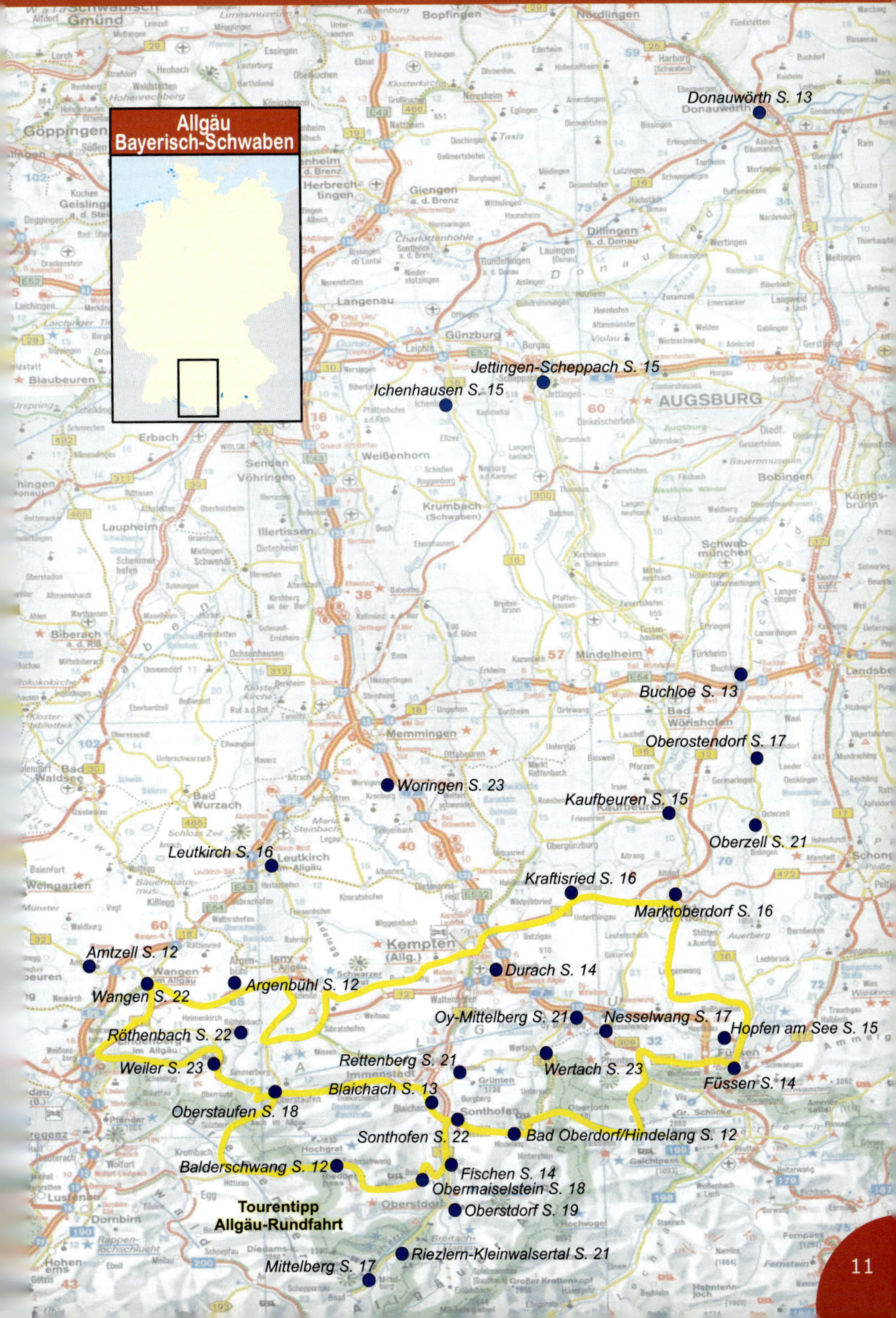

Allgäu
Bayerisch-Schwaben

Donauwörth S. 13
Jettingen-Scheppach S. 15
Ichenhausen S. 15
Buchloe S. 13
Oberostendorf S. 17
Woringen S. 23
Kaufbeuren S. 15
Oberzell S. 21
Leutkirch S. 16
Kraftisried S. 16
Marktoberdorf S. 16
Amtzell S. 12
Durach S. 14
Wangen S. 22
Argenbühl S. 12
Oy-Mittelberg S. 21
Nesselwang S. 17
Hopfen am See S. 15
Röthenbach S. 22
Rettenberg S. 21
Weiler S. 23
Wertach S. 23
Füssen S. 14
Blaichach S. 13
Oberstaufen S. 18
Sonthofen S. 22
Bad Oberdorf/Hindelang S. 12
Balderschwang S. 12
Fischen S. 14
Obermaiselstein S. 18
Oberstdorf S. 19
Riezlern-Kleinwalsertal S. 21
Mittelberg S. 17

Tourentipp
Allgäu-Rundfahrt

Amtzell-Büchel
GPS: N 47°42´30" - E 9°45´58"

EZ ab € 29,00
DZ ab € 50,00

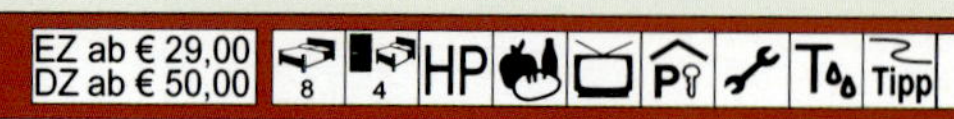

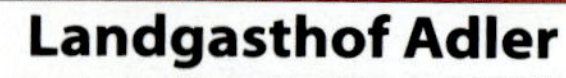

Landgasthof Adler

Unser familiär geführter Gasthof liegt in ruhiger und idyllischer Lage in Büchel bei Amtzell an einem kleinen Natursee. Wir bieten eine Gaststube, Biergarten, Gästezimmer, Ferienwohnung. Mit unseren Gästezimmern bieten wir Ihnen die Möglichkeit ein paar Tage oder auch wochenweise im Landgasthof zu übernachten. Morgens erwartet Sie ein reichhaltiges Frühstück! Übernachtungen sind im Einzelzimmer, im Doppelzimmer, im Dreibettzimmer oder im Vierbettzimmer möglich. Sie speisen in der Gaststube, oder in unserem schönen Biergarten direkt am See unter einer Schatten spendenden alten Linde.

Büchel 3 • 88279 Amtzell • Telefon 0 75 22 / 33 11 • Fax 0 75 22 / 55 20
E-Mail: info@landgasthof-adler-amtzell.de • www.Landgasthof-Adler-Amtzell.de

11261

Argenbühl-Eglofs
GPS: N 47°39´43" - E 9°55´49"

EZ ab € 34,00
DZ ab € 50,00

Gasthof Zur Rose

Seit 1843 im Familienbesitz, ist der Gasthof "Zur Rose" heute ein komfortables, traditionsreiches Haus mit familiärer Atmosphäre. Entspannen Sie sich auf unserer wunderschönen Panoramaterrasse, lassen Sie "die Seele baumeln" und genießen den Rundumblick auf die Alpenkette. Die großzügigen Gästezimmer sind modern und geschmackvoll eingerichtet und bieten Ihnen jeglichen Komfort: Bad/Dusche/WC. Entspannen und erholen können Sie sich in unserer Sauna, im Fernseh- und Tischtennisraum. Die Ruhe genießen Sie in unserem Garten mit Liegewiese. Kulinarische Köstlichkeiten aus Küche und Keller, liebevoll zubereitet, setzen besondere Akzente in unserer heimeligen Gaststube.

Dorfplatz 7 • 88260 Argenbühl-Eglofs • Telefon 0 75 66 / 3 36 • Fax 0 75 66 / 16 78
E-Mail: info@gasthof-zur-rose.info • www.gasthof-zur-rose.info

11212

Bad Oberdorf/Hindelang
GPS: N 47°30´08" - E 10°22´59"

EZ ab € 32,00
DZ ab € 64,00

Hotel - Restaurant Rohrmoser

Unser familiär geführtes Haus liegt in ruhiger, sonniger Lage, mit freiem Bergblick am Ortsrand von Bad Oberdorf. Es erwarten Sie zwei Einzel- und sieben Doppelzimmer. Alle sind gemütlich eingerichtet und verfügen über Bad oder DU/WC, TV und Südbalkon. In unserem gemütlichen Restaurant oder auf der herrlichen Sonnenterrasse verwöhnen wir Sie mit heimischen Spezialitäten, die mit Liebe und Sorgfalt zubereitet werden. Wir verwenden vorwiegend heimische Produkte bei unserer Speisenzubereitung. Kuchen und Eis werden in unserer eigenen Konditorei, nach hauseigenen Rezepten, hergestellt.

Richard-Mahn Str. 12 • 87541 Bad Oberdorf • Telefon 0 83 24 / 4 56 • Fax 0 83 24 / 16 77
E-Mail: hotel-pension-rohrmoser@t-online.de • www.hotel-pension-rohrmoser.de

11201

Balderschwang
GPS: N 47°27´28" - E 10°07´46"

EZ ab € 38,00
DZ ab € 76,00

Alpengasthof Schwabenhof

Der neu gestaltete Schwabenhof befindet sich in Balderschwang im schönen Allgäu. In unserem rustikal eingerichteten Lokal oder auf der schönen Sonnenterrasse können Sie so richtig die Füße ausstrecken und bei einer Tasse Kaffee die nächste Tour planen, lesen oder sich einfach nur entspannen. Stärken Sie sich nach der Tour mit Jäger- oder Allgäuerschnitzel, Holzfällersteak, Fitnesssalaten etc. Gemütlich auf der großen Sonnenterrasse ausruhen, mit "Gleichgesinnten" die Touren besprechen und den Tag gedanklich noch mal Revue passieren lassen. Von unseren liebevoll eingerichteten Appartements werden Sie begeistert sein. Bikerspecial - 38,00 Euro/Halbpension

Schwabenhof 23 • 87538 Balderschwang • Telefon 0 83 28 / 92 40 60 • Fax 0 83 28 / 92 40 66
E-Mail: info@schwabenhof.com • www.schwabenhof.com

11166

Blaichach

GPS: N 47°32´29" - E 10°15´56"

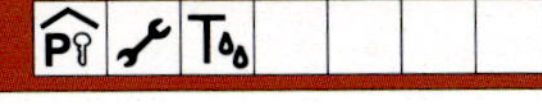

Gasthaus Schießstätte

Biker aufgepasst: Samstags ist Schnitzeltag mit Beilagen für 5,99 Euro. Aber auch Grillspezialitäten und immer gutbürgerliche Küche. In unserem großen Biergarten kann man die Seele baumeln lassen und sich auf die nächste Etappe freuen .Wir sind ab 9.00 Uhr für Euch da. Montag ist Ruhetag.

Schützenstr. 4 • 87544 Blaichach • Telefon 0 83 21 / 8 90 87

12556

Buchloe

GPS: N 48°02´04" - E 10°43´08"

EZ ab € 55,00
DZ ab € 85,00

HP Tipp

Stadthotel Buchloe

Unser Hotel finden Sie an der A96 Ausfahrt Buchloe-West, direkt in der Stadtmitte. Hier haben Sie einen optimalen Ausgangspunkt für Ihre Touren rund um die schöne Fünfseenlandschaft. Das Haus hat 44 Zimmer, sowohl als Doppel- oder Einzelzimmer nutzbar. Alle Zimmer ausgestattet mit Bad, WC, Radio, TV, Minibar, Telefon mit Weckeinrichtung, DSL und Internetanschluß. Reichlich kostenfreie Parkmöglichkeiten finden Sie rund um das Haus. Gegen Gebühr steht Ihnen auch unsere hauseigene Tiefgarage zur Verfügung. Der Chef des Hauses ist selbst auch begeisteter Biker und steht Ihnen gerne für Tipps zu Ihrer Tour zur Verfügung. In unserem nahegelegenen Biergarten können Sie den Tag ausklingen lassen. Freuen Sie sich heute schon auf unser 2. Bikertreffen in Buchloe 05.-07.06.2009.

Bahnhofstr. 47 • 86807 Buchloe • Telefon 0 82 41 / 50 60 • Fax 0 82 41 / 50 61 35
E-Mail: info@stathotel-buchloe.de • www.stadthotel-buchloe.de

12691

Donauwörth

GPS: N 48°43´16" - E 10°46´41"

EZ ab € 46,00
DZ ab € 70,00

25 11 Tipp

*** Hotel+Restaurant Goldener Greifen

Unser Hotel verfügt über elf Einzelzimmer bzw. Doppelzimmer. Alle Zimmer sind mit Dusche, WC, Kabel-TV, Durchwahltelefon ausgestattet. Dazu vermieten wir auch ein Dachappartement, das mit zwei separaten Doppelzimmern und einem Einzelzimmer, einer Küche, einer Sitzecke, einem Bad mit WC, TV und Radio ausgestattet ist. Wir haben Parkplatzmöglichkeiten hinter dem Hotel und gegen Gebühr bieten wir auch Garagenstellplätze an. Am Morgen erwartet Sie in unserer Gaststätte ein reichhaltiges Frühstücksbuffet. Wir sind stets bemüht, dass Sie sich bei uns wie „zu Hause" fühlen und helfen Ihnen gerne weiter, wenn Sie Tipps oder Unterstützung brauchen. Wir bieten Ihnen eine gutbürgerliche Küche und verschiedene regionale Biere an. Unsere Speisekarte wechseln wir regelmäßig, so dass eine Abwechslung geboten ist. Im Sommer bewirten wir auch unsere Sonnenterrasse.

Pflegstr. 15 • 86609 Donauwörth • Telefon 09 06 / 7 05 82 60 • Fax 09 06 / 70 58 26 23
E-Mail: info@goldener-greifen.de • www.goldener-greifen.de

11167

Geben auch Sie eine Bewertung zu Ihrem Aufenthalt ab

Durach
GPS: N 47°41´31" - E 10°22´23"

P | T | Tipp

Gasthaus Waldschenke

Sie finden unser Gasthaus in idyllischer Alleinlage mit schöner Sonnenterrasse. Hier genießen Sie frischen Kaffee und Kuchen bei schönem Wetter und können die Seele einmal baumeln lassen. Unsere gemütlichen mit viel Liebe eingerichteten Räume vermitteln eine angenehme Atmosphäre. Unsere gut bekannte Küche lässt keine Wünsche offen und verwöhnt Sie mit nationalen sowie mit internationalen Gerichten. Wir freuen uns Sie bald als Gast begrüßen zu dürfen.

Waldschenke 1 • 87471 Durach • Telefon 08 31 / 6 52 51 • Fax 08 31 / 56 46 09

11211

Fischen
GPS: N 47°27´22" - E 10°16´08"

16 | 8 | P

Gästehaus Anneliese

Herzlich willkommen im Gästehaus Anneliese. Unser Haus liegt im sonnigen Fischen im Allgäu und ist für Sie ideal zu erreichen. Unser Haus bietet Ihnen 8 große und schön aufgeteilte Ferienwohnungen die selbstverständlich auch als Zimmer genutzt werden können. Dusche/WC und Sat-TV sind natürlich vorhanden. Sie sind herzlich eingeladen mit Ihren Freunden auf unserer schönen und sonnigen Gartenwiese zu relaxen und Sonne zu tanken. Eine kleine Schrauberecke haben wir für unsere Motorradgäste eingerichtet.

Mühlenstr. 4 • 87538 Fischen • Telefon 0 83 26 / 70 26 • Fax 0 83 26 / 70 26
E-Mail: info@fewo-schmid.de • www.fewo-schmid.de

12291

Füssen
GPS: N 47°34´33" - E 10°42´25"

EZ ab € 20,00
DZ ab € 40,00

40 | T

Gästehaus Köpf

Unser Haus, absolut ruhig, ohne Durchgangsverkehr, jedoch zentral zwischen Forggensee und Stadtzentrum gelegen (10 Gehminuten zur Stadtmitte und Bahnhof) hat 40 Betten. Die 14 Komfort-Appartements sind für 2 bis 9 Personen und haben: Wohnschlafzimmer, Schlafzimmer, Kochnische, Dusche/WC und Farbfernseher. Außerdem bieten wir Ihnen: Sauna und Solarium. Parkplätze sind ebenfalls vorhanden. Draußen finden Sie ein Gartenhäuschen mit Freisitz, Liegewiese und die Möglichkeit zum Grillen bei netter Geselligkeit. Für Ihr Motorrad steht eine abschließbare Garage bereit.

Geiselsteinweg 6 • 87629 Füssen • Telefon 0 83 62 / 79 53 • Fax 0 83 62 / 92 58 48
E-Mail: gaestehaus-koepf@web.de • www.gaestehaus-koepf.de

11160

Füssen-Weißensee
GPS: N 47°34´36" - E 10°37´24"

EZ ab € 23,00
DZ ab € 56,00

59 | 30 | T | Tipp

Pension Steigmühle

Freuen Sie sich auf Ihren Urlaub bei uns! Sie kommen hier auf eines der schönsten Fleckchen des Ostallgäus: der Füssener Ortsteil Weißensee liegt unmittelbar am gleichnamigen See - die Steigmühle ist nur eine Minute vom Ufer entfernt, am sonnigen Hang. Genießen Sie die herrliche Aussicht. Zur gemütlichen Einkehr empfehlen wir die neuerbaute "Steigmühlen-Stube". Dort erwartet Sie ein guter Service, frischer, hausgemachter Kuchen, Bier- und Weinspezialitäten, kleine Brotzeiten und eine deftige "Allgäuer Küche". Wir bieten Ihnen behagliche Gästezimmer mit Kabel-TV, DU/WC, Balkon und Telefon. Parkplätze und Garagen am Haus. Frühstück im großzügig gestalteten Aufenthaltsraum. Ihr Motorrad stellen Sie bei uns in einer abschließbaren Garage ab. Tourentipps erhalten Sie von unserem Chef, da er selber Biker ist. Wir freuen uns auf Ihren Besuch.

Alte Steige 3 • 87629 Füssen-Weißensee • Telefon 0 83 62 / 9 17 60 • Fax 0 83 62 / 31 48
E-Mail: info@steigmuehle.de • www.steigmuehle.de

11161

Hopfen am See

GPS: N 47°36´25" - E 10°40´50"

Restaurant-Café **Fischerhütte**

Gemütlich, umgeben von viel Holz und rustikalem Allgäuer Ambiente, blicken Sie durch die großen Panoramafenster über den malerischen Hopfensee auf die Allgäuer Alpen. Die Fischerhütte ist das einzige Restaurant in Hopfen am See, das direkt an der Strandpromenade liegt. Auf der Terrasse hat man das Gefühl, als sitze man in einem Boot, dem See ganz nahe. Für schöne Unterkünfte geben wir Ihnen gerne Tipps.

Uferstr. 16 • 87629 Füssen-Hopfen am See • Telefon 0 83 62 / 9 19 70 • Fax 0 83 62 / 91 97 18
E-Mail: WltrVol@web.de • www.fischerhuette-hopfen.de

11162

Ichenhausen-Deubach

GPS: N 48°23´34" - E 10°19´19"

EZ ab € 45,00
DZ ab € 60,00

Landgasthof "Adler"

Ruhig gelegener Landgasthof, familiär geführt, in zentraler Lage. Von hier aus haben Sie einen idealen Ausgangspunkt für schöne Motorradtouren ins Allgäu, in den Schwarzwald und nach Franken. Ansprechendes Umfeld. Regionale und internationale Küche, Individuelles auf Vorbestellung. Motorradfahrer sind herzlich willkommen.

St. Martinstr. 1 • 89335 Ichenhausen
Telefon 0 82 23 / 12 19 • Fax 0 82 23 / 12 51

12567

Jettingen-Scheppach

GPS: N 48°24´35" - E 10°26´27"

EZ ab € 59,00
DZ ab € 79,00

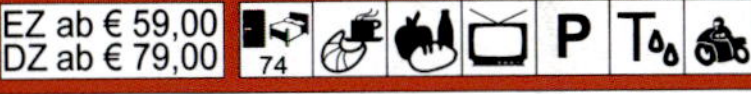
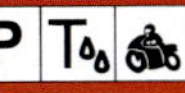

Herzlich willkommen im schönen nördlichen Allgäu. Das moderne Hotel liegt sehr zentral zwischen Augsburg und Ulm am Rande des Naherholungsgebietes "Augsburg Westliche Wälder". Unser Hotel bietet sich als ideales Quartier für zahlreiche Motorradtouren in verschiedene Richtungen an. Außerdem Morgens erwartet Sie ein reichhaltiges Frühstück. Abends nach der Tour werden Sie unsere freundliche und familiäre Atmosphäre schätzen lernen. Sollten doch mal die Motorradjacken nass geworden sein, können diese im großen Heizungsraum über Nacht getrocknet werden. Fünf Restaurants in unmittelbarer Umgebung bieten nationale und internationale Küche.

Robert-Bosch-Str. 3 • 89343 Jettingen-Scheppach • Telefon 0 82 25 / 99 70 • Fax 0 82 25 / 99 71 00
E-Mail: besthotel@besthotel.de • www.besthotel.de

12612

Kaufbeuren

GPS: N 47°52´45" - E 10°37´09"

EZ ab € 54,00
DZ ab € 80,00

Hotel-Restaurant-Café **Goldener Hirsch**

Das Hotel Goldener Hirsch ist ein Haus mit Tradition, die sich bis ins 16. Jahrhundert zurückverfolgen lässt. Es liegt im verkehrsberuhigten Altstadtbereich und bietet Ihnen neben 43 Zimmern alle Annehmlichkeiten eines modernen Hotels. Unser Restaurant bietet Ihnen neben internationalen Leckerbissen – wie könnte es mitten in Schwaben auch anders sein – auch Höhepunkte der regionalen Küche. Unsere hauseigene gebührenpflichtige Tiefgarage steht Ihnen zur Verfügung. Nach Ende des Tages lassen Sie sich in unserer Sauna verwöhnen.
Tourentipps inklusive.

Kaiser-Max-Str. 39-41 • 87600 Kaufbeuren • Telefon 0 83 41 / 4 30 30 • Fax 0 83 41 / 43 03 75
E-Mail: info@goldener-hirsch-kaufbeuren.de • www.goldener-hirsch-kaufbeuren.de

12691

Kaufbeuren
GPS: N 47°52´12" - E 10°36´10"

EZ ab € 49,00
DZ ab € 79,00

Hotel Grüner Baum ***s

Mit viel Liebe zum Detail wurde in der Ortsmitte von Oberbeuren das ehemalige Gasthaus Grüner Baum zu neuem Leben erweckt. Es entstand ein neues 3-Sterne Hotel das in harmonischer Weise modernes Design mit traditioneller Behaglichkeit verbindet. Neben 31 Komfortzimmern, Hotelbar und Sauna mit Fitnessraum ist das Hotel Grüner Baum die optimale Ausgangslage für Ihre nächste Tour rund ums Allgäuer Alpenland. Eine kostenfreie überdachte Parkgarage im Haus steht für Ihr Motorrad zur Verfügung.

Obere Gasse 4 • 87600 Kaufbeuren/Oberbeuren • Telefon 0 83 41 / 96 61 10 • Fax 0 83 41 / 9 66 11 79
E-Mail: info@gruener-baum-hotel.de • www.gruener-baum-hotel.de

12691

Kraftisried
GPS: N 47°46´43" - E 10°28´14"

HP P Tipp

Landgasthaus zum grünen Baum

Wir bieten unseren Gästen in ruhiger und angenehmer Atmosphäre insgesamt 350 Plätze inklusive schöner Terrasse mit Biergarten. Unsere gutbürgerliche bayerische Küche lässt keine Wünsche offen und wird Sie mit leichten und deftigen Speisen verwöhnen. Selbstverständlich bieten wir Aktionstage wie z.B. Freitags den Schnitzeltag an. Ein Garage für Ihr Motorrad ist vorhanden. Möchten Sie schöne Tourentipps von uns...dann sprechen Sie uns einfach an. Wir freuen uns auf Ihren Besuch.

Hauptstr. 11 • 87647 Kraftisried • Telefon 0 83 77 / 97 47 80 • Mobil 01 73 / 6 84 94 85

11155

Leutkirch-Reichenhofen
GPS: N 47°50´43" - E 9°58´03"

EZ ab € 35,00
DZ ab € 55,00

12 8 HP Tipp

Kehren Sie ein und fühlen Sie sich wohl. In unserer heimeligen, familiären und freundschaftlichen Atmosphäre verwöhnen wir Sie nach Ihrer Tour durch das Allgäu mit frischer und deftiger aber auch leichter Küche. Wir halten gemütlich und komfortabel eingerichtete Zimmer mit TV, Dusche und WC für Sie bereit. Ihr Motorrad bringen wir in einer abschließbaren Garage für Sie unter. Natürlich bereiten wir für Ihre nächste Tour auf Wunsch Lunchpakete zu. Schrauberecke und Trockenraum sowie Tourentipps sind vorhanden. Wir freuen uns auf Ihren Besuch!

Hauptstr. 18 • 88299 Leutkirch-Reichenhofen • Telefon 0 75 61 / 32 94
Fax 0 75 61 / 7 29 94 • E-Mail: baeren.reichenhofen@t-online.de

12557

Marktoberdorf
GPS: N 47°46´25" - E 10°36´14"

Landgasthaus Beggel

In unserer gemütlichen Atmosphäre wird Ihr besonderer Anlass zu einem unvergesslichen "Event". Natürlich nutzen wir, auf unserer im Süden gelegenen Terrasse, ein kleines aber gefälliges Biergärtchen, in dem wir gelegentlich Schweinshaxn und Hähnchen grillen. In unserem schönen Allgäu, sowie in den angrenzenden Oberbayern, Tirol oder Vorarlberg, kennen wir uns durch Motorradtouren nicht so ganz schlecht aus. So können wir Euch, solltet Ihr nach Süden unterwegs sein, Tipps für schöne Passtouren oder den schnellsten Weg, ohne Österreichische Vignette, geben.

Brückenstr. 4 • 87616 Marktoberdorf • Telefon 0 83 42 / 23 07
E-Mail: gasthaus.beggel@t-online.de • www.landgasthaus.beggel.de

11154

Mittelberg

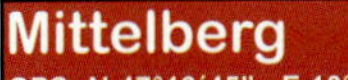

GPS: N 47°19´45" - E 10°10´04"

EZ ab € 28,00
DZ ab € 54,00

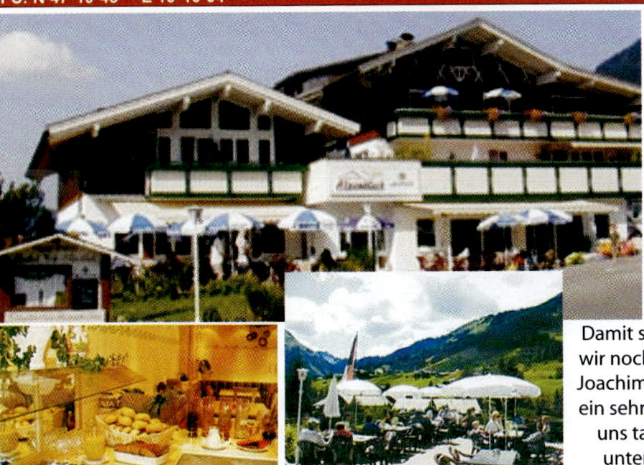

Gasthof-Café Alpenblick

Höfle 27 • A-6993 Mittelberg
Telefon 00 43 (0) 55 17 / 52 64
Fax 00 43 (0) 55 17 / 5 26 44
E-Mail: info@gasthaus-alpenblick.at
www.alpenblicks.de

Damit sich unsere Gäste so richtig wohl fühlen haben wir noch große Hilfe von unserer Familie Irmgard, Karl, Joachim und Marco Heim. Dazu kommt natürlich noch ein sehr engagiertes Alpenblick-Mitarbeiter-Team, das uns tatkräftig bei dieser anspruchsvollen Aufgabe unterstützt. Gerne verwöhnen wir Sie in unseren gemütlichen Gaststuben mit erlesenen Gerichten aus der Region, traditionell und bodenständig mit viel Liebe zum Detail. In unseren gemütlichen Zimmern mit Dusche/WC, Sat TV und Balkon können Sie sich in familiärer Atmosphäre bestens erholen und entspannen. Mit einem reichhaltigen Frühstücksbuffet beginnen Sie Ihren Urlaubstag mit wunderbarer Aussicht auf unsere Bergwelt. Genießen Sie auf unserer Sonnenterrasse die traumhafte Aussicht in die Kleinwalsertaler Bergwelt.

12218

Nesselwang

GPS: N 47°36´57" - E 10°28´38"

EZ ab € 25,00
DZ ab € 38,00

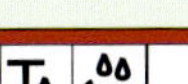

Reichenbach 2 • 87484 Nesselwang • Telefon 0 83 61 / 9 20 20 • Fax 0 83 61 / 9 25 13 29
E-Mail: zum-alten-reichenbach@gmx.de • www.zum-alten-reichenbach.de

Direkt vor der Marktgemeinde Nesselwang, an der alten Verbindungsstraße nach Wertach liegt unser "Landgasthof zum Alten Reichenbach". Es ist ein richtiger Geheimtipp, denn bei uns fühlt man sich einfach wohl. Das Haus zeichnet sich in erster Linie durch seine Gemütlichkeit und das Wohlfühlgefühl aus, als aber auch durch die Küche. Besonders willkommen heißen, möchten wir auch alle Motorradfahrer, die wir gerne für eine Nacht beherbergen. In unserer Unterstellmöglichkeit sind sie vor Wind und Wetter bestens geschützt. Nähe Abfahrt A7. Ausgezeichnete Motorradanbindung nach Österreich und in die Schweiz.

12298

Oberostendorf

GPS: N 47°56´33" - E 10°44´37"

EZ ab € 32,00
DZ ab € 54,00

Landgasthof Wangerstuben

Eine oft wechselnde Speisekarte bietet Ihnen Grill- und Wildgerichte, deftige Brotzeiten sowei heimische und internationale Speisen in feiner Auswahl. Unsere gehobene gutbürgerliche Küche ist sehr bekannt. Die Gästezimmer sind komfortabel und gemütlich eingerichtet und verfügen über DU/WC, TV-Anschluss sowie Telefon. Gemütlich ist es in unserem kleinen Biergarten. Erholen Sie sich bei Kaffee und Kuchen...oder einer deftigen Brotzeit.

Kardinalstr. 25 • 86869 Oberostendorf • Telefon 0 83 44 / 9 20 90 • Fax 0 83 44 / 92 09 20
E-Mail: wangerstuben@vr-web.de • www.wangerstuben.de

11122

Obermaiselstein

GPS: N 47°26´32" - E 10°14´51"

EZ ab € 29,00
DZ ab € 58,00

Pension Forelle

Genießen Sie unbeschwerte Urlaubstage in unserer traditionellen Familienpension. Wir bemühen uns persönlich um "unsere" Gäste und freuen uns darauf, Sie bei uns in der Forelle begrüßen zu dürfen. Die familiäre Atmosphäre ist vom ersten Moment an zu spüren und nur wenige unserer Gäste kommen nur einmal zu uns. Am Abend, nach einem erlebnisreichen Tag, erwartet Sie in unserer gemütlichen Gaststube ein vorzügliches und reichhaltiges Menü. Der Chef überlässt dabei nichts dem Zufall und kocht daher selbst für Sie! Ob Ihr alleine die Gegend erkunden wollt oder ob Ihr dabei Begleitung wünscht, bleibt Euch überlassen. In jedem Falle stehen wir mit vielen, vielen wertvollen Tipps zu Zielen und Routenwahl zur Verfügung.

Am Goldbach 35 • 87538 Obermaiselstein • Telefon 0 83 26 / 2 08 • Fax 0 83 26 / 98 08
E-Mail: info@ferienpension-forelle.de • www.ferienpension-forelle.de

11309

Oberstaufen-Steibis

GPS: N 47°31´41" - E 10°01´31"

EZ ab € 33,00
DZ ab € 56,00

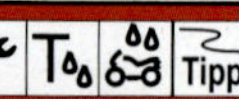

Ein herzliches Grüß Gott im Berggasthof St. Ull'r. Unser traditionsreiches Haus bietet Ihnen alle Annehmlichkeiten für einen erholsamen Urlaub. Den Tag über fahren Sie schöne, kurvenreiche Touren durch die Oberallgäuer Bergwelt und den Abend verbringen Sie in geselliger Runde. Im St. Ull'r finden Sie immer genau dass, was Sie suchen. Die modernen und ruhigen Zimmer, sind alle mit Dusche/WC, Telefon, TV-Anschluss und größtenteils mit Balkon ausgestattet. Unsere bekannt gute Küche - mit eigener Metzgerei - bietet Ihnen eine große Auswahl an Allgäuer Spezialitäten und Wildgerichten. Vegetarische Kost steht selbstverständlich auch auf dem Speiseplan.

Im Dorf 38 • 87534 Oberstaufen-Steibis • Telefon 0 83 86 / 84 01 • Fax 0 83 86 / 82 85
E-Mail: info@st-ullr.de • www.st-ullr.de

11205

Oberstaufen-Thalkirchdorf

GPS: N 47°33´10" - E 10°05´18"

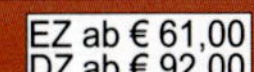
EZ ab € 61,00
DZ ab € 92,00

**** Hotel-Restaurant Traube

Erfahren Sie das gepflegte Ambiente unseres stilvollen alpenländischen Hauses: das 300-jährige Fachwerk, die liebevollen Blumenarrangements, die lauschigen Sitzecken. Genießen Sie stille Schmökerstunden im Lesezimmer, Entspannung pur auf der Veranda oder lassen Sie es sich im Schatten der alten Esche vor der Haustür gut gehen. Unsere liebevoll eingerichteten Zimmer bieten Ihnen Geborgenheit und modernen Wohnkomfort. Alle Zimmer verfügen über eine gemütliche Sitzecke, Bad oder Dusche (mit Haarfön und Bademantel) und WC, Durchwahltelefon, Faxanschluss sowie Sat-TV. Hier lebt die Phantasie, hier können Sie die Seele baumeln lassen. Die Tische sind festlich gedeckt, die Kerzen angezündet und ausgewählte Weine warten auf den verwöhnten Gaumen. Nehmen Sie Platz, lehnen Sie sich zurück und genießen Sie es, unser Gast zu sein - im stilvollen Restaurant, in der traditionsreichen alten Wirtsstube oder in der gemütlichen Zirbelstube.

Kirchdorfer Str. 12 • 87534 Oberstaufen-Thalkirchdorf • Telefon 0 83 25 / 92 00 • Fax 0 83 25 / 9 20 39
E-Mail: Hotel.Traube@t-online.de • www.traube-thalkirchdorf.de

11206

Oberstdorf

GPS: N 47°24´50" - E 10°14´22"

EZ ab € 28,00
DZ ab € 50,00

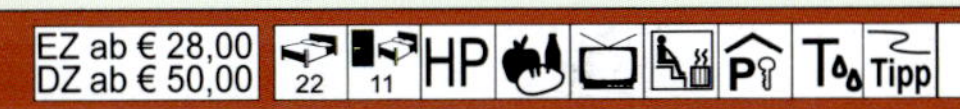

Landhaus Schorsch

Unser Landhaus liegt am Waldrand, bietet Ruhe, Erholung und ist ein idealer Ausgangspunkt für Touren durch das Allgäu, nach Österreich und in die Schweiz. In einer gemütlichen und familiären Atmosphäre wollen wir Ihren Aufenthalt so angenehm wie möglich gestalten. Die Gästezimmer sind im Allgäuer Stil eingerichtet. Bei uns beginnen Sie den Tag mit einem reichhaltigen Frühstücksbuffet. Den Abend genießen Sie auf der Terrasse oder im Aufenthaltsraum.

Im Weidach 20 • 87561 Oberstdorf-Tiefenbach • Telefon 0 83 22 / 42 54
E-Mail: info@landhaus-schorsch.de • www.landhaus-schorsch.de

11159

Oberstdorf

GPS: N 47°25´23" - E 10°16´38"

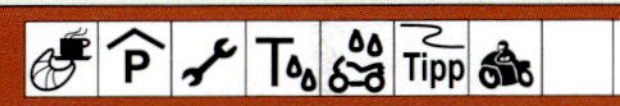

Campingplatz Oberstdorf

Wir laden Sie ein in eine ruhige gepflegte Platzanlage, nur 15 Gehminuten vom Oberstdorfer Zentrum und dem Kurmittelhaus entfernt. Die schöne Natur ringsum bietet eine Fülle von Gelegenheiten zur sportlichen Entfaltung, Spaß und Spiel. Die modernen Sanitäranlagen, alle sehr sauber und großzügig gestaltet, sind selbstverständlich kostenlos. Einen Imbiss können Sie in unserer gemütlichen Campingklause einnehmen. Zusätzlich bieten wir noch einen kleinen Kiosk auf dem Platz an, wo Sie kleine Snacks und gekühlte Getränke kaufen können. Eine Kochmöglichkeit bieten wir in unserem freundlichen Aufenthaltsraum.

Rübiner Str. 16 • 87561 Oberstdorf • Telefon 0 83 22 / 65 25 • Fax 0 83 22 / 80 97 60
E-Mail: camping-oberstdorf@t-online.de • www.camping-oberstdorf.de

11164

Oberstdorf

GPS: N 47°24´38" - E 10°17´03"

EZ ab € 40,00
DZ ab € 82,00

Genießen Sie die herrliche Allgäuer Bergwelt mit ihren einmalig schönen Motorradstrecken. ***Hotel in ruhiger doch zentraler Lage. Komfortzimmer und Hotelapp mit Bergblick, Du/Bad/WC, Sitzecke, Kühlschrank, Telefon, SAT-TV, Balkon/Terrasse. Es erwartet Sie ein reichhaltiges Frühstücksbuffet mit heimischen Produkten und großer Müsli-Ecke. Entspannen Sie in Dampfbad, Sauna, Whirlpool und Solarium. Genießen Sie den herrlichen Bergblick vom Balkon Ihrer Ferienwohnung. Ruhiges Haus in bevorzugter Wohnlage am südl. Ortsrand. Zur Ortsmitte wenige Minuten zu Fuß. Neu renovierte Ferienappt für 1-5 Personen. Sauna inklusive. Angebote Vor- und Nachsaison, z.B. 14=12 und 7=6.

Waltenbergerstr. 6 • 87561 Oberstdorf • Telefon 0 83 22 / 80 99 80 • Fax 0 83 22 / 80 99 89
E-Mail: sonnenheim@t-online.de • www.sonnenheim-oberstdorf.de

12287

Oberstdorf

GPS: N 47°24´37" - E 10°16´29"

Gästehaus "Martina"

Urlaub: Genießen von Anfang an in unserem sehr gut eingerichteten Gästehaus - für alle, die ihren Urlaub in kleinem, aber gepflegten Rahmen verbringen möchten. In unserem Frühstücksraum servieren wir Ihnen ein reichhaltiges Frühstücksbuffet. Wir bieten Ihnen 5 gemütlich eingerichtete Doppelzimmer mit DU/WC, Kabel-TV, Kühlschrank, Zimmersafe, Durchwahl-Telefon und Balkon... oder 2 geräumige Appartements für 2-3 Personen mit DU/WC, Küchenzeile, Kabel-TV, Zimmersafe, Durchwahl-Telefon und Balkon.

Walserstr. 12a • 87561 Oberstdorf • Telefon 0 83 22 / 9 79 10 • Fax 0 83 22 / 97 91 20
E-Mail: info@gaestehaus-martina-oberstdorf.de • www.gaestehaus-martina-oberstdorf.de

12296

vom
Gästehaus Martina in Oberstdorf

Wir verlassen Oberstdorf in nördlicher Richtung, geradeaus durch alle drei Kreisverkehre durch. Nach Überqueren der Brücke über die Breitach biegen wir nach links in Richtung Breitachklamm (längste Naturklamm Deutschlands) ab. Der kurvenreichen Kreisstrasse folgen, durch Tiefenbach hindurch bis nach Obermaiselstein. In Obermaiselstein links abbiegen und über den Riedbergpass (z.T.13% Steigung) nach Balderschwang u. weiter nach Hittisau, geradeaus durch Hittisau an der Kirche vorbeifahren(links halten). Nach der Tankstelle links abbiegen nach Lingenau, in Lingenau links abbiegen nach Egg. In Egg links abbiegen in Richtung Hochtannbergpaß. Durch den Bregenzerwald über Andelsbuch-Mellau- Soppernau über den Hochtannberg-paß nach Warth.(In Warth Einkehrmöglichkeit-möglichkeit zum Benzingespräch.) am Ende von Warth der Straße links folgen, über Steeg-Holzgau- Elbigenalp- Stanzach durchs Lechtal (Route von Bruno dem Bären auf seinem Weg nach Bayern) fahren wir am Lech entlang nach Weißenbach.In Weißenbach beim Kreisverkehr in Richtung Tankstelle / Gaichtpaß abbiegen. Über den Gaichtpaß erreichen wir das Tannheimer Tal. Durchs Tannheimer Tal über Nesselwängle am Haldensee vorbei über Grän- Zöblen-Schattwald nach Oberjoch. In Oberjoch links abbiegen, und den Oberjochpaß hinunter über Hindelang nach Sonthofen der Bundesstrasse folgen. Nach Überqueren der Schnellstrasse aus Richtung Immenstadt per Brücke links abbiegen in Richtung Oberstdorf. Über Fischen- Langenwang erreichen wir dann wieder Oberstdorf.

12296

Oberstdorf-Kornau

GPS: N 47°23´57" - E 10°14´45"

EZ ab € 50,00
DZ ab € 70,00
17 4 VP P

Kornau - Wanne 10 • 87561 Oberstdorf
Telefon 0 83 22 / 43 83 • Fax 0 83 22 / 43 82
www.heimspitze.de

Kommen Sie in diese familiäre, symphatische Atmosphäre - inmitten von Wiesen, Wäldern, der klaren Bergluft und dem einmaligen, wildromantischen Panorama. Erholen Sie sich vom Stress, vergessen Sie den Alltag! Unser Alpengasthof Heimspitze - in bester Lage in der freien Natur, direkt neben der Söllereckbahn gelegen. Das neue Restaurant bietet Ihnen vieles für Ihren Gaumen - Rustikales oder Erlesenes aus Küche und Keller, durchgehend bis 21 Uhr bieten wir Ihnen warme Gerichte an. Im ersten Stock stehen Ihnen drei völlig neue Panorama-Doppelzimmer zur Verfügung. Diese Zimmer sind natürlich zeitgemäß mit Dusche/WC/Sat-TV und Balkon ausgestattet und bieten auch für vier Personen genügend Platz.

12217

Oberstdorf-Tiefenbach

GPS: N 47°24´08" - E 10°13´45"

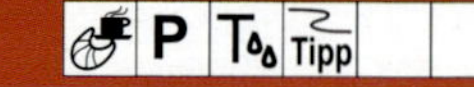

Gasthaus Breitachklamm

Unser motorradfreundliches Gasthaus, das am Tor zur weitbekannten Breitachklamm liegt, ist besonders für Motorradfahrer zu empfehlen. Ein großer Parkplatz befindet sich direkt vor dem Haus. In unseren gemütlichen und gepflegten Räumlichkeiten bereiten wir durchgehend warme Küche und deftige Schmankerl. Auf Wunsch erhalten Sie Frühstück und Halbpension. In unserer Pension erwarten Sie gemütlichen Zweibettzimmer mit Dusche/WC, Farb-TV und teilweise Balkon. Außerdem bieten wir eine Ferienwohnung für bis zu 4 Personen mit Wohn-/Schlafraum, Schlafraum, Küchenzeile, DU/WC, Farb-TV und Balkon.

Klammstr. 45-46 • 87561 Oberstdorf • Telefon 0 83 22 / 46 43
Fax 0 83 22 / 85 66 • E-Mail: breitachklamm@gmx.de

11165

Oberzell
GPS: N 47°52´15" - E 10°44´49"

EZ ab € 19,00
DZ ab € 28,00

2 | 1 | HP | P | Tipp

Gasthaus "zum kalten Tal"

Herzlich willkommen in unserem gemütlich und freundlichem Gasthaus mit der familiären Atmosphäre. Unsere gutbürgerliche, günstige Küche ist täglich ab 10 Uhr durchgehend für Sie geöffnet. Wir bieten von deftigen Braten, über selbstgebackene Pizza bis hin zu hausgemachten Knödeln, alles was Ihr Herz begehrt. Die Parkplätze befinden sich direkt am Haus. Unser Fremdenzimmer ist gemütlich eingerichtet. Im Biergarten können Sie abends in gemütlicher Runde den Tag ausklingen lassen.

Dorfstr. 8 • 87662 Osterzell//Oberzell • Telefon 0 83 45 / 95 26 60 • Fax 0 83 45 / 92 57 42
www.gasthaus-zum-kalten-tal.de • E-Mail: zwick@gasthaus-zum-kalten-tal.de

11121

Oy-Mittelberg
GPS: N 47°38´17" - E 10°29´57"

EZ ab € 28,00
DZ ab € 56,00

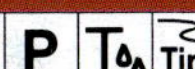

40 | 18 | HP | P | Tipp

Alpengasthof Hirsch

Seien Sie unsere Gäste in ruhiger, zentraler Lage im Ortsteil Maria-Rain mit herrlichem Rundblick auf die Berge. Unsere Zimmer sind komfortabel mit Dusche/WC und Balkon ausgestattet. Hier fühlen Sie sich schnell wohl und können am nächsten Tag ausgeruht eine neue Motorradtour starten. In unserem schönen Biergarten bieten wir Ihnen Schmankerl aus unserer bayerischen - schwäbischen Küche an. Besonderer Beliebtheit erfreuen sich die regelmäßig stattfindenden Wildwochen, die Spargelwochen sowie die leckeren Pilzgerichte. Wir freuen uns auf Ihren Besuch.

Wanger Weg 1 • 87466 Oy-Mittelberg OT Maria Rain
Telefon + Fax 0 83 61 / 92 21 30

11163

Rettenberg
GPS: N 47°34´30" - E 10°17´27"

EZ ab € 31,00
DZ ab € 56,00

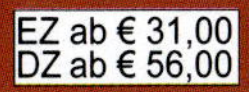

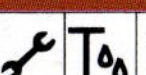

28 | 14 | HP

Angesiedelt im höchsten Brauereidorf Deutschlands, können Sie bei uns in Rettenberg einen Urlaub voller Natur, Kultur und schöner Momente erleben. Kehren Sie in unseren gemütlichen Zimmern mit Bad oder DU/WC dem Alltagsstress den Rücken, und freuen Sie sich während Ihres Aufenthalts auf jeden neuen Tag in unserer herrlichen Allgäuer Landschaft. In unserem gemütlichen Restaurant können Sie sich nach Lust und Laune von unserem Koch verwöhnen lassen. Lassen Sie sich von unserem marktfrischen Angebot überraschen und probieren Sie dazu eine unserer Zötler-Bier-Spezialitäten. Unsere durchgehend warme Küche bietet immer wieder kulinarische Überraschungen und von 11:00 Uhr bis 14:30 Uhr können Sie auch von der Tageskarte entsprechend der Saison speisen. Reichhaltig frühstücken können Sie bei uns natürlich auch!

Burgberger Str. 8 • 87549 Rettenberg • Telefon 0 83 27 / 2 26 • Fax 0 83 27 / 12 35
E-Mail: adlerpost@aol.com • www.brauereigasthof-adler-post.de

11208

Riezlern-Kleinwalsertal
GPS: N 47°22´09" - E 10°11´28"

EZ ab € 33,50
DZ ab € 67,00

25 | 14 | VP | Tipp

BIKERS WELCOME . . .

. . . im Gasthof Sonnenburg, auf der Sonnenseite des Kleinwalsertales. Hier fühlen sich Biker zu Hause! Starten Sie Ihre Motorradtouren in die umliegenden Alpenregionen nach Deutschland, Österreich und in die Schweiz. Wir sind selbst begeisterte Motorradfahrer und geben unser Insider-Wissen gerne an Sie weiter. 14 gemütlich ausgestattete Zimmer, Frühstück mit herrlichem Panoramablick, in stilvollen Stuben kulinarische Gerichte mit einem ausgesuchten Wein genießen. Das macht Ihren Urlaub zu einem Wohlfühlerlebnis.

NEU: Kostenlose Nutzung der Bergbahnen im Sommer!

Gasthof Sonnenburg · Außerschwende 21 · A-6991 (D-87567) Riezlern/Kleinwalsertal
Tel.: +43-5517-5251 · Fax: 5251-10 · info@gasthof-sonnenburg.at · www.gasthof-sonnenburg.at

Geben auch Sie eine Bewertung zu Ihrem Aufenthalt ab

Röthenbach
GPS: N 47°37´23" - E 9°58´23"

EZ ab € 28,00
DZ ab € 50,00
12 5 HP

Unser Landgasthof liegt mitten im idyllisch gelegenen Dorf Röthenbach im Allgäu. Die im Landhausstil eingerichteten Zimmer verfügen über Bad mit Dusche und WC. Ein Aufenthaltsraum lädt zur gemütlichen Runde oder zum Fernsehen ein. Für das leibliche Wohl sorgt die gut bürgerliche Küche mit allgäuer Spezialitäten von 11.30 - 21.00 Uhr, deftigen Brotzeiten z.B. Wurstsalat und sauren Kutteln und frisch gezapften Bieren. Auf Ihren Besuch freut sich Familie Dercks.

Lindauerstr. 1 • 88167 Röthenbach • Telefon 0 83 84 / 3 04 11264
E-Mail: info@gasthof-post-roethenbach.de • www.gasthof-post-roethenbach.de

Sonthofen
GPS: N 47°31´02" - E 10°16´50"

EZ ab € 38,00
DZ ab € 72,00
27 12 HP P Tipp

Hotel-Restaurant Zum Ratsherrn

Liebe Gäste, wir dürfen Sie herzlichst in der Alpenstadt Sonthofen, ganz besonders aber in unserem Hotel „Zum Ratsherrn" hier in der südlichsten Stadt Deutschlands begrüßen. Unser Hotel „Zum Ratsherrn" befindet sich in einer verkehrsgünstigen aber dennoch ruhigen Lage. Den Bahnhof oder das Stadtzentrum erreicht man zu Fuß in ca. 5 Minuten. Unser Hotel verfügt über 12 Gästezimmer, welche als komfortable Einzel- und Doppelzimmer eingerichtet sind. Eine Aufbettung ist bei Bedarf bis zu 4 Betten natürlich möglich. Die Mahlzeiten können bequem im hoteleigenen Restaurant oder bei schönem Wetter auch im Garten eingenommen werden. Sonderangebote möglich.

Herrmann-von-Barth-Str. 4 • 87527 Sonthofen • Telefon 0 83 21 / 29 29 • Fax 0 83 21 / 2 65 03
E-Mail: hotel@allgaeuer-ratsherr.com • www.allgaeuer-ratsherr.com 11202

Sonthofen
GPS: N 47°30´48" - E 10°16´25"

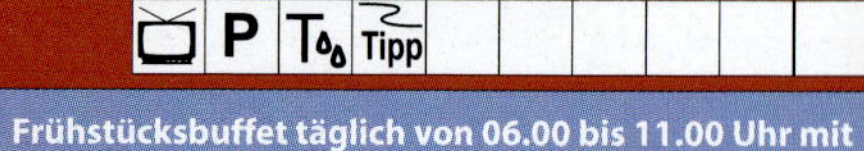

Frühstücksbuffet täglich von 06.00 bis 11.00 Uhr mit Kaffee ohne Ende für 8,50 Euro.

Täglich wechselnde Tagesgerichte (international) von kleinen Snacks bis zum großen Steak ab 4,50 Euro.

Täglich von 8.00 bis 24.00 Uhr Sportübertragungen verschiedener Sportarten...

Gemütlicher Biergarten.

Bahnhofsplatz 7 • 87527 Sonthofen • Telefon 0 83 21 / 24 10
Fax 0 83 21 / 78 63 83 • www.el-mundo-sonthofen.de 11203

Wangen im Allgäu
GPS: N 47°41´52" - E 9°49´48"

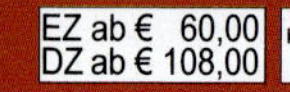

Eine großzügige und einladende Hotelhalle empfängt unsere Gäste. Im Hotel -Restaurant Waltersbühl können Sie sich mit Familie oder Freunden sowie zu Anlässen aller Art verwöhnen lassen. Alle Zimmer mit Dusche, WC, TV und Telefon. Restaurant, Sonnenterrasse, Kegelbahn, Hallenbad, Sauna und Hotelbar sind selbstverständlich auch vorhanden. Unsere Küchenmannschaft verwöhnt Sie mit kulinarischen Spezialitäten gerne auch bei Familienfesten und Feiern aller Art. Ein besonderer Geheimtipp ist unsere wunderschöne Terrasse fernab von Lärm und Hektik. Ein Golfplatz und eine Therme sind je 20km entfernt.

Max Fischer Str. 4 • 88239 Wangen • Telefon 0 75 22 / 91 68 00 • Fax 0 75 22 / 8 02 46
E-Mail: Hotel-Waltersbuehl@t-online.de • www.Hotel-Waltersbuehl.de 11262

NEU: Bewertungen der Häuser finden Sie auf www.bikerbetten.de

Weiler im Allgäu

GPS: N 47°35´01" - E 9°55´03"

EZ ab € 30,00
DZ ab € 54,00

Café - Restaurant - Garni "Villa Lessing"

Wir freuen uns Sie als Gast in unserer familiären Pension in freundlicher Atmosphäre begrüßen zu dürfen. In unserem Restaurant werden Sie mit Hilfe unserer Speisekarte im Rhythmus der vier Jahreszeiten kulinarisch verwöhnt. Auf unserer Gartenterrasse können Sie abschalten und die Seele baumeln lassen. Erholung pur. Unsere komfortabel, gemütlich und freundlich hell eingerichteten Zimmer geben Ihnen Geborgenheit. Hier lässt es sich gut entspannen nach einer anstrengenden Motorradtour. Stärken können Sie sich morgens an unserem großen Frühstücksbuffet. Lunchpakete für die Tour sind natürlich kein Problem. Eine Garage für Ihr Motorrad steht Ihnen natürlich zur Verfügung.

Bahnhofstr. 14 • 88171 Weiler • Telefon 0 83 87 / 4 63 • Fax 0 83 87 / 39 01 04
E-Mail: info@pension-villa-lessing.de • www.pension-villa-lessing.de

12555

Wertach

GPS: N 47°36´14" - E 10°24´41"

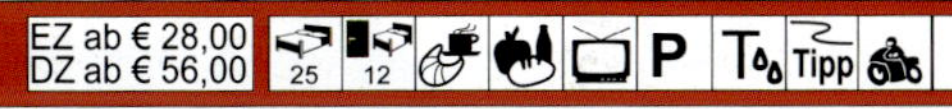

EZ ab € 28,00
DZ ab € 56,00

Landhotel Wertach

Das Landhotel Wertach mit familiärer Atmosphäre und Allgäuer Stil bietet Ihnen zahlreiche komfortable Einzel- und Doppelzimmer mit DU/Bad/WC und TV, eine Nichtraucherstube, ein nettes Nebenzimmer für Familien-, Klub- und Betriebsfeiern aller Art, eine schöne gemütliche Terrasse und einen Biergarten. Genießen Sie unser reichhaltiges Frühstücksbuffet, Halbpension, á-la-cart-Restaurant sowie unser Café mit selbstgemachten Torten und Kuchen, bis zu Allgäuer und Internationalen Spezialitäten - alles, was Ihren Gaumenfreuden entspricht. Unsere Biker bekommen als erstes einen Begrüßungstrunk.

Marktstr. 5 • 87497 Wertach • Telefon 0 83 65 / 70 59 60
E-Mail: info@landhotel-wertach.de • www.landhotel-wertach.de

11210

Woringen

GPS: N 47°55´13" - E 10°12´02"

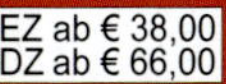
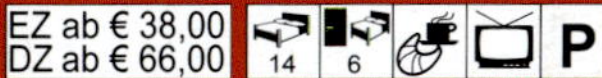
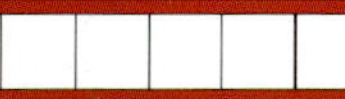

EZ ab € 38,00
DZ ab € 66,00

Gästehaus Susanne

Unsere Zimmer bieten guten Komfort. Sie sind ausgestattet mit Bett, Schreibtisch, Ablageflächen, Sitzecke und LCD-TV mit Radio und Weckfunktion. Alle Zimmer sind Nichtraucherzimmer. Wir haben 1 Einzelzimmer und 5 Doppelzimmer, auf Wunsch mit getrennten Betten. Selbstverständlich verfügen unsere Zimmer über eine eigenes großzügiges Badezimmer mit Dusche und WC. Bei unserem Gästehaus Honold besteht die Möglichkeit auf einen Garagenparkplatz.

Altvaterstr. 8 • 87789 Woringen • Telefon 0 83 31 / 4 98 73 30 • Fax 0 83 31 / 4 91 76
E-Mail: info@gaestehaus-susanne.de • www.gaestehaus-susanne.de

11310

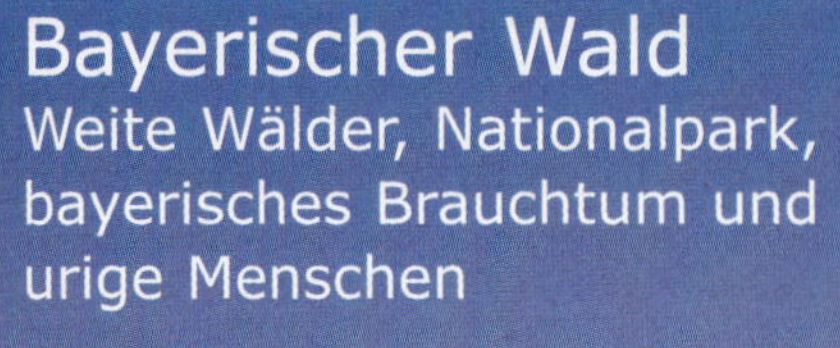

Bayerischer Wald
Weite Wälder, Nationalpark, bayerisches Brauchtum und urige Menschen

Der Bayerische Wald – das ist dieses riesige Waldgebiet im östlichen Bayern. Im Süden wird es von der Donau begrenzt, nordöstlich geht es in den Böhmerwald über, nordwestlich setzt es sich im Oberpfälzer Wald fort. Die dünn besiedelte Region (98 Einwohner pro Quadratkilometer) gefällt durch ihre ursprüngliche Natur, ihre sanfte Hügellandschaft und ihre einsamen Seen. Der nahe der Donau liegende Teil des Bayerischen Waldes wird als Vorderer Wald bezeichnet. Dahinter steigt der Hintere Wald auf, der im 1.456 Meter hohen Arber gipfelt. Mehr als 60 Berge des Hinteren Waldes erreichen Höhen von über 1.000 Metern. Neben dem Arber sind das zum Beispiel der Lusen und der Dreisessel. Der Dreisessel im Osten des Gebirges besteht aus drei seltsam ausgeformten, schichtförmigen Felsen. In einer Überlieferung wird berichtet, hier hätten sich vor vielen Jahrhunderten nahe dem Dreiländereck die Herrscher von Bayern, Österreich und Böhmen getroffen.

Lange Zeit galt die Region als entlegen und rückständig. Vor mehr als hundert Jahren lebten die meisten Bewohner im „Wald“ von einer kargen Landschaft, von der Arbeit in Steinbrüchen oder vom Holzreichtum des Waldes, ohne selbst reich zu werden. Ein wichtiger Wirtschaftszweig ist seit dem Mittelalter die Herstellung von Glas. Das dazu benötigte Quarz wird noch heute in einem Gesteinszug gefunden, der zwischen dem Vorderen und dem Hinteren Wald verläuft. Die meisten Glashütten können besichtigt werden. Die bekanntesten unter ihnen stehen in der Umgebung von Bodenmais, Zwiesel, Spiegelau und Frauenau. Zwangsläufig wurden mundgeblasene Vasen und Trinkgefäße zum typischen Mitbringsel aus dem Bayerischen Wald.

Nationalpark Bayerischer Wald

Mit seinen 132 Quadratkilometern gilt der Park als größter europäischer Wald-Nationalpark. Es wurde 1970 gegründet und verläuft im Südosten der Region entlang der Genze zu Tschechien. Dort schließt sich der Nationalpark Sumava

(Böhmerwald) mit dem Maderer Hochplateau an. Die Natur im Park wird sich weitgehend selbst überlassen. Von Wind und Wetter umgestürzte Bäume bleiben liegen und werden nicht forstwirtschaftlich genutzt. Sie sind Teil des natürlichen Kreislaufes und bieten im Stadium des Verfalls vielen Tier- und Pflanzenarten eine Lebensgrundlage. Die ursprüngliche Naturlandschaft des Nationalparks wird von einem 160 Kilometer langen Wegenetz durchzogen. Das Informationszentrum bei Neuschönau, nordöstlich von Grafenau, vermittelt auf einem botanischen und geologischen Lehrgelände zahlreiche Informationen über Geschichte und Beschaffenheit, Fauna und Flora des Bayerischen Waldes.

Freizeitaktivitäten

Wandern

Die hügelige Mittelgebirgslandschaft des Bayerischen Waldes ist ein geschätztes Wandergebiet. Um die Städte und Dörfer wurden regionale Spazier- und Wanderwege angelegt. An den Höhenwegen befinden sich Schutzhäuser und -hütten. Einige von ihnen werden in der Hauptsaison bewirtschaftet.

Zwei Hauptwanderwege durchqueren die gesamte Region des Bayerischen Waldes von Nordwest nach Südost. Beide sind mit einem grünen Dreieck markiert. Der nördliche Weg führt über insgesamt 181 Kilometer von Waldmünchen bis zum Rosenberggut bei Lackenhäuser. Dabei werden alle bedeutenden Gipfel passiert. Die Route kann in acht Tagesetappen mit Strecken zwischen 16 bis 26 Kilometern bewältigt werden.

Der südliche Weg von ähnlicher Länge (176 km) führt durch die lieblicheren Landschaften des Vorderen und Unteren Bayerischen Waldes und ist zugleich Teilstück des Main-Donau-Fernwanderweges. Auch dieser Weg ist in acht Tagesetappen gut zu schaffen.

Ein interessantes Wanderziel ist der Große Arbersee. Es ist gut von einem Wanderparkplatz an der Straße Zwiesel – Lam zu erreichen. Der nur 15 Meter tiefe See mit seinem kristallklarem Wasser kann mit Ruderbooten befahren werden. Auf der Wasseroberfläche treiben bis zu drei Meter mächtige Rasenfilz-Inseln, so genannte Schwingmoore, die nie ans Ufer getrieben werden.

Südöstlicher Bayerischer Wald

Diese abwechslungsreiche, rund 200 Kilometer lange Tour startet in Passau, führt dann ein Stück an der Donau entlang, um anschließend auf kurvenreichen Landsträßchen in Richtung tschechische Grenze und Nationalpark abzubiegen. Die Strecke entlang der Grenze verspricht Motorradspaß und Naturgenuss pur. In der Glasbläserstadt Zwiesel erreicht die Tour ihren Wendepunkt und führt dann entspannt auf der gut ausgebauten B 85 nach Passau zurück.

Vor dem Start zur Tour ist ein Bummel durch die auf einer felsigen Landzunge zwischen Donau und Inn liegende Altstadt Passaus ein absolutes Muss. Ihre Häuser wurden nach einem verheerenden Brand im 17. Jahrhundert im so genannten Inn-Salzach-Stil wieder aufgebaut, der ihnen einen gewissen südländischen Charakter verleiht. Passau ist eine der ältesten Städte nördlich der Alpen, da hier bereits die Römer und Kelten siedelten. Im Laufe der Jahrhunderte wurde die Stadt zum bedeutenden Warenumschlagsplatz und Ausgangspunkt der Donau-Personenschifffahrt. Heute wird Passau wegen seiner engen malerischen Gassen und seiner Lage am Wasser gerne mit Venedig verglichen.Die ersten Kilometer der Tour führen am linken Ufer der Donau entlang. Ausschilderung Obernzell. Wir legen die Maschine in lang gezogene Bögen und freuen uns über diesen entspannten Auftakt. In Obernzell links ab auf die B 388 nach Wegscheid. Weiterhin entspanntes Kurvenschwingen, rechter Hand fliegt der Ranna-Erholungssee vorüber. Ab Wegscheid wird es in puncto Fahrspaß dann richtig interessant: Kurvenreich nimmt sich die Bergstraße die Höhen des Bayerischen Waldes vor und zirkelt in unzähligen Bögen und Windungen dem Städtchen Breitenberg entgegen. Dort spielten Flachsanbau und Weberei seit dem 17. Jahrhundert eine große Rolle. Um dieses Gewerbe nicht in Vergessenheit geraten zu lassen, wurde 1983 das Breitenberger Webereimuseum eingerichtet. Prädikat: sehenswert.

Die Route verläuft nun stetig bergauf, bergab. Motorradfahren in Reinkultur. Von rechts grüßen die Gipfel des Plöckensteins und des Hochsteins. Im Gut Riedelsbach in Neureichenau wartet ein Genuss ganz anderer Art: Im dortigen Brauerei-

Kleiner Arbersee

Museum findet mittwochs eine Brauereiführung mit Bierprobe und deftigem Mittagessen statt (www.gut-riedelsbach.de).
Hinter Frauenberg zweigt nach rechts die Stichstraße hinauf zum Dreisesselberg ab. Nach einer kurvenreichen Fahrt erwarten uns oben ein Parkplatz und eine tolle Aussicht
Weiter geht es durch Haidmühle, Bischofsreut und Philippsreut. Die Bergstraße zirkelt in ständig variierenden Radien durch dunkle, tiefe Nadelwälder. Bayerischer Wald wie aus dem Bilderbuch. Wir kreuzen die von Passau nach Tschechien führende B 12 und rollen am Skizentrum Mitterfirmiansreut vorbei nach Mauth hinein. Dort können wir im Glasmacherhof nicht nur die Ergebnisse der Glasbläserkunst bewundern, sondern auch selbst einmal unser Können als Glasbläser versuchen.
Der nächste Pflichtstopp findet in Neuschönau statt. Dort befindet sich im Hans-Eisenmann-Haus das Info-Zentrum des Nationalparks Bayerischer Wald. Tonbildschauen und Filme über den Park und seine Natur sowie Ausstellungen zum Thema „Ökosystem Wald“ vermitteln anschaulich Bedeutung und Philosophie des Nationalparks. Ein Tipp am Rande: Von Neuschönau zweigt ein interessanter Abstecher hinauf zum Lusen-Parkplatz ab. Das Sträßchen führt durch dichten Wald und findet sich über den Ort Waldhäuser wieder zur Hauptroute hinab. Die nun folgende Etappe über Spiegelau (Penningers Schnapsmuseum) nach Zwiesel ist das fahrerische Highlight dieser Tour. Zwar wartet sie mit wenig Höhenunterschied auf, dafür versorgt sie uns mit Kurven wie am Fließband. Gute Übersicht, gepflegter Belag – alles passt perfekt. Zwiesel kann man entweder umfahren oder ihm einen Besuch abstatten. Dann geht es weiter in die reizvolle Kreisstadt Regen, wo uns die B 85 Richtung Passau aufnimmt. In Rinchach gibt es wieder etwas zu sehen: Das ruhige Feriendorf wird von seiner wunderschönen Barockkirche überragt. Das Bauwerk stammt aus dem 18. Jahrhundert.
Ein Abstecher nach Schönberg hinein, einen Cappucchino auf dem italienisch anmutenden Marktplatz, dann weiter auf der B 85, die auf dieser Etappe auch „Bayerische Ostmarkstraße“ heißt. Diese Ferienstraße führt touristisch gesehen ein Mauerblümchendasein und ist entsprechend wenig befahren. Gut für uns, weniger gut für den Tourismus der Region. Vorbei an Thurmansbang, wo jeden Winter im Ortsteil Solla-Loh das berühmte Elefantentreffen stattfindet, gelangen wir nach Titting. Dort wartet das Museumsdorf Bayerischer Wald auf einen Besuch. Eine Handvoll letzter lockerer, Bögen, dann ist mit Passau der Ausgangspunkt dieser Tour erreicht.

Zum Großen Arber

Rund 150 Kilometer ist sie lang, diese Tagestour zum Großen Arber, dem höchsten Berg des Bayerischen Waldes. Sie führt über gut ausgebaute Straßen, ist rund und harmonisch zu fahren und wartet mit einigen sehr kurven- und serpentinenreichen Abschnitten auf. Die abwechslungsreiche Streckenführung vermittelt einen perfekten Eindruck aller im Bayerischen Wald vorkommenden Gelände- und Landschaftsformen.

Startpunkt Deggendorf. Die an der Donau gelegene Stadt gilt als das Tor zum Bayerischen Wald. Im Mittelalter als kleine Siedlung gegründet, wurde Deggendorf später von den Wittelsbachern zur bedeutenden Handelstadt ausgebaut. Bis ins 19. Jahrhundert war die Heilig-Grab-Kirche ein bekanntes Wallfahrtsziel und trug wesentlich zur Bedeutung der Stadt bei. Die beste Aussicht auf Deggendorf hat man von der Burg auf dem Ulrichsberg.

Auf landschaftlich reizvoller Route geht es über Maxhofen zum ersten Sattel hinauf, dem Ruselabsatz (856 Meter). Die ersten Kurven des Tages. In weiten, gut ausgebauten Bögen rollen wir anschließend hinab zur B 85, die uns direkt nach Regen hinein bringt. Die hübsche Kreisstadt, am gleichnamigen Fluss gelegen, ist ein Winter-sport- und Sommererholungsort. Einmal im Jahr steht sie im Zeichen des Eintopfs: Immer im Juli feiert man hier das Pichelsteiner-Fest.

Kurvenreich geht es in Richtung Bodenmais über Schönhöh hinauf nach Langdorf. Dann dauert es nicht mehr lange, und Bodenmais, der bekannteste Luftkurort des Bayerischen Waldes, taucht vor dem Lenker auf. Wir verlassen die Hauptstraße und rollen gemächlich durch den Ortskern mit seinen bunten, hübschen Häusern. Im 15. Jahrhundert gelangte Bodenmais durch den Silberbergbau zu erheblichem Wohlstand. Später kam die Glasherstellung hinzu, die auch heute noch neben dem Tourismus eine große wirtschaftliche Bedeutung hat. Lust auf eine Pause mit Aussicht? Südöstlich von Bodenmais erhebt sich der 955 Meter hohe Silberberg, auf den eine Sesselbahn hinaufführt. Der Berg ist durchzogen von ehemaligen Stollen, die heute zum Teil für die Asthma-Therapie genutzt werden.

Nun folgt das erste Highlight dieser Runde: die Arbersee-Straße. In herrlichen Kurven und Kehren zirkelt die Fahrbahn am Südhang des Arbers himmelwärts. Motorradspaß pur. Auf ca. 1.000 Meter Höhe warten die Sesselbahn hinauf zum 1.456 Meter hohen Arber-Gipfel (www.arber.de), die malerischen Arber-Seen und der Motorrad-Treff am Großen Arber-See. Der ist ein Klassiker und daher ein absolutes Muss für die nächste Pause. Sogar einen speziellen Parkplatz für Motorräder gibt es.

Eine Kammstraße führt hinüber zum Scheibensattel (1.050 Meter), danach zirkelt breiter Asphalt in runden, perfekt ausgebauten Bögen hinab nach Lohberg. Eine gepflegte Ausbaustrecke kurvt nun am Ufer des Weißen Regen entlang. In Arrach links ab, dann folgt das fahrerische Glanzlicht des Tages: die Bergstraße über den Ecker Sattel nach Arnbruck und weiter nach Viechtach. In fünf knackigen Kehren erklimmt sie die rund 350 Meter Höhenunterschied hinauf zum Ecker Sattel (843 Meter). Der Abstieg hinab ins Glasbläserdorf Arnbruck (www.weinfurtner.de) gestaltet sich nicht mehr ganz so spektakulär, macht aber immer noch viel Spaß. Kurven, Kurven, Kurven auch die Weiterfahrt nach Viechtach bringt Schräglagen wie am Fließband. Der Luftkurort Viechtach liegt äußerst reizvoll im Tal des Schwarzen Regen und ist von bewaldeten Bergen mit einer Höhe von bis zu 1.000 Metern umgeben. Sehenswert sind das barocke Rathaus am Stadtplatz und das Kristallmuseum in der Spitalgasse. Eine bemerkenswerte Aussicht bietet sich auf die bizarren Quarzfelsen des Großen und Kleinen Pfahl. Dieses hell glänzende Quarzriff ist eine geologische Besonderheit. Es zieht sich fast 100 Kilometer lang durch den Bayerischen Wald, am beeindruckendsten sind die 30 Meter hohen Türme des Großen und Kleinen Pfahl bei Viechtach.

Langsam aber stetig schwingt sich die Route aus Viechtach hinaus wieder in die Höhen des Bayerischen Waldes empor. Hinter St. Englmar folgt ein einsames, verwunschenes Tal, bis uns ab Schwarzach wieder normal breiter Asphalt aufnimmt. Noch ein letztes Stück an der Donau entlang, dann taucht das Ortsschild von Deggendorf auf, und die Runde ist zu Ende.

Bayerischer Wald
Neunburg vorm Wald S. 42
Rötz S. 45
Waldmünchen S. 400
Furth im Wald S. 36
Neukirchen b. Hl. Blut S. 42
Cham S. 35
Blaibach S. 32
Bad Kötzting S. 30
Lam S. 40
Lohberg S. 41
Höbing S. 38
Arnbruck S. 30
Drachselried S. 35
Unterholzen S. 47
Kollnburg S. 39
Bodenmais S. 32
Bayerisch Eisenstein S. 31
Wolferszell S. 48
Mitterfels S. 41
Neukirchen S. 42
Haibach S. 37
Elisabethzell S. 36
St. Englmar S. 45
Grafling S. 37
Tattenberg S. 47
Regen S. 44
Zwiesel S. 49
Scheuereck S. 46
Spiegelau S. 46
Riedlhütte S. 44
Neuschönau S. 43
Schöfweg S. 46
Saldenburg S. 45
Hinterschmieding S. 38
Hohenau S. 38
Mauth S. 41
Annathal S. 30
Tourentipp
Zum Großen Arber
Windorf S. 48
Eging am See S. 36
Tannöd/Passau S. 46
Waldkirchen S. 47
Lackenhäuser S. 39
Neureichenau S. 42
Breitenberg S. 34
Hauzenberg S. 37
Wegscheid S. 48
Passau S. 44
Tourentipp

Annathal
GPS: N 48°52´18" - E 13°36´54"

EZ ab € 18,00
DZ ab € 36,00
20 10 HP Tipp

Gasthaus & Pension Gibis

Wir bieten Ihnen komfortable Doppelzimmer mit Dusche / WC. Unsere Zimmer sind wohnlich eingerichtet und alle mit SAT/TV ausgestattet. Beginnen Sie den Tag mit einem reichhaltigen Frühstück. Auf Wunsch auch auf unserer Sonnenterrasse. Sabine und Hubert Gibis haben das Gasthaus in den vergangenen Jahren modernisiert. Vor allem aber hat sich die Küche einen regionalen Namen gemacht. Ob Wildgerichte oder gute bayerische Küche, hier finden Sie viele große und kleine Köstlichkeiten. Es erwartet Sie ein gepflegtes Ambiente. Bei uns wird die herzliche und familiäre Atmosphäre sehr geschätzt.

Dorfstr. 35 • 94151 Mauth • Telefon 0 85 57 / 9 11 17
E-Mail: gasthaus-gibis@t-online.de • www.gasthaus-pension-gibis.de

11003

Arnbruck
GPS: N 49°07´29" - E 13°01´06"

EZ ab € 26,50
DZ ab € 42,00
30 13 HP Tipp

Gaststätte-Pension "Zur Poschingerhütte"

Durch die ruhige, sonnige Lage ist unser Haus der ideale Ausgangspunkt für herrliche Motorrad-touren. Unsere Komfort-Gästezimmer - mit Südbalkon - sind alle komplett und behaglich ausgestattet. Zur Erholung und Entspannung können Sie die Terrasse und die ruhige, gepflegte Liegewiese nutzen.

Trautmannsried 10 • 93471 Arnbruck
Telefon 0 99 45 / 3 49 • Fax 0 99 45 / 23 53
E-Mail: gschroetter@zur-poschinger-huette.de
www.zur-poschinger-huette.de

12203

von der Gaststätte-Pension "Zur Poschinger Hütte" in Arnbruck

Im Dreiländereck Bayern, Österreich und Tschechien liegt der Bayer. Wald mit seinem 1970 eröffneten National-park. Eingebettet in diese Land-schaft sind kleine und kleinste Sträßchen mit Kurven, die jedes Bikerherz höher schlagen lassen. Im Herzen des Zellertals, in Arnbruck, beginnt unsere Bayerwald-Tour. Nicht weit entfernt reihen wir uns ein auf der schönsten "Rennstrecke" des Bayer. Waldes, der Rusel. Die Strecke ist gut ausgebaut, liegt landschaftlich sehr schön und es gibt tolle Ausblicke. Die lebende Wes-ternstadt "Pullman City" in Eging am See ist für alle Westernfans ein Muss. In der Nähe, in Tittling, liegt eines der größten Freilichtmuseen Europas. Hier wurden über 100 Gebäude von 1580 bis 1850 original wieder aufgebaut. Traumhaftes Kurvenschwingen auf der B85 bringt uns über Langdorf zur Touristenho-chburg Bodenmais mit ihren Glasge-schäften. Hier vorbei geht es zum gr. Arbersee und zum Arber (1456 m), dem höchsten Berg des Bayer. Waldes. Die Fahrt mit der Seilbahn zum Gipfel des Arbers wird bei schönem Wetter mit einem grandio-sen Blick bis weit nach Tschechien bzw. die Alpen belohnt. Die Rückfahrt ist eine wahre "Kurven-hatz". Vorbei am Skigebiet Eck-Riedelstein (845 m) kommen wir wieder an unserem Ausgangspunkt, dem Gasthaus - Pension "Zur Poschinger Hütte" an.

12203

Bad Kötzting
GPS: N 49°10´01" - E 12°51´18"

EZ ab € 25,00
DZ ab € 46,00
18 5 P

Gästehaus "Am Ludwigsberg"

Unsere familiär geführte Pension liegt in ruhiger Stadtrandlage, nur wenige Gehminuten von dem Kurpark und Stadtzentrum entfernt. In den neuzeitlich eingerichteten Komfortzimmern spüren Sie Behaglichkeit und Wohlbefinden. Neben den Zimmern in unserer Pension können Sie im direkt gegenüberliegenden Haus 2 Ferienwohnungen für 2 bis 7 Personen mit Dusche, WC, Balkon, auf Wunsch auch mit Frühstück mieten. Bei Bedarf sind diese Ferienwohnungen auch als Einzel-, Doppel oder Dreibettzim-mer (wahlweise mit TV) buchbar. Für Gesundheit und Wohlbefinden stehen unseren Gästen im hauseigenen Wellnessbereich Finnische Sauna, Dampfbad, Infrarot-Kabine, Whirlpool, Solarium, Ruheraum und verschie-dene Fitnessgeräte zur Verfügung. Einen Trockenraum für Ihre nasse Motorradkleidung stellen wir natürlich zur Verfügung. In nur 5 Geh-minuten erreichen Sie einen tollen Brauerei-Gasthof.

Weißenregener Str. 15 • 93444 Bad Kötzting • Telefon 0 99 41 / 24 35 • Fax 0 99 41 / 47 0
E-Mail: Gaestehaus-Raab@t-online.de • www.koetzting.de/Raab

109

Bayerisch Eisenstein
GPS: N 49°07´32" - E 13°11´43"

EZ ab € 30,00
DZ ab € 50,00
24 12 HP Tipp

Gasthof "Bayerisch Häusl"

Am Südhang, am Ortsrand des Luftkurortes Bayer. Eisenstein liegt das „Bayer. Häusl". Die große Sonnenterrasse gibt einen herrlichen Blick frei zum Hausberg dem Gr. Arber (1456 m), sowie über das gesamte bayerisch - böhmische Waldgebirge. Unser Haus bietet Ihnen gepflegte Gastlichkeit in familiärer Atmosphäre. Das Haus ist ruhig gelegen. Dennoch ist der Ortskern von Bayerisch Eisenstein rasch zu Fuß zu erreichen. Elf freundliche neu eingerichtete Gästezimmer, jeweils mit Du/WC, TV teilweise mit Balkon befinden sich im Obergeschoss. Garage für Motorräder sowie Trockenraum stehen selbstverständlich zur Ihrer Verfügung. .. und abends den Tag gemütlich ausklingen lassen ...

Hafenbrädlallee 11 • 94252 Bayerisch Eisenstein • Telefon 0 99 25 / 2 01 • Fax 0 99 25 / 90 39 73
E-Mail: info@bayerisch-haeusl.de • www.bayerisch-haeusl.de

12102

Bayerisch Eisenstein
GPS: N 49°07´15" - E 13°12´20"

EZ ab € 29,00
DZ ab € 54,00
30 14 HP Tipp

★★★ Pension am Regen

Unsere Pension liegt ruhig, aber dennoch zentral, diese Lage garantiert Erholung und Entspannung. Morgens verwöhnen wir Sie mit einem reichhaltigen Frühstücksbuffet, bei Halbpension servieren wir Ihnen abends ein 3-Gang-Menü. Dazu können Sie sich täglich am großen Salatbuffet bedienen. Nach Ihrer Motorradtour können Sie in unserem Hallenbad und in der Sauna so richtig entspannen und relaxen. Einen Bademantel können Sie bei uns leihen. Oder Sie legen einen Wellnesstag mit Anwendungen wie Gesichtspflege, Ganzkörperpflege oder Relax-Anwendungen in unserem Wellness-Stüberl ein. Außerdem bieten wir Ihnen eine Liegewiese, Frühstücksterrasse, Parkplätze und Garagen.

Anton-Pech-Weg 21 • 94252 Bayerisch Eisenstein • Telefon 0 99 25 / 9 40 00
Fax 0 99 25 / 94 00 19 • E-Mail: pension-am-regen@t-online.de • www.pension-am-regen.de

12103

von
Pension am Regen
in Bayerisch Eisenstein

Die Tour beginnt in Bayerisch Eisenstein und führt Sie über die Grenze nach Tschechien durch den Nationalpark Sumava.

Sie fahren nach Zelezna Ruda in Richtung Hartmanice durch unberührte Natur (ehemaliges Sperrgebiet) weiter nach Prasily. Eine herrliche und abwechslungsreiche Landschat erwartet Sie. Von Prasily aus geht es dann nach Srni in Richtung Modrava entlang dem Wildbach Vydra. Eine anspruchsvolle, bergige und kurvenreiche Strecke fürht über Filipova Hut weiter nach Kvilda. Es ist fast ein "Muß" bei Filipova Hut eine Rast einzulegen um die unberührte Landschaft zu genießen.

Über Borova Lada - Vimperk - Stranzy geht es in Richtung Philippsreuth. Auf deutscher Seite fahren Sie dann in Richtung Freyung durch den Nationalpark Bayerischer Wald nach Zwiesel und erreichen nach ca. 180km wieder Bayerisch Eisenstein.

12103

Bayerisch Eisenstein
GPS: N 49°07´13" - E 13°12´06"

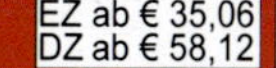
EZ ab € 35,06
DZ ab € 58,12

★★★ Arberresidenz "Vierjahreszeiten"

Herzlich willkommen in der Ferienoase der besonderen Art. In unserem Aparthotel Arberresidenz - inmitten des Bayerischen Waldes. In unseren modern und komfortabel eingerichteten Appartements (35 - 48 m²) mit DU/Bad/WC, Durchwahltelefon, Sat-TV und Radio werden Sie sich wohlfühlen. Eine große Liegewiese lädt zum Sonnenbaden ein. Oder steht Ihnen der Sinn nach Fitness, Schwitzen in der Sauna oder Entspannen im Solarium? Bei uns kommt jeder auf seine Kosten. Genießen Sie unser vielfältiges Frühstücksbuffet. Lassen Sie sich von uns verwöhnen oder verpflegen Sie sich selbst in unseren komplett eingerichteten Appartements. Eine Tiefgarage und Außenparkplätze sind vorhanden.

Anton-Pech-Weg 12 • 94252 Bayerisch Eisenstein • Telefon 0 99 25 / 94 07 40
Fax 0 99 25 / 94 07 50 • E-Mail: arberresidenz@t-online.de • www.arberresidenz.de

12100

Bayerisch Eisenstein

GPS: N 49°07´09" - E 13°11´46"

EZ ab € 40,00
DZ ab € 70,00

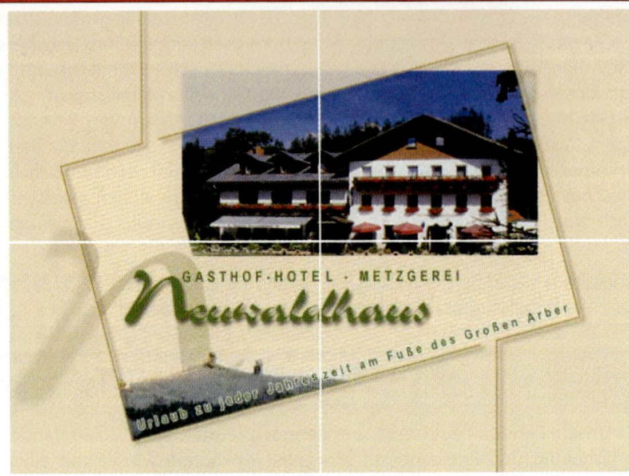

In unserem Haus finden Sie ... einladende, gemütliche Gasträume, in denen wir Sie einladen zu feiern. Ob im kleinen Kreis, für große Familienfeiern, Vereins- oder Betriebsfeste, bei uns finden Sie immer den passenden Rahmen für alles, was sich feiern lässt. Oder verleben Sie einen gemütlichen Abend zu zweit in unserem Kaminzimmer, in geselliger Runde oder in unserer urigen Kellerbar. Und wenn Sie nach erholsamem Schlaf in einem unserer Zimmer am nächsten Morgen zum Frühstück kommen, verwöhnen wir Sie in unseren lichtdurchfluteten Räumen mit einem reichhaltigen Frühstücksbüfett und einer unvergleichlichen Morgenstimmung mit Blick auf den "Großen Arber". Vom Hotel aus finden Sie ideale Motorradtouren - mit Tipps von uns!

Hauptstr. 5
94252 Bayerisch Eisenstein
Telefon 0 99 25 / 9 40 50
Fax 0 99 25 / 94 05 55
E-Mail: info@hotel-neuwaldhaus.de
www.hotel-neuwaldhaus.de

12104

Blaibach

GPS: N 49°09´48" - E 12°48´31"

EZ ab € 34,00
DZ ab € 58,00

30 12 HP

Hotel Café Restaurant Kreuzbacher Stub´n

Seien Sie unser Gast und fühlen Sie sich wohl. Unsere Zimmer sind komfortabel und gemütlich eingerichtet. Genau das was Sie nach einer anstrengenden Motorradtour brauchen. In unserem Restaurant verwöhnen wir Sie mit frischer einheimischer aber auch internationaler Küche. Rund um Blaibach bieten sich traumhafte Motorradstrecken und längere Touren an. Unser Haus ist der ideale Stützpunkt um ein paar Tage von hier aus den Bayrischen Wald und vielleicht auch ein bisschen das Motorradparadies Tschechien zu erkunden. Ihr Motorrad steht nachts in einer abschließbaren Garage. Morgens erwartet Sie dann ein reichhaltiges Frühstücksbuffet.

Bahnhofstr. 22-24 • 93476 Blaibach • Telefon 0 99 41 / 84 39 • Fax 0 99 41 / 94 72 80
E-Mail: kreuzbacher-stuben@t-online.de • www.kreuzbacherstuben.de

1239

Bodenmais

GPS: N °49´04"02 E 13°06´16"

P

Gaststätte Arbersee

Unser motorradfreundliches Gasthaus bietet Ihnen ab 11 Uhr durchgehend warme Küche mit nationalen und internationalen Gerichten. In unserer gemütlich eingerichteten Gaststätte treffen Sie schnell viele andere Motorradfahrer oder Gruppen. Wenn Sie eine Unterkunft brauchen sind Sie bei uns genau richtig. Übernachten Sie in einer unserer 3 gemütlich und komfortabel ausgestatteten Ferienwohnungen im Gästehaus Schaffer in Drachselried. Wir freuen uns auf Ihr Kommen.

Arberseestr. 2 • 94249 Bodenmais • Telefon 0 9924 / 90 53 77
Fax 90 29 77 • www.gasthausarbersee.de

109

NEU: Bewertungen der Häuser finden Sie auf www.bikerbetten.de

Bodenmais

GPS: N 49°04´12" - E 13°06´04"

P Tipp

Bahnhofstr. 57
94249 Bodenmais
Telefon 0 99 24 / 74 03
Fax 0 99 24 / 15 20
E-Mail: dorf-Stadl@t-online.de
www.dorf-stadl.de

Der Treff für nette Leute! Bei uns bekommen Sie ab 11.00 Uhr nationale und international Küche, bayerische Schmankerl und urbayerische Gemütlichkeit. Nachmittags bekommen Sie frischen Kaffee und Kuchen. Ein hauseigener Parkplatz ist selbstverständlich auch vorhanden wo Sie Ihr Motorrad abstellen können. Von der gemütlichen Terrasse aus haben Sie das Motorrad auch immer im Blick.

10959

Touren Tipp

von der Erlebnisgastronomie Dorfstadl

In einem der größten Waldgebiete Europas, den Bayrischem Wald, kann man auch heute noch herrliche Landschaften mit kurvenreichen Strecken, ohne Stress und Hektik, genießen.

In der Perle des Bayr. Waldes "Bodenmais" beginnen wir unsere Tour. Sie führt uns über das Glasdorf Arnbruck über eine kurvige Bergstraße nach Eck, von dort aus haben Sie eine wunderbare Aussicht über den Lamer Winkel. Weiter geht es hinunter in spitzen Kehren nach Arrach und von dort nach Bad Kötzting. Nun folgen wir dem Schwarzen Regen nach Miltach. Hier sollte man einen Stopp einplanen um das Schloss Miltach zu besichtigen.

Weiter geht's Richtung Straubing, mit einer wundervollen Strecke die besteht aus Kurven, Kurven und nochmals Kurven. Die Strecke bringt uns über Konzell nach Elisabethszell, weiter nach Neukirchen. Von dort biegen wir in das romantische Obermühlbachtal ein, folgen den verwinkelten Straße nach Schwarzach durch sanfte Hügel und dichte Wälder.

Von dort aus geht's nach Schloss Egg. Das romantische Schloss lädt uns in der ehemaligen Stallung zur einer kurzen Kaffeepause ein. Danach folgen wir den Berg hinauf Richtung Kalteck. Wir lassen die Wildgehege hinter uns folgen der Straße in das Aitnachtal. Wir biegen ab und fahren über die Burgruine Altnussberg - und dem Wasserkraftwerk Gumpenried zurück zum Ausgangspunkt Bodenmais.

10959

Bodenmais

GPS: N 49°03´09" - E 13°06´40"

EZ ab € 56,50
DZ ab € 105,00

**** Wellness- und Vitalhotel Böhmhof

Böhmhof 1 • 94249 Bodenmais • Telefon 0 99 24 / 9 43 00 • Fax 0 99 24 / 94 30 13
E-Mail: info@boehmhof.de • www.boehmhof.de

- ¾ Verwöhnpension
- Ayurvedische-, Hot Chocolate-und Edelsteinmassagen,
- Nordic Walking
- Fitnessraum
- Hallenbad (6x12 m, 29 °C)
- Whirlpool
- Sauna, Dampfbad, Infrarot-Sauna, Bio-Sauna
- beheiztes Freibad

12101

Bodenmais

GPS: N 49°04´08" - E 13°06´10"

EZ ab € 27,00
DZ ab € 48,00

Apparthotel "Wilderer-Stub´n" Restaurant

Ihr Gastgeber, die Familie Stammberger erwartet Sie und ist bemüht, Sie auf individuelle Weise zu verwöhnen. Eine beliebte Küche, aufmerksamer Service und viele fleißige Hände, die Ihnen Ihren Aufenthalt verschönern. Unsere zentrale, jedoch ruhige Lage ermöglicht Ihnen in wenigen Minuten Kurverwaltung, Kurpark, Frei- und Hallenbad, Well-Fitness-Studio (kostenfrei) und sämtliche Einkaufsmöglichkeiten zu erreichen. Kosmetikstudio, Beauty und Massage finden Sie direkt bei uns im Haus. Einheimische Motorradfahrer machen mit Ihnen gerne einen Motorrad-Ausflug!!!

Bahnhofstr. 43 • 94249 Bodenmais • Telefon 0 99 24 / 4 79 • Fax 0 99 24 / 7 70 00 05
E-Mail: info@apparthotel-wilderer-stuben.de • www.apparthotel-wilderer-stuben.de

1220

Breitenberg

GPS: N 48°42´34" - E 13°45´23"

EZ ab € 17,00
DZ ab € 34,00

Pension Haugeneder

Ankommen und herzlich empfangen werden. In fünf modernen Zimmern, vier komfortablen Ferienwohnungen und in einem Familienappartement genießen Sie die bayerische Gemütlichkeit. Ein ausgiebiges Frühstücksbuffet, abwechslungsreiche Zwischengerichte und interessante Menüs - von deftigen bayerischen Gerichten bis hin zu internationalen Schmankerln. Nicht verpassen sollten Sie unsere Grill- und Cocktailabende. Eine Schrauberecke, einen Trockenraum für nasse Kleidung sowie eine Garage für Ihr Motorrad sind natürlich vorhanden.

Reschnweg 15 • 94139 Breitenberg • Telefon 0 85 84 / 3 09 • Fax 0 85 84 / 9 10 13
E-Mail: info@natur-pension.de • www.pension-haugeneder.de

109

Breitenberg

GPS: N 46°42´23" - E 13°47´37"

EZ ab € 30,00
DZ ab € 50,00

Gasthaus - Pension "Jagdhof"

Unser Gasthaus-Pension liegt ruhig mit schönem Außensitzbereich im Innenhof. Herzhafte, regionale Speisen bieten wir in unserem Gasthaus oder italienische Gerichte in unserer Pizzeria Biker sind uns herzlich willkommen. Herrliche Touren ins Dreiländereck laden zum Befahren ein, besonders zu empfehlen - Krumau oder Tschechien in Verbindung mit dem Moldau-Stausee Wir freuen uns auf Ihren Besuch!

Pausenweg 11 • 94139 Breitenberg • Telefon 0 85 84 / 96 21 1

12

Cham
GPS: N 49°13´10" - E 12°39´36"

EZ ab € 33,00
DZ ab € 58,00

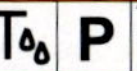

Das Hotel am Regenbogen ist "Leben, Arbeiten und Erholen" zugleich, es ist Tagungs- und Urlaubshotel. Nur wenige Minuten vom Chamer Stadtzentrum entfernt auf einer natürlichen Insel unweit des Wahrzeichens der Stadt Cham, dem "Biertor". Unser Hotel besitzt 29 Zimmer mit Balkon, Dusche und WC. Gemütlich und funktionell ausgestattet mit Telefon und Farb-TV. Gönnen Sie sich den Komfort den Sie sich wünschen. Lassen Sie sich von unserer gutbürgerlichen Küche verwöhnen. Im Biergarten können Sie den Tag ausklingen lassen.

Schützenstr. 14 • 93413 Cham • Telefon 0 99 71 / 84 93 • Fax 0 99 71 / 84 94 99
E-Mail: info@hotel-am-regenbogen.de • www.hotel-am-regenbogen.de

11199

Cham
GPS: N 49°12´20" - E 12°39´01"

EZ ab € 50,00
DZ ab € 80,00

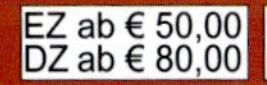

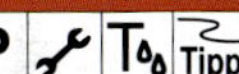

Unser familiär geführtes Parkhotel in Cham-Altenmarkt, liegt inmitten des Naturschutzgebiets der "Regentalaue" in sehr ruhiger, idyllischer Lage, direkt am Ufer des Quadfeldmühlbaches, einem Nebenarm des Regen. Trotzdem vom Stadtzentrum nur 1,5 km entfernt. Unser Hotel verfügt über 67 große modern ausgestattete Zimmer, mit allem Komfort, wie TV, Direktwahltelefon, Hot-Spot, Schreibtisch, Bad mit Dusche und WC und Balkon oder Terrasse. Unser Wintergartenrestaurant versteht sich nicht nur auf regionale, sondern auch auf internationale Spezialitäten, die mit Liebe und Sorgfalt zubereitet und serviert werden. Für Ihre nächste Tour geben wir Ihnen gerne Tourenvorschläge und Ausflugsziele. Wir fahren selbst Motorrad.

Prälat-Wolker-Str. 5 • 93413 Cham-Altenmarkt • Telefon 0 99 71 / 39 50 • Fax 0 99 71 / 39 51 20
E-Mail: info@parkhotel-cham.de • www.parkhotel-cham.de

12136

Drachselried bei Bodenmais
GPS: N 49°06´21" - E 13°00´47"

EZ ab € 27,00
DZ ab € 46,00

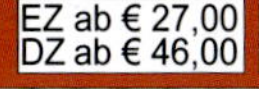

Hotel-Pension "Zum Schloßbräu"

Urlaub genießen in Einklang mit der Natur... Unser Hotel "Zum Schloßbräu" (mit den Gästehäusern "Linde" und "Wiesental") liegt in ruhiger Ortsrandlage von Drachselsried im herrlichen Zellertal. In den ruhigen, behaglichen und komfortabel eingerichteten Appartements, sowie den wohnlich eingerichteten Zimmern mit Balkon, WC, Dusche und Bad finden Sie Erholung ebenso, wie in unseren großzügig und modern ausgestatteten Gasträumen.

Hofmark 1 • 94256 Drachselried • Telefon 0 99 45 / 10 38
E-Mail: info@schlossbraeu.de • www.schlossbraeu.de

12204

Drachselried
GPS: N 49°06´20" - E 13°00´39"

EZ ab € 22,00
DZ ab € 44,00

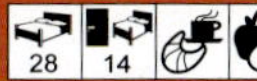

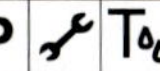

Pension "Haus Hochstein"

Unsere Pension verfügt über gemütliche Doppelzimmer und Einzelzimmer, die mit Kühlschrank, TV, Dusche mit WC und Südbalkon ausgestattet sind. Ihr Tag beginnt mit einem reichhaltigen Frühstücksbüffet in unserem sonnigen, gemütlichen Aufenthaltsraum. Wellness und Entspannung wird in unserer Pension groß geschrieben. Schwimmen im hauseigenen Hallenbad oder relaxen Sie im Whirlpool, saunieren im römischen Dampfbad und in der finnischen Sauna, bräunen im Solarium oder entspannen auf der Sonnenterrasse und Liegewiese.

Eichenweg 10 • 94256 Drachselried • Telefon 0 99 45 / 5 15 • Fax 0 99 45 / 21 85
E-Mail: wegmann.bertram@t-online.de • www.pension-haus-hochstein.de

12205

Geben auch Sie eine Bewertung zu Ihrem Aufenthalt ab

Eging am See
GPS: N 48°43´17" - E 13°15´56"

EZ ab € 24,00
DZ ab € 39,00

Bavaria Camping

Der terrassenförmig angelegte Bavaria Kur-Sport Camping Park bietet 160 großzügig parzellierte Plätze mit Schatten spendenden Bäumen oder für Sonnenanbeter Plätze mit niedrigem Buschwerk. Für Gruppen und jung gebliebene Zelturlauber haben wir eine separate Wiese mit Lagerfeuermöglichkeit. Unser großzügiges Sanitärgebäude bietet jeden Komfort. In unserem Zentralhaus bieten wir Komfortzimmer mit sep. WC, Bad, TV uvm.

Grafenauer Str. 31 • 94535 Eging am See • Telefon 0 85 44 / 80 89 • Fax 0 85 44 / 79 64
E-Mail: info@bavaria-camping.de • www.bavaria-camping.de

11041

Elisabethzell
GPS: N 49°01´34" - E 12°45´02"

EZ ab € 15,00
DZ ab € 30,00

Pension Hubertus

Unsere Pension verfügt über geräumige Zimmer mit Dusche/WC, Balkon und TV-Anschluss (auf Wunsch Fernseher erhältlich). Damit Sie sich teilweise selbst versorgen können, haben wir unsere Zimmer zusätzlich mit Kühlschrank und Zimmer-Kochplatte ausgestattet. Durch die ruhige und sonnige Lage bieten sich bei uns optimale Vorraussetzungen der vollkommenen Entspannung. Auf unserer großen Liegewiese können Sie den Tag ausklingen lassen. Eine Garage, sowie einen Waschplatz und Trockenraum bieten wir Ihnen selbstverständlich an.

In den Pointen 2 • 94353 Haibach • Telefon 0 99 63 / 91 00 56 • Fax 0 99 63 / 91 00 57

1104

Furth im Wald
GPS: N 49°16´38" - E 12°51´53"

EZ ab € 24,00
DZ ab € 44,00

Waldgasthof zum Steinbruchsee

Unser familiär geführter Gasthof liegt in ruhiger Alleinlage am Waldrand, mit einem plätschernden Bach und dem 17m tiefen Steinbruchsee mit seinen stattlichen Forellen und Karpfen vorm Haus. Beginnen Sie den Tag mit einem reichhaltigen Frühstück. Nach einem Ausflug schmeckt eine Brotzeit oder Kaffee und Kuchen in unserem Restaurant ausgezeichnet. Im Sommer natürlich auf der großen Terrasse. Oder Sie genießen eine unserer zahlreichen Wild oder Fischspezialitäten aus eigener Erzeugung, die Sie auf unserer reichhaltigen Speisekarte finden, und lassen den Tag gemütlich in unseren rustikalen Gasträumen ausklingen. Wir bieten Ihnen gemütlich eingerichtete Doppelzimmer mit DU/WC oder Bad/WC, teils mit Balkon. Ein Parkgarage für Ihr Motorrad ist selbstverständlich auch vorhanden sowie eine kleine Schrauberecke und ein Raum wo Sie Ihre nasse Motorradkleidung trocknen können.

Steinbruchweg 10 • 93437 Furth im Wald • Telefon 0 99 73 / 6 09
E-Mail: info@steinbruchsee.de • www.steinbruchsee.de

109

Furth im Wald
GPS: N 49°17´59" - E 12°46´38"

EZ ab € 29,00
DZ ab € 48,00

★★★ Hotel - Pension - Restaurant **"Waldesruh"**

Unser beliebtes Ferienhotel liegt in herrlicher Waldrandlage mit Fernblick ins Tal. Idealer Ausgangspunkt für Touren in den Bayerischen Wald und nach Tschechien. Bekannt ist unser Haus für seine Gastlichkeit und seine Bayerische Küche, die man im Sommer auch im Biergarten und auf unserer Sonnenterrasse mit tollem Panoramablick genießen kann. Unsere Zimmer sind alle gemütlich und komplett eingerichtet. Ihr Motorrad steht bei uns in einer abschließbaren Garage und für Tourentipps stehen wir Ihnen jederzeit zur Verfügung.

Kühberg 14 • 93437 Furth im Wald • Telefon 0 99 73 / 10 83 • Fax 0 99 73 / 21
E-Mail: info@pension-waldesruh.com • www.pension-waldesruh.com

12

Grafling

GPS: N 48°54´20" - E 12°58´24"

EZ ab € 28,00
DZ ab € 50,00

Graflinger Tal Pension

Malerisch inmitten des Tales gelegen, umrahmt von einer herrlichen Berglandschaft, vereint die Graflinger Tal Pension alle Vorzüge eines traditionell geführten Familienbetriebes, Erholung und Regeneration in idealer Weise. Ganzheitlich verwöhnen, lautet unser Motto. Individuelle Betreuung, kulinarische Genüsse, Ausflüge, leichte sportliche Aktivitäten, nette Unterhaltungsabende, entspannende Wellness und Beauty Angebote sorgen für einen rundum gelungenen Urlaub. Grillabende - Echt Bayrisch in Natur pur - an diesem Tag erwarten Sie leckere Grillspezialitäten, eine große Auswahl frischer Salate und toll dekorierter Nachtisch - alles selbst gemacht - raffiniert und köstlich. Natürlich umrahmen wir diesen kulinarischen Genuss mit viel Spaß und bayerischer Musik.

Grasslingsberg 21 • 94539 Grafling • Telefon 09 91 / 2 70 30 50 • Fax 09 91 / 27 03 05 99
E-Mail: info@graflingertalpension.de • www.graflingertalpension.de

12201

Haibach

GPS: N 49°01´25" - E 12°42´55"

EZ ab € 22,00
DZ ab € 44,00

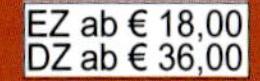

Gasthof-Pension "Zur Schwalbe"

Unser Gasthof liegt absolut ruhig und idyllisch im Zentrum von Haibach mit Blick auf die Burgruine am Hofberg. Genießen Sie Ihre freien Tage in unserem Landgasthof, hier gibt es alles was Sie sich für einen erholsamen Urlaub wünschen. 56 Betten in zwei Häusern mit Dusche/WC und größtenteils mit Balkon, täglich reichhaltiges Frühstücksbuffet, bekannte und beliebte bayerische Küche mit liebevoll zubereiteten Schmankerln, Menüwahl bei Halbpension. Separate Fernseh-/ und Aufenthaltsräume (auch für Nichtraucher), Solarium.

Dorfplatz 6-8 • 94353 Haibach • Telefon 0 99 63 / 5 27
E-Mail: info@zur-schwalbe.de • www.zur-schwalbe.de

11043

Hauzenberg

GPS: N 48°39´28" - E 13°37´42"

EZ ab € 18,00
DZ ab € 36,00

Sie sind auf der Suche nach einer geeigneten Unterkunft für Ihren Urlaub oder ein gemütliches langes Wochenende? Was auch immer der Anlass für Ihre Suche ist: Bei uns im Gasthof - Pension - " Kellerschänke " Nauert sind Sie auf jeden Fall richtig! Unsere Pension ist eine moderne und freundliche Pension, die alles bietet, was Reisende brauchen, um sich wohl zu fühlen. Zu unseren Vorzügen gehört neben der komfortablen Ausstattung der Räumlichkeiten, dem Angebot von Restaurant auch die schöne und verkehrstechnisch günstige Lage zwischen dem Stadtzentrum und der schönen Landschaft, die die Stadt umgibt. Unser Restaurant bietet Ihnen zu jeder Tageszeit das Richtige. Hier können Sie morgens bei einer guten Tasse Kaffee und einem reichhaltigen Buffet - von süß bis herzhaft - den Tag beginnen und Ihre Aktivitäten planen. Im Biergarten des Brotzeitstadels bieten Kastanienbäume Schatten und laden auch an heißen Tagen zum Verweilen und Brotzeit machen ein.

Eckhofkeller 3 • 94051 Hauzenberg • Telefon 0 85 86 / 12 89
E-Mail: CNauert@t-online.de • www.p-nauert.de

11001

Hauzenberg-Geiersberg

GPS: N 48°40´35" - E 13°39´46"

EZ ab € 38,00
DZ ab € 56,00

Berggasthof - Pension Sonnenalm

Sonnenalm Liebl im Bayerischen Wald

Herzlich Willkommen in unserer Sonnenalm in Hauzenberg - Ihr kleines Urlaubsparadies im Herzen der Bayerwaldberge! In familiärer Atmosphäre zwanglos die Urlaubsfreiheiten genießen, abschalten, tun was einem gerade Spaß macht, die kleinen und die großen Probleme vergessen, sich verwöhnen lassen, und sich fern von daheim doch wie zu Hause fühlen, das ist Urlaub! Genießen Sie auf unserer Sonnenterrasse (830m ü.NN) den unvergleichlichen Ausblick bis in die Alpen! Urlaubstage sind kostbar, genießen Sie diese Zeit, ruhen Sie sich aus! Unsere Komfortzimmer sorgen für Ihren angenehmen Aufenthalt.

Geiersberg 8 • 94051 Hauzenberg • Telefon 0 85 86 / 47 94 • Fax 0 85 86 / 9 11 06
E-Mail: Sonnenalm.Liebl@t-online.de • www.sonnenalm-liebl.de

11000

Hinterschmiding

GPS: N 48°49´04" - E 13°34´53"

EZ ab € 23,50
DZ ab € 37,00

60 27 HP Tipp

★★★ Hotel-Gasthof Breit

Unser neuerbautes 3-Sterne Gästehaus verfügt über einen Etagenlift, Internet-Zugang über Hot-Spot. Alle Zimmer mit DU/WC, SAT-TV, franz. Balkon, Telefon, Föhn sowie Parkettboden. In unserem Gasthof verwöhnen wir Sie mit bayerischen Schmankerln, sowie Grillspezialitäten zu jeder Jahreszeit, auch im Bier- und Wintergarten. Entspannung nach einer anstrengenden Motorradtour finden Sie in unserer Dampf- und Trockensauna mit Schwalldusche. Außerdem stehen Ihnen ein Wellnessraum sowie ein Solarium zur Verfügung. Eine Garage, ein Trockenraum und eine kleine Schrauberecke sind selbstverständlich vorhanden.

Freyunger Str. 53 • 94146 Hinterschmiding • Telefon 0 85 51 / 91 00 72
Fax 0 85 51 / 91 02 10 • E-Mail: info@gasthof-breit.de • www.gasthof-breit.de

12143

Höbing

GPS: N 49°08´32" - E 12°59´04"

EZ ab € 17,00
DZ ab € 34,00

15 8 P Tipp

Pension - Restaurant
"Höbinger Kutscherstub´n"

Ihr idealer Ausgangspunkt für Tagestouren durch den Bayerischen Wald oder in die nahe gelegene Tschechei. Den Tag lassen Sie bei heimischem Bier, gutem Essen und einem herrlichen Blick in das Zellertal auf unserer Sonnenterrasse oder in unserem gemütlichen Restaurant ausklingen. Überdachte Stellplätze für bis zu 6 Motorräder sind vorhanden. Alle Zimmer mit Du/WC und TV. Reichhaltiges Frühstück.

Höbing 11 • 93471 Arnbruck
Telefon 0 99 45 / 9 05 70 53 • E-Mail: andyherm@freenet.de

121

Touren Tipp

vom den
Höbinger Kutscherstub´n in Arnbruck

Wir beginnen unsere ausgedehnte Tagestour im malerischen Arnbruck. Von hier aus fahren wir über Bodenmais den Grossen Arber mit seiner wunderbar kurvenreichen Streckenführung hinauf. Genießen Sie das Panorama trotzt anspruchsvoller Fahrt. Nachdem der Arber überquert ist folgen wir der Landstrasse nach Zwiesel. Von hier geht es weiter mit einer kurvenreichen Landstrassenfahrt nach Frauenau, Spiegelau, Grafenau bis Perlesreut. Hier lohnt sich ein kleiner Zwischenstopp um die älteste Zigarrenmanufaktur im Bayerischen Wald im Gasthaus Hafner zu besichtigen. Von hier weiter bis zur B 12 nach Passau. In der Grenzstadt an den Flüssen Donau, Inn und Ilz empfehlen wir zur Besichtigung eine Dreiflüssen-Stadtrundfahrt. Das Glasmuseum und die Altstadt sind ebenfalls einen Besuch wert. Die Rückfahrt führt uns auf der B 85 über Regen nach Teisnach über Geierstal nach Arnbruck. Genießen Sie nach dieser gut 200 Kilometer-Tour ein gut gekühltes Irlbacher Hefeweizen bei uns.

121

Hohenau/Kapfham

GPS: N 48°50´55" - E 13°26´56"

EZ ab € 18,00
DZ ab € 32,00

33 14 HP Tipp

*** Gasthof - Pension "Riedl"

Den Alltag vergessen, ausspannen und sich erholen in unverdorbener Natur. Unsere Gäste schätzen die gemütliche familiäre Atmosphäre der Gasthof-Pension Riedl, regionalen und landesweiten Küche mit Wildspezialitäten und bayerischen Schmankerln, unverfälscht, herzhaft und lecker. Wir verwenden ausschließlich Produkte, die unseren Qualitätsidealen entsprechen. Unser Chef kocht persönlich für Sie mit einem hohen Qualitätsanspruch und vor allem mit viel Liebe zu unserm schönen Beruf. Die günstige Verkehrsanbindung unseres Hauses: ca. 40km von der Autobahn Deggendorf oder Passau, ca. 20km zur Grenze nach Tschechien, und ca. 5km zum Nationalpark. In der gemütlichen Gaststube mit Bar-Theke im Aufenthaltsraum ist Wohlfühlen angesagt. Bei einer gemütlichen Brotzeit auf der Sonnenterrasse genießen Sie das herrliche Panorama der Bayerwald-Landschaft.

Kapfham 12 • 94545 Hohenau • Telefon 0 85 58 / 10 89 • Fax 0 85 58 / 97 36 03
E-Mail: info@pension-riedl.de • www.pension-riedl.de

12

vom
Gasthof-Pension Riedl in Hohenau

Arber:
Im Kurven–Reich des Bayerwald–Königs

Zu einer Motorradtour im Bayerischen Wald gehört natürlich eine Tour zum Arber und zum Arbersee. Die kurvenreiche mit knackigen Steigungen und herrlichen Waldpassagen und faszinierenden Ausblicken auf die Berge und Täler des Bayrischen Waldes führt die Motorradtour aber noch über so manch weiteres Highlight des urigen Mittelgebirges. Sie werden von Ihrer Bayern- Motorradtour vollkommen begeistert sein. Der Große Arber ist mit 1.456 m der höchste Berg des Bayerisch-Böhmischen Gebirgsmassivs und somit der "König des Bayerischen Waldes". Seit 1939 stehen große Teile des Arbergebietes unter Naturschutz. Neben dem Großen Arber gehört zur Berggruppe auch der Kleine Arber mit 1384m. Unterhalb der Gipfel befinden sich der Große Arbersee und der Kleine Arbersee. Wer weniger Zeit mitbringt auf seiner Motorradtour Bayerischer Wald, sollte zumindest einen Zwischenstopp am Großen Arbersee einem beliebten Bikertreff direkt am Ufer des geheimnisvollen dunkel schimmernden Sees einlegen und vielleicht eine kleine Tretbootrunde drehen, denn der Arbersee ist der meist besuchte See des Bayerischen Waldes.

12145

Kollnburg

GPS: N 49°02´50" - E 12°51´39"

EZ ab € 26,00
DZ ab € 49,00
43 21 Tipp

Bei uns sind Motorradfahrer herzlich willkommen! Unser familiär geführter Burggasthof mit Gästehaus zur Burg bietet Bikern höchsten Komfort und Service. Wir zeigen Ihnen nicht nur die schönsten Touren im Kurvenparadies Bayerischer Wald, sondern bieten Ihnen auch noch folgende Annehmlichkeiten: Unterstellplatz oder Garage für Ihr Motorrad, Trockenraum, Waschplatz, Werkzeug und Werkstatt für kleinere Reparaturen. Und als besonderes "Schmankerl" gibt es zusätzlich für Sie: Gruppenrabatt auf Anfrage, bei Gruppen ab 10 Personen bieten wir auf Wunsch einen bayerischen Grillabend auf unserer Sonnenterrasse oder ein Rittereintopf-Essen an, Tourentipps. Unsere Zimmer, modern und urig, bieten Dusche, WC, Balkon, Telefon, SAT-TV-Anschluss und Zimmersafe.

Burgstr. 11 • 94262 Kollnburg • Telefon 0 99 42 / 86 86 • Fax 0 99 42 / 71 46
E-Mail: info@burggasthof-hauptmann.de • www.burggasthof-hauptmann.de

10957

von der Pension Burggasthof
in Kollnburg

Länge: ca. 160km, Dauer: ½ Tag,
Schwierigkeitsgrad: anspruchsvoll.

Genießen Sie vom Anfang bis zum Ende dieser Tour die reizvolle und ruhige Mittelgebirgslandschaft des Bayerischen Waldes. Diese Tour sollten Sie zur Einstimmung auf Land und Leute für den Anfang einplanen. Der erste Stopp lohnt sich in Miltach, um das Schloss Miltach zu besichtigen. Die Weiterfahrt nach Kötzting und ein Spaziergang im Kurpark lassen Sie Kraft tanken für die längste Etappe des Tages. Jetzt ist touren angesagt. Über Furth im Wald, Furth/Daberg und Kleinaign nach Neukirchen b. Hl. Blut. Ein Besuch der dortigen Wallfahrtskirche ist Pflicht. Weiter geht es in den Lamer Winkel. Der Ort Lam lädt ein zu einer kleinen Kaffeepause. Weiter geht`s nach Lohberg, wo der Bayerwald-Tierpark Aufschluss über die einstige Tierwelt des Bayerischen Waldes gibt. Ab jetzt geht`s bergauf über die kurvenreiche Bergstraße zum Großen Arber. Sie sollten sich dort eine Fahrt mit der Gondelbahn zum Gipfel des höchsten Berges nicht entgehen lassen. Nach der Weiterfahrt nach Bodenmais ist ein Besuch der Glashütten (Joska) mehr als empfehlenswert. Die Rückfahrt erfolgt über Arnbruck und Viechtach nach Kollnburg.

10957

ackenhäuser

PS: N 48°44´36" - E 13°48´12"

EZ ab € 40,00
DZ ab € 66,00
80 40 HP

Hotel **Bergland-Hof**

Eine Ferienidylle in Lackenhäuser "mitten in Wittikos Land". Unser Haus, am Südhang des Dreisesselberges, abseits vom Verkehrslärm in einer Oase der Ruhe und Erholung, mit allem Komfort ausgestattet, bietet Ihnen alles, was Sie sich zu einem schönen und erholsamen Urlaub wünschen. Unsere 50 Zimmer sind alle mit Bad oder Dusche und WC, TV, Radiowecker und überwiegend mit Telefon und Balkon ausgestattet. Fünf Appartements mit Diele, Schlafzimmer, Wohnzimmer, Minisafe, Radiowecker, TV, Balkon, Bad oder Dusche und WC stehen zur Verfügung. Selbstverständlich besitzen wir einen Hotellift. Lassen Sie sich von unserer Küche verwöhnen aus exzellenter Küche, stilvoll präsentiert im Panoramarestaurant harmonisch offeriert.

Lackenhäuser 34 • 94089 Neureichenau • Telefon 0 85 83 / 12 86 • Fax 0 85 83 / 25 86
E-Mail: info@berglandhof.com • www.berglandhof.com

10996

Lam
GPS: N 49°11´45" - E 13°01´42"

Hotel Haus am Berg

Haus am Berg ist ein kleines, familiengeführtes Hotel im Naturpark Bayerischer Wald. Das gemütliche Hotel mit 16 Zimmern, davon 11 mit Balkon oder Terrasse, befindet sich in einer sehr ruhigen Südhanglage mit einem herrlichen Blick über das Tal des Weißen Regens und die dahinter gelegenen Berge. Äußerlich ländlich, verfügt das Haus am Berg trotzdem über die modernste Technik, wie W-LAN und Sat-TV. Wenn erwünscht, können Sie Ihr 3-Gang Halbpensionmenü mit Hauptgerichtwahl im Restaurant oder auf der überdachten Terrasse genießen. Für Ihr Motorrad steht unsere abschließbare Garage zur Verfügung.

Alte Frahelser Str. 2 • 93462 Lam-Frahels • Telefon 0 99 43 / 17 60
E-Mail: info@hausamberg.eu • www.hausamberg.eu

10955

Lam
GPS: N 49°11´52" - E 13°03´00"

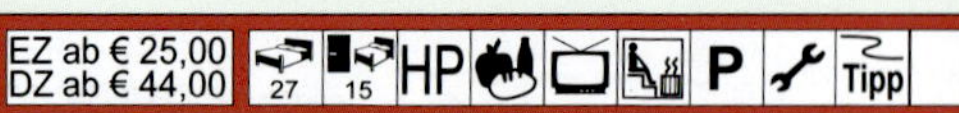

Gasthof "Zum Kirchenwirt"

Die familiäre Atmosphäre unseres Hauses lässt Sie schnell den Alltag vergessen und zur Ruhe kommen. Lassen Sie sich in unseren gemütlichen, im bayrischen Stil eingerichteten Räumen und im Sommer auf der Terrasse vor dem Haus mit diversen Schmankerln verwöhnen und genießen Sie unsere Gastlichkeit bei einem guten Schluck in gemütlicher Runde unter Freunden. Gutes Essen spielt im Urlaub eine ganz besondere Rolle. Dem Chef des Hauses ist es wichtig, Sie rundum zu verwöhnen. Fühlen Sie sich wohl in unseren geräumigen mit hellen Vollholzmöbeln eingerichteten Zimmern. Ausgestattet mit DU/WC, Sitzecke, teilweise Balkon mit einem wunderschönen Blick auf die umliegenden Berge.

Marktplatz 14 • 93462 Lam • Telefon 0 99 43 / 13 45 • Fax 0 99 43 / 13 77
E-Mail: kirchenwirt@lam.de • www.gasthof-kirchenwirt.de

1213

vom Gasthof Zum Kirchenwirt in Lam

Lam ist Ausgangspunkt vieler Motorradtouren im kurvenreichen Bayrischen Wald z.B. über den Arber (1457m) zum Arbersee, über Zwiesel, Glasmuseum Frauenau, Nationalpark über den Brodjacklriegel in den Lallinger Winkel und an die Donau. Von Deggendorf nach Kloster Metten mit berühmter Bibliothek zur Raubritterburg „Schloss Egg". Über Sankt Englmar nach Viechtach. Von hier in Richtung Lam lohnt sich ein Abstecher nach Schönau zur „Gläsernen Scheune". Über Arnbruck, wo das „ Glasdorf Weinfurtner" zu besichtigen ist, über das Eck (838m) wieder zurück in den Lamer Winkel. Für Touren nach Tschechien und im ganzen Bayerischen Wald erhalten Sie Beratung. Auch Begleitung mit dem Motorrad wird geboten.

1213

Lam
GPS: N 49°12´11" - E 13°03´31"

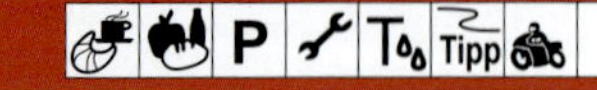

Waldlerhaus

Das um 1780 errichtete Waldlerhaus war in den letzten Jahrhunderten das Wohn- und Stallhaus der hiesigen Waldbauern. Es wird nun als urtümliche Landschänke bewirtschaftet. Wohnstube Schlafkammmer und Stall sind heute Gasträume. Im Heustad unter dem Dach wurden zwei urige, aber trotzdem moderne Ferienwohnungen eingebaut. Für Hungrige bietet das Waldlerhaus frisch zubereitete Speisen täglich bis 23.00 Uhr.

Himmelreich 23 • 93462 Lam • Telefon 0 99 43 / 89 12
E-Mail: jana.bickel@waldlerhaus.de • www.waldlerhaus.de

12

Lohberg

GPS: N 49°10´13" - E 13°05´57"

EZ ab € 20,00
DZ ab € 36,00

Gasthof "Wastl"

Die familiäre Atmosphäre und unser persönliches Bemühen um Ihr Wohlbefinden werden Ihren Aufenthalt unvergesslich werden lassen. Es erwartet Sie Bayerische Gemütlichkeit und eine gut bürgerliche, regionale Küche mit deftigen Schmankerln vom Grill. Gemütliche Stunden erleben Sie im ländlichen Stil eingerichteten Speiseraum. Die Gastzimmer sind mit DU/WC, Sat-TV und Balkon freundlich ausgestattet, damit Sie sich so richtig wohlfühlen. Ein Parkplatz, eine kleine Schrauberecke sowie ein Trockenraum stehen selbstverständlich zur Verfügung. Gerne geben wir Ihnen auch interessante Tourentipps rund um den großen Arber.

Lamer Str. 3 • 93470 Lohberg • Telefon 0 99 43 / 4 59 • Fax 0 99 43 / 90 20 24
E-Mail: wastl-wirt@t-online.de • www.gasthaus-wastl.de

12140

Mauth

GPS: N 48°53´27" - E 13°35´19"

EZ ab € 22,00
DZ ab € 38,00

23 10 HP

Pension Zum Latschen

Unser Haus "Zum Latschen" ist eine urgemütliche Familienpension, die zu jeder Jahreszeit einen angenehmen Urlaub bietet. Die Pension liegt abseits vom Straßenlärm in ruhiger zentraler Südhanglage des Bayer. Waldes mit herrlichem Talblick, der bei klarem Wetter bis zu den Alpen reicht. Unsere Pension verfügt über 6 Doppelzimmer, 2 Dreibettzimmer und 1 Einzelzimmer, die mit Balkon/Terrasse, Dusche/WC, Radio, SAT-TV, Telefon, Haartrockner und Tresor ausgestattet sind. Ein reichhaltiges Frühstücksbuffet läßt Sie den Tag in unserem geschmackvoll eingerichteten Frühstücks- und Aufenthaltsraum gut beginnen. Am Abend bieten wir Halbpension an. Auf unserem großen Grundstück mit Gartenhaus, Liegewiese, kleinem Swimming-Pool, Gartengrill, Kinderspielgeräten und Tischtenniseinrichtung können Groß und Klein ungestört verweilen. Genießen Sie die herrliche Aussicht, oder ruhen Sie sich auf unseren Liegestühlen aus. Auf Anfrage stellen wir Ihnen natürlich eine Garage für Motorrad zur Verfügung.

Fuchsbergstr. 6 • 94151 Mauth • Telefon 0 85 57 / 4 60 • Fax 0 85 57 / 92 03 76
E-Mail: pension@zum-latschen.de • www.zum-latschen.de

11002

von der Pension "Zum Latschen" in Mauth

Im Bayerischen Wald und hier besonders im Gebiet um den Nationalpark folgen die Straßen fast überall der natürlichen Topographie. Dadurch ist die gesamte Region ein fahrerlebnisreiches Motorradrevier. Vom Ausgangspunkt Mauth fahren wir ein Stück entlang der Tschechischen Grenze über Philippsreut und Haidmühle um einen Abstecher zum Dreisesselberg zu machen.
Kurz vor Passau treffen wir auf die Donau und folgen dieser in die Stadt, die in jedem Fall eine Besichtigung wert ist. Vorerst über die B 85 geht es wieder hinauf zum Bayerischen Wald vorbei an Thurmannsbang, hier findet im Winter das legendäre Elefantentreffen statt. Am Dreiburgensee lässt es sich gut verweilen und ein erfrischendes Bad nehmen. Weiter geht es unterhalb des Brotjacklriegel nach Grafenau und dann zurück bis Mauth.

Verlängerungsmöglichkeiten sind in fast beliebiger Ausdehnung möglich, dann am Besten direkt entlang des Nationalparks bis hinauf zum Arber, dem höchsten Berg der Region. Traumhafte Kurven und nur wenig Verkehr in einer intensiv duftenden Landschaft machen den unvergesslichen Reiz einer solchen Tour aus.

11002

Mitterfels

GPS: N 48°58´17" - E 12°40´47"

EZ ab € 28,00
DZ ab € 50,00

Landgasthof-Metzgerei-Pension Fischer "Veri"

Im Luftkurort Mitterfels, dort wo der herrliche Bayerische Wald beginnt, finden Sie in der Ortsmitte unseren gemütlichen Landgasthof. Die familiäre Atmosphäre, die großzügigen Gasträume und im Sommer der schattige Biergarten sind ein angenehmes Ambiente für erholsame Stunden. Aus der vom Chef persönlich geführten Küche und der eigenen Metzgerei werden die Gäste mit vielerlei bayerischen Schmankerln und anderen Köstlichkeiten verwöhnt. Bei uns wohnen Sie in gemütlichen Gästezimmern. Alle mit Dusche, WC und Sat-TV ausgestattet. Natürlich erwartet Sie am Morgen ein reichhaltiges, gesundes Frühstücksbüfett.

Burgstr. 24 • 94360 Mitterfels • Telefon 0 99 61 / 91 00 80 • Fax 0 99 61 / 91 00 81
E-Mail: fischer.mitterfels@freenet.de • www.gasthof-fischer.de

11045

Neukirchen b. Hl. Blut

GPS: N 49°15´33" - E 12°58´13"

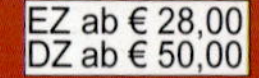

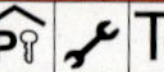

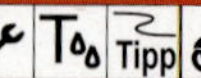

Gastfreundlichkeit und Gemütlichkeit ist unsere Tradition! Unsere freundlichen und komfortablen Gästezimmer verfügen natürlich über Dusche/WC, Radio/TV und Safe, teilweise Balkon/Terrasse. Unsere traditionelle Küche verwöhnt auch den anspruchsvollsten Genießer. Für unsere Biker halten wir eine kleine „Schrauberecke", sowie eine Garage bereit. Gerne geben wir ihnen Tips für ihre Motorradtour im Bayerischen Wald.

Marktstrasse 1
93453 Neukirchen b. hl. Blut
Tel. 09947-1218 · Fax 2145
www.gasthof-zum-bach.de

12138

Neukirchen-Pürgl

GPS: N 48°59´53" - E 12°45´16"

EZ ab € 15,00
DZ ab € 30,00

136 · 30 · Tipp · HP

Feriendorf Pürgl ***

Wir verstehen "Hotel" ganz anders: Wohnen in geräumigen Doppelzimmern, Zwei- und Dreiraumappartements. Alle in Doppel- oder Dreifachhaushälften im Landhausstil mit eigenem Zugang über einen Laubengang. Und immer mit Balkon oder Terrasse. In ländlicher Idylle inmitten des Naturparks "Bayerischer Wald". Dazu gibt es bekannt gute Küche à la carte, Halb- oder Vollpension. Bei schönem Wetter locken Biergarten und Terrasse zum Verweilen. Ihr Motorrad bringen wir sicher und geschützt auf einem überdachten Parkplatz unter. Unser hauseigenes Schwimmbad und die Sauna sind dann die ideale Voraussetzung den Tag entspannt ausklingen zu lassen.

Pürgl 30 • 94362 Neukirchen • Telefon 0 99 61 / 95 50
Fax 0 99 61 / 95 51 10 • info@puergl.de • www.puergl.de

109

Neunburg vorm Wald

GPS: N 49°20´05" - E 12°26´26"

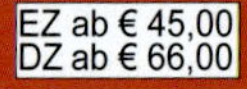

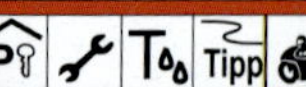

★★★ Panorama-Hotel am See

Wenn Sie in unser familiär geführtes Hotel kommen, spüren Sie eine angenehme Atmosphäre, die durch die geschmackvolle Einrichtung und die Liebe zum Detail bei der Wahl der Innenausstattung entsteht. Es stehen Ihnen insgesamt 68 Betten zur Verfügung. Unser neues Restaurant mit einem Ausblick, den man nicht mehr vergisst. In unserer Saunalandschaft und Beauty finden Sie die Entspannung und genießen ein neues Sinneserlebni voller Zufriedenheit nach einer anstrengenden Motorradtour.

Gütenland 22 • 92431 Neunburg • Telefon 0 96 72 / 9 21 90 • Fax 0 96 72 / 92 19 4
E-Mail: info@panorama-hotel-am-see.de • www.panorama-hotel-am-see.de

121

Neureichenau-Klafferstraß

GPS: N 48°43´38" - E 13°46´13"

EZ ab € 25,00
DZ ab € 48,00

20 · 10 · HP · Tipp

Gasthaus - Pension "Zur Einkehr"

Kulinarische Gerichte, eine familienfreundliche Atmosphäre un bayerische Gemütlichkeit machen den Urlaub zu einem Erlebnis Genießen Sie Ihren Urlaub in einer wunderschönen Gegend i Dreiländereck Deutschland - Tschechien - Österreich. Behaglich einge richtete Gästezimmer machen Ihren Aufenthalt so angenehm wie möglic Morgens erwartet unsere Gäste ein reichhaltiges Frühstücksbuffet. Abend servieren wir Ihnen bayerische Schmankerl, Wild- und Fischspezialitäte Dann können Sie den Tag entspannt auf unserer Terrasse ausklinge lassen. Für Ihr Motorrad haben wir abschließbare Garagen.

Klafferstraß 4 • 94089 Neureichenau • Telefon 0 85 84 / 2 77 • Fax 0 85 84 / 12
gasthaus-einkehr@t-online.de • www.gasthaus-einkehr.de

1

NEU: Bewertungen der Häuser finden Sie auf www.bikerbetten.d

Neuschönau
GPS: N 48°53'03" - E 13°28'38"

EZ ab € 34,00
DZ ab € 52,00

Landgasthof Euler

Freuen Sie sich auf entspannende Stunden in unseren Gästezimmern, alle ausgestattet mit Dusche/WC und TV. Allen Gästen steht eine große Sonnenterrasse zur Verfügung. Jeden Morgen erwartet Sie ein reichhaltiges Frühstücksbuffet. Unseren Gästen bieten wir traditionelle, bodenständige Küche. Spezialitäten des Bayerischen Waldes, mit Erzeugnissen aus der Region. Einen besonders hohen Stellenwert haben auch unsere Aktionswochen, in denen wir saisonale Produkte zu kulinarischem Köstlichem mit dem besonderen Etwas verarbeiten.

Kaiserstr. 10 • 94556 Neuschönau • Telefon 0 85 58 / 10 07 • Fax 0 85 58 / 26 12
E-Mail: info@landgasthof-euler.de • www.landgasthof-euler.de

11007

Neuschönau
GPS: N 48°53'27" - E 13°29'17"

Nationalpark Wirtshaus

Für Natur pur steht der Nationalpark Bayerischer Wald, der erste Deutsche Nationalpark, gegründet im Jahre 1970 und seitdem eine echte Attraktion für Naturliebhaber und Wanderfreunde. Dazu gehört auch das Nationalpark-Wirtshaus gleich unterhalb des Besucher-Info-Zentrums. Die gemütlichen Gasträume mit 80 Sitzplätzen bieten den richtigen Rahmen um z. B. einem bayerischen Schweinebraten oder Weißwürste mit Weizenbier zu genießen. Die günstigen Preise sprechen für sich. Der großzügige Biergarten mit 200 Plätzen lädt ebenfalls zur Rast ein.

Böhmstr. 37 • 94556 Neuschönau • Telefon 0 85 58 / 97 38 07 • Fax 0 85 58 / 97 38 09
E-Mail: info@bayerwald-info.de • www.nationalpark-wirtshaus.de

12097

vom
Verkehrsverein Grafenau in Neuschönau

Der Nationalpark Bayerischer Wald erstreckt sich entlang der Grenze nach Tschechien zwischen den Grenzbergen Rachel, Lusen und Falkenstein. Zusammen mit dem Nationalpark Sumava bildet er auf einer Fläche von 900 Quadratkilometern das größte Waldschutz- gebiet Mitteleuropas. Unter dem Motto „Natur, Natur sein lassen" wird ein abwechslungsreiches Angebot gemacht, über das man sich im Besucherzentrum „Hans-Eisenmann-Haus" bei Neuschönau einen umfassenden Eindruck verschaffen kann. Neben wechselnden Ausstellungen vermitteln Tonbildschau, verschiedene Filme und grafische Darstellungen einen umfassenden Eindruck über den großflächigen Park und seine Ziele. Durstig und hungrig geworden durch so viel Information? Nur 50 m unterhalb des Besucherzentrums befindet sich das Nationalpark-Wirtshaus. Es bietet eine abwechslungsreiche Speisekarte auch mit Bayerischen Gerichten bei durchaus erschwinglichen Preisen. Dann kann es zum Tierfreigelände in unmittelbarer Entfernung weitergehen. Wolf, Luchs, Bär, verschiedene Eulen und Käuze, Wildkatze und Wildschwein sind dort in großzügigen Gehegen zu beobachten. Mit Natur erschöpft sich aber das Angebot des Ferienlandes Nationalpark Bayerischer Wald nicht. Glashütten und Museen zur interessanten Geschichte des großen Waldes an der Grenze zu Tschechien oder auch Ausflüge nach Passau über die B 85 – eine interressante Straße vor allem für Motorradfahrer – lohnen sich. Moldaustausee und Krummau knapp nach der Grenze zu Tchechien sind sehr interessant.

12097

Obernzell
GPS: N 48°33'35" - E 13°38'05"

EZ ab € 37,00
DZ ab € 54,00

156 98 HP Tipp P

Panoramahotel Fohlenhof ***

Die Ferienwohnungen befinden sich im Panoramahotel FOHLENHOF *** auf einer Anhöhe in angenehm ruhiger Alleinlage, mit traumhaftem Blick ins malerische Donautal. Unsere Zimmer sind alle komplett und komfortabel eingerichtet. Morgens erwartet Sie ein reichhaltiges Frühstücksbuffet. In unmittelbarer Nähe befindet sich die Dreiflüssestadt Passau, der Nationalpark Bayerischer Wald, das Museumsdorf Tittling, die Westernstadt Pullman City, das Thermalbad Bad Füssing. Die österreichische Grenze liegt in der Mitte der 300m breiten Donau. Von Obernzell aus gibt es eine Fährverbindung nach Österreich.

Matzenberger Str. 36 • 94130 Obernzell • Telefon 0 85 91 / 91 65 • Fax 0 85 91 / 91 66
E-Mail: info@panoramahotel-fohlenhof.de • www.panoramahotel-fohlenhof.de

12144

Passau
GPS: N 48°34´33" - E 13°27´59"

EZ ab € 70,00
DZ ab € 98,00
100 49

Hotel Residenz

Das Hotel Residenz liegt direkt an der Donau, in bester Lage, im Herzen der Passauer Altstadt. Durch die zentrale Lage des Hauses gibt es in unmittelbarer Umgebung viele Restaurants und Gaststätten, in denen für jeden Geschmack passende Speisen und Getränke angeboten werden. In unseren geräumigen (Doppelzimmer mind. 25m²) und behaglich eingerichteten Zimmern werden Sie sich wohl fühlen. Wohnen Sie im Herzen Passaus mit Blick zur Donau oder zur historischen Altstadt. Alle unsere Zimmer verfügen über modernen Komfort: Sie sind ausgestattet mit Bad oder Dusche, WC, Föhn, Radio, Telefon mit Voice-Mail, Minibar, TV, Modem-Anschluß und Wireless-LAN.

Fritz-Schäffer-Promenade • 94032 Passau • Telefon 08 51 / 98 90 20 • Fax 08 51 / 98 90 22 00
E-Mail: hotel@residenz-passau.de • www.residenz-passau.de

11046

Regen
GPS: N 48°58´43" - E 13°07´27"

EZ ab € 0,00
DZ ab € 0,00
22 10 HP P

Landgasthof Kalvarienberg

Genießen Sie die Ruhe und erholen Sie sich in der reizvollen Bayerwaldlandschaft - dem Luftkurort Regen. Unsere familiäre Pension besitzt geschmackvoll eingerichtete Gästezimmer und eigene Parkplätze. Sie liegt idyllisch am Waldrand in der Nähe vom Ortszentrum Regen und bietet Ihnen einen wunderschönen Ausblick über die Stadt bis hin zur Burgruine Weißenstein. Für Ihr leibliches Wohl sorgen wir in unserem Landgasthof mit gut bürgerlicher Küche, bayerischen Spezialitäten und Schmankerln aus dem Holzbackofen! Bei Halbpension haben Sie die Wahl zwischen mehreren Hauptgerichten. Unser Haus verfügt zudem über Internetanschluss und Fernseher.

Kalvarienbergweg 51 • 94209 Regen • Telefon 0 99 21 / 30 51 • Fax 0 99 21 / 95 92 31
E-Mail: inge.koeckeis@web.de • www.kalvarienberg.de

1100

Riedlhütte
GPS: N 48°54´22" - E 13°22´35"

EZ ab € 27,00
DZ ab € 42,00
18 5 HP

Pension Braumandl

Willkommen im Herzen des bayer. Waldes .... in der Pension Braumandl in Riedlhütte! In unserer familienfreundlichen Pension mit Gaststätte sind alle Voraussetzungen für einen aktiven, aber auch erholsamen Urlaub in einer herrlichen Umgebung erfüllt. Unser Haus liegt am Ortsrand von Riedlhütte in der Reichenberg-Siedlung direkt am Nationalpark Bayer. Wald. Unsere Zimmer sind alle ausgestattet mit Dusche/WC, teilw. Balkon, Sat-TV und Radiowecker. Die Ferienwohnung verfügt außerdem über eine Wohnküche und zwei getrennte Schlafräume Wir bieten Übernachtung mit Frühstück als auch Halbpension oder nur Brötchenservice (in unserer Ferienwohnung) an.

Siedlerstr. 7 • 94566 Riedlhütte • Telefon 0 85 53 / 60 48 • Fax 0 85 53 / 97 92 24
E-Mail: pension-braumandl@freenet.de • www.pension-braumandl.de

109

Riedlhütte
GPS: N 48°53´56" - E 13°23´25"

EZ ab € 21,00
DZ ab € 42,00
19 12 HP

Gästehbaus "Am Goldberg"

Damit Sie sich bei Ihrem Urlaub im Bayerischen Wald wohl fühlen, verfüg unser Gästehaus über gemütliche Aufenthaltsräume und eine Sauna. Hie finden Sie die nötige Ruhe um sich zu entspannen. In den großzügige Komfortzimmern, teilweise mit Balkon, bequemen Sitzmöbeln und eine Ausstattung mit DU/WC, TV und Radiowecker, werden Sie den Bayern-Urlau genießen. Ihr Motorrad wird sicher in einer unserer abschließbaren Garage untergebracht. Morgens erwartet Sie in unserer Pension ein reichhaltige Frühstücksbuffet, so dass Sie gut in den Tag starten können. Nach Absprach ist auch Halbpension möglich!

Herzogstr. 85 • 94566 Riedlhütte • Telefon 0 85 53 / 12 00 • Fax 0 85 53 / 60 20
E-Mail: Gaestehaus-am-Goldberg@t-online.de • www.gaestehaus-am-goldberg.d

10

Rötz
GPS: N 49°21´08" - E 12°30´12"

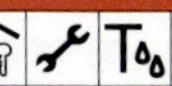

Hotel Bergfried ***

Unser familiär geführtes Hotel liegt am Fuß der Schwarzenburg inmitten der schönsten Natur des vorderen Bayerischen Waldes - abseits von Lärm und Hektik der Großstadt. Bayerische Gastfreundschaft und Herzlichkeit schaffen die besondere Atmosphäre unseres Hauses. Nach einem erlebnisreichen Tag können Sie in unserer Sauna und dem Solarium Entspannung finden. Unsere Gäste können wählen zwischen feiner Küche mit internationalen Akzenten und regionalen Schmankerln. Mit einem abwechslungsreichen Frühstück vom reichhaltigen Buffet beginnen Sie einen erlebnisreichen Tag. Auf unserer gemütlichen Terrasse ist immer ein Platz frei wo man ein schönes Pläuschchen halten. Das Motorrad steht in dieser Zeit in unserer abschließbaren Garage.

Bauhof 7 • 92444 Rötz • Telefon 0 99 76 / 3 22 • Fax 0 99 76 / 9 40 03 99
E-Mail: info@hotel-bergfried.de • www.hotel-bergfried.de

10985

Saldenburg
GPS: N 48°46´31" - E 13°20´56"

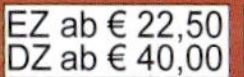

Pension Bergstub´n

BIKER HERZLICH WILLKOMMEN!! Inmitten faszinierender Mittelgebirgslandschaft finden Sie unsere gemütliche, familiengeführte Pension. Genießen Sie erholsame Urlaubstage nach ausgiebigen Motorradtouren. Alle unsere Zimmer sind ausgestattet mit Balkon od. Terrasse, Dusche/WC, SAT-TV, Radio und Telefon. In unserem Biergarten servieren wir Ihnen gutbürgerliche Speisen, leckere Brotzeiten, Kaffee/Kuchen, frisch gemixte Cocktails. Unsere Garage können Sie selbstverständlich kostenlos nutzen und Ihre Motorräder unterstellen. Ab Sommer 2008 steht Ihnen unser kleiner Freizeitraum mit Billard, Dart und Tischfußball zur Verfügung. Unsere Pension ist zentraler Ausgangspunkt für unzählige Sehenswürdigkeiten z.B. Österreich, Passau, Tschechien ...

Seldenstr. 56 • 94163 Saldenburg • Telefon 0 85 04 / 91 08 80 • Fax 0 85 04 / 9 10 88 29
E-Mail: info@pension-bergstubn.de • www.pension-bergstubn.de

11630

Sankt Englmar
GPS: N 49°00´45" - E 12°47´32"

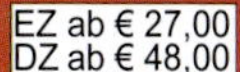

Gasthof Reiner

Herzlich willkommen im Gasthof Reiner. Fühlen Sie sich zuhause in unseren Einzel- Doppel- oder Dreibettzimmern. Alle mit Dusche/WC, Sat-TV größtenteils mit Balkon und Etagenlift. Lassen Sie sich in unseren gemütlichen Gasträumen verwöhnen von den Köstlichkeiten die Ihnen unsere Küche vorwiegend aus Erzeugnissen der Region frisch zubereitet. Von der hausgemachten Brotzeit bis zum anspruchsvollen Menü gehen wir gerne auf Ihre Wünsche ein. Unser Haus eignet sich ideal als Ausgangspunkt für Touren in jede Himmelsrichtung. Zur Entspannung am Abend dient unsere großzügige hauseigene Sauna, der Whirlpool und ein Ruheraum.

Grün 8 • 94379 St. Englmar • Telefon 0 99 65 / 5 96 • Fax 0 99 65 / 15 40
E-Mail: Gasthof-Reiner@t-online.de • www.Gasthof-Reiner.de

12501

Sankt Englmar-Rettenbach
GPS: N 48°58´55" - E 12°50´33"

Unser familiär geführter Landgasthof befindet sich im Gemeindeteil Rettenbach, 3km von der Ortschaft St. Englmar entfernt, in ruhiger Lage, direkt am Waldrand. Die komfortablen und gemütlichen Gästezimmer und großzügigen Ein-Raum-Apartments mit Dusche und WC, Sat-TV, Telefon, Fön, Safe und größtenteils mit Balkon lassen Ihren Urlaub zu einem unvergeßlichen Erlebnis werden. Für Ihr Sommervergnügen stehen Ihnen ein Swimmingpool, ein Beachvolleyballfeld, ein Outdoor-Tischtennisplatz und mehrere Asphaltstockbahnen zur Verfügung. In der gemütlichen Hirschenstein-Stube, im mediterranen Toskana-Stüberl oder im lichtdurchfluteten Ambiente des Wintergartens verwöhnen wir Sie gerne mit kulinarischen Köstlicheiten. Oder bevorzugen Sie leichte Kost oder internationale Spezialitäten? Wählen Sie ganz nach Lust und Laune!

Rettenbach 1 • 94379 Sankt Englmar • Telefon 0 99 65 / 8 01 00 50 • Fax 0 99 65 / 8 01 00 51
E-Mail: gasthof@zum-hirschenstein.de • www.zum-hirschenstein.de

11267

Scheuereck

GPS: N 49°03´52" - E 13°18´21"

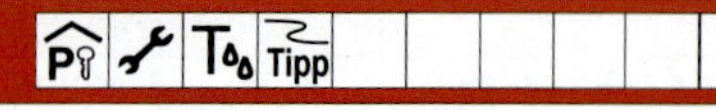

Herzlich willkommen im Waldgasthaus Scheuereck. Hier bieten wir Ihnen warme Gerichte, deftige Brotzeiten sowie Kaffee und hausgemachten Kuchen. Spezialität ist der original Pfälzer Flammkuchen! Genießen Sie unseren gute Küche in den gemütlichen Gasträumen oder auf unserer sonnigen Terrasse. Derweil steht Ihr Motorrad sicher in einer abschließbaren Garage. Ihr Gastgeber kann Ihnen weitere interessante Tourentipps geben. Wir freuen uns auf Ihren Besuch!

Scheuereck 1 • 94227 Lindberg • Telefon 0 99 22 / 20 71 • Fax 0 99 22 / 76 08 25
E-Mail: info@waldgasthaus-scheuereck.de • www.waldgasthaus-scheuereck.de

10964

Schöfweg

GPS: N 48°50´23" - E 13°13´46"

EZ ab € 27,00
DZ ab € 44,00

★★ Gasthof zum Sonnenwald

Sonnenwaldstr. 3 • 94572 Schöfweg • 0 99 08 / 2 75 • Fax 0 99 08 / 12 06
E-Mail: gasthof@zum-sonnenwald.de • www.zum-sonnenwald.de

Genießen Sie die reinste Luft Deutschlands und lassen Sie sich so richtig fallen. Wo könnten Sie das besser als in der Region Sonnenwald im Bayerischen Wald? Wir bemühen uns, Sie stets aufmerksam zu bedienen und Ihre Wünsche zu Ihrer vollsten Zufriedenheit zu erfüllen und bieten unseren Gästen gemütlichen Biergartenbetrieb, Hüttenabende in unserer sehr gemütlichen, rustikalen Blockhütte, geführte Motorrad- und Quadtouren und vieles mehr. Unsere Zimmer und Ferienwohnungen sind alle gemütlich eingerichtet. Ihr Motorrad bringen wir in einer Garage unter. Für Tourentipps in unserer Region stehen wir Ihnen jederzeit zur Verfügung.

12142

Spiegelau

GPS: N 48°54´43" - E 13°21´16"

EZ ab € 35,00
DZ ab € 70,00

Unser Bikerhotel Waldfrieden, seit 5 Jahren bei Bikern ein Begriff, liegt in zentraler Lage, in Mitten des Bayerischen Waldes. Unsere Region am Dreiländereck Deutschland, Tschechien und Oberösterreich mit zahlreichen Ausflugszielen z. B. Großer Arber, Passau, Krumau, oder die Donauschlinge in Schlögen sind beliebte Ziele für Motorradfahrer. Die Motorradfahrer sind begeistert von der Mittelgebirgslandschaft mit seinen langgezogen Kurven und dem guten Zustand unserer Straßen. Wir halten für Sie bereit: abschließbare Garage, Waschplatz mit Schrauberecke, Tourenvorschläge, Tourenkarten, Trockenraum für Kleidung, verschiede Bikerpauschalen, gemütliche Bikertreffen. Die geführten Touren mit dem Chef Franzl des Hauses, oder seiner Tourguides kommen immer gut bei den Bikern an. Einfach die Landschaft genießen. Unser Haus verfügt über 45 Betten, als komfortable Doppel – u. Einzelzimmer mit Balkon, DU/WC, Föhn, Durchwahltelefon und SAT – TV, Restaurant, Hallenbad, Saunalandschaft, Massagepraxis, Biergarten uvm.

Waldschmidt Str. 10 • 94518 Spiegelau
Telefon 0 85 53 / 9 79 96 60 • Fax 0 85 53 / 9 79 96 63 00
E-Mail: info@hotelwaldfrieden.de • www.bikerhotel-spiegelau.de

1096

Tannöd/Passau

GPS: N 49°39´12" - E 13°30´26"

EZ ab € 28,00
DZ ab € 44,00

Landhotel Stemp

Die herzliche, familiäre Atmosphäre vermittelt das angenehme Gefühl des Daheimseins. Unser Landhotel liegt am Ortsrand von Büchlberg, einem kleinen idyllischen Ort im Bayerischen Wald fernab von tosendem Straßenlärm, Hektik und Stress. Unsere komfortablen Zimmer verfügen alle über DU/WC, Balkon, Telefon TV und Internetanschluss. Seit April 2001 bieten wir unseren Gästen neue komfortable Ferienwohnungen für 2-7 Personen. Mit einem Frühstücksbüfett, das alles beinhaltet was das Herz begehrt, fängt Ihr Tag bei uns gut an. Eine Garage für Ihr Motorrad stellen wir Ihnen gerne zur Verfügung. Eine kleine Schrauberecke, eine hauseigene Waschhalle sowie ein Trockenraum sind ebenfalls vorhanden.

Goldener Steig 24 • 94124 Büchlberg • Telefon 0 85 05 / 9 16 79 00 • Fax 0 85 05 / 9 16 79 04 5
E-Mail: info@landpension-stemp.de • www.landpension-stemp.de

120

vom
Landhotel Stemp in Tannöd

Wir überqueren die Donau, fahren am linken Ufer entlang, von dem man einen herrlichen Blick auf die Altstadt und die weißen Schiffe davor genießt. Durch einen Tunnel erreichen wir die Ilzstadt, überqueren die Ilz und fahren am Dreiflusseck vorbei nach Osten. Zunächst immer entlang der Donau. Bei Oberzell tauchen wir nach Norden ins Kurvengetümmel ein. Über Serpentinen gibt es auf der Stecke schöne Blicke ins Donautal. Über schier nicht enden wollende Kurvensträßchen erreichen wir Wegscheid, dann Breitenberg und schließlich Neureichenau. Hinter Neureichenau geht es nach rechts hinauf zum Dreisessel (1332m). Die Straße erinnert an ein Gebirgssträßchen, oben, kurz unter dem Gipfel, ist ein Parkplatz. Über Haidmühle, Philippsreut und Mitterfirmiansreut erreichen wir Mauth. Über Schönbrunn am Lusen geht weiter nach Freyung und Waldkirchen - in beiden Städten empfielt sich ein Stopp, sie verfügen über nette Stadtplätze. Die Straßen in Richtung Süden zurück nach Passau sind herrlich einsam, so erreichen wir Hauzenberg und über den kleinen Ort Thyrnau geht es wieder zum Ausgangspunkt nach Passau.

12096

Tattenberg (Rusel)

GPS: N 48°51´53" - E 13°01´08"

EZ ab € 29,00
DZ ab € 50,00

Das besondere Gästehaus "Zum Horizont ***"

Die sehr schöne Lage unseres neuen Hauses lädt Sie ein, die weiten Ausblicke und die Ruhe zu genießen. Naturliebhaber finden hervorragende Möglichkeiten zu Wandern, Biken, Motorrad fahren, Reiten, Baden, Golfen, Ski- und Langlaufen, usw. Hier erreichen Sie gewiß den gewünschten Abstand zum Alltag - ein Kurzurlaub - ein Ausflug in den Bayerischen Wald mit Folgen. Für Entspannung sorgt auch unser Wellnessraum mit Sauna, Whirlpool, Solarium und Fitnessgeräten. Neu - Tibetanische Klangmassage buchbar. Unsere Gaststube ist von Mittwoch bis Samstag von 14:30 Uhr bis 24:00 Uhr geöffnet; am Sonntag bereits ab 11:30 Uhr bis 20:00 Uhr; Montag und Dienstag ist Ruhetag.

Tattenberg 15 • 94469 Deggendorf • Telefon 09 91 / 2 91 04 52
Fax 09 91 / 2 91 04 53 • E-Mail: info@zum-horizont.de • www.zum-horizont.de

11009

Unterholzen

GPS: N 49°04´54" - E 12°44´53"

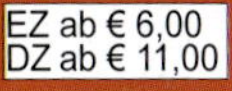

Gasthaus - Café - Camping "Perlbach"

Lassen Sie sich von unserer gutbürgerlichen Küche verwöhnen und fühlen Sie sich in unseren gemütlichen Stuben wie zuhause. Neben Bayerischen Schmankerl bekommen Sie hier selbstverständlich auch selbstgemachte Kuchen-Spezialitäten serviert. Auf unserer Terrasse können Sie bei Kaffee und Kuchen die natürliche stille Landschaft mit seinen Eigenarten genießen und Ihre Seele baumeln lassen. Bei uns haben Sie die Wahl zwischen einem Campingstellplatz oder unserem Bettenlager mit Dusche und WC. Ihr Motorrad steht bei uns sicher in einer Garage. Gerne geben wir Ihnen Tipps für Ihre nächste Tour.

Unterholzen 7 • 94371 Rattenberg • Telefon 0 99 63 / 7 01 • Fax 0 99 63 / 24 26
E-Mail: info@campingperlbach.de • www.campingperlbach.de

12134

Waldkirchen

GPS: N48°44´18" - E 13°35´42"

Landgasthof "Emerenz Meier"

Neue Gastlichkeit in alten Mauern! Ob eine kleine Zwischenmahlzeit oder ein deftiges Hauptgericht. Wir haben genau das Richtige für eine Pause in gemütlicher Atmosphäre und schönem Ambiente. Selbstverständlich reichen wir auch Kaffee und Kuchen auf unserer sonnigen Terrasse vor dem Haus. Das Motorrad können Sie auf unserem hauseigenen Parkplatz sicher abstellen. Tipps für schöne Touren und Sehenswürdigkeiten gibt Ihnen auch Ihr Gastgeber. Sprechen Sie uns an.

Dorfplatz 9 • 94065 Waldkirchen • Telefon 0 85 81 / 98 91 90 • Fax 0 85 81 / 98 91 92
E-Mail: zur.emerenz@gmx.de • www.goldwingclub-dreisessel.de

10999

Geben auch Sie eine Bewertung zu Ihrem Aufenthalt ab

Waldmünchen
GPS: N 49°23´40" - E 12°41´46"

Campingplatz am Perlsee

In einer herrlichen, völlig unverbauten und idyllischen Landschaft, unmittelbar in einem Waldstück am Perlsee gelegen, finden Sie unseren vielfach preisgekrönten Campingplatz am Stadtrand von Waldmünchen. Der erst kürzlich modernisierte Platz mit 40.000 Quadratmetern bietet alles, was Sie sich für Ihren Freizeit-Urlaub wünschen - inklusive der schönsten Tourismushighlights der Oberpfalz nur einen Steinwurf entfernt vom See und der Stadt.

Alte Ziegelhütte 6 • 93449 Waldmünchen • Telefon 0 99 72 / 14 69
Fax 0 99 72 / 37 82 • E-Mail: info@see-camping.de • www.see-camping.de

10983

Wegscheid
GPS: N 48°36´03" - E 13°47´15"

EZ ab € 18,50
DZ ab € 35,00

30 13 HP Tipp

*** Hotel-Gasthof "Zum Bayerischen Wald"

- Komfortzimmer mit Dusche/WC, Sat-TV, Durchwahltelefon, Fön, Internet, teils mit Balkon und Safe, Parkplatz, Gästegarten.
- Gepflegte Gasträume für gesellige Stunden in froher Runde.
- Im großzügigen Saal finden 20 bis 180 Personen Platz.
- Bekannt gutbürgerliche Küche.
- Regionale und internationale Spezialitäten, Menüwahl.
- Dazu servieren wir Ihnen Spezialitäten-Biere der Region und erlesene Weine.
- Idealer Ausgangspunkt für Wanderungen oder Fahrten ins benachbarte Tschechien und Österreich.

Marktstr. 2 • 94110 Wegscheid • Telefon 0 85 92 / 2 18 • Fax 0 85 92 / 9 32 08
E-Mail: info@gasthof-bayerwald.de • www.gasthof-bayerwald.de

1104

Windorf-Rathsmannsdorf
GPS: N 48°39´31" - E 13°14´58"

Gasthaus Aulinger-Penn

Seien Sie herzlich willkommen im Gasthof Aulinger-Penn in Rathsmannsdorf im Bayerischen Wald! Unser Haus liegt im südlichen Bayerischen Wald ca. 4km von der Donau entfernt. Wir bieten unseren Gästen gepflegte Ein-, Zwei- und Dreibett zimmer mit Dusche und WC, teils mit Sat-TV. In unserem familiär geführten Haus erwarten Sie gemütlich und moderne Gasträume, zwei Bundeskegelbahnen und eine schattige Terrasse. Wir bieten Ihnen aus unserer bekannt gutbürgerlichen Küche Kuchen oder eine deftige niederbayerische Brotzeit, aber auch Wünsche wie z. B. hausgemachte Pizza erfüllen wir Ihnen gerne. Dazu ein frisch gezapftes Bier vom Fass. Eine Garage für Ihr Motorrad ist selbstverständlich auch vorhanden

Schulstr. 6 • 94575 Rathsmannsdorf • Telefon 0 85 46 / 10 67
Fax 0 85 46 / 91 10 61 • E-Mail: info@pension-penn.de • www.pension-penn.de

1102

Wolferszell
GPS: N 48°57´45" - E 12°37´31"

EZ ab € 29,00
DZ ab € 58,00

Unser Gasthof liegt direkt an der B20 und nicht weit der A3 zwischen Regensburg und Passau am Beginn des Bayerischen Waldes. Ohne Ruhetag sind wir auch für einen längeren Aufenthalt der Gäste bestens vorbereitet. Über 35 Betten stehen in gepflegten Gästezimmern mit Dusche, WC, TV und Telefonanschluss für Geschäftskunden wie auch für Touristen bereit. Die Vielfalt der bayerischen Kochkunst liegt uns am Herzen. Nach Jahreszeiten und nicht nur deftig, sondern auch leicht, variantenreich und zeitgemäß, zudem zu erschwinglichen und günstigen Preisen. Uns ist wichtig, dass sich bei uns auch eine ganze Familie satt essen kann und das durchgehend und täglich. Unser neu gestalteter, idyllischer Biergarten mit Grill und Forellenbassin ist teilweise überdacht und lädt zu gemütlichen Stunden mit einem guten Bier ein.

Chamer Str. 1 • 94377 Wolferszell • Telefon 0 99 61 / 5 51
E-Mail: mail@gasthof-schmid.de • www.gasthof-schmid.de

11

Zwiesel

GPS: N 49°00´35" - E 13°13´24"

P

Bräustüberl Zwiesel

Das gemütliche Wirtshaus mit der besonderen Atmosphäre

Genießen Sie die gemütliche Atmosphäre in unserem Bräustüberl, bei deftigen Brotzeiten, bayerischen Spezialitäten und dem süffigen Dampfbier der ersten Dampfbierbrauerei in Zwiesel. Die unverfälschte, urbayerische Volksmusik haben wir ebenfalls für Sie da. Unsere bekannte und gute Küche lässt keine Wünsche offen und Sie können gestärkt die nächste Etappe des Bayerischen Waldes meistern. Wir freuen uns auf Sie!

Regener Str. 6 • 94227 Zwiesel • Telefon 0 99 22 / 66 86

10962

Zwiesel

GPS: N 49°01´10" - E 13°´37"

EZ ab € 41,00
DZ ab € 64,00

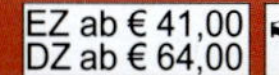

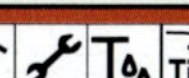

Hotel - Gasthof "Kopfhammer"

Holzweberstr. 6-10
94227 Zwiesel
Telefon 0 99 22 / 8 43 10
Fax 0 99 22 / 65 46
E-Mail: hotel-kapfhammer@web.de
www.hotel-kapfhammer.de

Unser traditionsreicher Familienbetrieb - seit mehr als 150 Jahren - liegt in einer ruhigen Lage im Herzen der Glasstadt Zwiesel, von wo aus Sie bequem in kürzester Zeit unseren Luftkurort entdecken können. Zur Übernachtung bietet Ihnen unser Haus 34 komfortabel eingerichtete Doppelzimmer sowie 12 Einbettzimmer. Die Zimmer sind mit DU/WC, Farb TV, teils Selbstwähltelefon, Radiowecker, Fön sowie überwiegend Balkon ausgestattet. In unseren gemütlich eingerichteten Gasträumen, verwöhnt Sie unsere bekannte Küche mit regionalen Schmankerln, sowie verfeinerten internationalen Spezialitäten.

12105

Zwiesel

GPS: N 49°02´13" - E 13°11´52"

EZ ab € 27,50
DZ ab € 49,00

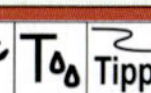

Machen Sie unser Haus zum Ausgangspunkt Ihrer Motorradtouren in das Sie abends gerne wieder zurückkehren. Am Abend, wenn Sie von Ihrer Tour heimkommen, lassen Sie sich die schmackhaften Gerichte unserer guten Küche munden! Oder Sie genießen an lauen Sommerabenden auf unserer romantischen Terrasse ein Glas Wein. Alle unsere Zimmer mit Balkon oder Terrasse bieten eine traumhafte Aussicht über Rabenstein, Zwiesel und die Berge des bayerischen Waldes. Sämtliche Zimmer sind mit Flachbildschirmen und SAT-TV ausgestattet. Ein großer Garten lädt zur Erholung und Entspannung ein. Eine persönliche, individuelle Betreuung zeichnet unser Haus aus.

Auackerweg 7 • 94227 Zwiesel-Rabenstein • Telefon 0 99 22 / 26 30 • Fax 0 99 22 / 94 03
E-Mail: zum.fliegenden.hollaender@t-online.de • www.zum-fliegenden-hollaender.com

12106

Bodensee -Oberschwaben
Entspanntes Motorradfahren
am "Schwäbischen Meer"

Der Bodensee ist mit seiner Ausdehnung von 571 Kilometern der drittgrößte See in Mitteleuropa. Zu ihm gehören der Ober- und Untersee sowie der Überlinger See. An seiner tiefsten Stelle hat er die beachtliche Tiefe von 254 Metern. Zwischen dem 3. und 6. Jahrhundert vertrieben die Alemannen die Römer und ließen sich rund um den Bodensee nieder. Die heutigen Nachkommen wohnen in drei Staaten: Das nördliche und westliche Ufer des Bodensees gehören zu Deutschland, das südliche zur Schweiz und die östliche Spitze zu Österreich.
Eine Besonderheit ist das Klima am Bodensee. Die große Wasserfläche mildert als Wärmespeicher die Fröste und sorgt für ausgeglichene Temperaturen. Im Herbst kann im Bodensee noch zu einer Zeit gebadet werden, wo anderenorts längst warme Herbstkleidung getragen wird. Selten friert der Bodensee zu. In den letzten 1.000 Jahren ist der See durchschnittlich dreimal in hundert Jahren zugefroren. Dann gelangt man trockenen Fußes von einem zum anderen Ufer. Zuletzt geschah das im Jahr 1963.

Essen und Trinken

An den Südhängen des Bodensees wird seit dem 7. Jahrhundert Wein angebaut. Die Voraussetzungen dafür schaffen die geeigneten Reben, die gute Bodenbeschaffenheit und das milde Klima mit dem als Regulator wirkenden Wasser des Bodensees. Besondere Spezialitäten dieser Region sind der Spätburgunder Rotwein und der Spätburgunder Weißherbst.
Die Speisekarte am Bodensee weist als einheimische Delikatesse ein reiches Angebot von Fischmenüs auf. Im Bodensee leben rund 35 verschiedene Fischarten. Am häufigsten wird der Felchen serviert. Weitere Spezialitäten sind Aal, Hecht, Saibling und Zander.

Feste und Veranstaltungen

Zum regionalen Brauchtum am Bodensee gehört die alemannische Fasnet. Der Höhepunkt wird erreicht zwischen dem “Schmotzigen Donnerstag” und Aschermittwoch. Viele Fastnachtsbräuche reichen zurück bis in die vorchristliche Zeit. Einst haben die furchterregenden Gestalten mit bunten Kostümen und kunstvoll geschnitzten Masken den Winter ausgetrieben.
Ein weiterer Höhepunkt im Festkalender ist das

Seenachtsfest, das Mitte August gleichzeitig in Konstanz und in der Schweizer Nachbarstadt Kreuzlingen gefeiert wird. Die Konstanzer Bucht verwandelt sich dann in eine Festarena. Zum Schluss präsentieren die Städte zwei Seefeuerwerke.

Freizeitaktivitäten

Wassersport
Auf dem großflächigen Bodensee finden Segler und Surfer, Wasserskifahrer und Kanuten, Ruderer und Tretbootfahrer genügend Platz. Zahlreiche Segel-, Wasserski- und Windsurfschulen vermitteln in Theorie und Praxis den Umgang mit dem Element Wasser. Schwimmen und Baden ist in über 60 See- und Freibädern möglich. Dazu kommen zahlreiche Hallenbäder.

Wandern
Jeder Ort am Bodensee verfügt über ein regionales Netz von ausgeschilderten Wanderwegen, die direkt am Ufer und durch die angrenzenden Obstplantagen, Weinberge, Wiesen und Wälder führen.
Eine sportliche Herausforderung ist das Umwandern des gesamten Bodensees. Dafür ist ein Rundweg mit einer Gesamtlänge von 272 Kilometern angelegt worden, der direkt am Ufer oder in Ufernähe verläuft. Die Markierung zeigt einen schwarzen Pfeil im blauen Punkt.

Bodenseeschifffahrt
Zwischen Konstanz und Meersburg sowie zwischen Friedrichshafen und dem schweizerischen Romanshorn verkehren regelmäßige Autofähren. Auf dem Überlinger See gibt es zwischen Ostern und Anfang Oktober einen fahrplanmäßigen Schiffsverkehr. Von zahlreichen Orten in den drei Anrainerstaaten werden in den Sommermonaten halb- und ganztägige Schiffsausflüge und Rundfahrten angeboten. Dazu stehen 40 Passagierschiffe mit einer Kapazität von rund 20.000 Plätzen bereit.

Sehenswerte Orte

Insel Mainau
Die 45 Hektar große "Blumeninsel" Mainau bei Konstanz wurde im Jahr 1932 vom schwedischen Grafen Bernadotte erworben. Er ließ den Schlossgarten zu einer attraktiven Gartenanlage umgestalten. Vom zeitigen Frühling bis zum Herbst erblühen auf der Insel viele Blumen in allen erdenklichen Formen und Farben. Exotische Pflanzen verleihen der Mainau ein mediterranes Flair. Jedes Jahr kommen Tausende von Besuchern herbei, um die Blumenpracht zu bewundern.

Lindau
Die Altstadt der ehemaligen Freien Reichsstadt liegt auf einer fast 70 Hektar großen Insel, die durch einen Straßen- und Eisenbahndamm mit dem Festland verbunden ist. Die schönsten Bauwerke sind das alte Rathaus mit seinen Fassadenmalereien und die Häuser um den Marktplatz mit dem auffällig bemalten "Haus zum Cavazzen". Die Peterskirche ist mit Fresken von Hans Holbein d.Ä. ausgestaltet. Die Hafeneinfahrt mit ihren beiden Leuchttürmen wird seit rund 150 Jahren von einem steinernen Löwen bewacht.

Blick vom Eichenberg

Die Hafeneinfahrt von Lindau

Insel Reichenau
Die Insel Reichenau ist die größte der drei Bodenseeinseln und durch einen Deich mit dem Festland verbunden. Das im Jahr 724 gegründete Kloster war eines der wichtigsten frühchristlichen Kulturzentren. Alljährlich wird eine Woche nach Pfingsten mit einer großen Prozession das Heilig-Blut-Fest gefeiert. Sehenswert sind die drei romanischen Kirchen in Oberzell, Mittelzell und Niederzell.

Freilichtmuseum in Unteruhldingen
In dem 1922 eingerichteten Freilichtmuseum in Unteruhldingen wurden ein Dorf aus der Jungsteinzeit um das Jahr 3500 v.Chr. und ein weiteres aus der Bronzezeit um das Jahr 1000 v.Chr. in Pfahlbauweise rekonstruiert. In den Hütten sind Steinbeile, Feuersteinmesser, Getreidemühlen, Töpfe und weitere Arbeitsgeräte und Waffen jener Zeit ausgestellt.

Konstanz
Die größte Stadt am Bodensee entstand vor rund 2.000 Jahren auf einem schmalen Landrücken zwischen Ober- und Untersee. Später wurde sie Bischofssitz und Freie Reichsstadt. Neben dem gotischen Münster Unser Lieben Frau ist das mächtige Konzilgebäude am Hafen ein weiteres Wahrzeichen der Stadt. Hier tagte das 16. Konzil. Es erreichte 1415 mit der Verbrennung des Ketzers Johannes Huß aus Prag seinen grausamen Höhepunkt.

Meersburg
Die über 1.000-jährige Stadt schmiegt sich malerisch an die Uferhänge zwischen Ober- und Überlinger See. Die auffälligsten Bauwerke sind das Alte Schloss mit dem mächtigen viereckigen Dagobertsturm und das Neue Schloss. Das Alte gilt als das älteste bewohnte Schloss in Deutschland. Das Neue Schloss wurde im Stil des Barock als Sommerresidenz der Fürstbischöfe von Konstanz errichtet.

Bodensee/Oberschwäbische Barockstraße

Sie ist rund 300 Kilometer lang, die Rundfahrt um den Bodensee. Und bringt unerwartet viel Abwechslung mit sich. Unerwartet, weil sich der Bodensee aus vier Teilgewässern zusammensetzt, die alle einen komplett unterschiedlichen Charakter haben. Damit erwartet den Bodensee-Umrunder eine Vielfalt von Landschaften, die man allenfalls in Richtung Mittelmeer vermutet hätte. Zum Beispiel auf dem Bodanrück, der bewaldeten Anhöhe zwischen Überlinger See und Untersee. Bei klarer Sicht ein Blick wie am Gardasee. Oder auf der Insel Mainau. Hier blühen im Freien Bananenstauden, Zitronen-, Orangen- und Feigenbäume. Südfrankreich? Fast.

Ganz anders wiederum zwischen Lindau und Bregenz. Hier sind es die schroffen Alpen, die zu den übrigen Uferlandschaften einen faszinierenden Kontrast ergeben. Ständiger Wechsel. Gewächshäuser und Tomatenfelder auf der Insel Reichenau, hohe Felsen am Nordufer des Überlinger Sees, sanfte bewaldtete Hügel zwischen Lindau und Friedrichshafen, bunte Obstplantagen entlang der gesamten Nordseite des Obersees. In dieser Ecke sollte man das Wasser übrigens ruhig für eine Weile verlassen und einen ausgedehnten Streifzug durch die Welt der Äpfel und Birnen unternehmen. Schmale und schmalste Fahrwege zacken zwischen zum Horizont eilenden Baumreihen hin und her. Gleich hinter Lindau z. B. in Richtung der Orte Bettnau, Hege und Hattnau. Ganz offiziell befahrbar. Nur kennt sie keiner.

Wer die Rundfahrt in Lindau beginnt, tut gut daran. Denn seine herrliche, auf einer Insel liegende Altstadt versetzt uns sofort in Urlaubslaune. Einfach das Bike am Fährhafen abstellen, sich auf eine Bank setzen und Wasser, Boote und Panorama wirken lassen. Süden, wir kommen. Die vielen hübschen Dörfer entlang des Ufers aufzuzählen, ist ein Ding der Unmöglichkeit. In fast allen lohnt es sich anzuhalten und irgendein Schloss, eine Burg oder einen Marktplatz zu besichtigen. Mit den Städten ist es ähnlich. Ein paar Tage am Bodensee vergehen deshalb schneller als man denkt.

Ein Muss ist in jedem Fall das Zeppelinmuseum in Friedrichshafen. So viel Technik rund um die Luftschiffe gibt es sonst nirgends. Kulinarisch hingegen hat Tettnang mehr zu bieten: In seiner Umgebung wächst ausgezeichneter Spargel. Der beste Schwabens, behaupten einige. Für Meersburg steht ein Bummel durch den mittelalterlichen Stadtkern auf dem Programm, für Uhldingen ein Besuch im Pfahlbautendorf im Vorort Mühlhofen.

Vom Bodensee aus lässt sich ein fahrerisch und kulturell höchst interessanter Ausflug nach Norden ins Oberschwäbische unternehmen. Und zwar auf den Spuren der Oberschwäbischen Barockstraße. Die führt auf insgesamt 500 Kilometern gitterförmig durch die Region zwischen den Städten Lindau, Friedrichshafen, Messkirch, Ehingen, Ulm, Memmingen und Kempten. Die Hauptroute der insgesamt vier Teilstrecken eignet sich für einen schönen Tag im Motorradsattel am besten. Sie ist rund 400 Kilometer lang und führt vom Bodensee

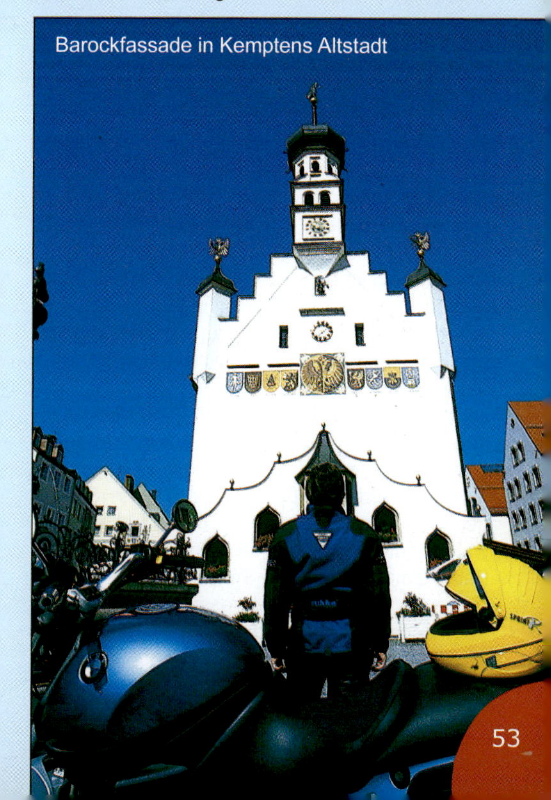
Barockfassade in Kemptens Altstadt

aus über Ravensburg, Bad Waldsee, Bad Schussenried, Riedlingen, Zwiefalten, Ehingen und Blaubeuren nach Ulm und von dort über Laupheim, Biberach, Memmingen, Leutkirch, Bad Wurzach, Kissleg, Isny, Wangen und Tettnang zurück zum Start.

Der Begriff Barock hat in Deutschland leider einen negativen Beigeschmack. Wer denkt da nicht an schwülstige und kitschige Architektur? „Sällsam“ heißt der Barock in Schweden und „Zonderling“ in den Niederlanden. Wer nicht in der Barockregion Oberschwaben geboren ist, hat vielleicht so seine Schwierigkeiten mit Bauwerken wie dem Münster von Zwiefalten oder der Basilika von Weingarten. Auf der anderen Seite öffnet eine Fahrt auf der Oberschwäbischen Barockstraße die Tür zu den Seelen der Menschen. Denn der Barock hat die Bewohner dieser Region entscheidend geprägt. Beim Gang durch das Stift Obermarchtal, bei einer Fronleichnamsprozession in Saulgau oder beim Altstadt- und Seenachtsfest in Bad Waldsee merkt man das sehr schnell.

„Heute esse ich mich tot. Wer weiß, ob ich morgen noch lebe?“ Dieser Satz eines Salemer Abtes spiegelt die Lebensauffassung der Oberschwaben wieder. Die hatten nach dem fürchterlichen 30jährigen Krieg einen Nachholbedarf an schönen Dingen. Die gesellschaftliche und wirtschaftliche Erholung ließ neue Schlösser, Kirchen und Klöster entstehen, deren pompöser Stil sagen sollte: „ Wir sind wieder wer, wir leben noch.“ Frankreich diente als Vorbild, etwa zwölf Schlösser wurden nach dem Modell Versailles erbaut. Bedingt durch den Krieg, beherrschen den Barock vor allem Gegensätze, Leben und Tod, arm und reich, Krieg und Frieden.

Es sich gut gehen lassen – nach diesem Motto lebt der Oberschwabe. Er versteht es, Feste zu feiern. Nicht umsonst hat beispielsweise die alemannische Fastnach einen Ruf bis weit über die Landesgrenzen hinaus. Dass zwischen Ulm und dem Bodensee gut gegessen wird, kommt dem Barockfahrer bei jeder Pause zugute. Darüber hinaus darf er verträumte Landschaften wie das Donautal genießen. Die Straßenführung ist entspannt, der Belag in der Regel sehr gut. Kein Tummelplatz für Schräglagensammler, dafür umso mehr für Anhänger eines ruhigen Fahrstils.

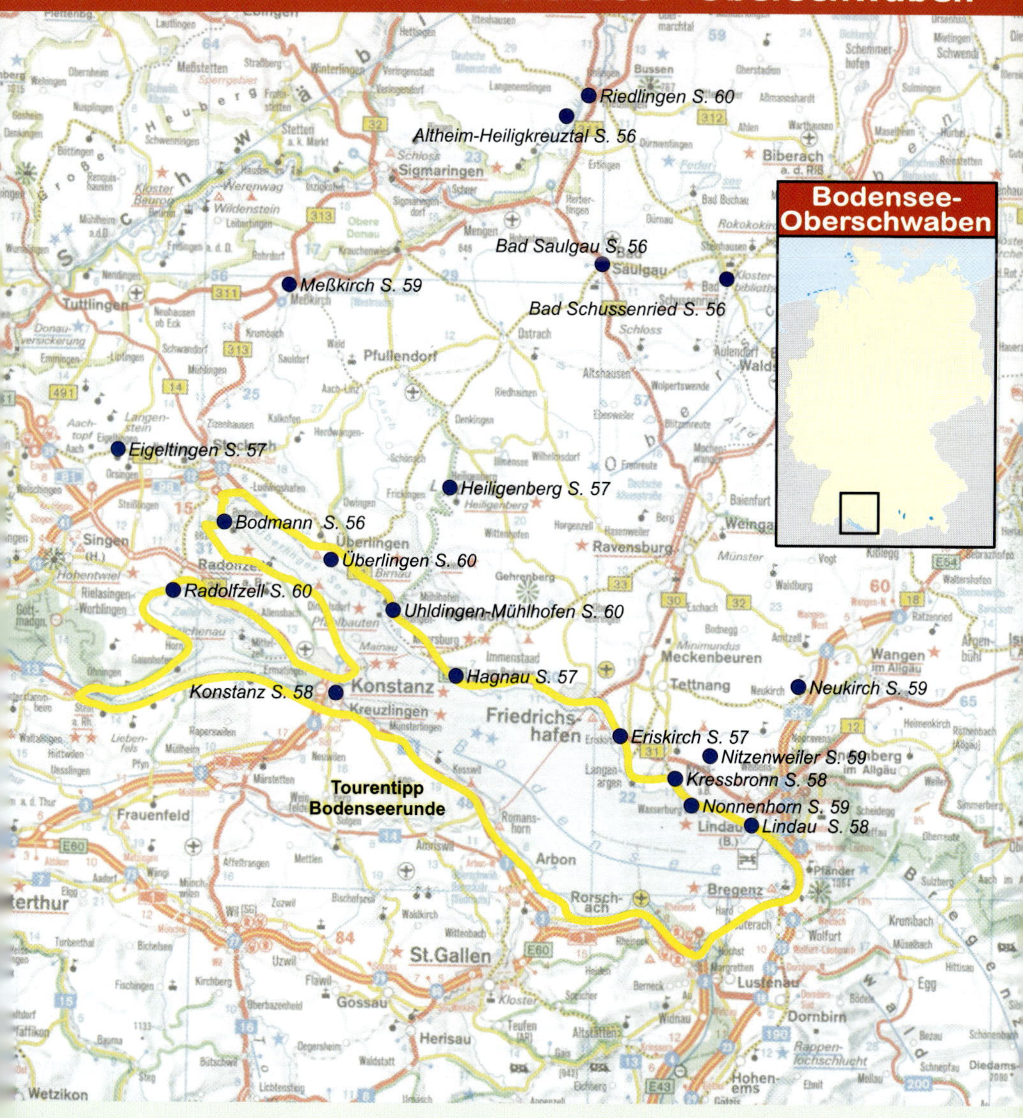
Riedlingen S. 60
Altheim-Heiligkreuztal S. 56
Bad Saulgau S. 56
Meßkirch S. 59
Bad Schussenried S. 56
Eigeltingen S. 57
Heiligenberg S. 57
Bodmann S. 56
Überlingen S. 60
Radolfzell S. 60
Uhldingen-Mühlhofen S. 60
Hagnau S. 57
Konstanz S. 58
Neukirch S. 59
Eriskirch S. 57
Nitzenweiler S. 59
Kressbronn S. 58
Nonnenhorn S. 59
Lindau S. 58
Tourentipp Bodenseerunde
Bodensee-Oberschwaben

Altheim-Heiligkreuztal
GPS: N 48°08´10" - E 9°24´16"

EZ ab € 34,50
DZ ab € 50,00
150 90

Zum Klosterwirt

Die Klostergaststätte „Zum Klosterwirt" im ehemaligen zisterziensischen Kloster in Heiligkreuztal lädt Sie ein, mit Ihren Freunden nach einer schönen Motorradtour einzukehren und die Seele baumeln zu lassen. Genießen Sie die kulinarischen und schwäbischen Gerichte unserer Küche und die einmalige Atmosphäre der Klosterstadt Heiligkreuztal. Erholung finden Sie in unseren gemütlich und freundlich eingerichteten Zimmern. Das Frühstück am Morgen stärkt Sie für den Tag. Eine kleine Schrauberecke und einen Trockenraum haben wir für Sie eingerichtet. Wir fahren selbst Motorrad.

Am Münster 2 • 88499 Altheim-Heiligkreuztal • Telefon 0 73 71 / 96 59 83 • Fax 0 73 71 / 96 59 87
E-Mail: info@klosterwirt-heiligkreuztal.de • www.klosterwirt-heiligkreuztal.de

12568

Bad Saulgau
GPS: N 48°01´09" - E 9°29´52"

Gasthaus Hasen

Treten Sie ein und fühlen Sie sich wohl in unserem rustikal aber dennoch gemütlichem Ambiente und der ruhigen Atmosphäre. Wir bieten Ihnen auf insgesamt 150 Plätzen (120 innen - 30 außen) gutbürgerliche Deutsche Küche zu fairen Preisen. Samstags, sonntags und feiertags haben wir für Sie durchgehend geöffnet. Wir bieten Ihnen außerdem täglich wechselnde Tagesmenüs. Ein großer Parkplatz vor dem Haus bietet ausreichend Parkmöglichkeiten. Eine Tankstelle befindet sich direkt gegenüber - also der Ideale Ort für einen gemütlichen Zwischenstopp.

Hauptstr. 23 • 88348 Saulgau • Telefon 0 75 81 / 37 36

11308

Bad Schussenried-Steinhausen
GPS: N 48°01´45" - E 9°41´48"

Gasthaus Reiterhofstüble

Das urgemütliche, schwäbische Gasthaus direkt an der weltberühmten Dorfkirche von Steinhausen. Lassen Sie sich in unserer gemütlichen Gaststube mit urschwäbischen Köstlichkeiten wie zu Omas Zeiten verwöhnen. Für Gruppen ab 8 Personen bereitet der Küchenchef auf Bestellung individuelle Speisen. Ein Campingplatz liegt direkt nebenan, so können Sie gleich hier Ihr Lager aufschlagen. Gruppen bitte voranmelden. Aktionen können Sie im Internet einsehen.

Dorfstr. 8 • 88427 Bad Schussenried-Steinhausen • Telefon 0 75 83 / 92 71 32 • Fax 0 75 83 / 92 71 35
E-Mail: reiterhof-stueble@gmx.de • www.reiterhof-stueble.de

11307

Bodman
GPS: N 47°47´47" - E 9°02´37"

EZ ab € 28,00
DZ ab € 56,00

Landgasthof Adler

Genießen Sie auf unserer traumhaften Seeterrasse unsere gutbürgerliche Küche. Von hier aus haben Sie einen schönen Blick bis hin zu unserem hauseigenen Badestrand und auf den See. Selbstverständlich bieten wir Ihnen auch fangfrische Bodenseefische und viele Grillspezialitäten. Dazu ein guter Tropfen Wein - was kann schöner sein?! Oder machen Sie es sich auf unserer schönen Liegewiese gemütlich und lassen Sie die Seele baumeln. Unsere Zimmer sind alle sehr gemütlich und komfortabel eingerichtet so dass es Ihnen an Nichts fehlt. Hauseigener Biergarten.

Kaiserpfalzstr. 119 • 78351 Bodman • Telefon 0 77 73 / 92 03 60 • Fax 0 77 73 / 92 03 62
E-Mail: info@landgasthof-adler-bodman.de • www.landgasthof-adler-bodman.de

1129

Eigeltingen-Reute

GPS: N 47°53´14" - E 8°54´25"

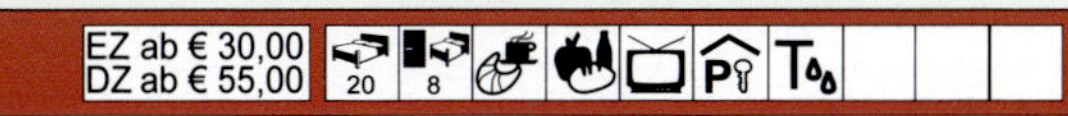

Wir heißen Sie herzlich willkommen in unserem traditionsreichen Haus und freuen uns, für Sie da sein zu dürfen. Ob Sie nun die Vorzüge unserer reichhaltigen, gutbürgerlichen Küche in unserer gemütlichen Gaststube genießen wollen oder ob Sie Ihren Urlaub in unserem Hause mit seiner reizvollen landschaftlichen Umgebung verbringen wollen - wir sind in jedem Fall für Sie da. Ihr leibliches Wohl ist unsere Aufgabe. Direkt beim Haus befindet sich eine sonnige Liegewiese mit uriger Grillhütte, die Sie jederzeit nutzen können. Unser Haus verfügt über 5 Doppel-, ein Einzel- und zwei Mehrbettzimmer mit gemütlicher Einrichtung und wohnlicher Atmosphäre, in der Sie sich so richtig wohl fühlen können. Alle Zimmer bieten moderne Bäder mit Dusche/WC und Satelliten-Fernsehen.

Alemannenstr. 26 • 78253 Eigeltingen-Reute • Telefon 0 77 74 / 72 20 • Fax 0 77 74 / 92 05 44
E-Mail: info@das-landgasthaus-schwanen.de • www.das-landgasthaus-schwanen.de

11298

Eriskirch OT Wolfzennen

GPS: N 47°38´45" - E 9°32´17"

Hotel&Restaurant "Zur Klause"

Eingebettet in die herrliche Landschaft des Bodensees liegt das Landgasthaus "Zur Klause". Lassen Sie Ihre Seele baumeln und genießen Sie unbeschwerte Stunden in einer unserer Stuben oder im lauschigen Garten. Gerne verführen wir Sie mit Leckerbissen aus Küche und Keller. Ein Besuch in der "Klause" wird auf jeden Fall zum Erlebnis der schönsten Art. Bei der Ausstattung der Zimmer haben wir nichts dem Zufall überlassen. Sie sind mit allem Komfort ausgestattet. Harmonische Farben und liebevolle Details werden Sie verzaubern. In unserer gemütlichen Weinstube und dem festlichen eingedeckten Restaurant erfreuen wir Sie durch aufmerksamen freundlichen Service und mit kulinarischen Genüssen.

Wolfzennen 6 • 88097 Eriskirch • Telefon 0 75 41 / 8 26 16
E-Mail: info@zur-klause.com • www.zur-klause.com

11268

Hagnau

GPS: N 47°40´34" - E 9°19´16"

EZ ab € 48,50
DZ ab € 75,50

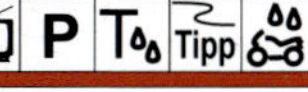

Hauptstr. 18 • 88709 Hagnau
Telefon 0 75 32 / 80 79 60 • Fax 0 75 32 / 80 79 59
E-Mail: kontakt@bodenseehotel-dreikoenig.de
www.bodenseehotel-dreikoenig.de

Neu eingerichtete Zimmer mit geschmackvollem Interieur garantieren einen Aufenthalt in harmonischem Einklang. Neue helle Badezimmer erwarten Sie. Auf vorbildliche Sauberkeit und Desinfektion der Sanitäranlagen legen wir besonderen Wert. Ein über die Grenzen bekannt gutes Haus mit gepflegtem Ambiente verzaubert Sie von der ersten Stunde an. Wohlfühlen in unserer behaglichen Gaststube, in der auch Sie sicher länger verweilen werden, als Sie eigentlich vorhatten. Einen Trockenraum und schöne Tourentipps in unserer Umgebung haben wir natürlich auch für Sie.

11303

Heiligenberg

GPS: N 47°49´10" - E 9°18´44"

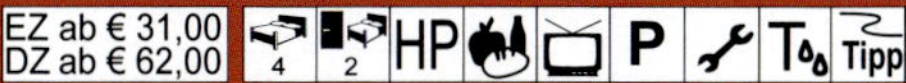

Gasthof-Pension Parkklause

Landschaftlich reizvoll gelegen finden Sie in der Ortsmitte von Heiligenberg unseren gutbürgerlichen Gasthof Parkklause. Im stilvoll rustikalen Gastraum verwöhnen wir Sie mit frisch zubereiteten Spezialitäten aus der Region. Im Sommer locken Eisspezialitäten auf unserer schönen und sonnigen Terrasse. Unsere Gästezimmer sind komfortabel mit Bad/WC/Balkon und TV ausgestattet. Treffen Sie sich abends auf unseren modernen Kegelbahnen im Haus. Ein Trockenraum für nasse Motorradkleider sowie eine kleine Schrauberecke halten wir für Sie bereit. Gerne geben wir Ihnen auch schöne Tourentipps in der Umgebung.

Fürstenbergstr. 1a • 88633 Heiligenberg • Telefon 0 75 54 / 84 85 • Fax 0 75 54 / 93 79
E-Mail: info@gasthof-parkklause.de • www.gasthof-parkklause.de

11301

Konstanz-Dettingen

GPS: N 47°44´04" - E 9°07´02"

Im Dettinger Ortskern, wenige Kilometer vom Konstanzer Stadtzentrum gelegen und nur ca. 10 Minuten von der Blumeninsel Mainau und dem Weltkulturerbe Reichenau entfernt, bieten wir unseren Gästen 20 behagliche Zimmer mit DU/WC, Radio, Tel. & TV sowie 10 weitere einfache Zimmer im 100m entfernten Stammhaus Landgasthof Kreuz. Dort oder in unserer „TrubeStube" genießen Sie regionale Spezialitäten und saisonale Gaumenfreuden in gemütlicher Atmosphäre. Mit einem reichhaltigen Frühstücksbuffet starten Sie gut in den Tag! Freuen Sie sich auf gesellige Stunden bei uns! Herzlichst Ihre Familie Rommel & Team.
EZ sowie DZ ab Euro 39,50 pro Person im Landhotel Traube.
EZ sowie DZ ab Euro 26,00 pro Person im Stammhaus Landgasthof Kreuz.

Kapitän-Romer-Str. 1 • 78465 Konstanz-Dettingen • Telefon 0 75 33 / 51 82 • Fax 0 75 33 / 93 22 44
E-Mail: info@landhoteltraube.de • www.landhoteltraube.de

11300

Kressbronn

GPS: N 47°35´39" - E 9°36´06"

35 19 HP Tipp

Hotel-Gasthof Krone ★★★

Für das leibliche Wohl unserer Gäste verwenden wir zur Zubereitung unserer Speisen und Getränke vorwiegend regionale Produkte der Saison. Auf unserer reichhaltigen Speisen- und Getränkekarte findet man regionale Spezialitäten, frische Bodenseefische, saftige Steaks, knackige Salate, vegetarische Gerichte und zünftige Vesper, Biere aus dem Allgäu, Wein, Apfel-Most und Obstbrände aus Kressbronn, die durch internationale Spezialitäten, Saisonkarten sowie Tageskarte mit günstigen Tagesgerichten ergänzt werden. Über das ganze Jahr werden die komfortablen Gästezimmer, in denen ca. 70 % mit Zusatzbetten ausgestattet sind, die für Kinder und Erwachsene genutzt werden können, gerne gebucht. Preise pro Tag und Zimmer inklusive reichhaltigem Frühstücks-Buffet, Mehrwertsteuer und Bedienung, je nach Saison und Aufenthaltsdauer.

Hauptstr. 41-45 • 88079 Kressbronn • Telefon 0 75 43 / 9 60 80 • Fax 0 75 43 / 96 08 15
E-Mail: info@hotel-krone-kressbronn.de • www.hotel-krone-kressbronn.de

11270

Kressbronn OT Betznau

GPS: N 47°36´49" - E 9°35´32"

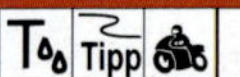

Herzlich willkommen in unserem bikerfreundlichen Haus. Genießen die angenehme Atmosphäre und unser freundliches Team das um Ihr Wohl bemüht ist. Aus unserer gutbürgerlichen Küche bekommen Sie schwäbische Gerichte, für den "heißen und kalten" Hunger, Kaffee und Kuchen. Und für diejenigen die etwas länger bleiben möchten haben wir ab sofort Einzel- und Doppelzimmer zu vermieten. Den Tag können Sie entspannt in unserem großen Biergarten in geselliger Runde ausklingen lassen. Wir freuen uns auf Ihren Besuch.

Kapellenstr. 26 • 88079 Kressbronn OT Betznau • Telefon 0 75 43 / 50 05 87
E-Mail: info@sonne-betznau.de • www.sonne-betznau.de

1151

Lindau

GPS: N 47°33´36" - E 9°40´01"

EZ ab € 65,00
DZ ab € 85,00

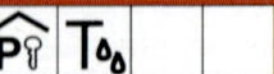

Parkhotel Lindau

Seit März 2007 steht Ihnen ein neues Geschäfts- und Freizeithotel am Bodensee zur Verfügung. Umfangreich renoviert, mit Wintergarten, italienischer Tagesbar und in hellem, modernem Stil, heißt Sie das Parkhotel Lindau - im ruhigen Stadtteil Bad Schachen willkommen. Hier bieten wir Ihnen 26 Hotelzimmer mit Bad, Dusche, Telefon, TV und W-Lan, Frühstücksbuffet in hellem, modernem Ambiente oder auf der sonnigen Frühstücksterrasse, Zimmer mit großem Balkon, in ruhiger idyllischer Lage, mit Blick ins Grüne und kostenfreie Parkplätze direkt vor dem Hotel. Selbstverständlich bieten wir Ihnen auch eine abschließbare Garage und einen Trockenraum für nasse Motorradkleidung.

Schachener Str. 143 • 88131 Lindau • Telefon 0 83 82 / 58 16 • Fax 0 83 82 / 2 37 3
E-Mail: info@parkhotel-lindau.de • www.parkhotel-lindau.de

113

Meßkirch
GPS: N 47°59´42" - E 9°06´39"

EZ ab € 45,00
DZ ab € 75,00

Hotel Adler Alte Post

Die Liebe zum Detail prägt unser historisches Haus im Herzen von Meßkirch. Hier sind wir gerne engagierte Gastgeber mit einem vielfältigen Angebot. Es erwartet Sie eine gepflegte Gastronomie mit gut bürgerlicher und regionaler Küche sowie badischen Spezialitäten. Unsere ruhigen Zimmer tragen zur optimalen Erholung bei. Morgens erwartet Sie dann ein reichhaltiges Frühstücksbuffet. Ihr Motorrad steht im hauseigenen Innenhof.

Adlerplatz 5 • 88605 Meßkirch • Telefon 0 75 75 / 8 22 • Fax 0 75 75 / 8 27
E-Mail: adler-alte-post@gmx.de

11372

Neukirch
GPS: N 47°39´29" - E 9°42´11"

EZ ab € 48,00
DZ ab € 75,00

24 | 44 | HP | P | Tipp

Hotel-Restaurant "Landhaus Köhle"

Herzlich Willkommen in unserem gemütlichen, familiengeführten Hotel im Landhaus Stil. Sie finden das Landhaus Köhle zwischen Tettnang und Wangen, im Ortskern von Neukirch. Entspannen Sie sich in zentraler und doch ruhiger Lage in der Nähe des Bodensees. Romantische Wälder und Seen werden Sie verzaubern. Unsere Zimmer sind geschmackvoll ausgestattet und laden zum Wohlfühlen ein. In unserem Restaurant verwöhnen wir Sie mit einer reichhaltigen, schwäbischen und internationalen Küche.

Am Kirchbühl 7 • 88099 Neukirch • Telefon 0 75 28 / 28 50 • 0 75 28 / 17 13
E-Mail: landhauskoehle@web.de • www.landhauskoehle.de

12646

Nitzenweiler
GPS: N 47°36´43" - E 9°37´38"

EZ ab € 45,00
DZ ab € 72,00

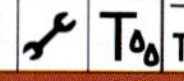

Gasthaus Seerose

Am idyllisch gelegenen Schleinsee, nur wenige Minuten vom Bodensee, befindet sich das familienfreundliche GASTHAUS SEEROSE, das mit gemütlichen Gasträumen, schönen Zimmern und Appartement und einem Biergarten zum Verweilen einlädt. Genießen Sie in unserem Haus die Ruhe des Bodenseehinterlandes verbunden mit der Nähe zum Bodensee.

Nitzenweiler 12 • 88079 Kressbronn • Telefon 0 75 43 / 64 89 • Fax 0 75 43 / 9 51 70
E-Mail: info@gasthaus-seerose.de • www.gasthaus-seerose.de

11269

Nonnenhorn
GPS: N 47°34´32" - E 9°36´40"

EZ ab € 50,00
DZ ab € 90,00

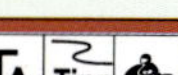

Hotel-Restaurant **zum Torkel**

Unsere Speisekarte verrät, daß wir vom "Torkel-Wirtshaus" versuchen, ein breit gefächertes Speisenangebot, verbunden mit saisonalen und regionalen Produkten, für jeden zu bieten. So werden donnerstags Hax´n und Leberkäs frisch im Ofen gebacken, sonntags der Sauerbraten, und, und, und. Alle Gästezimmer sind komfortabel ausgestattet und besitzen Dusche oder Bad, WC, Telefon, Sat-TV, und teilweise Balkon oder Terrasse. Wir fahren selbst Motorrad und können unseren Gästen interessante Tourentipps in unserer Umgebung mitteilen.

Seehalde 14 • 88149 Nonnenhorn • Telefon 0 83 82 / 9 86 20 • Fax 0 83 82 / 98 62 62
E-Mail: hotel-zum-torkel@gmx.de • www.hotel-zum-torkel.de

11271

Radolfzell

GPS: N 47°43´58" - E 8°59´05"

EZ ab € 56,00
DZ ab € 95,00

Hotel Garni Iris am See

Unser Hotel ist ein Haus mit familiärem Charakter, in dem Gastlichkeit und Gastfreundschaft groß geschrieben werden. Wir haben jederzeit ein offenes Ohr für Ihre Wünsche, damit Sie einen angenehmen Aufenthalt haben und sich rundum wohl bei uns fühlen. Fast alle Zimmer haben einen einmaligen Seeblick. An jedem Morgen erwartet Sie ein reichhaltiges Frühstücksbuffet, das keine Wünsche offen lässt. Wir bieten auch eine Vesperkarte für den kleinen Hunger.

Rebsteig 2 • 78315 Radolfzell • Telefon 0 77 32 / 9 47 00 • Fax 0 77 32 / 94 70 30
E-Mail: info@hotelirisamsee.de • www.hotelirisamsee.de

11299

Riedlingen - Grüningen

GPS: N 48°10´04" - E 9°27´25"

EZ ab € 33,00
DZ ab € 55,00

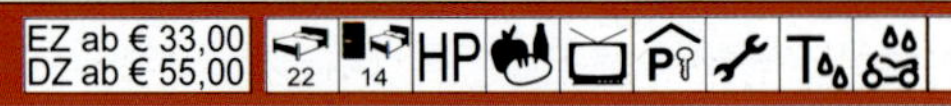

Landgasthof Adler

Mit insgesamt 120 Sitzplätzen steht unsere Gaststube für Sie jederzeit, auf Anmeldung mit schmackhaftem Essen, erlesenen Weinen, Eis, Kaffee und Kuchen zur Verfügung. Es stehen Ihnen 7 Doppelzimmer, davon kann 1 Zimmer als 3-Bett bzw. 4-Bettzimmer belegt werden, 5 Einzelzimmer, davon können 2 Zimmer als Doppelzimmer belegt werden, zur Verfügung. Die Zimmer sind ausgestattet mit Dusche, WC, TV, Föhn zum Teil mit Telefon. Unser reichhaltiges Frühstück wird sie stärken und begeistern. Eine Garage für Ihr Motorrad, ein Trockenraum für nasse Kleidung und eine kleine Schrauberecke steht Ihnen selbstverständlich auch zur Verfügung. Hauseigener Biergarten.

Adlerberg 1 • 88499 Riedlingen • Telefon 0 73 71 / 9 34 10 • Fax 0 73 71 / 93 41 55
E-Mail: info@adler-riedlingen.de • www.adler-riedlingen.de

11306

Überlingen

GPS: N 47°46´14" - E 9°08´17"

EZ ab € 15,50
DZ ab € 22,00

P Tipp

Campingpark Überlingen

Das drei Hektar große, parkähnliche Gelände direkt am westlichen Bodensee gelegen, lädt zum Entspannen und Genießen ein. Stromanschlüsse für Zeltplätze sind vorhanden. Freundliche Gastlichkeit finden Sie bei uns im Camperstüble, wo sich bei gutem Essen und einem schönen Glas Überlinger Wein die Ruhe am See genießen lässt. Vollausgestattete Mietwohnungen stehen Ihnen außerdem zur Verfügung. Für Tourentipps stehen wir Ihnen natürlich jederzeit zur Seite. Wir freuen uns auf Ihren Besuch!

Bahnhofstr. 57 • 88662 Überlingen • Telefon 0 75 51 / 6 45 83 • Fax 0 75 51 / 94 58 95
E-Mail: info@campingpark-ueberlingen.de • www.campingpark-ueberlingen.de

1252

Uhldingen-Mühlhofen

GPS: N 47°44´00" - E 9°14´13"

EZ ab € 38,00
DZ ab € 52,00

55 30 VP Tipp

Gasthof Storchen

Liebe Motorradfahrer! Die einzigartige Lage mit vielen kulturellen und landschaftlichen Sehenswürdigkeiten, wie Mainau, Meersburg, Überlingen, Rheinfall sowie die Nähe zu den Alpen, lassen jedes Bikerherz höher schlagen. Ob kleine Touren im "Hinterland" oder Tagestouren um den Bodensee, ins Donautal, Schwarzwald, Allgäu oder die Alpen, bei uns kommt jeder auf seine "Kosten".

Aachstr. 17 • 88690 Uhldingen-Mühlhofen • Telefon 0 75 56 / 65 91 • Fax 0 75 56 / 53 4
E-Mail: info@storchen-uhldingen.de • www.storchen-uhldingen.de

125

Brandenburg
Motorradtouren durch die Region der Schlösser Parks und Gärten

ɪavelland – wirklich „seenswert“

Unmittelbar an Berlin und Potsdam grenzt das Havelland. Die Havel legt vom Nord-
vesten Berlins bis zur Mündung in die Elbe bei
ɪavelberg fast 150 Kilometer zurück. Kenn-
:eichnend für ihren Verlauf sind große Seenket-
en, zahlreiche Flussschlingen und verträumte
nseln. Für Wassersportfreunde ein ideales
Revier: Hier finden Angler, Segler, Ruderer und
ı der kalten Jahreszeit auch Schlittschuhläu-
er traumhafte Bedingungen. Kleine Dörfer und
ine weite Niederungslandschaft sind prägend
ir das Land am Fluss.

ıäming – Burgenland und Motorradparadies

Der Fläming, im Städtedreieck Berlin, Magdeburg und der Lutherstadt Wittenberg
əlegen, verdankt seinen Namen flämischen
iedlern aus dem 12. Jahrhundert, die der da-
alige Regent Albrecht der Bär zur Urbarma-
ıung ins Land holte. Die romantischen Städte
əlzig, Wünsdorf, Teltow, Ziesar und Jüterbog mit ihren Burgen sind Zeugnisse aus dem Mittelalter. Ebenfalls in dieser Zeit erbaut wurde das Kloster Zinna im Niederen Fläming. Im Klostermuseum erläutert eine Dauerausstellung die Geschichte des Zisterzienserordens, die Schau-Destille Zinnaer Klosterbruder lädt zur Besichtigung und zum Probieren ein.

Prignitz – Vogelparadies im Nordwesten

Im Nordwesten Brandenburgs auf halbem Wege zwischen Hamburg und Berlin, begrenzt von Elbe und Dosse, erstreckt sich die Prignitz mit ihrem herben Charme. Die Prignitz ist der am längsten und am dünnsten besiedelte Raum im Bundesland Brandenburg. Wahrzeichen der Prignitz sind die Störche, die dem Dörfchen Rühstädt seinen zweiten Namen gegeben haben: „Storchenparadies“.

Uckermark – Natur zum Genießen

Die Uckermark liegt im nordöstlichen Teil der Mark Brandenburg, nur 80 Kilometer von Berlin entfernt und an der Grenze zu Mecklenburg sowie dem Nachbarland Polen. Die Landschaft von Deutschlands am dünnsten besiedeltem Landkreis ist geprägt von den Großschutzgebieten Nationalpark Unteres Odertal, Biosphärenreservat Schorfheide-Chorin und Naturpark Uckermärkische Seen. Mit ungewöhnlichen Gefährten wie Draisine, Hydro-Bike und Floß, aber auch klassisch mit Kanu oder Rad gehen die Besucher hier auf Entdeckungsreise.

Potsdam – Stadt der Schlösser und Gärten

In den vergangenen 300 Jahren wandelte sich die Garnisonstadt Potsdam zu einer der prächtigsten Residenzstädte Europas. Der Preußenkönig Friedrich II. wie auch seine Vorgänger und Nachfolger schufen in und um Potsdam zahlreiche barocke Bauten sowie 17 Schlösser und Paläste mit üppigen Landschaftsparks. Neben den Schlössern und Gärten laden auch die Biosphäre Potsdam, das Krongut Bornstedt und der Filmpark Babelsberg zum Besuch ein.

Oderland, Märkische Schweiz, Lebuser Land

Das Land zwischen Berlin und Oder überrascht durch seine Vielseitigkeit und Kontraste, durch seine Abgeschiedenheit und wechselvolle Geschichte. Ob Bockwindmühle, Schinkelbauten, Kolonistendörfer, Bunkeranlagen bei Seelow oder Kunstspeicher – hier gibt es jede Menge zu entdecken. Museen zeigen Werkzeuge und Gerätschaften der Handwerker, Fischer und Bauern. Die Schlösser und Parks in Wulkow, Neuhardenberg, Reichenow, Gusow, Altranft und Bad Freienwalde künden vom Leben preußischer Adelsfamilien.

Oder-Spree-Seengebiet

Das Oder-Spree-Seengebiet ist das vielgestaltige, romantische Land zwischen Berlin und Frankfurt/Oder, zwischen Spreewald und Oderbruch. Mit seinen über 200 Seen und einer Vielzahl kleiner und großer Flüsse bietet es die größte nutzbare Wasserfläche Deutschlands. Zwischen beschaulichen Dörfern mit Herrenhäusern und Kirchen liegt eine nahezu unberührte Landschaft. Fischotter, Eisvögel und Wiesenorchideen haben hier ihren Lebensraum. Am Ausgang des Naturparkes Schlaubetal, eines der schönsten Bachtäler Deutschlands, entfaltet die katholische Klosterkirche Neuzelle barocke Pracht.

Spreewald – Märchenhaftes Wasserlabyrinth

Einzigartig in Europa ist die Landschaft des Spreewaldes. Die kultivierte Flusslandschaft mit einem Netz von 970 Kilometern Fließgewässern zieht jährlich unzählige Besucher an. Von vielen Orten aus starten traditionelle Kahnfahrten durch das Wasserlabyrinth. Die zahlreichen kleinen Inselgehöfte sind in dem „ländlichen Venedig“ durch kleine und große Wasserstraßen miteinander verbunden. In den 200 Jahre alten Häusern werden Brauchtum und Handwerkskünste einer vergangenen Zeit wieder lebendig.
Das Hauptverkehrsmittel im Spreewald sind

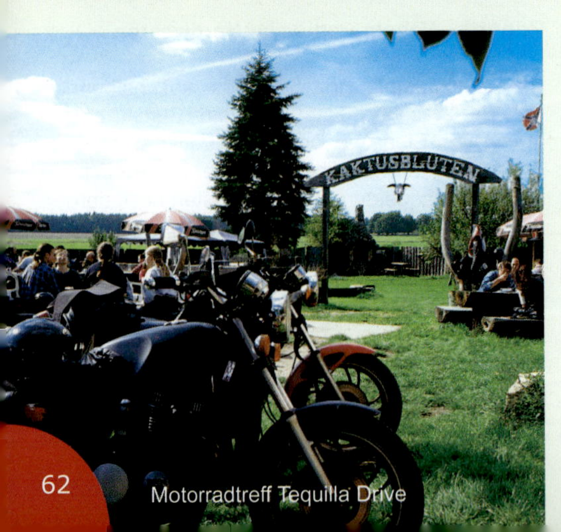

Motorradtreff Tequilla Drive

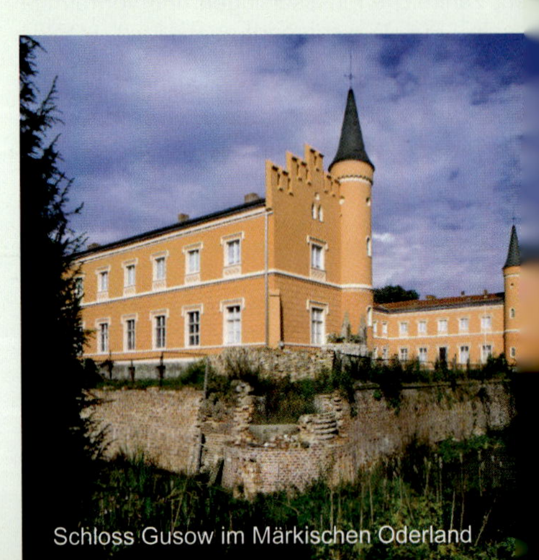
Schloss Gusow im Märkischen Oderland

otsdamer Wochenmarkt

die motorlosen, flachen Kähne. Sie sind eine Hauptattraktion für jeden Besucher des Spreewaldes. Sanft gleiten die Boote durch die Natur- und Kulturlandschaft. Sie werden gestakt und nicht gerudert. Bei Fahrten zwischen zwei und neun Stunden Dauer erklären die Bootsführer die Sehenswürdigkeiten und erzählen Geschichten über Land und Leute.

Elbe-Elster-Land – unberührte Landschaft

Das Elbe-Elster-Land bildet den südwestlichen Abschluss Brandenburgs, eine noch wenig bekannte, aber reizvolle Landschaft. Zwischen dem Mittellauf der Elbe und den Lausitzer Höhen, durchzogen von der Schwarzen und der Kleinen Elster, liegen Laub- und Kiefernwälder, Heidelandschaften und Naturparks. Ausgedehnte Fahrradtouren und Ausritte führen durch die weitgehend flache Landschaft.

Sehenswerte Orte

Potsdam
Die Stadt am Ufer der Havel wird auch „Stadt der preußischen Könige“ genannt. Der Grund: Potsdam war schon immer Sommerresidenz deutscher Regierender. Vor allem Friedrich der Große drückte der Stadt seinen Stempel auf, indem er ihr drei große Parkanlagen mit Schlössern spendierte. Unbedingt besuchen sollte man Park und Schloss Sanssouci mit Orangerie, Neuem Palais, Schloss Charlottenhof und Friedenskirche. Ein Muss für Cinéasten sind die Filmstudios in Babelsberg. Eine geführte Studiotour lädt zum Blick hinter die Filmkulissen ein.

Brandenburg
50 Kilometer südwestlich von Berlin gelegen, gilt die Stadt Brandenburg als slawische Gründung. Seine Blüte erlebte Brandenburg im Mittelalter mit der Herrschaft deutscher Adelsgeschlechter. Erst als die Hohenzollern ihre Residenz im 15. Jahrhundert nach Berlin verlegten, verlor Brandenburg an Bedeutung. Besucherisches Highlight ist die Dominsel mit der herrlichen dreischiffigen Basilika St. Peter und Paul. Aber auch die gut erhaltene mittelalterliche Altstadt mit ihrem schönen Rathaus ist eine Stippvisite wert.

Havelberg
An der Mündung der Havel in die Elbe liegt die sehenswerte Kreisstadt Havelberg. Dort warten ein hübscher Stadtkern sowie der prächtige Mariendom auf einen Besuch.

Oder-Spree-Seengebiet

Kein Wunder, dass der Typ von hier weg wollte. Der Gedanke kommt wohl jedem, der auf diesen typischen märkischen Waldwegen von Ahrensdorf über Kossenblatt und Brieschat nach Trebatsch fährt. Der Typ, das ist Ludwig Leichhardt. Jemand, der einer Straße in Berlin-Dahlem seinen Namen gab und über den australische Wissenschaftler sogar Doktorarbeiten schreiben. Leichhardt durchquerte nämlich 1844/45 als erster Weißer den Nordosten des Roten Kontinents, spürte Bodenschätze auf und notierte alles, was ihm auffiel. Noch heute profitieren die Australier von seinen präzisen Beobachtungen.

Leichhardt wurde in Trebatsch geboren, dem Ziel dieser Wald- und Wiesen-Etappe. Von Ahrensburg in der direkten Falllinie nach Süden. Auf kleinen und kleinsten Sträßchen. Meist frisch asphaltiert. Zwischen Brieschat und Trebatsch hat man jedoch die Wahl zwischen Asphalt und Sand. Wobei der - noch für den öffentlichen Verkehr freigegebene - Sandweg so festgefahren ist, dass man auch im Sattel einer Straßenmaschine gut auf ihm zurecht kommt.

Ein weiteres Stück Naturbelag führt von Trebatsch nach Ressen. Danach auf normalem Asphalt um den Schwielochsee herum. An Hoffnungsbay vorbei. Der kleine Ort heißt wirklich so. Hat wirklich einen amerikanischen Namen. Wie viele Dörfer in der Mark Brandenburg. Philadelphia, Neu-Boston - alles Relikte der Siedlungspolitik Friedrichs des Großen. Als schlimme Kriege im 16. und 17. Jahrhundert ganze Dörfer ausrotteten, lockte Friedrich Menschen aus Süddeutschland hierher. Und für viele, die eigentlich in die Neue Welt auswandern wollten, endete der Traum von Amerika östlich von Berlin.

Am Ostufer des Schwielochsees entlang geht es über Pieskow und Niewitsch nach Friedland. Immer wieder blitzt das Blau des Wassers zwischen den Bäumen hindurch. In Friedland Richtung Osten. Unendlich lange Alleen saugen uns in ihren Schlund und lassen uns mit dem Gasgriff spielen. Treppeln und Bahro wetteifern mit hart abknickenden Vorfahrtsstraßen. In Weichendorf verlangt ein Haken mitten auf einem Bahnübergang die volle Aufmerksamkeit. Je mehr man sich der Oder und der polnischen Grenze nähert, desto intakter ist die Natur. Man hat sie hier offensichtlich in Ruhe gelassen. Es gibt ganze Dörfer mit baumbestandenen Hauptstraßen. Herrliche Alleen, die von den Kettensägen übereifriger Beamter verschont blieben. Irgendwo hängt ein von Efeu überwuchertes Emaille-Schild mit der sozialistischen Aufschrift: »Anerkannter Bereich von bildlicher Ordnung, Sicherheit, Sauberkeit und Disziplin.«

Ein weiteres leicht zu übersehendes Schil weist in Neuzelle den Weg zur Klosterkirche Das als Barockwunder bekannte Bauwerk übe trifft die kühnsten Erwartungen. Wer es zum e sten Mal betritt, ist vom Prunk überwältigt: 60 religiöse Figuren, Marmor, goldbemalte Hol: schnitzereien, Deckengemälde, Stuckarbeite ein Dutzend Altäre - beinahe unglaublich. Tro aller biblischen Träume blieben die Mönche v 400 Jahren jedoch weltlichen Genüssen nic abgeneigt und begannen mit dem Brauen vo Bier. Und noch heute wird das dunkle Neuzell Kloster-Bräu nach den alten Rezepturen he gestellt. Wer Lust hat, kann an einer Brauer führung teilnehmen. Oder ganz einfach in d Klosterklause ein kühles Bier zischen.

Über Möbiskruge kurven wir nach Eisenhütte stadt. Dort steht die einzige nach dem Zweit Weltkrieg neu gegründete deutsche Stadt. S

Kahnfahrt durch den Spreewald

wurde 1951 zusammen mit einem gigantischen Eisenhütten-Kombinat aus dem märkischen Sandboden gestampft. Quasi das Wolfsburg der DDR. Wer nur einfach durchfährt, wird kaum mehr sehen, als die aus anderen Städten bekannten sozialistischen Plattenbauten. Dabei lässt sich die Geschichte der DDR nirgendwo so komprimiert verfolgen wie in Eisenhüttenstadt. Zum Beispiel in den Wohnkomplexen der 50er- und 60er-Jahre. Schon damals errichtete man zwischen den Häusern parkähnliche Grünräume, Innenhöfe, Kolonnaden und Torbögen. Mehr als 90 Skulpturen, Plastiken und Wandbilder lockern das Stadtbild auf.

Seit der Wende wurde hier viel renoviert und verändert. Die anfangs belächelte Sammlung von Alltagsgegenständen aus der DDR-Zeit ist mittlerweile auf 40.000 Objekte angewachsen. Zu schnell wurde alles weggeworfen und durch West-Produkte ersetzt. Doch das Dokumentationszentrum sicherte sich rechtzeitig Bussy-Lippenstifte, Stella-Fernseher, Praktiker-Hefte und Präsent-20-Anzüge. Eine kurze Etappe auf der B 112 folgt, dann geht es wieder ans Eingemachte. Über Politz nach Rießen, um die Rießener Berge herum und weiter nach Müllrose. Schmale Sträßchen mit griffigem Belag und wenig Verkehr. Unbeschwertes Motorradfahren durch eine bildhübsche Waldlandschaft. Auf den lichten Flächen grasen Heidschnucken. Die meisten von ihnen gehören dem Schäfer Klaus Stolz. 2.000 Tiere besitzt er, auf mehrere Herden verteilt. Wer mehr über die Arbeit der Schäfer erfahren will, sollte den Schäferhof von Klaus Stolz in Pohlitz besuchen. Dort wartet das größte deutsche Schäfermuseum.

Ziegelroter Backstein prägt das Städtchen Beeskow. Uralte Häuser klammern sich an raues Kopfsteinpflaster. Auch Fontane fand an Beeskow Gefallen. Auf seine Art. 1862 schrieb er in sein Reisetagebuch: »Beeskow ist nicht so schlimm wie es klingt.« Typisch Fontane.

Kerzengerade zielt die B 246 nach Westen. Motorradfahrerisch keine Offenbarung. Dafür lässt sie uns viel Zeit, die vorüberziehende märkische Landschaft zu betrachten. Die hat das nämlich mehr als verdient. In Glienicke rechts ab zur Umrundung des Scharmützelsees. Traumhafte Blicke nach links übers Wasser. Eine Allee aus Obstbäumen führt mitten nach Bad Saarow-Pieskow hinein. Auf der gegenüberliegenden Seeseite warten nicht nur schöne Aussichten, sondern unten an der B 246 im Bikertreff Wendisch Rietz ein Pausensnack in Form von Bockwurst und Kartoffelsalat.

Von Storkow aus starten wir die Rundfahrt um den Wolziger See. Wegen der reizenden Waldsträßchen und wegen der Dörfer mit den amerikanischen Namen. Gleich hinter Storkow taucht Neu-Boston auf. Weiter geht es um den See herum. In Groß Schauen weist ein Schild den Weg nach Philadelphia. Ob von seinen Gründern jemals einer ins richtige Philadelphia gekommen ist? Wahrscheinlich nicht.

Wir fahren auf der B 246 zweieinhalb Kilometer zurück und biegen dann rechts nach Bugk und Kehrig ab. Wieder surrt der rauhe, griffige Asphalt eines kleinen Waldsträßchens unter uns hindurch. Die Bäume stehen dicht an dicht und lassen kaum einen Sonnenstrahl passieren. Kleinere und größere Seen flitzen vorüber. Über Limsdorf erreichen wir wieder Ahrensdorf. Wen jedoch die Sucht nach Natur gepackt hat, der lenkt sein Bike an der letzten Kreuzung nach Süden, wo eine Bootsfahrt im Spreewald lockt.

Fläming-Rundfahrt

Seine größte Erhebung ist knapp über 200 Meter hoch, er wurde im 12. Jahrhundert von flämischen Einwanderern besiedelt, heißt deshalb Fläming und ist durchzogen von einem Netz aus kleinen und kleinsten Sträßchen. Letztere sind der Grund, weshalb der Fläming für den Anhänger des entspannten Dahingleitens ein unbedingtes Muss ist. Als ob sie am Reißbrett entstanden wären – so exakt und geradlinig durchziehen unzählige Alleen den Fläming. Verbunden sind sie durch Kurven, die etwas Aufmerksamkeit verlangen: Sie sind nämlich eher eckig als rund. Dennoch: Unter dem Strich erwartet uns in dieser hügeligen waldreichen Landschaft ungetrübter Fahrspaß. Keine Tricks, keine Fallen. Einfach nur Motorrad fahren. Den ganzen Tag. Und dabei die Abgeschiedenheit und die weiten Wiesen und Wälder dieser Region genießen.

In Luckenwalde ist man stolz auf Hermann Hentschel, der 1867 hier den Pappteller erfand. Weniger stolz ist man auf Rudi Dutschke. Der Mitbegründer der 68er-Bewegung besuchte das Luckenwalder Gymnasium von 1954 bis 1958. So steht es auf einer Gedenktafel. Kaum vorstellbar, dass es wegen dieser Tafel monatelangen Streit gab. Aber so richtig beliebt ist er hier eben nicht. Der Rudi. Bekannt wurde Luckenwalde einst durch die Hutbranche. In den 20er-Jahren residierten hier ein Dutzend Hutfabrikanten, eine Kopfbedeckung aus Luckenwalde war damals der letzte Schrei. Übrig geblieben ist die Firma Schröder. In ihren Räumen in der Anhaltstraße entstehen noch heute sehr haltbare und hochwertige Meisterstücke. Wer sich z. B. eine lederne Oldtimer-Kappe zulegen will, ist hier goldrichtig.

Wir verlassen Luckenwalde in Richtung Beelitz. Doch schon in Frankenförde zweigen wir nach links ab und folgen dem Schild Felgentreu. Wer kann bei einem solchen Namen schon widerstehen. Der Abstecher entpuppt sich als Geheimtipp, die Allee von Niebelhorst nach Bardenitz als Herausforderung. Optisch und fahrerisch. Sie ist zwar gepflastert, lässt sich aber komfortabel befahren. Und unsere Felgen bleiben sich treu. Oder so ähnlich.

Am Ortseingang des beschaulichen Kleinstädtchens Treuenbrietzen sticht das hübsche Heimatmuseum ins Auge. Außerdem gibt es hier noch die Reste einer Stadtmauer, schöne Fachwerkhäuser und Kopfsteinpflaster der rauhesten Sorte. Dass einem die Zähne klappern. Mitte des 18. Jahrhunderts machte die Moritat »Sabinchen war ein Frauenzimmer ...« Treuenbrietzen in ganz Deutschland bekannt. Aus Liebe zu ihrem Freund, einem Schuster, stahl Sabine bei ihrer Herrschaft silberne Löffel. Das Denkmal der beiden ziert heute den Brunnen vor dem Rathaus.

Die B 102 bringt uns an Niemegk vorbei nach Belzig. Erholsamer, breiter Asphalt. Nach dem Geholper durch Treuenbrietzen genau das Richtige. Hauptattraktion von Belzig ist seine tausend Jahre alte Burg Eisenhardt. Martin Luther und Zar Peter der Große übernachteten schon auf ihr. Und auch heute kann man in mittelalterlicher Atmosphäre nächtigen – Burg Eisenhardt ist ein Schlosshotel. Der Tipp für Panorama-Freaks: Vom Burgfried aus hat man einen tollen Rundblick.

Vom Parkplatz der Burg zielt ein schmales Sträßchen direkt nach Borne, einem typischen Flämingdorf mit romanischer Kirche. Dahinter warten zwei Alternativen. Erstens: Man setzt den Blinker rechts und erklimmt über den Ort Klein Glien den 201 Meter hohen Hagelberg, die höchste Erhebung Brandenburgs. Zweitens: Man fährt geradeaus weiter, rattert zunächst über prähistorisches Kopfsteinpflaster und rollt anschließend genussvoll über einen einsamen Sandweg weiter nach Wiesenburg. Im Sattel eines leichten Bikes eine Wucht.

Hunger? Dann auf ins Tequila Drive nach Reuden. Der Bikertreff liegt an der B 246, zwölf Kilometer von Wiesenburg entfernt. Von Awo bis V-Max ist hier alles vertreten, im Biergarten herrscht meist Hochbetrieb. Routiniert bedient Andy den Grill und zaubert Steaks und Würste auf den Tisch. Wer übernachten will: Das Zelten auf dem Gelände ist gratis.

Die Waldstrecke von Jeserig über Grubo nach Raben hat es in sich. Versprüht noch den Charme der alten Zeit. Schmal und holperig ist ihr Belag, der rechte Fahrbahnstreifen ur befestigt. Wer über lange Federwege verfügt, ist hier König. Und erreicht als erster Burg Rabenstein. Das Gemäuer gelangte durch die Walpurgisnacht-Szene in Goethes Faust schon zu literarischem Ruhm. In der Burg weilte einst Kurfürst August der Starke, seit 40 Jahren wird sie als Jugendherberge genutzt.

Ein Abstecher führt uns nach Niemegk. Robert Koch, der Entdecker des Tuberkulose- und Cholera-Bazillus, eröffnete 1868 in der Großstraße 69 eine Landarztpraxis. Doch das Wartezimmer blieb meistens leer. Nach einem Jahr hatte der spätere Nobelpreisträger die Nase vom einsamen Landleben voll und kehrte Niemegk den Rücken. Wir tun es ihm gleich und fahren an der alten kursächsischen Postsäule vorbei Richtung Marzahna. Bis Schönefeld auf einer gut ausgebauten Straße. Dann wirds immer enger. Bis sich schließlich der Mittelstreifen verabschiedet. Von Seehausen bringt uns eine geflickte Plattenstraße mit Mittelmarkierung nach Niedergörsdorf und Dennewitz. Insgesamt acht Denkmäler zum Gedenken an die Schlacht gegen Napoleon stehen in der näheren Umgebung. Ein Lageplan kurz vor der Bahnschranke bei Niedergörsdorf zeigt den Weg.

In Kloster Zinna sollte man den Zündschlüssel abziehen. Wegen der herrlichen, 1170 gegründeten Klosteranlage, wegen des beschaulichen Ortes und vor allem wegen der Alten Försterei. Das Essen in dem Romantik-Hotel/Restaurant ist ein Genuss. Zum Verdauen hinterher empfiehlt sich etwas Hochprozentiges: ein echter Zinnaer Klosterbruder aus der Destille des Klosters.

An Jüterbog sollte man keinesfalls achtlos vorbeifahren. Das Städtchen gefällt durch seinen mittelalterlichen Stadtkern mit drei imposanten Toren. Wer will, kann sich vom Turm der Nikolai-Kirche einen Überblick verschaffen. Aber Vorsicht: Bei stürmischem Wind wehte es hier schon so manchen in die Tiefe. Einer hatte viel Glück: Im Jahr 1560 der Türmer Steub. Er fiel auf seine Trommel und überlebte.

Auf der B 102 geht es flott aus Jüterbog hinaus. Kurz hinter Werbig rechts ab, vier Kilometer Landstraße, dann kommt Wiepersdorf in Sicht. Im dortigen Schloss wohnte Bettina von Arnim, die Frau vom ehemaligen Fünfmarkschein. Heute steht das Schloss Künstlern aller Fachrichtungen zur Verfügung und setzt damit die musische Tradition der von Arnims fort.

Ein Schlenker führt uns nach Schönewalde, an dessen Mühle man bei schönem Wetter dem Müller zusehen kann. Meinsdorf und Illmersdorf folgen, dann erreichen wir Dahme. Ein hübscher Anblick: Das Städtchen bietet das kaum veränderte Bild einer märkischen Kleinstadt vor 100 Jahren. Weiter nach Gebersdorf und dort rechts ab nach Buckow. Wegen des herrlich schmalen Sträßchens, das von hier aus zurück nach Luckenwalde zackt.

Das 1170 gegründete Kloster Zinna

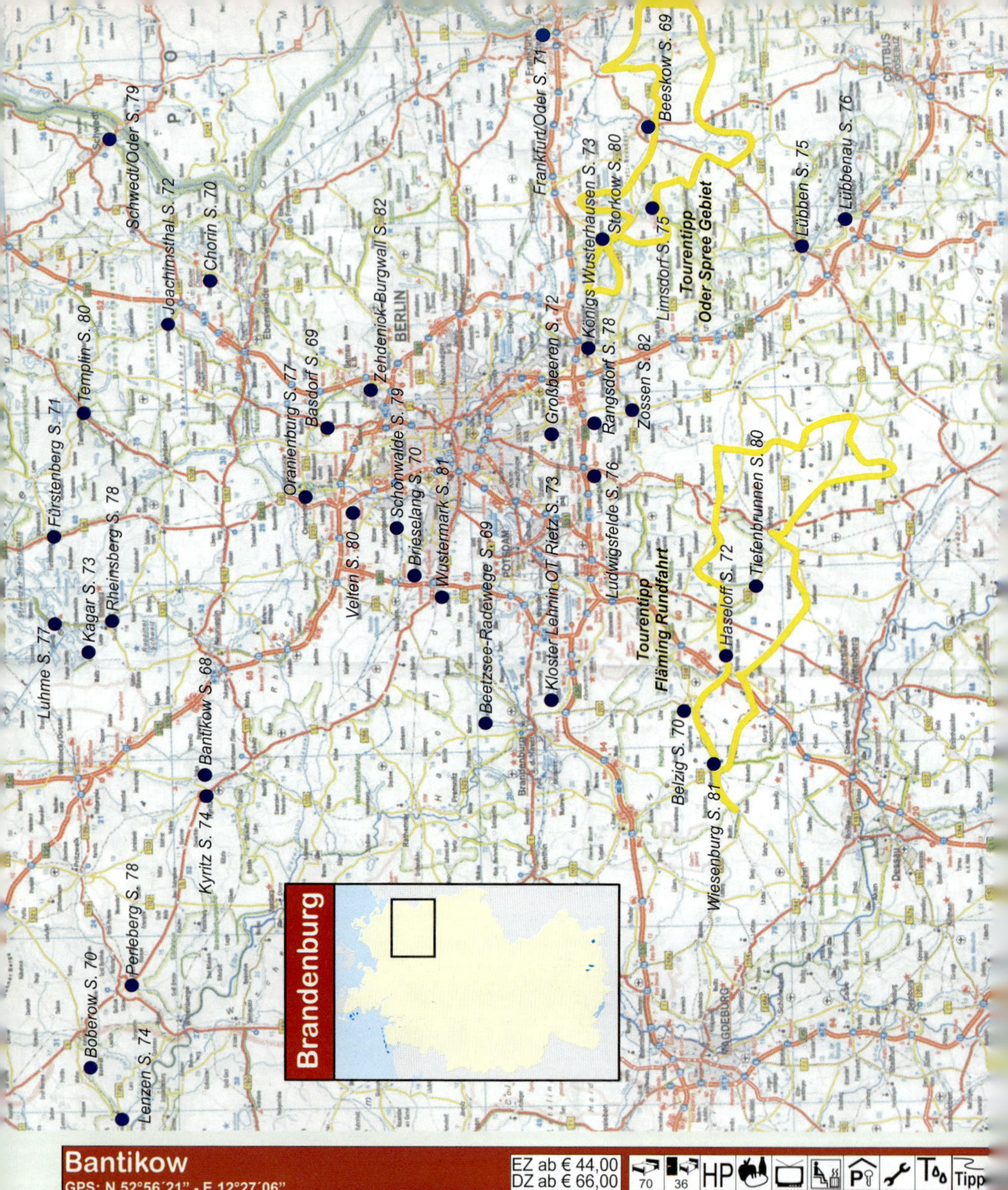

Bantikow

GPS: N 52°56´21" - E 12°27´06"

EZ ab € 44,00
DZ ab € 66,00

70 36 HP Tipp

★★★ Hotel am Untersee

Herzlich willkommen in unserem Hotel in idyllisch gelegener Landschaft. Von unserem Restaurant und Wintergarten mit Seeterrasse blicken Sie auf den See und genießen dabei köstliche Spezialitäten aus unserer gutbürgerlichen und feinen Küche. Zum Wohlfühlen bietet unser Haus den Hotelgästen 36 komfortable, modern ausgestattete Zimmer mit Dusche, WC, Fön, Telefon, Weckradio und Sat-TV. Eine Kegelbahn mit Gaststätte, Poolbillard, Sauna, Leihboote und Dart sorgen für Abwechslung. Für schöne Motorradtouren in unserer Umgebung können Sie uns gerne ansprechen.

Dorfstr. 48 • 16868 Bantikow • Telefon 03 39 79 / 1 45 90 • Fax 03 39 79 / 1 46 22
E-Mail: info@hotel-am-untersee.de • www.hotel-am-untersee.de

113

Basdorf

GPS: N 52°42´49" - E 13°26´23"

EZ ab € 72,00
DZ ab € 87,00

Hotel & Restaurant "Barnimer Hof" ****

Genießen Sie die Ruhe in ländlicher, wald- und seenreicher Idylle direkt vor den Toren der Weltstadt Berlin. Bis zur Stadtgrenze sind es nur 8 km. Wer Entspannung sucht und dabei nicht auf Behaglichkeit verzichten möchte, ist gut aufgehoben im Hotel Barnimer Hof. Die Sommerterrasse im Innenhof des Basdorfer Marktplatzes lädt besonders zur warmen Jahreszeit zum Verweilen ein. Unsere 22 gemütlichen und komfortablen Zimmer sind mit Bad oder Dusche, Fön, TV und Telefon ausgestattet. Gerne bereiten wir Ihnen morgens vor Ihrer Tour noch Lunchpakete zu.

Am Markt 9 • 16348 Wandlitz • Telefon 03 33 97 / 78 70 • Fax 03 33 97 / 7 87 77
E-Mail: info@barnimer-hof.de • www.barnimer-hof.de

12667

Beeskow

GPS: N 52°10´07" - E 14°15´42"

EZ ab € 47,00
DZ ab € 64,00

★★★ Hotel Märkisches Gutshaus

Wir heißen Sie herzlich willkommen in unserem 3-Sterne Haus mit der familiären Atmosphäre und dem ruhigen und entspannenden Ambiente. Hier fühlen Sie sich von der 1. Minute an wohl. Liebevolle Betreuung in großzügigem Ambiente ist unser Motto. Unsere Zimmer sind gemütlich mit Dusche/WC, TV und Telefon eingerichtet. Die Parkanlage die an unser Haus angrenzt ist ideal zum Abschalten und Relaxen. Einen kleinen Trockenraum für nasse Motorradkleidung haben wir für Sie eingerichtet. Wir freuen uns auf Ihren Besuch.

Frankfurter Chaussee 48 • 15848 Beeskow • Telefon 0 33 66 / 3 37 88 33 • Fax 0 3 66 / 3 37 88 21
E-Mail: info@gutshaus-beeskow.de • www.gutshaus-beeskow.de

11842

Beeskow

GPS: N 52°09´52" - E 14°14´25"

DZ ab € 40,00

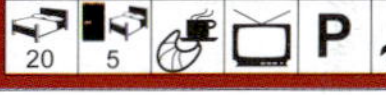

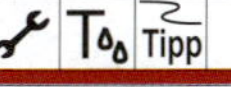

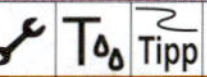

SPREE PARK BEESKOW

Natur pur erleben im Spreepark. Das und vieles mehr bieten wir Ihnen hier bei uns in Beeskow, direkt an der idyllischen Spree gelegen. Genießen Sie das Zusammenspiel von Natur und Freizeitangeboten, z. B. an einem Campingwochenende, oder nutzen Sie die Angebote der Fahrgastschifffahrt. Unsere Anlage enthält einen Bootsverleih, einen Reisemobil- und Caravanplatz, Ferienwohnungen, einen Zeltplatz, eine Flussbadeanstalt und vieles mehr. Unsere Gästewohnungen wurden 2004 fertig gestellt und erfüllen alle Anforderungen einer modernen Ausstattung: Dusche/WC, Sat/TV, Küchenzeile mit Mikrowelle, Cerankochfeld, Handtücher/Bettwäsche, Brötchenservice, Geschirrspüler in Wohnung 3, Grill vorhanden, Gartenmöbel vor Ort.

Bertholdplatz 6 • 15848 Beeskow • Telefon 0 33 66 / 52 06 40 • Fax 0 33 66 / 52 06 41
E-Mail: spreepark.beeskow@ewetel.net • www.spreepark-beeskow.de

11848

Beetzsee-Radewege

GPS: N 52°28´45" - E 12°34´28"

EZ ab € 35,00
DZ ab € 50,00

Kurth´s Landgasthaus & Hotel

Unser Landgasthof, Familientradition seit 1912, bietet Ihnen in typisch märkischer Umgebung nicht den Luxus großer Hotels, sondern Gemütlichkeit und familiäres Flair. Unser Haus liegt inmitten der Mark Brandenburg direkt am 20 km langen Beetzsee, einem Stück Deutschlands mit noch scheinbar unberührter Natur. Unsere freundlichen und geschmackvoll eingerichteten Zimmer laden Geschäftsreisende ebenso wie Urlauber ein, bei uns zu verweilen. Unser Landgasthof bietet Ihnen märkische Spezialitäten, die Sie in rustikal eingerichteter Umgebung genießen können. Unsere, nach Familienrezepturen arbeitende hauseigene Fleischerei, garantiert die hohe Qualität der lecker angerichteten Speisen.

Dorfstr. 4 • 14778 Radewege • Telefon 03 38 36 / 4 02 45 • Fax 03 38 36 / 2 06 12
E-Mail: kontakt@kurths-landgasthaus.de • www.kurths-landgasthaus.de

12628

Belzig

GPS: N 52°08´44" - E 12°35´26"

EZ ab € 40,00
DZ ab € 60,00

Hotel & Gaststätte "Alter Brauhof"

Sie sind auf Ihrer Tour durch Brandenburg unterwegs und suchen eine geeignete Unterkunft für sich und Ihre Freunde? Dann sind Sie bei uns richtig. In unserer familiären und gastfreundlichen Atmosphäre können Sie sich niederlassen und den Tag ausklingen lassen. Nehmen Sie in unserem gemütlichen Biergarten Platz und lassen Sie sich aus unserer Küche verwöhnen. In unseren Zimmern finden Sie Ruhe und Erholung für den nächsten Tag und die nächste schöne Tour. Gerne sind wir Ihnen behilflich bei der Gestaltung mit Tourentipps und Ausflugs- und Sehenswürdigkeiten. Eine kleine Schrauberecke und einen Trockenraum halten wir für Sie bereit. Wir freuen uns auf Ihren Besuch!

Straße der Einheit 16 • 14806 Belzig • Telefon 03 38 41 / 3 22 30 • Fax 03 38 41 / 3 89 20

12486

Boberow

GPS: N 53°08´45" - E 11°36´52"

EZ ab € 15,00
DZ ab € 30,00

Gaststätte Hirte

Unser ruhig gelegenes Haus in Boberow bietet Ihnen herzhafte Hausmannskost zu fairen Preisen. Unser gemütliches Ambiente und die familiäre Atmosphäre sind weit bekannt. Übernachten können Sie in gemütlich eingerichteten Zimmern. Ihr Motorrad stellen Sie bei uns auf unserem hauseigenen abschließbaren Hof ab. Wir sind das ganze Jahr für Sie im Einsatz. Wir freuen uns auf Ihren Besuch! Für interessante und kurvige Strecken in der Umgebung sprechen Sie uns einfach an.

Dorfstr. 5 • 19357 Boberow • Telefon 03 87 81 / 4 03 21

11353

Brieselang OT Zeestow

GPS: N 52°34´17" - E 12°57´57"

Campingplatz "Zeestow-Havelkanal"

Unser Campingplatz existiert seit 1994 und ist der 1. neue Campingplatz, der nach der Wende im Land Brandenburg genehmigt und gebaut wurde. Er ist ganzjährig geöffnet hat 145 Dauer – und etwa 40 Touristenplätze, die alle mit eigenem Elektroanschluss nach CEE-Norm ausgestattet sind. Die sanitären Anlagen sind ganzjährig benutzbar, hell und freundlich gestaltet und haben einen sehr guten Standard. Für gemütliche Stunden sorgt die bäuerliche, rustikale Atmosphäre, in der die Speisen und Getränke gereicht werden.
Im Sommer steht ein Biergarten zur Verfügung.

Brieselanger Str. 11 • 14656 Brieselang OT Zeestrow • Telefon 03 32 34 / 8 86 34
E-Mail: info@campingplatz-zeestow.de • www.campingplatz-zeestwo.de

1144

Chorin-Serwest

GPS: N 52°56´44" - E 13°56´23"

EZ ab € 28,00
DZ ab € 50,00

Fischerhof Serwest

Herzlich willkommen in unserem Haus mit familiärer Atmosphäre. Wir bieten unseren Gästen 18 gemütliche Gästezimmer, eine schöne Gaststube in der wir Ihnen gutbürgerliche Küche mit Gerichten aus märkischen Wäldern und Seen servieren. Morgens erwartet Sie ein reichhaltiges Frühstück für den optimalen Start in den Tag. Wir freuen uns auf Ihren Besuch!

Dorfstr. 39 • 16230 Chorin OT Serwest • Telefon 0 33 36 / 45 08 7

112

Frankfurt (Oder)

GPS: N 52°20´03" - E 14°33´15"

EZ ab € 57,00
DZ ab € 72,00

49 29 P Tipp

Hotel&Restaurant "Zur Alten Oder"

Unser familiär geführtes Hotel liegt direkt am Oder-Neiße-Radweg, in unmittelbarer Zentrumsnähe und hat eine direkte Straßenbahnanbindung (Haltestelle vor dem Haus), mit der Sie in wenigen Minuten den Bahnhof und das Stadtzentrum erreichen können. Zu Ihrer Entspannung finden Sie im Hotel "Zur Alten Oder" eine Sauna. Zur Ausstattung der Zimmer gehören: Dusche/WC, TV, Pay-TV, Telefon und ein Getränk. In unserem Restaurant erwartet Sie eine herzliche und gemütliche Atmosphäre. Wir servieren Ihnen gutbürgerliche aber auch internationale Spezialitäten. Im Biergarten können Sie in fröhlicher Runde den Tag ausklingen lassen.

Fischerstr. 32 • 15230 Frankfurt (Oder) • Telefon 03 35 / 55 62 20
Fax 03 53 / 5 56 22 28 • E-Mail: info@zuraltenoder.de • www.zuraltenoder.de

11850

Fürstenberg-Havel

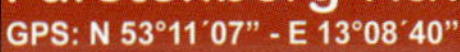

GPS: N 53°11´07" - E 13°08´40"

EZ ab € 20,00
DZ ab € 36,00

8 3 P Tipp

Gaststätte "Zum Holzwurm"

Zentral und ruhig gelegene Pension mit ausreichend Parkmöglichkeiten. Günstige Preise, sehr bikerfreundlich, ganzjährig geöffnet - kein Ruhetag. Gruppenangebote möglich. Wir freuen uns auf Sie!

Markt 9 • 16798 Fürstenberg • Telefon 03 30 93 / 6 16 61

11327

Fürstenberg-Havel

GPS: N 53°11´05" - E 13°08´45"

P Tipp

Restaurant "Am Yachthafen"

Das Restaurant "Am Yachthafen" liegt eingebettet zwischen dem Schlosspark in Fürstenberg an der Havel und dem Schwedtsee. In exzellenter Lage direkt am Wasser findet der Gast hier Muße und eine kulinarische Vielfalt, die zum Verweilen einlädt. Für den Inhaber Tom Schonig und sein qualifiziertes Team stehen Produktqualität, ein abwechslungsreiches Angebot und ein herausragender Service im Mittelpunkt ihrer Arbeit. Während Sie sich bei uns kulinarisch verwöhnen lassen oder einer süßen Versuchung erliegen, können Sie die schöne Aussicht auf den Schwedtsee genießen.

Unter den Linden 2 • 16798 Fürstenberg-Havel • Telefon 03 30 93 / 6 08 30 • Fax 03 30 93 / 6 08 31
E-Mail: amyachthafen@aol.com • www.restaurant-am-yachthafen.de

12497

vom
Restaurant Am Yachthafen in Fürstenberg

Wenn Sie in der, durch ein Patent geschützten Wasserstadt Fürstenberg/Havel, angekommen sind, befinden Sie sich mitten im Naturpark Stechlin-Ruppiner Land. Von hier aus können Sie die fantastische "20 SeenTour" starten. Sie fahren von Fürstenberg aus Richtung Neuglobsow, wo Sie auf jeden Fall ein kurzes Bad im Stechlinsee nehmen sollten, einer der saubersten in Deutschland. Nach dieser Erfrischung geht es weiter in Richtung Menz und dann über eine sehr schöne, leicht hügelige Straße, mitten durch die Wälder nach Rheinsberg. Wer kulturell interessiert ist, besichtigt das Schloss. Von dort aus Richtung Norden nach Wesenberg, also quer durch die Mecklenburgische Seenplatte. Jetzt auf die B198, da kann man auch mal ein wenig den Hahn aufreißen, Richtung Neustrelitz. Weiter auf der Bundesstraße bis nach Carpin und von dort aus über Golderbaum und Beenz nach Lychen. Wer möchte kann dort recht gut im Gasthaus Waldesruh (sehr bikerfreundlich) übernachten, oder aber man fährt weiter, Richtung Himmelpfort, um den Weihnachtsmann zu begrüßen und von dort aus wieder nach Fürstenberg/Havel.

12497

Großbeeren
GPS: N 52°22´04" - E 13°19´00"

EZ ab € 60,00
DZ ab € 75,00

Traditionshotel Grossbeeren 1813

Das Hotel wurde 1994 erbaut und verfügt über 50 geschmackvoll eingerichtete Einzel- & Doppelzimmer, ausgestattet mit Badezimmer, Sat-TV, Telefon, Fax- & Modemanschluss, Zimmersafe, Haarföhn, W-LAN und Schallschutzfenster. Wir würden uns freuen, Sie am Abend in unserem Restaurant "Zum Kanonier" begrüßen zu dürfen. Dort erwartet Sie gepflegte Hausmannskost und preußische Küche. Im Sommer lädt unser Biergarten "Königin Luise" ein. Für größere Gruppen und Feierlichkeiten steht unser Saal "General von Bülow" zur Verfügung. Wir halten natürlich die schönsten Tourentipps und Ausflugsmöglichkeiten für Sie bereit. Eine kleine Schrauberecke ist selbstverständlich vorhanden. Sie sind herzlich willkommen!

Berliner Str. 121 • 14979 Großbeeren • Telefon 03 37 01 / 7 00 • Fax 03 37 01 / 5 76 04
E-Mail: info@traditionshotel-grossbeeren.de • www.traditionshotel-grossbeeren.de

12487

vom
Traditionshotel Grossbeeren 18 13 in Grossbeeren

Nicht weit von der vierspurig ausgebauten B 101 zwischen A 10 und der Stadtgrenze Berlins legen Sie Ihren Zwischenstopp im "Traditionshotel Grossbeeren 1813" ein. Die Lage unseres Hauses ist ein idealer Ausgangspunkt für Ihre Erkundungen und Fahrten. Viele interessante Sehenswürdigkeiten können Sie von hier aus in kurzer Zeit erreichen, sowohl mit Ihrem Motorrad als auch mit öffentlichen Verkehrsmitteln: Die Metropole Berlin mit all den kulturellen und historischen Höhepunkten, die Landeshauptstadt Potsdam mit ihren Schlössern und dem Filmpark Babelsberg oder die historischen Stätten Grossbeerens. Durch zahlreiche schattige Alleen, vorbei an stillen Wäldern, kleinen Seen und vielem Grün fahren Sie durch die Schönheiten der Mark Brandenburg. Tagestouren führen rund um Berlin oder bis in den Spreewald. Zwischendurch Erholung pur: mit unserem Arrangement "Therme" verbringen Sie den ganzen Tag in der "Kristall Saunatherme" in Ludwigsfelde. Sportliche Abwechslung wie Golfen oder Wasserski finden Sie ebenfalls in unserer Nähe. Militärgeschichtliches erfahren Sie nicht nur in der Bücherstadt Wünsdorf, sondern auch in unserem Privatmuseum "Preußische Traditionen". Militärische Zeremonielle vom 17. Jahrhundert bis zur Gegenwart werden in einer liebevollen Sammlung dargestellt.

12487

Haseloff
GPS: N 52°05´14" - E 12°45´04"

EZ ab € 30,00
DZ ab € 50,00

Gasthaus Am Wachtelberg

5 km entfernt von der Autobahnabfahrt Niemegk im Örtchen Haseloff liegt das Gasthaus Am Wachtelberg. Wir bieten Ihnen gute deutsche Küche zu fairen Preisen, einen Biergarten, eine Pension und einen eigenen Parkplatz auf dem Hof und vor dem Haus. Unsere Pension liegt separat im Garten abseits der Straße sehr ruhig und idyllisch. In unserem gemütlichen Biergarten und auf der anschließenden Liegewiese lässt sich's gut verweilen.

Hauptstr. 15 • 14823 Haseloff • Telefon 03 38 43 / 4 03 78
E-Mail: info@amwachtelberg.de • www.amwachtelberg.de

1129

Joachimsthal
GPS: N 52°58´35" - E 13°44´16"

EZ ab € 37,00
DZ ab € 53,00

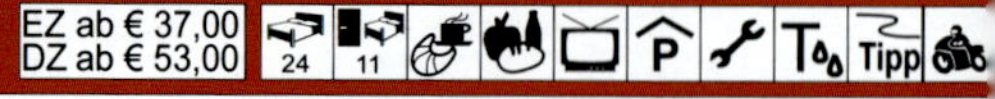

Hotel Wenzelhof

Zu einer "guten Zeit" - gleich ob in den Ferien, bei einem Kurztripp, einer Tagung oder beim Zwischenstopp - gehört mehr als nur ein Stuhl, ein Tisch und ein Bett. Erst komfortabel und gemütlich ausgestattete Räume, eine familiäre Atmosphäre, gute Gastlichkeit und vielfältige Möglichkeiten zur Entspannung und Freizeitgestaltung machen aus schlichter "Übernachtung" einen angenehmen Aufenthalt, an den man nicht nur gerne zurückdenkt, sondern den man auch immer wieder neu erleben möchte. In der modern-gediegenen Atmosphäre unseres Hauses lassen Sie sich verwöhnen mit allem, was Küche und Keller zu bieten haben. Um Ihren Aufenthalt in unserem Hause so angenehm und entspannend wie möglich zu gestalten, ist jedes unsere geräumigen Zimmer nach modernstem Standard eingerichtet.

Schönebecker Str. 24 • 16247 Joachimsthal • Telefon 03 33 61 / 62 9
E-Mail: Hotel-Wenzelhof@t-online.de • www.hotel-wenzelhof.de

113

Kagar
GPS: N 53°08´12" - E 12°49´04"

EZ ab € 0,00
DZ ab € 25,00
19 7 Tipp

Camping am Reiherholz

Wir bieten Ihnen ca. 150 Stellplätze für Campingfahrzeuge und Zelte, Strom- und Wasserversorgung, moderne beheizbare Sanitäreinrichtungen mit Einzelwaschkabinen, Duschen, WC´s, Behindertenkabine, Waschmaschinen / Trockner, Geschirrspülräume. Ausreichende Parkmöglichkeiten gibt es auf und vor dem Campingplatz. Sie werden jeden Morgen mit frischen Bäckerbrötchen verwöhnt - und für Dinge des täglichen Bedarfs geht man 300m weiter in die Verkaufsstelle Kagar. In der Gaststätte auf dem Campingplatz ist für gute Speisen und Getränke in gemütlicher Atmosphäre gesorgt.

Zechlinerhütterstr. 2 • 16837 Kagar • Telefon 03 39 23 / 7 03 63 • Mobil 01 52 / 02 06 53 24
E-Mail: rassmann@camping-am-reiherholz.de • www.camping-am-reiherholz.de
11326

Kloster Lehnin OT Rietz
GPS: N 52°22´26" - E 12°38´18"

EZ ab € 30,00
DZ ab € 46,00
8 3 Tipp

Gasthof "Zum Seeblick"

Treten Sie ein und fühlen Sie sich wohl. In unseren gemütlichen Zimmern werden Sie sich von der anstrengenden Motorradtour bestens erholen und neue Kraft für die nächste Tour sammeln. Das Frühstücksbuffet hilft Ihnen dabei... Natürlich stellen wir für Ihr Motorrad eine Garage zur Verfügung. Lunchpakete, Schrauberecke, Trockenraum und Tourentipps sind selbstverständlich vorhanden. Wir freuen uns auf Ihren Besuch!

Rietzer-Dorfstr. 24 • 14797 Rietz • Telefon 0 33 81 / 22 50 17
Fax 0 33 81 / 20 88 45 • E-Mail: seeblick.maier@t-online.de
12629

vom
Gasthof "Zum Seeblick" in Rietz

Unsere Tour beginnt am Gasthof „Zum Seeblick" in Rietz am Europäischen Vogelschutzgebiet „Rietzer See" gelegen. Mit seinen fast 270 verschiedenen Vogelarten und seiner beeindruckenden Vielfalt an Pflanzen ist es in jedem Fall einen Ausflug wert. Wir machen einen kurzen Halt am Vogelschutzhäuschen hinter der Freiwilligen Feuerwehr. Weiter geht es dann in Richtung Prützke. An der Kreuzung nach links in Richtung Lehnin. In Grebs angekommen, kann man den Dreiseitenhof besichtigen. Erkunden sie das ländliche Leben zwischen 1870 und 1950. Unser Weg führt über Netzen nach Lehnin. In Lehnin lohnt ein Besuch der Klosterkirche – als Begräbnisstätte der askanischen Markgrafen noch vor Ende des 12. Jh. begonnen. Sie ist eine der bedeutendsten frühen Backsteinbauten Norddeutschlands. Die Ufer des nahen Klostersees laden zu ausgedehnten Spaziergängen ein Wir verlassen Lehnin in Richtung Emstal und besuchen dort das Backofen-Museum. Unser Weg führt weiter über Busendorf nach Klaistow. Der Spargel- und Erlebnishof lädt zum Verweilen ein. Wir fahren weiter in Richtung Brück nach Belzig. Dort ist die Besichtigung der Burg Eisenhardt möglich. Weiter führt unser Weg zum Töpferort Görzke nach Gräben und Wollin. In Grüningen biegen wir nach rechts ab fahren in Richtung Brandenburg über Schmerzke zurück zu unserem Ausgangspunkt nach Rietz.

12629

Königs Wusterhausen
GPS: N 52°18´01" - E 13°37´54"

EZ ab € 48,00
DZ ab € 66,00
75 52 HP P Tipp

Das Hotel Sophienhof in Königs Wusterhausen bietet eine preiswerte Übernachtungsalternative - und dies in königlichem Ambiente. In den gemütlichen Zimmern findet der Gast Ruhe, im historischen Restaurant lässt es sich vortrefflich speisen. Unser Haus liegt direkt am lindenbestandenen Kirchplatz, im historischen Ortszentrum. Wir bieten 52 behagliche Zimmer mit Bad bzw. Dusche/WC, Radio, TV und Telefon. Unser Hotel Sophienhof bietet Ihnen jetzt an jedem letzten Wochenende im Monat ein Wellness Wochenende Euro 115,- pro Person im DZ und EZ Zuschlag Euro 20,-

Kirchplatz 3-4 • 15711 Königs Wusterhausen • Telefon 0 33 75 / 21 77 80
Fax 0 33 75 / 2 17 78 04 20 • E-Mail: kontakt@hotelsophienhof.de • www.hotelsophienhof.de
12490

Geben auch Sie eine Bewertung zu Ihrem Aufenthalt ab

Kyritz

GPS: N 52°56´33" - E 12°23´55"

EZ ab € 37,00
DZ ab € 60,00

27 | 14 | HP | Tipp

Bluhm´s Hotel & Restaurant am Markt

Unser Hotel umfasst 3 Einzelzimmer, 10 Doppelzimmer und ein Dreibettzimmer. Jedes Zimmer ist ausgestattet mit Bad/Dusche, Telefon und TV. Von den meisten Zimmern aus haben Sie einen wunderschönen Ausblick auf den Kyritzer Marktplatz, das Rathaus und die Friedenseiche. Außerdem verfügt unser Haus über einen Saal für ca. 180 Personen zzgl. etwa 30 Plätze auf einer Empore. Gutbürgerliche deutsche Küche sowie Fischspezialitäten (z. B. Kyritzer Zander) bieten wir in unserem Restaurant und im Bassewitzraum an. Hier haben Sie auch die Möglichkeit, eine kleinere Feier (bis 25 Personen) durchzuführen. An der Bar und am Stammtisch lässt sich aber auch gemütlich ein "Bierchen" oder ein Glas Wein trinken.

Maxim-Gorki-Str. 34 • 16866 Kyritz • Telefon 03 39 71 / 5 41 42
E-Mail: info@bluhms-hotel.de • www.bluhms-hotel.de

11323

Lenzen

GPS: N 53°05´51" - E 11°28´30"

EZ ab € 35,00
DZ ab € 60,00

30 | 15 | HP | Tipp

12624

vom
Hotel-Restaurant Schützenhaus in Lenzen

Das idyllisch von Löcknitz und Rudower See eingerahmte - und überdies mit einer Tankstelle sowie einer daneben sich befindlichen Fahrrad-Reparaturwekstatt versehene - Lenzen mit seinen malerischen Fachwerkhäusern bietet nicht nur einen malerischen Anblick, sondern erweist sich als wahre Fundgrube für Natur- und Geschichtsinteressierte. Die am östlichen Rand des 929 erstmals erwähnten Ortes gelegene Burg berichtet von der wechselhaften Geschichte der am westlichen Zipfel des Landes Brandenburg gelegenen ehemaligen Grenzstadt. Am südlichen Stadtrand zieht der Nautrlehrgarten regelmäßig viele Besucher an, und dicht daneben, auf dem "Schafhof Rademacher" führt der Filzverein, dessen originelle Wollkreationen in der Filzschauwerkstadt besichtigt werden können, alljährlich ein eindrucksvolles Filzfelst durch. Nur in 1km Entfernung in Richtung Süden bietet sich ein Ausflug über die Elbe mit einer PKW-Fähre nach Niedersachsen zum imposanten Höhbeck, weiter in den Luftkurort Gartow und zum in Schnackenburg - der kleinsten Stadt Niedersachsens - gelegene Grenzlandmuseum an, wo eine weitere Personenfähre wieder ins Brandenburgische übersetzt. Dort können Sie über den Ort Lanz wieder nach Lenzen zurückkehren.

12624

Lenzen

GPS: N 53°05´42" - E 11°28´23"

EZ ab € 25,00
DZ ab € 46,00

11 | 7 | HP | Tipp

Gasthof Stadt Hamburg

Sie sind auf der Suche nach einer geeigneten Unterkunft für Ihren Urlaub oder ein gemütliches langes Wochenende? Die Zimmer sind von unterschiedlicher Ausstattung und Größe. Jedes Zimmer verfügt über ein eigenes modernes Bad. Ebenso zur Grundausstattung jeden Zimmers gehören auf Wunsch ein TV mit Sat-Anschluss. In unserem Restaurant verwöhnen wir Sie abends nach Ihrer Tour mit frischen und herzhaften Gerichten aus aller Welt. Eine Garage für Ihr Motorrad steht natürlich zur Verfügung! Wir freuen uns auf Sie!

Friedrich-Ludwig-Jahn-Str. 1 • 19309 Lenzen • Telefon 03 87 92 / 8 02 31
Fax 03 87 92 / 5 08 85 • E-Mail: info@gaststaette-eisdiele-wittig.de • www.gasthof-stadthamburg.de

126

Limsdorf

GPS: N 52°10´25" - E 13°59´34"

EZ ab € 25,00
DZ ab € 40,00

Waldgaststätte "Zur Quelle"

Die Waldgaststätte inklusive Biergarten mit Blick auf den wunderschönen Springsee bietet Platz für bis zu 50 Personen. Neben einer großzügigen Terrasse lädt auch die Bar zum Platz nehmen ein. Wie wär's mit Urlaub in unserer Ferienwohnung oder in unserem Wohnwagen? Wählen Sie zwischen komfortabel eingerichteten Ferienwohnungen mit Dusche/WC, TV und Küche oder erleben Sie echtes Campingfeeling in einem unserer gemütlich ausgestatteten Wohnwagen. Gerne geben wir Ihnen auch interessante Tourentipps und Sehenswürdigkeiten in unserer Gegend. Wir sind selbst Biker.

Am Springsee 2 • 15864 Limsdorf • Telefon 01 62 / 4 37 04 52 • Fax 0 33 67 / 7 50 16
info@waldgaststaette-am-springsee.de • www.waldgaststaette-am-springsee.de

12491

Lübben

GPS: N 51°55´57" - E 13°53´32"

EZ ab € 44,00
DZ ab € 70,00

25 15 HP Tipp

Hotel Steinkirchener Hof

Wir laden Sie recht herzlich in unser Hotel ein, um mit Ihnen zusammen ein paar schöne Urlaubstage zu verbringen. Von hier aus können Sie den gesamten Spreewald, mit all den Reizen dieser einzigartigen Landschaft in Europa, mit dem Motorrad erkunden. Unsere gemütlich eingerichteten 5 Einzel - und 10 Doppelzimmer sind ausgestattet mit Dusche/WC, Telefon, Sat-TV, Minibar und Zimmersafe. Ein reichhaltiges Frühstücksbuffet und die gutbürgerliche Küche mit den Spezialitäten des Spreewaldes laden in ungezwungener Atmosphäre zum Verweilen ein. Sprechen Sie uns einfach an wenn Sie noch neue Tourenanregungen haben möchten. Wir fahren selbst Motorrad.

Cottbuser Str. 16 • 15907 Lübben • Telefon 0 35 46 / 23 30 • Fax 0 35 46 / 23 31 60
E-Mail: info@steinkirchenerhof.de • www.steinkirchenerhof.de

11229

Lübben

GPS: N 51°56´41" - E 13°53´21"

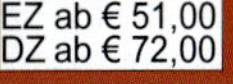

EZ ab € 51,00
DZ ab € 72,00

Spreewaldhotel Stephanshof

Unser 3-Sterne Hotel liegt in der Kreisstadt Lübben, ruhig und idyllisch direkt an einem Spreefließ. Unsere 31 Gästezimmer sind mit Dusche/Badewanne, WC, TV, Telefon, Safe, Fön und Radiowecker komfortabel und modern ausgestattet. Besuchen Sie unser Spreewälder Spezialitätenrestaurant. In gemütlicher Atmosphäre laden wir Sie bei gepflegten Speisen und Getränken zum Verweilen ein. Genießen Sie nach einem ausgedehnten Spaziergang die Ruhe und die Aussicht von unserer Sommerterrasse auf die Spree. Lassen Sie sich mit Speisen und Getränken verwöhnen. Hausgebackener Kuchen, leckere Eisbecher und viele weitere Köstlichkeiten stehen Ihnen zur Auswahl.

Lehnigksberger Weg 1 • 15907 Lübben • Telefon 0 35 46 / 2 72 10 • Fax 0 35 46 / 27 21 60
E-Mail: stephanshof@spreewald.de • www.spreewaldreisen.de

11232

vom Spreewaldhotel Stephanshof in Lübben

Spreewaldflüsse
und Spreewaldseen (ca. 80 km)
Von Lübben auf der B 115 Richtung Golßen. Nach der Autobahn rechts nach Schönwalde abbiegen. Über Krausnick erreicht man Schlepzig. Hier gibt es eine Brauerei und ein Bauernmuseum zu sehen. Kahnfahrten sind auch möglich. Wieder zurück zur L71 und rechts Richtung Groß Wasserburg. Dort kann man einen Abstecher an den See nach Köthen machen. In Neu Lübbenau geht es links zum nächsten Abstecher nach Alt Schadow oder rechts weiter über – Gröditsch nach Groß Leuthen mit seinem Schloß und dem See. In Birkenhainchen geht rechts auf die B 87 wieder zurück nach Lübben.

Körperwelten und
Spreewaldrundfahrt
Lübben – Lieberose (Kirche, Schloss) – Gruben (Körperwelten) Neuzelle (Kloster, Brauerei, Weinberg) – Treppeln – Chossewitzer Mühle (Forellenzucht) – Friedland (Burg) – Niewisch – Speicherow – Goyatz - Lübben (ca. 150km)

11232

Geben auch Sie eine Bewertung zu Ihrem Aufenthalt ab

Lübbenau OT Leipe

GPS: N 51°51´19" - E 14°02´46"

EZ ab € 45,00
DZ ab € 65,00

Mit der Wiedereröffnung des Spreewaldhotels im September 1992 ist gute Hoteltradition in das malerisch gelegene Örtchen Leipe zurückgekehrt. Um den Anforderungen des aufkommenden Tourismus gerecht zu werden, erfolgte 1924 der Bau eines komfortablen Hotels, dessen liebevolle Einrichtung und idyllische Lage das Haus schon bald zu einer gastlichen Adresse weit über den Spreewald hinaus bekannt werden ließ. Dieser Tradition fühlen wir uns noch heute verpflichtet. Heute stehen Ihnen nach Modernisierung und Umbau 21 komfortable Doppelzimmer mit Dusche und WC, Satelliten-TV, Telefon- und Faxanschlüssen zur Verfügung. Ihre Spreewalderkundung kann von unserem hoteleigenen Hafen aus -direkt vor dem Haus- beginnen. Das Hotelrestaurant ist in drei verschiedene Räume aufgeteilt. Es bietet ca. 100 Gästen Platz. Zusätzlich stehen in unserem Gartenrestaurant weitere 200 Plätze zur Verfügung.

Leiper Dorfstr. 20 • 03222 Lübbenau OT Leipe • Telefon 0 35 42 / 22 34 • Fax 0 35 42 / 38 91
E-Mail: info@spreewaldhotel-leipe.de • www.spreewaldhotel.de

11231

Ludwigsfelde OT Ahrensdorf

GPS: N 52°18´48" - E 13°12´15"

EZ ab € 30,00
DZ ab € 45,00

18 | 5 | HP | P | Tipp

Gasthaus Zum Deutschen Haus

Großbeerener Str. 10 • 14974 Ludwigsfelde OT Ahrensdorf • Telefon 0 33 78 / 80 16 94

Unser Gasthaus liegt ruhig und verkehrsgünstig. Im Umfeld befinden sich unter anderem ein Golfplatz, eine Wasserskianlage und gute Bikerstrecken. Montags ist bei uns Ruhetag. Wir haben jedoch das ganze Jahr für Sie geöffnet. Warme Küche servieren wir ab 11.30 Uhr durchgängig. Biker sind bei uns herzlich willkommen. Für Tourenanregungen stehen wir Ihnen gerne zur Verfügung.

E-Mail: zumdeutschenhaus@aol.com • www.zum-deutschen-haus.net

11259

vom Gasthaus Zum Deutschen Haus in Ludwigsfelde

Mitten im Land Brandenburg finden Sie den Landkreis Teltow-Fläming. Eine weite Landschaft mit vielen Seen, Wald und Heide bietet sich unseren Besuchern und Gästen. Uralte Alleen verbinden die schönen Dörfer miteinander.
Der Fläming bietet reichhaltige Sport und Freizeitangebote wie zum Beispiel die Wasser Skianlage in Großbeeren, das Schloss Diedersdorf, Spargelhof Diedersdorf, und eine der längsten Rad- und Skater – Strecken des Landes. Und wenn das Wetter mal nicht "bikerfreundlich" ist erreichen Sie in ca. 40 Minuten Europas größte tropische Indoor-Urlaubswelt Tropical-Islands mit einer gigantischen Wellness-Landschaft.

Im Herzen unseres Landes Brandenburg finden Sie die Weltmetropole Berlin, die man mit dem Motorrad auf märkischen Alleen in ca. 30 Min. erreicht. Die Landeshauptstadt Potsdam, ca. 20 Min. von uns entfernt entfaltet sich als unwiderstehlicher Anziehungspunkt mit seinen Schlössern und Gärten.

11259

Ludwigsfelde-Genshagen

GPS: N 52°18´59" - E 13°17´48"

EZ ab € 79,00
DZ ab € 59,00

Hotel Ibis Berlin Brandenburg Park

Das Hotel Ibis Berlin Brandenburg Park befindet sich in Ludwigsfelde, in der Nähe der Autobahn A10 südlich von Berlin. Es liegt 45 Minuten von Europas größter tropischer Freizeitwelt Tropical Islands in der Nähe von Berlin, Potsdam und den Babelsberg Studios und besitzt 81 klimatisierte Zimmer, sowie ein Restaurant mit Terrasse, eine Bar (24-Stunden-Service) und einen kostenlosen Parkplatz. Sich wohlfühlen wie zu Hause... Einladend, modern, geräumig und komfortabel, mit einem bequemen Bett und einem funktionellen Badezimmer. Das Ibis Zimmer hat alles, was Sie brauchen, und noch ein bisschen mehr. Die Ibis Bar ist zu jeder Tages- und Nachtzeit ein gemütlicher Treffpunkt und ein Ort zum Entspannen.

Kastanienweg 4 • 14974 Ludwigsfelde • Telefon 0 33 78 / 85 30 • Fax 0 33 78 / 8 53 33
E-Mail: H2080@accor.com • www.ibishotel.com

124

Luhme

GPS: N 53°10´34" - E 12°48´47"

EZ ab € 43,00
DZ ab € 55,00

Hotel&Restaurant "Am Birkenhain"

Herzlich willkommen in unserem Hotel & Restaurant „Am Birkenhain"! Umgeben von zahlreichen idyllischen Seen und Wäldern, bieten wir Ihnen hier ideale Bedingungen für einen angenehmen und erholsamen Urlaub in abwechslungsreicher Natur. Als Gast unseres Hauses verwöhnen wir Sie während Ihres Aufenthaltes mit einem exzellenten Service, gepflegter Gastlichkeit und behaglichem Wohnen. Für Ihren Aufenthalt stehen Ihnen 33 gut ausgestattete Zimmer zur Verfügung. Speisen und Getränke servieren wir Ihnen in unserem gemütlichen Restaurant oder auf der Sonnenterrasse mit Blick auf den Kapellensee. Sie haben die Wahl zwischen Übernachtung mit Frühstück, Halbpension oder Vollpension. Der Tag beginnt für Sie mit einem reichhaltigen und abwechslungsreichen Frühstück in unserem Restaurant oder bei gutem Wetter auch auf der Sonnenterrasse mit Blick auf den Kapellensee. Damit sind Sie für Ihr Tagesprogramm bestens gestärkt!

Sonnenweg 2 • 16837 Luhme-Heimland • Telefon 03 39 23 / 71 70 • Fax 03 39 23 / 7 69 19
E-Mail: kontakt@am-birkenhain.de • www.am-birkenhain.de

12561

vom
Hotel & Restaurant
"Am Birkenhain" in Luhme

Die Rundtour durch das Prignitzer Land startet in Luhme und führt uns über Zechlinerhütte in die Fontanestadt Rheinsberg. Das Schloss bietet eine malerische Kulisse für Bikerfotos. Weiter geht es über Zühlen und Glienicke nach Kunsterspring. In den Gehegen des dortigen Tierparks können wir vor allem heimische Wildtiere sehen. Durch dunkle Laubwälder fahren wir nach Neuruppin, Kreisstadt des Landkreises Ostprignitz - Ruppin. Ein Besuch in der Klosterkirche St. Trinitatis, dem Wahrzeichen der Stadt und der fast vollständig erhaltenen Stadtmauer, lohnt sich immer. An Getreidefeldern vorbei führt uns der Weg über Fehrbellin nach Kremmen. In der Bikerkneipe machen wir unsere Halbzeitpause und genießen ein deftiges Schnitzel. Zurück geht es über Lindow (Mark) am Wutzsee vorbei nach Rheinsberg. Unser nächstes Etappenziel ist Kleinzerlang mit der Marina „Wolfsbruch" am Hüttenkanal. Jetzt verlassen wir das Land Brandenburg und passieren die Grenze nach Mecklenburg-Vorpommern. Die nächsten Stationen unserer Tour sind Wesenberg und Mirow. Ein Stopp an der Mirower Schleuse ist unbedingt erforderlich, mit einer Hubhöhe von über 3 m ist es eine der größten Schleusen. In einer Schlängelfahrt passieren wir Schwarz und Flecken Zechlin, um wieder das Hotel zu erreichen. Ca. 195 km

12561

Oranienburg

GPS: N 52°45´13" - E 13°15´17"

EZ ab € 70,00
DZ ab € 79,00

Stadthotel Oranienburg ****

Stadthotel Oranienburg - ein bikerfreundliches 4 Sterne Hotel, 13 km zur Stadtgrenze Berlin, mit 59 komfortablen Doppelzimmern (bzw. Einzelzimmern) mit Badewanne/WC, Klimaanlage, TV, Minibar, ISDN-Telefon und W-Lan. Großer kostenfreier Hotelparkplatz. Gemütliche Hotelbar und einer hauseigenen Sauna zum Entspannen. In unserem Restaurant „Galerie" verwöhnen wir Sie täglich von 12:00- 22:30 Uhr mit internationaler und kreativer Küche. Besonders zu empfehlen sind unsere Biker-Menues. Highlight 2009 Landesgartenschau in Oranienburg.

André-Pican-Str. 23 • 16515 Oranienburg • Telefon 0 33 01 / 69 00 • Fax 0 33 01 / 69 09 99
E-Mail: info@stadthotel-oranienburg.de • www.stadthotel-oranienburg.de

12538

Perleberg

GPS: N 53°04´29" - E 11°51´54"

EZ ab € 58,00
DZ ab € 68,00

45 · 25 · HP · Tipp

Hotel Deutscher Kaiser

Seien Sie unser Gast und genießen Sie das Gründerzeit-Ambiente unseres Hauses und den Charme der alten Hansestadt Perleberg. Unser Hotel hat 25 Zimmer, die selbstverständlich alle über Bad (WC und Dusche), TV sowie Telefon verfügen. Im historischen Altbau befinden sich 5 Einzelzimmer, 4 Doppelzimmer und die Prinzensuite. Diese Zimmer sind mit antiken Möbeln ausgestattet.

Bäckerstr. 18 • 19348 Perleberg • Telefon 0 38 76 / 7 91 40 • Fax 0 38 76 / 79 14 79
E-Mail: info@hoteldeutscherkaiser.de • www.hoteldeutscherkaiser.de

11354

Rangsdorf

GPS: N 52°18´00" - E 13°26´59"

EZ ab € 52,00
DZ ab € 73,00

11 · 6 · HP · Tipp

Waldrestaurant

Das Waldrestaurant, ein Haus guter Traditionen, erwartet Sie direkt an der Einfahrt zum Ort Rangsdorf von der B 96/ Kreuzung Südring-Center. Insgesamt ca. 70 Gastraum- und 40 Terrassenplätze stehen Ihnen zur Verfügung. Überwiegend deutsche Küche, mit klassischen internationalen Nuancen und saisonalen Ergänzungen, werden von guter Hand à la carte immer frisch zubereitet und laden zum Schlemmen und Genießen ein. Zum Übernachten stehen Ihnen liebevoll eingerichtete Hotelzimmer zur Verfügung. Das Team des Waldrestaurants erwartet Sie täglich ab 12.00 Uhr. Dabei bieten wir durchgehend warme Küche bis 22.00 Uhr. Selbstverständlich haben wir für Ihr Motorrad eine abschließbare Garage und viele Tourentipps für die Region da wir selbst Biker sind.

Sachsenkorso 99 • 15834 Rangsdorf • Telefon 03 37 08 / 2 02 66 • Fax 03 37 08 / 92 02 16
E-Mail: w.schramm@wald-restaurant.de • www.wald-restaurant.de

12488

Rheinsberg

GPS: N 53°05´59" - E 12°54´00"

EZ ab € 45,00
DZ ab € 65,00

16 · 9 · HP · P · Tipp

Gast- und Logierhaus "Zum Jungen Fritz"

Im Herzen von Rheinsberg, ganz nah am Schloss Rheinsberg lädt unser traditionsreicher Gasthof zum Verweilen ein. Seen- und Waldlandschaften bieten Ihnen viele Möglichkeiten zum Entspannen aber auch für Kulturliebhaber gibt es Angebote. Der Küchenchef bietet altdeutsche Gerichte und Regionales an.

Schloßstr. 8 • 16831 Rheinsberg • Telefon 03 39 31 / 40 90
Fax 03 39 31 / 4 09 34 • E-Mail: junger-fritz@online.de • www.junger-fritz.de

12494

vom
Gast- und Logierhaus "Zum Jungen Fritz" in Rheinsberg

Abwechslungsreiche und individuelle Touren für jeden Geschmack sind von der Prinzenstadt Rheinsberg aus möglich. Rheinsberg liegt nördlich von Berlin in ca. 80 km Entfernung. Dieser Ort läd nicht nur durch seine historische Vergangenheit (alter Preußenkönig Friedrich der Große), das wunderschöne Schloss mit dem weitläufigen Schlosspark, sondern auch durch seine geografische Lage für mehrtägige Motorradtouren ein. So ist z.B. die Ostsee in nur 150 km oder 2h zu erreichen. Dabei fährt man über schöne alte Alleen Brandenburgs, welche nicht nur geradeaus gehen. Kurven die selbst den routinierten Bikern das Lächeln ins Gesicht zaubern. Ein Kurztrip in Richtung Müritz ist auch sehr interessant, entlang der Wittstocker Heide über den alten Truppenübungsplatz der „Roten Armee". Angekommen im Warener Hafen kann man den wunderschönen Blick über die Müritz genießen. Zurück geht's entlang am Müritzer Nationalpark, den man auch vom Bus aus besichtigen kann. Einen weiteren Tag kann man das Ziel Berlin oder sogar Elbauen einplanen. Ausführliche Touren sprechen wir gerne mit Ihnen durch und können Ihnen dazu passendes Kartenmaterial anbieten.

12494

Rheinsberg

GPS: N 53°05´59" - E 12°53´44"

EZ ab € 58,00
DZ ab € 79,00

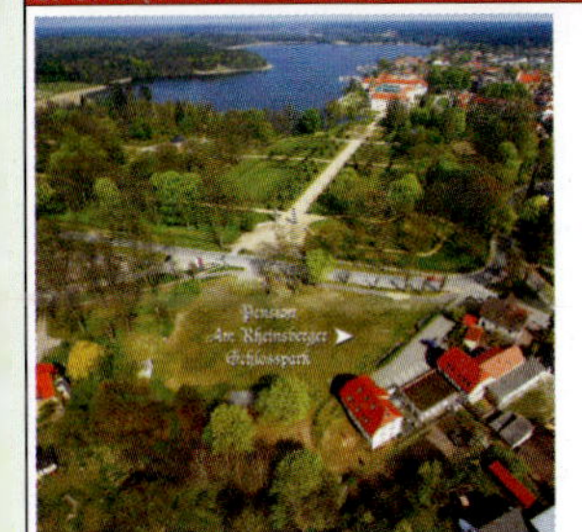

Pension "Am Rheinsberger Schloßpark"

Herzlich willkommen in Brandenburg, in Rheinsberg mit seinem Schloß Friedrich des Großen, im Rheinsberg Tucholskys, Fontanes und in unserer familiengeführten Pension "Am Rheinsberger Schloßpark". Unser ruhig gelegenes Haus mit Restaurant, Sauna, Kegelbahn und Kutschen befindet sich ca. 100 Meter von der berühmten Schloßanlage entfernt. Genießen Sie den einmaligen Ausblick auf den Rheinsberger Schloßpark und lassen Sie sich von uns verwöhnen. Unsere modern eingerichteten Zimmer sind mit Dusche und WC, Kabel-TV und Telefon ausgestattet. Genießen Sie in unserem Restaurant (36 Plätze) oder auf unserer Sonnenterrasse originale Hausmannskost, Brandenburger Köstlichkeiten und frische Fischspezialitäten aus den Gewässern der Region.

Fontaneplatz 2a • 16831 Rheinsberg • Telefon 03 39 31 / 3 92 71 • Fax 03 39 31 / 3 92 70
E-Mail: pension-rhbger-schlosspark@t-online.de • www.rheinsberg-pension.com

12495

von der Pension "Am Rheinsberger Schlosspark in Rheinsberg

Wir fahren von Rheinsberg nach Wesenberg die Landstraße und biegen auf die B198 links Richtung Mirow ab. Hier lohnt sich schon ein erster Halt im Stadtzentrum. Das Schlossgelände mit kleinem Hafen lädt zum kurzen Rundgang ein. Wer schon erste maritime Eindrücke haben will, hält am Ortsausgang an der Schleuse und schaut sich das Treiben der Boote an. Weiter geht es auf der B198 zum sehenswerten Müritzstädtchen Röbel. Empfohlen sei es nach der Ortslage Vipperow (in ca. 5km) rechts nach Röbel abzubiegen. Röbel selbst sollte man zu Fuß erkunden. Ein Halt am Markt und später am Stadthafen sollte ein Muss sein. Kirche, Bürgergarten, die Mühle und der Stadtkern begeistern alle Besucher. Der Italiener am Markt sei zu empfehlen, insbesondere auch alle Anbieter aller Fischspezialitäten. Für Leckermäuler ist die Eisdiele am Ziegenmarkt der Tipp, nur ein paar Schritte vom Hauptmarkt entfernt. Weiter fahren wir auf der B192 in die Hauptstadt der Müritz – Waren. Mit bis zu 10 Bikes kann durchaus zum Hafen gefahren werden ohne lange einen Parkplatz suchen zu müssen, sonst etwas außerhalb parken. Waren selbst braucht keine Worte, Hafen, die Marinas und das altertümliche Zentrum sprechen für sich. Wer Zeit hat, der sollte eine Dampferrundfahrt auf der Müritz einplanen. Unser nächstes Ziel über die B192 ist der Ort Penzlin um weiter nach Neustrelitz, B193 zu kommen. Neustrelitz bietet einen sehenswerten Schlossgarten und Stadtkern. Den Ort durchfahren und rechts den Abzweig nach Wesenberg nehmen, wieder auf der B198 im Ort weiter nach Rheinsberg zum Anfang der Tour.

12495

Schönwalde OT Siedlung

GPS: N 52°36´01" - E 13°08´18"

EZ ab € 50,00
DZ ab € 60,00

Suchen Sie ein ruhiges Plätzchen im Grünen, in einem historischen Gebäude bei gepflegten Getränken und gutbürgerlicher deutscher Küche? Dann lassen Sie sich von uns verwöhnen. Sie können natürlich auch unseren rustikalen Biergarten besuchen. Sie können bei uns auch übernachten oder Ihren Urlaub verbringen! Wir bieten Ihnen modern eingerichtete Gästezimmer mit Sat-TV, Telefon, Bad und Minibar.

Berliner Allee 9 • 14621 Schönwalde • Telefon 0 33 22 / 2 48 10 • Fax 0 33 22 / 24 81 12
E-Mail: info@gasthof-schwanenkrug.de • www.gasthof-schwanenkrug.de

11293

Schwedt/Oder

GPS: N 53°05´59" - E 14°17´59"

EZ ab € 25,00
DZ ab € 50,00

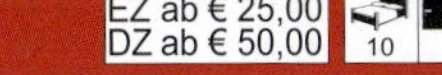

Speisegaststätte & Biergarten Zum Oderländer

Machen Sie eine Pause auf Ihrer Tour. Kehren Sie bei uns ein und Sie werden sofort erfahren was Gastfreundlichkeit bedeutet. Hier fühlen Sie sich wohl. Dazu gibt´s frische und deftige aber auch kleine und leichte Gerichte. Oder Sie sitzen nur eine Weile in unserem sonnigen Biergarten zusammen und genießen die Sonne. Selbstverständlich haben wir auch eine kleine Schrauberecke und einen Trockenraum. Für Tourentipps in dieser Region stehen wir Ihnen jederzeit zur Verfügung. Wir freuen uns auf Sie und Ihre Freunde.

Kleine Str. 16 • 16306 Vierraden • Telefon 0 33 32 / 2 04 98 • Fax 0 33 32 / 52 35 18
E-Mail: info@zumoderlaender.de • www.zumoderlaender.de

12493

Storkow

GPS: N 52°14´49" - E 13°56´57"

EZ ab € 45,00
DZ ab € 70,00

46 22 HP Tipp

Seehotel & Restaurant Karlslust

Im Seehotel wohnen heißt, sich ein bisschen wie zu Hause fühlen. Dafür sorgt nicht nur der aufmerksame und persönliche Service unseres Hauses - auch die freundlichen Gästezimmer, mit Ausblick ins Grüne, bieten einen idealen Rahmen für schöne Stunden und erholsame Nächte. Zur zeitgemäßen Ausstattung gehören Dusche, WC, Satelliten-TV, Radiowecker, Faxanschluss und Telefon. Im Restaurant, mit seinem freundlich - warmem Ambiente, an der stimmungsvollen Bar, im Wintergarten mit Panoramablick oder auf der Seeterrasse werden Sie verwöhnt. Unser Küchenchef, Marco Strauß, kreiert für Sie Gerichte und Menüs ausschließlich aus frischen Produkten, hauptsächlich regionaler Herkunft. Durch die direkte Lage am See finden Sie direkt am Hotel eine Bootsvermietung und einen Fahrgastanleger.

Karlsluster Str. 25 • 15859 Storkow • Telefon 03 36 78 / 64 20 • Fax 03 36 78 / 7 34 71
info@seehotel-karlslust.de • www.seehotel-karlslust.de

11257

Templin

GPS: N 53°06´40" - E 13°31´46"

EZ ab € 52,00
DZ ab € 78,00

409 HP P Tipp

Seehotel Templin

Nur 80 km nördlich von Berlin entfernt, liegt inmitten der herrlichen Uckermark direkt am Lübbesee das Seehotel Templin mit 409 Zimmern und Studios. Attraktive Sport- und Freizeitangebote in Kombination mit verschiedenen Wellnessmöglichkeiten bieten einen hervorragenden Mix zwischen aktiv sein und Entspannung. Mit Panoramarestaurant, gemütlicher Bierbar „Pinte", VIVA Bar, Tanzcafé und Biergarten im Sommer wird für kulinarisches Wohlfühlbefinden gesorgt. In unmittelbarer Nähe liegen die weit über die Landesgrenzen hinaus bekannte NaturThermeTemplin, die Westernstadt „EL DORADO" oder auch die Outdoor-Kartbahn „Templiner Ring".

Am Lübbesee 1 • 17268 Thermalsoleheilbad Templin • Telefon 0 39 87 / 49 00
Fax 0 39 87 / 49 12 18 • E-Mail: reservierung@seehotel-templin.de • www.seehotel-templin.de

12581

Tiefenbrunnen

GPS: N 52°02´07" - E 12°56´40"

EZ ab € 35,00
DZ ab € 50,00

23 11 HP Tipp

Rasthaus Zum Tiefen Brunnen

Unser Rasthaus "Zum Tiefen Brunnen" liegt idyllisch mitten im Wald, abseits der Hektik. Legen Sie eine Pause ein und lassen Sie sich verwöhnen! Wir servieren Ihnen gepflegte Getränke, gutbürgerliche Küche und Wildspezialitäten. Bei schönem Wetter sitzt es sich gemütlich im Biergarten oder in der großzügigen Parkanlage. Außerdem bieten wir Ihnen Übernachtungsmöglichkeiten in 11 Zimmern mit Terrasse. Für schöne Tourenanregungen sprechen Sie uns doch einfach an.

Tiefenbrunnen 6 • 14929 Treuenbrietzen • Telefon 03 37 48 / 7 04 49
Fax 03 37 48 / 2 03 68 • E-Mail: tiefenbrunnen@freenet.de • www.tiefenbrunnen.de

11291

Velten

GPS: N 52°41´40" - E 13°10´38"

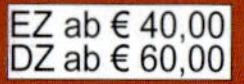

EZ ab € 40,00
DZ ab € 60,00

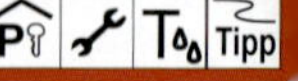

Hotel - Gasthof Zur alten Weide

Entdecken Sie unser vielseitiges Angebot. Ob ein leckeres Essen, die besondere Familienfeier oder die Ruhe zur Nacht. Wir sind 365 Tage im Jahr für Sie da. Darüber hinaus finden Sie auch neuen Schwung und Entspannung in unserem Fitnessclub, der allen Gästen unseres Hauses, mit Sauna und Solarium, offen steht. Das Hotel verfügt über gemütliche Ein- und Zweibettzimmer, mit Dusche, WC, Telefon und Farbfernseher. Für schöne Tourentipps in unserer Region sprechen Sie uns einfach an.

Mühlenstr. 8/9 • 16727 Velten • Telefon 0 33 04 / 3 34 65 • Fax 0 33 04 / 3 34 66
E-Mail: service@hotel-velten.de • www.hotel-velten.de

1129

vom
Gasthof Zur alten Weide
in Velten

Velten ist ein idealer Ausgangspunkt für viele interessante Tagestouren. In westlicher Richtung erstreckt sich das Havelland bis zur Prignitz, mit vielen Sehenswürdigkeiten. Das große, über die Landesgrenzen bekannte Gestüt in Neustadt an der Dosse – aber auch das kleine Dorf Campehl mit der Rittermumie Kahlbutz lohnen einen Besuch.
Nordwestlich erstreckt sich die Ruppiner Schweiz mit dem sehenswerten Rheinsberg und weiter nördlich gelangt man ins Mecklenburgische an die Müritz. In alle Richtungen führen gut ausgebaute Straßen ans Ziel. Wer nordöstlich fährt gelangt in die Schorfheide und in östlicher Richtung fährt man durch den Barnim bis ins Schlaubethal, dem großen Naturschutzgebiet an der Oder. Auf allen Routen führen die Asphaltbänder durch ausgedehnte Wälder, vorbei an kleine und große Seen, durch kleine Städte und Dörfer mit historischen Bauwerken.
Brandenburg ist mit einer dichten Kette von Hotels und Gaststätten immer eine Reise wert.

11292

Wiesenburg OT Jeserig

GPS: N 52°05´20" - E 12°26´44"

EZ ab € 43,00
DZ ab € 68,00

28 16 VP P Tipp

Familienhotel Brandtsheide

Unser Haus liegt in der „Brandtsheide", einem Waldgebiet im Naturpark „Hoher Fläming", bei Jeserig. Wir bieten Ihnen freundlich eingerichtete Einzel- und Doppelzimmer, zwei Appartements und ein rollstuhlgerechtes Zimmer. Alle Zimmer sind komfortabel ausgestattet mit Dusche, WC, Telefon, TV und teilweise mit Balkon. Fragen Sie nach Ihrem ganz speziellen Angebot. Regionale Gerichte mit frischen Zutaten der jeweiligen Jahreszeit sind das Credo unserer Küche. Auf unserer Gartenterrasse können Sie die warmen Sommertage genießen. Lassen Sie ihren Blick über die Wiesen und Felder schweifen.

Bahnhofsallee 8c • 14827 Wiesenburg OT Jeserig • Telefon 03 38 49 / 79 60
Fax 03 38 49 / 7 96 45 • E-Mail: info@brandtsheide.de • www.brandtsheide.de

11357

vom Familienhotel Brandtsheide
in Wiesenburg

Die Mark Brandenburg ist eine Landschaft für Eigenwillige, sagen die Kenner. Sie erschließt sich nur dem, der Augen hat für die Schönheit einer Wiese, für eine alte Feldsteinkirche, für den kreisenden Bussard. Im südwestlichen Brandenburg, rund 80km von Berlin und 65km von Potsdam gelegen befindet sich der Naturpark "Hoher Fläming". Der "Hohe Fläming" ist die höchste Erhebung Norddeutschlands und erreicht auf dem Hagelberg 201m.

Auch für Motorradfahrer mit Liebe für sanfte Hügel, schattige Alleen und große stille Wälder, der die Ruhe genießt, die Idylle verträumter Dörfer wahr nimmt und die endlose Weite der Landschaft in ihrer Einmaligkeit schätzt, ist es ein Erlebnis.

Die Deutsche Alleenstraße von Rheinsberg nach Lutherstadt Wittenberg führt direkt an unserem Haus vorbei und lädt zu einer Tour ein. Besuchen Sie historische Orte wie den Landschaftspark von Wörlitz, Schloss Wiesenburg mit seinem wunderschönen Park oder die historische Altstadt von Belzig mit der Burg Eisenhart, sehenswert ist auch die Burg Rabenstein. Lassen Sie einfach die Seele baumeln und genießen Sie die Ruhe im Hohen Fläming.

11357

Wustermark

GPS: N 52°32´52" - E 12°56´21"

EZ ab € 48,00
DZ ab € 80,00

Landhaus Tusk

Erholung und Erlebnis, persönlicher Service und anspruchsvolle Gastronomie. Schlafen ist schön - herzlich willkommen im Landhotel. Wir möchten uns Ihnen als romantisches Landhotel mit Seele und uriger Gemütlichkeit vorstellen. Wir bieten Ihnen attraktive und günstige Übernachtungsmöglichkeiten in unseren gut ausgestatteten Einzel- und Doppelzimmern an. Unser Restaurant bietet eine regionale marktfrische und bayerische Küche und führt dazu natürlich auch die passenden Biere.

Hamburger Str. 11 • 14641 Wustermark • Telefon 03 32 34 / 8 98 58 • Fax 03 32 34 / 8 90 84
E-Mail: landhaustusk@aol.com • www.landhaus-tusk.de

11294

Zehdenick-Burgwall

GPS: N 53°03´00" - E 13°18´00"

EZ ab € 25,00
DZ ab € 37,00

Gasthaus und Pension "Zur Fähre"

Burgwall liegt ca. 60km nördlich von Berlin am Rande der Schorfheide, eingebettet in die idyllische Tonstichlandschaft. Hier begrüßen wir Sie in familiärer und gastfreundlicher Atmosphäre. In unseren gemütlichen Gästezimmern werden Sie sich nach Ihrer Tour geborgen und heimisch fühlen. Lassen Sie sich abends von unserer Küche verwöhnen. Neben Spezialitäten der märkischen Küche bieten wir Ihnen täglich wechselnde Frischfischgerichte an. Sollten Sie Lust haben abends noch eine Runde zu Bowlen ist das kein Problem. Die Bahn befindet sich bei uns im Haus. Ein Bootverleih ist in unmittelbarer Nähe.

Havelstr. 50 • 16792 Zehdenick • Telefon + Fax 03 30 80 / 6 02 44

12496

vom
Gasthaus-Pension Zur Fähre in Zehdenick

Von Burgwall aus, das in der in Europa einmaligen Zehdenicker Tonstichlandschaft liegt, genießen Sie eine Fahrt auf Alleenstraßen, vorbei an romantischen Seen, Wäldern, alten Dorfkirchen, anmutigen Schlössern und Herrenhäusern bis nach Rheinsberg. Nur 10km vom Gasthaus entfernt, liegt die Havelstadt Zehdenick. Für das Schiffermuseum neben der Tourist-Information, das Zisterzienserinnen-Kloster, die Zugbrücke, die Schleuse und die Innenstadt sollten Sie etwas Zeit für einen Besuch einplanen. Von hier aus zum Künstlerdorf Bergdorf. Das Barockensemble des Kurt Mühlenhaupt Museums, gehörte einst zum Schloss Liebenberg, dem nächsten Ziel der Tour. Schloss Liebenberg liegt in einer zauberhaften Landschaft eingebettet. Auf der B187 bis Löwenberg, empfehlenswert ev. noch ein Abstecher zum Schloss und Park Hoppenrade, über Großmutz zum idyllischen am Huwenowsees gelegenen Barockschlosses Mese-berg, heute Gästehaus der Bundesregierung. Weiter auf Fontanes Spuren zum Gut Zernikow, hier kann man lebende Seidenraupen und Ihre Nahrungsgrundlage, 250 Jahre alte Maulbeerbäume bestaunen. Ein Besuch der ehemaligen Residenz Schloss und Park Rheinsberg soll die Tour abschließen, bevor es zum Ausgangspunkt zurück geht und der Abend gemütlich bei einem frischgezapftem "Märkischen Landmann" auf der Terrasse ausklingt.

12496

Zossen

GPS: N 52°11´25" - E 13°28´06"

Café & Restaurant Zum Zapfenstreich

Das Restaurant „Zapfenstreich" liegt unmittelbar an der Bundesstraße 96 südlich von Zossen. aber vor allem nur einen Steinwurf vom Motorradmuseum an der B96 entfernt und mitten im Herzen der Bücher- und Bunkerstadt Wünsdorf. Der „Zapfenstreich" mit großer Sonnenterasse, idealen Parkmöglichkeiten ein beliebter Zielpunkt für Abenteuer über und unter der Erde. Nicht nur mit wohlschmeckenden Gerichten gutbürgerlicher deutscher Küche hat sich der „Zapfenstreich" bei seinen Gästen aus ganz Europa einen Namen gemacht. Das Grillbüfett gehört ebenso zu den Attraktionen wie deftiger Soldateneintopf aus der Gulaschkanone. Gruppenarrangements, Familienfeiern, Biwak im Bunkergelände bei Lagerfeuer ! Kaffe, Kuchen, Eis und erfrischende Mitarbeiter lassen den Besuch im „Zapfenstreich" zu einem nachhaltigen Erlebnis werden. Bitte ordern sie rechtzeitig.

Gutenbergstr. 1 • 15806 Zossen OT Wünsdorf • Telefon + Fax 03 37 02 / 6 06 72
E-Mail: zumzapfenstreich@hotmail.de • www.buecherstadt.com

11258

vom
Café & Restaurant Zum Zapfenstreich in Zossen

Wer die rauschende Fahrt durch brandenburgische Alleen für einen berauschenden Zwischenstopp unterbrechen will, sollte südlich von Zossen die B 96 verlassen und in der Bücher- und Bunkerstadt Wünsdorf Halt machen. Riesige Bunkeranlagen des deutschen Heeres laden täglich zur Besichtigung ein. Das Motorradmuseum präsentiert Oldtimer und entsprechende Bücher, Ausstellungen veranschaulichen die einmalige Militärgeschichte des Standortes, 350 000 Bücher laden in den Antiquariaten zum Stöbern ein. Das Restaurant „Zapfenstreich" und das Teestübchen sorgen für Entspannung und gastliche Betreuung. Oldtimer – und Militärfahrzeugtreffen finden regelmäßig statt.

Auf Wunsch auch Off-Road-Touren im Bunkerpark mit Bunkerbesichtigung.

Termine und Buchungen über www.buecherstadt.com oder unter Tel. 033702/9600

11258

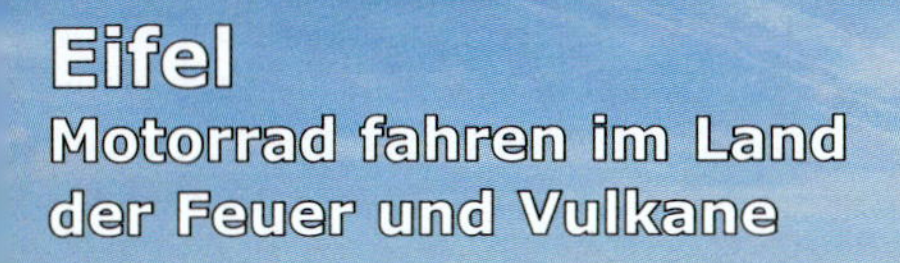

Eifel
Motorrad fahren im Land der Feuer und Vulkane

Die Mittelgebirgslandschaft der Eifel im Westen Deutschlands bekam vor rund 10.000 Jahren ihr heutiges Gesicht. Damals explodierten einige mächtige Vulkane und schleuderten große Mengen von glühender Schlacke, vulkanischem Gestein, Dampf und heißem Wasser auf die Erdoberfläche. Heute ragen aus den bewaldeten Höhen der Hocheifel prägnante Vulkankegel heraus. Die höchste Erhebung ist die Hohe Acht (747m). Die meisten der rund 100 kegelförmigen Berge stellen die ehemaligen Schlotkerne aus hartem Basalt dar. Die weicheren Gesteine sind längst verwittert.
Lange Zeit war die reizvolle Eifellandschaft mit ihren typischen Maaren und Vulkanbergen weitgehend unbekannt. Erst in den letzten Jahren entdecken immer mehr Urlauber und Wochenendausflügler das Land der „Feuer und Vulkane". Dabei bietet die Eifel für Naturfreunde, Hobbygeologen, geschichtlich und kulturell Interessierte viele Naturschönheiten und attraktive Sehenswürdigkeiten.

Eine Region, drei Länder

Die Eifel ist geografisch gut zu umreißen. Im Osten und Süden bilden die beiden großen Flüsse Rhein und Mosel eine natürliche Grenze. Im Norden geht die Mittelgebirgslandschaft in die niederrheinische Bucht mit den Städten Aachen, Bonn und Köln über. Im Westen grenzt die Eifel an die benachbarten Gebirge von Hohem Venn und Ardennen in Belgien. Im Südwesten markieren die Flüsse Sauer und Our die Grenze zum Großherzogtum Luxemburg.
Bis 1815 gehörten die Gebiete beiderseits der Our zu einem einzigen Herrschaftsgebiet mit einheitlicher Geschichte, einer Sprache und einer Kultur. Dann beschloss der Wiener Kongress, die Region unter die Oberhoheit von drei verschiedenen Staaten zu stellen. Inzwischen bilden die nationalstaatlichen Grenzen keine Hindernisse mehr. Im Nordwesten ist grenzübergreifend der Deutsch-Belgische Naturpark ausgewiesen, und im Südwesten bildet der Deutsch-Luxemburgische Naturpark ebenfalls eine Erlebnis- und Erholungsregion, die über die Grenzen zweier Staaten reicht. In die hügelige Landschaft haben die Flüsse Rhein, Mosel, Ahr und Rur sowie zahlreiche kleinere Flüsse und Bäche tiefe Furchen gegraben. Charakteristisch aber sind die oft kreisrunden Maare und Seen, die sich durch die vulkanischen Tätigkeiten gebildet haben. Einer von ihnen ist der Laacher See in der östlichen Vulkaneifel.

Maare und Mineralwasser

Nach einer gewaltigen Vulkanexplosion mit der mehrfachen Kraft der Atombombe von Hiroshima wurden weite Landstriche von glühendem Bimsstein bedeckt. Die Vegetation verbrannte. Das Land war lange Zeit für Menschen und Tiere unbewohnbar. Bei der Abkühlung entstand das Laacher Becken mit dem Laacher See. Um Gillenfeld gibt es gleich zehn Maare mit unterschiedlichen Erscheinungsformen. Einige sind mit Wasser gefüllt, andere sind verlandet und zu Trockenmaaren geworden. Am bekanntesten sind das Pulvermaar und das Holzmaar.

Die eindrucksvolle Landschaft der Vulkaneifel erschließt die GEO-Route um Manderscheid, die mit einer Gesamtlänge von 140 Kilometern zu 34 geologisch besonders interessanten Aufschlusspunkten der Erdgeschichte führt. Farbige Tafeln informieren über die Erdgeschichte und die heutige Fauna und Flora. Ein anderer geologischer Lehr- und Wanderpfad führt bei Hillesheim zu 30 Aufschlusspunkten.

Die Eifel verdankt den vulkanischen Aktivitäten einen Schatz, der bis heute genutzt wird: Ein wertvolles „Überbleibsel" dieser Zeit sind die 18 in und um Gerolstein erschlossenen Quellen mit Mineralwasser, das aus Tiefen zwischen 120 und 180 Metern an die Oberfläche gefördert wird. Die Bad Neuenahrer Thermalquellen aus Tiefen zwischen 90 und 377 Metern erfüllen alle Kriterien eines anerkannten Heilwassers und werden bei Trink- und Badekuren angewendet.

Talsperren und römische Wasserleitungen

Die stärksten menschlichen Eingriffe in die Landschaft der Eifel war die vor rund 100 Jahren beginnende Errichtungen von Talsperren und Stauseen. Damit sollte einerseits die Hochwassergefahr gebannt und andererseits die Trinkwasserversorgung im Ballungsraum um Aachen gesichert werden. Zusätzlich wurde durch die Nutzung der Wasserkraft elektrischer Strom gewonnen. Heute werden die weiten Wasserflächen für Erholung und Freizeitaktivitäten genutzt.

Bereits die Römer wussten vor rund zwei Jahrtausenden das Wasser der Eifel zu nutzen. Durch den Bau einer 95,4 Kilometer langen Wasserleitung wurde die römische Stadt Köln mit sauberem Trinkwasser versorgt. Die Wasserleitung war eine einmalige Ingenieurleistung. Ein Großteil war unterirdisch verlegt. Zur Überwindung von Tälern mussten Aquädukte mit Höhen bis zu 11 Metern gebaut werden.

Nürburgring

Seit mehr als 70 Jahren werden alljährlich Tausende von Motorsportbegeisterten zur berühmten Rennstrecke Nürburgring gelockt. Seit 1927 finden hier bedeutende Auto- und Motorradrennen statt. Ab 1995 werden auf dem neuen Grand-Prix-Kurs wieder Rennen der Formel 1 und der Motorradweltmeisterschaft auf dem Nürburgring durchgeführt.

Inzwischen steht die alte Rennstrecke, die berühmte Nordschleife, nicht nur einem exklusiven Kreis von Rennfahrern zur Verfügung. Für Jedermann gibt es am Nürburgring eine Reihe von aktiven Motorsportangeboten:

An festgelegten Tagen kann „Jedermann" mit dem eigenen Auto oder Motorrad die 20,8 Kilometer lange Nordschleife des Nürburgringes befahren und sein fahrerisches Können beweisen. Wer nicht mit dem eigenen Auto starten möchte, erlebt als Mitfahrer die einzigartige Fahrstrecke der Nordschleife mit ihren 73 Kurven. Am Steuer eines 340 PS starken Fahrzeuges sitzt ein erfahrener Rennfahrer oder eine erfahrene Rennfahrerin.

Das Fahrsicherheitszentrum bietet allen Autofahrern die Möglichkeit, durch ein Trainingspro-

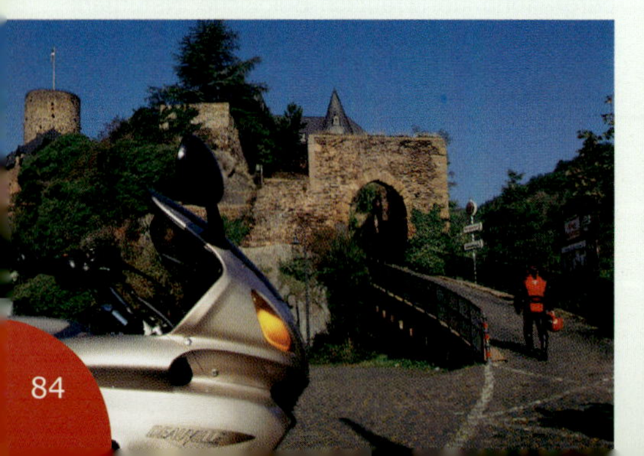

gramm das fahrerische Können zu verbessern und in gefährlichen Situationen richtig zu reagieren.

Sehenswerte Orte

Schleiden
Reizvoll im Tal der Olef liegt das Städtchen Schleiden. Seine große Zeit erlebte dieses Tal in der Epoche der Eisenverhüttung. Schleiden besitzt eine schöne Fußgängerzone mit hübschen Cafés. Außerdem wartet das prächtige Schloss auf einen Besuch.

Bad Münstereifel
Am Nordrand der Eifel gelegen, wartet das Kurstädtchen mit einer Besonderheit auf: Sein historischer Ortskern hat sich seit dem Mittelalter quasi nicht verändert und erlaubt heute einen Blick in die Lebensweise der Menschen vor Hunderten von Jahren. Sogar der Fluss, die Erft, fließt wie damals mitten durch die Stadt. Allerdings werden dort heute keine Kühe und Schafe mehr getränkt.

Blankenheim
Seine Bekanntheit verdankt das 1.200-Einwohner Städtchen dem Kuriosum, dass im Ortskern in einem Fachwerkhaus die Ahr entspringt. Aber auch sonst lohnt sich der Besuch: Der mittelalterliche Kern, die gemütlichen Cafés, die romantische Burg machen Blankenheim zu einem Muss.

Mayen
Die mit 20.000 Einwohnern größte Stadt der Eifel liegt im Maifeld, der Region am Zusammenfluss von Rhein und Mosel. Das Sahnestück Mayens ist seine fast vollständig erhaltene Stadtbefestigung. Zwei der ehemals zwölf Stadttore sind noch zu sehen.

Monschau
Die „Perle der Eifel“ holt ihren einzigartigen Charme aus ihrem mittelalterlichen Stadtkern. Malerische Pflastergassen, farbenprächtige Fachwerkfassaden und urgemütliche Cafés – wer einmal durch dieses begehbare Idyll gebummelt ist, versteht, weshalb Monschau Tourismusmagnet Nummer eins in der Eifel ist. Am schönsten sitzt man rund um den Marktplatz mit Blick auf die umliegenden Fachwerkhäuser.

Wer auf Scharfes steht, sollte die historische Senfmühle am Ortseingang besuchen. Dort stellt Senfmüller Guido Breuer nach überlieferten Familienrezepten wie in alten Tagen aromatischen Mostert her.

Prüm
Kleine Stadt – große Abtei. Die mächtige Benediktinerabtei aus dem Jahr 721 ist das Wahrzeichen von Prüm. Ob man sie von innen besichtigt oder bei Kaffee und Kuchen nur von außen bewundert ist egal. Einen Besuch wert ist sie auf alle Fälle.

Reifferscheid
Eines der optischen Highlights der Eifel liegt südlich von Hellenthal weithin sichtbar auf einem Bergsporn. Die beiden markanten Türme von Burg und Kirche überragen die weiß getünchten Häuser der Burgsiedlung. Ein steiler Pflasterweg führt hinauf.

Dicht am Wasser

Er nennt sich Rur-Eifel. Der zwischen Nideggen und Monschau gelegene nördlichste Zipfel der Eifel. Als Taufpate fungiert ein romantisches Flüsschen namens Rur, das sich in unzähligen Schleifen durch die gesamte Region windet. Da es in der Nordeifel immer ordentlich regnet, führt die Rur das ganze Jahr über so viel Wasser, dass man sie zum Rur-Stausee staute, dem nach der im Sauerland gelegenen Dhünn-Talsperre zweitgrößten Stausee Deutschlands. Der Rur-Speicher ist gleichzeitig Dreh- und Angelpunkt dieser Tour. Denn immer wieder verlässt die Route die Eifel-Hochebenen und stürzt sich in tollen Serpentinen auf das Seeufer. Damit wird die Runde durch die Rur-Eifel zu einem der Highlights unter den Eifel-Touren: Kurven satt, gemischt mit herrlichen Fernsichten und reizenden Fachwerkstädtchen.

Den Startort Heimbach erreicht man am schnellsten auf der Bundesstraße 265 über Erftstadt und Zülpich. In Vlatten rechts ab, ein paar nette Kehren, dann rollt man den Berg hinab direkt nach Heimbach hinein.

Am Kreisverkehr im Ort folgen wir der Beschilderung Rur-Stausee/Schmidt bis zum Ortsteil Hasenfeld. Bei Rolly's Bikertreff führt ein Abstecher zum idyllisch gelegenen Wasserkraftwerk Hengebach hinab (Wegweiser RWE Industriemuseum). Die Anlage wurde seinerzeit im Jugendstil gebaut und gleicht eher einer goßen Villa als einem Kraftwerk. Hier lässt man sich einfach direkt am Wasser auf einer Bank nieder und genießt dieses ruhige Fleckchen Erde.

Wieder zurück auf der Hauptroute, geht es durch einige Kehren hoch zu einem Abzweig. Hier biegen wir nicht nach Schmidt ab, sondern folgen dem Schild Rur-Stausee. Eine kurze Rundfahrt folgt. Einmal um Heimbach herum. Wegen des schönen Panoramas auf den See, vor allem aber wegen der traumhaften Kurven. In Schwammenauel überquert die Straße das Wasser. Weit reicht der Blick nach rechts über den Stausee. Dann folgen zwei knackige Serpentinen den Berg hinauf. Zwar durch Tempo 50 und Überholverbot entschärft, aber dennoch mit viel Genuss und noch mehr Schräglage zu durchfahren. Oben geht es in vielen kleinen Bögen durch einen dichten Wald bis zum Abzweig nach Heimbach. Die imposante, weiß getünchte Abtei Mariawald zieht linker Hand vorbei. Die Mönche dort servieren übrigens eine erstklassige Erbsensuppe und verkaufen selbst gebrannten Kräuterschnaps. Dann folgen mehrere Kehren hinab nach Heimbach.

Wieder an der Kreuzung bei Hasenfeld angelangt, nehmen wir diesmal Kurs auf Schmidt. Und landen auf einem tiptop ausgebauten Sträßchen, das in zig Serpentinen die Höhen nördlich des Rur-Stausees erklimmt. Griffiger Asphalt, gute Übersicht – das macht Laune. In Schmidt geht es weiter in Richtung Nideggen. Wir rollen auf einem Kamm entlang und bekommen erstklassige Ausblicke nach links und rechts auf die Eifelhöhen serviert. Viel Wald, viele Kuppen und Täler, dazwischen Kuhweiden und Rapsfelder – ganz typisch Eifel. Deutlich sind die vielen tiefen Einschnitte zu erkennen. Sie geben diesem Mittelgebirge seinen zerklüfteten Charakter und uns Motorradfahrern eine Menge äußerst kurvenreicher Straßen.

In runden, blitzsauberen Kehren

geht es nach Nideggen hinab. Ein lohnenswe- ter Abstecher ist die Altstadt. Dazu folgen wir am Kreisverkehr im Ortsteil Brück dem Schild Nideggen, nehmen eine Handvoll Serpentinen unter die Räder und rollen schließlich unter einem roten Sandsteintor hindurch in das histo- rische Zentrum hinein.

Zurück am Kreisverkehr, halten wir uns Rich- tung Hürtgenwald und verlassen auf vielfach gekrümmter Fahrbahn das Rurtal. Einige ge- pflegte Schräglagen bergauf, dann liegt der Hürtgenwald vor uns. Dieses weite, bis nach Aachen reichende Waldgebiet erlangte gegen Ende des Krieges traurige Berühmtheit. Über 70.000 Soldaten beider Seiten starben bei dem Versuch der Amerikaner, den deutschen Ar- meen den Rest zu geben. Zwei Soldatenfried- höfe bilden heute ein Mahnmal gegen diesen Wahnsinn.

In Kleinhau klinken wir uns nach links ein kurzes Stück auf die B 399 ein, bevor am Ort- seingang von Vossenack ein Sträßchen links in Richtung Schmidt abzweigt. Eine regelrechte Achterbahn, die da auf griffigem Asphalt den Berg hinabzirkelt. Das Schild mit dem Tempo- 50-Limit hat nur theoretischen Wert, da man ohnehin kaum schneller fahren kann. Einige Kreuzungen folgen. Wichtig: Immer dem Schild Monschau nachfahren.

In Strauch am Motorradtreff Biker Ranch rechts ab in Richtung Aachen und Düren, gleich da- rauf in Rollesbroich wieder scharf rechts dem Schild Hürtgenwald folgen. Auf einer Bergkup- pe geht es nun durch weites Weideland. Bis zum Horizont nur Wiesen, Zäune und Kühe. Und Hecken. Als natürliche Barrieren gegen Wind und ausbüchsende Rindviecher säumen sie die Straße wie grüne Leitplanken. Jetzt aber die Augen wieder auf die Fahrbahn: Ein paar wie mit dem Zirkel gezogene Bögen werfen sich steil ins Tal hinab. Und am Talboden mitten in einer Rechtskurve steht ein unscheinbarer Wegweiser: Simonskall. Weiße Tafel, schwarze Schrift. Was folgt ist ein Traum von einer Na- turstrecke. Schmale, raue Fahrbahn. Dichter Wald, ein gurgelnder Bach. Die knapp aufein- anderfolgenden Kurven sollte man gelassen angehen, da sie so gut wie nicht einzusehen sind. Das Motto lautet: Sich einfach Zeit lassen und die Umgebung genießen. Obwohl es ge- waltig in der Gashand juckt. In Simonskall lädt das Waldhotel Im Wiesengrund zum Pausen- stopp ein, bevor uns eine Handvoll Kehren wie- der den Berg hinauf zur Bundesstraße bringt. Wir folgen ihr nach links in Richtung Monschau. Eine ruhige Etappe. Sanfte Bögen, breite Fahr- bahn. Der vierte und fünfte Gang melden sich zurück. Fahrer und Beifahrer dürfen entspannt das Panorama über die dunkel- und hellgrün ge- musterten Eifelhügel bewundern. Die belgische Grenze ist nicht mehr weit. Hautes Fagnes, zu Deutsch: Hohes Venn, nennen die Belgier die- sen Teil der Eifel. Sein Kennzeichen: Die weiten Hochmoore, die man links und rechts der Stra- ße gut erkennen kann.

In Lammersdorf folgen wir ein kurzes Stück der Ausschilderung Aachen, um an der näch- sten Kreuzung den Abzweig nach Monschau zu nehmen. Wir passieren einen Ort mit dem sehr rheinischen Namen Imgenbroich und kurven schließlich hinab zum wohl schönsten Städtchen der Eifel: Monschau. Monschau hat zwei Einfahrten. Man nimmt am besten gleich die erste am Kreisverkehr und ist schon nach ein paar hundert Metern mittendrin in der ma- lerischen Altstadt. Das Anlieger-frei-Schild wird üblicherweise großzügig ausgelegt. Solange man im Schritttempo durch die Gassen bum- melt, hat niemand etwas dagegen. Außerdem sind Café-Besucher tatsächlich Anlieger. Und ein Päuschen mit Kaffee und Printen ist in Mon- schau ein absolutes Muss. Die Einbahnstraßen geben die Richtung vor, und mitten im Ort tut sich nach der Rurbrücke ein herrlicher Platz, der Markt, auf. Für das Motorrad findet sich im- mer ein Plätzchen. Dann heißt es Helm ab, Ja- cke über den Caféstuhl und in vollen Zügen die lebkuchenartigen Printen und die Fachwerkfas- saden Monschaus genießen.

Am Kreisverkehr der zweiten Monschau-Ein- fahrt halten wir uns Richtung Koblenz/Trier. In weiten Kehren verlässt die Route den Ort, um in Höfen wieder die raue Eifelhöhe zu er- reichen. Hier oben an der belgischen Grenze pfeift meist ein kalter, während der übrigen Zeit ein saukalter Wind. Und diesem haben wir ei- nen optischen Leckerbissen der besonderen Art zu verdanken: die Windschutzhecken. Meh- rere Meter hoch, schützen die dichten Rotbu- chenhecken viele Gehöfte vor Sturm. Sie wer- den sorgsam gepflegt und sind stets akkurat geschnitten. Gerade in Höfen stehen einige der pachtvollsten Exemplare, die man sich un- bedingt bei gedrosseltem Tempo genauer an- schauen sollte.

Hinter Höfen verlassen wir die B 258 und biegen

nach Rohren ab. Zuerst hält sich die Fahrbahn eine Weile auf dem Grat einer Bergkuppe auf. Dann taucht sie in herrlichen Kurven verschiedenen Durchmessers ins Rurtal hinab. Die Reifen beißen fest in den Asphalt, die Federung hat mit den wenigen Unebenheiten keine Probleme. Gleich hinter Widdau scharf rechts, und die Maschine legt sich in die sanften Bögen einer perfekt ausgebauten Straße. Zeit zum Durchatmen. Immer wieder überquert die Fahrbahn die Rur. Auf der einen Seite das schäumende Flüsschen, auf der anderen steile Wände aus dunklem Eifelschiefer. Das Tal verengt sich für kurze Zeit zur Schlucht, um danach einer breiten Flussaue Raum zu geben. Wir passieren Hammer. Der entspannte Streckenverlauf und die ruhige Stimmung wirken sich positiv auf den Pulsschlag aus. Lediglich um Dedenborn herum unterbrechen einige Kehren und Bögen das gelassene Dahingleiten.

An der Kreuzung mit der B 266 halten wir uns links und folgen den Schildern Aachen/Simmerath. Ein paar Kehren bergauf bringen zackige Schräglagen ins Spiel. In Kesternich verlässt unsere Route die Hauptstraße und peilt den Rur-Stausee und den direkt am Wasser liegenden Ort Rurberg an. Phantastische Kehren, griffiger Belag. Leider durch Überholverbot und Tempo 70 verteidigt. Zu dumm. Rurberg lassen wir links liegen, fahren am Abzweig nach Gemünd vorbei zum Obersee und stellen an der rotweißen Schranke die Maschine ab. Wegen des Blicks über den See und wegen der Stimmung.

Nach dem letzten Stopp des Tages rollen wir zurück zum Abzweig nach Gemünd. In einer lockeren Folge von Kurven schwingt die Route nach Einruhr, um sich danach als perfekte Kehren- und Serpentinenstrecke wieder auf die Eifelhöhen davonzumachen. In dem Kneipp-Kurort Gemünd taucht sie kurz ab, gewinnt dann aber in einer Gruppe leckerer Bögen rasch an Höhe. Die letzten Kilometer bis Heimbach sind ein einziges Kurvengewitter. Wie gesagt – die Tour ist ein Eifel-Highlight.

vom
Hotel-Dorn in Rheinbach

Das malerische Rheinbach liegt am Fuße der Eifel. Von hieraus gibt es viele Möglichkeiten für traumhafte Motorradtouren. Besonders empfehle ich die Tour über Merzbach, zum Radioteleskop in Effelsberg, über Schuld zum Nürburgring. In Adenau können Sie zu Mittag essen. Von dort aus fahren Sie über kurvige Nebenstrecken nach Gemünd und weiter zum idyllisch gelegenen Ruhrsee. Dort besteht die Möglichkeit zu einer kleinen Schiffstour oder einem erfrischenden Bad, das zum Weiterfahren anregt. Die Ordensburg Vogelsang bietet die Möglichkeit sich in neuer deutscher Geschichte zu informieren. Von dort aus braucht man ca. eine Stunde um zum Standort zurückzukommen. Die Fahrtdauer geht etwa 200 Kilometer durch wunderschönen Mischwald, der im Herbst vom Farbenspiel her, dem Indian Summer in keiner Weise nachsteht. Unterwegs finden Sie immer wieder Bikertreffs zum Verweilen.
Herrliche Seen, Sehenswürdigkeiten, wie Wasserburgen und -schlösser laden zu weiteren Touren ein.

12677

vom
Hotel-Restaurant Eifelstube in Weibern

Die Vulkaneifel bietet den Motorradfahrern eine Vielzahl abwechslungsreicher Touren. Eine Ausfahrt zum Nürbugring ist natürlich ein absolutes Muss. Ich beschreibe Euch eine Tour die direkt von unserem Haus startet. Ihr biegt an der Kreuzung der Mariensäule links ab Richtung Hausten, weiter Richtung Mayen, dann rechts die kurvige Strecke den Berg hoch nach Langenfeld, von Langenfeld nach Arft, dann wechselt Ihr auf die B412 zum Nürburgring an der Hohen Acht vorbei, an der Kreuzung biegt Ihr auf die B258. An der Tankstelle zur Döttinger Höhe geht es rechts nach Adenau. Wenn Ihr eine Runde auf dem Nürburgring drehen möchtet, fahrt Ihr auf dieser Strecke Nürburg ab, im Kreisel geht´s zur Auffahrt Nordschleife.
Ansonsten fahrt Ihr durch Adenau, Leimbach, Hönningen, Ahrbrück von wo es rechts ab (am Cafe Fahrwind) ins Kesselinger Tal geht. Ihr fahrt durch Staffel, Niederheckenbach, Watzel, Cassel. Von dort geht es nach Kempenich. In Kempenich seid Ihr wieder auf der B412. Bei der Ausfahrt Weibern kopmmt Ihr wieder zum Ausgangspunkt.

Weitere Touren z. B. Mosel, Ahr oder Rhein erfahrt Ihr in unserem Hause.

1265

Eifel
Tourentipp
icht am Wasser
Kerpen-Sindorf S. 92
Rheinbach S. 94
Mechernich S. 93
onschau S. 94
Bad Münstereifel S. 90
Heppingen S. 91
Linz S. 92
Houverath S. 91
Blankenheim S. 90
Weibern S. 95
Mendig S. 93
Oberbettingen S. 94
Weinsheim S. 96
Kaisersesch S. 92
Salm S. 95
Schleid S. 95
Seinsfeld S. 95
Baustert S. 90
Grandsorf S. 91
Wittlich S. 96
Zemmer-Rothaus S. 96
Wolfsfeld S. 96

Bad Münstereifel
GPS: N 50°33´05" - E 6°45´47"

EZ ab € 59,00
DZ ab € 79,00

Hotel "Am Orchheimer Tor"

Treten Sie ein und fühlen Sie sich wohl. Genießen Sie am Abend nach Ihrer Anreise in unserem Restaurant "Bistro Vinum" kulinarische Köstlichkeiten sowie deftige Hausmannskost aber auch leichte Speisen. Hier können Sie in gemütlicher Runde den Abend ausklingen lassen bevor Sie sich in unseren gemütlichen Zimmern mit Dusche/WC, Telefon, TV, W-Lan und Minibar zurückziehen. Am Morgen erwartet Sie dann ein reichhaltiges Frühstücksbuffet. Eine Schrauberecke sowie einen Trockenraum haben wir für Sie eingerichtet. Gerne geben wir Ihnen interessante Tourentipps für die Region.

Trierer Str. 6 • 53902 Bad Münstereifel • Telefon 0 22 53 / 9 20 80 • Fax 0 22 53 / 92 08 18
E-Mail: hotel-orchheimer-tor@t-online.de • www.hotel-orchheimer-tor.de

11827

Baustert
GPS: N 49°58´71" - E 6°22´93"

EZ ab € 44,00
DZ ab € 68,00

60 30 HP Tipp

54636 Baustert - Tel. 0 65 27 / 924-0 - Fax 924-324 - info@wiedenhof.de

Hallenbad - Sauna - Kegeln

Zentrale Lage zu Trier, Mosel
Luxemburg und Ardennen

ausreichend Stellplätze
Garagen - Schrauberecke
Trockenraum

www.wiedenhof.de

vom
Landhotel Wiedenhof in Baustert

- Flüsse der Südeeifel -

Ihre heutige Route führt Sie durch die romantischen Flusstäler unserer Südeifel. Lassen Sie sich von den vielfältigen Landschaftsformen und der abwechslungsreichen Flora und Fauna verzaubern. Der wilde Verlauf des Flussbettes bestimmt die Streckenführung dieser Tour und der Tourenfahrer sowie der sportliche Fahrer genießen diese Route. Zuerst durchfahren Sie das untere Prümtal vorbei am "Grünen Gold der Eifel", den Hopfenfeldern bei Holsthum nach Irrel mit dem "Panzerwerk Katzenkopf", dem nördlichsten Panzerwerk des ehemaligen Westwalls. Weiter geht es nördlich durch das Nimstal über Bitburg nach Rittersdorf mit der Wasserburg aus dem Jahre 1290. Kurz von Prüm verlasen Sie erstmals die Flussauen und genießen die herrliche Fernsicht der Schnee-Eifel. Ab Birresborn, mit den Eishöhlen, geht es entlang der Kyll nach Gerolstein mit dem bekannten Mineralwasser. Über Kyllburg und St. Thomas, mit dem ältesten Zisterzienserkloster Deutschlands, erreichen Sie die Töpferstadt Speicher und fahren weiter bis zur Mündung in die Mosel. Mit der Mosel, als Grenze zwischen Hunsrück und Eifel, fahren Sie über die Römerstadt Trier zum Grenzfluss von Deutschland und Luxemburg, der Sauer. Flussaufwärts auf deutscher Seite geht es weiter über Schloss Weilerbach, einem kulturhistorischen Juwel, nach Bollendorf. Von hier aus führt Sie der Weg durchs Gaytal über Körperich nach Hüttingen mit einem bäuerlichen Museum der besonderen Art. Mit einem kurzen Abstecher durch das Enztal erreichen Sie wieder Baustert.

1268

Blankenheim
GPS: N 50°26´22" - E 6°39´25"

EZ ab € 42,00
DZ ab € 74,00

36 18 HP Tipp

Hotel-Restaurant "Finkenberg"

Unser Haus liegt in ruhiger Höhenlage direkt am Wald. Ein ideale Ausgangspunkt für Motorradtouren in alle Himmelsrichtungen. Nur für Gehminuten benötigen Sie zum beheizten Freibad und den Weiher-Erholungsanlagen der Gemeinde Blankenheim. Unsere Gästezimme sind gemütlich und praktisch eingerichtet, so dass Sie sich rundur wohlfühlen und sich richtig erholen können nach Ihrer Motorradtou Lassen Sie mit Ihren Kollegen den Abend auf unserer gemütlichen un sonnigen Terrasse ausklingen. Unsere Küche verwöhnt Sie mit frische und herzhafter Kost. Garage, Trockenraum und Tourentipps vorhanden.

Giesental 2 • 53945 Blankenheim • Telefon 0 24 49 / 10 73 • Fax 0 24 49 / 14
E-Mail: info@hotel-finkenberg.de • www.hotel-finkenberg.de

12

Gransdorf

GPS: N 50°01´20" - E 6°41´28"

EZ ab € 45,00
DZ ab € 90,00

36 | 18 | HP | P | Tipp

Pension "Hof Eulendorf"

Verborgen im Tal, und doch weit sichtbar, liegt in geschützter Lage, inmitten des historisch interessanten Gebietes der Kyllburger-Waldeifel - südliche Vulkaneifel - das ehemalige Hofgut Eulendorf. Unsere Pension wird im Familienbetrieb geführt und verfügt über sehr schöne Doppel- und Einzelzimmer (auch Dreibett-Zimmer) mit Dusche/WC, teilweise mit Balkon. Neben Grillfesten bieten wir auch gesellige Stunden mit Hausmusik. Ihr Motorrad bekommt einen überdachten und abgeschlossenen Unterstellplatz. Lunchpakete bereiten wir Ihnen gerne für Ihre nächste Tour zu. Bis bald!

Hof Eulendorf 2 • 54533 Gransdorf • Telefon 0 65 67 / 3 52
Fax 0 65 67 / 9 30 44 • E-Mail: hof-eulendorf-herres@t-online.de

12668

Heppingen/Ahr

GPS: N 50°33´01" - E 7°10´02"

EZ ab € 65,00
DZ ab € 105,00

34 | 17 | Tipp

Am Fuße der Landskrone gelegen befindet sich im ehemaligen Gebäude des Heppinger Winzervereins unser Weingut. Der Weinanbau wird in unserer Familie in der 4. Generation (die 5. ist gesichert) betrieben und ist mit seinen 15 ha Rebfläche bis auf einige Saisonkräfte noch ein reiner Familienbetrieb. Seit dem 01. Juni diesen Jahres gehört, direkt neben dem Weingut gelegen, auch noch ein Gutshotel mit zum Betrieb. Gitta Schäfer ist die „Herrin" über das eindrucksvolle Gebäude mit 17 Gästezimmern und einer Ferienwohnung. Die unverwechselbare Weingutsatmosphäre gepaart mit der individuellen familiären Note laden den Gast ein in einem der Themenzimmer (Rebsorten) oder im Wellneß-Bereich zu verweilen.

Landskroner Str. 61 • 53474 Heppingen/Ahr • Telefon 0 26 41 / 2 12 80 • Fax 0 26 41 / 7 92 20
E-Mail: burggarten@t-online.de • www.weingut-burggarten.de

11787

Houverath

GPS: N 50°32´23" - E 6°54´19"

EZ ab € 38,50
DZ ab € 75,00

Hotel garni "Hochthürmer Blick"

Herzlich willkommen in unserem gemütlichen Hotel garni "Hochthürmer Blick" am Höhenplateau in der Eifel. Sie wohnen bei uns in komfortablen Zimmern mit Dusche/WC, Internet-Zugang, Telefon, Sat-TV und überwiegend Balkon. Am Morgen erwartet Sie ein reichhaltiges und gesundes Frühstücksbuffet für einen guten Start in den Tag. Gerne bereiten wir unseren Gästen auch Lunchpakete für die Tour durch die Eifel vor. Ihr Motorrad steht über Nacht in einer abschließbaren Garage. Schrauberecke, Trockenraum und ein paar schöne Tourentipps haben wir natürlich auch für Sie.

Eifeldomstr. 43 • 53902 Bad Münstereifel-Houverath • Telefon 0 22 57 / 94 40 10
Fax 0 22 57 / 94 40 11 • E-Mail: contact@hochthuermer.de • www.hochthuermer.de

11826

Kaisersesch

GPS: N 50°13´49" - E 7°08´27"

EZ ab € 39,00
DZ ab € 69,00

HOTEL ZUR POST

UNSER HOTEL LIEGT MITTEN IM HERZEN VON KAISERSESCH, AM RANDE DER VULKANEIFEL. DIE RUHIGE LAGE UNSERES HAUSES HÄLT AUCH IHREN AUFENTHALT IN GUTER ERINNERUNG. IN UNSEREM RESTAURANT SORGEN WIR FÜR IHR WOHL MIT FRISCHEN REGIONALEN GERICHTEN. ALLE ZIMMER VERFÜGEN ÜBER NEUES EDLES MOBILIAR,DUSCHE, WC, MASSGEFERTIGTE WASCHTISCHE, FÖHN, FERNSEHER MIT SAT-ANSCHLUSS. FÜR IHR MOTORRAD STELLEN WIR IHNEN EINE ABSCHLIESSBARE GARAGE ZUR VERFÜGUNG. TROCKENRAUM UND SCHRAUBERECKE SIND EBENFALLS VORHANDEN.

Balduinstr. 1-3 • 56759 Kaisersesch • Telefon 0 26 53 / 91 41 99 • Fax 0 26 53 / 91 22 99
E-Mail: info@zur-post-hotel.de • www.zur-post-hotel.de

12652

Kerpen-Sindorf

GPS: N 50°53´51" - E 6°40´49"

EZ ab € 55,00
DZ ab € 75,00

Selbstverständlich trägt die außerordentlich günstige Lage des Hauses einen Teil zu unserem Erfolg bei. Aber das Kümmern um den Gast und den dadurch erbrachten Service hat uns bekannt gemacht und dazu bewogen, das Park-Hotel auf fast 100 Betten erweitern zu lassen. Die geräumigen Superior-Zimmer sind modern eingerichtet mit hochwertigem Duschbad/WC, Selbstwahltelefon, Farb-TV (Flachbildschirm) und DSL-Internetzugang. Das Buffet ist reichhaltig und abwechslungsreich bestückt und lässt kaum einen Wunsch offen.

Kerpener Str. 183 • 50170 Kerpen-Sindorf • Telefon 0 22 73 / 9 85 80 • Fax 0 22 73 / 5 49 85
E-Mail: info@parkhotel-kerpen.de • www.parkhotel-kerpen.de

118

Linz

GPS: N 50°33´58" - E 7°16´40"

EZ ab € 65,00
DZ ab € 90,00

Rheinparkhotel "Bucheneck"

Direkt am Rhein gelegen ist das Rheinparkhotel Bucheneck ein Anzugs magnet für Biker. Hier erwartet Sie neben dem luxuriösen Hotel auc ein Restaurant mit feiner mediterraner Küche und gemütliche Außenterrasse. Auf dieser genießen Sie einen gigantischen Blick übe den Rhein. Das Hotel verfügt über 17 Zimmer teilweise mit Blick übe den Rhein. Besonders zu erwähnen sind die 2 Erkerzimmer. Im Linze Strünzerkeller erwartet Sie eine Weinstube im rustikalen Gewölbekelle ideal zum gemütlichen Beisammensitzen nach der Tour.

Linzhausenstr. 1 • 53545 Linz • Telefon 0 26 44 / 94 21 40
E-Mail: kontakt@hotel-bucheneck.de • www.hotel-bucheneck.d

12

Mechernich-Bergheim

GPS: N 50°34´03" - E 6°38´31"

EZ ab € 55,00
DZ ab € 75,00

Landhotel "Josefshof"

Das Landhotel Josefshof liegt in ruhiger Alleinlage in 450m Höhe oberhalb von Mechernich-Bergheim am Nordrand der Eifel. Ein idealer Stützpunkt um von hier aus herrliche Motorradtouren in die Eifel, Mosel, den Rhein und Hunsrück zu starten. Unsere gemütlichen Zimmer machen es Ihnen dabei leicht sich bei uns wohl zu fühlen. Abends können Sie gemütlich auf der Terrasse sitzen und den Abend ausklingen lassen. Morgens vor der Tour erwartet Sie ein ausgewogenes Frühstück mit allem was das Herz begehrt. Gerne geben wir Ihnen noch Tourenanregungen und Ausflugstipps.

Siedlung Josefshof 1 • 53894 Mechernich-Bergheim • Telefon 0 24 84 / 91 95 71
Fax 0 24 84 / 91 95 72 • E-Mail: info@landhotel-josefshof.de • www.landhotel-josefshof.de

12678

Mendig

GPS: N 50°23´12" - E 7°16´19"

Campingplatz Siesta

Mitten im einzigartigen Vulkangebiet vom Laacher See, in der Vordereifel, befindet sich unser Campingplatz. Viele Sehenswürdigkeiten im näheren Umkreis. Wir haben ganzjährig geöffnet und bieten eine gemütliche Gaststätte mit gutbürgerlichen Speisen und Getränken und einen großen Biergarten. Eine kleine Schrauberecke und ein Trockenraum haben wir für Sie eingerichtet.

Laacher See Str. 6 • 56743 Mendig • Telefon 0 26 52 / 14 32
E-Mail: walter.boehler@t-online.de • www.campingsiesta.de

11788

Mendig

GPS: N 50°22´13" - E 7°17´08"

EZ ab € 52,00
DZ ab € 75,00

Hotel Felsenkeller

Es wird heute wie schon vor 100 Jahren großer Wert auf stilvolles Ambiente gelegt, dem sich das traditionsreiche Hotel schon immer verpflichtete. Der Gast wird heute in dem modernen und dennoch stilvoll renovierten Hotel mit nostalgischem Charme empfangen. Moderner Komfort und gediegene Behaglichkeit sorgen für einen angenehmen Aufenthalt. Bei der Ausstattung unserer Zimmer haben wir besonderen Wert auf eine persönliche Note mit individuellem Charakter gelegt. Großzügigkeit und Eleganz prägen das Gesamtbild der Zimmer, die sämtlich mit Dusche, WC, Telefon und Kabelfernsehen ausgestattet sind. Nach einer erholsamen Nacht in den ruhigen, gemütlichen Gästezimmern beginnt der neue Tag an unserem reichhaltigen Frühstücksbuffet.

Bahnstr. 35 • 56743 Mendig • Telefon 0 26 52 / 9 70 60 • Fax 0 26 52 / 97 06 66
E-Mail: info@hotel-felsenkeller.de • www.hotel-felsenkeller.de

11789

Mendig

GPS: N 50°22´37" - E 7°16´54"

Das Vulkan-Brauhaus wird unter dem Motto "Trinken - Essen - Erleben" geführt. Trinkgenuss pur mit unseren bekannten Bieren "Vulkan Bräu hell", Vulkan Bräu Weizen" und "Vulkan Bräu dunkel" - für Kenner die Nr. 1 unter den naturbelassenen Bieren! Wir verwöhnen Sie mit einer frischen und reichhaltigen Brauhausküche. Unsere Speisekarte enthält so vorzügliche Gerichte, dass Ihnen die Wahl sicherlich nicht leicht fällt. Hinzu kommen Aktionen mit regionalen Gerichten. Umgeben von Naturstein und schattigen Bäumen. Gönnen Sie sich ein paar schöne Sommerstunden in unserem Biergarten.

Laacher See Str. 2 • 56743 Mendig • Telefon 0 26 52 / 52 03 30 • Fax 0 26 52 / 52 03 91
E-Mail: info@vulkan-brauhaus.de • www.vulkan-brauhaus.de

12654

Monschau
GPS: N 50°31´20" - E 6°13´11"

EZ ab € 45,00
DZ ab € 73,00

Hotel Hirsch

Unser freundliches, gemütliches Hotel in der Eifel bietet Ihnen einen hervorragenden Service und zudem die Möglichkeit eine Vielzahl von Motorradtouren an die Mosel, den Rhein aber auch in den Schwarzwald zu starten. Sie haben hier bei uns im Hotel den idealen Stützpunkt. Unser Restaurant verzaubert Sie jeden Tag nach Ihrer Tour aufs Neue mit regionalen, internationalen und natürlich auch mit saisonalen Gerichten. Für Ihr Motorrad stellen wir selbstverständlich eine Garage zur Verfügung. Für Tourentipps stehen wir Ihnen jeder Zeit zur Seite. Trockenraum und Schrauberecke vorhanden.

Monschauer Str. 7 • 52156 Monschau-Kalterherberg • Telefon 0 24 72 / 22 83 • Fax 0 24 72 / 47 32
E-Mail: info@hotel-hirsch-eifel.de • www.hotel-hirsch-eifel.de

12647

vom
Hotel Hirsch in Monschau

Rundfahrt durch die Belgischen Ardennen

Von Kalterherberg starten wir über kurvenreiche Landstrassen durch die Eifelwälder nach Mützenich. Hier passieren wir die Landesgrenze. Die malerische Strecke durch das „Hohe Venn" (Hochmoor) führt uns dann in die Hauptstadt der Deutschsprachigen Gemeinschaft Belgiens: das Städtchen Eupen. Weiter geht es über Limbourg, wo vor allem die auf dem Berg gelegene Altstadt sehenswert ist. Über Jalhay gelangen wir nach Spa, einem traditionsreichen Kurort wo Cafés, Läden aber auch das Casino und die Thermen zum Verweilen einladen. Die Weiterfahrt kann, je nach Lust und Laune, rasant in Richtung Formel 1 Strecke in Francorchamps führen oder zu den ruhigen Tropfsteinhöhlen von Remouchamps. In der Nähe der Rennstrecke ist ein Automobilmuseum zu besichtigen und die Höhlen kann man sich bei einer unterirdischen Bootsfahrt ansehen. Die Kleinstadt Malmedy und ihre Vielzahl an Geschäften lädt zu einem letzten Stopp ein. Über Bütgenbach gehts wieder zurück zum Hotel Hirsch. Hier können Sie nach dieser, sowohl fahrtechnisch als auch landschaftlich abwechslungsreichen Tour, den Tag gemütlich ausklingen lassen.

12647

Oberbettingen
GPS: N 50°17´10" - E 6°38´10"

EZ ab € 30,00
DZ ab € 50,00

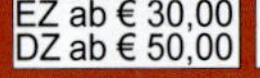

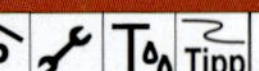

Gaststätte-Gästezimmer "Ob dr Brück"

Liebe Motorradfreunde, unsere Gaststätte und Pension im Herzen der Vulkaneifel ist Ausganspunkt vieler Freizeitaktivitäten. Ob Fliegenfischen, Gleitschirmfliegen, Jagen, offroad Buggy und Quad fahren oder Kanu. Für die angenehmen Sommertage bieten wir eine Möglichkeit zum Zelten, Griller und Baden an der Kyll. Wir liegen verkehrsgünstig zwischen der Brunnenstadt Gerolstein und dem Marktstädtchen Hillesheim. Ihr Motorrad steht be uns auf einem überdachten Parkplatz. Trockenraum und Biker-Shop sinc vorhanden und ein paar interessante Tourentipps z. B. an den Nürburgrinc können für Sie vorbereitet werden. Wir freuen uns auf Ihren Besuch!

Alter Bahnhof 2 • 54578 Oberbettingen-Hillesheim • Telefon 0 65 93 / 99 69 97
E-Mail: ob.dr.brueck@web.de • www.ob-dr-brueck.de

118

Rheinbach
GPS: N 50°37´33" - E 6°57´37"

EZ € 39,00
DZ € 67,00

20 | 12 | Tipp

Hotel "Dorn"

Die Eifel lädt mit ihren grünen Strecken auf verschlungen Straßen zum Motorradfahren ein. Darum sind Biker bei uns auch gern gesehene Gäste. Unsere Zimmer sind gemütlich und hell eingerichtet. Die Sauna bietet optimale Entspannung nach Ihrer Tour. In unserem gemütlich und ländlich eingerichteten Frühstücksraum gibt es jeden Morgen ein deftiges Frühstück. Eine Motorradwerkstatt befindet sich in unmittelbarer Nähe. Gerne setzen wir uns abends oder morgens zu Ihnen und geben Ihnen noch ein paar Insidertipps für die Region.

Segerstr. 6 • 53359 Rheinbach • Telefon 0 22 26 / 1 29 20 • Fax 0 22 26 / 8 09 90 0
E-Mail: hotel-dorn@t-online.de • www.hotel-dorn.de

12

Salm
GPS: N 50°09´05" - E 6°41´12"

DZ ab € 64,00

"Haus Sonnenschein"

Im Herzen der Vulkaneifel, zwischen Daun und Gerolstein, liegt das beschauliche Salm und unser Haus Sonnenschein. In ruhiger Lage mit herrlichem Blick über die Eifel haben Sie hier einen idealen Stützpunkt um Ihre Touren zu fahren. In unseren Ferienwohnungen werden Sie sich schnell wohl fühlen. Abends können Sie in Ihrer Runde den Tag auf unserer gemütlichen Sonnenterrasse bei einem Glas Wein und einem kühlen Bier mit Ihren Kollegen ausklingen lassen. Gerne geben wir Ihnen auch Touren- und Ausflugstipps für die Region.

Zur Werheck 9 • 54570 Salm
Telefon 0 65 99 / 9 20 30 • Fax 0 65 99 / 92 03 22

12648

Schleid
GPS: N 50°03´31" - E 6°29´22"

EZ ab € 28,00
DZ ab € 50,00

Gasthaus-Pension "Heyen"

In der Südeifel zwischen Bitburg und Prüm liegt der kleine Eifelort Schleid, umgeben von herrlichen Wäldern und romantischen Tälern. In der unmittelbaren Umgebung liegt die Bierstadt Bitburg und der Stausee Bitburg. Es wäre schön, Sie zu unseren Gästen zählen zu dürfen. Unsere Zimmer sind ausgestattet mit Dusche und WC, teilweise mit Balkon und TV (auf Anfrage). In unserer großzügigen Gartenanlage mit hauseigener Grillhütte bieten sich viele Möglichkeiten: - Grill- und Familienfeste - Club- und Vereinsfeiern. Auf Wunsch organisieren wir für Sie als besonderes Erlebnis Planwagenfahrten, Schnapsproben, usw.. Parkplatz am Haus, Bundeskegelbahn, Grillhütte. Bikerwochenenden!!!

Feldstr. 5 • 54636 Schleid • Telefon 0 65 69 / 2 83 • Fax 0 65 69 / 96 37 39
E-Mail: info@pension-heyen.de • www.pension-heyen.de

11785

Seinsfeld
GPS: N 50°03´19" - E 6°38´36"

EZ ab € 30,00
DZ ab € 60,00

Hotel-Restaurant Kailbachschänke

Das Hotel Kailbachschänke bietet Ihnen ideale Voraussetzungen für einen ruhigen und erholsamen Urlaub. Es empfiehlt sich als gediegenes Haus mit behaglicher Atmosphäre. Die Gästezimmer sind wohnlich ausgestattet mit Dusche/WC. TV-Anschluss. Für Ihr leibliches Wohl sorgt die bekannte gute Küche. Zum Haus gehören eine große Terrasse, Liegewiese, Parkplatz, Garagen, Sauna und Sonnenbank. Idealer Ausgangspunkt für ganztägige Motorradtouren. Trockenraum vorhanden.

Brunnenstr. 1 • 54655 Seinsfeld • Telefon 0 65 67 / 2 94
E-Mail: info@kailbachschaenke.de • www.kailbachschaenke.de

12651

Weibern
GPS: N 50°24´22" - E 7°08´39"

EZ ab € 38,00
DZ ab € 76,00

Hotel-Restaurant "Eifelstube"

Unser kleines Landhotel liegt in zentraler Ortslage in dem 1600 Einwohner großen Tuffsteinort Weibern, direkt an der Deutschen Vulkanstraße gelegen. Im Sommer lädt unser Biergarten zum Verweilen ein. Hausgäste können sich in unserem ruhig gelegenen Garten mit Liegewiese und Sitzecke zurückziehen. Die Komfortzimmer mit Dusche, WC und Telefon sind modern und liebevoll eingerichtet. Das Frühstücksbuffet ist reichhaltig und beinhaltet viel Hausgemachtes. Es stehen genügend Parkplätze, und für die willkommenen Motorradfahrer, auch Unterstellplätze für ihre Gefährte zur Verfügung.

Bahnhofstr. 4 • 56745 Weibern • Telefon 0 26 55 / 9 59 30 • Fax 0 26 55 / 95 93 49
E-Mail: eifelstubejuengling@web.de • www.eifelstube-weibern.de

12653

Weinsheim
GPS: N 50°14´04" - E 6°29´13"

EZ ab € 34,00
DZ ab € 62,00

Hotel-Pension "Haus Kirst"

Unser Hotel-Restaurant liegt inmitten der herrlichen Westeifellandschaft zwischen Gondelsheim und Weinsheim. Unsere geräumigen Gästezimmer sind überwiegend mit Dusche/WC oder Bad/WC und teilweise Balkon wohnlich ausgestattet. Ein Hallenbad und ein Solarium tragen zu Ihrem Wohlbefinden bei. In unserem Restaurant bieten wir eine gutbürgerliche Küche mit saisonalen Gerichten. Für Ihr Motorrad halten wir eine abschließbare Garage bereit sowie einen Trockenraum für nasse Motorradkleidung.

Bahnhofstraße • 54595 Weinsheim • Telefon 0 65 58 / 4 21 • Fax 0 65 58 / 5 13

11786

Wittlich
GPS: N 49°59´26" - E 6°53´22"

P

Kamin-Restaurant/Bistro

"Alte Holzindustrie"

Unser gemütlicher Biergarten (65 Sitzplätze) wird Sie sehr schnell überzeugen, dass jeder Sommer-Tag zum Genuss wird. Aber auch für Alltags-Wetter setzen wir mit unserem Wintergarten (16 Sitzplätze) als Nichtraucher-Bereich ein weiteres Highlight für Ihr Lächeln. Bereits 2006 wurde unsere gleichbleibende Qualität mit einem Eintrag in den „Schlemmer-Atlas" von ARAL belohnt. Wir konnten diesem Anspruch bis heute weiterhin gerecht werden. Ausgewählte, auf bundesebene prämierte Weine hiesiger Winzer unterstreichen die frische deutsch/mediterrane Küche unseres Hauses.

Kalkturmstr. 36 • 54516 Wittlich • Telefon 0 65 71 / 95 40 40 • Fax 0 65 71 / 95 40 41
E-Mail: Holzindustrie@t-online.de • www.alteholzindustrie.de

1174

Wolfsfeld
GPS: N 49°54´20" - E 6°28´03"

EZ ab € 39,00
DZ ab € 68,00

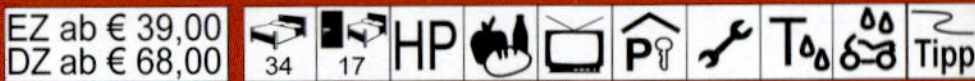

Hotel Zur Post

Das traditionsreiche Hotel im Deutsch-Luxemburgischen Naturpark lädt Sie ein, die Südeifel kennen zu lernen. Neben komfortablen Zimmern und einem überdachten Biergarten bietet Ihnen das Restaurant mit seinem Eifeler Charme die Gemütlichkeit, die Ihnen die Urlaubstage unvergesslich werden lassen. Wir verwöhnen Sie mit regionalen, nationalen und internationalen frischen Speisen. In unserem gemütlichen Biergarten können Sie den Abend mit Ihren Kollegen ausklingen lassen. Gerne gesellen wir uns auch zu Ihnen und geben Ihnen noch Touren- und Ausflugstipps für die Eifel, Mosel, den Rhein und Hunsrück.

Europastr. 53 • 54636 Wolfsfeld • Telefon 0 65 68 / 3 27 • Fax 0 65 68 / 78 0
E-Mail: maus-hotel-zur-post@t-online.de • www.hotelzurpost-suedeifel.de

126

Zemmer-Rothaus
GPS: N 49°54´26" - E 6°42´27"

P Tipp

Gasthof Rothaus

Stellen Sie Ihre Hightech Kutsche nach einer Tour durch die schön Eifel hier am Hofe ab und genießen Sie die Gastlichkeit des ehema zum Himmeroder Kloster gehörenden Hofgutes. Hier können S nach Motorradtour durch den Meulenwald in gemütlicher Ambiente herrlich ausruhen und sich wieder stärken. Gerne setze wir uns zu Ihnen und verraten Ihnen die besten Tourentipps für d Gegend. Sonntags ab 10.30 Uhr Bikerfrühstück.

Rothaus 1 • 54313 Zemmer • Telefon 0 65 80 / 98 88 99
E-Mail: info@gasthof-rothaus.de • www.gasthof-rothaus.de

12

NEU: Bewertungen der Häuser finden Sie auf www.bikerbetten.d

Emsland
Im Land der Moore und der Ozeanriesen

Moor und Heide

Im Nordwesten des Landes Niedersachsen erstreckt sich links und rechts der Ems eine vielfältige Landschaft in unmittelbarer Nachbarschaft zu den Niederlanden. Hier erwartet das Emsland seine Gäste mit hinreißend schönen Natur- und abwechslungsreichen Kulturerlebnissen. Die entspringt in der Senne, fließt durch das Münsterland und danach durch die norddeutsche Tiefebene. Ab Meppen ist sie schiffbar.
Die idyllischen Flussläufe von Ems und Hase, dazu zahlreiche ruhige Kanäle, bieten Natur pur auf insgesamt 440 Wasserwanderkilometern durch Moor-, Heide-, Wald- und Wiesenlandschaften. Neben dem Schloss Clemenswerth, einer spätbarocken Jagdanlage im Hümmling, warten zahlreiche Herrenhäuser, kunstvolle Kirchen, viele Museen und Städte auf den Emsland-Besucher. Der jährlich stattfindende emsländische "Kultursommer" bietet darüber hinaus einen vielfältigen Kulturgenuss.

Historische Holzboote neben Ozeanriesen

Auch Technikhighlights warten auf die Besucher: Beim Blick auf die Ozeanriesen, die in der Meyer-Werft in Papenburg gebaut werden, kann man z.B. während einer Werftbesichtigung den Duft der großen weiten Welt schnuppern. Auf den Kanälen, die die ehemaligen Moorkolonien verbinden, passiert man noch heute hölzerne Klapp-Dreh-Brücken und begegnet historischen Pünten, das sind flache, kiellose Schiffen mit großen Seitenschwerter.
Wetterunabhängiges Badevergnügen ermöglichen im Freizeitzentrum Schloss Dankern das Spaßbad "Topas" mit Wasserrutsche, Whirlpool und Gegenstromanlage sowie in Lingen (Ems) das Familien- und Freizeitbad "Linus". Eine gelungene Verbindung aus Naturerlebnis und Freizeitspaß bietet das Erholungsgebiet "Surwolds Wald" mit seiner 300 Meter langen Sommerrodelbahn, einer Märchenschau und einem Waldfreibad. Ein Waldmuseum vermittelt Einblicke in die Tier- und Pflanzenwelt des Emslandes.

Meyer-Werft in Papenburg

Öl und Gas

Wegen seiner mageren Heide- und Moorböden sowie seiner Randlage gehörte das Emsland lange Zeit zu den wenig entwickelten Regionen Deutschlands. Seit den 50er-Jahren werden hier Erdöl- und Erdgasvorkommen angebohrt.

Sehenswerte Orte

Papenburg
Im nördlichen Emsland gelegen, wurde Papenburg im 17. Jahrhundert als erste deutsche Moorkolonie gegründet. Wichtigster Arbeitgeber ist die Meyer-Werft, bekannt als Erbauer von Kreuzfahrtschiffen. Die Stadt besitzt einen hübschen Kern mit barockem Rathaus und Pfarrkirche St. Amandus.

Schloss Clemenswerth
30 Kilometer südlich von Papenburg steht das ehemalige Jagdschloss von Kurfürst Clemens August. Die im 18. Jahrhundert in Ziegelbauweise errichtete Anlage gefällt durch ihre herrlichen weitläufigen Parks.

Haselünne
Der Ort wurde vor allem durch seinen Wacholderhain bekannt, der sich durch bis zu sechs Meter hohe Wacholderbüsche auszeichnet. Ein Wanderweg führt durch den Hain.

Groß Hesepe
Wer sich für die Geschichte des Emslandes interessiert, ist hier richtig: In Groß Hesepe steht das Moor-Museum. Es informiert anschaulich über die Lebens- und Arbeitsweise der Bevölkerung. So erfährt der Besucher alles zum Thema Moor vom Abbau des Torfs bis zu seiner industriellen Weiterverarbeitung.

Im Lande der Moore

Diese Tour führt durch Moore und Heidelandschaften, vorbei an kleinen Orten und Bauernhöfen, in denen die Zeit stehen geblieben zu scheint – die Artland-Route. Die ca. 120 Kilometer lange Touristikstraße ist vor allem etwas für Ruhesuchende, für Genießer, für Motorradfahrer, die einfach mal einen Tag lang die Seele baumeln lassen wollen.
Startort Dinklage. Am Ortsschild folgen wir dem Wegweiser zur Burg Dinklage und landen an einer der ältesten Wasserburgen der gesamten Region. Sie wurde um 1600 errichtet und machte im Laufe ihrer Geschichte einige Bauepochen durch. Heute schmückt den Eingang ein sehenswertes Renaissance-Portal. Burg Dinklage ist in Privatbesitzt und nicht zu besichtigen. Wir verlassen Dinklage in Richtung Badbergen, um dann auf den locker geschwungenen, verkehrsarmen Landstraßen des Emslandes über Gehrde und Drehle den Ort Bersenbrück zu erreichen. Unterwegs kommen wir an den typischen geschlossenen Bauernhöfen des Artlandes vorbei. Herrliches Fachwerk und roter Backstein prägen ihr Äußeres. Sie dürften in ganz Deutschland einzigartig sein.
Bersenbrück ist die Hauptstadt des so genannten Bersenbrücker Landes. 1231 wurde hier ein Zisterzienserkloster gegründet, das bis ins 18. Jahrhundert hinein bestand. Heute erinnert noch die Vicentiuskirche an diese göttliche Zeit. Sie stammt aus dem 13. Jahrhundert und war früher mit dem Kloster zusammegebaut. Ein Blick ins Innere lohnt sich schon wegen der zahlreichen Altäre.
Ein Abstecher führt von Bersenbrück aus nach Rüssel. Dort stehen die Überreste eines karolingischen Königshofes aus dem 7. Jahrhundert. Er diente der Verwaltung der Ländereien, der Verpflegung der Armeen und als Richtstätte.
In Ankum steht die Kirche St. Nikolaus, auch „Artländer Dom“ genannt. An dieser Stelle befand sich einst eine wuchtige kirchliche Anlage, von der noch Reste erhalten sind. Teile davon wurden um 1900 in den Bau von St. Nikolaus integriert.
Über Holsten geht es weiter nach Eggermühlen, dessen aus dem 18. Jahrhundert stammendes hübsches Wasserschloss nur von außen zu besichtigen ist. Bippen mit seinem idyllischen Ortskern liegt am Fuß der Ankumer Höhe, die sich für Emsänder Verhältnisse auf schwindelnde Höhen emporschwingt: 100 Meter hoch ist ihre Kuppe. Von Bippen führt eine lohnenswerte Stippvisite zur Ölmühle von Lonnerbecke. Dazu fährt man Richtung Fürstenau und biegt am Schild „Sülte Mühle“ ab. Nach knapp drei Kilometern erreicht man die historische Ölmühle, deren Mahlwerk noch heute funktioniert.
Von Hekese geht es weiter nach Berge. In Börstel gehört ein Besuch des gleichnamigen Stiftes zum Pflichtprogramm. Der Weg dorthin ist ausgeschildert. 1246 wurde hier ein Kloster gegründet, heute beherbergt die Anlage einen Damenstift. Dank seiner abgeschiedenen Lage überstand das Kloster alle mittelalterlichen Kriege nahezu unversehrt und verfügt daher heute noch über eine phantastische historische Bausubstanz.
Jetzt wird’s typisch emsländisch: Lange Pappelalleen führen durch Moore hindurch Richtung Norden. Ein paar Häuser links, ein paar rechts – mehr Zivilisation gibt es nicht. Wer mehr wissen will: Vor dem Ort Hahnenmoor wartet ein Parkplatz mit einem so genannten Moor-Lehrpfad, der über die Eigenarten dieser Landschaft informiert. Eine Handvoll Kurven führen auf gut ausgebautem Asphalt vorbei an hübschen Bauernhöfen nach Menslage. Das Zentrum des Ortes stammt aus dem 18. Jahrhundert und entführt den Besucher in eine längst vergangene Zeit. Über Klein- und Groß-Mimmelage weiter Richtung Quakenbrück. Vor Groß-Mimmelage wartet ein technisches Denkmal: eine restaurierte Windmühle, ein so genannter Galerie-Holländer.
Über den Grother Kanal gelangen wir nach Quakenbrück hinein. Das Städtchen mit seinen idyllischen Sträßchen und gut erhaltenen Fachwerkhäusern verdient einen ausgedehnten Stopp. Sieben Flussarme der Hase sorgen dafür, dass überall lauschige Ecken und Winkel entstanden sind. Hinter Quakenbrück ist Dinklage ausgeschildert, und nach rund zehn Kilometern entspannter Fahrt erreichen wir wieder den Ausgangspunkt der Tour.

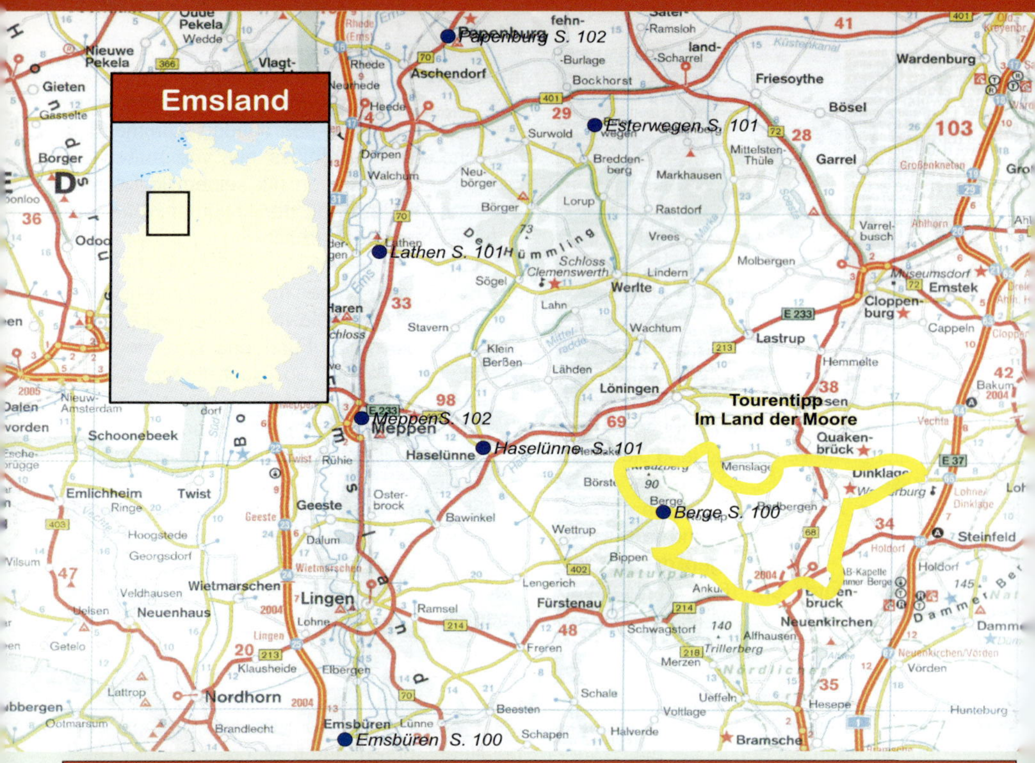

Berge
GPS: N 52°37´15" - E 7°44´49"

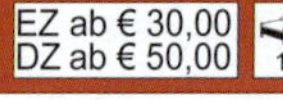
EZ ab € 30,00
DZ ab € 50,00

Gasthof Borgmann

Mitten im Herzen von Berge heißen wir unsere Gäste herzlich willkommen und bieten Ihnen eine schöne und ruhige Atmophäre in komfortabel ausgestatteten Gästezimmern. Unser Restaurant serviert Ihnen alles aus gutbürgerlicher Küche sowie leichte und immer frische Speisen. Zum Entspannen halten wir für Sie eine Sauna bereit. Morgens starten Sie mit einem reichhaltig gedeckten Buffet in den Tag. Ihr Motorrad steht bei uns sicher in einer abschließbaren Garage.

Hauptstr. 34 • 49626 Berge • Telefon 0 54 35 / 8 55 • Fax 0 54 35 / 95 55 30
E-Mail: gasthof-borgmann@t-online.de • www.gasthof-borgmann.de

11638

Emsbüren
GPS: N 52°27´21" - E 7°19´43"

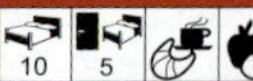
EZ ab € 36,00
DZ ab € 57,00

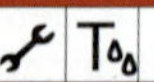

Gasthaus Gleesener Schleuse

Herzlich willkommen in unserem gemütlich eingerichteten Gasthaus mit der familiären Atmosphäre. Wir bieten unseren Gästen gemütlich eingerichtete Gästezimmer in denen Sie sich erholen und entspannen können. Unsere Zimmer verfügen über Dusche, WC und TV. Außerdem bieten wir Ihnen ganztägig eine reichhaltige Speisekarte mit saisonalen Köstlichkeiten. Eine kleine Schrauberecke und einen Trockenraum für nasse Motorrad-Kleidung halten wir für Sie bereit.

Zur Gleesener Schleuse 19 • 48488 Emsbüren Gleesen • Telefon 05 91 / 24 38 • Fax 05 91 / 9 15 20 47
E-Mail: holger.szewczyk@t-online.de • www.gasthaus-gleesener-schleuse.de

1164

Esterwegen

GPS: N 52°59´50" - E 7°37´42"

EZ ab € 46,00
DZ ab € 76,00

54 · 32 · HP · Tipp

Hotel-Restaurant-Cafe "Graf Balduin"

Wir begrüßen Sie auf der grünen Insel im Moor. Unser Haus liegt ruhig am Rand eines 160 Hektar großen, zusammenhängenden Waldgebietes. Kulinarische Genüsse und stets neue Kreationen erwarten Sie in unserem Restaurant. Zum Frühstück, zur Mittagszeit, am Nachmittag und auch zum Abendessen reichen wir saisonale und regionale Köstlichkeiten. Schlafen Sie gut in unseren komfortablen und freundlichen Gästezimmern mit Dusche/Bad WC, Direktwahltelefon, Internet und Fernsehen.

Am Sportpark 1 • 26897 Esterwegen • Telefon 0 59 55 / 2 02 00 • Fax 0 59 55 / 2 02 99
E-Mail: hotel@graf-balduin.de • www.hotel-graf-balduin.de

11672

vom Hotel-Restaurant Graf Balduin in Esterwegen

Willkommen zu den Sternfahrten in Esterwegen!

Besichtigen Sie die Meyerwerft in Papenburg und fahren entlang der Kanäle in unserer schönen Landschaft. Hier sehen Sie viele zusammenhängende Moorflächen, sehr bekannt die Esterweger Dose. Papenburg ist die südlichste Seehafenstadt Deutschlands. Außerdem sehr interessant die ATP-Teststrecke in Papenburg. Besuch und Fahrtraining auf Anfrage.
Greetsiel, ein idyllischer Ort an der Nordseeküste, Fischkutter, Romantik, Krabben, Ostfriesentee - Rückfahrt entland der Küste über Jever (Jever Bier).
Fahrt nach Bad Zwischenahn an das Zwischenahner Meer. Spezialität: Frischer Zwischenahner Räucheraal. Besuch der "Park der Gärten" (Landesgartenschau 2002) - Rückfahrt über das Zwischenahner Meer bei Kaffee/Tee und Kuchen.
Fahrt über den Hümmling nach Sögel zum Schloss Clemenswerth mit der schönsten Parkanlage. Weiter-fahrt nach Dörpen/Lathen zum Transrapid (Besichtitung, Filmvortrag).
Fahrt in die Niederlande bei Dörpen über die Grenze zur Festung Bourtange und schließlich nach Groningen... Holland erleben!

11672

Haselünne

GPS: N 52°40´26" - E 7°29´05"

EZ ab € 49,00
DZ ab € 75,00

54 · 30 · HP · Tipp

Lassen Sie sich von unserem historischem Burghotel verzaubern. Das Bauwerk des Hotels versetzt Sie in eine andere Zeit. So tragen z.B. Ritterrüstungen und das Bauwerk dazu bei, dass Sie sich in einem mittelalterlichen Palast wiederfinden. So wird aus mancher (Hochzeits-) Feier eine Erinnerung für Ihr Leben. In 30 Doppel- oder Einzelzimmern und in 2 Suiten machen wir aus jeder Nacht unvergessliche Stunden. Unter dem Baldachin, in einem Sessel oder vor einem guten Buch - jedes Zimmer ist ein Ereignis. Dazu kommen unsere Verwöhntage mit römischem Whirlpool, finnischer Sauna, Dampfbad, Ruheraum und Solarium.

Steintorstr. 7 • 49740 Haselünne • Telefon 0 59 61 / 9 43 30 • Fax 0 59 61 / 94 33 40
E-Mail: info@burghotel-haseluenne.de • www.haseluenne-burghotel.de

11639

Lathen

GPS: N 52°51´29" - E 7°18´12"

EZ ab € 44,00
DZ ab € 72,00

38 · 19 · HP

Hotel-Restaurant **"Lathener Marsch"**

Das Hotel - Restaurant "Lathener Marsch" liegt mitten im Grünen, wo Hase und Lachs sich noch "Gute Nacht" sagen und wo die Frösche zu Pfingsten im See ein herrliches Konzert geben. Für alle, die Ruhe vom Alltagsstress suchen, und für die, die Natur lieben und morgens gerne von Vogelgezwitscher geweckt werden möchten. Alle Zimmer sind mit Dusche und WC sowie mit Telefon ausgestattet. Fax und Modemanschluss sind vorhanden.

Marschstr. 4 • 49762 Lathen • Telefon 0 59 33 / 93 45 19 • Fax 0 59 33 / 9 34 51 30
E-Mail: hotel-lathen@t-online.de • www.lathener-marsch.de

11637

Meppen-Hüntel
GPS: N 52°45´02" - E 7°15´39"

EZ ab € 49,00
DZ ab € 80,00

18 11

Landhaus Hubertushof

In landschaftlich schön gelegener Gegend bieten wir für Erholungssuchende und Aktivurlauber die passende Atmosphäre. Ob Sie einige Zeit ausspannen oder in fröhlicher Runde ein erlebnisreiches Wochenende verbringen möchten, bei uns werden Sie sich wohlfühlen. In unserem Hotel haben Sie die Wahl zwischen Einzelzimmern, Zweibettzimmern und Appartements. Alle Zimmer sind mit Dusche/WC, Telefon, Farb-TV, Weckeinrichtung, Faxanschluss ausgestattet. Die Kaminlobby, herrlich rustikal und gemütlich eingerichtet, sowie das Restaurant bilden für unsere Gäste den gemütlichen Rahmen, um sich von unserem Küchenteam verwöhnen zu lassen.

Kuhfehnweg 12 • 49716 Meppen-Hüntel • Telefon 0 59 32 / 29 04 • Fax 0 59 32 / 90 30 04
E-Mail: info@landhaus-hubertushof.de • www.landhaus-hubertushof.de

11636

Papenburg
GPS: N 53°03´47" - E 7°24´24"

EZ ab € 38,00
DZ ab € 59,00

45 22 HP Tipp

Hotel Stubbe

Unser Hotel und Restaurant liegt nur wenige Minuten entfernt vom Stadtzentrum Papenburg. Die familiäre Atmosphäre und die gepflegte Gastlichkeit unseres Hauses sorgen für einen angenehmen und erholsamen Aufenthalt. Mit einer ausgezeichneten Küche und gepflegten Getränken verwöhnen wir Sie in unserem Restaurant mit ca. 70 Sitzplätzen. Der schöne Wintergarten, die Hotelbar mit ihrer einladenden Theke und unser Kaminzimmer sind gesellige Treffpunkte für unsere Gäste. Und im Sommer lädt unser idyllischer Biergarten mit gemütlicher Grillecke, mit Gartenmöbeln und Sonnenschirmen zum Faulenzen ein. Die Hotelzimmer im Hotel Stubbe sind behaglich eingerichtete, komfortable Einzel- und Doppelzimmer. Alle Zimmer sind ausgestattet mit Dusche, WC, Telefon, SAT-TV und verfügen zum Teil über Minibar und Balkon.

Dieckhausstr. 122 • 26871 Papenburg • Telefon 0 49 61 / 21 80 • Fax 0 49 61 / 6 72 40
E-Mail: info@hotel-stubbe.de • www.hotel-stubbe.de

11632

Papenburg
GPS: N 53°04´31" - E 7°24´43"

EZ ab € 39,00
DZ ab € 65,00

54 27 HP Tipp

Hotel "Graf Luckner"

Nur einen Kilometer von der Stadtmitte entfernt finden Sie das Hotel Graf Luckner. Die komfortabel eingerichteten Gästezimmer verfügen über Dusche, Telefon, Sat-TV und Minibar. Gesundheitsbewussten stehen Sauna, Solarium und Fitnessgeräte zur Verfügung. In unserem mediterran eingerichteten Steakhouse-Restaurant servieren wir neben Steak- auch frische Fischgerichte und regionale Spezialitäten. Eine Garage für Ihr Motorrad stellen wir Ihnen natürlich gerne zur Verfügung.

Hümmlinger Weg 2-4 • 26871 Papenburg • Telefon 0 49 61 / 7 60 57 • Fax 0 49 61 / 97 99 01 30
E-Mail: hotel-graf-luckner@freenet.de • www.hotel-graf-luckner.de

1163

Papenburg
GPS: N 53°04´42" - E 7°26´14"

EZ ab € 36,00
DZ ab € 61,00

48 22 VP P

Hotel-Restaurant "Hilling"

Ankommen und sich direkt wohlfühlen - das ist unser Motto. Wir heißen Sie herzlich willkommen in unseren gemütlichen Räumen. Unsere familiäre Atmosphäre wird Ihnen den Aufenthalt bei uns noch angenehmer machen. Unsere Küche verwöhnt Sie mit nationalen und internationalen Gerichten. Dabei wird Frische ganz groß geschrieben. Unsere Zimmer sind modern und komfortabel ausgestattet mit TV, Dusche/WC und Telefon. Wir freuen uns auf Ihren Besuch.

Mittelkanal links 94 • 26871 Papenburg
Telefon 0 49 61 / 9 77 60 • Fax 0 49 61 / 97 76 55
E-Mail: info@hotel-hilling.de • www.hotel-hilling.de

117

Erzgebirge
Motorrad fahren zwischen Holzspielzeug und Silbererz

Das Erzgebirge liegt im Süden des Freistaates Sachsen. Es erstreckt sich auf einer Länge von 130 Kilometern und durchschnittlich 35 Kilometern Breite vom Auersberg im Westen bis zum Geisingberg im Osten. Der Gebirgskamm bildet seit langem die natürliche Grenze zwischen Sachsen und Böhmen. In die lang gestreckten Höhenrücken haben sich die Flusstäler von Zwickauer Mulde, Zschopau, Freiberger Mulde und Weißeritz tief eingegraben. An einigen Stellen erheben sich die Pfeiler des vulkanischen Gesteins wie Orgelpfeifen steil nach oben. Die höchsten Erhebungen auf sächsischer Seite sind der Fichtelberg (1.214 Meter) bei Oberwiesenthal und der Auersberg (1.019 Meter) bei Johanngeorgenstadt. Der höchste Gipfel des Erzgebirges ist der 1.244 Meter hohe Klinovec/Keilberg, der auf tschechischem Gebiet liegt.

Bergbau

Mehr als 800 Jahre lang wurde im Erzgebirge Bergbau betrieben. Durch das erzreiche Gestein erhielt das Mittelgebirge seinen Namen. Es war im Jahr 1168, als bei Freiberg das erste Silbererz gefunden wurde. Mehr als dreihundert Jahre später entstanden weitere Bergbaustädte wie Schneeberg, Annaberg, Marienberg und Schwarzenberg. Gefördert wurden neben Silber vor allem Kupfer, Blei, Zink und Eisenerz. Der Bergbau war von großer wirtschaftlicher und politischer Bedeutung. Er verhalf zahlreichen Ortschaften zu Wohlstand. Viel Prunk und Pracht zeigten die imposanten Bauwerke in Dresden an der Elbe, der Hauptstadt des Königreiches Sachsen. 1765 wurde in Freiberg die Bergakademie gegründet, die zum Zentrum für Bergbaukunde, Geowissenschaften und Hüttentechnik wurde.

Seit 1969 ruht der Bergbau. Viele Städte im Erzgebirge sind jedoch nach wie vor von ihm geprägt. In zahlreichen Museen und über 20 Schaubergwerken wird mit Exponaten die Geschichte des Bergbaus aufgezeigt. Anschaulich werden die kaum vorstellbaren schweren Arbeitsbedingungen dargestellt. Bei den traditionellen Festen in den alten Bergbaustädten wird ein Stück Bergbaugeschichte lebendig. Die Teilnehmer an den Festumzügen tragen die alten, schmucken Bergmannsuniformen mit ihren farbigen Federbüschen.

Pressnitztalbahn in Jöhstadt

an dunklen Adventsabenden bei Kerzenschein und Schneefall. Keine Pyramide gleicht der anderen. Alle haben jedoch ein großes Flügelrad. Auf mehreren Stockwerken werden das Weihnachtsgeschehen von Bethlehem oder Szenen aus der Welt des Bergbaus mit handgeschnitzten und -gedrechselten Holzfiguren dargestellt.

Die Höhepunkte in der Adventszeit bilden Bergparaden und Bergaufzüge der Bergmannsvereine in den festlich geschmückten Ortschaften. Von den Kirchtürmen ertönt feierliche Blasmusik. Zum überlieferten Brauchtum gehören die „Mettenschichten", einst die letzte Einfahrt der Bergleute im Jahr.

Kunst und Kultur

Im 15. und 16. Jahrhundert wurden in einigen Bergbaustädten des Erzgebirges spätgotische Hallenkirchen errichtet, die durch ihre Größe, die weiten und hellen Räume mit imposanten Stern- oder Netzgewölben und die prachtvolle Innenausstattung etwas vom Wohlstand der Städte im späten Mittelalter widerspiegeln. Eine der schönsten Kirchen dieser Zeit ist der Freiberger Dom mit seinen prächtigen Kunstwerken. Dazu gehören unter anderem die Goldene Pforte, die Triumphkreuzgruppe, die Tulpenkanzel und der Apostelzyklus. Weitere sehenswerte Kirchen in diesem Baustil befinden sich in Annaberg-Buchholz, Marienberg und Schneeberg. Eine reich ausgestattete Barockkirche steht in Schwarzenberg. Eine der bekanntesten Kirchen der Region ist die achteckige Bergkirche in Seiffen. Zu Beginn des 18. Jahrhunderts schuf der Orgelbaumeister Gottfried Silbermann insgesamt 45 Orgeln, die vorwiegend in Kirchen in der Nähe von Freiberg eingebaut sind. Jährlich reisen zahlreiche Musikfreunde aus nah und fern an, um in diesen Kirchen den besonderen Klang der Silbermann-Orgeln zu genießen.

Kunsthandwerk

Als irgendwann die meisten Bodenschätze ausgebeutet waren, mussten sich die Menschen nach anderen Erwerbsmöglichkeiten umsehen. In Heimarbeit fertigten die Frauen Bänder und Borten an. Im 16. Jahrhundert kam die kunstvolle Spitzenklöppelei auf. Die Männer bearbeiteten das reichlich vorhandene Holz. Sie schnitzten Holzfiguren und Gebrauchsgegenstände. Aus dieser Tätigkeit entwickelte sich vor rund 300 Jahren die Holzschnitz- und Drechselkunst, die neben Holzspielzeug vor allem Nussknacker, Räuchermännchen, Schwippbögen, Weihnachtspyramiden, Blumenkinder, Lichterengel, Spieldosen und Spanbäumchen hervorbrachte. Dieses Kunsthandwerk hat sich bis heute erhalten und hat dem Erzgebirge den Beinamen „Weihnachtsland" eingebracht.

Weihnachtsland

In allen größeren Orten des Erzgebirges finden in der Vorweihnachtszeit traditionelle Weihnachtsmärkte statt. Den Mittelpunkt der Märkte bilden die oft mehrere Meter hohen Ortspyramiden. Besonders stimmungsvoll wirken sie

Holzschnitzer

Sehenswerte Orte

Altenberg
Zusammen mit der Nachbarstadt Geising gilt das 500 Jahre alte Altenberg als das klassische Sommer- und Wintersportparadies im Erzgebirge. Im Winter ist vor allem die WM-Bobbahn eine Attraktion, während die Sommerurlauber die vielen Wanderwege rund um Altenberg schätzen. Der Besichtigungstipp heißt Neubeschert-Glücks-Stollen. Am 24. Januar 1620 stürzte das hier stehende Bergwerk zusammen, ein großer Einsturztricher, die „Pinge", entstand.

Annaberg-Buchholz
In der Heimatstadt des Rechenkünstlers Adam Ries sollte man unbedingt dessen ehemalige Rechenschule, heute ein Museum, ansehen. Weiterhin: die beiden Postdistanzsäulen aus dem 16. Jahrhundert, die Stadtmauer, die Klosterruine und die Bergkirche.

Cranzahl
Nostalgische Attraktion des Ortes ist die seit 1896 existierende Schmalspurbahn nach Oberwiesenthal. Auf einer Länge von 17 Kilometern überwindet die Bimmelbahn den Höhenunterschied von 650 auf 892 Meter. Unterwegs warten vier Haltestationen auf neue Fahrgäste. Von Cranzahl aus kann man auch mit der 1924 in Betrieb genommenen Schwebebahn zum Fichtelberg hinauffahren.

Glashütte
Hier schlägt die Stunde, denn ein gewisser Ferdinand Lange (1815 – 1873) begründete in Glashütte die Uhrenindustrie im Erzgebirge. Ein Denkmal auf dem Marktplatz erinnert daran, mittlerweile gibt es auch ein Uhrenmuseum. Die in DDR-Zeiten verkümmerte Uhrenherstellung lebte nach der Wende wieder auf. Heute gehören die Zeitmesser aus Glashütte zu den edelsten und teuersten Uhren der Welt.

Frauenstein
Der Ort Frauenstein steht auf einem Bergrücken zwischen Bobritzsch- und Glimmlitztal. Seine Burgruine gilt als bedeutendste Anlage dieser Art in den neuen Bundesländern und als schönste Burg Sachsens. Gut erhalten sind der Hauptturm, die Ringmauer und Teile der inneren Burg. Ebenfalls einen Besuch wert ist das Frauensteiner Schloss mit seinen hübschen Renaissance-Portalen.

Oberwiesenthal
Der Wintersportort schlechthin. Ob Schanzenspringer, Langläufer, Kombinierer oder Biathleten – die Besten in ihren Disziplinen kommen nicht erst seit der Wende aus Oberwiesenthal. Eine Straße führt hinauf auf den Fichtelberg, den höchst gelegenen Motorradtreff Ostdeutschlands.

Seiffen
Inzwischen als „Holzspielzeugdorf" in ganz Deutschlan bekannt, ist Seiffen ein absolutes Muss für jede Reise ins Erzgebirge. Nicht nur wegen des wunderschönen Spielzeugmuseums, sonder auch wegen der zahlreichen Maufakturen, in den das Holzspielzeug noch wie vor Hunderten von Jahren hergestellt wird.

Kurvenreiche Auffahrt zum Fichtelberg

Sächsische Silberstraße

Seit dem Mittelalter ist die Silberstraße in Sachsen ein Begriff. In Schneeberg, Aue, Annaberg, Freiberg und Marienberg wurde das Silber geschürft und dann nach Meißen und Dresden gebracht. Dort trug es zum Reichtum der Herrscher bei. Die 1993 eingeweihte Ferienstraße führt kurvenreich und mit ordentlichen Höhenunterschieden durch eine intakte Natur zu einer Vielzahl von bergbaulichen Anlagen, die in jüngster Zeit stillgelegt und zu Schauobjekten umgestaltet wurden. Die Route ist rund 160 Kilomter lang und lässt sich an einem Tag bequem fahren. Als Beschilderung dient ein silbernes S auf braunem Grund.

Start in Zwickau. Die Stadt erlebte ihre erste wirtschaftliche und kulturelle Blüte bereits im Mittelalter. Damals machten vor allem die Tuchherstellung und der Silberbergbau im benachbarten Schneeberg die Zwickauer Bürger reich. In unserer Zeit wurde Zwickau als Produktionsort des legendären „Trabbi“ bekannt. Noch heute zeugt das Automobilmuseum von der spannenden Geschichte des Autobaus in Zwickau. Wir verlassen die Stadt auf der B 93 nach Süden, kreuzen die Autobahn und erreichen nach rund 20 Kilometern entspannter Fahrt das barocke Schneeberg. 1477 wurde dort zum ersten Mal Silber gefunden, und die Blütezeit Schneebergs begann. Wer es genau wissen will: Im Bergbaumuseum und auf dem Bergbaulehrpfad können sich Interessierte in die Tiefen der Silberschürfung begeben.

Auf der B 101 gelangen wir wenige Kilometern später nach Aue am Zusammenfluss von Zwickauer Mulde und Schwarzwasser. In dem Städtchen mit seinen teilweise noch gut erhaltenen Jugendstilhäuseren wurde in erster Linie Zinn gefördert. Später kam das Kaolin hinzu, aus dem in Meissen Porzellan hergestellt wurde. Nach 1945 wurde in Aue Uran abgebaut.

Die B 101 bringt uns in nach wie vor runden und schönen Bögen weiter nach Schwarzenberg. Die alte Bergwerkstadt glänzt durch ihre Pfarrkirche St. Georgen, einem außergewöhnlich schönen Barockbau. Drinnen kann man mehrere geschmückte Logen sehen, die den reichen Bürgern vorbehalten waren. Außerdem sehenswert: das auf einem hohen Bergsporn stehende Schloss aus dem 12. Jahrhundert.

Allmählich gewinnt die Route nun an Höhe. Die Kurven werden enger, die Schräglagen intensiver. Was bleibt ist die gepflegte und griffige Fahrbahn der B 101. Scheibenberg kommt in Sicht. Auf 670 Metern erklimmt die Silberstraße ihre größte Höhe. Südöstlich des Ortes ragen am 800 Meter hohen Scheibenberg die „Orgelpfeifen“ in die Höhe. In der Tat erinnern die spitzen Basaltsäulen an die Pfeifen einer Silbermann-Orgel. Ein kurzes Stück bergauf und bergab folgt, dann rollen wir nach Annaberg-Buchholz hinein. Vor allem im Ortsteil Annaberg zeigt sich noch heute der Silberreichtum dieser Stadt. Im 16. Jahrhundert lebten hier 12.000 Menschen und damit mehr als in Leipzig. Aus Hunderten von Gruben wurde Silbererz gefördert und machte die Stadt zu einer der reichsten Deutschlands. Auf einem Rundgang durch die historische Altstadt kommen wir an dem Gasthaus „Wilder Mann“ vorbei, am Rathaus, an der gewaltigen St. Annen-Kirche und am Adam-Ries-Museum. Ein Stück außerhalb der Stadt steht im gleichnamigen Ort der Frohnauer Hammer. Die Anlage, 1435 als Getreidemühle gebaut, war von 1650 bis 1905 ohne Unterbrechung als Eisenhammer in Betrieb. In der Werkstatt mit ihren drei gewaltigen Hämmern sieht es immer noch so aus wie vor ein paar hundert Jahren. Durch Wasserkraft angetrieben, schlugen die Hämmer die groben Eisenstücke zu handlichen Stücken, die dann in anderen Betrieben geformt, gewalzt, gezogen oder gestanzt wurden.

Für die Weiterfahrt gibt es zwei Alternativen. Entweder man fährt nach Norden, um den Ort Geyer zu erreichen, oder man bleibt im romantischen Tal der Zschopau und erreicht über Wolkenstein das Städtchen Marienberg. Wer nach Geyer fährt, bleibt auf der eigentlichen Silberstraße und kann dort einen Einbruchtrichter von 50 Meter Tiefe und einer Ausdehnung von 200 mal 250 Metern bestaunen. Das immense Loch entstand, als 1803 das dortige Bergwerk in sich zusammenbrach. Auf wundersame Weise wurden bei dem Unglück nur zwei Arbeiter getötet. Variante zwei ist die mo torradfahrerisch interessantere Strecke. Denn sie wieselt kurvenreich am Ufer des Flusses Zschopau entlang. Für Stimmung sorgen tiefe, dunkle Nadelwälder.

Das nun folgende Marienberg ist ein gutes Beispiel für eine typische, auf dem Reißbrett angelegte Bergwerksstadt. 1519 wurde hier erstmals Silber gefunden, und kurz darauf begann die planmäßige Arbeit zur Errichtung einer Siedlung. Im Zentrum liegt der große quadratische Markt, von dem aus rechtwinklig die Straßen in Richtung Stadtmauer verlaufen. So wird ein Rundgang durch Marienberg zu einem Spaziergang durch die Bergbaugeschichte.

Nach dem Ortsende von Marienberg folgt die Route den herrlichen Kurven der B 171 in Richtung Zöblitz. Griffiger Asphalt, gute Übersicht, knackige Schräglagen. Ein Abstecher führt zwischendurch nach Probershau, wo ein Zinnbergwerk besichtigt werden kann. Erst der Ortseingang von Olbernhau setzt der flotten Kurverei ein Ende. Das Städtchen steht ganz im Zeichen des Holzspielzeugs. Fast die ganze Bevölkerung werkelt hier zumeist in Familienbetrieben an Nussknackern, Schwippbögen und Weihnachtspyramiden. Besichtigt werden können die Saigerhütte und der Althammer. Beide bilden zusammen ein technisches Museum, das als perfektes Beispiel für ein frühes Buntmetall-Hüttenwerk gilt. Jetzt verlässt unsere Tour kurz die offizielle Silberstraße, um den Klassiker in der Spielzeugwelt schlechthin zu besuchen: Seiffen. Seine Bewohner waren um 1700 die Ersten, die Holzspielzeug bastelten und auf den Märkten der Umgebung anboten. Einen guten Überblick über die Seiffener Holzspielzeugproduktion erhält man im Museum an der Hauptstraße. Aber auch ein Besuch in den vielen Familienbetrieben lohnt sich. Fast wie vor 300 Jahren werden dort noch Holzfiguren geschnitzt und gedrechselt.

Auf direktem Weg geht es nun nach Freiberg, in die Stadt mit der längsten Tradition im sächsischen Silberbergbau. Man steuert am besten den Marktplatz von Freiberg an, stellt dort das Bike ab und bewundert bei einer Tasse Kaffee und einer Freiberger Spezialität, einer Eierschecke, die wunderschönen Bürgerhäuser ringsum. Angeblich verhalf ein zufälliger Silberfund der Stadt zum Reichtum: Kaufleute sollen im 12. Jahrhundert in den Spuren ihrer Fuhrwerke etwas hell Glänzendes gefunden haben – Silber. Bis ins 19. Jahrhundert hinein war der Freiberger Silberbergbau erfolgreich, bevor ihn die Konkurrenz aus Amerika und die Einführung der Goldwährung unrentabel machten.

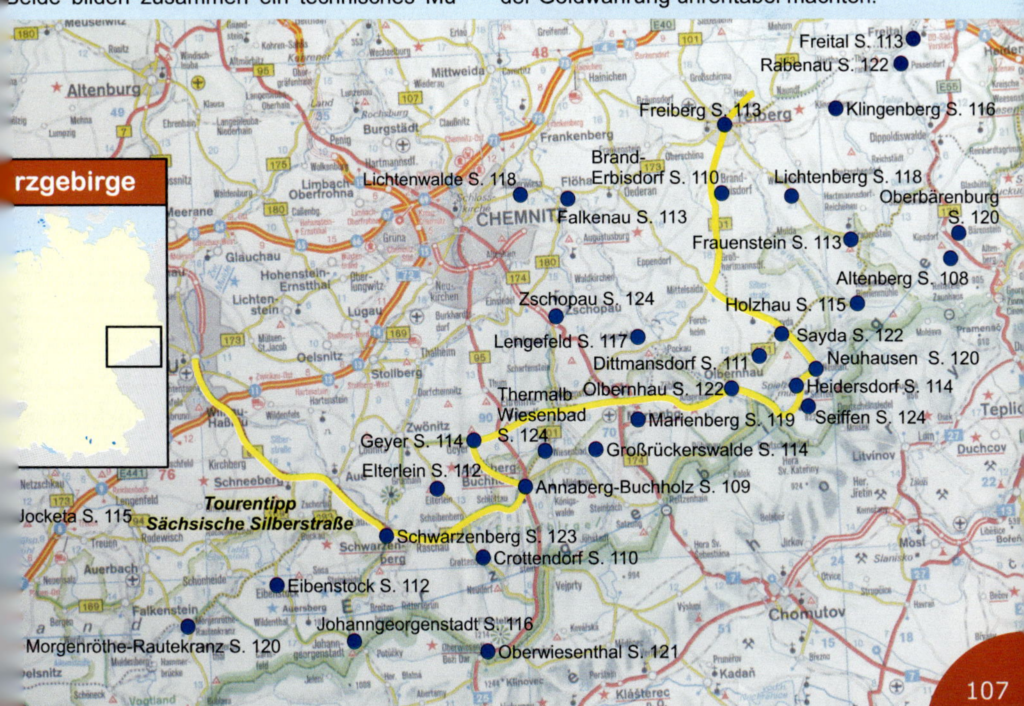

Altenberg OT Kurort Bärenfels

GPS: N 50°47´43" - E 13°40´17"

EZ ab € 34,00
DZ ab € 54,00

Land-gut-Hotel Gasthof Bärenfels

Herzlich willkommen in einem der ältesten Gasthäuser des Erzgebirges! Schanktradition wird in unserem Gasthaus seit über 335 Jahren groß geschrieben. Das urige und urtümliche Ambiente macht den Aufenthalt so gemütlich. Unsere Zimmer sind gemütlich eingerichtet und versprechen Erholung und Entspannung. Lunchpakete für die nächste Tour sind kein Problem. Schrauberecke und Trockenraum sind natürlich auch vorhanden. Ihr Motorrad wir bei uns sicher in einer Garage untergebracht. Für Touren- und Ausflugstipps stehen wir Ihnen natürlich jederzeit zur Verfügung.

Alte Böhmische Str. 1 • 01773 Altenberg • Telefon 03 50 52 / 22 80 • Fax 03 50 52 / 2 28 99
E-Mail: info@gasthof-baerenfels.de • www.gasthof-baerenfels.de

12506

Altenberg OT Schellerhau

GPS: N 50°46´36" - E 13°41´20"

EZ ab € 48,00
DZ ab € 70,00

Waldhotel Stephanshöhe

Inmitten unberührter Natur befindet sich im Kurort Altenberg OT Schellerhau das klassifizierte 3-Sterne Waldhotel Stephanshöhe. Mit 222 Komfort- und Panoramazimmern sowie Suiten zählt das Hotel zu den führenden Adressen in dieser Erzgebirgsregion. Die hervorragende Lage zwischen Dresden und Prag sowie die Nähe zur Sächsischen Schweiz bietet den idealen Ausgangspunkt für Tagestouren. Ein vielseitiges Angebot im Sport- und Freizeitbereich sowie der neu gestaltete Saunabereich und das Hallenschwimmbad sorgen für Abwechslung und anschließende Entspannung.

Hauptstr. 83 • 01773 Kurort Altenberg • Telefon 03 50 52 / 6 05 49 • Fax 03 50 52 / 6 05 46
reservierung@stephanshoehe.de • www.waldhotel-stephanshoehe.de

1257

Altenberg OT Waldbärenburg

GPS: N 50°47´18" - E 13°41´52"

EZ ab € 35,00
DZ ab € 50,00

Hotel-Gasthaus "Riedelmühle"

Im Hotelbereich stehen Ihnen 4 Einbett- und 8 Doppelzimmer sowie 1 Appartement zur Verfügung. Alle Zimmer sind mit Dusche/Bad, Wc, Telefon, TV und Radio ausgestattet. 80 Plätze in unserem Restaurant sowie 40 Plätze im Wintergarten. Auf der Freiterrasse und im Biergarten finden in der warmen Jahreszeit je 40 Gäste Platz zum angenehmen Plaudern mit anderen Bikern über neue Touren und zum Ausblick in die schöne Umgebung. Schrauberecke und Trockenraum vorhanden. Eine Garage für Ihr Motorrad wird Ihnen natürlich zur Verfügung gestellt.

Alte Hauptstr. 4 • 01773 Altenburg/Waldbärenburg • Telefon 03 50 52 / 6 32 87
Fax 03 50 52 / 2 06 57 • E-Mail: riedelmuehle@t-online.de • www.riedelmuehle.de

1256

Altenberg-Zinnwald

GPS: N 50°43´54" - E 13°44´47"

EZ ab € 22,00
DZ ab € 38,00

Gaststätte "Lugsteinbaude am Hochmoor"

Herzlich willkommen in der höchstgelegenen Gaststätte de Osterzgebirges. Besuchen Sie unser gemütliches Restaurant Verbringen Sie Ihren Urlaub in einer unserer gemütlichen Ferienwohnungen. Bis zu 4 bzw. 6 Personen können sich jeweils eine Ferienwohnung teilen. Ausgestattet mit allem Komfort, lassen diese kein Wünsche offen. Gäste der Ferienwohnungen erhalten auf alle Speise und Getränke in der Baude 10% Nachlass! Lunchpakete, Tourentipp und Garage sind bei uns natürlich selbstverständlich.

Hochmoorweg 28 • 01773 Altenberg • Telefon 03 50 56 / 2 25 66
Fax 03 50 56 / 2 25 65 • E-Mail: info@lugsteinbaude.de • www.lugsteinbaude.d

125

NEU: Bewertungen der Häuser finden Sie auf www.bikerbetten.d

Altenberg OT Schellerhau

GPS: N 50°45´54" - E 13°41´57"

DZ ab € 50,00

Annaberg-Buchholz

GPS: N 50°34´11" - E 50°59´44"

EZ ab € 46,00
DZ ab € 72,00

vom
Hotel Wilder Mann in Annaberg-Buchholz

Tourentipp mit Zschopau und zum Bikerschloss Augustusburg:
Sie fahren von der Hauptstadt des Erzgebirges, Annaberg-Buchholz, nach Wolkenstein (Mglk. Besichtigung Burg Wolkenstein) nach Zschopau, der bekannten MZ-Schmiede. Weiter Richtung Augustusburg, wo Sie auf dem Bikerschloss Augustusburg u.a. die größte Zweiradsammlung Europas besichtigen können. Weiter über Oederan (Erzgebirge en miniature) können Sie nach Freiberg (Freiberger Dom) fahren. Über Frauenstein (Burg) und Rechenberg-Bienenmühle gelangen Sie nach Seiffen, dem bekannten Spielzeugdorf im Osterzgebirge. Zurück nach Annaberg fahren Sie über Olbernhau, Marienberg und Großrückerswalde. Bestimmt wartet an der Hotelbar nach diesem erlebnisreichen Tag schon ein frischgezapftes kühles Bier auf Sie…!
Dauer: ca. 5 - 6 Stunden (je nach Stopps auch länger)
Strecke: ca. 165 km

12673

Geben auch Sie eine Bewertung zu Ihrem Aufenthalt ab

Annaberg-Buchholz

GPS: N 50°34´49" - E 13°00´07"

EZ ab € 59,00
DZ ab € 79,00

Genießen Sie Gastlichkeit, die von Herzen kommt

herrliche Altstadtlage im Herzen Annabergs, direkt am Markt
62 Zimmer, 3 Juniorsuiten, 6 Suiten im Gästehaus,
Hotelbar, Restaurants „Silberbaum" und „Kartoffelkeller".
Sauna, Beauty- und Kosmetikstudio mit Massagen.

Motorräder parken kostenfrei in der Tiefgarage
ganzjährig Arrangements und Gruppenangebote

unter www.hotel-wildermann.de
tagesaktuelle Best-Preise online buchbar.

★★★★

Traditionshotel Wilder Mann

Markt 13 . 09456 Annaberg-Buchholz
Telefon 03733 . 1440 Fax 03733 . 144 100
www.hotel-wildermann.de . info@hotel-wildermann.de

12673

Brand Erbisdorf

GPS: N 50°52´33" - E 13°19´48"

EZ ab € 24,00
DZ ab € 44,00

60 | 30 | HP | P | Tipp

Gästehaus Brand-Erbisdorf

Unser Haus liegt im landschaftlich schönen Erzgebirge in der großen Kreisstadt Brand-Erbisdorf im Landkreis Freiberg. In unserem ganzjährig geöffneten Gästehaus stehen Ihnen kostengünstig 26 Zimmer für Übernachtungen zur Verfügung. Die modern eingerichteten Ein- und Zweibettzimmer sind mit Dusche/WC ausgestattet und auf Wunsch auch mit TV. Außerdem verfügen wir über zwei Suiten. Ein Trockenraum für nasse Motorradkleidung steht unseren Gästen zur Verfügung. Für Tourentipps in der Region stehen wir auch gerne mit Rat und Tat zur Seite. Wir freuen uns auf Sie.

Zuger Straße 21 A • 09618 Brand-Erbisdorf • Telefon + Fax 03 73 22 / 82 35
E-Mail: gaestehaus-info@web.de • www.brander-gaestehaus.de

1250

Crottendorf

GPS: N 50°30´26" - E 12°54´07"

EZ ab € 32,00
DZ ab € 60,00

Hotel "Dietrichsmühle"

Willkommen in einem freundlich, familiär geführten Hotel. Genießen Sie die ruhige Lage unseres Hauses inmitten der herrlichen Erzgebirgslandschaft und erholen Sie sich von der Hast des Alltags. Wohnen im rustikalen Flair. Jedes Zimmer ist ganz individuell eingerichtet und verfügt über ein Bad/Dusche und WC. Wir verwöhnen Sie mit einer bodenständigen, gutbürgerlichen erzgebirgischen Küche. Unsere Jägerklause mit 35 Plätzen ist täglich für Sie geöffnet.

Wolfner Mühle 299 • 09474 Crottendorf • Telefon 0 37 74 / 17 64 20
Fax 0 37 74 / 1 76 42 42 • E-Mail: post@dietrichsmuehle.de • www.dietrichsmuehle.de

118

vom Hotel "Dietrichsmühle"

Ob Biker, Wanderfreund, Wochenendausflüger oder Urlaubsgast - inmitten urwüchsiger Natur werden Sie alle hier erholsame, erlebnisreiche Stunden und Tage genießen. Kurvenreiche Straßen, die Abwechslung von Berg und Tal. Stätten der Geschichte des Motorradbaus in Sachsen die noch heute durch das in Zschopau ansässige MZ-Werk fortgeführt wird, garantieren interessante, abwechslungsreiche Touren im Bikereldorado Erzgebirge. Die Motorradmuseen auf Schloss Augustusburg und Schloss Wildeck, die Motorradausstellung Neuhausen und das Museum für Nummernschilder und Verkehrsgeschichte in Großolbersdorf verbinden den Fahrspaß mit dem Genuss abwechslungsreicher touristischer Erlebnisse. Zahlreiche Veranstaltungen ergänzen Ihr spezielles Programm. In unmittelbarer Umgebung sind einige Berge mit Aussichtstürmen alle zwischen 800 und 1200m ü NN. Die Straßen sind griffig und gewähren gute Bedingungen wenn man von einem Tal über den Bergrücken ins nächste fährt. Auf den Kammrücken immer wieder ein freier Blick über das weite Land.

11844

Crottendorf

GPS: N 50°29´14" - E 12°55´35"

Gaststätte u. Pension Kalkberg

Herzlich willkommen in der freundlich, familiär geführten Pension „Am Kalkberg" in Crottendorf. Hier genießen Sie in gutem Ambiente erholsame Ruhe inmitten herrlicher erzgebirgischer Wälder. Unsere Zimmer sind gemütlich eingerichtet und verfügen alle über Dusche und WC, fast alle Zimmer haben einen Balkon. In unserer Gaststätte werden Sie sowohl mit original erzgebirgischer Küche, als auch mit kulinarischen Leckerbissen verwöhnt.

Joachimsthaler Str. 294 • 09474 Crottendorf • Telefon 03 73 44 / 1 39 30
E-Mail: pension-kalkberg@t-online.de • www.pension-kalkberg.de

12674

vom Pension Kalkberg in Crottendorf

Vom unserer Pension aus fahren Sie in Richtung Crottendorf und biegen bereits nach ca. 2 km links ab. Nun führt Sie die Strecke durch herrliche Wälder, vorbei an der Wolfner- und Dietrichsmühle. Sie erreichen nach ca. 5 km Markersbach, hier lohnt sich ein Besuch des Pumpspeicherwerkes. Weiter führt Sie die Strecke von Markersbach über Raschau/ Langenberg nach Waschleithe, einem idyllisch gelegenen typisch erzgebirgischen Dorf. Eine der Sehenswürdigkeiten des Ortes ist die Ruine der St.-Oswalds-Kirche. Von hier aus führt Sie der Streckenverlauf weiter nach Grünhain in Richtung Bernsbach. Die Gemeinde erstreckt sich vom Tal des Schwarzwassers bis zum Spiegelwald auf 728 m ü. NN und bietet damit eine gute Aussicht über die erzgebirgischen Städte Aue und Schwarzenberg. Aus diesem Grund wird Bernsbach auch „Balkon des Erzgebirges" genannt. Von hier aus empfehlen wir die Weiterfahrt über Beierfeld nach Schwarzenberg, der Perle des Erzgebirges. Eine liebevoll sanierte Altstadt lädt zum Bummeln und Verweilen ein. Nun kann die Strecke wie folgt fortgesetzt werden. Ihr Weg führt Sie von Schwarzenberg aus in das Köhlerdorf Sosa. Die Gemeinde Sosa mit der Talsperre des Friedens liegt im oberen westlichen Erzgebirge und erstreckt sich zu beiden Seiten des Sosabaches in einer Höhenlage von 600 bis 817 m üNN ansteigend, am Fuße des 1019 m hohen Auersberges. Nun geht es weiter nach Eibenstock, in Richtung Schönheide, hier gibt es einen bekannten Bikertreff im Erzgebirge. Genießen Sie ein kühles Getränk mit einem herrlichen Blick auf die Talsperre und fahren wieder über Schönheide, Stützengrün, Zschorlau, Bockau und Aue zurück nach Schwarzenberg.

12674

Dittmannsdorf

GPS: N 50°41´49" - E 13°23´02"

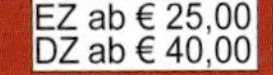

Gasthof Dittmannsdorf ***

Gasthof und Pension Dittmannsdorf mit über 100 jähriger Tradition im schönen Erzgebirge . Wir laden Sie ein in unseren gemütlichen Gasthof mit Pension. Der kleine Ort Dittmannsdorf gehört zur Gemeinde Pfaffroda und liegt eingebettet von duftenden Wiesen und Feldern. Unser Motto ist liebevoller Service, familiäre Gastlichkeit vom Kleinkind bis Senioren. In unseren gemütlichen Zimmern werden Sie sich sicher wohlfühlen und Sie können den Tag in Ruhe ausklingen lassen. Eine kleine Schrauberecke haben wir für unsere Biker eingerichtet. Natürlich stehen wir Ihnen auch mit Tourentipps und Ausflugsmöglichkeiten zur Seite. Morgens können Sie auf Wunsch Lunchpakete mit auf die Tour nehmen.

Dresdner Str. 5 • 09526 Dittmannsdorf • Telefon + Fax 03 73 60 / 63 49
E-Mail: pensionmartin@aol.com • www.gasthof-dittmannsdorf.de

12508

Eibenstock

GPS: N 50°30´06" - E 12°35´56"

BÜHLHAUS
HOTEL & RESTAURANT

Die Perle des Erzgebirges

Wohlfühl AMBIENTE

Auf einer Höhe von 652 Metern, inmitten des Erzgebirges, liegt unser Hotel & Restaurant "Bühlhaus" - die Perle von Eibenstock. Von hier aus hat man einen wunderschönen Ausblick auf die umliegenden Berge und Wälder, aber auch auf die größte Trinkwassertalsperre Sachsens. Sowohl im Sommer als auch im Winter finden Sie bei uns Erholung und Entspannung. In unseren 21 modern eingerichteten Zimmern, natürlich alle mit DU/WC/TV und Telefon, werden Sie sich mit Sicherheit wohl fühlen. Die im Erzgebirgsstil ausgestattete Gaststätte bietet Ihnen gutbürgerliche und regionale Gerichte und bietet Platz für 80 Personen. Für Familien- oder andere Feierlichkeiten steht ein Gesellschaftszimmer für 40 Personen zur Verfügung. In nur 3 Minuten Fußweg erreichen Sie die Badegärten Eibenstock, welche mit ihrer großzügigen Saunalandschaft als "Traumsauna" ausgezeichnet wurden. Besuchen Sie uns im Bühlhaus" - der Perle von Eibenstock. Wir, die Familie Flechsig, freuen uns auf Ihren Besuch und wünschen Ihnen einen angenehmen und unvergesslichen Aufenthalt.

Bühlstr. 14 • 08309 Eibenstock • 03 77 52 / 69 19 60 • Fax 03 77 52 / 69 19 61
E-Mail: hotel@hotel-buehlhaus.de • www.hotel-buehlhaus.de

11845

Elterlein

GPS: N 50°34´53" - E 12°51´34"

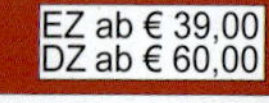

Landgasthof

Hotel Schatzenstein

Grünhainer Str. 35
09481 Elterlein
Telefon 03 73 49 / 66 90
Fax 03 73 49 / 6 69 44
E-Mail: info@hotel-schatzenstein.de
www.hotel-schatzenstein.de

Herzlich willkommen in unserem urgemütlichen Hotel. Hier bieten wir Ihnen komfortable Zimmer mit Dusche/Bad, WC, TV und Telefon. Wir verwöhnen Sie mit typischen regionalen Gerichten in angenehmer Atmosphäre, wo Sie den Tag entspannt ausklingen lassen können. Neben einem Spanferkelessen ..oder einer zünftigen Grillparty halten wir folgende Spezialitäten bereit: frische Elterleiner Forellen, Buttermilchgetzen mit Räucherlachs, hausgemachter Landbierbraten oder ein Stülpner Brett (hausgemachte Wurst, Käse, Schinken, Brotlaib). Je nach Festlichkeit und Wunsch richten wir ihnen Büfetts mit kalten und warmen Speisen. Genießen Sie auch unsere konditorischen Spezialitäten. Lassen Sie von unserer Terrasse aus den Blick über den Erzgebirgskamm schweifen. Schöne Motorradtouren im Erzgebirge...kein Problem – sprechen Sie uns einfach an.

1125

Falkenau
GPS: N 50°51´23" - E 13°06´32"

EZ ab € 36,00
DZ ab € 50,00
32 | 16 | HP | Tipp

Ausflugsrestaurant & Hotel "Zur Falkenhöhe"

Treten Sie ein und fühlen Sie sich wohl. Abends nach Ihrer Tour bieten wir Ihnen eine gemütliche und heimelige Atmosphäre und familiäre Gastfreundschaft. Unsere Zimmer sind hell, freundlich und komfortabel eingerichtet. Entspannung garantiert. Ihr Motorrad bringen wir in einer abschließbaren Garage unter. An sonnigen und warmen Tagen laden wir Sie auf unsere Sonnenterrasse ein. Hier verwöhnen wir Sie mit herzhafter, frischer und internationaler Kost. Gerne setzen wir uns zu Ihnen und verraten Ihnen interessante Ausflugs- und Tourentipps.

Dresdner Str. 4 • 09569 Falkenau • Telefon 0 37 26 / 62 62 • Fax 0 37 62 / 70 09 19
E-Mail: info@hotel-falkenhoehe.de • www.hotel-falkenhoehe.de

12670

Frauenstein
GPS: N 50°48´06" - E 13°32´18"

EZ ab € 35,00
DZ ab € 60,00
36 | 20 | HP | Tipp

Hotel-Restaurant "Goldener Löwe"

Biker herzlich willkommen in der Silbermannstadt Frauenstein! Frauenstein ist ein idyllisches Städtchen inmitten des Erzgebirges und idealer Ausgangspunkt für Touren durch diese schöne Landschaft. Wie wäre es denn mit einer Tour in die Bergbaustadt Freiberg? Auch Dresden oder Prag sind von hier gut zu erreichen. Nach einem langen Tag stärken sie sich in unserem gemütlichen Restaurant und lassen sich von unseren Köchen mit deftig, erzgebirgischen Gerichten verwöhnen. Unsere komfortablen Zimmer sind mit DU/WC, TV und Telefon ausgestattet. Nach einer erholsamen Nacht beginnt der Tag für Sie mit einem reichhaltigen Frühstücksbuffet. Zusätzlich bieten wir Ihnen abschließbare Unterstellmöglichkeiten für Ihre Motorräder, sowie einen Trockenraum. Wir freuen uns auf Ihren Besuch!

Am Markt 10 • 09623 Frauenstein • Telefon 03 73 26 / 8 59 76 • Fax 03 73 26 / 8 59 77
E-Mail: info@goldener-loewe-frauenstein.de • www.goldener-loewe-frauenstein.de

11810

Freiberg
GPS: N 50°54´38" - E 13°20´49"

EZ ab € 27,00
DZ ab € 54,00
11 | 7

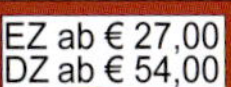

Pension Reichel

Unsere Pension verfügt über bequem und behaglich eingerichtete Zimmer mit Dusche, WC und TV. Das Haus befindet sich in zentraler, jedoch in einer phantastisch ruhigen Nebengasse der sehenswerten und schönen Bergstadt Freiberg am Fuße des landschaftlich reizvollen Erzgebirges. Morgens erwartet Sie ein reichhaltiges Frühstück. Ihr Motorrad kann nachts in einer abgeschlossenen Garage gegen ein geringes Aufgeld eingestellt werden. Als Mittel gegen das Altern Ihres Organismus, bieten wir Ihnen Sauerstoff in Form von Inhalationen an. Navigationsgeräte sind ausleihbar. Wir würden uns freuen, Sie als Gäste begrüßen zu dürfen.

Bergstiftsgasse 13 • 09599 Freiberg • Telefon 0 37 31 / 21 35 35 • Fax 0 37 31 / 21 35 36
E-Mail: info@pensionen-reichel.de • www.pensionen-reichel.de

11031

Freital
GPS: N 50°58´55" - E 13°37´26"

EZ ab € 34,50
DZ ab € 47,00
31 | 10 | P | Tipp

Das Haus "Am Backofenfelsen" ist direkt unterhalb eines imposanten Felsenmassives gelegen, das ihm auch seinen Namen gab. Der Backofenfelsen ist eines der beliebtesten Freitaler Ausflugsziele. Das Haus garantiert seinen Gästen einen angenehmen Aufenthalt. Sie können sich sportlich betätigen oder die zahlreichen Ausflugsziele der Umgebung nutzen. Für den Besuch von Dresden, Meißen, der Sächsischen Schweiz, dem Osterzgebirge und dem Tharandter Wald ist das Haus "Am Backofenfelsen" ein idealer Startpunkt. Das Haus "Am Backofenfelsen" verfügt über modern ausgestattete Einzel-, Doppel- und Mehrbettzimmer mit integrierten Bädern (DU/WC) sowie einem Fernseher. Am Morgen erwartet Sie ein schmackhaftes und reichhaltiges Frühstück. Gerne bereiten wir Ihnen Lunchpakete für Ihre Touren. Planen Sie Gruppenaufenthalte, wir helfen Ihnen gern.

Tharandter Str. 6 • 01705 Freital • Telefon 03 51 / 6 49 17 52 • Fax 03 51 / 6 49 14 06
E-Mail: kontakt@backofenfelsen.de • www.backofenfelsen.de

11151

Geben auch Sie eine Bewertung zu Ihrem Aufenthalt ab

vom
Haus "Am Backofenfelsen"
in Freital

Durch die alte Stuhlbauerstadt Rabenau und die Dippoldiswalder Heide erreichen Sie unsere kleine Kreisstadt. Hier queren Sie aus dem Tal der Roten Weißeritz in das Müglitztal, das Sie in der bekannten Uhrenstadt Glashütte erreichen. Von da aus folgen Sie dem Müglitztal zum Erzgebirgskamm, bleiben auf der Höhe nahe der tschechischen Grenze und fahren über Bad Gottleuba, Bielatal, Rosenthal in das wunderschöne Elbsandsteingebirge. In Bad Schandau wechseln Sie die Elbseite und sollten unbedingt einen Abstecher nach Hohnstein mit der Burg und einer recht steilen und kurvenreichen Strecke, die Motorradherzen höher schlagen lässt, nicht versäumen. Der Rückweg könnte über Königstein, Berggießhübel, Liebstadt mit Schloss Kuckuckstein führen. Diese Tour bietet Ihnen eine abwechslungsreiche Landschaft durch unser Osterzgebirge und die Sächsische Schweiz.

11151

Geyer

GPS: N 50°37´31" - E 12°54´50"

EZ ab € 26,00
DZ ab € 44,00

Gaststätte mit Pension "Waldhaus"

Unsere Gaststube umfasst 35 Sitzplätze, der große Saal ist mit 45 Sitzplätzen ideal für Familienfeiern. Desweiteren haben wir noch 15 Sitzplätze in unserer Hutzenstub die für kleinere Anlässe reserviert werden kann. In unserer Pension haben wir zwei 2-Bettzimmer für Sie neu eingerichtet, welche mit Telefon, Dusche und WC ausgestattet sind. Für Ihren Aufenthalt steht Ihnen auch unser im Wald gelegenes Ferienhäuschen für zwei Personen, ausgestattet mit Miniküche sowie Dusche und WC, zur Verfügung.

Zwönitzer Str. 16 • 09468 Geyer • Telefon 03 73 46 / 12 04
E-Mail: gaststaettewaldhausgeyer@t-online.de • www.waldhaus-geyer.de

11029

Großrückerswalde

GPS: N 50°37´52" - E 13°07´30"

EZ ab € 35,00
DZ ab € 50,00

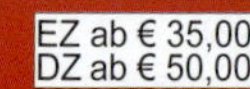
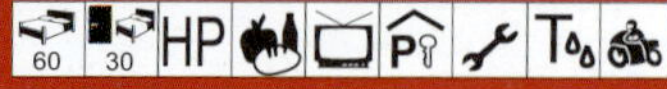

Landgasthof Wemmer ***

Unser Haus verfügt über 30 Doppelzimmer, ist ganzjährig geöffnet. Die Behaglichkeit der gemütlichen Zimmer bietet Ihnen die gewünschte Erholung, die Sie brauchen. Sie sind mit TV. Radio, Telefon, Dusche und WC sowie teils mit Balkon oder Terrasse ausgestattet. Ob in der gemütlichen Gaststube, im kleinen Frühstückszimmer oder auch im idyllischen Wintergarten, bei uns werden Sie Ihren Lieblingsplatz zum Ausspannen und Speisen finden. Die Küche unseres Hauses wird Sie mit traditionell erzgebirgischen Speisen aber auch mit internationalen Gerichten und raffinierten Menüs verwöhnen.

Marienberger Str. 171 • 09518 Großrückerswalde • Telefon 0 37 35 / 9 05 10 • Fax 0 37 35 / 9 05 13
E-Mail: info@landgasthof-wemmer.de • www.landgasthof-wemmer.de

12675

Heidersdorf

GPS: N 50°39´28" - E 13°24´30"

EZ ab € 37,00
DZ ab € 56,00

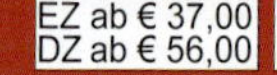

Landhotel "Flöhatal"

Lassen Sie sich einladen in unser traditionelles Haus, welches in der 4. Generation im Familienbesitz geführt wird. Genießen Sie die herzliche Gastfreundschaft, den individuellen Service und das ganz besondere Ambiente, in dem Sie sich sicher wohlfühlen werden. Freuen Sie sich auf unsere gemütlichen Zimmer. Sie sind komfortabel ausgestattet mit Dusche oder Bad, WC, Kabel-TV, Telefon, Fön, teilweise auch mit Balkon zum Wald. Der Beginn des Tages wird verschönt mit unserem reichhaltigen Frühstücksbuffet.

Olbernhauer Str. 40 • 09526 Heidersdorf • Telefon 03 73 61 / 43 03 • Fax 03 73 61 / 4 54 79
E-Mail: contact@hotel-floehatal.de • www.hotel-floehatal.de

11808

Holzhau
GPS: N 50°43´17" - E 13°35´18"

EZ ab € 27,50
DZ ab € 46,00

44 22 HP Tipp

Gaststätte & Pension **Fischerbaude**

Wir laden Sie herzlichst in unsere "Fischerbaude" ein, einem in Holzhau sehr traditionsreichen Haus mit waldreicher Umgebung in ca. 790 Meter Höhenlage. Die "Steinkuppe", welche mit 806m die höchste Erhebung in Holzhau ist, befindet sich nur wenige Minuten Fußmarsch von uns entfernt. In unserer Region herrscht zu allen Jahreszeiten ein ausgeglichenes Mittelgebirgsklima. Die Küche unseres Hauses ist gutbürgerlich, herzhaft und reichlich. Sie wird ganz bestimmt auch Ihren Ansprüchen gerecht! Wir bereiten eine große Auswahl an regionalen und überregionalen Speisen und Getränken zu und bieten diese zu moderaten Preisen an. Wir verfügen über 22 Doppelzimmer, die liebevoll mit Dusche, WC und TV ausgestattet sind. Handtücher und Bettwäsche sind selbstverständlich im Preis inbegriffen."Wir freuen uns auf Ihren Besuch, Familie Udo Weise & Team"

Ringelstr. 4 • 09623 Holzhau • Telefon 03 73 27 / 74 04 • Fax 03 73 27 / 74 51
E-Mail: info@fischerbaude.de • www.fischerbaude.de

11036

Holzhau
GPS: N 50°43´37" - E 13°35´25"

Flair- & Berghotel "Talblick"

Nur 50 km von Dresden und 20 km vom Spielzeugdörfchen „Seiffen" entfernt, liegt umgeben von phantastischer Landschaft das Flair- & Berghotel Talblick in 770 m ü NN idyllisch am Erzgebirgskamm. Als Ausgangspunkt für das Erlebnis „Freiheit auf zwei Rädern" geradezu perfekt. Abends, vom vielen Schauen zufrieden, glücklich und erledigt - wartet unsere Sauna, auf Wunsch auch mit einer unserer Massageangebote zum Regenerieren. Freuen Sie sich morgens auf ein leckeres Frühstück - bei Sonnenschein auf unserer Terrasse und genießen Sie abends was Küche und Keller in Sachsen zu bieten haben. Gerne auch auf unserer Talblick-Wiese, beim Forellen räuchern und Steaks grillen am Lagerfeuer oder beim Picknick im Wald.

Alte Str. 144 • 09623 Holzhau • Telefon 03 73 27 / 74 16 • Fax 03 73 27 / 74 29
E-Mail: berghotel@talblick.de • www.talblick.de

12562

vom
Flair- & Berghotel Talblick in Holzhau

Eine Brise klare Morgenluft um die Nase – so geht's kurvenreich durch das Tal der Freiberger Mulde. Die Fahrt führt über viele kleine Erzgebirgsdörfchen nach Glashütte. „Lange & Söhne" wer kennt das Label nicht. Das neue Uhrenmuseum ist auf jeden Fall einen Stopp wert. Weiter geht's an der Burg Weesenstein vorbei nach Pirna und dort über die Elbe zur Bastei oder der Burg Stolpen. Über Sebnitz nach Hinterhermsdorf brummeln die Motoren durch die bizarren Felsformationen der Sächsischen Schweiz. Am Lichtenhainer Wasserfall lässt sich gut rasten. Entlang der Elbe zieht sich das graue Band über Königstein mit ihrer Festung, zurück nach Pirna. Über Bad Gottleuba, Geising und Altenberg erreichen Sie ein kühles Rechenberger Bier - im Talblick in Holzhau.

12562

Jocketa
GPS: N 50°33´33" - E 12°10´52"

Landhotel Alt-Jocketa

Alle Zimmer sind ausgestattet mit Dusche, WC, Telefon, Fön und auf Wunsch ohne Aufpreis mit Fernsehgerät. In unserem Restaurant servieren wir Ihnen frische regionale und überregionale Speisen. Das gemütliche und freundliche Ambiente unseres Hauses wird Ihnen schnell gefallen. Für Ihr Motorrad steht ein Parkplatz bereit. Für nasse Kleidung haben wir einen Trockenraum. Gerne geben wir Ihnen weitere Tourentipps in der Umgebung.

Jocketa-Dorfaue 1 • 08543 Pöhl • Telefon 03 74 39 / 62 54
E-Mail: info@landhotel-altjocketa.de • www.landhotel-altjocketa.de

11096

Johanngeorgenstadt
GPS: N 50°24´44" - E 12°42´10"

EZ ab € 23,00
DZ ab € 41,00

Pension Erbgericht

Unsere Pension liegt direkt am Erzgebirgskamm in einer sehr schönen und ruhigen Lage. Unser Haus verfügt über EZ, DZ und Mehrbettzimmer mit Dusche/WC, der Außenpool kann kostenlos genutzt werden. Auf Wunsch bereiten wir für Sie auch gerne einen Grillabend mit Lagerfeuer vor. Es besteht auch die Möglichkeit in unserer gemütlichen Gaststube Abendessen einzunehmen.

Preißler-Zechenweg 1 • 08349 Johanngeorgenstadt • Telefon 0 37 73 / 88 33 84 • Fax 0 37 73 / 58 69 18
E-Mail: Pension-Erbgericht@web.de • www.pension-erbgericht-johanngeorgenstadt.de

10976

Johanngeorgenstadt OT Henneberg
GPS: N 50°24´59" - E 12°40´48"

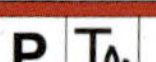

EZ ab € 17,00
DZ ab € 34,00

Gaststätte Henneberg

Mitten im Naturschutzgebiet "Kleiner Kranichsee" liegt unser familiär geführtes Haus. Ein idealer Ort für eine Rast während Ihrer Tour durch das Erzgebirge. Auf unserer Speisekarte stehen deftige Hausmannskost und erzgebirgische Leckereien. Versuchen Sie doch einmal unseren hausgemachten Schieböcker Kaas mit Zwiebelsalat, ein Jägerbrot oder unsere Knoblauchsuppe. Unsere Zimmer sind zweckmäßig eingerichtet (Waschbecken, TV), WC und Duschen befinden sich im Erdgeschoss. Lunchpakete für Ihre Tour bereiten wir Ihnen gerne zu. Trockenraum vorhanden.

Henneberg 2 • 08349 Johanngeorgenstadt • Telefon 0 37 73 / 88 21 04
E-Mail: gaststaettehenneberg@gmx.de • www.gaststaette-henneberg.de

12672

Klingenberg
GPS: N 50°54´52" - E 13°31´19"

EZ ab € 48,00
DZ ab € 69,00

28 HP P

Zur Neuklingenberger Höhe ***

In herrlicher Natur und reizvoll erzgebirgischer Landschaft gelegen, und doch den Touristenmagneten wie Dresden, Meißen oder der Bergstadt Freiberg so nahe! Natur und Kultur im Einklang! Gern gestalten wir mit Ihnen Ihr persönliches Ausflugsprogramm. Nach den Tagesaktivitäten laden wir Sie zum Entspannen in unsere finnische Kelo- oder Bio-Sauna, zum Bowling oder auch nur zu einem gemütlichen Abend auf unserer Panoramaterrasse ein.

Neuklingenberg Nr. 11 • 01738 Klingenberg • Telefon 03 52 02 / 5 09 00 • Fax 03 52 02 / 5 09 01
E-Mail: info@hotel-neuklingenberg.de • www.hotel-neuklingenberg.de

12664

Klingenthal
GPS: N 50°24´09" - E 12°28´49"

EZ ab € 45,00
DZ ab € 70,00

Waldhotel Vogtland

Unser Hotel bietet Ihnen moderne, komfortabel eingerichtete Zimmer mit Dusche/WC, Fön, TV, Telefon und teilweise Balkon. Wir verfügen über 43 komfortabel eingerichtete Zimmer (26 Doppel-, 15 Familien- und 2 Einzelzimmer). Besonders verwöhnt werden Sie in unserem a la carte Restaurant mit Wintergarten. Hier lässt sich unser Chefkoch nicht nur von der einheimisch-deutschen Küche leiten, sondern wird mit Ihnen quer durch Europa und den Rest der Welt reisen. Doch auch der sportlich gesunde Genießer der leichten Küche kommt bei uns nicht zu kurz. Selbstverständlich haben wir für Sie eine abschließbare Garage sowie eine kleine Schrauberecke und einen Trockenraum. Sprechen Sie uns an – wir haben ein paar interessante Tourentipps für Sie.

Floßgrabenstr. 1 • 08248 Klingenthal • Telefon 03 74 65 / 4 56 90 • Fax 03 74 65 / 4 56 91
E-Mail: info@waldhotel-vogtland.de • www.waldhotel-vogtland.de

11095

vom Waldhotel "Vogtland" in Klingenthal

Ein kleiner Landstrich im Südzipfel Sachsens lädt mit versteckten Straßen zur Flucht zwischendurch ein. Ausgangspunkt ist das Waldhotel Vogtland im 836m hoch gelegenen Muhlleiten. In Richtung Aue fahrend kommen wir nach Morgenröthe-Rautenkranz dem Geburtsort des ersten Deutschen im All, hier berichtet eine kleine aber feine Raumfahrtausstellung von dem 1978 absolvierten Weltraumflug des Sigmund Jähn. Wir fahren dann über Schönheide-Eibenstock durch das Neidhardtstal zum beliebten Bikertreffpunkt „Talsperrenblick". Weiter über Rodewisch zur Göltzschtalbrücke, die 150 Jahre alte und 78 Meter hohe Eisenbahnbrücke ist das Wahr-zeichen der Region. Entlang der Göltzsch geht es zur Burg Mylau dem ehemaligem Sitz der Vögte. Einige Kilometer weiter südlich lädt das Naherholungsgebiet um die Talsperre Pöhl zum Rasten ein. Weiter über Bergen Schöneck nach Oelsnitz von dort nach Adorf dann über die Musikstadt Markneukirchen nach Klingenthal zur „Vogtlandarena", der modernsten Großschanze Europas. Hier kann man sich bei einer Führung von diesem beeindruckenden Bauwerk überzeugen, ehe die Tour am Ausgangspunkt endet und dieser Tag bei vogtländischer Gastlichkeit ausklingt.

11095

Lengefeld

GPS: N 50°43´15" - E 13°11´27"

EZ ab € 33,00
DZ ab € 60,00

11 3 P Tipp HP

Landgasthof Zur Damm-Mühle

Gastfreundliches Komforthaus mit familiärer und gepflegter Atmosphäre. Gasträume für Veranstaltungen, Tagungen, Konferenzen, Familienfeiern, Festlichkeiten jeglicher Art. Gutbürgerliche und internationale Spezialitäten-Küche (auch vegetarisch) Diät- und Schonkost nach Vereinbarung, durchgehend bis 22 Uhr, Buffets außer Haus. Gebäck aus eigener Konditorei. Tägl. geöffnet. Zimmer mit DU/WC, TV, Radio. Restaurant 50-60 Sitzplätze, Kaffeeterrasse 40 Sitzplätze, Biergarten 80 Sitzplätze, Kinderspielplatz-Wiese.

Augustusburger 101 • 09514 Lengefeld • Telefon 03 73 67 / 8 62 60 • Fax 03 73 67 / 8 62 63
E-Mail: info@zur-damm-muehle.de • www.zur-damm-muehle.de

11032

Lengefeld OT Obervorwerk

GPS: N 50°43´18" - E 13°11´32"

EZ ab € 50,00
DZ ab € 74,00

Herzlich willkommen im familiengeführten Hotel Waldesruh. Unser Haus liegt traumhaft auf einem Plateau am Waldrand – ein idealer Platz für Urlaub und Erholung, weitab vom Massentourismus und Großstadtlärm.

In der ersten und zweiten Etage des Hotels befinden sich unsere 22 gemütlich eingerichteten Doppelzimmer und eine geräumige Suite. Ausgestattet mit dem heute schon selbstverständlichen Komfort einer drei Sterne Kategorie (DU/WC, Telefon, TV, Radio, Fön), bieten sie alle Annehmlichkeiten die man sich für einen erholsamen Urlaub wünscht.

Unsere Küche bietet von typisch erzgebirgisch bis hin zu phantasievollen Köstlichkeiten für den Gourmet. Die hauseigene Patisserie sorgt für allerlei Gaumenfreuden für die "süßen" Genießer. Hausgebackene Kuchen, Kekse und Torten ebenso wie eine große Auswahl an eigenen Eiskreationen.

Obervorwerk 1 • 09514 Lengefeld • Telefon 03 73 67 / 30 90 • Fax 03 73 67 / 30 92 52
E-Mail: hotel.waldesruh.lengefeld@t-online.de • www.hotel-waldesruh.eu

11329

Lichtenberg-Weigmannsdorf

GPS: N 51°10´27" - E 13°57´39"

EZ ab € 35,00
DZ ab € 54,00

64 | 32 | HP | Tipp

Hotel & Gasthof Weigmannsdorf

Sehr geehrte Damen und Herren, liebe Gäste, wir laden Sie recht herzlich in unseren Gasthof Weigmannsdorf, einen traditionellen Familiengasthof von Haupt`s Erben, ein. Unser Ortsteil Weigmannsdorf der Gemeinde Lichtenberg liegt an der Freiberger Mulde. Der Gasthof hat eine Höhenlage von 426m über dem Meeresspiegel. Unsere Küche bietet Ihnen stets vorzügliche Speisen zum Mittag- und Abendessen bis hin zu Buffets, kulinarische Extras sowie kalte Platten für Sie zu Hause. Alle Zimmer sind mit Du / WC, Durchwahltelefon und TV ausgestattet. Die Preise gelten pro Tag und Person mit reichhaltigem Frühstücksbuffet. Für die Motorräder stellen wir natürlich eine Garage zur Verfügung. Gerne stehen wir Ihnen zur Seite wenn Sie noch eine paar Tourentipps oder auch Ausflugstipps brauchen. Wir freuen uns sehr auf Ihren Besuch.

Hauptstr. 46 • 09638 Lichtenberg • Telefon 03 73 23 / 55 90 • Fax 03 73 23 / 5 59 39
E-Mail: gasthof.weigmannsdorf@t-online.de • www.gasthof-weigmannsdorf.de

12505

vom
Gasthof-Hotel Weigmannsdorf in Lichtenberg

Wir starten unsere Tour in Weigmannsdorf und fahren das Muldental entlang bis Rechenberg-Bienenmühle. Dort befindet sich das historische Brauereimuseum. Weiter geht's nach Rauschenbach über die Talsperre, dort in Richtung Neuhausen wo sich ein Stopp in Deutschlands einzigstem Nussknackermuseum lohnt. Am Schloss Burschenstein vorbei in Richtung Seiffen ins Spielzeugmacherdorf. Wo in der Schauwerkstadt die alte Spielzeugmacherkunst bewundert werden kann. Weiter geht's nach Olbernhau wo sich das Kupferhammermuseum befindet. Von da aus nach Marienberg auf der Bundesstraße 174 fahren wir in Richtung Zschopau, wo die MZ Motorrad- u. Zweiradwerke sind. Dann weiter auf der B180 nach Augustusburg. In Augustusburg lohnt sich ein Abstecher auf die Burg und die darin befindlichen Museen Unter anderen das Motorradmuseum. Auf dem Rückweg kann man in Oederan noch das "kleine Erzgebirge" besuchen bevor es auf dem Weg über Oberschöna, Brand - Erbisdorf zurück ins Hotel geht.

12505

Lichtenwalde

GPS: N 50°53´02" - E 13°00´24"

EZ ab € 56,00
DZ ab € 74,00

126 | 84 | HP

12697

3 Sterne Superior Hotel mit 84 freundlichen Komfortzimmern in unmittelbarer historischer Nachbarschaft zum Schloss Lichtenwalde mit einem der schönsten Barockgärten Sachsens. Gern verwöhnen wir Sie in elegantem, aber fröhlich ungezwungenem Ambiente mit frischen, täglich wechselnden Spezialitäten in unserem Restaurant, Loungebar, Sommerterrasse, Räumen für Tagungen und Familienfeiern, Wellnesscenter mit Sauna, Dampfbad, Solarium und Fitness.

August-Bebel-Straße 1 - 09577 Lichtenwalde
Telefon: 037206 - 882 0 - Telefax: 037206 - 882 882
info@hotel-schlosspark-lichtenwalde.de
www.hotel-schlosspark-lichtenwalde.de

vom
Best Western Hotel am Schlosspark Lichtenwalde in Lichtenwalde

Individueller Grand Prix auf kurvenreicher Strecke

Wenn Sie Lichtenwalde in Richtung Westsachsen verlassen, versprechen wir Ihnen, wird das Fahren auf abwechslungsreichen Straßen zum Genuss. Weitab von Stress und Hektik gelten hier andere Gesetze. Entlang der herrlichsten Landschaften zwischen Erzgebirge und Vogtland führt Sie die Tour vorbei am malerischen Schloss Blankenhain, der berühmten Grand Prix Rennstrecke Sachsenring und der Miniwelt Lichtenstein. Legen Sie am gern besuchten Bikertreff „Grillstation Talsperre Eibenstock" eine Pause ein und entspannen Sie abseits von jeglichem Massentourismus. Auf der Weiterfahrt hält das Spielkartenmuseum Altenburg viel „Spielerisches" für Sie bereit. In Zwickau, der Wiege des Automobilbaus, können Sie in faszinierendem Ambiente wunderbare Oldtimer, einzigartige Luxuslimousinen und unverwüstliche Kleinwagen erleben. Auch ein Besuch im neu gestalteten August Horch Museum wird Sie als Motorradfahrer sicher interessieren. (Eine exakte Routenbeschreibung erhalten Sie gern an der Rezeption).

12697

Marienberg
GPS: N 50°39´08" - E 13°09´41"

Ristorante & Pizzeria "Philipps"

In der historischen Altstadt von Marienberg/Erzgebirge am Zschopauer Tor liegt unsere "Pizzeria" & "Oma´s Kartoffelhaus" mit großer Terrasse und Parkmöglichkeiten direkt vor der Tür. In Olbernhau Richtung Seiffen können Sie sich in unserer Pizzeria "Philipps" für die nächste Tour stärken. Wenn Sie einen leichten Kuchen oder einen Kaffee trinken wollen ist vielleicht auch unser Café "Flamenco" der richtige Zwischenstopp. Motorradfahrer sind uns jederzeit willkommene Gäste.

Zschopauer Str. 8 • 09496 Marienberg • Telefon 0 37 35 / 2 41 95
www.philipps-pizzeria.de

11813

Marienberg
GPS: N 50°39´02" - E 13°09´02"

P Tipp

Unsere Bauernstube wurde 1997 bis 1999 mit viel Liebe zum Detail aus dem Erdgeschoss einer alten Scheune in eine urgemütlich-rustikale Gaststätte umgestaltet. Seitdem ist sie eine beliebte Lokalität für Freunde abendfüllender Unterhaltungen und lädt mit ihrem preiswertem und umfangreichem gastronomischem Angebot zum Verweilen ein. Ob auf unserer großzügig sonnendurchfluteten Terrasse oder in der gemütlichen Grillecke - unsere Außenanlagen sind täglich für Besucher geöffnet. Freuen Sie sich auf kulinarische Köstlichkeiten für Ihre Party oder auch auf deftige Hausmannskost am Schlachtbuffet!

Äußere-Wolkensteiner-Str. 25 • 09496 Marienberg • Telefon 0 37 35 / 21 95 79
E-Mail: bauernstube.mab@web.de • www.bauernstube-marienberg.de

11814

Marienberg OT Wolfsberg
GPS: N 50°38´59" - E 13°07´11"

EZ ab € 30,00
DZ ab € 50,00

11 4

Gasthaus "Am Wolfsberg"

Herzlich Willkommen in unserem familiengeführten Gasthaus mit Pension "Am Wolfsberg", gelegen in waldreicher Umgebung an der Bundesstraße 171. Fernab jeglicher Hektik bieten wir Ihnen Erholung pur in stilvoll eingerichteten und bequemen Zimmern mit geräumigen Sitzecken, Farb- und Sat-TV, Dusche und WC. Speisen Sie in unserer gemütlich eingerichteten Gaststube oder auf unserer sonnigen Terrasse. Gerne gesellen wir uns dazu und geben Ihnen noch zusätzliche Touren- und Ausflugstipps.

OT Wolfsberg Nr. 5 • 09496 Marienberg • Telefon 0 37 35 / 2 50 39 • Fax 0 37 35 / 66 01 27
E-Mail: info@pension-am-wolfsberg.de • www.pension-am-wolfsberg.de

12671

Morgenröthe-Rautenkranz

GPS: N 50°26´29" - E 12°30´52"

Landhotel Pyratal

Unser Landhotel "Pyratal" verfügt über 23 Doppelzimmer (teilweise mit Aufbettungen und 2 Schlafräumen mit Verbindungstür) und 2 Einzelzimmer. Alle Zimmer sind mit Dusche und WC, Telefon und TV ausgestattet. Die Zimmer sind über 2 Etagen verteilt. In den beiden Gasträumen können Sie unsere ländlich-rustikale Küche genießen; natürlich vom Chef selbst gekocht. Für einen gemütlichen Abend, ob mit Unterhaltung oder nur so, eignet sich das Jagdzimmer mit Kamin bestens.

Berge - Kurven - Ausblicke
Touren auf endlosen Straßen durch das Erzgebirge und das Vogtland
Schnuppertour
2x Ü/F - 58,00 Euro - pro Person
(zubuchbar HP 11,00 Euro pro Tag u. Person)
inklusive:

- Tourenbeschreibung
- Tourguide auf Anfrage
- Waschplatz
- Garage
- Reparaturset
- Trockenraum
- Werkstatt in der Nähe

attraktive Gruppenpreise auf Anfrage.

Pyratalstr. 40 • 08262 Morgenröthe-Rautenkranz • Telefon 03 74 65 / 5 20 • Fax 03 74 65 / 52 40
E-Mail: info@landhotel-pyratal.de • www.pyratal.de

11252

Neuhausen

GPS: N 50°41´30" - E 13°29´52"

★★★ Hotel Jägerklause

Ihr idealer Ausgangspunkt für zahlreiche Touren im Erzgebirge und in die Tschechische Republik. Das Hotel liegt direkt an der Talsperre Rauschenbach und bietet Ihnen Service, Komfort, Erholung und kulinarischen Genuss. Stärken Sie sich am Morgen an unserem reichhaltigen Frühstücksbuffet und lassen Sie den Abend im Biergarten oder unserem Wellnessbereich mit Sauna ausklingen.

OT Rauschenbach Nr. 6 • 09544 Neuhausen • Telefon 03 73 27 / 87 90 • Fax 03 73 27 / 87 91 50
E-Mail: info@hotel-jaegerklause.com • www.hotel-jaegerklause.com

11822

Oberbärenburg

GPS: N 50°47´45" - E 13°42´39"

EZ ab € 33,00
DZ ab € 54,00
20 | 11 | HP | Tipp

Hotel & Gasthaus "Kobär"

"gut speisen - prima erholen - vom Alltag abschalten"

Wir heißen Sie herzlich willkommen in unserem ruhigen und familiär geführten Haus. Nach einer erlebnisreichen Tour durch das Erzgebirge verwöhnen wir Sie gern in unserer gemütlichen Gaststube mit dem Besten aus der sächsischen Küche . Die freundlich gestalteten Zimmer verfügen alle über Dusche / WC, Fernsehen, Radio und Telefon, teilweise mit Balkon oder Terrasse. Um den Tag abzurunden empfehlen wir unsere moderne Doppelkegelbahn, oder einen Besuch im Wellnesbereich des Hotels nebenan.

Ahornallee 3 • 01773 Kurort Oberbärenburg • Telefon 03 50 52 / 61 40 • Fax 03 50 52 / 6 14 10
E-Mail: gasthaus.kobaer@t-online.de • www.gasthaus-kobaer.de

11286

vom Gasthaus & Hotel "Kobär" in Oberbärenburg

Der Kurort Oberbärenburg ist ein Ortsteil der Stadt Altenberg und liegt im östlichen Erzgebirge.
Tour Erzgebirgsrundfahrt: Entlang des Erzgebirgskammes fahren Sie in westlicher Richtung ins Zentrum der erzgebirgischen Volkskunst – Kurort Seiffen. Auf dem Weg dorthin durchqueren Sie romantische Täler, gefolgt von herrlichen Ausblicken auf den Bergrücken. Bei einem Stopp an der Rauschenbachtalsperre genießen Sie die liebliche Landschaft des Osterzgebirges. Zurück fahren Sie über Olbernhau und folgen der B 171. Kurvenreich zieht sich die gut ausgebaute Straße durch die Landschaft, in Rechenberg – Bienenmühle besteht die Möglichkeit das sächsische Brauereimuseum zu besuchen.
Tour Elbsandsteingebirge: Vom Gasthaus Kobär fahren Sie in östlicher Richtung über Lauenstein (Schloss und Burg) und Bad Gottleuba ins Herz der Sächsischen Schweiz – nach Bad Schandau. Von hier aus führt die Straße durchs romantische Kirnitzschtal mit seinem kristallklaren Flüßchen, in dem die Lachse wieder heimisch sind, bis nach Hinterhermsdorf. Hier vertreten Sie sich die Beine oder nutzen die Pause zu einer Gondelfahrt auf der „ oberen Schleuse ". Zurück geht´s über Sebnitz zur Bastei (unbedingt ansehen) oberhalb vom Kurort Rathen. Weiter führt die Strecke über Pirna und durch das kurvenreiche Müglitztal nach Glashütte. Hier werden die bekannten gleichnamigen Uhren hergestellt. Ein sehr interessantes Museum vermittelt Eindrücke der Uhrenherstellung. Von hier sind es noch ca. 15 Kilometer bis zum Quartier .

11286

Oberwiesenthal

GPS: N 50°25´34" - E 12°57´09"

EZ ab € 45,00
DZ ab € 70,00

Hotel & Restaurant **Fichtelberghaus**

Fichtelbergstr. 8 • 09484 Oberwiesenthal
Telefon 03 73 48 / 12 30 • Fax 03 73 48 / 1 23 45
E-Mail: info@hotel-fichtelberghaus.de
www.hotel-fichtelberghaus.de

Die Hauptsache natürlich - unsere wunderschönen Zimmer mit traumhaftem Ausblick auf Oberwiesenthal, den Keilberg, das böhmische Becken oder das westliche Erzgebirge. Das Hotel Fichtelberghaus verfügt über 28 stilvoll eingerichtete Zimmer mit Dusche, WC, Telefon, SAT-TV, Radio, Fön und Minibar. Unser Restaurant Erzgebirgsstuben mit Erzgebirgszimmer, Dichterzimmer und Jagdzimmer lädt täglich von 10.00 Uhr bis 23.00 Uhr zum Verweilen ein. Bei uns speisen Sie ganz nach Belieben, deftig oder rustikal, oder auch ganz elegant mit einem Candlelight Diner. Ihr Motorrad können Sie kostenlos in unserer Garage abstellen.

10973

Oberwiesenthal

GPS: N 50°25´31" - E 12°59´08"

EZ ab € 25,00
DZ ab € 44,00

Gaststätte&Pension **"Am Roten Hammer"**

In unserem familiengeführten Haus verbringen Sie einen gemütlichen Urlaub in Oberwiesenthal. Alle rustikalen Zimmer sind mit Dusche und WC sowie mit Kabel-TV ausgestattet. Als Verpflegung bieten wir Ihnen Frühstück, Halb- und Vollpension. Unser Restaurant bietet Ihnen 40 Sitzplätze, frische, gut bürgerliche Küche, gepflegte Biere und gediegene Weine, echten Kamin mit Birkenholzfeuer, rustikale Ausstattung, reizvolles und gemütliches Ambiente. Ein Trockenraum ist vorhanden. Tipps über schöne Touren können wir Ihnen auch geben. Preise inklusive Frühstück.

Annaberger Str. 115 • 09484 Oberwiesenthal
Telefon 03 73 48 / 2 30 80 • Fax 03 73 48 / 2 30 81
E-Mail: amrotenhammer@t-online.de • www.pension-am-roten-hammer.de

10975

Oberwiesenthal

GPS: N 50°25´07" - E 12°57´49"

EZ ab € 51,00
DZ ab € 78,00

776 388 HP P Tipp

Hotel Am Fichtelberg

Eingebettet zwischen Keilberg (1243m) und dem Südhang des Fichtelberges (1215m) liegt das Hotel Am Fichtelberg mit 388 Zimmern und Suiten. In den Sommermonaten sind ausgiebige Wander-, Mountainbike-, Nordic-Walking und Mountaincart-Touren beste Möglichkeiten für aktive Erholung. Unmittelbar am Hotel findet man hervorragende Wintersport-Bedingungen: 15 km Pisten, 70 km Loipen, Half-Pipe, Rodelstrecke, Natureisbahn und Nachtskilauf. Absolute Entspannung bietet auf 700 qm das Hallenschwimmbad, die großzügige und moderne Saunalandschaft oder wohltuende Kosmetik- und Massageanwendungen. Regionale und internationale Spezialitäten bei täglichen Themenbuffets sorgen für die Stärkung nach einem aktiven Tag. Zünftige Unterhaltung und rustikale Speisen bietet die gemütliche Erzgebirgshütte "Pistenblick" direkt am Berghang.

Karlsbader Str. 40 • 09484 Kurort Oberwiesenthal • Telefon 03 73 48 / 1 78 30 • Fax 03 73 48 / 1 78 31
E-Mail: reservierung@hotel-am-fichtelberg.de • www.hotel-am-fichtelberg.de

12580

Olbernhau
GPS: N 50°39´21" - E 13°21´17"

Hotel "Zum Poppschen Gut"

Unser Hotel, das 1995 auf dem Gelände des ehemaligen Poppschen Gutes eröffnet wurde, befindet sich inmitten des Weihnachts- und Spielzeuglandes Erzgebirge. Am Südhang von Olbernhau in unmittelbarer Waldesnähe gelegen bietet es einen herrlichen Blick auf die Stadt und die umliegenden Berge. Unser Hotel ist familiengeführt und verbindet in der Ausstattung gehobenes Niveau mit erzgebirgischer Gemütlichkeit. Überdachte Parkplätze sind in genügender Anzahl vorhanden.

Zum Poppschen Gut 5 • 09526 Olbernhau • Telefon 03 73 60 / 2 00 56 • Fax 03 73 60 / 2 00 58
E-Mail: hotel@poppschesgut.de • www.hotel-poppschesgut.de

11030

vom Hotel Zum Poppschen Gut in Olbernhau

Kurvenreich und steil sind viele Straßen im Erzgebirge, das Richtige für echte Biker. Wenn dazu die Möglichkeit besteht, sich mit der Motorradgeschichte des Gebietes zu beschäftigen, müsste das Glück perfekt sein. Ausgangspunkt der Tour ist Olbernhau. Über abwechslungsreiche Straßen geht es über Pockau und Lengefeld zur Augustusburg, in der sich neben Kutschenmuseum und Museum für Jagdtier - und Vogelkunde das Motorradmuseum mit der umfangreichsten Zweiradsammlung Europas und einer Vielzahl an Unikaten befindet. Serpentinenreich geht es steil bergab über Erdmannsdorf nach Zschopau, wo das bekannte MZ-Motorradwerk, das mit Jahresstückzahlen bis 90.000 zeitweise die größte Motorradfabrik der Welt war, beheimatet war. In den historischen Mauern des rekonstruierten Schlosses Wildeck befindet sich eine weitere Motorradausstellung. In beiden Museen wird insbesondere die Geschichte dieses Werkes reflektiert. In der Burg Scharfenstein werden Sie von Karl Stülpner, dem legendären erzgebirgischen Widschütz und Helden der Armen, durch die Burg geführt.

Weiterhin zu empfehlen sind Touren in das Nordböhmische Becken (Teplice, Chomutov, Karlovy Vary), auf denen es über 500 Höhenmeter auf kurzer Distanz zu überwinden gilt.

11030

Rabenau-Dresden
GPS: N 50°57´59" - E 13°38´33"

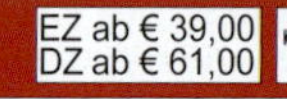

Hotel-Restaurant Rabennest

Das Restaurant mit gemütlichem familiärem Flair zum Entspannen und Erholen. In unseren gemütlich eingerichteten Zimmern mit Dusche/WC und TV werden Sie sich schnell wohl fühlen und eine angenehme Nachtruhe genießen bevor es dann morgens mit einem reichhaltigen Frühstücksbuffet in den nächsten Tag geht. Es erwartet Sie außerdem in unserem Haus eine Bowling- und Kegelanlage, die auch für Eisenbahn Fans ein Highlight ist, denn hier werden Sie von vier dampfenden "Kellnern" bedient. Des weitern stehen Ihnen 2 Quads, um die Gegend näher zu erkunden, zur Verfügung. Wollen Sie das etwas andere Erlebnis, dann mieten Sie sich doch einfach eines unserer Quads für pures Fun-Erlebnis.

Nordstr. 8 • 01734 Rabenau • Telefon 03 51 / 4 76 03 22
E-Mail: info@hotel-rabennest.de • www.hotel-rabennest.de

1114

Sayda OT Friedebach
GPS: N 50°42´40" - E 13°27´58"

EZ ab € 59,00
DZ ab € 79,00

Waldhotel "Kreuztanne"★★★★

Wir freuen uns auf Ihren Besuch in unserem idyllisch gelegenen Waldhotel Kreuztanne, umgeben von Wiesen und Wäldern. Genießen Sie Natur pur! Bei uns finden Sie 50 Zimmer die im ländlichen Stil eingerichtet sind und teilweise über Balkon verfügen. Gemütlich, urig, geschmackvoll, einfach schön – über unser Restaurant ist man sich nie einig – jedoch über unsere Küche. Frisch und fantasievoll – den Gaumen mit verlockenden regionalen und gut bürgerlichen Gerichten verwöhnend. Genießen Sie am Nachmittag Kaffee mit ofenfrischem Blechkuchen oder leckerem Eis und lassen Sie den Tag in geselliger Runde in unserem urigen Biergarten unter einer uralten Kastanie ausklingen. Auf Wunsch Tourenpläne und Lunchpakete. Garageplätze vorhanden.

Kreuztannenstr. 10 • 09619 Sayda OT Friedebach • Telefon 03 73 65 / 17 60
Fax 03 73 65 / 1 76 26 • E-Mail: info@kreuztanne.de • www.kreuztanne.de

112

vom Waldhotel Kreuztanne in Sayda

Arzgeberg, wie bist du schie…
Eine Herausforderung für jeden Biker ist eine Fahrt durch unser Erzgebirge. Kurvenreiche und abwechslungsreiche Streckenführungen, alleenartige Straßen, Bergkuppen sowie weitläufige Täler lassen jedes Bikerherz höher schlagen.
Abfahrt im Waldhotel Kreuztanne, entlang der deutschen Alleenstraße, über Sayda, Pfaffroda nach Olbernhau (15 km). Hier ist die Besichtigung des Saigerhütten-Areals möglich. Von Olbernhau geht es entlang im Flöhatal nach Pockau und Grünhainichen (11 km). Hier finden Sie die Firma Wendt & Kühn, berühmt für seine Erzgebirgsfiguren.
Anschließend im Zschopautal über Waldkirchen und Scharfenstein (Burgbesichtigung) nach Wolkenstein (16 km) und ab hier im Pressnitztal über Großrückerswalde, Boden, Steinbach bis nach Reizenhain (14 km). Hier können Sie den Erzgebirgskamm auf tschechischer Seite weiterfahren oder entlang der tschechischen Grenze über Rübenau nach Oberneuschönberg (18 km). Von Oberneuschönberg über Seiffen (weltbekanntes Spielzeugdorf) über den Schwartenberg – 789 m – nach Neuhausen (weltgrößte Nussknackersammlung mit dem größten Nussknacker und der größten, funktionstüchtigen Spieldose der Welt), Sayda (Heimatmuseum) zurück zur Kreuztanne (23 km).

11288

Schwarzenberg-Grünstädtel

GPS: N 50°31´37" - E 12°49´09"

EZ ab € 38,00
DZ ab € 45,00

Landgasthof Neitsch

Inmitten der Westerzgebirgsgemeinde Grünstädtel im Landkreis Schwarzenberg befindet sich der urgemütlich und gediegen ausgestattete "Landgasthof Neitsch". Im gemütlichen Gastzimmer finden 40 Personen Platz. Der daran angrenzende Saal, besonders geeignet für kleine und mittlere Gesellschaften, verfügt über 60 Plätze. Durch die modern eingerichtete Küche konnte das traditionell berühmte Speiseangebot erweitert und noch abwechslungsreicher dem Gast angeboten werden. Unsere Zimmer sind alle komplett und gemütlich eingerichtet und verfügen über DU/WC, Telefon, Sat-TV und teilweise auch Balkon. Ein überdachter Parkplatz für Ihr Motorrad sowie eine kleine Schrauberecke und ein Trockenraum für Ihre nasse Kleidung sind ebenfalls vorhanden.

Alte Bahnhofstr. 7 • 08340 Schwarzenberg • Telefon 0 37 74 / 8 60 13
E-Mail: landgasthofneitsch@aol.com • www.landgasthof-neitsch.de

10974

vom Landgasthof Neitsch in Schwarzenberg

Der Reiz des Erzgebirges sind die wellenförmigen, bewaldeten Bergrücken, welche von Feldstreifen und Ortschaften unterbrochen sind.
Dort wo die Alte Passstraße von Zwickau kommend nach Böhmen führte und das Schwarzwasser die Mittweida , der Schwarzbach und der Oswaldbach einmünden, liegt die „Perle des Erzgebirges“ Schwarzenberg. Hier im Landgasthof Neitsch ist der Ausgangspunkt und der Endpunkt unserer große Sachsentour. Auf der B101, der „Silberstraße“ fahren wir in Richtung 66 Kilometer Südost über die alten Bergstädte Annaberg-Buchholz und Marienberg zur Spielzeugstadt Seiffen.
Ca. 100 Kilometer weiter geht es auf kurvenreichen Straßen immer an der böhmischen Grenze entlang durch die osterzgebirgischen Wintersportgebiete um Altenberg bis ins romantische Elbtal. Durch das Elbsandsteingebirge erreichen wir die Landeshauptstadt Dresden. Auf der gesamten Tour gibt es sehr viele interessante Sehenswürdigkeiten die natürlich zu der einen oder anderen Rast einladen. Nach einen erlebnisreichen Tag mit viel Natur und viel Kultur fahren wir über die A72, 120km, zurück nach Schwarzenberg in den gemütlichen Landgasthof Neitsch, wo der Tag mit gutem erzgebirgischen Essen und Trinken ausklingt.

10974

Schwarzenberg-Crandorf

GPS: N 50°30´15" - E 12°47´05"

EZ ab € 35,00
DZ ab € 55,00

Ferienpension "Bergidyll"

In einer der schönsten Gegenden des Erzgebirges liegt die familiär geführte Pension Bergidyll. Wir, die Familie Schröder, heißen Sie in freundlicher und privater Atmosphäre herzlich willkommen. Fühlen Sie sich in unseren Zimmern wie zu Hause. Wir haben eine Informationsmappe für Sie zusammengestellt, die über Touren, Events und Sehenswürdigkeiten entlang der Strecken informieren. Trocken und Unterstellmöglichkeiten halten wir für Sie ebenfalls bereit und nach einem eindrucksvollen Tag verwöhnen wir Sie mit unserem 3-Gänge-Menü am Abend im Rahmen der Halbpension oder organisieren einen zünftigen Grillabend mit Lagerfeuer.

Breitenbrunner Str. 28 • 08340 Schwarzenberg-Crandorf • Telefon 0 37 74 / 1 76 00
Fax 0 37 74 / 17 60 45 • E-Mail: post@pension-bergidyll.de • www.pension-bergidyll.de

12711

Seiffen

GPS: N 50°38´26" - E 13°28´42"

EZ ab € 41,00
DZ ab € 58,00

60 29 HP Tipp

Wir laden Sie recht herzlich in unser familiengeführtes Landhotel zu Heidelberg ein. Unser Haus mit seinem interessanten Ambiente liegt in landschaftlich reizvoller Lage im weltbekannten Kurort Seiffen im Mittleren Erzgebirge. Es bietet Ihnen Entspannung, Behaglichkeit und Komfort. Genießen Sie die kulinarischen Köstlichkeiten im gemütlichen, rustikal eingerichteten Restaurant. Im Gastraum, der 150 Personen Platz bietet und im behaglichen Bergstüb´l (40 + 30 Plätze) servieren wir erzgebirgische Spezialitäten. Die 29 Einzel- und Mehrbettzimmer sowie die Suite sind alle mit Dusche/WC, Selbstwahltelefon und TV, teilweise mit Balkon ausgestattet. Sauna und Solarium runden das komfortable Angebot ab. Morgens erwartet Sie ein reichhaltiges Frühstücksbuffet.

Hauptstr. 196 • 09548 Seiffen • Telefon 03 73 62 / 87 50 • Fax 03 73 62 / 8 75 55
E-Mail: info@landhotel-zu-heidelberg.de • www.landhotel-zu-heidelberg.de

11035

Seiffen

GPS: N 50°38´44" - E 13°27´16"

EZ ab € 45,00
DZ ab € 55,00

55 30 HP

Hotel-Restaurant "Nußknackerbaude"

Die Nußknackerbaude verfügt über ein Restaurant im Baudenstil mit 90 Plätzen und bietet gutbürgerliche Küche mit erzgebirgischen Spezialitäten an. Unseren Gästen stehen eine Sauna, eine Kegelbahn und ein Biergarten zur Verfügung. Unsere Zimmer sind alle gemütlich eingerichtet und verfügen über Dusche/WC oder Bad/WC, TV und Telefon. Ihr Motorrad steht in einer abschließbaren Garage. Schrauberecke und Trockenraum haben wir selbstverständlich auch für Sie eingerichtet.

Nußknackerstr. 20 • 09548 Seiffen • Telefon 03 73 62 / 7 90 • Fax 03 73 62 / 7 91 79
E-Mail: hotel@nussknackerbaude.de • www.nussknackerbaude.de

1182

Thermalbad Wiesenbad-Wiesa

GPS: N 50°36´39" - E 13°01´08"

EZ ab € 30,00
DZ ab € 50,00

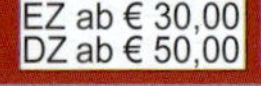

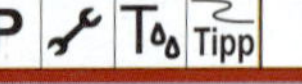

14 5 HP P Tipp

Gaststätte&Pension Zur Knappenschänke

In unserer familiär geführten Pension laden 3 Doppelzimmer sowie 2 Mehrbettzimmer mit TV, Radio, Dusche und WC zum Entspannen ein. Ihr Motorrad können Sie auf unsere Parkplätze am Haus stellen. Lassen Sie sich mit typisch erzgebirgischen Speisen von uns verwöhnen. Spezialitäten unseres Hauses sind z. B. Bergmannsschmaus sowie Knappenteller. Ob nur ein kühles Getränk oder ein herzhaftes Essen - in der gemütlichen Gaststube mit 50 Plätzen lässt sich beides verbinden.

Mühlweg 8 / OT Wiesa • 09488 Thermalbad Wiesenbad • Telefon 0 37 33 / 5 40 71
E-Mail: contakt@zur-knappenschaenke.de
www.erzgebirge-touristik.de/knappenschaenke

1103

Zschopau

GPS: N 50°44´54" - E 13°04´08"

Ferienwohnung
ab € 55,00

6 2 P Tipp HP

Restaurant/
Ferienwohnung

"Alte Posthalterei"

Unser gemütlich eingerichtetes Gewölberestaurant finden Sie, 15km südlich von Chemnitz, im Zentrum von Zschopau, dem "Tor zum Erzgebirge". Direkt neben der Kirche und am Markt gelegen, wo sich ausreichend Parkmöglichkeiten befinden, bieten wir Platz für 75 Gäste. Im Sommer lädt natürlich auch der Biergarten zum Verweilen ein. Aus unserer bekannt guten Küche erwarten Sie deftige Hausmannskost und regionale Spezialitäten. Unsere großzügig und komplett ausgestattete Ferienwohnung für bis zu 6 Personen befindet sich im Dachgeschoss unseres Eiscafe´s "Kakadu" auf der gegenüberliegenden Straßenseite, wo Sie aus einem breiten Frühstücksangebot sowie auch anderen Speisen wählen können. Abgeschlossener Innenhof.

EISCAFE KAKADU

Ludwig-Würkert-Str. 1 • 09405 Zschopau
Telefon 0 37 25 / 34 13 88 • Fax 0 37 25 / 34 45 21
E-Mail: kakadu-eis@gmx.net • www.posthalterei.zschopau.de

11

Franken
Motorrad fahren in der Mitte Deutschlands und Europas

Franken ist ein Land der deutschen und europäischen Mitte. Das alte Königsland, las „Regnum Francorum“, wurde zum früen Zentrum des Heiligen Römischen Reiches Deutscher Nation. Fränkisch sind ıeute die drei nördlichen Gebietsteile 3ayerns. Etwa deckungsgleich mit dem istorischen Ostfranken, bringen sie es uf eine Gesamtfläche von knapp 24.000 Quadratkilometer. Das entspricht fast einem Drittel des weißblauen Freistaates. Ein Blick uf die Landkarte zeigt, dass dieses Franken ördlich der Donau und beiderseits des Mains nmer noch die räumliche Mitte Europas bilet.

teter Wechsel bestimmt die Szenerie in den 14 inzellandschaften Frankens: Rhön, Spessart, assberge, Oberes Maintal, Coburger and, Frankenwald, Fränkische Schweiz, chtelgebirge, Rangau, Romantische Straße, ɪeues Fränkisches Seenland und Altmühltal. artes und Weiches, Engräumiges und fene Fernen liegen zuweilen nah beieinaner. Eingebettet in diese ungemein reizvollen rlaubsreviere sind auf einer West-Ost-Linie ıs Fränkische Weinland und die Frankenalb it der Region um Nürnberg.

Naturparks

Mit rund 14.000 Quadratkilometern entfällt mehr als die Hälfte der Gesamtfläche Frankens auf neun Naturparks. Damit erwartet den Urlauber im nördlichen Bayern eine Landschaft, die Erholung pur garantiert.

Urlaub und Hobby

Urlaub und Hobby sind in Franken ganz leicht auf einen Nenner zu bringen. Die Auswahl ist groß: Drachenfliegen, Höhlenexkursionen, Jagen, Golf, Angeln, Surfen, Reiten, Tennis, Floß fahren, Rad wandern und natürlich Motorrad fahren. Wer es etwas ruhiger angehen lassen möchte, wendet sich Bier- und Weinseminaren sowie dem Malen und Töpfern zu.

Die Maximiliansgrotte bei Neuhaus

Eine der größten und schönsten Tropfsteinhöhlen Deutschlands. Die erste Erkundung erfolgte im Jahr 1852. Ein permanentes Wachstum verändert die Höhle fortwährend um wenige Zentimeter in 100 Jahren. Unmerklich für Generationen und trotzdem beständig, wachsen die Stalaktiten von der Decke und die

Stalagmiten am Boden. Dafür gibt es in den mehr als 1.200 Meter langen und bis zu 70 Meter tiefen Labyrinthen der Maximiliansgrotte Tausende von Zeugen. So riesig wie nur einmal in Deutschland beim „Eisberg“ und so filigran in unzähligen Kleinstformen wie in der „Schatzkammer“. Mal als Gebilde, die an Tiere erinnern wie in der „Adlergrotte“ oder beim „Elefanten“, mal pfeifenähnlich wie in der „Orgelgrotte“.

Steigerwald

Dort, wo sich Ober-, Mittel- und Unterfranken vereinen, liegt idyllisch eingebettet der Naturpark Steigerwald. Mildes Reizklima und viel Sonnenschein machen den laub- und nadelreichen Naturpark zu einem angenehmen Aufenthaltsort. Ist der Steigerwald mit einer Größe von 1.280 Quadratkilometern nicht gerade ein Riese unter den Naturparks, so kann sich das äußerst reizvolle Angebot im Landstrich durchaus mit den Großen messen lassen.
Für Motorradfahrer von Interesse ist die Steigerwald-Höhenstraße. Sie führt auf einer Länge von etwa 100 Kilometern einmal quer durch den Steigerwald und gefällt mit abwechslunsreicher Streckenführung und Kurven wie am Fließband.
Kulinarisch hat der Steigerwald einige Leckereien für Feinschmecker und Genießer parat. Der Frankenwein ist über die Grenzen hinaus bekannt, und auch die Biervielfalt des Landstrichs hat sich herumgesprochen. Überall findet man die Möglichkeit, an Wein- oder Bierproben teilzunehmen.

Steinerne Zeugen der Geschichte

Vom Frankenwald als alter Kulturlandschaft zeugen nicht nur die Burgen, Festungen und zahlreichen Museen, sondern auch die wunderschönen historischen Ortskerne der Städte Kronach, Kulmbach und Hof. In Kronach sind Kunstwerke von Tilman Riemenschneider und Lucas Cranach zu besichtigen. Die Stadt Kulmbach, die von der gewaltigen Plassenburg überragt wird, trägt den Beinamen „Bierstadt“. Während der Kulmbacher Bierwoche dreht sich neun Tage lang das Leben um das würzige Getränk.

Hassberge

...ein idealer Ausgangspunkt für zahlreiche Tagesausflüge mit vielseitiger Streckenführung: wildromantische, kaum befahrene Straßen, vorbei an Burgen und Schlössern, weite Ebenen, Täler mit Wildbächen, enge Kurven durch dichte Wälder, steile Bergstraßen lassen das Herz des Bikers höher schlagen. Nicht rasen sondern reisen lautet das Motto. Reizvoll

Kunstsammlung in der Veste Coburg

Der Handwerkerhof in Nürnberg

Strecken entlang des Mains, Ausflüge in den Frankenwald, Thüringer Wald, Steigerwald und die Rhön. (Tipp vom Landhotel Hassberge)

Sehenswerte Orte

Nürnberg
Die zweitgrößte Stadt Bayerns und Metropole Frankens liegt in der waldreichen Region am Ufer der Pregnitz. Viele Namen und Attribute erwarb sich die einstige freie Reichsstadt im Laufe der Jahrhunderte: Meistersingerstadt, Dürerstadt, Spielzeugstadt, Bratwurststadt, Lebkuchenstadt, aber auch Ort, an dem die Parteitage der Nazis abgehalten wurden und die Kriegsverbrecherprozesse stattfanden. Ein Gang durch Nürnberg ist daher ein Gang durch die deutsche Geschichte. Beim Wiederaufbau nach dem Zweiten Weltkrieg wahrte man den historischen Grundriss der Altstadt. Und so vermitteln heute die größtenteils erhaltene Stadtmauer, die Burg sowie die beiden Pfarrkirchen ein eindrucksvolles Bild des alten Nürnbergs. Die Pregnitz teilt die Altstadt in einen nördlichen und einen südlichen Teil.

Bayreuth
Im Tal des Roten Mains zwischen Fichtelgebirge und Fränkischer Schweiz gelegen, ist Bayreuth vor allem für seine schönen Barockbauten und Rokokopaläste bekannt. Die vielseitig begabte preußische Königstochter Wilhelmine von Bayreuth nahm sich im 18. Jahrhundert der Stadt an und baute sie zu einer schillernden Residenzstadt mit Schlössern und Gärten aus. Seit 1957 besitzt Bayreuth eine Universität, Weltruf erlangte es als Wagner-Festspielstadt. Zur Besichtigung empfehlenswert: Opernhaus, Neues und Altes Schloss, Festspielhaus.

Bamberg
Die alte Kaiser- und Bischofsstadt erstreckt sich in einem idyllischen Tal der Regnitz. Tausend Jahre Baukunst prägen das Stadtbild in unverwechselbarer Weise. Wie Rom wurde auch Bamberg auf sieben Hügeln erbaut. Der Zweite Weltkrieg verschonte glücklicherweise die Altstadt, sodass diese heute immer noch in altem Glanz erstrahlt. Sie gilt als einzigartiges Gesamtkunstwerk zwischen Gotik und Barock. Bekannt wurde Bamberg aber auch durch seine zahlreichen Brauereien. Einige von ihnen brauen eine Bamberger Spezialität – das würzige Rauchbier. Unbedingt ansehen: Maximilianplatz, Grüner Markt, Altes Rathaus mit Regnitzbrücke.

Frankenwald

Der Frankenwald ist die südöstliche Fortsetzung des Thüringer Waldes und grenzt im Süden an das Fichtelgebirge. 70 Prozent seiner welligen Hochfläche sind mit Wald bedeckt. Seine höchste Erhebung ist mit 795 Metern der Döbraberg nahe Naila. Der Frankenwald gilt als ein relativ unberührtes Gebiet mit hohem Erholungswert.

Die zirka 150 Kilometer lange Rundtour durch den Frankenwald startet in Kronach. Die Mauer der Festungsstädtchens ist teilweise erhalten, über ihm erhebt sich die Burg Rosenberg aus dem 12. Jahrhundert. Wir verlassen Kronach auf der B 85 in Richtung Norden und kommen durch die Orte Stockheim und Pressig. Ein relativ ruhiger Auftakt. Ein kurzes Stück weiter, in Rothenkirchen, schwenkt unsere Route auf die Frankenwald-Hochstraße ein. Jetzt wird es motorradfahrerisch interessant: Rasant und kurvenreich überwindet diese Route die typische bewaldete Hügellandschaft des Frankenwaldes. Der Fahrbahnbelag ist in ordentlichem Zustand, die Kurverei macht eine Menge Spaß. Über die Langenauer Höhe gelangen wir in den gleichnamigen Ort und erreichen bei Sattelgrund das Tal des Flusses Tettnau. Weiter über Alexanderhütte und vorbei an Burg Lauenstein kurvt die Hochstraße nun ins Tal hinab, trifft dort auf die B 85 und peilt anschließend Ludwigsstadt an.

Bis Steinbach am Wald sorgt die Bundesstraße für Ruhe im Fahrwerk. Bremsen und Getriebe dürfen sich erholen. Dann links ab über Haßlach nach Teuschnitz. Wieder Kurve an Kurve, Schräglage an Schräglage. Hinter Teuschnitz erklimmt die Hochstraße einen Bergrücken, passiert Rappoltengrün und sticht hinter dem hübschen Bergdorf Tschirn wieder ins Tal hinab. Dort geht es auf gut ausgebauter Fahrbahn durch dichten Wald. Lockeres Kurvenschwingen steht auf dem Programm. Bad Steben taucht auf. Die radiumhaltigen Quellen des bayerischen Staatsbades waren schon im Jahr 1444 bekannt. Weiter talabwärts erreichen wir Naila, wo wir uns in die B 173 einklinken.

Bald ist der Döbraberg erreicht, der mit 795 Metern höchste Berg des Frankenwaldes. Von dessen Aussichtsturm bietet sich ein herrlicher Weitblick über Frankenwald, Fichtelgebirge und Thüringer Wald. Anschließend folgt die Route dem malerischen Tal der Wilden Rodach und erreicht wieder Kronach, den Ausgangspunkt der Tour.

Fränkische Schweiz

Tief eingeschnittene, grüne Täler, Hochflächen voller Getreidefelder, Burgen auf spitzen Felsen, geheimnissvolle Tropfsteinhöhlen, freundliche Ortschaften – wer in der Fränkischen Schweiz Urlaub macht, den erwartet Idylle pur. Für uns Motorradfahrer von Interesse sind die Höhenunterschiede zwischen den Tälern und den Hochflächen. Die sind nämlich zum Teil enorm. Die Folge: Viele kleine und kleinste Straßen wedeln bergauf, bergab quer durch die Fränkische Schweiz und machen dieses Gebirge damit zu einem Eldorado für Biker.

Eine etwa 200 Kilometer lange Runde nimmt die schönsten dieser Sträßchen unter die Räder und sorgt somit für einen perfekten Tag im Motorradsattel. Der Startschuss fällt in Nürnberg. Die Stadt entstand aus den beiden Dörfern Lorenz und Sebald und wuchs Anfang des 14. Jahrhunderts zu einem Gemeinwesen zusammen. Nachdem König Friedrich II. dem Ort die Stadtrechte verliehen hatte, entwickelte sich Nürnberg rasch zum größten Handelsplatz Frankens. Hier wurden die Waren umgeschlagen, die vom fernen Orient nach Venedig kamen und nun weiter nach Norden transportiert werden mussten. Im 16. Jahrhundert erreichte Nürnberg seine größte wirtschaftliche und kulturelle Blüte.

Entlang der Pegnitz geht es zunächst auf der B 14 nach Lauf und Hersbruck, das mit seinen malerischen Gassen einen Abstecher wert ist. In Hersbruck verlassen wir die Bundesstraße und folgen nach Norden dem Lauf der Mittleren Pegnitz. Und auf einen Schlag wird aus dem gemächlichen Dahingleiten ein sportlich-aufregendes Kurvenfahren. Mal eng, mal weiter, mal übersichtlich, mal nicht – diese Etappe fordert die volle Konzentration. Sämtliche Gänge kommen zum Einsatz, die Bremsbeläge können sich über mangelnde Arbeit nicht beklagen.

Erst das Ortsschild von Neuhaus (Maximiliansgrotte) setzt der herrlichen Kurverei ein Ende. Rechts ab nach Krottenstein und Königssee. Auf der breiten B 85 fahren wir am Truppenübungsplatz Grafenwöhr entlang nach Norden, umgehen Auerbach und gelangen auf der B 470 nach Kirchenthumbach. Der Ort Neustadt grüßt mit der Rauen Kulm, einem 680 Meter hohen Vulkankegel, dann geht es weiter über Speichersdorf zur Töpferstadt Creussen.

In Trockau queren wir die Autobahn A 9 und nehmen Kurs auf Pottenstein. Dort befinden wir uns im Herz der Fränkischen Schweiz, dort erreicht die Felsen-, Burgen- und Höhlendichte ungeahnte Dimensionen. Zum Beispiel in Pottenstein. Der malerische Ort im Tal der Püttlach verfügt über eine Burg und die Teufelshöhle, die größte und schönste Tropfsteinhöhle der Fränkischen Schweiz. Ein paar Kilometer weiter wartet das Felsendorf Tüchersfeld. Es wurde auf abenteuerliche Weise direkt in die steilen, spitzen Felsen hineingebaut. Alles über den Ort und die Umgebung erfährt man dort im Museum Fränkische Schweiz.

…lasterstraßen in der Fränkischen Schweiz

Auf das Püttlachtal folgt das Wiesenttal. Dort wartet mit Gößweinstein ein weiterer Höhepunkt. Diesmal mit hoch gelegener Burg und prächtig ausgestatteter Wallfahrtskirche. Klar, dass sich dieser Ort zum Fremdenverkehrszentrum der Fränkischen Schweiz entwickelt hat. Flussabwärts der Wiesent entlang. Sanfte Kurven, weite Bögen. Zeit, um die hübsche Landschaft zu betrachten. Vorbei an Muggendorf erreichen wir Ebermannstadt, wo die Route den Fluss verlässt und links in Richtung Pretzfeld abzweigt. Hier hat die kleine Trubach ein idyllisches Tal gegraben, in dem sich im Mittelalter viele Müller niederließen. Ihre Mühlen stehen heute noch und geben dem Tal seinen Reiz. Egloffstein wird von seiner im Bauernkrieg zerstörten und danach wieder aufgebauten Burg überragt. Kurz vor Gräfenberg erreichen wir die gut ausgebaute B 2, die uns in weiten Bögen nach Nürnberg zurückbringt.

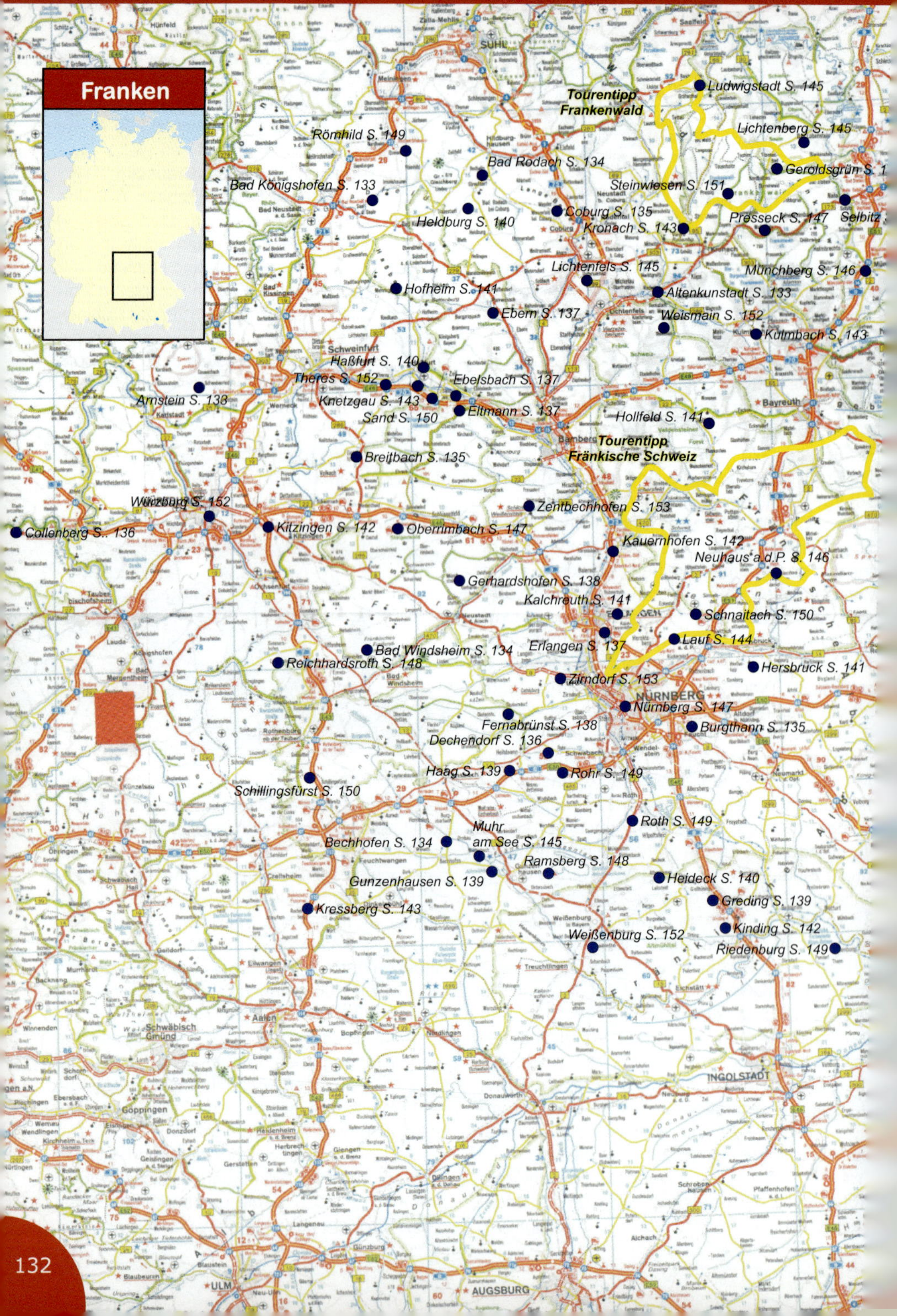

Franken

Franken

Tourentipp Frankenwald

Ludwigstadt S. 145

Lichtenberg S. 145

Geroldsgrün S. 1

Römhild S. 149

Bad Rodach S. 134

Steinwiesen S. 151

Bad Königshofen S. 133

Selbitz

Heldburg S. 140

Coburg S. 135

Presseck S. 147

Kronach S. 143

Lichtenfels S. 145

Münchberg S. 146

Hofheim S. 141

Altenkunstadt S. 133

Ebern S. 137

Weismain S. 152

Kulmbach S. 143

Haßfurt S. 140

Theres S. 152

Ebelsbach S. 137

Arnstein S. 138

Knetzgau S. 143

Eltmann S. 137

Sand S. 150

Hollfeld S. 141

Tourentipp Fränkische Schweiz

Breitbach S. 135

Würzburg S. 152

Zentbechhofen S. 153

Collenberg S. 136

Kitzingen S. 142

Oberrimbach S. 147

Kauernhofen S. 142

Neuhaus a.d.P. S. 146

Gerhardshofen S. 138

Kalchreuth S. 141

Schnaitach S. 150

Erlangen S. 137

Lauf S. 144

Bad Windsheim S. 134

Reichhardsroth S. 148

Hersbruck S. 141

Zirndorf S. 153

Nürnberg S. 147

Fernabrünst S. 138

Burgthann S. 135

Dechendorf S. 136

Haag S. 139

Rohr S. 149

Schillingsfürst S. 150

Roth S. 149

Muhr am See S. 145

Bechhofen S. 134

Ramsberg S. 148

Heideck S. 140

Gunzenhausen S. 139

Greding S. 139

Kressberg S. 143

Kinding S. 142

Weißenburg S. 152

Riedenburg S. 149

Altenkunstadt
GPS: N 50°06´33" - E 11°15´15"

Hotel Fränkischer Hof

Eingebettet in sanfte, waldreiche Hügel, zwischen dem Obermaintal und der fränkischen Schweiz gelegen, empfängt Sie das Hotel Fränkischer Hof mit Ruhe und Behaglichkeit. Die familiäre Atmosphäre unseres traditionsreichen Hauses lädt zum Verweilen ein und der Alltag ist weit weg. Genießen Sie Fränkische Gastlichkeit und lassen Sie sich kulinarisch von unserer ausgezeichneten Küche verwöhnen. In Ihrem stilvoll eingerichteten und gemütlichem Zimmer mit zeitgemäßem Komfort wie Selbst-Wähltelefon, Radio, Sat-TV, Bad/Dusche mit WC und Fön werden Sie sich von Anfang an wohl fühlen. Sauna und Schwimmbad im Haus.

Altenkunstadter Str. 41 • 96264 Altenkunstadt-Baiersdorf • Telefon 0 95 72 / 38 30 00 • Fax 0 95 72 / 38 30 20
E-Mail: s.seidel@fraenkischerhof.de • www.fraenkischerhof.de

11111

Arnstein
GPS: N 50°01´17" - E 11°21´22"

EZ ab € 22,00
DZ ab € 37,00
25 14 HP

Gasthof-Pension "Frankenhöhe"

Unser netter Gasthof mit seiner gemütlichen Gaststube, dem behaglichen Nebenzimmer und dem großen Saal bietet, je nach Bedarf, für 35, 70 oder 120 Personen genügend Platz. Auf unserer großen Sonnenterrasse können Sie nach Ihrer Motorradtour mit anderen Bikern bei einem Bier gemütlich plauschen. Für das leibliche Wohl ist bei uns bestens gesorgt. Unsere bekannt gute Küche bietet fränkische Spezialitäten, Speisen der Saison, eigene Hausschlachtung und Kaffee mit Gebäck. Für unsere Hausgäste stehen 14 Fremdenzimmer, mit Dusche und WC, mit insgesamt 25 Betten zur Verfügung.

Arnstein 4 • 96260 Weismain • Telefon 0 95 75 / 2 64
E-Mail: info@gasthof-frankenhoehe.de • www.gasthof-frankenhoehe.de

12433

Bad Königshofen i. Grabfeld
GPS: N 50°17´57" - E 10°28´04"

Restaurant - Weinkeller - Hotel "Schlundhaus"

Nach einem gemütlichen und geselligen Abend laden unsere sechs Hotelzimmer zu einer guten Nacht ein. Unsere Zimmer sind im historischen Stil eingerichtet, so können Sie z.B. in einem Himmelbett „Albrecht Dürers" schlafen. Es wird eine deutsch-fränkische Küche geboten, die vom Chef persönlich zubereitet wird. Unsere Speisekarte richtet sich nach saisonbedingten Gerichten. Zum Beispiel der erste fränkische Spargel, Pilzgerichte wie frische Pfifferlinge, verschiedene Wildgerichte oder frischer Fisch. Natürlich bekommen Sie auch eine deftige Rhönbrotzeit.

Marktplatz 25 • 97631 Bad Königshofen • Telefon 0 97 61 / 15 62
E-Mail: schlundhaus@aol.com • www.schlundhaus.de

11062

vom
Hotel Alte Molkerei in Bad Rodach

Eine Tour für absolute Genießer feinster, verkehrsarmer Sträßchen und mit rund 220 km lang genug, um einen unvergesslichen Tag zu erleben, finden wir im Thüringer Wald. Von Bad Rodach aus geht es über die Hügelkette der Langen Berge bis hoch nach Ottowind um bald die Serpentinen nach Tremersdorf hinabzuschwingen.
Entlang der ehemaligen Grenze zur DDR erreichen wir Görsdorf, wo noch heute Reste der einstigen Mauer, die dieses Dorf von Bayern abschirmte, zu finden sind.
Über Schalkau steigt die Strasse stetig hoch in den Thüringer Wald. Bekannte Namen wie Oberhof mit seiner Olympiaschanze ziehen an uns vorbei. Wir sind auf dem Rennsteig und hangeln uns über unendlich viele Kurven bis auf 974 Metern über dem Meer bis zur Schmücke. Gigantische Aussichten wechseln sich ab mit verlassenen Strassen und immer wieder stoßen wir dabei auf das kulturelle Highlight der Thüringer – ihre einmalige Rostbratwurst. So gestärkt geht es zurück über die südlichen Ausläufer des Thüringer Waldes bis nach Eisfeld und entlang der sanfter werdenden Hügel über Bockstadt nach Harras um bald von Heldritt aus wieder in Bad Roach zu landen, wo im Biergarten vor der Alten Molkerei schon der Fränkische Gerstensaft wartet.

1249

Bad Rodach

GPS: N 50°20´24" - E 10°46´51"

EZ ab € 45,00
DZ ab € 70,00

* Das bekannte Motorradhotel in zentralster Lage zwischen den Topp-Tourengebieten des Thüringer Waldes, der Rhön, der Fränkischen Schweiz und des Frankenwaldes.

* Über 20 perfekt ausgearbeitete Touren als Roadbook oder als Navi-Daten

* Begleitete Touren mit Thomas oder mit einem super ortskundigen Guide.

* Motorradgaragen kostenlos und natürlich Alles, was ein netter Motorradfahrer in einem guten Motorrad Komforthotel erwarten darf.

*** Ein Haus der Hotelgruppe für nette Menschen unterwegs!**
www.motoroute.de

Ernststr. 6 • 96476 Bad Rodach • Telefon 0 95 64 / 83 80 • Fax 0 95 64 / 8 38 55
E-Mail: info@hotel-altemolkerei.de • www.hotel-altemolkerei.de

12498

Bad Windsheim-Oberntief

GPS: N 49°32´07" - E 10°23´11"

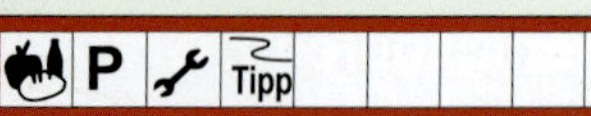

Gasthaus Deininger

Unser gemütlicher Gasthof bietet eine bekannt gute Küche. Die fränkischen Spezialitäten lassen keine Wünsche offen. Genießen sie die in unseren schönen Gasträumen oder in unserem Außenbreich bei Sonnenschein. Motorradfahrer sind bei uns sehr gesehene Gäste. Therme in der Nähe. Montag Ruhetag. Um eine Übernachtungsmöglichkeit für Sie kümmern wir uns gerne.

Kehrenbergstr. 9 • 91438 Bad Windsheim • Telefon 0 98 41 / 23 94

1106

Bechhofen

GPS: N 49°09´30" - E 10°33´09"

EZ ab € 25,00
DZ ab € 50,00

18 9 HP Tipp

Gasthof "Zum Hirschen"

Im familiengeführten Gasthaus Hirschen wird auf gepflegte Gastlichkeit Wert gelegt. Unser Haus befindet sich im von sehr viel Natur umgebenen westlichen Mittelfranken. Für Ihre Übernachtung stehen Ihnen 9 gemütlich eingerichtete Komfortzimmer zur Verfügung. Hier bekommen Sie Ruhe und Entspannung nach einem ereignisvollen Tag und am nächsten Morgen beginnt Ihr Tag mit einem gemütlichen Landfrühstück. Alle Zimmer verfügen über WC, Dusche, Telefon, und TV-Gerät. Am Abend bieten wir Ihnen im Gasthof oder im Biergarten unsere fränkischen Spezialitäten an. Ihr Motorrad steht sicher in einer Garage.

Kanalstr. 1 • 91572 Bechhofen • Telefon 0 98 22 / 3 18 • Fax 0 98 22 / 66 35
E-Mail: gasthofzumhirschen.bechhofen@web.de • www.zum-hirschen-bechhofen.de

126

Breitbach
GPS: N 49°50´50" - E 10°25´45"

EZ ab € 30,00
DZ ab € 48,00

25 | 12 | HP | Tipp

Gasthaus und Pension Zur Traube

Unsere modernen Gästezimmer in der neu erbauten Pension sind komfortabel ausgestattet und geschmackvoll eingerichtet. Selbstverständlich gehören zu jedem Zimmer zeitgemäße Sanitäreinrichtungen (Dusche und WC). Die meisten Zimmer verfügen über einen Balkon bzw. Sitzplatz im Freien. Wir bewirten Sie in unseren fränkisch gemütlich eingerichteten Räumen. Bei schönem Wetter können Sie ein frisches Bier, einen guten Frankenwein aus eigenen Weinbergen oder eine unserer leckeren Spezialitäten der fränkischen Küche im schattigen Biergarten (ca. 30 Plätze) genießen. Für schöne Tourenvorschläge in der Region sprechen Sie uns doch einfach an. Wir fahren selbst Motorrad.

Hauptstr. 23 u. 25 • 97516 Breitbach • Telefon 0 95 53 / 98 10 90
E-Mail: gasthauspensiontraube@yahoo.de • www.zur-traube-breitbach.fwo.de 11244

Burgthann
GPS: N 49°21´13" - E 11°18´55"

EZ ab € 38,00
DZ ab € 68,00

17 | 8 | HP | Tipp

Panorama-Gasthof Burgschänke ***

Unser harmonisch eingerichtetes Restaurant verfügt über 120 Sitzplätze. Die vielseitig frische Küche verwöhnt Sie mit fränkischen Saisonspezialitäten, Wild- und Fischgerichten, hausgemachten Brotzeiten, gepflegten Bieren und einer umfangreichen Weinkarte. In unserem großen Wintergarten, in dem sich eine kleine Bar befindet, werden Sie verzaubert von der herrlichen Landschaft, die Sie bei einem schönen Essen bewundern können. In unserem Haus direkt neben der Burg "Thann", werden Sie sich in den mit Bauernmöbeln komfortabel ausgestatteten Zimmern (alle mit DU/WC, Radiowecker, Telefon, TV, Minibar und Safe) wohl fühlen und nach einer ruhigen, erholsamen Nacht das reichhaltige Frühstücksbuffet in unserem Panorama-Wintergarten mit einem wunderschönen Blick ins wildromantische Schwarzachtal genießen.

Burgbergweg 4 • 90559 Burgthann • Telefon 0 91 83 / 37 30
E-Mail: info@burg-schaenke.de • www.burg-schaenke.de 11022

Coburg
GPS: N 50°15´57" - E 10°58´15"

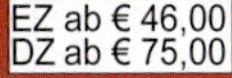

Hotel Garni Haus Gemmer

Bereits an der Rezeption spüren Sie den freundlichen Charakter des Hauses. Das reichhaltige Frühstück schafft eine gute Basis für den neuen Tag. Unsere großzügigen Einzel-, Doppel- und Dreibett-Zimmer machen selbst einen längeren Aufenthalt zum Vergnügen. Auch die Bäder sind frisch und modern ausgestattet. Eine abschließbare Garage für Ihr Motorrad ist selbstverständlich vorhanden. Zusätzlich bieten wir unseren Gästen, die mit dem Motorrad unterwegs sind, eine kleine Schrauberecke sowie einen Trockenraum.

Rosenauer Str. 10 • 96450 Coburg • Telefon 0 95 61 / 5 55 10 • Fax 0 95 61 / 55 51 45
E-Mail: info@hotel-gemmer.de • www.hotel-gemmer.de

11135

vom
Hotel Garni Haus Gemmer
in Coburg

Coburg, die Residenzstadt des ehemaligen Herzogtums Sachsen-Coburg und Gotha liegt mitten im grünen Herzen Deutschlands, zwischen dem Oberen Maintal im Süden und dem Thüringer Wald im Norden. Das Coburger Land gleicht einem Garten mit Burgen, Schlössern und Fachwerkromantik. Von hier aus erreichen Sie auf interessanten Ausflügen und kurvenreichen Straßen z.B. den Frankenwald, die fränkische Schweiz, den Thüringer Wald, das historische Bamberg, die Bierstadt Kulmbach.

Oder wie wäre es mit einem Wellnesstag in einem der naheliegenden Thermalbäder Bad Rodach, Bad Colberg oder Bad Staffelstein?

Am Abend können Sie in den vielen gemütlichen gastronomischen Einrichtungen der Stadt Coburg bei fränkischer Gastlichkeit entspannen.

11135

Coburg
GPS: N 50°15´23" - E 11°00´39"

EZ ab € 29,50
DZ ab € 48,00

66 35 HP Tipp

Gasthof Fink

Lassen Sie es sich gut gehen und genießen Sie die Zeit bei uns. Wir verwöhnen Sie mit einer reichhaltigen Auswahl an gutbürgerlichen und fränkischen Spezialitäten. In unseren gemütlichen Gasträumen sowie auf unserer sonnigen Terrasse werden Sie sich schnell wohl fühlen. Unsere Gästezimmer sind alle mit Dusche, WC, TV und Telefon ausgestattet. Morgens starten Sie mit einem reichhaltigen Frühstücksbuffet in den Tag. Ihr Motorrad bringen wir in einer abschließbaren Garage unter. Auf Wunsch kann Ihnen unser Chef ein paar schöne Tipps für Touren in der Umgebung geben.

Lützelbucher Str. 22 • 96450 Coburg • Telefon 0 95 61 / 2 49 40 • Fax 0 95 61 / 2 72 40
E-Mail: email@gasthof-fink.de • www.gasthof.fink.de

11139

Coburg
GPS: N 50°15´56" - E 10°57´00"

P Tipp

Restaurant Café "Miles and More"

Kehren Sie nach Ihrer anstrengenden Motorradtour durch Franken mit Ihren Kollegen ein und lassen Sie sich in ehrwürdigen Mauern verwöhnen. Unsere Küche beschränkt sich auf das Wesentliche - nämlich das Gute! Durch die erstklassige Zubereitung entstehen Gerichte mit dem gewissen Etwas. Dazu ein frisches Bier oder ein erlesener Wein und der Abend kann nahezu perfekt abgerundet werden. So können Sie die nächste Tour planen und quatschen. Haben Sie Fragen oder brauchen Sie noch Tipps für Touren oder Ausflugsmöglichkeiten - so stehen wir Ihnen gerne zur Verfügung.

Kleine Johannisgasse 6 • 96450 Coburg • Telefon 09 61 / 9 95 39
E-Mail: info.miles@t-online.de • www.das-miles.de

12474

Collenberg
GPS: N 49°46´18" - E 9°20´51"

P Tipp

Camping Maintal
★★★

Seien Sie unser Gast auf Ihrer Tour in Unterfranken und schlagen Sie hier Ihr Zelt auf bevor es am nächsten Tag weiter geht. Gesellen Sie sich in unserem netten Biergarten zusammen und genießen Sie den Tag bei einem kühlen Bier oder Wein. Unser Restaurant verwöhnt Sie mit leichten aber auch deftigen Speisen. Auf Anfrage stellen wir Ihnen auch gerne Lunchpakete für die nächste Tour zusammen. Für Touren- und Ausflugstipps stehen wir ebenfalls jederzeit zur Verfügung.

Schloßstr. 42 • 97903 Collenberg • Telefon 0 93 76 / 12 70
E-Mail: info@campingmaintal.de • www.campingmaintal.de

1241

Dechendorf bei Schwabach
GPS: N 49°18´34" - E 10°55´13"

EZ ab € 36,00
DZ ab € 55,00

30 15 P Tipp

Landgasthof Krug

Herzlich Willkommen im Herzen von Mittelfranken Genießen Sie die harmonisch-familiäre Atmosphäre unseres traditionsreichen Hauses und lassen Sie sich mit typisch fränkischen Spezialitäten und erlesenen Schmankerln verwöhnen. Zum Übernachten stehen Ihnen gemütliche, komfortabel ausgestattete Zimmer zur Verfügung, in denen Sie sich von der ersten Minute an wie zu Hause fühlen werden.

Fichtenweg 1 • 91189 Dechendorf • Telefon 0 98 76 / 95 95 • Fax 0 98 76 / 95 9
E-Mail: info@landgasthof-krug.de • www.landgasthof-krug.de

110

Ebelsbach
GPS: N 49°59´00" - E 10°40´26"

EZ ab € 42,00
DZ ab € 64,00

Hotel - Gasthof Klosterbraeu

Unser Brauereigasthof/Hotel liegt zwischen Bierfranken und Weinfranken 15 Minuten von Bamberg und 30 Minuten von Schweinfurt entfernt unmittelbar an den Naturparks Steigerwald und Hassberge. Es ist der ideale Ausgangspunkt für Touren durch malerische Landschaften, auf kleinen Straßen, durch entlegene Täler, Döfer, Hügel und Wälder. Zum Motorradviereck Fränkische Schweiz fahren Sie 30km durch urtümliche fränkische Gegenden. Mit unserem reichhaltigen Frühstück mit Buffet stärken wir Sie für Ihre Tagestour. Auf Wunsch erhalten Sie auch ein Lunchpaket. Am Abend verwöhnt Sie unsere gute Küche (Auszeichnung Bayerische Küche 2007) in gemütlichen Räumen oder im Biergarten. Dazu gibt es unsere fränkischen Bierspezialitäten oder Frankenweine aus der Region. Sie und Ihr Motorrad sind bei uns herzlich willkommen.

Georg-Schäfer-Str. 11 • 97500 Ebelsbach • Telefon 0 95 22 / 70 93 70 • Fax 0 95 22 / 7 09 37 89
E-Mail: info@klosterbraeu-ebelsbach.de • www.klosterbraeu-ebelsbach.de

11255

Ebern
GPS: N 50°05´29" - E 10°47´43"

EZ ab € 38,00
DZ ab € 55,00

Gasthof Frankenstuben

Lassen Sie sich anstecken von typisch fränkischer Ruhe und Gelassenheit. Genießen Sie den Charme einer idyllischen Kleinstadt und die persönliche Atmosphäre in unserem Gasthof. Unser freundlicher Service wartet mit typisch fränkischen Schmankerln und auserlesenen Spezialitäten auf. Die großzügigen und modernen Gästezimmer überblicken den idyllischen Baunachgrund. Unsere Zimmer sind mit Dusche/WC oder Bad, Telefon, TV und teilweise Balkon ausgestattet. Wir freuen uns auf Ihren Besuch!

Klein-Nürnberg 20 • 96106 Ebern • Telefon 0 95 31 / 84 30 • Fax 0 95 31 / 82 99
E-Mail: info@gasthof-frankenstuben.de • www.gasthof-frankenstuben.de

11113

Eltmann
GPS: N 49°58´00" - E 10°39´59"

EZ ab € 30,00
DZ ab € 56,00

Hotel und Landgasthof "Wallburg"

Hallo Biker! Sie suchen eine gemütiche Unterkunft auf Ihrer Motorradtour durch Franken. Wir bieten Ihnen komfortabel und gemütlich ausgestattete Zimmer in heimeliger und familiärer Atmosphäre. Dazu gibt es eine gutbürgerliche Küche mit herzhafter aber auch leichter Kost. Der sonnige Biergarten lädt an warmen Sommerabenden zum Verweilen und Genießen ein. Hier können Sie und Ihre Kollegen nochmal Ihre nächste Tour durchgehen. Sollten Sie noch Tourenanregungen brauchen stehen wir Ihnen natürlich jeder Zeit zur Seite. Ihr Motorrad bringen wir in einer Garage unter. Wir freuen uns auf Ihren Besuch!

Wallburgstr. 1 • 97483 Eltmann • Telefon 0 95 22 / 60 11 • Fax 0 95 22 / 81 38
E-Mail: info@hotelwallburg.de • www.hotelwallburg.de

12577

Erlangen
GPS: N 49°55´44" - E 10°35´04"

EZ ab € 45,00
DZ ab € 66,00

Hotel Central

Das Hotel Central verfügt über 10 Doppel- sowie 9 Einzelzimmer. Alle Zimmer sind mit Dusche WC und Telefon ausgestattet. Selbstverständlich gehört Kabelfernsehen ebenfalls zur Ausstattung unserer Zimmer. Ein reichhaltiges Frühstücksbuffet ist in den Zimmerpreisen eingeschlossen. Zusätzlich bieten wir unseren Motorradfreunden eine kleine Schrauberecke sowie einen Trockenraum. Wir stehen Ihnen jederzeit für Tourentipps und Ausflugsmöglichkeiten zur Verfügung.

Westliche Stadtmauerstr. 12 • 91054 Erlangen • Telefon 0 91 31 / 7 88 50 • Fax 0 91 31 / 78 85 44
E-Mail: office@hotel-central-erlangen.com • www.hotel-central-erlangen.com

12412

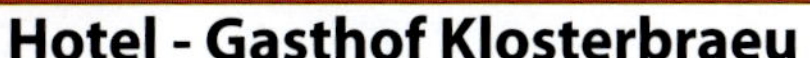

Fernabrünst
GPS: N 49°23´45" - E 10°49´29"

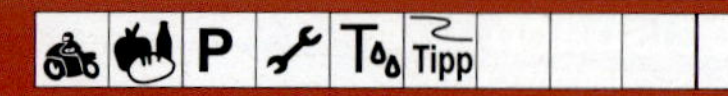

Gasthof "Zur Linde"

Das Landgasthaus "Zur Linde" bietet heute solide Gastlichkeit für Gäste aus nah und fern. Bei schönem Wetter sitzt man auch gerne im Schatten der Linde im Freien. Geschätzt wird dabei neben dem guten Zirndorfer Bier vor allem die fränkische Küche. Wir sind stets bemüht unseren Gästen einen angenehmen Aufenthalt zu bieten. Abstellmöglichkeiten für Ihr Motorrad bieten wir genügend. Ebenso vorhanden ist ein Trockenraum für nasse Kleider und eine kleine Schrauberecke, die Sie hoffentlich nicht benötigen. Ihr Gastgeber gibt Ihnen gerne bei einem Glas Bier noch schöne Tourentipps in der nahen Umgebung. Schuhmacher/Lederreparatur/Stiefel.

Fernabrünster Hauptstr. 5 • 90613 Großhabersdorf • Telefon 0 91 05 / 3 53
E-Mail: ZurLinde-Fernabruenst@t-online.de • www.lindenhof-fernabruenst.de

11071

vom
Gasthof "Zur Linde"
in Fernabrünst

Die ca. 195 km lange Tour startet in Fernabrünst bei Großhabersdorf und führt zunächst über kleinere Sträßchen in Richtung Naturpark Frankenhöhe, an dessen westlichem Ende Rothenburg ob der Tauber mit seinem mittelalterlichen Stadtbild zu einem ersten Stopp mit einem Bummel durch die Gassen oder dem Besuch des Kriminalmuseums einlädt. Anschließend geht es entlang des Taubertals über das ebenfalls mittelalterlich geprägte Creglingen weiter nach Röttingen, der Stadt der Festspiele, des Weines und der Sonnenuhren. Die Tour macht kurz danach eine Wende in Richtung Osten und führt uns am südlichen Rand des Steigerwalds in das an der B470 gelegene Ipsheim, welches als großes Weinbaugebiet mit entsprechenden Verkostungsmöglichkeiten bekannt ist. Wenn noch Zeit übrig ist, dann lohnt ein kleiner Abstecher zur nahe gelegenen Burg Hoheneck. In südlicher Richtung geht es über verwinkelte Straßen weiter bis nach Virnsberg und der dort gelegenen, imposanten Schlossanlage, die 1235 erstmals als Sitz der Herren von Virnsberg schriftlich erwähnt wurde. Die Tour neigt sich nun langsam dem Ende zu und führt in Richtung Osten über Dietenhofen wieder zurück nach Fernabrünst.

11071

Gerhardshofen-Forst

EZ ab € 25,00
DZ ab € 48,00

Gasthaus Zur Einkehr

Unsere gemütlichen Gästezimmer gewährleisten Ruhe und somit tiefen Schlaf. Nach einem schönen Tag werden Sie hier zufrieden und entspannt den Tag beenden. Unsere rustikal gestalteten Räume bieten einen ruhigen und angenehmen Aufenthalt. Wir servieren Ihnen hier Fränkische Spezialitäten, Karpfen und Gerichte mit Produkten aus eigener Hausschlachtung. Heimische Biere und die besten Fränkischen Weine runden das Angebot ab. Unser gemütlicher Biergarten lädt zum Verweilen ein. Ein Trockenraum und eine Garage für Ihr Motorrad sind selbstverständlich auch vorhanden.

Forst 7 • 91466 Gerhardshofen • Telefon 0 91 83 / 3 95

1102

Geroldsgrün
GPS: N 50°20´11" - E 11°35´37"

EZ ab € 19,00
DZ ab € 38,00

Gasthof zum Goldenen Hirschen

In unserem Haus erwarten Sie modern eingerichtete Gästezimmer selbstverständlich mit Bad Dusche/WC, Kabel- TV und zum Teil Balkon. Großer Garten, Liegewiese, Gartenhaus mit Grill, Parkplatz, neu gestaltete Kaffeeterrasse, Aufenthaltsraum mit Balkon und gemütliche Gasträume bieten Ihnen Voraussetzung für gute Erholung. Zentrale, dennoch ruhige Lage, nur 5 Gehminuten zum Wald. Gepflegte Küche mit fränkischen und internationalen Spezialitäten. Diät und Schonkost auf Wunsch. Bei uns können Sie Ihr Motorrad kostenlos unterstellen, sowie kleinere Reparaturen durchführen. Außerdem erhalten Sie für Ihre Tagestour ein Lunchpaket.

Burgsteinstr. 12 • 95179 Geroldsgrün • Telefon 0 92 88 / 2 34
E-Mail: goldenenhirschen@t-online.de • www.goldenenhirschen.de

111

Greding
GPS: N 49°02´45" - E 11°21´15"

EZ ab € 49,00
DZ ab € 65,00

Hotel Schuster

Herzlich willkommen! Sowohl gehobene Gerichte als auch gutbürgerliche Speisen finden Sie auf unserer Karte. Was darf es sein? Lachsfilet oder Schweinebraten? Alles auch auf unserer herrlich, sonnig gelegen Außenterrasse. Wir verfügen über 60 Zimmer mit komfortabler Einrichtung. Sie werden sich bei uns richtig wohlfühlen! Jedes reguläre Zimmer ist mit Dusche/WC, TV und z.T. mit Telefon ausgestattet. Nach anstrengender Reise bietet Ihnen unser Hallenbad (mit Gegenstromanlage und Wasserfall) die richtige Entspannung. Das ist gut für Ihren Rücken! Oder Sie schwitzen ordentlich in der Sauna. Für Sonnenhungrige gibt es gleich nebenan ein Solarium gegen Gebühr. Für Ihr Motorrad halten wir selbstverständlich eine Garage bereit sowie eine kleine Schrauberecke und einen Trockenraum für eventl. nasse Kleider.

Marktplatz 23-25 • 91171 Greding • Telefon 0 84 63 / 90 30 • Fax 0 84 63 / 7 88
E-Mail: info@hotel-schuster-greding.de • www.hotel-schuster-greding.de

10977

Greding
GPS: N 49°02´46" - E 11°21´01"

EZ ab € 38,00
DZ ab € 55,00

36 22 VP Tipp

Das Hotel Bayernhof, im Herzen von Bayern mit zentraler Lage an der Autobahn A9 zwischen Nürnberg und Ingolstadt gelegen, bietet seinen Gästen 22 Zimmer, die wunderschöne Landschaft im Altmühltal und einen angenehmen Service. Firmen, Familien, Reisegruppen, Wanderer und Durchreisende besuchen uns immer wieder gerne. Sie sollen sich im Hotel Bayernhof wohlfühlen. Alle Zimmer im Hotel sind mit Dusche/WC, Farb-TV, Radiowecker, Mini-Bar, Fön und Telefon ausgestattet. Zwei Zimmer haben einen Whirlpool für die besondere Entspannung. Der Biergarten im Hotel Bayernhof ist in den Sommermonaten für Hotelgäste und Besucher geöffnet. Für Feste, Feiern und zum Genießen - für viele Gelegenheiten. Die Speisen im Restaurant vom Hotel Bayernhof können Sie in Voll- und Halbpension erhalten. Wir haben für unsere Gäste eine internationale sowie bayerische Küche mit viel Abwechslung. Ein sicherer Abstellplatz für Ihr Motorrad liegt uns am Herzen – deswegen stellen wir insgesamt 5 abschließbare Garagen zur Verfügung.

Nürnberger Str. 15 • 91171 Greding • Telefon 0 84 63 / 65 10 • Fax 0 84 63 / 6 51 10
E-Mail: hotel-bayernhof@t-online.de • www.hotel-bayernhof.de

10978

Gunzenhausen
GPS: N 49°06´36" - E 10°45´20"

EZ ab € 51,00
DZ ab € 82,00

Parkhotel Altmühltal ****

ENTSPANNEN, GENIEßEN, WOHL FÜHLEN im Fränkischen Seenland/Naturpark Altmühltal, einer der schönsten Feriengebiete Süddeutschlands. Checken Sie ein im Vier-Sterne Aktiv-Hotel. Das Haus liegt ruhig am Ortsrand und bietet seinen Gästen beste Möglichkeiten zur Entspannung. Die 67 großzügig gestalteten, mit einem Farbpsychologen gemütlich eingerichteten Zimmer und Suiten werden Sie begeistern. Das Erlebnisschwimmbad mit Wirlpool, Sauna, Dampfbad u.v.m. bietet eine Oase der Ruhe zum Regenerieren. Relaxen Sie in der Beauty- und Wellnessabteilung bei einer kosmetischen Behandlung oder einer wohltuenden Massage, Im Restaurant "Chicorée" können Sie kulinarische Gaumenfreuden von der Fränkischen Bratwurst bis zum Candle-Light-Diner genießen und den Abend mit einem Schlummertrunk an der Bar "La Luna" ausklingen lassen. Wir freuen uns auf Sie!

Zum Schießwasen 15 • 91710 Gunzenhausen • Telefon 0 98 31 / 50 40
Fax 0 98 31 / 8 94 22 • E-Mail: info@aktiv-parkhotel.de • www.aktiv-parkhotel.de

11024

Haag-Neuendettelsau
GPS: N 49°17´45" - E 10°49´03"

EZ ab € 30,00
DZ ab € 50,00

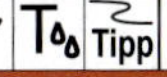

Unser Gasthof - Pension "Jägerheim" ist ein modern renovierter Familienbetrieb. Der Gasthof wurde im Jahr 1992 liebevoll restauriert und bietet eine Gaststube, ein Restaurant und einen abgeschlossenen Nebenraum. Unser Unternehmensziel ist es, Sie liebe Gäste aus Nah und Fern, in unserem Gastronomiebetrieb herzlich aufzunehmen und mit unserer Küche zu verwöhnen. Ihr Aufenthalt soll in angenehmer Erinnerung bleiben, um Sie auch künftig wieder beherbergen zu dürfen. Eine ruhige, ländliche Umgebung gewährleistet einen erholsamen Tages- bzw. Urlaubsaufenthalt. Unser Gasthof verfügt über 5 Doppelzimmer und 3 Dreibettzimmer, die den höchsten Ansprüchen unserer Zeit gerecht werden.

Haag 4 • 91564 Neuendettelsau • Telefon 0 98 74 / 3 33
E-Mail: jaegerheim.haag@t-online.de • www.gasthof-jaegerheim.de

11070

Haßfurt
GPS: N 50°01´53" - E 10°30´37"

EZ ab € 35,00
DZ ab € 52,00

Hotel Walfisch

Zwischen den beiden Naturparks Haßberge und Steigerwald, unmittelbar am nördlichen Mainufer liegt das reizvolle Haßfurt. In unserem Restaurant stehen 30 Plätze, im Walfischstüble 38 Plätze und im Walfischkeller 25 Plätze zur Verfügung. Lassen Sie sich in familiärer Atmosphäre mit fränkischen, schwäbischen und internationalen Spezialitäten verwöhnen. Im Ausschank Mönchshofbräu aus Kulmbach sowie regionale Weine aus unserer fränkischen Weinregion. Unser Hotel verfügt über insgesamt 22 Zimmer mit 38 Betten. Die Zimmer sind mit Dusche/WC und Kabel-TV ausgestattet und sind ruhig zum Hof gelegen. Garage kostenlos.

Obere Vorstadt 8 • 97437 Haßfurt • Telefon 0 95 21 / 9 22 70 • Fax 92 27 50
E-Mail: info@walfisch-hassfurt.de • www.walfisch-hassfurt.de

11064

Heideck
GPS: N 49°08´21" - E 11°07´04"

EZ ab € 30,00
DZ ab € 50,00

Hotel und Reitsportzentrum Kreuth

Herzlich willkommen in unserem Hotel garni mit familiärer Atmosphäre im Herzen des Fränkischen Seenlandes! Einen entspannenden und angenehmen Aufenthalt ermöglichen Ihnen unsere 15 komfortabel eingerichteten Zimmer mit DU/WC, Telefon und Sat-TV. Nach einem erholsamen Schlaf und einem reichhaltigen Frühstücksbuffet können Sie Ihre Motorradtour starten. Für Ihr Motorrad bieten wir Ihnen eine abschließbare Garage und für evtl. nasse Kleidung einen Trockenraum. Auch für Ihr Motorrad ist mit einer Vertragswerkstatt inkl. Reifen-Service und Waschmöglichkeit ganz in der Nähe bestens gesorgt. Wir freuen uns auf Sie!

Schloß Kreuth 1 • 91180 Heideck • Telefon 0 91 77 / 2 10 • Fax 0 91 77 / 16 00
E-Mail: info@schlosskreuth.de • www.schlosskreuth.de

1248

vom
Hotel Kreuth in Heideck

Die ca. 180km lange Altmühltaltour für Genießer startet in Heideck Richtung Laibstadt, über Dannhausen nach Reinwarzhofen. Hier scharf rechts nach Ruppmannsburg und weiter nach Wengen. In Wengen rechts Richtung Biburg und Stadlhofen. Zwischen den Orten aufpassen - es kommt eine scharfe Rechtskurve. Im Mantlach rechts Richtung Titting (ein Geheimtipp für Weißbierfreunde) und anschließend nach Erkertshofen. Vor Wachenzell rechts weg auf kurvigen Straßen durch den Wald nach Altdorf. Rechts den Berg hinauf nach Hirnstetten und weiter Richtung Gungolding. An der Kreuzung links Richtung Kipfenberg. Durch das Schambachtal bis Böhmfeld. Stammhamm ist das nächste Ziel unserer Reise. Durch das enge Altmühltal fahren wir über Altmannstein und Hexenagger (bekannt für seinen romantischen Weihnachtsmarkt im Schlossgelände) nach Riedenburg. Hier bietet sich eine Rast an einem der vielen Biker-Cafés direkt am Rhein-Main-Donau-kanal an. Gestärkt geht es dann weiter an Dietfurt vorbei. Auf engen Straßen führt die Tour nach Mallerstetten und weiter bis Berching. Nach Berching Richtung Hilpoltstein folgt eine Rechts-Linkskombination zum schwindlig werden. Von Sindersdorf rechts Richtung Freystadt mit seinem schönen Marktplatz. An Allersberg vorbei fürht unser Weg über den Rothsee (Bademöglichkeit) nach Hilpoltstein und weiter zum Ausgang unserer Rundfahrt nach Heideck.

1248

Heldburg
GPS: N 50°17´00" - E 10°43´38"

EZ ab € 30,00
DZ ab € 45,00

Gasthof-Pension **Schützenhaus**

Herzlich willkommen in unserem gastlichen Haus mit der familiären Atmosphäre. Wir bieten unseren Gästen durchgehend warme Küche. Neben gutbürgerlichem Essen bieten wir auch Höhepunkte wie Salattage, Schnitzeltag und Candlelight-Diner für 2. Dazu hervorragende Weine aus Kalifornien, Chile, Südfrankreich und allen deutschen Weinanbaugebieten. Sie übernachten in gemütlich eingerichteten Zimmern mit Dusche,/WC, Telefon und Fernsehe Damit Sie gut und gestärkt in den Tag starten, erwartet Sie morgens ein reichhaltiges Frühstücksbuffet, mit allem was das Herz begehrt. Bei schönem Wetter lädt unser gemütlicher Biergarten unter Linden zum Verweilen ein. Für weitere Tourenanregungen stehen wir Ihnen gerne zur Seite - sprechen Sie uns an!

Ziegelhüttenweg 188 • 98663 Heldburg
Telefon 03 68 71 / 2 11 62 • Fax 03 68 71 / 2 12 59

111

Hersbruck
GPS: N 49°30´55" - E 11°25´41"

EZ ab € 50,00
DZ ab € 85,00

Haus mit Niveau, persönlicher Note und bester Betreuung. Ideal für Motorradtouren in der schönen Frankenalb. Jedes Zimmer hat seinen eigenen Charakter. Bad oder Dusche, WC, Föhn, Kabel TV, Telefon. Jetzt NEU!!! WLAN (Internet in jedem Zimmer) Überwiegend mit Balkon oder Terrasse. Herrliche Sicht über die Hersbrucker Schweiz. Ihr Motorrad bringen wir in einer Garage unter. Vor Ihrer Tour am nächsten Morgen geben wir Ihnen gerne auch noch ein Lunchpaket mit auf den Weg.

Höhenweg 10 • 91217 Hersbruck • Telefon 0 91 51 / 38 04 • Fax 0 91 51 / 45 60
E-Mail: mail@petit-hotel-panorama.de • www.petit-hotel-panorama.de

12385

Hofheim in Unterfranken
GPS: N 50°09´02" - E 10°32´59"

EZ ab € 28,50
DZ ab € 43,50

26 13 HP Tipp

Landgasthof Burgblick

Unser Landgasthof " Burgblick " liegt ca. 2,5km außerhalb der Stadt Hofheim. Hier kann man in zwangloser Familienatmosphäre einen Urlaub verbringen, der weder vom Straßenlärm, noch vom Durchgangsverkehr gestört wird. Moderne Fremdenzimmer mit Bad/Dusche, WC, Telefon und auf Wunsch Fernseher, gemütliche Gasträume, Liegewiese und ein Kinderspielplatz stehen zur Verfügung. Unsere gutbürgerliche Küche bietet eine reichhaltige Speisekarte neben einem umfangreichen Sortiment an bekannten fränkischen Wurstwaren. Unsere Langbiere und eine Palette vollmundiger Frankenweine runden unser Angebot ab.

Manauer Str. 3-5 • 97461 Hofheim • Telefon 0 95 23 / 4 50 • Fax 0 95 23 / 79 99
E-Mail: info@landgasthof-burgblick.de • www.landgasthof-burgblick.de

11063

Hollfeld
GPS: N 49°56´34" - E 11°17´50"

EZ ab € 18,00
DZ ab € 25,00

5 3 P

Haus Beermann

Fühlen Sie sich wie zu Hause in unseren urgemütlichen Gasträumen und der gastfreundlichen und familiären Atmosphäre. Unsere gemütlichen Zimmer bieten optimale Erholung. Bevor es dann am nächsten Morgen auf die nächste Tour geht, stärken Sie sich an unserem reichhaltigen Frühstücksbuffet. Von hier aus haben Sie einen idealen Ausgangspunkt für zahlreiche Motorradtouren in die Fränkische Schweiz. Erleben Sie die unverfälschte Landschaft und kehren Sie abends wieder bei uns ein. Wir warten schon mit frischen Gerichten aus unserer Küche.

Marienplatz 20 • 96142 Hollfeld • Telefon 0 92 74 / 7 94 • Fax 0 92 74 / 80 77 28
E-Mail: marcel_haake@freenet.de

12473

Kalchreuth
GPS: N 49°33´29" - E 11°07´56"

EZ ab € 28,00
DZ ab € 48,00

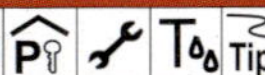

Landgasthof - Metzgerei Meisel

Mit einem herzlichen "Grüß Gott" heißen wir Sie bei uns jederzeit willkommen. Unser Haus liegt in zentraler Lage im Städtedreieck Nürnberg - Fürth - Erlangen. Unsere Küche verwöhnt Sie mit fränkischen und internationalen Speisen. Morgens erwartet Sie ein reichhaltig gedeckter Frühstückstisch, der keine Wünsche offen lässt. Unsere Zimmer sind überwiegend mit TV, Telefon, Dusche, WC und Föhn ausgestattet. Ihr Motorrad können Sie nachts in einer unserer abschließbaren Garagen abstellen. Trockenraum und eine kleine Schrauberecke sind ebenfalls vorhanden.

Dorfplatz 1 • 90562 Kalchreuth • Telefon 09 11 / 5 62 69 56 • Fax 09 11 / 5 62 69 99
E-Mail: doris.meisel@t-online.de • www.landgasthof-meisel.de

11075

Kauernhofen

GPS: N 49°47´11" - E 11°04´82"

EZ ab € 25,00
DZ ab € 50,00

Von unserer Küche werden Sie mit fränkischen und bayrischen Spezialitäten verwöhnt. In unseren frisch renovierten Gästezimmern mit Dusche und WC werden Sie sich sofort wohl fühlen. Der Gasthof Eismann liegt am Rande der fränkischen Schweiz und bietet somit eine optimale Ausgangsposition für jegliche Ausflüge. Für Tourentipps stehen wir Ihnen jederzeit zur Verfügung. Wir kennen sehr viele Motorradstrecken, da wir selbst begeisterte Motorradfahrer sind.

Andreas-Knauer-Str. 19 • 91330 Egg.-Kauernhofen • Telefon 0 95 45 / 50 91 15
Fax 0 95 45 / 44 18 32 • E-Mail: info@gasthof-eismann.de • www.gasthof-eismann.de

12411

Kinding/Pfraundorf

GPS: N 49°00´12" - E 11°27´07"

P

Campingplatz Kratzmühle

Zwischen Altmühl und Waldhang liegt der Campingplatz Kratzmühle wunderschön in der Landschaft des Naturparks Altmühltal und in unmittelbarer Nähe (wenige Meter) zum beliebten Kratzmühl-See. Schön gelegene Zeltplätze am Fluss oder Wald und immer in der Nähe eine von 5 Sanitäranlagen. In den beheizten Sanitäranlagen sind gepflegte Toiletten, Waschräume mit Duschen, Waschbecken mit Warmwasser und Einzelwaschkabinen eine Selbstverständlichkeit. Parkplätze für Motorräder sind vorhanden.

Mühlweg 2 • 85125 Kinding-Pfraundorf
Telefon 0 84 61 / 6 41 70 • Fax 0 84 61 / 64 17 17

E-Mail: info@kratzmuehle.de • www.kratzmuehle.de

10972

Eine wunderschöne Motoradtour bietet nicht nur das Altmühltal selbst, sondern auch seine vielen Seitentäler, die aufgrund sehr kurvenreicher Ausläufer für eine Motoradtour hervorragend geeignet sind. Beginnend im „Freizeitzentrum Kratzmühle" (Zwischen Kinding, BAB9 und Beilngries) geht die Fahrt über Unteremmendorf (Zwischen Kratzmühle und Kinding) anspruchsvoll hinauf über verschiedene Dörfer nach Gelbelsee. In Gelbelsee (nach BAB-Unterführung) rechts über die Waldstraße nach Kipfenberg. Vorbei an der Burg geht es wieder sehr anspruchsvoll bergab hinunter nach Kipfenberg. Von Kipfenberg dann weiter nach Pfahldorf (bergauf). In Pfahldorf rechts wieder bergab ins Anlautertal. Unten im Anlautertal gleich links Richtung Titting (schöne geschlungene Talstraße). In Titting schöner Biergarten bei „Brauerei Guttmann". Nach Titting zurück nach Emsing und dort bergauf nach Greding. Vor Greding geht´s mit Spitzkehren wieder bergab ins Schwarzachtal. Von Greding weiter über die Landstraße (nicht Autobahn) nach Kinding. Direkt vor Kinding geht eine wunderbar kurvenreiche Strecke wieder bergauf über Haunstetten, Wiesenhofen, Litterzhofen, Friebertshofen nach Plankstetten im Sulztal (sehenswertes Kloster mit Ökoladen und Biergarten). Von Plankstetten weiter nach Beilngries ins Altmühltal. Von Beilngries sind´s dann nur noch 5 km zurück ins „Freizeitzentrum Kratzmühle". Tour ca. 90km, sehr kurvenreich, nichts für „Raser" sondern für „Genussfahrer"!

1097

Kitzingen

GPS: N 49°44´38" - E 10°10´04"

EZ ab € 38,00
DZ ab € 50,00

15 | 27 | P | Tipp

Hotel Pelikan

Wir bieten unseren Gästen gemütliche Zimmer, und ein reichhaltiges Frühstücksbuffet.

Besuchen Sie uns auch in unserem Mote
Pelikan direkt an der A3 im Mainfranken
park. www.pelikan-motel.de

Schwarzacher Str. 39 • 97318 Kitzingen • Telefon 0 93 21 / 3 17 83 • Fax 0 93 32 / 94 9
E-Mail: hotelpelikan@gmx.de • www.hotel-pelikan-kitzingen.de

110

Knetzgau-Eschenau
GPS: N 49°57´39" - E 10°29´58"

EZ ab € 19,50
DZ ab € 34,00

Anspruchsvolle und aktive Gäste finden hier Lebensfreude in persönlicher Atmosphäre. Genießen Sie auf unserer Terrasse bei Kaffee und hausgemachtem Kuchen von unserem 10.000m2 großen Gelände den herrlichen Blick in den Steigerwald und das Maintal. Die Familien Löbl und Gütlein bieten Ihnen in der Pension 62 Betten in 32 komfortablen Zimmern, die alle hell und modern eingerichtet sind. In unseren drei behaglichen Gasträumen freuen Sie sich auf die unverwechselbare Gastfreundschaft nach ausgedehnten Streifzügen durch Wald und Natur. Freundliches Personal und ein zuvorkommender Service bieten Ihnen von unserer Küchenmeisterin komponierte fränkische Spezialitäten oder internationale Köstlichkeiten. Swimmingpool, Biergarten und ein Lagerfeuerplatz bieten wir unseren Gästen ebenfalls an. Zeltmöglichkeiten vorhanden.

August-Wacker-Str. 25 • 97478 Knetzgau • Telefon 0 95 27 / 3 76 • Fax 0 95 27 / 70 16
E-Mail: info@gasthof-loebl.de • www.gasthof-loebl.de

11060

Kressberg-Marktlustenau
GPS: N 49°07´51" - E 10°14´08"

EZ ab € 49,00
DZ ab € 78,00

Landgashof-Hotel Hirsch

Erholen Sie sich in unserem kleinen Landhotel in ruhiger, idyllischer Lage vom Alltag. Egal ob Sie einen Kurzurlaub oder Zwischenstopp planen, bei uns werden sie immer herzlich empfangen. Alle Zimmer sind selbstverständlich mit Farb-TV, Telefon, Dusche, WC ausgestattet. Zum Teil auch mit Balkon. Neu! Ein Onlinezugang über WLAN ist möglich. Hoteleigene Parkplätze vor dem Haus sowie Unterstellmöglichkeiten für Fahrräder und Motorräder. Unser Biergarten/Terrasse, umgeben von unserer Gartenlandschaft mit Kaktusanlage, lädt nach einer schönen Motorradtour zum Genießen und Wohlfühlen ein oder Sie nutzen unsere Kegelbahn zum Relaxen. Da wir selber Motorrad fahren, sprechen Sie uns an für schöne Touren durch Franken, Schwäbische Alb....

Marktstr. 38 • 74594 Kressberg-Marktlustenau • Telefon 0 79 57 / 2 16 • Fax 0 79 57 / 15 33
E-mail: landgasthof-hotel-hirsch@freenet.de • www.landgasthof-hotel-hirsch.de

12601

Kronach
GPS: N 50°14´27" - E 11°19´32"

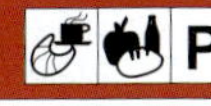

Strauer Torweg 3 | 96317 Kronach
Telefon 09261 - 12 62

MEPHISTRO - Cafe.Bistro.Bar

Herrlich gelegen bildet das täglich geöffnete Lokal das Tor zur historischen Altstadt von Kronach. Das Mephistro bietet mit insgesamt ca. 250 Innen- und Außensitzplätzen ausreichend Platz für kleine und große Gruppen. Unterschiedliche Stilrichtungen geben jedem Lokalbereich seine persönliche Note. Eine rustikal-elegante Einrichtung unterstützt das klassische Flair eines Wiener Kaffeehauses und schafft im Cafe-Bereich ein einzigartiges, gemütliches Ambiente. Das Bistro besticht durch einen modernen, extrovertierten Stil. Der romantische Terrassenbiergarten – eingebettet in den alten Wehranlagen der Stadt – verleiht zusätzlich ein einzigartiges Flair und bietet über die Stadtmauer einen direkten Zugang in den Kern der Kronacher Altstadt. Die reichhaltige Speisekarte hält für jeden Geschmack etwas Passendes zu einem hervorragenden Preis-/Leistungsverhältnis bereit: Von Kaffee- und hausgebackenen Kuchenspezialitäten über herzhafte Salat-, Nudel- und Fleischkreationen bis hin zu verschiedenen Eis- und Dessertleckereien.

11138

Kulmbach
GPS: N 50°08´03" - E 11°25´80"

EZ ab € 49,00
DZ ab € 79,00

Hotel Dobrachtal **

Höferänger 10 • 95326 Kulmbach • Telefon 0 92 21 / 94 20 • Fax 0 92 21 / 94 23 55
E-Mail: info@dobrachtal.de • www.hotel-dobrachtal.de

Es ist unser Anspruch, unseren Gästen nicht nur eine Übernachtungsgelegenheit zu bieten, sondern ein Zuhause auf Zeit. Darum sind alle unsere Zimmer so gestaltet, dass Sie sich darin wohlfühlen können. Die fränkische Küche gehört zu den vielfältigsten der Welt. Erlesene, frische Zutaten aus der Region, teils sogar aus dem eigenen Garten und die Liebe zum Detail schenken Ihnen sinnliche Gaumengenüsse vom Feinsten. Dazu gehören auch ganz verschiedene, immer wieder neu gestaltete Ambiente. Genießen Sie einen herrlichen Sommerabend auf unserer Terrasse oder in unserem Garten und lassen Sie sich dazu mit den Spezialitäten aus unserer Küche verwöhnen. Das kann ein Gourmetmenü mit einem unserer erlesenen Weine ebenso sein wie eine herzhafte Brotzeit mit einheimischen Bieren.

12472

vom
Hotel Dobrachtal
in Kulmbach

Sie starten mit der Steinachklamm: der schöne Rundkurs führt auf einer Wald- und Schotterpiste durch die naturgewaltige Klamm. Dann geht es weiter über Neuenmarkt, wo Sie Station im Deutschen Dampflokomotiv – Museum machen; lassen Sie sich einfach entführen in eine längst vergangene Zeit; nach Bayreuth. Nach einem Stadtbummel in der Wagner Stadt, lassen Sie es sich in der Eremitage von prachtvollen Gärten mit Wasserspielen, Grotten und einem Ruinentheater, sowie einem Spiegelscherbenkabinett „ das Leben als Fest „ vermitteln.

12472

Kulmbach

GPS: N 50°06´91" - E 11°28´17"

P Tipp

Brauereigaststätte + Biergarten „Zum Mönchshof-Bräuhaus"

Der Kulmbacher Mönchshof liegt am Rande der Bierstadt Kulmbach und ist idealer Treffpunkt für Motorradfreunde. Das Bräuhaus steht für über 600 Jahre Gastlichkeit und Brautradition. Neben der großen Biersortenvielfalt der Kulmbacher Brauerei ist außerdem einzigartig das Museumsbier der Gläsernen Brauerei des Bayerischen Brauereimuseums am Zapfhahn. Dazu kochen wir fein abgestimmt bierige Gerichte. Von „fein fränkisch" über „rustikal deftig" bis zu „leicht und kreativ". Der schöne Biergarten mit den großen, uralten Kastanien lädt an sonnigen Tagen gerne zum Verweilen und Entspannen ein. Genießen Sie fränkische Lebensart und: „kommen´s amal vorbei"! Gerne sind wir Ihnen auch bei der Suche von Übernachtungsmöglichkeiten in Stadt und Land behilflich.

Hofer Str. 20 • 95326 Kulmbach • Telefon 0 92 21 / 8 05 14 • Fax 0 92 21 / 8 05 15
E-Mail: Kulmbacher-Moenchshof@kulmbacher.de • www.bayerisches-brauereimuseum.de

12536

von der
Brauerei-Gaststätte "Zum Mönchshof-Bräuhaus
in Kulmbach

Getreu dem Motto: „Heute back ich, morgen brau ich" finden Sie im Kulmbacher Mönchshof auch das Bayerische Brauerei- und Bäckereimuseum. Ein Rundgang im Bayerischen Bäckereimuseum startet bei dem alten Backhäuschen aus dem 17. Jahrhundert. Fast meint man hier, die Hexe von Hänsel und Gretel kommt jeden Augenblick um die Ecke! Nach einer kurzen Einführung „vom Halm zum Korn" blickt man auf eine dreistöckige Mühle. Rund um eine alte Backstube ist das Thema „vom Mehl zu den Backwaren" inszeniert. Eine Vielzahl von Exponaten, Hörstationen und Info-Tafeln gibt Antwort auf allerlei Fragen rund ums Backen. Am Ende des Rundgangs kann man einen Happen Brot aus dem Steinbackofen kosten. Die herausragende Bedeutung des "flüssigen Goldes" in Bayern, Franken und insbesondere in Oberfranken wird in den einzelnen Abteilungen des Bayerischen Brauereimuseums eindrucksvoll und didaktisch inszeniert. „Die Kunst des Bierbrauens" bildet den Auftakt. Hier erfahren Sie wie Bier um 1900 gebraut wurde und dass es auch heute noch eine hohe handwerkliche Kunst ist, guten Gerstensaft zu brauen. Die bierige Reise setzt sich in den Sequenzen "Bierkultur im Wandel der Zeit", Werbung rund ums Bier" und "Brauereiarchitektur" fort. Höhepunkt des Besuches ist der Gang durch die "Gläserne Brauerei" mit ihren gläsernen Sudkesseln. Hier können Sie dem Braumeister über die Schultern gucken das vollmundige, goldgelbe Museumsbier probieren.

12536

Lauf an der Pegnitz

GPS: N 49°30´43" - E 11°16´54"

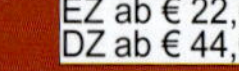
EZ ab € 22,00
DZ ab € 44,00

Gasthof "Weißes Lamm"

Inmitten der historischen Altstadt von Lauf an der Pegnitz haben Sie die Möglichkeit in unserem Gasthof "Weißes Lamm" die Franken von Ihrer gemütlichen Seite kennen zu lernen. Der Mittelpunkt unseres Hauses ist die Gaststube. Hier halten wir ein reichhaltiges Angebot an Speisen und Getränken für Sie bereit. Für Ihr leibliches Wohl sorgt der Chef des Hauses persönlich mit gepflegter fränkischer Küche. Deftige Hausmannskost und eine reichliche Auswahl an Fisch-, Grill- und Pfannengerichten lassen keine Wünsche offen. Übernachten können Sie bei uns im angrenzenden Gästehaus, in Zimmern ausgestattet mit Dusche, WC und TV. Im Haupthaus befinden sich Dusche und WC auf der Etage. Am Abend lädt der Biergarten zu geselligen Runden ein.

Marktplatz 19 • 91207 Lauf a.d.P. • Telefon 0 91 23 / 27 07 • Fax 0 91 23 / 8 27 99
E-Mail: info@gasthof-weisses-lamm.de • www.gasthof-weisses-lamm.de

1107

Lichtenberg

GPS: N 50°23´03" - E 11°40´44"

Burghotel Keller

Unser Burghotel liegt im Ritterstädtchen Lichtenberg, hoch über dem Höllental. Am Fuße des Schlossberges liegt der Familienbetrieb mitten in der Altstadt mit seinen wunderbaren Gassen. Sie haben hier sogar einmal im Jahr die Möglichkeit das Burgfest zu besuchen, da dies gleich am Eingang unseres Hotels beginnt. Sie übernachten in gemütlichen Zimmern mit Dusche/WC und TV. Ihr Motorrad steht bei uns sicher in einer abschließbaren Garage. Ihre nasse Motorradkleidung findet in unserem Trockenraum einen Platz. Für weitere Tourenanregungen stehen wir Ihnen gerne zur Verfügung. Sonderangebot für Biker und Motorradfahrer - 1 Übernachtung mit Frühstück - 30,- Euro.

Schloßberg 1 • 95192 Lichtenberg • Telefon 0 92 88 / 51 51
Fax 0 92 88 / 54 59 • www.burghotel-keller.de

11148

Lichtenfels

GPS: N 50°08´19" - E 11°04´19"

EZ ab € 38,00
DZ ab € 62,00
131 70 HP P Tipp

Es erwartet Sie ein 3-Sterne-Komfort-Hotel mit familiärem Ambiente. Unsere Lokalitäten Rossini - (mediterran) mit Pizza aus dem Steinbackofen im Hause oder unser uriges fränkisches Lokal "Zum Bräuwirt" mit Tanzcafé lassen keine Wünsche offen. In 200m Entfernung befindet sich eine Bowlingbahn. Auch ein Besuch unserer Klosterstuben in "Kloster Banz" lohnt sich immer. Eine Floßfahrt mit unserem hauseigenen Floß lässt den Aufenthalt im Gottesgarten am Obermain zu einem einmaligen Erlebnis werden. Lichtenfels - das Tor - zur fränkischen Schweiz - dem Frankenwald und Fichtelgebirge - dem Thüringer Wald!

Robert-Koch-Str. 11 • 96215 Lichtenfels • Telefon 0 95 71 / 78 50 • Fax 0 95 71 / 7 00 65
E-Mail: info@krone-lichtenfels.de • www.krone-lichtenfels.de

11110

Ludwigsstadt-Lauenstein

GPS: N 50°30´31" - E 11°22´16"

EZ ab € 47,00
DZ ab € 65,00
52 27 HP

Posthotel Lauenstein

In unserem familiär geführten komfortablen Hotel unterhalb der Burg Lauenstein bieten wir geräumige Gästezimmer mit gehobener Ausstattung, Restaurant mit fränkischen Speisen, Feinschmeckerspezialitäten, Kaminzimmer, Tagungsräume, Nebenräume, Terrasse, Sauna, Parkplätze. Genießen Sie die Beschaulichkeit des Frankenwaldes. Es empfiehlt sich immer eine Führung durch das Museum der Burg Lauenstein, ein Blick vom Aussichtsturm Thüringer Warte oder ein Besuch der Confiserie Lauenstein. Ein Trockenraum sowie weitere schöne Tourentips in der Region haben wir für Sie bereit gelegt.

Orlamünder Str. 2 • 96337 Lauenstein • Telefon 0 92 63 / 9 91 30
E-Mail: anfrage@posthotel-lauenstein.de • www.posthotel-lauenstein.de

11219

Muhr am See

GPS: N 48°09´07" - E 10°43´27"

EZ ab € 27,30
DZ ab € 42,60
10 4 HP

Unser Gasthaus liegt am nördlichen Beginn des Altmühltals mitten im fränkischen Seenland, wo Sie schöne Touren rund um die Seen ins Altmühltal oder in den Hahnenkamm (BMW Enduro Park) unternehmen können. Lunchpakete sind natürlich kein Problem. Für Ihre Motorräder haben wir einen großen überdachten Innenhof mit kleiner Werkstatt. Vielleicht wollen Sie ja auch mal einen Badetag einlegen, es sind nur 800m zum Badestrand. Wir haben neu renovierte Zimmer, mit Dusche & WC, zum Teil mit Internetanschluss und bieten Ihnen dazu ein reichhaltiges Frühstück. Im Gasthaus oder im schattigen Biergarten können Sie dann einen gemütlichen Abend bei einem kühlen Bier oder ähnlichem verbringen und unsere fränkische Küche mit vielen lokalen Spezialitäten genießen.

Ansbacher Str. 4 • 91735 Muhr am See • Telefon 0 98 31 / 39 40
E-Mail: gasthaus@zumhirschen-muhr.de • www.zumhirschen-muhr.de

12378

Münchberg
GPS: N 50°11´42" - E 11°47´28"

EZ ab € 40,00
DZ ab € 62,00

20 | 10 | Tipp | HP

Gasthaus Münchberger Stübla

Herzlich willkommen in unserem Haus. Unser Team wünscht Ihnen einen ruhigen und netten Aufenthalt. Unsere gemütlichen Doppel- und Einzelzimmer sind mit Dusche, WC und TV ausgestattet. Morgens erwartet Sie ein ein reichhaltiges Frühstück das keine Wünsche offen lässt, damit Sie gestärkt in den Tag starten können. Unsere durchgehend warme Küche verwöhnt Sie mit bayerischen, fränkischen und mit internationalen Speisen. Ihr Motorrad stellen Sie in einer abschließbaren Garage unter. Da unser Chef selber Motorrad fährt, könnte er Ihnen den einen oder anderen Tipp für eine schöne Tour geben. Freitag Ruhetag. Dreibettzimmer ab 78,00 Euro.

Hofer Str. 30 • 95213 Münchberg
Telefon 0 92 51 / 57 55

11141

Neuhaus-Pegnitz
GPS: N 49°37´43" - E 11°33´24"

EZ ab € 26,00
DZ ab € 46,00

35 | 18 | HP | Tipp

Gasthof-Pension Wolfsberg

In unserem Haus wird fränkische Gastlichkeit groß geschrieben! Unsere Gästezimmer verfügen über Dusche/WC und TV und sind gemütlich eingerichtet. Ob Sie deftige hausmacher Brotzeiten oder gepflegte Küche wünschen, bei uns sind Sie bestens aufgehoben, Vater und Sohn kochen nur für Sie!!! Genießen Sie die gepflegten Biere der Kaiser Bräu Neuhaus. Die ruhige und beschauliche Lage auf einem Felsen oberhalb der Pegnitz garantiert erholsame Tage! Im Sommer lädt unser gemütlicher Biergarten zum Verweilen ein. Genießen Sie unser hausgemachtes Gebäck oder Eisspezialitäten. Wir würden uns freuen Sie bei uns als Gast begrüßen zu dürfen!! Kegelbahn im Haus.

Postheimstr. 14 • 91284 Neuhaus-Pegnitz • Telefon 0 91 56 / 99 89 23 • Fax 0 91 56 / 99 89 25 • E-Mail: wolfsberg@t-online.de • www.gasthof-wolfsberg.de

11073

Nürnberg
GPS: N 49°23´48" - E 11°02´17"

EZ ab € 70,00
DZ ab € 90,00

144 | 72 | HP

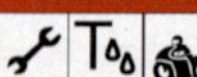

Herzlich willkommen im Best Living Hotel AROTEL

Eibacher Hauptstr. 135, 90451 Nürnberg
Tel. 0911/96 29-0 • Fax 0911/6493052
www.arotel.de • info@arotel.de

Wenige Kilometer vom Stadtzentrum Nürnbergs entfernt, finden Sie eine ruhige und gepflegte Hotelanlage mit 72 Zimmern und 200 Parkplätzen direkt am Haus. Für das sichere Unterstellen Ihres Motorrads stehen weitere 10 abschließbare Garagen zur Verfügung. Die nähere Umgebung hat einiges zu bieten und lädt zu interessanten Touren ein. Das gastronomische Angebot mit dem Biergarten, Fränkischen Wirtshaus, dem Café au Lait und dem Restaurant Pfeffermühle lässt keine Wünsche offen. Sehr gerne bieten wir Halb- oder Vollpension sowie Lunchpakete an.
Besuchen Sie den Saunabereich "Freizeit-Insel" um nach einem anstrengenden Tag so richtig zu entspannen. Vertrauen Sie auf den freundlichen Service unseres geschulten Personals und fühlen Sie sich jederzeit rundum wohl.

Herzlich willkommen im Frühstückshotel Eibacher Hof

Erleben Sie Gastlichkeit mit Niveau in familiärer Atmosphäre. Das Partnerhotel des Best Living Hotel AROTEL bietet Ihnen Entspannung und Erholung in 32 gemütlichen Gästezimmern, ausgestattet mit Dusche oder Bad, Telefon, TV und WLAN. Mit den hauseigenen Parkplätzen haben Sie eine bequeme Möglichkeit Ihr Motorrad abzustellen. Auch die Garagen des nur 1,2km entfernten Best Living Hotel AROTEL stehen Ihnen zur Verfügung.
Beim großzügigen Frühstücksbuffet können Sie Ihre Energiereserven aufladen und beschwingt in den Tag starten. Gerne überzeugen wir Sie an Ort und Stelle von den Vorzügen und dem gutem Service unseres Hauses.

12379

Eibacher Hauptstr. 2, 90451 Nürnberg
Tel. 0911/64 61 23 • Fax 0911/649 26 57
www.eibacher-hof.de • info@eibacher-hof.de

vom
Hotel Arotel in Nürnberg

Die Altmühltal - Tour beginnt über Wolkersdorf und Schwabach Richtung Nördlingen. Aus Schwabach heraus geht es über eine kleinere Straße nach Tennenlohe durch Georgsgmünd bis Pleinfeld. Nach Pleinfeld geht es rechts in Richtung Gunzenhausen bis Langlau. Dort biegen wir links ab nach Pofeld. Weiter geht es auf kleineren Straßen nach Wolfsbronn, wo sich am Parkplatz in der Kurve eine Steinerne Rinne (Naturkalksteinrinne) befindet. Weiter geht es die Serpentinen hinauf nach Degersheim und Hechlingen. Eventuell hat man dort die Möglichkeit von der Besucherplattform aus ein Enduro-training in der Kiesgrube am See zu beobachten. Weiter fahren wir über Treuchtlingen nach Pappenheim – das schöne Altmühltal entlang – vorbei an den Felstürmen der 12 Apostel bei Solnhofen. In Solnhofen befindet sich ein kleines Fossilien Museum, das zu einer Fahrpause einlädt. Weiter geht es nach Eichstätt und von dort aus nach Kipfenberg. Über kleinere Nebenstraßen fahren wir weiter nach Titting und ins Bechtal. An den Bechtaler Weihern vorbei nach Thalmässing um dann die Heimreise über Heideck, Roth und Schwabach anzutreten. Ca. 250 km

12379

Nürnberg

GPS: N 49°25´11" - E 11°11´04"

EZ ab € 28,00
DZ ab € 55,00

Herzlich willkommen in unserem ruhig und sonnig gelegenen Hotel mit der einzigartigen familiären Atmosphäre. Fühlen Sie sich vom 1. Augenblick an wohl, lassen Sie sich von unserer Küche mit Köstlichkeiten aus der Region aber auch aus aller Welt verwöhnen. In unseren Zimmern finden Sie Wärme und Geborgenheit für eine angenehme Nacht, damit Sie ausgeruht in den nächsten Tag starten. Unterstützen werden wir Sie dabei mit unserem reichhaltigen Frühstücksbuffet. Schrauberecke, Trockenraum und Lunchpakete stehen für Sie bereit. Wir freuen uns auf Ihren Besuch.

Fischbacher Hauptstr. 109 • 90475 Nürnberg • Telefon 09 11 / 83 17 83 • Fax 09 11 / 83 08 15
E-Mail: info@hotel-garni-postkutsche.de • www.hotel-garni-postkutsche.de

12380

Oberrimbach

GPS: N 49°43´43" - E 10°32´25"

EZ ab € 25,00
DZ ab € 44,00

Hotel-Restaurant Steigerwaldhaus

Angenehme familiäre Atmosphäre! In zwei gemütlichen Gasträumen können Sie unsere weithin bekannte reichhaltige fränkische Kost und ausgezeichnete Gourmet - Küche genießen. Unsere Sonnenterrasse lädt ein zum Verweilen bei hausgebackenem Kuchen und Eisspezialitäten. Eine große Liegewiese, Tischtennis und Grillplatz mit Backofen für gesellige Abende runden unser Angebot ab. Alle unsere Zimmer verschiedener Kategorien sind komfortabel ausgestattet und bieten sämtlichen Wohnkomfort den Sie brauchen.

Oberrimbach 2 • 96152 Burghaslach • Telefon 0 95 52 / 9 23 90 • Fax 0 95 52 / 92 39 29
E-Mail: steigerwaldhaus@t-online.de • www.steigerwaldhaus.de

11245

Presseck

GPS: N 50°13´41" - E 11°33´21"

EZ ab € 24,00
DZ ab € 43,00

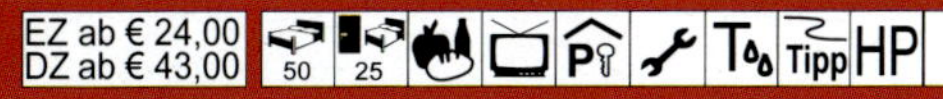

Pressecker Hof ***

Unser familiengeführter Gasthof liegt im Herzen des Frankenwaldes, zwischen Kulmbach und Hof. In idyllischer Landschaft finden Sie die Entspannung und Erholung vom Stress des Alltags. Unsere reichhaltige Speisekarte bietet Ihnen eine gute fränkische Küche, sowie Spezialitäten des Hauses. Grillgerichte und auch Saison-Spezialitäten wie Spargel, Fisch- und Wildgerichte finden Sie bei uns. Behagliche Gästezimmer mit Dusche / WC, SAT-TV, teilweise Balkon. Große Sonnenterasse vorhanden. Ein abschließbare Garage für Ihr Motorrad haben wir für Sie eingerichtet. Für weitere Tourentipps stehen wir Ihnen gerne zur Verfügung.

Helmbrechtser Str. 2 • 95355 Presseck • Telefon 0 92 22 / 3 03 • Fax 0 92 22 / 9 90 98 00
E-Mail: info@pressecker-hof.de • www.pressecker-hof.de

11140

Ramsberg

GPS: N 49°07´05" - E 10°56´00"

EZ ab € 30,00
DZ ab € 50,00

Landgasthof Krone

Gastfreundschaft auf höchstem Niveau - ob in der Gaststätte, im Biergarten oder im Nebenzimmer. Unser Team wird Sie mit regionalen Köstlichkeiten verwöhnen. Starten Sie nach einer ruhigen und erholsamen Nacht mit einem reichhaltigen Frühstück gut gelaunt in den nächsten Urlaubstag. Ihnen stehen 10 moderne und komfortabel eingerichtete Gästezimmer zur Verfügung. Alle Zimmer sind Nichtraucherzimmer, haben eigene Dusche und WC, teils Balkon und TV auf Wunsch.

Obere Dorfstr. 24 • 91785 Pleinfeld-Ramsberg • Telefon 0 91 44 / 87 02
Fax 0 91 44 / 67 26 • E-mail: info@krone-ramsberg.de • www.krone-ramsberg.de

11023

Reichardsroth

GPS: N 49°29´09" - E 10°11´09"

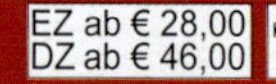

Gastlichkeit im besten Sinne hat bei uns eine jahrzehntelange Tradition. Wer die Ruhe sucht, gutes Essen und Trinken sowie eine familiäre Atmosphäre schätzt, der ist bei uns in Reichardsroth gut aufgehoben. In drei gemütlichen Gasträumen bietet die Familie Böhm Platz für 25, 35 und 40 Personen sowie im Sommer eine schöne Terrasse. Unsere bodenständige, regionale Küche mit mediterranen Einflüssen bietet für jeden Anlass das Richtige. Fühlen Sie sich wie zu Hause! Unsere behaglichen Gästezimmer sind überwiegend mit Dusche und WC ausgestattet und laden zum Verweilen ein. Reichardsroth ist ein kleines idyllisches Dorf, das Ruhe und Entspannung ebenso bietet wie andere Freizeitmöglichkeiten. In den Gästezimmern kann sich der Gast wohl fühlen. Einige Zimmer bieten darüber hinaus einen gemütlichen Platz auf dem Balkon oder der Dachterrasse.

Reichardsroth 17 • 91620 Ohrenbach • Telefon 0 98 65 / 3 01 • Fax 0 98 65 / 98 65 87
E-Mail: gasthof-info@zur-frohen-einkehr.de • www.zur-frohen-einkehr.de

11371

vom Gasthof Zur frohen Einkehr

Die Steigerwald-Haßberge Tour führt uns über Markt Breit am Main entlang bis nach Mainstockheim. Dort geht es zünftig mit einer kleinen Fähre über den Main nach Albertshofen. Die ehemalige Bergrennstrecke auf den Schwanberg bei Rödelsee steht als nächstes an. Bei guter Fernsicht und Fernglas kann in südlicher Blickrichtung der Kirchturm von Reichardsroth gesehen werden. Ungefähre Entfernung 25 km. Über Iphofen, der Knauf-Gips-Stadt, fahren wir über eine Nebenstrecke nach Castell. Über kurvige Bergsträßchen geht es nach Geiselwind. Über Futtersee ist bald Kloster Ebrach erreicht. In Kloster Ebrach lässt sich gut eine Kaffeepause einlegen. Der Main bei Eltmann/Ebelsbach ist über Fabrik-Schleichach zügig erreicht. In den Hassbergen geht es über ein Kurvengeschlänge das süchtig machen kann, nach Königsberg in Franken, zu einer Burggaststätte. Hier legen wir die Mittagspause ein. Die fränkischen Bratwürste sind dort bestens zu empfehlen. Zurück geht es über Hassfurt und Zeil am Main, kreuzen bei Fabrik-Schleichach wieder unsere Hintour. Über kleine Sträßchen erreichen wir Oberscheinfeld und biegen rechts ab in Kurz nach Nenzenheim fällt die Straße vom Steigerwald ab in den Gollachgau nach Uffenheim. Nach 9 km erreichen wir wieder Reichardsroth. Ca. 300 km

11371

Riedenburg-Meihern

GPS: N 48°59´41" - E 11°37´58"

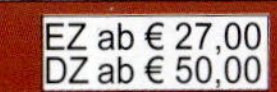
EZ ab € 27,00
DZ ab € 50,00

Gasthof-Pension Schmid

Für den stilvollen und beschaulichen Ausklang des Urlaubstages, allein, zu zweit oder in geselliger Runde: Unser Biergarten unter den schönen Lindenbäumen, in ruhiger Lage, verwöhnt Sie im Sommer bis 22:00 Uhr mit sommerlichen, leichten Gerichten, Bier vom Faß und gemütlicher bayrischer Freiluftkultur mit einem herrlichen Blick über das Altmühltal. Unsere Pensionszimmer, jeweils ausgestattet mit Dusche/WC und teilweise Balkon, warten auf Sie. Auf Wunsch stellen wir Ihnen auch gerne ein Fernsehgerät zur Verfügung. Garage für Ihr Motorrad, Schrauberecke, Motorradwaschplatz sowie ein Trockenraum sind selbstverständlich vorhanden.

Meihern-Sandstr. 22 • 93339 Riedenburg • Telefon 0 94 42 / 16 31
E-Mail: schmid.meihern@t-online.de • www.gasthof-pension-schmid.de

11144

Rohr

GPS: N 49°20´81" - E 10°57´61"

Wichtelhof

Ihre Familie Schwab lädt sie recht herzlich in den Wichtelhof nach Wildenbergen ein. Wir verwöhnen Sie mit hausgemachten Kuchen, selbst kreierten Wichtelfladen und fränkischen Wurst- und Fleischspezialitäten aus eigener Herstellung. In unserem Haus werden hauptsächlich Produkte aus eigener oder regionaler Herstellung verwendet. Eine Schrauberecke sowie schöne Tourentipps und Ausflugstipps für die Region halten wir bereit. Wir fahren selbst Motorrad.

Wildenbergen 8a • 91189 Rohr • Telefon 0 91 22 / 35 04
E-Mail: schwab.wildenbergen@t-online.de • www.wichtel-hof.de

12381

Römhild

GPS: N 50°24´04" - E 10°32´29"

EZ ab € 42,00
DZ ab € 72,00

Hotel-Restaurant "Zum Hirsch"

Wir begrüßen Sie in unserem gemütlich und komfortabel eingerichteten Hotel. Unsere familiäre Atmosphäre und unsere Gastfreundschaft stehen bei uns als oberstes Gebot. In unseren Zimmern werden Sie sich schnell wie zu Hause fühlen. Abends können Sie in unserer Wellnessabteilung die Seele einmal richtig baumeln lassen. Oder Sie sitzen mit Ihren Kollegen in unserem sonnigen Biergarten. Hier geben wir Ihnen auch gerne Tipps und Ausflugsziele in unserer Region die vielleicht in Ihre Tour am nächsten Tag passen. Für Ihr Motorrad stellen wir natürlich eine Garage bereit.

Heurichstr. 32 • 98631 Römhild • Telefon 03 69 48 / 86 80 • Fax 03 69 48 / 86 33 33
E-Mail: hotel-hirsch-prediger@t-online.de • www.hotel-hirsch-prediger.de

12618

Roth

GPS: N 49°14´15" - E 11°10´38"

EZ ab € 35,00
DZ ab € 52,00

Herzlich willkommen und Grüß Gott in unserem Eichelburger Hof mitten in Franken im Herzen des Fränkischen Seenlandes. In unserem neu gebautem Gästehaus stehen für unsere Gäste komfortabel, geräumige und freundliche helle Zimmer bereit. Natürlich alle mit Dusche/WC, TV und Telefon. Damit Sie optimal in den Tag starten können steht für Sie am Morgen ein reichhaltiges ausgewogenes Frühstücksbuffet bereit. Bei schönem Wetter steht Ihnen hierfür sogar die sonnige Terrasse mit Panoramablick zur Verfügung. Im Sommer genießen Sie ebenfalls aus unserem Biergarten mit anderen Bikern den Blick auf umliegende Wiesen und Wälder. Wir freuen uns auf Ihr Kommen.

Eichelburg 2 • 91154 Roth • Telefon 0 91 76 / 78 14 • Fax 9 96 98 25
E-Mail: info@eichelburger-hof.de • www.eichelburger-hof.de

12457

Sand am Main

GPS: N 49°59´15" - E 10°35´15"

EZ ab € 33,00
DZ ab € 55,00

HP

Hotel-Weingut Goger

Mitten im Herzen Deutschlands liegt das Hotel-Weingut-Goger verkehrsgünstig nahe der BAB A 70 zwischen Schweinfurt und Bamberg. Nehmen Sie sich auf jeden Fall etwas Zeit mit, denn es gibt unheimlich viel zu entdecken. Unser Hotel bietet Ihnen Einzel- und Doppelzimmer bis hin zur 3er Belegung im zeitgemäßen Hotelkomfort in gepflegter Atmosphäre. Alle Zimmer verfügen über Dusche, WC, Kabel-TV und Direkttelefon. Das im fränkischen Stil gehaltene Restaurant bietet ausreichend Platz. Hier verwöhnen wir Sie mit den Spezialitäten unseres Hauses.

Hauptstr. 28 • 97522 Sand am Main • Telefoin 0 95 24 / 2 27 • Fax 0 95 24 / 2 07
E-Mail: HotelGoger@gmx.de • www.hotel-weingut-goger.de

11152

Schillingsfürst

GPS: N 49°17´13" - E 10°15´34"

EZ ab € 44,00
DZ ab € 59,00

30 15 HP

Flair Hotel Die Post

Die exponierte Lage des Hauses bietet seinen Gästen einen herrlichen Blick in die hohenlohesche Ebene, das Tauberquellgebiet und zum Schloss der Fürsten zu Hohenlohe. Das Hotel verfügt über unterschiedliche Gästezimmer in Lage, Größe und Ausstattung. Ebenso werden Nichtraucherzimmer angeboten. Unseren Gästen wird die fränkisch - hohenlohesche Küche von den Leiblein's mit Produkten der Saison und der Region zelebriert. Sie finden auf der reichhaltigen Speisekarte so manches kulinarische Gericht, was die Gäste mit dem Haus verbindet.

Rothenburger Str. 1 • 91583 Schillingsfürst • Telefon 0 98 68 / 95 00 • Fax 0 98 68 / 95 02 50
E-Mail: diepost@arcor.de • www.flairhotel-diepost.de

11370

Schnaittach

GPS: N 49°33´24" - E 11°20´31"

P Tipp

Italienisches Eiscafe "Toni"

Genießen Sie die ruhige und gemütliche Atmosphäre bei original italienischer Eiscreme und leckeren Kaffeespezialitäten. Der ideale Zwischenstopp auf der Reise durch die fränkischen Berge. Einen Parkplatz finden Sie direkt vor unserem Haus. Sprechen Sie uns an und der Chef verrät Ihnen schöne Touren in der Umgebung von Schnaittach. Wir freuen uns auf Sie.

Bahnhofstr. 20 • 91220 Schnaittach • Telefon 0 91 53 / 97 96 66
E-Mail: info@eiscafe-toni.de • www.eiscafe-toni.de

11074

Schnaittach-Osternohe

GPS: N 49°35´72" - E 10°35´04"

EZ ab € 33,00
DZ ab € 60,00

40 20 HP Tipp

Gasthof-Pension-Metzgerei "Schwarzer Adler"

Unser familiär geführter Landgasthof bietet gemütliche Gasträume mit schöner Kaffeeterrasse, einen großen Garten mit Liegewiese, moderne Gästezimmer mit DU/WC oder Bad/WC und einen Parkplatz direkt am Haus. Unser Haus in Osternohe liegt inmitten des malerischen Talkessels. In unserer eigenen Metzgerei finden Sie original hausgemachte fränkische Fleisch- und Wurstspezialitäten sowie feine Wurstwaren in haltbaren Dosen. Wir stehen Ihnen jederzeit für Tourentipps und Ausflugsziele zur Verfügung.

Haidinger Str. 16 • 91220 Schnaittach-Osternohe • Telefon 0 91 53 / 75 93 • Fax 0 91 53 / 83 62
E-Mail: info@schwarzer-adler-osternohe.de • www.schwarzer-adler-osternohe.de

12413

vom
Gasthaus Schwarzer Adler in Schnaittach

Der Gasthof Schwarzer Adler in Osternohe, am Rande des Biker-paradieses Fränkische Schweiz gelegen - der idelale Ausgangspunkt für Motorradtouren.

Von Osternohe aus geht es über Hedersdorf an Schnaittach vorbei Richtung Forth. Dort biegen wir rechts auf die B2 in Richtung Igensdorf ab und erreichen über Walkersbrunn und Weingarts Kunreuth. Dort biegen wir rechts ab und umfahren halb rechts die Ehrenburg, im Volksmund "Walberla" genannt, bis Kirchenehrenbach. Von hier aus ist ein Abstecher nach Forchheim möglich. Sehenswert ist dort der historische Marktplatz mit Rathaus, Kaiserpfalz und Pfalzmuseum. Von Kirchenehrenbach aus gelangen wir über Ebermannstadt bis nach Heiligenstadt. Das nächste Ziel nach Aufseß ist der beliebte Motorradtreff Heckenhof bei Kathi Bräu. Hier Einkehrmöglichkeit. Von hier aus geht es weiter über Waischenfeld nach Gößweinstein. Sehenswert ist hier die Wallfahrtskirche von Balthasar Neumann. Über das romantische Wiesenttal geht es über Tüchersfeld (Fränk. Schweiz Museum) nach Pottenstein. Dort in der Nähe an der B470 befindet sich die bekannte Tropfsteinhöhle "Teufelshöhle", die zu einer Besichtigung einlädt. Der Rückweg führt weiter von der B470 rechts auf B2 und über Weissensee und Betzenstein nach Osternohe zurück.

12413

Selbitz

GPS: N 50°18´52" - E 11°44´54"

EZ ab € 26,00
DZ ab € 46,00

17 | 7 | HP | P | Tipp

Besuchen auch Sie den Gasthof Napoleon, Sie finden uns mitten in der Selbitzer Altstadt,ruhig gelegen. Lassen Sie sich in unserem gemütlich eingerichteten Haus verwöhnen und genießen in unserem Restaurant Brotzeiten, fränkische Spezialitäten und internationale Gerichte. Direkt ans Haus angeschlossen ist auch unser kleiner aber feiner Biergarten. Unsere Gästezimmer wurden modern und funktional von VOGLAUER Möbel ausgestattet. Dieses gemütliche Ambiente wird komplettiert durch die kleinen Annehmlichkeiten die TV, Telefon und Minibar bieten. Selbstverständlich gehört zu jedem Zimmer eine separate Dusche mit WC und teilweise ein Balkon.

Mühlberg 4 • 95152 Selbitz • Telefon 0 92 80 / 16 60 • Fax 0 92 80 / 98 12 81
E-Mail: info@napoleons.de • www.napoleons.de

12586

Selbitz

GPS: N 50°18´55" - E 11°44´49"

P

Restaurant "Café Weiss"

Lieber Gast, herzlich willkommen im Restaurant "Café Weiss". Das Restaurant - "Café Weiss" ist das älteste & renommierteste Café in Selbitz und seit über 80 Jahren in Familienbesitz. Wir sind stets bemüht Ihnen Ihren Aufenthalt so angenehm wie möglich zu machen und Sie mit unseren Speisen und Getränken, sowie mit Kaffee und Kuchen zu verwöhnen. Der modern-romantisch gestaltete Gastraum eignet sich mit seinen bis zu 60 Sitzplätzen besonders gut für Firmen-, Familien-, Vereinsfeiern und Bikertreffen. Zu diesen Anlässen bieten wir Ihnen natürlich auch fränkische sowie internationale Speisen und Getränke an. Genießen Sie Ihren Aufenthalt als wären Sie in einem "Wiener Caféhaus". Ihre Doris Bernard & Rudolf Hauer

Nailaer Str. 1 • 95152 Selbitz • Telefon 0 92 80 / 13 70
E-Mail: cafeweiss@tele2.de • www.cafeweiss.de

12588

Steinwiesen

GPS: N 50°17´30" - E 11°26´54"

P | Tipp

Bistro **Leitsch-Café**

Ein Platz zum gemütlichen Verweilen, Rasten in angenehmer Atmosphäre. Ein Fleckchen Erde, wo man die Seele baumeln lassen, und "Leikeim Biere" genießen kann. Unsere "Strandbar am Leitschbach" beim "Bistro-Leitsch-Café" ist ab 01. Mai 2007 von 14 Uhr ubs 23 Uhr geöffnet. Montag ist Ruhetag. Biker sind bei uns herzlich willkommen.

Leitschsiedlung 17 • 96349 Steinwiesen
Telefon 0 92 62 / 4 69 • Fax 0 92 62 / 4 69 00

11137

Geben auch Sie eine Bewertung zu Ihrem Aufenthalt ab

Theres
GPS: N 50°01´41" - E 10°26´91"

EZ ab € 32,00
DZ ab € 52,00
20 11 HP P Tipp

Hotel&Restaurant "Schafhofstuben"

Ein herzliches "Grüß Gott" im Landhotel Schafhof. Tauchen Sie ein in die Welt der Gemütlichkeit und der Gastfreundschaft und erleben Sie einen oder gerne auch mehrere schöne Tage in unserem Haus. Auf einer leichten Anhöhe gelegen, wird Sie der traumhafte Blick über den Steigerwald beeindrucken. In unserem Haus befinden sich insgesamt 12 Zimmer und eine Ferienwohnung. Alle sind geschmackvoll und komplett eingerichtet. Für Ihr Motorrad steht eine Garage zur Verfügung, wenn Sie Tourentipps benötigen, sprechen Sie uns einfach an!

Schafhofweg 12 • 97531 Theres • Telefon 0 95 21 / 9 44 80 • Fax 0 95 21 / 94 48 88
E-Mail: kontakt@schafhofstuben.de • www.schafhofstuben.de

12432

Weismain
GPS: N 50°01´15" - E 11°12´24"

EZ ab € 35,00
DZ ab € 52,00
P

Landgasthof Zöllner

Gut essen - gut schlafen !
Bikerfreundlicher Dorfgasthof und Gästehaus. Für unsere Bikerfans bieten wir unzählige reizvolle Touren in die fränkische Schweiz, ins Maintal und ins Fichtelgebirge an.

Kleinziegenfeld 41 1/2 • 96260 Weismain
Telefon 0 95 04 / 2 66 • Fax 0 95 04 / 13 66
E-Mail: gasthof-zoellner@t-online.de • www.gasthof-zoellner.de

11273

Weißenburg
GPS: N 49°01´77" - E 10°58´50"

P Tipp

Braustüberl "Zur Kanne"

Die Kanne ist Brauerei und Wirtshaus zugleich. Berühmt für das süffige Märzen, welches sich in der heimeligen Atmosphäre der noch im Originalzustand befindlichen Gaststube am besten genießen lässt. Hier schlägt seit Jahrzehnten das Herz der Brauerei, denn wo sonst erfahren die Biere einer Brauerei besondere Aufmerksamkeit, wenn nicht an ihrem Ursprungsort, dem Bräustüberl? Das im Keller des Hauses liebevoll eingerichtete Brauerei-museum gewährt einen Blick in längst vergangene Zeiten und ist für sich alleine schon einen Besuch wert!

Bachgasse 15 • 91781 Weißenburg • Telefon 0 91 41 / 38 44

12383

Würzburg
GPS: N 49°59´50" - E 9°59´06"

8 4 HP P Tipp

Campingplatz Kalte Quelle

Unser Campingplatz ist ganzjährig geöffnet! Auf unserem Platz gibt es spezielle Bikerpreise!!! In unserer gemütlichen Gaststätte können Sie fränkische Spezialitäten mit einem Glas Bier oder Wein genießen. An einem Großbildfernseher können Sie das aktuelle Geschehen sowie Sportveranstaltungen verfolgen.

Winterhäuser Str. 160 • 97084 Würzburg • Telefon 09 31 / 6 55 98 • Fax 09 31 / 61 26 11
E-Mail: info@kalte-quelle.de • www.kalte-quelle.de

1242

Würzburg

GPS: N 49°59´49" - E 9°56´31"

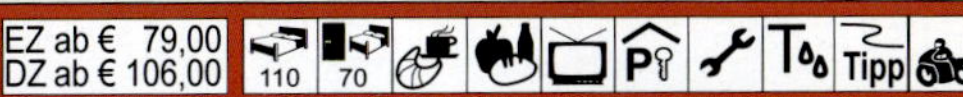

Amberger GmbH & Co.KG
Ludwigstr.17-19, 97070 Würzburg
Tel: 0931-35 100 Fax: 35 10 800
reservation@hotel-amberger.de

www.hotel-amberger.de

Unser familiengeführtes Hotel liegt im Herzen von Würzburg, umgeben von Sehenswürdigkeiten und tollen Biker-Touren.
Die Hotel-Garage bietet sicheren Platz für zahlreiche Motorräder. Bei uns kann man die Beine ausstrecken und sich mit einem leckeren Frühstück für die nächste Etappe stärken. Im Hotel bietet das Restaurant „La Fenice" saisonale italienische Küche.

Zentbechhofen

GPS: N 49°45´37" - E 10°53´46"

EZ ab € 35,00
DZ ab € 35,00

Gasthaus **Zum Lindenhof**

Der Lindenhof liegt im alten Ortskern von Zentbechhofen mit Blick zur barockisierten Kirche St. Leonhard und dem neu renovierten ehemaligen Amtshaus. Für Ihren idyllischen Urlaub im Steigerwald bieten wir Ihnen sonnige Nichtraucher-Ferienwohnungen mit Blick in die Natur. 2 Schlafräume, großer Wohnraum, große sonnige Dachterrasse, TV, Küche mit Spülmaschine, Bad, Bettwäsche und Handtücher inklusive. Waschmaschine als Münzautomat. Frühstück und Halbpension nach Absprache.

Greuther Str. 10 • 91315 Höchstadt • Telefon 0 95 02 / 92 15 24
www.mariamuecke.de

11066

vom Gasthaus Zum Lindenhof in Zentbrechhofen

Die Schnittstelle zwischen Ober- und Mittelfranken - Zentbechhofen, ist ein idyllischer Ort und ein idealer Ausgangspunkt für Ihre Touren zwischen Steigerwald und Fränkischer Schweiz.

Zentral gelegen zur Unesco Weltkulturerbestadt Bamberg 15km, nach Nürnberg 60km, nach Höchstadt 10 km, nach Forchheim, dem Tor zur Fränkischen Schweiz 18km.

Zur Kathi- Bräu nach Aufseß, dem Mekka der Motorradfahrer!!

Die Natur erleben zwischen dem Flußparadies Franken und dem Karpfenland. Hier finden Sie die größte zusammenhängende Teichlandschaft und die größte Brauereidichte Europas, genießen Sie Ihr Bier aus dem Keller auf dem Keller und lassen Sie sich eine fränkische Brotzeit dazu munden!

Weitere individuelle Tipps, geben wir Ihnen gerne vor Ort.

11066

Zirndorf

GPS: N 49°26´22" - E 10°56´56"

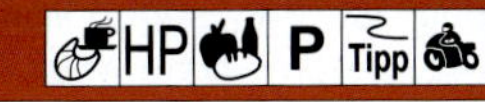

Café Ambiente

Eintreten und sich vom 1. Augenblick an wohl fühlen. Genießen Sie bei uns frischen Kaffee und Kuchen in angenehmer und ruhiger Atmosphäre. Gerne geben wir Ihnen auch eine paar schöne Tourentipps oder Lunchpakete für die nächste Tour. Wir freuen uns auf Ihren Besuch!

Im Pinderpark 7 • 90513 Zirndorf • Telefon 09 11 / 961 62 50
E-Mail: steffi.oppermann@web.de

11021

Harz Eichsfeld Kyffhäuser
Im Motorradsattel durch das Reich der Hexen

Harz

Das nördlichste Mittelgebirge Deutschlands lockt mit imposanten Naturschönheiten, sehenswerten Ortschaften, historischen Bauwerken und technischen Attraktionen. Seine höchste Erhebung ist der sagenumwobene Brocken mit 1.142 Metern. Naturfreunde sind begeistert von der vielseitigen Landschaft mit ihren wildromantischen Tälern, bizarren Felsformationen, dichten Wäldern, blühenden Wiesen, rauschenden Bächen und stillen Seen mit ihrer artenreichen Tier- und Pflanzenwelt. Zum Schutz von Fauna und Flora wurden der Naturpark Hochharz im Bereich des Bundeslandes Sachsen-Anhalt und der Naturpark Harz auf dem Gebiet des Landes Niedersachsen ausgewiesen.

Paradies für Wanderer und Naturfreunde
Der Harz mit seinem dichten Netz von gut mar kierten Wegen ist ein Wanderparadies.
Die beiden Rübeländer Tropfsteinhöhlen zei gen, welche beeindruckenden Naturwunder un ter der Erde entstanden sind. Die Baumanns höhle, die als älteste Schauhöhle Deutschland gilt, zeigt eine Fülle bizarrer Formen von Trop steinen. Die benachbarte Hermannshöhle bie tet als Höhepunkt das Erlebnis der Kristallhöhl mit phantastischen Calcitgebilden.

Region historischer Bauwerke
Zu den sehenswerten Bauwerken gehören di zweitürmige Stiftskirche St. Servatius und da Schloss mit auffälligen Renaissancegiebeln a dem Burgberg in Quedlinburg. Sie stehen a Stelle der königlichen Pfalz und früherer Ki

chenbauten, von denen nur noch einige Grundmauern vorhanden sind.
Von der romanischen Kaiserpfalz in Goslar wurde durch umfassende Restaurationsarbeiten der Palais mit dem Kaisersaal gesichert.
Ein weiteres sehenswertes Bauwerk aus romanischer Zeit ist die in den Jahren 959/961 errichtete Stiftskirche St. Cyriakus in Gernrode. Sie ist der älteste als Ganzes erhaltene Kirchenbau aus ottonischer Zeit in Nord- und Mitteleuropa. Schlicht ist das Äußere der Kirche mit den zwei Türmen. Auffällig dagegen fällt der festlich gestaltete Innenraum der kreuzförmigen Basilika aus. Die Krypta unter dem Ostchor gilt als die früheste deutsche Hallenkrypta.
Welt der Sagen und Legenden
Um zahlreiche Naturdenkmäler wie z.B. Brocken, Hexentanzplatz, Teufelsmauer und Rosstrappe ranken sich Sagen und Geschichten. Die markanten Felsformationen, der oft nebelverhüllte Brocken, die dunklen und unheimlich wirkenden Täler mit den bei Hochwasser tosenden Bächen lieferten viel Stoff für phantasiereiche Geschichten. Das kam nicht von ungefähr: In den dunklen und nassen Stollen des Erzbergbaus ereigneten sich zahlreiche Unfälle, bei denen Bergleute ihr Leben verloren. Im Zusammenhang mit diesen Katastrophen war von finsteren und unberechenbaren Mächten die Rede.

Heimat der Harzer Schmalspurbahnen

Eine besondere Touristenattraktion sind die drei Harzer Schmalspurbahnen, die im Jahr 1999 ihr 100-jähriges Jubiläum feiern konnten. Die Harzquerbahn, die Brockenbahn und die Selketalbahn befahren fahrplanmäßig zusammen mehr als 132 Kilometer mit einer Spurweite von 1.000 Millimetern. Alte Dampfrösser oder Diesellokomotiven ziehen die Waggons durch die faszinierende Landschaft des östlichen Harzes. Dabei passieren sie mehr als 400 Brücken, Wasserdurchlässe und Überführungen. Die Dampflokomotiven der Baureihe 99 haben teilweise ein beachtliches Alter. Vier von ihnen stammen aus den Jahren 1897 b is 1918.

Eichsfeld

Südwestlich des Harzes liegt das Eichsfeld. In dieser alten deutschen Kulturlandschaft entspringen die Flüsse Unstrut, Wipper und Leine. Hauptort ist Duderstadt. Sanfte Hügel, 500 Meter hohe Berge, enge Täler und viel Wald charakterisieren das Eichsfeld. Im Naturpark Eichsfeld-Hainich-Werratal und im Natur-Erlebniszentrum auf Gut Herbigshagen hat man die Möglichkeit, sich näher über die Region und ihre Natur zu informieren. Pelzige Attraktionen sind im Bärenpark Worbis aus nächster Nähe zu bestaunen. Die geschichtsträchtigen Städte des Eichsfeldes mit ihren idyllischen Gassen, prachtvollen Bürgerhäusern und imposanten Kirchen laden zu einem Besuch ein. Liebevoll Restauriertes wird mit Modernem harmonisch verbunden, und dem Besucher erschließen sich stets neue und faszinierende Eindrücke.

Kyffhäuser

Das kleine, aber feine Kyffhäuser-Gebirge erhebt sich im Süden des Harzes. Sein höchster Punkt ist der Kulpenberg (477 Meter). Dort lässt sich von einem fast 100 Meter hohen Aussichtsturm die Umgebung bewundern. Östlich vom Kulpenberg liegt die Ruine der romanischen Burg Kyffhäuser, einer der größten Höhenburgen Europas. Heinrich IV. legte sie 1056

zum Schutz der damals in der Nähe stehenden Kaiserpfalz Tilleda an. Dort ist heute ein Reiterstandbild zu sehen. Es zeigt Kaiser Wilhelm I. sowie eine in Stein gehauene Barbarossa-Figur. 247 Stufen führen hinauf zur Kuppel des Turmes.
Bezaubernd ist die Naturlandschaft der Kyffhäuserregion. Ob im Naturpark Kyffhäuser, im idyllischen Helbetal oder auf den reizvollen Höhenzügen – wandern wird hier zum lustvollen Vergnügen. Geologische und botanische Besonderheiten überraschen dabei immer wieder. Vielfältig ist das Ausflugs- und Freizeitangebot der Region. Mit der Modellbahn in Wiehe und dem Erlebnisbergwerk in Sondershausen sind zwei Highlights dabei. Auf Familien mit Kindern warten die lustigen Affen in Straußberg und die Braunbären auf dem Possen. Knurrt der Magen, sorgen die schmackhaften Thüringer Klöße und die weit bekannte Rostbratwurst für Gaumenfreuden der besonderen Art.

Sehenswerte Orte

Goslar
Die über 1.000 Jahre alte Kaiserstadt am Nordrand des Harzes verfügt über einen schönen Marktplatz, der unter anderem vom Kaiserworth, dem Gildehaus der Gewandschneider, und dem Rathaus flankiert wird. Insgesamt stehen in Goslar 170 Fachwerkhäuser, die alle aus der Zeit vor 1550 stammen. Besuchenswert ist die Kaiserpfalz, die Heinrich III. im 11. Jahrhundert zum Schutz der dort gefundenen Silbervorkommen bauen ließ. Auch die romanische Domvorhalle ist einen Abstecher wert. Die dazugehörige Stiftskirche von 1150 wurde 1819 abgerissen.

Wernigerode
Die Stadt zu Füßen des spitztürmigen Schlosses blieb in ihrem Kern seit dem Mittelalter im Wesentlichen unverändert und von Neubauten verschont. Wer durch ihre Gassen schlendert und die typischen bunten Fachwerkhäuser sieht, fühlt sich um Jahrhunderte in die Vergangenheit versetzt. Die Breite Straße ist die Flaniermeile der Stadt. Von hier aus startet man am besten zu einem Rundgang zu Fuß. Ein Fußweg führt hinauf zum Schloss, von wo man einen herrlichen Blick auf die Dächer der Stadt hat.

Bad Harzburg
Das Kurstädtchen mit dem angenehm lockeren Flair verfügt über alles, was ein Kurort haben muss: Spielcasino, Pferderennbahn, Kulturprogramm, Park und ein perfekt restauriertes historisches Ortsbild. Berühmt wurde Bad Harzburg durch seine Sole- und Schwefelquellen.

Osterode
Das mittelalterliche Osterode liegt am Austrit des Flusses Söse aus dem Harz. Mittelpunk ist der von malerischen Fachwerkhäusern ge säumte Marktplatz. Sehenswert sind das Rat haus von 1552 und der 1719 erbaute Korn speicher. Im Ritterhaus ist das Heimatmuseum untergebracht.

Duderstadt
Das über 1.000 Jahre alte Duderstadt ha sich bis heute seinen mittelalterlichen Charm bewahrt. Erhalten sind 550 Fachwerkhäu ser, mehrere Kirchen sowie ein Großteil de Stadtbefestigung. Das Rathaus gehört zu de schönsten Renaissance-Rathäusern Deutsch lands. Außerhalb der Stadtmauer verläuft de begehbare Ringwall.

Brocken
Wer den höchsten Berg des Harzes erklimme will, muss die letzten sechs Kilometer zu Fu gehen oder sich mit der Pferdekutsche dort h nauf bringen lassen.Vom Gipfelplateau biet sich bei klarem Wetter ein traumhafter Run blick. Der „Brockenwirt“ sorgt fürs leiblich Wohl.

Harz-Rundfahrt

Die rund 230 Kilometer lange Rundtour lässt sich gut an einem Tag fahren. Wer unterwegs länger verweilen und sich die eine oder andere Stadt genauer ansehen will, der sollte zwei bis drei Tage einplanen. Die Route führt größtenteils über gut ausgebaute Straßen und hält viel Abwechslung bereit: Von der breiten Bundesstraße bis zu schmalen Bergstraße ist alles verfügbar. Ob Anfänger oder Könner – die Harz-Rundfahrt bietet jedem seinen Fahrspaß.

Die Kaiserstadt Goslar am Nordrand des Harzes eignet sich sehr gut als Startort und ist über die Autobahn A 7 zu erreichen. Nach dem obligatorischen Spaziergang durch die Altstadt Goslars geht es Richtung Osten über den Industrievorort Oker nach Bad Harzburg. Breite Straße, sanfte Kurven, ein ruhiger Auftakt. Auch in Bad Harzburg heißt es wieder: Maschine abstellen, Helme in die Seitenkoffer, eine Runde zu Fuß gehen. Das lang gestreckte Kurstädtchen verfügt zwar über keine besondere Sehenswürdigkeit, doch ist alleine seine entspannte Atmosphäre einen Abstecher wert. Die Fußgängerzone entlangschlendern, einen Kaffee trinken und anschließend ein paar Meter durch den Kurpark flanieren – das ist die Gebrauchsanweisung für Bad Harzburg.

Wir vermeiden die schnelle Verbindung nach Wernigerode über die B 6 und nehmen stattdessen lieber die Landstraße. Des Kurvenspaßes wegen. Zuerst nach Stapelburg, dann weiter nach Ilsenburg und Drübeck. Schließlich kommt Wernigerode in Sicht. Ein Tipp: Am besten gleich einen Parkplatz am Stadtrand ansteuern und dort das Motorrad abstellen. Die Suche nach einem Plätzchen in der historischen Altstadt gleicht der Suche nach der Stecknadel im Heuhaufen und endet garantiert mit einem Knöllchen.

Der Dichter Hermann Löns nannte Wernigerode die „bunte Stadt am Harz". Wieso? Wer die wunderschönen farbigen Fachwerkhäuser sieht, kennt die Antwort. Wer gut zu Fuß ist,

kann zum Schluss des Bummels den kurzen Fußweg hinauf zum Schloss nehmen und die Aussicht von dessen Terrasse genießen.
Jetzt schwenkt die Route nach Süden und zielt mitten ins Herz des Harzes. Das bedeutet – genau: kräftige Höhenunterschiede, viele Kurven. Was sich da als Bundesstraßen 244 und 27 vors Vorderrad wirft, verdient durchaus das Prädikat „motorradgeeignet“. So manche Landstraße kann dagegen einpacken. So genießen wir die Kurverei, kommen an Rübeland mit seinen beiden Tropfsteinhöhlen vorbei und erreichen nach einigen letzten Schräglagen das an einem Hang gelegene Städtchen Blankenburg. Besondere Kennzeichen: Renaissance-Rathaus und Barock-Schloss. Anhalten? Unbedingt!
Thale, der nächste Ort, liegt romantisch am Eingang des Bodetales. Von hier aus bietet sich ein Abstecher zum Hexentanzplatz an (einige Kilometer in südlicher Richtung). Von dieser steil aufragenden Felsplatte sollen einst die Hexen in der Walpurgisnacht zu ihrem Flug zum Brocken gestartet sein.

Auf kurviger Mittelgebirgsstraße geht es weiter nach Gernrode und Harzgerode. Danach nehmen uns die lang gezogenen Bögen der B 242 auf. Entspanntes Gleiten auf gut ausgebautem Asphalt. Tiefer, dunkler Wald links und rechts der Fahrbahn. Etwa sechs Kilometer hinter Hasselfelde links ab Richtung Benneckenstein. Und sofort bekommen Bremsen, Getriebe und Fahrwerk Arbeit. Ein schmales und verschlungenes Sträßchen zirkelt hinüber nach Hohegeiß, in dieses früher direkt an der Grenze gelegene Städtchen, das sich inzwischen zu einem schmucken Fremdenverkehrsort entwickelt hat.
Aussichtsreich geht es weiter. Über Zorge am Ebersberg vorbei nach Braunlage. Als Wintersportort und Sommerfrische hat sich Braunlage einen Namen gemacht. Sein Kern wird geprägt von dunklen holz- oder schieferverkleideten Häusern. Der Grund für diese Isolierung ist das raue Klima hier oben im Oberharz. Kurz hinter Braunlage rechts ab nach St. Andreasberg. Die Zufahrt zur höchstgelegenen Stadt im Harz gefällt durch Kurven wie am Fließband. Ein Traum. Kurz darauf treffen wir wieder auf die B 242, die seit Braunlage den Namen „Harz Hochstraße“ trägt.
An der Sösetalsperre vorbei erreichen wir au[f] kurviger und waldreicher Straße Osterode. Kaffeepause und Stadtbummel sind hier Pflicht. Der Markplatz mit dem Steinturm der Kirche St. Ägidien ist eine Wucht.
Die breite und gut ausgebaute B 241 bringt un[s] zügig nach Clausthal-Zellerfeld. Die Bergwerksstadt mit dem Doppelnamen wurde erst 192[?] zusammengefasst. Besonders interessant: Di[e] Kirche in Clausthal ist mit 2200 Plätzen ein[e] der größten Holzkirchen Europas. Also auc[h] hier runter vom Bike und ab in die Stadtkern[e]. Danach folgt der kurvenreiche Schlussakko[rd] zurück nach Goslar.

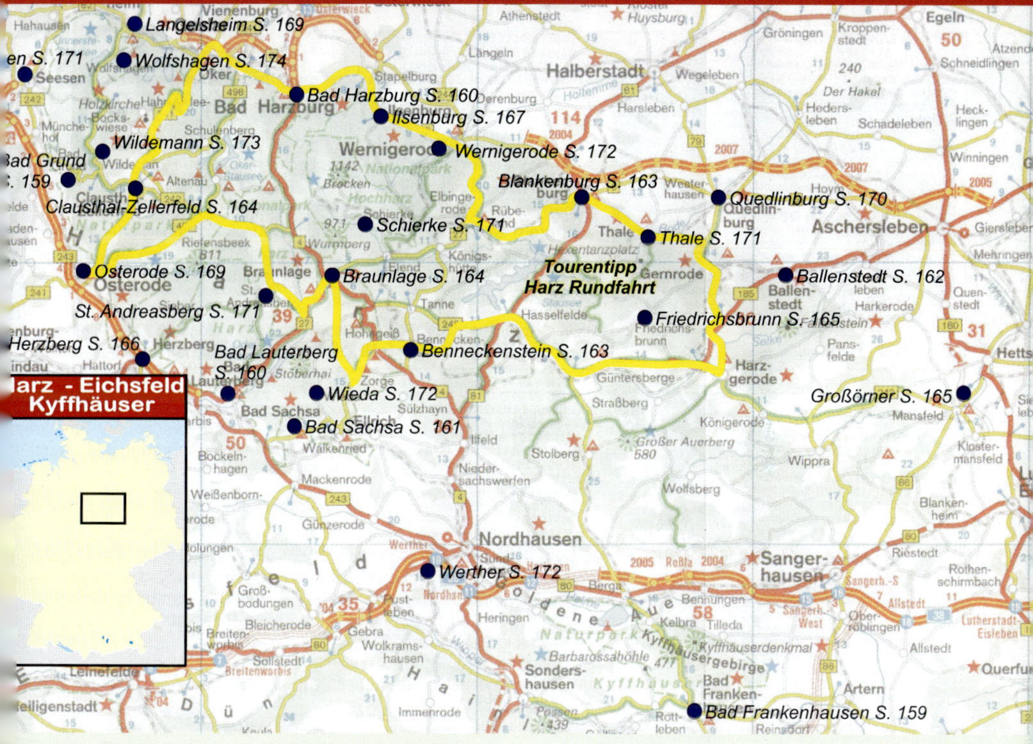

Bad Frankenhausen

GPS: N 51°21´34" - E 11°06´23"

EZ ab € 75,00
DZ ab € 105,00

HP P

Hotel Residenz

Das Hotel befindet sich direkt am Südhang des Kyffhäusergebirges mit herrlichem Panoramablick über das Städtchen, die Umgebung und den schiefsten Kirchturm Deutschlands. Idealer Ausgangspunkt für Ihren Kurzurlaub oder Touren in das reizvolle Umland mit einer Vielzahl landschaftlicher und kultureller Sehenswürdigkeiten. Rundherum wohlfühlen in 54 Doppel-, 8 Einzelzimmer oder den 22 Juniorsuiten sowie der Kaisersuite. Alle Zimmer sind elegant ausgestattet und verfügen über Bad o. Dusche/WC, Fön, Kabel-TV, Radio, Telefon und Minibar. Entspannen Sie sich im hauseigenen Wellnessbereich mit Schwimmbad, Sauna, Dampfbad und Whirlpool oder genießen Sie kulinarische Leckereien im Restaurant. Wir bieten Ihnen neben regionalen Spezialitäten auch leichte, gesunde und frische Küche. Die Piano-Bar lädt nach einem erlebnisreichen Tag zum gemütlichen Ausklang ein. Ob Hochzeit, Geburtstag, Jubiläum, Betriebsfeier oder auch Seminare und Tagungen, gerne organisieren wir Ihre Veranstaltungen nach Ihren Vorstellungen und Wünschen. Direkt am Haus stehen unseren Gästen kostenfreie Parkplätze zur Verfügung.

Am Schlachtberg 3 • 06567 Bad Frankenhausen • Telefon 03 46 71 / 7 50 • Fax 03 46 71 / 7 53 00
E-Mail: info@residenz-frankenhausen.de • www.residenz-frankenhausen.de

11488

Bad Grund

GPS: N 51°48´29" - E 10°14´40"

EZ ab € 25,00
DZ ab € 48,00

Pension garni Rheingold

Alle Zimmer und Appartements sind mit DU/WC, SAT-TV, Radio/CD und Fön ausgestattet. Idyllische, geschützte Terrasse am Berghang und im Garten, sowie ein Pavillon mit Grill laden zum Verweilen ein. Gern gestalten wir Ihnen auf Wunsch eine Grillparty. Garagen für Ihre Motorräder und ein Trockenraum sind kostenlos. Ein sehr abwechslungsreiches Frühstück im gemütlichem Ambiente lässt Sie den Tag froh beginnen. Wir begrüßen Sie herzlich mit einem Getränk Ihrer Wahl.

von Eichendorff Str. 4 • 37539 Bad Grund • Telefon 0 53 27 / 82 91 81
E-Mail: rheingold.harz@arcor.de • www.pension-rheingold.de

11174

Bad Harzburg
GPS: N 51°52´15" - E 10°33´39"

EZ ab € 52,00
DZ ab € 88,00

53 28 HP P Tipp

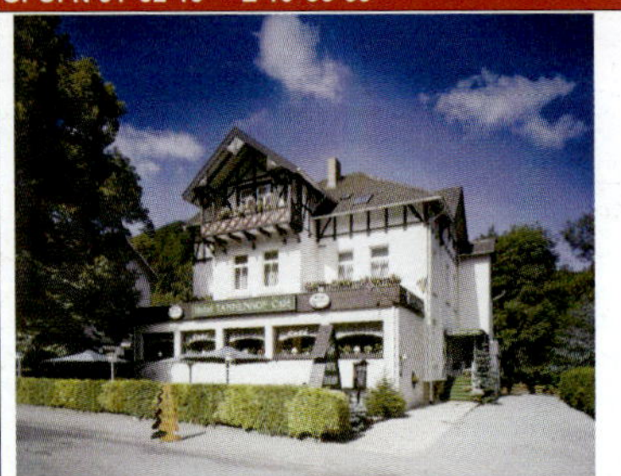

Solehotel Tannenhof ★★★

Das Solehotel Tannenhof ist ein modern geführtes Hotel mit familiärer Atmosphäre im idyllischen Kurort Bad Harzburg am Fuße des Nationalparks Harz. Täglich freier Eintritt in die benachbarte Harzburger Sole-Therme mit großer Saunaerlebniswelt und Beautyfarm (gegen Aufpreis). Lassen Sie sich nach der Tour von selbstgebackenen Kuchen verwöhnen und genießen Sie abends die Zaubereien aus unserer kreativen Küche. Unsere Player's Lounge lädt zum Billard, Kicker, Skat oder zum Relaxen ein.

Nordhäuser Str. 6 • 38667 Bad Harzburg • Telefon 0 53 22 / 9 68 80
Fax 0 53 22 / 96 88 99 • E-Mail: info@solehotels.de • www.solehotels.de

11703

vom Hotel-Restaurant Tannenhof in Bad Harzburg

Eine der schönsten Strecken durch den Harz: Start - Bad Harzburg-Solehotels direkt am Parkplatz der Bergbahn.
Durch das kurvige Okertal, vorbei am Okerstausee, Altenau, am Oderteich vorbei, an der Achtermannshöhe über Königskrug nach Braunlage (steile Wand), der B242 folgend Richtung Hasselfelde (Harz-Hochstraße), auf Serpentinen der B81 folgend nach Ilfeld (Grubenbahnmuseum, Rabensteiner Stollen), Niedersachswerfen, über Walkenried (Kloster). Zorge (historische Feldbahn), Hohegeiß auf kurvenreicher Strecke zurück über Braunlage nach Torfhaus.
Dort befindet sich ein großer Parkplatz (Bikertreff mit herrlichem Blick auf den Brocken, Einkehrmöglichkeit in der zünftigen Bavaria Alm), von dort am Radau-Wasserfall vobei nach Bad Harzburg-Solehotels Bergbahn-Parkplatz.

11703

Bad Harzburg
GPS: N 51°52´25" - E 10°33´39"

DZ ab € 110,00

Hotel Germania ****

Unser Hotel "Germania" wurde in einem individuellen, elegant - verspielten Stil erbaut. Es liegt sehr zentral in der Innenstadt von Bad Harzburg. Von uns aus sind alle Kur- und Wanderwege, Kurhaus, Seilbahn, Märchenwald, Thermalsolebad u.s.w. in wenigen Gehminuten zu erreichen. Wir bieten Ihnen behagliches Wohnen in 8 Einzelzimmern und 24 Doppelzimmern, die alle mit Dusche/WC, TV, Radio, Telefon, Minibar und Zimmersafe ausgestattet sind Erholung bieten Ihnen unsere moderne Sauna mit Whirlpool, sowie der Ruheraum mit Lichttherapie. Spezielle Bikerangebote bekommen Sie bei uns im Hotel. Wir freuen uns auf Sie.

Berliner-Platz 2 • 38667 Bad Harzburg • Telefon 0 53 22 / 95 00 • Fax 0 53 22 / 95 01 9
E-Mail: info@hotelgermania.de • www.hotelgermania.de

125

Bad Lauterberg
GPS: N 51°37´35" - E 10°28´13"

EZ ab € 29,50
DZ ab € 59,00

Pension Waldfrieden

Die schöne und verkehrstechnisch günstige Lage zwischen dem Stadtzentrum und d schönen Landschaft, die die Stadt umgibt, zeichnet unsere Pension aus. Wir tun alles, u Ihnen Ihren Aufenthalt so angenehm wie möglich zu machen. Denn: Ihr Wohlbefinde liegt uns am Herzen! Die Einzel- und Doppelzimmer sind ruhig und geräumig und biete einen schönen Ausblick in Richtung Stadt und verfügen überwiegend über eine sonnigen Balkon. Jedes Zimmer verfügt über Dusche und WC. Ebenso zur Ausstattur jeden Zimmers gehören ein TV und DSL-Internetzugang über WLAN. Wir habe ausgearbeitete Tourenkarten für den Harz. Geführte Touren mit den schönsten Streck im Harz !!! Große Garage mit „Schrauberecke" und Trockenraum für Motorradbekleidur

Kirchberg 26-28 • 37431 Bad Lauterberg • Telefon 0 55 24 / 21 11 • Fax 0 55 24 / 8 95
E-Mail: info@pensionwaldfrieden.de • www.pensionwaldfrieden.de

12

Bad Lauterberg
GPS: N 51°37´57" - E 12°28´09"

EZ ab € 34,00
DZ ab € 64,00

Aparthotel & Gästehaus *** Hohe Tanne

Im Herzen des wunderschönen Harzortes mit ausgezeichneter Infrastruktur liegt, abseits vom Verkehr, unser drei Sterne Aparthotel. In wenigen Gehminuten erreichen Sie unsere idyllischen Park- und Freizeitanlagen oder die Einkaufs- und Bummelmeile. Sie wohnen in reizvollen Apartments, Doppel- und Einzelzimmern –Südseite große Balkone- bestens ausgestattet mit TV, Radio, DW-Telefon, Single-Küche/ Kaffee-Teebereiter, Badutensil-Föhn, für PC-Freaks-WLAN, Tresorraum, Sauna, Solarium, Fitnessraum, Parkplatz. Üppiges Frühstücksbuffet - vitale und traditionelle Leckereien, Brot- und Brötchensortiment aus dem eigenen Backofen. Für Selbstversorger - Brötchenservice. Rabatte Thermalbad. Große Bikergarage mit Schrauberecke auf dem Grundstück. Von uns bekommen Sie interessante uns schöne Tourentipps für den gesamten "Motorrad-Harz". Mehr Info auf unserer attraktiven Homepage.

Kummelstr. 4 • 37431 Bad Lauterberg • Telefon 0 55 24 / 9 20 70 • Fax 0 55 24 / 9 20 71 12
E-Mail: info@hohetanne.de • www.hohetanne.de

12480

vom
Aparthotel & Gästehaus Hohe Tanne in Bad Lauterberg

Die kleine Harztour führt uns in sanften Kurven Richtung Süden über Osterhagen und Tettenborn - Grenzlandmuseum - nach Walkenried - sehenswertes Zis-terzienser Kloster. Von dort aus geht es entlang der ehemaligen Grenze über Zorge, Hohegeiß in den Ostharz. Wir durchfahren eine idyllische Landschaft mit kleinen Orten und folgen ab dem Ort "Tanne" dem Flußlauf der "warmen Bode" bis Königshütte. Richtung Wernigerode, etwa 2km hinter Elbingerode biegen wir rechts auf eine reizvolle Nebenstrecke um über Heimburg und Bezingerode vorbei an trutzigen Burgruinen in die alte Fürstenstadt Wernigerode zu gelangen. Hier sind Innenstadt und Schloss besonders sehenswert. Der Weg führt uns weiter auf einer kurvenreichen Nebenstrecke über Ilsenburg ins Eckertal nach Bad Harzburg. Auf der B4 fahren wir in reizvoller Bergfahrt zum großen Biker-Treffpunkt "Torfhaus", werfen einen Blick auf den "Brocken", dem höchsten Berg Norddeutschlands, um dann über Altenau auf die Harz-Höhenstraße -B242-, Richtung Osterode zu gelangen. Nach kurzer Zeit eirreichen wir den Linksabbieger -B498- zum Sösestausee. Uns erwartet eine besonders attraktive Strecke über Riefensbeek nach Osterode. Nun kann man die schnellere Strecke, die vierspurige B243 und in Herzberg -Welfenschloß- die B27 Richtung Bad Lauterberg wählen, oder fast parallel zu den Bundesstraßen die Nebenstrecke bis Bad Lauterberg befahren.

12480

Bad Sachsa
GPS: N 51°36´03" - E 10°32´34"

EZ ab € 28,00
DZ ab € 56,00

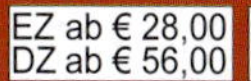

Das Bergschlösschen

Unser Haus liegt in traumhafter Umgebung, am Rande des Kurparks. Sie sind Golfer, Biker, Triker, Mountain Biker, oder suchen einfach nur nach einer geeigneten Unterkunft für Ihren Urlaub oder ein gemütliches langes Wochenende? Sie möchten sich in gepflegter, behaglicher Atmosphäre entspannen und dabei sicher sein, dass Sie sich rundum wohl fühlen und gut betreut werden? Worin auch immer der Anlass für Ihre Suche besteht: Im Bergschlösschen sind Sie auf jeden Fall richtig! Die komfortablen Standard-Zimmer verwöhnen Sie mit: TV, Radio, Duschbad mit WC, Fön.

Roonstr. 3 • 37441 Bad Sachsa • Telefon 0 55 23 / 95 34 53 • Fax 0 55 23 / 95 34 54
E-Mail: info@das-bergschloesschen.de • www.das-bergschloesschen.de

11402

Bad Sachsa
GPS: N 51°35´49" - E 10°32´53"

EZ ab € 30,00
DZ ab € 46,00

P

Hotel "Breslauer Hof"

Gönnen Sie sich eine Pause, lassen Sie den Alltag hinter sich. Wir möchten Sie mit unserer Gastfreundlichkeit umsorgen und einen Urlaub lang verwöhnen. Einen schwungvollen Start in den Tag können Sie am reichhaltigen Frühstücksbuffet beginnen. Verbringen Sie fröhliche Stunden in unserem gemütlich gestalteten Gastraum in Harzer Atmosphäre. Von unserem Wintergarten können Sie den unbeschreiblichen Ausblick über Bad Sachsa genießen. Je nach Wunsch stehen unseren Gästen Zimmer, Appartement und Ferienwohnung zur Verfügung. Alle sind gemütlich und komfortabel eingerichtet.

Brandstr. 4 • 37441 Bad Sachsa • Telefon 0 55 23 / 9 43 40
E-Mail: info@breslauer-hof.de • www.breslauer-hof.de

11692

Bad Sachsa

GPS: N 51°36´05" - E 10°32´24"

Hotel Waldfrieden

Das Ferienhotel „Waldfrieden" liegt in einem großem Waldstück in erholsamer ruhiger Lage des Kurortes, abseits vom Durchgangsverkehr und doch nicht weit vom Zentrum entfernt. Unser Haus verfügt über ein Restaurant mit regionaltypischer Küche. Morgens erwartet Sie ein reichhaltiges Frühstück und abends können Sie zwischen einem dreigängigem Menü oder einem Abendbrot wählen. Zudem erwartet Sie am Nachmittag dort oder auf unserer Terrasse Kaffee und Kuchen oder sie lassen abends bei einem gemütlichen Bier den Tag ausklingen.

Waldstr. 3 • 37441 Bad Sachsa • Telefon 0 55 23 / 5 37 • Fax 0 55 23 / 99 94 33
E-Mail: harzurlaub@aol.com • www.harzferienhotel.de

12481

Touren Tipp

vom
Hotel-Cafe Waldfrieden in Bad Sachsa

Vom lieblichen Südharz auf den alpinen Brocken, dem höchsten Berg Norddeutschlands, führt uns die Tour von Bad Sachsa am Harzrand entlang nach Rottleberode. Auf Nebenstrecken tangieren wir dabei die alte Reichs- und ehemalige Hansestadt Nordhausen. Von Rottleberode bzw. der "Heimkehle" (Gipshöhle und Karstmuseum) stoßen wir nach Norden in den Unterharz vor und gelangen in das mittelalterliche Städtchen Stolberg. Mit seinen weitestgehend im Original erhaltenen - und mit reichen Schnitzwerk verzierten Fachwerkhäusern lädt es ein zu beschaulicher Rast. Alsdann führt uns die Route auf den Großen Auerberg mit dem Eisernen Josefskreuz. Zweihundert Stufen sind es bis zu seiner oberen Plattform, von welcher man einen Rundblick über den Harz bis zum Brocken, in der Gegenrichtung über den Kyffhäuser, bis zum großen Inselsberg im Thüringer Wald genießen kann. Über Stiege, Hasselfelde (Westernstadt) geht es an der Rappbodetalsperre (Köhlereimuseum) entlang nach Rübeland (Tropfsteinhöhlen) und weiter über Elbingerode nach Drei - Annen - Hohne (Großparkplatz). Hier vertauschen wir die Bikes mit der historischen Dampfeisenbahn, die uns im Stundentakt über die Baumgrenze auf den 1142 Meter Hohen Brocken befördert. Zurück in "Drei Annen" geht es über Braunlage wieder in den Südharz. (ca. 100km).

12481

Ballenstedt

GPS: N 51°44´36" - E 11°14´05"

EZ ab € 25,00
DZ ab € 40,00
60 · 23 · VP · Tipp

"Pension am Gegenstein"

Unser Haus, eine alte Fliegerschule aus Kriegszeiten, liegt inmitten eines Naturschutzgebietes, ist familiär geführt und bietet Euch eine Vielzahl von Freizeitmöglichkeiten z.B. Tontaubenschießen, Segelfliegen oder Motocross um nur einige zu nennen. Da der Harz vor der Haustür beginnt bieten sich natürlich jede Menge Kurven zum Schwindeligfahren. Nach einer anstrengenden Tour könnt Ihr Euch auf ein kühles Bier in unserem Biergarten freuen, oder eine entspannende Sauna genießen. Abends erwartet Euch dann deftige Hausmannskost, Gegrilltes, oder auch ein Schwein am Spieß. Kostenlose Parkplätze in unserer Garage, Werkstatt und W-Lan ist ebenfalls vorhanden.

An den Gegensteinen 1 • 06493 Ballenstedt
Telefon 03 94 83 / 2 04 • Fax 03 94 83 / 8 05 57
E-Mail: henrykeilwitz@web.de • www.pension-im-harz.de

1213

vom
Pension am Gegenstein in Ballenstedt

Nach einem kräftigen Frühstück beginnt die Tour in Richtung Südharz über Harzgerode. Die durchgängig neu asphaltierten Straßen geben einen Vorgeschmack auf den Rest der Tour. Von Harzgerode geht es Richtung Wippra und weiter nach Sangerhausen. Hinter der Autobahn denken wir an unsere Raucher und legen eine kleine Rast ein. Frisch gestärkt geht es in flachem Land nach Artern und weiter Richtung Bad Frankenhausen. Dort bekommt Ihr das Zeichen zur freien Fahrt Richtung Kyffhäuser. Oberhalb auf dem Parkplatz vor dem Denkmal treffen wir uns gegen 12.00 Uhr wieder. Dort steht die Besichtigung der Burg und des Denkmals an. Von dort oben hat man einen traumhaften Blick über den gesamten Südharz. Nach einem gemeinsamen Mittag geht es dann ebenfalls in freier Fahrt in Richtung Kelbra (32 Kurven am Stück) auf der jeder sein eigenes Tempo bestimmt. Vor dem Ortseingang sammeln wir uns und fahren dann gemeinsam nach Nordhausen, Görsbach, Ilfeld. Dort geht es auf die B4 über Braunlage in Richtung Torfhaus. An diesem Bikertreff kann man beim Kaffee mit anderen Leuten ins Plaudern kommen. Von dort aus geht es wieder Richtung Braunlage. Von dort fahren wir über die
B27 Richtung Elbingerode. Über Altenbrack und Treseburg steuern wir in Thale den Hexentanzplatz an. Dort kann man mit der Seilbahn fahren, oder die Sommerrodelbahn ausprobieren. Von dort aus fahren wir nach Ballenstedt zurück, wo dann ein kühles Bier wartet.

121

Benneckenstein
GPS: N 51°39´21" - E 10°42´54"

P

Café Waldschlößchen

Das gemütliche Café mitten im Wald gelegen, bekannt für leckere Torten und guten Kaffee. Die Gaststätte bietet Ihnen zum Mittagessen gut bürgerliche Küche mit Harzer Spezialitäten. Öffnungszeiten: 10.00 - 18.00 Uhr. Dienstag ist Ruhetag. Erholen Sie sich bei uns nach einer herrlichen Tour durch unsere Harzer Wälder. Biker sind herzlich willkommene Gäste. Parkmöglichkeiten sind ausreichend vor dem Haus vorhanden.

Waldschlößchen 1 • 38877 Benneckenstein • Telefon + Fax 03 94 57 / 24 60

11403

Benneckenstein
GPS: N 51°40´20" - E 10°42´52"

EZ ab € 35,00
DZ ab € 60,00

28 14 HP P Tipp

Hotel "Zur Brockenbahn"

Am Bahnhof der Brockenbahn liegt unser Haus "Hotel Zur Brockenbahn". Das familiär geführte Hotel verfügt über 28 Zimmer. Die Zimmer sind komfortabel ausgestattet mit DU/WC, Radio SAT-TV und teilweise Telefon. Für Gäste, die das Besondere suchen, reservieren wir gern unser Turmzimmer. Das Restaurant und die Veranda bietet 80 Gästen Platz. Vom Frühstücksbuffet bis zum Candlelight Dinner verwöhnt Sie unsere Küche mit herzhaften Spezialitäten des Harzes (Wild, Forelle und Benneckensteiner Spezialität Hakkus und Knieste).

Bahnhofstr. 20a • 38877 Benneckenstein • Telefon 03 94 57 / 4 01 86 • Fax 03 94 57 / 4 01 88
E-Mail: steffi@hotel-zur-brockenbahn.de • www.hotel-zur-brockenbahn.de

11644

Blankenburg
GPS: N 51°47´38" - E 10°57´07"

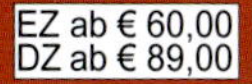

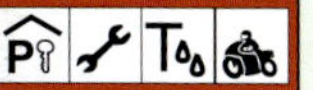

★★★★ Hotel Gut Voigtländer

Wir bieten Ihnen einen einmaligen Rahmen für Ihren unvergesslichen Aufenthalt bei uns. Wir verfügen über 41 voll ausgestattete Zimmer und Suiten. Unser Restaurant verwöhnt Sie mit Gaumenfreuden der Extraklasse. Morgens erwartet Sie ein reichhaltiges Frühstücksbuffet für einen gelungenen Start in den Tag. Nach Absprache können auch gemütliche Abende mit einem Lagerfeuer im Innenhof veranstaltet werden oder Sie lassen den Abend auf unserer gemütlichen Außenterrasse in geselliger Runde ausklingen. Wir freuen uns auf Ihren Besuch!

Am Thie 2 • 38889 Blankenburg • Telefon 0 39 44 / 3 66 10 • Fax 0 39 44 / 3 66 11 00
E-Mail: mail@gut-voigtlaender.de • www.gut-voigtlaender.de

11469

Blankenburg
GPS: N 51°48´36" - E 10°55´34"

EZ ab € 17,50
DZ ab € 30,00

60 28 HP P Tipp

Ferienhotel & Gaststätte "Mönchenmühle"

Genießen Sie Ruhe, Behaglichkeit und aktive Erholung durch familiäre Gastlichkeit in unserem Haus. Sie übernachten in freundlich eingerichteten und preiswerten Zimmern mit Waschbecken. Unsere neu errichteten Duschen befinden sich auf dem Gang. In unserer rustikalen Gaststätte "Jägerstube" verwöhnen wir Sie mit deftigen Harzer Gerichten von Wild bis Fisch. Zusätzlich für unsere Biker bieten wir wechselnde Wochenend-events vom Schlachtefest bis zum Wildbrettessen. Tourentipps und Ausflugsziele im Harz halten wir natürlich bereit.

Mönchenmühle 1 • 38889 Blankenburg
Telefon 0 39 44 / 36 99 41 • Fax 0 39 44 / 36 99 42

12519

Braunlage

GPS: N 51°43´30" - E 10°36´41"

EZ ab € 52,00
DZ ab € 80,00

**** Romantik Hotel Zur Tanne

Herzog-Wilhelm-Str. 8 • 38700 Braunlage
Telefon 0 55 20 / 9 31 20 • Fax 0 55 20 / 9 31 24 44
E-Mail: info@tanne-braunlage.de • www.tanne-braunlage.de

Heraus aus dem Alltag, ist das auch Ihr Wunsch? Dann kommen Sie uns einfach besuchen, es lohnt sich! Alle Zimmer verfügen über großzügige Doppelbetten, eine gemütliche Sitzecke, Kabel-TV, Radiowecker und Direktwahltelefon, sowie Dusche oder Bad, WC, Fön und Bademantel, teilweise Balkon, teilweise Nichtraucher-Zimmer. Genießen Sie täglich ab 18:00 Uhr raffinierte Kreationen in unserem Gourmetrestaurant „Zur Tanne". Der Chef des Hauses, Rüdiger Fleischhacker, verwöhnt Sie persönlich mit seiner jungen, frischen und kreativen Küche. Erleben Sie Tradition und Ambiente im Einklang mit ausgezeichneter Küche und Service.

11180

Braunlage OT Hohegeiß

GPS: N 51°39´29" - E 10°39´36"

EZ ab € 49,00
DZ ab € 90,00

55 25 HP Tipp

**** Harmonie Hotel Rust

Fühlen Sie sich Wohl im Harmonie Hotel Rust...in behaglich, individuell eingerichteten Zimmern, Suiten und Appartements in der Appartement-Residenz Rust (ca. 50m neben dem Hotel) Die komfortablen Bäder sind mit Badewanne/Du, WC, Kosmetikspiegel, Badhocker und Haarföhn ausgestattet. „fit & fun"...im großzügig gestalteten Wellnessbereich auf 250qm. Hallenbad (ca. 6x 12m 28°) mit Jet-Stream Gegenstromanlage, Schwalldusche, bequeme-flache Einstiegstreppe, Ruheliegen zum relaxen, finnischer Sauna, Infrarot-Sauna, Solarium und eine Massage/ Beautyabteilung zum entspannen. Unser High-Light: Ü-40 Biker bekommen auf alle Zimmerpreise 10% Rabatt

Am Brande 5 • 38700 Braunlage • Telefon 0 55 83 / 8 31 • Fax 0 55 83 / 3 64
E-Mail: hotel.rust@t-online.de • www.hotelrust.harz.de

1247

Clausthal-Zellerfeld

GPS: N 51°49´03" - E 10°20´14"

EZ ab € 49,00
DZ ab € 70,00

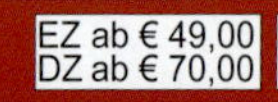

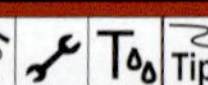

1999 haben wir ein kleines Hotel in Clausthal-Zellerfeld eröffnet und uns dazu entschlossen, gerne auch Motorradbe geisterte Leute zu beherbergen, welches wohl mit der eigenen Leidenschaft für zwei Räder zusammenhäng Weiterhin muss man sagen, dass der Harz als nördlichstes gelegenes Mittelgebirge ein ideales Gebiet ist um schöne Touren zu unternehmen und dabei Kurve an Kurve zu genießen.

Unser um 1850 erbautes Harzer Fachwerkhaus verfügt über 21 liebevoll eingerichtete Zimmer im Landhausstil. Alle Zimmer sind ausgestattet mit Bad/Du, WC, Föhn, Kabel-TV, Radio, Telefon. Wie auch unsere Zimmer ist unser Frühstücksraum stilvoll eingerichtet und lädt am Morgen bei einem ausgiebigen Bufett zum Verweilen ein.

Goslarsche Str. 20 • 38678 Clausthal-Zellerfeld
Telefon 0 53 23 / 9 66 10 • Fax 0 53 23 / 96 61 10 • www.zum-prinzen.de

112

Clausthal-Zellerfeld

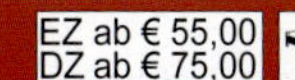

*** Hotel Goldene Krone

Wir begrüßen Sie recht herzlich im Hotel Goldene Krone im Herzen des Harzes! Lehnen Sie sich zurück und genießen Sie ein Ambiente der besonderen Art in einem Haus, dessen Geschichte bewegter und wechselvoller kaum denkbar wäre. Vergessen Sie den Alltagsstress für eine Weile und lassen Sie sich von uns verwöhnen. Genießen Sie die wundervolle Umgebung und verwöhnen am Abend Ihre Gaumen mit unseren Spezialitäten nach Art des Hauses. Unsere Zimmer sind alle individuell, modern und geschmackvoll eingerichtet. Wir halten Suiten, Mehrbett,- Doppelbett,- und Einzelzimmer für Sie bereit. Die einzelnen Etagen sind mit unserem Lift zu erreichen. Alle Zimmer verfügen über Telefon, Schreibtisch, Kabel-TV, Dusche / WC und Fön.

Kronenplatz 3 • 38678 Clausthal-Zellerfeld • Telefon 0 53 23 / 93 00 • Fax 0 53 23 / 93 01 00
E-Mail: info@goldenekrone-harz.de • www.goldenekrone-harz.de

11175

Friedrichsbrunn

GPS: N 51°41´10" - E 11°01´55"

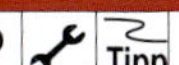

Harzrestaurant "Zur Unterklippe"

In unserem harztypischen Restaurant bieten wir Ihnen, neben der bürgerlichen Küche aus dem Harz, Wild- und Fischspezialitäten an. Gemütlich zusammensitzen in herzlicher Atmosphäre wird bei uns groß geschrieben und wir tun alles dafür, dass Sie sich bei uns wohl fühlen. Zum Übernachten bieten wir Ihnen gemütlich eingerichtete Ferienhäuser mit je 2 Doppelzimmern und Wohnraum. Eine kleine Schrauberecke wo Sie selbst Hand anlegen können ist vorhanden. Gerne geben wir Ihnen auch Tourentipps für die Region.

Hauptstr. 59 • 06507 Friedrichsbrunn • Telefon 03 94 87 / 3 42 • Fax 03 94 87 / 7 57 32
E-Mail: unterklippe@t-online.de • www.unterklippe.de

11642

Großörner

GPS: N 51°37´04" - E 11°29´31"

Der einzige Sommer, auf den man sich verlassen kann!

Unser Betrieb ist offen für alle Fabrikate. Auch am Wochenende erreichbar. Bei längerer Reparatur auch Zimmervermittlung möglich. Unser Betrieb besteht seit ca. 20 Jahren und kennt sich somit bestens in dieser Szene aus.

Mansfelder Str. 15 • 06348 Großörner • Telefon 0 34 76 / 81 34 56 • Fax 0 34 76 / 81 34 66
E-Mail: sommers.motorradcenter@freenet.de • www.somoce.de

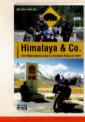

11468

Herzberg

GPS: N 51°38´40" - E 10°18´57"

Wir heißen Sie herzlich willkommen in unseren Filialen in verschiedenen Ortschaften im Harz (oben Herzberg, in der Mitte Gieboldehausen, unten Clausthal-Zellerfeld). Für uns ist es das Größte Sie morgens mit einem frischen Frühstück und einem frisch gekochten Kaffee zu verwöhnen. Wir freuen uns auf Ihren Besuch!

BEI VORLAGE:

Gutschein über eine Tasse Kaffee und ein frisch belegtes Brötchen.

Northeimer Str. 103 • 37412 Herzberg • Telefon 0 55 21 / 99 69 74
E-Mail: info@baeckerei-kopp.de • www.baeckerei-kopp.de

Herzberg-Sieber
GPS: N 51°41´55" - E 10°25´32"

EZ ab € 35,00
DZ ab € 58,00

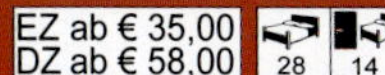

Hotel garni "Haus Iris"

Das 3-Sterne-Hotel HAUS IRIS im romantisch gelegenen Luftkurort Sieber im Südharz ist beliebter Treffpunkt für Biker, die von hier aus den kurvenreichen Harz mit seinen zahlreichen Sehenswürdigkeiten erkunden wollen. Touren durch reizvolle Höhenzüge, liebliche Täler, zerklüftete Felsformationen oder wunderschöne Fachwerkstädte vorbei an stillen Bergseen, großen Talsperren, alten Bergwerken, imposanten Schlössern und Burgen bieten ein Eldorado für Motorradfahrer.

Genießen Sie unser herzhaftes Harzer Frühstücksbuffet und die beliebten Grillabende auf der Terrasse oder im Garten sowie die herzliche Atmosphäre und persönliche Betreuung in unserem Familienbetrieb. Trockenraum, Sauna und Solarium, abschließbare Garagen sind vorhanden. Tourentipps liegen an der Rezeption bereit.

Ich freue mich auf Ihren Besuch.
Iris Kloss-Gödecke

An der Sieber 102b • 37412 Herzberg-Sieber • Telefon 0 55 85 / 3 55 • Fax 0 55 85 / 15 12
E-Mail: haus-iris-sieber@t-online.de • www.harz-web.de/haus-iris

11608

vom Haus Iris in Herzberg-Sieber

Vom romantischen Luftkurort Sieber geht's auf kurvigem Asphalt über den Sieberpass mit seinen Serpentinen hinauf in die höchstgelegene Harzstadt Sankt Andreasberg. Von dort weiter nach Braunlage – bekannt als Wintersportort - über den ehemaligen Grenzstreifen bei Elend nach Rübeland, wo die Tropfsteinhöhlen zu einem Besuch einladen. Dann durch das idyllische Bodetal, vorbei an Altenbrak, Treseburg zur Roßtrappe und auf den Hexentanzplatz. Von dieser steil aufragenden Felsplatte sollen einst die Hexen in der Walpurgisnacht zu ihrem Flug zum Brocken gestartet sein. Die Rückfahrt beginnt in Thale und führt über Friedrichsbrunn, Stiege, Ilfeld zurück in lieblichen Südharz. Dann weiter durch Appenrode, den Klosterort Walkenried, die Kurstadt Bad Sachsa (Harzfalkenhof) und das Kneipp-Heilbad Lauterberg (Oderstausee). Von dort über die Welfenstadt Herzberg mit ihrem pittoreskem Fachwerk-Schloss durch das bezaubernde untere Siebertal zurück zum Ausgangpunkt.
Erweiterungen der Tour über den Motorrad-Mega-Treff am Torfhaus (Bayern-Alm) oder die bunte Fachwerkstadt Wernigerode am Harz (Start der Harzquer- und Brockenbahn) sind möglich.

11608

Ilsenburg
GPS: N 51°50´58" - E 10°39´44"

EZ ab € 40,00
DZ ab € 80,00

Waldhotel "Am Ilsestein" ***

Der "Biker-Knaller" im Harz zum Preis von 97,00 Euro pro Person inkl. 2 Übernachtungen, deftiger, harztypischer Brotzeit, Schwimmbad, Sauna und Erlebniskarte "Harz".

Gelegen zwischen zwei Weltkulturerbestädten (Quedlinburg und Goslar) bietet Ilsenburg den idealen Ausgangspunkt für Touren durch den Harz, die Heide, den Kyffhäuser bis hoch zur Altmark. Unser Hotel verfügt u.a. über Schwimmbad, Sauna, Infrarotkabine und Massageangebote, die besonders nach einer anstrengenden Biker-Tour für Ihr Wohlbefinden sorgen. Begleitung auf individuellen Touren ist möglich. Singles sind willkommen, kein Einzelzimmerzuschlag. Gern überlassen wir Ihnen für zünftiges Feiern unser Partyzelt, in dem Sie Ihr Bier selbst zapfen können oder am Holzkohlegrill ein Spanferkel für Ihr leibliches Wohl zubereiten. Natürlich können Sie auch "gesittet" unsere gute Küche im Restaurant kennenlernen. Für Ihre Touren bereiten wir gern Lunchpakete vor. Wir freuen uns auf Sie.

Ilsetal 09 • 38871 Ilsenburg • Telefon 03 94 52 / 95 20 • Fax 03 94 52 / 9 52 66
E-Mail: waldhotel@online.de • www.waldhotel-ilsenburg.de

11641

Ilsenburg
GPS: N 51°51´54" - E 10°40´53"

EZ ab € 28,00
DZ ab € 55,00

Altstadthotel Ilsenburg

Gelegen im Zentrum des 1000-jährigen Luftkurortes Ilsenburg bietet das Hotel einen idealen Ausgangspunkt für Touren durch Harz und Heide, zur Altmark oder als Zwischenstopp für große Fahrten in alle Himmelsrichtungen. Unser weitläufiges Außengelände mit Teich und Grillecke ist nicht nur im Sommer für kleine und größere Partys sehr gut geeignet. Spezielle Preise für Biker-Gruppen und Angebote entnehmen Sie bitte zusätzlich über unsere Internetseiten. Lunchpakete für unterwegs gibt es dazu.

Wernigeröder Str. 1 • 38871 Ilsenburg • Telefon 03 94 52 / 4 89 90 • Fax 03 94 52 / 48 99 22
E-Mail: info@altstadthotel-ilsenburg.de • www.altstadthotel-ilsenburg.de

11700

Ilsenburg
GPS: N 51°51´51" - E 10°40´39"

Marktplatz 2 • 38871 Ilsenburg
Telefon 03 94 52 / 93 93
Fax 03 94 52 / 93 99
E-Mail: info@rotheforelle.de
www.rotheforelle.de

Das Relais & Châteaux Landhaus „Zu den Rothen Forellen" bietet anspruchsvollen Gästen einen behaglich-luxuriösen Aufenthalt. Das historische Fachwerkensemble befindet sich direkt am Forellensee und öffnet sich von einer Seite dem Marktplatz von Ilsenburg. Ab 1574 als Junkerhof erbaut, 1804 als „Landhaus" eingerichtet und 190 Jahre später aufwändig saniert und erweitert, gehört es seit Juni 2002 der international renommierten Hotelvereinigung „Relais & Châteaux" an. Das Fünf-Sterne-Hotel verfügt über 52 Zimmer, die einen wundervollen Blick auf die von Fürsten, Dichtern und Komponisten bewunderte Landschaft des Ilsetals im Nationalpark Hochharz eröffnen. Der ausgedehnte Wellness- und Beautybereich bietet ein breites Angebot für individuell verschiedenste Bedürfnisse. Im lichtdurchfluteten Restaurant „Wintergarten" mit einem Panorama über den Park und den See auf die Harzlandschaft ist der Gast zu jeder Jahreszeit dem Himmel ein Stück näher. Im Sommer lädt die Terrasse zum Verweilen und Tafeln ein. Das feine und kleine Highlight der Gastronomie stellt das Gourmetrestaurant "Forellen-stube" dar. Mit nur 30 Sitzplätzen erfüllen sich hier seit Juni 2004 für eine exklusive Klientel höchste Ansprüche an Küche und Kellerei. Die Feinschmeckerküche der Forellenstube gilt als die exklusivste in Sachsen-Anhalt und wurde mit einem Michelinstern sowie mit 15 von 20 Punkten vom Gault Millau ausgezeichnet.

1172

Langelsheim

GPS: N 51°56´15" - E 10°20´15"

EZ ab € 30,00
DZ ab € 50,00

Wir heißen Sie herzlich willkommen in unseren gemütlichen Gästeräumen in denen Sie die familiäre Atmosphäre unseres Hauses und Teams spüren werden. Hier können Sie sich aus unserem vorzüglichen Restaurant verwöhnen lassen, oder nehmen Sie auf unserer ruhig gelegenen Terrasse hinter dem Haus Platz. In unseren neu renovierten Zimmern mit Dusche/WC, TV und Internetzugang werden Sie sich schnell wohl fühlen. Sauna und Solarium befindet sich im Nebengebäude - hier können Sie abends die Seele baumeln lassen. Gerne stehen wir Ihnen zu Seite wenn Sie noch ein paar Tourentipps in der näheren Umgebung haben möchten. Hier fährt der Chef selbst Motorrad. Ihr Motorrad bringen wir natürlich in einer abschließbaren Garage unter.

Lange Str. 26 • 38685 Langelsheim • Telefon 0 53 26 / 20 29 v Fax 0 53 26 / 92 90 41
E-Mail: wietig@hotelzumloewen.net • www.hotelzumloewen.net

11129

Osterode

GPS: N 51°45´09" - E 10°22´41"

EZ ab € 43,00
DZ ab € 70,00

20 9 HP Tipp

Die gute Adresse im idyllischen Sösetal, oberhalb des Sösestausees, am Nationalpark "Harz". Wir verwöhnen Sie mit herzlicher Gastlichkeit in familiärer Atmosphäre! Unser familiengeführtes Hotel mit freundlich ausgestatteten Gästezimmern befindet sich in herrlicher Waldlage am Nationalpark "Harz". Für die schönsten Tage des Jahres (Ihr Urlaub) bieten wir Ihnen gemütliche Zimmer mit Satelliten-TV, Dusche und WC. Wir verwöhnen Sie mit einem ausgewogenen Frühstück und leckeren, harztypischen Fisch- und Fleischgerichten aus der Region. Hausgebackene Kuchen- und Tortenspezialitäten gibt es täglich. Bei schönem Wetter bedienen wir Sie auf unserer Gartenterrasse am Sösefluss.

Söseltalstr. 23 • 37520 Osterode • Telefon 0 55 22 / 38 37 • Fax 0 55 22 / 7 60 60
E-Mail: landhaus-meyer@t-online.de • www.hotel-landhaus-meyer.de

11606

Osterode

GPS: N 51°43´42" - E 10°15´10"

ES bietet jahreszeitliche Schlemmermenüs "Für Sie" und "Für Ihn".

ES liegt mitten in der Altstadt von Osterode und hat vom Rathaus und der Aegidienstr. zwei Eingänge - auch rollstuhlgerecht.

ES lockt im Sommer die Terrasse mit kühlen Getränken und leichten Gerichten, sowie hausgebackenen Kuchenspezialitäten.

Aegidienstr. 8 • 37520 Osterode • Telefon 0 55 22 / 50 22 44 • Fax 0 55 22 / 86 86 60

11823

Osterode am Harz

GPS: N 51°43´37" - E 10°15´26"

EZ ab € 46,50
DZ ab € 67,00

35 20 P

Hotel-Pension garni
***Börgener

oelemannpromenade 10a • 37520 Osterode • Telefon 0 55 22 / 9 09 90
E-Mail: hotel.boergener@t-online.de • www.hotel-boergener.de

Die „Hotel-Pension Börgener" ... ein familiär geführtes Haus mit viel Atmosphäre, in dem alt und neu harmonisch miteinander verbunden sind. Gemütlich frühstücken, wie zu Hause. Der Frühstücksraum bietet mit Tischen verschiedener Größen für jeden genug Platz. Angenehme Atmosphäre und ein reichhaltiges Buffet runden das Ambiente ab. Unsere Zimmer sind erstklassig ausgestattet mit Dusche/WC oder Bad/WC, Telefon, Farb-Sat-TV, Safe, Radio, Minibar und Netzfreischaltung. Abends können Sie gemütlich vor dem Haus in der Sonne sitzen und in gemütlicher Runde das eine oder andere Bier trinken.

11223

Osterode am Harz

GPS: N 51°43´41" - E 10°15´49"

EZ ab € 22,00
DZ ab € 35,00

129 | 34 | VP | P

Modernes Jugendgästehaus, waldnah und am Rande der Osteroder Innenstadt (nur 5 min. Fußweg) lädt Sie, zum abwechslungsreichen Aufenthalt ein. Unser Haus verfügt über 129 Betten, Sportmöglichkeiten rund ums Haus, sowie über Fernsehzimmer und div. Aufenthaltsräume. Unsere Sonnenterasse, ebenfalls der Lagerfeuer- und Grillplatz laden zum gemütlichen Verweilen ein. In den Harzer Bergseen und dem ALOHA Erlebnisbad finden Sie Zeit zum Abkühlen und Entspannen. Ein Idealer Ausgangspunkt für Ihre geführte oder in Eigeninitiative geplante Harztour. Auf Wunsch, stellen wir Ihnen Lunchpakete für Ihre Tour zusammen. Das Team des Jugendgästehauses freut sich auf Ihren Besuch.

Scheerenberger Str. 34 • 37520 Osterode • Telefon 0 55 22 / 55 95 • Fax 0 55 22 / 68 69
E-Mail: jgh.harz@osterode.de • www.jugendgaestehaus.osterode.de

11224

Quedlinburg

GPS: N 51°47´25" - E 11°08´44"

EZ ab € 60,00
DZ ab € 80,00

86 | 44 | HP | P | Tipp

★★★★

Die historische Stadt Quedlinburg, oft als Eingangspforte zum Harz bezeichnet, liegt im nördlichen Harzvorland. Sagen und Mythen, Geschichten aus längst vergangener Zeit prägen die Region um den Harz und die mittelalterliche Stadt. Mitten im Zentrum erwartet Sie das Sinnhotel Quedlinburger Stadtschloss. Mit viel Freude haben wir für Sie ein wohnliches Ambiente geschaffen. Wir verfügen über großzügige Gästezimmer, die mit dem entsprechenden anspruchsvollen Komfort eines 4 Sterne Superior Hotels ausgestattet sind. Lassen Sie sich in unserem historischen Gourmetrestaurant „Hagensches Freihaus" von unserem Küchenchef und seinem Team mit kulinarischen Köstlichkeiten verwöhnen.

Bockstr. 6 • 06484 Quedlinburg • Telefon 0 39 46 / 5 26 00
E-Mail: quedlinburg@sinnhotels.de • www.sinnhotels.de

11467

Quedlinburg

GPS: N 51°47´16" - E 11°08´35"

EZ ab € 45,00
DZ ab € 65,00

52 | 28 | HP | P | Tipp

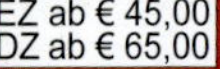

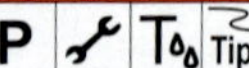
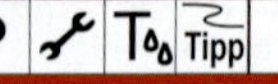

★★★ Gasthaus zum "Goldenen Ring"

Die Zufriedenheit unserer Gäste steht bei uns an erster Stelle! Genießen Sie das gemütliche Ambiente und lassen Sie sich von unserem Chefkoch mit den besten Gaumenfreuden verwöhnen. Alle unsere Zimmer sind mit Dusche/WC, Telefon und teilweise auch mit TV ausgestattet. Unser Restaurant bietet Platz für 70 Personen. Für Ihre Tour bereiten wir Ihnen auch gerne Lunchpakete. Die nasse Motorradkleidung können Sie in unserem Trockenraum aufhängen. Für schöne und interressante Tourentipps sprechen Sie uns einfach an. Wir freuen uns auf Ihren Besuch!

Neuer Weg 1 • 06484 Quedlinburg • Telefon 0 39 46 / 22 66 • Fax 0 39 46 / 70 12 08

1160

Quedlinburg

GPS: N 51°47´18" - E 11°08´20"

EZ ab € 50,00
DZ ab € 70,00

48 | 24 | HP | P | Tipp

★★★ Hotel „Zum Brauhaus"
Gut Essen · Gut Trinken · Gut Schlafen
Reservierung und Auskunft Tel.: 03946 - 901481

Seit 2000 wird das in der Altstadt gelegene Brauhaus durch ein drei Sterne Hotel im Innenhof ergänzt. Hier wohnen Sie in gemütlich eingerichteten Zimmern mit Dusche/WC, Telefon und TV. Ein reichhaltiges Frühstücksbuffet (inkl.) ist der ideale Start in den Tag.

Blasiistr. 14 • 06484 Quedlinburg • Telefon 0 39 46 / 90 14 81 • Fax 0 39 64 / 90 14 8
E-Mail: info@hotel-brauhaus-luedde.de • www.hotel-brauhaus-luedde.de

116

Schierke
GPS: N 51°45´52" - E 10°39´46"

EZ ab € 35,00
DZ ab € 46,00

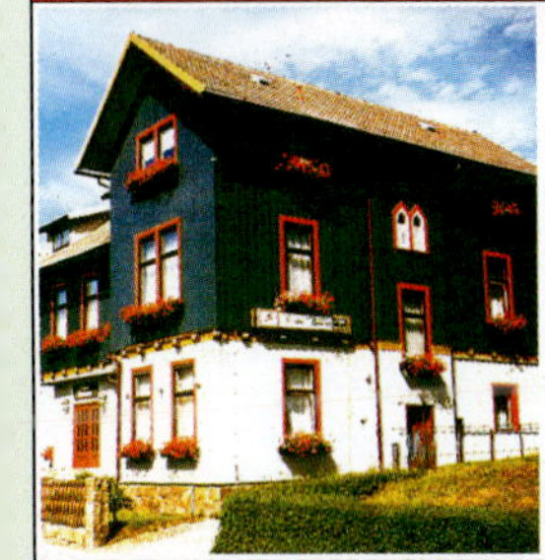

Pension Barbara

Unsere Pension liegt im Ortskern von Schierke, ca. 50 Meter entfernt vom neu gestalteten Kurpark. Einen Parkplatz für Ihr Motorrad finden Sie direkt an der Pension. Unsere 14 gemütlich eingerichteten Doppelzimmer und unsere zwei Ferienwohnungen sind mit Dusche und Toilette, Telefon, Farbfernseher und Radio ausgestattet. In unserem einladenden Aufenthalts- und Speiseraum wird für Sie täglich ein reichhaltiges Frühstück serviert.

Brockenstr. 1 • 38879 Schierke • Telefon 03 94 55 / 86 90 • Fax 03 94 55 / 8 69 16
E-Mail: pensionbarbara@t-online.de • www.harz-pension-barbara.de

11220

Seesen
GPS: N 51°53´45" - E 10°11´28"

EZ ab € 42,00
DZ ab € 67,00

*** Hotel Görtler

Unsere Hotelanlage ist ein Ort der Ruhe und Erholung für Menschen, die auftanken wollen – im Alltag oder vom Alltag – allein oder mit der Familie, geschäftlich oder privat. Genießen Sie die parkähnliche Gartenanlage am Südhang. Wanderwege führen direkt von hier durch Felder, Wald und Wiesen. Unsere komfortablen Zimmer sind modern und großzügig eingerichtet und mit Kabel-TV, Telefon und Schreibtisch ausgestattet. Fast alle Zimmer haben einen eigenen Balkon oder eine Terrasse. Natürlich bieten wir Ihnen für Ihr Motorrad eine Garage an. Für Touren- und Ausflugstipps stehen wir Ihnen ebenfalls jederzeit zur Verfügung.

Bulkstr. 1 • 38723 Seesen • Telefon 0 53 81 / 7 88 77 • Fax 0 53 81 / 78 87 99
E-Mail: info@hotel-goertler.de • www.hotel-goertler.de

12476

St. Andreasberg-Sonnenberg
GPS: N 51°45´38" - E 10°30´48"

EZ ab € 30,00
DZ ab € 60,00

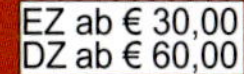

Hotel Sonnenberg

Herzlich willkommen im Hotel Sonnenberg, dem motorradfreundlichen Hotel in St. Andreasberg. Finden Sie Ruhe und Entspannung in unseren gemütlich und freundlich gestalteten Zimmern. Unsere Küche verwöhnt Sie mit Harzer Spezialitäten und überregionaler Kost. Ihr Motorrad steht bei uns in einer abschließbaren Garage. Auch sonst haben wir für Biker noch einiges zu bieten. Schrauberecke, Lunchpakete und natürlich Tourentipps sind selbstverständlich.

Sonnenberg 8 • 37444 St. Andreasberg-Sonnenberg • Telefon 0 55 82 / 7 71
E-Mail: info@sonnenberghotel.com • www.sonnenberghotel.com

12520

Thale Warnstedt
GPS: N 51°46´23" - E 11°03´25"

EZ ab € 42,00
DZ ab € 68,00

Hotel und Gaststätte "Warnstedter Krug"

Das Hotel mit modernem Komfort, gutem Service und familiärer Atmosphäre, guter Küche, ländlichem Stil, viel Ruhe, wunderschöner Parkanlage und der Saunalandschaft tragen zur Entspannung bei. Wenige Kilometer entfernt liegt Thale im Harz mit dem berühmten Hexentanzplatz. Wir bieten Ihnen 24 Doppelzimmer z.T. mit Aufbettung möglich. Von unserem Haus aus haben Sie den idealen Ausgangpunkt für wunderschöne Motorradtouren in den Harz.

Hauptstr. 118 • 06502 Warnstedt • Telefon 0 39 47 / 27 10 • Fax 0 39 47 / 6 13 87
E-Mail: info@warnstedter-krug.de • www.warnstedter-krug.de

11643

vom Hotel
Warnstedter Krug
in Thale-Warnstedt

Der Harz - als nördlichstes Mittelgebirge Deutschlands hat viele Gesichter: Schroffe Granitfelsen, neblige Hochmoore, Bergwälder- und wiesen, murmelnde Bäche und rauschende Wasserfälle. Bergseen und Talsperren als Bikertreffs und den wohl legendärsten Berg den Deutschland einst teilte - den Brocken (1142m ü.M.), der nicht befahrbar ist, nur zu Fuß oder mit der Schmalspurbahn.

Für Biker ist der Ort Warnstedt ein wunderbarer Ausgangspunkt für den gesamten Harz. Der östliche Teil des Harzes ist landschaftlich schöner und mit vielen Sehenswürdigkeiten wie Rosstrappe, Hexentanzplatz, die UNESCO-Welterbestadt Quedlinburg, Wernigerode und die Kaiserpfalz Goslar, auf wunderschönen kurvenreichen Touren zu erreichen. Das Torfhaus ist ein beliebter Bikertreff seit Jahren.

In einiger Entfernung im Südharz, ist der Kyffhäuserberg mit seinen 32 Kurven sehr gut zu befahren. Von weitem erkennbar das Kyffhäuserdenkmal mit König Barbarossa als Ausflugsziel.
Das Straßennetz ist wunderbar ausgebaut und sehr gut befahrbar.

11643

Wernigerode

GPS: N 51°49´09" - E 10°44´43"

EZ ab € 35,00
DZ ab € 50,00

14 7 HP P Tipp

Hasseröder Hof

Der behaglich eingerichtete Gastraum mit seinem rustikalen Ambiente lädt Sie nicht nur abends zum längeren Verweilen ein. Die Küche des Hauses verwöhnt Sie ebenfalls mit gutbürgerlichen Speisen. Es stehen natürlich auch harztypische Gerichte zur Auswahl. Die gemütlich eingerichteten Zimmer unseres Hauses bieten Ihnen allen Komfort . In modern eingerichteten, komfortablen Räumen können Sie sich von den Anstrengungen des Tages erholen und die verschiedenen Eindrücke auf sich einwirken lassen. Für Tourentipps stehen wir Ihnen gerne zur Verfügung. Wir fahren selbst Motorrad.

Amtsfeldstr. 33a • 38855 Wernigerode • Telefon 0 39 43 / 63 25 06 • Fax 0 39 43 / 90 56 61
E-Mail: hasseroeder-hof@t-online.de • www.hasseroeder-hof.de

12478

Werther

GPS: N 51°29´07" - E 10°44´30"

EZ ab € 40,00
DZ ab € 63,00

92 51 HP Tipp

Hotel-Restaurant "Zur Hoffnung"

Unser Hotel befindet sich in Werther/Thüringen mit direkter Anbindung an die B80 und A38. Die Kreisstadt Nordhausen ist ca. 2 km entfernt. Alle Zimmer sind bequem mit dem Fahrstuhl zu erreichen und sind ausgestattet mit Dusche/WC, Selbstwahltelefon, Schallschutzfenster, SAT-Farb-TV mit Fernbedienung und Radio. Wir haben ausreichend hauseigene Parkplätze und auf Wunsch auch eine Garage für unsere Gäste. In unserem Restaurant können Sie zu jeder Gelegenheit gut Essen und Trinken. Im Kellergeschoss finden Sie 2 Kegelbahnen. Unser Hotel hat einen Sauna/Fitnessbereich mit Fahrrad, Trimm-Set, Allroundtrainer, Solarium und Whirlpool.

Neuer Weg 34 • 99735 Werther • Telefon 0 36 31 / 60 12 16 • Fax 0 36 31 / 60 08 26
E-Mail: info@hotel-zur-hoffnung.de • www.hotel-zur-hoffnung.de

1140

Wieda

GPS: N 51°37´54" - E 10°35´01"

EZ ab € 30,00
DZ ab € 45,00

12 6 HP Tipp

Hotel-Restaurant "Zur Post"

Ihr Urlaubsdomizil liegt im Dorfkern von Wieda, gut erreichbar und doch inmitten der idyllischen Mischwälder gelegen. In unserem Haus befinden sich 5 Doppelzimmer und 1 Dreibettzimmer. Alle Zimmer sind liebevoll eingerichtet und verfügen über Dusche/WC, Radio, Kabel TV und gemütliche Sitzecke. Wir stellen Ihnen auch gerne Zustellbetten und Babybettchen in Ihrem Zimmer auf. In unserem beliebten Restaurant verwöhnen wir Sie aus unserer umfangreichen Speisekarte mit rustikaler Küche und regionalen Spezialitäten. Individuelle Angebote für Biker – sprechen Sie uns an!

Bohlweg 9 • 37447 Wieda • Telefon 0 55 86 / 80 47 38 • Fax 0 55 86 / 80 47 3
E-Mail: hotelzurpost-wieda@t-online.de • www.hotelzurpost-wieda.de

114

NEU: Bewertungen der Häuser finden Sie auf www.bikerbetten.de

Wildemann
GPS: N 51°49´59" - E 10°17´38"

EZ ab € 33,00
DZ ab € 56,00

Hotel Bremer Schlüssel

Unser Hotel liegt im ruhigen und wegen seiner Waldlage bevorzugten Kurviertel von Wildemann. Gemütliche Zimmer mit Dusche/WC, TV, teilweise Balkon - da sagt man dem Alltagsstress gerne ade! Bei gutem Essen und einem Glas Wein stimmen wir Sie garantiert auf einen erholsamen Urlaub bei uns ein. Unsere parkähnlich gepflegte Gartenanlage vor dem Haus mit Teich und Springbrunnen sorgt für ein besonderes Ambiente. Auf unserer Terrasse können Sie mit den ersten Sonnenstrahlen und in den Abendstunden sitzen und die reiche Auswahl aus unserer Speisekarte genießen.

Im Spiegeltal 53-55 • 38709 Wildemann • Telefon 0 53 23 / 62 62 • Fax 0 53 23 / 64 33
E-Mail: bremer.schluessel@harz.de • www.bremer.schluessel.harz.de

11171

Wildemann
GPS: N 51°49´41" - E 10°16´48"

EZ ab € 26,00
DZ ab € 52,00

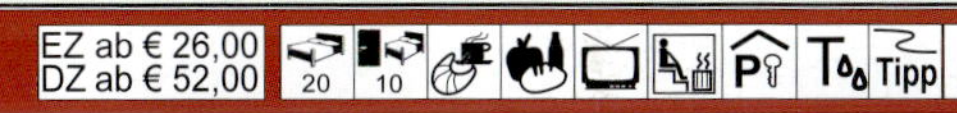

Haus Hirschfelder Pension-Café-Biergarten

Hindenburgstr. 23 • 38709 Wildemann
Telefon 0 53 23 / 98 77 40 • Fax 0 53 23 / 98 77 41
E-Mail: haus.hirschfelder@harz.de
www.haus.hirschfelder.de

Sie suchen eine kleine Pension...mit familienfreundlicher Atmosphäre, gut ausgestatteten Zimmern, gemütlicher Hausbar und einem reichhaltigen Frühstücksbuffet? - dann sind Sie bei uns richtig! Unser Haus liegt im reizvollen Innerstetal umgeben von romantischen Bergen. Unsere Zimmer sind individuell und anspruchsvoll eingerichtet, mit Dusche, WC, Kabel-TV und teilweise mit Balkon. In unserem gemütlichen Gastraum wird das Frühstück serviert. Der Gastraum bietet Platz für Familienfeiern bis zu 20 Personen. Im Café- und Biergarten, sowie in der Teediele werden unsere Gäste auf Wunsch mit selbstgebackenem Kuchen verwöhnt. Zimmerpreise inkl. Frühstück. HP auf Wunsch zubuchbar.

11172

Wildemann
GPS: N 51°50´01" - E 10°17´17"

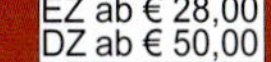

EZ ab € 28,00
DZ ab € 50,00

Hotel Vogelsang

In allen Räumlichkeiten unseres Hauses finden Sie eine unverwechselbar gemütliche Atmosphäre, wie sie nur ein sehr persönlich geführtes Haus zu bieten hat. Lassen Sie sich am heimelig flackernden Kaminfeuer kulinarisch verwöhnen. Für Ihren angenehmen Aufenthalt bieten wir Ihnen freundlich eingerichtete Appartements, Doppel- und Einzelzimmer. Ein Trockenraum für nasse Motorradkleidung ist selbstverständlich auch vorhanden. Auf Anfrage bereiten wir Ihnen Lunchpakete für die Tour.

Am Sanickel 22 • 38709 Wildemann • Telefon 0 53 23 / 62 09
E-Mail: pension@haus-vogelsang-harz.de • www.haus-vogelsang-harz.de

11222

Wildemann

GPS: N 51°49´57" - E 10°17´22"

EZ ab € 30,00
DZ ab € 50,00

Hotel Parkschlößchen

Das Parkschlößchen liegt in bevorzugter, ruhiger Lage, abseits der Straße. Unsere Gäste finden einen eigenen Parkplatz auf dem Grundstück. Das große parkähnliche Grundstück vermittelt bereits bei der Ankunft Ruhe, Geborgenheit und ungetrübte Urlaubsfreude. Sie finden uns im Spiegeltal, direkt gegenüber dem Kurpark. Eine große Liegewiese mit Pergola lädt zum Entspannen in unserem Garten ein. Für Ihr Wohlbefinden und zur Abhärtung empfehlen wir Ihnen ein Sauna-Bad. Garage für Motorräder vorhanden.

Im Spiegeltal 39 • 38709 Wildemann • Telefon 0 53 23 / 61 79 • Fax 0 53 23 / 61 98
E-Mail: hoteljagemann@aol.com • www.parkschloesschen.harz.de

12475

Wolfshagen

GPS: N 51°54´53" - E 10°19´30"

EZ ab € 51,00
DZ ab € 79,00

96 51 HP Tipp

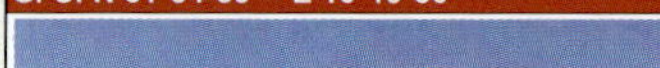

Berghotel Wolfshagen

Eingebettet in die traumhafte Harzlandschaft finden Sie unser Hotel in Wolfshagen. Gastfreundschaft in Zusammenhang mit gemütlicher und familiärer Atmosphäre ist unser größtes Streben...Lassen Sie sich von unserer Küche von deftig-rustikalen bis hin zu leichten und saisonalen Speisen verwöhnen. Unser stilvoll gestaltetes Restaurant wird Ihnen gefallen. Unsere Zimmer sind modern und komfortabel ausgestattet und bieten Dusche/WC, Telefon, Kabel-TV und Radio. Alle Zimmer verfügen über einen Balkon oder eine Terrasse.

Heimbergstr. 1 • 38685 Langelsheim Wolfshagen • Telefon 0 53 26 / 40 62 • Fax 0 53 26 / 44 32
E-Mail: berghotel-wolfshagen@t-online.de • www.berghotel-wolfshagen.com

11699

Hessisches Bergland
Motorradspaß im Land der Flüsse und Stauseen

Das hügelige Land im Norden Hessens zeichnet sich durch seine vielseitige Landschaft aus. Zwischen den zahlreichen Höhenrücken liegen Dörfer und Städte umgeben von weiten Feldern, Wiesen und Wäldern. Durchflossen wird das Gebiet von den Flüssen Fulda, Diemel, Eder und Twiste, die das Wasser zahlreicher Quellen, Bäche und kleiner Flüsse vereinen.

Das Wasser von drei dieser Flüsse wird in den gleichnamigen Stauseen gesammelt. Damit erfüllen diese einen mehrfachen Zweck: Sie sichern die Trinkwasserversorgung einer weiten Region. Sie sind Schutz gegen Hochwasser. Und sie bilden ein wertvolles Erholungsgebiet für die Bevölkerung der Umgebung sowie für Wochenendausflügler und Urlauber. Der größte der drei Stauseen ist der Edersee. Er erlangte traurige Berühmtheit, als im 2. Weltkrieg die Staumauer durch Bombenangriffe zerstört wurde und sich gewaltige Wassermassen ins Edertal ergossen.

Aus der Tiefe des Hessischen Berglandes wird Mineralwasser gefördert. Zur Erhaltung oder Wiederherstellung der Gesundheit halten die Heilbäder Bad Arolsen, Bad Zwesten, Bad Emstal und Bad Wildungen ein reiches Spektrum von Kuranwendungen und weiteren Angeboten für Gesundheit und Wellness bereit.

Wassersport

Die Flüsse Diemel, Eder und Twiste werden von Kanufahrern geschätzt. Die von bewaldeten Höhen umgebenen Stauseen bieten vielseitige Möglichkeiten für Wassersportler: Dazu gehören Segeltouren auf dem Diemelsee, Wasserski auf dem Twistesee und Tauchkurse am Edersee. Das klare Wasser lädt an den bewachten Badeplätzen zum Schwimmen und Erholen ein. An den Ufern hoffen die Angler auf einen guten Fang.

Wintersport

Im Waldecker Sauerland kann die gesamte Palette des Wintersports ausgeübt werden. Für Langläufer stehen gut präparierte Loipen zur Verfügung. Abfahrer und Snowborder finden je nach Fähigkeit leichte bis anspruchsvolle Pisten vor. In Willingen treffen sich alljährlich die besten Skispringer der Welt, um Weltcup-Punkte zu erringen.

Sehenswerte Orte

Melsungen
Rund 30 Kilometer südlich von Kassel gelegen, wartet das mittelalterliche Melsungen mit einer bezaubernden historischen Altstadt auf. Vor allem rund um den Marktplatz weist diese ein geschlossenes Fachwerk-Ensemble auf. Das Melsunger Schloss wurde im 16. Jahrhundert erbaut.

Bad Hersfeld
Auf eine Gründung der Benediktiner im Jahr 769 zurückgehend, liegt die Kurstadt in einem von Wäldern umgebenen Tal. Die historische Bausubstanz ist hoch, die Stadtmauer ist noch zum Teil erhalten. Sehenswert ist am Marktplatz die Stadtkirche mit ihrem mächtigen Turm. Gegenüber stehen das Renaissance-Rathaus und die Ruine der 1761 von den Franzosen zerstörte Stiftskirche.

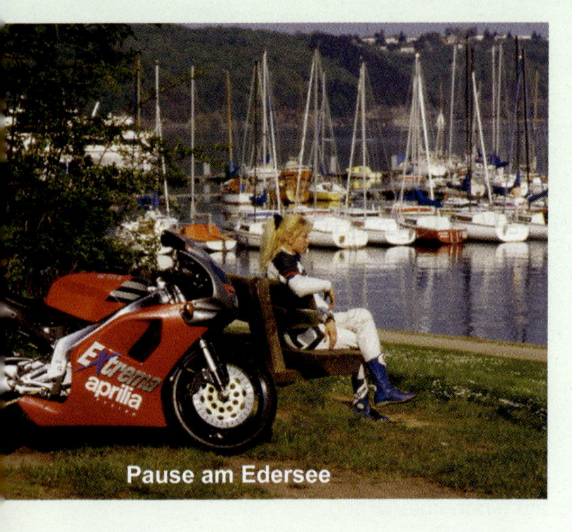

Pause am Edersee

Alsfeld
Südwestlich von Bad Hersfeld liegt das Fachwerk-Idyll Alsfeld. 1068 trat das Städtchen zum ersten Mal urkundlich in Erscheinung, heute gilt es als Vorzeigeobjekt für eine gelungene mittelalterliche Restaurierung und Sanierung. Besonderes Augenmerk verdient das spätgotische Rathaus mit seinen verzierten Erkern.

Waldeck
Nicht nur wegen seiner Fachwerkhäuser ist Waldeck einen Besuch wert. Auch sein aus dem 12. Jahrhundert stammendes Schloss, das heute als Hotel fungiert, verdient eine Stippvisite. Die Aussicht von dort auf den Edersee ist bezaubernd.

Edersee
Nahe Bad Wildungen wurde die Eder zu einem fast 30 Kilometer langen Wasserspeicher aufgestaut. Er dient darüber hinaus als Wassersport- und Naherholungsgebiet.

Bad Arolsen
Die ehemalige Residenzstadt der Fürsten von Waldeck und Pyrmont ist nicht nur wegen ihrer Heilquellen bekannt. Es ist in erster Linie das herrliche Barockschloss, dass die Besucher in Scharen anzieht. Auch „Versailles Hessens" genannt, wurde die Anlage 1713 nach dem großen französischen Vorbild erbaut. Die mächtigen Eichen der Großen Allee sind uralt – sie wurden schon Mitte des 17. Jahrhunderts gepflanzt.

Korbach
Das in der Nähe von Bad Arolsen gelegene Städtchen verfügt über zwei hübsche Kirchen, die Nikolaikirche aus dem 15. Jahrhundert und die Kilianskirche aus dem 14. Jahrhundert.

Kassel
Die Documenta-Stadt mit ihren 200.000 Einwohnern wurde einst als fränkischer Königshof gegründet. 1277 wurde sie zur Residenz von Heinrich I., danach war sie jahrhundertelang Hauptstadt des Kurfürstentums Hessen. Da Kassel im 2. Weltkrieg viele Bomben abbekam, ist heute von seiner historischen Substanz kaum mehr etwas erhalten. Dennoch lohnen sich ein Bummel durch die Innenstadt und ein Spaziergang durch die Grünanlagen der Fuldaaue. Kassels Highlight ist die fünf Kilometer entfernte Wilhelmshöhe mit ihren großartigen Parkanlagen und dem klassizistischen Schloss.

Waldecker Land

Etwas Gold, sehr viel Wasser, romantisches Fachwerk und zirka 160 runde und sehr angenehm zu fahrende Motorradkilometer - das sind die Charakteristika der Tagestour durch das Waldecker Land. An der Landesgrenze zu Hessen gelegen, bildet das Waldecker Land quasi den Übergang vom Sauerland ins Hessische Bergland. Halb Westfalen, halb Hessen, haben sich die Menschen dieser Region über viele Jahrhunderte ihre Eigenarten bewahrt.

Was gibt es zu sehen im Waldecker Land? Da ist zunächst einmal der reizvolle Edersee mit seiner über 40 Kilometer langen Uferlinie. Dann warten die Fachwerkstädte Korbach und Frankenberg mit ihren hübschen Altstadtkernen. Ob man Gold unter die Augen bekommt, hängt sehr vom Glück ab. Unmöglich ist es jedoch nicht. Denn in Korbach befindet sich Deutschlands reichste Goldlagerstätte. Seit dem Mittelalter versuchen hier Goldgräber und Glücksritter der Erde ein wenig von dem Edelmetall abzutrotzen. Noch heute werden in der Region Probeschürfungen durchgeführt, da manche Experten meinen, die Vorkommen vor den Toren Korbachs seien noch lange nicht erschöpft. Wie auch immer - die Fahrt durch das Waldecker Land lohnt sich, auch wenn man kein Gold findet. Auf herrliche Landschaften und kurvenreiche Sträßchen stößt man in jedem Fall.

Seine Einwohner rechnen die Kreisstadt Korbach zu den schönsten Städten Deutschlands. Und so ganz falsch liegen sie damit nicht. Auf Schritt und Tritt begegnet man den perfekt restaurierten, stummen Zeugen einer 1.000-jährigen Geschichte. Die alten Steinhäuser mit ihren Treppengiebeln aus dem 14. Jahrhundert, die Rolandfigur in einer Nische des Rathauses als Symbol für das Ansehen der alten Hansestadt, die ehemalige Waschkümpe, wo Korbachs Hausfrauen jahrhundertelang Wäsche wuschen - das alles sind lohnenswerte Ziele für einen Stadtbummel.

Wir verlassen Korbach auf der Bundesstraße 252 in südliche Richtung. Dass die 252er hier als Teil der Deutschen Fachwerkstraße fungiert, darf sich das Waldecker Land durchaus als Auszeichnung anrechnen. Wir folgen den Schildern in Richtung Marburg und Frankenberg. Die gut ausgebaute Bundesstraße mit ihren eleganten Bögen ist genau das Richtige zur

Einstimmung. Mensch und Technik haben Zeit zum warm werden.
Der Streckenverlauf folgt den Windungen der Itter. Die Fahrt ist kurzweilig, und schon bald ist Herzhausen erreicht. Der Ort liegt am westlichen Ende des Edersees, den wir uns unbedingt genauer ansehen sollten. Der größte See Hessens gilt als Freizeitzentrum dieses Bundeslandes. Sein Wasser dient der Energiegewinnung und regelt den Pegel der Eder.
Abstecher Nummer eins führt nach Vöhl. Eine ca. sechs Kilometer lange Etappe mit Kurven allererster Sahne bringt uns zum Motorradtreff Werber-Eck. Der zweite Abstecher führt ans südliche Ufer des Edersees. Auf einer wunderschönen Uferstraße mit herrlichen Aussichten geht es nach Asel-Süd. Am Ende dieser Sackgasse laden eine Liegewiese zum Sonnenbaden und die Fluten der Talsperre zum kühlenden Bad ein.
Hinter Herzhausen überqueren wir die Ederbrücke und lenken das Motorrad nach rechts Richtung Lichtenfels/Buchenberg. Es geht nun mitten in die Hügel des Waldecker Landes hinein. Was ein Blick auf die Landkarte vermuten lässt, bestätigt sich in der Realität: Die nächsten Kilometer werden ein motorradfahrerisches Erlebnis. Einsam, schmal und zigfach gekrümmt kringelt sich das Sträßchen durch dichten Laubwald. Schräglagen am laufenden Band. In Buchenberg rechts ab Richtung Immighausen/Fürstenberg.
Jetzt überqueren wir eine Hochebene, die weite Panoramablicke über die Kuppen des Waldecker Landes bereithält. Getriebe und Bremsen haben eine kurze Pause. Doch schon hinter Fürstenberg geht der Tanz wieder los. Die zum Teil sehr engen Kehren der Straße nach Rhadern verlangen höchste Konzentration.
In Rhadern, einem Bauerndorf mit netten Fachwerkhäusern, peilen wir Dalwigksthal an. Das Wahrzeichen dieses Ortes, die oben auf einem Felsen thronende Burg Lichtenfels, ist schon aus der Ferne zu erkennen. Dann rollen wir in Dalwigksthal ein. Lust auf die erste Kaffeepause? Das Café/Restaurant Zur Waldeckschen Schweiz eignet sich dazu perfekt.
Zur Weiterfahrt überqueren wir die Orke und steuern die Maschine nach Sachsenberg. Dort Blinker rechts, und Teil zwei der Aktion Kurvenspaß im Waldecker Land folgt. Tolle Landschaftspanoramen paaren sich mit lang gezogenen Kurven, die aufgrund der gut ausgebauten Landstraße zügig durchfahren werden können. Der Verkehr hält sich in dieser Ecke in Grenzen, und wir können die Schräglagen unbeschwert genießen.
Über Neukirchen und Braunshausen erreicht die Route Rengershausen. Weiter Richtung Frankenberg. Ein Sträßchen zackt verwegen durch den Wald und fordert zu zügiger Gangart auf. Eine Zeit lang geht das gut. Doch auf einmal verwandelt sich die ebene Fahrbahndecke in einen von Schlaglöchern übersäten Flickenteppich. Sofort in die Eisen. Und mit entsprechend reduzierter Schlagzahl nähern wir uns Frankenberg.
Das romantische Städtchen Frankenberg gehört auf einer Rundfahrt durch das Waldecker Land zum absoluten Muss. Ein Stadtbummel ist wie eine Zeitreise ins Mittelalter. Die Liebfrauenkirche als Wahrzeichen Frankenbergs thront hoch oben über der Stadt. Eine architektonische Besonderheit stellt das Rathaus aus dem Jahr 1509 dar. Es wird von zehn Türmen geschmückt und zählt zu den schönsten Rathäusern Deutschlands. Rund um den Marktplatz stehen jede Menge Restaurants und Cafés. Da fällt die Entscheidung, noch eine Weile zu bleiben, nicht schwer.
Wir verlassen das gastfreundliche Frankenberg und folgen hinter der Stadtgrenze den Wegweisern in Richtung Winterberg/Hallenberg. Blitzartig wird die Gegend ländlich. Schöne Ausblicke auf die weitläufige Region begleiten uns auf dieser gut ausgebauten Etappe mit ihren lang gezogenen Kurven. In Somplar überqueren wir das Flüsschen Nuhne und halten auf Hallenberg zu.
Die kleine Stadt an der Südseite des Rothaargebirges wurde im 12. Jahrhundert als kurkölnische Grenzfestung gegen Waldeck, Wittgenstein und Hessen errichtet. Obwohl Hallenberg mehrfach zerstört wurde und einigen Feuersbrünsten zum Opfer fiel, blieb der historische Ortskern mit seinen sehenswerten Fachwerkhäusern erhalten.
Die Route peilt nun Richtung Süden. Sie klinkt sich auf die B 236 nach Bromskirchen ein und steuert auf Allendorf/Battenberg zu. In Allendorf verlässt sie die B 236 und biegt rechts ab nach Battenberg. Der hoch über der Eder liegende Ort hat seinen Namen bis ins englische Königshaus getragen und den Lords of Mountbatten

ihren Titel gegeben. Die Eder weicht nun auf den folgenden Kilometern keine Handbreit von der Fahrbahn. Wir durchqueren den Luftkurort Dodenau und folgen dem Straßenverlauf Richtung Reddighausen und Holzhausen. Ständig geht es dicht am Wasser entlang. Bis Hatzfeld schlängelt sich die Etappe durch dunklen, tiefen Wald.
In Elsoff wird es richtig eng. Dicht gedrängt stehen die Fachwerkhäuser an der ohnehin schon engen Dorfstraße und machen die Ortsdurchfahrt zur Gefühlssache.
Auf dem grob geflickten Asphalt eines Bauernsträßchens visieren wir Hallenberg an. Immer wieder sorgen Bodenwellen für Unruhe im Fahrwerk. Lange Federwege und ein gutmütiges Fahrverhalten sind für diese Strecke die besten Voraussetzungen. Wegen des geringen Verkehrs und der guten Voraussicht kommt unter dem Strich trotz miserabler Fahrbahn ein flotter Schnitt heraus.
Wir passieren Diedenshausen mit seinem wunderschönen Fachwerk-Ensemble und werfen lange Blicke auf den Hallenberger Wald und den Naturpark Rothaargebirge.
Das Städtchen Hallenberg ist weit über die Grenzen des Sauerlandes bekannt. Nicht etwa wegen baulicher oder landschaftlicher Besonderheiten. Es ist die Hallenberger Freilichtbühne mit ihrer über 80 Meter breiten Spielfläche, die für Furore sorgt. Ganz gleich ob Märchen, Schwank oder Matthäuspassion - fast alle Vorstellungen sind ausverkauft.
Eine kurze Bundesstraßenetappe folgt, dann biegen wir rechts ab nach Medebach/Liesen. Zwischen Liesen und Hesborn schraubt sich die Fahrbahn in vielen knackigen Kurven den 757 Meter hohen Bollerberg hinauf. Oben schweift der Blick weit über die Medebacher Bucht. Nach einigen Kilometern treffen wir auf die Orke und begleiten sie eine Zeit lang. Dann kommt Medebach in Sicht. Die 800 Jahre alte Stadt war einst Mitgliede der Hanse und lebt heute noch ganz gut von dieser Zeit.
Korbach, der Schlusspunkt der Tour, naht schon, doch zuvor drängt sich ein Abstecher nach Goldhausen auf. Der Ort trägt diesen Namen zu Recht, den der Eisenberg in seiner Nähe weist Deutschlands reichste Goldlagerstätte auf. Aber der Berg hält seinen Schatz fest und gibt ihn nur krümelweise ab. Es sind ganz winzige Goldstückchen, die in den dünnen Gesteinsschichten gefunden werden. Seit über 500 Jahren graben sich die Goldsucher in den Berg hinein.
Über Nordenbeck und seine historische Wasserburg gelangen wir wieder zurück zum Ausgangspunkt Korbach.

Bad Sooden-Allendorf

GPS: N 51°15´37" - E 9°58´54"

VP | P

Raststätte "Schlemmermeile"

Herzlich willkommen bei uns in der Schlemmermeile. Hier, direkt an der Honsel-Tankstelle, bieten wir unseren Gästen:

- durchgehend warme Küche
- frische Speisen
- gemütliche Außensitzplätze
- eine Dusche
- einen großen Parkplatz
- ruhige und familiäre Atmosphäre

Wir freuen uns sehr Sie bald bei uns begrüßen zu dürfen.

Gruppen ab 20 Personen bitte kurz vorher anmelden!

Auf dem Steineckel 16 • 37242 Bad Sooden-Allendorf
Telefon 0 56 52 / 9 21 69 • Fax 0 56 52 / 9 21 69

11437

Bad Wildungen-Reitzenhagen

GPS: N 51°07´35" - E 9°06´03"

Waffelhaus

Wir machen nichts Außergewöhnliches - aber Gewöhnliches außergewöhnlich gut!

Ideal am Stadtrand von Bad Wildungen liegt unser Waffelhaus. Nehmen Sie auf unserer riesigen Sonnenterrasse Platz und lassen Sie sich von unseren Waffelspezialitäten verwöhnen. Zudem treffen Sie hier jede Menge Biker die vom oder zum Edersee, dem beliebtesten Stausee Nordhessens, fahren. Von hier aus haben Sie einen idealen Ausgangspunkt um in jede Richtung des Hessischen Berglandes zu fahren.

Bilsteinstr. 67 • 34537 Bad Wildungen • Telefon 0 56 21 / 51 90 • Fax 0 56 21 / 7 48 78
E-Mail: info@waffelhaus.de • www.waffelhaus.de

12327

Edertal-Hemfurth/Edersee

GPS: N 51°11´01" - E 9°02´44"

HP | P | T

Café - Restaurant Bericher Hütte

Herzlich willkommen in unserem gemütlich und rustikal eingerichteten Café/Restaurant direkt am Wildpark Edersee gelegen. Hier verwöhnen wir unsere Gäste mit frischem Kaffee und Kuchen aus eigener Herstellung aber auch mit warmer Küche. Diese hat bis 18.00 Uhr geöffnet. Selbstverständlich können Sie auch auf unseren sonnigen großen Außenplätzen sich der Natur erfreuen. Täglich (außer Montags) um 11.00 Uhr und 15.00 Uhr Flugvorführungen (Adler-Milane-Falken) auf der Greifenwarte.

Am Wildpark • 34549 Edertal-Hemfurth
Telefon 0 56 23 / 48 80 • Fax 0 56 23 / 25 98

1123

Edertal-Hemfurth/Edersee
GPS: N 51°10´15" - E 9°03´07"

EZ ab € 28,00
DZ ab € 56,00

Landhotel Ederaue

Die Pension liegt in ruhiger Lage am Ortsrand, unterhalb der Edertalsperre. Sie wurde vor einigen Jahren zu einem modernen Pensions- und Ferienhaus umgebaut. Hinter dem Haus befindet sich ein ca. 10.000m² großes Grundstück mit Grillplatz direkt an der Eder. Unser rustikal eingerichtetes Restaurant finden Sie direkt im Dorfzentrum. Wir führen eine gut bürgerliche Küche (Der Chef kocht selbst), in der Sie eine deftige Hausmannskost bekommen. Als Spezialitäten bieten wir Ihnen täglich fangfrische Forellen und Zander. Im Ausschank führen wir gepflegtes Bitburger vom Fass.

Kraftwerkstr. 3 • 34549 Edertal • 0 56 23 / 17 82
E-Mail: info@landhotel-ederaue.de • www.landhotel-ederaue.de

11240

Frankenau
GPS: N 51°05´48" - E 8°52´27"

EZ ab € 34,00
DZ ab € 68,00

Christoph´s Hotel

Das Christoph's heißt Sie mit seiner feinen Landküche herzlich willkommen! Das Restaurant bietet ca. 100 Besuchern Platz und hat eine integrierte Bundeskegelbahn. Das Hotel hat eine große gepflegte Außenterrasse und 5 rustikal eingerichtete Doppelzimmer mit Bad und WC, in denen sich herrlich übernachten lässt. Wir bieten professionelle Dienstleistung und Spitzenqualität der angebotenen Produkte, sowie Speisen und Getränke, zu erschwinglichen, familienfreundlichen Preisen und einem reichhaltigen Angebot aus der Region. Das ländliche Ambiente liegt im Erholungsgebiet am Eingang zum Kellerwald. Das Hotel und Restaurant Christoph's bietet seinen Gästen Erholung und Entspannung vom Alltag, lassen Sie sich rundum verwöhnen.

Grundweg 1 • 35110 Frankenau
Telefon 0 64 55 / 75 55 88 • www.christophs-punkt.de

11647

Kirchhain
GPS: N 50°49´15" - E 8°55´17"

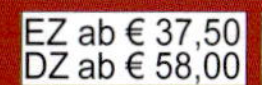
EZ ab € 37,50
DZ ab € 58,00

Hotel-Restaurant **" Zur Sonne"**

Genießen Sie die schönsten Stunden im Jahr in einem der traditionellsten Häuser der Region! Unser besonderes Engagement ist der Grund dafür, dass unsere Gäste als Freunde gerne wiederkommen. Unsere in stilvoller und gemütlicher Atmosphäre eingerichteten 10 Doppel- und 3 Einzelzimmer sind alle mit Dusche, WC, Telefon und Fernseher ausgestattet. Lassen Sie sich verwöhnen von unserer gutbürgerlichen Küche! "Spezialitätenwochen" und der Partyservice runden das Angebot ab.

Borngasse 13 • 35274 Kirchhain • Telefon 0 64 22 / 9 41 80 • Fax 0 64 22 / 94 18 30
E-Mail: sonne.kirchhain@t-online.de • www.zur-sonne-kirchhain.de

11649

Korbach
GPS: N 51°16´18" - E 8°52´19"

EZ ab € 59,00
DZ ab € 89,00

****s Hotel Goldflair "Am Rathaus"

Herzlich willkommen bei Zabels im Hotel Goldflair am Rathaus. Es erwartet Sie ein traditionsreiches und zugleich modernes Haus im Herzen der malerischen Altstadt Korbachs. Korbach besitzt die größte Goldlagerstätte Deutschlands, und so haben wir unser Hotel diesem inspirierenden Thema gewidmet. Erleben Sie unsere einzigartigen Goldthemenzimmer! Wir bieten Ihnen auch individuell eingerichtete Komfortzimmer, Suiten sowie Appartements und Ferienwohnungen. Fragen Sie nach dem Easy-Rider-Menü oder Bölkstoff, wir bieten alles, was das Bikerherz begehrt. Der Juniorchef, selbst stolzer Besitzer einer echten Gummikuh, hält sehenswerte, kurvige Tourenvorschläge für Sie bereit.

Stechbahn 8 • 34497 Korbach • Telefon 0 56 31 / 5 00 90 • Fax 0 56 31 / 50 09 59
E-Mail: gast@goldflair.de • www.hotel-am-rathaus.de

12325

vom
Hotel Am Rathaus in Korbach

Die Edersee-Ederbergland-Tour führt Sie an der Kilianskirche vorbei auf die wunderschöne Umgehungsstraße Richtung Edersee. Im malerischen Herzhausen, dem ersten Ort am Edersee lohnt ein Halt, weiter geht's sehr kurvig Richtung Vöhl auf die Edersee-Randstraße. Gleich zu Anfang kann man zur Halbinsel Scheid mit ihrem schönen Strandbad gelangen, hier wohnt auch Ireen Sheer. Genießen Sie beim Kurvenräubern einen Blick auf Segelboote. Ein beliebter Bikertreff ist die Edersee-Sperrmauer, ein Abstecher zum oberhalb der Straße liegenden Schloß Waldeck lohnt unbedingt. Weiter geht's über Bad Zwesten und Löhlbach – hier können Sie unseren Käselieferanten ‚Dülfershofer' besuchen oder das Kloster in Haina - nach Frankenau und schon bald ist man wieder in Korbachs Altstadt mit vielen Fachwerkhäusern. Freuen Sie sich nun auf ein kühles Blondes in Ihren Hotel Goldflair. 166,5 km

12325

Korbach-Rhena

GPS: N 51°17´18" - E 8°47´28"

EZ ab € 35,00
DZ ab € 64,00

Gasthaus-Hotel Ritter

Herzlich willkommen in unserem gemütlichen Gasthaus mit der familiären Atmosphäre. Hier fühlen Sie sich schnell wohl. In unseren gemütlich und komfortabel eingerichteten Gästezimmern fällt es Ihnen leicht sich zu erholen und genug Kraft für den nächsten Tag zu sammeln. Dazu noch das große und reichhaltige Frühstücksbuffet und der Start in den neuen Tag ist nahezu perfekt. Unsere Küche verwöhnt Sie mit deftigen Speisen internationaler Herkunft. Dazu ein Pils vom Fass und der Abend ist gerettet...

Upländer Str. 26 • 34497 Korbach-Rhena • Telefon 0 56 31 / 34 08
E-Mail: service@gasthaus-ritter.com • www.gasthaus-ritter.com

11242

Melsungen

GPS: N 51°07´55" - E 9°32´44"

VP P

KRONE

Café • Bistro • Konditorei

Öffnungszeiten

Mo. – Sa.	8.00 - 1.00 Uhr
So.	9.00 - 18.00 Uhr
Feiertags	13.30 - 1.00 Uhr

Wir bieten an:

- Kuchen und Torten in großer Auswahl
- verschiedene kleine Mittagsmenüs
- eine Auswahl an Frühstücksgedecken
- idyllisch gelegene Terrasse am Flußufer

Inh.: Michael Siebert, Sandstraße 4, 34212 Melsungen, Tel. 05661/1550, www.cafekrone.de

12326

vom Gasthaus Kraft
in Schauenburg-Breitenbach

Twistesee - Diemelsee - Edersee
ca. 160 Km
Ausgangspunkt Schauenburg-Breitenbach „Gasthaus Kraft"

Von Breitenbach geht es nach Istha, über die B 450 nach Wolfhagen und weiter nach Gasterfeld. Nun rechts abbiegen und über ein kleines Sträßchen über Viesebeck, Lütersheim, Neuberich nach Twistesee. Wieder zurück auf der B 450 rechts über Bad Arolsen, Massenhausen, nach Diemelsee. Wer hier rechts abbiegt kann einen Abstecher nach Helminghausen zum See machen. (Motorradtreffen am Strandcafe). Zurück in Diemelsee geht es weiter Richtung Willingen. Von dort geht es in Schräglage weiter über Usseln, Düdinghausen, Oberschledorn, Medebach, Münden, Dalwigsthal, Rhadern, Fürstenberg, Buchenberg bis nach Herzhausen am Edersee. Hier verlassen wir den See gleich noch einmal aber nur um über Vöhl in Niederwerbe auf die Edersee-Uferstraße zu gelangen, der wir bis zur Sperrmauer folgen. In Hemfurth gibt es eine Motorradkneipe die zu einem Stop einlädt. Über Affoldern, Bergheim, Wellen, Züschen, Altendorf, Elbenberg und Balhorn erreichen wir schließlich wieder Breitenbach

11169

Schauenburg-Breitenbach

GPS: N 51°16´53" - E 9°18´41"

EZ ab € 45,00
DZ ab € 80,00

Hotel-Gasthaus Kraft

Unsere geschmackvoll und komfortabel eingerichteten Zimmer sind mit Dusche/WC, Schreibtisch, TV und Telefon ausgestattet. In unserer rustikalen Gaststube und auf unserer Freiterrasse servieren wir Ihnen eine gutbürgerliche Küche mit frischen Produkten aus eigener Landwirtschaft und Hausschlachtung. Bei uns steht der Chef selbst in der Küche. Motorräder können kostenlos in Garagen untergebracht werden. Trockenraum und Werkstatt können mit benutzt werden. Weitere schöne Tourentipps erhalten Sie von unserem Chef der selbst Motorrad fährt. Bikerspezial – 40 Euro/Halbpension.

Hauptstr. 38 • 34270 Schauenburg/Breitenbach • Telefon 0 56 01 / 9 31 80
E-Mail: info@hotel-gasthaus-kraft.de • www.hotel-gasthaus-kraft.de

11169

Vöhl-Marienhagen

GPS: N 51°12´58" - E 8°55´02"

Buschen´s Pinte

Herzlich willkommen in Buschen´s Pinte in der Nähe vom Edersee. Hier bekommen Sie herzhaftes Essen in familiärer Atmosphäre zu günstigen Preisen. Unser Biergarten lädt zum Plausch unter Bikern ein. Abends können Sie an unserer Feuerstelle mit Grill im Garten den Tag ausklingen lassen. Stellen Sie Ihr Zelt direkt in den Garten und starten Sie von hier aus morgens nach einem gelungenen Frühstück Ihre Tour durch das Hessische Bergland. Wir freuen uns auf Ihren Besuch!

Oberstr. 16 • 34516 Vöhl-Marienhagen • Telefon 0 56 35 / 12 52

12324

Wetter

GPS: N 50°54´07" - E 8°43´23"

Gasthaus "Zum alten Fritz"

Gast sein heißt, willkommen sein! Gastlichkeit ist mehr als ein Wort, ist eine Frage der Einstellung. Fühlen Sie sich willkommen, zu Hause: In einem Gasthaus, in dem die Seele verwöhnt und dem Gaumen geschmeichelt wird. Wir kümmern uns um Ihre Bedürfnisse, Ihre Wünsche und um Ihr leibliches Wohl. Mit allem Komfort und mit aller Liebe. Seien Sie wieder einmal ganz und gar Gast. Und lassen Sie den Alltag draußen vor der Tür.

Fuhrstr. 6 • 35083 Wetter • Telefon 0 64 23 / 96 42 62
E-Mail: matthias.fandrich@online.de • www.gasthaus-zum-alten-fritz.de

11648

Witzenhausen
GPS: N 51°19´20" - E 9°52´49"

EZ ab € 30,00
DZ ab € 48,00

Gasthaus "Zur Krone"

Herzlich willkommen im Gasthaus "Zur Krone" in Wendershausen, einem kleinen Ortsteil von Witzenhausen. Hier, in unserer familiären Atmosphäre, verwöhnen wir Sie mit herzhaften aber auch leichten Speisen aus bekannter und gutbürgerlicher Küche. Unsere Zimmer sind gemütlich und komfortabel eingerichtet und bieten die nötige Ruhe für einen neuen Tag. Der beginnt bei uns mit einem reichhaltigen Frühstück. Ihr Motorrad können Sie bei uns überdacht unterstellen. Einen Trockenraum sowie eine kleine Schrauberecke bieten wir Ihnen selbstverständlich auch.

Eschweger Str. 14 • 37215 Witzenhausen • Telefon 0 55 42 / 15 06

11435

Witzenhausen-Roßbach
GPS: N 51°18´56" - E 9°48´20"

EZ ab € 24,50
DZ ab € 47,00

Gaststätte & Pension "Zur Linde"

Mitten im Kaufunger Wald gelegen bietet sich unser Haus als idealer Ausgangspunkt für viele interessante Touren durch das nordhessische Bergland sowie das angrenzende Thüringen und Südniedersachsen an.

Untere Bachstr. 4 • 37216 Witzenhausen-Roßbach
Telefon 0 55 42 / 16 38 • Fax 0 55 42 / 16 38

11436

Hünsrück
Durch die Wälder zwischen Rhein und Mosel

Der waldreiche Höhenzug des Hunsrück, des südlichsten Teils des rheinischen Schiefergebirges, erstreckt sich zwischen den vier romantischen Flusstälern von Mosel, Nahe, Saar und Rhein. In der Mittelgebirgslandschaft hat sich eine artenreiche Fauna und Flora entwickelt. Seltene Tierarten wie Wildkatze, Dachs und Eisvogel haben hier einen Lebensraum gefunden. Naturfreunde entdecken am Wegrand manche Orchideenwiese und in den Wäldern schmackhafte Pilze. Weder Heizkraftwerke noch große Chemieanlagen belasten die Luft. So gehört der Hunsrück zu den Oasen sauberer und sauerstoffreicher Luft in Deutschland. Der Hunsrück ist die am dünnsten besiedelte Region Deutschlands.
Das Mittelgebirge bewegt sich in Höhen zwischen 400 und 500 Metern, die größte Erhebung, der Erbeskopf, ist 816 Meter hoch. Während die Ebenen landwirtschaftlich genutzt werden, bilden die Höhenzüge eines der waldreichsten Gebiete in Deutschland. Geologisch von Bedeutung sind die Edelstein- und Schiefervorkommen.

Kriegerische Geschichte

Die nachweisbare Geschichte des Hunsrück beginnt mit den Römern. Von Bingen am Rhein bis nach Trier an der Mosel verlief quer durch den Hunsrück eine wichtige Heer- und Handelsstraße, die heute den Namen des berühmten römischen Gelehrten und Rhetorikers Ausonius trägt. Er reiste im Jahr 368 n.Chr. auf der Römerstraße, um am Kaiserhof in Trier den Sohn des römischen Kaisers zu unterrichten. Seine Eindrücke hat er in seinem Werk „Mosella“ festgehalten.
Die Burgruinen zeugen davon, dass im Mittelalter die Region von großer strategischer Bedeutung war. Zahlreiche kriegerische Auseinandersetzungen haben ihre Spuren hinterlassen. Heute gehören die Ruinen zu den historischen Sehenswürdigkeiten.
Während in den fruchtbaren Flusstälern sogar Wein wächst, haben die kargen Böden in den höheren Lagen die Menschen nur unzureichend ernährt. Vor allem im 19. Jahrhundert wanderten zahlreiche Bewohner nach Amerika aus.

Hunsrück-Höhenstraße

Die Touristikstraße führt über 157 Kilometer quer durch den Hunsrück. Sie beginnt in Saarburg bei Trier, streift Zerf, Kell, Reinsfeld, Hermeskeil, Thalfang, Morbach, Hahn, Kappel, Kastellaun und Emmelshausen und endet in Koblenz. Ihre Route folgt meist den Bundesstraßen B 327 und B 407, entsprechend gut ist sie ausgebaut. Die Straße wurden in den Jahren 1938 und 1939 durch die Nationalsozialisten gebaut und diente als militärstrategische Aufmarschstraße. Enge Kurven und Serpentinen sucht man auf der Hunsrück-Höhenstraße vergebens, mit ihren lang gezogenen Bögen ist sie vor allem etwas für Genießer.

Sehenswerte Orte

Simmern

Das schmucke Städtchen ist Hauptort des Hunsrück. Sein Wahrzeichen ist der Schinderhannes-Turm. In diesem ehemaligen Pulverturm der Stadtbefestigung wurde 1799 der Räuberhauptmann Johannes Bückler, „Schinderhannes" genannt, festgesetzt. Einen Besuch wert ist außerdem das Neue Schloss mit dem Heimatmuseum.

Hermeskeil

Hoch oben in den waldreichen Höhen des Hunsrück gelegen, fristet Hermeskeil touristisch ein Mauerblümchendasein. Was schade ist, denn das Städtchen bietet ein hübsches Zentrum. Wer sich für Technik interessiert, sollte unbedingt das Flugzeugmuseum anschauen. Es zeigt über 100 Propellermaschinen, Düsenjets und Hubschrauber. Geöffnet von April bis Oktober täglich von 9.00 bis 18.00 Uhr.

Idar-Oberstein

Die Edelstein-Stadt liegt malerisch an der Einmündung der Idar in die Nahe und besitzt zahlreiche Edelstein- und Achatschleifereien. Der Abbau der teuren Steine wurde wegen der ausländischen Konkurrenz im 19. Jahrhundert eingestellt, heute werden nur noch importierte Steine verarabeitet. Im Stadtteil Oberstein befindet sich der hübsche Markplatz mit gemütlichen Cafés. Im Stadtteil Idar wartet das Deutsche Edelsteinmuseum auf Besucher.

Bad Kreuznach

Zu beiden Seiten der Nahe liegt die alte Römerstadt Bad Kreuznach. Lohnenswert ist ein Bummel durch den idyllischen Kurpark mit seinen Radon-Sol-Anlagen. Aber auch die malerische Altstadt lohnt einen Stopp.

Birkenfeld

Die Hauptstadt des gleichnamigen Landkreises erwartet den Besucher mit ihrer aus dem 13. Jahrhundert stammenden Burg.

Morbach

Der reizende Kern des Städtchens mit seinen gemütlichen Cafés ist ein absolutes Muss für jede Hunsrück-Fahrt.

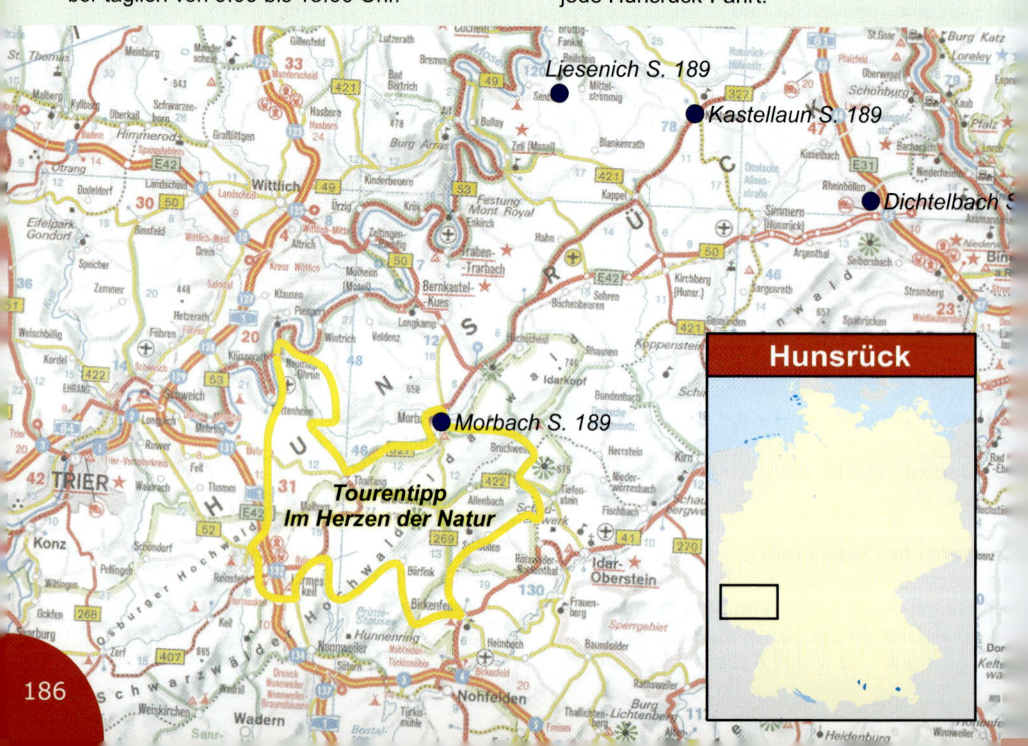

Im Herzen der Natur

Von Bernkastel-Kues aus startet die Tour am rechten Ufer moselaufwärts. Vorher vielleicht an der Promenade von Bernkastel noch einen schnellen Kaffee gekippt? Die Gelegenheit hierfür ist günstig. Man kann mit dem Motorrad bis dicht an den Fluss heranfahren, ein Imbiss steht für den kurzen kulinarischen Genuss bereit.

Etwa fünf Kilometer hinter Bernkastel durchquert die Route Mülheim. Der Weinort gehörte früher zu der Grafschaft Veldenz und besitzt einen netten Kern.

Danach geht es weiter auf dem perfekten Belag der Bundesstraße 53. Unbekannte, aber nicht weniger interessante Dörfer liegen auf der Strecke. Zum Beispiel Brauneberg, das bis ins Jahr 1925 Dusemont hieß. Der Name bedeutet »süßer Berg« und ist auf den süffigen Wein zurückzuführen, der an dieser Stelle gekeltert wird.

Bei Wintrich werfen wir einen Blick auf das Kreuz des Großen Herrgotts, das mitten in den Weinbergen aufragt. Dann rückt als erstes landschaftliches Highlight die Moselschleife von Piesport ins Blickfeld. Steil fallen die Rebenhänge von beiden Seiten zur Mosel ab. Hier gedeiht das Piesporter Goldtröpfchen, jener weit über die Grenzen des Mosellandes berühmte Wein.

In dieser Region ging es den Menschen schon immer gut. Prachtvolle Weinhöfe, schöne Kirchen und die Reste römischer Gebäude zeugen davon. Eines von ihnen, eine Kelteranlage, wurde ausgegraben, restauriert und kann besichtigt werden. Dazu fährt man am Kreisverkehr von Piesport dem Schild Römische Weinkelter nach, überquert die Mosel und sieht die Anlage schließlich vor sich in den Weinbergen stehen. Die Zufahrt ist frei, Hinweistafeln erläutern die Arbeitsweise der Kelter.

In Neumagen ist der Doppelhaken, den die Mosel hier schlägt, zu Ende. Anstatt auf der B 53 geht es nun auf einer schmalen Landstraße weiter. Geradewegs nach Neumagen hinein. Der Weinort zieht sich links und rechts einer Dorfstraße hin. Zweiter Gang, offenes Visier. Man sollte sich Zeit lassen, um die vielen hübschen Winzerhäuser am Straßenrand zu betrachten. Rechter Hand taucht das berühmte römische Weinschiff auf. Mit angeschlossenem Straßencafé. Ein gemütlicher Platz für den ersten Pausenhalt.

Auf der Höhe von Trittenheim lassen wir den Fluss hinter uns und biegen schräg nach links in die Weinberge ab. Auf etwas holperigem Belag geht es leicht bergan. Eine Serpentine, dann taucht nach ein paar hundert Metern an der linken Straßenseite der ultimative Mosel-Aussichtspunkt auf. Der Blick ist gewaltig: Unten im Tal der Fluss und seine 180-Grad-Schleife, die Dächer von Trittenheim, die steilen, rebenbewachsenen Hänge, das Grün der Weinblätter, das Dunkelgrau des Schiefers. Dieses Panorama lässt sich auch sehr gut von der Terrasse des gegenüberliegenden Hotels aus bewundern.

Ab hier heißt die Generalrichtung Hermeskeil. Der unbekannte Teil des Hunsrücks ruft. Die ersten Kilometer begleitet die Route die Kleine Dhron, die hier gar nicht so klein ist, sondern als erwachsener Bach der Mosel entgegenströmt. Die Straße macht dem Anhänger eines flüssigen Fahrstils jede Menge Freude. Mit ihrem frischen Belag, ihrer guten Einsehbarkeit und ihren schnellen Wechselkurven sorgt sie dafür, dass das Reifenprofil auf seiner ganzen Fläche genutzt wird.

Ein paar Mal kreuzt die Strecke von Ost nach West verlaufende Querverbindungen, tauscht ihren guten Belag zwischendurch kurz gegen einen Flickenteppich und erklimmt in einigen engen Kehren die Hochfläche des Hunsrück.

Kurz darauf fliegt das Ortsschild von Hermeskeil vorüber. Gleich am Eingang liegt rechts das Dampflokmuseum. Für Eisenbahn-Freaks ein Muss, alle anderen dürfen weiterfahren. Denn die schlechten Parkmöglichkeiten, der versteckte Zugang und der etwas vergammelte Allgemeinzustand des Museums machen den Besuch nicht gerade attraktiv.

Umso dringender ist ein Rundgang durch die Flugausstellung von Hermeskeil. Diese größte private Flugzeugausstellung Europas öffnet ihre Tore in dem Ortsteil Abtei und ist ab Hermeskeil bestens ausgeschildert.

Mögen die Kumpels oder die Sozia auch noch

so murren – man schleppe sie unbedingt zu den über 100 Propellermaschinen, Düsenjets und Hubschraubern. Den Schlusspunkt des Besuchs setzen Kaffee und Kuchen an Bord der Concorde. Der elegante Überschallvogel ist ein Nachbau und lediglich im Bereich des Cockpits im Originalzustand. Macht gar nichts. Denn wer sonst kann behaupten, an Bord der Concorde schon Kaffee getrunken zu haben? Die Öffnungszeiten sind von April bis Oktober täglich von 9.00 bis 18.00 Uhr.

Auf einsamen Pfaden geht es weiter in Richtung Birkenfeld. Das Motto der Etappe könnte heißen: Hunsrück für Anfänger. Ein sauber asphaltiertes Sträßchen zirkelt mit abwechselnden Radien durch ein weitläufiges Waldgebiet. Hier darf nach Herzenslust am Quirl gedreht werden. Diese Wälder sind ein Teil des Naturparks Saar-Hunsrück. Die einzelnen Stationen der naturnahen Kurverei heißen Züsch, Börfink und Brücken.

Wollten Sie immer schon mal wissen, was das Kfz-Kennzeichen BIR bedeutet? Bei der Einfahrt nach Birkenfeld wird es Ihnen klar. Die Kreisstadt war schon immer wichtiger Verwaltungs- und Hochschulsitz. Ab dem 17. Jahrhundert nutzten sie die Herzöge von der Pfalz als Residenz, bis sie 1937 preußisch wurde. Wahrzeichen Birkenfelds ist seine aus dem 13. Jahrhundert stammende Burg.

Aus der Stadt hinaus folgen wir der Beschilderung Morbach. Die B 269 nimmt uns auf. Sieht auf der Karte gar nicht uninteressant aus: Viele Krümmungen, grüne Einfassung. Und tatsächlich erweist sich diese Bundesstraße als eine Art Bilderbuch-Motorradstrecke. Kurven am Fließband, astreiner Belag. Allerdings sollte man sehen, dass kein Bremsklotz vor einem fährt. Das Überholen fällt auf der extrem verwinkelten Etappe nämlich sehr schwer.

Flugzeugmuseum Hermeskeil

Nach etwa fünf Kilometern Blinker rechts Richtung Oberhambach, dann wieder links nach Hattgenstein. Das schmale Sträßchen, das jetzt zwischen Wiesen und Feldern umherturnt, sieht vermutlich selten ein fremdes Kennzeichen. Ebenso den Reifen eines Motorrades. Traktoren, Milchlaster und die Kombis von Kleingärtnern bevölkern den Asphalt.

In Kirschweiler links ab Richtung Idar-Oberstein. Der nächste Ort heißt Katzenloch, dort rechts nach Kempfeld abbiegen. Ein gutes Dutzend Kurven folgen, dann wartet die vermutlich längste Gerade im ganzen Hunsrück. Von Bruchweiler bis nach Morbach bewegt sich der Lenker so gut wie keinen Millimeter. Sechs Kilometer geradeaus. Die Bäume flitzen vorbei wie Schatten. Der Fahrbahnbelag spielt mit, und man ist geneigt, das Tempolimit auf außerörtlichen Straßen um ein gewisses Maß zu überschreiten.

Morbach besitzt außer einer stattlichen Zahl von Museen auch eine reizende Innenstadt. Der sollte man einen Besuch abstatten. Alles ist blitzblank renoviert, mehrere Straßencafés buhlen um die Gunst der Kunden. So wie das Wirtshaus Zum Dorfkrug. In den Holzstühlen vor dem Fachwerkhaus lässt es sich eine Weile aushalten.

Am Ortsausgang von Morbach geht die B 327 in Richtung Hermeskeil gleich richtig zu Sache. In wilden Serpentinen stürzt sie sich ins Dhrontal hinab und auf der anderen Seite wieder nach oben. Kurvenreich geht es weiter. Kaum kommen Bremsen und Getriebe zur Ruhe. Fahren, fahren, fahren. An nichts anderes denken.

Kurz vor Thalfang rechts ab Richtung Neumagen-Dhron. Weiter geht es über die Dörfer nach Horath. Dort findet das Vorderrad plötzlich einen Serpentinenaufstieg. Hinter dem Ort weist das Schild Piesport den Weg. Wer mit dem Verbindungssträßchen über den Ranzenkopf zur B 269 liebäugelt, kann es gleich wieder vergessen. Die Strecke ist leider für den Verkehr gesperrt.

Der Abstieg hinab zur Mosel gestaltet sich überraschend brav. Keine Kurven, nur eine sanft geschwungene lange Gefällstrecke. Auf einmal tauchen Weinberge auf, dann steht man auch schon an der Kreuzung nach Piesport. Blinker rechts, und auf der B 53 geht es zurück zum Ausgangsort Bernkastel-Kues.

Dichtelbach

GPS: N 50°00´31" - E 7°41´36"

EZ ab € 29,00
DZ ab € 49,00

18 | 9 | HP | Tipp

Gaststätte & Pension "Zum Felsenkeller"

Seit über 150 Jahren ist unser Landgasthaus "Zum Felsenkeller" bekannt für Hunsrücker Gemütlichkeit. Genießen Sie unsere gutbürgerliche Küche. Nehmen Sie sich Zeit die unverfälschte Natur des Hunsrücks zu erleben. Besuchen Sie die mittelalterlichen Burgen und Städte des Weltkulturerbes Mittelrhein. Entspannen Sie in den gemütlich eingerichteten Zimmern unseres Hauses. Für Ihr Motorrad steht natürlich eine abschließbare Garage zur Verfügung. Wir freuen uns auf Sie und Ihre Kollegen.

Rheinböllener Str. 31 • 55494 Dichtelbach • Telefon 0 67 64 / 3 03 17 90
Fax 0 67 64 / 30 31 79 28 • E-Mail: wilhelm@felsenkeller.de • www.felsenkeller.de

12690

Kastellaun

GPS: N 50°04´19" - E 7°26´20"

EZ ab € 42,00
DZ ab € 72,00

36 | 16 | HP | Tipp

Gasthaus-Hotel-Biergarten "Badische Kellerey"

Im historischen Ambiente der Badischen Kellerey liegt uns seit Jahrzehnten das Wohl unserer Gäste am Herzen. Unseren Hotelgästen stehen individuell eingerichtete Zimmer zum Abschalten und Entspannen zur Verfügung. Nach einer erholsamen Nacht begrüßen wir Sie mit einem reichhaltigen Frühstück, das keine Wünsche offen lässt. In unserem Restaurant bieten wir eine frische deutsche Küche mit regionalem Einschlag für Alt und Jung. Die romantische Atmosphäre unseres Biergartens lädt ein, die Seele baumeln zu lassen und in die Geschichte einzutauchen.

Schlossstr. 19 • 56288 Kastellaun • Telefon 0 67 62 / 4 01 90
Fax 0 67 62 / 40 19 29 • www.badische-kellerey.de

11710

Liesenich

GPS: N 50°05´10" - E 7°15´54"

EZ ab € 30,00
DZ ab € 60,00

Restaurant-Pension "Wellems"

Liesenich ist ein staatlich anerkannter Erholungsort (410 Meter über NN) mitten im waldreichen Hunsrück. Unser Haus liegt zentral in Liesenich. Ungezwungene, freundliche Atmosphäre sowie persönlicher Einsatz aller Mitarbeiter sind selbstverständlich. Das nahegelegene Mosel- oder Rheintal bietet Motorradfahrern wunderschöne Tagestouren und jede Menge Fahrspaß. Durchfahren Sie hügelige Kurvenlandschaften, genießen Sie die Sonne und erholen Sie sich abends bei kühlen Getränken von erlebnisreichen Tagen. Die gut ausgestatteten Gästezimmer sind alle mit Dusche und WC, teilweise auch mit Balkon. Für Ihr leibliches Wohl sorgt unsere gutbürgerliche Küche, die abwechslungsreiche Speisekarte wird jedem Gaumen gerecht.

Hauptstr. 14 • 56858 Liesenich • Telefon 0 65 45 / 67 89
E-Mail: info@gasthaus-wellems.de • www.gasthaus-wellems.de

12687

Morbach

GPS: N 49°48´05" - E 7°07´32"

EZ ab € 50,00
DZ ab € 80,00

42 | 22 | HP | Tipp

*** Landhaus am Kirschbaum

Absolut ruhig, abseits vom Verkehrslärm in einem romantischen Seitental des Luftkurortes Morbach, erwartet Sie das Landhaus am Kirschbaum. In unseren modernen Zimmern der gehobenen 3-Sterne Kategorie werden Sie sich wohlfühlen. Ihren Gaumen verwöhnen wir mit einer leichten regionalen Küche, vegetarischer Vollwertkost, Hünsrücker Spezialitäten und Köstlichkeiten der Saison. Dem Hotel angegliedert ist ein neues Wellness- und Massagezentrum. Wollen Sie ein etwas preiswerteres Haus sprechen Sie uns einfach an. In Bischofsdhron haben wir ein Partnerhaus welches ebenfalls gemütliche Zimmer bietet.

Am Kirschbaum 55a • 54497 Morbach • Telefon 0 65 33 / 9 39 50 • Fax 0 65 33 / 93 95 22
E-Mail: info@landhausamkirschbaum.de • www.landhausamkirschbaum.de

11709

Kraichgau - Hohenlohe - Taubertal

Abwechslungsreich durch den Norden Baden-Württembergs

Kraichgau und Stromberg

Ein guter Platz zum Leben war dieser Teil des deutschen Südwestens schon immer: Das Klima ist südlich, die Sonnenscheindauer hoch, es gibt herrliche Wälder und Wiesen, Wein und viel Wasser. Umgeben von Rhein und Neckar, den Odenwald im Norden und den Schwarzwald im Süden, wellt sich das Land sanft zwischen Heidelberg und Karlsruhe dahin.
Jede Zeitepoche hinterließ ihre Abdrücke: Im Ort Mauer südlich von Heidelberg fand man den Unterkiefer des bislang ältesten Europäers, des „Homo Heidelbergensis“ (600.000 Jahre). Die Ritter des Mittelalters hinterließen weit über 100 Burgen, die Bronzezeit zahlreiche Hügelgräber. Barock bietet Bruchsal, Romanik und Gotik die Klosterstadt Maulbronn (Unesco-Weltkulturerbe), Alchemisten-Magie schließlich Knittlingen, die von Goethe literarisch unsterblich gemachte Geburtsstadt des Dr. Faust.
Touristisch gesehen ist der Kraichgau, die „badische Toskana“, mit dem Naturpark Stromberg-Heuchelberg (mit 20 Prozent Eichenanteil wichtiger Lieferant für Barique-Weinfässer bis Frankreich) und dem schwäbischen Rebland am Neckar ein Paradies für sanftes Reisen mit Kulturanspruch.

Hohenlohe

Die Hohenloher Landschaft wird durch die beiden Flüsse Kocher und Jagst sowie die vielen Seitentäler geprägt. Nirgendwo gibt es so zahlreiche Burgen und Schlösser, ja in fas jedem Ort steht eine Burg oder ein Schloss ode wenigstens Überreste vergangener Herrschaft. Die Hohenloher Ebene ist geprägt durch sanfte Hügel und durch die höchste Erhebung de gesamten Hohenlohe: Der Ort Waldenburg mi 523 Metern. Zahlreiche Wälder, Weinberge unc Obstfelder laden zum Erkunden ein.
In der Hohenlohe gibt es eine Vielzahl von Rad wegen. Diese sind für Freizeitradler, Familien mit Kindern und ebenfalls für sportliche Radle geeignet. Tagesradtouren von ca. 20 bis 40 Ki lometer und eine Mehrtagestour bis zu sech Tagen warten darauf, unter die Räder genom men zu werden. Die beiden Flüsse Jagst un Kocher, die quer durch die Hohenlohe fliesser sind sehr sensible Gewässer. Um diese z schützen, wurden Beschränkungen aufgrun des Umweltschutzes erlassen.

Taubertal

Das Tal der Tauber gehört zu Deutschlanc romantischsten Regionen. Es ist reich a Kultur und Natur und garantiert einen ruhige erholsamen Urlaub. Tief hat sich der Fluss im Laufe von Jahrmillionen in den Muschelkalk der Hohenloher Hochebene eingegraben und dabei eine Landschaft hinterlassen, deren Reize schon unsere Vorfahren erkannt haben: Burgen, Schlösser, Adelshöfe und mittelalterliche Stadtkerne liefert das Taubertal wie am Fließband. Die Tauber entspringt nahe der Ortschaft Weikersholz bei Rot am See in Baden-Württemberg und fließt anschließend auf einer Länge von rund 125 Kilometern nach Wertheim, wo sie in den Main mündet. Das Taubertal ist bekannt für seine guten Weine. Angebaut werden in erster Linie die Sorten Müller-Thurgau, Silvaner, Kerner und Dornfelder. Die Industrie hält sich vornehm zurück, nur in den größeren Städten hat sich etwas Maschinenbau und Glasherstellung entwickelt. Die Tauber tritt gerne als Taufpatin in Erscheinung. So gab sie ihren Namen dem weltbekannten Rothenburg ob der Tauber und der Fechterhochburg Tauberbischofsheim.

Sehenswerte Orte

Bruchsal

Die „Hauptstadt des Spargels" liegt am Rande des Kraichgaus und ist berühmt für ihre zahlreichen Barockbauten. So sollte man unbedingt das Schloss anschauen, das im 18. Jahrhundert als Residenz der Fürstbischöfe von Speyer errichtet wurde.

Heilbronn

Die ehemalige freie Reichsstadt liegt idyllisch am Ufer des Neckars. Im 2. Weltkrieg fast vollständig zerstört, wurde sie nach dem Krieg wieder aufgebaut und zieht heute den Besucher mit ihrer hübschen Altstadt in den Bann. Einen besonderen Blick wert ist das Alte Rathaus auf dem Marktplatz mit seiner imposanten astronomischen Uhr. Der Dichter Heinrich von Kleist verewigte Heilbronn in seinem Roman „Käthchen von Heilbronn".

Keltenmuseum Hochdorf

Der am Lauf der Enz nahe des Weinanbaugebietes Stromberg gelegene Ort Hochdorf wartet mit einem der interessantesten frühgeschichtlichen Museen Deutschlands auf. Es basiert auf einem zufälllig entdeckten keltischen Fürstengrab. Dieses wurde nicht wie fast alle damaligen Gräber im Laufe der Jahrhunderte ausgeraubt, sondern präsentierte sich bei Öffnung in originalgetreuem Zustand. Das Museum zeigt in einem Innen- und einem Außenbereich sehr anschaulich die Lebensweise der Kelten. Prädikat: empfehlenswert.

Jagsthausen

Der im Tal der Jagst gelegene Ort geht auf ein Römerkastell zurück. Bekannt wurde er jedoch durch die Götzenburg, den Stammsitz des Götz von Berlichingen. Dessen originale eiserne Hand ist im Burgmuseum zu sehen.

Bad Mergentheim

Bekannt ist das hübsche Kurstädtchen nicht nur wegen seiner drei gesundheitsfördernden Mineralquellen, sondern auch wegen seiner reizvollen Altstadt. Rund um den historischen Marktplatz gruppieren sich Fachwerkhäuser aller Art. Ein Blickfang ist das im Jahr 1564 erbaute Rathaus. Weiterhin einen Besuch wert: das spätgotische Münster St. Johannes und das Deutschordensschloss aus dem 16. Jahrhundert.

Rothenburg ob der Tauber

Was soll man über dieses Juwel mittelalterlicher Baukunst noch sagen? Dank seines im 30-jährigen Krieg nahezu unzerstört gebliebenen Stadtkerns gilt Rothenburg heute als der Inbegriff der historischen deutschen Stadt. Wer durch die Gassen mit ihrem Kopfsteinpflaster spaziert und die Fachwerkhäuser mit ihren kunstvollen Giebeln bewundert, der fühlt sich sofort ins Mittelalter zurückversetzt. Ein Bummel zu Fuß durch Rothenburg gehört daher zum absoluten Muss.

Tauberbischofsheim

Im rebenreichen mittleren Taubertal gelegen, gilt das Städtchen in erster Linie als Heimat erstklassiger Weine. In seinem Zentrum stehen hübsche Fachwerkhäuser aus dem 18. Jahrhundert, die man auf alle Fälle anschauen sollte. Auch das Heimatmuseum im alten Kurmainzischen Schloss ist einen Besuch wert. Heute ist Tauberbischofsheim Olympia-Stützpunkt und Zentrum des deutschen Fechtsports.

Nördliches Neckartal

Da Heidelberg weltweit für deutsche Gemütlichkeit und Gastlichkeit steht, ist der Weg ins nördliche Neckartal leicht zu finden. Wir nehmen jedoch über die A 5 kommend zunächst die Ausfahrt Nr. 38 und heben uns die romantische Stadt im Neckartal für den Schluss unserer Tour auf. Denn wir peilen gleich zu Beginn die südlich stehenden Berge an, von denen wir nach den ersten Höhenmetern einen schönen Blick auf die Rheinebene werfen können, und steuern zielstrebig auf eine bedeutende Stätte der Menschheitsgeschichte zu. Nein, nicht weil wir durch Leimen kommen, der Heimatstadt von Tennis-Legende Boris Becker, der als bislang jüngster Teilnehmer mit 17 Jahren das Turnier von Wimbledon gewinnen konnte. Auch nicht, weil wir durch das Straßenlabyrinth der Ausschilderung nach Bammental und Gaiberg folgen und so zwischen Obstwiesen auf der frisch angelegten Höhenstraße durch Gauangelloch nach Schatthausen kommen, das einen guten Namen für seine jahrzehntelange Tradition im Trialsport hat.

Auch nicht, weil die Nachbargemeinde Mauer großen Motorsport bietet und 1982 Ausrichter der Enduro-EM war, sondern weil Mauer am 21. Oktober 1907 für eine Weltsensation sorgte: An diesem Tag fand der Arbeiter Daniel Hartmann zufällig beim Sandabbau einen menschlichen Unterkiefer, der mit einem Alter von mehr als 600.000 Jahren als das ältestes menschliche Zeugnis in Europa gilt. Die Wissenschaft taufte den bis dahin unbekannten Urmenschen »Homo heidelbergensis«, weil er die Gegend südlich der bekannten Stadt besiedelt hatte. In der Urzeit floss der heutige Neckar nämlich noch in einem großen Bogen zwischen Neckargemünd und Mauer durch eine Tropenlandschaft, wodurch in unserer Zeit aus dem Sand und Kies des alten Flussbetts wertvolle Fossilien von Elefanten, Flusspferden oder Säbelzahnkatzen auftauchten. Das urgeschichtliche Museum in Mauer und seine über 200 Millionen Jahre alten Exponate sollte man deshalb besuchen (werktags 8.00 bis 12.00 Uhr und 13.00 bis 16.30 Uhr).

Aus dem Eiszeitalter düsen wir wie mit einer Zeitmaschine direkt in die Moderne: Durch das fruchtbare und ländliche Elsenz-Tal über die relativ ruhige B 45 nach Sinsheim, dessen Auto- und Technik-Museum europaweit einzigartig ist In seiner auch für Kinder interessanten Erlebniswelt stehen Lokomotiven, Oldtimer, riesige Kräne, Renn- und Rekordfahrzeuge sowie eine großartige Flugzeugsammlung, deren spektakulärste Objekte die TU 144, der einzige Prototyp eines russischen Überschall-Passagierfliegers, sowie die brit.-franz. Concorde sind (365 Tage im Jahr geöffnet, www.technik-museum.de).

Von hier geht es weiter Richtung Weiler, w nach dem Aufstieg durch herrliche Kurven au

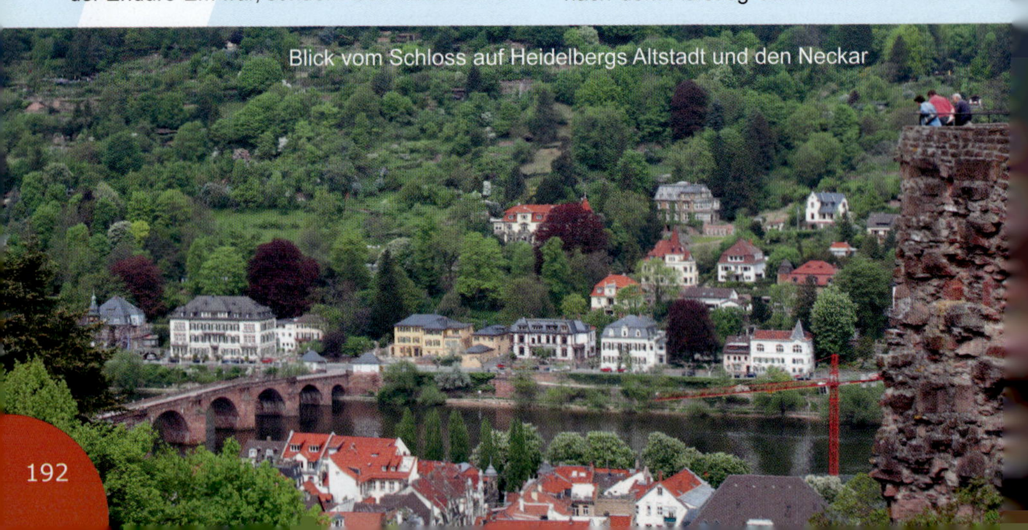

Blick vom Schloss auf Heidelbergs Altstadt und den Neckar

der Spitze eines Basaltkegels inmitten von Weinbergen die Ruine Steinsberg wartet. Von der höchsten Erhebung der Region aus kann man weit in alle vier Himmelsrichtungen schauen, weshalb sie auch »Kompass des Kraichgau« genannt wird. In der Burg aus dem frühen Mittelalter ist heute ein nettes Restaurant untergebracht (10.00 bis 24.00 Uhr, montags Ruhetag). Auf dem »Kompass« norden wir uns ein und schwenken durch den Ortsteil Steinsfurt, in dem einst Friedrich der Große als Kronprinz in der Scheune des Fachwerkhauses Lerchennest übernachtete und mit einer Gedenkstätte geehrt wird, wieder zurück nach Sinsheim.
Die Stadt hat ihre Ursprünge im frühfränkischen Dorf Sunnisheim, das um 550 entstand. Aber wie verschiedene Hügelgräber belegen, war die Region bereits 3000 v. Chr. besiedelt. Die wegen ihrer reichen Beilagen aus der Keltenzeit »Fürstinnengrab« genannte Stätte nahe Dühren ließ bei der Entdeckung die Fachwelt ebenso aufhorchen wie die in Steinsfurt gefundene Jupiter-Gigantensäule der Römer. Schmuckstücke jener Epochen finden sich im Sinsheimer Stadtmuseum.
Weiter nach Nordosten rollend, durchqueren wir auf der B 292 Waibstadt, in dem neben der Ruine von Schloss Daisbach besonders der alte jüdische Friedhof mit Mausoleum ein außergewöhnliches Kulturdenkmal darstellt. Das Mausoleum wurde in den 20er-Jahren dem ehemaligen Salomonischen Tempel in Jerusalem nachgebildet, mit innerem Vorhof und Heiligtum.
Ab Helmstadt lassen wir uns gemütlich auf Nebenstraßen durch die typische Kraichgauer Szenerie mit Landwirtschaft und bewaldeten Hügeln nach Gundelsheim treiben. Rechts der Straße lädt ein murmelndes Bächlein zur Rast in Schatten der Bäume ein. Zu verträumtes Touren verleitet jedoch dazu, vor Siegelsbach die linke Abzweigung nach Gundelsheim zu verpassen. Was schade wäre. Denn nur so gelangt man durch dichten Wald nach Neckarmühlbach zu Schloss Guttenberg.
Der ausgeschilderte Weg führt mitten durch die Nebengebäude der Anlage und lässt den Reitenden stilecht vor das große Tor reiten. »Achtung, frei fliegende Adler und Geier!«, warnt ein Schild am Eingang. Denn die Burg, seit über 50 Jahren im Besitz der Freiherren von Gemmingen-Guttenberg, ist die Deutsche Greifvogelwarte und ein privates Zucht-, Pflege- und Forschungszentrum für bedrohte Eulen und Greifvögel. Das sind z. B. Seeadler und Gänsegeier, die hier nicht bloß im Käfig bestaunt werden können (täglich Flugvorführungen um 11.00 und 15.00 Uhr). Informationen über Artenschutz und Auswilderung sowie spezielle Ausstellungen erlauben einen ebenso guten Überblick über diesen Bereich der Ornithologie, wie der beeindruckende Bau aus dem 12. Jahrhundert mit Wehr- und Zwinganlagen selbst über das Neckartal. Unser Tipp: unbedingt besuchen.
Das Burgmuseum beherbergt neben Rüstungen und Jagdwaffen als Besonderheit eine Holzbibliothek, worin alle hierzulande vorkommenden Bäume und Sträucher zu finden sind. Für die kurze Pause empfiehlt sich die »Ritter-Rast« (geöffnet Dienstag bis Sonntag 11.00 bis 22.00 Uhr).
Jetzt folgen wir unmittelbar am linken Neckarufer dem Fluss durch Haßmersheim Richtung Obrigheim, dessen Kernkraftwerk einmal für heftige Debatten sorgte. Vielleicht werden es zukünftige Generationen einmal genauso als Zeugen einer vergangenen Epoche besichtigen, wie wir heute Schloss Horneck. Oder Burg Hornberg. Diese am rechten Ufer oberhalb steil abfallender Weinberge liegende größte aller Neckarburgen gehörte einst dem streitbaren Götz von Berlichingen und beherbergt das zweitälteste Weingut der Welt. Proben im 1254 eingerichteten Weinkeller gibt es für Gruppen ab zehn Personen.
Dafür wechseln wir aber nicht auf die andere Neckarseite, sondern weil wir auf der B 37 unterhalb bewaldeter Berge und an Sandsteinfelsen vorbei nach Eberbach fahren wollen. Gnädigerweise lässt die alte Zollburg Dauchstein heute Motorräder passieren, während früher die Dauchsteiner einfach eine schwere Kette quer über den Fluss spannten, um von den Schiffen Zoll zu kassieren. Zu ihren Füßen genießen Angler die friedliche Stimmung im goldgelben Nachmittagslicht. Sie haben am wieder fischreichen Neckar ebenso ihre Freude wie die Wasservögel. Auf der Bundesstraße passieren wir zügig Neckargerach mit seinem Wahrzeichen, der Ruine Minneburg aus dem 12. Jahrhundert, die zusammen mit der gleich alten Burg Zwingenberg eine einzigartige Felsenlandschaft bewacht. Burg Zwingenberg klebt gut sichtbar di-

Die berühmte Alte Brücke in Heidelberg

rekt über der Straße und wird von Ludwig Prinz von Baden bewohnt. Die feudale Welt zwischen den Burgen Guttenberg und Zwingenberg ist also noch in Ordnung.
Gleich hinter dem Ortsschild Eberbach biegen wir rechts ab, um über die Brücke erneut das Ufer zu wechseln und Richtung Aglasterhausen nach Lobbach zu gelangen. Am Ortsausgang von Eberbach schraubt sich die Maschine in phantastischen Serpentinen durch den Wald hinauf und trägt uns auf der gut ausgebauten Höhenstraße zügig durch den Kleinen Odenwald zu seiner Südwestabdachung in der Gemarkung Waldwimmersbach. Auf ihr liegt in Lobenfeld eine bedeutende Klosterkirche aus dem 12. Jahrhundert. Nach den steilen Felshängen des Neckartals wirkt die Weite hier oben befreiend. Kurz hinter Schwanheim biegen wir rechts ab nach Michelbach und schließen aus der folgenden Beschilderung Heidelbergs, dass wir allmählich dem romantischen Höhepunkt unserer Tour zustreben.
Am Ortseingang von Waldwimmersbach biegen wir rechts ab auf eine urige Waldstraße entlang eines Baches in Richtung Schönbrunn und Haag. Dort angekommen, schlagen wir einen linken Haken zum Neckarhäuserhof, zu dem ein einspuriger, jedoch gut befahrbarer Weg führt, den eigentlich nur Ortskundige nutzen. Diese wunderschöne Verbindung durch Wald, Wiesen und Auen ist eine Einladung zum ruhigen Motorradwandern und sanften Kurvenschwingen – das genaue Gegenteil zu dem zurückliegenden Stück Bundesstraße. Kaum sind wir lotrecht auf den Segelboothafen am Neckar hinabgestoßen, klinken wir uns links auf eine kerzengerade, leere Straße am Fluss entlang ein. Ganz klar: Diese ca. 30 Kilometer quer durch den Kleinen Odenwald sind das fahrerische Highlight unserer Tour, das bei Mückenloch hinter dem Abzweig nach Dilsberg mit einem tollen Blick auf das Neckarknie einen würdigen Abschluss findet.
Deswegen wird es jetzt aber nicht langweilig. Im Gegenteil. Vorbei an der Feste Dilsberg und Ruine Reichenstein fahren wir mit Blick auf den Neckar nach Neckargemünd, wo wir noch einen Schlenker nach links drehen. Wir lassen uns nicht verleiten, den ausgeschilderten direkten Weg nach Heidelberg zu nehmen, denn der führt mit hoher Wahrscheinlichkeit zu Frust im Stau. Stattdessen genießen wir den weiten Bogen durch das Elsenztal, bis uns eine Abzweigung unter der Eisenbahn durch den Weg nach Waldhilsbach weist. Auf dieser schmalen Waldstraße können wir dank guter Ausschilderung den Königstuhl genannten Berg kaum verfehlen und kurven anschließend durch eine Handvoll Serpentinen praktisch direkt in die Heidelberger Altstadt hinab.
Heidelberg allein ist einen Tag Aufenthalt wert. Es bleibt also jedem selbst überlassen, ob er die Sehenswürdigkeiten der Residenzstadt besichtigen möchte wie die 1386 gegründete Universität, das Geburtshaus von Reichspräsident Friedrich Ebert, den Philosophenweg am anderen Neckarufer oder das bekannte Schloss. Man kann den Tag auch in einer der historischen Studentenkneipen ausklingen lassen. So oder so – der Abend wird lang.

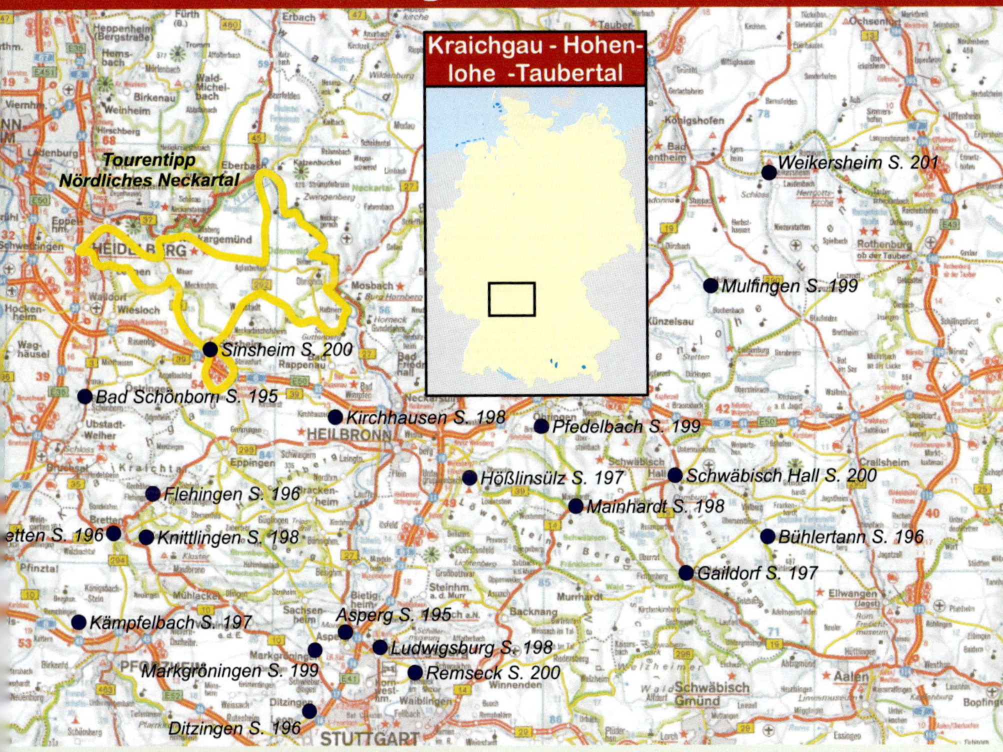

Asperg

GPS: N 48°54´19" - E 9°07´29"

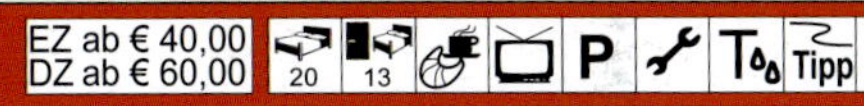

Garni Hotel Felger

Sie suchen ein günstiges Hotel in der Nähe von Ludwigsburg und Stuttgart in ruhiger Lage, dann freuen wir uns, Sie als Gast in unserem kleinen, familiären und gepflegten Garni Hotel in Asperg begrüßen zu dürfen. Mit Herz und Verstand, nach diesem Motto bietet Ihnen das Team rund um Markus Felger, viel Service zum angemessenen Preis. Das wohltuende Ambiente der gut ausgestatteten Zimmer, sowie ein reichhaltiges Frühstücksbuffet garantieren einen erholsamen und entspannten Aufenthalt im Garni Hotel Felger. In der Asperger Stube wird gemütliches Beisammensein groß geschrieben. Wir bieten Ihnen: Premiere Sportsbar - jeden Samstag ab 10 Uhr leckeres Weißwurstfrühstück - in den Sommermonaten lädt unser Biergarten zum Verweilen ein!

Gartenstr. 20 • 71679 Asperg • Telefon 0 71 41 / 66 03 14 • Fax 0 71 41 / 66 84 85
E-Mail: info@garni-hotel-felger.de • www.garni-hotel-felger.de

12634

Bad Schönborn

GPS: N 49°13´24" - E 8°39´15"

Hotel-Restaurant "Erck"

Herzlich Willkommen im Hotel Erck! Wir sind ein familiär geführtes Hotel mit Restaurant, seit 30 Jahren im Kurort Bad Schönborn ansässig, zwischen Rheinebene und Kraichgau, verkehrsgünstig gelegen im Großraum Karlsruhe - Mannheim - Heidelberg - Sinsheim. Helle, freundliche und komfortabel eingerichtete Zimmer mit Telefon und Kabel-TV, Dusche u. WC, manche mit gemütlicher Sitzecke, sorgen für die nötige Erholung. Regionale Spezialitäten finden Sie auf unserer Speisekarte genauso wie ein saftiges Steak, saisonal auch frischen Spargel oder aromatische Pilze, leckeren Fisch oder zartes Wild.

Heidelberger Str. 22 • 76669 Bad Schönborn • Telefon 0 72 53 / 97 79 10
E-Mail: hotel-erck@gmx.de • www.hotel-erck.de

11518

Bretten-Rinklingen
GPS: N 49°02´04" - E 8°40´48"

Metzgerei und Gasthaus "Zum Lamm"

Gemütliche Räumlichkeiten und gepflegte Gastlichkeit, das zeichnet unser familiengeführtes Gasthaus aus. Fühlen Sie sich wohl in unseren Räumlichkeiten mit 45 Sitzplätzen im Lokal und 25 Sitzplätzen im Nebenraum oder in unserem Biergarten mit 200 Plätzen. Um Sie kulinarisch verwöhnen zu können, verarbeiten wir ausschließlich beste Qualität. Der Begriff "hausgemacht" wird bei uns wörtlich genommen!

Diedelsheimer Str. 2 • 75015 Bretten-Rinklingen • Telefon 0 72 52 / 27 33
Fax 0 72 52 / 8 48 42 • E-Mail: info@metzgerei-gropp.de • www.metzgerei-gropp.de

11577

Bühlertann
GPS: N 49°02´28" - E 9°54´31"

EZ ab € 27,00
DZ ab € 48,00

Gasthof zum Bären

In gemütlich-rustikaler Atmosphäre verwöhnen wir Sie mit gutbürgerlicher und schwäbischer Küche. Auf unserer Speisekarte findet jeder Gast etwas nach seinem Geschmack. Gönnen Sie sich an warmen Tagen eine Ruhepause in unserem gemütlichen Biergarten! Unsere 17 Gästezimmer sind liebevoll und modern eingerichtet. Sie verfügen alle über Dusche, WC und Kabel-TV. Machen Sie sich die ländliche Idylle zu Nutze und genießen Sie nach einer erholsamen Nacht das reichhaltige Frühstücksbuffet im Bärenstüble.

Hauptstr. 14 • 74424 Bühlertann • Telefon 0 79 73 / 61 21 • Fax 0 79 73 / 91 07 84
E-Mail: info@gasthofzumbaeren.de • www.gasthofzumbaeren.de

11376

Ditzingen
GPS: N 48°49´48" - E 9°03´47"

EZ ab € 72,00
DZ ab € 85,00

223 · 120 · Tipp

Ascot Hotel Ditzingen

Herzlich willkommen im Ascot Hotel Ditzingen. Bei uns wohnen Sie in komfortabel und hell eingerichteten Zimmern mit Dusche/WC, TV, Telefon und tw. Balkon. In unserem Restaurant verwöhnt Sie unser Küchenteam mit herzhaft frischer Küche aus Nah und Fern für jeden Geldbeutel. Selbstverständlich wird für Ihr Motorrad eine Tiefgarage mit Schrauberecke zur Verfügung gestellt, Tourentipps erhalten Sie an der Rezeption. Am Morgen erwartet Sie ein reichhaltiges Frühstücksbuffet damit Sie gut gestärkt auf die nächste Tour gehen können. Wir freuen uns auf Ihren Besuch!

Stettiner Str. 27 • 71254 Ditzingen • Telefon 0 71 56 / 96 20 • Fax 0 71 56 / 96 21 00
E-Mail: ascotditzingen@ascothotels.de • www.ascothotels.de

1269

Flehingen
GPS: N 49°05´15" - E 8°47´17"

P · Tipp

Schlossgarten Restaurant

Mitten in einem parkähnlichen angelegten Gelände mit kleinem See umrahmt von alten Bäumen, genau an dieser Stelle wo sich einst das Wasserschloss des Grafen von Sickingen befand, finden Sie heute das Schlossgarten - Restaurant in Flehingen. Dieses Restaurant das weit über die Grenzen der Region hinaus für sein kulinarisches Angebot an Speisen und Getränken bekannt ist, wird seit über 20 Jahren geleitet von Rüdiger Pücher. Im Sommer bewirten wir Sie gerne in unserem Biergarten oder in unserem Festplatz am See

Franz von Sickingen Str. 42 • 75038 Oberderdingen-Flehingen • Telefon 0 72 58 / 15 12 • Fax 0 72 58 / 53
E-Mail: schlossgarten-restaurant@flehingen.de • www.schlossgarten-restaurant.flehingen.de

115

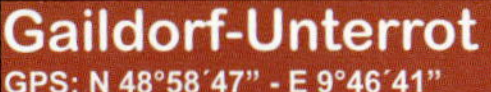

Gaildorf-Unterrot
GPS: N 48°58´47" - E 9°46´41"

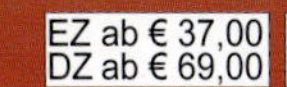

★★★ Gasthof Kocherbähnle
Familie Oesterle

Herzlich willkommen liebe Gäste, ..ankommen und sich wohlfühlen, sich nieder-lassen und ein gutes Essen mit gepflegten Getränken genießen, so soll es sein! Unser Team hält "Guate Sächla" aus Küche und Keller für Sie bereit. Schwäbisches und mehr ist unser Wahlspruch. Hohenloher Gebrutzeltes, Kässpätzle, Maultaschen, Rostbraten oder Wild, frischer Spargel und Fisch. Vegetarische Gerichte runden das Angebot ab. Unsere Wohlfühl-Gästezimmer sind alle mit Dusche /WC, SAT-TV und Telefon ausgestattet.

Schönberger Str. 8 • 74405 Gaildorf-Unterrot • Telefon 0 79 71 / 70 54 • Fax 0 79 71 / 2 10 88
E-Mail: info@kocherbaehnle.de • www.kocherbaehnle.de

11377

Hößlinsülz
GPS: N 49°06´49" - E 9°21´55"

EZ ab € 42,00
DZ ab € 67,00

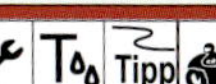

Hotel-Gasthof "Linde"

Wir befinden uns in schöner ländlicher Umgebung inmitten von Weinbergen unweit (ca. 7 km) der Autobahn A81, Anschlussstelle Weinsberg/Ellhofen, am Fusse der Löwensteiner Berge und in den Ausläufern des "Naturparks - Schwäbisch-Fränkischer-Wald". In unserem Haus können Sie (je nach Größe der Reisegruppe) wählen, zwischen gemütlicher Gaststube (bis ca. 40 Pers.), dem Saal (bis ca. 70 Pers.) oder dem Wintergarten (bis ca. 40 Pers.). Gekocht wird bei uns gut bürgerlich. Nach Vorbestellung können wir Ihnen nachmittags Kaffee und Kuchen anbieten. Mittwochs haben wir Ruhetag. Unsere Zimmer sind komfortabel ausgestattet mit Dusche / WC, Telefon, Fernseher und teilweise mit Balkon. Desweiteren befinden sich 2 vollautomatische Kegelbahnen im Haus. Unsere neu gebaute 18 bahnige Minigolf-Anlage direkt am Gasthof lädt zum "Einlochen" ein.

Lindenstr. 31 • 74245 Löwenstein-Hößlinsülz • Telefon 0 71 30 / 4 71 70 • Fax 0 71 30 / 4 71 79
E-Mail: info@linde-sulmtal.de • www.linde-sulmtal.de

11464

Kämpfelbach-Bilfingen
GPS: N 48°56´50" - E 8°37´27"

EZ ab € 53,00
DZ ab € 70,00

Hotel-Restaurant Langer

Herzlich willkommen bei uns im kleinen Landhotel im Ortsteil Bilfingen der Gemeinde Kämpfelbach. Mit unserem Gästehaus verfügen wir über 40 Einzel-, Doppel- und Mehrbettzimmer mit insgesamt 96 Betten. Die sehr gepflegten und in behaglichem Stil eingerichteten Zimmer sind mit Bad oder Dusche, Minibar, Fön, Selbstwahltelefon, Radio, TV und Faxanschluss ausgestattet. Gemütliche Gasträume und unser Biergarten laden zum Verweilen und Genießen ein. Wir bieten Ihnen eine klassische, feine deutsche Küche, wobei der Chef, selbst Motorradfahrer, in der Küche die Speisen zubereitet. Für Tourenanregungen in der Region sprechen Sie uns einfach an. Direkte Stadtbahnverbindung nach Karlsruhe und Pforzheim.

Talstr. 9 • 75236 Kämpfelbach-Bilfingen • Telefon 0 72 32 / 40 40 • Fax 0 72 32 / 4 04 20
hotel-langer@t-online.de • www.hotel-langer.de

11778

Kirchhausen
GPS: N 49°10´48" - E 9°07´34"

Rostige Matte

Wir heißen Sie herzlich willkommen in unserem kleinen gemütlichen Gasthaus. Hier bieten wir Ihnen ein reichhaltiges Frühstück sowie Mittags- und Abendtisch sowie eine Vesperkarte. Ein gemütlicher Biergarten hinter dem Haus steht unseren Gästen ebenfalls zur Verfügung. Der ideale Zwischenstopp auf Ihrer Tour. Gerne geben wir Ihnen interessante Tourentipps in unserer Region. Wir fahren selber Motorrad. Wir freuen uns auf Ihren Besuch! Öffnungszeiten: Montag bis Sonntag ab 10.00 Uhr!

Carl-Zeiss-Str. 15 • 74078 Heilbronn-Kirchhausen • Telefon 0 70 66 / 90 07 21

11655

Knittlingen-Freudenstein
GPS: N 49°02´07" - E 8°49´58"

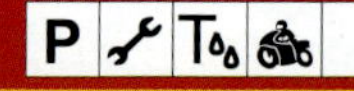

Familie Herm & Familie Vermeulen · stromberg camping · Diefenbacher Straße 70 · 75438 Knittlingen-Freudenstein
fon 07043 2160 fax 07043 40405 · www.strombergcamping.de · info@strombergcamping.de

Ludwigsburg-Hoheneck
GPS: N 48°54´43" - E 9°12´10"

EZ ab € 50,00
DZ ab € 80,00

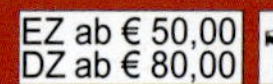

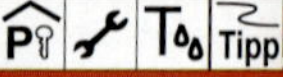

Hotel Krauthof

Gastlichkeit auf hohem Niveau verbunden mit einer privaten Gemütlichkeit lassen unser Haus ein idealer Ausgangspunkt für Motorradfahrer werden. Bei uns finden Sie 50 modern ausgestattete Zimmer in ruhiger Lage. TV, Radio, Telefon und Bad/Dusche sind in jedem Zimmer vorhanden. Teilweise mit Loggia & Terrasse. Entspannen Sie sich nach einer schönen Motorradtour in unserer Sauna oder unserem Solarium oder leihen Sie sich Fahrräder für einen Ausflug.

Beihinger Str. 27 • 71642 Ludwigsburg • 0 71 41 / 5 08 80
Fax 0 71 41 / 50 88 77 • E-Mail: info@krauthof.de • www.krauthof.de

1263

Mainhardt
GPS: N 49°04´30" - E 9°33´15"

EZ ab € 25,50
DZ ab € 49,00

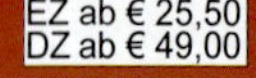

Hotel-Pension-Vesperstube Waldblick

Geselligkeit in familiärer Umgebung ist für uns Ehrensache. Gemütliche Gästezimmer alle mit Dusche/WC teilweise TV. Ruhige Lage ideal zum Ausspannen. Schöne Aussicht vom Balkon. In unserer Vesperstube bieten wir Ihnen was Ihr Herz begehrt. Aus eigener Schlachtung, Fleisch, Hausmacher Wurst und Holzofenbrot. Offene Weine und Most vom Fass, Wein- und Schnapsproben mit den besten Tröpfchen aus der Umgebung. Idyllisch gelegener Biergarten.

Heilbronner Str. 51 • 74535 Mainhardt • Telefon 0 79 03 / 23 97 • Fax 0 79 03 / 93 21 05
E-Mail: claudi.benzinger@freenet.de • www.hotel-vesperstube-waldblick.de

113

Markgröningen

GPS: N 48°54´19" - E 9°04´46"

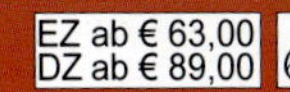

»Zum treuen Bartel«

★★★ Hotel · Restaurant · Café

Direkt am von Fachwerkhäusern umsäumten Marktplatz der Schäferlaufstadt Markgröningen gelegen stehen unsere 1428 und 1473 erbauten und restaurierten Häuser mit gemeinsamer Außengastronomie: Hotel-Restaurant-Café "Zum treuen Bartel" und Gasthaus Krone - das Markgröninger Maultaschenhaus. Von hier aus gehen Sie auf Tour - gestärkt durch urschwäbische sowie internationale Speisen und Getränke. Tiefgaragenplatz in 100 m Entfernung zum Hotel. Motorradfahrer, die bei uns übernachten, erhalten einen gebührenfreien Zugang zur Garage (20,- Euro Pfand/Fernbedienung Garagentor).

Marktplatz 11 - Kirchgasse 2 • 71706 Markgröningen • Telefon 0 71 45 / 9 62 90 • Fax 0 71 45 / 96 29 29
E-Mail: reservierung@treuerbartel.de • www.treuerbartel.de

11752

Mulfingen OT Hollenbach

GPS: N 49°23´00" - E 9°49´39"

11465

Mulfingen-Ailringen

GPS: N 49°22´21" - E 9°45´01"

EZ ab € 85,00
DZ ab € 137,00

Hotel-Restaurant "Altes Amtshaus" ***s

Mit dem Flair vergangener Zeit. Eingebettet in dem ländlichen, idyllischen Örtchen Ailringen liegt das romantische und mit dem Flair vergangener Zeit verbundene Alte Amtshaus. Begegnen Sie in einladenden Räumen und wohltuender Atmosphäre traditionellem Design, das durch Zeitgenössisches angenehm belebt wird. Ein Stil, der konsequent im ganzen Haus umgesetzt wurde, vom Entreé, dem Restaurant und Kaminbereich bis zu den komfortabel ausgestatteten Zimmern. Ein ideales Ambiente für neue Inspirationen, Momente der Besinnung und Entspannung. Der perfekte Ort, um abzuschalten und Kraft zu tanken. Machen Sie die Station im Amtshaus mit einem Gourmet-Menü im Sternerestaurant zum Höhepunkt Ihrer Reise!

Kirchbergweg 3 • 74673 Mulfingen-Ailringen • Telefon 0 79 37 / 97 00
E-Mail: info@altesamtshaus.de • www.altesamtshaus.de

12631

Pfedelbach-Buchhorn

GPS: N 49°09´21" - E 9°30´19"

EZ ab € 25,00
DZ ab € 45,00

Campingplatz + Gasthof Seeklause

In unserem gemütlichen Restaurant finden bis zu 150 Personen Platz. Wir bieten Deutsche Hausmannskost, aber auch die internationale Küche kommt bei uns nicht zu kurz. Unsere Gerichte werden mit erntefrischem Gemüse und Fleisch aus der Region je nach Angebot der jeweiligen Jahreszeit zubereitet. Hier kann man sich so richtig wohl fühlen: geschmackvoll eingerichtete und gemütliche Zimmer mit allem Komfort. Unsere Zimmer verfügen selbstverständlich über TV-Satanschluss und viel Atmosphäre, damit Sie sich ganz wie zu Hause fühlen. Genießen Sie Ihren Aufenthalt bei uns.

Am Wasserturm 30 • 74629 Pfedelbach-Buchhorn • Telefon 0 79 41 / 96 07 17 • Fax 0 79 41 / 77 04
E-Mail: seeklause-leng@t-online.de • www.seeklause-leng.de

11575

Remseck-Neckargröningen

GPS: N 48°52´37" - E 9°16´26"

EZ ab € 34,00
DZ ab € 51,00

Gasthof Lamm & Gästehaus Löckle

In unserem freundlichen Haus erfahren Sie familiäre Gastlichkeit. Wir verwöhnen Sie mit ausgesuchten ´Köstlichkeiten der internationalen Küche, ebenso wie mit frischen regionalen Spezialitäten. In den Sommermonaten genießen Sie in unserem Biergarten in angenehmer Atmosphäre unsere Spezialitäten bei einem kühlen Bier. In unserem angeschlossenen Gästehaus finden Sie die dazu passende Übernachtungsmöglichkeit. Freundlich eingerichtete Zimmer mit Dusche, teilweise WC und TV erwarten Sie im Gästehaus Löckle. Wir freuen uns auf Ihren Besuch!

Ludwigsburger Str. 24 • 71686 Remseck-Neckargörningen • Telefon 0 71 46 / 28 47 40
Fax 0 71 46 / 28 57 35 • E-Mail: info@lamm-remseck.de • www.lamm-remseck.de

11576

Schwäbisch Hall

GPS: N 49°06´40" - E 9°43´56"

Sudhaus an der Kunsthalle Würth

Über den Dingen. Diese Worte beschreiben das Gefühl ganz gut, dass Sie beim Betreten der Dachterrasse spüren. Lassen Sie sich verführen von einem Blick, wie er nur wenigen in Schwäbisch Hall vergönnt ist und verweilen Sie. Im Schatten ausladender Bäume mit Blick auf die Katharinenvorstadt und ihrem Wahrzeichen, der Katharinenkirche. Genießen Sie Ihr kühles hausgebrautes Bier und erleben Sie einen wunderbar entspannten Tag oder Abend in unserem Biergarten. Bühne einer feinen Küche mit viel Regionalität, dargeboten vom Sudhaus-Team.

Lange Str. 35/1 • 74523 Schwäbisch Hall • Telefon 07 91 / 9 46 72 70 • Fax 07 91 / 9 46 72 75
E-Mail: info@sudhaus-sha.de • www.sudhaus-sha.de

1137

Schwäbisch Hall OT Gottwollshausen

GPS: N 49°07´22" - E 9°43´00"

EZ ab € 48,00
DZ ab € 68,00

Hotel-Restaurant Sonneck

Das Hotel liegt in Gottwollshausen, einem kleinen idyllischen Ort im Nordwesten der Stadt Schwäbisch Hall. Ein Fußweg führt Sie direkt in die Haller Innenstadt. In unserem auf Flexibilität ausgerichteten Haus ist sowohl ein erholsamer Urlaub, als auch ein erlebnisreicher Aufenthalt möglich. Unsere gemütlichen Zimmer mit allem modernem Komfort sorgen für Wohlbehagen. Die ruhige Lage unseres Hotels bürgt für einen ungestörten Aufenthalt. Unsere gutbürgerliche Küche bietet dazu den richtigen kulinarischen Rahmen. Württemberger Weine und frische Biere vom Fass sind genauso beliebt wie unsere Kaffeespezialitäten oder die Eisbecher.

Fischweg 2 • 74523 Schwäbisch Hall • Telefon 07 91 / 97 06 70 • Fax 07 91 / 9 70 67 89
E-Mail: hotel-sonneck@t-online.de • www.hotel-sonneck-schwaebisch-hall.de

1137

Sinsheim-Dühren

GPS: N 49°14´45" - E 8°50´26"

EZ ab € 61,00
DZ ab € 87,50

Wincent Hotel Sinsheim

Unser Hotel liegt inmitten des schönen Kraichgauer Hügellandes zwischen Heidelberg und Heilbronn. Kostenlose Parkplätze, rund um das Hotel, für PKW´s und Motorräder, stehen unseren Gästen zur Verfügung. Unsere Zimmer sind hell und freundlich eingerichtet, wobei auf Funktionalität und Platzbedarf größten Wert gelegt wurde. Diese sind unterteilt in Raucher- und Nichtraucherzimmer. Außer Telefon und Kabel-TV steht unseren Gästen das hausinterne Wireless-Lan-Netzwerk und sogar Pay-TV kostenlos zur Verfügung. Die Bäder und Zimmer sind ebenso freundlich und funktionell gestaltet. Wir sind bestrebt unsere Gäste in unserem Restaurant mit bester Küchenqualität sowie mit kompetentem Service zu verwöhnen. Wir legen großen Wert auf frische Produkte.

Augrund 2 • 74889 Sinsheim • Telefon 0 72 61 / 4 02 00 • Fax 0 72 61 / 40 20 4
E-Mail: sinsheim@wincent-hotel.biz • www.wincent-hotel.biz

11

NEU: Bewertungen der Häuser finden Sie auf www.bikerbetten.d

Sinsheim-Hilsbach

GPS: N 49°11´38" - E 8°51´30"

EZ ab € 55,00
DZ ab € 90,00

Mitten im kleinen Ort Hilsbach, keine 10 Autominuten von der großen Kreisstadt Sinsheim entfernt, haben wir für Sie eine ehemalige Zehntscheune umgebaut und innen vollkommen neu gestaltet. Lassen Sie sich, umgeben von denkmalgeschützten Gemäuern, von uns verwöhnen und entspannen Sie sich in der familiären Atmosphäre unseres Hauses. Unsere Zimmer, die zum Verweilen einladen, sind stilvoll eingerichtet, hochwertig ausgerüstet, im Detail durchdacht und mit allem Komfort versehen: Dusche/WC, TV, Telefon. Am Morgen erwartet Sie ein reichhaltiges Frühstück, sodass Sie gutgelaunt in den Tag starten werden.

Mettengasse 55 • 74889 Sinsheim-Hilsbach • Telefon 0 72 60 / 92 09 20 • Fax 0 72 60 / 92 09 21
E-Mail: info@hotel-zehntscheune.de • www.hotel-zehntscheune.de

11753

Weikersheim

GPS: N 49°28´54" - E 9°53´50"

P Tipp

Restaurant Die Bastion

Uwe ist seit 25 Jahren ein begeisterter Koch. Seine Spezialiäten sind einheimische und spanische Gerichte. Gabi kümmert sich um das Wohl der Gäste und die Gestaltung der Gasträume. Sie ist eine begeisterte Hobbymalerin. Ihre Gemälde sind im Lokal zu bewundern. Wir bieten Ihnen eine reichhaltige Auswahl an kulinarischen Köstlichkeiten der Saison und aus der Region. Ein gemütlicher Gewölbekeller bietet Platz für 35 Personen. Im Sommer lädt die mediterrane Terrasse für bis zu 40 Personen an der alten Stadtmauer zum gemütlichen Beisammensein ein. Einige Tische befinden sich vor dem Restaurant mit herrlichem Blick auf den mittelalterlichen Weinmarkt mit Häckerbrunnen und Taubertäler Dorfmuseum.

Mühlstr. 14 • 97990 Weikersheim • Telefon 0 79 34 / 88 72 • Fax 0 79 34 / 88 13
E-Mail: diebastionweikersheim@yahoo.de • www.die-bastion.de

11282

Geben auch Sie eine Bewertung zu Ihrem Aufenthalt ab

Lausitz mit Sächsischer Schweiz

Motorrad fahren im Land der Weinberge, Tafelberge und sauren Gurken

Lausitz

Die Lausitz erstreckt sich im Osten Deutschlands entlang der polnischen bzw. tschechischen Grenze über die Bundesländer Brandenburg und Sachsen. Eine abwechslungsreiche Landschaft, Tradition und Gastfreundschaft sind die Markenzeichen der Region. Die Lausitz ist vom Massentourismus bis heute verschont geblieben. Individualisten finden daher eine attraktive Urlaubsregion zur persönlichen Entfaltung vor. Außerdem bietet sich die Lausitz als Ausgangspunkt für Tagesausflüge nach Polen oder Tschechien an. Eingebettet in das Dreiländereck, gibt es zahlreiche Möglichkeiten, sich über die Grenzen hinaus zu begeben.

Spreewälder Gurken

Mit einer Größe von 500 Quadratkilometern verzaubert der Spreewald durch seine einzigartige Wasserlandschaft mit unzähligen kleinen Flüsschen und Wasserläufen. Entdecken lässt sich das grüne Paradies per Paddelboot, Kanu oder Lausitzer Kahn. Besonders beliebt ist die grüne Oase bei den Bewohnern Berlins, die an schönen Wochenenden gerne einen Ausflug in das Gebiet unternehmen.

Eine Spezialität, die über die Grenzen hinaus bekannt ist, sind die sauren Gurken nach spreewälder Art. Eingeführt im 16. Jahrhundert von einem niederländischen Tuchweber, gibt es sie heute an jeder Ecke des Spreewaldes zu probieren und zu kaufen.

Seenland Dahmeland

Im Dahmeland, rund 60 Kilometer südlich von Berlin gelegen, warten zahlreiche Seen, au bzw. in denen wunderbar gesurft, gesegelt, gebadet und getaucht werden kann. Dazu gib es tolle Wanderrouten entlang der Gewässe in Heide- und Teichlandschaften, in Mischwäl dern und vorbei an Kirchen und Schlössern Die Auswahl der Ausflüge lässt viel Kreativitä zu und bringt Freude ins Wanderherz.

Heimat der Sorben

Die Lausitz ist die Heimat der Sorben. Si zählen neben den Friesen und den dänische

Schleswigern zu den anerkannten ethnischen Minderheiten in Deutschland. Knapp 60.000 Sorben leben in der Lausitz und sorgen mit viel Liebe zum Detail dafür, dass ihre Tradition vielerorts erhalten bleibt. Ebenso wird die sorbische Sprache in der Lausitz gefördert. Eine Besonderheit: Die Straßen- und Ortsschilder präsentieren sich hier zweisprachig.

Braunkohle

Die Niederlausitz in der Gegend um Senftenberg, Finsterwalde, Lauchhammer und Spremberg ist geprägt vom Braunkohlebergbau. In Senftenberg hat man im Jahre 1967, als dort der Tagebau eingestellt wurde, die Gruben in ein einmaliges Badeparadies umgewandelt. Der Senftenberger See versprüht heute mediterranes Schwimmvergnügen. Mit elf Kilometer Strand und einer Größe von 1.300 Hektar ist er ein beliebtes Ausflugsziel.

Naturschönheit Zittauer Gebirge

Südlich des Lausitzer Berglandes, im äußersten Zipfel Deutschlands, liegt das Zittauer Gebirge. Dichte Wälder und urige Sandsteinformationen machen es zu einer Naturschönheit. Die höchste Erhebung ist die Lausche mit 793 Metern. Die bizarren und eigentümlichen Felsformationen lassen sich am besten zu Fuß erkunden. Dazu hat man auf dem Oberlausitzer Bergweg die Möglichkeit. 112 Kilometer schlängelt sich der Pfad durch und über die Felsen und macht das Naturgenießen kinderleicht. Weitere sportliche Möglichkeiten sind Klettern, Mountainbiking sowie im Winter Skilanglauf.

Umgebindehäuser

In der südlichen Oberlausitz wird die historische Volksarchitektur aufrechterhalten. Vielerorts sind die so genannten „Umgebindehäuser“ zu bewundern. Hierbei handelt es sich um eine spezielle Stützkonstruktion, die eine wunderbare Verbindung der Hausbautechniken Fachwerk-, Block- und Mauerbau möglich macht. Vorzüge der verschiedenen Bauweisen wurden so einzigartig ergänzt und spiegeln heute eine lange zurückliegende Tradition wieder. Einige dieser Häuser sind zu Gaststuben oder Museen ausgebaut.

Sächsische Schweiz

Jahr für Jahr zieht es über eine Million Erholungssuchende, vor allem Wanderer und Bergsteiger, in die Sächsische Schweiz. Diese Landschaft wird geprägt durch eine vielfältige Formenwelt: das Elbtal und seine Nebentäler, die weiten Ebenen mit ihren Tafelbergen beiderseits des Elbtales, die kleineren Hochebenen an der Grenze zum Lausitzer Granitgebirge im Norden, die bewaldeten Felsreviere mit ihren zerklüfteten Formationen, Gründen, Schluchten und Sandsteinhöhlen sowie die mächtigen Basaltberge.

Große zusammenhängende Wald- und Felsgebiete, die die Merkmale einer Naturlandschaft tragen, wurden als Nationalpark Sächsische Schweiz ausgewiesen, in dem teilweise einmalige Pflanzen- und Tierarten gepflegt und erhalten werden.

Die Sächsische Schweiz ist ein traditionelles Wandergebiet, das den unterschiedlichsten Ansprüchen gerecht wird und über ein weites, gut ausgeschildertes Netz von Wanderwegen verfügt. Besonders Kletterportler schätzen das Elbsandsteingebirge als ein Klettergebiet mit fast unerschöpflichen Möglichkeiten. Insgesamt existieren rund 1.000 Klettergipfel.

Bautzen

Bizarre Felsformen im Zittauer Gebirge

Die bekanntesten Tafelberge sind der Lilienstein (415 Meter), der Pfaffenstein (429 Meter), der Königstein (361 Meter), die Bastei (305 Meter) und die Schrammsteine (417 Meter).

Sehenswerte Orte

Görlitz
Die östlichste Stadt Deutschland ist eine absolute Perle in der niederschlesischen Oberlausitz. Kaum beschädigt im 2. Weltkrieg, künden die Renaissancebauten stolz von vergangener Pracht. Absoluter Höhepunkt bei einem Bummel durch Görlitz ist der Besuch des Untermarktes. Das mittelalterliche Herz der niederschlesischen Metropole schlug einst an dieser Stelle, und mit ein wenig Aufmerksamkeit kann man es auch heute noch hören und fühlen. Ein herrlicher Rundumblick. zeigt das restaurierte Rathaus und die Görlitzer Kaufmannshäuser.

Bautzen
Durch das Gefängnis „Gelbes Elend", das zu DDR-Zeiten ziemlich berüchtigt war, erhielt Bautzen fälschlicherweise einen gewissen Makel. Dass die Stadt über ein wunderschönes mittelalterlich-barockes Bild verfügt, blieb lange ein Geheimnis. In der gemütlichen Altstadt laden Gasthäuser und Cafés zur Pause ein. Weiterhin sind barocke Bürgerhäuser und insgesamt 1.500 Baudenkmäler zu bestaunen. Kulturell wird Bautzen geprägt von der sorbischen Lebensart. Das Sorbische Nationalensemble und das Deutsch-Sorbische Volkstheater sind in der Stadt zuhause. Wer mehr über die Sorben und ihr Leben in der Lausitz erfahren möchte, kann im Sorbischen Museum auf drei Etagen so einiges über ihre Geschichte und Kultur lernen.

Obercunnersdorf
Das schönste Dorf der Lausitz liegt neun Kilometer südlich von Löbau. 40 herrliche Umgebindehäuser, zum Teil über 200 Jahre alt, stehen in seinen Ortskern.

Pirna
Das Tor zur Sächsischen Schweiz erstreckt sich südlich von Dresden auf beiden Seiten der Elbe. Schon im Mittelalter gehörte Pirna zu den bedeutendsten Städten Sachsens. Seinen größten Aufschwung erlebte es im 19. Jahrhundert mit dem Beginn der Dampfschifffahrt und der Erfindung der Eisenbahn. Heute lohnt vor allem ein Bummel über den malerischen Marktplatz.

Bad Schandau
Der hübsche Kurort lebte ab dem Mittelalter sehr gut vom Handel auf der Elbe. Dann wurden Anfang des 17. Jahrhunderts eisenhaltige Quellen entdeckt, und der Kurbetrieb begann.

Lausitz-Rundfahrt

Startort zu dieser rund 400 Kilometer langen Tour ist Cottbus. Die Stadt ist ein Juwel. Weit von den touristischen Hauptrouten entfernt, führt sie fast schon ein Mauerblümchendasein. Dabei zieht sie einen mit ihrem hübschen Altmarkt sofort in den Bann. Die Giebelhäuser im sächsischen Barock sind liebevoll restauriert. Schmuckstück ist die 1573 eröffnete Löwen-Apotheke, die den Besucher in die wundersame Welt der mittelalterlichen Pillendreher entführt. Weiterhin sehenswert: das Jugendstiltheater am Schillerplatz und die etwas außerhalb stehende Spreewehr-Mühle.

Ein Ausflug ganz anderer Art führt östlich von Cottbus nach Dissenschen. Dort wartet ein Aussichtspunkt, von dem man die Kraterlandschaft des Braunkohle-Tagebaus überblicken kann. Danach weiß man die Natur umso mehr zu schätzen.

Auf kleinen und kleinsten Sträßchen schlängeln wir uns an der Spremberger Talsperre vorbei. Graustein, Schleife, Weißwasser. Linker Hand liegt Bad Muskau mit dem wohl einzigen Landschaftspark der Welt, durch den eine Staatsgrenze verläuft. Die taucht nämlich jetzt auf und wird von der Neiße markiert. Hüben Deutschland, drüben Polen. Eine schmale Straße begleitet Fluss und Grenze in Sichtweite. Neue Fahrbahndecke, lang gezogene Kurven, gepflegte Schräglagen, kaum Verkehr. Hier ist die Einsamkeit zu Hause. Hin und wieder huscht ein Weiler vorbei – das wars. Eine herrliche Fahrerei. Der Geist hat Auslauf und wird erst in Zentendorf wieder gefordert. Was will uns diese Skulptur am Straßenrand sagen? Verzweifelt reckt sie ihre Hände gegen den Himmel. Ihr Problem erfahren wir nicht, wohl aber den Weg zur Kulturinsel Einsiedel mit Café und rustikaler Feuerschenke.

In Görlitz könnte man jeden Kostümfilm drehen. Beinahe unbeschädigt haben seine mittelalterlichen Häuser die Jahrhunderte überlebt. Wir holpern durch enge Pflastergassen und bestaunen dieses hübsche Konglomerat aus

Kulturinsel Einsiedel

Gotik, Renaissance, Barock und Gründerzeit. Es gibt eine Unmenge zu sehen: die berühmte Rathaustreppe mit einer Justitia ohne Augenbinde, die Laubengänge und ihre Arkaden, die Sonnenuhr von 1550 an der Rats-Apotheke.
Aus der Altstadt heraus gelangt man über Kaisertrutz, Obermarkt, Brüderstraße, Untermarkt und Neißestraße fast automatisch auf die B 99 in Richtung Zittau. Sie hält sich immer in Sichtweite des Grenzflusses und gibt motorradfahrerisch nicht allzu viel her. Ordentliche Fahrbahn, weite Bögen. Und schöne Aussichten hinüber nach Polen.
Harte Kontraste säumen den Weg. Auf die hässlichen grauen Kühltürme eines Kraftwerkes folgen die prächtigen Mauern des Klosters Marienthal. Seit 1234 betreibt es der Orden der Zisterzienserinnen. Dass das Kloster überhaupt noch steht, ist dem Mut einer Äbtissin zu verdanken: Als die SS bei Kriegsende Marienthal sprengen wollte, weigerte sich die mutige Frau, das Kloster zu verlassen. Und rettete es so vor der Zerstörung. Die malerisch zwischen den steil ansteigenden Höhen östlich und westlich der Neiße gelegene Anlage verdient durchaus auch einen längeren Aufenthalt. In der historischen Klosterschenke und im Café kann man gemütlich einkehren, die Bäckerei verkauft leckere Süßigkeiten, die klösterliche Gärtnerei Öko-Gemüse.
Knapp 20 Kilometer weiter liegt im Dreiländereck Deutschland-Polen-Tschechien das Städtchen Zittau. Sein Rathaus, der Palazzo Grande, verleiht dem großen Marktplatz einen Hauch von italienischem Flair. Bei „Quarkkollche mit Äppelpoabs“ (Quarkkeulchen mit Apfelmus) lässt es sich hier phantastisch im Freien sitzen. Wer genügend Luft hat, kann die 266 Stufen von St. Johannis hinaufsteigen und mit dem Türmer, Herrn Reinhart Rokitte, einen Plausch halten. Der trompetet zweimal am Tag vom Kirchturm herab, und die Glocken von sieben Kirchen antworten ihm.
Über Lückendorf fahren wir ins Zittauer Gebirge hinein. Seine höchste Erhebung, der hinter dem gleichnamigen Dorf aufragende Kegelberg Oybin, ist 513 Meter hoch. Ganz ordentlich. Und so machen auch die 20 Kilometer durchs Zittauer Gebirge eine Menge Spaß. Viele Kurven, griffiger Asphalt, wenig Verkehr. Den Oybin kann man übrigens zu Fuß besteigen und wird oben von einer tollen Aussicht belohnt.
In Großschönau lohnt sich ein Blick auf die über 80 Exponate des Motorradveteranen- und Technik-Museums. Danach geht es auf schmalen Nebensträßchen über Oberoderwitz mit seinen drei Windmühlen nach Obercunnersdorf. Der kleine Ort schlängelt sich kilometerlang am Dorfbach entlang und gilt als eines der besterhaltenen Sorbendörfer der Lausitz.
Kurz vor Löbau blinkt aus der Ferne der König-Friedrich-August-Turm aus dem Jahr 1854. Das 28 Meter hohe Meisterwerk aus 70 Tonnen Gusseisen ist das einzige seiner Art in Europa. Also hinfahren. Turm und Aussicht sind beeindruckend.
Ein Zeitsprung ins Mittelalter wartet in Bautzen. Türme, Basteien, Tore und Kirchen prägen das Bild der alten Festungsstadt. Steingewordene Geschichte. Kaum etwas wurde im Laufe der Jahrhunderte zerstört. Wahrzeichen Bautzens ist die Alte Wasserkunst. 1496 erbaut, hob dieses Pumpwerk das Wasser der Spree 38 Meter hoch auf Stadtniveau. Dort wurde es in die Röhrbrunnen geleitet, die damals eine sehr moderne Form der Wasserversorgung darstellten. Am nördlichen Stadtrand liegt das berüchtigte Gefängnis „Gelbes Elend“. Dort buchteten zuerst die Nazis und dann die Kommunisten ihre Gegner ein.
Nach einem Tässchen im Sorbischen Café am Postplatz und einem Besuch im Jurassic-Parc in Kleinwelka nehmen wir Kurs auf Bischofswerda und Kamenz. Breiter, gut ausgebauter Asphalt. Das ändert sich jedoch, wenn die Route in Kamenz rechts abzweigt und die Oberlausitzer Heide- und Teichlandschaft durchquert. Schmal und kurvenreich schlängelt sich die Straße zwischen Seen, Mooren und Heideflächen hindurch in Richtung Hoyerswerda. Wasser wartet auch in Senftenberg, dem Endpunkt der Tour. Dort schuf die Rekultivierung der ausgebaggerten Braunkohlegruben ein Paradies für Segler, Surfer und Angler.

Sächsische Schweiz und Sächsische Weinstraße

Vorsicht! Denn kein Mensch warnt Sie vor dieser Gefahr. Vor der Gefahr, dass Sie gar nicht mehr nach Hause wollen. Wer einmal durch die verträumten Weinberge entlang der Elbe gefahren ist, in den Hügeln der Sächsischen Schweiz umhergekurvt ist und die phantastischen Panoramen des Elbsandsteingebirges genossen hat, tja, dem fällt der Abschied schwer. So ruhig, so abwechslungsreich und so schön ist diese Region im Südosten Sachsens.

Im ersten Abschnitt dieser 320 Kilometer langen Sachsen-Tour nehmen wir uns die Weinstraße vor. Sie ist 60 Kilometer lang, wurde 1992 ins Leben gerufen und führt von Pirna nach Diesbar-Seußlitz. Wer von der Autobahn kommt, fährt zunächst am rechten Elbufer entlang flussabwärts.

Hinter Radebeul wartet mit Schloss Wackerbarth gleich das erste Highlight. Es gilt als das schönste Weingut Sachsens, und man sollte unbedingt eine Runde zu Fuß durch die Reben spazieren. Die Aussicht zwischen den Trauben hindurch auf das 1730 erbaute Schloss ist einfach großartig. Begleitet von schönen Blicken auf die Elbe fahren wir weiter nach Meißen. Auch in Deutschlands berühmter Porzellanstadt lohnt sich ein Halt. Man kann z. B. vom Uferparkplatz aus das typische Meißen-Foto schießen, durch die Altstadt schlendern, den Burgberg besteigen oder die - wirklich sehenswerte - Porzellanmanufaktur besichtigen.

Das letzte Stück der Weinstraße bis Diesbar-Seußlitz ist gleichzeitig auch das schönste. Herrlich verschlungen folgt der schmale Asphalt der Elbe und gibt immer wieder reizende Blicke auf Wasser und Weinberge frei. Kleine Winzerdörfer wie Winkwitz und Zadel ziehen vorüber. Der Fahrbahnbelag wird holperiger, dafür hat man ihn fast für sich alleine. Der Doppelort Diesbar-Seußlitz entpuppt sich als eine Oase der Ruhe. Keine weinseligen Reisegruppen, keine sangesfreudigen Weinpröbler. Der Tipp: Am Elbufer das Bike abstellen, sich auf eine Bank setzen und das Farbenspiel der Natur beobachten.

Zurück in Meißen, steuern wir Weinböhla an. Auf ordentlichem, gepflegtem Asphalt. Der Ort war vor 150 Jahren das größte geschlossene Weingebiet des gesamten Meißner Landes. Nachdem um die Jahrhundertwende der Spargel die Weinrebe völlig verdrängt hatte, besinnen sich die Winzer erst heute allmählich wieder der Weintradition des Ortes.

Ab Weinböhla ist Moritzburg ausgeschildert. Ein unbedingtes Muss. Denn Sachsens schönste Wasserburg sollte man sich auf keinen Fall entgehen lassen. In den sächsischen Barockfarben ocker und weiß gehalten, wurde Moritzburg von August dem Starken als Jagd- und Lustschloss errichtet. Der Bau beherbergt u. a. die größte Jagdtrophäen-Sammlung der Welt.

Nächste Station ist Dresden. Um sich einen Überblick zu verschaffen, ist die Semper-Oper ein guter Ausgangspunkt. Die Maschine parkt auf dem großen Vorplatz, und man kann in aller Ruhe einen Blick auf die Dresdner Highlights werfen: Oper, Zwinger,

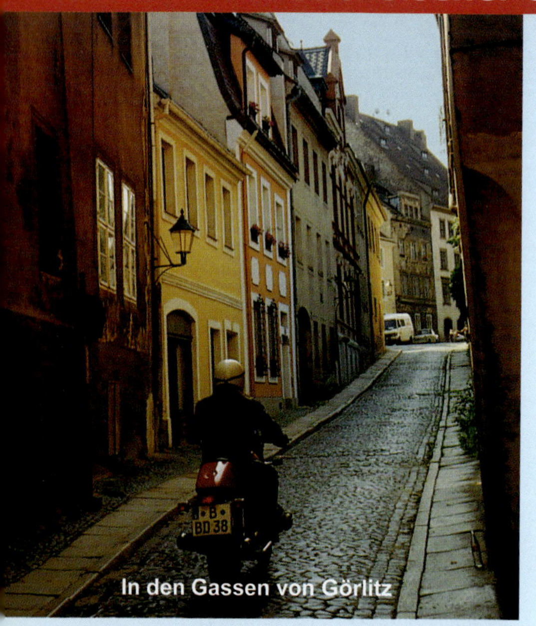
In den Gassen von Görlitz

Schloss, Altstadt. Wie wäre es mit einem Bummel entlang der Brühlschen Terrasse? Nicht nur die Cafés, sondern auch die Aussicht auf den Fluss und die Schiffsanlegeplätze sind traumhaft. Acht historische Schaufelraddampfer warten hier auf Gäste.
Die Strecke von Dresden nach Wachwitz ist ein landschaftlicher Leckerbissen. Schmale, kurvenreiche Landstraßen, Blicke über die Elbe auf die links und rechts aufsteigenden Weinberge. In Wachwitz liegt der Königliche Weinberg. Königlich, weil hier 1824 der sächsische König August II. Land erwarb und mit dem Weinanbau begann. Auf dem Blauen Wunder, einer metallenen Hängebrücke aus dem vorigen Jahrhundert, geht es über die Elbe. Vorbei an Schloss Pillnitz, dem Lustsitz von August dem Starken, fahren wir nach Pirna, der Stadt der Giebel, Erker und Portale. Hier überqueren wir erneut die Elbe und nehmen Kurs auf Königstein und die Sächsische Schweiz.
Woher dieser Name kommt, ist strittig. Eine Version besagt, dass zwei Schweizer Künstler 1766 die Region durchwanderten und sie auf ihrem Skizzenblock festhielten.
Die Festung Königstein war zu damaliger Zeit das Hochsicherheits-Gefängnis Sachsens. Hier schmorten politische Gefangene wie der Sozialist August Bebel. Auch der Alchimist Johann Böttger wurde auf der Festung unter Verschluss gehalte. Er sollte Gold herstellen. Das gelang ihm zwar nicht, doch erfand er nebenbei das Porzellan.
Die schmalen, griffigen Sträßchen der Sächsischen Schweiz laden zum Kurvenräubern ein. Zwar sind die Strecken nicht allzu lang, sie machen aber dennoch eine Menge Spaß. Zunächst geht es einmal im Bogen über Cunnersdorf und Schöna wieder zurück nach Königstein. Dann fallen wir von Bad Schandau aus ins wildromantische Kirnitzschtal ein. Kurve an Kurve, rauher Asphalt, eine astreine Strecke. Hinterhermsdorf liegt am Ende des böhmischen Grenzwinkels. Das Wasser der oberen Schleuse ist hier seit 1667 zum Flößen aufgestaut, und man kann herrliche Kahnpartien unternehmen.
Eine zügig zu fahrende Panoramastraße führt von Sebnitz in Richtung Bad Schandau. Kurz vor dem Ort zweigen wir jedoch rechts nach Rathmannsdorf ab, überqueren auf einer kurvigen Etappe die Waitzdorfer Höhe und erreichen Hohnstein. Wie Königstein wurde auch die Burg Hohenstein als Kerker genutzt. »Wer da kömmt nach Hohenstein, der kömmt selten wieder heim«, hieß es damals. Heute dient die Anlage als Jugendherberge.
Ein kurzes Stück in Richtung Pirna, dann links ab ins Elbsandsteingebirge hinein. Die berühmte Bastei ruft. Ihre Felsgruppen sind durch eine 76 Meter lange Brücke miteinander verbunden. Höhepunkt dieses Rundganges ist die Felskanzel, einer der schönsten natürlichen Aussichtspunkte Europas. Man sollte großzügig über Eintrittspreis und Menschenandrang hinwegsehen. Die atemberaubenden Aussichten sind es allemal wert.
Wer unterwegs genau hinschaut, entdeckt farbige Punkte in den Felsen - Kletterer. Seit 1864 wird im Elbsandsteingebirge nämlich Klettersport betrieben. Geklettert werden darf nur an freistehenden Türmen. Magnesia, Klemmkeile und Wandringe sind verboten. Das geschieht zum Schutz der Felsen. Denn wie der Wald haben auch sie mit dem sauren Regen zu kämpfen. Der Tourismus fördert die Erosion ebenfalls. Die Zukunft des Elbsandsteingebirges steht deshalb leider auf wackligen Füßen.
Wir fahren weiter über Lohmen, Liebethal und Eschdorf nach Weißig. Hier treffen wir auf die Bundesstraße 6, die uns zurück nach Dresden bringt. Reich verzierte Patrizierhäuser säumen den Weg, tolle Ausblicke auf die Elbe tun sich auf. Hier könnte man es aushalten.

Lausitz
Cottbus S. 211
Kolkwitz S. 214
Eichwege S. 212
Weißwasser S. 219
Klein Partwitz S. 214
Lauchhammer S. 215
Plessa S. 217
werdaS. 212
Rietschen S. 217
Spree S. 218
Tourentipp
Lausitz Rundfahrt
Schöpstal S. 218
Görlitz S. 212
Tourentipp
sische Schweiz und
hsische Weinstraße
Pulsnitz S. 217
Löbau S. 216
Stolpen S. 219
Dresden S. 211
Hohnstein S. 213
Sebnitz S. 218
Lichtenhain S. 216
Oderwitz S. 216
Bad Schandau S. 210
Zittau S. 219
Dohma S. 211
Bertsdorf-Hörnitz S. 210
Kurort Oybin S. 215
Glashütte S. 212
COTTBUS
CHOŚEBUZ
Spremberg
Hoyerswerda
Senftenberg
Kamenz
Bautzen
Budyšin
Weißwasser
Bad Muskau
Forst
Guben
Lübben
Lübbenau
Luckau
Calau
Finsterwalde
Ruhland
Lauta
Welzow
Niesky
Pirna
Freital
Radebeul
Weixdorf
Neustadt in Sachsen
Ebersbach
Dippoldiswalde
Königsbrück
Großräschen
Schwarze Pumpe
Gubin
Łeknica

Bad Schandau
GPS: N 50°55´46" - E 14°11´38"

EZ ab € 34,00
DZ ab € 46,00

Campingplatz Ostrauer Mühle

Wir freuen uns, Sie bei uns auf dem Campingplatz begrüßen zu dürfen. Sie können ganzjährig bei uns Ihren Urlaub verbringen. Zahlreiche Sehenswürdigkeiten der Sächsischen Schweiz sind von unserem sehr zentral gelegenen Areal schnell zu erreichen. Wir bieten preiswerte Übernachtung in eigenen Pensionszimmern. Die Doppelzimmer sind mit WC, Dusche und TV ausgestattet. Eine Aufbettung ist jederzeit möglich. Lassen Sie sich ein Angebot von uns machen. Für Ihr Motorrad bieten wir Ihnen selbstverständlich abschließbare Garagen an. Wanderquartier 34 á 7,50Euro ohne Frühstück. Pension 5 DZ + 5 Aufbettung.

Im Kirnitzschtal • 01814 Bad Schandau • Telefon + Fax 03 50 22 / 4 27 42
E-Mail: info@ostrauer-muehle.de • www.ostrauer-muehle.de

11123

Bad Schandau
GPS: N 50°55´07" - E 14°09´11"

EZ ab € 33,00
DZ ab € 66,00

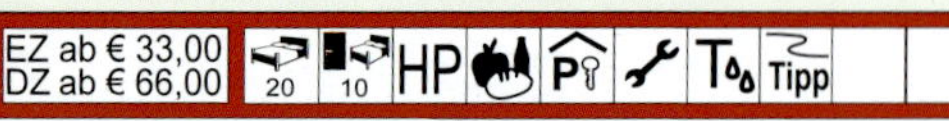

Gasthaus & Hotel "Zum Roten Haus"

In unserer sächsisch-gemütlichen Gaststube bieten wir Ihnen ein vielseitiges Angebot stets frisch zubereiteter Speisen aus traditioneller deutscher Küche sowie Spezialitäten mit internationalem Charakter. Seit 1993 werden wir vom "Schlemmer & Schlummer Lexikon" empfohlen. Ob Sie allein reisen, zu zweit oder als Familie ein komfortables Quartier suchen - unsere Hotelzimmer entsprechen sicher auch Ihrem Wunsch nach Ruhe und Bequemlichkeit. Selbstverständlich verfügen alle Zimmer über Dusche, WC, TV und jene Annehmlichkeiten, die anspruchsvolle Gäste in einer modernen Herberge erwarten dürfen.

Marktstr. 10 • 01814 Bad Schandau • Telefon 03 50 22 / 4 23 43 • Fax 03 50 22 / 4 06 66
E-Mail: Hotel_zumrotenhaus@web.de • www.hotel-zum-roten-haus.de

11277

Bad Schandau
GPS: N 50°55´10" - E 14°08´59"

EZ ab € 70,00
DZ ab € 104,00

★★★★ Apparthotel "Am Schlossberg"

Modernes Apparthotel mit 29 Wohneinheiten für bis zu 7 Personen. Ruhig und dennoch zentral in Bad Schandau gelegen. Der optimale Ausgangspunkt für Touren durch die Sächsische Schweiz. Das Hotel verfügt über eine Bar und ein Restaurant. Nach einem heißen Tag lädt der hoteleigene Pool zum Abkühlen ein.

Elbstr. 6 • 01814 Bad Schandau • Telefon 03 50 22 / 92 51 00 • Fax 03 50 22 / 92 51 11
E-Mail: mail@apparthotel-am-schlossberg.de • www.apparthotel-am-schlossberg.de

11382

Bertsdorf-Hörnitz
GPS: N 50°52´20" - E 14°41´04"

EZ ab € 28,00
DZ ab € 44,00

10 | 5 | HP | P | Tipp

Gaststätte&Pension Jägerwäldchen

Wir bieten unseren Gästen eine gutbürgerliche Küche mit frischen und deftigen Speisen, sowie original lausitzer Hausmannskost, in einem gemütlichem und freundlichem Ambiente. Unsere Zimmer sind komfortabel und geräumig eingerichtet mit Dusche, WC und Sat-TV. Ein Parkplatz für Ihr Motorrad ist ebenso selbstverständlich wie die kleine Schrauberecke. Für weitere schöne Tourentipps sprechen Sie uns einfach an. Wir haben selbst einen Motorradfahrer im Haus. Mindestübernachtung - 2/3 Nächte.

Jägerwäldchen 1 • 02763 Bertsdorf-Hörnitz • Telefon 03 58 41 / 26 59
E-Mail: info@jaegerwaeldchen.de • www.jaegerwaeldchen.de

11191

Cottbus
GPS: N 51°44´52" - E 14°20´19"

EZ ab € 49,00
DZ ab € 66,00

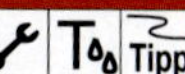

AHORN
Hotel & Restaurant

Das AHORN-Hotel & Restaurant bietet als Kleinod der Cottbuser Hotelerie dem Reisenden eine angenehme Atmosphäre in ruhiger und zugleich verkehrsgünstiger Lage. Das Stadtzentrum, der Bahnhof, das Messegelände, der Spreeauenpark und der Fürst-Pückler-Park-Branitz sind bequem in ca. 15 bis 20 Minuten zu Fuß zu erreichen. Unsere 21 Komfortzimmer mit Dusche/WC, Fön, Weckradio, TV sowie Telefon, Fax- und Modemanschluss bieten dem Gast eine optimale Umgebung. Die gutbürgerliche deutsche Küche hält außerdem viele regionale Überraschungen bereit. Im Grünen entspannen - unser Biergarten bietet in der warmen Jahreszeit einen gemütlichen Treffpunkt. Die Anfahrt zum Hotel ist örtlich ausgeschildert. Es stehen kostenlose, hoteleigene Parkplätze zur Verfrügung.

Bautzener Str. 134/135 • 03050 Cottbus • Telefon 03 55 / 47 80 00 • Fax 03 55 / 4 78 00 40
E-Mail: info@ahornhotel.com • www.ahornhotel.com

11234

vom Hotel&Restaurant AHORN in Cottbus

Das überaus reizvolle Cottbus präsentiert als "Hauptstadt der Lausitz" dem Besucher sehenswerte Denkmale der Zeiten, ein Leben mit und in alten Mauern. Der historische Altmarkt mit seinen alten Bürgerhäusern, das Staatstheater im klassischen Jugendstil, die vielfältige Museenlandschaft, die Kirchen, das Schloss und nicht zuletzt die grandiose Parkschöpfung des "Fürst-Pückler-Park-Branitz" mit seinen unübertroffenen Pyramiden lassen unvergessliche Eindrücke entstehen. Es gibt die vielfältigsten Tourenziele, z.B.:

a) über Dissenchen (Tagebauaussichtspunkt) nach Forst/L. (Rosengarten), Döbern (Fabrikverkauf im Glaswerk), Bad Muskau (Muskauer Pückler Park; Marktbesuch in Polen), Kromlauer Park, Weißwasser, Spremberg, Stausee Bräsinchen und zurück nach Cottbus.

b) In den Spreewald nach Burg (Kahnpartie), Werben (Schinkel-Kirche, Ölmühle), Lübben, Lübbenau (Hafen, Schlosspark), zur Slawenburg bei Raddusch (Zeitgeschichte der Slawen), nach Lichterfeld (Förderbrücke als Bergbau-Denkmal), Senftenberg (Seerundfahrt) und zurück nach Cottbus.

11234

Dohma OT Cotta
GPS: N 50°53´55" - E 13°56´44"

EZ ab € 35,00
DZ ab € 50,00

Gasthof & Landhotel "Heidekrug"

Unser Landhotel ** Superior bietet Ihnen 14 liebevoll im Landhausstil eingerichtete Doppelbett- und ein Dreibettzimmer. Alle Hotelzimmer sind natürlich mit Dusche/WC, Sat-TV und teilweise Telefon ausgestattet. Eine Etagenbar ist vorhanden. Unser Landgasthof "Heidekrug" ist bekannt für seine gute Küche mit seiner vielfältigen Speisenauswahl und zahlreichen saisonalen Angeboten. Auch unser gemütlicher, großer Biergarten mit Gartenpavillon und der liebevoll gestaltete, angrenzende Garten mit einer Teichanlage laden zum Entspannen ein.

Cotta-A. Nr. 50 • 01796 Dohma • Telefon 03 50 32 / 7 15 18 • Fax 03 50 32 / 7 16 93
E-Mail: info@heidekrug-cotta.de • www.heidekrug-cotta.de

11332

Dresden
GPS: N 50°58´13" - E 13°47´15"

EZ ab € 24,00
DZ ab € 44,00

12 · 6 · HP · Tipp

Pension Lindenhof

Wir bieten unseren Gästen gemütlich eingerichtete Zimmer, die alle komplett mit Dusche und WC ausgestattet sind. Morgens erwartet Sie ein reichhaltiges Frühstücksbuffet, damit Sie gestärkt in den Tag gehen. Für Lunchpakete für die Tour sprechen Sie uns an. Wir bereiten sie gerne für Sie zu. Ihr Motorrad steht sicher in einer abschließbaren Garage und eine kleine Schrauberecke sowie ein Trockenraum sind ebenfalls vorhanden. Für weitere Tourentipps sprechen Sie uns an. Unser Chef ist selbst Motorradfahrer.

Am Rundling 6 • 01809 Burgstädtel • Telefon + Fax 03 51 / 2 84 51 29
E-Mail: mampapine@yahoo.de • www.lindenhof-burgstaedtel.de

11126

Eichwege
GPS: N 51°35´46" - E 14°36´31"

Camping-Platz Eichwege

Schön angelegter Campingplatz mit angenehmer Atmophäre. Bei uns finden Sie moderne Sanitäranlagen und ruhige Zeltplätze. Ideale Vorraussetzungen für die nötige Erholung für die nächste Etappe durch die Lausitz.
Eine kleine Schrauberecke für kleinere Reperaturen haben wir für unsere Motorradfreunde natürlich auch eingerichtet. Tourentipps für die Lausitz und die nähere Umgebung können wir Ihnen selbstverständlich auch bieten. Wir freuen uns auf Ihren Besuch. Stellplatz 11 Euro.

Am Badesee 2 • 03159 Döbern • Telefon 03 56 00 / 3 03 01
www.camping.info

11237

Elsterwerda
GPS: N 51°27´27" - E 13°31´22"

EZ ab € 51,00
DZ ab € 72,00

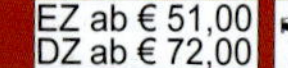

Hotel&Café Arcus ★★★

Direkt im Zentrum der Stadt Elsterwerda und dennoch ruhig im Grünen gelegen, wurde das Hotel „Arcus" in den letzten Jahren zur beliebten Einkehr für Geschäftsleute und Touristen. Hier erwarten Sie 16 komfortable, behaglich eingerichtete Hotelzimmer mit Dusche, WC, Fön, Telefon, TV und WLAN. Das Kellerrestaurant im Tonnengewölbe aus roten Backsteinen bietet ein rustikales Ambiente. Leckeren Kuchen, Eis aus eigener Herstellung und so manches deftige Gericht kann man auch im modernen Wintergarten und auf unserer Sommer-Terrasse genießen.

Hauptstr. 14 • 04910 Elsterwerda • Telefon 0 35 33 / 16 23 55 • Fax 0 35 33 / 16 23 54
E-Mail: info@hotel-arcus.de • www.hotel-arcus.de

11253

Glashütte
GPS: N 50°49´00" - E 13°48´44"

EZ ab € 30,00
DZ ab € 46,00

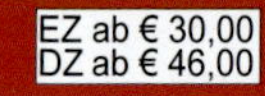

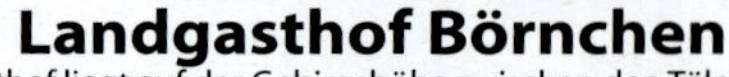

Landgasthof Börnchen

Unser Landgasthof liegt auf der Gebirgshöhe zwischen den Tälern der Müglitz und Seidewitz in 560m über dem Meeresspiegel. Hier genießen Sie den Blick ins Elbtal (Richtung Dresden) und in die Berge des Osterzgebirges. Nehmen Sie bitte Platz in unserem kleinen Familiengasthof! Ob im Biergarten oder der Gaststube, hier erleben Sie osterzgebirg´sche Gemütlichkeit bei einem Bierchen oder unserer sächsischen Hausmannskost. Wir verfügen über 2 Doppel- , ein 4-Bett-Zimmer und 1 Appartement. Alle gemütlich und komfortabel eingerichtet. Für ein paar schöne Tourentipps stehen wir Ihnen gerne zur Verfügung.

Obere Dorfstr. 32 • 01768 Börnchen • Telefon 03 50 54 / 2 57 04 • Fax 03 50 54 / 2 57 02
E-Mail: info@landgasthof-boernchen.de • www.landgasthof-boernchen.de

11128

Görlitz
GPS: N 51°10´10" - E 14°56´15"

EZ ab € 45,00
DZ ab € 63,00

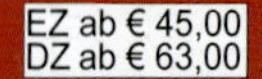

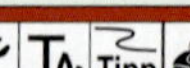

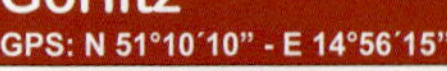

In unseren wohnlichen Gasträumen trifft man sich nach erlebnisreichen Urlaubstagen. Sei es nach einem Spaziergang durch Girbigsdorf und die schöne Landschaft der Oberlausitz oder einer Altstadttour durch Görlitz.

★★★Mühlenhotel & Alte Backstube

Unser Haus finden Sie in ruhiger Stadtrandlage mitten im Grünen. Abendessen für Hausgäste in unseren gemütlichen Räumen - in angenehmen Ambiente können Sie sich nach einem erlebnisreichen Tag erholen. Für unsere Gäste stehen 14 Doppelzimmer und 9 Einzelzimmer zur Verfügung. Sie sind rustikal eingerichtet und mit Dusche/WC, Telefon und TV ausgestattet. Entspannung finden Sie in unserem solar beheizten Pool und auf der angrenzenden Liegewiese. Selbstverständlich bringen wir Ihr Motorrad in einer abschließbaren Garage unter.

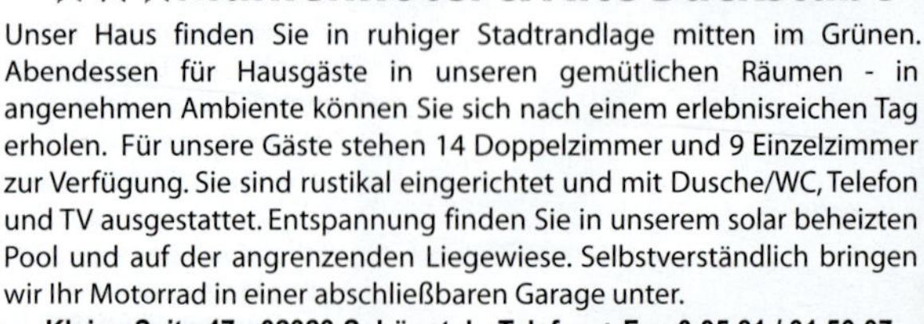

Kleine Seite 47 • 02929 Schöpstal • Telefon + Fax 0 35 81 / 31 50 37
E-Mail: muehlenhotel-lobedann@t-online.de • www.das-muehlenhotel.de

1119

Görlitz
GPS: N 51°09´27" - E 14°59´28"

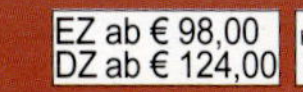

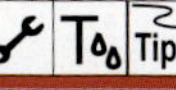
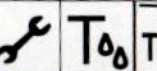

Peterstr. 8 • 02826 Görlitz • Telefon 0 35 81 / 4 73 10 • Fax 0 35 81 / 4 73 11 11
E-Mail: hotel@tuchmacher.de • www.tuchmacher.de

Das Romantik Hotel Tuchmacher, ein von Familie Vits liebevoll restauriertes und zum Hotel umgebautes Renaissance-Bürgerhaus, lädt Sie auf einen Besuch im Herzen der Altstadt ein. Wohnen Sie in einem Denkmal des frühen 16. Jahrhunderts. Ob im Restaurant "Schneider Stube", im "Tuchmacher Hof", beim Frühstück in der "Färber Stube", beim Bankett oder an der Bar: regionale und internationale Gerichte und Weine verwöhnen Ihren Gaumen. Individuell und doch stilgetreu! Barocke Holzbalkendecken und klassisches Design machen Wohnen zum Erlebnis! Moderner Komfort und mittelalterliches Flair sind Ihr Zuhause in Görlitz.

11192

Görlitz
GPS: N 51°08´33" - E 14°58´44"

"Zum gebratenen Storch"
Das Restaurant im Naturschutztierpark Görlitz

Der Podestraum mit seinem historischen Ofen erzeugt eine gemütliche Atmosphäre, der Raum bietet 26 Personen Platz, ideal für Tafeln bis zu 12 Personen. Der Bistroraum mit der Besonderheit eines Jungbrunnens bietet 20 Personen Platz. Alle Räume sind mit verschiedenen Bildern und Ausstellungsstücken dekoriert und vermitteln so den Zusammenhang zwischen dem Namen "Zum gebratenen Storch" und dem Vogel Storch. Wir geben Ihnen, wenn Sie wollen, weitere schöne Tourentipps in der Lausitz.

Zittauer Str. 43 • 02826 Görlitz • Telefon 0 35 81 / 87 91 70 • Fax 0 35 81 / 87 91 71
E-Mail: zum_gebratenen_storch@t-online.de • www.zum-gebratenen-storch.de

11195

Hohnstein OT Lohsdorf
GPS: N 50°58´16" - E 14°10´47"

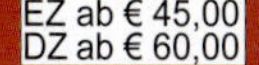

Landgasthaus "Zum Schwarzbachtal"

Umgeben von Wiesen und Wäldern liegt das kleine Landgasthaus im romantischen Schwarzbachtal abseits vom Massentourismus unmittelbar am Nationalpark Sächsische Schweiz. Unser Speisenangebot richtet sich nach dem Rhythmus der Jahreszeiten und der Natur. Unsere besondere Liebe gilt den Kräutern, seien sie auf den umliegenden Wiesen gesammelt oder im eigenen Garten gezogen. Eine kleine aber erlesene Weinkarte ergänzt unser kulinarisches Angebot. Bei uns können Sie auch übernachten. Die Ausstattung unserer vier Zimmer harmoniert mit der Einrichtung des Restaurants, viel Holz, gemütlich und zweckmäßig. Jedes Zimmer hat Dusche und WC.

Niederdorfstr. 3 • 01848 Hohnstein • Telefon 03 59 75 / 8 03 45
E-Mail: schwarzbachtal@freenet.de • www.schwarzbachtal.de

11331

Hohnstein

GPS: N 50°58´48" - E 14°06´10"

EZ ab € 36,00
DZ ab € 56,00

58 | 27 | HP | Tipp

Pension & Gaststätte Polenztal

Im schönsten Tal der Sächsischen Schweiz, dem zauberhaften Polenztal zwischen der Burg Hohnstein und dem Hockstein, liegt unser Haus. In unserer gemütlich eingerichteten Gaststätte verwöhnen wir Sie mit guter Küche und gepflegten Getränken. Auf Wunsch gestalten wir gern gesellige Abende. Besonders beliebt sind unsere Grillparty's im Biergarten, umgeben von Sandsteinfelsen und dem romantischen Plätschern der Polenz. Ruhe und Entspannung finden Sie im idyllischen Biergarten oder auf unserer großen Liegewiese. Zum geselligen Beisammensein trifft man sich auch gern an der Theke. Unsere familiär geführte Pension bietet Ihnen 58 Gästebetten in 27 behaglich eingerichteten Zimmern. Die Zimmer sind mit Du/WC und TV ausgestattet. Ein reichhaltiges Frühstücksbüffet ist inklusive, Halbpension und auch Vollpension sind bei Reisegruppen möglich. Private Gäste können gern unsere Gaststätte besuchen, welche täglich bis 21 Uhr warme Speisen anbietet. Für Motorradfahrer stehen zwei Garagen zur Verfügung.

Polenztal 2 • 01848 Hohnstein • Telefon 03 59 75 / 8 08 26-27 • Fax 03 59 75 / 8 08 28
E-Mail: polenztal.schade@t-online.de • www.polenztal.de

11330

Klein Partwitz/Dorf

GPS: N 51°31´00" - E 14°11´18"

DZ ab € 50,00

5 | HP | Tipp

Gasthof Zum Anker

In der familiären Atmosphäre unseres Gasthofes können Sie entspannende Stunden oder auch Tage verleben. Unser gemütlicher Gastraum bietet genügend Platz auch für größere Gruppen. Für Übernachtungen steht Ihnen unsere Ferienwohnung zur Verfügung. In der warmen Jahreszeit verwöhnen wir unsere Gäste im Biergarten vor dem Haus. Nach einer erlebnisreichen Ausfahrt mit dem Motorrad bieten wir Ihnen unseren Hof für einen rustikalen Grillabend mit Lagerfeuer an. Zur guten Tradition sind unsere Schlachtfeste in der kalten Jahreszeit geworden. Natürlich stehen wir Ihnen für weitere Angebote zur Verfügung.

Lindenallee 5 • 02979 Klein Partwitz • Telefon 03 57 51 / 2 07 01
E-Mail: gasthofzumanker@aol.com • www.gasthof-zum-anker.de

11189

Kolkwitz

GPS: N 51°44´04" - E 14°13´46"

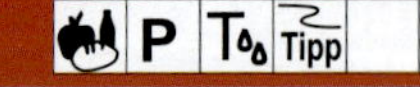

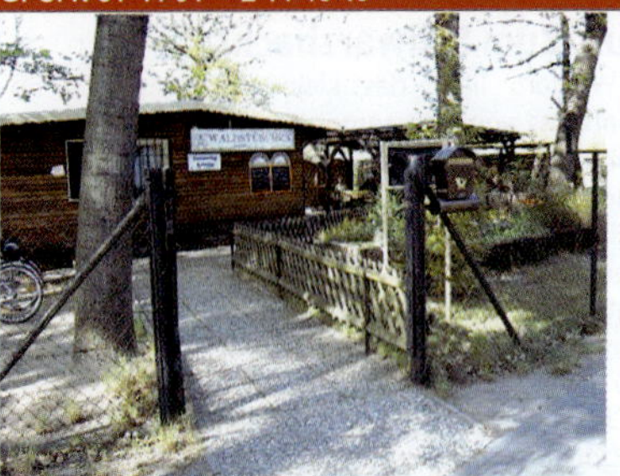

Gaststätte Waldstübchen

Gemütlicher Bier- und Rastgarten mit Innen- und Außenbereich. Unsere gutbürgerliche Küche hat schon so manchen wieder zu uns geführt. Wir bieten auch Gerichte nach Wunsch an. Haben Sie Ihr Zelt mit im Gepäck - dann können Sie es auf unserem Grundstück auch direkt aufschlagen. Motorradfahrer sind immer gern gesehene Gäste. Wir haben das ganze Jahr geöffnet. Donnerstag Ruhetag. Für schöne Tourentipps in unserer Umgebung stehen wir Ihnen gerne zur Verfügung.

Am Klinikum • 03099 Kolkwitz • Telefon 03 55 / 2 86 27

1123

Kurort Oybin

GPS: N 50°50´35" - E 14°44´47"

EZ ab € 37,00
DZ ab € 55,00

36 | 21 | HP | Tipp

Friedrich-Engels-Str. 34 • 02797 Oybin
Telefon 03 58 44 / 73 20 • Fax 03 58 44 / 7 32 99
E-Mail: info@hotelambergoybin.de • www.hotelambergoybin.de

Eingebettet zwischen Berg Oybin und dem Töpfermassiv, im Zentrum des Kurortes Oybin, liegt das im Jahr 2007 renovierte und familiär geführte Hotel „Am Berg Oybin". Von hier aus lassen sich hervorragend Tagestouren zu verschiedenen Sehenswürdigkeiten im kleinsten Mittelgebirge Deutschlands und in die benachbarten Länder Tschechei und Polen unternehmen. Für die Stärkung am Morgen sorgt ein reichhaltiges Frühstücksbuffet, ebenso kann man sich am Abend preisgünstig im Restaurant à la carte oder im Rahmen der Halbpension von unserer althergebrachten gutbürgerlichen Küche verwöhnen lassen. Zum Wohlfühlen und Entspannen lädt ebenso unser durch Grün und Pflanzen umrahmter Biergarten, der bis in die Abendstunden mit Sonne verwöhnt wird, ein. Jedes unserer 21 Zimmer ist mit Dusche/WC, Fernseher und Telefon ausgestattet. Gern stellen wir Ihnen Lunchpakete für Ihre Ausflüge zusammen. Erleben und entdecken Sie die Naturschönheiten des Zittauer Gebirges am intensivsten mit dem Motorrad – wir versprechen nur das, was die Natur diesem Fleckchen Erde geschenkt hat.

11193

Touren Tipp

Hotel am Berg in Oybin

Das Zittauer Gebirge besticht durch Naturschönheiten und prägnante Besonderheiten der Oberlausitz. Vom Kurort Oybin geht es über kurvige und in sattem Grün eingebettete Straßen nach Jonsdorf und Waltersdorf. Vorbei am höchsten Berg des Gebirges, der Lausche, und den für die Region typischen Umgebindehäusern weiter nach Großschönau. Dort empfiehlt sich unbedingt ein Besuch des Oldtimermuseums. Über eine gut ausgebaute und mit einigen Kurven bestückte Strecke durch Oderwitz und Eibau, führt die Tour zum Denkmalsort Obercunnersdorf. Danach auf der B96 wieder in Richtung Gebirge, durch Zittau zum Sandstrand des Olbersdorfer Sees. Dort etwas Sonne tanken und abkühlen, um danach auf einer der ältesten Bergrennstrecken Deutschlands nach Lückendorf zu gelangen. Gut ausgebaut aber mit vielen engen und langgezogenen Kurven ist diese Strecke sehr anspruchsvoll, ein Highlight für jeden Motorradfan und jährlich Austragungsort für historische Bergrennen. Vorbei an einem einmaligen Ausblick bis zum Jeschken geht es zurück nach Oybin, wo die wundervolle Kulisse des Ortes mit dem gleichnamigen Berg im Zentrum, den krönenden Abschluss dieser Tour durch das Zittauer Gebirge bildet.

11193

Lauchhammer OT Grünewalde

GPS: N 51°30´24" - E 13°40´08"

Campingplatz Grünewalder Lauch

Unser Campingplatz liegt idyllisch in waldreicher Gegend, direkt am gleichnamigen Badesee. Genießen Sie Natur pur, ohne dabei auf Komfort zu verzichten. Gepflegte Sanitäranlagen sind für uns selbstverständlich. Waschmaschine und Wäschetrockner stehen ebenfalls für sie bereit. Gastronomie und Einkaufsmöglichkeit für die kleinen Dinge des täglichen Bedarfs finden sie direkt am Platz. Bei uns können Sie auch Schlafsäcke und Zelte mieten. Unser Campingplatz ist ein hervorragender Ausgangspunkt für Touren in die Region. Wir bieten günstige Paketangebote und Kurzaufenthalte an.

Lauchstr. 101 • 01979 Lauchhammer OT Grünewalde • Telefon 0 35 74 / 48 83 04
o. 0 35 74 / 38 26 (Saison) • E-Mail: info@lauchhammer.de • www.camping-lauchhammer.de

11249

vom Campingplatz Grünewalder Lauch

Willkommen in der Niederlausitz, einer Landschaft im Wandel. Jahrzehnte geprägt durch Industrie und Braunkohleabbau verändert die Region ihr Gesicht. Bizarre „Mars-" Landschaften ehemaliger Tagebaurestlöcher wechseln sich mit neu entstandenen grünen Oasen ab. Hier können Sie eine Landschaft erleben und erfahren, die es so in wenigen Jahren nicht mehr geben wird, die Ihr Gesicht verändert. Neben landschaftlichen Reizen bietet die Region viel Sehenswertes. Machen Sie Ihre Tour zu einem besonderen Erlebnis und besteigen Sie den liegenden Eiffelturm. Das Besucherbergwerk Förderbrücke F60 ist die größte bewegliche Arbeitsmaschine der Welt. In einer Höhe von 80 Metern können Sie einen Rundgang auf der Brücke erleben. Auch Motorsport Liebhaber kommen auf Ihre Kosten. Der Euro Speedway Lausitz bietet Rennsport-Feeling pur. Auch mit kleineren Rädern lässt sich die Rennstrecke erkunden. Von Mai bis August können Skater auf der Grand Prix-Strecke Ihre Kurven drehen. Brandenburg ist bekannt für seine Alleen. Ein schattiges Plätzchen auf der Straße ist also garantiert. Erkunden Sie die Region, erleben Sie den Spreewald, den Branitzer Park oder Potsdam. Dresden und das Elbtal laden Sie zu einer Tagestour ein. Aber auch Lauchhammer und Umgebung ist einen Ausflug wert. Besuchen Sie das Kunstgussmuseum, die Biotürme oder das Mühlenhofmuseum und erleben Sie die Geschichte der Region hautnah. Lassen Sie Ihre Tour entspannt ausklingen bei einem Saunabesuch, vielleicht auch mit Massage, im Hallen-Freizeitbad „Am Weinberg". Ausführliches Informationsmaterial über Sehenswürdigkeiten und Ausflugsziele der Region erhalten Sie an der Rezeption des Campingplatzes.

11249

Lichtenhain

GPS: N 50°55´46" - E 14°14´33"

EZ ab € 27,00
DZ ab € 46,00

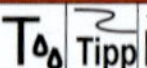

Gasthof "Lichtenhainer Wasserfall"

Gemütliche Gaststuben in ländlich-rustikalen und im Jagdhausstil ergeben folgendes Platzangebot: Gaststube mit 26 Plätzen, Jagdzimmer mit 56 Plätzen, Terrasse mit 32 Plätzen Bauernstube mit 40 Plätzen und eine Veranda mit 70 Plätzen. Unsere Hausspezialität: Wacholder-heißgeräucherte Forelle mit einem einzigartigen Schoppen Morio Muskat von der Winzergenossenschaft Meißen. Es sind 2 Einzelbett-, 8 Doppelbett- und ein Dreibettzimmer vorhanden, wobei drei Doppelbett- und ein Einzelbettzimmer mit einer Nasszelle und Sat-TV ausgestattet sind. Die übrigen Zimmer haben noch Etagendusche und WC.

Kirnitzschtalstr. 11 • 01855 Lichtenhain • Telefon 03 59 71 / 5 37 33 • Fax 03 59 71 / 5 77 80
E-Mail: lichtenhainer-wasserfall@t-online.de • www.lichtenhainer-wasserfall.de

11320

Löbau

GPS: N 51°05´28" - E 14°41´27"

EZ ab € 35,00
DZ ab € 70,00

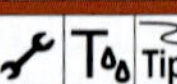
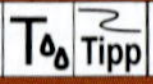

Ein herzliches Willkommen auf dem Löbauer Berg in der Turmgaststätte "Löbauer Berg" am einzigen gusseisernen Aussichtsturm Europas. Die gemütliche Atmosphäre unseres Hauses bietet den idealen Rahmen für Wochenenderholung oder Urlaub. Lassen Sie sich aus unserer gutbürgerlichen Küche verwöhnen, wie z.B. mit unserer Spezialität: der "Löbauer Turmpfanne". Außerdem bieten wir Ihnen eine gemütliche Gaststube mit 40 Plätzen, einen attraktiven Gesellschaftsraum mit 50 Plätzen und einen großen Biergarten mit Grillmöglichkeit. Alle unsere Zimmer sind mit Dusche/ WC, Radio, TV, Telefon ausgestattet. Parkmöglichkeit am Haus Zufahrt bis zur Gaststätte über die Herwigsdorfer Straße möglich.

Löbauer Berg 2 • 02708 Löbau • Telefon + Fax 0 35 85 / 83 25 90
E-Mail: loebauer-berg@gmx.de • www.loebauer-berg.de

1119

Oderwitz

GPS: N 50°57´36" - E 14°41´23"

EZ ab € 22,00
DZ ab € 44,00

14 · 4 · P · Tipp

Spitzberg-Baude

Besuchen Sie eine der schönsten Bergbauden der Oberlausitz. Die Spitzbergbaude liegt über Oderwitz in 511m Höhe, und bietet den Besuchern einen einmaligen Rundumblick über das Lausitzer Bergland sowie das Zittauer Gebirge bis hin zum Jeschken. Hier bekommen Sie feinste Lausitzer, aber auch internationale Küche. Unsere sonnige Terrasse ist genau der richtige Ort dafür. Oder entspannen Sie bei einem frischen Stück Kuchen mit Kaffee. Ein Trockenraum für nasse Motorradkleidung steht Ihnen natürlich auch zur Verfügung. Für schöne Tourentipps in der Lausitz stehen wir Ihnen gerne zur Seite. Wir freuen uns auf Ihren Besuch.

Spitzbergstr. 6 • 02791 Oberoderwitz • Telefon 03 58 42 / 2 79 90
E-Mail: spitzbergbaude.oderwitz@t-online.de • www.spitzbergbaude-oderwitz.de

111

Plessa

GPS: N 51°27´47" - E 13°37´15"

EZ ab € 25,00
DZ ab € 50,00

Gasthaus Schüler

Bowling & Pension

Herzlich willkommen in Plessa, gegenüber der Kirche in ruhiger Lage. Hier finden Sie unser Haus, welches sich schon seit 1932 im Familienbesitz befindet. Bei uns können Sie sich von unserer deutschen Küche, deftiger Hausmannskost bis hin zu exclusiven Buffets auf Vorbestellung verwöhnen lassen. Bei schönem Wetter öffnen wir selbtverständlich unsere Terrasse. Hier können Sie bei einem Stück Kuchen oder einem Eisbecher die Seele baumeln lassen. Für Übernachtungen stehen im Obergeschoss 6 gemütliche Doppel- und 1 Einzelzimmer zur Verfügung.

Platz des Friedens 25 • 04928 Plessa
Telefon 0 35 33 / 53 03 • Fax 0 35 33 / 81 98 11

11248

Pulsnitz

GPS: N 51°10´27" - E 13°59´37"

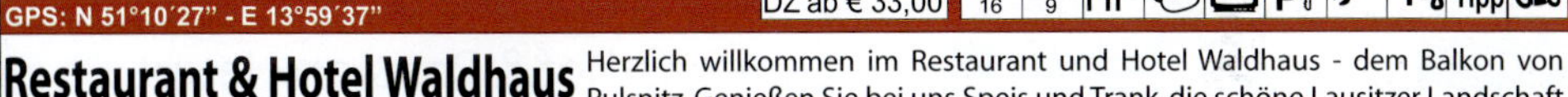

EZ ab € 25,00
DZ ab € 33,00

Restaurant & Hotel Waldhaus

Herzlich willkommen im Restaurant und Hotel Waldhaus - dem Balkon von Pulsnitz. Genießen Sie bei uns Speis und Trank, die schöne Lausitzer Landschaft und Kultur. Mit nur 3 km Entfernung zur A4 und 20 km nach Dresden sind Sie hier mitten im Herzen Sachsens. Alle Möglichkeiten unsere beeindruckende Kulturmischung und Landschaft kennen zu lernen stehen Ihnen von hier aus offen. Biker Service - Hotel Waldhaus:

- Unterstellmöglichkeit für Ihr Bike
- Motorrad-Touren Routenplanung
- Empfehlung für Bike - Ausfahrten
- Auf Anfrage geführte Ausfahrten für Biker

Dresdner Str. 55 • 01896 Pulsnitz • Telefon + Fax 03 59 55 / 7 39 12
www.waldhaus-klesz.de

11188

vom Restaurant & Hotel Waldhaus in Pulsnitz

Die Lausitz ist ein Bikerland für Landschaftsgenießer. In der von katholischen Sorben und Deutschen bewohnten Wendei bieten sich unzählige wild verworrene Straßen zwischen Feldern, Wäldern und Dörfern, die ihren Charm aus dem Gemisch von Nachwende und stehen gebliebener Zeit beziehen. Auch die Sächsische Schweiz mit ihren sehr anspruchsvollen Kurven zwischen nassen Felswänden und sonnigen Bergweiden ist ein schnelles und lohnendes Ziel. Im Vorland der Berge kann man eine DDR-Erinnerungstour starten. Häuser, Gärten, Schlaglöcher scheinen sich seit 20 Jahren nicht verändert zu haben. Startpunkt der Touren ist das zentral gelegene Pulsnitz - die Pfefferkuchenstadt. Von hier aus lassen sich nicht nur Fahrten für viele Ansprüche unternehmen, sondern auch trefflich Tagesausflüge zu den unzähligen Kulturangeboten der Gegend...
- siehe Ausflugsziele auf Homepage.

11188

Rietschen

GPS: N 51°24´14" - E 14°47´29"

EZ ab € 42,00
DZ ab € 59,00

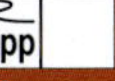

Inmitten der Oberlausitzer Heide- und Teichlandschaft in einer urigen Schrotholzhaus-Siedlung erwartet Sie das Forsthaus mit gemütlichen Zimmern, Ferienwohnung, Ferienhaus und Unterstellmöglichkeiten für Ihr Motorrad. Unsere Gaststätte verwöhnt Sie mit einem stärkenden Frühstücksbuffet sowie regionalen und schlesischen Spezialitäten. Geeignet als Zwischenstopp oder Ausgangspunkt für Touren in das zukünftige Lausitzer Seenland, das Zittauer Gebirge, das Isergebirge, das Riesengebirge oder den Spreewald. In der Region erwarten Sie interessante Ausflugsziele wie der Findlingspark Nochten, der Fürst Pückler Park in Bad Muskau oder die historischen Städte Görlitz und Bautzen. Aber auch der Erlichthof an sich ist eine Reise wert. Hier erleben Sie ein lebendiges Museumsdorf mit Töpfern, Bäcker, Weberin, Schoko-Laden, Hofladen und Naturladen. Eine Ausstellung in der Wolfsscheune informiert über die Rückkehr der Wölfe in die Lausitz.

Am Erlichthof 1 • 02956 Rietschen • Telefon 03 57 72 / 4 05 62 • Fax 03 57 72 / 4 00 90
E-Mail: info@forsthaus-erlichthof.de • www.forsthaus-erlichthof.de

11849

Schöpstal
GPS: N 51°11´40" - E 14°57´09"

EZ ab € 30,00
DZ ab € 50,00

Fichtenhöhe Nr. 5 • 02829 Schöpstal
Telefon 0 35 81 / 76 62 42
Fax 0 35 81 / 76 62 43
E-Mail: r.reinke@ziegelei115.de
www.ziegelei115.de

Vor den Toren der Stadt Görlitz auf dem Gelände einer ehemaligen Ziegelei befindet sich unser Gasthof „Ziegelei 115". Im rustikalen Gastraum mit 40 Plätzen und im kleinen Saal mit 70 Plätzen verwöhnen wir Sie unter anderem mit Köstlichkeiten aus dem Steinbackofen. Darüber hinaus erwartet Sie unsere Küche mit deutschen Gerichten, Spezialitäten von nah und fern und natürlich regionalen Gerichten. Auch unser Weinkeller hält für jeden Geschmack etwas bereit. Im Sommer lädt natürlich unsere schöne Terrasse oder der freundlich gestaltete Biergarten zum Verweilen ein. Ein kleiner Grillpavillon für individuelles Grillen ist ebenfalls vorhanden. Da wir selbst Motorrad fahren können wir Ihnen auch gerne weitere schöne Tourentipps in unserer Region geben.

11247

Sebnitz
GPS: N 50°58´57" - E 14°14´03"

EZ ab € 30,00
DZ ab € 46,00

15 7 HP P Tipp

Landgasthof & Pension Haupt

Herzlich willkommen am Rande des Nationalparks Sächsische Schweiz in Sebnitz. Bei uns bekommen Sie Bestes aus der sächsischen Küche liebevoll zubereitet. Die freundliche und ruhige Atmosphäre trägt zur Gemütlichkeit bei. Für Ihr leibliches Wohl verarbeiten wir Produkte aus eigener Landwirtschaft. Unsere Zimmer sind rustikal eingerichtet und verfügen über Dusche/WC und Telefon. Für gemütliches Ambiente an warmen Tagen sorgt der Biergarten. Hier können Sie in geselliger Runde den Abend verbringen.

Martin-May-Str. 7 • 01855 Sebnitz-Schönbach • Tel. 03 59 71 / 5 45 58 • Fax 03 59 71 / 5 37 29
E-Mail: landgasthof-haupt@freenet.de • www.oberelbe.de/pension-haupt

11127

Sebnitz
GPS: N 50°57´37" - E 14°17´13"

EZ ab € 35,00
DZ ab € 50,00

26 13 HP P Tipp

Hotel-Restaurant Gasthof Hertigswalde **

Unser Gasthof verfügt über zwölf im Landhausstil eingerichtete Zimmer. Alle Zimmer, teilweise Nichtraucherzimmer, sind mit Dusche; WC und TV ausgestattet. Die hauseigene Sauna sorgt besonders zur kalten Jahreszeit für Entspannung. Unser Restaurant bietet Ihnen gute sächsische Küche mit einem vielfältigen Angebot an Speisen und Getränken. Oft gehören zum Tagesangebot fangfrische Forellen aus dem Brunnen im Hof und verschiedene Wildgerichte aus unserem Wildgehege. Unser gemütlicher Biergarten lädt zum Verweilen ein und kann so manche nette Runden bilden...

Hertigswalde 29 • 01855 Sebnitz • Telefon 03 59 71 / 5 21 32 • Fax 03 59 71 / 5 21 12
E-Mail: gasthof@hertigswalde.de • www.hertigswalde.de

1118

Spree
GPS: N 51°21´05" - E 14°52´46"

EZ ab € 25,00
DZ ab € 48,00

5 2 HP Tipp

Gaststätte und Pension "Schlesischer Hof"

Wir heißen Sie in unserer herzlichen und ruhigen Atmosphäre unseres Hauses willkommen. Die ruhige Lage bietet die optimale Ruhe für Erholung und Entspannung. Alle Zimmer sind gemütlich eingerichtet. Unsere deutsche und schlesische Küche wird Sie verwöhnen. Wir bieten auch die Möglichkeit auf unserem Grundstück zu zelten. Wir stehen Ihnen gerne zur Seite wenn Sie noch weitere interessante Tourentipps haben möchten. Unsere guten Straßen und das herrliche Umfeld bieten viele schöne Touren. Motorradfahrer heißen wir herzlich willkommen.

Rothenburger Str. 21 • 02923 Spree • Telefon 03 58 94 / 3 02 31

112

Stolpen-Heeselicht
GPS: N 51°00´29" - E 14°05´26"

EZ ab € 34,50
DZ ab € 57,00

Landhotel "Zum Erbgericht"

...gelegen in ländlicher Idylle am Polenztal mit seinen berühmten Märzenbecherwiesen 5 km vom Zentrum der Sächsischen Schweiz. Wir sind ein familiengeführtes Landhotel mit gemütlicher Atmosphäre und blicken auf eine über 70jährige Familientradition zurück. Sie wohnen in gemütlichen Zimmern mit Dusche, WC, TV und Telefon. Durch die ruhige Lage können Sie optimal entspannen. Unsere Küche verwöhnt Sie mit hausgemachten, regionalen und internationalen Speisen. Eine abschließbare Garage für Ihr Motorrad ist natürlich vorhanden.

Am Markt 8 • 01833 Stolpen • Telefon 03 59 73 / 22 90 • Fax 03 59 73 / 2 42 12
E-Mail: post@erbgericht.de • www.erbgericht.de

11812

vom Landhotel Zum Erbgericht in Stolpeen Heeselicht

Charakteristisch für die Sächsische Schweiz sind die steilen Felsen mit den atemberaubenden Aussichten, tief eingeschnittenen Schluchten, die Tafelberge, bizarre Felsnadeln, wilde Waldpartien, zahlreiche Wanderwege und Klettergipfel. Die Tour beginnt in Heeselicht über die Rennstrecke "Großdeutschlandring" durch das Polenztal nach Hohnstein. Von der Burgstadt Hohnstein fahren wir weiter über die Kunstblumenstadt Sebnitz bis nach Hinterhermsdorf. Wild romantisch geht es weiter nach Bad Schandau durch das Kimitzachtal, vorbei an der Felsenwelt der Sächsischen Schweiz. In Bad Schandau überqueren wir die Elbe und fahren über verschlungene Straßen weiter nach Krippen. Von da aus geht es weiter über Cunnersdorf bis hin nach Königstein, verbunden mit einem Besuch der 9,5ha großen Festungsanlage. Nun führt uns die Tour weiter über Leupoldishain nach Bielatal, Raum, Bahratal, Bahra, Langenhennersdorf bis nach Pirna. In Pirna überqueren wir die Elbbrücke und fahren über Lohmen bis hin zur Bastei. Von der Basteibrücke aus haben wir den wohl schönsten Blick aus 194m Höhe über die Sächsische Schweiz. Zurück geht es über die Hotelroute A Richtung Hohnstein bis die Hotelroute C Richtung Neustadt beginnt. Auf der fahren wir über die Rennstrecke zurück nach Heeselicht.

11812

Weißwasser
GPS: N 51°30´18" - E 14°38´45"

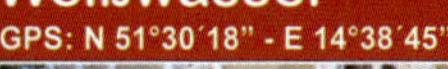

Zum Landstreicher

Gutbürgerliche Küche, Wildspezialitäten...

- **Speisen hinter Gittern**
- **Freunde treffen in der Scheune**
- **Bier und Wein im Jagdzimmer**
- **Kaffee und Kuchen**
- **Feiern aller Art**
- **Plattenservice außer Haus**

Mo. - Sa. ab 11.00 Uhr - So. ab 10.-00 Uhr.

Karl-Marx-Str. 22 • 02943 Weißwasser • Telefon 0 35 76 / 20 29 85

11235

Zittau
GPS: N 50°54´00" - E 14°45´19"

EZ ab € 67,00
DZ ab € 95,00

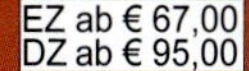

★★★ Schloßhotel Althörnitz

Persönliche Betreuung und individuelle Beratung sind uns besonders wichtig, damit Sie sich bei uns so wohl wie zu Hause fühlen können. Wir verbinden historisches Ambiente mit Komfort von heute zu einem einzigartigen Erlebnis - dem Schloßhotel Althörnitz. Das Hotel besitzt 75 Zimmer und Suiten, 3 Tagungs- und Gesellschaftsräume, ein Restaurant, ein Cafe und einen Wellnessbereich mit Sauna und Solarium. Die Zimmer sind hell und freundlich ebenfalls entsprechend unserem Standard ausgestattet mit Bad/Dusche, WC, Fön, Farb-TV und Telefon. Die "Hörnitzer Schloßstube" mit ihrem separaten Jagdzimmer heißt Sie mit attraktiven Angeboten von frisch zubereiteten Gerichten willkommen. Besonderen Wert legen wir dabei auf die regionale Küche der Oberlausitz.

Zittauer Str. 9 • 02763 Bertsdorf-Hörnitz • Telefon 0 35 83 / 55 00 • Fax 0 35 83 / 550 200
E-Mail: hotel@schlosshotel-althoernitz.de • www.schlosshotel-althoernitz.de

11839

Lüneburger Heide
Im Land der Heidschnucken zwischen Elbe und Aller

Die Schönheit der Heidelandschaft hat der Dichter Hermann Löns (1866 – 1914) durch seine Erzählungen und Naturbeschreibungen bekannt gemacht. Die Region Lüneburger Heide erstreckt sich zwischen den Flüssen Elbe und Aller im norddeutschen Bundesland Niedersachsen. Die abwechslungsreiche Landschaft prägen Heidegebiete mit ihrer typischen Vegetation, Misch- und Nadelwälder, weite Felder und Wiesen, einzeln stehende Gutshöfe, die von mächtigen Bäumen umgeben sind, alte Dörfer und geschichtsträchtige Städte. Zahlreiche Flüsse und Bäche durchziehen die Landschaft. An einigen Stellen sind Moore erhalten geblieben.

Blühende Heide

Auf den bekannten Bildern der Lüneburger Heide ist meistens eine Herde Heidschnucken zu sehen, die in einer Landschaft mit Wacholderbüschen und Birken das blühende Heidekraut abweidet. Diese typischen Heidegebiete machen jedoch nur einen kleinen Teil der Lüneburger Heide aus. Noch vor rund 200 Jahren erstreckte sich die so genannte Zwergheide über eine Fläche von 4.000 Quadratkilometern. Heute sind davon rund 80 Quadratkilometer übrig geblieben. Zu ihrem Schutz sind im Norden der Naturschutzpark Lüneburger Heide um den 169 Meter hohen Wilseder Berg und im Süden der Naturpark Südheide ausgewiesen. Alljährlich zwischen Mitte August und Mitte September, wenn das Heidekraut seine kleinen violetten Blüten öffnet, erleben diese Gebiete einen großen Besucherandrang.

In früheren Zeiten galt die Heide als minderwertiges Ödland. Erst durch Rodungen entstanden auf dem Sandboden großflächige Weidegebiete, auf denen neben Wacholder vor allem die gemeine Besenheide (Calluna vulgaris) wuchs. Die widderähnlichen Heidschnucken sind die einzige Schafsrasse, die sich von den harten Trieben der Besenheide ernährt. Der größte Teil dieser so landwirtschaftlich genutzten Flächen ist inzwischen aufgeforstet worden.

Nationalpark Elbtalaue

In dem breiten Urstromtal der Elbe ist eine fa cettenreiche Landschaft entstanden. An mehre ren Stellen des linken Elbufers haben sich di Elbtalauen gebildet. Das ausgewiesene Natu reservat Elbtalaue umfasst die Elbtalniederun zwischen der Einmündung der Havel in di Elbe und dem Gebiet bei Lauenburg. Durch di regelmäßigen Überschwemmungen im Früh jahr und im Herbst hat sich ein Lebensraum fü zahlreiche, teils gefährdete Pflanzen- und Tier arten gebildet. Dazu gehört der Weißstorch der gleichzeitig der Wappenvogel dieses Natu raumes ist. Malerisch stehen in dem sumpfige Gebiet einzeln oder in kleinen Gruppen die a ten Eichen, Eschen, Ulmen und Schwarzpap peln. Im Frühjahr und Herbst ziehen auf ihre Wanderungen große Vogelschwärme durch da Flusstal. Imposant ist der Durchzug von Gä sen, Schwänen und Kranichen. In den Winte monaten sind die Elbtalniederungen Rastplatz für viele Zugvögel aus dem hohen Norden.

Land der verborgenen Schätze
Früher wurden die Heidebauern auf ihren Sandböden nicht glücklich: Mit dem Sand war kein Reichtum zu gewinnen. Das unterstreichen solche Aussprüche wie: "In den Sand gesetzt". Doch unter der sandigen Oberfläche verbergen sich manche Schätze: In der alten Hansestadt Lüneburg wurde 1.000 Jahre lang Salz gefördert. Dem "Weißen Gold" verdankt die Stadt ihre Bedeutung und ihren Reichtum. Heute wird im Heilbad Bad Bevensen die salzhaltige Thermal-Jod-Sole-Quelle für Heilbehandlungen genutzt.

Sehenswerte Orte

Lüneburg
Die alte Hansestadt Lüneburg hat der Region ihren Namen gegeben. Sie wurde vor mehr als 1.000 Jahren an einer Salzquelle gegründet. Dem Salz verdankt sie ihre Entwicklung und ihren Wohlstand. Davon zeugen die zahlreichen Häuser mit ihren Backsteingiebeln verschiedener Baustile. Am ehemaligen Hafenbecken steht ein Kran, der bereits im 14. Jahrhundert urkundlich erwähnt wurde. Er ist eines der städtischen Wahrzeichen. Von hier aus wurde jahrhundertlang das Salz in ganz Nordeuropa gewinnbringend verkauft. Das im 13. Jahrhundert begonnene Rathaus ist eines der größten und schönsten Rathäuser in Norddeutschland.

Freilichtmuseum Lübeln
Im Freilichtmuseum Wendland in Lübeln wird die historische Siedlungsweise in den Runddörfern dokumentiert. Das Dorf Lübeln selbst ist einer der besterhaltenen Rundlinge in Deutschland. Das Museum wurde eingerichtet in einem nicht mehr bewirtschafteten Hof. Somit gehört der Wendlandhof zu den wenigen Freilichtmuseen, die in einem natürlich gewachsenen Dorf ihren Platz haben. In den typischen niederdeutschen Hallenhäusern in Fachwerkbauweise werden landwirtschaftliche Arbeitsgänge wie Ernten, Dreschen und Flachsarbeit mit historischen Geräten veranschaulicht. An besonderen Tagen wird im alten Backhaus nach überlieferten Rezepten Brot gebacken, und in der Schmiede erklingt das Hämmern auf dem Amboss.

Hermann Löns Gedenkstätte

Heide-Rundfahrt

Die knapp 300 Kilometer lange Tour durch die Lüneburger Heide startet in der alten Hansestadt Lüneburg.
Wir verlassen Lüneburg nach Süden, folgen dem Lauf der Ilmenau, klinken uns ein kurzes Stück auf die B 4 ein und erreichen über Bienenbüttel und Wichmannsburg auf einem kleinen Landsträßchen den Elbe-Seitenkanal. Der verbindet die Elbe mit dem Mittellandkanal und wurde 1976 in Betrieb genommen. Bei Altenmedingen warten 4.000 Jahre alte Königsgräber aus der Jungsteinzeit, in Medingen ein Zisterzienserkloster.
Über Bad Bevensen erreicht die Route das Städtchen Uelzen, nicht ohne zuvor noch mehrmals den Elbe-Seitenkanal überquert zu haben.
Von Holdenstedt geht es ein Stück auf der B 4 Richtung Braunschweig, dann biegen wir nach Hösseringen ab. Dort wartet mit dem Museumsdorf ein optischer Leckerbissen. 20 Gebäude zeigen anschaulich, wie die Menschen vor rund 200 Jahren lebten und arbeiteten.
Die Strecke führt nun durch herrlichen Mischwald zum Naturpark Südheide. Der reicht von Celle bis hinüber zum Truppenübungsplatz bei Munster. Das 50.000 Hektar große Naturschutzgebiet wurde 1963 eingeweiht. Weiter geht es über Faßberg und Hankenbostel nach Müden.
Ob Müden nun tatsächlich das schönste Dorf der Lüneburger Heide ist, wie die Müdener gerne behaupten, sei dahingestellt. Ein Blickfang ist es allemal. Äußerst idyllisch liegt es am Ufer des Flüsschens Örtze.
Vorbei am 102 Meter hohen Wietzer Berg, dem „Mount Everest" der Lüneburger Heide, auf dem das Hermann-Löns-Denkmal steht, gelangen wir nach Hermannsburg. Benannt nach dem Sachsenherzog Hermann Billung, der hier im 10. Jahrhundert eine Burg baute, verfügt das Städtchen heute über zahlreiche hübsche aus dem 19. Jahrhundert stammenden Gebäude. Herrliche Alleen führen uns nach Bergen. Dort gibt es Gelegenheit, einen Blick auf ein Stück dunkle deutsche Geschichte zu werfen: In der Nähe des Ortes liegt die Gedenkstätte des ehemaligen KZ's Bergen-Belzen.
Nach dem Passieren der Autobahn rollen wir nach Soltau hinein. Das „Herz der Heide" besitzt einen sehenswerten Markplatz, der sich für eine ausgedehnte Pause geradezu aufdrängt. Dann fahren wir weiter nach Dorfmark, neben dessen Kirche ein einzelner hölzerner Kirchturm steht, und kommen nach Walsrode. Der Ort besitzt nicht nur einen bekannten Vogelpark, sondern die Reste eines um 900 gegründeten Klosters sowie ein gut gemachtes Heidemuseum mit Möbeln aus dem Nachlass von Hermann Löns.
Wer sich über Himmelfahrt in der Lüneburger Heide aufhält, sollte unbedingt dem Ort Hiddingen bei Visselhövede einen Besuch abstatten. Dann wird dort nämlich das Heidhauerfest gefeiert, und die alten Trachten und Bräuche bestimmen das Bild. Der nächste Ort, Schneverdingen, gilt als das Zentrum für den Handel mit Erzeugnissen aus der Heide.
Jetzt beginnt der Naturpark Lüneburger Heide. Er wurde 1909 als erstes deutsches Naturschutzgebiet gegründet. Heute umfasst der Naturpark rund 20.000 Hektar Land, sein Mittelpunkt ist der 169 Meter hohe Wilseder Berg. Vom Parkplatz bei Oberhaverbeck aus sind es ca. drei Kilometer zu Fuß bis dorthin. Man kann sich gut vorstellen, wie Hermann Löns hier oben saß und seine Zeilen reimte.
Weiter geht es durch herrliche Alleen nach Handeloh, dessen Ortsbild von Heidehöfen und Ziehbrunnen geprägt wird. Ein Stück Wald dann erreichen wir Undeloh, das vor allem we gen seiner versteckt stehenden Kirche bekannt ist. Das reizende mittelalterliche Kirchlein be sitzt einen separaten hölzernen Glockenturm und wird gerne für Hochzeiten benutzt. Mit Egestorf und Salzhausen warten zwei weitere idyllische Heidedörfer, dann kommt Winsen an der Luhe in Sicht. Sein Schloss wurde bereit 1299 erstmals urkundlich erwähnt, weiterhi sehenswert sind die aus Backsteinen gebaut St. Marienkirche und der historische Marstall.
Die B 4 bringt uns wieder zurück zum Ausgangspunkt Lüneburg. Zuvor statten wir jedoch dem Dom von Bardowick einen Besuch ab. Das stolze Bauwerk erinnert an die Zeit zwischen den Jahren 1000 und 1200, als der Ort noch wichtiges Handelszentrum war.

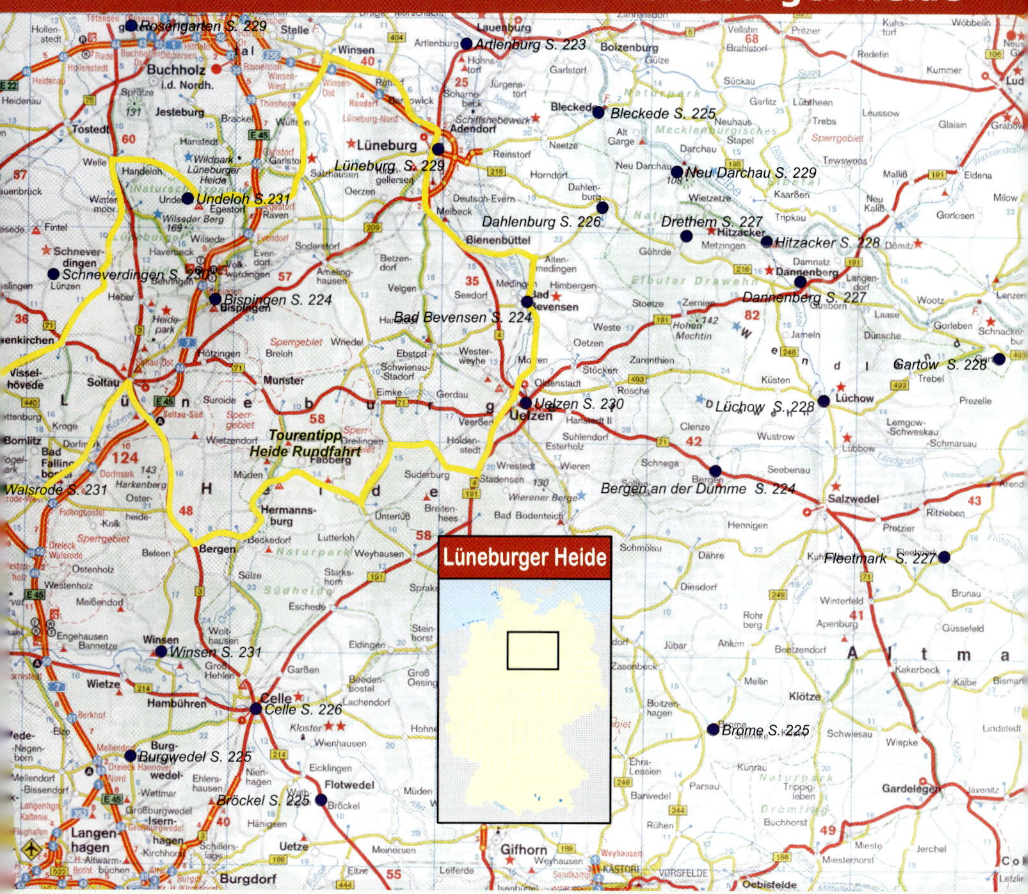

Artlenburg

PS: N 53°22´22" - E 10°29´19"

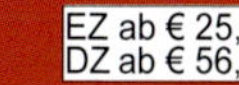

Schützenhof Artlenburg

Bei uns erwartet Sie eine familiäre und gemütliche Atmosphäre. Stilvoll eingerichtete Räume dienen dem Wohlbefinden unserer Gäste. Wir bieten Ihnen modern eingerichtete und ruhig gelegene Komfortzimmer. Ausreichend Parkmöglichkeiten sowie abschließbare Garagen befinden sich direkt am Haus. Durch die ruhige Lage unseres Hauses ist Erholung und Entspannung nahezu garantiert. Wir freuen uns auf Ihren Besuch. Montag Ruhetag.

Große Str. 22 • 21380 Artlenburg • Telefon 0 41 39 / 70 30

11388

Bad Bevensen/Secklendorf

GPS: N 53°06´26" - E 10°36´04"

EZ ab € 25,00
DZ ab € 50,00

19 11 HP Tipp

Gasthaus "Zur Linde"

Wir heißen Sie herzlich willkommen in unserem gastfreundlichen Gasthaus mit gutbürgerlicher und bekannter Küche. Hier verwöhnen wir Sie mit regionalen Spezialitäten und nach guter alter Hausmacher Art. Auf unserer schattigen Terrasse servieren wir auch frischen Kuchen und Kaffeespezialitäten. Abschließbare Parkplätze für Motorräder sind selbstverständlich vorhanden. Wir verfügen außerdem über gemütlich eingerichtete Gästezimmer mit Dusche, WC und TV. Ein reichhaltiges Frühstücksbuffet erwartet Sie morgens bei uns damit Sie gestärkt in den neuen Tag gehen. Wir freuen uns auf Ihren Besuch!

Dorfstr. 9 • 29575 Secklendorf • Telefon + Fax 0 58 21 / 75 89

11443

Bad Bevensen-Himbergen-Strothe

GPS: N 53°06´18" - E 10°40´45"

EZ ab € 35,00
DZ ab € 60,00

Landhaus Strothe

Umgeben von Feldern, Wiesen und Wäldern, liegt in einem idyllischen Ort nahe Bad Bevensen das denkmalgeschützte Landhaus Strothe, eine Pension mit sechs komfortablen Gästezimmern. In der behaglichen Atmosphäre vergangener Zeiten, den liebevoll eingerichteten Zimmern und im romantischen Garten mit Teich und Sonnenwiese können Sie sich nach einer erlebnisreichen Motorradtour wunderbar erholen. Unsere Küche verwöhnt Sie am Morgen mit einem reichhaltigen, abwechslungsreichen Frühstück und am Abend mit leckeren, frisch zubereiteten Gerichten aus der Region. Ein Parkplatz für Ihr Motorrad ist selbstverständlich vorhanden sowie ein Trockenraum für nasse Motorradkleidung. Wir freuen uns auf Ihren Besuch!

Strothe Nr. 4 • 29584 Himbergen / Strothe • Telefon 0 58 28 / 7 68 • Fax 0 58 28 / 15 79
E-Mail: info@landhaus-strothe.de • www.landhaus-strothe.de

1269

Bergen a.d. Dumme

GPS: N 52°53´26" - E 10°57´26"

EZ ab € 40,00
DZ ab € 62,00

Hotel & Restaurant "Nigel" ***

Wir bieten Ihnen modernen Hotelkomfort mit Dusche und WC im 3 Sterne Standard. In unserem Restaurant verwöhnen wir unsere Gäste mit frischen und herzhaften Speisen aus aller Welt. Hier können Sie den Abend ausklingen lassen. Wer noch mehr Ruhe und Entspannung sucht ist in unserem Saunabereich richtig aufgehoben. Mit einer schönen Sauna und großem Außenbereich können Sie so richtig die Seele baumeln lassen. Morgens können Sie dann durch unser reichhaltiges Frühstücksbuffet gestärkt die nächste Tour durch die Lüneburger Heide antreten. Garage, Trockenraum und Schrauberecke vorhanden.

Breite Str. 9 • 29468 Bergen a.d. Dumme • Telefon 0 58 45 / 96 00
Fax 0 58 45 / 9 60 15 • E-Mail: conny@nigel.de • www.nigel.de

127

Bispingen

GPS: N 53°05´11" - E 9°59´56"

EZ ab € 42,00
DZ ab € 62,00

48 25 HP Tip

Hotel-Restaurant "König-Stuben"

Unser ruhiges und dennoch zentral gelegenes Haus überzeugt auch den anspruchsvollen Gast. In der geschmackvollen Behaglichkeit unserer Zimmer, die selbstverständlich mit Bad/WC, Telefon, Farb-TV, teilweise m Balkon und Minibar ausgestattet sind, können Sie sich wohlfühlen un entspannen. Lassen Sie sich in unserem gemütlichen Kamin-Restaurar verwöhnen. Neben einem reichhaltigem Frühstücksbuffet am Morge bieten wir Ihnen u.a. typische Heidespezialitäten aus unserer exzellente Küche. Ein Motorrad Service-Point befindet sich ca. 50 Meter von uns.

Luheweg 25 • 29646 Bispingen • Telefon 0 51 94 / 9 81 00 • Fax 0 51 94 / 98 10
E-Mail: info@koenig-stuben.de • www.koenig-stuben.de

11

NEU: Bewertungen der Häuser finden Sie auf www.bikerbetten.d

Bleckede

GPS: N 53°17´44" - E 10°43´54"

Schützenweg 1 • 21354 Bleckede
Telefon 0 58 52 / 5 00 • Fax 0 58 52 / 9 51 92 63

Wir verwöhnen Sie auf Ihrer Tour in unserem gastfreundlichem, ansprechendem Haus mit regionalen bis hin zu exotischen Speisen. Auf unserer großen und sonnigen Kaffeeterrasse haben Sie einen schönen Blick auf den Schlosspark und können hier so richtig die Seele baumeln lassen. Unser Küchenteam ist stets um Ihr Wohl bemüht und verwöhnt Sie zu jeder Zeit nur mit frischen Speisen. Dazu gibt es erlesene Weine und ausgesuchte Sekte und Champagnersorten, frisch gezapfte Biere und ausgefallene Cocktails. Für Tourentipps stehen wir Ihnen natürlich jeder Zeit zur Verfügung. Wir freuen uns auf Ihren Besuch.

12622

Bröckel

GPS: N 52°31´03" - E 10°12´39"

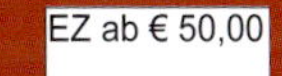

Hotel VIVA

Genießen Sie familiäre Gastfreundschaft und eine erholsame Atmosphäre in einem der 14 freundlichen, komfortabel ausgestatteten Doppelzimmer/-Einzelzimmer mit großen Außenterrassen. Ein Frühstück im lichtdurchfluteten Wintergarten ist der ideale Start für eine Unternehmung. Ob im gemütlichem Restaurant oder im Biergarten, unsere Küche bietet täglich saisonale Speisen aus der Region an. Unser Saunabereich mit Finn-, Bio- und Dampfsauna und einem Schwimmbad lädt zum Entspannen ein. Als Ausklang des Tages verbringen Sie einen fröhlichen Abend auf unserer Kegelbahn.

Zum Bolz 12 • 29356 Bröckel • Telefon 0 51 44 / 9 36 60 • Fax 0 51 44 / 9 36 62
E-Mail: info@viva-broeckel.de • www.viva-broeckel.de

11535

Brome

GPS: N 52°33´43" - E 10°55´36"

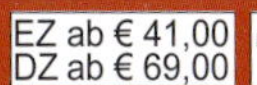

Hotel-Restaurant Hubertus

Sie finden das Hotel "HUBERTUS" ruhig gelegen mit seinem Wildgehege am Südrand der Lüneburger Heide und ca. 20 km von Wolfsburg entfernt. Für Stunden der Entspannung stehen 2 Bundeskegelbahnen, Sauna, Solarium und Fitnessraum zur Verfügung. 21 Einzelzimmer und 10 Doppelzimmer, alle mit Dusche, WC, Radio, TV, sorgen für komfortable Übernachtung. Lassen Sie sich kulinarisch verwöhnen! Das Café und das Restaurant sind weithin bekannt für seine köstlichen Wildspezialitäten vom Reh, Hirsch, Hase oder Wildschwein und Steakspezialitäten sowie für seine leckeren hausgemachten Torten. Donnerstags Grillabend (all you can eat)! Mexikanische Küche neben der Deutschen Küche.

Am Wildgehege • 38465 Brome-Zicherie • Teleofn 0 58 33 / 15 15 • Fax 0 58 33 / 74 25
E-Mail: hubertus.englisch@freenet • www.hubertus-brome.de

12706

Burgwedel

GPS: N 52°29´33" - E 9°51´16"

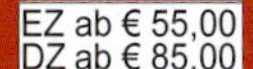

MARKTKIEKER ★★★

HOTEL - RESTAURANT - CAFÉ

Wir laden Sie herzlich ein, in unseren modern ausgestatteten Hotelzimmern zu übernachten. Ob privat, geschäftlich oder mal zum Ausspannen – in unseren Gästezimmern finden Sie die urige Atmosphäre eines 350 Jahre alten Fachwerkhauses. Unsere modern ausgestatteten Zimmer verfügen über Direktwahltelefon, TV, Dusche/Bad/WC und selbstverständlich einen Haartrockner. Alle unsere Zimmer sind mit viel Liebe zum Detail ausgestattet. Wir freuen uns auf Ihren Besuch. Zwischen altehrwürdigen Eichenbalken finden Sie ein geschmackvoll eingerichtetes Café und Restaurant mit vielen Fotos aus alten Zeiten von Großburgwedel. Ob zum Abendessen oder nur auf einen Cappuccino, Sie haben die richtige Wahl getroffen.

Am Markt 7 • 30938 Burgwedel • Telefon 0 51 39 / 9 99 40 • Fax 0 51 39 / 99 94 29
E-Mail: info@marktkieker.de • www.marktkieker.de

12705

Celle
GPS: N 52°36´59" - E 10°05´21"

EZ ab € 46,00
DZ ab € 62,00

9 | 4 | HP | P | Tipp

Hotel-Gasthof "Burgquelle"

Herzlich willkommen in unserem kleinen aber sehr gemütlichen Haus mit komfortabel eingerichteten Zimmern die alle über Dusche, WC, TV und Telefon verfügen. Durch die ruhige Lage ist Erholung fast garantiert. Morgens erwartet Sie ein reichhaltiges Frühstücksbuffet welches unsere Küche mit Liebe zubereitet. Abends verwöhnt sie Sie mit herzhaften aber auch leichten frischen Speisen. In unserem Biergarten können Sie den Tag ausklingen lassen und sich schon einmal Gedanken über den nächsten Tag machen. Interessante Tourentipps haben wir auch für Sie.

Hostmannstr. 37 • 29221 Celle
Telefon 0 51 41 / 2 23 62 • Fax 0 51 41 / 2 23 37

11438

Celle
GPS: N 52°35´49" - E 10°06´34"

EZ ab € 52,00
DZ ab € 74,00

70 | 36 | HP | Tipp

Hotel-Restaurant "Schaperkrug" ★★★

Willkommen in unserem kleinen traditionsreichen Haus. Familiär geführt, bietet es Ihnen und Ihren Gästen ein gediegenes Ambiente und eine sehr persönliche und herzliche Atmosphäre. Für Gaumenfreuden sorgen unser Küchenchef und seine Crew. Ihr Repertoire umfasst Anspruchsvolles und Rustikales, alles jedoch mit der Garantie für Qualität und Frische. Dazu empfehlen wir Ihnen einen guten Tropfen aus unserem Weinkeller. Zur Abrundung eines erholsamen Aufenthaltes in unserem Hotel erwartet Sie ein reichhaltiges Frühstück am Morgen. Unsere Hotelzimmer bieten Ihnen so selbstverständlichen Komfort wie Dusche, WC, Kabel-TV, Telefon und ein ausgezeichnetes Bett für eine im wahrsten Sinne des Wortes "Gute Nacht". Wir möchten, dass Sie sich bei uns wohlfühlen.

Braunschweiger Heerstr. 85 • 29227 Celle • Telefon 0 51 41 / 9 85 10
Fax 0 51 41 / 9 85 11 99 • E-Mail: info@schaperkrug.de • www.schaperkrug.de

11487

Celle
GPS: N 52°37´28" - E 10°05´12"

EZ ab € 49,00
DZ ab € 59,00

239 | 121 | HP | P

InterCityHotel
CELLE

Wer gerne zentral wohnt und kurze Wege sowie gute Verkehrsanbindungen schätzt, fühlt sich im InterCityHotel Celle schnell zuhause. Die Lage direkt an der Fußgängerzone und Altstadt, die freundlichen Zimmer und das leckere Frühstück lassen kaum Wünsche offen. Machen Sie es sich bequem in Zimmern (ca. 16m²) mit Queen-Size Bett, Dusche/WC, WLAN, Minibar, Kabel-TV, Radio und PAY-TV, Schreibtisch. Nichtraucherzimmer auf Anfrage verfügbar.

Nordwall 22 • 29221 Celle • Telefon 0 51 41 / 20 00
E-Mail: celle@intercityhotel.de • www.intercityhotel.de

1152

Dahlenburg
GPS: N 53°11´11" - E 10°44´33"

EZ ab € 25,00
DZ ab € 50,00

7 | 4 | HP | P | Tipp

Café am Markt

Unser nostalgisches Eiscafé, Restaurant und Klöntreff liegt am Markt von Dahlenburg und hat gemütliche Außenbestuhlung. Biker sind herzlich willkommen Ganzjährig geöffnet. Kein Ruhetag. Im Umfeld bieten sich viele schöne Touren - sprechen Sie uns einfach an.

Am Markt 2 • 21368 Dahlenburg • Telefon 0 58 51 / 60 20 28

113

Dahlenburg/Ellringen

GPS: N 53°13´33" - E 10°42´12"

EZ ab € 30,00
DZ ab € 50,00

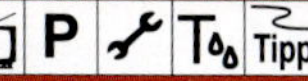

Trapp´s Alter Gasthof

Unser Gasthof - ehemals ein Bauernhof - liegt umgeben von Wiesen und Wäldern in ruhiger Lage. Wir bieten unseren Gästen gemütlich, komfortabel und komplett eingerichtete Ferienhäuser mit Duschbad, Einbauküche, Wohn- und Schlafzimmer, Sat-TV und Terrasse. Oder Sie nächtigen in unserem Heuhotel für bis zu 25 Leute, ebenfalls mit Dusche, WC und einem gemütlichen Aufenthaltsraum. Die hofeigene Sauna wird von unseren Gästen gerne nach Absprache genutzt. Wir freuen uns auf Ihren Besuch!

Ellringer Neetzetal 30 • 21368 Ellringen • Telefon 0 58 51 / 74 69
E-Mail: kraake@t-online.de • www.ferienhof-trapp.de

11385

Dannenberg

GPS: N 53°06´03" - E 11°05´57"

EZ ab € 49,00
DZ ab € 69,00

Hotel Marschtor

Direkt im Zentrum Dannenbergs, an einer ruhigen Straße mit historischen Fachwerkhäusern, liegt das gemütliche Hotel Marschtor. Das Hotel Garni verfügt über sieben Zimmer, in welchen Sie wohnen können. Jedes der gemütlich eingerichteten Zimmer hat einen eigenen Namen. Alle Zimmer sind selbstverständlich mit Dusche/WC, Telefon, Kabel-TV und Weckradio ausgestattet. Gekühlte Getränke aller Art finden Sie in der 1. Etage. Im geschlossenen Innenhof lädt die Terrasse zum Verweilen, Entspannen oder Frühstücken ein.

Marschtorstr. 43 • 29451 Dannenberg • Telefon 0 58 61 / 43 78 • Fax 0 58 61 / 87 22
E-Mail: daasch@t-online.de • www.daasch.de

11398

Drethem

GPS: N 53°12´05" - E 10°57´23"

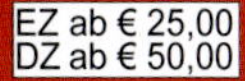
EZ ab € 25,00
DZ ab € 50,00

Gasthaus "Stadt Hamburg"

Direkt im Biosphärenreservat Elbtalaue zwischen Neu Darchau und Hitzacker gelegen finden Sie unser Gasthaus. Familie Loelf hat es über die Jahrzehnte verstanden das Gasthaus Stadt Hamburg weit über die Region hinaus für seine Gastfreundschaft und gute Küche bekannt zu machen. Unsere behaglich und mit Liebe fürs Detail eingerichteten Zimmer laden zum Übernachten ein. Die Zimmer verfügen alle über Dusche & WC. Wir kochen für Sie auf gutbürgerliche Art regionale und saisonale Spezialitäten. Für Ihr Bike stellen wir natürlich eine Garage zur Verfügung. Auf Wunsch werden auch Lunchpakete für die Tour zubereitet.

An der Elbe 2 • 29490 Drethem • Telefon 0 58 58 / 2 43
E-Mail: gasthaus-stadt-hamburg@t-online.de • www.gasthaus-stadt-hamburg.de

12623

Fleetmark

GPS: N 52°47´29" - E 11°23´35"

EZ ab € 33,00
DZ ab € 46,00

Pension Lindenhof

Der Lindenhof liegt am Ortsrand der Gemeinde Fleetmark (Altmarkkreis Salzwedel) im Norden Sachsen-Anhalts. Er bildet den Kern unseres vollbewirtschafteten landwirtschaftlichen Betriebes mit über 85 ha Nutzfläche. Unseren Gästen bieten wir im stilecht renovierten, über 100 Jahre alten Bauernhaus, gemütliche und großzügig ausgestattete Gästezimmer und Ferienwohnungen mit insgesamt bis zu sechzehn Betten. Gerne verwöhnen wir Sie in familiärer Atmosphäre mit Frühstück nach Wahl, sorgfältig zubereiteten Hauptmahlzeiten, Kaffee und Kuchen.

Velgauer Str. 15 • 29416 Fleetmark • Telefon 03 90 34 / 96 11
Fax 03 90 34 / 4 23 42 • E-Mail: hansbuelow@aol.com

11440

Gartow-Nemitzer Heide

GPS: N 53°01´35" - E 11°27´47"

EZ ab € 55,00
DZ ab € 85,00

Hotel Seeblick

Inmitten des Naturpark Elbufer-Drawehn am Rande des Wendlands im idyllischen Luftkurort Gartow, unmittelbar im Vierländereck Niedersachsen, Brandenburg, Mecklenburg-Vorpommern und Sachsen-Anhalt steht unser schönes Hotel Seeblick. Durch die ruhige Lage direkt am schönen Gartower See finden Sie ideale Bedingungen vor, um sich zu Entspannen und zu Erholen. Das Hotel "Seeblick" ist bekannt für sein gepflegtes Ambiente zum Wohlfühlen. Von der Rezeption über die großzügige Terrasse bis hin zu den geschmackvoll eingerichteten Zimmern - bei uns legen wir großen Wert auf eine gemütliche Atmosphäre. Für Ihr Bike stellen wir natürlich eine Garage zur Verfügung. Trockenraum, Schrauberecke und natürlich Tourentipps halten wir für Sie bereit.

Hauptstr. 36 • 29471 Gartow • Telefon 0 58 46 / 96 00 • Fax 0 58 46 / 9 60 60
E-Mail: seeblick-gartow@t-online.de • www.hotel-seeblick-gartow.de

12702

Hitzacker

GPS: N 53°09´02" - E 11°02´46"

EZ ab € 30,00
DZ ab € 42,00

6 3 P Tipp

Drawehner-Torschenke

Wir möchten Sie in unserem Hause (ältester Gasthof auf der historischen Stadtinsel) herzlich willkommen heißen. Atmosphäre, Gemütlichkeit und guter Service ist unser Bestreben, um Ihnen den Aufenthalt so angenehm wie möglich zu machen. Neben unserer Frühstücks-, Mittagstisch- und Abendkarte bieten wir täglich wechselnde Tagesgerichte an. Unsere Gästezimmer sind gemütlich mit Dusche/WC und TV ausgestattet. Wir würden uns freuen Sie bald bei uns begrüßen zu dürfen. Ihre Familie Krüger.

Drawehnertorstr. 7 • 29456 Hitzacker • Telefon 0 58 62 / 3 27 • Fax 0 58 62 / 3 03
E-Mail: drawehner-torschenke@t-online.de

11386

Hitzacker-Wietzetze

GPS: N 53°11´00" - E 10°55´52"

VP

Hotel Pferdeschulze

Unser Landhotel liegt in einer landschaftlich sehr reizvollen Gegend! Ideal für Biker. Die Zimmer sind alle mit Dusche/WC und Sat-TV. Es gibt ein abwechslungsreiches Frühstücksbuffet, sowie Voll- und Halbpension oder á la Carte. Für die Motorräder steht kostenlos eine abschließbare Garage zur Verfügung. Für gesellige Stunden ist u. a. unsere rustikal eingerichtete Reiterbar mit Poolbillard oder unser Biergarten mit Grill und Tischtennis zuständig. Zum Relaxen bieten wir unsere Sauna und Solarium an.

Landesstr. 8 • 29456 Hitzacker OT Wietzetze • Telefon 0 58 58 / 7 86 • Fax 0 58 58 / 3 62
E-Mail: hotel@pferdeschulze.de • www.pferdeschulze.de

1270

Lüchow

GPS: N 52°58´01" - E 11°09´19"

EZ ab € 29,00
DZ ab € 49,00

20 12 Tipp

Hotel Ratskeller in Lüchow

Das Hotel Restaurant Ratskeller in Lüchow wurde nach dem großen Stadtbrand von 1811 an historischer Stätte im Fachwerkstil wieder aufgebaut. Es liegt inmitten einer schönen Kulisse aus alten Fachwerkhäusern direkt am Marktplatz von Lüchow - nicht weit vom alten Amtsturm und Amtsgarten entfernt. Das Hotel Restaurant Ratskeller verfügt über eine vielfältige Gastronomie mit gutbürgerlicher und leichter Küche in einem rustikalen Restaurant sowie über zwölf Hotelzimmer mit moderner Ausstattung. Zum gemütlichen Beisammen sein lädt unser Gewölbekeller ein. Für Ihr Motorrad steht eine abschließbare Garage zur Verfügung. Auf Wunsch bereiten wir Ihnen für die nächste Tour Lunchpakete zu. Tourentipps vorhanden.

Lange Str. 56 • 29439 Lüchow • Telefon 0 58 41 / 55 10
E-Mail: info@ratskeller-luechow.de • www.ratskeller-luechow.de

127

Lüchow
GPS: N 52°58´04" - E 11°09´37"

EZ ab € 22,00
DZ ab € 38,00

9 | 5 | HP | Tipp

Gasthaus Amtshof

Herzlich willkommen im Gasthaus Amtshof im Herzen von Lüchow. Unsere Gästezimmer sind ausgestattet mit WC und Dusche. In unserem gemütlichen Gaststätte/Restaurant können Sie sich aus unserer gutbürgerlichen Küche mit frischen und herzhaften Speisen nach Ihrer Tour verwöhnen lassen. In der herzlichen und familiären Atmosphäre werden Sie sich schnell wohl fühlen. Für Ihr Motorrad steht eine Garage bereit. Eine kleine Schrauberecke sowie ein Trockenraum ist ebenfalls vorhanden. Gerne gesellen wir uns auch zu Ihnen und geben Ihnen interessante Ausflugsmöglichkeiten und die schönsten Tourentipps für die Region.

Lange Str. 1 • 29439 Lüchow • Telefon 0 58 41 / 20 64 • Fax 0 58 41 / 97 39 42
E-Mail: info@gasthaus-amtshof.de • www.gasthaus-amtshof.de

12701

Lüneburg-Bienenbüttel
GPS: N 53°07´28" - E 10°25´18"

EZ ab € 24,00
DZ ab € 48,00

8 | 4

Gast- und Pensionshaus "Meyer"

Herzlich willkommen in unserem familiär geführten Gast- und Pensionshaus, welches schon seit 1935 und inzwischen in vierter Generation besteht. Hier erwartet Sie eine freundliche und wunderbar entspannte Atmosphäre in der Sie sich wohlfühlen werden. Unser Gasthaus liegt im beschaulichen Beverbeck, einem kleinen Ort in der Lüneburger Heide, inmitten einer dicht bewaldeten Umgebung. Verbringen Sie schöne Tage in einem unser frisch renovierten Gästezimmer. Zum Verweilen und Plaudern finden Sie ein gemütliches Plätzchen in unserer stilvoll rustikalen Gaststube oder entspannen Sie in unserem idyllischen Garten. Eine Garage für Ihr Motorrad steht Ihnen natürlich zur Verfügung. Schrauberecke, Trockenraum und Tourentipps vorhanden.

Beverbecker Str. 7 • 29553 Bienenbüttel • Telefon 0 58 23 / 76 74 • Fax 0 58 23 / 95 26 81
E-Mail: info@gasthaus-meyer.info • www.gasthaus-meyer.info

12704

Neu Darchau OT Klein Kühren
GPS: N 53°13´30" - E 10°54´42"

Tipp

Treten Sie ein, fühlen Sie sich wohl. Wir bieten Ihnen eine vorzügliche Küche gepaart mit angenehmem Ambiente und einer familiären Atmosphäre. Wir servieren Ihnen eine gutbürgerliche Küche. Ihre Motorräder können Sie in dieser Zeit in unseren abschließbaren Garagen abstellen. Ein Trockenraum steht Ihnen natürlich auch zur Verfügung. Für schöne Tourentipps in der Umgebung sprechen Sie uns einfach an, wir fahren selbst Motorrad.

Elbuferstr. 144 • 29490 Neu Darchau OT Klein Kühren
Telefon 0 58 53 / 5 10

11383

Rosengarten/Ehestorf
GPS: N 53°26´22" - E 9°53´58"

EZ ab € 40,00
DZ ab € 70,00

25 | 9

Gasthaus "Zum Kiekeberg"

Idyllisch, ruhig im Grünen, jedoch auch zentral gelegen befindet sich das Gasthaus auf dem höchsten Punkt der Harburger Berge (ca. 1km von der Hamburger Stadtgrenze entfernt). Auf der überdachten Terrasse , wo bis zu 120 Personen bewirtet werden können, haben Sie einen wunderschönen Blick über Hamburg - von Bergedorf bis Wedel. Hier bekommen Sie stetig wechselnde Gerichte, die Sie in gemütlicher Atmosphäre am Kamin oder in den übrigen Räumen mit hellen Fenstern zu sich nehmen können. Auf der Speisekarte finden Sie vom Eintopf bis zu Wild ein unvergleichliches Angebot. In unseren Zimmern werden Sie sich schnell heimelig fühlen. Komfortabel und gemütlich ausgestattet.

Am Kiekeberg 5 • 21224 Ehestorf-Rosengarten • Telefon 0 40 / 7 90 50 21
Fax 0 40 / 79 14 47 76 • E-Mail: info@kiekeberg.de • www.kiekeberg.de

12656

Schneverdingen-Heber

GPS: N 53°06´52" - E 9°54´45"

EZ ab € 68,00
DZ ab € 75,00

46 23 HP P

Hotel Hof Tütsberg

Lebendig ländlich.

Unsere Komfort-, Doppel- und Einzelzimmer sind auf unserer Hofanlage im reetgedeckten Haupthaus, dem "Witte-Haus" und dem "Appel-Haus" aufgeteilt. In unserem Gutshof bieten wir Ihnen frische, kreative Landküche vom Feinsten. Es ist ein einmaliges Erlebnis, sich bei sonnigem Wetter in unserem Biergarten oder auf unserer Terrasse zu erholen und sich vom Tütsberg-Team verwöhnen zu lassen. Der ideale Start- und Zielpunkt zahlreicher Motorradtouren. Abends können Sie dann in der Sauna richtig abschalten. Wir freuen uns auf Ihren Besuch!

29640 Schneverdingen-Heber • Telefon 0 51 99 / 9 00 • Fax 0 51 99 / 90 50
E-Mail: info@tuetsberg.de • www.hotel-hof-tuetsberg.de

12657

Uelzen

GPS: N 52°57´55" - E 10°33´38"

EZ ab € 69,00
DZ ab € 89,00

66 34 Tipp

Hotel Stadt Hamburg

Wenn Sie ein komfortables Zimmer zu einem fairen Preis suchen, mitten in der Innenstadt wohnen möchten, ein gutes und reichhaltiges Frühstück mögen und eine familiäre und freundliche Atmosphäre schätzen, sind Sie bei uns bestens aufgehoben. Unsere Küche verwöhnt Sie auf Wunsch mit frischen herzhaften Speisen in unserem gemütlichen Restaurant mit herzlicher Atmosphäre. Für Ihr Motorrad finden wir einen Platz in einer abschließbaren Garage. Schrauberecke, Tourentipps und Trockenraum sind ebenfalls vorhanden.

Lüneburger Str. 4 • 29525 Uelzen • Telefon 05 81 / 9 08 10 • Fax 05 81 / 9 08 11 88
E-Mail: info@hotelstadthamburg.de • www.hotelstadthamburg.de

12707

vom
Comfort Hotel Stadt Hamburg in Uelzen

Entdecken Sie die Lüneburger Heide!

Im Zentrum des Naturparks der Lüneburger Heide befindet sich der 169 Meter hohe Wilseder Berg, die höchste Erhebung der nordwestdeutschen Tiefebene. Nicht nur mit einer historischen Kulturlandschaft und Naturparks kann die Lüneburger Heide aufwarten, sondern auch schöne, attraktive Städte wie Uelzen, Celle, Lüneburg und Soltau werden Sie verzaubern.

Besuchen Sie Celle und entdecken Sie die Fachwerkstadt mit ihren individuellen Reizen. Erforschen Sie verborgene Winkel, bizarre Fassaden und deren Inschriften. Nehmen Sie Platz in gemütlichen Cafes oder in einer Kneipe gleich um die Ecke. Setzen Sie Ihre Tour in der Stadt Soltau fort und bewundern Sie den restaurierten Stadtkern mit Heiratsbrunnen, Ahlfelder Flatt und Wachholderpark. Der Heidepark Soltau lädt seit 2008 auch im Winter zu Spaß und Spannung ein. Entdecken Sie die erholsamen Heideflächen bei Suderburg oder Bad Bodenteich oder touren Sie bis Undeloh und folgen Sie den dichterischen Spuren von Hermann Löns.

Doch damit nicht genug! Das Highlight befindet sich in der Hansestadt Uelzen. Kunst und Kultur, aufwändig restaurierte Fachwerkfassaden und Backsteingiebel zeichnen die historische Ader im Stadtkern aus. Machen Sie im Hundertwasser-Bahnhof Station und freuen Sie sich an der Kreativität des Wiener Künstlers Friedensreich Hundertwasser. Sie werden spüren, wie seine phantasievolle Architektur in der Stadt weiterwirkt, wenn Sie dem von der schwedischen Künstlerin Dagmar Glemme angelegten „Weg der Steine" ins Zentrum folgen.

1270

NEU: Bewertungen der Häuser finden Sie auf www.bikerbetten.de

Undeloh
GPS: N 53°11´27" - E 9°58´38"

EZ ab € 40,00
DZ ab € 70,00

Hotel-Cafe Undeloher Hof ***

Sie sind auf der Suche nach einem geeigneten Domizil für Ihren Urlaub, ein gemütliches langes Wochenende? Für welchen Anlass Sie auch suchen; bei uns im Hotel Undeloher Hof und dazugehörigen Häusern finden Sie sicher das Richtige. Wir sind ein familiär geführtes modernes und freundliches 3-Sterne Haus direkt am Naturschutzpark Lüneburger Heide. Die Hotelzimmer im Undeloher Hof liegen im 3-Sterne Bereich und verfügen über Dusche/ Bad, WC, Föhn, Schreibtisch, Telefon, Radiowecker und TV. In unserem rustikalen Restaurant genießen Sie zum Mittag, Kaffee oder Abend von unseren Leckereien. Sonntags laden wir zum Landbüffet ein.

Wilseder Str. 22 • 21274 Undeloh • Telefon 0 41 89 / 4 57 • Fax 0 41 89 / 4 68
E-Mail: info@undeloherhof.de • www.undeloherhof.de

12621

vom
Hotel Undeloher Hof in Undeloh

Die Lüneburger Heidetour von Undeloh verbindet Lüneburg mit dem Naturschutzgebiet Lüneburger Heide um den Wilseder Berg. Das älteste Naturschutzgebiet Deutschlands reicht bis kurz vor Lüneburg welches Sie auf dieser Tour durchqueren. Sie fahren durch schöne kleine Dörfer von Undeloh über Egestorf. Die Tour führt direkt durch die Reiterstadt Luhmühlen bekannt durch die Military Meisterschaften. Weiter geht es über Westergellersen und Reppenstedt nach Lüneburg. Die wunderschöne Altstadt Lüneburg lädt zum Verweilen und Flanieren ein. Auch das Salzmuseum bietet einen Einblick in die Reichtümer der Stadt Lüneburg. Von dort können Sie den Rückweg über Heiligenthal der Wassermühle und Südergellersen antreten. Dabei durchqueren Sie auch noch das Heidedorf Amelinghausen, bekannt durch die Ex Heidekönigin Jenny Elvers, nach Soderstorf zurück nach Undeloh. Ca. 80 km. Wer in Lüneburg noch einen Schlenker fahren möchte fährt direkt zum beeindruckenden Schiffshebewerk in Scharnebeck oder evtl. bis an die Elbe in Lauenburg entlang der Elbe über die Fähre in Bleckede zurück nach Lüneburg. Gesamt ca. 120 km.

12621

Walsrode
GPS: N 52°49´57" - E 9°37´53"

EZ ab € 33,00
DZ ab € 61,00

Hotel Landgasthof Düshorner Hof

Mitten im Zentrum des Heidedorfes "Düshorn" liegt unser familiär betriebener Landgasthof. Im rustikal eingerichteten Restaurant verwöhnen wir Sie mit einer abwechslungsreichen gutbürgerlichen bis gehobenen Küche. Gemütliche Restauranträume für Treffen im kleinen oder großen Kreise (10-100 Personen), hauseigene Kegelbahn - ideal für Gruppen mit anschließendem gemeinsamen Essen, großer Biergarten unter alten Eichen, Sonnenterrasse. Fragen Sie nach unseren Pauschalangeboten: "Auf Schusters Rappen durch Feld und Wald" - "Parkbesuch" oder für Gruppen "Kegelfreunde". Wir freuen uns auf Sie!

Fallingbosteler Str. 14 • 29664 Walsrode/Düshorn • Telefon 0 51 61 / 56 92 • Fax 0 51 61 / 29 96
E-Mail: dueshorner.hof@t.online.de • www.dueshorner-hof.de

11646

Winsen/Aller
GPS: N 52°40´47" - E 9°53´58"

EZ ab € 33,00
DZ ab € 68,00

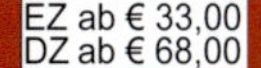

Hotel "Jann Hinsch Hof"

Unser Landhotel mit seinem rustikalen Flair liegt am Ortsrand von Winsen/Aller nur wenige Gehminuten vom idyllischen Ortskern entfernt. Alle Zimmer mit Dusche/WC, Telefon und Satelliten – TV. In unserem Restaurant verwöhnen wir Sie mit frischen nationalen und internationalen Gerichten in gemütlicher und entspannter Atmosphäre. Auf Anmeldung bereiten wir Ihnen auch Mittagstische und Kaffee und Kuchen. Zum Abendessen gibt es immer ein reichhaltiges Salatbuffet.

Bannetzer Str. 26 • 29308 Winsen/Aller • Telefon 0 51 43 / 9 85 00 • Fax 0 51 43 / 98 50 13
E-Mail: info@landhotel-winsen.de • www.landhotel-winsen.de

11501

Mecklenburg-Vorpommern
Entlang der Ostseeküste und durch das Land der tausend Seen

Mecklenburgische Ostseeküste

Der größte Teil der deutschen Ostseeküste gehört heute zum Bundesland Mecklenburg-Vorpommern. Flache, weiße Sandstrände wechseln mit schroffen Steilküsten ab. Dazwischen haben sich lagunenartige Gewässer um Halbinseln, Regionen mit breiten Schilfgürteln oder Strandabschnitte mit Geröll gebildet. Die Boddenküste zwischen Warnemünde und dem Stettiner Haff ist besonders stark gegliedert.
Die Backsteingotik war die prägende Stilepoche des gesamten Ostseeraumes. In allen Anrainerstaaten stehen Bauwerke aus gebrannten Lehm- und Tonziegeln mit ihren warmen Rottönen. Kirchen und Klöster, Rathäuser und Stadttore, Speicher und Patrizierhäuser zeigen den gotischen Baustil. Besonders auffällig sind die reich gestalteten und geschmückten Blendfassaden der Rathäuser und die Muster durch den Wechsel von roten mit ockergelben oder schwarzen Backsteinen.

Westliche Ostseeküste

Die westliche Ostseeküste Mecklenburgs erstreckt sich zwischen den Hansestädten Lübeck und Rostock. Die Seeheilbäder Boltenhagen, Graal-Müritz und Heiligendamm, die Insel Poel, sowie die Ostseebäder Nienhagen, Kühlungsborn und Rerik locken Badegäste und Naturfreunde an.
Die historische Altstadt der ehemaligen Hansestadt Wismar steht komplett unter Denkmalschutz und wurde von der UNESCO zum Weltkulturerbe erklärt. Das Wahrzeichen der Stadt ist der 82 Meter hohe Turm der St. Marienkirche. Zeugen der früheren Handelstätigkeit sind der Alte Hafen mit seinen Schuppen und Speichern und der rund 100 x 100 Meter große Marktplatz. Heute beherrschen die klassizistischen Patrizierhäuser das Bild des Platzes in dessen Mitte die "Wasserkunst" steht.
Die Hafen- und Universitätsstadt Rostock war zwar immer die größte Stadt in Mecklenburg-Vorpommern, aber nie deren Hauptstadt. Hauptanziehungspunkt für Touristen in der Hansestadt ist der Stadthafen mit seinen Kneipen und Geschäften. Am Ufer machen heute vor allem Yachten und Segler fest. Zur "Hanse Sail" kommen Hunderttausende von Zuschauern, um die Parade der Windjammer mitzuerleben.

Halbinsel Fischland-Darß-Zingst

Die Halbinselkette Fischland-Darß-Zingst m[it] der südlichen Boddenküste und dem Recknitztal liegt zwischen den beiden Hansestädte[n] Rostock und Stralsund. Während die Halbins[el] von scheinbar unendlichen, weißen Sandsträn[den] umgeben ist, wird die Boddenlandscha[ft] von großen Schilfgebieten eingkreist. Auf de[m] Wasser verkehren noch die alten Zeesenboo[te] mit ihren braunen Segeln. Im Frühjahr u[nd] Herbst ist der Zug Tausender von Kranichen z[u] beobachten.

An den Küsten reihen sich wie eine lange Perlenkette die Bäder und Heilkurorte aneinander, die einst als Seefahrer- und Fischerdörfer entstanden sind. Hier finden Urlauber jede Menge Entspannung.

Insel Rügen

Bereits vor rund 200 Jahren waren Reisende von der Insel Rügen begeistert. Sie ist ein Konglomerat aus rund 30 Inseln und Halbinseln mit immer wieder wechselnden Landschaftsbildern. Mit einer Fläche von 926 Quadratkilometern ist sie Deutschlands größte Insel.

Neben den beiden weißen Felsformationen "Königsstuhl" und "Wissower Klinken" gehören die Leuchttürme am Kap Arkona, das Jagdschloss Granitz und die historische Schmalspurbahn "Rasender Roland" zu den bekanntesten Sehenswürdigkeiten.

Die Halbinsel Mönchsgut im Südosten von Rügen weist schon durch ihren Namen auf die ehemaligen Bewohner hin. Heute laden die Bäder Baabe, Göhren, Lobbe und Thiessow mit ihren weißen Sandstränden die Urlauber zum Baden und Entspannen ein.

Das Bild der beiden bekannten Seebäder Binz und Sellin rund um das Jagdschloss Grabitz prägen die Villen im Stil der Bäderarchitektur. Die Seebrücke in Binz ragt fast 400 Meter weit in das Meer hinein.

Auf der Halbinsel Jasmund im Nordosten der Insel liegt die Hafenstadt Sassnitz. Von hier aus starten Fähren und Frachter in die benachbarten Länder. Wenige Kilometer von Sassnitz entfernt leuchten die steilen weißen Kreidefelsen aus den ufernahen Wäldern heraus. Der Königsstuhl ist das Wahrzeichen der Insel Rügen. Die Halbinsel Wittow mit den schon von weitem sichtbaren Leuchttürmen von Kap Arkona bildet die Nordspitze von Rügen. Die kleinen Ortschaften laden zum Erforschen der Insel mit dem Motorrad, per pedes oder mit dem Fahrrad ein.

Der Nordwesten präsentiert sich als eine Idylle zwischen Bodden und Meer. Im Süden Rügens ist der ehemalige Residenzort Putbus eine weitere Attraktion. Westlich von Rügen liegt die schmale Insel Hiddensee, die wegen ihrer hübschen Orte und dem geringen Verkehr von Naturfreunden und Ruhesuchenden geschätzt wird.

Südlich der Insel Rügen liegt auf dem Festland durch den Strehlasund getrennt die alte Hansestadt Stralsund. Zahlreiche Schwimmer bewältigen bei Deutschlands bedeutendstem Langstreckenschwimmen diese Wasserstraße. Ein eindrucksvolles Gebäudeensemble aus Backsteinen bilden die St. Nikolaikirche und das Rathaus. Auffällig ist die Schaufassade des Rathauses mit den imposanten Maßwerkfenstern und Schmuckelementen.

Insel Usedom

Die 445 Quadratkilometer große Insel Usedom im äußersten Nordosten Deutschlands ist die zweitgrößte Insel. Sie ist wegen ihres rekordverdächtigen Klimas und der langen Sandstrände ein beliebtes Urlaubsziel. Laut Statistik scheint pro Jahr 1906 Stunden lang die Sonne. In den Sommermonaten verbindet die Usedomer Bäderbahn die neun Seebäder miteinander. Drei von ihnen – Ahlbeck, Heringsdorf und Bansin – sind anerkannte Seeheilbäder. Zinnowitz wirbt mit seiner schönen Promenade. Koserow bietet eine imposante Steilküste. Von Lobbin aus hat man malerische Ausblicke auf Land und See. Ückeritz besitzt einen großen Campingplatz. Trassenheide wird von viel Wald umgeben. Zempin schließlich ist das kleinste der Seebäder.

Inselsee bei Güstrow

Treibgut am Ostseestrand

Mecklenburger Seenplatte

Die Mecklenburgische Seenplatte im Nordosten Deutschlands ist das größte zusammenhängende Seengebiet in Mitteleuropa. Mehr als 1.000 große und kleine Seen bilden eine reizvolle Landschaft zwischen der Hauptstadt Berlin und der Ostsee. Der Müritzsee ist mit einer Wasserfläche von 117 Quadratkilometern der größte Binnensee Deutschlands und bildet gleichzeitig das Zentrum der Region. Schwerin war einst die Residenzstadt der mecklenburgischen Herzöge und Großherzöge. Heute ist Schwerin die Hauptstadt des Bundeslandes Mecklenburg-Vorpommern. Das Wahrzeichen der Stadt ist das Schloss auf einer Insel des Schweriner Sees.
Große Teile der Mecklenburgischen Seenplatte gehören zum Müritz-Nationalpark und zu den Naturparks Feldberger Seenlandschaft und Nossentiner/Schwinzer Heide. Sie bieten vor allem Naturfreunden großartige Beobachtungsmöglichkeiten einer artenreichen Fauna und Flora. Zur vielseitigen Vogelwelt gehören Fisch- und Seeadler, Schwarzstorch und Eisvogel, Kormoran und Fischreiher. Im Frühjahr und Herbst machen Tausende von Kranichen und Wildgänsen hier Rast.

Naturpark Mecklenburgische Schweiz

Im Naturpark „Mecklenburgische Schweiz und Kummerower See" befinden sich wertvolle, geschützte Naturräume mit artenreicher Tier- und Pflanzenwelt. Er bietet ausgezeichnete Möglichkeiten für natur- und landschaftsbezogene Freizeitaktivitäten. Naturbeobachtungen, geführte Exkursionen oder Naturpark(rund)-Reisen durch die Landschaftsparks der gräflichen Schlösser Basedow und Remplin, die die Handschrift des berühmten Gartenarchitekten Lenné tragen, sind nur einige von vielen Möglichkeiten, die Natur der Mecklenburgischen Schweiz und Vorpommerschen Flusslandschaft zu erleben.

Sehenswerte Orte

Wismar

Nach den schweren Zerstörungen des 2. Weltkrieges wieder aufgebaut, zählt Wismar heute mit seiner historischen Altstadt und seinem Alten Hafen zu den Perlen der Ostseeküste. Ein Bummel durch die gepflasterten Gassen über den Marktplatz zum Hafenbeckens ist daher ein absolutes Muss. Seit 1229 besitzt Wismar die Stadtrechte, 1358 erfolgte der Beitritt zur Hanse. Danach entwickelte sich die Stadt zu einem wichtigen Hafen und Handelsplatz.

Rostock

Die aus einer slawischen Ansiedlung entstandene ehemalige Hansestadt erlitt im 2. Weltkrieg schwere Zerstörungen, von denen heute Gott sei Dank nichts mehr zu sehen ist. Im Gegenteil: Rostocks Altstadt und Hafen erstrahlen wie zu besten Zeiten. Geprägt wird die Stadtsilhouette von den Giebelhäusern, der Marienkirche und dem Wohnhochhaus in der Langen Straße.

Ahrenshoop

Aus einer Ende des 19. Jahrhunderts gegründeten Malerkolonie entstanden, hat sich Ahrenshoop im Laufe der Jahrzehnte zu einem reizenden Badeort entwickelt. Noch heute spielen in dem auf Fischland-Darß-Zingst gelegenen Ort Kunst und Kultur eine wichtige Rolle.

Stralsund

Die alte Hansestadt glänzt vor allem mit ihrer wunderschönen Altstadt. Dort ziehen das Rathaus, die Backsteinkirchen, das Kloster, die Stadtmauer und herrliche Bürgerhäuser den Blick auf sich. Wer das Meer liebt: In Stralsund befindet sich das Deutsche Meeresmuseum.

Ahlbeck

Das bekannteste Seebad auf der Insel Usedom ist in erster Linie wegen seiner phantastischen Seebrücke einen Besuch wert. Die wurde im Jahr 1898 gebaut und beherbergt heute ein Café/Restaurant. Schöner kann man nirgends seinen Kaffee trinken.

Schlemmin

Eine der schönsten Lindenalleen in Mecklenburg-Vorpommern führt in das malerische Dorf südlich der Halbinsel Darß. Hier steht eines der schönsten Schlosshotels inmitten eines 20 h großen Parks mit uralten Fichten.

Von Wismar nach Rügen

Den ganzen Tag riecht es nach Meer, nach Fisch, nach Hafen. Es schmeckt nach Salz, nach Kiefernnadeln, Sand und Sonnenöl. Dazu eine ständig wechselnde Landschaft mit Steilküsten, flachen Badestränden und schattigen Alleen. An der Ostseeküste geraten die Sinne leicht außer Rand und Band. Vor allem im Motorradsattel. Wer auf genussvolles, ruhiges Motorradfahren steht und Landschafts- mit Fahrerlebnis kombinieren möchte, wird auf der 450 Kilometer langen Route zwischen Wismar und Rügen seine helle Freude haben. Auf verkehrsarmen, gut ausgebauten Nebensträßchen geht es durch eine der reizvollsten Regionen Deutschlands – ein Traum von einer Motorradtour.

In Wismar fällt der Startschuss. Die alte Hansestadt besitzt einen riesigen Marktplatz flankiert von bildschönen Giebelhäusern mit einladenden Cafés. Im Alten Hafen dümpeln Fischkutter und stolze Segler und sorgen für Romantik. Auf der Landstraße rollen wir zügig die Küste entlang. Aufpassen, damit man nicht aus Versehen auf der B 105 landet. Vorbei an der Insel Poel nach Rerik und Kühlungsborn, dem grünen Ostseebad. Weiter nach Heiligendamm. Wegen seiner hellen Häuser an der Strandpromenade wird das kleine Seebad auch die „weiße Stadt“ genannt. Zwischen den Fassaden von Heiligendamm ist die Atmosphäre der mondänen Seebäder immer noch zu spüren.

Durch eine Lindenallee fahren wir nach Bad Doberan. Parallel zur Straße verläuft eine Bahnstrecke. Die gehört dem Molli, einer 900-Millimeter-Schmalspurbahn. Und mit etwas Glück kommt uns die schnaubende Lok sogar entgegen.

Nächste Station Rostock. Stadtbummel – ganz klar. Der pittoreske Rathausmarkt mit seinen Bürgerhäusern, die ständig wehende frische Brise und die hanseatische Freundlichkeit der Menschen lassen in der alten Hansestadt eine sehr entspannte und heitere Grundstimmung aufkommen. Wer für Schiffe schwärmt, wird hier fündig: Im Schifffahrtsmuseum stehen über 100 historische Modelle, und im Stadthafen schwimmt der 10.000-Tonnen-Frachter MS Dresden mit Museum, Jugendherberge und Café an Bord. Brücke und Maschinenraum dürfen besichtigt werden. Ahoi!

Ein Nebensträßchen führt aus Rostock hinaus über Hinrichsdorf und Nienhagen nach Graal-Müritz. Weiter nach Dierhagen. Dort hält die Halbinsel Fischland-Darß-Zingst ihre einzige

Am Fischereihafen von Wismar

Die weißen Kreidefelsen auf Rügen

Verbindung zum Festland. Hübsche kleine Seebäder mit Reetdachhäusern fliegen vorbei. Hier draußen auf der Halbinsel konnten sich diese Ortschaften ihren dörflichen Charakter bewahren. Einen kurzen Halt mit Spaziergang sind sie immer wert. Über eine Drehbrücke erreichen wir Barth und den Kontinent und visieren Stralsund an. Am schnellsten geht es auf der B 105, viel reizvoller ist allerdings die Nebenstrecke Groß Kordshagen, Groß Mohrdorf, Prohn.

Auch in Stralsund herrscht diese typische relaxte Hansestadt-Atmosphäre. Wohin man blickt – überall erfreut sich das Auge an rotem Backstein, grünen Gärten und herrlichen Fassaden. Weshalb nicht das Ganze von oben betrachten? Die Besteigung der Marienkirche macht es möglich. 354 Stufen gilt es zu überwinden – das ist Ostseerekord.

Über ein verkehrstechnisches Nadelöhr, den Rügendamm, gelangen wir auf Deutschlands größte Insel. Und auch schönste Insel. Denn so viel Natur auf einem Fleck findet man auf keinem anderen Eiland. Gleich nach dem Damm rechts ab nach Gustow. Wir rollen die Deutsche Alleenstraße entlang. Sie hat auf Rügen ihren Ausgangspunkt. Und Kenner behaupten, dass hier auch ihre schönsten Kilometer verlaufen. Hinter Poseritz wieder rechts und dann geradeaus nach Schabernack. Der Weiler hat keine Ortsschilder. Werden die ständig von Souvenirjägern geklaut?

Fünf Kilometer hinter Garz biegen wir nach Krakvitz ab. Jetzt wirds interessant. Denn die Verbindungsetappe nach Neukamp entpuppt sich als unbefestigte Naturstrecke. Im Sattel eines leichten Bikes ein Genuss, aber auch mit einem Dickschiff kein Problem. Herrliche Aussichten nach links und rechts, eine Kastanienallee, dann taucht Putbus auf. Was für ein Bild: Klassizistische Villen stehen zum „Circus“ angeordnet im Kreis um einen Obelisken. Eine schnurgerade Allee verbindet den Platz mit dem Markt.

Über die Gleise des Rasenden Roland, einer über 100 Jahre alten Schmalspurbahn, geht es hinüber zur Ostküste Rügens. Badeküste. Ein Seebad reiht sich ans andere. Hübsch sind sie mit ihren weißen Holzhäusern alle. Und im Sommer oft ganz schön voll. Rügen sollte man deshalb, wenn möglich, außerhalb der Schulferien besuchen.

Göhren, Sellin, Binz, Sassnitz, dann rechts ab zu den berühmten Kreidefelsen. Die beste Aussicht hat man übrigens nicht vom Königsstuhl aus, sondern vom Kleinen Stubbenkammer und vom Wissower Klinken. Zu letzterem führt ein drei Kilometer langer gepflasterter Weg durch den Wald.

Durch duftende Kiefernwälder rollen wir am Tromper Wiek entlang nach Putgarten. Kap Arkona wartet. Um den Anblick des malerischen Leuchtturms und des weißen Kreidefelsens genießen zu können, muss man die letzten Kilometer allerdings mit dem Pendelbus zurücklegen. Wegen des enormen Andranges wurde der Parkplatz am Kap kurzerhand dicht gemacht. Schnurstracks führt die Route nun nach Süden, trifft die Lindenallee zwischen Zudar und Losentitz und erreicht per Stahlbroder Fähre wieder das Festland.

Von der Müritz nach Schwerin

Dass die Mecklenburger Seenplatte heute eines der besterhaltenen deutschen Naturschutzgebiete ist, verdankt sie kurioserweise den Parteibonzen der DDR. Die Herren vom Politbüro hatten nämlich an den Ufern der Müritz ihre Ferienhäuser und legten ein großes Interesse an den Tag, diese herrliche Landschaft nicht mit den Errungenschaften des real existierenden Sozialismus zu verschandeln.
Deshalb ist an den Mecklenburger Seen die Welt der Natur noch in Ordnung. Die Region ist von Landwirtschaft geprägt, Industrie gibt es kaum. Das Wasser in einigen Seen hat Trinkqualität. Über 1.000 Käfer-, 800 Schmetterlings- und 240 Vogelarten sind hier zu finden.
Plau, das 6.000-Einwohner-Städtchen am Ufer des Plauer Sees, ist wegen seiner ruhigen und idyllischen Lage der perfekte Ausgangspunkt zu einer Runde um die Seenplatte. Ein Stück nach Norden, in Karow rechts ab, einige Ausblicke auf den Plauer See, dann kommt Malchow in Sicht. Perle der Mecklenburger Seenplatte nennen die Malchower ihr Städtchen und übertreiben damit ganz und gar nicht. Malchow ist fast vollständig vom Wasser umgeben, der Malchower See schlängelt sich mitten durch die Altstadt. Über eine Drehbrücke gelangt man in den Stadtkern hinein, wo eine gepflasterte Ringstraße für ordentlich Unruhe im Fahrwerk sorgt. Hier wartet auch gleich der erste Pausentipp: Das Café Seeblick (rechts an der Straße), an dessen Terrasse die Boote anlegen.
Nördlich des Fleesen- und Kölpinsees rollen wir in Richtung Waren. Sandboden und Kiefernwälder lassen Gedanken an das Mittelmeer aufkommen. Träumen kann jedoch gefährlich werden. Denn immer wieder fordern unerwartete Kurven und gut getarnte Bahnübergänge die Bremsanlage heraus. Waren ist sozusagen die Hauptstadt der Mecklenburger Seenplatte. Wunderschön am Ufer der Müritz gelegen, hat es sich zu einem schmucken Fremdenverkehrsort herausgeputzt. Schon im 19. Jahrhundert reisten Adel und Bürgertum nach Waren, um hier standesgemäße Ferien zu verbringen. Und noch heute liegt eine Atmosphäre der Entspannung und Erholung über Waren. Der Tipp heißt deshalb: Sonnenuntergang. Man setzt sich einfach am Segelhafen auf eine Bank und genießt den Blick auf Boote und Abendrot. Zwischendurch holt man sich am Räucherkahn eine Portion Fisch - erstklassig und preiswert.
Von Waren nach Alt Schönau führt eine kleine, aber bestens präparierte Landstraße. Viel Ruhe, wenig Verkehr. In Alt Schönau zweigen wir links ab und zacken querfeldein über Schwinkendorf und Lupendorf nach Moltzow. Dort wartet ein Stück unberührte und faszinierende Natur: Die Kastanien-Allee, die vom alten Schloss zum Friedhof führt. Sie ist allerdings nicht leicht zu finden. Eine weitere, allerdings stärker befahrene Allee bringt uns nach Malchin. Von hier stammt ein gewisser Siegfried Marcus. Ihm sollten wir Motorradfahrer dankbar sein, denn Siegfried Marcus baute 1875 den ersten mit Benzin gespeisten Viertaktmotor. Apropos Verbrennung: Auf urige Weise lassen sich in der Gaststätte Moorbauer einige Kalorien verbrennen. Man biegt hinter Malchin Richtung Salem ab und folgt danach den Hinweisschildern zur Gaststätte. Dann wird man mit dem Kahn über den Fluss gebracht.
Eine fast kerzengerade Etappe auf der B 104 bringt uns nach Teterow. Bei diesem Namen schnalzen Rennsportfans schon lustvoll mit der Zunge. Ein Stück außerhalb von Teterow in Richtung Dalkendorf steht nämlich Europas schönste Grasrennbahn: der knapp zwei Kilometer lange Bergring. Berg, weil wir uns hier in der sogenannten Mecklenburgischen Schweiz befinden, deren Heidehügel sich bis zu einer Höhe von immerhin 100 Metern emporschwingen. Seit 1930 findet auf dem Teterower Bergring jedes Jahr das legendäre Pfingst-Rennen statt. Dabei erreichen die Fahrer Geschwindigkeiten von über 140 km/h und springen bis zu 30 Meter weit.
Wieder zurück in Teterow kann man entweder im romantisch auf der Burgwallinsel gelegenen Gasthaus Wendenkrug ein Päuschen einlegen oder direkt auf einer fahrerisch sehr attraktiven Landstraße Krakow und den Krakower See ansteuern. Auf ordentlichem, griffigem Asphalt windet sie sich zwischen den Hügeln der Mecklenburgischen Schweiz hindurch. Hinter Ku-

chelmiß lockt ein Naturweg zu einer 700 Jahre alten Wassermühle. Dort startet ein Naturlehrpfad durch das verwunschene Nebeltal, auf dem man sich sehr stimmungsvoll ein wenig die Beine vertreten kann.

Der Abstecher nach Krakow ist Pflicht. Denn der malerische Ort liegt direkt am See und ist von sechs Naturschutzgebieten umgeben. Alleine im Obersee brüten zehn Prozent aller deutschen Seeadler.

Am nördlichen Ortsausgang von Krakow zweigen wir links ab und fahren eine Weile quer über Land. Marienhof, Bellin und Zehna heißen die Stationen dieser abwechslungsreichen Wald- und Wiesenpartie auf schmalem Asphalt. Hinter Zehna nimmt uns wieder eine breite, gut ausgebaute Fahrbahn auf, und wir fahren am Inselsee durch die Hintertür nach Güstrow hinein. Güstrow hatte Glück. Die heutige Kreisstadt mit 40.000 Einwohnern blieb im Zweiten Weltkrieg von Zerstörungen weitgehend verschont und wurde 1945 kampflos der Roten Armee übergeben. Prunkstück Güstrows ist sein Renaissance-Schloss. In dem imposanten Bau wohnte während des 30-jährigen Krieges der berühmte Feldherr Wallenstein. Zwischen 1963 und 1972 umfassend renoviert, dient das Schloss heute als Museum und Kulturzentrum. Außerdem sehenswert: Der Marktplatz und die Kirche, von deren Turm man einen tollen Ausblick hat. Ein paar hundert Meter weiter steht der Güstrower Dom. Der wird vor allem wegen Ernst Barlachs Plastik Der schwebende Engel oft besucht. Barlachs Werke galten bei den Nazis als entartet. Sie ließen viele von ihnen einschmelzen, um daraus Munition herzustellen.

Der rauhe Belag eines kleinen Nebensträßchens zieht unter der Maschine durch. Während wir über Lüssow, Bützow und Warnow das Städtchen Sternberg anvisieren, sind wir fast alleine unterwegs. Verkehr? Fehlanzeige. In Groß Raden lohnt sich ein Blick in eine perfekt restaurierte slawische Siedlung aus dem 9. Jahrhundert. Dann kommt Sternberg, die Stadt der Seen und Wälder in Sicht. Dieser Name ist keine Übertreibung, da Sternberg äußerst reizvoll mitten in einem waldreichen Seengebiet liegt.

Ein kurzes Stück B 104 folgt. Dann geht es ab Weitendorf wieder über kaum befahrenen, mit Kopfsteinpflaster durchsetzten Asphalt. Vor Langen Brütz überqueren wir die Warnow und rollen nach Schwerin hinein. Die Landeshauptstadt mit ihrem auf einer Insel im See gelegenen Schloss ist ein optischer Leckerbissen. Am Alten Garten die Maschine auf den Seitenständer stellen, sich auf eine Parkbank setzen und das Schloss im Sonnenuntergang betrachten - das ist ein würdiger Abschluss für diese Tour.

Grobes Pflaster nahe Ulrichshusen

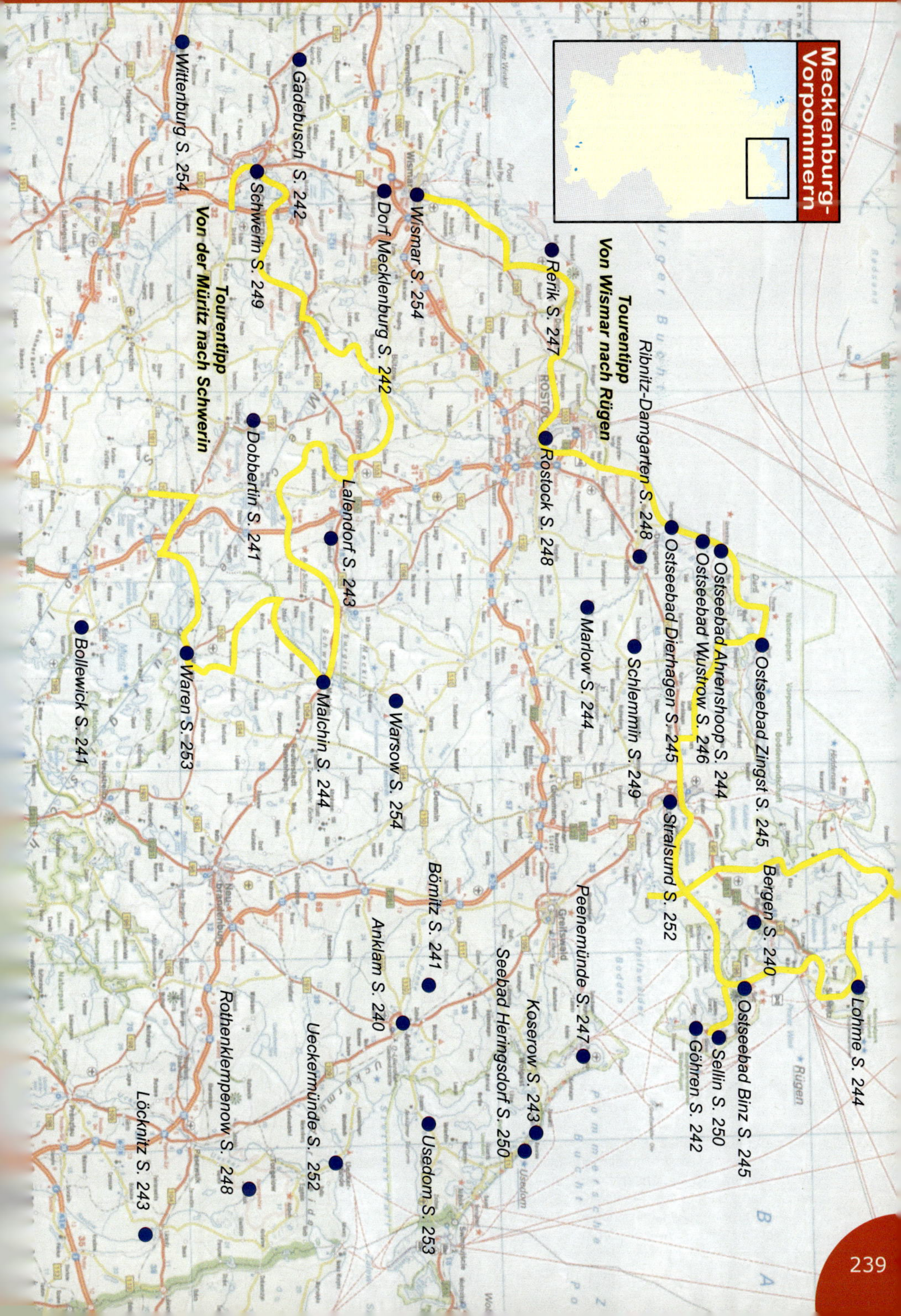

Mecklenburg-Vorpommern

Lohme S. 244
Bergen S. 240
Ostseebad Binz S. 245
Sellin S. 250
Göhren S. 242
Ostseebad Zingst S. 245
Ostseebad Ahrenshoop S. 244
Ostseebad Wustrow S. 246
Ostseebad Dierhagen S. 245
Stralsund S. 252
Ribnitz-Damgarten S. 248
Schlemmin S. 249
Marlow S. 244
Peenemünde S. 247
Koserow S. 243
Seebad Heringsdorf S. 250
Usedom S. 253
Bömitz S. 241
Anklam S. 240
Ueckermünde S. 252
Rothenklempenow S. 248
Löcknitz S. 243
Tourentipp Von Wismar nach Rügen
Rerik S. 247
Rostock S. 248
Wismar S. 254
Dorf Mecklenburg S. 242
Lalendorf S. 243
Warsow S. 254
Malchin S. 244
Gadebusch S. 242
Schwerin S. 249
Dobbertin S. 241
Waren S. 253
Wittenburg S. 254
Tourentipp Von der Müritz nach Schwerin
Bollewick S. 241

Anklam

GPS: N 53°50´09" - E 13°40´48"

EZ ab € 21,00
DZ ab € 42,00

24 14 HP P Tipp

Pension & Gaststätte "Zum Flieger"

Wir heißen Sie recht herzlich willkommen in der Pension "Zum Flieger" am Flugplatz in der Hansestadt Anklam. Wir - das sind die Brüder Dirk und Jörn Schernau sowie unser Service-Team. Die Pension bietet ausreichend Einzel- und Doppelzimmer für die Beherbergung von Gästen und es wird ein umfangreicher Service geboten (Gaststättenbetrieb, Partyservice auch außer Haus, Räumlichkeiten für Feiern und Seminare, regelmäßige Tanzveranstaltungen). Alle Zimmer verfügen über eine Dusche mit WC, TV und komfortable Betten.

Am Flugplatz 1 • 17389 Anklam • Telefon 0 39 71 / 25 85 30 • Fax 0 39 71 / 25 85 40
E-Mail: dirk.schernau@gmx.de • www.flugplatz-anklam.de

11365

Bergen-Rügen

GPS: N 54°25´04" - E 13°25´55"

EZ ab € 46,00
DZ ab € 75,00

120 57 HP Tipp

Hotel-Restaurant Ratskeller

Willkommen im Hotel Ratskeller in Bergen. Hier erwartet Sie ein modernes und komfortables Haus mit gemütlich ausgestatteten Zimmern die alle über Dusche/WC, Telefon und Fernseher verfügen. In unserem Restaurant servieren wir Ihnen erstklassige Speisen in einem angenehmen und familiären Ambiente. Ihr Motorrad können Sie kostenlos in unserer Tiefgarage unterbringen. Für nasse Motorradkleidung haben wir einen Trockenraum eingerichtet. Selbstverständlich stehen wir Ihnen auch für schöne Tourentipps in unsere Region sowie mit Rat und Tat immer zur Verfügung, bitte sprechen Sie uns an.

Markt 27 • 18528 Bergen auf Rügen • Telefon 0 38 38 / 81 70
E-Mail: info@hotel-ratskeller-ruegen.de • www.hotel-ratskeller-ruegen.de

11361

Bergen-Rügen

GPS: N 54°24´39" - E 13°25´51"

EZ ab € 58,00
DZ ab € 68,00

36 15 P Tipp

Pension Manthei

Am Rande des Stadtgebietes der Kreisstadt Bergen liegt unsere Pension Manthei in einer grünen Senke. In unseren gemütlich und hell eingerichteten komfortablen Zimmern mit Dusche/WC, Telefon, Sat-TV und Balkon werden Sie sich schnell wie zu Hause fühlen. Bevor es am nächsten Morgen auf die Tour geht stärken Sie sich noch an unserem reichhaltigen Frühstücksbuffet. Abends können Sie den Tag in unserem grünen Garten ausklingen lassen. Schrauberecke, Trockenraum und Tourentipps vorhanden.

Tilzower Weg 3 • 18528 Bergen • Telefon 0 38 38 / 25 18 19 • Fax 0 38 38 / 20 28 95
E-Mail: klaus.manthei@t-online.de • www.pension-manthei.de

1254

vom
Bio-Landhotel "Zur Scheune" in Bollewick

Bollewick - Waren - Neustrelitz - Bollewick

Wer Mecklenburg erleben möchte, sollte hier gewesen sein. Am nördlichen Zipfel der Müritz, 3 km entfernt vom romantischen Ackerbürger - Städtchen, liegt die größte Feldsteinscheune Deutschlands (125 x 34 m), ein Ort für Veranstaltungen, Märkte und Ausstellungen mit der Möglichkeit zum Bummeln und Verweilen in den kleinen Geschäften der Scheune - geöffnet 10.00 - 18.00 Uhr.

Fahrt über neu angelegte oder alte Alleenstraßen vorbei an verträumten Dörfern, romantischen Gutshäusern und alten Schlössern nach Waren. Diese Stadt hat einen schönen Hafen, Museen, eine restaurierte Altstadt und ein gläsernes Brauhaus mit großer Sonnenterasse mit Blick auf den Tiefwarensee, geöffnet ab 10.00 Uhr. Weiterfahrt nach Penzlin, Ausflugsziel hier der Hexenkeller. Über die B 193 an Feldern mit Raps und Getreide, durch Wälder führt die Strasse weiter nach Neustrelitz, Wesenberg, Mirow. Gemütlich von Ort zu Ort, unterwegs einkehren, am Räucherfisch nicht nur schnuppern, Kaffee trinken im Atelier und um dann wieder herrschaftlich Quartier zu nehmen in der Scheune Bollewick mit mecklenburgischer BIO Küche - geöffnet 11.00 - 21.00 Uhr.

Es lassen sich noch viele Touren planen, wir beraten Sie gern. Ihr Reschke Team.

1259

Bollewick
GPS: N 53°21´09" - E 12°34´27"

EZ ab € 50,00
DZ ab € 69,00
56 | 28 | HP | Tipp

Bio - Landhotel "Zur Scheune"

Dudel 1 • 17207 Bollewick
Telefon 03 99 31 / 5 80 70 • Fax 03 99 31 / 5 80 71 11
E-Mail: scheune@reschke-hotels.de
www.reschke-hotels.de

RESCHKE HOTELS

Herzlich empfangen werden Sie....

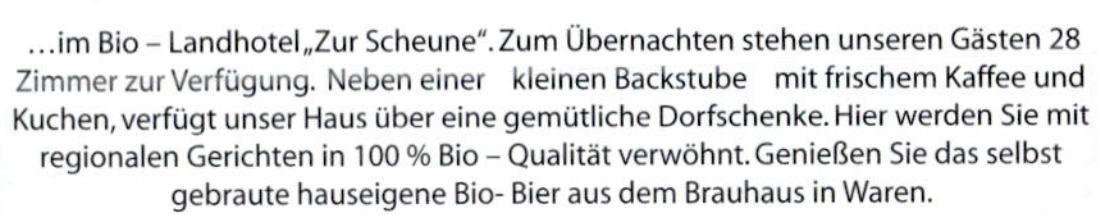
...im Bio – Landhotel „Zur Scheune". Zum Übernachten stehen unseren Gästen 28 Zimmer zur Verfügung. Neben einer kleinen Backstube mit frischem Kaffee und Kuchen, verfügt unser Haus über eine gemütliche Dorfschenke. Hier werden Sie mit regionalen Gerichten in 100 % Bio – Qualität verwöhnt. Genießen Sie das selbst gebraute hauseigene Bio- Bier aus dem Brauhaus in Waren.

Die größte Feldsteinscheune Deutschlands mit ihren Werkstätten und Läden, ein Ausflugsziel für jung und alt, ist täglich geöffnet.

Den Gutsherrenkeller mit rustikalem Gewölbe, die Markthalle und/oder die Tenne können Sie für Ihre Veranstaltungen (20 -500 Gäste)

Hotel „Zum Brauhaus"

Am Tiefwarensee
17192 Waren
Tel.: 03 99 1 - 18 15 4 - 0 Fax: 18 15 42 00

Biker sind bei uns herzlich willkommen!

Übernachten können Sie im Hotel „Zum Brauhaus". Bei einem oder mehreren lecker Bierchen in unserem gegenüberliegenden Brauhaus können Sie sich bei uns wohlfühlen. Für das leibliche Wohl wird auch gesorgt. Wir bieten am Freitag und Samstag ab 19.00 Uhr Spanferkel aus dem Panoramagrill an. An jedem Samstag ist im Brauhaus ab 21.00 Uhr Live Musik angesagt. Und das Wichtigste: Für Ihr Motorrad haben wir einen abgeschlossenen Parkplatz.

12592

Bömitz
GPS: N 53°56´38" - E 13°41´53"

EZ ab € 54,00
DZ ab € 75,00
45 | 20 | HP | Tipp

Hotel Rittergut Bömitz

Wir laden Sie ein in eine andere Welt. Das Rittergut Bömitz ist ein familiengeführtes Hotel in der herrlichen Natur Mecklenburg-Vorpommerns, welches Sie einlädt, eine sorgenfreie Zeit zu verbringen und Leib und Seele verwöhnen zu lassen. In Ihrem Zimmer erinnern ausgewählte Einzelstücke antiker Möbel sowie romantische Details an eine längst vergangene Zeit. Verbringen Sie gemütliche Stunden voller Genuss in unserem Restaurant „Jägerstube". Unser Küchenteam verarbeitet frische, regionale Zutaten zu ehrlichen Gerichten. Wild, Fisch und Gemüse der Saison bilden den Mittelpunkt der Speisenkarte.

Dorfstr. 14 • 17390 Bömitz • Telefon 03 97 24 / 2 25 40 • Fax 03 97 24 / 2 25 41
E-Mail: info@rittergut-boemitz.de • www.rittergut-boemitz.de

11366

Dobbertin
GPS: N 53°37´23" - E 12°04´26"

Hotel & Gasthaus "Zwei Linden"

Für einen Urlaub inmitten der Natur sind Sie bei uns genau richtig. Kommen Sie uns doch mal besuchen, das Team des Hotel und Gasthaus "Zwei Linden" freut sich auf Sie! Heute laden 12 Doppelzimmer und zwei Einzelzimmer, gemütlich - rustikal und mit allem neuzeitlichen Komfort ausgestattet (Dusche, WC, TV, Radio, Telefon) Urlauber und Geschäftsreisende zum Verweilen ein. Unsere gute deutsche Küche ist bekannt für Spezialitäten der Region, wie z.B. erlesene Fisch- und Wildgerichte. An heißen Tagen können sich unsere Gäste im direkt am Haus gelegenen Biergarten mit gut gekühlten Getränken aller Art erfrischen.

Platz der Arbeit 1 • 19399 Dobbertin • Telefon 03 87 36 / 4 24 72
E-mail: info@zwei-linden.com • www.zwei-linden.com

11390

Dorf Mecklenburg

GPS: N 53°50´47" - E 11°27´42"

EZ ab € 50,00
DZ ab € 72,00

Hotel Mecklenburger Mühle

Von Ihrem Zimmer oder Appartement können Sie den herrlichen Blick über das romantische Hügelland bis zum Wismarer Hafen genießen. 40 große Zimmer (zum Teil behindertengerecht) sind geschmackvoll eingerichtet und verfügen über Dusche/WC, TV, Telefon und Fax-Anschluss. Angenehme Entspannung bieten Sauna und Whirlpool, Solarium und der Fitnessraum. Im über die Landesgrenzen hinaus bekannten Mühlen-Restaurant, das 1994 neu gestaltet wurde, werden auf 3 Ebenen Mecklenburgische Spezialitäten serviert. Genießen Sie den malerischen Anblick des reetgedeckten Mühlen-Ensembles bei einer erholsamen Rast im Biergarten.

An der Mühle • 23972 Dorf Mecklenburg • Telefon 0 38 41 / 39 80 • Fax 0 38 41 / 39 81 98
E-Mail: hotel-mecklenburger-muehle@t-online.de • www.hotel-mecklenburger-muehle.de

12585

von der Mecklenburger Mühle in Dorf Mecklenburg

Die Mecklenburger Mühle – Warnemündetour

Die Tour führt uns über die Hansestadt Wismar Richtung Groß Strömkendorf und Blowatz bis nach Stove vorbei an einer weiteren Holländer – Windmühle. Weiter geht es in Küstennähe über eine Nebenstrecke in Richtung Rakow und Rerik. Genießen Sie auf dieser Strecke die wunderbare Seeluft und einen herrlichen Blick auf die Ostsee, fahren Sie vorbei an Wendelstorf bis hin nach Bastorf mit seinem 1876 erbauten Leuchtturm, von wo aus man bei klarer Sicht sogar bis nach Dänemark blicken kann. Kurvenreich geht es dann weiter zum Ostseebad Kühlungsborn, an Bad Doberan über eine Umgehungsstraße vorbei bis hin zum Seebad Warnemünde. Hier können Sie an der Strandpromenade bei typisch Mecklenburgischer Küche eine Mittagspause einlegen. Wer allerdings mal Lust auf etwas anderes hat, fährt bis zum Bahnhof auf den alten Fischmarkt und feilscht mit den Fischern um sein Mittagessen.

12585

Gadebusch

GPS: N 53°42´46" - E 11°07´01"

EZ ab € 38,00
DZ ab € 55,00

Hotel "Christinenhof"

Herzlich willkommen im Hotel Christinenhof in Gadebusch, einer kleinen schmucken Stadt im Nordwesten Mecklenburg-Vorpommerns. Insgesamt verfügt unser im Jahre 2004 rekonstruiertes Hotel Christinenhof über 4 Einzelzimmer, 13 Doppelzimmer und 4 Mehrbettzimmer, die liebevoll und modern ausgestattet sind und über Sat-Fernseher und Telefon verfügen. Im Restaurant können Sie nach einem anstrengenden Tag am Abend aus unserem reichhaltigen Angebot auswählen. Für unsere Hotelgäste bieten wir ab 6.00 Uhr ein reichhaltiges Frühstücksbüfett.

Güstow 3 • 19205 Gadebusch • Telefon 0 38 86 / 34 32 • Fax 0 38 86 / 71 27 32
E-Mail: christinenhof-gadebusch@t-online.de • www.christinenhof-gadebusch.de

11389

Göhren

GPS: N 54°20´31" - E 13°44´13"

EZ ab € 49,00
DZ ab € 79,00

145 62 HP P

Alexa Hotel

Es erwartet Sie ein modern ausgestattetes Hotel. Der neu gestalteten Lobby, mit einer gemütlichen Kaminecke, steht Ihnen neben dem obligatorischen Empfang und Fahrstuhl ein öffentliches Internet-Terminal und W-LAN im öffentlichen Bereich zur Verfügung. Neben dem Hotel-Restaurant, der Hotelbar und dem Gartenrestaurant finden Sie in der Lobby Fernsehmöglichkeit und Leseinseln. In unserem eleganten, mediterranen Restaurant erwartet Sie ein exquisites Angebot von Speisen und Getränken zu einem günstigen Preis-/Leistungsverhältnis. Gesicherter Parkplatz für Ihr Motorrad vorhanden.

Poststr. 10 • 18586 Göhren • Telefon 03 83 08 / 6 65 44
Fax 03 83 08 / 6 68 31 • E-Mail: info@alexahotel.de • www.alexahotel.de

12546

Kleinzerlang
GPS: N 53°11´23" - E 12°54´59"

EZ ab € 35,00
DZ ab € 58,00

Landhotel und Restaurant Lindengarten ***

Mitten in der Mecklenburgischen Kleinseenplatte, umgeben von Wiesen und Wäldern, liegt Kleinzerlang als Ortsteil von Rheinsberg. Unser Landhotel liegt direkt am Wasser und bietet als 3-Sterne-Haus den optimalen Rahmen für Ihren Jahresurlaub, einen Wochenausflug, das Jubiläum, die Firmenfeier oder eine kleine Tagung im Grünen. Unsere Gasträume bieten Platz für 45 Personen und lassen sich mit dem lichtdurchfluteten Wintergarten noch um 20 Plätze erweitern. Im Biergarten auf dem Innenhof lässt sich in grüner Oase das Essen genießen.

Dorfstr. 33 • 16831 Kleinzerlang • Telefon 03 39 21 / 76 80 • Fax 03 39 21 / 7 68 19
E-Mail: pension.lindengarten@t-online.de • www.landhotel-lindengarten.de

12492

Koserow
GPS: N 54°03´16" - E 14°00´24"

EZ ab € 48,00
DZ ab € 66,00

P Tipp

Hotel-Restaurant "Wald & Meer"

Unsere Hotelanlage befindet sich in herrlicher Lage direkt im Wald und am Meer. In unserem Haupthaus und in einem der vier Nebengebäude wohnen unsere Gäste in gemütlichen Einzel-, Doppel oder Mehrbettzimmern. Diese sind ausgestattet mit Dusche, WC, Kabel-TV, Radio und Selbstwahltelefon. Von einigen Zimmern aus kann man das Meer sehen und das ewige Rauschen der Wellen hören. Unsere Küche ist durchgehend für Sie geöffnet und bietet neben traditioneller Hausmannskost auch vorpommersche Spezialitäten an. Selbstverständlich auch frischen Fisch, je nachdem, was der Fischer für uns im Netz hatte.

Förster-Schrödter-Str. 30 • 17459 Koserow • Telefon 03 83 75 / 26 20 • Fax 03 83 75 / 2 62 40
E-Mail: waldundmeer@arcor.de • www.waldundmeer.info

11360

Lalendorf
GPS: N 53°45´37" - E 12°22´41"

EZ ab € 36,00
DZ ab € 62,00

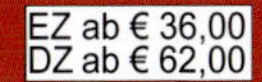

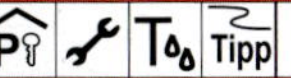

Hotel "Im Wiesengrund"

Unser Haus liegt an der B104 etwas außerhalb der Ortschaft Lalendorf, reizvolle Gegenden wie Güstrow, Teterow, Waren an der Müritz und der Kummerower See sind schnell erreicht. Lassen Sie sich von der traumhaften Umgebung, von Wiesen, Wäldern und Seen verzaubern. Unser Haus verfügt über 10 Doppelzimmer und 5 Einzelzimmer, alle mit Dusche, WC, Telefon, TV und gemütlicher Sitzgruppe ausgestattet. Eine Aufbettung als Drei- oder Vierbettzimmer ist möglich. Auf unserer Speisekarte finden sie eine gutbürgerliche bis kulinarische Küche mit verschiedenen saisonalen Gerichten. Auf Wunsch veranstalten wir auch Grillabende.

Hauptstr. 3 • 18279 Lalendorf • Telefon 03 84 52 / 2 05 42 • Fax 03 84 52 / 2 17 20
E-Mail: wiesengrund@gmx.de • www.imwiesengrund.com

11391

Löcknitz
GPS: N 53°27´09" - E 14°13´04"

Bäckerei-Konditorei-Café Rieck & Sohn

Wir bieten Ihnen einen idealen Standpunkt um einmal Pause zu machen, eine Tasse Kaffee zu trinken und einen frischen Kuchen zu essen. In der Sonne zu Relaxen und zu Genießen. Gerne vermitteln wir Ihnen auch Übernachtungsmöglichkeiten. Wir bieten ein reichhaltiges Frühstück um Sie optimal gestärkt auf die nächste Tour zu bringen. Wir würden uns freuen Ihr Gastgeber zu sein. Wir fahren selbst Motorrad!

Chausseestr. 72 • 17321 Löcknitz • Telefon 03 97 54 / 2 06 35
Fax 03 97 54 / 5 14 39 • E-Mail: xaver05@t-online.de

12544

Lohme-Rügen
GPS: N 54°34´59" - E 13°36´34"

Restaurant Am Meer

Unser Restaurant begrüßt Sie mit einer warmen und harmonischen Ausstattung. Hier bewirten und verwöhnen wir Sie in einem stilvollen und hochwertigen Ambiente zum Wohlfühlen und Entspannen. Genießen Sie die angenehme Atmosphäre auf einem der 33 Sitzplätze in unserem Restaurant oder auf unserer Terrasse mit 40 Plätzen. Von dieser aus lässt sich der malerische Ausblick auf die Tromper Wiek und auf Kap Arkona noch besser genießen. Es erwarten Sie hier einmalige Sonnenuntergänge, wenn die im Meer versinkende Sonne, alles in ein Licht mit einem unvorstellbarem Reichtum an Farben und Nuancen taucht.

Zum Hafen 7 • 18551 Lohme • Telefon 03 83 02 / 8 85 24 • Fax 03 83 02 / 8 88 50
E-Mail: kontakt@ammeer.net • www.ammeer.net

11363

Malchin
GPS: N 53°43´10" - E 12°45´15"

EZ ab € 38,00
DZ ab € 49,00

Hotel und Restaurant "Jägerhof"

Das Hotel-Restaurant Jägerhof Malchin liegt auf einem 8.000m² großen Grundstück, idyllisch eingebettet zwischen Wald, Wiesen und Seen, im Herzen der Mecklenburgischen Schweiz. Auf Grund der vielfältigen Freizeitmöglichkeiten wird hier jeder Urlaub zum Erlebnis. Die typisch mecklenburgische Küche sorgt zudem für kulinarische Höhepunkte. Unsere Zimmer sind ausgestattet mit TV, Minibar, Dusche und WC. Um morgens gut auf die nächste Tour starten zu können steht für Sie ein reichhaltiges Frühstücksbuffet bereit.

Jägerhof 1 • 17139 Malchin • Telefon 0 39 94 / 2 99 60 • Fax 0 39 94 / 2 99 61 26
E-Mail: info@jaegerhof-malchin.de • www.jaegerhof-malchin.de

11352

Marlow
GPS: N 54°09´16" - E 12°34´24"

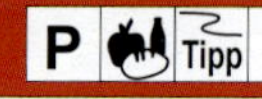

In unserem gemütlichen Gasthaus mit angenehmer und familiärer Atmosphäre heißen wir Sie herzlich willkommen. Wir verwöhnen Sie mit frischen Wild- und Fischspezialitäten sowie mit regionaler Küche. Montags ist bei uns Ruhetag. Durch unsere ideale Lage können Sie von hier viele Motorradtouren in verschiedene Richtungen starten. Übernachtungsmöglichkeiten können wir Ihnen selbstverständlich gerne vermitteln.

Am Markt 25 • 18337 Marlow • Telefon 03 82 21 / 3 87 • Fax 03 82 21 / 4 25 13

12627

Ostseebad Ahrenshoop
GPS: N 54°22´44" - E 12°25´00"

EZ ab € 32,00
DZ ab € 52,00

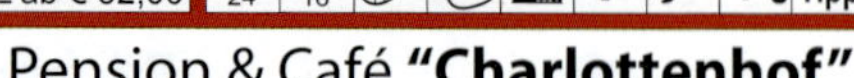

Pension & Café "Charlottenhof"

Unser gemütliches Haus liegt nur 2 Minuten vom Strand entfernt und bietet unseren Gästen eine herzliches Atmosphäre in gemütlichen Zimmern und einem nett eingerichteten Café, in dem Sie täglich frischen Kuchen und Kaffee bekommen. Morgens erwartet Sie ein reichhaltiges Frühstücksbuffet. Einen Trockenraum für nasse Motorradkleidung haben wir eingerichtet. Für schöne Tourentipps in der Region sprechen Sie uns einfach an. Wir freuen uns auf Ihren Besuch.

Grenzweg 3 • 18347 Ostseebad Ahrenshoop • Telefon 03 82 20 / 3 02
E-Mail: pensioncharlottenhof@web.de • www.pensioncharlottenhof.web.de

11395

Ostseebad Binz-Rügen
GPS: N 54°24´01" - E 13°36´38"

EZ ab € 37,00
DZ ab € 65,00

78 44 P Tipp

SMARTer Preis mit Stil ...

Smart Hotel Binz

Wir heißen Sie herzlich willkommen in Binz. Unser Hotel befindet sich in einer Seitenstraße, unmittelbar an der Hauptstraße, die mit zahlreichen Cafés, Boutiquen und Restaurants zum Bummeln einlädt. Unsere Zimmer sind alle komfortabel, modern und mit warmen Farben gestaltet. Dusche/WC, TV, Telefon, Kühlschrank und Fön sind selbstverständlich. Ein Trockenraum für Ihre Motorradkleidung ist ebenfalls vorhanden. Wir bieten Ihnen auch interessante Tourentipps in unserer Umgebung. Sprechen Sie uns einfach an. Wir würden uns freuen, Sie bald bei uns begrüßen zu dürfen.

Paulstr. 4 • 18609 Ostseebad Binz • Telefon 03 83 93 / 4 50 • Fax 03 83 93 / 4 53 48
E-Mail: info@smart-hotels.com • www.smart-hotels.com

11362

Ostseebad Dierhagen
GPS: N 54°16´25" - E 12°22´10"

EZ ab € 26,00
DZ ab € 55,00

22 10 HP P Tipp

Gaststätte & Pension "Am Wiesengrund"

Am Tor zur Halbinsel Fischland-Darß-Zingst, zwischen Wiesen, Bodden und Ostsee liegt das idyllische Ostseebad Dierhagen. In unserer gemütlichen Gaststätte bieten wir hier Platz für ca. 30 Gäste. Wir verwöhnen Sie mit Gerichten aus einer gutbürgerlichen Küche. Genießen Sie den Tagesausklang gesellig bei erlesenen Getränken an der Bar oder bei einen gemütlichen Grillabend. Unsere Pension ist ganzjährig geöffnet und verfügt über 10 Zimmer. Alle Zimmer sind ausgestattet mit Dusche/WC, Sat-TV und Telefon.

Dorfstr. 15 • 18347 Dändorf • Telefon 03 82 26 / 8 04 61
E-Mail: pension-schuldt@t-online.de • www.daendorf.de

11397

Ostseebad Dierhagen
GPS: N 54°17´20" - E 12°21´29"

EZ ab € 38,50
DZ ab € 62,00

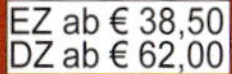   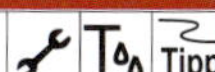

30 19 P Tipp

Gasthaus & Pension "Stocker"

In ruhiger, naturnaher, dörflicher Randlage, keine 5 Autominuten zum Ostseestrand und in Boddennähe befindet sich im Ortsteil Dorf des Ostseebades Dierhagen unser familiengeführtes Gasthaus mit kleiner Pension. Dem Charakter des Hauses entsprechend prägen bodenständig-rustikale Gerichte unsere Speisekarte. Unsere 12 Doppel- und 7 Einzelzimmer der separat im Garten gelegenen Pension bieten soliden Komfort wie Farb-TV, Radiowecker, Telefon, Dusche/ WC.

Neue Str. 6 • 18347 Ostseebad Dierhagen • Telefon 03 82 26 / 50 80 • Fax 03 82 26 / 5 08 40
E-Mail: gasthaus-pension-stocker@arcor.de • www.gasthaus-pension-stocker.m-vp.de

11396

Ostseeheilbad Zingst
GPS: N 54°26´25" - E 12°40´56"

EZ ab € 125,00
DZ ab € 86,00

234 117 HP

  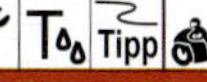

Tipp

Die Steigenberger Hotels in Zingst, direkt an der Seebrücke gelegen, sind eine Ferienresort-Anlage der Extraklasse. Das Steigenberger Strandhotel mit 123 Zimmern und Suiten bietet gehobenen Komfort in edlem Ambiente, entworfen durch die Stardesignerin Anne Maria Jagdfeld. Ein 1.400 qm großer Wellness-Pavillon im Hotelgarten vermittelt das pure Wohlgefühl auf 2 Ebenen mit Innen- und Außenpool.

STEIGENBERGER STRANDHOTEL, Seestraße 60, 18374 Ostseeheilbad Zingst, Germany
e-mail: strandhotel-zingst@steigenberger.de, Internet: www.strandhotel-zingst.steigenberger.de

Das Steigenberger Aparthotel verfügt über 103 modern und komplett eingerichteten Apartments, die sowohl als Hotelzimmer mit Frühstück oder Halbpension oder als Ferienapartment zur Selbstversorgung gebucht werden können.

STEIGENBERGER APARTHOTEL, Seestraße 54, 18374 Ostseeheilbad Zingst, Germany
e-mail: aparthotel-zingst@steigenberger.de, Internet: www.aparthotel-zingst.steigenberger.de

11400

Ostseebad Wustrow/Stralsund

GPS: N 54°21´05" - E 12°23´25"

EZ ab € 82,00
DZ ab € 118,00

Ostseebad Wustrow

Im Einklang des Feng Shui´s, den vier Elementen Feuer, Wasser, Luft und Erde sowie die Kraft der Inner Balance, lädt das DORINT RESORT OSTSEEBAD WUSTROW zu einem unvergesslichen Urlaubserlebnis ein. Eingebettet in die Natur zwischen dem hinreißenden, feinen Ostseestrand oder Bodden, zeigen sich stilvoll eingerichtete Zimmer und Appartements sowie kulinarische Hingebungen im Restaurant „Quarterdeck". Gleichermaßen fasziniert der 750 qm große Vital Spa mit seinen facettenreichen Landschaften und erstklassigen Behandlungen.

Im HanseDom Stralsund

Vor den Toren der historischen Hansestadt, finden Sie im DORINT RESORT IM HANSEDOM, eine der schönsten Spa-, Sport- und Freizeitanlagen Deutschlands. Maritim-elegante Zimmer mit großzügiger Ausstattung bieten Ihnen Komfort. 10 verschiedene Saunen und Dampfbäder im 2000 qm großen Oriental Spa, die erfrischende Seestern~Therme, 500 qm Fitnessarea und zahlreiche Ballsportmöglichkeiten sind Garanten für einen erholsamen Aufenthalt. Unser Restaurant „Vineta" erwartet Sie mit euro-mediteranen kulinarischen Köstlichkeiten.

Dorint Resort Ostseebad Wustrow
Strandstraße 46
D-18347 Ostseebad Wustrow
Tel. +49 (0) 38220 / 65 0 • Fax +49 (0) 38220 / 65 100
Info.wustrow@dorintresorts.com
www.dorint.com/wustrow

Dorint Resort im Hansedom Stralsund
Grünhufer Bogen 18-20
D-18437 Hansestadt Stralsund
Tel. +49 (0) 3831 / 3773 0 • Fax +49 (0) 3831 / 3773 100
Info.stralsund@dorintresorts.com
www.dorint.com/stralsund

11486

vom Dorint Strandresort & Spa Ostseebad Wustrow Dorint im Hansedom Stralsund

Die faszinierende Natur der Küstenlandschaft von Vorpommern kann sich mit vielen emotionalen Eindrücken und allerhand Aktivitäten zieren. Starten Sie Ihr Tour-Vergnügen nach einer wundervollen Nacht und einem ausgiebigen Vital-Frühstücks Buffet. Fahren Sie nun dem Seeheilbad Graal Müritz nach Markgrafenheide entgegen. Dieses beschauliche Seebad schließt sich als Ortsteil von Warnemünde an, der sich als klassischer Ort zum Shoppen und Flanieren auszeichnet. Nach einem kurzen Abstecher im Seebad Heiligendamm gelangen Sie in das fernere Kühlungsborn: Gesunde Meeresluft und Deutschlands längste Strandpromenade machen das Schlendern hier besonders reizvoll. Retour Richtung der alten Hansestadt Rostock fahren Sie durch die urwüchsigen Wälder und Alleenstraßen der historischen Hansestadt Stralsund über Sanitz, Schlemmin und Franzburg entgegen. Vor den Toren des UNESCO Welterbe empfängt Sie das Dorint im Hansedom Stralsund in einer Lagune der Entspannung. Am darauf folgenden Tag starten Sie abermals entlang der Küste auf die Orte Klausdorf und die Vinetastadt Barth zu. Über die Meiningenbrücke gelangen Sie erneut auf die Halbinsel Darß, die mit ihren malerischen Orten besticht. Gleichermaßen fasziniert die Route mit dem Ausgangspunkt Stralsund.

11486

Peenemünde

GPS: N 54°08´08" - E 13°46´14"

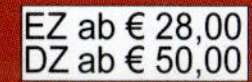

Café & Pension "Alte Wache"

Heute beherbergt die „Alte Wache" ein Café und die Peenemünde-Information. Hier können Sie auch Ihr Appartement oder Ihre Ferienwohnung buchen. In unserer Fischräucherei können Sie täglich frisch geräucherten Fisch genießen. Alle unsere Ferienwohnungen sind Zweiraumwohnungen mit Dusche und WC, einem separatem Schlafzimmer, einem Wohnbereich mit eingerichteter Küchenzeile und für bis zu vier Personen eingerichtet. Ihnen steht ein Kabel-TV, ein Stereoradio mit CD-Player und ein kostenloser Parkplatz zur Verfügung. Für 5 Euro bekommen Sie bei uns auch ein reichlich leckeres Frühstück.

Zum Hafen 4 • 17449 Peenemünde • Telefon 03 83 71 / 2 14 64 • Fax 03 83 71 / 2 14 64
E-Mail: skipper@taucher2.de • www.altewache-peenemuende.de

11359

Rerik

GPS: N 54°06´12" - E 11°36´53"

Hotel-Restaurant "Haffidyll"

- Familiär geführtes Hotel
- 300m zum Ostseestrand (direkt am Salzhaff)
- eigener Parkplatz - teilweise Garage
- regionale Küche
- Restaurant mit Wintergarten
- Tourentipps und Hausprospekt

Haffstr. 13 • 18230 Ostseebad Rerik
Telefon 03 82 96 / 7 04 56 • Fax 03 82 96 / 7 40 81
E-Mail: info@haffidyll.de • www.haffidyll.de

11392

Geben auch Sie eine Bewertung zu Ihrem Aufenthalt ab

vom Hotel Restaurant Haffidyll in Rerik

Salzhafftour – entlang des Salzhaffs mit Fotostopp vor Boinsdorf, durch gepflegte Dörfer hin zur Insel Poel. Hier eine traumhafte Rundtour und weiter nach Wismar mit Hafen, Hansearchitektur und zahlreichen Restaurants.

Ostseeküstentour – entlang der Ostseeküste mit Zwischenstopps in sauberen Ostseebädern wie Kühlungsborn, Heiligendamm, Warnemünde oder Graal-Müritz bis nach Stralsund.

Reizvolles „Hinterland" – diese Tour führt entlang schönster Alleen hin zu zahlreichen Mühlen, Dorfkirchen, Gutshäusern oder herrschaftlichen histor. Schlössern und Landsitzen.

Mecklenburgische Städtetour – genießen Sie die Historie der alten Hansestädte Lübeck, Wismar, Rostock oder Güstrow (Barlachstadt). Selbst eine Tour bis zur Landeshauptstadt Schwerin bietet seine Reize. Natürlich auch eine Tagestour über Warnemünde mit der Fähre bis nach Dänemark.

Größtes **Bikertreffen** der Region - immer am Muttertag (2. Sonntag im Mai) oder im Internet unter www.bikergottesdienst.de

11392

Ribnitz-Damgarten

GPS: N 54°14´27" - E 12°25´58"

P

Café im Bernsteinmuseum

Herzlich willkommen in unserem gemütlichen Café. Wir verwöhnen Sie mit frischem Kaffee, Kuchen und Torten. Der ideale Ort für eine kleine Pause auf einer anstrengenden Tour. Wir freuen uns Sie bald als Gast bei uns begrüßen zu dürfen.

Im Kloster 1 • 18311 Ribnitz-Damgarten • Telefon 0 38 21 / 22 19

11393

Rostock

GPS: N 54°04´52" - E 12°11´10"

EZ ab € 55,00
DZ ab € 79,00

32 16 HP P

Hotel Brinckmansdorf

Wir heißen unsere Gäste herzlich willkommen. Sie suchen auf Ihrer Tour eine Unterkunft mit gemütlich, komplett und hell ausgestatteten Zimmern. Dann sind Sie bei uns genau richtig. Freundlichkeit in einer familiären Atmosphäre...dadurch zeichnen wir uns aus. Dazu verwöhnen wir Sie noch mit einer exzellenten Küche. Frische regionale und internationale Speisen warten auf Sie. Ihr Motorrad steht bei uns sicher direkt am Haus. Lunchpakete am Morgen vervollständigen das große Frühstücksbuffet, welches keine Wünsche offen lässt. Schrauberecke und Trockenraum sind natürlich vorhanden.

Katt-un-Mus-Weg 1 • 18055 Rostock • Telefon 03 81 / 65 90 90 • Fax 03 81 / 6 59 09 33
E-Mail: hotel-brinckmansdorf@t-online.de • www.hotel-brinckmansdorf.de

12550

Rothenklempenow

GPS: N 53°31´01" - E 14°11´56"

P

Kellergaststätte

Die Kellergaststätte befindet sich auf einem alten Gutsgelände im schönen Mecklenburg-Vorpommern. Umgeben von Wald, Wasser und Seen finden Motorradfahrer die besten Voraussetzungen. Unsere Küche stellt sich auf Sie ein, mit Frühstück, Lunchpaket und einer deftigen Hausmannskost. Die abendliche Stille genießen Sie im angrenzenden Park bei Bratwurst und Bier sowie einem erfrischenden Bad im nicht weit entfernten Haussee.Unterkünfte können auf Anfrage vermittelt werden.

Schlossstr. 4 • 17321 Rothenklempenow • Telefon 03 97 44 / 5 03 48

1254

von der Kellergaststätte in Rothenklempenow

Von der Gaststätte startend, können Sie über Löcknitz der B104 folgend in ca. 25km ins polnische Stettin gelangen. Nördlich geht es durch Wald und Wiesen zur Haffstadt Ueckermünde. Ein Zwischenstopp ist in Christiansberg im botanischen Garten zu empfehlen. Fischbrötchen und baden sind ein muss. Von Ueckermünde nicht weit entfernt liegt das Torgelower Ukranenland und die Stadt Pasewalk von der man eine Floßfahrt auf der Uecker starten kann oder den Lokschuppen besucht. In Richtung Süden befindet sich in Penkum ein Schloß zur Besichtigung und zur Weiterfahrt nach Prenzlau steht einer Dampferfahrt nichts im Wege. Kleine Seen laden überall zum Verweilen ein, Tiere sind zu beobachten und Ruhe kann getankt werden. Sie werden unsere Weite nicht vergessen und es gibt noch viel mehr zu sehen.

12543

Schlemmin

GPS: N 54°13´19" - E 12°40´49"

EZ ab € 85,00
DZ ab € 98,00

Park-Hotel **** Schloss Schlemmin

Eine der schönsten Lindenalleen in Mecklenburg-Vorpommern führt in das malerische Dorf südlich der Halbinsel Darß. Hier steht eines der schönsten Schlosshotels inmitten eines 20 ha großen Parks mit uralten Eichen. 35 gemütlich eingerichtete Zimmer laden zum Verweilen und Entspannen ein. Alle ausgestattet mit Bad/Dusche/WC, Telefon und TV. Außerdem steht unseren Gästen eine große Wellnessabteilung mit Sauna zur Verfügung. Hier können Sie in gemütlicher Runde den Abend ausklingen lassen. Unsere Küche verwöhnt Sie mit regioanlen und internationalen frischen und herzhaften Speisen. Gerne gesellen wir uns zu Ihnen und geben Ihnen interessante Ausflugs- und Tourentipps für die Region. Schrauberecke und Trockenraum vorhanden.

Am Schloss 2 • 18320 Schlemmin • Telefon 03 82 25 / 51 60 • Fax 03 82 25 / 51 61 00
E-Mail: info@schloss-schlemmin.de • www.schloss-schlemmin.de

12625

vom Park Hotel Schloss Schlemmin in Schlemmin

Schlemmin ist der Ausgangspunkt für eine einzigartige Tour entlang der südlichen Boddenküste. Die erste Etappe führt Sie von Schlemmin in die Bernsteinstadt Ribnitz-Damgarten. Empfehlenswert ist das alte Katharinenkloster sowie das Deutsche Bernsteinmuseum. Weiter geht es auf die Halbinsel Pütnitz mit einem Besuch im militärtechnischen Museum. Dieses bietet in 3 Ausstellungshallen – vom Zweirad bis zum Flugzeug - umfangreiche Fahrzeug- und Flugtechnik aus dem ehemaligen Ostblock. In einer landschaftlich reizvollen Umgebung können Sie vom Panzer bis zum LKW alles ausprobieren. Über eine neu asphaltierte Strasse gelangen Sie nach Saal. Vom Ufer lassen Sie Ihren Blick über die reizvolle Boddenlandschaft schweifen. Entlang einer kurvenreichen Strecke fahren Sie in die Boddendörfer Neuendorf, Fuhlendorf und anschließend Bodstedt, wo sich der traditionsreichste Zeesboothafen befindet, in welchem jedes Jahr die spektakulären Zeesbootregatten stattfinden. Entlang der Hauptstraße geht es nun nach Barth. Weiter auf einer wunderschönen Nebenstrecke in Richtung Stralsund erfahren Sie im Kranichinformationszentrum Groß Mohrdorf alles Wissenswerte über die Vögel des Glücks, welche zu Tausenden im Frühjahr und Herbst in unserer Region rasten. Von Groß Mohrdorf erreichen Sie das Ziel der Tour, das kleine Örtchen Barhöft. Im Hafen laden gastronomische Angebote zum Verweilen und Träumen ein. Wer noch einen Abstecher in die Hansestadt Stralsund machen möchte, diese ist nur noch wenige Kilometer entfernt.

12625

Schwerin

GPS: N 53°36´00" - E 11°29´15"

EZ ab € 40,00
DZ ab € 65,00

Hotel & Gasthaus
Zum Reppin

Wir bieten unseren Gästen viele Vorzüge. Komfortable Hotelzimmer, gepflegte Gastlichkeit, eine Lage in schönster Wald und Seenlandschaft mit bester Verkehrsanbindung. Unsere Küche verwöhnt Sie mit frischen und deftigen sowie mit leichten Speisen bis hin zu Kaffee und Kuchen auf unserer schönen Terrasse oder in unseren schön gestalteten Gasträumen. Manchmal grillen wir auch auf der Terrasse. Wir freuen uns auf Ihren Besuch.

Zum Reppin 4 • 19063 Schwerin-Mueß
Telefon 03 85 / 20 82 80 • Fax 03 85 / 2 01 51 68

11491

Geben auch Sie eine Bewertung zu Ihrem Aufenthalt ab

Seebad Heringsdorf

GPS: N 53°57´39" - E 14°09´00"

EZ ab 30,00 Euro / DZ ab 40,00 Euro

Gäste- und Wohnhaus Dünenweg

Ihr Übernachtungsquartier in unmittelbarer Strandnähe. Ruhig und gemütlich eingerichtet zu fairen Preisen. Von hier aus können Sie gerne noch nach Ihrer Tour zu Fuß zur Promenade und den Abend ausklingen lassen. Cafés und Restaurant sind gleich um die Ecke.

Etwas ruhiger und kleiner geht es bei der Pension "Auf der Düne" zu. Mit gemütlich eingerichteten Zimmern und der familiären Atmophäre freuen sich Ihre Gastgeber auf Ihren Besuch!

EZ ab 55,00 Euro / DZ ab 80,00 Euro
Pension "Auf der Düne"

Dünenweg 16 • 17424 Seebad Heringsdorf • Telefon 03 83 78 / 2 23 96
E-Mail: mail@duenenweg16.de • www.duenenweg16.de

Maxim-Gorki-Str. 50 • 17424 Seebad Heringsdorf • Telefon 03 83 78 / 2 26 11
E-Mail: mail@schmiedehaus.de • www.schmiedehaus.de

12620

Sellin-Rügen

GPS: N 54°22´50" - E 13°41´48"

EZ ab € 26,00
DZ ab € 46,00

Pension Ingeborg + Ferienhaus Schneider

Im Stil der Bäderarchitektur original erhalten, liegt unsere Pension direkt an der Promenade, am Wald und nur ca. 1 Min. von Seebrücke und Strand entfernt.
Preiswerte, gemütliche Einzel-, Doppelzimmer und Appartements mit Dusche/WC • mit offenen Balkonen und Wintergärten.

Wilhelmstr. 18 • 18586 Sellin/Rügen • Telefon 03 83 03 / 8 72 91 • Fax 03 83 03 / 9 56 40
E-Mail: sellin@pensioningeborg.de • www.pensioningeborg.de

12548

Sellin-Rügen

GPS: N 54°22´24" - E 13°41´59"

EZ ab € 42,00
DZ ab € 55,00

100 50 HP P Tipp

Parkhotel Sellin

Im neuen Zentrum von Sellin befindet sich unser Parkhotel Sellin nur 500m von Südstrand entfernt. Unser Restaurant und Bar "Anno 1900" lädt Sie zu gemütlichen Abenden sowie zu einem leckeren Essen mit edlen Weinen ein. In unserem Frühstücksrestaurant starten Sie mit einem leckeren und reichhaltigen Frühstücksbuffet. Unsere 50 großzügig, bequem und funktionell eingerichteten Zimmer werden Ihnen die Nacht so angenehm wie möglich machen. Ausgestattet mit Dusche/WC, Telefon und Farb-TV (teilweise Balkon).

Ostbahnstr. 20 • 18586 Sellin • Telefon 03 83 03 / 9 20 • Fax 03 83 03 / 9 22 99
E-Mail: park-hotel-sellin@t-online.de • www.park-hotel-sellin-ruegen.de

1256

vom
Parkhotel Sellin in Sellin

Vom Ostseebad Sellin aus entdecken Sie nicht nur die feinsandigen Meeresstrände, ländlich idyllische Dörfer, die unverbrauchte Natur. Nein, Sellin ist auch der Schüssel zur Halbinsel "Mönchgut". Von Sellin kommend fällt der Blick auf ein großes , hölzernes, die Straße überspannendes Tor, das Mönchguttor ist der Eingang in das Ostseebad Baabe und zugleich zur Halbinsel "Mönchgut". Durch Baabe fahren wir weiter nach Middelhagen in Richtung Lobbe zum Ostseebad Thiessow mit seinem Ortsteil Klein Zicker. In Klein Zicker angelangt besteigen wir den Lotsenberg. Vom Aussichtsturm hat man einen überwältigen Rundblick auf die reizvolle Landschaft und das Meer von drei Seiten. Schauen im Hafen den Fischern bei der Arbeit über die Schultern und können fangfrischen Fisch kaufen. Weiter geht es wieder nach Lobbe in Richtung Ostseebad Göhren. Knattern durch Göhren und verlassen die Halbinsel Mönchgut. Fahren am Ostseebad Sellin vorbei nach Seedorf, in den Hafen. Hier legen wir mit Blick auf die Bek die Mittagspause ein. Nach dem wir gestärkt sind, geht´s weiter Richtung Putbus nach Groß Stresow. Dieser Ort liegt direkt in der Stresower Bucht und je nach Saison kann man dort baden geben, die Seele baumeln lassen oder sich an dem Blick aufs Wasser erfreuen.

1256

Sellin

GPS: N 54°22´46" - E 13°41´45"

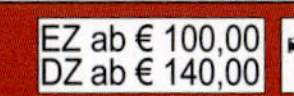

vom Dorint Hotel-Park Ambiance in Sellin

Die Rügentour startet vom Dorint Hotel-Park Ambiance. Auf der B96 geht es dann über Bergen nach Teschenhagen, wo Sie rechts Richtung Güttin abbiegen. Über Dreschvitz erreichen Sie Landow (Wegekirche). Fahren Sie jetzt über Dreschvitz nach Gingst zum „Kluiser Dreieck“, dann über Trent zur Wittower Fähre, wo Sie den Breetzer Bodden per Fähre überqueren. Nächstes Ziel ist Altenkirchen mit seiner sehenswerten Backsteinkirche (Bj. um 1200, Taufstein, slawischer Grabstein). Nächstes Ziel ist das Flächendenkmal „Kap Arkona“. Stärken Sie sich im „Gutshof Putgarten“ bei Rügener Produkten, bevor Sie mit der Bäderbahn zur Besichtigung des Schinkel-Leuchtturms, der Reste der Jaromarsburg (1168 zerstört) oder des Marine-Peilturms starten. Zurück geht es über Juliusruh nach Glowe, dann über Bisdamitz (Hofgut mit hausgemachtem Brot, Käse, Lammspezialitäten) und Lohme nach Hagen (Nationalpark, Königsstuhl). Durch die Stubnitz erreichen Sie Sassnitz (Hafen, Fischräucherei), von dort über Prora, Binz zurück nach Sellin. (ca. 180 km).

12537

Stralsund

GPS: N 54°18´15" - E 13°03´26"

EZ ab € 35,00
DZ ab € 50,00

60 30 P T

Pension "Im Grünen"

In ruhiger und angenehmer Atmosphäre können Sie bei uns einige Tage entspannen. Unser Team berät Sie auch gern bei Tagesausflügen in unsere schöne Heimat. 13 gepflegte Zimmer und Ferienwohnungen werden von uns bewirtschaftet. Alles neu erbaut und ebenerdig. Parkplätze stehen Ihnen direkt vor den Zimmern zur Verfügung. Verschiedene Sitzecken umgeben von Grün erwarten Sie. Auch für Fahrräder ist eine Unterkunft vorhanden. In unseren zwei rustikal eingerichteten Frühstücksräumen können Sie zwischen 6.00 und 9.30 Uhr ein reichhaltiges Frühstück bekommen.

Rostocker Chaussee 28a • 18437 Stralsund • Telefon 0 38 31 / 49 48 68 • Fax 0 38 31 / 44 57 26
E-Mail: info@pension-stralsund.de • www.pension-stralsund.de

12626

Ueckermünde

GPS: N 53°44´14" - E 14°02´46"

EZ ab € 49,00
DZ ab € 69,00

98 49 VP P

★★★

Hotel "Am Markt"

Einmalig, die Lage! Sie finden das Hotel „Am Markt" & Ueckermünder Brauhaus „Stadtkrug" direkt am denkmalgeschützten Marktplatz von Ueckermünde. Wunderschöne Giebelhäuser umgeben diesen historischen Platz in der Altstadt, ein idealer Ausgangspunkt für einen Rundgang zu den zahlreichen Sehenswürdigkeiten. Wohnen Sie im historischen Speicher – im komfortablen Einzel-, Doppel-, Twinbett-, Hochzeitszimmer oder in der Suite, ausgestattet mit Dusche, WC, Fön, TV, Telefon und Minibar. Ein Lift bringt Sie bequem auf alle Etagen. Ferienappartements für 2 bis 4 Personen befinden sich direkt gegenüber dem alten Speicher. Als Hotelgast buchen Sie Ihr Zimmer ganz nach Wunsch mit Frühstück, Halb- oder Vollpension. Zur Entspannung stehen Sauna und Solarium zur Verfügung. Außerdem gibt es einen Fahrradraum und Pkw-Parkplätze für unsere Gäste.

Gemütlicher Treffpunkt nach einem aktiven Tag ist unsere Hotelbar im maritimen Ambiente mit 35 Plätzen. Folgen Sie dem bunten Treiben in der historischen Altstadt von unserer Marktplatzterrasse aus mit dem in der Saison wöchentlich stattfindendem „Musiksommer".

In unserem stilvollen Restaurant (60 Plätze) mit angrenzender Marktterrasse (50 Plätze) verwöhnen wir Sie mit anerkannt guter, deutscher und mediterraner Küche, Fisch-, Wild- und ausgesuchten vorpommerschen Spezialitäten sowie gepflegten Getränken.

Ein besonderes Erlebnis ist unser Ueckermünder Brauhaus „Stadtkrug". Genießen Sie in rustikaler Atmosphäre unser einzigartiges Pils. Das selbstgebraute Bier (hell, dunkel, Weizen) ist unfiltriert, naturbelassen und besitzt alle wichtigen Inhaltstoffe, wie Vitamine, Eiweiß, Mineralien und wertvolle Bierhefe.

Markt 3/4 • 17373 Ueckermünde • Telefon 03 97 71 / 8 00 • Fax 03 97 71 / 8 04 09
E-Mail: info@hotel-am-martk-ueckmuende.de • www.hotel-am-markt-ueckermuende.de

1143

Ueckermünde

GPS: N 53°43´25" - E 14°01´54"

EZ ab € 54,00
DZ ab € 81,00

100 42 HP P T Tipp

Ferien- und Seminarhotel "Pommern Mühle"

Ankommen und wohl fühlen im romantischen Landhaushotel am Ueckerdeich mit dem Herzstück der über 130 Jahre alten Holländer mühle. In der urigen Schenke oder auf der Terrasse genießen Sie ein kühles Hasseröder. Relaxen Sie im Hallenbad mit Gegenstromanlage und in den beiden Saunen. Unser Küchenchef verwöhnt Sie mit frischen Fischgerichten und traditionellen vorpommerschen Speisen im Restaurant oder Wintergarten. Wer dann hinterher noch Lust zum Schwofen hat, geht zum Kegeln, Bowlen oder Billard spielen. Für Ihr Motorrad ist eine Garage vorhanden, Tourentipps gibt Ihnen der Chef persönlich.

Liepgartner Str. 88 A • 17373 Ueckermünde • Telefon 03 97 71 / 20 00 • Fax 03 97 71 / 2 00
E-Mail: info@pommernmuehle.de • www.pommern-muehle.de

125

vom
Hotel Pommern Mühle in Ueckermünde

Ueckermünde ist eine kleine Hafenstadt im Naturpark „Stettiner Haff“. Ein gut ausgebautes Straßennetz lädt zum gemütlichen Cruisen durch die abwechslungsreiche Natur ein. Wälder, Wiesen, Felder und Heideland prägen die Region. Als große Tagestour mit ca. 280km Länge empfiehlt sich die Tour „Rund ums Stettiner Haff“, über Anklam, Seebad Ahlbeck, Swinemünde, Misdroy, Wollin, Stettin und Pasewalk - eine Tour der Gegensätze, gerade wenn man abseits der großen Bundesstraßen unterwegs ist. Für Naturliebhaber ist die kleine Tour durch die Ueckermünder Heide und Friedländer Wiese empfehlenswert, über das Fischerdorf Mönkebude nach Ducherow (Motorradmuseum) zur Lilienthalstadt Anklam. Für Mutige gibt es eine Alternativroute nach Anklam, über Bugewitz, Rosenhagen nach Kamp, die Strecke führt vorbei an den „Everglades“ des Nordens, einem bizarren Landstrich, der überflutet wurde und nun ein Paradies für Wasservögel ist, ein Teil der Route verläuft auf dem alten Bahndamm (Schotterpiste), er endet in Kamp vor der alten Eisenbahnhubbrücke. Über Bargischow gelangt man nach Anklam, auf endlos wirkenden Alleen geht es weiter nach Friedland, zur Mühlenstadt Woldegk und Strasburg, hinter Rothemühl geht es durch das Waldmeer zur Ukranenstadt Torgelow und weiter nach Ueckermünde, Tourlänge ca. 170km.

12541

Usedom

GPS: N 53°52´22" - E 13°54´58"

EZ ab € 40,00
DZ ab € 60,00

Gaststube & Pension Natzke

Wir freuen uns auf Ihren Besuch im GASTHAUS NATZKE in Usedom - der Stadt, die der Insel ihren Namen gibt. Gerne verwöhnen wir Sie in unserer Gaststube mit rustikaler Hausmannskost. Zum Übernachten und für Ihren Urlaub auf und in Usedom erwarten Sie gemütlich eingerichtete Gästezimmer, ausgestattet mit Dusche, WC und Sat-TV. Einen kleinen Kühlschrank finden Sie in fast allen Zimmern. Überdachter Parkplatz, Trockenraum, Schrauberecke und Tourentipps sind vorhanden.

Geschwister-Scholl-Str. 5 • 17406 Usedom • Telefon 03 83 72 / 7 03 98 • Fax 03 83 72 / 7 19 65
www.hotel-ami.de/pension/gasthaus-natzke-usedom

12542

Waren / Klink

GPS: N 53°29´11" - E 12°37´46"

EZ ab € 42,00
DZ ab € 58,00

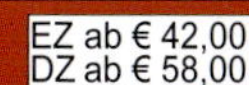

Das Müritz Hotel in Klink, direkt im Herzen der Mecklenburgischen Seenplatte ist ein idealer Ausgangspunkt für Ihre Touren. Nach einem erlebnisreichen Tag bietet das Hotel viele Möglichkeiten der Entspannung. Ob ein frisch gezapftes Bier im Biergarten am hoteleigenen Hafen, eine entspannende Massage, Kneippsche Anwendungen, Sauna, Bowling, Karambolage, Minigolf, eine Schifffahrt, in der Schwimmhalle oder bei einem Spaziergang auf dem 45ha großen Wassergrundstück - hier kann man die Bikerseele baumeln lassen. Im Sommer laden die hoteleigenen, feinsandigen Strände zu einer Abkühlung im klaren Wasser der Müritz ein. Alle Zimmer des Hotels sind mit DU/WC und TV ausgestattet. Morgens können Sie sich an unserem Frühstücksbuffet stärken und für Ihre Touren stellen wir Ihnen auf Wunsch Lunchpakete zur Verfügung. Zum Abendessen laden verschiedene Restaurants mit einem Angebot an deftigen und leichten Speisen ein. Wir freuen uns auf Ihren Besuch!

Müritz Hotel

Am Seeblick 1 • 17192 Klink • Telefon 0 39 91 / 14 18 55
info@mueritz-hotel.de • www.mueritz-hotel.de

11364

vom Müritz Hotel in Waren

Entlang der Straßen und Alleen Mecklenburg Vorpommerns fällt das Auge immer wieder auf weite Felder, Wiesen und Wälder. Viele Seen laden zum Verweilen und einer kleinen Abkühlung im Sommer ein. Besonders empfehlenswert sind verschiedene Touren ab Klink. Die beliebteste Tour führt durch Waren (Müritz) mit dem maritim anmutenden Hafen in die Stadt der Vier Tore Neubrandenburg. Hier kann man die Stadtmauer bewundern, bevor es über Friedland und Brunn nach Ueckermünde geht. Unterwegs sind viele Bauwerke der Backsteingotik zu sehen. Weiter geht es dann durch die Stadt Usedom auf die gleichnamige Insel. Höhepunkte an der Route sind hier ein Wasserschloss, Seebrücken, eine Fahrt mit der Inselbahn, der Glanz der Seebäder und natürlich ein Badestopp an der Ostsee. Über Wolgast, der Residenz der Herzöge, geht es dann vorbei an der Klosterruine Eldena und dem Fischerdorf Wieck in die Hansestadt Greifswald, welche zu einem Bummel durch die historische Altstadt einlädt. Durch die Mecklenburgische Seenplatte führt die Route dann weiter durch die Städte Demmin und Malchin zurück an den größten deutschen Binnensee, die Müritz, nach Klink. Ausführliche Informationen zur Route und den sehenswerten Stopps erhalten Sie im Hotel. Außerdem stehen noch weitere Tourenvorschläge zu Verfügung.

11364

Waren
GPS: N 53°29´39" - E 12°41´24"

EZ ab € 33,00
DZ ab € 62,00

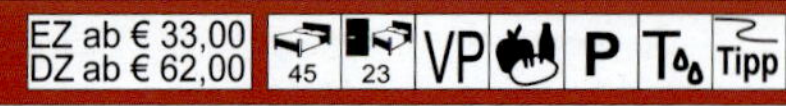

Pension "Zur Fledermaus"

Urlaub in unserer Pension bedeutet Natur und Erholung am Rande des Müritz-Nationalparks. In Waren Müritz können Sie vielen Freizeitmöglichkeiten nachgehen. Die Terrasse vor der Pension ist Ruheplatz und Beobachtungspunkt zugleich. Die Terrasse kann nach Absprache auch für gemütliche Grillpartys genutzt werden. Unser Haus hat 45 Betten in 1-,2- und 3- Bettzimmern. Die Mehrzahl sind mit Dusche und WC, einige mit SAT-TV, ausgestattet. Für einige Zimmer mit Waschecke befinden sich Duschen und WC auf der Etage. Alle Zimmer haben Telefon. Für Familien ist eine gut ausgestattete Ferienwohnung mit 3 (+2) Betten vorhanden.

Am Teufelsbruch 1 • 17192 Waren • Telefon 0 39 91 / 66 32 93 • Fax 0 39 91 / 66 32 94
E-Mail: pension-fledermaus@gmx.de • www.pension-fledermaus.de

11466

Warsow
GPS: N 53°50´46" - E 12°48´31"

EZ ab € 35,00
DZ ab € 46,00

Hotel-Pension Moll

Moorige Wiesenniederungen, stille Seen und bewaldete Kuppen verleihen der Landschaft um das Malchiner Becken den natürlichen Zauber... Und mittendrin unser familiäres Haus. Es erwarten Sie bei uns 18 gemütlich eingerichtete Zimmer mit Dusche/WC, Kabel-TV, Selbstwahltelefon, Grillmöglichkeit nach Absprache vorhanden. In der rustikalen Gemütlichkeit des nebenan liegenden Gasthofes „Bei Molli" geht es deftig, kräftig zu mit typischen Mecklenburger Spezialitäten oder den kulinarischen Genüssen einer gutbürgerlichen Küche.

Dorfstr. 44 • 17154 Warsow • Telefon 03 99 56 / 2 08 27 • Fax 03 99 56 / 2 01 54
E-Mail: info@hotelpension-moll.de • www.hotelpension-moll.de

1135

Wismar
GPS: N 53°54´28" - E 11°28´37"

EZ ab € 25,00
DZ ab € 40,00

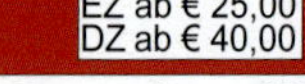

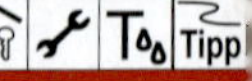

Pension "Am Haffeld"

Unsere Pension liegt am nördlichen Stadtrand von Wismar. Von hier aus ist alles in zehn Minuten zu erreichen. Das Stadtzentrum mit seinen schönen alten Gebäuden aus der Hansezeit, der Hafen, der nächste Badestrand. Unser Haus bietet Ihnen Übernachtungsmöglichkeiten mit Frühstück. Für Selbstversorger haben wir eine große Küche. Es besteht die Möglichkeit zu grillen bzw. zu räuchern. Auf unserer Terrasse können Sie entspannen. Unser Haus liegt ruhig in zweiter Reihe. Parkplätze bzw. Garagen befinden sich direkt am Haus. Alle Zimmer sind modern und funktionell ausgestattet.

Poeler Str. 138 • 23970 Wismar • Telefon 0 38 41 / 32 89 89 • Fax 0 38 41 / 3 03 59 86
E-Mail: info@pension-am-haffeld.de • www.pension-am-haffeld.de

113

Wittenburg
GPS: N 53°30´04" - E 11°05´32"

Tipp

Landgasthof "Zur Mühle"

Unser familiengeführtes Landgasthaus liegt unweit der Autobahn 24 in de mecklenburger Kleinstadt Wittenburg . Das rustikale Restaurant mit allerle typischen Mecklenburger und saisonalen Speisen befindet sich in einen niederdeutschen Hallenhaus von 1874. In dem ehemaligen Forst- und Agrar-Museum kann man noch heute so manche alte Schätze aus vergangene Tagen entdecken. Unser gemütlicher Natur-Biergarten lädt bei sommerlichen Temperaturen und bei leckerem Speis und Trank, grade zum Verweile ein. Schauen Sie doch einfach mal vorbei.....

Am Mühlenberg 8 • 19243 Wittenburg • Telefon 03 88 52 / 2 36 10
Fax 03 88 52 / 2 36 12 • E-Mail:Toberhack@gmx.de

12

Mosel
Schleifen ziehen zwischen Bugen und Rebhängen

Die Mosel entspringt am Westhang der südlichen Vogesen und fließt nach Norden. Bei 'erl verlässt sie Frankreich und bildet auf einer strecke von rund 42 Kilometern die natürliche Grenze zwischen dem Großherzogtum Luxemburg und Deutschland. Bei Oberbillig mündet lie Sauer in die Mosel, die nun ihre Fließrichung nach Nordosten ändert. Später kommt die aar hinzu.

linter Trier bahnt sich der mächtiger gewordene luss mit zahlreichen Schleifen und Windungen einen Weg durch die Felsenlandschaft zwichen den beiden Mittelgebirgen Hunsrück und ifel. An einigen Stellen sieht es aus, als käme as Wasser nach einem mächtigen Bogen wieer zum Ausgangspunkt zurück. Die Uferseiten erden von steilen Hängen gesäumt, die teils on Weinbergen, teils von Wäldern und Böchungen bedeckt sind. Schließlich mündet die osel nach rund 545 Kilometern bei Koblenz in en Rhein. In den Jahren 1957 bis 1964 wurde er Fluss durch den Bau von 14 Schleusen zwichen Thionville in Frankreich und Koblenz zu ner schiffbaren Wasserstraße ausgebaut.

e reizvolle Landschaft zwischen Trier und oblenz mit ihren bekannten Weinorten und en darüberliegenden Burgen und Schlössern sowie der bekannte Moselwein werden in vielen Gedichten und Liedern gerühmt. Heute ist das Moseltal eine der bekanntesten und beliebtesten Landschaften für Urlaub und Wochenendausflug.

Riesling vom Feinsten

Das Gebiet entlang der Mosel und seiner Nebenflüsse Ruwer und Saar ist ein traditionelles Weinanbaugebiet. Begründet wurde der Weinanbau von den Römern im 1. Jahrhundert n. Chr., obwohl Kaiser Domitian das Anpflanzen von Weinstöcken nördlich der Alpen verboten hatte. Nachweislich gab es im 1. Jahrhundert n.Chr. in und um Trier Weinanbau und Weinhandel.

Seit Jahrzehnten tragen die grünen Flaschen von der Mosel und ihrer Nebenflüsse die einheitliche Bezeichnung „Mosel-Saar-Ruwer". Es ist die Heimat der Riesling-Rebe, die von vielen Weinkennern als „Königin der Weißweinrebe" bezeichnet wird. Sie macht rund die Hälfte der Anbaufläche aus. Den zweiten Platz nimmt der Müller-Thurgau ein, gefolgt von den Sorten Elbling und Kerner.

Burgen und Schlösser
An beiden Ufern der Mosel krönen zahlreiche Burgen und Schlösser die Flusslandschaft. Die bekanntesten sind die Burgen bei Alken, Kobern-Gondorf, Burg Cochem und Burg Landshut über Bernkastel sowie die Burg Eltz in einem Seitental der Mosel.
Im so genannten Erbfolgekrieg von 1687 bis 1697 sind fast alle Burgen und Schlösser sowie rund 400 Dörfer an der Mosel von den französischen Truppen des Königs Ludwig XIV. zerstört worden. Heute sind die Burgruinen und die wiederaufgebauten Burgen attraktive Sehenswürdigkeiten im Moseltal.

Winningen

Sehenswerte Orte

Koblenz
Die Entstehung der Stadt Koblenz an der Einmündung der Mosel in den Rhein mit heute rund 110.000 Einwohnern geht ebenfalls auf die Römer zurück. Im Jahr 14 n. Chr. gründeten sie am Moselübergang an der Heerstraße von Mainz nach Köln die Befestigung „Castrum ad Confluentes". Einige Jahrhunderte später entstand an dieser Stelle ein fränkischer Königshof. Seit 1018 gehörte der Ort zum Besitz der Erzbischöfe und späteren Kurfürsten von Trier. Der bekannteste Punkt der Stadt ist das „Deutsche Eck" mit dem Denkmal von Kaiser Wilhelm II., jene Landzunge, an der die Mosel in den Rhein mündet. Von hier hat man einen imposanten Blick auf die mächtige Festung Ehrenbreitstein am rechten Rheinufer.

Trier
Die Stadt Trier mit heute rund 105.000 Einwohnern wurde im Jahr 16 v. Chr. als „Augusta Treverorum" gegründet. Die Siedlung an einer römischen Moselbrücke entwickelte sich im 3. und 4. Jahrhundert n. Chr. zur Residenz des römischen Kaisers Konstantin und zum Bischofssitz. Sehenswerte Bauwerke aus der Römerzeit sind die Porta Nigra, die Römerbrücke, die Kaiser- und die Barbarathermen sowie das Amphitheater. Der Dom erhielt sein heutiges Aussehen in mehreren Bauschnitten bis zum 18. Jahrhundert.

Cochem
Den besten Blick auf Cochem und seine Uferzeile hat man vom gegenüberliegenden Stadtteil Cond aus. Dort stellt man am Jachthafen das Motorrad ab und genießt die Aussicht auf die Reichsburg. Cochems Wahrzeichen wurde im Jahr 1000 erbaut. Darüber hinaus lockt Cochem mit seiner wunderschönen Alststadt und dem sonntäglich auf dem Markplatz stattfindenden Motorradtreff.

Beilstein
Gerade mal 140 Einwohner und über 100.00 Besucher jedes Jahr – das kleine Beilstein is ein Publikumsmagnet. Und das zu Recht: Seine malerischen Gassen versprühen mittelalterlichen Charme, von den Terrassen der Restaurants hat man einen Traumblick auf die Mosel Früh morgens oder spät abends, wenn wenig los ist, dann macht Beilstein am meisten Spaß.

Traben-Trarbach
Kleine Stadt mit großer Vergangenheit. Im 1 und 19. Jahrhundert steckten ihre Bürger vie Geld in die Architektur der Stadt, weshalb Traben-Trarbach heute ein Juwel an Jugendstil-Architektur ist. Bei einem Bummel zu Fuß lasse sich diese Kostbarkeiten am besten erkunden.

Bernkastel-Kues
Die reich verzierten Fassaden rund um de Markplatz sind in ihrer Geschlossenheit ei malig und das Prunkstück der Doppelstad Aber auch in den abzweigenden Seitengasse lässt sich so mancher Schatz entdecken. Ihre Reichtum hat die Stadt wie so viele Gemeind an der Mosel dem Weinhandel und der Schi fahrt zu verdanken.

Alles im Fluss

Ein Sommermorgen im Moseltal. Der Frühdunst hängt noch über dem Wasser und hüllt den Fluss in Alabaster. Mit sonorem Brummen stampfen schwer beladene Lastkähne gegen die Strömung an. Die Sonne hat sich soeben hinter den steilen Weinbergen hervorgewagt und taucht die grünen Weinreben in das satte Licht des Morgens. Die kühle Luft zieht ins offene Visier hinein und beginnt sich allmählich zu erwärmen. Gelassen legt sich die Maschine in die ersten Kurven der Uferstraße, und in unserer Brust macht sich wieder einmal jene unbändige Freude breit, wie wir sie immer zu Beginn eines viel versprechenden Fahrtages verspüren. Das Herz schlägt uns bis zum Hals, und wir können nicht anders, als lauthals in die Morgenluft zu rufen: »Mosel, wir kommen!«

Wer an einem solchen Tag die ersten Kilometer am Ufer der Mosel zurückgelegt hat, begreift schnell, dass diese Region schon längst ihr Kegelclub-Image abgelegt hat. Vorbei die Zeiten, in denen Busladungen trink- und sangesfreudiger Menschen zuerst mit billigem Wein abgefüllt und dann mit unverschämten Preisen über den Tisch gezogen wurden. An der Mosel wächst heute wieder ein erstklassiger Riesling, das Preis-Leistungs-Verhältnis stimmt, und in Sachen Kunst und Kultur hat sie mehr zu bieten als jeder andere deutsche Fluss.

Um sich der Mosel im Motorradsattel zu nähern, gibt es zwei Möglichkeiten. Erstens: Man fährt morgens ein Stück am Flussufer entlang, schlägt dann einen Bogen in die Eifel, den Hunsrück oder die Luxemburger Schweiz hinein und kehrt nachmittags wieder an die Mosel zurück. Zweitens: Man gibt sich die Mosel pur und fährt einmal die gesamte Strecke zwischen Koblenz und der französischen Grenze ab. 240 Kilometer Intensivkur in Sachen Moselromantik. Fahrerisch eine harmonische, ausgeglichene Angelegenheit. Viel Stimmung, gelassene Schräglagen auf perfekt ausgebauter Uferstraße.

Zunächst gilt es die Frage zu klären, welches ist das linke und welches das rechte Ufer. Bei Flüssen geht man immer von der Fließrichtung aus. Das heißt, die der Eifel zugewandte Seite der Mosel ist ihre linke, die Hunsrück-Seite die rechte. Von der Attraktivität her schenken sich beide Seiten nichts. Es ist eher eine Frage des Sonnenstandes, welches Ufer man wählt. Das linke erhält morgens mehr Licht, das rechte abends.

Passender als das Deutsche Eck in Koblenz könnte kein Startpunkt für eine Moseltour sein. Dort fließt die Mosel in den Rhein und wird dabei von einem hoch zu Ross sitzenden Kaiser Wilhelm beobachtet. Direkt am Denkmal gibt es einen Motorradparkplatz und einen Imbiss. Die Aussicht auf Rhein und Mosel und die Festung

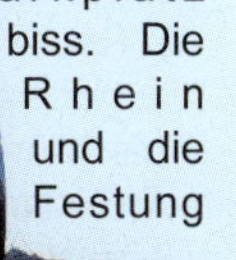

Die Mosel bei Cochem

Ehrenbreitstein am anderen Ufer ist gratis. Seit 1897 wacht Wilhelm der Große über das Deutsche Eck. 1945 wurde er von den Amerikanern vorübergehend aus dem Sattel geschossen, hinterher auf private Initiative eines reichen Koblenzer Bürgers wieder dorthin gesetzt.
Wer möchte, kann vom Deutschen Eck aus noch zu Fuß einen Abstecher in die sehenswerte Altstadt machen, dann dirigieren wir das Motorrad auf die am rechten Moselufer verlaufende Bundesstraße 49. Schon nach ein paar Kilometern wachsen zu beiden Seiten der Fahrbahn die Weinberge aus dem Boden. Zwei Drittel von ihnen sind mit Riesling-Reben bewachsen. Der spritzige, säurehaltige Weißwein ist an der Mosel klar die Nummer eins. Die mineralhaltigen Schieferböden und der Wärmespeicher des engen Tales lassen ihn zu einem Tropfen heranreifen, der sich mittlerweile vor den klassischen Rieslinglagen im Rheingau nicht mehr zu verstecken braucht. Heikel ist indess seine Ernte: Da die Traube bis kurz vor Einsetzen des Frostes reifen muss, ist der Grat zwischen einem perfekten und einem misslungenen Jahrgang recht schmal.
Mit Alken taucht der erste typische Winzerort auf. Überragt wird er von der Doppelburg Thurant; im Ortskern steht ein hübsches Fachwerkhaus neben dem anderen. An dem mächtigen Rundturm am Ufer wurden früher die Pferde gewechselt, als man die Lastkähne noch treidelte, das heißt, mit Muskelkraft gegen die Stömung ziehen musste.
Die Route zeigt bei Burgen einen schönen Blick hinüber nach Hatzenport und passiert den Ort Treis. Dort wechselt sie für eine kurze Etappe auf die andere Uferseite zum Orsteil Karden. Weiter Richtung Cochem. Der Ort Pommern hieß in römischer Zeit »Pomaria«, Obstgarten. Wohl wegen seines ausgezeichneten Rieslings. In Klotten locken mehrere schöne Winzerhöfe, die in Richtung Weinberge stehende Kirche St. Maximin und die kleine Terrasse des Gasthauses Zur Post. Bei Klaus und Bettina Berens isst man nicht nur lecker zu Mittag, sondern wird als Motorradfahrer auch zuvorkommend behandelt.
Am Eingang von Cochem überqueren wir die Mosel und gelangen im Stadtteil Cond wieder ans »richtige« Ufer. Rechts hinab zum Yachthafen, dort wartet der klassische Blick auf Cochem mit der Uferzeile im Vordergrund und der Reichsburg dahinter.
Auf den nun folgenden 27 Kilometern bis Alf vollführt die Mosel fünf Kehrtwendungen. Fünfmal geraten die Himmelsrichtungen komplett durcheinander. Die Sonne kommt von allen Seiten. Der Grund für diese Pirouetten ist das Rheinische Schiefergebirge, das sich dem Fluss ab Trier in den Weg stellt. Dieses sehr harte Gestein zwang die Mosel dazu, sich ihren Weg regelrecht freizufräsen. Mal ging das leichter, mal schwerer. Das Resultat sind die berühmten Moselschleifen.
Linker Hand kommt mit Beilstein eines der optischen Glanzlichter in Sicht. Schmale, steile Gassen und eine Vielfalt wunderschöner Fachwerkhäuser charakterisieren den winzigen Ort. In den 50er-Jahren wurde hier so mancher Heimatschinken gedreht. Hinter Senheim muss die Strecke nochmals aufs andere Ufer ausweichen, um die berühmte Schleife bei Bremm zu umfahren. Nach Alf über die Brücke, dann hat uns die rechte Seite wieder. Diese Doppelbrücke für Straßen- und Schienenverkehr galt bei ihrem Bau im Jahr 1878 als technisches Meisterwerk. Unmittelbar dahinter rollt die Maschine durch Merl, einen Vorort von Zell. Die Stadt der »Schwarzen Katz« wird das am Ufer hingestreckte Zell auch genannt. Auf vielen Schildern, Tafeln und Bildern in der netten Altstadt begegnet man dem Tier. Kein Wunder, ist es doch Namenspatron einer der besten Weinlagen an der Mosel.
Das mittelalterliche Zell wurde leider 1848 durch einen Brand fast vollständig zerstört. Übrig geblieben ist unter anderem das 1542 erbaute Amtsschloss, ein noch sehr gut erhaltener Verwaltungsbau im Renaissance-Stil.
Bei Traben-Trarbach dreht die Mosel erneut eine Ehrenrunde. Diesmal um den Festungsberg Montroyal herum. Das rebenbestandene Plateau oberhalb der Stadt wurde vom Sonnenkönig Ludwig XIV. zur Festung ausgebaut, die in Kriegszeiten bis zu 40.000 Menschen beherbergen konnte. Leider ging ihm während der Bauphase das Geld aus, so dass Montroyal niemals zum Einsatz kam.
Traben-Trarbach verfügt über eine beachtenswerte Ansammlung von Jugendstilgebäuden. Sie stammen aus einer Zeit, in der die Bürgerschaft im Kampf um die repräsentativste Villa keine Kosten scheute.
Der kleine Ort Wolf präsentiert alte Fachwerk

häuser und einen tollen Ausblick hinüber auf Kröv und seine Weinberge. Anschließend rollen wir durch die Ürziger Schleife nach Zeltingen-Rachtig. Die Doppelgemeinde gehörte seit dem 7. Jahrhundert zum Erzbistum Köln, wovon heute mehrere mittelalterliche Verwaltungsgebäude wie das Amtshaus und die Komturei zeugen.
Kurz darauf fahren wir nach Bernkastel hinein. Die Stadt, die einst zu Trier gehörte, weist eine Besonderheit auf: Weil sie niemals zerstört wurde, besitzt sie heute einen der am besten erhaltenen historischen Kerne an der Mosel. Rechts unten am Moselufer liegt ein großer Parkplatz mit speziellen Flächen für Motorräder. Von hier aus lässt sich die Altstadt bequem zu Fuß erkunden. Außer seinen Fassaden hat Bernkastel noch ein kulinarisches Highlight zu bieten: Die Lage »Bernkasteler Doctor« bringt die besten und teuersten Weine an der Mosel hervor.
Auf dem breiten und ganz leicht geschwungenen Asphalt der B 53 geht es durch das Winzerdorf Mülheim in Richtung Westen. Bei Nieederemmel biegen wir nach Neumagen ab, wo im Ort rechts an der Durchgangsstraße das berühmte römische Weinschiff steht. Zusammen mit den Villen von Mehring, Longuich und Kenn sowie den Keltern von Maring, Piesport und Lieser gehört es zu den wichtigsten römischen Ausgrabungen an der Mosel.
Die Römer waren es, die nach Jahrhunderten der Barbarei Kultur in die Region brachten. Sie bauten Wein an, errichteten Städte und legten Straßen an, die bis ins 19. Jahrhundert hinein die einzigen überregionalen Verbindungswege des Landes blieben. Ihre Gebietseinteilungen sind bis heute die Grenzen der Verwaltungsbezirke. Und die Sprache der Winzer ist zu 100 Prozent römischen Ursprungs.
Dass sich die Römer an der Mosel so wohl fühlten, mag auch an dem hier herrschenden milden Klima gelegen haben. Die feucht-warme Witterung lässt eine Vegetationsvielfalt gedeihen, wie sie sonst nur im Mittelmeerraum vorkommt. So sind Orchideen an der Mosel keine Seltenheit.
Nach Umrundung der engen Trittenheimer Schleife wechselt die Straße wieder ans linke Ufer und nimmt ab Schweich direkten Kurs auf Trier, die Hauptstadt der Moselregion. Sie windet sich an der Autobahn vorbei und erreicht die Trierer City, wo mit der Porta Nigra das am

Weinhänge bei Senheim

besten erhaltene römische Stadttor der Welt steht.
Schon lange vor den Römern siedelte der keltische Stamm der Treverer an dieser Stelle. Die Römer übernahmen den Namen und nannten ihre Stadtgründung im Jahre 16 v. Chr. zu Ehren des Kaisers Augustus »Augusta Treverorum«, erhabene Stadt der Treverer. Trier ist so reich an antiken Schätzen, dass man Tage benötigen würde, um sie alle in Ruhe anzusehen. So beschränkt man sich am besten auf die Porta Nigra. Gleich neben dem Bauwerk wartet ein Motorradparkplatz, von dort aus sind es noch ein paar Schritte zu Fuß.
Das Industrie- und Gewerbegebiet von Konz ist zugegebenermaßen keine Offenbarung. Doch hinter Wasserliesch kehrt die Moselidylle zurück. Die Fahrbahn wird nun schön schmal und kurvt locker durch Weinberge und Waldstücke. Immer wieder zeigt sie herrliche Aussichten hinüber nach Luxemburg. Luxemburg? Aber klar doch. Die Mosel spielt jetzt den Grenzfluss.
In Nennig bildet der 160 Quadratmeter große Mosaikfußboden einer römischen Villa die letzte Gelegenheit, antike Luft zu schnuppern. Ein Großgrundbesitzer ließ sich hier im 2. Jahrhundert nach Christi nieder und baute eine der prächtigsten Villen an der ganzen Mosel. Alleine das Haupthaus war 100 Meter lang, die ganze Anlage maß 600 Meter. Das Gebäude um den Mosaikfußboden herum wurde wieder aufgebaut und gibt dem Besucher eine gute Vorstellung vom damaligen Leben.
Die letzte Gemeinde auf deutschem Boden heißt Perl. Am Ortsende geht es hinüber nach Frankreich, wo die Mosel »Moselle« genannt wird.

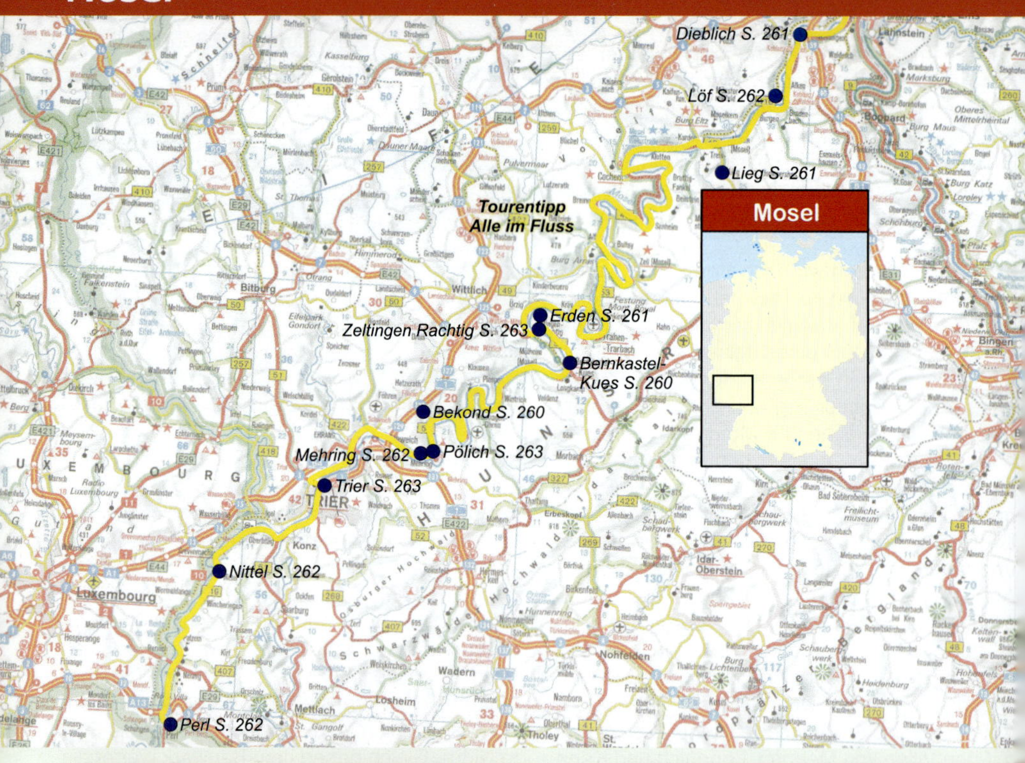

Bekond

GPS: N 49°50´56" - E 6°48´12"

Hotel-Gasthof "Pelzer"

Unsere Bier- und Weinstube ist je nach Jahreszeit urig oder rustikal eingerichtet. Der Küchen-Chef versorgt Sie aus der gutbürgerlichen Küche mit regionalen Köstlichkeiten und Hausspezialitäten a la Carte. Neben komfortabel ausgestatteten Doppelzimmern (Dusche, WC, TV) verfügen wir auch über eine Ferienwohnung für 2 Personen. Bei schönem Wetter gehts in unseren Biergarten. Wir freuen uns auf Ihren Besuch!

Moselstr. 31 • 54340 Bekond • Telefon 0 65 02 / 26 42 • Fax 0 65 02 / 15 77
E-Mail: info@hotel-gasthof-pelzer.de • www.hotel-gasthof-pelzer.de

1174

Bernkastel-Kues

GPS: N 49°54´49" - E 7°04´40"

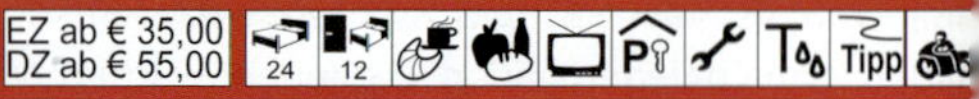
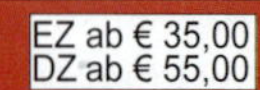

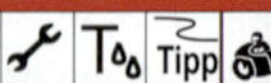

Hotel-Garni "Alter Posthof"

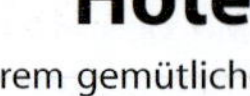

In unserem gemütlichen zentral gelegenen Hotel-Garni in Berkastel-Kues heißen wir Sie herzlich willkommen. Ruhig, romantisch und geschmackvoll eingerichtete Zimmer stehen unseren Gästen zur Verfügung. Ausgestattet mit Dusche/WC, TV, Safe, Föhn, Sitzecke und Minibar sind alle Voraussetzungen für einen angenehmen Aufenthalt gegeben. Und am Morgen verwöhnen wir Sie mit einem reichhaltigen Frühstücksbuffet. Ihr Motorrad steht bei uns sicher in einer Garage. Für reichlich Tourentipps ist gesorgt. Sprechen Sie uns an!

Burgstr. 26 • 54470 Bernkastel-Kues • Telefon 0 65 31 / 9 12 57 • Fax 0 65 31 / 9 12 5
E-Mail: alter.posthof@t-online.de • www.bernkastel-posthof.de

126

Bernkastel-Kues

GPS: N 49°54´46" - E 7°04´22"

EZ ab € 55,00
DZ ab € 85,00

Hotel Bären

Schanzstr. 9 • 54470 Bernkastel-Kues
Telefon 0 65 31 / 95 04 40 • Fax 0 65 31 / 9 50 44 46
E-Mail: info@hotel-baeren.de • www.hotel-baeren.de

Kennen Sie die Mosel? Wir schon - kommen Sie zu uns und erleben Sie die Mosel von einer anderen Seite. Wir zeigen Ihnen die Mosel, wie Sie sie noch nicht kennen. Abseits der großen touristischen Routen führen wir Sie durch eine Region, die Sie sicher faszinieren wird. Sie werden von erfahrenen Guides begleitet und brauchen sich um nichts zu kümmern (Na ja, fahren müssen Sie schon). In Gruppen bis maximal acht Motorrädern begleiten wir Sie entlang der Mäander des Moseltals und die angrenzenden Höhenzüge von Eifel und Hunsrück

· Sie werden Routen kennen lernen, die in keinem Reiseführer stehen
· Sie werden Kurven erleben, wie sie die Natur entlang der Mosel und ihrer Zuflüsse geschaffen hat
· Wir planen mit Ihnen, Ihre individuellen Routen, oder Sie lassen sich von uns entführen
· Erleben Sie echtes Rennstreckenfeeling auf dem Ritt durch die „grüne Hölle" (Die Nordschleife des legendären Nürburgring)
· Natürlich führen wir auch Ihre Leib und Seele durch die regionalen Köstlichkeiten

Eifel-Mosel-Hunsrück Motorradtouren

12688

Dieblich

GPS: N 50°18´51" - E 7°28´10"

EZ ab € 45,00
DZ ab € 75,00

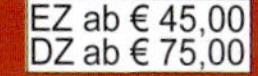

Hotel-Restaurant "Pistono" ...direkt an der Mosel!

Treten Sie ein und fühlen Sie sich wohl! Und das direkt an der Mosel. Unsere freundliche und familiäre Atmosphäre wird Ihnen dabei behilflich sein. Dazu gibt es gemütlich und hell eingerichtete Zimmer mit Dusche/WC, TV und Telefon. Nach Ihrer Tour können Sie sich in unserem Restaurant oder auf unserer schönen sonnigen Terrasse mit herzhaft frischer Küche verwöhnen lassen. Das hauseigene Schwimmbad und die Sauna stehen natürlich auch zur freien Verfügung. Hier können Sie dann so richtig abschalten. Ihr Motorrad bringen wir in einer abschließbaren Tiefgarage unter. Schrauberecke und Tourentipp sind selbstverständlich!

Hauptstr. 30 • 56332 Dieblich • Telefon 0 26 07 / 2 18 • 0 26 07 / 10 39
E-Mail: pistono@gmx.de • www.hotel-pistono.de

12689

Erden

GPS: N 49°58´40" - E 7°01´15"

EZ ab € 25,00
DZ ab € 44,00

Weingut-Gästehaus "Steilen-Coen"

Herzlich willkommen in unserem Weingut zwischen Bernkastel und Traben-Trarbach. Genießen Sie die Ruhe und familiäre Atmosphäre unseres Weingutes. Unsere Zimmer sind mit Dusche/WC, auf Wunsch mit Zustellbett ausgestattet. Morgens erwartet Sie ein reichhaltiges Frühstück. Die Sonnenterrasse lädt zum Entspannen und zum Sonnen ein. Gerne veranstalten wir auch Weinproben und Grillabende nach Voranmeldung. Ihr Motorrad bringen wir sicher in einer abschließbaren Garage unter. Wir freuen uns Sie bald bei uns begrüßen zu dürfen.

Talweg 6 • 54492 Erden • Telefon 0 65 32 / 44 44 o. 44 06 • Fax 0 65 32 / 9 42 76
E-Mail: weingut-steilen-coen@web.de

11779

Lieg

GPS: N 50°08´25" - E 7°20´58"

EZ ab € 34,00
DZ ab € 54,00

Landhaus Sonne ***

Entspannen, Erholen, zur Ruhe kommen, gleich um die Ecke, nur 8 km entfernt von der Mosel, oben auf dem Hunsrück, am Rande von Lieg. Lassen Sie sich bezaubern von der angenehmen Atmosphäre unserer Räume; lassen Sie sich verwöhnen vom gastlichen Ambiente unseres Hauses. Entspannen Sie sich nach einer langen Ausfahrt in unserem Hallenbad oder genießen Sie die wohltuende Wirkung einer Wellnessmassage. Lassen Sie den Tag in unserer gemütlichen Kellerbar oder im schattigen Biergarten ausklingen. Wir freuen uns auf Sie.

In der Lun 11 • 56290 Lieg • Telefon 0 26 72 / 25 13 • Fax 0 26 72 / 9 12 99 29
E-Mail: info@landhaus-sonne.de • www.landhaus-sonne.de

12666

Löf

GPS: N 50°13´47" - E 7°26´27"

EZ ab € 44,00
DZ ab € 72,00

180 · 66 · HP

Das Landhaus Krähennest verfügt über insgesamt 66 gemütliche Hotelzimmer mit 180 Betten, alle Zimmer mit Dusche oder Bad, WC, Telefon, Farbfernsehen und teilweise mit Balkon. Es hat eine ruhige Hanglage mit Blick ins Moseltal und ganztägiger Sonne, Liegewiesen, Moselterrasse und Biergarten im Innenhof. Wir haben mehrere Restaurants sowie eine Hausbar. Neben regionalen, belgischen und französischen Spezialitäten bieten wir Ihnen auch eine umfangreiche Auswahl an Getränken.

Auf der Kräh 2 • 56332 Löf
Telefon 0 26 05 / 80 80 • Fax 0 26 05 / 80 81 80
E-Mail: info@hotel-kraehennest.de
www.landhaus-kraehennest.de

11780

Mehring

GPS: N 49°47´45" - E 6°49´36"

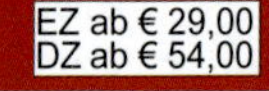

Herzlich willkommen in unserem gepflegten Haus direkt am Ufer der Mosel gelegen. In unserem modernen Haus mit seinen geschmackvoll eingerichteten Räumen verwöhnen wir Sie mit anerkannt guter Küche und erlesenen Weinen aus dem familieneigenen Weingut. Unser Haus bietet Ihnen geräumige, im ländlichen Stil eingerichtete Zimmer mit Dusche und WC, TV, Radio und teilweise Balkon. Erholen Sie sich nach einer schönen Motorradtour an der Mosel in unserer gemütlichen Sauna die für ca. 6 Personen Platz bietet. Anschließend können Sie sich in dem daneben liegenden Aufenthaltsraum entspannen.

Peter Schroeder-Platz 1 • 54346 Mehring • Telefon 0 65 02 / 26 56 • Fax 0 65 02 / 78 83
E-Mail: moseltal@t-online.de • www.hotel-moseltal.de

11758

Nittel-Rehlingen

GPS: N 49°37´27" - E 6°25´56"

EZ ab € 35,00
DZ ab € 56,00

Umrahmt von Weinbergen, an der malerischen Obermosel, liegt unser Haus zentral für viele Ausflüge zum Beispiel nach Trier, Luxemburg, Frankreich und so weiter. Unser Hotel bietet seinen Gästen einen angenehmen Aufenthalt in einer Oase von Ruhe und Erholung. Gerne bereiten wir unseren Gästen Lunchpakete für die Tour am nächsten Tag vor. Ihr Motorrad steht bei uns in einer abschließbaren Garage.

Bergstr. 6 • 54453 Nittel-Rehlingen • Telefon 0 65 83 / 5 67 • Fax 0 65 83 / 15 87
E-Mail: info@moselblick-rehlingen.de • www.moselblick-rehlingen.de

1174

Perl-Hellendorf

GPS: N 49°29´13" - E 6°27´12"

EZ ab € 42,00
DZ ab € 58,00

19 · 10 · HP

Hotel-Restaurant-Biergarten **"Struppshof GmbH"**

Ihr Sympathie-Hotel-Restaurant und Biergarten im Herzen des Leukbachtals Wir bieten unseren Gästen eine feine gutbürgerliche Küche mit frischen und regionalen Zutaten. Täglich wechselnder Mittagstisch, kalte Platten und Kaffee und Kuchen steht jeden Tag bei uns auf dem Programm. Wir sind täglich von 11.00 bis 24.00 Uhr für Sie da. Unsere Gästezimmer sind alle gemütlich und komfortabel eingerichtet und verfügen über Dusche und WC Für Ihr Motorrad stellen wir Ihnen eine abschließbare Garage zur Verfügung Natürlich haben wir auch eine kleine Schrauberecke und einen Trockenraum für nasse Motorradkleidung.

Struppshof 1 • 66706 Perl-Hellendorf • Telefon 0 68 68 / 9 31 40 • Fax 0 68 68 / 9 31 4
E-Mail: Struppshof@t-online.de • www.struppshof.de

117

Pölich
GPS: N 49°47´44" - E 6°50´55"

EZ ab € 35,00
DZ ab € 52,00

Hotel "Pölicher Held"

Herzlich willkommen in unserem gepflegten Hotel mit herrlichem Blick auf die Mosel und Weinlandschaft. In unseren komfortablen Gästezimmern finden Sie Entspannung und Erholung, ebenso auf unserer idyllischen Gartenterrasse. Lassen Sie sich von unserer Küche und mit Weinen aus eigenem Weingut verwöhnen. Unsere Weine können Sie natürlich auch zu Hause genießen, fragen Sie nach unserer Weinpreisliste. Gerne bereiten wir für Ihre Tour ein Lunchpaket vor. Einen Trockenraum halten wir ebenfalls für Sie bereit.

Hauptstr. 5 • 54340 Pölich • Telefon 0 65 07 / 9 36 00 • Fax 0 65 07 / 93 60 11
E-Mail: hotel-poelicherheld@web.de

11747

Trier
GPS: N 49°44´34" - E 6°38´03"

EZ ab € 68,00
DZ ab € 95,00

Hotel-Restaurant "Alte Villa"

Das Hotel ist eine denkmalgeschützte Barockvilla aus dem Jahre 1743, die 1994 mit viel Liebe zum Detail zu einem Hotel umgebaut wurde. Heute ist die Alte Villa ein 3-Sterne-Hotel-Restaurant in dem sich Urlauber genau so wohl fühlen, wie Geschäftsreisende und Tagungsgäste. Zur Ausstattung unserer Zimmer zählen Dusche/WC, Telefon, SAT-TV und Minibar. Ganz exklusiv wohnen Sie in unserer Senior-Suite mit Wintergarten.

Saarstr. 133 • 54290 Trier • Telefon 06 51 / 93 81 20 • Fax 06 51 / 9 38 12 12
E-Mail: info@hotelaltevilla.de • www.hotelaltevilla.de

11708

Trier
GPS: N 49°45´39" - E 6°39´01"

EZ ab € 45,00
DZ ab € 78,00

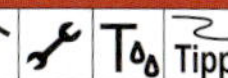

Die individuelle Möblierung und das helle freundliche Ambiente laden zu einem erholsamen Aufenthalt ein. Die 20 Zimmer sind komfortabel ausgestattet mit Dusche, WC, Farbfernseher auf Wunsch und Telefon sowie W-Lan-Verbindung. Parkplätze und Unterstellmöglichkeiten für Motorräder runden das Angebot ab. Im Restaurant und in der hauseigenen Metzgerei des Hotel Pieper finden Sie viele regionale Spezialitäten, die nach altbewährtem Rezept hergestellt werden. So garantieren wir unseren Gästen, dass nur die beste Qualität auf den Tisch kommt. Unser Restaurant hat Donnerstag, Freitag und Samstagabends für Sie geöffnet. Zusätzlich nach Vereinbarung.

Thebäerstr. 39 • 54292 Trier • Telefon 06 51 / 2 30 08 • Fax 06 51 / 1 28 39
E-Mail: info@hotel-pieper-trier.de • www.hotel-pieper-trier.de

12682

Zeltingen-Rachtig
GPS: N 49°57´07" - E 7°00´58"

EZ ab € 35,00
DZ ab € 60,00

Hotel-Restaurant "Ehses"

Wir freuen uns, Sie in unserem Hause begrüßen zu dürfen und sind stets bemüht, Ihnen Ihren Aufenthalt angenehm zu gestalten. In unserem Restaurant verwöhnt Sie unser Chefkoch mit regionalen aber auch überregionalen, frischen und schmackhaften Speisen. Und das in unserer gemütlichen und familiären Atmosphäre. Auch in unseren komfortabel eingerichteten Zimmern werden Sie sich schnell wohl fühlen und können genug Kraft für den nächsten Tag tanken. Da erwartet Sie ein reichhaltiges Frühstücksbuffet. Lunchpakete für die Tour bereiten wir Ihnen natürlich gerne.

Kunibertstr. 18 • 54492 Zeltingen-Rachtig • Telefon 0 65 32 / 25 67 • Fax 0 65 32 / 14 85
E-Mail: info@Hotel-Ehses.de • www.hotel-ehses.de

11750

Münsterland
Durch die Parklandschaft zu Wasserschlössern und Burgen

Flaches Land, einsame Bauernhöfe, stille Städte, knorrige Bewohner – das Münsterland ist sicher kein Anwärter für die Liebe auf den ersten Blick. Die Naturschönheiten und kulturellen Sehenswürdigkeiten dieses Landstriches wollen entdeckt werden. Sie liegen oft versteckt hinter dicken Bäumen oder geschützt durch Gräfte, wie die künstlich angelegten Wassergräben hier heißen. Auch die Bewohner sind eher zurückhaltend. Zu ihnen passt das ruhige, stille Radfahren abseits der Autostraßen. Ist dann aber einmal der Groschen gefallen, kann man sich dem Charme des Münsterlandes nicht mehr entziehen. Der Name der Region im Norden des Bundeslandes Nordrhein-Westfalen kommt von der 1200 Jahre alten Stadt Münster, mit rund 280.000 Einwohnern heute die größte und wichtigste Stadt des Münsterlandes.

Landschaften

Das Münsterland ist geprägt durch seine typische Parklandschaft. Mosaikartig reihen sich in den Ebenen saftige Viehweiden und fruchtbare Ackerflächen aneinander, die von Wallhecken, Alleen und kleinen Wäldern gesäumt werden. Typisch für die Region sind die aus roten Ziegelsteinen mit Fachwerk errichteten **Bauernhöfe**.

Im Norden reicht das Münsterland bis zum Tecklenburger Land. Am Übergang vom zentralen zum westlichen Münsterland erheben sich die Baumberge. Berühmt ist der hellgelbe Baumberger Sandstein, der beim Bau von Kirchen und Burgen verwendet wurde.

Im Westen grenzt das flache Hamaland an die Niederlande. Die ausgedehnten Heideflächen und Sumpfgebiete sind teilweise unter Naturschutz gestellt. Im Vogelschutzgebiet Zwillbrocker Venn bei Vreden haben sich mittlerweile rosafarbene Flamingos angesiedelt, die vermutlich irgendwann aus einem Zoo ausgerissen sind.

Im Süden verändert sich das Landschaftsbild durch die Hügelketten von Haard und Hohe Mark mit ihren ausgedehnten Wäldern entlang der Lippe. Im östlichen Münsterland geht der schwere Lehmboden allmählich in leichteren Sandboden über. Hier wächst im Frühjahr der begehrte Spargel.

Annette von Droste-Hülshoff

Im Jahr 1797 wurde in der malerischen Wasserburg Hülshoff rund zehn Kilometer westlich von Münster die berühmte deutsche Dichter

Annette von Droste-Hülshoff geboren. Hier verbrachte sie ihre Kindheit und Jugendzeit. Später lebte sie vorwiegend im Haus Rüschhaus in Münster-Nienberge. In der Abgeschiedenheit erlebte sie den Wandel der Natur in den vier Jahreszeiten. Ihre Wahrnehmungen und Beobachtungen haben sie zu ihren Erzählungen und Gedichten inspiriert.

Wasserschlösser
Im gesamten Münsterland sind mehr als 150 Wasserschlösser, Burgen, Herrensitze und Gräftenhöfe zu sehen. Beim Bau machte man sich eine natürliche Gegebenheit zunutze: Die Burgen wurden inmitten von Sumpfgebieten erbaut und hatten meistens nur einen Zugang. Später wurden die Burgen und Schlösser durch Gräfte und zusätzliche Wallanlagen gesichert. Manche Bauwerke sind nur von außen zu besichtigen. Andere sind zu festgesetzten Zeiten geöffnet oder können nach Voranmeldung bei Führungen besucht werden.
Das prunkvolle Wasserschloss Nordkirchen wird als „Westfälisches Versailles" bezeichnet. Es wurde vor rund 300 Jahren nach französischem Vorbild auf einer von Gräften umgebenen Insel erbaut. Das Schloss imponiert durch seine gewaltigen Ausmaße und durch seine Symmetrie. Um das Schloss herum ist ein weiträumiger Park angelegt. Teilweise wurde die barocke Gartengestaltung detailgetreu ekonstruiert.
Sehenswert ist auch die im Jahr 1271 errichtete Ringmantelburg Vischering. Ursprünglich wurden die Oberburg und die Vorburg auf zwei von dem Fluss Stever gebildeten Inseln angelegt, ie von einer moorigen Landschaft umgeben ind. Heute sind beide Teile über eine Brücke u erreichen.
Weiterhin einen Besuch wert sind die Schlöser Anholt, Raesfeld, Diepenbrock, Velen, Lemeck, Westerwinkel sowie Haus Hülshoff.

ehenswerte Orte

ünster
igentlich sollte Münster ein Fahrrad im Stadtappen führen. In der Kreisstadt herrscht nämh Deutschlands höchste Fahrraddichte, rund) Prozent des städtischen Verkehrs werden Fahrradsattel abgewickelt. Die Stadt besitzt ne ganze Reihe wunderschöner historischer Bauten, die alle mehr oder weniger entlang der Fußgängerzone stehen und so gut zugänglich sind. Eine Bummel zu Fuß durch Münsters Kern ist daher ein absolutes Muss.

Borken
Die an der Bocholter Aa gelegene Kreisstadt wurde im 2. Weltkrieg leider zu 80 Prozent zerstört und verfügt über nicht mehr allzu viel historische Bausubstanz. Dennoch lohnt sich ein Besuch. Es gibt ein schönes Schloss, ein Rathaus und ein Kloster.

Dülmen
Die Pferdestadt wurde im Jahr 899 erstmals urkundlich erwähnt. 1311 erhielt sie die Stadtrechte, danach herrschten 300 Jahre lang Wohlstand und Friede. Im 2. Weltkrieg stark zerstört, wurde Dülmen wieder aufgebaut und erstrahlt heute in altem Glanz.

Ahlen
Das ehemals abgelegene Bauerndorf im südlichen Münsterland entwickelte sich nach dem Bau der Bahnlinie Köln-Minden-Berlin im Jahr 1847 schnell zu einer modernen Stadt. Nordöstlich von Ahlen steht Haus Vorheim. Das schlichte Herrenhaus ist im Besitz des Grafen Droste zu Vischering und stammt aus dem 17. Jahrhundert. Die Anlage steht auf zwei von Gräften umspülten Inseln.

Warendorf
Wer nach Warendorf kommt, sollte es auf keinen Fall versäumen, eine Runde über den historischen Markplatz zu schlendern. Der zählt nämlich zu den besterhaltenen im ganzen Münsterland. Glücklicherweise blieb er von alliierten Bomben und deutscher Sanierungswut verschont.

Schlossführung

Ganz drüben im Westen des Münsterlandes gelegen, gilt die Region um die Kreishauptstadt Borken als ein wenig rückständig. Und das will im ohnehin nicht vom Fortschritt überrollten Münsterland etwas heißen. Industrie und Gewerbe halten sich in Grenzregionen naturgemäß zurück, der klassische Schlösser-Tourismus spielt sich weiter östlich ab. Was bleibt sind Städte, Dörfer und Adelssitze, in denen das ganz normale Leben gelebt wird. Ein einfaches Leben, das für den Besucher aber den Vorteil hat, dass es ihm unverfälscht gegenübertritt. Hier fallen sonntags keine Touristenbusse ein, hier managt der Baron sein Schlosshotel noch selbst, hier fährt die Gräfin die Gülle auf die Felder.
Motorradfahrerisch liegt der Reiz dieser Gegend in ihren vielen kleinen Straßen. Oft mit Kurven versehen, mitunter ziemlich holperig. Der Clou: Immer wieder sind sie dermaßen mit Grünzeug be- und überwachsen, dass man sich darin vorkommt wie in einem grünen Tunnel. Die 165 Kilometer lange Tagestour ist also beides: Eine Herausforderung fürs Auge und für den Gasgriff. Den exotischen Akzent setzt ein Abstecher hinüber nach Holland, wo eine Art Puppenstube auf uns wartet.
Einen passenderen Ausgangspunkt für die Tour als Schloss Velen gibt es nicht. Denn nirgendwo anders im Münsterland wird deutlicher, wie schwierig es ist, altes Kulturgut am Leben zu erhalten. Die Anlage stammt ursprünglich aus dem 13. Jahrhundert, wurde im Laufe der Epochen immer wieder umgebaut, zerstört und wieder aufgebaut und gehört seit 1765 dem adligen Geschlecht derer von Landsberg-Velen. In den vergangenen Jahrzehnten diente das Schloss unter anderem als Altersheim und Bundeszollschule, heute beherbergt es ein komfortables Sporthotel.
Sein Besitzer, Baron von Landsberg-Velen, stand nach dem 2. Weltkrieg vor der Aufgabe, die immensen laufenden Kosten einer mittelalterlichen Schlossanlage aus eigener Tasche finanzieren zu müssen. Leibeigenschaft und Zehnt-Steuer gab es leider nicht mehr, die Verpachtung der umliegenden Wälder und Felder brachte kaum etwas ein. So musste das Schloss selbst als Geldquelle herhalten. Mit dem Umbau zum Sporthotel vor rund 15 Jahren hatte der Baron einen guten Riecher. Das Geschäft läuft, die Gäste sind zufrieden.
Der Name Velen deutet auf den Waldreichtum des Gebietes hin. Deshalb ist ein Spaziergang durch den wunderschönen Schlosspark Pflicht. Das Bike parkt entweder auf dem Hotelparkplatz oder auf dem der Orangerie, die die Bevölkerung wegen ihrer beiden Stockwerke die »Zitronenburg« nennt. Dann schlendert man gemächlich zwischen hohen Eichen

Schloss Raesfeld

hindurch, füttert die im Wassergraben schwimmenden Enten oder setzt sich zum Frühstück auf die Stühle des Gartencafés.

Wir verlassen Velen in Richtung Reken. Die breite Straße mit ihren lang gezogenen Bögen kommt der morgendlichen Trägheit entgegen. Voller Bauch studiert ja bekanntlich nicht gern und fährt auch nicht gern Kurven. Am Kreisverkehr von Reken geradeaus weiter in Richtung Dorsten. Die paar Kilometer bis zum Abzweig Klein Reken sind flott zurückgelegt. Jetzt wird es interessant: Eng, holperig und kurvenreich huscht das Sträßchen durch Wald und Wiesen. Es unterquert die Bahntrasse und biegt in Klein Reken rechts nach Sythen ab. Wieder Kurven, wieder Bäume und Felder. Die Radien werden enger.

Am nächsten Abzweig geradeaus der Beschilderung Lippramsdorf folgen. Alle Sensoren auf Empfang, denn nun folgt der erste der berühmten grünen Tunnels dieser Runde. Und gleichzeitig wohl auch der schönste. Rund sechs Kilometer lang dauert die Fahrt unter dem grünen Dach. Sechs Kilometer voller Emotionen. Regenwald, Dschungel, ein anderer Kontinent. Man fühlt sich so weit weg von Deutschland.

Hinter Wulfen wartet das Schild zum Schloss Lembeck. Und gleich wirft sich der nächste Tunnel vor das Vorderrad. Nicht ganz so dicht wie der erste, aber ganz ansehnlich. Der Asphalt ist schmal und unruhig, das Tempolimit 50 jedoch stark übertrieben. 70 Sachen verträgt die Strecke locker. Man muss nur aufpassen, falls sich ein Trecker etwas zu breit macht.

Die Einfahrt nach Schloss Lembeck biegt links ab. Ein geräumiger Parkplatz, daneben ein nettes Café (Dienstag Ruhetag). Ein schönes Plätzchen, um sich Schloss Lembeck in Ruhe anzusehen. Merkmal der von ausgedehnten Gräften, den Wassergräben, umgebenen Anlage ist die so genannte durchdringende Achse. Schon weit vor der Anlage beginnt eine Allee, durchstößt die Vorburg, überquert den Schlosshof, unterquert die Hauptburg, setzt sich dahinter in einem heute nicht mehr bestehenden Park fort und verliert sich schließlich in den herrschaftlichen Wäldern. Der Reiz dieser Architektur liegt darin, dass sie dem Auge eine immense Weitläufigkeit vorspiegelt. Gerade das flache Münsterland eignete sich hervorragend dafür. Pate standen französische Barockschlösser.

Wer den kleinen Eintritt bezahlt und Schloss Lembeck zu Fuß erkundet, hat gute Chancen, den blaublütigen Eigentümern zu begegnen. Diese bewirtschaften ihren Besitz wie ein ganz normales landwirtschaftliches Gut. Und genauso normal verhalten sie sich: Der Graf von Merveldt mäht die Wiese, seine Frau donnert am Steuer eines Traktors mit Güllewagen im Schlepp über die Zugbrücke. Wie im richtigen Leben.

Im Ort Lembeck ist nach links Rhade ausgeschildert. Ein schmales, ordentlich asphaltiertes Sträßchen führt dorthin. Wie die meisten seiner Pendants hier im münsterländischen Westen ist es von Alleenbäumen gesäumt. Meist Eichen und Buchen, selten Birken. Vor Erle nehmen wir für einen Moment die B 224 nach Raesfeld. Dort am Kreisverkehr weiter Richtung Heiden. Oder eine Stippvisite zum Schloss? Egal – so oder so landen wir auf griffigem und übersichtlichem Asphalt, der dem Ort Heiden entgegenschwingt. Hamaland nennt sich die Region. Der Name ist alt und geht auf das Mittelalter zurück. Die Sachsen nannten damals so ihren an der Grenze zu den Niederlanden gelegenen Gau. In jüngster Zeit entdeckten Fremdenverkehrsleute das Hamaland und verpassten ihm eine Touristikstraße, die allerdings nur bruchstückhaft ausgeschildert ist.

Nach abwechselnd langsamen und schnellen Passagen visiert die Route den Kern von Borken an. Auf einer Brücke geht es über den Stadtbach, wo ein hübscher Blick nach rechts zum mittelalterlichen Torturm wartet. Dann taucht auch schon die Fußgängerzone mit davor liegendem Parkplatz auf. 50 Meter zu Fuß, und man steht vor dem Rathaus der auf einen sächsischen Haupthof zurückgehenden Kreisstadt. Anlaufstelle Nummer zwei in Borken ist Schloss Gemen. Wie bei den meisten münsterländer Burgen haben auch am Wasserschloss von Gemen diverse Stilepochen ihre Spuren hinterlassen. Eng drängen sich seine Mauern auf der Insel der Hauptburg zusammen und verdeutlichen den eher militärischen Charakter der Anlage. Eine gute Verteidigung war seinerzeit auch nötig, da den Schlossherren immer wieder neidische Adelskollegen und Bischöfe auf den Pelz rückten.

Die B 67 führt uns in Richtung Rhede/Bocholt aus der Stadt hinaus, bis ein Wegweiser mit der Aufschrift Vardingholt eine zügige Landetap-

Schloss Veelen

pe einleitet. Gute Übersicht, wechselnde Kurvenradien, griffiger Belag, kaum Verkehr, jede Menge Fahrspaß. Steht der Mais hoch, ist an den Einmündungen zu den Bauernhöfen etwas Vorsicht geboten. Man weiß ja nie.

In Barlo ist das holländische Städtchen Winterswijk beschildert. Eine kurze, kurvenreiche Passage folgt, dann empfängt uns der EU-Partner. Wie abgeschnitten die Straße. Von einem Meter auf den anderen verengt sie sich und wird so rau wie ein Kiesbett. Unmittelbar nach dem Grenzschild zweigt links ein asphaltierter Waldweg ab. Das Schild ist nur von der anderen Seite aus zu lesen. Macht nichts. Wir setzen den Blinker und rollen von nun an auf der »Slinge Route«, wie die Hamaland-Straße auf Holländisch heißt. Dichter Laubwald umgibt uns. Sonnenstrahlen tanzen auf dem groben Asphalt hin und her und malen verwirrende Licht- und Schattenspiele in die Landschaft. Der Welt völlig entrückt, rollen wir durch ein Naturidyll, das direkt einer Märklin-Modelleisenbahn zu entstammen scheint. So etwas wäre in Deutschland durch die bekannten runden Verbotsschilder doppelt und dreifach vor dem Zugriff des automobilen Bürgers geschützt. Andere Länder, andere Sitten. Gott sei Dank.

Der Slinge-Route folgend, erreichen wir Aalten. Einen Ort mit rotem Straßenpflaster und Märklin-Häusern. Dort biegen wir auf die N 318 ein und dürfen das Motorrad auf 80 Stundenkilometer beschleunigen. Für holländische Verhältnisse ist das schnell. Aufgelockerte Alleenbäume fliegen vorüber. Parallel zur Nationalstraße verläuft ein Radweg. Ebenfalls zweispurig und ebenfalls mit Kreuzungen, Richtungs- und Abbiegepfeilen ausgestattet. Der Stellenwert der »Fietsen« ist unverkennbar hoch.

Die Wegweiser nach Vreden führen uns um Winterswijk herum auf eine – na was wohl? – Allee. Genau. Zehn Kilometer lang und schmaler als schmal. Schon ohne die obligatorischen Radwege links und rechts quetschen sich zwei Autos gerade so aneinander vorbei. Addiert sich ein Radler dazu, benötigen alle Teilnehmer eiserne Nerven und Geduld. Lohn der Anstrengung ist ein unvergleichliches Naturerlebnis, wie man es sonst wohl nirgendwo findet.

In Vreden hat uns der verkehrstechnische Alltag wieder. Wir steuern in die Stadt hinein au die Fußgängerzone zu, umfahren diese rechte Hand und gelangen in eine verkehrsberuhigte Zone.

Über Stadtlohn und seine Töpfereien erreich die Route auf schnellen, unspektakulären Landstraßen die Glockengießerstadt Gesche Die Hauptausfallstraße aus Gescher hinau bringt uns direkt zum bekanntesten Motorrad treff im Münsterland: zum Route 67. Das groß helle Gebäude steht direkt an der Kreuzung de beiden Straßen nach Velen und Reken. Täglic geöffnet, ist das Route 67 quasi das Mekka de Biker aus der nahen und fernen Umgebung Sind während der Woche die münsterlände Kennzeichen meist unter sich, beherrschen ar Wochenende die Tafeln aus dem Ruhrgebi den Parkplatz. Von der großen Aussichtsterras se hat man einen perfekten Blick auf Techn und Verkehrsgeschehen und sieht entspan dem Ende der Tour entgegen.

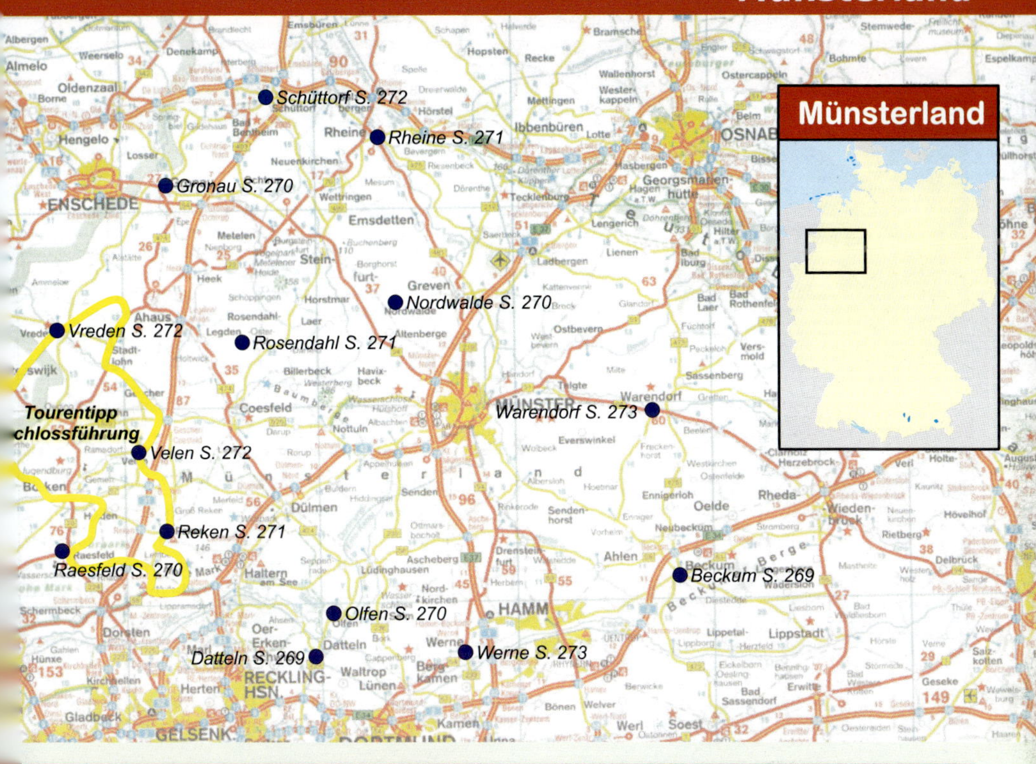

Beckum-Höxberg
GPS: N 51°44´01" - E 8°03´24"

Hotel-Restaurant "Zur Windmühle"

Sie durchleben Momente reichen Genusses und die köstliche Gesamtkomposition von gutem Essen und Trinken in stimmiger Atmosphäre. Verwirklichen Sie Ihr persönliches Genusserlebnis: Erfahren Sie individuelle Gastlichkeit und den unverwechselbaren Charakter unserer gastronomischen Leistungen. In den freundlichen und bequemen Gästezimmern unseres Hotels können Sie entspannt übernachten.

Unterberg 2-33 • 59269 Beckum • Telefon 0 25 21 / 8 60 30 • Fax 0 25 21 / 86 03 13
E-Mail: info@nettebrock.de • www.zur-windmuehle.de

11776

Datteln
GPS: N 51°39´58" - E 7°20´47"

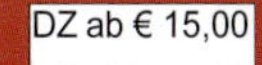

Erholungspark Wehlingsheide****

Wunderschön gelegen am Rande der Haard. Der ideale Ausgangsort für kleine und große Touren durch die wunderbaren Parklandschaften des Münsterlandes.

Unser mit vier Sternen ausgezeichneter Platz bietet Stellplätze für Campingfahrzeuge und Zelte mit Strom- und Wasserversorgung sowie komplett ausgestattete Bungalows und Wohnwagen zur Miete, moderne gepflegte Sanitäreinrichtungen mit Duschen, Waschmaschinen und Trockner, sowie eine Gaststätte mit großem Biergarten.

Schorfheide 3 · 45711 Datteln · Tel.: 02363 34503 · Fax: 02363 34592 · E-Mail: info@wehlingsheide.de · www.wehlingsheide.de

11724

Gronau/Westfalen
GPS: N 52°10´53" - E 7°02´40"

EZ ab € 35,00
DZ ab € 60,00
24 12 HP

Hotel-Restaurant-Café "Kastanienhof"

Seit über 100 Jahren begegnet uns hier im Kastanienhof gutbürgerliche Gastlichkeit. Das Restaurant ist bekannt für internationale und regionale Spezialitäten aus dem Münsterland. Das Hotel bietet Übernachtungsmöglichkeiten in 20 Betten, alle Zimmer sind mit Dusche und WC ausgestattet. Feine à la Minute Tageskarte gehört zum täglichen Angebot des Restaurants. Dazu bieten wir eine täglich wechselnde, aktuelle Karte mit Angeboten der Saison, die Sie ohne Zeitverzögerung auf den Tisch bekommen. Genießen Sie die schönen Tage des Jahres in unserem großen Biergarten. Außerdem bietet unser Haus auch eine Kegelbahn. Für Ausflüge schlagen wir das interessante Rock- und Pop-Museum in ca. 5km Entfernung vor.

Steinfurter Str. 23 • 48599 Gronau/Epe • Telefon 0 25 65 / 15 73
Fax 0 25 65 / 9 71 57 • www.kastanienhof-welmes.de

11693

Nordwalde
GPS: N 52°04´43" - E 7°27´40"

EZ ab € 40,00
DZ ab € 65,00
30 14 HP

Parkhotel Nuyken

Unsere Küche des Hauses ist bekannt für bodenständige Gerichte und saisonale Köstlichkeiten. Den Hotelgast erwarten behagliche Atmosphäre und gediegener Komfort. Unser Haus ist stets geöffnet, es bietet 31 Betten in 14 Zimmern , alle mit Bad und WC sowie Telefon und TV - Anschluss. Eine Garage zum Unterstellen der Motorräder ist selbstverständlich vorhanden. Gerne veranstalten wir auch geführte Touren mit unseren Gästen.

Bahnhofstr. 121 • 48356 Nordwalde • Telefon 0 25 73 / 9 38 43 • Fax 0 25 73 / 93 84 46
E-Mail: parkhotel-nuyken@t-online.de • www.parkhotel-nuyken.com

11695

Olfen
GPS: N 51°42´30" - E 7°23´28"

EZ ab € 45,00
DZ ab € 80,00
20 10 HP

★★★ Hotel-Restaurant "Zum Steverstrand"

Willkommen im Hotel-Restaurant "Zum Steverstrand" mitten im Münsterland. Unser Restaurant ist ein Treffpunkt für Feinschmecker. Frische Produkte und ein immer aktuelles Jahreszeitenangebot laden zum Verweilen in gemütlicher Atmosphäre ein. Eine rustikale Bierstube steht Ihnen ebenso zur Verfügung wie eine vollautomatische Kegelbahn. Unsere Zimmer bieten einen sehr modernen Standard. Eingerichtet mit Farb-TV, Telefon, Minibar, Dusche/WC und Balkon bieten sie optimale Voraussetzungen um sich zu erholen. Morgens erwartet Sie ein reichhaltiges Frühstücksbuffet mit allem was das Herz begehrt. Ihr Motorrad steht bei uns übrigens in einer abschließbaren Garage. Wir freuen uns auf Ihren Besuch!

Lüdinghauser Str. 31 • 59399 Olfen • Telefon 0 25 95 / 30 77 • Fax 0 25 95 / 30 70
E-Mail:info@steverstrand.de • www.steverstrand.de

1172

Raesfeld
GPS: N 51°44´48" - E 6°51´54"

EZ ab € 35,00
DZ ab € 66,00
13 7 HP Tipp

Haus "Brömmel-Wilms"

Gutbürgerlich und gastlich geht es bei uns zu, am Tresen finden Sie ein freundliches Wort und Ihr gemütliches Zimmer lädt zur erholsamen Nacht ein. Viele sehenswerte Freizeitziele rund um Erle laden Sie ein, den Tag in unserem Gasthof mit einem guten Essen zu beginnen und ihn bei einem frisch gezapften Bier ausklingen zu lassen. Oder Sie verweilen einfach auf unserer Terrasse mit Blick auf den ländlichen Dorfkern.

Schermbecker Str. 20 • 46348 Raesfeld-Erle • Telefon 0 28 65 / 82 35 • Fax 0 28 65 / 2 6
E-Mail: info@broemmel-wilms.de • www.broemmel-wilms.de

117

Reken - Groß Reken
GPS: N 51°49´42" - E 7°03´46"

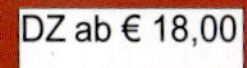
DZ ab € 18,00

Camping-Park "Groß-Reken"

Der Campingplatz verfügt über eine eigene Gastronomie und einen Kiosk sowie über zwei großzügig ausgestattete Sanitärgebäude mit Toiletten, Duschen, Waschkabinen und Ausgüssen für die Entleerung der chemischen WC's. Es gibt auch rollstuhlfahrergeeignete Sanitäranlagen. Auch stehen auf dem Platz Waschmaschinen und Trockner zur Verfügung. Der staatlich anerkannte Erholungsort Reken bietet ein reichhaltiges Freizeitangebot.

Berge 4 • 48734 Reken • Telefon 0 28 64 / 44 94 • Fax 0 28 64 / 15 24
E-Mail: rosischomberg@aol.com • www.campingnrw.de

11726

Rheine
GPS: N 52°12´43" - E 7°27´54"

EZ ab € 70,00
DZ ab € 90,00

Golfhotel "Rheine-Mesum"

Eingebettet in eine der schönsten münsterländischen Parklandschaften, inmitten sanfter Hügel befindet sich das Golfhotel Rheine-Mesum. Für Übernachtungsgäste stehen 2 Einzelzimmer und 6 Doppelzimmer zur Verfügung, alle geschmackvoll eingerichtet und komfortabel ausgestattet. Genießen Sie das stilvolle Ambiente und die hervorragende Küche unseres Hotel-Restaurants, die im Bistro durch deftige Kost, kleine Gerichte und hausgebackenen Kuchen ergänzt wird.

Wörstr. 201 • 48432 Rheine • Telefon 0 59 75 / 91 95 60 • Fax 0 59 75 / 9 17 57 15
E-Mail: info@golfhotel-rheine.de • www.golfhotel-rheine.de

11687

Rosendahl
GPS: N 52°00´21" - E 7°07´52"

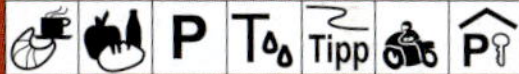

Böckelmann´s Restaurant

Sie finden bei uns eine gemütliche Umgebung mit freundlichem Ambiente in einer modernen Gastfreundschaft und auch besonders motorradfreundlich. Wir bieten Ihnen gutbürgerliche, regionale und internationale Küche sowie Kaffee, Kuchen und Eisspezialitäten. Fragen Sie auch nach unseren speziellen Bikerangeboten. Täglich sind wir ab 16 Uhr für Sie da oder nach Absprache. Gerne vermitteln wir Ihnen auch schöne Übernachtungsmöglichkeiten. Sonn- und feiertags ganztägig geöffnet!

Brückenstr. 6 • 48720 Rosendahl • Telefon 0 25 66 / 30 10 • Fax 0 25 66 / 30 11
E-Mail: info@boeckelmanns.de • www.boeckelmanns.de

11696

von Böckelmann´s Restaurant in Rosendahl

Kleine Schlössertour - Motorradparkplatz links, Richtung Osterwick, nach 4 Km Kreisverkehr, links abbiegen.Nach 7,1 Km rechts abbiegen, Richtung Coe. Bei Km 8,7 rechts abbiegen, Richtung Schloss Valar. Bei Km 9,7 Schloss Valar, weiter auf der Straße bei Km 10,9 links abbiegen in Richtung Coesfeld. Nächste Querverbindung, bei Km 13,5 links abbiegen.Nach Km 16,7 an der Ampel auf die Umgehungsstaße fahren und an der dritten Ampel, links in die Rekener Straße. Hier befindet sich bei Km 19,5 eine Q 1 Tankstelle und am Ende der Straße ein BMW Motorradhändler. Dort angelangt, biegen sie an der Ampel, bei Km 20 links, in Richtung Münster ab. Bei Km 26,7 Links einodnen und in Richtung Kloster Gerleve abbiegen, das Kloster liegt nach ca. einem km auf der rechten Seite.Nach 28 km biegen Sie nach rechts und an dem nächsten Stoppschild nach links, in Richtung Billerbeck ab. Sie fahren gerade aus, bis zum Kreisverkehr und biegen im Kreisverkehr nach links, in Richtung Steinfurt ab, dort befindet sich unmittelbar am Kreisverkehr eine Westfalentankstelle.Auf der Straße aus dem Ort, liegt nach 34,7 Km ein Honda-Motorradhändler. Weiter fahren Sie in Richtung Darfeld, im Ort angekommen, befindet sich auf der linken Seite eine Tankstelle, kurz danach, bei Km 39,5 biegen Sie links in Richtung Osterwick ab.Am Ortsausgang befindet sich das Schloss Darfeld, dann fahren Sie an der nächsten Kreuzung nach links und biegen bei Km 42,6 nach rechts ab.Im Kreisverkehr fahren Sie rechts raus, in Richtung Schöppingen und halten sich nach 47,4 Km Richtung Legden. Sie biegen zweimal links ab und fahren im ersten Kreisverkehr, nach links im zweiten Kreisverkehr gerade aus, und biegen im dritten Kreisverkehr in Richtung Holtwick, nach rechts ab. Bei Km 61,8 sind sie wieder an unserem Motorradparkplatz angelangt und eine leckere Tasse Kaffee wartet auf Sie.

11696

Schüttorf

GPS: N 52°19´10" - E 7°13´28"

EZ ab € 40,00
DZ ab € 75,00

26 14 HP Tipp

Hotel-Restaurant "Burg Altena"

Das Hotel Burg Altena ist die Adresse um in Schüttorf komfortabel zu übernachten und gut zu speisen. Genießen Sie in unserem Restaurant die heimische und internationale Küche. Ob Fleisch, Fisch, selbstgemachte Nudelspezialitäten oder vegetarische Gaumenfreuden. In ungezwungener Atmosphäre genießen Sie mit Freunden oder Geschäftspartnern ein frisch gezapftes Pils oder eine kleine Köstlichkeit a' la carte. In unserem Hotel stehen Ihnen 14 Zimmer zur Verfügung. Die Einrichtung der Zimmer ist sowohl elegant als auch etwas rustikal. Die Zimmer sind mit Dusche/WC, SAT-TV ausgestattet und tragen zur Ihrer Behaglichkeit und Erholung bei.

Burg Altena Platz 2 • 48465 Schüttorf • Telefon 0 59 23 / 9 51 95 • Fax 0 59 23 / 9 51 97
E-Mail: info@hotel-burg-altena.de • www.hotel-burg-altena.de

11694

Velen

GPS: N 51°33´30" - E 6°59´16"

EZ ab € 39,50
DZ ab € 69,00

37 20 HP

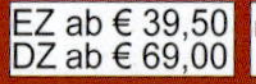

Zum Tiergarten

HOTEL · RESTAURANT

- Biergarten
- Motorrad-Garage
- Gruppenangebote
- Waschecke

Erholen Sie sich - und lassen Sie sich von uns verwöhnen! Unser Haus verfügt über 17 Doppel- und 3 Einzelzimmer, alle ausgestattet mit DU/WC, Telefon und Sat TV. Zur Übernachtung gehört ein reichhaltiges Frühstück vom Buffet das keine Wünsche offen lässt.

In unserem Restaurant kocht der Chef noch selbst. Regionale und internationale Spezialitäten - ein lukullischer Genuss.

11768

Rekener Str. 48 · 46342 Velen · Tel. 0 28 63 / 92 99 0
www.tiergartenhotel.de · tiergarten@t-online.de

Vreden Zwillbrock

GPS: N 52°03´14" - E 6°41´26"

EZ ab € 35,00
DZ ab € 60,00

61 32 HP Tipp

Ob als Ausgangspunkt für Tagestouren oder als Zwischenstopp bei einer Rundtour – hier sind Biker willkommen! Freuen Sie sich auf eine schnörkellose und ehrliche Gastfreundschaft. Auf Sie warten komfortabel eingerichtete 3-Sterne-Zimmer mit Dusche/WC, Durchwahltelefon, Satelliten-TV und Fön. In der Rezeption steht Ihnen ein kostenloser Internetzugang zur Verfügung! Unsere Küche verwöhnt Sie mit einem umfangreichen à la carte – Angebot, ergänzt durch saisonal wechselnde Spezialitäten aus der Region. Bei schönem Wetter lädt der Biergarten zum Verweilen ein. In der kühleren Jahreszeit wärmen Sie sich bei Kaffee und hausgebackenem Kuchen vor dem Herdfeuer unserer urigen Kneipe. Wir freuen uns auf Sie!

Zwillbrock 8 • 48691 Vreden • Telefon 0 25 64 / 91 20 • Fax 0 25 64 / 91 23 01
E-Mail: info@kloppendiek.de • www.kloppendiek.de

116

NEU: Bewertungen der Häuser finden Sie auf www.bikerbetten.d

Warendorf
GPS: N 51°57´46" - E 7°53´22"

EZ ab € 37,50
DZ ab € 67,00

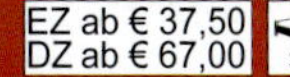

Hotel "Haus Birkeneck"

Unsere 17 individuellen Zimmer sind mit Dusche/WC, Telefon und Sat-TV ausgestattet. Unser gemütliches Restaurant bietet Platz für alle Anlässe. Die Küche bietet Speisen aus der Region mit Pfiff, aber auch Gutes aus aller Welt gekonnt zubereitet. Der Keller hat so manch' guten Tropfen von Winzern aus Nah und Fern, die zum Teil Demeter Qualität besitzen. Doch die meisten trinken Bier, darum sind wir hier!

Birkenweg 2 • 48231 Warendorf
Telefon 0 25 82 / 10 20 • Fax 0 25 82 / 57 88 • www.hotel-birkeneck.de

11729

Werne
GPS: N 51°39´55"0 - E 7°38´13"

EZ ab € 47,00
DZ ab € 70,00

Dank der zentralen Lage ist das Kolpinghaus Werne der ideale Ausgangspunkt für ausgiebige Bikertouren.

Ob der Möhnesee, das Schloss Nordkirchen, oder das Bergbaumuseum in Bochum.

Kolpinghaus Werne

Von unserem Hause aus erreichen sie bequem und in kürzester Zeit die interessantesten Sehenswürdigkeiten im Münsterland, Sauerland sowie dem Ruhrgebiet.

Am Abend verwöhnen wir Sie gerne mit liebevoll zubereiteter hausmännischer Kost. Als Gast in unserem Hotel dürfen Sie sich auf einen abwechslungsreichen Aufenthalt freuen.

KOLPING

Alte Münsterstraße 12, D-59368 Werne, Tel.: 02389 98 50 - 0
Web: www.kolpinghaus-werne.de, E-Mail: info@kolpinghaus-werne.de

Niederbayern
Motorradfahren in der "Toskana Bayerns"

Niederbayern ist dort, wo der Herrgott Urlaub macht. Das sagen zumindest die Einwohner Niederbayerns. Ganz Unrecht haben sie mit dieser kühnen Behauptung nicht. Denn der sanfte Charme dieses Landstrichs übt einen außerordentlich beruhigenden Einfluss auf den Besucher aus. Hohe Berge, spektakuläre Aussichten, schroffe Felsen, raue Pässe? Fehlanzeige. Niederbayern lockt mit beschaulichen Hügellandschaften und wird nicht zuletzt deswegen gerne als die „Toskana Bayerns" bezeichnet.

Die Region erstreckt sich im fruchtbaren Voralpenland zwischen der Donau im Norden und dem Inn im Süden. Irgendwo dazwischen liegt in den Tälern des Flusses Rott das Bäderdreieck mit den Kurorten Bad Griesbach, Bad Birnbach und Bad Füssing. Die Herzogsstadt Straubing, die Dreiflüssestadt Passau und die niederbayerische Hauptstadt Landshut bilden die historischen Eckpfeiler Niederbayerns.

Eisige Gletscher, heiße Quellen

Niederbayern ist ein Landstrich mit viel alter Kultur und wertvollem Bauernland, geformt von Wasser und Eis. Riesige Gletscher und reißende Ströme schliffen hier einst Täler und modellierten sanfte Hügel. Was im Inneren der Erde geblieben ist, sind die heißen Quellen, die heute zum Wohl der Gäste in Bad Birnbach, Bad Füssing und Bad Griesbach sprudeln.

Die weitläufige, sanfte Hügellandschaft gefällt mit ihren schattigen Hopfengärten, großzügigen Gemüse- und Getreidefelder. All das wird durchzogen von den breiten Flusstälern und grünen Flussauen von Donau, Isar, Vils, Inn, Laaber und Rott.

Die alte Kulturlandschaft ist nach wie vor dörflich geprägt: Eingebettet zwischen Hügeln, Wäldern und Feldern liegen Weiler, Dörfer, reizvolle Marktflecken und idyllische Städte. Hinter den Mauern von Geiselhöring, Plattling, Osterhofen, Dingolfing, Landau, Vilsbiburg, Eggenfelden, Pfarrkirchen, Vilshofen a.d. Donau, Simbach am Inn und Pocking verbirgt sich quirliges Leben, liebenswürdige bayerische Lebensart, unverfälschte Kultur und Tradition.

Europareservat Unterer Inn

Wer dem Geheimnis des interkontinentalen Vogelzuges näher kommen will, sollte das Europareservat Unterer Inn als Urlaubsziel wählen. Hier konnte sich einer der artenreichsten Lebensräume für Wasservögel, aber auch für die seltene Äskulapnatter und den Biber entwickeln. Wenn im Frühjahr und Herbst Zehntausende von Wasservögeln sich auf die unendliche Reise machen, legen sie nach einem 1.000 Kilometer langen Nonstopp-Flug im Europareservat Unterer Inn eine erste Pause ein. Gezählt werden dann an die 300 Vogel- und 800 Schmetterlingsarten. Naturfreunde, Wanderer, Radfahrer und Angler finden hier ein Eldorado beinahe wie in einer kanadischen oder skandinavischen Seenlandschaft.

Wanderparadies Rott-, Vils- und Inntal

Die Rott- und Inntaler Spaziergänge geben in der Ferienregion Rottal-Inn ein interessantes Programm ab. Sie locken mit tollen Natur- und Kräuterführungen sowie Wanderungen durch mystische Felslabyrinthe, führen zur artenreichsten Baum- und Strauchsammlung Bayerns – dem botanischen Wunderland im Arboretum Reiffenstuel –, zu vielen der insgesamt 69 Naturdenkmäler und zu den bekanntesten Beispielen des „Quarzkonglomerats“, wie etwa zum Krokodilfelsen bei Asenham. Auch der 20 Hektar große Schlosspark Schönau ist einen Besuch wert: Mit seinem ausgeprägten Geländerelief und prächtigen Baumbestand ist er einzigartig in Niederbayern und daher auch Landschaftsschutzgebiet.

Eindrucksvolle archäologische Funde gibt es im mittleren Vilstal im Landkreis Dingolfing-Landau zu entdecken. Für den Naturliebhaber bietet sich z. B. ein geführter Spaziergang im Naturschutzgebiet Vilstalsee an. Das abwechslungsreiche Mosaik blütenreicher Vilswiesen, Gehölze und Gewässer gibt dem Gebiet einen parkartigen Charakter. Schwalben fliegen über die Wiesen, aus dem Schilf des Seeufers schmettert von früh bis spät der Ruf des Rohrsängers.

Der Bockerlbahn-Radweg verläuft auf einer ehemaligen Bahntrasse und verbindet das Isar-, Vils- und Kollbachtal miteinander. Auf 48 Kilometern geht es vorbei an geschichtsträchtigen Bauwerken, zahlreichen Biotopen, gemütlichen Biergärten, einem Obstlehrpfad und einem Wildbienenhotel. Auch der Radweg der versunkenen Schlösser führt durch die sanft geschwungene Hügellandschaft und bietet vielfältigste Ein- und Ausblicke.

Uralte Hochkulturen

An Isar, Vils und Laaber kam die Kultur in Fluss: Vor fast 8.000 Jahren wanderten die ersten Bauern nach Niederbayern ein. Im Schlepptau hatten sie Rinder, Ziegen und Schweine, im Gepäck Saatgut uralter Kornarten. Sie rodeten die Urwälder und verwandelten die fruchtbaren Fluren in einen Garten Eden. Das war der Beginn dieser abwechslungsreichen Kulturlandschaft.

Auf den fruchtbaren Böden erblühten Hochkulturen: Um 4800 vor Christus, also 2.000 Jahre vor dem Pharaonenreich in Ägypten, errichteten Jungsteinzeit-Astronomen aus Holz gebaute Sonnentempel, so genannte „Kalenderbauten“. Heute kommen Archäologiefreunde aus ganz Deutschland zum Erlebnisurlaub in den Landkreis Landshut, um zu sehen, wie Archäologen aus oft winzigen Mosaiksteinen ein farbiges Bild der gar nicht grauen Vorzeit gewinnen. Der vielleicht schönste Fund ist in einem der Museen zu besichtigen: ein Goldschatz der Kelten, rund 400 Goldmünzen, so genannte „Regenbogenschüsselchen“. Es heißt, dort, wo der Regenbogen die Erde berührt, steht ein Sack voller Gold.

Hopfen und Malz

Charakteristisch für den Landkreis Landshut ist der reizvolle Wechsel von Wiesen, Feldern, Wäldern und – im Norden – Hopfengärten. Die Mitte bildet ein grünes Auwald- und Wiesenband entlang der silbern glänzenden Isar. Radwege säumen Isar, Laaber und Vils. Im Westen liegt die Vogelfreistätte Mittlere Isarstauseen, im Osten das Moor- und Wiesenbrüter-Schutzgebiet Mettenbacher/Grießenbacher Moos. Beide zählen zu den wertvollsten Vogelschutzgebieten Bayerns. Selten gewordene Tiere und Pflanzen finden hier unersetzliche Refugien, unzählige Zugvögel machen hier Rast.

Sehenswerte Orte

Passau
Im Norden reicht die Region Niederbayern bis an die Donau heran. Die Drei-Flüsse-Stadt Passau verdankt diese Bezeichnung ihrer geografischen Lage am Zusammenfluss von Donau, Inn und Ilz. Auf einer felsigen Landzunge zwischen Donau und Inn liegt die Innenstadt mit zahlreichen historischen Gebäuden. Herausragendes Bauwerk ist der mehrtürmige Dom St. Stephan, der überwiegend im 17. und 18. Jahrhundert errichtet wurde.

Landshut
Die alte Herzogstadt, heute Sitz der Bezirksregierung Niederbayerns, liegt idyllisch am Ufer der Isar. Ihre Innenstadt glänzt durch herrliche Straßen und großzügig angelegte Plätze. Uralte Giebelhäuser prägen den Anblick Landshuts. Der 1150 erstmals erwähnte Ort entstand aus einer Siedlung an der hier erbauten Isarbrücke. 1255 wurde Landshut Hauptstadt des Herzogtums Niederbayern. Ein Spaziergang führt durch die Altstadt mit dem Renaissance-Rathaus, der ehemaligen Stadtresidenz und der spätgotischen Kirche St. Martin. Über der Stadt ragt die Burg Trausnitz auf.

Straubing
Am Ufer der Donau und am Fuß des Bayerischen Waldes gelegen, gilt Straubing als eines der bedeutenden landwirtschaftlichen Zentren Bayerns. Schon die Römer siedelten an dieser Stelle der fruchtbaren niederbayerischen Ebene. 1218 wurde die heutige historische Altstadt gegründet. Ab 1353 fungierte Straubing als Hauptstadt des Herzogtums Straubing-Holland. Sehenswert ist der hübsche Stadtplatz mit seinen Gebäuden unterschiedlichsten Stils: Ob Renaissance, Barock oder Klassizismus – alles ist vorhanden. Damit wollten Adel und Bürgertum ihren Reichtum zeigen.

Vilshofen
Ein paar Kilometer stromaufwärts der Donau liegt westlich von Passau das malerische Städtchen Vilshofen. Bekannt ist es vor allem durch seine vielen hübschen Kirchen

Bäderdreieck
Südwestlich von Passau liegt das so genannte Bäderdreieck. Bad Birnbach und Bad Füssing sind seit 1976 Kurorte, Bad Griesbach mit seinen drei Mineralquellen seit 1979.

Tour de Kultur

Lust auf einen beschaulichen Tag im Motorradsattel? Zeit, um die Gedanken schweifen zu lassen, bezaubernde Hügellandschaften anzusehen, an romantischen Flusstälern entlangzubummeln? Einfach mal einen Tag lang die Seele baumeln zu lassen? Dann ist eine Runde durch die Kulturlandschaft Niederbayerns genau das Richtige. Sie führt in die Täler von Donau, Rott und Isar und streift dabei bezaubernde Orte und Städte wie Passau, Vilshofen und Landau an der Isar. So kann man unterwegs immer wieder das Motorrad abstellen und zu Fuß durch malerische Straßen und Gassen spazieren.
Startort ist Passau. Allein schon wegen ihrer wunderschönen Lage am Zusammenfluss von Donau und Inn ist die Bischofsstadt einen Besuch wert. Ein Spaziergang führt uns zum Dom St. Stephan mit seinen beiden Türmen, zum von Bürgerhäusern gesäumten Residenzplatz und zum legendären Dreiflüsse-Eck.
Dann aber schnell wieder in den Motorradsattel, und ab geht es in Richtung Westen. Fürstenzell, Ortenburg, schon bald taucht der hübsche Kurort Bad Griesbach auf. Insgesamt drei Mineralquellen stehen dem gesundheitsbewussten Besucher hier zur Verfügung. Weshalb also nicht kurz anhalten und einen Schluck Mineralwasser trinken?
Kurz hinter Bad Griesbach klinken wir uns auf die B 388 ein und folgen nach rechts dem Lauf der Rott. Die hat hier ein lauschiges Tal in den Untergrund gegraben und verwöhnt uns mit Ausblicken auf sanfte Hügel, saftig grüne Wiesen, pralle Getreidefelder und Flussauen. Hier möchte man Bauer sein.
In Pfarrkirchen verlassen wir das Rotttal und nehmen Kurs nach Nordwesten. Jetzt geht es durch Bauernland. Kleine und kleinste Straßen tun sich auf. Rauf auf den Hügel, runter vom Hügel, nie kommt Langeweile auf. Die Kurvenradien variieren ständig und sorgen für ungetrübten Fahrspaß. Dietersburg, Arnstorf, dann kommt Landau an der Isar in Sicht. Auch hier heißt es wieder: Runter vom Bike, zu Fuß durch das Städtchen gebummelt. Sehenswert ist die Kirche Maria Himmelfahrt.
Wir halten die Isar auf Schlagdistanz, umfahren sie in nördlicher Richtung und gelangen schließlich über Oberpöring und Wallerfing ins nahe der Donau gelegene Osterhofen. Dort ist es das Kloster St. Margaretha, das einen kurzen Abstecher verdient. Ein kurzes Stück nach Norden folgt, wir überqueren die Donau und biegen dann auf Höhe des Ortes Winzer rechts Richtung Passau ab. Jetzt steht Entspannung auf dem Programm. Denn in sanften, lang gezogenen Bögen folgt die Landstraße den Windungen der Donau. Cruisen nennt man das. Herrliche Ausblicke, romantische Atmosphäre. Wer Lust hat, kann zwischendurch kurz nach Vilshofen auf die gegenüberliegende Flussseite wechseln, um sich dort die hübschen Kirchen des Städtchens anzusehen. Dann geht es weiter am Ufer der Donau entlang, bis unser Ausgangspunkt Passau erreicht ist.

Aidenbach

GPS: N 48°34´00" - E 13°05´06"

EZ ab € 37,00
DZ ab € 57,00
28 14

Gasthof Bergwirt

Gastlichkeit wird bei uns ganz groß geschrieben. In unserem gemütlichen Gasthof servieren wir viele Spezialitäten aus der bayerischen, sowie der internationalen Küche. Unsere Räumlichkeiten bieten viel Platz. Aus der vom Chef persönlich geführten Küche werden Sie mit vielerlei bayerischen Gerichten aus „Paul Enghofer`s Schmankerl Küche" und anderen kulinarischen Köstlichkeiten verwöhnt. Auch das vielseitige Frühstücksbüfett lässt keine Wünsche offen. Einen hohen Standard bieten wir auch in unseren Gästezimmern. Neben viel Komfort und Liebe zum Detail sind alle Zimmer mit DU/WC, Sat-TV, Telefon und einige mit Balkon ausgestattet.

Egglhamer Str. 9 • 94501 Aidenbach • Telefon 0 85 43 / 9 62 20 • Fax 0 85 43 / 96 22 30
E-Mail: kontakt@gasthof-bergwirt.com • www.gasthof-bergwirt.com

11040

Aldersbach

GPS: N 48°35´15" - E 13°05´03"

Café - Restaurant **Klosterhof Aldersbach**

Genießen Sie ruhige Stunden im Biergarten. Lassen Sie sich verwöhnen mit Spezialitäten aus der Klosterküche. Gerichte nach alten Klosterrezepten, deftige bayerische Brotzeiten aus der familieneigenen Metzgerei, hausgemachte Kuchen und Torten und Eisspezialitäten. Für Kurzübernachter bieten wir auch einfache Zimmer an. Ein Parkplatz für Ihr Motorrad ist selbstverständlich vorhanden sowie ein Trockenraum für nasse Motorradkleidung. Wir freuen uns Sie bald bei uns begrüßen zu dürfen.

Freiherr-von-Aretin-Platz 2 • 94501 Aldersbach • Telefon 0 85 43 / 91 84 10
Fax 0 85 43 / 62 40 10 • E-Maill: zellner@aldersbacher.de o. info@klosterhof-aldersbach.de

11266

Dietelskirchen
GPS: N 48°29´46" - E 12°20´41"

Peter Jungwirth
Krüglmühle 3 • 84178 Kröningen-Dietelskirchen
Telefon 0 87 41 / 92 44 37
E-Mail: mannakoch@aol.com
www.kruegImuehle.de

In unserem ruhig gelegenen Wirtshaus "Krüglmühle", sind die Biker herzlich willkommen. Eine Pause in unserem schattigen Biergarten, verbunden mit herzhaften bayerischen Speisen, lässt alle entspannen. Auf Vorbestellung können Sie jederzeit Brotzeiten bei uns auch außerhalb der Öffnungszeiten machen. Schauen Sie mal rein. Vermittlung von Übernachtungen sind jederzeit möglich.

12302

Touren Tipp

vom
Gasthaus Krüglmühle
in Krönig-Dietelskirchen

Eine abwechslungsreiche Tour in das Vilstal mit seinen geschwungenen Hügeln ist erfahrenswert. Wir fahren von Landshuts Osten rechts der Isar, Richtung Niederaichbach. Dort rechts Richtung Oberaichbach – Ruhmannsdorf. Danach an der Kreuzung links nach Kröning – Jesendorf - nach Gerzen. Rechts Richtung Geisenhausen und in Dietelkirchen nach links Richtung Vilsbiburg. Nach 38,6 Kilometer und 100m nach der Vilsbrücke ist es wert die Gaststätte „Krüglmühle" zu einer Rast im Biergarten oder Wirtshaus mit reichlich Brotzeit oder Mittagessen zu besuchen. Von dort dann weiter nach Vilsbiburg und nach Landshut zum Ausgangspunkt. Der ganze Rundkurs beträgt etwa 63,6 Kilometer. Man kann die Tour aber auch verlängern in dem man von Vilsbiburg auf der B388 bis Velden oder gar bis nach Taufkirchen und dann wieder zurück nach Landshut fährt.

12302

Dingolfing
GPS: N 48°37´52" - E 12°30´04"

P

Hofbräuhaus

Seit 15 Jahren befindet sich das „ Hofbräuhaus Dingolfing „ in Familienbesitz. Die Küche des Hauses bietet Ihnen eine große Auswahl an gutbürgerlichen Köstlichkeiten und Speisen aus der Balkanküche. In der gemütlich eingerichteten Gaststube schlemmen und genießen Sie mit Sozius und anderen Bikerfreunden in angenehmer Atmosphäre. Besonders beliebt sind dazu die kühlen Biere der Wasserburger Brauerei. Der gemütliche Gastraum und der große Saal eignen sich hervorragend für Veranstaltungen aller Art. Im Sommer ist der urig rustikale Biergarten (100 Plätze) mir seinen schattenspendenden Kastanienbäumen ideal, um in gemütlicher Runde einen angenehmen Aufenthalt zu verbringen. Erholung finden Sie im nur wenige Meter entfernten Schwimmbad „ Camprima „ mit ausgedehnten Sportanlagen , Wellenbad und großer Rutsche. Übernachtungsmöglichkeiten bieten sich gegenüber unserem Lokal im „ Hotel Maximilian" oder der nahegelegenen „ Pension Palko".

Bräuhausgasse 12 • 84130 Dingolfing • Telefon 0 87 31 / 39 73 66
E-Mail: johann.plewnik@dvag.de

12301

Erharting-Neuhäusl
GPS: N 48°16´56" - E 12°33´16"

EZ ab € 40,00
DZ ab € 80,00

51 34 HP Tipp

Landgasthof "Pauliwirt"

Der "Pauliwirt" ist ein sehr gepflegter Landgasthof, der sich mit seiner Lage mitten im Grünen und seinem hohen gastronomischen Anspruch einen sehr guten Namen in der Umgebung gemacht hat. Wir haben unsere Zimmer neu renoviert und auf einen gehobenen Standard gebracht. Die Zimmer wurden liebevoll eingerichtet und sind teilweise mit Badewanne und Wasserbett ausgestattet. Alle Zimmer haben einen Internetanschluss und es gibt an der Rezeption technisch aktuelle Notebooks zu mieten, um in entspannter Atmosphäre arbeiten zu können. Lässt es das schöne Wetter zu, so bietet der bewirtschaftete Biergarten mit seinen über 250 Plätzen und schattenspendenden Kastanien, eine willkommene Abwechslung, die Brotzeiten und die kühle Maß Bier im Freien zu genießen. Ganzheitliche Massagen.

Neuhäusl 1 • 84513 Erharting • Telefon 0 86 31 / 3 78 20 • Fax 0 86 31 / 37 82 30
E-Mail: info@pauliwirt.de • www.pauliwirt.de

11039

Furth

GPS: N 48°34´44" - E 12°03´35"

EZ ab € 49,00
DZ ab € 74,00

80 | 44 | HP | Tipp

Landgasthof Linden

Unser Hotel - Gasthof liegt kurz außerhalb der Stadtgrenzen der historischen Stadt Landshut, Richtung Mainburg/Ingolstadt. Nach einer anstrengenden Tour finden Sie in unseren modern eingerichteten Zimmern Ruhe und Erholung. Ausstattung der modernen Zimmer: Dusche, WC, TV (teilw. Premiere), Telefon, Hot Spot. Unsere Küche bietet Ihnen von der Hausmannskost bis zum Vier-Gänge-Menü alles, was Ihr Herz begehrt. Lassen Sie sich verwöhnen mit guten Weinen und exquisiten Gaumenfreuden.

Linden 8 • 84095 Furth • Telefon 0 87 04 / 9 21 20 • Fax 0 87 04 / 92 12 60
E-Mail: info@landgasthof-linden.de • www.landgasthof-linden.de

11092

Ingolstadt

GPS: N 48°46´47" - E 11°26´20"

EZ ab € 95,00
DZ ab € 120,00

143 | 90 | HP

Unser 4-Sterne Haus in Ingolstadt vereint klassisches Design mit modernem Lifestyle und schafft feine Wohnkultur in stilvollem Ambiente. Zentrale Elemente unseres Gestaltungskonzepts sind die Materialien Glas, Leder und Edelstahl, die für kühle Eleganz und leichte Atmosphäre sorgen. Eine klare Raumordnung und viel Liebe zum Detail machen Ihren Aufenthalt in unserem Haus zur sinnlichen Momenterfahrung. Edle Materialien, klare Formen und phantastische Deckenbilder verleihen jedem unserer 90 Zimmer seine ganz persönliche Note. Genießen Sie ein exklusives Wohnvergnügen und erleben Sie den besonderen Charme des Augenblicks. Nichtrauchern steht eine eigene Etage zur Verfügung.

Theodor-Heuss-Str. 25 • 85055 Ingolstadt • Telefon 08 41 / 9 51 00 • Fax 08 41 / 9 51 01 00
E-Mail: info@kult-hotel.de • www.kult-hotel.de

11183

Landshut

GPS: N 48°32´37" - E 12°07´12"

EZ ab € 50,00
DZ ab € 75,00

60 | 30 | HP | Tipp

Hotel-Restaurant Landshuter Hof

Das familiär geführte Haus vermittelt Ihnen im Hotel und Restaurant eine angenehme Atmosphäre. Bei schönem Wetter lädt der nette Gastgarten zum Verweilen und Speisen ein. Erwähnenswert ist die gute Küche wo regional und saisonbedingt gekocht wird. Für Ihren Aufenthalt stehen 30 Fremdenzimmer zur Verfügung. Dusche/WC und TV auf den Zimmern sind bei uns selbstverständlich. Die ruhige Lage des Hauses beschert eine angenehme Ruhe. Direkt am Haus befindet sich eine Busverbindung die Sie bequem zur Altstadt fährt. Für Biker bieten wir einen kostenlosen Stellplatz in der abgeschlossenen Garage. Nasse Kleidung wird getrocknet oder gewaschen.

Löschenbrandstr. 23 • 84032 Landshut • Tel. 08 71 / 96 27 20 • Fax 08 71 / 9 62 72 37
E-Mail: info@landshuter-hof.de • www.landshuter-hof.de

11049

Langenbruck

GPS: N 48°38´25" - E 11°30´47"

EZ ab € 49,00
DZ ab € 62,00

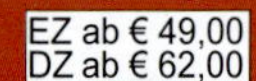

Hotel-Restaurant-Café "Häußler"

Unsere bayerische Gaststätte mit gutbürgerlicher Küche liegt in mitten des größten Hopfenanbaugebietes der schönen Holledau. Die Hotelzimmer sind ausgestattet mit Telefon, TV, WC/Dusche und Fön. Gerne verwöhnen wir Sie mit unseren hausgemachten Torten/Kuchen und bayerischen Schmankerln wie unseren reschen Krustenbraten auf unserer Sonnenterrasse.

Pörnbacher Str. 28 • 85084 Langenbruck • Telefon 0 84 53 / 78 84
E-Mail: info@hotel-haeussler.de • www.hotel-haeussler.de

1237

Malgersdorf
GPS: N 48°32´17" - E 12°44´15"

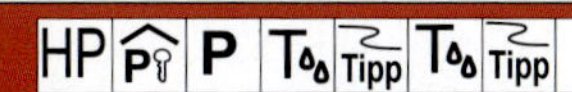

Landgasthof Schuder

Bei uns im Gasthof, im Biergarten oder in unserer eigenen Metzgerei werden Sie immer persönlich begrüßt und Familie Schuder und das gesamte Personal sorgen stets für einen angenehmen Aufenthalt. Unsere Gäste sollen sich wohlfühlen – ganz unter dem Motto „... es war schön beim Schuder, da kommen wir gern wieder!". Unser Landgasthof Schuder liegt in ruhiger und ländlicher Umgebung. Endlich, die Biergartensaison ist da!" So möchte man ausrufen, wenn man unseren Biergarten am Landgasthof Schuder sieht: Lange Tische unter schattigen Bäumen.

Hofstetten 57 • 84333 Malgersdorf • 0 99 54 / 75 60 • Fax 90 57 68
E-Mail: schuder@online.de • www.landgasthof-schuder.de

11038

Neustadt an der Donau
GPS: N 48°46´55" - E 11°46´05"

Raffineriestr. 101 • 93333 Neustadt a.d.Donau • Telefon 0 94 45 / 9 71 40 • Fax 0 94 45 / 78 66
E-Mail: motomarktziegler@t-online.de • www.motorradziegler.de

11117

Riedenburg
GPS: N 48°57´33" - E 11°41´20"

P

Fasslwirtschaft Riedenburg

42 Biersorten aus aller Welt, durchgehend warme Küche, Brotzeiten, Kaffee und Kuchen, Apfelstrudel und Eis. Minigolf und Hindernisbillard, Wilde-Kerle-Spielplatz, Billard. Verschiedene Aktionen wie Spareribs- oder Schnitzelessen u.v.m. Wir freuen uns auf Euren Besuch!!! Fam. Veits mit Anhang. Die FASSLWIRTSCHAFT RIEDENBURG ist ein großer überdachter Biergarten mit fünf riesigen Bierfässern zum Drinsitzen! (Rauchen ist außer im Wintergarten und in den Fässern bei uns gestattet!)

Bergkristallstr. 1 • 93339 Riedenburg • Telefon 0 94 42 / 9 00 30 • Fax 0 94 42 / 9 00 31
E-Mail: info@fasslwirtschaft.de • www.fasslwirtschaft.de

12300

von der Fasswirtschaft Riedenburg in Riedenburg

Die Altmühltal-Tour beginnt in der Kreisstadt Kelheim, die durch die von König Ludwig I. Erbaute Befreiungshalle berühmt wurde. Sie beherbergt außerdem die Häfen der Weißen Flotte, die ihre Gäste per Schiff entweder nach Kloster Weltenburg oder durchs Altmühltal fährt. Weiter geht's, vorbei an der Tropfsteinhöhle Schulerloch und an Essing mit dem Tatzlwurm, der längsten Holzbrücke Europas. Nach etwa 5km erblicken Sie hoch über dem Tal Schloß Prunn, bekannt durch den Fund eines Teilstückes der Nibelungensage. Bereits nach der Kurve lacht Ihnen die Rosenburg entgegen, Wahrzeichen der Stadt Riedenburg und Herberge der bekannten Falknerei. Im berühmten Kristallmuseum Riedenburg können Sie wahre Schätze entdecken: die größte Bergkristallgruppe der Welt mit 7,8 Tonnen, die umfangreichste Diamantreplikat- und die größte Turmalin-Sammlung der Welt. Die Mittagspause wird in der angrenzenden Fasslwirtschaft zu einem besonderen Erlebnis! In dem ganz besonderen Biergarten kann man in fünf original Bierlagerfässern sitzen, 42 Biersorten aus aller Welt und die originelle Speisekarte durchprobieren. Nach einen erholsamen Pause geht's weiter Richtung Dietfurt und anschließend nach Beilngries, wo die schöne Innenstadt zum Flanieren einlädt.

12300

Niederrhein und Ruhrgebiet
Flussidyll und Industriekultur

Niederrhein

Altrheinarme und Kopfeichen
Als Niederrhein wird die Region zwischen der Stadt Duisburg im Osten und der niederländischen Grenze im Westen bezeichnet. Seinen Namen trägt das Land zu Recht, denn fast alles geht in irgendeiner Weise auf den Rhein zurück. Der zerschneidet mit seinen Seitenarmen die Landschaft und gibt ihr diese unverwechselbare Romantik. Auf den flachen Feldern stehen die Erkennungszeichen des Niederrheins, die Kopfeichen, wie die Soldaten einer Naturarmee. Der Kabarettist Hans-Dieter Hüsch stammt von Niederrhein und hat die Region wie kein anderer in seinen Geschichten und Gedichten verewigt. „Man muss nur richtig hingucken", lautet seine Empfehlung für den Niederrhein.

Urlaub in intakter Natur
Urlaub am Niederrhein ist Erholung auf der grünen Spur. Man kann dort eine abwechslungsreiche Landschaft mit ausgedehnten Wäldern, Heidemooren und urwüchsigen Flussauen erleben. Man kann dort radeln, soweit die Puste reicht oder wandern, soweit die Füße tragen. Paddeln und segeln ist im Wasserland Niederrhein natürlich ebenso möglich. Jedenfalls dar man sich auf eine bunte Vielfalt unterschiedlichster Freizeitangebote in einem Landstrich voller Gegensätze freuen. Denn Naturfreunde kommen am Niederrhein ebenso auf ihre Ko sten wie Kunstkenner und Gourmets. Wie wär es z. B. mit einem Besuch im Krefelder Zoo ode im Spielzeugmuseum in Grefrath oder einem Ausflug zum Vogelpark Plantaria in Kevelae oder zum Archäologischen Park in Xanten?

Ruhrgebiet

Wichtigste Industrieregion Europas
Das Ruhrgebiet ist der Industriebezirk i Nordrhein-Westfalen und wichtigster industr eller Ballungsraum Europas. Zwischen Rhei Ruhr und Lippe gelegen, umfasst das Ruh gebiet eine Fläche von 3.865 Quadratkilome tern mit rund fünf Millionen Einwohnern. Sein wirtschaftliche Bedeutung geht auf die reiche Steinkohlevorkommen zurück. Während d Kohle führenden Schichten im Süden der Reg on direkt zutage treten, sinken sie nach Norde hin ab und werden dort von einer Kreidedeck überlagert. Auf dieser Tatsache beruht die vo Süden nach Norden führende historische Er

wicklung des Ruhrgebiets, woraus auch seine noch heute sichtbare wirtschaftsgeographische Struktur entstand.

Grüne Oasen zwischen Fördertürmen und Schloten

Der Tourismus ist im Ruhrgebiet noch nicht sehr alt. Kein Wunder: Wer möchte schon Urlaub zwischen Fördertürmen und Schloten machen? Doch seit der Verwandlung vieler alter Industrienanlagen in attraktive Erholungs- oder Kulturstandorte wie z. B. das Gasometer in Oberhausen, der Landschaftspark Duisburg Nord oder das Alpincenter in Bottrop hat sich das drastisch geändert. Heute ist es in erster Linie der so genannte Industrietourismus, der zu einem wichtigen Wirtschaftsfaktor im Ruhrgebiet geworden ist. So führt die Route der Industriekultur quer durch die Region zu den interessantesten restaurierten Industriebauten.
Vom Klettermax in Dortmund über den Meteoriten in Essen oder das CentrO in Oberhausen finden sich für Sport und Freizeit unzählige Angebote. Auch die Vielzweckarena in Oberhausen, die Arena auf Schalke oder der Fußballtempel Westfalenstadion bieten mehr als nur sportliche Aktivitäten.
Die Lebensader des Ruhrgebietes, die Ruhr, entspringt im Rothaargebirge am Rande der Winterberger Hochfläche im Sauerland, das zum Bundesland Nordrhein-Westfalen gehört. Sie ist 235 Kilometer lang und fließt überwiegend in westlicher Richtung, um bei Duisburg in den Rhein zu münden.

ehenswerte Orte

berhausen

ie „Wiege der Ruhrindustrie“ besitzt einen ehr schönen Marktplatz, den Altmarkt, mit einer Reihe von Häusern aus der Gründerzeit. Veiterhin locken das Einkaufsparadies CentrO nd das nebenan aufragende Gasometer, das tzt als kultureller Veranstaltungsort genutzt ird.

ottrop

as am Nordrand des Reviers gelegene Bottrop t als die Stadt mit den meisten Grünflächen gesamten Ruhrgebiet. Im Zentrum Bottrops gt der idyllische Stadtgarten, daneben das useumszentrum Quadrat. 2001 wurde das Alpinecenter eröffnet, in dem man auch im Sommer Skifahren kann. Vom 50 Meter hohen Tetraeder aus bietet sich ein traumhafter Blick über das Ruhrgebiet.

Gelsenkirchen

Früher der Inbegriff der Bergbaustadt, ist Gelsenkirchen heute führend in der Solartechnik: Hier arbeitet das größte in einem Dach integrierte Solarkraftwerk der Welt. Einen Besuch wert sind die Freizeitanlagen Sportparadies und Nordsternpark. Im Stadtteil Horst steht das sehenswerte Schloss Horst, in Buer das Wasserschloss Berge.

Hamm

Neben einer hübschen Alstadt mit perfekt restaurierten Bürgerhäusern ist Hamm vor allem wegen des begehbaren Gläsernen Elefanten einen Besuch wert.

Xanten

Wer das heutige Xanten mit seinen Backsteinfassaden und Barockhäusern sieht, kann kaum glauben, dass dieser Ort einmal drittgrößte Römerstadt auf deutschem Boden war. So ist es kein Wunder, dass Xanten den Römern ein Denkmal gesetzt hat: den archäologischen Park.

Rees

Ein Muss ist der Besuch des Ortskerns mit seinem Kopfsteinpflaster, seinen Cafés und Restaurants. Rees liegt direkt am Rhein und bietet eine phantastische Aussicht auf den Fluss und die vorüberfahrenden Schiffe.

Emmerich

Als Ausgangspunkt für einen Stadtbummel zu Fuß dient die Rheinpromenade östlich der Stadt. Vom Parkplatz aus sind es nur ein paar Meter zu Fuß bis zur direkt am Rhein liegenden Cafézeile. Emmerichs Attraktion ist die 1.187 Meter lange Hängebrücke.

Kleve

Kleve, dessen Namen auf den Begiff „Kliff“ hinweist, wird überragt von der aus dem 12. Jahrhundert stammenden Schwanenburg. Daneben ist auch ein Besuch der hübschen Altstadt Kleves empfehlenswert.

Niederrhein – Idyllen am Fluss

Typisch Niederrhein: Hier ist es der Fluss, der die Stimmung prägt. Der breite, schnell dahinfließende Strom weckt Fernweh. Und Sehnsucht. Seine stillen Seitenarme hingegen lassen eine ganz eigenartige, heimelige, feucht-modrige Stimmung aufkommen. So wird eine Tour am Niederrhein zu einer faszinierenden Mischung. Zu einer Mischung aus roten Backsteinen, dörflichen Idyllen, stillen Wassern und einsamen Sträßchen. Eine Tour, die viel fürs Auge tut. Denn wie sagte doch der Kabarettist Hans-Dieter Hüsch über seine Heimat: »Man muss nur richtig hingucken, sag ich immer. Es gibt doch auch so Menschen, deren Schönheit sieht man erst, wenn man länger hinguckt. Ne, sagt man dann plötzlich, Donnerwetter, das hätt ich nicht gedacht, und so ist das auch am Niederrhein.«
Autobahn A 57, Ausfahrt Alpen. Der Name klingt verwegen angesichts des Hauchs von einem Hügel, der die Lage des Ortes andeutet. Aber so isser halt, der Rheinländer. Freut sich über jede Erhebung. Wir klinken uns auf die B 58 nach Büderich und Wesel ein. Nichts Besonderes. Es geht geradeaus. Links und rechts fliegen große Getreidefelder vorüber. Auch Alleenbäume sind dabei. Büderich gefällt mit einer Doppelreihe Platanen, die allerdings noch wachsen müssen. Auf einer mächtigen Stahlbrücke überqueren wir den Rhein, werfen schon mal einen Blick auf den Turm von Wesels Willibrordi-Kirche und folgen der Ausschilderung zur Stadtmitte. Dabei schlüpfen wir durch die massive Stadtmauer, die zusammen mit der Willibrordi-Kirche das einzige historische Überbleibsel Wesels bildet. Die Innenstadt, durch die wir nun rollen, ist geprägt durch den Wiederaufbau nach dem 2. Weltkrieg. Zweckbauten, die mit ihren roten Backsteinfassaden immerhin eine gewisse Freundlichkeit ausstrahlen und einige nette Cafés beherbergen.
Der Abzweig in Richtung Jachthafen und Ausee bringt uns hinab zum Rhein. Ein Abstecher in die Fluss-Idylle. Ein gepflasterter Fahrweg schlängelt sich am Ufer entlang und hält großartige Ausblicke bereit. Das Café-Restaurant

Historisches Zentrum von Ka

Zum Jachthafen lädt auf seiner Terrasse zum ersten Stopp des Tages ein. Insgesamt ein gelungener Start. Zurück auf der B 8 nehmen wir Kurs auf Flüren, fahren an dem Ort vorbei und dringen dann in die Welt der Altrhein-Arme ein. Ausschilderung Bislich. Auf einem schmalen, leicht kurvigen und mit einer griffigen Asphaltdecke versehenen Sträßchen geht es an stillen Gewässern entlang. Bei diesen Altrhein-Armen handelt es sich um Wasserläufe, die der Hauptstrom irgendwann links liegen ließ. Jetzt sind es wahre Oasen der Ruhe. Trauerweiden hängen ihre Äste ins Wasser, Kühe grasen am Ufer, Angler warten auf Kundschaft.

In Bislich sollte man den kurzen Abstecher hinab zur Rheinfähre nicht auslassen. Der Anleger ist zwar nicht bewirtschaftet, man kann sich jedoch gemütlich eine Weile ins Gras setzen und den Schiffen zusehen.

Ein leicht zu übersehendes Schild weist in Bislich den Weg nach Rees. Die Fahrbahn entfernt sich nun etwas vom Rhein. Ein Stück vor Rees besteigt sie dann den Deich und folgt auf den nächsten Kilometern seiner Krone. Der Ausblick ist nicht von schlechten Eltern. Auf der linken Seite der Rhein, rechts Bauernhöfe. Leichte Wechselkurven, Tempo 70. Schneller geht es ohnehin kaum. Man würde ja sonst das Panorama verpassen.

n Rees steht der Besuch des Ortskernes auf lem Programm. Sehr schön gemacht mit Kopfteinpflaster und mehreren Cafés und Restauants. In der Mitte gibt es Parkplätze fürs Moorrad, die Besatzung darf sich einen der vielen afé-Stühle aussuchen. Wer direkt am Wasser ausieren möchte, sollte noch ein Stück weiterollen bis zum Café Rheinterrassen. Dort sitzt an bei ausgezeichnetem Kaffee und Kuchen nd kann in aller Ruhe die Rheinkähne beoachten. Es ist schon erstaunlich, was da alles einen Weg Richtung Nordsee oder Ruhrgebiet det: Gas, Kohle, Schutt, Autos. Schiebt sich n Frachtverband beladen flussaufwärts, daut es eine halbe Tasse Kaffee, bis er vorbei ist. n Fußgängertempo von Rotterdam nach Duisrg. Es riecht nach Fluss und Cappuccino.

urz vor der Rheinbrücke zweigt die Route chts ab nach Grietherort. Wieder Altrhein, eder Deichkronen, wieder Bauernhöfe. Wie ricknadeln bewegen sich die Mastspitzen r Schiffe durchs Gelände. Ein paar leichte chräglagen, dann fädeln wir uns bei Bienen f die B 8 ein.

Nächste Station Emmerich. Die Stadt ist ein kompliziertes System aus Einbahnstraßen und Fußgängerzone. Lässt man diese rechter Hand liegen, gelangt man zur Rheinpromenade, wo ein Parkplatz und mehrere schattige Bänke warten. Zu Fuß sind es nur ein paar Meter bis zu den Emmericher Straßencafés, die einen Ausblick auf den Fluss bieten.

Die wahre Attraktion Emmerichs erreicht man auf der B 220 Richtung Kleve: die 1.187 Meter lange Hängebrücke. Die 12.500 Tonnen schwere Konstruktion wird von insgesamt 122 Tragseilen gehalten. Als Einzeldrähte aneinandergelegt ergäben sie eine Länge von ca. 10.000 Kilometern.

Gleich hinter der Brücke folgen wir dem Schild rechts ab nach Griethausen. Breiter, ordentlicher Asphalt. In Griethausen fahren wir über eine schmale Brücke und sehen auf der linken Seite einen Altrhein-Arm, der von einer ehemaligen Eisenbahnlinie überquert wird. Heute rollen auf der alten Trasse Fahrradreifen, die Natur holt sich ihr Revier wieder zurück. Geradeaus weiter führt die Straße an einer Industrieanlage vorbei zum Rhein. Man fährt unter Alleenbäumen dicht am Ufer entlang, betrachtet den Schiffsverkehr und genießt die etwas weltentrückte Stimmung in dieser Ecke.

Auf der Rückfahrt zweigt hinter der Industrieanlage rechts ab der Weg nach Schenkenschanz. Altrhein pur. Diese Etappe ist in puncto Stimmung das absolute Glanzlicht der heutigen Tour. Das enge Sträßchen nimmt vollständig die Dammkrone ein. Flankiert wird es von Zäunen, die verhindern sollen, dass die schwarzweißen Kühe auf die Fahrbahn traben. Ein kleiner Jachthafen kommt in Sicht. Von dort aus tuckern die Boote gemütlich zum Hauptrhein vor. Was für ein Bild: Motor- und Segeljachten inmitten von Wiesen, Rindviecher auf Augenhöhe mit Freizeitkapitänen.

Per Fähre geht es von Schenkenschanz hinüber nach Düffelward. Wer dem kleinen Kahn misstraut oder sich partout nicht aufs Wasser wagt, kann die Alternativstrecke fahren. Die führt von Griethausen aus nach Brienen und von dort über Wardhausen weiter nach Düffelward. Ihr Markenzeichen: Völlig unbekannt und stellenweise mit nur einer Fahrbahn bedacht.

In Düffelward rechts ab nach Keeken. Dort links weiter in Richtung Niel/Kranenburg. Nun folgt die Landetappe dieser Tour. Die Straße fädelt einen Bauernhof nach dem anderen auf, win-

det sich zwischen Kartoffeläckern und Getreidefeldern hindurch und gibt der Nase reichlich Gelegenheiten, sich an die unterschiedlichsten Duftmarken der Landwirtschaft zu gewöhnen.
Die letzten zweieinhalb Kilometer bis Kleve benützen wir die B 9. Kleve, dessen Namen auf den Begriff »Kliff« hinweist, begrüßt uns mit seinem farbenfroh angelegten Tierpark. Überragt wird die Stadt von der Schwanenburg. Die aus dem 11./12. Jahrhundert stammende Anlage bekam ihr jetziges Gesicht im 17. Jahrhundert. Sie zählt zu den beiden einzigen Höhenburgen am ansonsten topfebenen Niederrhein. Nur über einen steilen Fußweg zu erreichen, scheidet sie als Besichtigungspunkt leider aus.
Der Weg nach Kalkar führt über historischen Boden: Unsere beiden Räder rollen auf der ehemaligen Via Romana. Zwar ist von den antiken Steinquadern heute nichts mehr zu sehen, doch kann man an dem schnurgeraden Verlauf der Straße erkennen, dass die Römer damals immer die direkte Verbindung zwischen zwei Punkten suchten.
Linker Hand blitzen die Mauern von Schloss Moyland durch den Wald. Auf seinem Parkplatz wartet ein Informationszentrum über das Schloss und die vorbeiführende Römerstraße.
Dann taucht der Kreisverkehr von Kalkar vor dem Lenker auf. Die Stadtmitte ist ausgeschildert, und wir finden dort den städtebaulichen Höhepunkt des heutigen Tages vor. Der mittelalterliche Kern Kalkars ist nahezu naturgetreu erhalten. Im Quadrat rahmen gotische Giebel den Marktplatz ein, das prachtvolle Rathaus war zu seiner Bauzeit 1440 das größte nördlich von Köln. Heute ist sein Superlativ eher kulinarischer Natur: Auf der Terrasse des Ratskellers kann man bei leckerem Essen den Charme Kalkars auf sich wirken lassen. Der Tipp danach heißt Kalkarer Mühle. Sie ist am Marktplatz ausgeschildert und liegt ein paar hundert Meter entfernt. Der »Gallerieholländer« mahlt das Getreide in alter Tradition. In der Backstube gegenüber wird das Mehl zu Vollkornbrot verarbeitet, von dem man sich unbedingt ein paar Scheiben für den Nachhauseweg abschneiden lassen sollte. Auf breitem, gut ausgebautem Asphalt geht es in Richtung Rees. Kurz vor der Rheinbrücke folgt die Strecke der Ausschilderung Nieder- und Obermörmter. Wir ziehen flott durch prächtige Alleen und riskieren durchaus die eine oder andere Schräglage. Vorbei am Xantener Nord- und Südsee, den Badewannen des Niederrheins, laufen wir in der alten Römerstadt Xanten ein. Ein schmales Ringsträßchen führt einmal um den historischen Stadtkern herum und gibt mehrere Zugänge zum Xantener Dom frei. Zuletzt streift es eine in die Stadtmauer integrierte Windmühle mit angeschlossenem Parkcafé. Ein weiteres Muss für Xanten ist sein Archäologischer Park, in dem eine Römerstadt originalgetreu aufgebaut wurde.
Die heutige Abschluss-Cola nehmen wir am Café Zur Rheinfähre ein. Es liegt bildhübsch direkt am Anleger der Fähre hinüber nach Bislich. An schönen Wochenenden stehen ständig mehrere Dutzend Motorräder davor. Den Sonnenuntergang genießen, mit den Kollegen plaudern – schöner kann ein Motorradtag kaum zu Ende gehen. Der Abzweig zum Café befindet sich in Xanten an der B 57 und ist beschildert.
Zurück zum Ausgangspunkt unserer Runde geht es über Sonsbeck und die Sonsbecker Schweiz (beschildert). Viel Wald, ein paar Hügel. Für die Rheinländer eben die Schweiz.

Stadttor in Xanten

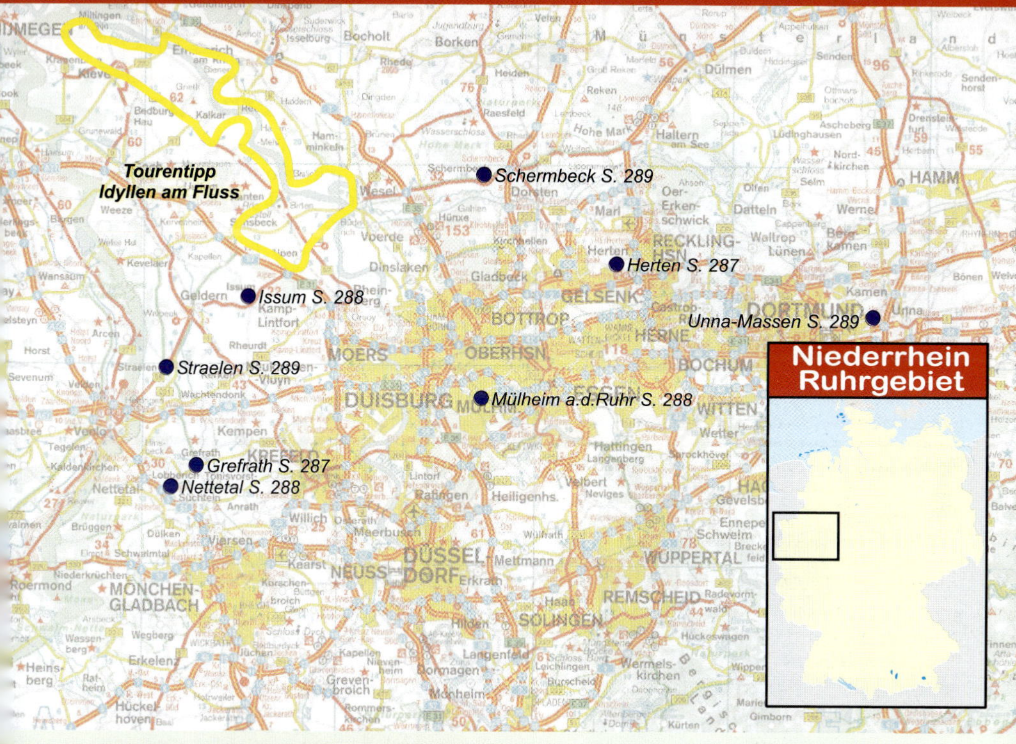

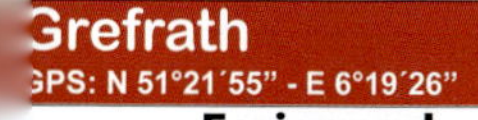

Grefrath

GPS: N 51°21´55" - E 6°19´26"

DZ ab € 55,00

Ferienpark "Waldfrieden"

Der Ferienpark "Waldfrieden" liegt mitten im Landschaftsschutzgebiet des Internationalen Naturparks "Mass-Schwalm-Nette". In unmittelbarer Nachbarschaft zum Höhenzug "Hinsbecker Schweiz" mit seinen großen Wäldern und der Seenplatte reihen sich nahtlos die Wankumer und Venloer Heide an. Unser Ferienpark eignet sich ideal für die Durchreise, Ferien und Naherholung, sowie als Ausgangspunkt für herrliche Motorradtouren. Die einmalige naturverbundene Lage lässt Sie Ihre Ferien und Kurzwochenende richtig genießen. Wir bieten moderne und beheizte Sanitäranlagen mit kostenlosem Kalt- und Warmwasser. Weiterhin stehen für Ihre Unterbringung Übernachtungsmöglichkeiten in sehr schön eingerichteten Ferienhäusern mit separater Dusche und WC zur Verfügung.

An der Paas 13 • 47929 Grefrath • Telefon 0 21 58 / 38 55
E-Mail: ferienpark-waldfrieden@t-online.de • www.ferienpark-waldfrieden.de

11735

Herten

GPS: N 51°35´05" - E 7°08´46"

EZ ab € 37,00
DZ ab € 64,00

Hotel-Restaurant "Vestischer Hof"

Herzlich willkommen im Hotel-Restaurant "Vestischer Hof". Unsere Gäste schätzen bei uns unsere gemütliche und familiäre Atmosphäre aber auch die leichte, frische und zugleich auch deftige Küche. Ob national oder international - wir werden Ihren Gaumen verwöhnen. Unsere Zimmer sind einfach aber gemütlich eingerichtet. Natürlich haben wir für Ihr Motorrad eine abschließbare Garage vorhanden sowie eine kleine Schrauberecke und einen Trockenraum. Interessante Tourentipps halten wir auch gerne für Sie bereit.

Ewaldstr. 132 • 45699 Herten • Telefon 0 23 66 / 1 07 50 • Fax 0 23 66 / 10 75 30
E-Mail: Hotel-Vestischer-Hof@msn.com

117

Issum
GPS: N 51°29´30" - E 6°27´14"

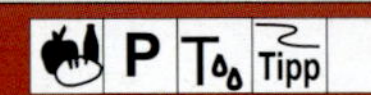

Gaststätte "Zur Erholung"

Direkt am Oermter Berg gelegene Gaststätte mit gemütlicher Kneipe, Biergarten, Kaffee mit selbstgebackenem Kuchen und weiteren Kleinigkeiten aus der gutbürgerlichen Küche. In der Nähe befinden sich Möglichkeiten zum Schwimmen (Frei- und Hallenbad), Fahrradfahren, Wandern und Inlineskaten. Auf dem Hof befindet sich viel Platz und Abstellmöglichkeiten für Motorräder. Gerne sind auch größere Motorradgruppen willkommen.

Rheurdter Str. 144 • 47661 Issum • Telefon 0 28 35 / 52 93 • Fax 0 28 35 / 44 63 45

11690

Mülheim an der Ruhr
GPS: N 51°24´54" - E 6°52´05"

EZ ab € 100,00
DZ ab € 120,00

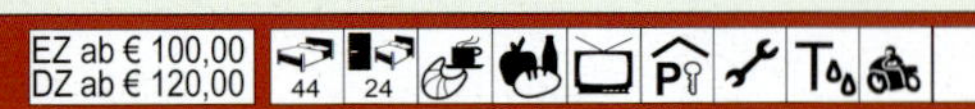

Hotel Lederfabrik

Wir heißen Sie herzlich willkommen im Hotel Lederfabrik. Das eindrucksvolle Backsteingebäude aus dem Jahr 1864 bietet einen stilvollen Rahmen für unser modernes und komfortables Hotel. Die Zimmer verfügen über ein Bad oder Dusche/WC mit Fußbodenheizung und sind mit Klimaanlage, einem großen Fernseher (70cm Bilddiagonale) mit Satelliten - TV, Minibar, Durchwahltelefon und Modemanschluss großzügig ausgestattet. Die Speisekarte bietet frische mediterrane Küche an - mit ständig wechselnden Gerichten aus dem Besten der Saison. Abgerundet mit einer erlesenen Weinkarte macht das Restaurant & Bistro Lederfabrik jedes Essen zum Genuss. Im Sommer lädt die Sonnenterrasse zu einer entspannten Mahlzeit im Freien ein.

Düsseldorfer Str. 269 • 45481 Mülheim an der Ruhr • Telefon 02 08 / 48 83 80
Fax 02 08 / 48 83 81 88 • E-Mail: info@lederfabrikhotel.de • www.lederfabrikhotel.de

1172

Nettetal
GPS: N 51°21´05" - E 6°16´50"

EZ ab € 30,00
DZ ab € 60,00

Herzlich Willkommen
im
Haus Waldesruh

"Haus Waldesruh" ist eines der ältesten Ausflugslokale am Niederrhein mit dem dokumentiert ältesten Biergarten! Wir verfügen über gemütliche Doppelzimmer mit Dusche und WC. Alle Zimmer sind mit Farb-TV ausgestattet. Unsere gutbürgerliche Küche verwöhnt Sie mit saisonalen, regionalen sowie überregionalen frischen zubereiteten Speisen. Eine abschließbare Garage für Ihr Motorrad stellen wir Ihnen zur Verfügung.

Heide 7 • 41334 Nettetal-Hinsbeck • Telefon 0 21 53 / 27 71
E-Mail: info@haus-waldesruh-online.de • www.haus-waldesruh-online.de

117

von der Pension-Restaurant "Waldesruh"

Die niederrheinische Landschaft bietet eine Vielzahl von Touren an, die sich jeweils nach Geschmack und Streckenlänge unterscheiden, bzw. individuell geplant werden. Eine Tour führt zum Naturschutzhof am De-Witt See, wo die Arbeit des Naturschutzhofes im Vordergrund steht. Die Landschaft ist so interessant mit seinen Biotopen, Steingärten, Weidsenhütten usw. Die Krickenberger Seen sollten auf jeden Fall angefahren werden, da der "Kleiner De-Witt See" und die Krickenberger Seen zwei der bedeutendsten Naturschutz- und Erholungsgebiete Nordrhein-Westfalens sind. Die Entstehung der Netteseen kann man im nachgebauten Erdtunnel erfahren. Ob nun Kulturelles oder Anderes gefragt ist, ergibt sich aus der Interessenlage. Von Nettetal aus ist es nur eine kurze Strecke, um in die Niederlande zu fahren, zum Beispiel nach Venlo oder einfach der Maas nach in Richtung Norden über die N271 oder Nebenstrecken, die gut befahrbar sind. Um einen Rundkurs zu nutzen, geht es über Boxmer/-Niederlande wieder nach Deutschland in Richtung Goch. Die Altstadt zu besichtigen oder weiter nach Kevelaer und Geldern, mit den interessanten Altstadtkernen, zu fahren, muss vor Ort entschieden werden. Auf dem Rückweg nach Nettetal kommen Sie noch an Straelen vorbei und gelangen dann in Ihr Domizil.

11

Schermbeck

GPS: N 51°43´19" - E 6°52´07"

Landgasthof "Triptrap"

Unser Haus ist eingebettet in die Naturschutzgebiete Erler-Heide und Dämmerwald. Neu gestaltete Räume spiegeln den Charakter des Hauses und der Küche wider. Ständig wechselndes marktorientiertes Speisenangebot sorgt für Abwechslung zu jeder Jahreszeit. Spezialitätenwochen wie Wild - Fisch - Spargel - Matjes - oder Gänseessen runden das Angebot ab. Ein Sommertag unter schattigen Platanen. Unser Biergarten ist ein beliebtes Ziel für eine kurze Pause auf kurvigen Touren am Rhein.

Erler Str. 292 • 46514 Schermbeck • Telefon 0 28 53 / 22 13 • Fax 0 28 53 / 3 96 62
E-Mail: mail@restaurant-tiptrap.de • www.restaurant-triptrap.de

11691

Schermbeck Gahlen

GPS: N 51°39´59" - E 6°52´28"

EZ ab € 32,00
DZ ab € 50,00

Gaststätte-Hotel "Zur Mühle"

Wir möchten unseren Gästen eine zweite Heimat bieten. Sei es für eine Nacht im Hotelzimmer, einen schönen Abend im Restaurant oder für ein Bier an der Theke. Hierzu stehen Ihnen 22 gepflegte Hotelzimmer, Restaurant mit gutbürgerlicher Küche, 2 Bundeskegelbahnen, ein kleiner Biergarten und Gesellschaftsräume jederzeit zur Verfügung. Die besondere geographische Lage unseres Hauses beeinflusst auch unseren Küchenchef, Peter Schneider. So finden Sie die verschiedensten Spezialitäten aus Westfalen und dem Niederrhein auf unserer Speisekarte.

Kirchstr. 78 • 46514 Schermbeck • Telefon 0 28 53 / 91 84 00
Fax 0 28 53 / 91 84 49 • www.gaststaette-zur-muehle.de

11689

Straelen

GPS: N 51°26´30" - E 6°16´00"

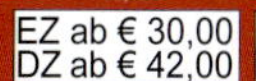

Gasthof "Zum Siegburger"

Unsere gemütlichen Gästezimmer versprechen Ihnen einen angenehmen und erholsamen Aufenthalt. Ausgestattet sind sie mit Dusche und WC, Kabel-TV und Durchwahl-Telefon. In unserer umfangreichen Speisekarte finden Sie eine große Auswahl an gutbürgerlichen und internationalen Gerichten. Auch unsere gemütliche Theke lädt nach dem leckeren Essen zum Verweilen ein. Beim frisch gezapften Bier oder anderen Leckereien aus unserer Getränkekarte lernt man schnell nette Leute kennen.

Annastr. 7-13 • 47638 Straelen • Telefon 0 28 34 / 15 81 • Fax 0 28 34 / 27 48
E-Mail: info@siegburger.de • www.siegburger.de

11733

Unna-Massen

GPS: N 51°30´33" - E 7°38´44"

EZ ab € 38,50
DZ ab € 51,00

Hotel Heidehof

Sie haben eine gute Wahl getroffen, denn in unserem Hotel Heidehof im Herzen der Massener Heide in Unna/Westfalen wird garantiert dafür gesorgt, dass Sie sich geruhsam erholen können. Inmitten der landschaftlich idyllischen Massener Heide in Unna-Massen, abseits vom Trubel der Stadt, können Sie sich entspannen und für einige Zeit dem Alltagsstress entfliehen. Dazu erhalten Sie noch Erfrischungen und Kleinigkeiten für Ihr leibliches Wohl. Mittagstisch erhalten Sie in benachbarten Häusern. Unsere geräumigen Zimmer verfügen allesamt über Dusche, WC, Telefon und Farbfernseher.

Massener Heide 22 • 59427 Unna • Telefon 0 23 03 / 9 18 60 • Fax 0 23 03 / 8 15 95
E-Mail: info@heidehof-schwill.de • www.heidehof-schwill.de

11764

Niedersachsen Küstenregion

Durch Marschen, Häfen und Obstplantagen

Fischfang und Tourismus

Die Küste der südlichen Nordsee bietet dem Besucher viel Natur, interessante Freizeitaktivitäten und Erholung. Auf den ersten Blick scheint es "nur" Wasser und flaches Land zu geben. Die Ortschaften haben eine lange Tradition als Fischereihäfen. Von hier aus starteten die Fischer zu ihren Fangfahrten in der fischreichen Nordsee. Im 18. und vor allem im 19. Jahrhundert entdeckte man das gesundheitsfördernde Klima der Nordseeküste. Seitdem wandelten sich viele Orte zu Heil- und Seebädern. Heute ist der Tourismus für viele Bewohner eine wichtige Einnahmequelle.
Die Küstenlandschaft ist geprägt von der flachen Marsch und landeinwärts von niedrigen Geestrücken. Direkt am Meer liegen feinkörnige Sandstrände und üppige Salzwiesen. Das Wattenmeer mit dem ständigen Wechsel von Ebbe und Flut bildet den Übergang zwischen Land und Meer.

Auf Störtebekers Spuren

Die Störtebekerstraße verbindet als Touristikstraße alle Ortschaften an der südlichen Nordseeküste. Sie führt direkt an den Deichen entlang von der Ems an der holländischen Grenze bis nach Hamburg an der Elbe. Ihren Namen hat sie von dem berühmt-berüchtigten Seeräuber Klaus Störtebeker erhalten. Auf dem Grasbrook ist er im Jahr 1401 zusammen mit 71 seiner Kumpane enthauptet worden. Noch heute kreisen zahlreiche Sagen um das freie Leben auf See, über Gleichheit und Gerechtigkeit an Bord. Im Mittelpunkt vieler Geschichten stehen die legendären Seeräuber Gödeke Michels und Klaus Störtebeker.

Stürmische Geschichte

Entlang der gesamten Nordseeküste siedelten sich vor rund 2.000 Jahren die Friesen an. Sie haben bis heute ihre eigenen Dialekte und überlieferten Bräuche bewahrt. Erst vor rund 1.000 Jahren begannen die Menschen, zur Sicherung ihres Landes, Deiche zu bauen. Vorher errichteten sie im Flachland hinter der Küste zum Schutz gegen die Sturmfluten künstliche Hügel. Auf diesen "Wurten" oder "Warfen" wurden die Siedlungen erbaut. Im Mittelpunkt der Dörfer stand die Kirche. Das oft mächtige Bauwerk mit meterdicken Mauern erfüllte mehrfache Aufgaben: Die Kirche war Sammlungsort der gläubigen Menschen, Wehrburg gegen plündernde Eroberer und Schutzort gegen die zerstörerische Gewalt der mächtigen Sturmfluten.

Altes Land

Das Alte Land ist heute das größte geschlossene Obstanbaugebiet Nordeuropas, umgeben von sanften Wiesen und zahlreichen Wasserläufen hinter schützenden Deichen. Es gibt viele Höfe mit dem charakteristischen Altländer Fachwerk, so beispielsweise den Gräfenhof, das heutige Jorker Rathaus, dessen Geschichte bis ins 12. Jahrhundert zurückreicht. Das Alte Land ist das ganze Jahr über eine Reise wert. Besucher schätzen vor allem die Zeit der Blüte, wenn die Obstgärten kilometerweit im weißrosa Licht erstrahlen, und die Erntezeit, wenn die Bäume unter der Last der Früchte fast zusammenbrechen.

Ammerland

Das Ammerland bildet das Kernland des Oldenburger Landes. Das Kreisgebiet wird begrenzt von der Stadt Oldenburg im Osten, der Leda-Jümme-Niederung im Westen, der Friesischen Wehde im Norden und dem Küstenkanal im Süden. Durch die Nähe zur Küste herrscht ein gesundes mäßig-maritimes Reizklima. Geographischer Mittelpunkt des Ammerlands ist das Zwischenahner Meer. Obwohl schon seit der Steinzeit besiedelt, ist das Ammerland erst seit Mitte des 10. Jahrhunderts urkundlich belegt.

Ostfriesische Inseln

Vor der Nordseeküste Ostfrieslands erstrecken sich die sieben Ostfriesischen Inseln mit einigen sehr kleinen unbewohnten Eilanden. Auch sie sind in den Sommermonaten das Ziel von zahlreichen Urlaubern. Auf fünf Inseln ist kein Autoverkehr erlaubt. Wer dennoch mit dem Auto anreist, muss seinen Wagen auf dem Festland parken.

Ostfriesland

Ostfrieslands Landschaft ist wie ein faszinierendes Gemälde: Der Wind als Malpinsel und die Wolken als phantastievoller Rahmen für unzählige natürliche, historische und moderne Schätze. Leuchtend gelbe Rapsfelder, sattgrüne Weiden und beruhigende Wald-, Wiesen- und Moorlandschaften lassen vor allem Städter aufatmen und staunen. Alte Bauernhöfe aus dem letzten Jahrhundert, Mühlen-Schönheiten von anno dazumal und urwüchsige Städte und Gemeinden laden im Landkreis Aurich zu erholsamen Ferien ein. Das Land der Wolken und Orgeln erstreckt sich hinter den Nordseedeichen mit unverwechselbarem Charme und Charakter. Mal stürmisch und mal lieblich, mal naturgewaltig und mal träumerisch.

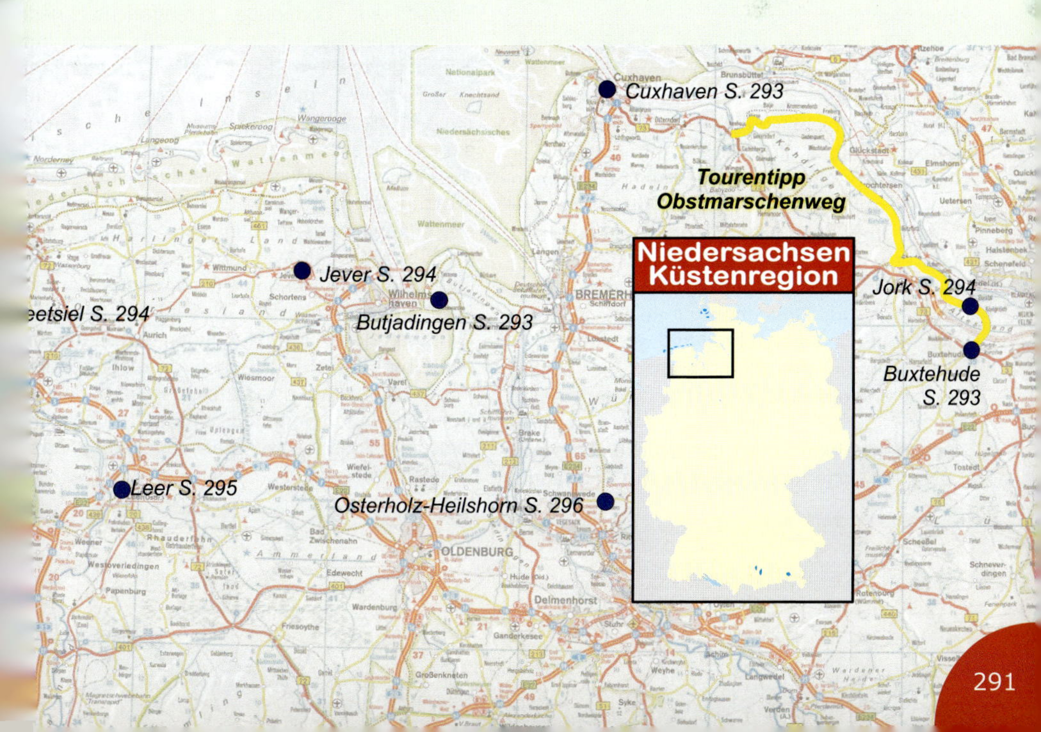

Obstmarschenweg

Klein, aber fein – das ist der Obstmarschenweg. 85 Kilometer weit führt er von Hamburg aus an der Elbe entlang nach Norden und durchquert dabei das größte Obstanbaugebiet Nordeuropas. Hier im Alten Land wachsen rund sieben Millionen Obstbäume, die meisten von ihnen tragen Äpfel. Aber auch außerhalb der farbenprächtigen Zeit der Obstblüte kann die Region gefallen: In den Dörfern stehen die hübschen Bauernhäuser mit ihrem typischen weißen Fachwerk und ihren kunstvoll gemauerten Ziegeln.

Zum Kurvenräubern ist das Alte Land weniger geeignet. Flach, viele Geraden, kaum Bögen – diese Landschaft wird in erster Linie dem Anhänger des genüsslichen Dahingleitens gefallen. Der kann entspannt die Nase in den Fahrtwind halten, die Seebrise schnuppern und sich an dem Panorama der bunten Obstplantagen kaum sattsehen.

Startort Buxtehude, die Stadt, in der das berühmte Wettrennen zwischen dem Hasen und dem Idel stattfand. Doch mit Tempo hat der heutige Tag nichts zu tun. Nachdem wir die reizende Altstadt Buxtehudes mit ihren mittelalterlichen Bauten angeschaut haben, nehmen wir Kurs auf Estebrügge, einen Ortsteil der Gemeinde Jork. Auch Estebrügge glänzt durch einen Kern mit schönen, alten Gebäuden. Vorbei an Ständen mit Obst geht es parallel zur Elbe nach Jork. Das Stätdchen mit seinen wunderschönen Fachwerkhäusern gilt als das historische Zentrum des Alten Landes. Hier spielte sich schon im Mittelalter der Handel der Region ab.

Nach dem Überqueren der Brücke über das Flüsschen Lühe erreichen wir das so genannte Guterhandviertel. Ob da jemand beim Bau der reizenden Bauernhäuser ein „gutes Händchen" hatte? Wie auch immer – die traditionsreichen Gebäude ziehen einen sofort in ihren Bann. Ein kurzer Stopp ist daher Pflicht. Nun geht es auf dem Deich weiter, Richtung Steinkirchen und Grünendeich. Die alte Hojen-Dieck-Klappbrücke kommt in Sicht, dann rollen wir nach Grünendeich mit seiner typischen Schifferkirche aus dem 17. Jahrhundert hinein.

In ständig wechselnden Abständen zur Elbe führt die Route in Richtung Norden. Hollern erinnert mit seinem Namen an seine holländische Vergangenheit. Nachdem die Elbe mit ihren Überschwemmungen immer wieder für Not und Unglücke sorgte, rief man holländische Deichspezialisten herbei, die die Bevölkerung vor dem Wasser schützen sollten. Die Holländer machten ihre Arbeit gut und errichteten entlang der Küste die ersten Deiche.

Ein Abstecher führt uns nun nach Stade. Die Kreisstadt des Alten Landes gehört mit ihrem reizenden Kern zu den schönsten Städten Norddeutschlands. Die Fassaden glänzen mit leuchtend buntem Fachwerk und versetzen den Besucher ins Mittelalter zurück. 1659 wütete ein Großbrand in Stade und zerstörte viele Gebäude.

Parallel zur Süderelbe gelangen wir nach Wischhafen. Hier mündet dieser Seitenarm de Elbe in den großen Strom. Von Wischhafen fähr eine Fähre regelmäßig hinüber ans andere Ufe nach Glückstadt. In dem Örtchen Freiburg un seinen hübschen Bauernhäusern wendet sic die Route nach Westen und durchquert dabe Weideland mit Kühen, Schafen und Pferden Die Obstplantagen treten nun zu Gunsten de traditionellen Landwirtschaft zurück. Die Ost kommt in Sicht, der mit einer Länge von ca 160 Kilometern längste Nebenfluss der Elbe Dann erreichen wir Neuhaus, den Endpun der Obst-Route. Ein Tipp für Technikfreunde In der Nähe steht das Oste-Sperrwerk, das di Schwankungen von Ebbe und Flut ausgleich die die Region ansonsten regelmäßg übe schwemmen würden.

Butjadingen-Eckwarden

GPS: N 53°32´03" - E 8°16´04"

DZ ab € 56,00 

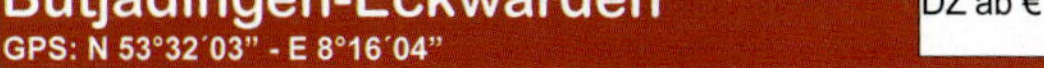

Eckwarder Hof

Wir sind ein Familienbetrieb auf der größten Halbinsel Deutschlands, Butjadingen, im Nordseebad Eckwarden. Neben unseren Fremdenzimmern haben wir ein sehr gemütliches Restaurant/Café , ein Clubzimmer für bis zu 50 Personen und einen Saal für maximal 200 Personen. Hier servieren wir gutbürgerliche Küche und Fischspezialitäten zu bürgerlichen Preisen. Unsere sehr ruhigen Fremdenzimmer (mit Dusche und WC) zum Wohlfühlen ermöglichen Ihnen einen angenehmen Aufenthalt.

Butjadinger Str. 34 • 26969 Butjadingen-Eckwarden • Telefon 0 47 36 / 16 54
E-Mail: eckwarderhof@t-online.de • www.eckwarderhof.de

11604

Buxtehude

GPS: N 53°28´27" - E 9°41´47"

EZ ab € 70,00
DZ ab € 91,00

  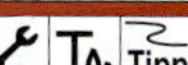

Hotel - Café "Am Stadtpark"

Unser 3-Sterne-Hotel ist DEHOGA klassifiziert und bietet Urlaubern und Geschäftsleuten komfortabel ausgestattete Zimmer und Appartements. Parkplätze stehen unseren Besuchern in der hauseigenen Tiefgarage sowie direkt vor dem Hotel zur Verfügung. Unsere geschmackvoll eingerichteten Einzel- und Doppelzimmer sind alle mit Dusche, WC, W-Lan, Telefon, Radio, Farbfernseher, Safe, Haartrockner und Minibar ausgestattet. Zum Entspannen und Verweilen lädt das gemütliche Café mit seinem Brunnenhof ein - im Sommer ein beliebter Treffpunkt unserer Gäste.

Bahnhofstr. 1 • 21614 Buxtehude • Telefon 0 41 61 / 50 68 10 • Fax 0 41 61 / 50 68 15
E-Mail: Hotel.Stadtpark@t-online.de • www.stadtpark-buxtehude.de

11499

**vom
Hotel - Cafe Am Stadtpark
in Buxtehude**

Das Naturschutzgebiet Lüneburger Heide ist landschaftlich einzigartig. Sie fahren von Buxtehude auf der B3 Richtung Soltau nach Schneverdingen. Nach einem Bummel fahren Sie weiter nach Bispingen. Wer möchte, kann dort auch im Hochsommer Skilaufen.
Von Bispingen ist es nicht mehr weit nach Uelzen mit dem Hundertwasser-Bahnhof, den man unbedingt besichtigen sollte.
Auf der B191 geht es dann weiter Richtung Dannenberg. In Hitzacker erreichen Sie dann die Elbe. Von dort fahren Sie an der Elbe entlang bis Bleckede und weiter in die ehemalige Hansestadt Lüneburg. Die historische Altstadt (Kloster Lüne, Altes Rathaus und St. Johanniskirche) lädt zu einem ausgedehnten Stadtbummel ein.
Auf dem Weg zurück nach Buxtehude lohnt sich ein Abstecher nach Winsen. Danach geht es weiter Richtung Buchholz und zurück nach Buxtehude.

11499

Cuxhaven

GPS: N 53°53´04" - E 8°38´58"

Zelt 17€/Tag
2 Pers.+Motor.

Campingplatz "Am Bäderring"

Duhner Allee 5 • 27476 Cuxhaven-Duhnen
Telefon 0 47 21 / 42 61 61 • Fax 0 47 21 / 42 61 62
E-Mail: info@campingplatz-duhnen.de
www.campingplatz-duhnen.de

Unser Campingplatz hat 160 Stellplätze, zum größten Teil parzelliert, Motorräder können direkt am Zelt stehen. In unserer beheizbaren Sanitäranlage befinden sich Warm- und Kaltwasserduschen mit separaten Umkleidekabinen, abschließbaren Waschkabinen, Abwaschraum sowie eine Waschküche mit Waschmaschine, Trockner und Schleuder. Direkt auf dem Campingplatz gibt es eine Bäckerei mit Frühstückscafe. Unser Campingplatz liegt im Kurteil Duhnen, ca. 350m vom Strand entfernt. Von dort hat man direkten Blick auf den Weltschifffahrtsweg, den Nationalpark Wattenmeer und die Insel Neuwerk. Im Ortskern Duhnen ,ca. 10 Gehminuten vom Campingplatz entfernt, finden Sie diverse gastronomische Betriebe, Lebensmittelgeschäfte und Boutiquen, Hallenwellenbad, Kurmittelhaus, Strandkino und vieles mehr.Weitere Informationen unter www.campingplatz-duhnen.de

Greetsiel

GPS: N 53°29´48" - E 7°05´18"

EZ ab € 98,00
DZ ab € 130,00

52 | 25 | HP | P | Tipp

Landhaus "Steinfeld"

★★★★

Wo früher ein ostfriesisches Häuptlingsgeschlecht herrschte, verbreiten heute die Krabbenkutter eine beschauliche Idylle. Genießen Sie die ostfriesische Gastlichkeit eines stilvollen Hotels mit einem außergewöhnlichen Ambiente – im Landhaus Steinfeld. Das Hotel befindet sich auf dem Grund und Boden des alten Gulfhofes Steinfeld, inmitten von Wiesen und Weiden, umrahmt von Sielen, nur ca. 700m vom Fischerhafen und der Ortsmitte Greetsiels entfernt. Unsere 25 Zimmer, die alle komfortabel und geschmackvoll eingerichtet sind, verbreiten eine behagliche Atmosphäre und bieten absolute Ruhe und Erholung. Alle Zimmer sind mit Satelliten-TV, Radio, Durchwahl-Telefon, Minibar, Zimmer-Safe, Sitzecke und Dusche/WC ausgestattet.

Kleinbahnstr. 16 • 26736 Greetsiel • Telefon 0 49 26 / 9 18 10 • Fax 0 49 26 / 91 81 46
E-Mail: hotel@landhaus-steinfeld.de • www.landhaus-steinfeld.de

11634

Jever

GPS: N 53°34´05" - E 7°53´57"

EZ ab € 44,00
DZ ab € 79,00

Friesen Hotel

Das Friesen Hotel *** liegt zentral und trotzdem ruhig in Innenstadt-Nähe der friesischen Marienstadt Jever, nur 10 Fahrminuten bis zur Autobahn. Wir heißen Sie in einem angenehmen Ambiente herzlich willkommen und bieten Ihnen besten Service. In unserem Friesen Hotel stehen für Sie gemütliche Zimmer zur Verfügung. Sie können zwischen Raucher- und Nichtraucherzimmern wählen. Wir freuen uns auf Ihren Besuch!

Harlinger Weg 1 • 26441 Jever • Telefon 0 44 61 / 93 40 • Fax 0 44 61 / 93 41 11
E-Mail: info@jever-hotel.de • www.jever-hotel.de

116

Jork

GPS: N 53°31´57" - E 9°40´53"

EZ ab € 51,50
DZ ab € 75,00

28 | VP | P

Hotel Sievers

Wir heißen Sie herzlich willkommen in einer herzlichen und familiäre Atmosphäre. Bei uns erwarten Sie gemütlich eingerichtete Zimmer mi Dusche/WC, TV. Das Frühstück wird auf unsere Gäste individue abgestimmt. Unsere Küche verwöhnt Sie in unserem Restaurant mi Spezialitäten sowie hausgemachten Produkten wie Leberwurs Schinken, Forellen und Enten aus eigener Zucht nur auf Vorbestellung Für die Tour geben wir Ihnen gerne auch Lunchpakete mit. Wir freue uns Sie bald als Gast bei uns begrüßen zu dürfen.

Bürgerei 6 • 21635 Jork • Telefon 0 41 62 / 94 27 77
E-Mail: anfrage@sievers-hotel.de

11

Leer
GPS: N 53°13´54" - E 7°29´44"

Erholsame Weite voller Gastlichkeit –

das erwartet Sie im Feriengebiet „Südliches Ostfriesland". Ein Himmel, der bis zum Horizont blickt, ist ebenso typisch für die Region wie die Freundlichkeit der Menschen, die hier zu Hause sind. Auf Entdeckungsreise gehen in einer Ferienregion mit malerischen Dörfern, geheimnisvollen Mooren und idyllischen Fehnkanälen. Entspannen, den Alltag hinter sich lassen, die Ruhe wiederentdecken – das „Südliche Ostfriesland" ist zu jeder Jahreszeit eine Reise wert. Gerne sind wir Ihnen bei der Suche nach einer geeigneten Unterkunft behilflich, ob alleine oder in der Gruppe:

Ein Anruf genügt und wir sagen Ihnen nicht nur, ob die gewünschte Unterkunft frei ist, sondern wir reservieren diese auch gleich für Sie. – Und das natürlich ohne Mehrkosten. Das für Sie lästige und umständliche „herumtelefonieren" bleibt Ihnen erspart – das ist unser Service für Gäste.

Wir freuen uns auf Ihren Besuch in unserer schönen Ferienregion!

Weitere Informationen und Buchung
Touristik GmbH Südliches Ostfriesland
Ledastraße 10 • 26789 Leer
Tel. 0491/91 96 96 20 • Fax 0491/28 60
info@suedliches-ostfriesland.de • www.suedliches-ostfriesland.de

Ein Schloss im englischen Landschaftsgarten - die Evenburg in Leer-Loga

Der Schlosspark steht seit jeher allen offen. Das wissen auch viele Urlauber zu schätzen, die den englischen Landschaftsgarten mit der Evenburg in der Mitte schnell ins Herz schließen. Das weit und breit einmalige Ensemble ist ein Muss für Gäste. Selbst wenn die Zeit nur für ein Lustwandeln im Park reicht. Vorbei an Graften, Teichen, mächtigen Bäumen und über mehrere Brücken. Spazieren im Park und Besichtigung des Schlosses machen Durst und Appetit. Eine Tasse Ostfriesen-Tee und ein Stück hausgemachter Kuchen oder ein Gläschen Sekt, dabei das Schloss vor Augen und unter hohen Linden selbst Teil des Parks – im Schloss-Café runden sich Lustwandeln und Besichtigung auf das Angenehmste ab.

Im Café Schloss Evenburg können hausgemachte Kuchen und kleine Speisen genossen werden. Auch Festlichkeiten aller Art werden hier gern ausgerichtet. Jeden Sonntag gibt es im Schlosscafe ein großes Frühstücksbuffet. Die anschließende Führung durch das Schloss-Ensemble rundet den Vormittag ab.

Unsere Öffnungszeiten
Dienstag bis Freitag ab 11.00 Uhr bis 18.30 Uhr
Samstag ab 14.00 Uhr bis 18.30 Uhr
Sonntag ab 9.30 Uhr bis 18.00 Uhr

WISA (Wir sorgen für Arbeit) gGmbH
Beschäftigungs - und Qualifizierungsgesellschaft, Gründerzentrum

11702

vom
Café Schloss Evenburg
in Leer-Loga

Die Deutsche Fehnroute entdecken und erleben...

Eine interessante und schön zu fahrende Motorradstrecke ist unsere Fehnroute, die einst in den Moorgebieten entstand. Der Name Fehn bedeutet Moor.
Sie "erfahren" Ostfriesland auf Nebenstrecken vorbei an Fehnkanälen, Galerieholländern, Klappbrücken und romantischen gotischen Backsteinkirchen.

Die erste Attraktion, die älteste handgezogene Fähre Nordwestdeutschlands, befindet sich direkt vor der Haustür.
In den Hafenstädten Leer und Papenburg erkennt man sofort die Verbundenheit zur Seefahrt. Für einen Besuch in der historischen Altstadt von Leer sollte man dem Motorrad ruhig mal eine Pause gönnen.

Die gesamte Fehnroute hat eine Länge von 160 km, kann aber über eine Alternativstrecke abgekürzt werden. Entlang der Route werden Sie mit einem fröhlichen "Moin" zum Einkehren begrüßt. Landfrauen laden in den so genannten Melkhuskes zur Rast ein. Erleben Sie Ostfriesland bei dieser gemütlichen Motorradtour.

11702

Osterholz-Heilshorn

GPS: N 53°13´41" - E 8°42´39"

EZ ab € 30,00
DZ ab € 50,00

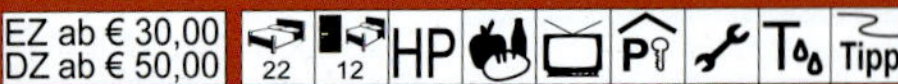

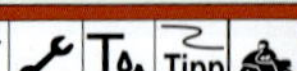

Hotel Mildahn

Wir sind ein kleines Hotel in ruhiger Lage direkt am Scharmbeckstoteler Wald. Verkehrsgünstig gelegen brauchen Sie mit dem Motorrad nur 5 min nach Osterholz-Scharmbeck. Unsere Zimmer sind hell und freundlich ausgestattet, mit TV und Dusche/WC. Einige Doppelzimmer sind auch mit getrennten Betten. Des weiteren bieten wir auch einige Zimmer im DG mit Etagendusche für den kleinen Geldbeutel an. Alles inkl. Frühstück. Unser Restaurant bietet Ihnen eine gutbürgerliche Küche. Darüber hinaus bekommen Sie Fischgerichte sowie saisonale Gerichte. In unseren Clubräumen finden bis zu 60 Personen Platz. Ideal für Ihre Feier. Bei gutem Wetter können Sie auch in unserem herrlich angelegtem Sommergarten speisen.

Bremer Heerstr. 12 • 27711 Heilshorn • Telefon 0 47 95 / 95 48 10
Fax 0 47 95 / 95 48 12 • www.hotel-mildahn.de

11602

www.MOGO.de

MOGO 2009
Hamburger Motorrad Gottesdienst
am Michel

MOGO Husum
12.04.09 - 13 Uhr
25 Jahre MOGO Husum

MOGO Kiel
28.06.09 - 13 Uhr
10 Jahre MOGO Kiel

7. Juni
12.30 Uhr

Predigt: Pastor Erich Faehling • Veranstalter: MOGO Hamburg – in der Nordelbischen Kirche e.V.

Oberbayern
Grandioser Kurvenspaß im Alpenvorland

Als Oberbayern wird der Landstrich im Süden der Republik zwischen .indau am Bodensee im Westen und 3erchtesgaden im Osten bezeichnet.Im 3üden wird die Region von Österreich egrenzt, im Norden gehen die oberba-erischen Berge allmählich in die Ebe-en und sanften Hügel Niederbayerns iber. Oberbayern wartet mit alpinen lochgebirgen ebenso auf wie mit den anften Mittelgebirgen des Voralpen-andes.
ı dieser Region begegnen sich die lenschen mit einem fröhlichen „Grüß 3ott", was so manchen Fremden über-ascht. Bei vielen örtlichen Kirchen- und eimatfesten wird altes Brauchtum le-endig. Besucher erleben die Tradition Heimatabenden, Bauerntheatern und olkloreveranstaltungen. Weltberühmt nd die Oberammergauer Passions-spiele, die alle zehn Jahre (das nächste Mal 2010) aufgeführt werden.

Reisezeit

Als Reisezeit für Ferien in Oberbayern bieten sich alle vier Jahreszeiten an.
Naturfreunde, Hobbyfotografen und Maler erleben besonders intensiv im Frühjahr das Erwachen der Natur. Auf den saftig grünen Wiesen, an den Hängen und zwischen den Felsen beginnen nach der Schneeschmelze die Alpenblumen in allen erdenklichen Formen und Farben zu blühen. In den Tallagen können ausgedehnte Spaziergänge und Wanderungen unternommen werden, während die Hochlagen noch schneebedeckt sind. In den Sommer- und Herbstmonaten (Anfang Juni bis Mitte Oktober) ist Hauptsaison. Urlauber und Wochenendaus-flügler beleben dann die Region und wollen die Landschaften an den Seen, im Voralpenland und im Hochgebirge erleben. Bergwandere

können in den Monaten September und Oktober neben einer farbenfrohen Herbstlandschaft die beständigsten Wetterbedingungen mit einzigartiger Fernsicht erwarten. Wintersportler haben von Weihnachten bis Ostern ihre Saison. Bis in die Tallagen darf mit Schnee und guten Bedingungen für alle Wintersportarten gerechnet werden.

Starnberger Fünf-Seen-Land

Jeder See des Starnberger Fünf-Seen-Landes hat sein eigenes Gesicht. Der größte von ihnen ist der 57 Quadratkilometer große Starnberger See, im Volksmund auch „Fürstensee" genannt. Hier hat die österreichische Kaiserin Elisabeth, besser bekannt unter dem Namen „Sissi", oft die Sommerzeit verbracht. Sie begegnete wiederholt dem bayerischen König Ludwig II., der auf Schloss Berg am Starnberger See seine Sommerresidenz hatte. Der König verlor 1886 auf tragische Weise sein Leben im See.
Mit 47 Quadratkilometern ist der Ammersee, der „Bauernsee", nur wenig kleiner. Auf beiden Seen werden in den Sommermonaten Passagierschiffe im Linienverkehr und für Rundfahrten eingesetzt.
Wer die Stille und Idylle einer naturnahen Landschaft sucht, ist am Wörthsee (4,4 Quadratkilometer), am Pilsensee (2 Quadratkilometer) oder am Wesslinger See mit einer Länge von ca. 600 Metern und einer Breite von ca. 500 Metern richtig.
Über dem Ammersee erhebt sich Bayerns Heiliger Berg mit dem Kloster Andechs. Die Klosterkirche gehört zu den drei bedeutendsten Wallfahrtskirchen Deutschlands. In der gotischen Klosterkirche sind fantasievoller Stuck und Fresken der Rokokozeit sowie eine große Sammlung von Kerzen zu bewundern.

Werdenfelser Land und Karwendelgebirge

Im Mittelalter erhielt das Gebiet um Garmisch-Partenkirchen und Mittenwald den Beinamen „Goldenes Landl". Eine wichtige Handelsstraße verlief von den Wirtschaftsmetropolen in Norditalien über den Brenner nach Augsburg. Heute ist die Region zwischen Oberammergau und Mittenwald, zwischen dem Kochel- und dem Walchensee sowie Garmisch-Partenkirchen durch den Tourismus wieder zu einem „Goldenen Landl" geworden. Die Zugspitze ist mit einer Höhe von 2.963 Metern die höchste Erhe-

Wieskirche Steingaden

bung in Deutschland. Auf den Gipfel führen die höchste Bergbahn Deutschlands und die 18,7 Kilometer lange Zahnradbahn. Bei klarer Sicht eröffnet die Zugspitze eine einmalige Fernsicht über zahlreiche Kämme der Alpen.

Tegernsee und Schliersee
Schon im 19. Jahrhundert begann am 9 Quadratkilometer großen Tegernsee der Fremdenverkehr. König Maximilian Joseph von Bayern baute das verfallende Kloster Tegernsee aus dem 8. Jahrhundert zu einem klassizistischen Schloss um und weilte dort oft zur Sommerfrische. Das fand vor allem beim Hochadel Nachahmer, die sich in den Orten Bad Wiessee und Rottach-Egern aufhielten. Allmählich entwickelte sich das gesamte Territorium zwischen den Flüssen Isar und Inn mit dem Tegernsee und dem 2,2 Quadratkilometer großen Schliersee im Mittelpunkt zu einer beliebten Urlaubsregion. Die Ortsbilder werden bestimmt von barocken Kirchen mit den bekannten Zwiebeltürmen und zahlreichen Häusern mit überlieferten Lüftlmalereien an den Fassaden.

Chiemgau
Der Chiemgau ist eine hügelige Landschaft, die auf fast 2.000 Meter Höhe. ansteigt. Den Mittelpunkt der Region bildet der Chiemsee, mit 82 Quadratkilometern Wasserfläche der größte See Bayerns. Er trägt auch den Beinamen „Bayerisches Meer". Dazu kommen zahlreiche kleinere Wald- und Badeseen inmitten weiter Wiesen-, Wald- und Moorflächen.
Die größten Anziehungspunkte des Chiemsees sind die beiden Inseln, die in den Sommermonaten täglich mehrmals von Personenschiffen angefahren werden. Tausende von Besuchern kommen auf die Insel Herrenchiemsee. Im Mittelpunkt des Interesses steht das Neue Schloss, das der bayerische König Ludwig II. in den Jahren 1878 bis 1885 nach dem Vorbild des Versailler Prunkschlosses errichten ließ. Auf der wesentlich kleineren Insel Frauenchiemsee wurde im Jahr 772 das Benediktinerinnenkloster gegründet. In der Torhalle des Münsters sind Fresken aus dem 9. Jahrhundert erhalten. Das 1730 umgebaute Klostergebäude kann nur von außen besichtigt werden.

Mittenwald

Berchtesgadener Land
Der bekannteste Blick des Berchtesgadener Landes ist der auf die kleine zweitürmige Kirche St. Bartholomä am Königssee mit der gewaltigen Ostwand des Watzmanns im Hintergrund. Die einmalige Hochgebirgslandschaft mit den spektakulären Felsengipfeln von Watzmann und Hochkalter sowie den tief eingeschnittenen Tälern, mit ihrer sauberen Luft und kristallklaren Bächen, mit ihrer besonderen Flora und Fauna ist zu jeder Jahreszeit ein lohnendes Reiseziel. Ein Teil ist als Nationalpark ausgewiesen. In diesem Landschaftsreservat wird die Natur ohne menschliche Eingriffe und wirtschaftliche Nutzung sich selbst überlassen.
Hauptort ist Berchtesgaden. Wenige Kilometer davon entfernt befindet sich das bayerische Staatsbad Bad Reichenhall mit 22 Solequellen. Früher wurde hier Salz gewonnen. Heute wird die Sole zu Heilzwecken genutzt. In Bad Reichenhall kann ein historisches Pumpwerk und in Berchtesgaden ein Salzbergwerk besichtigt werden.

Tegernseer Berge

Wenn mich ein japanischer oder amerikanischer Tourist nach einem sehr typischen Stück Bayern fragen würde, wäre die Antwort klar: Ich würde ihn ins bayerische Oberland, in die Region rund um den Tegernsee schicken. Weshalb? Weil hier Bayern einfach am bayerischsten ist. Weil man hier ganz selbstverständlich Lodenmantel und Trachtenjanker trägt, weil sich hier die unglaublichsten Geschichten um schlaue Wilderer, stramme Burschen und fesche Madeln ranken. Und auch weil man im Umkreis der Tegernseer Berge phantastische Alpenpanoramen findet.

Rottach-Egern am Tegernsee

Natürlich polarisiert die Tegernsee-Region die Leute. Lago di Prozzo sagen die einen, Alpenjuwel die anderen. Natürlich ist der Verkehr rund um den See am Wochenende eine Katastrophe, und natürlich versauen die Münchener Reichen die Immobilienpreise. Aber gleicht diese einzigartige Landschaft mit ihren Seen, Hügeln und Bergen das nicht alles aus?

Eine Motorradtour durch die Tegernseer Berge ist in zweifacher Hinsicht etwas Besonderes. Zunächst wegen der Panoramen, die sich uns unentwegt auftun. Achensee, Inntal, Wendelstein, Sudelfeld - da zuckt das Auge schon zusammen. Der andere Grund sind diese hervorragend ausgebauten Straßen, auf denen man herrliche Schräglagen und einen zügigen Schnitt vorlegen kann. Bei diese Tour geht es nicht klein-klein durch einsame Landstriche, sondern auf großzügigen Strecken zu den Highlights Oberbayerns.

Startort Tegernsee. Das Städtchen, das denselben Namen trägt wie der See, ist seit der Zeit von König Max von Bayern die Nummer eins der Region. Max erwarb nämlich das aufgelöste Tegernseer Kloster und ließ es zum Schloss umbauen. Mit den blaublütigen Gästen kamen die Sommerfrischler aus München, und der kleine Ort wurde für die bessere Gesellschaft bald zum Inbegriff standesgemäßer Ferien.

Statt gleich nach Süden zu fahren, drehen wir lieber erst mal eine Runde um den See. Früh morgens herrscht noch wenig Verkehr, und man kann genüsslich der Uferlinie entlangbummeln. Frische feuchte Luft strömt durch die Lungen. Wie Watte hängt Morgennebel über dem Wasser, dahinter schälen sich schemenhaft die Berggipfel aus dem Frühdunst. Das Linienboo sammelt an den Haltestellen die ersten Frühaufsteher ein, während die Fischer schon au dem Rückweg sind.

Nach der Seerundfahrt nehmen wir in Rottach-Egern den Abzweig zum Achenpass. Au breitem, gepflegtem Asphalt geht es durch ei schattiges Tal langsam bergauf. Immer noch is die Luft angenehm kühl. An den Hängen link und rechts stehen friedlich grasende Rindvie cher. Es herrscht wenig Verkehr, und wir kön nen die lang gezogenen Kehren in vollen Zü gen genießen.

Kreuth taucht auf. In dem kleinen Kuro herrscht weit weniger Betrieb als drunten a See. Schmucke Häuser mit bunten Fassade

zieren seinen Kern. Nach zwei Kilometern kommen auf der linken Seite die Gebäude des ehemaligen Kurbades in Sicht. Wildbad Kreuth wurde 1826 errichtet, in den 70er-Jahren stellte man den Badebetrieb jedoch ein. Seither dient die wuchtige Anlage der CSU als Tagungsstätte.
Auf einmal werden die Kehren enger, und zack, zieht das Schild des 941 Meter hohen Achenpasses vorbei. Eher ein Sattel als ein Pass, gibt dieser Übergang optisch nicht allzu viel her, und man kann eigentlich gleich weiterfahren in Richtung Grenze. Einige Kilometer welligen Asphalts folgen. Dann rollen wir nach Achenkirch hinein. An der Tankstelle am Ortseingang rechts ran und den Fotoapparat raus. Denn der Blick über die Dächer des Ortes auf die Spitzen des Karwendel-Gebirges hat was. Im Vordergrund steht die Dorfkirche, ein Stück weiter hinten auf einem Hügel eine kleine Kapelle.
Ein kurzes Stück weiter blitzt plötzlich die Farbe Blau durch die Bäume - der Achensee. Das blaue Auge Tirols oder Tiroler Fjord wird er gerne genannt. Nun hat ja das österreichische Bundesland Tirol nicht gar zu viele Seen, und seine Bewohner mögen deshalb zur Übertreibung neigen. Im Falle des Achensees treffen die Komplimente jedoch zu. Wunderschön zeigt er sich rechts unterhalb der Straße. Ein blauer Fleck, eingebettet in grüne Wälder.
Langsam verliert nun die Straße an Höhe, vollführt einige überraschende Spitzkehren und stürzt sich hinab ins Inntal. Nicht ohne vorher mit der so genannten Kanzelkehre für erhöhten Puls zu sorgen. Diese Haarnadelkurve fällt nämlich in Sachen Belag völlig aus der Rolle. Von einem Meter auf den anderen wechselt kopfebener Asphalt in holperiges Kopfsteinpflaster. LKWs und Busse haben die Fahrbahn ausgehölt und regelrechte Kanäle hinterlassen. Nach dem Kurvenausgang ist der Spuk vorbei, und wir schwingen von sehr schönen Ausblicken begleitet hinab ins Tal des Inns.
Mal dicht, mal weniger dicht verfolgt die Bundesstraße 171 nun den Fluss. Ihre ruhige Streckenführung erstickt Kurvenabenteuer schon n Keim. Muss ja auch nicht sein. Angesichts er tollen Sicht nach links und rechts auf Rofanebirge und Kitzbüheler Alpen.
affeepause mit Kuchen gefällig? Dann auf ach Rattenberg. Das Städtchen liegt ein paar ilometer flussabwärts am felsigen Südufer des Inns. Bereits im Mittelalter hatte ein bayerisches Herrschergeschlecht an dieser strategisch günstigen Stelle eine Burg errichtet, die in den folgenden Jahrhunderten als Zollstelle zur wahren Goldgrube wurde. Mit der Aufhebung der Zölle nahm die Bedeutung Rattenbergs wieder ab. Für Handwerk und Industrie war der Stadtkern zu eng, und die Unternehmer gingen ins Umland. Zum Glück. Denn so blieben die hübschen Gebäude Rattenbergs nahezu unversehrt erhalten.
Über Wörgl erreichen wir Kufstein, das uns gleich mit seinem typischen Festungs-Blick empfängt. In weinseliger Runde gerne besungen, leidet Kufstein ein wenig unter dem Klischee des Alpen-Vorzeigestädtchens. Was völliger Blödsinn ist. Denn Kufstein erweist sich beim Durchfahren als angenehme und sehenswerte Stadt mit gemütlichen Straßencafés (Richtung Festung, Altstadt weiterfahren).
Unter der Autobahn hindurch geht es der Ausschilderung Thiersee nach. In Sachen Asphalt das totale Kontrastprogramm zum gemächlichen Inntal. Eng, bergig und kurvenreich zirkelt ein Landsträßchen zuerst durch eine Schlucht ein Stück bergauf, um dann ins Thierseer Tal einzufallen. Ein Bilderbuchtal. Gehöfte, Kapellen, Sägemühlen und Kuhweiden säumen den Weg. Alles ist tiptop gepflegt. Nicht nur als Wanderparadies ist das Thierseer Tal weit über seine Grenzen hinaus bekannt. In der Kirche des Ortes Thiersee finden alle vier Jahre die neben Oberammergau wichtigsten Passionsspiele in den Alpen statt.
Das Sträßchen überquert zuerst die Grenze nach Deutschland, dann den 849 Meter hohen Ursprungpass und schlängelt sich schließlich durch das Ursprungtal bergab der Stadt Bayrischzell entgegen. Schon von weitem sichtbar ist der nicht unbedingt höchste, aber doch imposanteste Berggipfel Oberbayerns: der Wendelstein. Wenn das Wort majestätisch zutrifft, dann hier. Fast senkrecht ragt die helle Felswand des Wendelsteins über Bayrischzell in den Himmel. Oben auf der 1.838 Meter hohen Spitze die charakteristische Funkantenne. War der Wendelstein vor 250 Millionen Jahren noch ein Korallenriff in einem subtropischen Ozean, so dient er heute vor allem der Wissenschaft. Eine Sendestation, eine Sonnen- und Windenergie-Anlage sowie eine Wetterwarte sind auf dem Gipfel angesiedelt. Die Aussicht von dort

ist hoch genial, und so bietet sich die Fahrt mit der Gondel zur Bergspitze geradezu an. In Bayrischzell biegt man dazu nach links ab und erreicht nach wenigen Kilometern die Talstation der Wendelsteinbahn.
Der ideale Platz für die Mittagspause ist Bayrischzell mit seinem netten Ortskern und seiner Lage am Fuße des Wendelsteins. Im Zentrum links liegt der Gasthof Zur Post. Ein herrlicher Biergarten mit alten Kastanienbäumen scheint auf hungrige und durstige Biker geradezu gewartet zu haben. Die Maschine parkt am Zaun, während die Besatzung sich das ausgezeichnete Essen schmecken läßt.
Ab Bayrischzell heißt die Straße Tatzelwurmstraße. Sie führt hinauf zum Skigebiet Sudelfeld und anschließend weiter zum Tatzelwurm, einem Berg, an dem einst ein Drache den Reisenden den Weg versperrt haben soll. Heute besorgen das die Behörden. Mit wechselndem Erfolg sperren sie an Wochenenden die 13 Kilometer lange Bergstraße zum 1.100 Meter hoch gelegenen Sudelfeld.
Gleich nach dem Sattel zweigt übrigens rechts ein Bergsträßchen ab. Es endet nach unzähligen Serpentinen auf einem Hochplateau mit mehreren Restaurants und bietet unterwegs wunderschöne Ausblicke ins Inntal und auf den Wendelstein.
Am Tatzelwurm biegen wir nach links auf ein mautpflichtiges Sträßchen ein und nehmen Kurs auf Brannenburg. Eng und holperig geht es im kleinen Gang an einem Bach entlang durch einen romantischen Wald. Ein Felsdurchbruch, und dann kommt auch schon das Ortsschild von Brannenburg in Sicht.
Der Rest der Tour führt dann auf den typischen windungsreichen Bauernstraßen des Voralpenlandes in einem großen Bogen über Bad Feilnbach, Hundham, Fischbachau, Hausham und Schliersee an den Tegernsee zurück. Die Ausschilderung ist nicht immer eindeutig, und man sollte immer wieder mal die Karte zu Rate ziehen. In Hilgenrain darf man nicht in Richtung Miesbach abbiegen, sondern muß den Abzweig nach Parsberg nehmen. An der nächsten T-Kreuzung geht es weiter nach Hundham und Fischbachau. Dann folgen Schliersee und Hausham. In Gmund ist das Ufer des Tegernsees erreicht, und damit hat sich die Rundtour geschlossen.

Traumpanorama Achenkirch

Deutsche Alpenstraße

Sie ist rund 400 Kilometer lang und reicht von Lindau bis Berchtesgaden, vom Bodensee bis zur österreichischen Grenze bei Salzburg. 1927 wurde die Deutsche Alpenstraße geplant und in den Folgejahren fertiggestellt. Aber nur zum Teil. Denn heute fehlen immer noch einige Etappen wie zum Beispiel zwischen Füssen und Garmisch-Partenkirchen. Ob diese Stücke jemals eingesetzt werden? Wohl kaum. Denn anders als in den 20er-Jahren existiert mittlerweile sehr wohl eine durchgehende Straßenverbindung. Nur eben nicht immer unter dem offiziellen Logo der Alpenstraße.

Die Route wurde geplant, um der noch jungen Automobil-Generation die klassischen Panoramen der deutschen Alpen zu zeigen. Deshalb legte man die Strecke so, dass sie auch tatsächlich die schönsten und typischsten Ecken der teutonischen Berge streifte. Der heutige Alpenstraßenfahrer kann sich also sicher sein, dass er keines der Highlights verpasst. Ob Gipfelpanoramen, Schlösser oder Passstrecken - die Deutsche Alpenstraße vereinigt alles, was Rang und Namen hat.

Startort ist Lindau. Die hübsche Inselstadt am Bodensee hat auf den ersten Blick kaum etwas mit dem Begriff Alpen zu tun. Aber von wegen. Sobald man Lindau hinter sich gelassen hat, dauert es keine Viertelstunde, bis sich die Maschine in die ersten Serpentinen legt. Auf gut ausgebautem Asphalt geht es flott bergauf, bis das 400 Meter hoch über dem Bodensee gelegene Scheidegg erreicht ist. Das Panorama, das sich auf den nun folgenden Kilometern bietet, gehört zu den beeindruckendsten der gesamten Alpenstraße. Im Norden die sanften Hügel der Voralpenregion, im Süden die mächtigen Gipfel des Bregenzer Waldes. Bis Oberstaufen dauert diese Sightseeing-Fahrt. Drei Kilometer vorher ein Abstecher hinauf zu dem Aussichtsparkplatz Paradies, dann rollen die Räder durch den 800 Meter hoch liegenden Schroth-Kurort Oberstaufen.

Immer noch auf breitem, gepflegtem Asphalt geht es weiter in Richtung Immenstadt. Die Bögen sind rund und gleichmäßig, die Radien fallen groß aus. Viel Gelegenheit, sich umzuschauen. Immenstadt taucht auf. Die Stadt, die nach einem verheerenden Großbrand im Jahr 1844 völlig neu aufgebaut werden musste. Entsprechend wenig alte Bausubstanz ist heute zu sehen. Übrigens: Wenn ein Einheimischer vom Mittag spricht, meint er den 1.450 Meter hohen Hausberg Immenstadts.

Auch Sonthofen, etwas südlich von Immenstadt im Illertal gelegen, hat eine herbe Vergangenheit. Was allerdings daran liegt, dass das Städtchen schon immer mit Garnisonen belegt war. Im Zweiten Weltkrieg waren es die hier stationierten Gebirgsjäger, die die Aufmerksamkeit der Amerikaner auf sich zogen. Die US-Luftwaffe belegte daraufhin Sonthofen im Jahr 1945 mit einem alles vernichtenden Bombenhagel.

Nach Sonthofen folgen erst noch ein paar behäbige Straßenkilometer bis Hindelang. Dann aber geht es rund: Die Oberjochstraße wartet. Irgendjemand machte sich einmal die Mühe und bekam heraus, daß sich auf einer Strecke von sechs Kilometern über 100 Kehren, Kurven und Serpentinen drängen. Motorradspaß? Welche Frage. Einziger Haken an der Geschichte ist das für die gesamte Distanz geltende Überholverbot. Also genau schauen, wen man vor sich hat.

Das Ziel der Kurvenorgie, der Oberjochpass, ist 1.178 Meter hoch und bildet damit den höchsten Punkt der Deutschen Alpenstraße. Man fährt nun wieder zurück und zweigt im Ort Oberjoch nach rechts in Richtung Wertach ab. Die sehr schön ausgebaute Fahrbahn mit ihren lang gezogenen Kurven bringt nach dem Oberjoch-Abenteuer exakt die richtige Portion Erholung. Wertach, sein Hausberg Grünten und der idyllische Grüntensee kommen in Sicht. Gibt es in Wertach selbst nicht allzu viel zu sehen, macht der kleine Grüntensee ganz nett was her. Er entstand im Jahr 1960, als der Fluss Wertach zur Energiegewinnung aufgestaut wurde.

Über Reichenbach erreichen wir den hübschen Ort Nesselwang. Der klassische Nesselwang-Blick bietet sich oben, kurz vor den in den Ort hinabführenden Serpentinen. Dicht an dicht liegen die roten Ziegeldächer vor uns, während im Hintergrund die Allgäuer Alpen in den Himmel ragen.

Eine Landstraße mit leicht gekrümmter Streckenführung bringt uns zum Sommer- und Wintersportzentrum Pfronten. Dann geht es weiter nach Füssen, in die Stadt, die so unglaublich malerisch am Fuße der Ammergauer Alpen liegt. Allein schon wegen der hübschen Fußgängerzone, des Hohen Schlosses und der vielen top restaurierten Barockfassaden ist ein Stopp in Füssen ein Muß. Wenige Kilometer außerhalb stehen die beiden nächsten Gründe für einen Füssen-Aufenthalt: Die Königsschlösser Neuschwanstein und Hohenschwangau. Bereits von der Straße aus bietet sich ein herrlicher Fotoblick auf Neuschwanstein. Wer Lust auf einen Besuch der Schlösser von König Ludwig II. hat, sollte sich morgens frühzeitig auf den Weg machen. Der Andrang ist enorm.

Hinter Füssen ist mit der offiziellen Alpenstraße zunächst Schluss. Geplant war einmal eine direkte Verbindung durch die Ammergauer Alpen nach Schloss Linderhof. Doch ließen finanzielle Probleme und Proteste von Umweltschützern das Projekt scheitern. So nimmt man am besten den Umweg nach Reutte, um von dort aus über den Ammersattel in das Tal des Flüsschens Lindergries zu gelangen. Dabei kommt man auf einer idyllischen Route am Plansee vorbei.

Im Griestal warten zwei optische Glanzlichter der Deutschen Alpenstraße: Schloß Linderhof und Kloster Ettal. Linderhof mit seinem herrlichen Park ist das einzige Schloss von Ludwig II., das jemals fertiggestellt und bewohnt wurde. Ein Stück weiter steht die prachtvolle Anlage des Klosters Ettal. Es wurde 1330 von Kaiser Ludwig dem Bayern nach glücklicher Rückkehr aus Italien gegründet. Für den neuzeitlichen Reisenden sind in erster Line wohl das von den Mönchen selbst gebraute Bier sowie ihr ausgezeichneter Kräuterlikör von Interesse.

Nach einer engen Schlucht öffnet sich die Landschaft, und es geht auf breitem Asphalt nach Garmisch-Partenkirchen hinein. Der 1935 vereinigte Doppelort war ein Jahr später Schauplatz der Olympischen Winterspiele und besitzt seither ein sehenswertes Sportstadion mit Skisprungschanzen. Der Garmischer Eyecatcher ist jedoch ganz klar der Blick auf Deutschlands höchsten Berg - die Zugspitze.

Nach einem kurzen Abstecher nach Mittenwald (wegen des Karwendel-Panoramas) erreichen wir den Höhenluftkurort Wallgau. Seinen Namen verdankt er den vielen Siedlern romanischer Abstammung, Welschen genannt, die sich hier niederließen. Hinter Wallgau wird aus der mächtigen Deutschen Alpenstraße ein klitzekleines und super enges Forststräßchen. 14 Kilometer lang zirkelt der holperige Asphalt durch einen Wald und lässt immer wieder tolle Blicke auf die linker Hand fließende Isar zu. In Vorderriß bekommt die Maschine wieder ordentlichen Asphalt unter die Räder und legt sich dankbar in die Kurven entlang des Sylvenstein-Stausees.

1959 angelegt, dient der See der Stromerzeugung und soll gleichzeitig die Hochwassergefahr entlang der Isar bannen. Randvoll gefüllt,

Das Sudelfeld hat unter Motorradfahrern einen Namen

ist der See über 40 Meter tief. Keine Chance, den Ort Fall zu sehen, der bei Flutung des Speichers für immer verschwand. Der Jäger von der Fall? Diese Romanfigur Ludwig Ganghofers tauchte seither ebenfalls nicht mehr auf.
Entlang des Achenbaches, des Grenzbaches zwischen Deutschland und Österreich, geht es nun vorbei an der alten Zollstation Kaiserwacht hinauf zum Achenpass. Der liegt eher unspektakulär mitten im Wald, und so setzen wir die Fahrt fort und landen schließlich am Ufer des Tegernsees. Die Alpenstraße umkurvt den See rechts herum. Und das ist richtig. Denn diese Seite ist bei weitem die schönere. In den Ortschaften Rottach-Egern, Tegernsee und Gmund reiht sich ein Café ans andere, die Ausblicke von den Terrassen und Biergärten sind einmalig: Vorn das grünblaue Wasser, dahinter die Gipfel des Mangfallgebirges. Auch die Straße, die ein Stück vor Gmund nach rechts in Richtung Schliersee abbiegt, zeigt so manche wunderschöne Aussicht. Bauernsee heißt der Schliersee im Volksmund, während der Tegernsee gerne als Herrensee bezeichnet wird. Der Grund: Am Schliersee geht es viel ruhiger und gelassener zu als am Tegernsee. Es gibt nicht wenige Liebhaber des bayerischen Alpenvorlandes, für die der Schliersee der eigentliche Tophit ist. Als Abstecher empfiehlt sich die Fahrt zum sechs Kilometer entfernten Spitzingsee. An seinem Ufer läßt sich eine romantische Pause einlegen.
Bis Bayrischzell folgen weite Radien auf sehr gutem Asphalt. Entspannt im Sattel sitzend, kann man so in vollen Zügen den Blick auf den 1.838 Meter hohen Wendelstein genießen. Dann heißt es: Knie an den Tank, Lenker fest in die Hand. Die Kehren hinauf zum Sudelfeld warten. Das Skigebiet liegt in 1.097 Metern Höhe und hält weite Aussichten auf die Schlierseer Berge und die Alpenstraße bereit.
Auf kurviger Landstraße geht es nun weiter durch relativ flaches Land, bis in Frasdorf die Autobahn erreicht ist. Die offizielle Alpenstraße klinkt sich hier für eine kurze Etappe in die A 8 ein. Langweilig? Allerdings. Deshalb sollte man besser die Landstraße nach Aschau nehmen, um in Bernau wieder auf die Originalroute zu treffen. Der kleine Ort blickt auf eine lange Ferientradition zurück. Schon die Römer hatten hier eine Erholungsanlage gebaut. Über Grassau erreichen wir auf einer nun wieder kurviger werdenden Strecke den Fremdenverkehrsort Reit im Winkl. Bekannt geworden durch seine Mitbürgerin und Olympiasiegerin Rosi Mittermaier, hat sich Reit im Winkl in den letzten 20 Jahren zu einer Hochburg des oberbayerischen Tourismus entwickelt. Kein Wunder, liegt der Ort doch in einem reizenden, von Bergen eingerahmten Talkessel.

St. Bartholomä am Königsee

Als griffige, kurvenreiche und nicht allzu breite Strecke durchquert die Bundesstraße 305 nun das Naturschutzgebiet der Chiemgauer Berge. Malerische Seen liegen links und rechts im Wald, hier läßt sich Natur pur inhalieren. Kurz vor Ruhpolding zweigt die Alpenstraße nach rechts weg, erreicht Inzell und erklimmt in lang gezogenen Kehren den 868 Meter hohen Schwarzbachwacht-Sattel. Ab hier präsentiert sich dem Alpenstraßen-Fahrer ein letzter optischer Leckerbissen: Das Berchtesgaden-Panorama. Umgeben von berühmten Gipfeln wie dem Watzmann, dem Jenner und dem Kehlstein, präsentiert sich die alte Salz-Stadt inmitten eines idyllischen Tales von ihrer schönsten Seite. Egal wo man fährt - ständig begleitet einen dieser Blick. Ein passendes Ende der Alpenstraße.

Oberbayern
Wartenberg S. 314
ErdingS. 307
Moosinning S. 310
MÜNCHEN
Kaufering S. 308
Trostberg S. 313
Petting S. 311
Geretsried S. 308
Grabenstätt S. 308
Tourentipp
Deutsche Alpenstraße
Bad Tölz S. 307
Wildsteig S. 314
Bad Kohlgrub S. 307
Murnau S. 310
Saulgrub S. 313
Reit im Winkl S. 312
Oberammergau S. 311
Eschenlohe S. 308
Ramsau S. 311
Schönau S. 313
Königsee S. 309
Oberau S. 311
Tourentipp
Tegernseer Berge
Krün S. 309
Tourentipp
Deutsche Alpenstraße
Mittenwald S. 309

Bad Kohlgrub
GPS: N 47°40´02" - E 11°03´14"

EZ ab € 24,00
DZ ab € 48,00

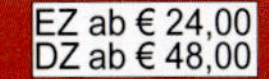

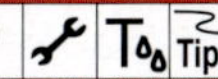

Gästehaus Bauer

Unser Gästehaus im Ortskern von Bad Kohlgrub gelegen vermittelt Ihnen unsere ganze Freundlichkeit. Wir pflegen die familiäre Atmosphäre in unserem Haus und tun dafür alles, was Ihnen den Aufenthalt angenehm macht. Unser Haus bietet Ihnen Einzel- und Doppelzimmer - jedes individuell - sowie Ferienwohnungen. Ein vielfältiges Frühstücksbuffet ist selbstverständlich. Für Tourentipps sind wir der richtige Ansprechpartner.

Schmiedgasse 3 • 82433 Bad Kohlgrub • Telefon 0 88 45 / 3 48
Fax 0 88 45 / 7 51 01 • E-Mail: fremdenzimmer.bauer@t-online.de

12193

Bad Tölz
GPS: N 47°45´44" - E 11°33´25"

EZ ab € 60,00
DZ ab € 90,00

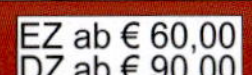

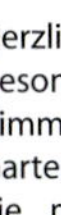

Hotel Kolbergarten

Herzlich willkommen im Hotel Kolbergarten. Ihr leibliches Wohlergehen liegt uns besonders am Herzen. In unseren geräumigen, komfortabel und gemütlichen Zimmern werden Sie sich schnell wohlfühlen. Auf unserer Terrasse und in unserem Garten lässt es sich leicht und schnell entspannen. In unserem Restaurant werden Sie mit regionalen, überregionalen und internationalen frischen Speisen verwöhnt. Ihr Motorrad steht selbstverständlich in einer abschließbaren Garage. Ein Trockenraum für Ihre Motorradkleidung ist ebenfalls vorhanden. Gerne geben wir Ihnen schöne Tourentipps in der Umgebung. Wir freuen uns Sie bald als Gast begrüßen zu dürfen.

Fröhlichgasse 5 • 83646 Bad Tölz • Telefon 0 80 41 / 7 89 20 • Fax 0 80 41 / 90 69
E-Mail: kolbergartenbadtoelz@t-online.de • www.hotelkolbergarten.de

11120

Erding
GPS: N 48°18´16" - E 11°54´26"

EZ ab € 55,00
DZ ab € 80,00

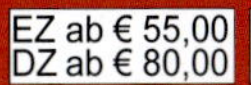

"Bayerische Gastlichkeit und das Herz am rechten Fleck."

Mayr Wirt
Erding

"Bayerische Gastlichkeit und das Herz am rechten Fleck" So könnte man unser Haus beschreiben. In der Stadtmitte von Erding gelegen ist das Gasthaus und Hotel Mayr-Wirt seit jeher ein Ort, an dem Leute feiern, übernachten, sich treffen, bayerische Küche genießen oder ganz einfach ein gepflegtes Erdinger Bier trinken. Bei uns finden Sie Schmankerl der altbayerischen Küche genauso wie die leichte Küche. Zusätzlich zu unserer abwechslungsreichen Tageskarte mit den saisonalen Spezialitäten, bieten wir dem Gast auch unsere bekannten kulinarischen Wochen das ganze Jahr über viel Abwechslung. Unser Haus verfügt über insgesamt 23 Zimmer, die alle über Dusche, WC, Radio, Telefon, TV, Haarfön verfügen. Einen Biergarten haben wir natürlich auch – hier hören Sie ab und zu echte bayerische Blasmusik.

Haager Str. 4 • 85435 Erding
Telefon 0 81 22 / 88 09 20 • Fax 0 81 22 / 70 98
E-Mail: info@mayrwirt-erding.de
www.mayrwirt-erding.de

11265

Eschenlohe
GPS: N 47°35´50" - E 11°11´41"

EZ ab € 45,00
DZ ab € 90,00

Hotel-Restaurant Tonihof

Der Tonihof in Eschenlohe - ein traditionsreiches Landhotel mit einer über fünfzigjährigen Geschichte, idyllisch gelegen am Rand des Blauen Landes zwischen Murnauer Moos und Garmisch-Partenkirchen. Vielleicht der schönste Panoramablick Oberbayerns über das Loisachtal bis hin zur Zugspitze. Komfortable und großzügige Zimmer mit rustikalem Charme. Hervorragende Küche, die Bayerisches und Mediterranes miteinander zu verbinden weiß. Terrassenrestaurant mit Panoramablick 32 Plätze (Frühstückssaal) | Mediterrane Speisen | Bayerische Spezialitäten | Kaffee & Kuchen | 48 Plätze auf der Sonnenterrasse.

Walchenseestr. 42 • 82438 Eschenlohe • Telefon 0 88 24 / 9 29 30 • Fax 0 88 24 / 92 93 99
E-Mail: hotel@tonihof-eschenlohe.de • www.tonihof-eschenlohe.de

11156

Geretsried
GPS: N 47°51´32" - E 11°29´25"

Breslauer Weg 75
82538 Geretsried
Telefon 0 81 71 / 3 23 16
Fax 0 81 71 / 3 23 42
E-Mail: motorrad.seitz@t-online.de
www.motorrad-seitz.de

Meisterbetrieb
Reparatur- und Service aller Motorräder - Unfallinstandsetzung
Neu- und Gebrauchtmotorräder
PGO-Roller und Buggy
PKW Service- und Reparatur
Ersatz- und Zubehörteile
Original BMW-Teile
Sonderanfertigungen, Umbauten, Tuning
Leistungsprüfstand - TÜV-Stützpunkt
Reifenservice
Oldtimerrestauration, Polieren, Beschichten, Lackierung
Motorradbekleidung, Helme

12192

Grabenstätt-Hagenau
GPS: N 47°51´52" - E 12°31´38"

EZ ab € 39,00
DZ ab € 68,00

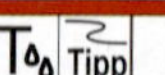

Landgasthof Chiemseefischer

Herzlich willkommen im neuen Landgasthof Chiemseefischer. Schön dass Sie da sind! Meine Mitarbeiter und ich sind sehr bemüht Ihnen stets ein frisches, reichhaltiges und zeitgerechtes Angebot an Speisen und Getränken zu bieten. Unser großer Biergarten bietet Platz für 170 Gäste und ist ein beliebter Treffpunkt für Biker, die in unserer Region unterwegs sind. Der Chiemseefischer verfügt über 5 Einzel- und 6 gemütliche Doppelzimmer mit Dusche und WC, teilweise mit Balkon. Dazu noch ein Appartement für bis zu 4 Personen mit See- und Bergblick.

Hagenau 2 • 83355 Grabenstätt • Telefon 0 86 61 / 98 26 58 • Fax 0 86 61 / 98 26 57
E-Mail: chiemseefischer@t-online.de • www.chiemseefischer.de

12094

Kaufering
GPS: N 48°04´53" - E 10°51´17"

EZ ab € 45,00
DZ ab € 70,00

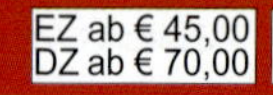

Hotel Rid

Unser Haus hat 110 Zimmer und 11 Appartements. Alle Zimmer haben Dusche, WC, teilweise mit Telefon (ISDN) und TV. Zur Ihrer Entspannung steht eine Sauna zur Verfügung. Bademäntel gegen Gebühr. In unseren gemütlichen Räumen verwöhnen wir Sie gerne mit internationalen Spezialitäten und bayerischen Schmankerln in reicher Auswahl. Unser Restaurant ist an Sonn- und Feiertagen mittags geöffnet. Von hier aus haben Sie einen idealen Ausgangspunkt für zahlreiche Touren ins Allgäu, über den Fernpass nach Österreich oder einfach wunderschöne Touren in Oberbayern.

86916 Kaufering • Telefon 0 81 91 / 65 80 • Fax 0 81 91 / 65 83 29
E-Mail: mail@hotel-rid.de • www.hotel-rid.de

1221

Königssee
GPS: N 47°35´59" - E 12°59´20"

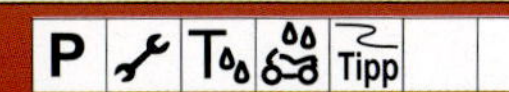

Campingplatz Mühlleiten

Seit mehreren Jahrzehnten inmitten der malerischen Alpen gelegen, ist der Campingplatz Mühlleiten zum Treffpunkt naturbegeisterter Urlauber geworden. Der Platz am Fuße des mehr als 2700m hohen Watzmanns ist mit einer herausragenden Infrastruktur ausgestattet. Unsere Sanitäranlagen sind sehr modern eingerichtet. Zudem bieten wir auch eine Pension mit gemütlich ausgestatteten Zimmern an. Eine kleine Schrauberecke für kleine Reparaturen ist genauso selbstverständlich wie ein Trockenraum. Fragen Sie den Chef nach schönen Motorradtouren in der Umgebung...

Königsseer Str. 70 • 83471 Königssee • Telefon 0 86 52 / 45 84 • Fax 0 86 52 / 6 91 94
E-Mail: buchung@camping-muehlleiten.de • www.camping-muehlleiten.de

11085

Königssee
GPS: N 47°35´36" - E 12°59´23"

EZ ab € 30,00
DZ ab € 52,00

Gästehaus Siegllehen

Vor unserem Haus befindet sich ein Wassertrog mit Sitzbänken und Tischen und eine schöne, große Kaffeeterrasse mit Markise. Genießen Sie dort das Frühstück oder verbringen Sie einen gemütlichen Abend mit unseren anderen Hausgästen. Unsere Zimmer sind gemütlich eingerichtet. Wir bieten Ihnen Einzel-, Zwei- oder Mehrbettzimmer mit Dusche und WC. Unseren Gästen steht der Gästeraum ganztägig zur Verfügung. Dort erhalten Sie auch an der Bar die gängigen Getränke. Unser großer Gastraum sowie der Fernsehraum, beide mit urigen Kachelöfen beheizt, werden gerne in Anspruch genommen.

Sieglweg 6 • 83471 Königssee • Telefon 0 86 52 / 44 32 • Fax 0 86 52 / 6 47 16
E-Mail: info@siegllehen.de • www.siegllehen.de

11086

Krün
GPS: N 47°29´46" - E 11°15´12"

EZ ab € 34,00
DZ ab € 68,00

50 | 30 | HP | Tipp

Ferienhotel***
Barmsee

Das Barmsee-Hotel liegt in der Alpenwelt-Karwendel, nahe Garmisch-Partenkirchen. Von hier aus können Sie optimal Tagestouren ins Allgäu, Tegernseer Tal, nach Österreich oder Südtirol unternehmen. Für Ihr leibliches Wohl sorgen ein reichhaltiges Frühstücksbuffet, Biergarten und Restaurant. Garage für Motorräder gratis.

Ferienhotel Barmsee, 82494 Krün/Obb.
Tel. 08825-2034 www.barmsee.de mit webcam

11153

Mittenwald
GPS: N 47°26´43" - E 11°16´02"

EZ ab € 27,00
DZ ab € 50,00

Ruhe, Entspannung und Erholung finden Sie in unserem gepflegten Gästehaus in herrlicher Lage von Mittenwald. Modern u. behaglich eingerichtete Zimmer oder Appartements mit Bad oder Dusche/WC und Balkon. Auf Wunsch steht Ihnen Kabel-TV zur Verfügung. Großer, ruhiger Garten mit Liegewiese vorhanden. Herrlicher Ausblick auf Karwendel- und Wettersteingebirge. Sie können Übernachtung/Frühstück (Frühstücksbuffet) oder Halbpension (vorzügl. Küche) bei uns buchen. Für Ihre nasse Motorradkleidung haben wir einen Trockenraum eingerichtet.

Prof.-Penck-Str. 13 • 82481 Mittenwald
Telefon 0 88 23 / 80 11 • Fax 0 88 23 / 44 29
E-Mail: flora@mittenwald.info.de • www.gaestehaus-flora.com

11118

Mittenwald
GPS: N 47°28´22" - E 11°16´43"

Naturcampingplatz Isarhorn

Wir heißen Sie herzlich willkommen auf unserem sonnigen und ruhig gelegenen Campingplatz. In der Sommersaison haben wir ein spezielles Angebot für unsere Gäste. Das Tipi-Zelt bietet insgesamt 7 Personen eine Schlafmöglichkeit auf Klappliegen. Eine kleine Feuerstelle gehört natürlich auch dazu. Morgens erwartet Sie ein reichhaltiges Frühstück. Auf Wunsch bieten wir auch Halbpension an. Ab Sommer 2008 stehen Ihnen auch Blockhütten zur Verfügung. Eine Schrauberecke, ein Trockenraum und ein Motorradwaschplatz steht für Sie bereit. Wenn Sie weitere schöne Tourentipps in der Region haben möchten sprechen Sie uns einfach an.

Isarhorn 4 • 82481 Mittenwald • Telefon 0 88 23 / 52 16 • Fax 0 88 23 / 80 91
E-Mail: camping@mittenwald.de • www.camping-isarhorn.de

11119

Moosinning
GPS: N 48°16´37" - E 11°50´45"

EZ ab € 40,00
DZ ab € 71,00

35 | 17 | HP | | | | | | | Tipp

Gasthof & Hotel Daimerwirt

Wir bieten in unserem Gasthof gemütliche Räumlichkeiten. Unsere Küche präsentiert Ihnen neuzeitliche, ausgewogene, sowie auf bayrische Tradition abgestimmte Speisen. Unsere unterschiedlich eingerichteten Gästezimmer sind individuell und behaglich gestaltet und bieten Ihnen ein Ambiente, in dem Sie abschalten, relaxen, tief und gesund schlafen können - natürlich mit Farb-TV, Telefon, und großem Bad. Unser Chef verfügt über einen kleinen altertümlichen Fuhrpark von neuen bis altertümlichen Motorrädern, den es sich lohnt mal anzuschauen. Des weiteren hat er auch immer ein paar Tipps für Biker und eine gute Werkstatt im Haus. Verschiedene Thermenangebote.

Erdinger Str. 40 • 85452 Moosinning • Telefon 0 81 23 / 9 32 40
E-Mail: daimerwirt@t-online.de • www.daimerwirt.de

11089

Murnau am Staffelsee
GPS: N 47°40´15" - E 11°12´20"

EZ ab € 58,00
DZ ab € 98,00

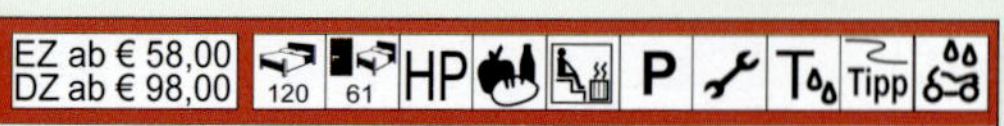

***s Hotel Ludwig am Seidlpark

Herzlich willkommen in unserem internationalen Hotel mit herrlichem Panorama der Alpen und schönen Spazierwegen im Seidlpark in ruhiger Lage. Ein ideales Ferienziel mit gemütlicher Kaminbar, Sauna und Hallenschwimmbad. Im Sommer können Sie auf unseren Liegestühlen im Garten ein Sonnenbad nehmen. Genießen Sie unser reichhaltiges Frühstücksbuffet und Abendessen mit internationaler Küche im Restaurant oder auf unserer Sonnenterrasse. Ein Mal im Monat gibt es ein abendliches Kochevent. Unser Wokessen z.B. ist für seine Leichtigkeit und Frische schon bekannt geworden. Unsere 61 Zimmer verfügen alle über Dusche/Bad und WC, Balkon, Minibar, Farbfernseher, Radio und Telefon. Ein Personenlift ist vorhanden.

Seidlpark 2 • 82418 Murnau • Telefon 0 88 41 / 6 15 90 • Fax 0 88 41 / 6 15 91 00
E-Mail: seidlpark@hotel-ludwig.de • www.hotel-ludwig.de

12194

Murnau am Staffelsee
GPS: N 47°40´43" - E 11°12´00"

EZ ab € 55,00
DZ ab € 98,00

28 | 16 | | | | | | | Tipp

Unser Bestreben ist es, Ihnen einen erholsamen Aufenthalt in einer familiären Umgebung zu ermöglichen. Genießen Sie die Ruhe und erholen Sie sich von einer anstrengenden Motorradtour. Ihr Wohlbefinden ist uns wichtig! Unsere Zimmer sind dem Hausstil liebevoll angepasst und die warmen Farben lassen schnell Gemütlichkeit aufkommen! Alle Details sind auf die Wünsche und Bedürfnisse der Gäste zugeschnitten, ob Sie nun geschäftlich in Murnau sind, oder einfach im Urlaub entspannen wollen. Selbstverständlich sind alle Zimmer mit modernster Technik wie Internetanschluss, TV und Telefon ausgestattet. Unser Haus liegt in der Fußgängerzone, Anfahrt bitte über die Petersgasse!!

Obermarkt 1 • 82418 Murnau am Staffelsee • Telefon 0 88 41 / 48 78 00 • Fax 0 88 41 / 48 78 01
E-Mail: info@hotel-post-murnau.de • www.hotel-post-murnau.de

12195

Oberammergau
GPS: N 47°35´38" - E 11°03´29"

EZ ab € 0,00
DZ ab € 62,00

Hotel Café Restaurant Friedenshöhe

Kulinarisch verwöhnen können Sie sich mit der gutbürgerlichen Speisekarte im Restaurant oder in der original bayerischen Bauernstube mit Kachelofen. Ein Wintergarten lädt im Sommer wie im Winter zum Einkehren ein und auf der Sonnenterrasse mit angrenzender Liegewiese lässt sich der herrliche Panoramablick auf die Ammergauer Berge so richtig genießen. Im Café werden Sie mit hausgebackenen Kuchen und Torten verwöhnt. Unser Hotel verfügt über 28 Betten (14 Zimmer). Die Zimmer im Westflügel des Hotels besitzen einen eigenen Hauseingang und können so bei Bedarf miteinander verbunden werden. Die gemütlichen, im rustikalen Stil gehaltenen Zimmer sind allesamt ausgestattet mit Dusche/Bad und WC sowie Telefon. Eine Garage für Ihr Motorrad steht Ihnen selbstverständlich zur Verfügung.

König-Ludwig-Str. 31 • 82487 Oberammergau • Telefon 0 88 22 / 9 44 84 • Fax 0 88 22 / 43 45
E-Mail: hotel@friedenshoehe.com • www.friedenshoehe.de

11158

Oberau
GPS: N 47°33´58" - E 11°08´24"

EZ ab € 43,00
DZ ab € 76,00

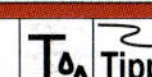

Hotel Alpenhof

Hier im schönen Oberau, liegt unser Haus sehr zentral. Unsere Zimmer sind mit Dusche oder Bad, WC, Telefon, Fernseher und Radiowecker ausgestattet und haben größtenteils Zugang auf Balkone und Terrasse. Ein gemütlicher Gastraum, Bar am Kamin, Sauna, Whirlpool, Dampfbad, Solarium sowie Fitnessraum stehen Ihnen zur Verfügung. Ein Restaurant befindet sich im Haus. Für Sie bleiben keine Wünsche offen. Auf Wunsch veranstalten wir auch Grillabende.

Münchner Str. 11 • 82496 Oberau • Telefon 0 88 24 / 9 22 00 • Fax 0 88 24 / 15 83
E-Mail: mail@alpenhof-oberau.de • www.alpenhof-oberau.de

11200

Petting-Schönram
GPS: N 47°53´09" - E 12°50´54"

Willkommen im Bräustüberl Schönram

Wer im prachtvollen Biergarten ein „Schoaramer" genießt, spürt viel rund ums Bier. So kann man Schluck für Schluck den Unterschied verschiedener Biersorten entdecken. Im Mittelpunkt des Biergartens steht ein Holzofen, in dem täglich vor den Augen der Gäste das berühmte Schönramer Bierbrot gebacken wird. Einfach genießen! Stilvolles Ambiente aus der Jahrhundertwende begleitet Sie im „Herrenzimmer" des Bräustüberls. Unsere Küche verzaubert Sie mit frischen regionalen und internationalen Speisen. Gerne geben wir Ihnen auch Tourentipps für die Region. Sprechen Sie uns einfach an.

Salzburger Str. 10 • 83367 Petting • Telefon 0 86 86 / 2 71 • Fax 0 86 86 / 82 44
E-Mail: info@braeustueberl-schoenram.de • www.braeustueberl-schoenram.de

12095

Ramsau
GPS: N 47°36´16" - E 12°54´48"

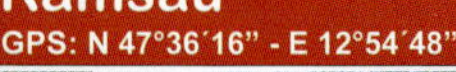

EZ ab € 22,00
DZ ab € 40,00

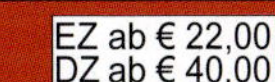

*** Gästehaus Achenwinkel ****

Das Gästehaus Achenwinkel liegt am Ortseingang der Ramsau und ist somit ein idealer Ausgangspunkt für schöne Touren in der weitläufigen Umgebung. Die großen und freundlich eingerichteten Zimmer*** sind alle mit Radio und Fernseher ausgestattet. Aufenthaltsraum, Gästekühlschrank, Kinderbett, Gästeküche und Infrarotkabine stehen unseren Gästen zur Verfügung. Die Komfort-Ferienwohnung**** für 2–3 Personen (45m²) lädt zum Verweilen ein. Eine geräumige Wohnküche sowie Schlafzimmer und Garderobe sind genau so selbstverständlich wie ein Fernseher. Der tiefblaue Hintersee und der Zauberwald laden immer zu einer Motorradtour ein.

Reschenweg 2 • 83486 Ramsau • Telefon 0 86 57 / 6 41 • Fax 0 86 57 / 98 59 59
E-Mail: info@gaestehaus-achenwinkel.de • www.gaestehaus-achenwinkel.de

11077

Reit im Winkl
GPS: N 47°40´40" - E 12°28´06"

EZ ab € 25,00
DZ ab € 46,00

40 20 HP Tipp

*** Hotel-Restaurant Theresenhof

Unser familiär geführtes Hotel-Restaurant Theresenhof, im Herzen Reit im Winkls und doch in ruhiger Lage, bietet Ihnen die idealen Voraussetzungen für einen gelungenen und angenehmen Aufenthalt. Unser Restaurant bietet mit seinem attraktiven Ambiente den entsprechenden Rahmen für ein gemütliches Beisammensein. Erholung beginnt bei uns bereits mit einem reichhaltigen, serviertem Frühstück. Der Hauptgang unserer Halbpension entspricht den individuellen Wünschen jedes einzelnen Gastes. Die Sonnenterrasse ist eine wahre Oase der Ruhe und Erholung. Unsere Kuchen und Backwaren nach Omas alten Hausrezepten werden Ihrem Gaumen schmeicheln.

Hausbachweg 3 • 83242 Reit im Winkl • Telefon 0 86 40 / 85 14 • Fax 0 86 40 / 51 44
E-Mail: Theresenhof@t-online.de • www.hotel-theresenhof.de

11080

Reit im Winkl
GPS: N 47°40´32" - E 12°28´15"

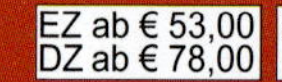

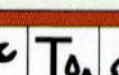

Sonnhof´s Ferienresidenz

In unseren vier nebeneinander liegenden Häusern stehen Ihnen gemütliche Hotelzimmer mit Frühstücksbuffet und Appartements (auch Nichtraucher) mit Badezimmer (Dusche oder Wanne), Küchenzeile sowie Sat-TV, Radiowecker, Durchwahltelefon, Balkon oder Terrasse und Brötchenservice zur Verfügung. Alle Appartements sind ausgestattet mit DU/WC oder Whirlwanne/WC, Küchenzeile teilweise mit Mikrowellenherd, Durchwahltelefon, Sat-TV und Radiowecker, Balkon oder Terrasse. Ihr Gastgeber kann Ihnen interessante Tourentipps in der weitläufigen Umgebung geben. Eine Garage, ein Waschplatz und ein Trockenraum sind natürlich vorhanden. Täglich von Montag bis Freitag bieten wir geführten Wanderungen und Ausflüge an.

Gartenstr. 3 • 83242 Reit im Winkl • Telefon 0 86 40 / 9 88 00
Fax 0 86 40 / 98 80 25 • E-Mail: info@sonnhof.de • www.sonnhof.de

11081

Reit im Winkl
GPS: N 47°40´44" - E 12°28´11"

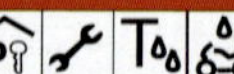

*** Hotel-Pension Edelweiß

Erleben Sie bei uns unbeschwerte Urlaubstage in herzlicher Atmosphäre und genießen Sie die ruhige, sonnige Südhanglage unseres Hauses. Umfangreiches Vital-Frühstücksbuffet und auf Wunsch abends Dreigangmenü. Dabei umgibt Sie in unserem Aufenthaltsraum ein ansprechendes Ambiente im gepflegten, bayerischen Stil. Besonders wohl fühlen sich die Gäste im neuen Wintergarten. Die mit viel Liebe zum Detail eingerichteten Komfortzimmer sind mit Dusche, WC, Selbstwähltelefon, Kabelfernsehen und überwiegend Balkon ausgestattet. Zum Nachmittagskaffee mit hausgemachtem Kuchen trifft man sich gerne auf der Sonnenterasse. Parkplätze und großzügige Tiefgarage stehen zur Verfügung.

Am Grünbühel 1 • 83242 Reit im Winkl • Telefon 0 86 40 / 9 88 90 • Fax 0 86 40 / 98 89 40
E-Mail: bichler@edelweiss-hotel.de • www.edelweiss-hotel.de

11082

Reit im Winkl
GPS: N 47°20´29" - E 12°28´17"

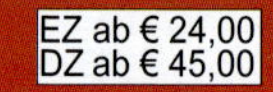

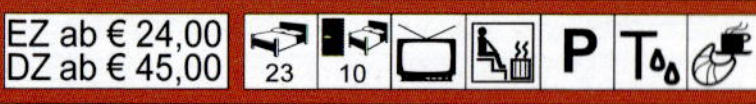
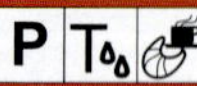

Beim Rottmeister

Eine Oase der Ruhe - und freundliches Gästehaus finden Sie im Herzen von Reit im Winkl in ruhiger und sonniger Lage. Die neu renovierten Zimmer mit Dusche/WC, TV, Balkon und einem reichhaltigen Frühstücksbuffet bieten alles um sich in entspannter Atmosphäre zu erholen. Zum Relaxen steht unseren Gästen eine kleine Dampf- und Trockensauna zur Verfügung.

Weitseestr. 20 • 83242 Reit im Winkl • Telefon 0 86 40 / 86 50
Fax 79 74 23 • E-Mail: beimrottmeister@vr-web.de

1108

Reit im Winkl
GPS: N 47°40´32" - E 12°28´57"

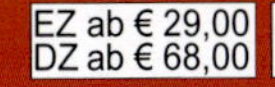

EZ ab € 29,00
DZ ab € 68,00

Gästehaus Hellwig

Das Gästehaus verfügt über 10 Gästezimmer und ein Hallenbad. Selbstverständlich kann das Hallenbad von unseren Gästen kostenlos genutzt werden. Zur Erholung und Entspannung stehen auch das Solarium und die Sauna im Haus zur Verfügung. Im Hof befinden sich Garagen, die auf Wunsch von unseren Gästen gemietet werden können. Parkplätze finden sie im Hof direkt vor dem Eingang. Sie erhalten gerne von uns bei Bedarf noch weitere interessante Tourentipps in unserer Region.

Chiemseestr. 9 • 83242 Reit im Winkl • Telefon 0 86 40 / 9 76 50 • Fax 0 86 40 / 97 65 55
E-Mail: kontakt@gaestehaus-hellwig.de • www.gaestehaus-hellwig.de

11168

Saulgrub
GPS: N 47°40´20" - E 11°01´37"

Landgasthaus beim Kargl "der Bärlauchwirt"

Beliebte Einkehr für Biker die auf der B 23 zwischen Füssen, Oberammergau und Garmisch-Partenkirchen unterwegs sind. Große Parkmöglichkeiten, leistungsfähige regionale Küche, Kaffee und Kuchen, Terrasse, Biergarten und zwei Gaststuben stehen zur Verfügung. Das Landgasthaus ist für die Erhaltung und Förderung der bayrischen Wirtshauskultur ausgezeichnet. Ab 11 Uhr geöffnet - Durchgehend warme Küche - kein Ruhetag!

Im Kirchfeld 9 • 82442 Saulgrub • Telefon 0 88 45 / 6 40 • Fax 0 88 45 / 90 88
E-Mail: kargl-saulgrub@t-online.de • www.landgasthaus-beim-kargl.de

11157

Schönau am Königssee
GPS: N 47°36´06" - E 12°58´54"

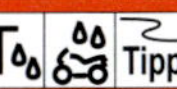

EZ ab € 25,00
DZ ab € 50,00

Wir freuen uns
Ihre Gastgeber zu sein!

Gästehaus Germania ***

Urlaub im Herzen des Nationalparks Berchtesgaden, in Schönau am Königssee. Das Haus Germania ist der ideale Ausgangspunkt für Wanderungen, Bergtouren und Ausflüge zu jeder Jahreszeit. Das Haus mit dem besonderen Flair erwartet Sie mit familiärer Atmosphäre, ruhiger, aber zentraler Lage und mit vielen Entspannungsmöglichkeiten: Sauna, Dampfsauna, Solarium, Wellnessmassagen und Gesichtspflege.

Im Maltermoos 7 • 83471 Schönau am Königssee • Telefon 0 86 52 / 42 09 • Fax 0 86 52 / 6 40 45
E-Mail: sabinemottl@aol.com • www.gaestehaus-germania.com

11087

Trostberg
GPS: N 48°01´28" - E 12°32´02"

EZ ab € 49,00
DZ ab € 74,00

- sonnige Waldrandlage
- mit Bergblick
- nur 900m zum Stadtzentrum
- Fahrrad- und Motorradgaragen

Schwarzerberg 8 • 83308 Trostberg
Telefon 0 86 21 / 6 48 49 00 • Fax 0 86 21 / 6 48 49 99
E-Mail: info@hotelaufwolke-8.de •www.hotelaufwolke-8.de

Genießen Sie unsere Spezialitäten wie die "Schweinerei", den "Schaufelschmaus", den "Hexnfinger" oder unser "Mistwagerl"!
Täglich ab 17 Uhr geöffnet, Sonntags ab 11 Uhr.

11048

Geben auch Sie eine Bewertung zu Ihrem Aufenthalt ab

Wartenberg

GPS: N 48°24´19" - E 11°59´20"

EZ ab € 48,00
DZ ab € 75,00

76 34 HP

Hotel Reiter-Bräu

Unser Hotel verfügt über 34 gemütliche Doppel- bzw. Einzelzimmer. Alle Zimmer sind mit Telefon, Radio, TV-Gerät und z. T. auch Balkon ausgestattet. Wir bieten Ihnen morgens ein reichhaltiges Frühstück. Gastlichkeit wird in Bayern sprichwörtlich groß geschrieben. Wir haben uns auch zum Ziel gesetzt unsere Gäste in den Mittelpunkt zu stellen. Unsere Küche verwöhnt Sie kulinarisch oder mit bayrischen Spezialitäten. Wir sind stets um das Wohl unserer Gäste bemüht.

Untere Hauptstr. 2 • 85456 Wartenberg • Telefon 0 87 62 / 7 35 80 • Fax 0 87 62 / 73 58 50
E-Mail: info@reiter-braeu.de • www.reiter-braeu.de

11091

Wildsteig

GPS: N 47°42´16- E 10°55´50"

EZ ab € 25,00
DZ ab € 46,00

8 3 Tipp

Ferienhof "Zur Muselmühle"

Unser Ferienhof liegt zentral mitten im Herzen der landschaftlich schönsten sowie Kunst und Kulturreichen Gegend Oberbayerns. Füssen (Königsschlösser), Garmisch - Partenkirchen, Oberammergau, Ettal, Wieskirche und noch vieles mehr! Sie haben einen zentralen Ausgangspunkt für viele tolle Tagestouren. Die gemütliche Bauernstube lädt zum Frühstück ein. Der Tag kann beginnen. Es erwartet Sie ein Doppelzimmer mit Dusche/WC, Fön, SAT-TV, Radiowecker und Kühlschrank. Zusätzlich besteht die Möglichkeit kleinere Brotzeiten oder einen Kaffee selbst zuzubereiten. Geschirr - Kaffeemaschine - Kühlschrank - Mikrowelle - sind vorhanden. Für Ihr Motorrad steht Ihnen bei uns selbstverständlich eine Garage zur Verfügung.

Steingadener Str. 21 • 82409 Wildsteig • Telefon 0 88 67 / 91 32 96 • Fax 0 88 67 / 91 32 97
E-Mail: irene@utschneider.de • www.ferienhof-utschneider.de

12215

vom
Ferienhof zur Muselmühle in Wildsteig

Die faszinierende bayerisch – österreichische Tour führt uns über Murnau am Kochelsee zum Kesselberg. Die ersten schönen Kurven laden uns am Walchensee zu einer kleinen Pause ein, weiter geht es nach Mittenwald, bekannt durch den Geigenbau. Am Ortsende biegen wir rechts ab. Mit vielen Kurven geht es steil bergauf. Von Bergen umgeben fahren wir nach Leutasch, in Telfs auf der Bundesstraße nach Zirl. Schwungvoll geht es zum Kühtaisattel (2020m). Hochgebirgslandschaft und Stauseen laden uns zu einer Mittagspause ein, Die Weiterfahrt Richtung Fernpass führt uns nach Garmisch-Patenkirchen, wo wir die Zugspitze sehen. In Oberau geht es weiter zum Ettalerberg. Dabei kommt der Kurvenspaß nicht zu kurz. Von Oberammergau aus fahren wir zur Echelsbacher Brücke im Ammertal einer der schönsten Einbogenbrücken Deutschlands. Nach der Brücke biegen wir links ab Richtung Wildsteig – Wieskirche. Gefahrene Strecke ca. 300 Km.

12215

Oberpfalz und Fichtelgebirge
Im Land des "Weißen Goldes", des Porzellans

Oberpfalz

Hier gibt es sie noch – die unverbrauchte Naturlandschaft, die durch ihre Vielfalt und Gegensätzlichkeit besticht. Naturfreunde erkennen schnell warum: Ein artenreiches Mosa-k aus Flusstälern der Weißen und Schwarzen .aaber, der Sulz und der Schwarzach prägt die .andschaft. Eine idyllische Natur mit Wäldern, eich an weißen Felslandschaften, Mooren und rockenrasen.

Mittelalterliche Stadt Berching

tadtführungen (auch Nachtwächterfüh-ıngen!!) im mittelalterlichen Kleinod Berching ind etwas Besonderes! Eine komplette, begeh-are Ringmauer mit 4 Toren und 13 Türmen, die tadt direkt am Main-Donau-Kanal gelegen, ist ine der Perlen der Oberpfalz! Besuchen Sie as Heimatmuseum, das Erlebnisbad BERLE der unternehmen Sie eine Schifffahrt auf dem euen Kanal .

Stadt Neumarkt, eine Stadt im Grünen!

Das ehemalige Landesgartenschaugelände mit Weinkeller, Minigolfanlage, Gärten, Seecafe mit Freilichtbühne bietet Erholung und Unterhaltung zugleich. Der Jura-Zoo mit Schwerpunkt „Affen" wird von Familien gerne besucht. Das Wahrzeichen der Stadt ist die Burgruine Wolfstein! Hoch über der Stadt ist sie schon von Weitem zu sehen. Führungen durch die Stadt, durch die Kirchen und Museen sind möglich. Wandern Sie am alten Kanal oder hinauf zur Burgruine ... Traditionsreiche Gasthöfe mit leckeren Oberpfälzer Schmankerln und gute Einkaufmöglichkeiten bietet die Stadt. Im Oktober finden die jährlichen Schmankerlwochen der Wirte statt. Und nicht zu vergessen ist das Neumarkter Bier - drei Brauereien hat die Stadt. Veranstaltungen: Frühlingsfest, Altstadtfest, Juravolksfest!

Stadt Velburg

Die Stadt Velburg bietet markierte Wanderung zur König-Otto-Tropfsteinhöhle, eine der

schönsten Höhlen der Oberpfalz (Führung), oder zum Badesee! Weithin bekannt ist auch die Wallfahrtskirche "Maria, Heil der Kranken" auf dem Habsberg. Jährlich findet an Fronleichnam das Wiesenfest mit Radlertreffen und Trachtenumzug in Lengenfeld statt.

Fichtelgebirge

Das Fichtelgebirge im Nordosten von Bayern wird wegen seines Aussehens und seiner Beschaffenheit als grünes Hufeisen aus Granit bezeichnet. Die weiten Wälder in der hügeligen Landschaft bedecken wie ein Mantel das harte Gestein. Nur an wenigen Stellen treten die Felsen an die Oberfläche. Dann haben sie oft fantastische Formen und werden als Labyrinth, Matratzenlager, Felsen- oder Blockmeer bezeichnet. Entstanden sind diese Felsformationen nach einem langen Verwitterungsprozess und nicht durch Vulkanexplosionen. Die weicheren Gesteinsschichten sind zerfallen und nur die harten Granitfelsen erhalten geblieben.

Die höchsten Gipfel des Fichtelgebirges sind mehr als 1000 Meter ü.d.M. hoch. Zu allen Jahreszeiten ist die abwechslungsreiche Mittelgebirgslandschaft ein lohnendes Urlaubsziel.

Naturschätze

Wunsiedel bildete seit dem späten Mittelalter das Zentrum des Bergbaus im Fichtelgebirge.
Seit dem 15. Jahrhundert wurden Metalle, darunter Gold, Silber und Zinn, gefördert. Einen Goldrausch lösten Ende des 17. Jahrhunderts Goldfunde in einigen Schächten bei Kronach aus, die ergiebiger waren als im übrigen Deutschland. Die kleine Stadt Kronach erhielt den Namen Goldkronach. Schließlich wurde die Goldförderung unrentabel und der gesamte Bergbau kam in den zwanziger Jahren des 20. Jahrhunderts vollständig zum Erliegen.
Der größte Schatz des Fichtelgebirges ist der Wald. Er hat dem Territorium seine unverwechselbare Prägung gegeben. Viel Holz wurde gebraucht, um Holzkohle herzustellen und die geförderten Erze zu verhütten. Heute dient der Wald in erster Linie als Lebensraum für Tiere und Pflanzen, sowie als Erholungsraum für Einheimische und Urlaubsgäste. Er bildet die Grundlage für die Einnahmen aus dem bedeutenden Wirtschaftszweig Tourismus.
Am Ochsenkopf entspringt eine Quelle mit dem Namen Main. Bereits 100 km später ist daraus ein schiffbarer Fluss geworden. Ihren Anfang nehmen in diesem Bereich auch die Flüsse Eger, Saale und Naab, die in alle Richtungen fließen. Das Fichtelgebirge bildet die zentrale europäische Wasserscheide.

Porzellan

Aus den im Fichtelgebirge vorhandenen Roh stoffen Porzellanerde, Kaolin, Felsspat un Quarz wird Porzellan hergestellt. Noch heu te entstehen rund 80 Prozent des deutsche Porzellans im Bereich des Fichtelgebirges Die Wiege der Porzellanindustrie befindet sic in Hohenberg an der Eger, wo Anfang des 19 Jahrhunderts der 18-jährige Carolus Magnu Hutschenreuther mit der Produktion des „We ßen Goldes" begann. Das Deutsche Porzellar museum vermittelt einen umfangreichen Ei blick in die Herstellungsweise des Porzellar und zeigt ein umfangreiches Sortiment vo Kunst- und Gebrauchsgegenständen aus die sem Material.

Fichtelgebirgsstraße

Auf ihren rund 180 Kilometern Länge führt die Fichtelgebirgsstraße durch ein Waldgebiet, das zu den schönsten und vielfältigsten in Deutschland gehört. Sie ist relativ wenig befahren und bietet außer herrlichen Aussichten auch phantastischen Motorradspaß. Entspanntes Gleiten steht ebenso auf dem Programm wie Kurvenwetzen.

Startort ist das schnuckelige Kneipp-Heilbad Bad Berneck, das sehr idyllisch am Westrand des Fichtelgebirges liegt. Geprägt wird der Ort durch seine wunderschönen alten Fachwerkhäuser, seine engen Gassen und den hübsch angelegten Kurpark. Auf der B 303 verlassen wir Bad Berneck in Richtung Osten. Und sofort geht es zur Sache: In unzähligen Bögen und Kurven erklimmt die gut ausgebaute Straße die Höhen des Fichtelgebirges. Flotte Schräglagen auf griffigem Asphalt. Ein Auftakt nach Maß. Das Ortsschild von Bischofsgrün taucht auf. Der bekannte Luftkurort liegt malerisch am Fuß des Ochsenkopfs.

Nun verlassen wir die B 303 und biegen auf ein Landsträßchen ab, das uns in Richtung Fichtelberg bringt. Dort wartet nicht nur eine hübsche Sommerfrische, sondern mit dem Fichtelsee (im Ortsteil Neubau) auch ein attraktives Naturschauspiel. Der See war bis 1934 ein Torfmoor und wurde dann ausgebaggert. Heute ist er ein beliebtes Ausflugsziel mit Strandbad und Bootsverleih.

Nun kann man entweder zur B 303 zurückfahren und dort das Felsenlabyrinth Luisenburg anschauen. Es handelt sich dabei um einen Nadelwald, der von mächtigen Granitfelsen überzogen ist. Oder man verfolgt weiter das Landsträßchen und landet schließlich in Marktredwitz. Die große Kreisstadt gefällt mit ihrem Renaissance-Rathaus und der in Resten erhaltenen Befestigungsanlage.

Die eigentliche Fichtelgebirgsstraße führt jetzt weiter über Arzberg zur tschechischen Grenze. Wir jedoch nehmen Kurs auf den Naturpark Steinwald, der sich im Süden von Marktredwitz befindet. Als Steinwald bezeichnet man einen dem Fichtelgebirge vorgelagerten Bergrücken, dessen Charakteristika dichte Hochwälder und bizarre Felsformationen sind.

Vorbei an Schloss Trevesenhammer und dem Ort Grötschenreuth erreichen wir auf schmaler, gewundener Landstraße das Städtchen Erbendorf. Dort weiter auf die B 22 Richtung Weiden. Auf keinen Fall versäumen sollte man ein paar Kilometer weiter einen Abstecher hinüber zum Parkstein, einen isloliert in der Landschaft stehenden Basaltkegel. Er sieht aus, als ob die Natur ihn aus einem Stück gegossen hätte.

Dann kommt Weiden in Sicht. Die Altstadt mit ihren hübschen Bürgerhäusern ist einen Abstecher mit Pausenstopp wert. Auch der nächste Ort, Leuchtenberg, empfiehlt sich für einen kurzen Halt. Wir verlassen dazu kurz die B 22, fahren hoch in den Ortskern und stellen dort gegenüber der Kirche das Motorrad ab. Ein fünfminütiger Fußweg führt von hier hinauf zur Burg Leuchtenberg, die nicht nur einen großartigen Ausblick bietet, sondern auch zu den bedeutendsten Burgen der Oberpfalz gehört.

Auf aussichtsreicher Straße geht es nun weiter in Richtung Cham. Herrliche Panoramen tun sich auf. Ganz vorn saftig grüne Wiesen, dann bewaldete Hügel und schließlich im Hintergrund die dunklen Berge des Böhmerwaldes. Vorbei an Oberviechtach erreichen wir Cham. Dessen mittelalterliches Stadtbild ist ein würdiger Abschluss unserer Tour und das – inoffizielle – Ende der Fichtelgebirgsstraße.

Oberpfalz und Fichtelgebirge

Oberpfalz / Fichtelgebirge

Tourentipp Fichtelgebirgsstraße

Gefrees S. 320
Warmensteinach S. 325
Waldsassen S. 325
Friedenfels S. 319
Tirschenreuth S. 324
Windischeschenbach S. 326
Waidhaus S. 324
Königstein S. 320
Wernberg-Köblitz S. 326
Tännesberg S. 323
Sulzbach´-Rosenberg S. 323
Gaisthal S. 319
Lintach S. 320
Oberviechtach S. 321
Bodenwöhr S. 319
Nitteanu S. 321
Roding S. 323
Parsberg S. 321
Regenstauf S. 322
Rechberg S. 322
Dietfurt S. 319
Tegernheim S. 324
Regensburg S. 322

Bodenwöhr
GPS: N 49°16´21" - E 12°18´27"

EZ ab € 37,00
DZ ab € 55,00

Gasthaus Schiessl

...der ideale Zwischenstopp auf Ihrer Motorradtour durch die Oberpfalz. Oder bleiben Sie über Nacht in unseren gemütlichen Zimmern mit Dusche/WC und TV. Wir haben auch 3-Bett-Zimmer. Abends können Sie in unserem Biergarten den Abend ausklingen lassen und sich mit anderen Bikern zusammen setzen. Oder lassen Sie sich von unserer Küche mit Fleisch-, Fisch- oder Vegetarischen Gerichten verwöhnen. Für Ihr Motorrad halten wir natürlich eine Garage bereit. Wir freuen uns auf Ihren Besuch in Bodenwöhr.

Rathausplatz 2 • 92439 Bodenwöhr • Telefon 0 94 34 / 46 71
Fax 0 94 34 / 20 05 07 • www.gasthof-schiessl.de

12386

Dietfurt im Naturpark Altmühltal
GPS: N 49°02´08" - E 11°35´10"

EZ ab € 32,00
DZ ab € 54,00

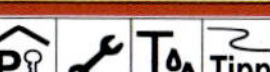
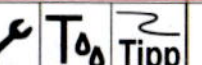

Gasthof/Pension "Zum Bräu-Toni" **

Es freut uns sehr, dass Sie uns besuchen. Wir versprechen Ihnen einen angenehmen Aufenthalt in unserem Hause. Wir verfügen über moderne Doppelzimmer, Einzelzimmer, Dreibettzimmer und 1 Zweibettzimmer. Alle Zimmer sind mit Dusche, WC und Sat-TV ausgestattet. Bei entsprechender Witterung lädt Sie unsere großer Biergarten zum Verweilen ein. Hier treffen Sie oft andere Biker die ebenfalls auf Tour sind. Gerne sind wir Ihnen behilflich mit schönen Tourentipps und Ausflugsmöglichkeiten.

Hauptstr. 4 • 92345 Dietfurt • Telefon 0 84 64 / 60 51 00 • Fax 0 84 64 / 60 51 02
E-Mail: info@zum-braeu-toni.de • www.zum-braeu-toni.de

12307

Friedenfels
GPS: N 49°35´30" - E 10°35´04"

Restaurant & Pension "Weißes Roß"

Fühlen Sie sich wohl und lassen Sie sich verwöhnen... Unsere freundlichen Gästezimmer machen es Ihnen leicht sich bei uns wie zu Hause zu fühlen. Komfortabel ausgestattet und gemütlich eingerichtet bieten sie die optimale Vorraussetzung um erholt auf die nächste Tour zu starten. Dafür halten wir natürlich Lunchpakete für Sie bereit. Unsere Küche verwöhnt Sie tagsüber und abends mit regionaler und internationaler frischer Küche. Nehmen Sie Platz auf unserer schönen großen sonnigen Terrasse und treffen Sie andere Biker aus der Region bei einem kühlen Bierchen...

Schönfußstr. 1 • 95688 Friedenfels • Telefon 0 96 83 / 92 92 50 oder 2 93

12414

Gaisthal-Schönsee
GPS: N 49°28´50" - E 12°30´04"

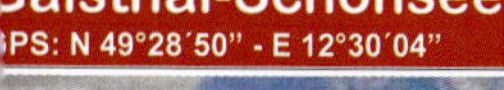

EZ ab € 27,50
DZ ab € 46,00

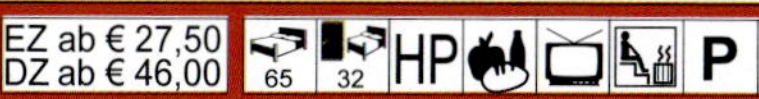

Hotel "Gaisthaler Hof"

Einfach ankommen und sich sofort heimisch fühlen. Sie wohnen in gemütlichen, komfortablen Zimmern. Alle mit Dusche/WC und großteils mit Radio, TV und Telefon. Unsere Küche verwöhnt Sie mit nationalen und internationalen Gerichten. Draußen entscheiden Sie je nach Lust und Laune - gepflegter Garten, große Liegewiese oder überdachter Grillplatz für gesellige Abende. Ihr Gastgeber gibt Ihnen auf Nachfrage auch schöne Tourentipps in die nähere Umgebung. Wir freuen uns auf Ihren Besuch!

Schönseer Str. 16 • 92539 Gaisthal • Telefon 0 96 74 / 2 38 • Fax 0 96 74 / 86 11
E-Mail: info@gaisthaler-hof.de • www.hotel-gaisthaler-hof.de

10982

Gefrees-Entenmühle

GPS: N 50°04´33" - E 11°42´51"

EZ ab € 31,00
DZ ab € 56,00

In ruhiger und sonniger Einzellage, inmitten herrlicher Nadelmischwälder des Fichtelgebirges, liegt unser Haus im romantischen Ölschnitztal. Im Rahmen einer gastfreundlichen und bodenständigen Atmosphäre bieten wir unseren Gästen gemütliche, rustikale Gaststube sowie große Terrasse mit Biergarten, gutbürgerliches Essen mit Spezialitäten vom Wild, Geflügel und Forellen, geräumige, rustikale Gästezimmer, alle mit Dusche/WC zum Teil mit Balkon, großen, sonnigen Garten mit Liegewiese und Sonnenterrasse für ein ungestörtes Sonnenbad.

Entenmühle 6 • 95482 Gefrees • Telefon 0 92 54 / 2 60 • Fax 0 92 54 / 76 34
E-Mail: entenmuehle@aol.com • www.gasthof-entenmuehle.de

11104

Gefrees-Kornbach

GPS: N 50°05´44" - E 11°47´24"

EZ ab € 19,00
DZ ab € 32,00

Gasthof Kornbachtal

Der Gasthof Kornbachtal liegt inmitten der malerischen Landschaft des Fichtelgebirges, umgeben von Hügeln, Wiesen und Wäldern. Wir versuchen auch individuelle Wünsche zu erfüllen. Unsere Speisekarte ist nicht umfangreich, jedoch sind alle Speisen frisch zubereitet und die Rohstoffe aus der Region. Vieles, wie Kuchen, Frühstücksmarmelade, Schinken, Brotzeiten, Käsequerkla stellen wir selbst her. Gutbürgerlicher Mittagstisch, fränkische Brotzeiten, eigene Hausschlachtung. Im Haus sind 5 Doppelzimmer und 1 Einzelzimmer alle mit Dusche und WC. Möchten Sie in der Region neue Motorradtouren erkunden? – dann sprechen Sie uns einfach an.

Kornbach 12 • 95482 Gefrees • Telefon 0 92 54 / 84 23
E-Mail: info@kornbachtal.de • www.kornbachtal.de

11103

Königstein/Oberpfalz

GPS: N 49°35´30" - E 10°35´04"

EZ ab € 30,50
DZ ab € 51,00

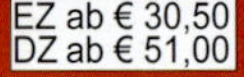

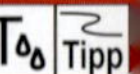

Gasthof Reif

In modernen Einzel-, Doppelzimmern und Suiten können Sie alle Viere von sich strecken. TV, Solarium, Sauna, Fitness- und Leseraum sind bei uns Selbstverständlichkeiten. Mitten im Ort, und doch ruhig und abgelegen, bietet sich unsere neue Sonnenterrasse zum Erholen und Entspannen bei schönem Wetter an. Für Schlemmer und Schwelger, Genießer und Gourmets, aber auch für Gäste, die den Riemen etwas enger schnallen wollen. Kosten Sie einmal unsere Pilzgerichte und Wildspezialitäten. Selbstverständlich stehen wir Ihnen jederzeit mit Touren- und Ausflugstipps zur Seite.

Oberer Markt 5 • 92281 Königstein • Telefon 0 96 65 / 91 50 20
Fax 0 96 65 / 9 15 02 50 • E-Mail: info@gasthof-reif.de • www.gasthof-reif.de

124

Lintach

GPS: N 49°28´15" - E 11°56´28"

EZ ab € 32,00
DZ ab € 54,00

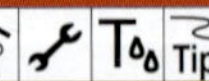

Schlossbräu Lintach

Wir heißen Sie herzlich willkommen im Schlossbräu Lintach, umgeben von einer reizvollen und hügeligen Landschaft im Oberpfälzer Wald. Unsere Gastlichkeit und gute Küche ist weit bekannt. Unsere Zimmer sind komfortabel und gemütlich ausgestattet und verfügen über Dusche/WC, Telefon, Radio, Sat-TV. Morgens erwartet Sie ein reichhaltiges Frühstücksbuffet. Für Ihr Motorrad bieten wir eine sichere Unterkunft in einer abschließbaren Garage. Schrauberecke, Waschplatz und Trockenraum für Ihre nasse Kleidung sind natürlich gegeben.

Amberger Str. 16 • 92272 Lintach • Telefon 0 96 27 / 9 22 20 • Fax 0 96 27 / 9 22 2
E-Mail:rehaber@schlossbraeu-lintach.de • www.rehaber.de

10

vom Schlossbräu Lintach

Die hügelige Landschaft des Oberpfälzer Waldes ist unser Ziel: sattes Grün der Wälder, gemächliche Flüsse und Bäche im Einzugsgebiet der Donau gespickt mit Dörfern und kleinen Städten. Abseits der Touristenpfade freuen wir uns auf entspanntes cruisen und viele Kurven. Wir fahren von Amberg zunächst in östlicher Richtung über Raigering und lassen die letzten Ausläufer des Oberpfälzer Waldes links liegen. Es geht der Fensterbachsenke entlang Richtung Schwarzenfeld. Die sich gemütlich schlängelnde Schwarzach ist nun unser Begleiter, der folgen wir über das historische Neunburg vorm Wald bis zur Staustufe Eixendorf. Hinter Rötz treffen wir auf die Bayrische Ostmarkstraße, die B22. Sie verbindet fränkische Schweiz, Steinwald, Fichtelgebirge, Oberpfälzer Wald und Bayrischer Wald. Über sanfte Hügel touren wir nach Oberviechtach, dem Tor zum Oberpfälzer Wald. Zur Tschechischen Grenze ist's von hier nicht mehr weit. Dem Hinweisschild nach Amberg folgend geht es kurvenreich weiter, nehmen aber den lohnenswerten Abstecher über die alte Stadt Nabburg mit ihren Bürgerhäusern gern in Kauf. Über landschaftlich ansprechendes Terrain vorbei am 673 m hohen Buchberg rollen wir der Sonne und dem Ende der Tour entgegen.

10970

Nittenau

GPS: N 49°11´86" - E 12°16´35"

EZ ab € 35,00
DZ ab € 53,00

36 18 HP

Brauereigasthof Jakob

18 schöne, gemütliche Zimmer in ruhiger Lage, teilweise mit Blick auf den Regen in eine natürliche Idylle, erwarten Sie in unserem neuen, im Mai 2004 eröffneten Gästehaus. Zur Ausstattung der Zimmer gehören Balkon, Bad mit WC oder Dusche mit WC, TV-/Internetanschluss. Ab März eröffnen wir im lauschigen Innenhof mit Blick auf den Regen die Biergartensaison. Auf siebzig Sitzplätzen kann man die idyllische Atmosphäre genießen und die Seele baumeln lassen. Bis Ende September haben wir täglich geöffnet außer Mittwoch (Ruhetag). Im gemütlichen, bayerischen Traditionsgasthof darf natürlich das leibliche Wohl nicht zu kurz kommen. Wir bieten eine große Auswahl an regionalen und saisonalen Spezialitäten.

Hauptstr. 10 • 93149 Nittenau • Telefon 0 94 36 / 82 24 • Fax 0 94 36 / 31 83
E-Mail: info@brauereigasthof-jakob.de • www.brauereigasthof-jakob.de

12387

Oberviechtach

GPS: N 49°27´38" - E 12°25´07"

Café - Konditorei - Biergarten Deyerl

In unserem Biergarten bieten wir für die ganze Familie, Wanderer und Motorradfahrer ein gemütliches Beisammensein bei Bier und Brotzeit. Serviert wird die traditionelle Bayerische Brotzeit z.b. O`batzter, Bratwurstsemmel, Pommes und Steaksemmel. Je nach Jahreszeit gibt es auch Steckerlfisch. Natürlich verfügen wir über einsehbare Parkplätze. In unserem gemütlichen Cafe stehen über 60 Sitzplätze zur Verfügung. Hier servieren wir aus unserer Küche und Konditorei die von Ihnen gewünschten Speisen. Zum Mittagstisch bieten wir mehrere Gerichte zur Auswahl an. Zum Nachmittagscafe gibt es eine große Auswahl an Kuchen und Torten aus unserer hauseigenen Konditorei.

Marktplatz 24 • 92526 Oberviechtach • Telefon 0 96 71 / 21 49
Fax 0 96 71 / 3 00 96 10 • E-mail: cafe.deyerl@t-online.de • www.cafe-deyerl.de

10981

Parsberg

GPS: N 49°09´31" - E 11°43´15"

Gaststätte Poststüberl

Wir bieten Ihnen gemütliche Atmosphäre und eine in der Region sehr bekannte und gute Küche. Dabei sind die Spareribs besonders gefragt - große Portionen zu anständigen Preisen - Bei uns finden 65 Gäste innen und 35 im Biergarten Platz. Wenn Sie eine Übernachtungsmöglichkeit suchen helfen wir Ihnen gerne. Ihr Motorrad können Sie sicher auf unserem Parkplatz hinter dem Haus abstellen. Dienstag Ruhetag.

Lupburger Str. 3 • 92331 Parsberg • Telefon 0 94 92 / 2 78
E-Mail: Poststüberl-Parsberg@web.de

10954

Rechberg

GPS: N 49°08´15" - E 11°52´02"

EZ ab € 30,00
DZ ab € 52,00
39 17 Tipp

Landgasthof "Rechberger Hof"

Unseren ruhig gelegenen Landgasthof finden Sie im hügeligen Oberpfälzer Jura, einer Kulturlandschaft mit artenreicher Flora und Fauna. Bei uns finden Sie abseits vom Massentourismus in familiärer Atmosphäre Ruhe und Entspannung vom Alltagsgeschehen. 17 modern ausgestattete Ein-, Zwei, und Dreibettzimmer mit Dusche, WC und Sat-TV, schattiger Biergarten, Restaurant mit regionaler Spezialitätenküche, saisonale Aktionswochen, z.B. zur Fisch-, Wild-, Spargel- oder Pilzsaison. Ausreichend Parkplätze direkt am Haus und Garage vorhanden.

Leonhard-Nübler-Str. 5 • 93176 Rechberg • Telefon 0 94 93 / 15 53 • Fax 0 94 93 / 90 26 56
E-Mail: info@rechberger-hof.de • www.rechberger-hof.de

12306

Regensburg

GPS: N 49°00´30" - E 12°05´35"

EZ ab € 56,00
DZ ab € 76,00
56 35 HP P

Hotel - Restaurant Wiendl ***

Unser motorradfreundliches Hotel bietet Ihnen bequeme mit dem Lift zu erreichende Hotelzimmer mit Dusche, WC, TV und Telefon. In unserem Restaurant genießen Sie die ruhige Atmosphäre und werden mit nationalen und internationalen Gerichten sowie mit Fischspezialitäten verwöhnt. Genießen Sie in der warmen Jahreszeit unseren von Kastanienbäumen umgebenen Biergarten. Für Ihr Motorrad steht natürlich ein überdachter Parkplatz zur Verfügung.

Universitätsstr. 9 • 93053 Regensburg • Telefon 09 41 / 92 02 70
Fax 09 41 / 9 20 27 28 • E-Mail: info@hotelwiendl.de • www.hotelwiendl.de

10952

Regenstauf

GPS: N 49°07´43" - E 12°07´50"

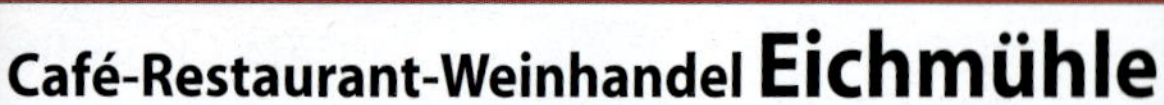

P

Café-Restaurant-Weinhandel Eichmühle

In unserem über 500 Jahre altem Haus bieten wir unseren Gästen Mittagstisch, Café, Eis und abends Menüs in urgemütlicher Atmosphäre. Hier finden bis zu 50 Gäste einen Platz. Ihr Motorrad steht in dieser Zeit direkt auf dem hauseigenen Parkplatz. Einen Trockenraum stellen wir Ihnen selbstverständlich auch zur Verfügung. In der warmen Jahreszeit können Sie in unserem gemütlichen Biergarten direkt am Fluss bei einem frisch gezapften Bier entspannen und sich auf die nächste Etappe durch die Oberpfalz freuen.

Zur Mühle 1 • 93128 Regenstauf • Telefon 0 94 02 / 94 84 10
E-Mail: lucdenny@mx.net • www.eichmuehle.de

1095

Regenstauf

GPS: N 49°09´21" - E 12°08´31"

EZ ab € 25,00
DZ ab € 50,00
12 8 HP P Tipp

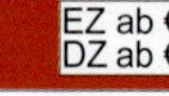

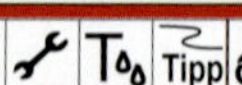

Ramspauer Hof

Im wunderschönen Regental gelegen, verzaubert der "Ramspauer Hof" mit seinem idyllischen Biergarten. Das beliebte Ausflugsziel für Biker bietet köstliche Schmankerl der bayerischen Küche. Die gemütlichen Zimmer tragen natürlich zur Erholung bei. Vollendet wird der Aufenthalt mit einem reichhaltigen Frühstück am Morgen. Tourentipps können wir Ihnen natürlich auch geben da wir selbst Motorrad fahren.

Dorfstr. 5 • 93128 Regenstauf • Telefon 0 94 02 / 45 60 • Fax 0 94 02 / 38 3
E-Mail: ramspauer-hof@t-online.de • www.ramspauer-hof.de

12

Roding
GPS: N 49°09´47" - E 12°28´55"

Gasthaus Aschenbrenner

Abseits der Haupstraßen, in ruhiger, landschaftlich schöner Lage, ist unser Gasthaus und Biergarten zu finden. Biker sind uns herzlich willkommen. Tourentipps für die umliegenede Region halten wir für Sie bereit. Ganzjährig geöffnet. Donnerstag Ruhetag.

Zimmering 103 • 93426 Roding • Telefon 0 94 61 / 6 20 • Fax 0 94 61 / 91 08 65
E-Mail: stefan@gasthaus-aschenbrenner.de • www.gasthaus-aschenbrenner.de

10980

Sulzbach-Rosenberg
GPS: N 49°30´59" - E 11°44´49"

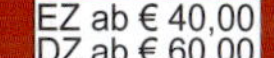

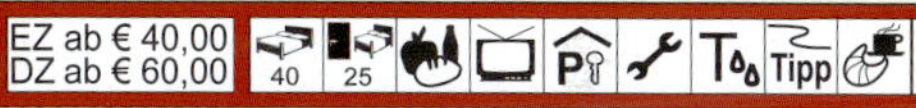

Hotel-Gasthof-Metzgerei "Zum Bartl"

Der Gasthof "Zum Bartl", in ruhiger, sonniger Lage bietet Ihnen bayerische Gastfreundlichkeit und eine angenehme, kinder- und familienfreundliche Atmosphäre. Auf unsere Gäste warten 25 moderne Fremdenzimmer (insgesamt vierzig Betten, teils mit Zusatzbetten) in drei Kategorien, selbstverständlich alle mit Dusche/WC. Unsere Komfortzimmer, größtenteils mit eigenem Balkon, bieten darüber hinaus neben freundlicher heller Ausstrahlung und gediegener Möblierung Telefon, Kabel-Fernsehen und Schreibtisch. Für Gäste die mit dem Motorrad unterwegs sind bieten wir selbstverständlich abschließbare Garagen. Genießen Sie das gesellige Beisammensein in unserem sonnigen Biergarten bei frisch gezapftem Bier und Gerichten aus unserer gutbürgerlichen Küche.

Glückaufstr. 2 • 92237 Sulzbach-Rosenberg • Telefon 0 96 61 / 87 61 50 • Fax 0 96 61 / 8 76 15 61
E-Mail: info@zum-bartl.de • www.zum-bartl.de

10971

vom Hotel-Gasthof-Metzgerei Zum Bartl in Sulzbach-Rosenberg

Vom Sulzbacher Bergland in die Fränkische Schweiz.

Eine wunderschöne Tagestour, mit zahllosen Kurven, beginnt in unserer alten 1000-jährigen historischen Herzogstadt Sulzbach-Rosenberg und führt über Königstein in den Veldensteiner Forst und weiter nach Plech.
Vorbei an, der "Perle der Fränkischen Schweiz", Pottenstein gelangen wir über Waischenfeld nach Aufseß. Der dortige Bikertreff "Kati Bräu" ist weit über die Grenzen Bayerns hinaus bekannt.
Nach einer Rast und Gesprächen mit Gleichgesinnten, fahren wir weiter. Ebermannsstadt, Obertrubach sind die nächsten Anlaufpunkte, bevor wir in das wunderschöne Pegnitztal kommen.

Bestens asphaltierte und kurvenreiche Straßen führen uns zurück nach Sulzbach-Rosenberg. Durch die zentrale Lage des Ausgangspunktes können weitere interessante Tagestouren in das Fichtelgebirge, durch das Vils-, Lauterach- u. Naabtal oder dem Oberpfälzer und Bayerischen Wald, sowie nach Tschechien (60km) geplant werden.

10971

Tännesberg
GPS: N 49°31´56" - E 12°19´34"

EZ ab € 28,00
DZ ab € 48,00

10 | 5 | HP | Tipp

Gasthof - Pension "Tannenhof"

Wir begrüßen Sie recht herzlich im neu renovierten TANNENHOF ! Der Zauber des ursprünglichen Gebäudes ist voll erhalten geblieben. Hier können Sie in familiärer Atmosphäre entspannen und die bekannte Oberpfälzer Küche bei traditionsreichem Bier genießen. Unsere geschmackvoll eingerichteten Zimmer verfügen alle über Dusche / WC und Farbfernseher. Im Sommer-Biergarten servieren wir bei zünftiger bayerischer Musik Grillspezialitäten zum süffigen, erfrischenden Bier bei jeder Menge Gemütlichkeit. Parkmöglichkeiten sind direkt vor dem Haus gegeben. Möchten Sie Tourentipps haben, sprechen Sie uns einfach an. Wir freuen uns auf Ihren Besuch im Tannenhof im Herzen von Tännesberg.

Marktplatz 14 • 92723 Tännesberg • Telefon 0 96 55 / 3 37
Fax 0 96 55 / 91 45 97 • E-Mail: tannenhof-kleber@t-online.de

12198

Tegernheim

GPS: N 49°01´22" - E 12°09´46"

EZ ab € 65,00
DZ ab € 87,00

52 36 Tipp

Hotel von-Heyden

Unser im Mai 2006 eröffnetes Hotel und Appartementhaus finden Sie am östlichen Stadtrand der Donaustadt Regensburg. Im modernen mediterranen Ambiente unseres Hotels können Sie sich rundum wohlfühlen. Alle Räume wurden liebevoll in warmen harmonischen Farben gestaltet und mit den aktuellen wohntechnischen Standards ausgestattet. Die Terrassen und Balkone befinden sich in Südlage und jedes Zimmer wird durch eine komplette Fensterfront erhellt, welche durch solarregulierte Markisen beschattet wird. Zudem bieten Ihnen SAT-TV, kostenloser Internetzugang, Telefon und ein Arbeitsplatz mit Schreibtisch Komfort wie zu Hause.

von-Heyden-Str. 26 • 93105 Tegernheim • Telefon 0 94 03 / 9 54 49 94 00 • Fax 0 94 03 / 9 54 49 94 01
E-Mail: welcome@hotel-von-heyden.de • www.hotel-von-heyden.de

12197

vom
Hotel von Heyden in Tegernheim

Eine wunderschöne Tour liegt vor den Toren des Hotels in Richtung Donaustauf - Falkenstein. Die kurvige Strecke verleiht erste Blicke auf die Berge des hinteren Bayerischen Waldes. In Falkenstein biegen wir vor Erreichen des Ortskerns links ab Richtung B16 Roding. Dabei verläuft die Strecke entlang des Perlbaches in einem wunderschön gelegenen Tal bis die Straße in die B16 mündet. Was Richtung Roding folgt ist eine kurze aber spektakuläre Motorradstrecke. Der beschauliche Ort Roding lädt mit zahlreichen Cafes, Eisdielen oder Biergärten zu einer ersten kurzen Rast ein. In Roding folgen wir der Beschilderung Richtung Bruck/ Schwandorf, bleiben jedoch nur ein kurzes Stück auf dieser viel befahrenen Strasse und suchen nach kurzer Fahrzeit die Abzweigung nach links Richtung Atenkreith/Walderbach/ Nittenau. In Walderbach stoßen wir zum ersten Mal auf den schönen Regen, der uns fortan im Regental begleiten wird. Besonders idyllisch ist die Strecke nach Nittenau Richtung Regenstauf. In Regenstauf angekommen biegen wir an der Kreuzung links Richtung Regensburg ab. Für Hungrige empfehlen wir hier die Pizzeria Francesco in der Mesnergasse 3 hinter dem Marktplatz. Sensationell gute Pizzen im XXL-Format zu moderaten Preisen. Nach einer gelungenen Stärkung verlassen wir Regenstauf auf der B15 Richtung Regensburg, fahren über Zeitlarn nach Regensburg, Tegernheim zu unserem Ausgangspunkt zurück.

12197

Tirschenreuth

GPS: N 49°53´05" - E 12°19´32"

Gasthof **Gleißner**

Ideal gelegener Pension/Gasthof für Ausflüge nach Tschechien, Franken, Fränkische Schweiz und andere umliegende schöne und motorradfreundliche Regionen. In unseren Gasträumen, die alle gemütlich eingerichtet sind, werden Sie sich schnell wohl fühlen. Wir servieren Ihnen frische deftige aber auch leichte Mahlzeiten. Biker sind bei uns immer willkommen.

St. Peter Str. 54 • 95643 Tirschenreuth • Telefon 0 96 31 / 13 66

111

Waidhaus

GPS: N 49°39´16" - E 12°28´00"

Gasthaus Zum Dorfwirt

Herzlich willkommen im urigen und gemütlichen Gasthaus zum Dorfwir Das rauchfreie Speiselokal bietet Ihnen in einer gepflegten nostalgische Atmosphäre eine abwechslungsreiche Palette an Gerichten an. Da Angebot reicht dabei von der traditionellen Oberpfälzer Küche un deftigen Brotzeiten bis hin zu nationalen und internationalen Spezia itäten. Der große Speiseraum im stilvollen Ambiente mit dem dekorative Kachelofen ist für Nichtraucher reserviert. Bei schönem Wetter können S auch im Biergarten und auf der Holzterrasse die Atmosphäre genießen.

Hagendorf 1 • 92726 Waidhaus • Telefon + Fax 0 96 52 / 4 45
E-Mail: andrea.zeis@gmx.de • www.waidhaus.de/gastronomie/gasthaus-zum-dorfwirt/index.htr

11

Waldsassen

GPS: N 50°00´13" - E 12°18´30"

EZ ab € 30,00
DZ ab € 52,00

Hotel zum ehem. Königlichen Bayrischen Forsthaus

Wohnen in zentraler und ruhiger Lage gegenüber der Stiftsbasilika in Waldsassen. Wir bieten behagliche und stilvoll eingerichtete Gästezimmer. Wohnen, Essen und Trinken wird in unserem Haus mit viel Liebe zum Detail geboten. Hier kann sich der Gast verwöhnen lassen. Unsere Original Böhmische Küche ist weit über die Stadtgrenzen hinaus bekannt. Auf unserer sonnigen, teils schattigen Terrasse finden ca. 90 Personen Platz. Hier können Sie in Ruhe abschalten und die "Seele baumeln" lassen. Ihr Motorrad stellen Sie abends sicher in unserer abschließbaren Garage unter. Ein Trockenraum ist selbstverständlich auch vorhanden.

Basilikaplatz 5 • 95652 Waldsassen • Telefon 0 96 32 / 9 20 40 • Fax 0 96 32 / 92 04 44
E-Mail: klaus.pirkl@freenet.de • www.koenigliches-forsthaus.de

11142

Waldsassen

GPS: N 50°00´15" - E 12°18´50"

EZ ab € 25,00
DZ ab € 40,00

Gasthof-Pension Röckl

In unserer gemütlich eingerichteten Gaststube finden bis zu 35 Personen und im Biergarten bis zu 40 Personen ein gemütliches Plätzchen. Egal ob unterm Sonnenschirm oder in der Sonne, hier können Sie genießen was Küche und Keller zu bieten haben. Wir legen Wert darauf unseren Gästen regionale Spezialitäten anzubieten. Das gilt nicht nur für die Küche sondern auch für das Bier. In unseren zehn Zimmern können Sie sich nach einem langen Motorradtag erholen. Alle Zimmer sind gemütlich eingerichtet und verfügen über Dusche/WC, Kabel-TV und Telefon. Das reichhaltige Frühstücksbuffet finden Sie im Frühstückszimmer im ersten Stock.

Kolpingstr. 19 • 95652 Waldsassen • Telefon 0 96 32 / 53 78 • Fax 0 96 32 / 28 98
E-Mail: info@gasthof-roeckl.de • www.gasthof-roeckl.de

12434

vom Gasthof-Pension Röckl in Waldsassen

Waldhäusltour:
Von Waldsassen über Querenbach, vorbei am Sibyllenbad durch Neualbenreuth, dann Richtung Wondreb zum Egerer Waldhäusl. Von dort geht es weiter nach Tirschenreuth. Hier biegen wir ab nach Falkenberg. Da gibt es noch eine gut erhaltene Burg . Wer sich die Beine vertreten will, kann ein Stück durchs Waldnaabtal laufen. Dann über Wiesau, Mitterteich, Großbüchlberg (von dort hat man einen herrlichen Ausblick auf das Stiftland) wieder nach Waldsassen. Die Strecke führt durch ursprüngliche Wälder, über sanfte Hügel und bietet immer wieder reizvolle Ausblicke.

Steinwaldtour:
Von Waldsassen fährt man über Mitterteich, Wiesau nach Friedenfels. Von dort über die Strecke vom Friedenfelser Bergrennen nach Waldershof. Hier geht es weiter über Marktredwitz in Richtung Wunsiedel. Hier kann man einen Abstecher auf die Luisenburg mit dem Felsenlabyrinth und der Naturbühne machen. In Wunsiedel gibt es einen sehenswerten Greifvogelpark. Dann geht es über Thiersheim, Arzberg und Konnersreuth wieder zurück nach Waldsassen.

Dies sind nur 2 von vielen Möglichkeiten. Man kann auch durch Tschechien ins nahe Elstergebirge fahren. Das Fichtelgebirge, der Oberpfälzer Wald und der Bayerische Wald sind ebenfalls in erreichbarer Nähe.

12434

Warmensteinach

GPS: N 50°00´38" - E 11°48´20"

EZ ab € 38,00
DZ ab € 75,00

Entspannen, sich wohlfühlen und gut schlafen in komfortablen Zimmern oder in einem unserer Appartements. Unsere Zimmer verfügen alle über Dusche bzw. Bad WC, Telefon, TV und Tresor. Herrliches Badevergnügen für Jung und Alt im 28°C (84qm) warmen Wasser verspricht unser großes Hallenbad. Massagedüsen erhöhen den Badespaß. Im Sporthotel Fleckl stehen Ihnen Fitnessgeräte, Tischtennis, Billard, Flipper und ein gemütlicher Fernsehraum zur Verfügung. Unser großer Garten bietet Spiel und Spaß im Freien. Freischach oder genießen Sie die Sonne auf unserer großen Liegewiese.

Fleckl 5 • 95485 Warmensteinach • Telefon 0 92 77 / 99 90 • Fax 0 92 77 / 9 99 99
E-Mail: info@sporthotel-fleckl.de • www.sporthotel-fleckl.de

12587

Wernberg-Köblitz
GPS: N 49°32´18" - E 12°08´50"

EZ ab € 18,00
DZ ab € 34,00

25 | 12 | HP | Tipp

Gasthof-Pension Sperl

Sie wollen in freundlichen Gästezimmern übernachten, gutbürgerliche Küche, eine schöne und sonnige Terrasse genießen und auf angenehme Atmosphäre nicht verzichten? Dann sind Sie bei uns, "Gasthof-Pension Sperl", genau richtig. Für Ihr Motorrad halten wir abschließbare Garagen bereit. Morgens erwartet Sie ein reichhaltiges Frühstücksbuffet, damit Sie gestärkt in den Tag gehen. Bootsanlegestelle hinter dem Haus.

Bahnhofstr. 24 • 92533 Wernberg-Köblitz • Telefon 0 96 04 / 22 31

11016

Wernberg-Köblitz
GPS: N 49°32´19" - E 12°09´39"

EZ ab € 62,00
DZ ab € 99,00

66 | 34 | Tipp | HP

Alle unsere Einzelzimmer sind gemütlich mit Dusche, WC, Weckruf, Telefon mit Direktdurchwahl, Kabel TV, Radio, Fön ausgestattet. Der Zimmerservice ist jederzeit erreichbar und steht Ihnen innerhalb weniger Minuten zur Verfügung. Die hellen, modernen Zimmer sind geräumig und komfortabel eingerichtet und lassen eine entspannte, gemütliche Atmosphäre zu. Die Küche ist das Herzstück unseres Hauses. Ein eingespieltes Team aus 6 Köchen zaubert aus frischen Zutaten der Saison exquisite Gaumenfreuden, die das Herz des Feinschmeckers höher schlagen lassen. Küchenchef Josef Burkhard legt seinen Schwerpunkt hierbei auf die Köstlichkeiten und Raffinesse der deutsch-französischen Küche. Im Schatten der Kastanienbäume kann man den Tag bei einem kühlen Maß Bier oder einem Glas Wein gemütlich ausklingen lassen.

Marktplatz 10 • 92533 Wernberg-Köblitz • Telefon 0 96 04 / 9 21 80 • Fax 0 96 04 / 92 18 50
E-Mail: hotel.burkhard@t-online.de • www.hotel-burkhard.de

11018

Windischeschenbach
GPS: N 49°48´10" - E 12°09´18"

EZ ab € 30,00
DZ ab € 50,00

Hotel Oberpfälzer Hof ***

Wir heißen Sie herzlich willkommen in unserem gemütlich eingerichteten Haus mit rustikalen Gasträumen, kleines Straßencafé und gutbürgerlicher Küche (mehrmals ausgezeichnet). Wir servieren Ihnen deftige Hausmannskost sowie leichte Speisen bis hin zu Kaffee und Kuchen. In unseren Zimmern finden Sie Dusche/WC, natürlich TV und teilweise auch Telefon. Morgens können Sie mit einem reichhaltigen Frühstücksbuffet in den Tag starten. Für sonnige Tage haben wir in unserem Innenhof einen schönen Biergarten der zum Verweilen und Grillen einlädt. Tourismusatraktion "echter Kommunbrauzoigl" untergäriges selbstgebrautes Bier. Unterstellmöglichkeit der Motorräder sowie Trockenmöglichkeiten der Motorradbekleidung.

Hauptstr. 1 • 92670 Windischeschenbach • Telefon 0 96 81 / 7 88 • Fax 0 96 81 / 82 23
E-Mail: hoteloberpfaelzerhof@t-online.de • www.oberpfaelzer-hof.de

1110

vom
Hotel-Restaurant
Oberpfälzer Hof
in Windischeschenbach

Als Motorradfreund finden Sie in unserer Region eine große Wald- und Seelandschaft des Oberpfälzer Waldes. Viele romantische Teiche findet man im Stiftland, ebenso ist unsere Region eine der burgenreichsten Gegenden Deutschlands. Die Begegnung mit Klöstern, Kirchen mit Romantik und Barock ist eine Reise durch das Kunstschaffen von Jahrhunderten.

Glas- und Porzellanstraße führen durch die Welt des Porzellan- und Glas-Handwerks. Durch den Beitritt Tschechiens zur EU erhält die Nachbarschaft Böhmens eine neue Bedeutung, die bekannten Kurorte Franzensbad / Marienbad und Karlsbad sowie die Orte Klattau und Krum sind Touristenanziehungspunkte und nicht weit vom Ort entfernt.

Hoch interessant und sehenswert sind die kontinentalen Tiefenbohrung in Windischeschenbach.

111

Odenwald

Motorrad fahren in der Region der Sagen, Legenden, Klöster und Bauerndörfer

In einem Lied heißt es: "Es steht ein Baum im Odenwald." Das ist nicht die Antwort auf ie Scherzfrage, welcher der kleinste Wald in Deutschland ist. Vielmehr ist mit dem besun-genen Baum ein besonderes Exemplar gemeint. Mehr als die Hälfte des gesamten Gebietes im Odenwald wird von Mischwald bedeckt. Da-wischen liegen Felder, Weiden, Streuobstwie-sen und Weinberge. Die Region wird von drei roßen Flüssen – Rhein, Main, Neckar – um-ahmt, die das Landschaftsbild prägen. Um die Natur zu schützen und für Erholungsuchende ugänglich zu machen, wurden die Naturparks ergstraße-Odenwald und Neckartal-Odenwald egründet. Der größte Teil des Odenwaldes ge-ört politisch zum Bundesland Hessen, andere ebiete sind den Bundesländern Bayern und aden-Württemberg zugeordnet. Die Bedeu-ng des Odenwaldes als Ferien- und Freizeit-ebiet dokumentiert die Ausweisung von neun uristischen Routen.

Eine Region mit unterschiedlichen Gesichtern
Der Odenwald zeigt ein vielfältiges Erscheinungsbild: Der zentrale Odenwald erstreckt sich um die Städte Erbach und Michelstadt. Die hügelige Landschaft wird von weiten Wäldern bestanden. In den Seitentälern finden Urlauber und Naturfreunde eine fast unberührte Naturlandschaft.

Im Westen reicht das Mittelgebirge bis zum Rheintal. Die Bergstraße war bereits in den ersten nachchristlichen Jahrhunderten eine wichtige Handels- und Heerstraße der Römer. Im Mittelalter errichteten die Herrscher auf den Höhen zahlreiche Burgen. Zu ihren Füßen entstanden Ortschaften. Im Frühjahr erblühen Tausende von Aprikosen-, Pfirsich- und Mandelbäumen. Seit Jahrhunderten wächst in dem milden Klima der Hessischen und der Badischen Bergstraße ein ausgezeichneter Wein.

Ein ähnliches Klima bietet das Maintal im Nordosten des Odenwaldes. An den teils steilen Hängen wird traditionell Wein angebaut. Das besondere Kennzeichen des Weines aus Mainfranken sind die Bocksbeutelflaschen.

Der östliche Teil wird als Madonnenländchen bezeichnet, wegen der vielen Madonnenstatuen entlang der Straßen und Wege. Auf den Kalkmuschelböden wurde bereits früher als im Odenwald mit der Landwirtschaft begonnen und der Wald weiter zurückgedrängt.
Im Süden durchzieht der Neckar die Landschaft und trennt den "Kleinen Odenwald" südlich des Flusses vom wesentlich größeren Gebiet im Norden. Beiderseits des Flusses liegen sehenswerte Ortschaften mit Burgen und Burgruinen auf den Höhen.

Odenwald – reich an Geschichte und Sagen
Im 1. Jahrhundert n.Chr. vergrößerten die Römer ihr Herrschaftsgebiet in östlicher Richtung bis an den Main. Zur Sicherung gegen feindliche Übergriffe errichteten sie im Bereich des Odenwaldes gleich zweimal eine Grenzbefestigungsanlage, die als Limes bekannt ist.
Der erste Limes führte vom Kastell Nemaninga, dem heutigen Obernburg am Main, in südlicher Richtung durch die zentralen Waldgebiete bis in die Nähe von Bad Wimpfen am Main. Rund fünfzig Jahre später wurde weiter östlich ein zweiter Limes erbaut, der leichter zu verteidigen war. Er durchzieht das Land von Miltenberg am Main über Walldürn und Osterburken bis in die Nähe von Jagsthausen.
Als im 3. Jahrhundert n.Chr. die Alemannen den Limes eroberten, zogen sich die Römer hinter den Rhein zurück. Heute sind an verschiedenen Stellen im Odenwald Turmfundamente, Reste von Wall- und Grabenanlagen zu finden.
Um das Jahr 400 eroberten die Burgunder das Gebiet und gründeten mit dem Mittelpunkt Worms ein Königreich. In dieser Zeit spielten sich die Ereignisse ab, von denen die Sage um den Helden Siegfried und den Nibelungenschatz erzählt. Sie war die Vorlage für Wagners Opern-Trilogie "Der Ring des Nibelungen". Die beiden Touristikstraßen "Nibelungenstraße" und "Siegfriedstraße" führen auf verschiedenen Wegen von Worms nach Würzburg. Sie erreichen mehrere Stellen im Odenwald, an denen sich die tragischen Szenen abgespielt haben sollen.

Eine Region für Naturfreunde und Aktivurlauber
Der Odenwald ist mit seinem Waldreichtum ein ideales Wandergebiet. Von allen Orten und zahlreichen Wanderparkplätzen aus führen gut ausgeschilderte Wege in die Naturlandschaft. Die Palette reicht vom ebenen Spazierweg über Rundwanderwege bis zu Fernwanderwegen. Vielfältige Möglichkeiten finden auch Radwanderer im Odenwald. Ausgeschilderte Radwanderwege durchqueren alle Teile des Mittelgebirges. Die Wege in den Tallagen sind auch für Familien mit Kindern gut zu bewältigen. Mehrere überregionale Radwanderwege sind unter einem bestimmten Thema angelegt worden. Die beiden Limes-Wandertouren mit Gesamtlängen von 113 bzw. 168 Kilometern führen auf den Spuren der Römer.
Eine weitere Variante zum kennen lernen des Odenwaldes ist das Reiten. Pferde sind bei verschiedenen Reit- und Bauernhöfen auszuleihen. Bequemer sind Kutsch- und Planwagenfahrten unter der Leitung eines ortskundigen Gespannführers.
Vom Frühjahr bis zum späten Herbst verkehren regelmäßig Fahrgastschiffe auf dem Neckar. Die Strecke zwischen Heidelberg und Bad Wimpfen gilt als der schönste Abschnitt des Flusses.

Erbach im Odenwald

Für viele ist es ein bleibendes Erlebnis, die Naturlandschaft mit ihren steilen Hängen, den sehenswerten Orten und den Burgen auf den Höhen aus dieser Perspektive zu betrachten. Rundfahrten und Tagesfahrten werden auch auf dem Main angeboten. Von Aschaffenburg, Miltenberg und Wertheim aus starten die Schiffe zu ihren Fahrten entlang der von Wäldern und Weinbergen bestandenen Ufer.

Odenwald – voller Naturschönheiten und historischer Sehenswürdigkeiten

Ein beliebtes Ausflugsziel ist das steinerne Meer bei Lautertal. Jung und Alt erklettern gerne die großen Steinbrocken, die wie eine erstarrte Gesteinslawine den Abhang bedecken. Halbfertige Säulen zeugen davon, dass bereits die Römer dieses Granitvorkommen als Steinbruch genutzt haben.

Auf den Höhenrücken am Rande der Täler von Rhein, Main und Neckar wurden zahlreiche Burgen errichtet. Einige wurden wiederhergestellt, andere sind als Ruinen stumme Zeugen einer bewegten Geschichte. Im zentralen Odenwald sind die Breuburg und die Veste Otzburg eindrucksvolle Bauwerke aus dieser Zeit.

Sehenswerte Orte

Michelstadt

Schöne Fachwerkhäuser präsentiert die Innenstadt von Michelstadt im zentralen Odenwald. Das spätgotische Fachwerkrathaus in Michelstadt aus dem Jahr 1484 ist eines der schönsten in Deutschland. Unbedingt einen Halt wert ist der malerische Martkplatz der Stadt.

Hirschhorn

Im südlichen Odenwald schmiegen sich - umgeben von einer mächtigen Schutzmauer - die Häuser von Hirschhorn am Neckar an einen Berghang. Auf der Höhe über dem Neckar wacht die Burg.

Walldürn

Der Wallfahrtsort Walldürn und seine Kirche „Zum heiligen Blut“ sind seit dem 17. Jahrhundert ein beliebtes Ziel für gläubige Pilger. Das Rathaus stammt aus dem Jahr 1448 und wurde seitdem ununterbrochen als Amtssitz des Bürgermeisters verwendet. Es gilt somit als Deutschlands ältestes Rathaus.

Erbach

Das Zentrum der deutschen Elfenbein-Schnitzerei liegt südlich von Michelstadt. Wer wissen will, wie die Elfenbein-Schnitzkunst nach Deutschland kam, sollte das örtliche Elfenbein-Museum besuchen.

Groß-Umstadt

Die „Odenwälder Weininsel“, wie der Winzerort Groß-Umstadt auch genannt wird, liegt am Rande des Odenwaldes im Rhein-Main-Gebiet. Besuchenswert ist sein historischer Stadtkern mit seinen hübschen Fachwerkhäusern.

Amorbach

Unter Denkmalschutz steht die barocke Altstadt von Amorbach im nordöstlichen Odenwald. Das im Jahr 1291 erbaute Templerhaus gehört zu den ältesten Fachwerkhäusern in Deutschland. Das rund zweihundert Jahre später (1478) errichtete Rathaus gilt als das älteste im Odenwald. Eindrucksvoll ist die ehemalige Benediktinerabtei St. Maria mit ihrer Barockkirche.

Das historische Rathaus von Michelstadt

Tour der Kultur

Während des Römischen Reiches war die Bergregion zwischen Main und Neckar ein fast undurchdringlicher Urwald, der wegen des schwierigen Bodens und des rauen Klimas wenig fruchtbar schien. Ihre Weinhänge und Villen im Westen schützten die Eroberer gegen die einheimischen Barbarenstämme im Osten mit einem Befestigungswall. Doch auch wenn bis in unsere Tage die Odenwälder gerne schmunzelnd mit der alten Charakterisierung vom »räuberischen Bergvolk« bedacht werden, so haben sich doch unter den Grafen des Hauses Erbach-Erbach soziale und wirtschaftliche Strukturen entwickelt, die bis heute vorbildlich sind. Andere Heldentaten haben sogar Eingang in die Weltliteratur gefunden. Wir kurven deshalb durch das offene Herz des Odenwaldes.

Seine Westhänge erreichen wir leicht über die Autobahnen A 67 und A 5. Und bereits die Festspielstadt Heppenheim empfängt den Tourenfahrer unterhalb ihres Wahrzeichens, der Starkenburg aus dem 11. Jahrhundert, mit reichlich Kultur. Ein mittelalterliches Zentrum schart sich um den Marktplatz mit seinen Fachwerkhäusern, an seiner Stirnseite das prächtige Rathaus. In der Löwenapotheke hatte der berühmte Chemiker Justus Liebig 1818 seine Ausbildung begonnen, und im ehemaligen Haus des jüdischen Philosophen Martin Buber ist heute der Weltsitz des Internationalen Rates der Juden und Christen. Die St. Peterskirche bezeichnet man wegen ihrer Architektur gerne als den »Dom der Bergstraße«. Von Heppenheim gingen Impulse für unsere Demokratie aus: Bereits im Jahr 1847 hatten hier Liberale für Deutschland eine konstitutionelle Monarchie gefordert, und 1948 formte sich an gleicher Stelle die Freie Demokratische Partei, deren Gründer das heutige Grundgesetz prägten.

Eine ganz andere Geschichte erzählt das Lied der Nibelungen, die uns mit ihrem Helden Siegfried fast auf der ganzen Fahrt begleiten. Tragen doch die beiden Achsen unserer Bildungsreise die Namen Siegfriedstraße und Nibelungenstraße, die im Wesentlichen den literarischen Spuren des Burgundervolkes folgen. Die Siegfriedstraße verläuft auf der bisweilen stark frequentierten B 460, die ab Fürth auch Teilstück der Deutschen Fachwerkstraße ist. Im Mossautal soll in der heutigen Gemeinde Hüttenthal der sagenhafte Siegfried durch Hagen von Tronjes Speer am Lindelbrunnen ermordet worden sein. Diesen mörderischen Ort nimmt interessanterweise auch das wenige Kilometer entfernte Grasellenbach mit seinem Siegfriedbrunnen in Anspruch.

Wir wollen aber nicht streiten, sondern lieber Gleichgesinnte treffen. Und zwar inmitten eines grünen Tals am Marbach Stausee, einer der größten Wasserflächen des Odenwaldes, die für Wassersportler wie für Motorradfahrer ein bekannter Treffpunkt ist. Deren Gesprächsthema sind nicht selten die Zeiten des Krähbergrennens. Die frühere Bergrennstrecke liegt links der B 45 nach Eberbach, von wo aus sich der Himbächel-Viadukt bestaunen lässt. Die 1876 aus Odenwälder Sandstein errichtete Brücke dient bis heute unverändert dem Schienenverkehr, der gleich danach in den Krähberg-Tunnel mündet, dem längsten eingleisigen Tunnel Deutschlands. Wir aber wollen nicht durch, sondern über den Krähberg, auf dessen Spitze das gleichnamige feudale Schloss thront.

Die Ausschilderung zum Hesseneck leitet uns direkt ins enge Kurvenlabyrinth, in dem wir uns insgesamt 15 Kilometer lang schwindlig fahren können. Zunächst zügig hinauf bis über 500 Meter Höhe, bevor es in leichtem Gefälle wieder 300 Meter tiefer geht. In Schöllenbach lohnt ein Boxenstopp, denn die vom Erbacher Schenken Philipp IV. erbaute und 1465 geweihte Kirche ist eine viel besuchte Wallfahrtsstätte. Unter der Kirchhofsmauer sprudelt eine Quelle, die früher als Heilquelle diente. Wir müssen uns heute an anderen Quellen laben und setzen deshalb unseren Weg nach Kailbach fort. Denn dort haben wir gleich doppelte Gelegenheit zur Stärkung. Einmal liegt an der Einmündung das Café Hi Up von »Eddi Edelstahl«, der die gesamte Einrichtung aus dem nicht rostenden Metall selbst gefertigt hat. Und daneben das gemütliche Gasthaus Waldeslust, in dem der Motorradfahrer fast im Wohnzimmer zu selbstgemachten Gerichten greifen kann. Draußen sitzen und die unzähligen Bikes bewundern darf man hier wi dort. Nach der Rast kurven wir wieder bergauf, ein Stück der Siegfriedstraße folgend, bis wir links nach Hesselbach einbiegen. Diese schmale Waldstraße gibt nicht nur grandiose Blicke über steil abfallende Hänge frei, sondern führt auch entlang des ehemaligen Limes. Die Zeugen dieses römischen Grenzwalles stehen nicht selten direkt am Weg und können selbst in Motorradmontur leicht aufgesucht werden. So lässt sich noch vor Hesselbach das Fundament eines Wachturmes am Kurvenrand erspähen. Im Ort selbst finden sich dann die Überreste eines Kastells. Um dem Limes weiter zu folgen, müssen wir uns an der ersten Einmündung rechts halten, denn der Straßenverlauf ist nicht beschildert. Dafür aber ein kleiner Wanderweg zum Dreiländerstein, der das Zusammentreffen der Grenzen von Hessen, Bayern und Baden-Württemberg markiert.

Sehr ländlich geht es hier zu. Der kaum befahrene Höhenweg legt sich über saftige Wiesen, schlängelt sich unter Obstbäumen durch und verschwindet schließlich im dichten Wald. Dort findet sich neben exakt rekonstruierten Abschnitten römischer Palisaden und Wachtürmen eine Fürstliche Schwarzwildfütterung. Wildschweine und Römer im tiefen Wald – fehlt eigentlich nur noch, dass uns auf diesem Pfad Asterix und Obelix begegnen. Aber wir befinden uns ja bei den Goten, und den Weg säumen keine heimtückischen Fallen. Er ist tadellos bis Würzberg fahrbar, wo die Fundamente eines weiteren Kastells und einer Badeanlage zu sehen sind.

Rechts ab rollen wir durch die Ansiedlung Breitenbuch, wo die unter Schutz gestellte schönste Hainbuche des Odenwaldes steht. Sie ist 300 Jahre alt und hat einen Kronendurchmesser von über 20 Metern. Nach Watterbach laufen wir in Kirchzell ein, das auf eine 1200-jährige Geschichte blickt. Gegründet von der Benediktinerabtei Amorbach, geriet die Gemeinde zusammen mit der Abtei 1168 unter die Herrschaft der Herren von Dürn. Das Fürstengeschlecht errichtete am Preunschener Berg die Burg Wildenburg, ein Glanzstück der Hohenstaufenzeit, von der nur noch die Ruine kündet. Als die Adelsfamilie etwas klamm war, verkaufte sie ihre Ländereien an den Erzbischof von Mainz. Über 500 Jahre mussten die Kirchzeller warten, bis sie unter die Regentschaft des Fürstenhauses zu Leiningen kamen und so wieder zu Amorbach gehörten, wohin wir jetzt steuern. In diesem altfränkischen Barockstädtchen bestechen die Klostergebäude aus dem 18. Jahrhundert durch ihre Rokkoko-Ausschmückung, die von den besten Künstlern der damaligen Zeit geschaffen wurde. Die Barockorgel ist eine der größten Europas, und für die Fürstlich Leiningenschen Konzerte muss man frühzei-

Motorradcafé Hill-Up

tig Karten bestellen (Fon 09373/ 971545, Fax 971560). Nicht weniger interessant ist Europas größte Teekannensammlung (Wolkmannstraße, April bis Oktober, Dienstag bis Sonntag 11.00 bis 18.00 Uhr).
Wir drehen nun ab und ziehen über die Nibelungenstraße Richtung Michelstadt zur Schmalebene hinauf. In einem flotten Reigen folgt Kurve auf Kurve, bis hinter dem Wald eine weite Ebene wartet, über die der Asphalt in langen Geraden und zwei schnellen Biegungen wieder ins Gehölz mündet. Am Jagdschloss Eulbach machen wir erste Bekanntschaft mit dem Grafen Franz I. von Erbach. Der letzte Souverän der Grafschaft errichtete den Bau 1770 und ließ den Wildpark und den Englischen Garten mit antiker Kunst der Öffentlichkeit zugänglich. Den Besuch der kunsthistorischen Sammlung in seinem Erbacher Schloss erlaubte der sozial engagierte Graf ebenso. Ganz fortschrittlich richtete er schon 1786 eine Alimentenkasse für Witwen und Waisen ein, finanzierte den Bau von Straßen über eine Chausseekasse und stiftete Geld für die Schulen direkt aus seiner Schatulle. Zur Förderung der Landwirtschaft ließ Franz I. kostenlos Samen und Düngemittel an die Bauern verteilen. Um seine Untertanen aus der Schuldenfalle zu erlösen, gründete er die Sparkasse.
Nach dem Studium erlernte der junge Graf das Drechslerhandwerk und richtete in seinem Schloss eine Werkstatt für Elfenbeinschnitzerei ein. Am 2. Oktober 1783 präsentierte er seine selbst gefertigten Arbeiten und brachte damit ein Gewerbe in die arme Gegend, das inzwischen weltberühmt ist. Den Elfenbeinschnitzern, die heute mit Mammutzähnen und der Elfenbeinnuss arbeiten, kann man im Deutschen Elfenbeinmuseum bei der Arbeit zusehen (täglich 10.00 bis 17.00 Uhr).
Architektonisch ist die Kreisstadt Erbach längst mit Michelstadt verwachsen, dessen Zentrum wegen seines ungewöhnlichen Fachwerkrathauses jedoch bekannter ist. Neben einer Kaffeepause lohnt dort der Besuch des Odenwaldmuseums (Dienstag bis Sonntag, 10.00 bis 12.30 Uhr und 14.00 bis 17.00 Uhr) und des Motorradmuseums (Mai bis September, Samstag und Sonntag 10.00 bis 18.00 Uhr).
Weiter geht es auf der B 47 in Richtung Worms. In flotten Biegungen passieren wir den Morsberg und stoßen die Serpentinen hinunter ins Gersprenztal, wo wir links durch Reichelsheim fahren und vorbei an Schloss Reichenberg nach vielen Windungen in Lindenfels eintreffen. Außerhalb des Kurortes erlaubt die Nibelungenstraße mehrere wunderbare Ausblicke auf die Burgruine Lindenfels und die gesamte Bergregion. Um aber nicht durchgehend diese Schlagader zu nutzen, schlagen wir dem Verkehr ein Schnippchen und biegen ausgangs Gadernheim rechts nach Brandau ab. Dort halten wir uns links, bis wir am Ende der Geraden erneut links ab über Hoxhohl, Schmal Beerbach und Wurzelbach über den Felsberg kommen. Unmittelbar hinter der S-Kurve ins Tal biegen wir links auf den Privatweg zum ausgeschilderten »Felsenmeer« ins Dunkel des Waldes ab. Wie von Riesenhand geschaffen, erstreckt sich dort ein Meer aus Findlingen aller Größen über drei Kilometer hinunter ins Lautertal. Die römischen Steinmetze nutzten die Felsen für ihre Kunst, und noch heute lässt sich ihre Sprengtechnik erkennen. Eine Attraktion ist ihre begonnene Riesensäule.
Zurück auf unserer Route biegen wir bei nächster Gelegenheit nach Bensheim-Auerbach ab, denn dort gehen wir mit dem Hessischen Kurfürsten zur Kur. Den heutigen Staatspark Fürstenlager begann Landgraf Ludwig VIII. von Hessen-Darmstadt 1766, Großherzog Ludwig I. beendete ihn 1807. Die Herrschaften sehnten sich nach dem einfachen Landleben und legten um einen großen Brunnen ein kleines Erholungsdorf mit schlichten Gebäuden an. Diesen ursprünglichen Charakter hat sich Fürstenlager bis heute bewahrt. Es ähnelt in seinem Grundriss und seiner Architektur einem südfranzösischen Straßendorf. Zu bescheiden ist Fürstenlager aber dank Pavillons, Tempel sowie exotischer Pflanzen dann doch nicht, und vor der kurfürstlichen Konditorei haben wir heute noch etwas.

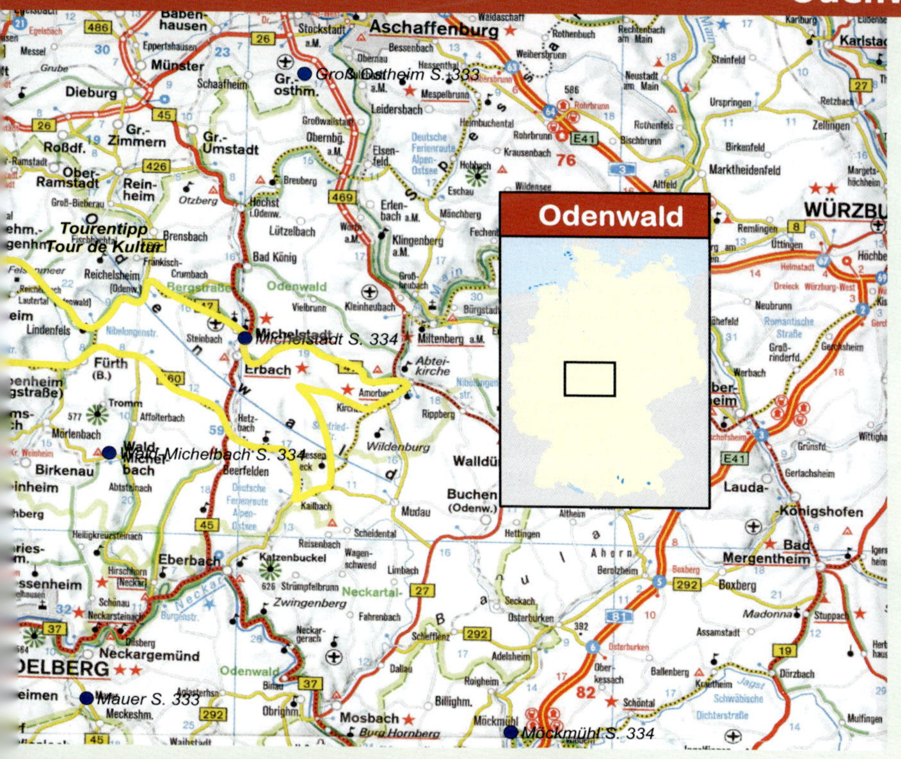

Großostheim

GPS: N 49°55´05" - E 9°04´49"

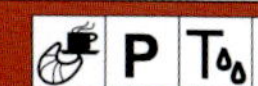

Gasthaus "Zur Krone"

...der ideale Zwischenstopp auf Ihrer Tour. Hier verwöhnen wir Sie mit gutbürgerlicher Küche und regionalen Spezialitäten und das alles zu fairen Preisen und in gemütlicher Atmosphäre. Ihr Motorrad können Sie auf unserem hauseigenen Parkplatz abstellen. Einen Trockenraum haben wir ebenfalls für Sie eingerichtet. Donnerstag Ruhetag. Wir freuen uns auf Ihren Besuch!

Grabenstr. 139 • 63762 Großostheim • Telefon 0 60 26 / 15 61

11319

Mauer

GPS: N 49°20´22" - E 8°47´58"

Gasthof "Zur Krone-Post"

Genießen Sie den Sommer in unserem wunderschönen gemütlichen Biergarten! Freuen Sie sich auf unsere leckeren Salate, auf leichte Sommergerichte, Balkanspezialitäten und auf eine sommerliche Getränkeauswahl. Unsere gemütlichen Zimmer sind alle mit Dusche/WC, Telefon und TV ausgestattet. Das Frühstücksbuffet ist reichhaltig und ist Vorraussetzung für einen guten Start in den Tag.

Heidelberger Str. 1 • 69256 Mauer • Telefon 0 62 26 / 32 66
Fax 0 62 26 / 78 64 86 • www.krone-post-mauer.de

11279

Michelstadt
GPS: N 49°40´48" - E 9°00´16"

EZ ab € 30,00
DZ ab € 50,00

Historisches Gasthaus "Zum Grünen Baum"

Die grüne Oase inmitten der Altstadt !
Unser a`la carte Restaurant hält für Sie neben der feinen Klassischen Küche auch zahlreiche ausgesuchte regionale Gerichte bereit. Der Biergarten ist mit Sicherheit einer der Schönsten im erholsamen Odenwald mit dem hauseigenen Parkplatz für Ihr Motorrad. Treten Sie ein in eine Oase der Ruhe und Entspannung mitten in der Altstadt. Unsere Zimmer sind gut eingerichtet mit Fernseher, Dusche und WC sind bei uns Standard, ebenso ein gutes und reichhaltiges Frühstück.

Große Gasse 17 • 64720 Michelstadt • Telefon 0 60 61 / 24 09 • Fax 0 60 61 / 7 32 81
E-Mail: gruener.baum.michelstadt@t-online.de • www.gruenerbaum-michelstadt.de

11278

Möckmühl
GPS: N 49°19´21" - E 9°21´29"

EZ ab € 45,00
DZ ab € 69,00

Hotel-Restaurant "Württemberger Hof"

Herzlich willkommen im Württemberger Hof Möckmühl! Sie sind auf der Suche nach einer geeigneten Unterkunft für Ihren Motorradurlaub oder ein gemütliches langes Wochenende? Unser Hotel ist der ideale Ausgangspunkt für Motorradtouren in alle Himmelsrichtungen! Im Sommer finden in unserem Biergarten verschiedene Veranstaltungen statt. Darunter ein Bayrischer Abend mit Weißbier, Schweinshaxe, Leberkäs, Schweinsbraten mit Kartoffelsalat und vieles mehr. Aber auch außerhalb dieser Zeit lädt unser Biergarten zum gemütlichen Beisammensein ein. Unser Haus verfügt über 2 Dreibettzimmer, 7 Doppelzimmer, 4 Zweibettzimmer und 4 Einzelzimmer. Die Zimmer sind mit Bad und WC ausgestattet. In jedem Zimmer befindet sich ein Farbfernseher.

Bahnhofstr. 11 • 74219 Möckmühl • Telefon 0 62 98 / 50 02 • Fax 0 62 98 / 77 79
www.wuerttemberger-hof-moeckmuehl.de

12633

Möckmühl OT Korb
GPS: N 49°21´20" - E 9°23´55"

EZ ab € 37,00
DZ ab € 54,00

Landgasthof Krone

Schon beim Betreten spürt der Gast eine wohltuende Atmosphäre. Die in warmen Tönen gehaltenen Restauranträume strahlen Ruhe und Geborgenheit aus. Die weithin anerkannte frische Küche hält eine breite Palette leckerer bodenständiger Speisen, Fischgerichte und Wildspezialitäten auch für den verwöhnten Gaumen bereit. Komfortabel und gemütlich ausgestattete Zimmer enthalten Dusche/Bad, WC, Selbstwahltelefon und TV für optimale Erholung für den nächsten Tag. Ihr Motorrad steht sicher im Hof auf einem überdachten Parkplatz.

Widderner Str. 2 • 74219 Möckmühl-Korb • Telefon 0 62 98 / 9 24 90
Fax 0 62 98 / 92 49 49 • E-Mail: info@krone-korb.de

1128

Wald-Michelbach
GPS: N 49°33´49" - E 8°49´53"

EZ ab € 38,00
DZ ab € 66,00

Hotel-Restaurant Birkenhof

Unser Haus liegt am Rande der idyllischen Gemeinde Wald-Michelbach im Naturpark-Bergstraße-Odenwald. Sie wohnen bei uns in gemütlich eingerichteten Einzel- und Doppelzimmern, alle mit Dusche, WC, TV und Balkon. Fahrstuhl im Haus. Die gemütlich eingerichteten Gasträume bieten Platz für bis zu 180 Personen. Der Chef kocht eine gut bürgerliche Küche mit Wildgerichten aus der eigenen Jagd.

Stöwerstr. 20 • 69483 Wald-Michelbach • Telefon 0 62 07 / 22 97 • Fax 0 62 07 / 8 19 6
E-Mail: hotelbirkenhof-bickel@t-online.de • www.hotel-birkenhof-waldmichelbach.de

1128

Pfalz
Eine Landschaft wie ein rieseiger Garten

Eine Landschaft wie ein riesiger Garten: das ist die Pfalz. Während der Pfälzer Wald mit seinen von Bäumen und Burgen gekrönten Höhen und kleinen Tälern eher das Parkartige betont, gehen die Hänge im Osten und Süden mit Weinbergen und – gärten in die fruchtbare Ebene zum Rhein über. Das zusammen ist eine bunte Landschaft, vom Klima begünstigt und ideal, um Urlaub zu machen. Zum Motorradfahren, Wandern und Radeln, aber auch nur zum Schauen, Entspannen und Faulenzen, zum gut Essen und gut Trinken. Ein Land, um sich verwöhnen zu lassen – egal wo, die Pfälzer verstehen sich darauf.

Einsames Pfälzer Bergland

Das Pfälzer Bergland ist dünn besiedelt und ruhig. Verträgliches Mittelgebirge also, dessen 687 Meter hoher vulkanischer Donnersberg geographischer Höhepunkt der Pfalz ist. Der Blick von oben fällt auf eine intakte Natur, darin kleine Orte für erholsame Ferien, in denen man zu sich finden kann. Weiter westlich die Kreisstadt Kusel, Mittelpunkt des Musikantenlandes und überragt von der nie eroberten Burg Lichtenberg. Es gibt noch mehr Burgen hier: Michelsburg, Neu- und Altwolfstein, dazu einige interessante kleine Museen. Und es gibt eine Attraktion: Die Fahrt mit der Draisine auf der alten Bahnstraße zwischen Altenglan und dem Nahetal, wobei man zwischen 20 oder 40 Kilometer Spaß wählen kann. Städtisch, aber wenig großstädtisch, geht es in Kaiserslautern zu, wo Kaiser Barbarossa eine Pfalz erbaute, von der wenig blieb, und das beim Einkaufs- oder Kneipenbummel viel Abwechslung bietet. Einen Abstecher wert ist auch die Rosenstadt Zweibrücken mit dem schönen Residenzschloss und Pirmasens als Tor zum Wasgau mit einem interessanten Schuhmuseum.

Einzigartige Felsformationen

Ländlich wird es im Wallhalbtal, um die Sickinger Höhe, im Schwarzbachtal und im Pirminiusland. Überall ist Land zum Fahren und Schauen, lebhaftes Nachtleben ist weit entfernt.

Unübersehbar setzt sich die Erdgeschichte im Dahner Felsenland ins Bild mit bizarren roten und gelben Felsnasen, die aus grünen Hügeln herausragen. Einzigartige Naturdenkmale, die in solcher Zahl und Schönheit sonst nirgendwo in Europa zu finden sind. Schön, dass viele Felsen und manche Burgen dazwischen zur Aussicht bestiegen werden können. Es folgt das

Gräfensteiner Land, von wechselnden Herren mit Burgen bebaut, mit stillen Tälern, Orten wie Rodalben und Hauenstein und dem Hinterweidental mit dem Teufelstisch, dem wohl eigenartigsten Felsen der Pfalz.

Von Kaisern und Königen
Am Rand wird der Pfälzerwald vollends zum Geschichtsland. Aus dem Waldgürtel unter Burgen und Ruinen ragt der mächtige Trifels heraus, Barbarossas Lieblingsburg mit den funkelnden Kopien der Reichskleinodien. Ei
Mit dem Trifels ist die deutsche Geschichte in der Pfalz noch nicht erschöpft. Das Hambacher Schloss erinnert mit einer Ausstellung an die Anfänge deutscher Demokratie, die sich mit dem „Hambacher Fest" von 1832 erstmals regte. Etwas weiter baute Bayernkönig Ludwig I. die Villa Ludwigshöhe, in der heute Werke des Malers Ludwig Slevogt hängen. Über allem die Rietburg, von der man weit in die Rheinebene blickt bis zum vieltürmigen romanischen Dom von Speyer, in dessen Krypta deutsche Kaiser und Könige begraben sind.

Deutsche Weinstraße
Romantik und großartige Natur wechseln sich an der Weinstraße ab. Beginn ist in Bad Dürkheim, gelungene Kombination von Weinort und Sole-Heilbad, mit einer schönen Altstadt, in der sich historische Winzerhöfe verstecken, und mit dem größten Weinfest der Gegend, dem „Wurstmarkt" im September. Deidesheim als Anbauzentrum edler Pfalzweine besitzt ein interessantes Weinbaumuseum, während in der City von Neustadt wieder Nostalgie aufkommt: Fachwerk und Renaissance rahmen den Marktplatz mit Rathaus, Stiftskirche und Scheffelhaus, dahinter viel gepflegtes Mittelalter.
Gleich nebenan, in Maikammer, St. Martin, Edenkoben und Rhodt ist man mitten im besten Weinland. Tagsüber bummelt man durch Weingärten, nimmt hier und dort eine kleine Weinprobe und sitzt zum Tagesausklang in einer romantischen Weinstube. Schon die Speisenkarten deuten an, dass man in Weingegenden gut essen kann und die Köche bestätigen es: Ob Pfälzer Zwiebelsuppe, Saumagen, würzige Landwurst, eine Häckervesper oder etwas von den französisch beeinflussten Spezialitäten – alles passt zum Wein und zur Stimmung und gibt dem recht, der sagt: „In der Pfalz, da lässt sich's leben".

Sehenswerte Orte

Bad Bergzabern
Das gemütliche Kurstädchen liegt etwas über 200 Meter hoch an der Südlichen Weinstraße genau am Eingang zum Naturpark Pfälzer Wald-Nordvogesen und ist geprägt durch ein mediterranes Klima, das bereits im März die Mandelbäume blühen lässt. Empfehlenswert ist ein Bummel durch das Kurzentrum.

Pirmasens
Im Jahr 860 erstmals urkundlich erwähnt, ist die Stadt benannt nach St. Pirmin, dem Gründer von Kloster Hornbach. In den 60er-Jahren existierten hier über 470 Schuh- und Lederfabriken, noch heute ist Pirmasens Deutschlands Schuhstadt Nummer eins.

Annweiler
Direkt an der Grenze zwischen Naturpark Pfälzer Wald und dem Wasgau liegt die nach Speyer älteste Reichsstadt der Pfalz. Kaiser Friedrich II. erhob das 1219 das Dorf zur Freien Reichsstadt mit Zollfreiheit, Asyl- und Münzrecht. Einen Besuch wert ist Annweilers hübsche Altstadt.

St. Wendel
Wahrzeichen der Stadt ist die Wendelinus-Basilika, eine spätgotische Hallenkirche aus dem 14. Jahrhundert. Der Sage nach stieß der Heilige Wendelin hier während einer Trockenzeit seinen Stab in den Boden, und Wasser floss heraus.

Neustadt
Neustadt entstand im Laufe des 11. Jahrhunderts als Handelsplatz der Pfalzgrafen. Heute ist Neustadt mit 2.226 Hektar Rebenfläche die größte Weinbau-Gemeinde Deutschlands. 1.850 Sonnenstunden im Jahr bedeuten einen weiteren Rekord.

Speyer
Ihren Ursprung hatte die Domstadt in einer keltischen Siedlung, die unter Cäsar zu einem römischen Kastell ausgebaut wurde. Interessant ist heute vor allem das Technikmuseum mit dem größten Transportflugzeug der Welt. Speyers hübsche barocke Innenstadt lockt mit gemütlichen Cafés.

Im Kurven-Eldorado

Tief im dunklen Herz des Pfälzer Waldes warten mit dem Wellbachtal, dem Elmsteiner Tal und der Totenkopfstraße Kurvenstrecken vom Allerfeinsten. Sie lassen uns von Süd nach Nord und von West nach Ost durch den Naturpark zirkeln. Und geben uns gleichzeitig Ausblicke auf zerklüftete Felsenburgen, die Zeugen der mittelalterlichen Kleinstaaterei in Deutschland.

Die Anfahrt erfolgt über die A 65, Abfahrt Landau-Zentrum. Die zweitgrößte Weinbaugemeinde Deutschlands stellt heute das wirtschaftliche Zentrum der Südpfalz dar, ohne deswegen etwas von ihrer mediterran-heiteren Atmosphäre eingebüßt zu haben. Wegen der zentralen Lage, des milden Klimas und der fruchtbaren Böden war Landau in seiner Geschichte stets begehrt: Während des Dreißigjährigen Krieges wurde die Stadt von durchziehenden Truppen nicht weniger als sieben Mal erobert!

Innerhalb von Landau folgen wir der Ausschilderung Saarbrücken/Pirmasens. Erst am Ortsrand bringt uns die Straßenmarkierung Klingenmünster auf unseren tatsächlichen Weg. Wie nicht anders zu erwarten, begleiten uns im Weinbaugebiet nicht enden wollende Reihen von Weinreben durch Wollmesheim und Ilbesheim nach Eschbach.

Bereits in der Ebene von Ilbesheim sieht man die größte Burgruine der Südpfalz: die Madenburg. Von dort oben hat man einen herrlichen Blick auf die südliche Rheinebene zur einen Seite und auf das tiefe, fast undurchdringbare Grün des Naturparks Pfälzer Wald zur anderen. Vor der Kür steht jedoch die Pflicht: Bevor wir von der Madenburg aus die herrliche Aussicht genießen können, liegt ein zehnminütiger Fußweg vor uns. An der Ruine sieht man sehr schön, dass die Burg teilweise direkt aus dem Sandstein des Felsens gehauen wurde. Die Gaststätte auf der Burg ist das ganze Jahr täglich außer montags geöffnet, die Besichtigung der Burg ist gratis (Öffnungszeiten: Zwischen April und Oktober von 10.00 bis 19.00 Uhr).

Wieder zurück in Eschbach, weisen uns die gelben Pfeile nach Klingenmünster, bzw. auf die B 48. Keine Vorurteile: Auch Bundesstraßen können kaum befahren sein. Die Strecke über Waldhambach und Waldrohrbach in Richtung Rinnthal gehört zu der Sorte, die nicht nur die Lauffläche, sondern auch die Flanken des Reifenprofils auf Temperatur bringt.

Bevor wir uns nun endgültig in das Winkelwerk des Pfälzer Waldes fallen lassen, nehmen wir uns die sechs Kilometer lange, schön zu fahrende Anfahrt zur Burg Trifels vor (auf der B 48 beschildert). Auch hier trennt uns ein Wanderweg von der bedeutenden Burg des Mittelalters. Von den Saliern auf dem dreigeteilten Buntsandsteinfelsen (= Tri-fels) errichtet, galt sie als die sicherste des Reiches. Wegen ihres soliden Mauerwerks wurde die Reichsfeste auch als Kerker für hohe Staatsgefangene benutzt. Einer der prominentesten war der englische König Richard Löwenherz. Held einer ganzen Generation von Buben, die nachts unter der Bettdecke in Comic-Heften von den Abenteuern dieses edlen Ritters lasen. Doch war er anscheinend nicht so edel. Hätte er sich im Heiligen Land nicht so viele Feinde gemacht, wäre er wohl kaum auf dem Trifels eingesessen (geöffnet 9.00 - 18.00 Uhr).

Weiter geht es auf der B 48 nach Rinnthal, an den Eingang des Wellbachtals. Vom Blattwerk der Deutschen Alleenstraße beschattet, bahnen wir uns den Weg mittels Gewichtsverlagerung bis hoch zum Johanniskreuz. Mittlerweile wieder an sieben Tagen der Woche!
Neben reichlich Bäumen zur Linken und Rechten steht ein ausgedehnter Schilderwald. Mit Geschwindigkeitsbegrenzung auf 70 km/h und Überholverbot versucht die Polizei, die Zweiradfahrer zur Mäßigung zu erziehen. Rigoroser und gefährlicher sind die Maßnahmen des Straßenbauamtes: Fahrbahnschäden werden mit den allseits bekannten Bitumenstreifen »repariert« - der Belag gleicht einem Schnittmuster. So kann es passieren, dass sich die Straße sogar in Kurven um ein paar Zentimeter nach oben wölbt. Vorsicht ist also vor allem bei Nässe angebracht.
Fahrspaß bringt die Fahrt durchs Wellbachtal in die Tiefen des Naturparks Pfälzer Wald aber allemal. Und wenn man mit einem breiten Grinsen am Johanniskreuz steht, wünscht man sich, die knapp 13 Kilometer lange Strecke würde gleich wieder von vorn anfangen.
Schon für Kelten und Römer war das Johanniskreuz als Straßenknoten von Bedeutung, und auch die deutschen Könige zogen auf ihrem Weg von Kaiserslautern zum Trifels hier vorbei. Geschichtsschwanger ist auch das Forsthaus: Dort wurde 1843 von einer Forstkommission den wilden Wäldern rundherum der Name »Pfälzer Wald« gegeben.
Bei schönem Wetter und an Wochenenden haben die Motorradfahrer das Johanniskreuz fest im Griff. Auf dem großen Parkplatz steht ein Bike neben dem anderen, und die dicht besetzten Biertische vor dem Restaurant bringen motorisierte Zweiradfahrer aller Couleur auf Leder- und Gore-Tex-Fühlung.
Weiter geht es auf einem schmalen Sträßchen ohne Mittelstreifen durch bewaldetes Gebiet von Heltersberg über Schmalenberg bis nach Schopp. Auf die B 270 biegen wir nach rechts Richtung Kaiserslautern ab, um uns nach etwa drei Kilometern wieder in die Wälder nach Trippstadt zu schlagen. Bis zum Gehöft Unterhammer lassen die Straßenschäden nur noch langsame Fahrweise zu. Tempo 30 ist angeschrieben. Aber das sumpfige Tal entlang des Flüsschens Moosalbe entschädigt für entgangenen Fahrtwind.
Bei Unterhammer können wir sowieso den Fuß auf den Bremshebel stellen. In der idyllischen Klugschen Mühle mit Biergarten kann man sich »Krumbeerpannekuche mit Abbelbrei« (Kartoffelpfannkuchen mit Apfelkompott) oder Forelle gönnen. Die einsam gelegene Mühle gehört eher zur gehobenen Preisklasse, hat dafür aber viel Ambiente und ist eine schöne Alternative zum Johanniskreuz.
Hinter der Mühle wird der Straßenbelag besser, und in Trippstadt lockt auch schon wieder das nahe Johanniskreuz. Wir aber folgen der abknickenden Vorfahrtsstraße in den Ortskern und besuchen das schöne Barockschloss mit seinem prächtigen Schlossgarten. Heute beherbergt die Anlage die Forstwirtschaftliche Versuchsanstalt von Rheinland-Pfalz.
Wer am ersten Septemberwochenende in Trippstadt sein sollte, darf auf keinen Fall das beliebte Kohlenbrennerfest verpassen. Dann qualmt ein Kohlemeiler wie vor Hunderten von Jahren und erinnert daran, dass bis ins 19. Jahrhundert die Köhlerei ein bedeutender Wirtschaftszweig im Pfälzer Wald war. Die gewonnene Holzkohle brachte die Meileröfen in Karlstal, die der Eisenschmelze dienten, zur Hochglut. Wie Holz- und Eisenindustrie voneinander abhingen, kann man im Trippstädter Eisenmuseum »Schmiede Huber« sehen. Dort zeigt in einer Werkstatt der Kunstschmied Heinz Denig, wie Schmiede vor 2.000 Jahren arbeiteten.
Vom Schloss fahren wir Richtung Kaiserslautern und biegen an der T-Kreuzung zum Johanniskreuz ab, dessen Namensgeber der Ritter Johann von Wilenstein gewesen sein soll. Angeblich schlug er im 13. Jahrhundert sein Wappen in ein Steinkreuz.
Nach diesem kurzen Schlenker erwartet uns ein weiteres Highlight des Pfälzer Kurvenlabyrinths: Das Elmsteiner Tal, das in Richtung Neustadt führt. Die enge Schlucht hat fast alpinen Charakter. Zur einen Seite begrenzen steile Hänge die Fahrbahn, auf der anderen Seite fließt tief unten in einer Schlucht der Speyerbach. Das Elmsteiner Tal ist nach wie vor von der Streckensperrung für Motorradfahrer an Wochenenden und an Feiertagen betroffen. Wer die Tour dennoch am Wochenende fahren möchte, muss ab hier die Alternativroute über Hochspeyer und das Weidenthal wählen. Die ist zwar etwas länger, bezüglich Streckenführung und Landschaft aber ebenfalls sehr abwechs-

lungsreich. Eine Kurve reiht sich an die nächste, und die beschwingte Fahrt wird nur durch die engen Ortsdurchfahrten unterbrochen. In Elmstein verlassen wir das Tal und biegen in die Totenkopfstraße in Richtung Maikammer/ St. Martin ab. Die enge Straße ohne Mittellinie und Leitplanken vermittelt Naturerlebnis pur. Der dichte Wald schlägt wie ein Höhlendach über uns zusammen, und die mystisch-dunkle Stimmung lässt vermuten, dass wir hinter der nächsten Kurve einen Waldschrat treffen.
Der ebene Untergrund verleitet dazu, es etwas schneller angehen zu lassen. Der Wechsel von Rechts- und Linkskurven gipfelt zum Bergrücken hin in serpentinenartigen Spitzkehren und einer Straßenbreite, die gerade mal Platz für einen Kleinlaster lässt. Dass die Totenkopfstraße ihren Namen von zwei frontal aufeinander geprallten Kurvenräubern haben soll, stimmt zwar nicht. Die Möglichkeit dieser Namensfindung sollte jedoch gerade auf dieser Traumstraße niemand vergessen.
Auf der Passhöhe angekommen, fordert eine nette Kneipe mit Biergarten zur Rast auf. Gesprächsstoff gibt es angesichts der zurückliegenden Strecke jede Menge.
Fast am Ende der Totenkopfstraße biegen wir ab in das historische Weindorf St. Martin mit seinen malerischen Gassen und Fachwerkhäusern, dessen Ortskern vollständig unter Denkmalschutz steht. Von hier aus haben wir bereits einen Blick auf die berühmte Silhouette von Edenkoben: Die protestantische Barockkirche, die 1739 an einen Turm aus dem 15. Jahrhundert angebaut wurde und die neugotische katholische Pfarrkirche.
Edenkoben war einst Lieblingsstadt des Bayernkönigs Ludwig I. Wegen einer Affäre mit der Tänzerin Lola Montez wurde er frühzeitig zum Abdanken genötigt und ließ sich als königlicher Privatier in Edenkoben seine Sommerresidenz, die Villa Ludwigshöhe, bauen. In deren oberem Stockwerk sind die Bilder des pfälzer Impressionisten Max Slevogt ausgestellt.
Keine schlechte Wahl, bezeichnen doch die Edenkobener ihre Heimat selbst als das Paradies der Pfalz, eben den Garten Eden, der dem Ort auch seinen Namen gegeben haben soll. Ganz nach dem Motto »Bescheidenheit ist eine Zier, weiter kommt man ohne ihr«, kann sich die weinfrohe Stadt neben dem größten Holzfass-Weinkeller im Gut Kloster Heilsbruck

Motorradtreff Johanniskreuz

auch mit dem ältesten Weinberg Deutschlands schmücken.
Begleitet von Gütern und Straußwirtschaften holpern wir auf einem Sträßchen nach Ludwigshöhe und durchfahren das Edenkobener Tal bis zum Schänzelturm am Kesselberg. Hinter der Passhöhe biegen wir noch einmal an der T-Kreuzung links ab in Richtung Weyher. Das einsame Tal führt uns durch den dichten Mischwald des Naturparks Pfälzer Wald und lässt das baldige Abschiednehmen schwer fallen.
Ein Stück vor Weyher bringt uns eine schmale Straße den Berg hoch nach Ramberg und Dernbach. Ab der Passhöhe rütteln uns die in den Belag gefrästen Querrillen mächtig durch. Hier sind die Ortsdurchfahrten geradezu italienisch eng - der Stadtbus nötigt selbst uns Motorradfahrer zu Ausweichmanövern in eine Seitenstraße. Hinter Dernbach biegen wir links Richtung Albersweiler ab, um von dort auf der B 10 zügig nach Landau zu gelangen.

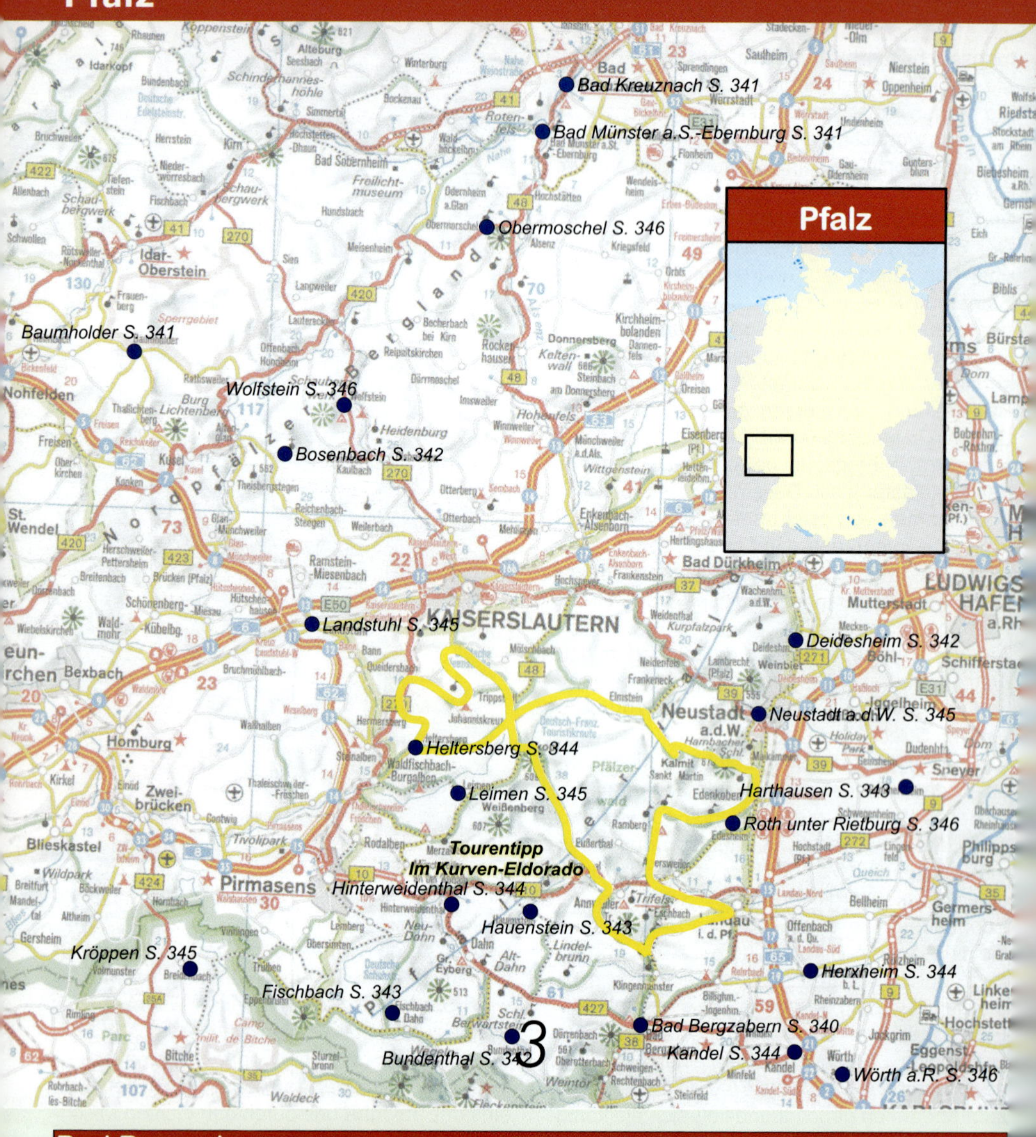

Landgasthof "Zur Linde"

In unserem Hotel-Restaurant "Zur Linde" in Silz ist Ihr Aufenthalt ein empfehlenswertes Vergnügen mit bleibender Erinnerung. Schlemmen Sie nach Herzenslust die Pfälzer Küche und andere Köstlichkeiten. Übernachten Sie mal in einem unserer 22 komfortabel eingerichteten Hotelzimmer.

Hauptstr. 43 • 76857 Silz • Telefon 0 63 46 / 51 21 • Fax 0 63 46 / 64 93
E-Mail: info@zurlinde-pfalz.de • www.zurlinde-pfalz.de

11622

Bad Kreuznach
GPS: N 49°50´12" - E 7°51´08"

EZ ab € 77,00
DZ ab € 114,00

★★★ Caravelle-Hotel im Park

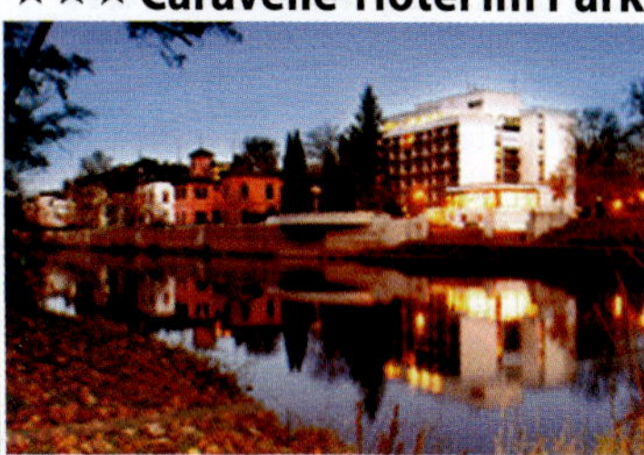

Komfort und eine familiäre Atmosphäre erwartet Sie im Caravelle Hotel im Park. Das gepflegte Ambiente des Hauses und der freundliche Service garantieren Ihnen einen erholsamen und behaglichen Aufenthalt. Das Caravelle Hotel im Park ist ein Haus der 3-Sterne-Superior-Kategorie. Genießen Sie die kulinarischen Köstlichkeiten regionaler und internationaler Küche im Hotelrestaurant, in der "Weinstube" oder auf der großen Terrasse mit Blick auf die Nahe. Auch für Entdeckungstouren durch die Welt des Weins ist das Caravelle Hotel idealer Ausgangspunkt. Oder man lässt einfach mal im hauseigenen Wellnessbereich des Hotels mit Sonnenterrasse die Seele baumeln. Gerne stellen wir Ihnen Lunchpakete für Ihre Tour zusammen.

Weinkauffstr. 1 • 55543 Bad Kreuznach • Telefon 06 71 / 37 40 • Fax 06 71 / 37 48 88
E-Mail: info@caravelle-kreuznach.de • www.caravelle-kreuznach.de

11715

Bad Kreuznach
GPS: N 49°50´50" - E 7°51´46"

EZ ab € 36,00
DZ ab € 58,00

HP P Tipp

Hotel Zur Klause

Herzlich willkommen im Hotel „Zur Klause". Unser Haus liegt am Rande der City, also ca. 5 Minuten zum Bahnhof oder in die Einkaufszone. Wir haben bisher erfolgreich jeden „Stern" abgelehnt, denn dadurch würden wir unsere Individualität, alleine beim Frühstück, verlieren, denn wir bieten auch Allergikern (Zöliakiepatienten) und Diabetikern ein ausgewogenes Frühstück an.

Mühlenstr. 66-70 • 55543 Bad Kreuznach • Telefon 06 71 / 2 01 97 10
Fax 06 71 / 4 83 22 11 • E-Mail: hotelzurklause@yahoo.de • www.hotelzurklause.de

11718

Bad Münster am Stein - Ebernburg
GPS: N 49°48´39" - E 7°50´51"

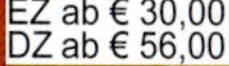

*** Gästehaus Thomas

Erholen, entspannen und einfach wohlfühlen in persönlicher, familiärer Atmosphäre: All das bieten wir Ihnen in unseren beiden im Kurzentrum gelegenen Häusern. Mit einem reichhaltigen Frühstücksbuffet starten Sie in den Tag. Auf Wunsch erhalten Sie Halbpension in einem Restaurant in unmittelbarer Nähe. Unsere modern eingerichteten Zimmer sind alle mit Dusche/WC, Telefon und SAT-Anschluss ausgestattet. Eine hauseigene Sauna zum Entspannen und Erholen ist ebenfalls vorhanden.

Kurhausstr. 9 • 55583 Bad Münster • Telefon 0 67 08 / 6 30 00 • Fax 0 67 08 / 63 00 63
E-Mail: info@gaestehaus-thomas.de • www.gaestehaus-thomas.de

11717

Baumholder
GPS: N 49°37´22" - E 7°21´20"

P

Guthausmühle
Westrich • 55774 Baumholder • Telefon 0 67 83 / 22 19 • Fax 0 67 83 / 18 87 01

In dem wunderschönen Tal der Totenalb, das sich östlich an die weithin bekannte Stadt Baumholder anschließt, liegt das Ausflugslokal Guthausmühle. In diesem Haus findet der Gast gepflegte und gemütliche Aufnahme. In schönen Gasträumen können bis zu 120 Personen Platz finden. Gäste die im Sommer zu uns kommen, können auch in unserem Biergarten verweilen. Unsere gutbürgerliche Küche bietet alltäglich Hausmacher Spezialitäten aus eigener Schlachtung an.

11714

Bosenbach-Friedelhausen

GPS: N 49°32´34" - E 7°29´48"

EZ ab € 25,00
DZ ab € 65,00

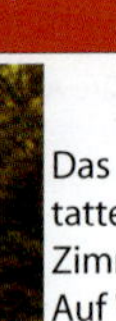

Hotel-Restaurant Westrich

Das Hotel Westrich bietet Ihnen 17 Ein- und Zweibettzimmer, ausgestattet mit Dusche, WC. Die gemütlich angelegten, ruhig gelegenen Zimmer bieten Ihnen Erholung inmitten des Nordpfälzer Berglandes. Auf Wünsch sind Zustellbetten möglich. Im Hotel-Restaurant Westrich können Sie die regionale Küche der Pfalz sowie bekannte Küchenklassiker genießen. In unserem gemütlichen Restaurant finden Sie alles für einen gelungenen Abend. Die Grillterrasse ist in den warmen Sommermonaten für Sie geöffnet.

Altenglaner Str. 7 • 66887 Friedelhausen • Telefon + Fax 0 63 85 / 99 91 70
E-Mail: info@hotelwestrich.de • www.hotelwestrich.de

12685

Bundenthal

GPS: N 49°05´43" - E 7°48´35"

EZ ab € 30,00
DZ ab € 56,00

Landgasthaus "Zur Krone"

Einfach mal die Seele baumeln lassen und die Natur genießen. Wandern und schlemmen im Dahner Felsenland, ist und bleibt ein Erlebnis ganz besonderer Art. Wir servieren Ihnen herzhafte Pfälzer Spezialitäten über gut bürgerliche und vegetarische Gerichte, bis zum erlesenen Menü. Genießen Sie die Stille der Natur und die schönen Aussichten im südlichen Pfälzer Wald. Einen erholsamen Felsenland Urlaub verbringen Sie in unserem separaten Gästehaus mit Gartenanlage.

Hauptstr. 64 • 76891 Bundenthal • Telefon 0 63 94 / 3 01 • Fax 0 63 94 / 60 91
E-Mail: kontakt@landgasthaus-zur-krone.de • www.landgasthaus-zur-krone.de

11625

Deidesheim

GPS: N 49°24´12" - E 8°11´22"

EZ ab € 96,00
DZ ab € 126,00

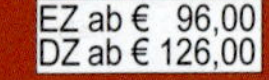

Am Paradiesgarten 1 • 67146 Deidesheim
Telefon 0 63 26 / 97 00 • Fax 0 63 26 / 97 03 33
E-Mail: deidesheim@steigenberger.de
www.deidesheim.steigenberger.de

Grüne Weinberge, romantische Gassen und urige Weinstuben - und mittendrin ein Hotel, das eine ideale Basis für die ausgiebige Entdeckung dieser schönen Umgebung bietet. Inmitten der Weinlage "Paradiesgarten" gelegen, empfängt Sie das Steigenberger Hotel Deidesheim mit modernem Komfort und dem nostalgischen Flair der amerikanischen 30er bis 50er Jahre.
Genuss pur an der Deutschen Weinstraße.
Direkt am Ortseingang von Deidesheim liegt das Steigenberger Hotel Deidesheim umgeben von Weinbergen. Von hier aus sind es nur wenige Gehminuten zum idyllischen Stadtgarten oder zum romantischen Ortskern. Aber nicht nur der charmante Weinort selbst hat Gästen viel zu bieten: Gerade auch das Umland mit dem sehenswerten Städtchen Heidelberg in 40 Kilometern Entfernung und dem sogar noch etwas näher gelegenen Shoppingparadies Mannheim sind in jedem Fall eine Tour wert.

11667

Fischbach

GPS: N 49°05´16" - E 7°42´33"

EZ ab € 43,00
DZ ab € 65,00

18 · 9 · HP

G *** Landhaus Tausendschön Café-Restaurant

Ein idealer Start- und Zielpunkt für Ihre Motorradtouren durch den Pfälzer Wald und Nordvogesen. In unserem Restaurant - im eigenen Stil - verwöhnen wir Sie mit Pfälzer Spezialitäten, vegetarischen-, Wild- und Fischgerichten. Lassen Sie den Abend mit Ihren Kollegen auf unseren gemütlichen Terrasse bei einem Glas Wein oder Bier ausklingen. Nachmittags servieren wir Ihnen selbst gebackenen Kuchen. Übernachten Sie in unseren komfortablen gemütlich eingerichteten Gästezimmern mit Dusche/WC, TV und Föhn, teils mit Balkon. Morgens wartet ein reichhaltiges Frühstücksbüffet auf Sie.

Bitscher Str. 7a • 66996 Fischbach • Telefon 0 63 93 / 57 18 • Fax 0 63 93 / 99 30 73
E-Mail: landhaustausendschoen@t-online.de • www.landhaustausendschoen.de

12683

Harthausen

GPS: N 49°18´08" - E 8°20´59"

EZ ab € 45,00
DZ ab € 61,00

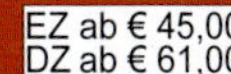

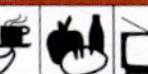

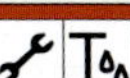

Landhaus-Pension "Am Pfaffensee"

Unsere Pension bietet Ihnen eine 40m² Ferienwohnung, die Platz für 2 bis 4 Personen hat. Hier können Sie in Ruhe Ihre Urlaubstage genießen und sich vom Alltag erholen. Unser Haus bietet zum anderen auch geräumige Doppel- und Einzelzimmer, die alle mit Dusche, WC und TV ausgestattet sind. Die Zimmer bieten eine unverwechselbare Landhaus - Idylle und sind liebevoll mit Bauernmöbeln aus Bayern eingerichtet. Das reichhaltige Frühstücksbuffet kann jeden Morgen von 7.00 Uhr bis 10:00 Uhr im Frühstücksraum eingenommen werden.

Am Pfaffensee 16c • 67376 Harthausen • Telefon 0 63 44 / 13 52
E-Mail: luise.gaa@landhaus-pension-de • www.landhaus-pension.de

11657

Hauenstein

GPS: N 49°11´25" - E 7°51´16"

EZ ab € 50,00
DZ ab € 90,00

★★★ Hotel-Café-Restaurant Dorfstübel

Treten Sie ein und fühlen Sie sich von der 1. Minute an wohl. Wir servieren Ihnen aus gutbürgerlicher Küche ein reichhaltiges Angebot an deftigen und herzhaften aber auch kleinen Gerichten, Vesper- und Kinderteller. Täglich können sich unsere Gäste mit frischen Kuchen aus eigener Herstellung auf unserer Sonnenterrasse verwöhnen lassen. Unsere rustikalen und komfortablen Gästezimmer verfügen alle über TV, Telefon, Dusche, WC, Fön und Radiowecker. Ein Trockenraum für nasse Motorradkleidung ist ebenfalls vorhanden. Für schöne Tourentipps in der Region sprechen Sie uns einfach an. Wir fahren selbst Motorrad.

Burgstr. 18 • 76846 Hauenstein • Telefon 0 63 92 / 40 95 96 • Fax 0 63 92 / 40 95 97
E-Mail: keller@dorfstuebel.de • www.dorfstuebel.de

11623

Heltersberg
GPS: N 49°18´38" - E 7°43´09"

EZ ab € 26,00
DZ ab € 42,00

Hotel-Restaurant "Jägerlust"

Inmitten des Pfälzer Waldes liegt der anerkannte Luftkurort Heltersberg. Dort steht das Hotel-Restaurant Jägerlust. In unseren rustikal eingerichteten Räumen erwartet Sie ein gemütlicher Aufenthalt. Für Übernachtungen bieten wir Ihnen fünf komfortabel eingerichtete Doppelzimmer mit Dusche und WC. In unserem rustikal eingerichteten Restaurant bieten wir Ihnen Platz für 70 Personen. Lassen Sie sich von unserer gut bürgerlichen Küche verwöhnen. Probieren Sie unsere Pfälzergerichte aus eigener Herstellung. Johanniskreuz ist nur 10km entfernt.

Hauptstr. 87 • 67716 Heltersberg • Telefon + Fax 0 63 33 / 6 32 00
www.jaegerlust-ries.de

11628

Herxheim
GPS: N 49°09´18" - E 8°11´06"

EZ ab € 30,00
DZ ab € 35,00

6 2 P

Wagner-Ranch

Natur-Pur! Fern ab von Lärm und Hektik liegt inmitten von Weinbergen und Feldern unser Ausflugslokal die Wagner-Ranch. Genießen Sie unsere Pfälzer-Spezialitäten. Wir führen nur Weine, Sekte, Liköre und Säfte aus dem Weingut Anton. Lassen Sie Ihre Seele baumeln und entspannen Sie sich in unserem Biergarten unter alten Bäumen. Wir freuen uns auf Ihren Besuch! Familien Anton.

Am Schambach 1 • 76863 Herxheim • Telefon 0 72 76 / 58 88 • Fax 0 72 76 / 64 17
info@wagnerranch.de • www.wagnerranch.de

11631

Hinterweidenthal
GPS: N 49°11´44" - E 7°44´46"

EZ ab € 45,00
DZ ab € 68,00

12 5 HP P Tipp

Landgasthof "Am Teufelstisch"

Fühlen Sie sich rundum wohl in unserem familiären und gemütlichen Ambiente. Natürlich traditionell ist auch unsere Küche. Die Chefin sorgt in ihrem Reich für hausgemachten Kuchen, Pfälzer Spezialitäten oder frische zubereitete Wild- und Fischspezialitäten. Unsere Gästezimmer mit Dusche, WC, Telefon, TV und teilweise auch mit Balkon und sorgen für die angenehme Ruhe die Sie vor dem nächsten Tag und der spannenden Tour benötigen. Unser reichhaltiges Frühstücksbuffet trägt für einen gelungenen Start in den Tag bei. Wir freuen uns auf Ihren Besuch!

Im Handschuhteich 29 • 66999 Hinterweidenthal • Telefon 0 63 96 / 3 69 • Fax 0 63 96 / 99 30 99
E-Mail: familie.meyer@am-teufelstisch.de • www.am-teufelstisch.de

11627

Kandel
GPS: N 49°05´01" - E 8°11´58"

EZ ab € 63,00
DZ ab € 84,00

100 60 HP P

Hotel "Zur Pfalz"

Schon beim Betreten unseres Hauses, spüren Sie die angenehme und freundliche Atmosphäre. Bei uns fühlen sich nicht nur Urlauber wohl, sondern auch Geschäftsreisende, die sich gerne in den behaglichen und bequem mit dem Lift zu erreichenden Gästezimmern einquartieren. Unser Hotel befindet sich in der Bienwald-Stadt Kandel, im Süden der sonnigen Pfalz und direkt an der Grenze zum Elsaß. Unsere neuen geräumigen Superior Zimmer sind ausgestattet mit Dusche / Badewanne, TV, Telefon, Klimaanlage, Internetzugang, Pay-TV, Balkon und Minibar. Auf Wunsch reservieren wir Ihnen auch gerne ein speziell für Allergiker eingerichtetes Zimmer. In unserem gemütlichen Restaurant verwöhnen wir Sie mit vielen Leckereien unserer Küche. Diese bietet alle Nuancen von gut bürgerlich und dennoch fein, bis zum anspruchsvollen Menü.

Marktstr. 57 • 76870 Kandel • Telefon 0 72 75 / 9 85 50 • Fax 0 72 75 / 9 85 54 96
E-Mail: info@hotelzurpfalz.de • www.hotelzurpfalz.de

1162

NEU: Bewertungen der Häuser finden Sie auf www.bikerbetten.de

Kröppen
GPS: N 49°09´04" - E 7°31´47"

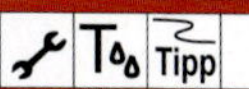

Gasthaus Knerr

Herzlich willkommen in unserem gemütlichen Gasthaus mit familiärer Atmosphäre und gemütlich einladenden Gästezimmern mit Dusche/WC. Unser reichhaltiges Frühstücksbuffet stärkt Sie am Morgen vor Ihrer nächsten Tour. Auf Anfrage können Sie auch Halbpension buchen. Ihr Motorrad steht bei uns sicher im Innenhof. Unser Gasthaus bietet sich ideal als Start- und Zielpunkt für zahlreiche wunderschöne Motorradtouren auch nach Frankreich an. Tourentipps geben wir Ihnen gerne. Sprechen Sie uns an.

Bitscher Str. 4 • 66957 Kröppen
Telefon 0 63 35 / 56 90 • Fax 0 63 35 / 58 09

12684

Landstuhl
GPS: N 49°24´51" - E 7°34´14"

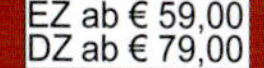

Hotel-Konditorei-Café "Goldinger"

Unsere komfortablen Einzel- und Doppelzimmer sind ausgestattet mit Dusche/WC, Kabel-Farbfernsehgerät, Radiowecker, Telefon, Minibar und Wireless-Lan. Auf Wunsch relaxen Sie in unserem Sauna - und Fitnessbereich. Starten Sie optimal in den Tag mit einem reichhaltigen Frühstück. Verbringen Sie nette Stunden in unseren gemütlichen Caféräumen und genießen Sie das einmalige Ambiente in unserem Wintergarten. In der lichtvollen und naturnahen Atmosphäre kann man leicht entspannen und neue Energie tanken. Im Sommer laden unsere Freiterrasse und ein gemütliches Gartencafé zum Verweilen ein.

Von-Richthofen-Str. 18-20 • 66849 Landstuhl • Telefon 0 63 71 / 9 24 90 • Fax 0 63 71 / 92 49 24
E-Mail: info@hotel-goldinger.de • www.hotel-goldinger.de

11629

Leimen
GPS: N 49°16´25" - E 7°46´22"

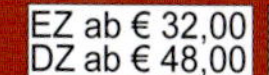

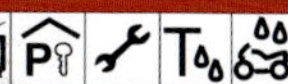
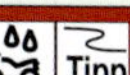

Gasthaus Pension "Arnold"

Unser Haus liegt am Ortsrand des idyllischen Leimen/Pfalz mit freiem Blick auf Wiesen und Wälder. Unsere acht Zimmer sind mit Dusche/WC, TV und Balkon ausgestattet (zwei Einzelzimmer, vier Doppelzimmer, zwei Dreibettzimmer), von denen Sie einen wunderbaren Ausblick haben. Bei Halb- bzw. Vollpension bieten wir Ihnen einen Nachmittagskaffee oder Tee an. Natürlich sind auch Einzel- oder Kurzübernachtungen möglich. Für Ihre Fahrräder oder Motorräder steht Ihnen unsere hauseigene Garage zur Verfügung. Abends laden wir Sie auf unsere gemütlichen Sonnenterrasse oder in unser Gasthaus ein um den Tag ausklingen zu lassen.

Hauptstr. 25 • 66978 Leimen • Telefon 0 63 97 / 99 30 48 • Fax 0 63 97 / 99 32 30
E-Mail: pension-arnold@hotmail.de • www.pensionarnold.de

11626

Neustadt
GPS: N 49°21´21" - E 8°09´12"

Familiär geführtes Hotel mit herrlichem Panoramablick, Dachterrasse und Wintergarten. „Rund um Blick" in die Rheinebene und Wälder des Haardtgebirges. Komfortable EZ, DZ, MZ, Appartements mit Teeküche, FamilienAP, Suiten und Gästehaus. Alle Zimmer mit Panoramaverglasung. Reichhaltiges Panorama-Frühstücksbuffet mit regionalen Spezialitäten. Tagungsräume mit modernster Technik bis zu 250 Personen. Ideal auch für Urlaub, Familien mit Kindern, Biker und Durchreisende. (nahe A65). Trockenraum u. Tiefgarage vorhanden. Programme für geschäftliche Anlässe, Urlaub und Familien. Wenige Gehminuten zur romantischen Altstadt mit typischen
Restaurants und Weinlokalen.

Mußbacher Landstr. 2 • 67433 Neustadt • Telefon 0 63 21 / 3 99 20 • Fax 0 63 21 / 39 92 39
E-Mail: info@pr-hotel.de • www.pr-hotel.de

11659

Obermoschel
GPS: N 49°43´38" - E 7°47´03"

EZ ab € 39,50
DZ ab € 62,00

50 20 HP Tipp

Burg Hotel

Auf halber Höhe zur Burgruine Moschellandsburg, in ruhiger Waldlage, abseits vom Verkehr, liegt unser Burg-Hotel mit seinem wunderschönen Panorama-Ausblick auf das Moschelbachtal. In unserem familiär geführten Haus, in gemütlicher Atmosphäre, rangiert gute Gastlichkeit an erster Stelle. Weit bekannt ist unsere abwechslungsreiche, gutbürgerliche Küche und ebenso geschätzt unser gut sortierter Weinkeller mit überwiegend Weinen aus dem Nahegebiet. Unsere komfortabel ausgestatteten 20 Zimmer, darunter Doppel-, Einzel- und Mehrbett-Zimmer, alle mit Dusche oder Bad/WC, teilweise mit Balkon und Telefon, garantieren Ihnen einen angenehmen Aufenthalt.

Moschellandsberg 2 • 67823 Obermoschel • Telefon 0 63 62 / 9 21 00 • Fax 0 63 62 / 92 10 13
E-Mail: info@burghotel-obermoschel.de • www.burghotel-obermoschel.de

11719

Rhodt unter Rietburg
GPS: N 49°16´18" - E 8°06´32"

EZ ab € 40,00
DZ ab € 70,00

28 15 HP P

Hotel und Weinstube Waldkirch

In den historischen Mauern des Weingutes wurde praktisches Neues mit stilvollem Alten geschmackvoll kombiniert. Unsere Gästezimmer sind mit modernem Komfort ausgestattet, selbstverständlich alle mit Dusche, WC, Telefon und TV-Anschluss. Unsere Weinstube haben wir ebenso gemütlich eingerichtet. Hier bieten wir Ihnen u.a. Pfälzer Spezialitäten und Weine aus eigenem Weingut. An warmen Tagen und Abenden wird unser Hof Treffpunkt für Jung und Alt bei fast südländischer Atmosphäre.

Weinstr. 53 • 76835 Rhodt unter Rietburg • Telefon 0 63 23 / 70 53 • Fax 0 63 23 / 8 11 37
E-Mail: hotelweingutwaldkirch@t-online.de • www.weingut-waldkirch.de

11656

Wolfstein
GPS: N 49°36´29" - E 7°36´32"

EZ ab € 38,00
DZ ab € 60,00

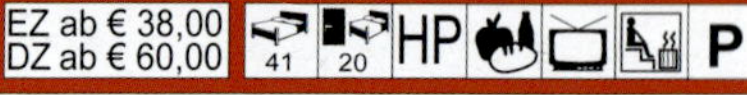

Hotel Reckweilerhof

Der Reckweilerhof liegt an der B270 im Pfälzer Bergland und ist ein idealer Ausgangspunkt für Touren in die Pfalz, Hunsrück oder Elsass. Unsere vielseitige Küche bietet für jeden Gaumen etwas Besonderes und die eigenen Erzeugnisse runden das Angebot ab. Auf Wunsch bieten wir auch Lunchpakete für die Touren an.

Reickweilerhof 8 • 67752 Wolfstein • Telefon 0 63 04 / 6 18 • Fax 0 63 04 / 15 33
E-Mail: info@reckweilerhof.de • www.reckweilerhof.de

1269

Wörth am Rhein
GPS: N 49°03´10" - E 8°16´03"

EZ ab € 72,00
DZ ab € 47,50

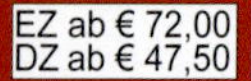

Hotel zum Hirsch ★★★

Das Business-Hotel zum Hirsch liegt inmitten des Stadtkerns von Wörth am Rhein. Direkt vor dem Hotel bietet das Restaurant "Delphi im Hirsch" eine angenehme Atmosphäre mit guter abwechslungsreicher Küche für den Mittag oder einen ausklingenden Abend. RUHE und ERHOLUNG werden bei uns GROSS geschrieben. Alle Zimmer sind geräumig und mit dem Komfort, der für ein gutes Hotel selbstverständlich ist, ausgestattet. Dazu gehören Kabel-TV, Selbstwahltelefon, Wireless-LAN, Schreibtisch Bad/WC oder Dusche/WC, einige Zimmer mit Balkon. Das reichhaltige Frühstücksbuffet wird im sonnigen Frühstücksraum serviert.

Luitpoldstr. 9 • 76744 Wörth • Telefon 0 72 71 / 7 60 00 • Fax 0 72 71 / 76 00 7
E-Mail: info@hirschhotel.de • www.hirschhotel.de

116

Rhön
Motorrad fahren auf den Spuren der Segelflieger

Mitten in Deutschland, im Schnittpunkt der drei Bundesländer Bayern, Hessen und Thüringen, liegt die Rhön. Das markante Mittelgebirge erstreckt sich an den Oberläufen der Flüsse Werra und Fulda, Fränkische Saale und Sinn. Aus der Landschaft ragen die Basaltkegel längst erloschener Vulkane heraus. Wegen seiner baumlosen Gipfel, die eine weite Fernsicht ermöglichen, wird das Mittelgebirge als "Land der offenen Ferne" bezeichnet. Die Wasserkuppe mit einer Höhe von 950 Metern ist der höchste Berg der Rhön. An ihren Hängen liegen die Quellen von 30 Bächen und Flüssen. Die bekannteste von ihnen ist die Fuldaquelle. Zwischen den Erhebungen der Hohen Rhön aben sich auf den Basaltböden weite Grasflähen, Hochheiden und Hochmoore gebildet. In en fruchtbaren Tälern sind dichte Wälder und aftige Wiesen anzutreffen. Auf den Muschelalkhängen der Fränkischen Saale gedeihen in inem milden Klima sogar Weinreben.

as Biosphärenreservat Rhön

n März 1991 wurde die Natur- und Kulturlandchaft der Rhön mit einer Fläche von 185.000 ektar von der UNESCO als Biosphärenreservat anerkannt. Im Gegensatz zu einem Nationalpark, wo die Natur vor dem Menschen geschützt werden soll, gibt es in einem "Reservat" generell keine Beschränkung für die Nutzung. Das Ziel der Anerkennung ist, die Naturlandschaft mit ihrem Landschaftsbild und ihrer speziellen Tier- und Pflanzenwelt als gemeinsamen Lebensraum von Menschen, Tieren und Pflanzen zu erhalten. Die beiden Hochmoore "Schwarzes Moor" und "Rotes Moor" sind als Naturschutzgebiete ausgewiesen.

Hessisches Kegelspiel

Nördlich von Fulda, im Naturpark Hessische Rhön, liegt das „Hessische Kegelspiel". Eine reizvolle und waldreiche Hüglellandschaft umrahmt die neun Kegelberge, die dem Landstrich ihren Namen gaben. Buchen, Eichen, Ahorn, Kiefern und Tannen säumen die Gipfel der Hügel.

Erholungslandschaft mit zahlreichen Freizeitmöglichkeiten

In den letzten Jahren hat die Bedeutung des Fremdenverkehrs in der gesamten Rhön zugenommen. Durch die Anerkennung der Rhön

Treffs in der Region

Neue Zimmer mit Du/WC/Radio/Sat-TV Föhn, Garage oder überdachte Parkplätze, Kegelbahn, Kicker-Turniergerät, Unterhaltungsabende mit Preisverleihung und Urkunden, Musik- oder Rockabende mit dem Chef, geführte Motorrad-Rhöntouren mit dem Chef, Tourenkarten und Tourenvorschläge, Werkstatt, Reinigung- und Pflegemittel für Motorräder, Trockenraum, Terrasse und Biergarten mit Grill

Inh. Christof Weber, Tel. 0 66 84/2 44
Tanner Str. 27, 36145 Hofbiber
www.zum-goldenen-stern-rhoen.de

Hotel Waldesruh

Ein nettes, naturnahes Hotel zum Wohlfühlen, im einmalig schönen Liesbachtal erwartet Ihren Besuch. Für alle Motorrad'ler hält der Chef - selbst begeisterter Biker - ganz besondere Services bereit: Schrauberecke, Trockenraum, Tourentipps, Biker-Specials etc.

Hotel Waldesruh, Tel. 0 97 75/80 80
Liesbachstr. 8, 97659 Burgwallbach
www.waldesruh-rhoen.de

als Biosphärenreservat sollen die Menschen eingeladen werden, sich in dieser Natur- und Kulturlandschaft zu erholen, die sehenswerten und geschichtsträchtigen Orte anzuschauen, an den weltlichen und religiösen Festen der einheimischen Bevölkerung teilzunehmen und die Kultur kennen zu lernen.

Heilbäder

Der Erhaltung oder Wiederherstellung der Gesundheit dienen im Gebiet der Rhön eine ganze Reihe von Mineral- und Moorheilbädern. Die Salze in der Tiefe lösen sich im Grundwasser und werden, vermischt mit natürlicher Kohlensäure, als Heilquelle an die Oberfläche gefördert. Zahlreiche Ortschaften sind als Luftkurorte staatlich anerkannt. Wegen der bergigen Landschaft sind auf einer Entfernung von nur wenigen Kilometern für die unterschiedlichen Therapien Reizklima in den Höhenlagen und Schonklima in den geschützten Tälern anzutreffen.

Zeugen einer langen Geschichte

Steinerne Zeugen einer frühen Ansiedlung von Menschen in der Rhön sind die vor- oder frühgeschichtlichen Bergfestungen und Ringwälle. Aus dem Mittelalter sind Burgen und Burgruinen erhalten. Auch viele Städte und Dörfer können auf eine bewegte Vergangenheit zurückblicken. Überbleibsel davon sind historische Bauwerke und alte Ortskerne. Einige Innenstädte sind von gut erhaltenen Befestigungsanlagen mit Wehrtürmen umgeben. Zu den interessanten Baudenkmälern gehören die befestigten Kirch- und Friedhöfe.

Sehenswerte Orte

Mellrichstadt

Die typische fränkische Kleinstadt liegt am Ufer ler Streu und besitzt einen sehenswerten dopoelten Stadtmauerring, innerhalb dessen man sehr schön eine ausgedehnte Pause machen kann.

Bad Kissingen

Auch das bayerische Staatsbad liegt am Ufer ler Saale. Mittelpunkt des sympathischen Kurtädtchens ist sein Kurgarten. Dort spudeln in er Wandel- und Trinkhalle die beiden Mineraluellen, für die Bad Kissingen so bekannt ist.

Hammelburg

Schon im 8. Jahrhundert wurde an den Hängen er Saale rund um Hammelburg Weinbau beieben. Und so ist es kein Wunder, dass sich as an der Bocksbeutelstraße liegende Hamelburg auch noch heute als gemütliches Winerstädtchen präsentiert. Sehenswert: Schloss aaleck und das Kellereischloss.

Meiningen

Zwischen Rhön und Thüringer Wald idyllisch im Werratal gelegen, erhielt Meiningen im Jahr 1152 die Stadtrechte. Im Laufe der Jahrhunderte entwickelte es sich zu einem Zentrum für große Geister und Freidenker. 1782 suchte Friedrich Schiller hier auf der Flucht vor seinen württembergischen Verfolgern Unterschlupf. Auf keinen Fall versäumen sollte man einen Besuch von Schloss Elisabethenburg mit seinem stilvollen Schlosscafé.

Bad Neustadt

Bad Neustadt an der Saale liegt idyllisch im Naturpark Bayerische Rhön. Eine herzförmige Stadtmauer umschließt die historische Innenstadt mit ihren prachtvollen Bauten und das Kurviertel mit seinen heilkräftigen Quellen sowie dem romantischenKurpark. Die romantischen Saaleauen laden zu Spaziergängen ein. Oberhalb der Stadt ragt die Salzburg auf.

Durch die Hochrhön

Fulda, der Ausgangspunkt der etwa 140 Kilometer langen Tagestour, liegt äußerst reizvoll im Tal des gleichnamigen Flusses. Im Osten der ehemaligen Bischofsstadt erheben sich die Berge der Rhön, im Westen beginnen die Hügel des Vogelsberges. Prunkstück des hübschen Städtchens ist sein Schloss, die ehemalige Residenz der Fuldaer Fürst-Äbte. Es wurde während der Renaissance erbaut und verfügt über einen herrlichen Park. Ein Bummel zu Fuß durch Fulda ist also vor dem eigentlichen Beginn unserer Runde genau das Richtige.
Wir verlassen Fulda vorbei an Petersberg und peilen den Ort Hofbieber an. Kleine, verkehrsarme Landsträßchen verhelfen der Tour zu einem ruhigen, entspannten Auftakt. Ein kurzer Abstecher hinüber zum Schloss Bieberstein, dann geht es weiter Richtung Osten. Allmählich kommt Schwung in die Geschichte, die ersten Kurven bergauf kündigen sich an – die Rhön naht. In der Ortschaft Tann, wo es das Museumsdorf Rhön zu besichtigen gibt, biegen wir nach rechts ab und klinken uns bis Hilders kurz auf die B 278 ein. Auf einer kurvigen und gut ausgebauten Nebenstraße durchqueren wir Frankenheim und erreichen schließlich den Ort Leubach.
Ab hier nehmen wir den perfekten Asphalt der Hoch-Rhön-Straße unter die Räder. Sie bringt uns in die Nähe des Schwarzen Moores. Von einem großen Wanderparkplatz aus kann das 60 Hektar große Hochmoor zu Fuß erkundet werden. Ein drei Kilometer langer Weg aus Holzbalken führt bis an die so genannten „Mooraugen“ heran. Das sind kleine Weiher und Tümpel, die noch nicht von der Moorvegetation zugewachsen sind.
Vom Schwarzen Moor aus führt die Route kilometerlang über die kahle Plateau-Fläche der Rhön. Dann zirkelt sie hinab nach Bischofsheim. Der sehr hübsch in einem Tal gelegene Ort ist nicht nur ein beliebter Sommer- und Winterferienort, sondern auch eine der wichtigsten Städte der Rhön. Unser Tipp: Am Marktplatz anhalten und bei einer Tasse Kaffee das Stadtbild mit seinen historischen Häusern und dem Barockbrunnen genießen. Wer möchte kann auf der Fahrt nach Bischofsheim unterwegs einen Abstecher über Ehrenberg hinauf zur Wasserkuppe einlegen. Auf dem höchsten Berg der Rhön sind seit den 1920er-Jahren die Segelflieger aktiv. Der Berg mit seinem fast ebenen Kamm und seiner guten Thermik bietet den lautlosen Gleitern optimale Bedingungen. Von dem kleinen Segelflugplatz werden Rundflüge angeboten.
Gleich hinter dem Ortsende von Bischofsheim weist ein Schild den Weg hinauf zum Kreuzberg. Der „heilige Berg“ der Franken, wie der 928 Meter hohe Kreuzberg auch genannt wird, ist vor allem wegen des guten Essens und des dunklen Bieres berühmt, das die Franziskanermönche im Garten der Klosterkirche auf den Tisch stellen. Das Kloster erreicht man vom Parkplatz aus zu Fuß in ca. 15 Minuten.
Kurz darauf erreichen wir das Tal der Sinn. Wir passieren Wildflecken, ein idyllisch vor der Kulisse der Rhön liegendes Dorf und fahren ein ziemliches Stück am gleichnamigen Truppenübungsplatz entlang. Wir unterqueren einen Viadukt der Autobahn A 7 und rollen nach Bad Brückenau hinein. Dort wartet eine hübsche Altstadt mit Fachwerkfassaden und Dächern aus Holzschindeln. Das Heilbad Brückenau ist durch gepflegte Promenadenwege mit dem benachbarten Staatsbad verbunden, das mit wunderschönen alten Kuranlagen glänzt, in denen schon König Ludwig I. seine Gallen- und Blasenleiden auskurierte.
Weiter auf der B 27 Richtung Fulda. In Volkers bietet sich ein Abstecher hinauf zum Volkersberg an, von wo man einen herrlichen Rundblick genießt. Die B 27 mit ihrem perfekten Belag und ihren abwechslungreichen Kurven und Kehren lässt keine Langeweile aufkommen. Wer hätte das von einer Bundesstraße gedacht? Aber hier in der Rhön vermitteln selbst die größeren Durchgangsstraßen eine Menge Fahrspaß. Der wäre zwischen den Hügeln rechter Hand sicherlich noch größer, doch liegen die mitten im Truppenübungsplatz und sind leider für den öffentlichen Verkehr gesperrt. Einige Kilometer weiter wird die B 27 vierspurig und bringt uns flott zum Ausgangspunkt nach Fulda zurück.

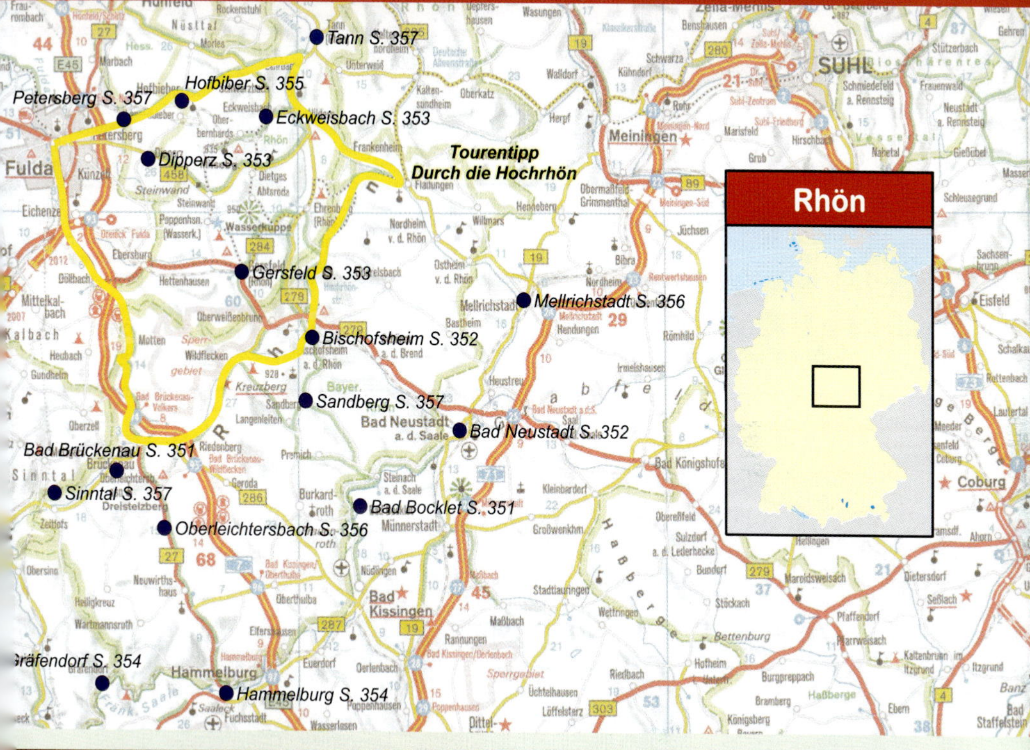

Bad Bocklet-Steinach

GPS: N 50°17´09" - E 10°05´56"

EZ ab € 27,00
DZ ab € 45,00

Gaststätte - Fremdenzimmer Schneider

In räumlich gepflegter, ländlicher Atmosphäre bietet Ihnen unser Haus, mit seinen 10 neu renovierten und modern eingerichteten Doppelzimmern, alle Annehmlichkeiten, die sich der Gast wünscht. In unseren Gasträumen gestalten wir Ihren Aufenthalt so angenehm wie möglich. In unserer hauseigenen Metzgerei verwöhnen wir Sie mit fränkischen Wurstspezialitäten. Für schöne und kurvenreiche Tourentipps stehen wir Ihnen gerne zur Seite. Wir freuen uns auf Ihren Besuch und wünschen Ihnen einen angenehmen Aufenthalt.

Riemenschneiderstr. 39 • 97708 Bad Bocklet-Steinach • Telefon 0 97 08 / 3 79
Fax 0 97 08 / 70 63 26 • E-Mail: benno.schneider@t-online.de

11342

Bad Brückenau

GPS: N 50°17´58" - E 9°44´48"

EZ ab € 39,00
DZ ab € 69,00

Landhotel Mariental

Eingebettet in die einzigartige Landschaft der bayerischen Rhön, das Land der offenen Fernen, gibt es viele Möglichkeiten für Ihre Motorradtouren. Bei uns können Sie das ganze Jahr Stress und Alltag hinter sich lassen. Sie werden sich in dem gepflegten Ambiente wohlfühlen. Die modernen und behaglichen Gästezimmer sind alle mit Dusche/WC und teilweise mit Fernseher und Telefon ausgestattet. Unser parkähnlicher Garten mit gemütlichen Sitzgruppen und einer großzügigen Liegewiese ist der ideale Platz, um sich zu erholen. Für Ihr Motorrad haben wir Garagen, einen Waschplatz und wenn Sie einen Tourentipp brauchen - der Chef fährt selbst!

Wernarzer Str. 5 • 97769 Bad Brückenau • Telefon 0 97 41 / 22 31 • Fax 0 97 41 / 29 01
E-Mail: info@landhotel-mariental.de • www.landhotel-mariental.de

12401

Bad Neustadt

GPS: N 50°19´17" - E 10°12´52"

EZ ab € 35,00
DZ ab € 66,00

60 VP Tipp

"Ride my Bike" - mit unserer Motorradpauschale für Motorradfans oder auch nur einfach so zu einer Überraschung begrüßen wir Dich im Hotel Schwan & Post. Das Hotel Schwan & Post, das Juwel in Bad Neustadts Altstadt, präsentiert sich als Haus mit Ambiente zum Wohlfühlen. Genusswelten im Hotel Schwan & Post - wir verwöhnen unsere Gäste mit einem ganzjährigen kulinarischen Kalender verbunden mit ausgewählten fränkischen Spitzenweinen. Unsere gemütlichen Räumlichkeiten, wie z.B. die urige Postillionstube oder der Gewölbekeller mit offenem Kamin laden zum Verweilen ein. Für Gruppen bieten wir z.B. ein Bierkulinarium im Gewölbekeller oder Weinproben direkt vom Winzer. Im Sommer genießen Sie von unserer Gartenterrasse den Blick auf das Hohntor und die Altstadt von Bad Neustadt. Motorradwerkstatt, Motorradunterstellmöglichkeiten, Trockenraum, Tourenvorschläge und auch geführte Touren stehen Ihnen selbstverständlich zur Verfügung. Gruppenpreise und Arrangements auf Anfrage! Schau doch einfach mal vorbei auf www.schwan-und-post.de.

Es erwartet Dich...
... ein freundliches Lächeln
... ein herzlicher Empfang

Hohnstr. 35 • 97616 Bad Neustadt
Telefon 0 97 71 / 9 10 70 • Fax 0 97 71 / 91 07 67
E-Mail: hotel@schwan-und-post.de • www.schwan-und-post.de

12440

Bad Neustadt an der Saale

GPS: N 50°19´12" - E 10°12´43"

EZ ab € 45,00
DZ ab € 77,00

50 32 HP Tipp

11243

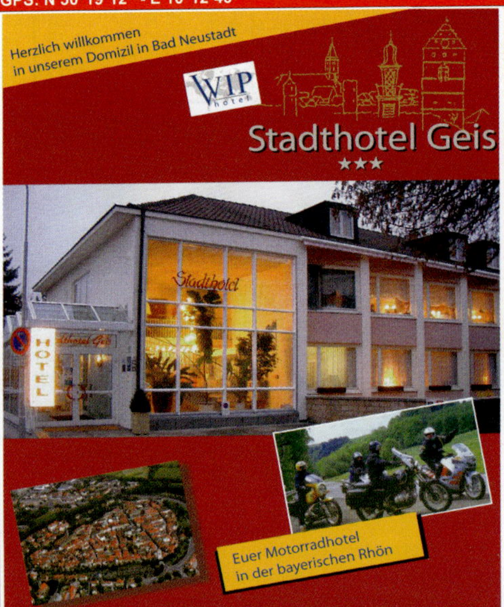

Herzlich willkommen in unserem Domizil in Bad Neustadt
WIP hotel
Stadthotel Geis
★★★
Stadthotel
HOTEL
Euer Motorradhotel in der bayerischen Rhön
An der Stadthalle 6 · 97616 Bad Neustadt a. d. Saale
Telefon (0 97 71) 9198-0 · Telefax (0 97 71) 9198 50
info@stadthotel-geis.de · www.stadthotel-geis.de

UNSER SERVICE FÜR EUCH:

- Biergarten, Grillabende, flotte Bedienung
- Trockenraum und Unterstellplatz
- Tourenvorschläge
- Eintritt ins Erlebnis- & Wellnessbad „Triamare"
- Sonderarrangements für Motorrad-Gruppen

- Begrüßungsbier 0,4 l
- 2 x Übernachtung im Komfortzimmer
- 2 x Schlemmer-Frühstücksbuffet
- 2 x Schwimmbadbenutzung
- 1 x Grillabend mit Salatbuffet auf der Sommerterrasse (Mai-Sept.)
- 1 x 3-Gang-Menü
- 1 x Lunchpaket
- Tourenkarte von der Region

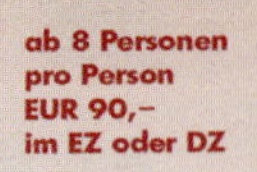

ab 8 Personen
pro Person
EUR 90,–
im EZ oder DZ

Weitere Angebote auf Anfrage!

Bischofsheim/Rhön

GPS: N 50°26´15" - E 9°58´42"

EZ ab € 65,00
DZ ab € 80,00

34 20 HP Tipp

Hotel "Rhönhäuschen"

Herzlich willkommen im "Rhönhäuschen". Urgemütliche Räumlichkeiten, immer freundliches Personal, vielseitige Speisekarte - lassen Sie sich in der anheimelnden Atmosphäre des "Rhönhäuschens" von uns verwöhnen, umgeben von wertvollen Antiquitäten aus dem fränkischen Umland. Sprechen Sie mit uns, wir werden vom frischen Pfifferling bis zu Rhönforelle aus dem eigenen Teich alles so zubereiten, dass Ihr verwöhnter Magen einen Festtag nach dem anderen erlebt. Alle unsere Zimmer sind gemütlich, modern und komfortabel ausgestattet und verfügen über Dusche/WC, Telefon und TV. Wir freuen uns auf Ihren Besuch!

Rhönhaus 1 • 97653 Bischofsheim • Telefon 0 97 72 / 3 22 • Fax 0 97 72 / 91 20
E-Mail: info@rhoenhaeuschen.de • www.rhoenhaeuschen.de

11

vom Hotel "Rhönhäuschen" in Bischofsheim

Viele Sehenswürdigkeiten, Naturbereiche, Kulturelles und Abenteuerliches lässt sich von unserem Hause aus sehr gut befahren. Hier ein paar Beispiele: In Ehrenberg gibt es die Rhöner Schau-Kelterei, die sicher eine Besichtigung wert ist. In Hammelburg, Motten, Schmalkalden sowie dem Trusetal sind Korn- und Obstbrennereien, der Aussichtsturm Mottener Haube sowie das Schloss Wilhelmsburg in Schmalkalden interessante Anlaufpunkte. Zwischendurch, zum Spaß, eine Kanufahrt zu unternehmen, kann sich jeder nach Geschmack aussuchen. Beeindruckend ist danach auch der Wasserfall im Trusetal.
Die Stadt Bischofsheim sollte auch für einen Tag angefahren werden, da sich hier eine Vielzahl an Möglichkeiten, je nach Interessenlage, bietet. Die Stadt Fulda sollte aus dem Besichtigungs- und Streckenbereich mit einbezogen werden. Ob der eine die Besichtigungen vom Stadtschloss und/oder Dom vorzieht oder der andere lieber mal auf die Kartbahn geht und danach es sich in der Rhön-Therme-Wellenbad gut gehen lässt, ist jedermans Entscheidung. Fahrten zu den Städten Eisenach, Bad Brückenau sowie Bad Kissingen geben dem individuellen Fahrer eine Palette von Möglichkeiten zum Erkunden der Rhön und den angrenzenden Gebieten.

11759

Dipperz-Friesenhausen

GPS: N 50°30´59" - E 9°48´53"

Tipp

Das Grillrestaurant Kneshecke befindet sich im Ferienpark Rhönresidence zwischen Friesenhausen und Dietershausen. Von Fulda ca. 12km entfernt, liegt die idyllische Anlage vor den Toren der Rhön mit Anbindung an wunderschöne Motorradtouren. Das Grillrestaurant hat 180 Sitzplätze und einen Biergarten am See mit 600 Sitzplätzen. Gegrillt wird vor den Augen der Gäste auf Holzkohle, Buchenholz und auf heißen Steinen. Im Sommer finden Live Konzerte auf der Seebühne statt.

Knesheckenweg 7 • 36160 Dipperz-Friesenhausen • Telefon 0 66 57 / 85 25
Fax 0 66 57 / 89 68 • E-Mail: info@kneshecke.de • www.kneshecke.de

12389

Eckweisbach

GPS: N 50°34´18" - E 9°57´26"

EZ ab € 22,50
DZ ab € 45,00

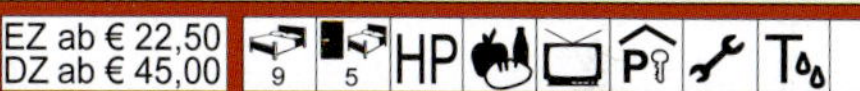

Gasthaus - Pension "Kühler Grund"

"Das Haus zum Wohlfühlen". Freuen Sie sich auf Ihren Urlaub im Scheppenbachtal, dort, wo die Natur noch zu Hause ist! Der Chef kocht selber für Sie! Unsere Küche: Bekannt, leistungsstark, gut bürgerlich, regional, sowie preiswert und individuell. Wir führen ganzjährig regionale Gerichte aus der Rhöner Küche. Unsere Gästezimmer sind gemütlich eingerichtet mit allem was Sie brauchen um sich wohl zu fühlen. Eine abschließbare Garage für Ihr Motorrad stellen wir natürlich auch zur Verfügung. Darüber hinaus reichen wir Lunchpakete für die Fahrt und einen kleinen Trockenraum für nasse Kleidung.

Hauptstr. 21 • 36115 Hilders/Eckweisbach • Telefon 0 66 81 / 2 90 • Fax 0 66 81 / 2 40
E-Mail: kontakt@gasthof-kuehler-grund.de • www.gasthof-kuehler-grund.de

11769

Gersfeld

GPS: N 50°26´51" - E 9°54´40"

EZ ab € 59,00
DZ ab € 96,00

Hotel "Gersfelder Hof"

Alle unsere 64 Hotelzimmer sind mit Bad oder Dusche und WC ausgestattet. Sessel, Tisch und Schreibecke sollen Ihnen die Möglichkeit geben, sich auch mal in den eigenen vier Wänden „einzuigeln". Sie werden allerdings schnell andere Lieblingsplätze im und ums Haus finden. Wenn wir das Kochen hier zur Kunst erheben, so soll das nicht heißen, dass es in unserem Haus keine „zünftigen Mahlzeiten" gibt. Die Spezialitäten finden Sie in unserer „Vesperkarte". Dieser Tradition sind wir verpflichtet. Darüber hinaus bieten wir eine ausgezeichnete internationale Küche.

Auf der Wacht • 36126 Gersfeld • Telefon 0 66 54 / 18 90 • Fax 0 66 54 / 74 66
E-Mail: info@gersfelder-hof.de • www.gersfelder-hof.de

11811

vom Hotel "Gersfelder Hof" in Gersfeld

Willkommen im Land der offenen Fernen! Bekannt ist die Rhön für die unbewaldeten Höhen von denen Sie Ihre Blicke in die Ferne schweifen lassen können. Für uns Motorradfahrer ist die Rhön, mit ihren kurvigen Strecken, und auch den langen Geraden zum Beispiel, die der Hochrhönstraße, ideal um sich mit seinem Bike treiben zu lassen. Ausgangspunkt der Tour ist Gersfeld. Von dort aus fahren wir zum höchsten Berg der Rhön, der Wasserkuppe (950m NN). Dort lassen wir das bunte Treiben der Motor-, Segelflieger und Paraglider auf uns wirken bevor es weiter über Dietges, Reulbach nach Wüstensachsen geht. Dort biegen wir schwungvoll auf die Gerade der Hochrhönstraße zum Drei-Länder-eck Hessen Thüringen und Bayern ein. Empfehlenswert ist hier ein kleiner Imbiss, eine Thüringer Rostbratwurst. Nun verlassen wir Hessen und fahren weiter durch Thüringen Richtung Meiningen. Auf gut geteerten Straßen sind einige schöne Schräglagen möglich. Über Mellrichstadt geht es Richtung Bischofsheim. Unser Ziel ist das Kloster Kreuzberg mit seiner eigenen Brauerei. Gestärkt in der Brauereischenke geht es wieder über Berg und Tal nach Gersfeld.

11811

Gersfeld

GPS: N 50°27´08" - E 9°54´38"

EZ ab € 44,00
DZ ab € 78,00
124 · 57 · HP · P · Tipp

Aparthotel Horizont ***

Das Aparthotel HORIZONT hat einen besonders hohen Verwöhnfaktor. Beginnen Sie den Tag mit ersten Extras und lassen Sie sich ein Wunschfrühstück zur gewünschten Zeit servieren. Am Abend wählen Sie aus dem saisonalen und abwechslungsreichen Angebot. Unser Haus verfügt über 51 helle Apartments und sechs gemütliche Junior-Suiten, die sich besonders für Familien und kleine Reisegruppen eignen. Jede Einheit hat ca. 25 m2 Grundfläche und bietet als Standardausstattung Dusche/WC/Föhn und voll ausgerüstete Kochnische. Das Aparthotel Horizont ist ein idealer Ausgangspunkt für Ihre Motorradtouren.

Hennberger Str. 2 • 36219 Gersfeld • Telefon 0 66 54 / 98 20 • Fax 0 66 54 / 98 22 00
E-Mail: info@rhoen-horizont.de • www.rhoen-horizont.de

12405

Gräfendorf-Weickersgrüben

GPS: N 50°06´23" - E 9°46´59"

Zelt/Platz € 7,00
Platz ab € 14,00
14 · 7 · P · Tipp

Campingplatz & Ferienwohnungen Roßmühle

Auf unserem idyllischen Campingplatz sind Motorradfahrer gern gesehene Gäste. Hier finden Sie auf den direkt am Waldrand gelegenen großen Wiesen genügend Platz für Zelt und Bike. Genießen Sie die Sonnenuntergänge im Tal bei einem gemütlichen Lagerfeuer oder Grillabend! Kleines Frühstück kann im Kiosk gekauft werden! Die abwechslungsreiche Landschaft, sowie die Sehenswürdigkeiten in den umliegenden Ortschaften laden zu spontanen Ausfahrten ein, welche Sie ganz nach Belieben bis hin zu Motorradtouren in die Rhön, oder den Spessart ausweiten können. Neben den Ausfahrten können verschiedene Aktivitäten wahrgenommen werden, wie Angeln, Kanu fahren, Rad fahren, Wandern oder einfach nur die Ruhe und Natur genießen.

Roßmühle 7 • 97782 Gräfendorf-Weickersgrüben • Telefon 0 93 57 / 12 10
Fax 0 93 57 / 8 32 • www.campingplatz-rossmuehle.de

124(

Hammelburg OT Diebach

GPS: N 50°07´38" - E 9°50´19"

EZ ab € 28,00
DZ ab € 50,00
14 · 8 · HP · P

Gasthaus Goldenes Ross

Verbringen Sie die schönsten Tage im Jahr bei uns im Gasthaus Goldenes Ross. Sie wohnen bei uns in modernen Fremdenzimmern. Morgens steht Ihnen nach einer erholsamen Nacht ein reichhaltiges Frühstück zur Verfügung. Unsere Küche empfiehlt sich mit einer gutbürgerlichen, fränkischen und saisonalen Speisekarte, sowie günstigen Tagesgerichten. Das Gasthaus Goldenes Ross ist der ideale Ausgangspunkt für interessante Tagestouren.

Diebacher Str. 28 • 97762 Diebach • Telefon 0 97 32 / 21 21

113

Hammelburg-Obererthal

GPS: N 50°09´23" - E 9°53´50"

EZ € 33,00
DZ € 55,00

Landgasthof "Zum Stern"

Lust auf ein schönes Wochenende mit Ihren Motorrad-Freunden? Der Landgasthof Zum Stern liegt zwischen bayrischer Rhön und fränkischem Weinland und ist der ideale Ausgangspunkt für Tagestouren mit dem Motorrad. Natürlich haben wir schon einige interessante Tourenvorschläge auf kurvigen Landstraßen für Sie parat. Und abends wird es lustig beim gemeinsamen Kegelabend oder bei Wein und Schnaps aus eigener Produktion. Spezielle Biker-Angebote. Sprechen Sie uns an.

Obererthaler Str. 23 • 97762 Obererthal • Telefon 0 9732 / 47 07 • Fax 0 97 32 / 54 00
E-Mail: info@landgasthof-stern.com • www.landgasthof-stern.com

Hofbieber

GPS: N 50°35´13" - E 9°50´16"

EZ ab € 39,00
DZ ab € 62,00

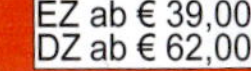

Wir laden Sie ein, den Alltag loszulassen und sich einfach wohlzufühlen. Unsere Zimmer sind alle mit TV, Dusche/WC und Radio ausgestattet. Morgens erwartet Sie ein reichhaltiges Frühstücksbuffet das keine Wünsche offen lässt. Wir bieten Ihnen eine vielseitige Küche, in der der Chef des Hauses mit seiner internationalen Erfahrung als Küchenmeister selbst kocht. Ein besonderes Zusammenspiel liebevoller Details und herzlicher Gastlichkeit. Unser Gasthof bietet eine besondere Atmosphäre: draußen im sonnigen Biergarten oder an unserer rustikalen Theke laden wir Sie zum Verweilen ein.

Lindenplatz 4 • 36145 Hofbieber • Telefon 0 66 57 / 3 76 • Fax 0 66 57 / 91 97 46
E-Mail: info@hotel-sondergeld.de • www.hotel-sondergeld.de

11770

von Hotel-Gasthof Sondergeld in Hofbieber

Hessen-Thüringen

Wir starten in Hofbieber in Richtung Tann. In Theobaldshof geht es nach Thüringen über Dermbach, Wiesenthal, Schmalkalden durch das schöne Steinbach-Hallenberg-Tal aufwärts nach Oberhof.

Zu besichtigen lohnt dort die Skisprungschanze, das Biathlonstadion und die Bob- und Rodelbahn. Natürlich darf die beliebte Thüringer Rostbratwurst nicht vergessen werden.

Die Heimfahrt über Zella-Mehlis wäre mit einem Besuch im Meeresaquarium zu verbinden.
Über Meiningen zurück nach Hofbieber eine tolle Tagestour, voller Kurven und wunderschöner Landschaft. (200km)

11770

Mellrichstadt

GPS: N 50°25´12" - E 10°17´35"

EZ ab € 54,00
DZ ab € 82,00
HP P Tipp

- 1. Hotel in der Rhön mit dem Top-Service für Motorradfahrer - seit 13 Jahren die Nummer1!
- Jede Menge Biker-Events im Web mit tollen Pauschalangeboten und Aktionstagen, leckere Küche.
- Geführte Touren mit Matthias (Chef) oder mit einem unserer 10 Tourenguides, sowie ausgearbeiteten Tourenvorschlägen und/oder Routen nach Maß (auch für GPS).
- Hotel-Lounge mit Terrasse und direktem Zugang zum Garten
- Neuer SPA-Bereich mit finnischer Sauna, Biosauna, Dampfbad, Ruheraum mit Kamin und Teebar, Haus der Stille, Gartensauna, Schwimmteich mit Liegewiese.
- Wir sind Motorradfahrer erprobt und sagen es nicht nur!

Ignaz-Reder-Str. 3 • 97638 Mellrichstadt
Telefon 0 97 76 / 8 18 00 • Fax 0 97 76 / 81 80 40
E-Mail: info@hotel-sturm.com • www.motorbikehotel.de

11834

von Hotel Sturm in Mellrichstadt

Diese Tour führt auf ca. 270 Kilometern durch die Rhön - im Dreieck Bayern - Hessen - Thüringen finden sich dabei wunderschöne Sträßchen mit atemberaubenden Fernblicken. Von Mellrichstadt über Frickenhausen und Rödles führt die Tour zur B279. Die Richtung Neustadt wird kurz angetäuscht, gleich geht´s wieder rechts ab zum Tal der Fränkischen Saale vorbei an Bad Bocklet zum Schloss Aschach. Von Burkardroth über Premich nach Sandberg, weiter nach Wildflecken über den Kreuzberg nach Bischofsheim. Über die Hochröhnstraße erreichen wir Roth und Hausen mit seiner Bergrennstrecke, die am Rhönhof endet. Über Fladungen führt uns die Strecke in das Thüringische nach Kaltenwestheim. Weiter geht´s nach Hilders. Nun kommt noch ein Schlenker, der etwas Orientierungsvermögen erfordert. Hinter Habel noch ein kleiner Schlenker durch einen Thüringer Zipfel - toll zu fahren. Danach zur Wasserkuppe, wo wir unbedingt eine Rast einlegen. Wir gelangen auf schönen Kurven hinab nach Wüstensachsen. Hier geht´s wieder rechts ab und noch einmal hoch hinauf über die Hochrhönstraße. Dann wieder hinab nach Oberelsbach und über Frickenhausen nach Oberstreu. Von hier sehen wir schon das "Sturm".

1183

Oberleichtersbach-Dreistelz

GPS: N 50°16´47" - E 9°46´42"

EZ ab € 35,00
DZ ab € 56,00
36 19 HP Tipp

* Idealer Ausgangspunkt für schöne und interessante Motorradtouren durch die Rhön, Franken, Spessart, Vogelsberg
* Gemütliche Gasträume (40, 80, 15 Pers.)
* Biergarten
* Gutbürgerliche und regionale Küche
* Wild aus eigener Jagd
* Eigene Brennerei
* Speisekarte siehe www.dreistelzhof.de
* 20 Zimmer (38 Betten), Dusche/WC, SAT-TV, Telefon, eines davon behindertengerecht
* Lift im Haus - rollstuhlgerecht
* Liegewiese
* Halle für Motorräder
* Hochdruckreiniger, Trockenraum

Dreistelz 5 • 97789 Oberleichtersbach
0 97 41 / 91 15 00 • Fax 0 97 41 / 91 15 30
E-Mail: dreistelzhof@t-online.de • www.dreistelzhof.de

12

Petersberg

GPS: N 50°34´38" - E 9°44´53"

EZ ab € 55,00
DZ ab € 80,00

Hotel-Restaurant "Berghof"

Sie wünschen ein behagliches Hotel für sich als Ausgangspunkt für Streifzüge durch die Mittelgebirgslandschaft der Rhön. Die 54 Komfortzimmer bieten 95 Gästen Platz und sind durchweg mit Dusche/WC, Telefon, Kabelfernsehen, Radio und teilweise mit Balkon ausgestattet. Alle Zimmer sind mit dem Lift zu erreichen. Herzlich willkommen im Restaurant unseres Hotel-Restaurant-Berghof. Wir kochen gutbürgerlich und achten dabei auf eine hohe Qualität. Unsere Speisekarte umfasst über 40 regionale und internationale Gerichte und wird immer wieder durch besondere Spezialitäten und Angebote ergänzt.

Almendorfer Str. 1-3 • 56100 Petersberg • Telefon 06 61 / 96 79 00 • Fax 06 61 / 9 67 90 88
E-Mail: info@berghof-almendorf.de • www.berghof-almendorf.de

11760

Sandberg

GPS: N 50°20´37" - E 10°00´35"

EZ ab € 28,00
DZ ab € 50,00

30 15 HP

Berghotel Sandberg ★★★

Das 3 Sterne Hotel "Silberdistel" liegt an der Peripherie des kleinen Örtchens Sandberg. Unsere Zimmer verfügen alle über Bad/Dusche/WC, Telefon ,TV und Radio. Eine ausgewogene Gastronomie und eine Küche für jeden Geschmack die Ihnen auch für Familien- und Gesellschaftsfeiern zur Verfügung steht, ergänzen unser Angebot. Die unübertroffene Aussicht aus unseren Zimmern mit Balkon und unsere hauseigene Sauna sind nur ein weiterer Punkt zur bestmöglichen Erholung.

Blumenstr. 22 • 97657 Sandberg • Telefon 0 97 01 / 9 07 50 • Fax 0 97 01 / 90 75 29
E-Mail: info@berghotel-sandberg.de • www.berghotel-sandberg.de

11341

Sinntal-Schwarzenfels

GPS: N 503°17´56" - E 9°40´21"

EZ ab € 30,00
DZ ab € 56,00

Gasthof-Pension "Zur Grünen Linde"

Suchen Sie Entspannung und Erholung nach einer schönen und interessanten Motorradtour - Rhön, Spessart, Vogelsberg... alles vom Haus aus zu fahren? In unserem modernen Haus finden Sie alles, was hierzu beiträgt, umrahmt von einer gepflegten und gemütlichen Atmosphäre. Fühlen Sie sich wohl in den behaglichen Gästezimmern, die alle mit Dusche/WC und auf Wunsch auch mit TV und Telefon ausgestattet sind. Lassen Sie Ihren Gaumen von unserer anerkannt gut bürgerlichen und abwechslungsreichen Küche verwöhnen.

Zum Bergfried 9 • 36391 Schwarzenfels • Telefon 0 66 64 / 71 65 • Fax 0 66 64 / 71 55
E-Mail: info@zurgruenenlinde.de • www.zurgruenenlinde.de

12402

Tann-Dippach

GPS: N 50°36´51" - E 10°01´51"

EZ ab € 10,00
DZ ab € 20,00

Camping "Ulstertal"

Der Campingplatz Ulstertal liegt in der nördlichen Rhön, im Biopärenreservat Rhön, im Stadtteil Dippach der schönen Stadt Tann. Er befindet sich auf einem teils leicht geneigten Wiesengelände, verteilt über mehrere Terrassen mit Laub- und Nadelbäumen. Die Grundversorgung mit Getränken, frischen Brötchen, Eiern, frischen Wurstwaren, Zeitungen und Zeitschriften ist am Campingplatz möglich. In der eigenen Gaststätte kann man jederzeit eine Mahlzeit einnehmen, natürlich auch ein kühles Rhöner Bier dazu trinken.

36142 Tann-Dippach • Telefon 0 66 82 / 82 92
E-Mail: info@camping-ulstertal.de • www.camping-ulstertal.de

11593

Romantischer Rhein

Motorrad fahren im Tal der Raubritter

Die Engländer an der Loreley

Vor rund 200 Jahren waren es die Engländer, die als erste von dem burgengekrönten Tal mit seinen steilen Rebhängen zwischen Koblenz und Bingen, zwischen Lahnstein und Rüdesheim begeistert waren. Seitdem zieht das Loreleytal, wie diese Region genannt wird, immer mehr Besucher aus dem In- und Ausland an. Heinrich von Kleist nannte diese Landschaft des Mittelrheins den „Lustgarten der Natur". Dichter wie Heinrich Heine und Clemens von Brentano haben ihre Schönheit in Gedichten und Liedern in höchsten Tönen gelobt und zum Inbegriff der „Romantik am Rhein" gemacht.

Der Rhein schlängelt sich in vielen Windungen durch die bewaldeten Ausläufer von Taunus und Westerwald, Hunsrück und Eifel dahin. An beiden Ufern liegen die Winzerorte wie Perlen an einer Schnur. Vor Jahrhunderten wurder Hänge gerodet und Weinberge angelegt. Übe jedem Ort ist auf der Höhe eine Burg ode Burgruine zu sehen. Bei Bingen steht der Mäu seturm und bei Kaub die Pfalz mitten im Fluss Der berühmteste Punkt aber ist der sagenum wobene und viel besungene Loreleyfelsen.

Römer und Franken

Es gibt zahlreiche historische Bauwerke, di Geschichte und Geschichten erzählen: Sich bare Spuren hinterließen die Römer, die vo 1. Jahrhundert v.Chr. bis Mitte des 5. Jahrhur dert n.Chr. am Rhein waren. In Boppard ist d Wehrmauer des Mitte des 4. Jahrhunderts au gebauten Kastells zu sehen, das ein Geländ von rund 4,6 Hektar mit einer Ausdehnung vo 304 mal 154 Metern umschließt. Die damalige

Bewohner besaßen ein Warmbad, dessen Wasser durch eine Fußbodenheizung erwärmt und durch Kacheln gegen Abkühlung isoliert wurde. Die Franken verdrängten im 5. Jahrhundert die Römer vom Rhein. Einer ihrer Herrscher, der spätere Kaiser Karl der Große, errichtete ab dem Jahr 788 in Ingelheim eine Kaiserpfalz, wo in den folgenden Jahrzehnten und Jahrhunderten eine Reihe von Reichsversammlungen stattfanden.
Die um das Jahr 1100 errichtete Marksburg oberhalb von Braubach ist die einzige mittelalterliche Höhenburg am Mittelrhein, die nie zerstört wurde. An den einzelnen Bauabschnitten lässt sich gut erkennen, wie sich der Bau der Burgen vom Mittelalter bis in die frühe Neuzeit entwickelt hat.

Raubritter und ermordete Knaben
Burg Reichenstein bei Trechtingshausen war im 13. Jahrhundert ein berüchtigter Raubrittersitz. Von hier startete ihr Anführer Dietrich von Hohenfels zu seinen Raubzügen. Erst König Rudolf I. von Habsburg konnte diesem Treiben Einhalt gebieten. Er verurteilte den Raubritter und seine Söhne zum Tode. Eine schaurig-schöne Sage berichtet, dass an der nahen Klemenskapelle König Rudolf I. von Habsburg für die Söhne des Raubritters ein „Gottesurteil" herausforderte.
In Bacharach und in Oberwesel findet der Besucher jeweils eine Wernerkapelle. Die Entstehung beider Kapellen geht auf dieselbe Legende zurück. Sie berichtet, dass am Tag seiner Erstkommunion im Jahr 1287 der Knabe Werner ermordet und seine Leiche in Bacharach an Land gespült wurde.
Die beiden Burgen Sterrenberg und Liebenstein oberhalb von Kamp-Bornhofen heißen im Volksmund die „Feindlichen Brüder", weil sich zu Beginn des 14. Jahrhunderts die auf beiden Burgen ansässigen Familien wegen des Verkaufs von Burg Sterrenberg verfeindeten.
Die Namen von Burg Maus oberhalb von Wellmich und Burg Katz oberhalb des benachbarten St. Goarshausen gehen zurück auf die Rivalität zwischen dem Kurfürsten von Trier und dem Grafen von Katzenelnbogen im 14. Jahrhundert. Beide waren wohl wie Katz und Maus.

Der deutscheste aller Felsen
Um den 132 Meter steil emporragenden Loreley-Felsen drehen sich viele Sagen und Geschichten. Sie haben ihren Ursprung in den natürlichen Untiefen des Rheins mit gefährlichen Strudeln und Stromschnellen, die bei den Schiffern gefürchtet waren. Viele Schiffe sind beschädigt worden oder an ihnen zerschellt. So wurde die Sagengestalt des schönen Mädchens erfunden, das die Schiffer mit ihrer Schönheit geblendet und mit ihrem Gesang betört hat, wie es Heinrich Heine in seinem Lied anschaulich beschrieben hat.

Edler Riesling
In den Weinorten des Loreleytales wird der beliebte und geschätzte Wein des Mittelrheins ausgeschenkt. Die Römer haben den Verdienst, vor rund 2000 Jahren die Rebpflanzen nach Mitteleuropa gebracht zu haben. Daraus entwickelte sich auch an den sonnigen Hängen des Mittelrheins der Weinbau. Von einem Weinberg am rechten Rheinufer ist bereits in der über 1.300 Jahre alten Urkunde aus dem

Rheinfähre bei Kaub

Jahr 691 die Rede, in der erstmals der Name von Braubach genannt wird.
Heute wird auf den Schieferhängen im Rheintal vor allem Riesling angebaut, der als edelste Weißweintraube gilt. Der Schiefer hat die Fähigkeit, die Wärme zu speichern und nachts an die Pflanzen abzugeben. Die nach Süden geneigten Reben im Windschatten der Höhen bekommen eine doppelte Portion Sonne ab, weil die Wasserfläche des Rheins noch einmal die Sonnenstrahlen reflektiert.
Auch bei den zahlreichen Festen im Loreleytal gehört der Wein dazu: In allen Orten des Loreleytales wird im Februar der rheinische Karneval gefeiert. Über die Ortsgrenze bekannt ist die Kiedricher Fastnacht. Zum Schnorrerfestival an Altweiberfastnacht treffen sich viele ideenreiche und kunstvoll gefertigte Masken zum Schnorren in den zahlreiche Gutsschänken und Straußwirtschaften.

Zu Lande und zu Wasser
Die Schönheit des romantischen Mittelrheins kann man zu Lande, zu Wasser und aus der Luft genießen. An den schmalen Uferstreifen verbinden linksrheinisch die Bundesstraße B 9 und rechtsrheinisch die Bundesstraße B 42 alle Orte am Rhein. Als Zubringer fungieren die Bundesautobahnen A 61 (linksrheinisch) und A 3 (rechtsrheinisch), die bei Mainz durch die A 60 und bei Koblenz durch die nach Luxemburg führende A 48 miteinander verbunden sind.
Die Weinorte an beiden Ufern des Rheins sind auch mit der Eisenbahn zu erreichen. Die viel befahrenen Eisenbahnlinien führen von Mainz nach Bonn und von Wiesbaden nach Köln. Wer auf einer dieser Strecken fährt, erlebt im Schnelldurchlauf das romantische Rheintal.
Am gemütlichsten ist eine Schifffahrt auf dem Rhein. Fahrgastschiffe der regionalen Schifffahrtsgesellschaften veranstalten Rundfahrten zu den nächstgelegenen Sehenswürdigkeiten, Abendfahrten mit Musik und Tanz an Bord und Sonderfahrten für Gruppen.
Überregionale Bedeutung hat die „Köln-Düsseldorfer, Deutsche Rheinschifffahrt AG“ mit ihren Schiffen der „Weißen Flotte“. Nach einem festen Fahrplan verkehren von Ende März bis Ende Oktober die rund 25 KD-Schiffe (wie die Abkürzung lautet) auf dem Rhein zwischen Mainz und Köln und von Koblenz aus auf der Mosel.

Sehenswerte Orte

Königswinter
Burgruine Drachenfels (der Nibelungensage nach soll Siegfried hier den Drachen getötet haben), hübsche Altstadt, schöne Rheinpromenade.

Koblenz
„Deutsches Eck“ (Zusammenfluss von Rhein und Mosel), Schloss, Festung Ehrenbreitstein, Uferpromenade, Altstadt.

Braubach
Sehr hübsche Fachwerkhäuser, Marksburg (einzige unzerstörte Höhenburg am Rhein).

Boppard
Römerkastell, Aussichtspunkt Vierseenblick mit Sicht auf Rheinschleife und Weinberge.

St. Goarshausen
Mittelalterlicher Ortskern, Burgen Katz und Maus, Blick auf den Loreleyfelsen.

Oberwesel
Stadtmauer mit 16 Türmen.

Bacharach
Traditioneller Weinhandelsort, historische Fachwerkhäuser, Burgruine Stahleck.

Trechtingshausen
Burgen Rheinstein und Reichenstein.

Rüdesheim
Aussichtspunkt Niederwalddenkmal, Burgruin Ehrenfels, Drosselgasse mit Weinlokalen.

Oestrich-Winkel
„Graues Haus“ (ältestes steinernes Wohnhau Deutschlands), alter Rheinkran, Schloss Vo rads.

Eltville
Ehemalige erzbischöfliche Burg mit Gutenber Gedenkstätte.

Wiesbaden-Biebrich
Schloss mit Terrassencafé und hübsche Rheinblick.

Rheingoldstraße

Die 75 Kilometer lange Rheingoldstraße zwischen Königswinter und Bacharach ist eine der schönsten Weinstraßen Deutschlands und eine echte Sightseeing-Tour.
Wenn die Himmelsrichtungen plötzlich ihre Geltung verlieren, wenn wir nicht mehr wissen, wo wir sind, wenn die Nase der Maschine immer neue und verwirrendere Bögen zieht, dann fahren wir garantiert auf dem südlichen Teil der Rheingoldstraße. Dort, zwischen Koblenz und Bacharach, hat sich der Rhein jahrmillionenlang ein tiefes Bett zwischen Hunsrück und Westerwald bzw. Taunus gegraben. Und damit eine der herrlichsten deutschen Flusslandschaften geschaffen. Windungsreich sucht sich das Wasser seinen Weg, links und rechts der Strecke geht die Zahl der Burgen und Schlösser schon fast ins Inflationäre.
Aber nicht nur die Raubritter wussten die strategisch günstige Lage auf den Kämmen oberhalb des Rheins zu schätzen. Auch die Winzer lieben diese steilen, sonnenverwöhnten Flächen. Die Römer begannen hier mit dem Weinanbau, dann folgten die Franken, schließlich die Zisterzienser-Mönche. Ihre Blütezeit erlebte die Region Mittelrhein in den 1970er-Jahren. Über 1.000 Hektar Reben gab es zwischen Königswinter und Bingen. Heute sind es nur noch 700. Weshalb? Wer die oft winzigen Weinbergfetzen sieht, die an den Bergen kleben, erkennt den Grund: Es lohnt sich einfach nicht mehr. Unter außerordentlichen Mühen werden die Terrassen gehegt und gepflegt. Viel Tradition und Brauchtum sind dabei. Doch die Einnahmen lohnen den immer höher werdenden Aufwand nicht mehr. Und so zieht sich der Weinanbau zwangsläufig auf seine allerbesten Lagen zurück.
Dort findet eine Konzentration zum Riesling statt. Denn der edlen Traubensorte scheint der schüttere Tonschiefer des Mittelrheins zu bekommen. Blumig, kernig, herzhaft, die Fruchtsäure betonend – so wird die Nummer eins des Mittelrheins beschrieben. Darüber hinaus sind es die windgeschützten Steillagen, der Wärmespeicher des Rheins und das bis in den Spätherbst hineinreichende schöne Wetter, die dem Riesling viel Zeit zum Reifen lassen. Denn die braucht er, soll er richtig gut werden.
Der Rheingold-Fahrer startet am besten in Königswinter. Das Städtchen mit seiner hübschen Rheinpromenade wurde von den Franken als „Königswingert", Weinberg des Königs, gegründet. Nach einem Stopp in einem Café direkt am Wasser geht es auf der breiten Bundesstraße südwärts. Wenig Kurven, dafür schöne Ausblicke auf das Siebengebirge. Andernach zieht vorbei, ebenso Koblenz mit seiner massigen Festung Ehrenbreitstein.
Kurz nachdem bei Lahnstein die Lahn den Rhein begießt, heißt es: Lenker fest in die Hand nehmen, Augen auf die Straße. Die Rheinschleifen beginnen. Und ebenso der offizielle Teil der Rheingoldstraße. Gut ausgeschildert, entfernt sie sich immer wieder vom Wasser und führt ins weinbautechnische Hinterland. Enge Wege, holperiger Asphalt, viele Kehren. Zum Beispiel hinter Boppard. Zuerst ein Abstecher zur Cäcilienhöhe wegen der unvergleichlichen Aussicht (von Boppard aus Richtung A 61), dann weiter über Bad Salzig und Hirzenach nach St. Goar zurück zum Rhein.
Drüben auf der anderen Seite spielen zwei Burgen Katz und Maus. Ein Stück weiter taucht der Loreleyfelsen auf. Lockte früher die singende Blondine die armen Schiffer in die Stromschnellen, so geht heute die Anziehungskraft eher von den vielen hübschen Cafés aus. Ein Zwischenhalt mit Kaffee und Kuchen und Blick auf die Weinberge ist obligatorisch. Ebenso wie ein Bummel zu Fuß durch Oberwesel: Das Motorrad im Ortskern abstellen und auf jeden Fall die gut erhaltene Stadtmauer anschauen.
Vor Kaub macht die Rheingoldstraße wieder einen Schlenker landeinwärts, um schließlich in dem Örtchen Rheindiebach zu enden. Von hier aus sollte man ein Stück zurückfahren. Nicht nur wegen des alten Weinhandelszentrums Bacharach. Oder der mitten im Rhein stehenden Zollstation von Kaub. Sondern wegen der dortigen Fähre. Denn auf der anderen Flussseite beginnt die Rheingauer Riesling-Route. Sie führt über Lorch, Rüdesheim, Oestrich-Winkel, Eltville, Biebrich und Wiesbaden direkt am Rhein entlang nach Mainz.

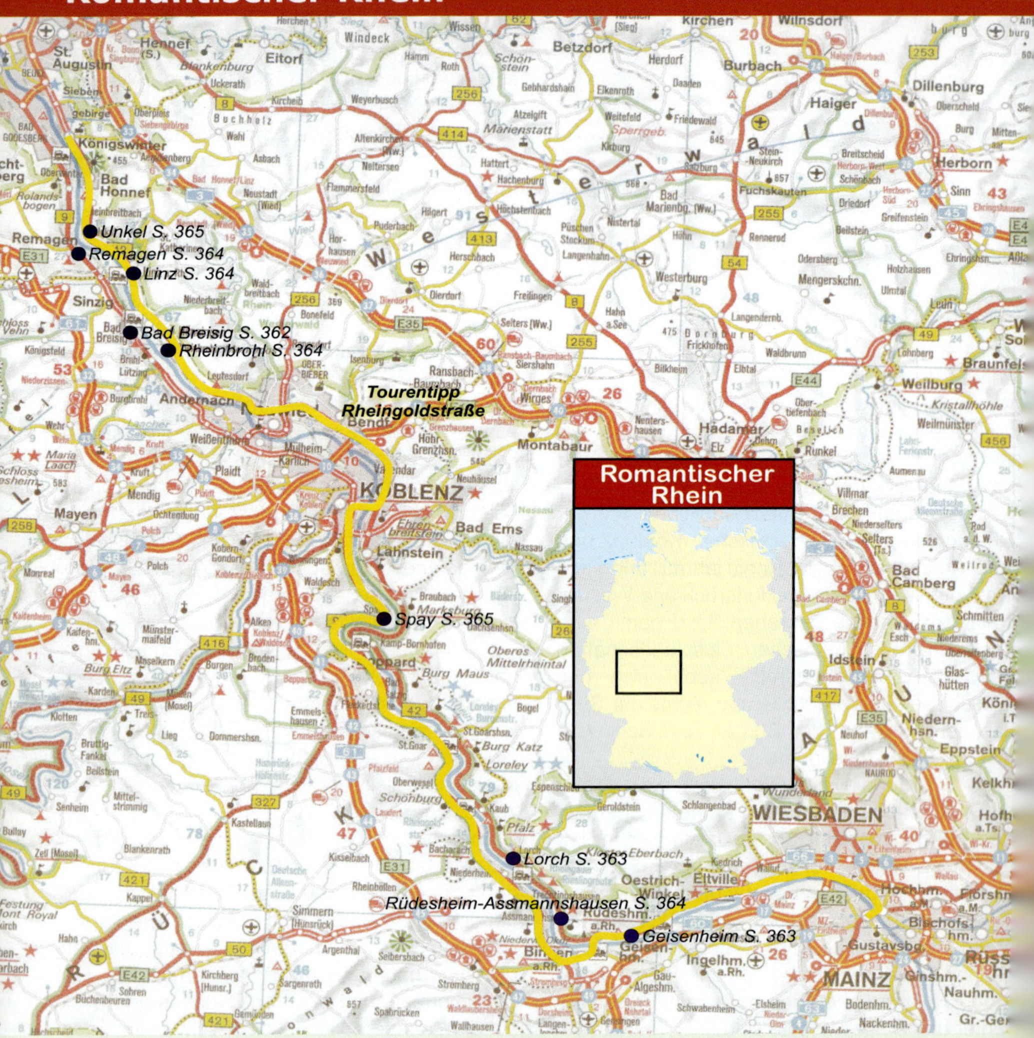

Bad Breisig-Mönchsheide

GPS: N 50°30´36" - E 7°15´53"

Gutshof Mönchsheide

Willkommen im Gutshof Mönchsheide. Unser Gutshof ist ein gemütliches und familiäres Hotel-Restaurant über den Höhen von Bad Breisig, in dem Sie sich bei guter Küche mit Spezialitäten aus dem Schwarzwald entspannen können. Bei uns haben Sie die Wahl zwischen einem Einzelzimmer oder einem Doppelzimmer. Alle Zimmer beinhalten ein Bad (Dusche/WC) und natürlich einen Fernseher. Eine abschließbare Garage für Ihr Motorrad stellen wir Ihnen selbstverständlich auch zur Verfügung.

Mönchsheide 1 • 53498 Bad Breisig • Telefon 0 26 33 / 6 00 00 • Fax 0 26 33 / 60 00 2
E-Mail: info@gutshof-moenchsheide.de • www.gutshof-moenchsheide.de

117

Geisenheim
GPS: N 50°02´04" - E 7°56´49"

EZ ab € 25,00
DZ ab € 43,00

43 19 HP Tipp

Landhotel "Lietz"

Wir begrüßen Sie ganz herzlich bei uns im Landhotel Lietz. Im Haupthaus befinden sich 6 Doppelzimmer mit Dusche, WC, Telefon und TV und 4 Ferienwohnungen für bis zu 4 Personen. Im Gästehaus haben wir noch 5 Doppelzimmer und 4 Einzelzimmer, die Zimmer im Gästehaus sind nur mit Waschbecken und Etagendusche und WC. Im Restaurant finden Sie eine gutbürgerliche und regionale Küche, im Winter können Sie sich am gemütlichen Kachelofen wärmen und im Sommer auf der neuen und wahrscheinlich schönsten Sonnenterrasse im Rheingau verwöhnen lassen. Im Sommer jeden Mittwoch Grillabend, jeden ersten Freitag im Monat Spare Rips "all you can eat".

Brühlstr. 2 • 65366 Geisenheim-Stephanshausen • Telefon 0 67 22 / 80 94 • Fax 0 67 22 / 6 49 77
E-Mail: info@landhotel-lietz.de • www.landhotel-lietz.de

11591

Lorch
GPS: N 50°01´06" - E 7°51´18"

EZ ab € 27,00
DZ ab € 33,00

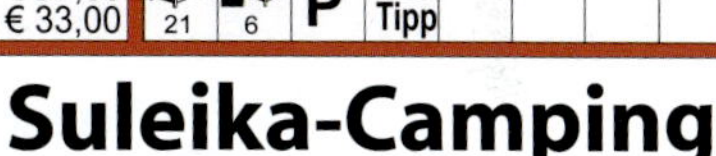

Suleika-Camping

In der einzigartigen Landschaft des romantischen Rheintales, inmitten von Bergen, Wäldern und Wein, umgeben von zahlreichen Burgen und Städtchen, liegt die interessante Terrassenanlage des Naturpark-Campingplatzes SULEIKA zwischen Lorch und dem weltbekannten Rüdesheim. Pluspunkte für SULEIKA: charakteristische und besonders schöne landschaftliche Lage, ruhig, sonnig, windgeschützt, hochwasserfrei, keine Schnaken, Miet-Hütten, sehr gutes Sanitär. Gemütliche Gaststätte, eigener Weinbau, Panorama-Wanderweg. Mitgliedsbetrieb der Freistaat-Flaschenhals-Initiative. Ein ganz besonderes Highlight ist das Großfeuerwerk " Rhein im Feuerzauber" das von den gegenüberliegenden Burgen abgeschossen wird. Hier sitzen Sie dann in der "ersten Reihe"! Für das leibliche Wohl ist bestens gesorgt. Genießen Sie die Freistaat-Flaschenhals Schlemmerplatte oder Grillspezialitäten.

Im Bodental 2 • 65391 Lorch • Telefon 0 67 26 / 94 64 • Fax 0 67 26 / 94 40
www.suleika-camping.de

11592

Linz
GPS: N 50°33´58" - E 7°16´40"

EZ ab € 65,00
DZ ab € 90,00
34 | 17 | VP | P

Rheinparkhotel "Bucheneck"

Direkt am Rhein gelegen ist das Rheinparkhotel Bucheneck ein Anzugsmagnet für Biker. Hier erwartet Sie neben dem luxuriösen Hotel auch ein Restaurant mit feiner mediterraner Küche und gemütlicher Außenterrasse. Auf dieser genießen Sie einen gigantischen Blick über den Rhein. Das Hotel verfügt über 17 Zimmer teilweise mit Blick über den Rhein. Besonders zu erwähnen sind die 2 Erkerzimmer. Im Linzer Strünzerkeller erwartet Sie eine Weinstube im rustikalen Gewölbekeller, ideal zum gemütlichen Beisammensitzen nach der Tour.

Linzhausenstr. 1 • 53545 Linz • Telefon 0 26 44 / 94 21 40
E-Mail: kontakt@hotel-bucheneck.de • www.hotel-bucheneck.de

12650

Remagen
GPS: N 50°34´38" - E 7°13´52"

EZ ab € 57,00
DZ ab € 78,00
96 | 48 | HP | P | Tipp

Pinger Hotel & Apartments★★★

Pinger Hotels - die Oase in Ihrem Alltag! Komfortables Haus mit 39 hellen freundlichen Zimmern vom Typ "Classic" mit Dusche oder Bad, WC, TV und Telefon für 1 oder 2 Personen. 8 sehr geräumige Zimmer vom Typ "Superior" mit Dusche, WC, Fön, TV und Telefon. Zusätzlich bieten wir auch Appartements an. Diese sind ebenfalls komfortabel und komplett eingerichtet. Eine kleine Schrauberecke sowie einen Trockenraum stellen wir für unsere Motorradgäste zur Verfügung. Für Tourenanregungen in der Region stehen wir Ihnen jederzeit zur Seite.

Geschwister-Scholl-Str. 1 • 53424 Remagen • Telefon 0 26 42 / 9 38 40 • Fax 0 26 42 / 9 38 46 90
E-Mail: bikerbetten@pingerhotels.de • www.pingerhotels.de

11783

Rheinbrohl-Arienheller
GPS: N 50°30´39" - E 7°19´59"

P | P | Tipp

Herzlich willkommen in unserem Restaurant-Café-Biergarten "Zur alten Mühle". Zentral gelegen an den Routen zwischen Ahr, Rhein, Eifel (Rheinfähre 2km) und Westerwald. Hier verwöhnen wir unsere Gäste mit gutbürgerlicher Küche, Kaffee- und Kuchenspezialitäten in unseren gemütlichen Gasträumen oder auch auf der Sonnenterrasse und im Biergarten. Außer Montag und Dienstag (Ruhetag) ist bei uns täglich ab 11.30 Uhr durchgehend geöffnet. Wir freuen uns auf Ihren Besuch.

Arienheller • 56598 Rheinbrohl • Telefon + Fax 0 26 35 / 92 11 99

11781

Rüdesheim-Assmannshausen
GPS: N 49°59´17" - E 7°52´00"

EZ ab € 48,00
DZ ab € 70,00
60 | 33 | VP | Tipp

★★★ Hotel "Rheinstein"

Im Herzen von Assmannshausen gelegen, bieten wir Ihnen alles für einen erholsamen Urlaub. Unser Haus verfügt über 60 Betten in geschmackvoll eingerichteten Zimmern. Alle Zimmer sind mit Kabel-TV, Safe, Dusche, WC, Fön, Telefon und Internet ausgestattet. Gemütliche Gaststuben, Lift und Sonnenterrasse machen Ihren Aufenthalt bei uns so bequem wie möglich. Jeden Abend können Sie sich in unserem " Boppestübche "(im Hotel) bei Tanz und Unterhaltung erfreuen.

Niederwaldstr. 8 • 65385 Rüdesheim-Assmannshausen • Telefon 0 67 22 / 9 42 60
Fax 0 67 22 / 94 26 26 • E-Mail: hotel.rheinstein@t-online.de • www.hotel-rheinstein.de

115[illegible]

Spay
GPS: N 50°15´12" - E 7°38´53"

EZ ab € 33,00
DZ ab € 55,00

Rheinhotel "Zum Anker"

Herzlich willkommen im Rheinhotel „Zum Anker" in Spay. Das 1766 erbaute und noch gut erhaltene Fachwerkhaus liegt direkt am romantischen Rhein. Ein Haus, in dem sich unsere Gäste durch die familiäre Atmosphäre und die gutbürgerliche, saisonal wechselnde Küche ganz wie zu Hause fühlen. In gepflegten Zimmern mit insgesamt etwa 30 Hotelbetten mit Dusche / WC, teilweise auch mit Balkon, TV und Rheinblick können Sie sowohl Kurzurlaube, als auch längere Erholungsaufenthalte verbringen. Im Sommer genießen Sie regionale Weine oder feinste Edelobstbrände aus hauseigener Herstellung in unserer schattigen Weinlaube, die etwa 75 Personen einen romantischen Ausblick auf den Rhein bietet.

Rheinufer 25 • 56322 Spay • Telefon 0 26 28 / 87 25
E-Mail: mreuter@worldonline.de • www.hotel-zum-anker.de

11664

Unkel
GPS: N 50°36´02" - E 7°12´58"

EZ ab € 110,00
DZ ab € 140,00

Rheinhotel Schulz

Unser Hotel hat 29 Suiten und Zimmer, fast alle mit Rheinblick. Selbstverständlich sind alle Zimmer mit Minibar, Telefon, Internetzugang, Fön und TV ausgestattet. Kostenfreie Safefächer finden Sie direkt im Zimmer oder an der Rezeption. Parken können Sie in unserer geräumigen Tiefgarage. Drei Veranstaltungsräume für Tagungen und Familienfeiern bieten professionelle Technik und Ambiente. Die gepflegte Atmosphäre unseres Hauses in der einzigartigen Lage direkt am Rhein mit Blick auf das Siebengebirge wird Sie begeistern. Restaurant, Bar und idyllischer Sommergarten erfüllen höchste Ansprüche. Die hohe Qualität und Kreativität unserer Küche und unsere exzellenten Weine machen Ihren Besuch zu einem besonderen Erlebnis.

Vogtsgasse 4-7 • 53572 Unkel am Rhein • Telefon 0 22 24 / 90 10 50 • Fax 0 22 24 / 9 01 05 99
E-Mail: info@rheinhotel-schulz.de • www.rheinhotel-schulz.de

11782

Saarland
Auf den Spuren der Vergangenheit durch das Herz Europas

Eine Reise in das Saarland ist gleichzeitig auch eine Begegnung mit einer wechselvollen Geschichte, einer einmaligen Landschaft und jeder Menge Kultur. Umgeben von Frankreich, Luxemburg und Rheinland-Pfalz besitzt das Saarland einen ganz besonderen Charme: „Savoir vivre“, man weiß, wie man zu leben hat. Das Saarland lässt sich sehr schön auch auf den Spuren der Vergangenheit erkunden. Zeugnisse aus römischer und keltischer Zeit und die beeindruckenden Monumente der Industriekultur ziehen die Besucher an.

Im Herzen Europas

Wenn man im Saarland unterwegs ist und den Wald liebt, hat man es nicht weit: Fast ein Drittel des Landes ist bewaldet. Eingebettet zwischen Lothringen, Luxemburg und Rheinland-Pfalz ist das Saarland mit seinen knapp 2.600 Quadratkilometern das kleinste Bundesland. Doch so klein es flächenmäßig auch ist, so vielfältig ist es in seiner Landschaftsstruktur.

Drei große Naturräume prägen die Region: der Hunsrück mit dem Schwarzwälder Hoch- und Idarwald, der einen Großteil des Naturparks Saar-Hunsrück ausmacht, das lothringisch-pfälzische Schichtstufenland mit den fruchtbaren Gaulandschaften an Saar, Mosel und Blies und das Saar-Nahe-Bergland „dazwischen“.

Leben wie Gott in Frankreich – wer träumt nicht davon. Eintauchen in eine Welt voller Kultur, Inspiration und Geschichte. Den internationalen Flair des Dreiländerecks spüren, leben und aufnehmen – nirgendwo sonst kann man das besser als in den saarländischen Städten, mitten im Herzen Europas.

Naturwildpark Freisen

Wer majestätische Rothirsche, anmutiges Damwild und Wapitis, die zweitgrößte Hirschart nach dem Elch, bewundern will, ist hier richtig. Ein uriger Anblick sind die zottigen Hochlandrinder mit ihren langen Hörnern. Außerdem leben hier Sikawild, Mufflons, Steinböcke, Murmeltiere, Waschbären, Nutrias sowie verschiedene vom Aussterben bedrohte Ziegen- und Schafrassen.

Im Naturpark führt ein Rundwanderweg von 1,8 Kilometer Länge direkt durch die Herden der größtenteils frei laufenden Tiere. Ein besonderes Erlebnis ist der direkte Kontakt mit den verschiedenen Tierarten. Man kann mit Rot- und Damwild, Hängebauchschweinen, Ziegen usw. auf Tuchfühlung gehen und sie aus der Hand füttern.

Eine besondere und für das Saarland einzig

artige Attraktion ist die Greifvogelschau und -vorführung. Man erlebt dabei den freien Flug von Adler, Geier und Bussard, für deren Arterhaltung man sich hier einsetzt. Der Falkner gibt umfangreiche Erläuterungen über das Verhalten und Leben der Greifvögel.

Sehenswerte Orte

Völklinger Hütte

Zehn Kilometer westlich von Saarbrücken gelegen, wurde die 1873 errichtete Eisenhütte 1994 zum UNESCO-Weltkulturerbe erhoben. Bis 1986 war sie in Betrieb, seither steht sie unter Denkmalschutz. Im Rahmen von Führungen kann die Hütte besichtigt werden.

Blieskastel

Der Kneippkurort ist vor allem wegen seiner herrlichen Barock- und Renaissancegebäude einen Besuch wert.

Saarlouis

Ende des 17. Jahrhunderts ließ Sonnenkönig Ludwig XIV. Saarlouis mit einer gewaltigen Festungsanlage ausstatten. Heute ist die vom berühmten Baumeister Vauban errichtete Anlage in das Stadtleben integriert und beherbergt zahlreiche Läden und Restaurants.

Mettlach

In der ehemaligen Benediktiner-Abtei von Mettlach hat heute die Porzellanmanufaktur Villeroy & Boch ihren Sitz. Neben der Abtei lädt ein hübscher Park zur Pause ein.

Neunkirchen

Zusammen mit Völklingen galt Neunkirchen bis in die 1980er-Jahre als der wichtigste Eisenhütten-Standort des Saarlandes. Ein touristischer Pfad, der Hüttenweg, führt heute durch die stillgelegeten Anlagen der Eisen- und Stahlindustrie.

Homburg

Bekannt wurde das Städtchen durch die größten von Menschenhand geschaffenen Buntsandsteinhöhlen. Man fühlt sich wie ein Forscher, wenn man durch die mittlerweile gut begehbaren und beleuchteten Kavernen streift. Sie wurden zwischen dem 11. und 17. Jahrhundert für die Verteidigung von Homberg gebaut.

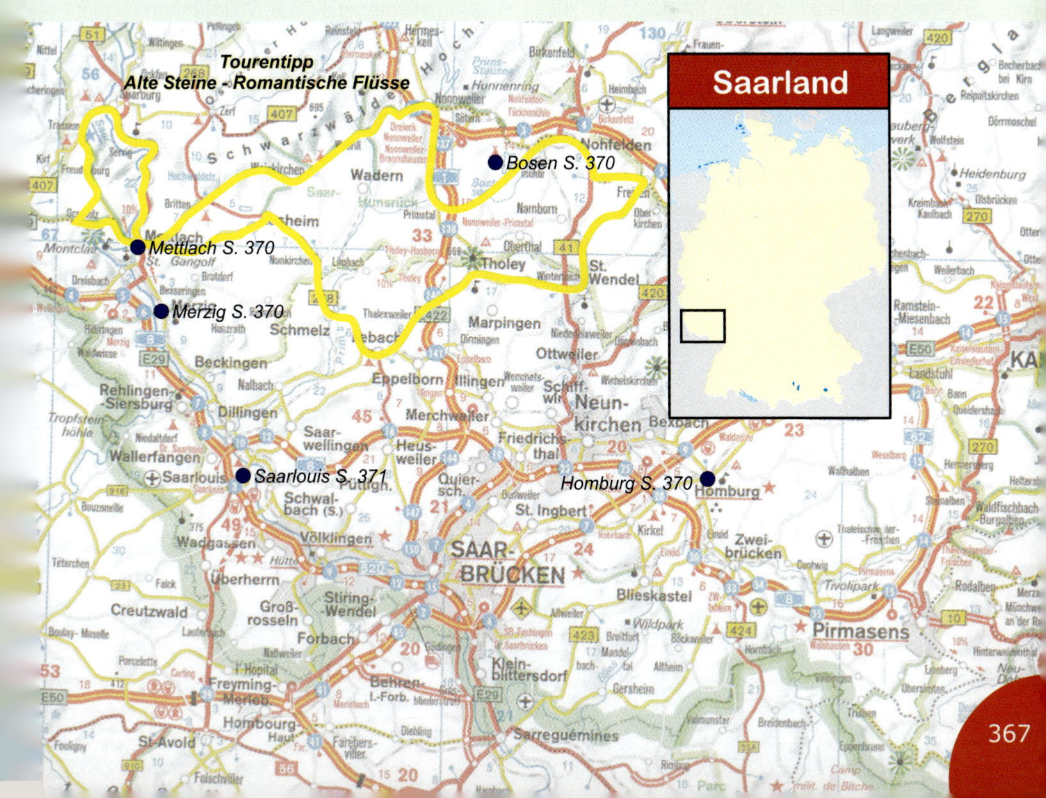

Alte Steine, romantische Flüsse

Startort dieser rund 250 Kilometer langen Tagestour ist Nennig. Am Kreisverkehr ist die berühmte römische Villa schon beschildert. Es geht eine Weile durch den Ort, bis auf einmal ganz unscheinbar links ein kleiner Parkplatz mit dem Eingang zur Villa auftaucht. Das Bike bleibt davor stehen, während sich die Besatzung zu Fuß in das antike Gelände begibt.
Ein schattiger Pfad mit Bänken zum Ausruhen, eine Treppe, dann steht man vor einem der größten Mosaikfußböden der Römerzeit. 160 Quadratmeter misst er und zeigt Gladiatoren- und Tierkämpfe. Der Besucher bewundert die handwerkliche Perfektion der Arbeit und staunt über den erstklassigen Erhaltungszustand des Mosaiks. Es ist Teil der größten Villa, die je im Saarland entdeckt wurde. Ihr Besitzer muss steinreich gewesen sein und konnte sich deshalb einen solchen kostbaren Fußboden leisten. Auf dem Ausgrabungsgelände stehen mehrere Bänke im Schatten, von denen aus man in Ruhe die Anlage auf sich wirken lassen kann. Die Öffnungszeiten: April bis September von 8.30 bis 18.00 Uhr, montags geschlossen. Der Eintritt kostet pro Person 1,50 Euro.
Von Nennig aus folgen wir der Bundesstraße 406 Richtung Mettlach. Jedoch nicht ohne vorher Schloss Berg einen Besuch abgestattet zu haben. Es wurde mit viel Aufwand restauriert und beherbergt heute ein Hotel. Besonders hübsch geraten ist der Renaissance-Garten, der mit Hilfe von EU-Mitteln angelegt wurde. Gleich gegenüber lädt ein Landgasthaus mit dem Namen Victors Scheune zum ersten Stopp ein. Bei dieser hübschen Umgebung fast ein Muss.
Mehrspurig und in weiten Kurven nimmt sich die B 406 den Aufstieg in den Hochwald vor. Es tut richtig gut, die Vergaserschieber wieder einmal richtig aufzumachen. Eine Serpentine schließt die Bergfahrt ab, danach überquert die Route die B 407.
Das Sträßchen, das nun in Richtung Orscholz durch den Wald führt, ist schmal und ein wenig wellig. Trotzdem lässt es einen flotten Reifen zu. Orscholz kommt in Sicht. Dort wartet der berühmte Blick auf die Saarschleife. Der Aussichtspunkt ist zwar nur über einen längeren Fußweg zu erreichen, die Anstrengung jedoch in jedem Fall wert. Fast einen 360-Grad-Kreis dreht sie hier, die Saar. Würde man es nicht sehen, man könnte es kaum glauben.
Links ab in Richtung Weiten/Saarburg. Zügige Kurven auf griffigem, übersichtlichem Asphalt folgen. Hinter Freudenburg wechseln wir vom Saarland nach Rheinland-Pfalz. Kurz darauf, mitten in einer der hier üblichen schnellen Kur-

Klause bei Saarburg

ven, der Abzweig rüber nach Kastel-Staadt. Hinter dem Ort ein Parkplatz, von dort sind es etwa noch 200 Meter zu Fuß bis zu einem der spektakulärsten Bauwerke der Region: der Klause.

In den roten Sandsteinfelsen regelrecht hineingebaut, thront die Kapelle hoch über der Saar. Fußwege durchziehen das Gelände. Man kann auf ihnen herrlich zwischen den feuchten, bemoosten Felsen umherspazieren, die Aussicht genießen oder sich von der weltentrückten Stimmung gefangen nehmen lassen. Ein Franziskanerpater war im 17. Jahrhundert der erste Mensch hier oben. Der Eremit baute eine kleine Kapelle, die König Friedrich Wilhelm 1835 vergrößern ließ. Der Eintritt beträgt 2,10 Euro, geöffnet ist die Klause von 9.00 bis 18.00 Uhr außer montags.

Eine Handvoll eleganter Serpentinen führen hinab nach Trassem, ein paar Kilometer später erreichen wir das Ortsschild von Saarburg. Das malerische Städtchen liegt am Ufer der Saar und begeistert uns mit seinem Burgpanorama. Die Brücke, der Fluss, die Stadt, der Burgberg – den besten Blick auf das Idyll hat man von der Richtung Saarbrücken führenden Straße. Die ist indess nicht gerade einfach zu finden: Den nächsten Etappenort Mettlach sucht man vergebens. Deshalb der Beschilderung Saarbrücken folgen, bis der Abzweig B 51 und Mettlach auftaucht.

Bis Mettlach bestimmt die Saar den Verlauf der Straße. Sie macht das sehr gefühlvoll. Großzügige Bögen, eingerahmt von dichtem Laubwald. Der Fluss quasi in Augenhöhe. Man fühlt sich fast wie am Steuer eines Motorbootes. Feuchter, leicht modriger Geruch von Wasser zieht durch die Nasenflügel. Flussatmosphäre, wie sie intensiver kaum sein kann. Die übrige Welt ist weit weg. Auf den 18 Kilometern bis Mettlach stört keine Ortschaft die romantische Stimmung. Das ist einfach bezaubernd!

In Mettlach unterqueren wir die Eisenbahn und biegen kurze Zeit später nach links auf die Eichenlaubstraße ein. Ausschilderung Weiskirchen. Viel Eiche, viel Laub – die Straße macht ihrem Namen alle Ehre. In gut ausgebauten und übersichtlichen Kurven erklimmt sie die Flanke des Hochwaldes. In Britten mischt sich kurz die B 268 dazwischen, dann heißt es wieder: schmale Fahrbahn, flüssige Wechselkurven, gepflegter Belag. Großer Gang, niedere Drehzahlen. Entspanntes Motorradfahren mit hohem Erholungsfaktor.

Ab Weiskirchen weist das Schild Nonnweiler den Weg. Dort halten wir uns südlich, passieren Primsta und begleiten auf einer idyllischen Uferstraße das Flüsschen Nahe nach Nohfelden hinein. Dort rechts ab, ein Stück Bundesstraße folgt, bevor wir uns in die Kurven einer Traumstrecke Richtung St. Wendel legen dürfen. Vorsicht: Nicht die Hauptroute auf der B 41 nehmen, sondern den Umweg über Freisen, Hirstein und Baltersweiler. Der führt nämlich äußerst attraktiv über die bewaldeten Hügel des St. Wendeler Landes. In St. Wendel werfen wir einen Blick auf die alles beherrschende spätgotische Wallfahrtskirche und genießen anschließend die landschaftlich und fahrerisch sehr reizvolle Strecke auf der B 269 über Tholey nach Lebach.

In Lebach Blinker rechts und weiter nach Schmelz. Die nun folgende Etappe mit ihren gut ausgebauten, lang gezogenen Bögen schmelzt, pardon: schmilzt einem auf der Zunge. Etwas für Genießer. Nunkirchen, Losheim, dann links ab nach Mettlach und in einem Rutsch zurück nach Nennig, dem Ausgangspunkt der Tour.

Bosen am Bostalsee
GPS: N 49°34´15" - E 7°03´13"

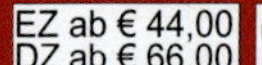

Merker´s Bostal-Hotel

Wir sind ein familiär geführtes, familienfreundliches Hotel in Bosen am Bostalsee. Unser Haus liegt in der Ortsmitte von Bosen, fünf Gehminuten Fußweg vom Bostalsee entfernt, in ruhiger Ortslage. In unseren modern eingerichteten Zimmern mit Dusche, WC, Telefon, SAT-TV werden Sie sich wohlfühlen. In unserem Restaurant, unserem rustikalen Keller, auf unserer großen Sonnenterrasse servieren wir Ihnen aus unserer bekannt guten Küche frische Produkte aus der Region und Wild aus eigenem Revier. Kostenloses Angeln am hauseigenen Fischweiher und kostenloser Fahrradverleih.

Bostalstr. 46 • 66625 Bosen am Bostalsee • Telefon 0 68 52 / 9 02 40 • Fax 0 68 52 / 5 48
E-Mail: info@merkers-hotel.de • www.merkers-hotel.de

11713

Homburg
GPS: N 49°19´15" - E 7°20´12"

Hotel Euler

Wir heißen Sie jederzeit herzlich willkommen in unserem traditionsreichen Haus und der familiären Atmosphäre. Unsere behaglich und gemütlich eingerichteten Zimmer lassen keine Wünsche offen. Morgens erwartet Sie ein reichhaltiges Frühstücksbuffet. Der ideale Start in den Tag. Für Ihr Motorrad stellen wir selbstverständlich eine kostenfreie Garage zur Verfügung. Erkundigen Sie sich nach unseren Wochenend-Specials!

Talstr. 40 • 66424 Homburg/Saar • Telefon 0 68 41 / 9 33 30 • Fax 0 68 41 / 9 33 32 22
E-Mail: mail@hoteleuler.de • www.hoteleuler.de

11660

Merzig OT Schwemlingen
GPS: N 49°27´59" - E 6°35´29"

Hotel Restaurant "Schwemlinger Hof"

Alle Fremdenzimmer sind mit Dusche/WC und Farb-TV ausgestattet. Auf Wunsch können Sie auch ein Telefon zur Verfügung gestellt bekommen. Wir sind ein familiengeführter Betrieb der den Gästen einen angenehmen Aufenthalt versichert. Unsere reichhaltige Speisenkarte wird Sie mit Sicherheit zufrieden stellen. Eine Auswahl an Fisch, Fleisch, Salaten und vegetarischen Gerichten trifft mit Sicherheit Ihren Geschmack.

Luxemburger Str. 58 • 66663 Merzig OT Schwemlingen • Telefon 0 68 61 / 9 39 95 80 • Fax 0 68 61 / 9 39 95 88
E-Mail: schwemlingerhof@schlau.com • www.schwemlingerhof.de

11705

Mettlach
GPS: N 49°29´31" - E 6°35´33"

EZ ab € 67,00
DZ ab € 92,00

Die gute Adresse im nördlichen Saarland

- Sie wohnen in einem familien- und kinderfreundlichen Hotel
- Freundlicher Service und gute Küche sind selbstverständlich
- Sie beginnen den Tag in gepflegter Atmosphäre mit einem reichhaltigen Frühstücksbuffet
- Lassen Sie sich nach Herzenslust von unserer familiären Gastlichkeit und den Köstlichkeiten aus Küche und Weinkeller verwöhnen
- Genießen Sie ein umfangreiches Angebot in gemütlichen Gästezimmern, stilvollem Restaurant, im Pilsstübchen oder im Café

Freiherr-vom-Stein-Str. 34 • 66693 Mettlach • Telefon 0 68 64 / 9 11 60 • Fax 0 68 64 / 91 16 18
E-Mail: info@hotel-schwan-mettlach.de • www.hotel-schwan-mettlach.de

11706

Saarlouis
GPS: N 49°18´35" - E 6°44´53"

EZ ab € 60,00
DZ ab € 70,00

Ihr Akzent-Hotel in Saarlouis

sympathisch und familienfreundlich · einfach zum wohlfühlen

Nahe der französichen Grenze liegt unser bereits in der 3. Generation familiär geführtes Hotel. Dank der zentralen Lage können Sie die Autobahn (800m) sowie die Innenstadt (500m) sehr gut und schnell erreichen. Alle unsere 33 Zimmer, verfügen über kostenloses WLAN, DU/Bad, Fernseher, Direktwahltelefon usw.

Hoteleigene Parkplätze befinden sich direkt am Haus, sowie Gargen, die auf Anfrage zu mieten sind.

Zum entspannen bietet sich unsere Bar mit Loungebereich an, in der Sie in lockerer Atmosphäre Sportliche Ereignisse verfolgen, oder einfach nur den Tag ausklingen lassen können. Von Saarlouis aus besteht die Möglichkeit, die gesammte Region Saar-Lor-Lux zu erkunden. Alle großen Städte wie z.B. Metz in Frankreich, die Stadt Luxemburg oder die älteste Stadt Deutschlands, Trier, sind nur ca. 1 Stunde von uns ernfernt.

Wir freuen uns auf Ihren Besuch im Saarland.

Park-Hotel · Familie Otto · Ludwigstraße 23 · 66740 Saarlouis
Telefon: +49(0)6831/48881-0 · Fax: 48881-10
info@park-hotel-saarlouis.de · www.park-hotel-saarlouis.de

11661

Saarlouis
GPS: N 49°19´19" - E 6°43´45"

EZ ab € 78,00
DZ ab € 95,00

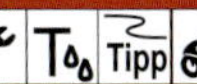

Hotel Altes Pfarrhaus Beaumarais

In historischen Gemäuern bietet unser 4-Sterne Hotel angenehmen Wohnkomfort mit einem stilgerechten Ambiente. Unsere Zimmer und Suiten sind mit TV, Bad, Telefon, Internetanschluss und Minibar ausgestattet. Genießen Sie gutes Essen und exklusive Weine in einer gepflegten Atmosphäre. Der Küchenchef fühlt sich besonders der französischen Küche verpflichtet. Aber auch nationale und internationale Speisen werden Sie verwöhnen. Wir würden uns sehr freuen Sie bald als Gast bei uns begrüßen zu dürfen.

Hauptstr. 2-4 • 66740 Saarlouis • Telefon 0 68 31 / 63 83 • 0 68 31 / 6 28 98
E-Mail: info@altespfarrhaus.de • www.altespfarrhaus.de

11662

Saarlouis
GPS: N 49°19´37" - E 6°44´58"

EZ ab € 40,00
DZ ab € 70,00

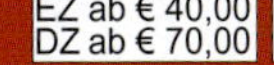

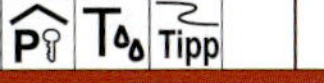

Bahnhof-Hotel Saarlouis

Das Bahnhof Hotel begrüßt Sie als "erstes Haus am Platz" direkt gegenüber des Saarlouiser Hauptbahnhofes. In freundlicher Atmosphäre eines Familienbetriebes werden Sie sich in einem unserer liebevoll eingerichteten Zimmer wie zu Hause fühlen. Im Frühjahr eröffnen wir für Sie wieder unseren Innenhof. Dort feiern Sie in freundlicher Biergartenatmosphäre gelungene Feste oder lassen den Feierabend gemütlich bei einem Bier ausklingen. Gerne bieten wir Ihnen die Möglichkeit Ihr Fahrrad, Motorrad oder Auto in unserer Garage abzustellen.

Dr. Manfred-Henrich-Platz Nr. 4 • 66740 Saarlouis
Telefon 0 68 31 / 9 86 98 50 • Fax 0 68 31 / 98 69 85 35
E-Mail: info@bahnhof-hotel.com • www.bahnhof-hotel.com

11704

Sachsen und Sachsen-Anhalt
Im Motorradsattel durch das Land der Ritter und Kiefernwälder

Sachsen

Unter der Dachmarke „Das haben Sie noch nie gesehen" präsentiert sich das Reiseland Sachsen als ein Land mit unverwechselbarer Kunst und Kultur, jahrhundertealten Traditionen, landschaftlichen Reizen, großer Geschichte und Moderne. Es sind insbesondere die erlesenen Kunst- und Kulturerlebnisse, die von Besuchern aus aller Welt geschätzt werden. Ob in der Semperoper Dresden, im Gewandhaus zu Leipzig oder in der Oper Chemnitz, in Schlössern, Burgen und historischen Anlagen – in der Welt beachtete Theater- und Musikinszenierungen, hochkarätige Festivals, Museen und Ausstellungen von internationalem Rang prägen die sächsische Kulturlandschaft.
So ist Sachsen das Kulturreiseziel Nummer 1 in Deutschland. Fast jede vierte Kulturreise in Deutschland führt hierher in den Südosten der Bundesrepublik.

Handwerkstraditionen

Es sind aber auch die reichen Handwerkstraditionen, denen Sachsen seinen Weltruf verdankt. Nirgends entstehen wie im Erzgebirge in so vielen Werkstätten handwerklich gefertigte Weihnachtserzeugnisse, die als Erzgebirgische Holzkunst international bekannt sind.
Seit 1677 hat, einzigartig in Europa, der traditionelle Musikinstrumentenbau im südlichen Zipfel Sachsens noch heute seine Heimat. Viele Künstler weltbekannter und berühmter Orchester spielen auf den meisterlich von Hand gefertigten Streich- und Blechblasinstrumenten aus dem Vogtland. Die Region hütet noch einen anderen Schatz: die Plauener Spitze. Zart und fein und äußerst filigran. In der 1000-jährigen Stadt Meißen im Sächsischen Elbland ist seit nunmehr 250 Jahren die Fertigung des berühmten Meißener Porzellans zu Hause. In der Schauwerkstatt der Staatlichen Porzellan-Manufaktur Meißen kann man zuschauen, wie die wertvollen Stücke entstehen. In Mal- und Kreativkursen können Hobbykünstler sich sogar selbst in dieser Kunst versuchen. Außerdem versteht man sich in dieser Region auf die Erzeugung guter Weine und Sekte. Und in Glashütte entstehen in meisterlicher Präzisionsarbeit noch immer die berühmten Markenuhren.

Reizvolle Natur

Aktiv sein und dabei die Natur reizvoller Flusslandschaften und malerischer Gebirge und

Wälder genießen, auch das können Urlauber in Sachsen. Wanderungen und Radtouren auf ausgedehnten Wegen, nostalgischen Fahrten mit Schmalspurbahnen durch romantische Landschaften und mit Schaufelraddampfern der ältesten und größten Raddampferflotte der Welt auf der Elbe bieten beste Entspannung.

Sachsen-Anhalt

Sachsen-Anhalt ist ein Kernland deutscher Geschichte. Ob frühe Menschheitsgeschichte, Mittelalter, Reformation und Aufklärung, ob Industrialisierung und klassische Moderne – kaum irgendwo findet sich auf so engem Raum eine derartige Vielfalt von Zeugnissen, die zu touristischen Wallfahrtsorten geworden sind. Sachsen-Anhalt ist eine Schatzkammer für den Kultur-, Bildungs- und Städtetouristen, für den, der Bildung und Erholung auf einmalig schöne Weise verknüpfen möchte. Quedlinburg, Wittenberg, Dessau, Wörlitz – wer Weltkulturerbe sucht, findet es hier.

Landschaftliche Vielfalt

Sachsen-Anhalt ist ein Beispiel landschaftlicher Vielfalt. Geprägt von den zauberhaften, in ihrer Ursprünglichkeit kaum irgendwo anders in Europa noch erhaltenen Flusslandschaften an Elbe und Havel, Saale, Unstrut und Bode, Mulde und Elster, von den Weiten der märkischen und der Heidelandschaft im Norden und in der Mitte bis hin zum Harz, dem sagenumwobenen Mittelgebirge, bietet das Land eine Vielzahl unterschiedlicher Landschaften.

Sehenserte Orte

Wittenberg

Was soll man zu Wittenberg noch viel erzählen? Schon zu Lebzeiten Luthers setzte ein Besichtigungs-Tourismus ein, der sich bis heute hält. Das Ganze verläuft jedoch in ruhigen, friedlichen Bahnen, und man sollte sich auf jeden Fall die Stätten von Luthers Wirken ansehen: Die Tür mit den Thesen, die Kanzel und sein Zimmer. Alles liegt besucherfreundlich in einem einzigen Straßenzug.

Dessau

Die Stadt des Bauhauses. So nannte sich eine Architektur- und Künstlerbewegung, die in den 1920er-Jahren in Deutschland richtungsweisende Impulse gab. Es gibt auch das Bauhaus selbst. Das Gebäude wurde 1925 von Walter Gropius gebaut und dient heute noch als Hochschule. Außerdem zu besichtigen: Arbeitersiedlung Törten, Restaurant Kornhaus an der Elbe und die Meisterhäuser.

vom Grünfelder Schloss in Waldenburg

Wegen ihrer zentralen Lage bietet sich die Töpferstadt Waldenburg mit dem Hotel-Restaurant Grünfelder Schloss regelrecht für Bikertouren an. Mit den zahlreichen Burgen und Schlössern empfiehlt sich von hier aus eine Tour in das Tal der Zwickauer Mulde. Das vorzüglich restaurierte Schloss der Töpferstadt Waldenburg kann dafür als Ausgangspunkt dienen. Von hier geht es dann in Richtung Rochlitz (27km). Vom Aussichtsturm auf dem Rochlitzer Berg haben Sie bei entsprechendem Wetter eine wunderschöne Fernsicht zurück in das Muldental oder in Richtung Leipziger Tieflandsbucht.
Für "Wagemutige" bietet der UL-Flugplatz im nur 4km von Waldenburg entfernten Göpfersdorf Gelegenheit für Rundflüge in das eben erwähnte Tal der Zwickauer Mulde oder auch in Richtung Erzgebirgsvorland.
Als Biker lohnt sich natürlich auch eine Fahrt zur weltbekannten Sachsenringrennstrecke (12km entfernt), auf der jährlich die Rennen zur Moto-GP Weltmeisterschaft stattfinden oder auch in das in Hohenstein gelegene Karl-May Museum.
Wer sich für historische Maschinen interessiert, sollte sich einen Besuch der Augustusburg mit seinem bekannten Motorradmuseum nicht entgehen lassen.

11846

Tangermünde

Wörlitz
Der Park von Wörlitz gleicht einer Filmkulisse: Hügel, Seen, verschlungene Wege, Bauwerke aus unterschiedlichsten Epochen, Grotten, Brücken. Diese einmalige Gartenlandschaft wurde 1764 von Fürst Leopold von Anhalt-Dessau erdacht und erbaut. Inspiriert von seinen Reisen durch Europa wollte er das Schöne mit dem Nützlichen verbinden. Jeder sollte herkommen und etwas lernen, Park und Schloss standen von Beginn an dem Volke offen.

Zwickau
Hier erwartet uns eine hübsche Altstadt und eine große Portion Automobilgeschichte. Audi und Horch begannen in den Jahren 1909 bzw. 1904 mit der Autoproduktion in Zwickau. 1932 vereinigten sie sich mit Wander und den DKW-Werken zur Auto-Union AG. Heute schließt VW an die Tradition an. Ein Besuch im Automuseum ist für alle Technik-Fans unerlässlich.

Radebeul
In dem am Ufer der Elbe nahe Dresden gelegenen Winzerstädchen warten zwei Glanzlichter auf den Besucher: Schloss Wackerbarth, das schönste Weingut Sachsens und das Karl-May-Museum.

Meißen
Die Stadt im Zeichen des Porzellans ist immer einen Halt wert. Man hält am besten in der Altstadt an, bummelt durch die malerischen Gassen, besteigt den Burgberg und besichtigt anschließend die Porzellan-Manufaktur.

Dresden
Sachsen ist Dresden und Dresden ist Sachsen – der Besuch in der Landeshauptstadt also ein absolutes Muss. Das Kurzprogramm sieht so aus: Besichtigung von Semperoper, Schloss und Zwinger (alles nahe beieinander), danach ein Bummel über die Elbterrassen mit Kaffee und Kuchen als Abschluss.

Moritzburg
Sachsens schönstes Wasserschloss ist ab Weinböhla an der Elbe ausgeschildert. In den sächsischen Barockfarben ocker und weiß gehalten, wurde Moritzburg von August dem Starken als Jagd- und Lustschloss errichtet.

Im Tal der Burgen

Wollen Sie einmal so richtig eintauchen in die Welt der kühnen Ritter, der edlen Burgfräuleins, der finsteren Verließe und der üppigen Gelage? Dann nichts wie auf ins Tal der Burgen. Das von der Mulde gegrabene Tal liegt im Bundesland Sachsen, genauer gesagt in der Region zwischen den Großstädten Chemnitz und Leipzig. Über 20 Burgen und Schlösser warten hier nur darauf, erkundet zu werden. 1.000 Jahre sächsische Geschichte auf einer Strecke von 250 Kilometern – das hat schon was. Verbunden werden die einzelnen Anlagen durch Straßen gemischten Charakters: Mal sind es breite Bundesstraßen, mal schmale Bauernpfade. Für abwechslungsreichen Motorradspaß ist also gesorgt.

Startort Zwickau. In dem Städtchen erwarten uns eine hübsche Altstadt und eine dicke Portion Automobilgeschichte. Die Firmen Audi und Horch begannen hier in den Jahren 1909 bzw. 1904 mit der Autoproduktion. 1932 vereinigten sie sich mit Wanderer aus Chemnitz und den DKW-Werken Zschopau zur Auto-Union AG. Nach dem 2. Weltkrieg wurde die Anlage in VEB Sachsenring umbenannt und produzierte zwischen 1958 und 1991 mehr als drei Millionen Trabis. Heute schließt VW mit der Fahrzeugfertigung in Mosel an die hundertjährige Tradition im sächsischen Automobilbau an.

Ein schneller Abstecher nach Süden zur Burg Schönfels (opulentes Ritteressen in der Burgklause), dann fahren wir auf der Landstraße über Crossen und Wernsdorf nach Glauchau. Auf sieben Hügeln erbaut, beschert uns Glauchau gleich zwei Schlösser, die nur durch einen Graben getrennt sind: Hinterglauchau zeigt sehr anschaulich die Wohnkultur der damaligen Zeit, in Vorderglauchau ist eine Galerie untergebracht. Auch wenn man nach der Burgenvisite keinen Brief abschicken möchte, sollte man unbedingt dem Hauptpostamt einen Besuch abstatten: Das Gebäude ist innen eine Augenweide.

Rechts der Mulde folgen wir dem schmalen Asphalt der Landstraße und erreichen Waldenburg. Das Schloss ist in gutem Zustand, da es nach einem Brand 1848 neu aufgebaut wurde. Wer auf Skurriles steht, sollte das gegenüberliegende Heimatmuseum besuchen. Dort wartet die Raritätensammlung des 1670 gegründeten Linckschen Naturalienkabinetts. Beim Stöbern zwischen ägyptischen Mumien, Tierpräparaten und Schmetterlingen fühlt man sich um Jahrhunderte zurückversetzt. Nur das Knarren der Dielen unterbricht die Stille.

Zügig führt die Route auf der B 175 nach Penig. Dort nehmen wir Kurs auf Rochsburg und fahren direkt nach Amerika. Der kleine Ort mit eigenem Bahnhof soll seinen Namen von den Arbeiterinnen der örtlichen Spinnerei haben. Während sie vor 100 Jahren zur Arbeit gingen, sangen sie: »Ri-ra-rutschika, wir fahren nach Amerika.« Die Spinnerei hat inzwischen dichtgemacht, und Amerika liegt im Dornröschenschlaf der Nach-Wende-Zeit. Auf der benachbarten Rochsburg hingegen ist 1991 in Gestalt der ehemaligen Besitzer die Aktualität eingezogen. Allerdings nur zur Miete. Denn die sich seit 1548 im Besitz der Familie Schönburg befindliche Burg ging 1946 in Staatseigentum über.

Unter dem 68 Meter hohen Göhrener Eisenbahnviadukt hindurch rollen wir direkt an der Mulde entlang nach Wechselburg. Der Ort verdankt seinen Namen kurioserweise einem Gebietstausch im Jahr 1534. Das Schloss kann leider nicht besichtigt werden, da es ein Sanatorium beherbergt. Die Wechselburger Basilika hingegen darf betreten werden. Ihr Werkstein kommt aus der Gegend: rötlicher Porphyr-Tuff, 80 Meter dick in erkalteter Lava aufgeschichtet. Wie auf dem Präsentierteller steht die Basilika mitten in einer scharfen Kurve. Wer die nicht kriegt, fliegt vermutlich direkt in den Himmel.

Vorn an der 175er erst links, dann gleich wieder rechts, und wir sind auf dem Weg zur Burg Gnandstein. Hoch über dem Ort beherrscht sie eindrucksvoll diese ländliche Region. Einst kontrollierte sie die Whyra-Furt an der wichtigen Straße von Leipzig über Chemnitz nach Prag. Burg Gnandstein ist beeindruckend. Rollt man durch ihr mächtiges Tor, erwartet man fast, dass einem die Dienstboten entgegeneilen und das Gepäck abnehmen. Könnte passieren. Denn Gnandstein ist die einzige Burg der Tour, auf der man übernachten kann.

Burg Gnandstein

Auf dem gepflegten Asphalt der B 7 geht es zurück zum Tal der Mulde. Nächste Station ist das Städtchen Rochlitz mit seinem großen Marktplatz. Sein Schloss wird überragt von zwei Türmen, die früher ein berüchtigtes kursächsisches Staatsverlies waren. Unbequeme politische Gegner wurden hier in Ketten gelegt. Einer der Türme kann besichtigt werden. Zu sehen gibt es auch etwas auf Burg Kriebstein. Die eindrucksvolle Ritterburg wird von einem 45 Meter hohen Wohnturm beherrscht und liegt rund 15 Kilometer östlich von Rochlitz im Tal der Zschopau. An ihrem Beispiel lässt sich sehr gut verdeutlichen, wie die Burgen des Mittelalters im Laufe der Zeit durch wechselnde Besitzer wieder und wieder umgebaut wurden. Sachsens steilste Straße bringt uns hinab ins Tal, dann kurven wir über Waldheim und Geringswalde zurück nach Rochlitz.
Weiter nach Colditz. Eine Strecke vom Feinsten. Zehn Kilometer voller Kurven, Bögen und Schräglagen auf griffigem Asphalt. Colditz wird von seinem aus dem 16. Jahrhundert stammenden Schloss beherrscht. Die Nazis nutzten es als Gefangenenlager für alliierte Offiziere. Die waren ganz schön aktiv und unternahmen 300 Ausbruchsversuche, von denen immerhin 30 klappten. Hollywood verfilmte einige dieser Eskapaden, wodurch Schloss Colditz weltweiten Ruhm erlangte. Kein Mensch kennt hingegen das nordöstlich von Colditz liegende Schloss Podelwitz. Was schade ist. Denn in dem trockengelegten Wasserschloss kann man bei Irmgard und Manfred Knochenmuß exzellent Kaffee trinken. Die passende Atmosphäre dazu stiftet ihre Heimatstube mit Ladeneinrichtungen aus vergangenen Jahrhunderten.
Vorbei an Burg Mildenstein in Leisnig und dem Jagdschloss Kössern erreichen wir den Ort Höfgen, wo ein Fährmann täglich die Besucher der Klosterruine Nimbschen und des klösterlichen Biergartens zum anderen Ufer der Mulde hinüberstakt. Grimma kommt in Sicht. Sein Schloss ist nicht unbedingt einen Halt wert, wohl aber die denkmalgeschützte Altstadt mit ihren Barock- und Renaissance-Häusern. Das prachtvolle Rathaus beherrscht den Markplatz.
Auf Schloss Trebsen darf seit kurzem wieder getafelt werden. Das Ensemble aus Rittergut und Schloss sieht zwar derzeit noch nicht so gefällig aus, wird aber gerade instand gesetzt. In Trebsen überqueren wir die Mulde und rollen über die Dörfer nach Wurzen, die Heimatstadt des Dichters Ringelnatz. Auf dem Markt mit seinen gemütlichen Cafés lässt es sich ausgezeichnet pausieren. Danach passieren wir das frisch renovierte Schloss Nischwitz, wechseln bei Eilenburg nochmals die Flussseite und genießen vom Turm der Eilenburg den herrlichen Blick über das Muldetal.
Auf der B 107 geht es nun in Richtung Bad Düben. Langgezogene Bögen am Fluss entlang. Eine Etappe zum Entspannen. Die Schlossanlagen von Zschepplin und Hohenprießnitz fliegen vorüber. Leider sind beide nur von außen zu besichtigen. Mittelalter zum Anfassen hingegen bietet Burg Düben. Sie wurde bereits 981 urkundlich erwähnt und sicherte den Muldenübergang des Handelsweges Leipzig-Wittenberg. Sehenswert: die 150 Jahre alte Drogerie und der Hexenkeller. Dort fand 1699 einer der letzten Hexenprozesse Deutschlands statt.

Altmark-Tour

So viel Land für nur eine Handvoll Menschen: Die Altmark ist so groß wie das Saarland, hat aber gerade mal 300.000 Einwohner. Damit gehört die zwischen Hamburg und Berlin liegende Region zu den am dünnsten besiedelten Landstrichen Deutschlands. Vorteil: Man kann hier in aller Ruhe Motorrad fahren und die vielen winzigen Sträßchen nach Herzenslust genießen. Es gibt alle Arten von Straßenbelag: Guten Asphalt, miserablen Asphalt, gar keinen Asphalt, Kopfsteinpflaster. Kurven? Schon. Aber eigentlich sind sie nicht der Rede wert. Nein, die Altmark ist kein Tummelplatz für Schräglagensammler. Der Genießer wird sich hier dafür pudelwohl fühlen.

Wer sich der Altmark von Norden her näher, durchquert erst einmal die Prignitz. Das ist die Region der kleinen Dörfer. Die Prignitz ist aber auch die Region von Schloss Ludwigslust. Dieses wunderschöne Klein-Versailles entstand zwischen 1757 und 1777 und wirkt hier in der Tiefe der Provinz etwas verloren. Doch genau das wollte sein Erbauer, Herzog Ludwig von Mecklenburg. Er verlegte seine Residenz von Schwerin in das Dorf Klenow, wo er schon immer ein Jagdhaus besaß. Da aber weder Dorf noch Haus repräsentativ waren, gab er den Bau eines Schlosses nach Versailler Vorbild in Auftrag. Der hohe Anspruch verbunden mit einem schmalen Etat hatte zur Folge, dass der größte Teil der üppigen Dekorationen aus Pappe hergestellt wurde.

Auf verträumten Sträßchen geht es durch den Grabower Forst. Winzige Dörfer und Horden von schnatternden Enten und Gänsen ziehen vorüber. Diese Tiere kennen keine Verkehrsregeln und provozieren immer wieder den Griff zur Bremse. In Mellen treffen wir wieder auf breiten Asphalt und erreichen zügig den Ort Lenzen. Vom dortigen Burgturm genießt man übrigens einen phantastischen Blick über insgesamt vier Bundesländer. Die Bundesstraße 195 bringt uns aus Lenzen hinaus. Ein paar harmlose Kilometer folgen. Dann biegen wir links ab nach Laaslich und Dergenthin, und endlich surrt wieder der rauhe Belag eines Landsträßchens unter der Maschine hindurch.

Ab Perleberg führt die 189er schnurstracks nach Wittenberge. Nichts Aufregendes. Aber dann wird es interessant. In Weisen links ab nach Breese, und von dort aus in einem Bogen nach Rühstädt. Wir sind jetzt mitten in den Auwiesen des Elbtales. Schmaler Asphalt, viele Kurven, kaum Verkehr. Die Wiesen erstrecken sich bis zum Horizont. Ganz selten sind Menschen zu sehen. Zeit und Raum verschwimmen. In feuchten Flussauen fühlten sich schon immer Störche besonders wohl. So auch an der Elbe. Ein Umstand, der dem Ort Rühstädt den Beinamen Storchendorf bescherte. Über 40 Storchenpaare brüten jedes Jahr auf Rühstädter Schornsteinen und Strommasten. Jedes Haus listet auf einer Holztafel akribisch genau Ankunft, Abflug und Anzahl der Jungen auf. Wer die Störche sehen will, sollte bis Ende August kommen. Danach sind sie weg.

In Havelberg steuern wir die auf einem Hügel gelegene Altstadt an. Von hier oben hat man einen prächtigen Blick auf den tieferliegenden Stadtteil, Inselstadt genannt, und auf

Salzwedel

den Zusammenfluss von Havel und Elbe. Ein Stück B 107 folgt. In Sandau verlassen wir die Schnellstraße und fahren zur Elbfähre hinab. Auf der anderen Flussseite wartet eine echte Fahrwerks-Teststrecke: Von Rillen, Löchern und Pflastersteinen übersät, schlängelt sich ein Fahrweg durch das Sandauer Holz. Immer wieder zweigen offiziell befahrbare Feldwege ab und zielen entlang der Elbdeiche zu wildromantischen Picknickplätzen. Wer Ruhe sucht – dort findet er sie.

Über Hindenburg kurven wir nach Arneburg. Auf schmalen, kaum befahrenen Sträßchen mit rauhem Belag. Der Tipp für Arneburg heißt Burgberg. Von dort oben bietet sich ein traumhafter Blick über die Elbe mit ihren Flussauen hinweg. Außerdem gibt es in der Burggaststätte eine altmärker Spezialität, die leckere Hochzeitssuppe. Danach warten zwei Alternativen zur Weiterfahrt nach Tangermünde. Die leichte führt auf normalem Asphalt über Jarchau, Hassel und Storkau. Die schwierigere nimmt sich den Sandweg vor, der direkt hinter Arneburg an der Elbe entlang nach Storkau führt. Keine Bange: Für einen versierten Fahrer auch mit einer schweren Maschine ein Hochgenuss.

Von weitem winken die charakteristischen Türme von Tangermünde. Über das Pflaster mit seinen runden Katzenköpfen rattern wir in die Altstadt hinein. Die ehemalige Hansestadt präsentiert sich als äußerst lebendiges Bilderbuchstädtchen mit beeindruckenden Backsteinbauten und liebevoll restaurierten Fachwerkhäusern. Man parkt die Maschine am besten vor dem roten Gotik-Rathaus, macht es sich in einem Stuhl des Rathaus-Cafés bequem und genießt den schönen Blick und die günstigen Preise.

Wir meiden die B 188 und fahren über Heeren in die Kreishauptstadt Stendal. Im Gegensatz zu Tangermünde sind hier die Renovierungsarbeiten noch in vollem Gange. Es wird wohl noch eine Weile dauern, um diese alte Hansestadt wieder in ihrem alten Glanz erstrahlen zu lassen. Vier Kilometer westlich von Stendal liegt direkt an der 188er das kleine Dorf Döbbelin. Man müsste es eigentlich gar nicht erwähnen, wäre da nicht seit 1736 das Gutshaus der Familie von Bismarck, und würde dort nicht Alexander von Bismarck wohnen. Der Nachfahre des Reichskanzlers lebt seit der Wende in Döbbelin und zeigt interessierten Besuchern gerne Haus und Hof. Einfach klingeln, eine Tasse Kaffee steht meist bereit.

Die Route durchquert nun Steinfeld und Kläden und erreicht den Ort Bismark - mit k und nicht mit ck. Nächste Station ist Meßdorf, ab hier schlängeln wir uns quer über Land nach Krevese. In dem kleinen Dorf westlich von Osterburg befindet sich das ehemalige Herrenhaus der Bismarcks und eine Klosterkirche mit den Gräbern ihrer Ahnen.

Der Weg zum Arendsee führt direkt nach Norden aus Krevese hinaus. Zuerst Asphalt, dann festgefahrener Sand, dann wieder Asphalt, dann der Ort Losse, dann die B 190. Eine Traumstrecke. Mitten in der Natur, weit weg von jeglichem Verkehr. Motorrad fahren pur.

Eine dieser typischen altmärker Alleen führt am Arendsee vorbei. Man kommt sich vor wie irgendwo am Mittelmeer. Dichte Kiefernwälder und heller Sandboden flankieren die gut ausgebaute Straße. In dem Sand wächst übrigens ausgezeichneter Spargel, den man am besten zusammen mit Schnitzel und Salzkartoffeln isst. Am Arendsee warten gemütliche Strandbäder. Aber nicht nur deshalb lohnt sich ein Stopp: Die Villen aus der Jahrhundertwende sind ein optischer Leckerbissen.

In Salzwedel steuern Naschkatzen direkt die Holzmarktstraße und das Café Kruse an (Motorradparkplatz im Innenhof). Wegen des Baumkuchens. Diese Salzwedeler Köstlichkeit wird vor den Augen der Gäste am offenen Feuer gebacken. Dabei wird auf einer waagerechten Holzwalze Schicht für Schicht Teig aufgegossen, so dass der Kuchen danach aufgeschnitten aussieht wie ein Baum mit seinen Jahresringen.

Auf der Rückfahrt streift die Route das Wendland. Ein Besuch der Rundlingsdörfer Satemin und Lübeln sind Pflicht. Über Lüchow fahren wir nach Gorleben, und von dort auf der aussichtsreichen Elbuferstraße weiter nach Dömitz. Hier überqueren wir auf einer neuen Brücke den Fluss. Die alte wurde bei Kriegsende gesprengt und ihre Reste waren lange ein Symbol für die unüberbrückbaren Gegensätze zwischen Ost und West. Ein Schlenker bringt uns auf verträumten und abgelegenen Nebensträßchen über Polz, Kaliß und Neu Göhren zurück zur Bundesstraße. Jetzt sind es noch ein paar entspannte Kilometer, und der Kreis schließt sich

Sachsen
Sachsen-Anhalt

Tangermünde S. 386
Dessau S. 380
Pretzsch S. 384
Sangerhausen S. 386
Wurzen S. 389
Zabeltitz S. 389
Merseburg S. 383
Riesa S. 385
Großenhain S. 381
Grimma S. 381
Kalkreuth S. 382
Weinböhla S. 387
Weißenfels S. 388
Meißen S. 382
Bad Kösen S. 380
Tourentipp
Tal der Burgen
Radebeul S. 385
Osterfeld S. 384
Mittweida S. 384
Großschirma S. 381
Rochsburg S. 385
Waldenburg S. 387

Bad Kösen
GPS: N 51°07´24" - E 11°42´53"

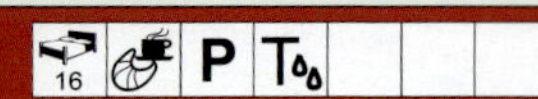

★★★★★ Campingplatz an der Rudelsburg

Der gediegene fünf Sterne Platz liegt landschaftlich reizvoll in einem Tal unterhalb der Rudelsburg. Umgeben von Wald und Flussaue kommt der Naturliebhaber voll auf seine Kosten ohne von der Welt abgeschieden zu sein, denn die Kurstadt Bad Kösen ist auf dem anderen Saaleufer zu sehen. Unser Campingplatz verfügt über zwei moderne Sanitärgebäude, die auch hohe Ansprüche befriedigen. Ihr Motorrad steht direkt an Ihrem Zeltplatz. Einfache Übernachtungshütten haben wir auch in unserem Angebot.

06628 Bad Kösen • Telefon 03 44 63 / 2 87 05 • Fax 03 44 63 / 2 87 06
E-Mail: campkoesen@aol.com • www.campingbadkoesen.de

11537

Dessau
GPS: N 51°50´14" - E 12°14´10"

EZ ab € 80,00
DZ ab € 115,00

Das Steigenberger Hotel Fürst Leopold befindet sich mitten im Stadtzentrum von Dessau, gegenüber dem Anhaltischen Theater. Schöne Wohnlichkeit bieten Ihnen Zimmer (ca. 30 m²) mit King-Size Bett oder zwei separaten Betten, Bad mit Dusche und WC, Schreibtisch, Fax- und Internetanschluss und Klimaanlage. Nichtraucher- und Allergikerzimmer stehen auf Anfrage zur Verfügung. Anspruch trifft Abwechslung: Die Auswahl im Restaurant Fürst Leopold überzeugt mit gastronomischem Niveau und Variantenreichtum. Serviert werden am Büfett und á la carte internationale Gerichte, Deftiges aus der Küche Sachsen-Anhalts, ständig wechselnde saisonale Köstlichkeiten sowie speziell für Allergiker und Vegetarier kreierte Speisen. Alles frisch zubereitet in der offenen Showküche.

Friedensplatz • 06844 Dessau • Telefon 03 40 / 2 51 50 • Fax 03 40 / 2 51 51 77
E-Mail: dessau@steigenberger.de • www.dessau.steigenberger.de

11841

vom Steigerberger Hotel "Fürst Leopold" in Dessau

Die fast 800jährige „Bauhausstadt im Gartenreich“ wird nicht nur seit 1996 von der UNESCO geschätzt, sondern gilt somit auch als eines der architektonischen Highlights der Region. Das Steigenberger Hotel Fürst Leopold setzt in seiner modernen Architektur einen kühnen Kontrapunkt zu den altehrwürdigen Mauern und ist zentraler Ausgangspunkt für Exkursionen in und um die Stadt Dessau – Roßlau. Vis a vis vom Hotel befindet sich das berühmte Anhaltische Theater und lädt direkt zu einem Theaterbesuch ein. Charakteristisch für Dessau – Roßlau sind unter anderem das Bauhaus und die Meisterhäuser, welche sich weltweit und nachhaltig Impulse für Architektur, Kunst und Design geschaffen haben. Das Dessau – Wörlitzer Gartenreich ist bekannt für Stille und Schönheit und dazu zählen unsere Schlösser, im englischen Stil angelegten Parkanlagenanlagen, wie unter anderem das Schloss Georgium mit dem Georgengarten, das Schloss Mosigkau, das Schloss und der Park Luisium, sowie das Schloss und der Park Oranienbaum zählen zu den bekanntesten Ausflugszielen in der Umgebung. In Dessau konstruierte und fertigte Hugo Junkers seine Flugzeuge und revolutionierte die Luftfahrtentwicklung. Ein Besuch des geschichtsreichen Technikmuseum „Hugo Junkers“ sollte man sich keineswegs entgehen lassen.

11841

vom Erlebnishotel "Zur Schiffsmühle" in Grimma

Es erwartet Sie eine Abwechslungsreiche Tour durch den landschaftlich sehr reizvollen Naturpark Muldenland.
Vom Hotel aus starten Sie in Richtung Rochlitz direkt an der Mulde entlang. Der Weg führt Sie durch die Rochlitzer Berge bis nach Glauchau.
Hier bietet es sich an, in der schönen Altstadt eine Pause einzulegen. Gestärkt geht es zurück über Mittweida bis nach Leisnig wo sich die Möglichkeit bietet die Burg zu besichtigen.
Von Leisnig aus geht es dann in Richtung Schiffsmühle zurück, wo Sie den Tag gemühtlich ausklingen lassen können.

1184

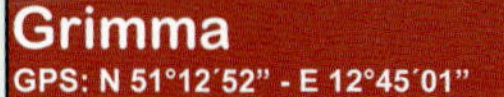

Zur Schiffsmühle 2
04668 Grimma/Höfgen
Telefon 0 34 37 / 7 60 20
Fax 0 34 37 / 91 02 87
E-Mail: schiffsmuehle@t-online.de
www.hotel-zur-schiffsmuehle.de

Traumhafte Umgebung und absolute Ruhe sind die Eigenschaften, die das Erlebnishotel „Zur Schiffsmühle" auszeichnen. Hier kann man relaxen und den Alltagsstress vergessen. Unsere Zimmer sind ausgestattet mit Bad/Dusche, WC, TV, Minibar, Telefon und W-LAN. In dieser Kategorie bieten wir Ihnen 24 Zimmer teilweise mit Blick ins Muldental an. Diese Zimmer können auch in Einzelnutzung gebucht werden. Im rustikalen Ambiente unseres Restaurants bieten wir Ihnen typisch sächsische bis internationale Küche. Unsere Speisekarte wird jährlich zweimal überarbeitet, so dass die Auswahl immer abwechslungsreich ist. Mit saisonalen Gerichten wie Spargel oder Pfifferlinge wird diese noch ergänzt. Dazu empfehlen wir einen Blick in unsere umfangreiche Weinkarte, wo Ihnen Weine aus Deutschland und Anbaugebieten der ganzen Welt empfohlen werden. An schönen Tagen genießen Sie die Ruhe in unserem Biergarten und den Blick in die Weiten des Muldentals.

11847

Großenhain

GPS: N 51°17´44" - E 13°30´12"

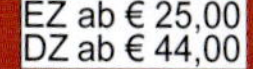

Pension Schuster

Kleine, gemütliche Frühstückspension in ruhiger Lage. Idealer Ausgangspunkt für Touren, zum Beispiel nach Dresden, Meißen, in die Sächsische Schweiz, den Spreewald und auf den Lausitzring. Unser Frühstück lässt keine Wünsche offen. Sie werden sich in unseren Zimmern sofort wohl fühlen und angenehm schlafen können. Ihr Motorrad stellen wir sicher auf einem überdachten Parkplatz unter. Einen kleinen Trockenraum für nasse Motorradkleidung haben wir natürlich auch für Sie eingerichtet. Gerne geben wir Ihnen noch weitere Tourentipps für die Region. Wir sind das ganze Jahr für Sie da.

Mittelstr. 19 • 01558 Großenhain • Telefon 0 35 22 / 50 99 95

11815

Großschirma-Großvoigtberg

GPS: N 50°56´04" - E 13°18´53"

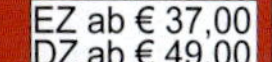

Hotel-Restaurant Zellwald Center ***

Wir heißen unsere Biker herzlich willkommen. Kehren Sie ein und fühlen Sie sich wohl. Unsere geräumigen, komplett und komfortabel ausgestatteten Zimmer bieten die optimale Erholung und Nachtruhe die Sie nach einer anstrengenden Motorradtour brauchen. Unser Restaurant verwöhnt Sie mit deutscher Traditionsküche und Hausmannskost. Im Sommer steht Ihnen hierzu ein schöner sonniger Biergarten zur Verfügung. Eine Bar und eine Bowlingbahn sind an unserem Center angeschlossen. Für Tourentipps uns Ausflugsmöglichkeiten stehen wir Ihnen jederzeit zur Verfügung. Wir fahren selbst Motorrad.

Leipziger Straße 5a • 09603 Großschirma • Telefon 03 73 28 / 80 70 • Fax 03 73 28 / 57 03
E-Mail: kontakt@hotelcenter-zellwald.de • www.hotelcenter-zellwald.de

12504

Kalkreuth
GPS: N 51°17´19" - E 13°36´57"

EZ ab € 45,00
DZ ab € 65,00

Paulsmühle 4 • 01561 Kalkreuth
Telefon 0 35 22 / 5 22 10 • Fax 0 35 22 / 52 21 21
E-Mail: info@paulsmuehle.de • www.paulsmuehle.de

Pension und Reiterhof Paulsmühle begrüßen Sie und freuen sich schon jetzt auf Ihren persönlichen Besuch in unserer schönen Gegend. Genießen Sie die Nächte in einem unserer gemütlichen Räume. Unsere solide ausgestatteten Zimmer sind zumeist Nichtraucherzimmer. Im schönen Terrassencafe direkt am Mühlenwehr können Sie sich ein paar gemütliche Stunden gönnen, eine Pause in der Tour einlegen, den selbstgebackenen Kuchen genießen und vieles mehr. In der Gaststube finden Sie immer ein lauschiges Plätzchen zum Entspannen mit Speis und Trank - süß und deftig nach traditionellen Rezepten.

11817

Meißen
GPS: N 51°10´05" - E 13°28´38"

EZ ab € 80,00
DZ ab € 105,00

184 97

Welcome Parkhotel Meißen

Direkt am Elbufer gelegen und ca. 500 Meter vom historischen Stadtzentrum Meißen entfernt, befindet sich das Hotel in einer 1870 erbauten Jugendstilvilla. In der Jugendstilvilla der Hotelanlage, welche über mehrere Gebäude verfügt, befinden sich das Restaurant mit Wintergarten und eine kleine Bar. Im Park erwartet die Gäste in der schönen Jahreszeit eine Sonnenterrasse. Veranstaltungen jeglicher Art finden hier einen besonderen Rahmen. Unsere Zimmer sind stilvoll, gemütlich und natürlich komplett mit TV, Telefon, Klimaanlage und Badezimmer ausgestattet.

Hafenstr. 27-31 • 01662 Meißen • Telefon 0 35 21 / 7 22 50 • Fax 0 35 21 / 72 29 04
E-Mail: info@welcome-hotel-meissen.de • www.welcome-hotel-meissen.de

von Welcome Parkhotel Meissen

Burgen und Schlösser

Die Tour führt uns direkt zum Schloss Wackerbarth.- das klingt fast wie ein Name aus einem Märchen. Wahrhaft, sagenhaft mutet an, was den Besucher hier zu Füßen der Radebeuler Weinberge erwartet, ein einzigartiges Ensemble aus Schloss und Lusthäuschen „Belvedere", die barocke Gartenanlage und eine moderne Wein- und Sektmanufaktur. Anschließend fahren wir weiter in „Das Paradies in der Nussschale"- das Fasanenschlösschen, dieses liegt östlich von Schloss Moritzburg. Eine Etappe weiter erreichen wir dann das Schloss Moritzburg. Umgeben von einem Waldgebiet und harmonisch eingebettet in eine reizvolle Teichlandschaft wird die Schlossanlage in Ihrer Gesamtheit zu einem besonderen Erlebnis. Weiter geht es, mit einigen Kurvenkilometern zum Schönfelder Traumschloss. Schloss Schönfeld bei Thiendorf ist eine einzige Augenweide für jeden Besucher. Übers flache Land, ein Stück entlang der Elbe sind wir in der berühmten Wein- und Porzellanstadt Meißen. In der über 1000-jährigen Stadt fahren wir durch die engen Gassen und besuchen die Albrechtsburg und den Dom zu Meißen. Von hier aus haben wir einen einmaligen Blick über das verwinkelte Dächermeer der Stadt und das Sächsische Elbtal.

Meißen

GPS: N 51°09´25" - E 13°27´52"

EZ ab € 30,00
DZ ab € 40,00

Schweizerhaus

- gegenüber staatlicher Porzellanmanufaktur Meißen!

In unserem Restaurant erwartet Sie die gutbürgerliche Küche mit sächsischen und internationalen Gerichten zu denen Sie sich Meißner Weine und sächsisches Bier wohlschmecken lassen können! Die Sonne können Sie in unserem Biergarten genießen und sollte Sie einmal nicht scheinen, können Sie sich die Zeit mit einem Spiel in unserem Billiard- und Dartraum vertreiben. Zu unserer Pension gehören 6 Doppelzimmer mit Dusche und WC. Unsere Zimmerpreise liegen inklusive einem umfangreichen Frühstücksbuffet zwischen 40,- und 52,- Euro.

Rauhentalstr. 1 • 01662 Meißen • Telefon + Fax 0 35 21 / 45 71 62
E-Mail: info@schweizerhaus-meissen.de • www.schweizerhaus-meissen.de

11819

Merseburg

GPS: N 51°21´39" - E 11°59´58"

EZ ab € 76,00
DZ ab € 89,00

HOTEL, HALLE-MERSEBURG

Merseburg, die über 1170-jährige Dom- und Hochschulstadt an der Saale, gehört zu den ältesten Städten im mitteldeutschen Raum. Auf dem Domberg gelegen, mit einem Blick auf das Residenzgebäude und dem Schlossgarten, befindet sich das Radisson SAS Hotel Halle-Merseburg. Ein stilvolles Ambiente macht das Haus unverwechselbar und einzigartig zugleich. Alle 132 komfortablen Doppelzimmer und Suiten verfügen über Sat-TV mit Spielfilmkanälen, Radio, Telefon, Minibar und kostenloses W-LAN. Wer seine Freizeit aktiv im Hotel verbringen möchte, dem stehen im vierten und fünften Obergeschoss ein Fitnessraum, eine Sauna und ein Solarium zur Verfügung. Lassen Sie sich und Ihren Gaumen verwöhnen bei einem Essen in unserem eleganten Restaurant "Belle Epoque", einem Snack in der Lounge oder an der Raben-Bar. Das hauseigene Restaurant "Parlamentsstuben" mit Sitz im historischen Ständehaus vereinigt gutes Essen in stilvollem Ambiente und bietet Platz für bis zu 90 Personen. Gerne servieren wir Ihnen einen Kaffee auf den Terrassen.

Oberaltenburg 4 • 06217 Merseburg • Telefon 0 34 61 / 4 52 00 • Fax 0 34 61 / 45 21 00
E-Mail: reservations.merseburg@radissonsas.com • www.merseburg.radissonsas.de

11447

Merseburg

GPS: N 51°22´00" - E 12°00´00"

EZ ab € 51,00
DZ ab € 60,00

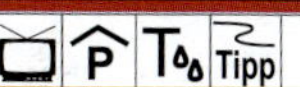

Appart Hotel Am Südpark

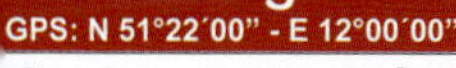

Unser Hotel befindet sich in Merseburg, dem Tor zur Schloß- und Burgenreichen Weinregion des Saale-Unstrut Tales - verkehrsgünstig gelegen und direkt an der Straße der Romantik. Die 18 - 35m² großen Zimmer und Appartements sind modern eingerichtet und verfügen über Telefon, TV, Dusche/Bad und eine vollständig eingerichtete Miniküche. Die moderne Lobby mit integrierter Tagesbar und Terrassencafe laden ebenfalls zum Verweilen und Entspannen ein. Die in den Gebäudekomplex integrierte Einkaufspassage bietet vom Lebensmittelmarkt bis zur Apotheke ein nahezu vollständiges Angebot für den täglichen Bedarf. Überdachte Parkplätze stehen zur kostenlosen Nutzung zur Verfügung. Gerne geben wir Ihnen Ausflugstipps und Lunchpakete zur Stärkung mit auf die nächste Tour.

Straße des Friedens 87 • 06217 Merseburg • Telefon 0 34 61 / 54 20 • Fax 0 34 61 / 54 24 00
E-Mail: info@apparthotel-merseburg.de • www.apparthotel-merseburg.de

11485

vom Appart Hotel Am Südpark - Merseburg

Die Straße der Romanik verbindet sechzig Orte in Sachsen-Anhalt zwischen Arendsee im Norden und Zeitz im Süden. Beginnen Sie Ihre Tour in Merseburg mit der Besichtigung des Domes und dem angrenzenden Schlosskomplex. Weiter flussabwärts in Halle steht die Burg Giebichenstein. Sie ist seit 1921 städtisches Eigentum und beherbergt heute die Hochschule für Kunst und Design. Von Halle geht die Fahrt weiter über Landsberg nach Petersberg. Auf diesem Weg sollte man unbedingt einen Stopp an der Landsberger Doppelkapelle - sie war einmal Bestandteil einer riesigen Burganlage der Markgrafen von Landberg und soll die Wartburg bei Eisenach an Größe noch übertroffen haben - und der Stiftskirche auf dem Petersberg einlegen. Nach Petersberg überqueren Sie die Saale und fahren weiter Richtung Emsleben. Hier lohnt es, sich das Kloster Konradsburg aus dem Jahre 1200 anzusehen. Nach weiteren 29 km erreicht man Klostermansfeld mit der um 1040 gegründeten Klosterkirche. Auf der Weiterfahrt nach Querfurt, über Sangerhausen, Tilleda und Allstedt gibt es weitere romanische Baudenkmäler zu sehen. Nun neigt sich der Tag dem Ende und die Rückfahrt führt von Querfurt über Schafstädt und Bad Lauchstädt zurück nach Merseburg in das Appart Hotel Am Südpark. Hier lassen Sie das Gesehene bei einem Glas Wein aus dem Anbaugebiet Saale-Unstrut Revue passieren. Am nächsten Tag gibt es wieder viel zu sehen auf einer Tour von Merseburg nach Freyburg, Naumburg, Bad Kösen und Memleben.

11485

Mittweida
GPS: N 51°00´05" - E 12°57´54"

EZ ab € 23,00
DZ ab € 44,00

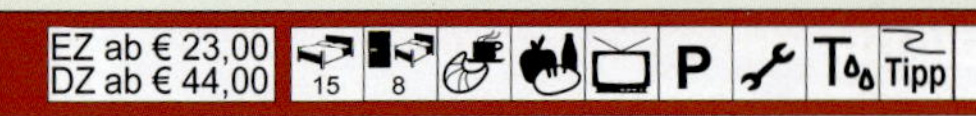

Pension & Ferienhof Schöne

Bei uns finden Sie gemütliche Ferienwohnungen, Doppel- und Einzelzimmer mit Du/WC, TV, Telefon, Radiowecker, Übernachtungen für Urlauber und Tagesgäste mit prima Frühstück. Wir vermieten das ganze Jahr. Einen schönen Aufenthaltsraum mit sonniger Terrasse und Grillplatz bieten wir unseren Gästen zusätzlich an. Ein Trockenraum für nasse Kleidung ist auch vorhanden. Auf Wunsch können wir Ihnen auch schöne Tourentipps in der Region geben.

Dorfstr. 22 • 09648 Mittweida • Telefon 0 37 27 / 61 13 41 • Fax 0 37 27 / 64 84 85
E-Mail: pension-und-ferienhof-schoene@t-online.de • www.ferienhof-schoene.de

11275

Osterfeld im Burgenlandkreis
GPS: N 51°05´03" - E 11°56´07"

EZ ab € 50,00
DZ ab € 61,00

148 VP Tipp

Das Atrium Hotel Amadeus liegt im Burgenlandkreis, dem attraktivsten Landkreis Sachsen-Anhalts. Er ist besonders von seiner Kulturlandschaft an Saale, Unstrut und Elster, und hier maßgeblich vom 1000-jährigen Weinbau, geprägt. Burgen, Schlösser, Landschafts- und Naturschutzgebiete sowie die 60 km lange Weinstraße und vieles mehr können von unseren Gästen erkundet werden. 148 Hotelzimmer, Suiten und Familienappartements, zwei Restaurants, eine Hotelbar, 14 verschiedene Räumlichkeiten (teils mit eigener Bar), Sonnenterrasse, Liegewiese und begrünte Innenhöfe sowie Sauna, Solarium und Fittnessraum und natürlich ausreichend Parkplätze stehen für Sie bereit. In unserem Atrium-Restaurant verwöhnen wir Sie mit einer sehr persönlichen Gastronomie. Vom reichhaltigen Frühstücksbuffet, über kleine Snacks, bis zu regionalen und internationalen Gerichten steht Ihnen unser individueller Service gern zur Verfügung. Bei schönem Wetter servieren wir Ihnen alle Speisen und Getränke gern auf unserer Terrasse. In den grünen Innenhöfen organisieren wir für Sie gemütliche Grillabende. Unsere Lobby-Bar lädt Sie zu einem leckeren Cocktail, einem guten Schoppen Saale-Unstrut-Wein aus unserer Region oder einem frisch gezapften Bier ein.

Pretzscher Str. 20 • 06721 Osterfeld • Telefon 03 44 22 / 3 01 00 • Fax 03 44 22 / 30 10 99
E-Mail: info@atrium-hotel-osterfeld.de • www.atrium-hotel-osterfeld.de

1234

Pretzsch
GPS: N 51°43´07" - E 12°45´27"

EZ ab € 40,00
DZ ab € 60,00

45 22

Hotel Restaurant Golmer Weinberg

Abseits von der Hektik des Tages finden Sie im verstecktesten Winkel des Naturparks "Dübener Heide" unser familiengeführtes Hotel-Restaurant "Golmer Weinberg" als gute Adresse für Übernachtung und gepflegte Gastlichkeit.

Entspannen Sie an heißen Sommertagen an unserem großzügigen Außenpool oder lassen Sie den Tag in unserem Biergarten ausklingen und genießen Sie den herrlichen Ausblick auf die Elbauen. Gern stellen wir Ihnen Lunchpakete zusammen.

Merschwitz 44 • 06909 Pretzsch • Telefon 03 49 26 / 5 86 71 • Fax 03 49 26 / 5 86 7
E-Mail: kontak@thotel-golmer-weinberg.de • www.hotel-golmer-weinberg.de

11

Radebeul
GPS: N 51°06´16" - E 13°37´41"

EZ ab € 70,00
DZ ab € 85,00

114 · 60 · HP · Tipp

Hotel "Goldener Anker"

In einzigartiger Lage zwischen Dresden und Meißen, direkt an der Elbe, dem Elberadweg und der Sächsischen Weinstraße liegt unser familiär geführtes Hotel in Radebeul. Ein Haus, mit Jahrhunderte langer Geschichte und einem jungen Team, das all Ihre Wünsche als Gast zu Ihrer vollsten Zufriedenheit erfüllt und respektiert. Unser Hotel bietet 60 Zimmer mit liebevoll restaurierten Möbeln, die jedem Raum eine ganz persönliche Note verleihen. Alle Hotelzimmer haben eine ruhige Lage, so dass Sie ungestört entspannen können. Im Restaurant wartet regionale Küche auf Genießer. Außerdem führt Sie unser Kulinarischer Kalender monatlich durch genüsslichste Kreationen rund um den Globus.

Altkötzschenbroda 61 • 01445 Radebeul • Telefon 03 51 / 8 39 90 10
E-Mail: goldener-anker-radebeul@t-online.de • www.goldener-anker-radebeul.de

11818

Riesa
GPS: N 51°18´29" - E 13°17´41"

EZ ab € 58,00
DZ ab € 97,00

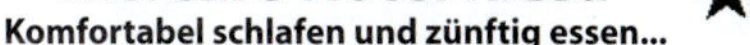

Unser Haus liegt mitten im schönem sächsischen Elbland - verkehrsgünstig und direkt an der Elbe. Morgens genießen Sie ein reichhaltiges Frühstücksbuffet und abends werden Sie in unseren Restaurants verwöhnt. Es erwartet Sie unsere Gasthausbrauerei "HammerBräu" mit deftiger Küche und das Restaurant "Panama Joe´s" mit südamerikanischem Flair und einer Cocktailbar. Überdachte Parkplätze, zwei gemütliche Biergärten und eine Liegewiese sind ebenfalls vorhanden. Für die richtige Stärkung geben wir Ihnen auch gern Lunchpakete mit auf die nächste Tour.

Bahnhofstr. 40 • 01587 Riesa • Telefon 0 35 25 / 70 90 • Fax 0 35 25 / 70 99 99
E-Mail: mercure@magnet-riesa.de • www.mercure.com

11358

Rochsburg
GPS: N 50°56´46" - E 12°45´38"

EZ ab € 46,00
DZ ab € 65,00

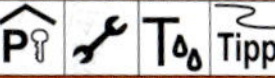

★★★ Hotel-Restaurant "Muldenschlösschen"

Unser kleines familiär geführtes Hotel befindet sich in idyllischer Lage im sächsischen Muldental und ist ein beliebtes Ausflugsziel im schönen Tal der Burgen. Herzliche Gastlichkeit, gepflegte Gastronomie und angemessener Komfort, was der Titel "Drei Sterne-Hotel" des Deutschen Hotel- und Gaststättenverbandes DEHOGA belegt, stehen für unser Haus. In unserem hauseigenen Restaurant zaubern wir für Ihren Gaumen was das Herz begehrt. Ob leichte oder deftige Kost. Wir verwöhnen Sie das ganze Jahr über. Eine Garage, ein Trockenraum und ein paar schöne Tourentipps in der Region runden unser Angebot für Sie ab.

Bahnhofstr. 2 • 09328 Rochsburg • Telefon 03 73 83 / 85 10 • Fax 03 73 83 / 8 51 18
E-Mail: service@muldenschloesschen.de • www.muldenschloesschen.de

11843

vom Hotel&Restaurant Muldenschlösschen in Rochsburg

Das Muldental entlang der Zwickauer Mulde ist bekannt für seine zahlreichen Burgen und Schlösser fernab vom Alltagsstress und der Großstadthektik. Allein von Waldenburg bis nach Kriebstein findet man 9 Burgen und Schlösser, die alle zu besichtigen sind.

Sachsens sanfte Hügel am Fuße des Erzgebirges laden zu den verschiedensten Touren ein. Ob Sie die drei Metropolen Sachsens – Leipzig, Chemnitz oder Dresden besuchen möchten oder lieber wunderschöne, naturbelassene Waldgebiete, Flussauen und lauschige Bachtäler bevorzugen, es ist für jedermann etwas dabei. Vorbei an lauschigen Flussläufen, auf ruhigen und wenig befahrenen Straßen mit einer durchaus anspruchsvollen, da sehr kurvigen und teils steilen Straßenführung, versprechen wir Ihnen ein großartiges Fahrerlebnis.

Von Rochsburg entlang der Mulde – vorbei an Wechselburg mit seinem Kloster und einer kleinen romantischen Basilika – hoch hinauf zum Rochlitzer Berg mit Aussichtsturm – bekannt durch den begehrten Porphyr – das Gold Sachsens! – bis nach Rochlitz zum Folterkeller der Schlosses. Weiter gelangt man auf der B 107 auf gut asphaltierten Straßen und vielen tollen Schräglagen sicher nach Colditz und Grimma. Entdecken Sie ein Kleinod Sachsens, welches ein Eldorado für Motorradfreunde ist!!

11843

Sangerhausen
GPS: N 51°27´13" - E 11°17´43"

EZ ab € 34,00
DZ ab € 44,00

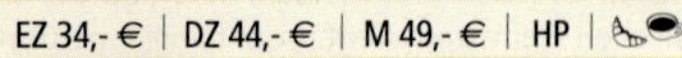

ROSEN HOTEL

In ruhiger Lage, aber mit direkter Anbindung an die Autobahn A 38, Abfahrt Sangerhausen-Süd und an die Bundesstraßen B 80, B 86. Mit einem gemütlichen Restaurant (60 Plätze), einer sportiven Gaststätte (45 Plätze), sowie einer leistungsstarken Küche mit einem vielfältigen Speisenangebot kann praktisch jedem gastronomischen Wunsch entsprochen werden. Der modernst ausgestattete Konferenz- und Schulungsraum bietet Platz für 50 Personen. Komplettiert wird das umfassende Leistungsangebot durch eine 4 Bahnen-Bowlinganlage, einem Biergarten und einer Übernachtungskapazität von 40 Zimmern (90 Betten) im 3-Sterne Niveau (Dusche, WC, TV, Schreibtisch und Internet). Das Rosen Hotel ist Clublokal des Lions-Clubs Sangerhausen Rosenstadt. Parkplätze für PKW und Busse sowie Garagenstellplätze für Motorräder sind ausreichend unmittelbar am Hotel vorhanden.

Juri-Gagarin-Straße 31
06526 Sangerhausen
Telefon 0 34 64 / 54 46 44
Telefax 0 34 64 / 54 49 33

www.rosenhotel.net
Email: info@rosenhotel.net

11433

vom Rosenhotel in Sangerhausen

Der Südharz und sein Umland!
Es gibt wenige Gegenden in Deutschland wo sich vielfältige Natur und Zeugnisse fesselnder Geschichte so reizvoll verbinden. So gibt eine Reihe ehemaliger Pfalzen Aufschluss darüber, dass hier im 10. und 11. Jahrhundert das Kernland des ersten deutschen Reiches und von entscheidender Bedeutung für die Herausbildung der Macht der ersten deutschen Könige und Kaiser war.
In diesem Zusammenhang historisch bedeutsame Städte wie Magdeburg, Quedlinburg, Goslar, Halberstadt, Wernigerode und die Pfalzen Memleben, Tilleda, Allstedt, Merseburg und das Kyffhäuserdenkmal sind von Sangerhausen aus über gut ausgebaute, kurvenreiche und durch schöne Landschaften führende Straßen leicht erreichbar. In Sangerhausen selbst befindet sich mit dem Park-Rosarium mit rund 8000 Rosenarten die größte Rosensammlung der Welt. Die Lutherstädte Eisleben und Wittenberg und die Wartburg laden zur Besichtigung der historischen Ausgangspunkte der Reformation ein. Vielfältige Land-schaften, die Zeugnisse historischer Bedeutsamkeit und freundliche Menschen rechtfertigen eine Reise in diese Region. Sie sind herzlich willkommen.

1143

Tangermünde
GPS: N 52°32´32" - E 11°58´34"

EZ ab € 48,00
DZ ab € 66,00

Hotel&Restaurant "Alte Brauerei"

Zentral und ruhig liegt unser familiär geführtes Hotel & Restaurant "Alte Brauerei" innerhalb der alten Kaiserstadt von Tangermünde. Wir würden uns über Ihren Aufenthalt in der "Alten Brauerei" freuen und versprechen, Ihren Besuch so angenehm wie möglich zu gestalten. Unsere 4 Einzel- und 19 Doppelzimmer sind alle sehr komfortabel und großzügig mit Dusche, WC, Fön, Farb-TV, Schreibtisch, Telefon und teilweise auch mit Minibars ausgestattet. Nach einem geruhsamen Schlaf empfangen wir Sie am Morgen mit einem reichhaltigen, kombinierten Frühstück mit Buffet und Service.

Lange Str. 34 • 39590 Tangermünde • Telefon + Fax 03 93 22 / 4 41 45
E-Mail: hallo@hotel-alte-brauerei.de • www.hotel-alte-brauerei.de

113

Tangermünde
GPS: N 52°32´29" - E 11°57´57"

EZ ab € 20,00
DZ ab € 35,00

14 8 Tipp

Pension "Am Schrotturm"

Unsere Pension befindet sich in unmittelbarer Nähe zur Tangermünder Altstadt. Wir bieten Ihnen gemütlich und komfortabel eingerichtete Zimmer mit Dusche und WC (teilweise Etagendusche). Ein Sauna befindet sich ebenfalls im Haus. Der gemütliche Frühstücksraum empfängt Sie morgens mit einem reichhaltigen Buffet für einen guten Start in den Tag. Freiräume für Ruhe und Entspannung sind die große Terrasse oder die Sitzflächen an der alten Stadtmauer.

Lindenstr. 5 • 39590 Tangermünde
Telefon 03 93 22 / 9 76 50 • Fax 03 93 22 / 9 76 10
www.pension-tangermuende.de

11356

Waldenburg
GPS: N 50°51´46" - E 12°36´16"

EZ ab € 41,00
DZ ab € 58,00

Hotel-Restaurant "Grünfelder Schloss"

In liebevoll restaurierten historischen Anlagen vergangener Jahrhunderte atmen, erleben und genießen. Das 1994 restaurierte Hotel befindet sich inmitten des Grünfelder Parks – einer der bekanntesten sächsischen, Englischen Landschaftsgärten. Im Hotel stehen Ihnen 7 stilgerecht und gemütlich eingerichtete Komfortzimmer zur Verfügung. Sie sind alle mit Dusche/WC und TV ausgestattet. Ein traumhaftes Ambiente erwartet Sie. Unter einem Kreuzgewölbe, gutbürgerliche Küche und regionalen Speisen genießen.

Grünfelder Str. 38 • 08396 Waldenburg • Telefon 03 76 08 / 2 16 63 • Fax 03 76 08 / 2 16 63
E-Mail: gruenfelder-schloss@gmx.de • www.gruenfelder-schloss.de

11846

Weinböhla
GPS: N 51°10´31" - E 13°37´13"

Tipp

Gaststätte Waldfrieden

Herzlich Willkommen auf Ihrer Tour durch die Moritzburger Teichlandschaft. Entlang einer malerischen Kulisse führen gut ausgebaute Landstraßen Sie problemlos durch unsere sehenswerte Region direkt zu uns. Bei deftiger Hausmannskost können Sie sich in unserem Biergarten, der ständigen Blickkontakt zum Moped gewährt, stärken. Besuchen Sie anschließend Schloss Moritzburg, die Porzellanmanufaktur Meißen oder touren Sie in Richtung der Landeshauptstadt Dresden, Sächsischen Schweiz.

Neuer Anbau 32 • 01689 Weinböhla • Telefon 03 52 43 / 3 27 21
E-Mail: gasthaus-waldfrieden@gmx.net

11185

Weinböhla
GPS: N 51°10´13" - E 13°35´55"

EZ ab € 52,00
DZ ab € 66,00

Waldhotel Weinböhla

In idealer Lage zwischen der Kulturmetropole Dresden, Meißen und Moritzburg erwartet Sie das Waldhotel Weinböhla als perfekte Adresse, um die Höhepunkte der sächsischen Kultur hautnah zu erleben. Das breite Sport- und Freizeitangebot, wie Tennis auf unseren Außen- und Innenplätzen, Indoor-Golf und Kegeln bietet Ihnen eine aktive Gestaltung Ihres Aufenthaltes. Entspannen Sie in unserem exklusiven Wellness-Bereich mit Finnischer Sauna, Kräutersauna, Dampfbad und verschiedenen Themenbädern sowie bei wohltuenden Massagen. In unserem Restaurant verwöhnen wir Sie mit kulinarischen Köstlichkeiten. Frische Spezialitäten aus der Region, sowie internationale Küche, bei uns finden Sie alles, was Gourmetfreunde wünschen. Einen entspannten Tagesausklang genießen Sie auf unseren Außenterrassen bei kühlen Cocktails. Hier können Sie die Impressionen des Tages Revue passieren lassen.

Forststr. 66 • 01689 Weinböhla • Telefon 03 52 43 / 4 10 • Fax 03 52 43 / 4 14 18
E-Mail: info@waldhotel-weinboehla.de • www.waldhotel-weinboehla.de

12696

vom
Waldhotel Weinböhla in Weinböhla

Ihre Tour beginnt im Herzen des Sächsischen Elblandes und führt Sie über Moritzburg, Weixdorf und Großröhrsdorf nach Stolpen. Auf einem Basaltfelsen thront die Burg Stolpen, bekannt geworden durch die Gräfin Cosel. Die dunklen Verliese, verschlungenen Kellergewölbe, die Folterkammer und das Hungerloch erzählen viele Geschichten über kriegerische Auseinandersetzungen Sachsens. Über Langenwolmsdorf, wo Sie ein traditionelles Handwerkshaus besichtigen können, erreichen Sie dann ihr nächstes Ziel: die „Stadt der Kunstblumen" Sebnitz mit einer faszinierenden Schauwerkstatt. Nach dem kleinen Ort Lichtenhain öffnet sich Ihnen in Bad Schandau das Tor zur bizzaren Felslandschaft der Sächsichen Schweiz. Hier gibt die traumhafte Variation von Bergen, Flusstälern und Ebenen der Natur ihren unverwechselbaren Charakter. Erfreuen Sie sich auf der Bastei an dem Blick über das Elbtal. Auf dem Rückweg passieren Sie die Stadt Pirna und erblicken nach einer aufregenden Fährüberfahrt das Schloss Pillnitz. Wandeln Sie hier auf den Spuren August des Starken durch den prächtigen Lustgarten. Vorbei am berühmten Blauen Wunder erreichen Sie nun Dresden. Erkunden Sie die historische Altstadt oder begeben Sie sich direkt ins Waldhotel Weinböhla zum gemütlichen Tagesausklang.

12696

Weinböhla b. Dresden

GPS: N 51°08´54" - E 13°34´07"

EZ ab € 62,00
DZ ab € 92,00

139 74 HP P Tipp

Best Western "Elbland Hotel"

Dresdner Str. 93 • 01689 Weinböhla
Telefon 03 52 43 / 4 00 • Fax 03 52 43 / 4 04 00
E-Mail: info@elblandhotel.de • www.elblandhotel.de

★★★★

Vor den Toren Dresdens in einer der schönsten Gegenden Sachsens, liegt das privat geführte 4-Sterne Haus. Durch seine zentrale Lage an der Sächsischen Weinstraße zwischen Dresden, Meißen und Moritzburg ist es für Geschäftsreisende und Urlauber ein idealer Ausgangspunkt. Sie erhalten bei uns regionale/mediterrane Gerichte, diese serviert Ihnen unser freundliches Personal in unserem im eleganten Bistro-Stil eingerichteten Restaurant. In unserer Cafe/Lounge mit Großbildfernseher bieten wir Ihnen Kaffee und Kuchen, kleine Snacks und Getränke. Im Sommer lädt Sie unser Biergarten zu einem kühlen Bier oder einem Glas Wein ein auf unserer Garten- und Ruheterrasse. Unsere Zimmer sind mit Bad/Dusche, Fön, Schminkspiegel, mit/ohne Sitzecke, Schreibtisch, Minibar, Ventilator, Satelliten-TV, ISDN-Telefon, Faxanschluss, W-LAN (T-Hot Spot) und Internetanschluss mit Modem ausgestattet.

11809

Weißenfels

GPS: N 51°11´27" - E 11°58´13"

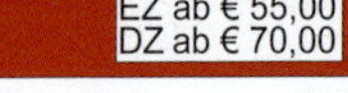

EZ ab € 55,00
DZ ab € 70,00

Parkhotel "Güldene Berge"

Das Flair Parkhotel Güldene Berge liegt in Weißenfels, dem Tor zur Saale-Unstrut Region. Das Haupthaus, eine Villa aus der Jahrhundertwende, gefällt durch sein eigenes Ambiente und seinen individuellen Charakter. In unserem Gästehaus erwarten Sie besonders komfortabel ausgestattete Zimmer und die Garage. Gerne verwöhnen unsere freundlichen Mitarbeiter Sie mit regionalen und saisonalen Spezialitäten in unserem stilvollen Restaurant oder der rustikalen Scheune. Bei schönem Wetter können Sie auf unserer Terrasse mit Blick in den Park schöne Stunden verbringen.

Langendorfer Str. 94 • 86667 Weißenfels • Telefon 0 34 43 / 3 92 00 • Fax 0 34 43 / 39 20 20
E-Mail: gueldene-berge@t-online.de • www.gueldene-berge.de

1134

Wurzen

GPS: N 51°21´54" - E 12°44´09"

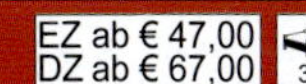

EZ ab € 47,00
DZ ab € 67,00

Das regionale Erlebnishotel im sächsischen Burgen- und Heideland Das Hotel zur Post befindet sich in der 1000- jährigen Ringelnatz- und Domstadt Wurzen, unmittelbar an einen öffentlichen Park grenzend. Die Stadt liegt im Herzen des Sächsischen Burgen- und Heidelands und ist umgeben von Wäldern, Hügeln weitläufigen Flusstälern und schönen Badeseen. Daneben warten zahlreiche Schlösser mit wunderschönen Parks darauf, entdeckt zu werden. Oder wie wär´s mit einer Elbwein- Tour zu dem nördlichsten Weinanbaugebiet Deutschlands? Ausstattung und Leistungen: 17 Zimmer mit Bad/D/WC, Balkon vom Flur aus, Internetzugang auf dem Zimmer, Hot Spot im Haus, Sat-TV, Föhn auf Wunsch, Minibar, regionales Frühstücksbuffet, Biergarten, Hof, auch zum Grillen, angrenzender Park, Garage, Trockenraum, Werkzeug, Waschmöglichkeit fürs Motorrad mit Eimer, ausgearbeitete Tourentipps, Karten, geführte Touren nach Vereinbarung mit örtlichen Motorradfahrern.

Bahnhofstr. 23 • 04808 Wurzen • Telefon 0 34 25 / 81 24 05 • Fax 0 34 25 / 85 45 65
E-Mail: anfrage@hotel-wurzen.de • www.hotel-wurzen.de

11276

Zabeltitz

GPS: N 51°21´16" - E 13°29´46"

Biker-Hochzeiten im Gästehaus Zabeltitz

Stellen Sie sich eine idyllische Landschaft mit grünen Hügeln und ursprünglichen Dörfern vor. Inmitten dieser Landschaft einen barocken Platz, der in friedlicher Ruhe liegt. Und darin ein Hotel, das Sie mit souveräner Gastfreundschaft erwartet. Können Sie sich das vorstellen? Dann haben Sie sich nämlich jetzt schon ein erstes Bild vom "Gästehaus Zabeltitz" gemacht, Ihr Ausgangspunkt für Bikerfahrten wie im Bilderbuch.

Am Park 1 • 01561 Zabelitz • Telefon 0 35 22 / 52 99 90 • Fax 0 35 22 / 52 99 91
E-Mail: info@gaestehaus-zabeltitz.de • www.gaestehaus-zabeltitz.de

12669

Sauerland
Durch das Land der tausend Berge

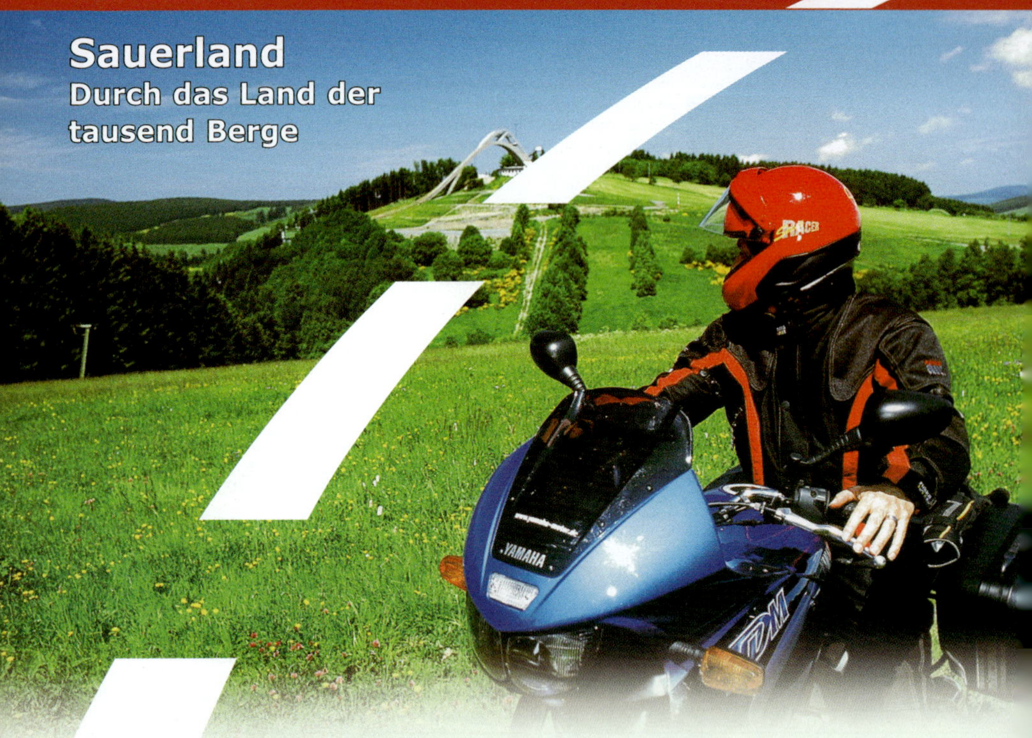

Das Sauerland mit seinen Bergen und Tälern, Wiesen und Wäldern, Flüssen und Talsperren ist zu jeder Jahreszeit das Ziel von Wochenendausflüglern vor allem aus dem Rhein-Ruhr-Gebiet und Jahresurlaubern aus allen Himmelsrichtungen. Das attraktive Mittelgebirge mit Höhen bis knapp 850 Metern reicht von den Städten Soest im Norden und Olpe im Süden bis nach Meinerzhagen im Westen und Marsberg im Osten. Das "Land der tausend Berge und hundert Seen" schließt den Arnsberger Wald, das Egge- und das Rothaargebirge, die Regionen von Homert und Hunau, den Möhnestausee und den Diemelsee ein. Die größten Flüsse sind Ruhr und Lenne, Diemel und Möhne. Dazwischen liegen eingebettet zahlreiche Städte und Dörfer, die schöne Fachwerkhäuser mit den typischen grauen Schieferdächern aufweisen.

Naturgenuss pur

Naturfreunde kommen auf dem Hochplateau des Kahlen Astens auf ihre Kosten, das von einer arktisch-alpinen Hochheide bestanden wird. Schauen und staunen kann man beim Durchwandern des Felsenmeeres bei Hemer oder in der Attahöhle bei Attendorn, eine der schönsten Tropfsteinhöhlen in Deutschland. Die künstlich angelegten Stauseen haben sich zu viel besuchten Freizeiträumen entwickelt.

Sehenswerte Orte

Arnsberg

Die kleine Stadt am Nordrand des Sauerlandes ist Sitz der Bezirksregierung und verwaltet so gewichtige Städte wie Dortmund und Bochum. Weshalb? Den Preußen wurde auf dem Wiener Kongress 1815 die Provinz Westfalen zugesprochen, und die neuen Herren machten Arnsberg zum Sitz ihrer Provinzregierung. Noch heute trägt das Stadtbild die Handschrift des Baumeisters Karl Friedrich Schinkel.

Attendorn

Die Lage am Fluss Bigge und am Handelsweg von Köln nach Kassel gab dem kleinen mittelalterlichen Ort eine strategisch wichtige Bedeutung. Fortan wuchs er schnell und trat im 13. Jahrhundert sogar der Hanse bei. Wahrzeichen Attendorns ist die hoch hüber dem Biggetal thronende Burg Schellenberg.

Freudenberg

Der „Alte Flecken“, wie die Altstadt Freudenbergs bezeichnet wird, ist ein Baudenkmal von internationalem Rang. Die streng geometrische Anordnung der Häuser ist die Folge von zwei Großbränden 1540 und 1666. Den besten Blick hat man vom Kurpark aus.

Warstein

Dank seines bekannt guten Bieres besitzt das Städtchen einen Ruf, der über seine Grenzen hinausgeht. 1276 gegründet, war Warstein ursprünglich von der Eisenindustrie geprägt. Seit 1753 fließt in der größten Privatbrauerei Deutschlands Bier, das in über 30 Länder exportiert wird.

Winterberg

Der quirlige Ort ist das touristische Zentrum des Sauerlandes. Die ehemalige Hansestadt entstand im 13. Jahrhundert als wichtiger Warenumschlagplatz. Dennoch war das Leben der Menschen am Fuß des Kahlen Asten hart und entbehrungsreich.

Bad Berleburg

Die gräfliche Residenz der Familie Sayn-Wittgenstein besitzt ein schönes Schloss mit einem romantischen Park. Dessen Prunkstück ist die Orangerie. Heute ist Bad Berleburg zweitgrößtes Kneippbad Deutschlands.

Korbach

Der Stadt mit ihren herausgeputzten Fachwerkhäusern sieht man heute noch ihre 1.000-jährige Vergangenheit an. Schwarzweiße Gebäude mit kunstvoll verzierten Haustüren versetzen den Besucher ins Mittelalter.

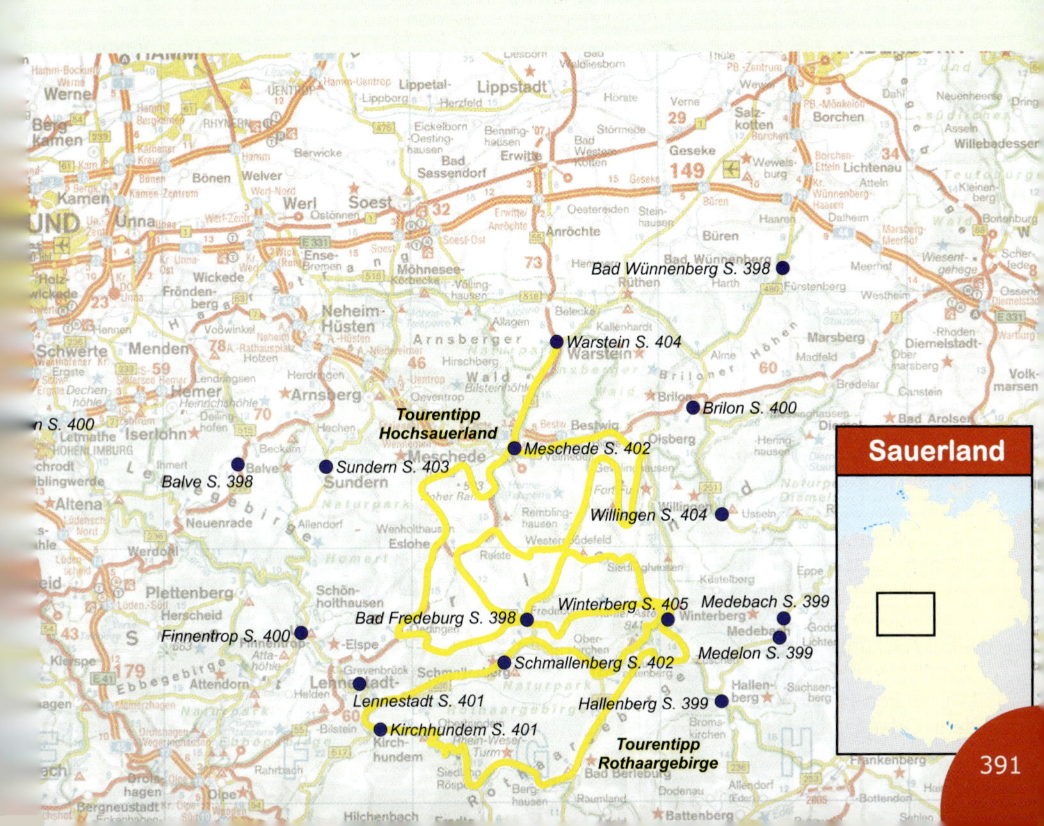

Hochsauerland

Was fällt Ihnen auf Anhieb zum Sauerland ein? Talsperren. Gut. Bierbrauereien. Auch gut. Erzbergwerke. Sehr gut. Und nicht zu vergessen: Spannende, kurvenreiche Motorradstrecken. Da wäre eine Tour durch den Hochsauerlandkreis genau das Richtige. Denn links und rechts der Achse Warstein, Meschede, Lennestadt warten sie nämlich: Eine Talsperre, zwei Brauereien, ein altes Erzbergwerk und jede Menge kleinster Nebensträßchen.

Warstein bietet sich als Ausgangspunkt für diese Tour geradezu an. Die gepflegte Kleinstadt liegt auf einer zugigen Kalkhochfläche und ist wegen ihres würzigen Bieres in ganz Deutschland bekannt. Da die Altstadt im Jahr 1802 einem Großbrand zum Opfer fiel, gibt es leider nicht viel zu sehen. Wir biegen deshalb im Zentrum gleich rechts ab und folgen dem Schild nach Hirschberg. Dieser Weg führt uns direkt zur Warsteiner Brauerei, die seit 1973 ihren Sitz in einem idyllischen Waldgebiet hat. Im Hof der Anlage steht ein kupferner Braukessel. Wer tiefer in die Geheimnisse des Bierbrauens eindringen will, kann an einer Führung teilnehmen. Die findet an Wochentagen stündlich statt und kostet ca. 5 Euro. Im Preis enthalten sind Essen, Getränke und ein Bierglas. Sicherer ist es, sich vorher anzumelden (Fon: 02902/888866).

Zügig fahren wir weiter und sind schon nach wenigen Kilometern mittendrin in der prallen Natur. Die Bäume stehen an der Straße Spalier, und wir genießen die wunderschöne Aussicht über die Warsteiner Hochfläche. Die Fahrbahn taucht nun in den Wald ein, die Radien der Kurven werden allmählich enger. Die ersten Schräglagen dürfen auf den Asphalt gezaubert werden. Lust auf einen Ausflug in die Unterwelt? In der am Straßenrand auftauchenden Bilsteinhöhle gibt eine 30-minütige Führung darüber Auskunft, was Kalk und Wasser im Laufe von Millionen Jahren vollbringen können.

Wir streifen Hirschberg und biegen kurz hinter dem Ortsausgang links ab nach Meschede. Dicht an dicht stehen die Bäume neben der Straße. Das sollte uns daran erinnern, dass drei Fünftel des Sauerlandes aus Wald bestehen. Der perfekte Fahrbahnbelag und die übersichtlichen Bögen verlocken zum Gas geben. Dummerweise ist die Geschwindigkeit für Motorräder auf 70 km/h begrenzt. Die Strecke birgt wohl einiges an Gefahrenpotential.

Zum Schluss treffen wir auf die B 55, wo wir das Motorrad nach rechts lenken. Danach überquert die Route die Ruhr und fällt nach Meschede ein. Die Geburtsstadt des Malers August Macke lag im Mittelalter direkt an der wichtigen Heerstraße Hagen – Brilon – Marsberg und besaß eine große strategische Bedeutung. Nach der Zerstörung im 2. Weltkrieg wurde Meschede neu aufgebaut. Allzu viel zu entdecken gibt es deshalb leider nicht, und so klinken wir uns auf die B 7 ein und nehmen Kurs auf Brilon.

Von Wehrstapel aus empfiehlt sich ein kleiner Umweg nach Eversberg. Das hübsche Fachwerkdorf besitzt eine verfallene Burgruine mit einem Wehrturm, der einen herrlichen Blick über das Sauerland bereithält. Dazu ist ein wenig Kondition nötig, da der Turm zu Fuß erobert werden muss.

Zurück auf der B 7 geht es über Velmede und Bestwig nach Nuttlar. Kurz hinter Nuttlar verlassen wir die Bundesstraße, biegen rechts ab nach Winterberg und erreichen bald den Kneippkurort Olsberg. Eine kurze Rast in einem der netten Cafés kann nicht schaden. Denn hinter Olsberg lauert eine ganze Reihe landschaftlicher und fahrerischer Höhepunkte.

Zuerst geht es auf der B 480 Richtung Winterberg. Auf der Bundesstraße nehmen wir sozusagen Anlauf für die kommende Kurvenetappe. Die naht nach dem Abzweig in Richtung Siedlinghausen. Von einem Meter zum nächsten wird aus topfebenem Asphalt ein Flickenteppich. Mit den vielen Bodenwellen und Schlaglöchern hat das Fahrwerk eine Menge Arbeit. Die Landschaft ändert sich ständig. Hügelketten reihen sich aneinander, Wälder und Wiesen wechseln sich ab. Brunskappel liegt verträumt im Tal des Flüsschens Neger. Vor der Kirche biegen wir rechts ab nach Elpe und schlagen einen Haken nach Norden. In steilen Haarnadelkurven rück... die Fahrbahn einer Anhöhe zu Leibe. Ein kurzer Blick zurück ins Negertal, dann rollen wir den Berg hinab nach Elpe.

Wir fahren rechts ab auf Gevelinghausen z

Linker Hand steht der Freizeitpark Fort Fun. Die Anlage ist ein gutes Beispiel für einen gelungenen Strukturwandel. Sie entstand auf dem Gelände einer ehemaligen Erzgrube und gibt nun zahlreichen Menschen der Region Arbeit.

Herrliche Kurven geben den Takt bis Gevelinghausen vor. Dort fahren wir erst nach links auf Bestwig zu, um dann einen 90-Grad-Schwenk nach Heringhausen einzuleiten. In Form einer großen Abraumhalde rücken die Spuren des Erzbergbaus ins Blickfeld. Hinter Heringhausen begleitet die Straße den Lauf der Valme. Der Fahrbahnbelag ist ruppig und verlangt Aufmerksamkeit.

In Ramsbeck wurde schon im Mittelalter Erz abgebaut. Mehrere Jahrhunderte lang ernährte der Berg die Menschen im Ort. 1974 fuhren die Kumpel dann zur letzten Schicht ein, und im Dörnberg gingen die Lichter aus. Glücklicherweise nicht für lange. Bald darauf machte man aus dem Ramsbecker Erzbergwerk eine Besuchergrube mit Museum. Jetzt können Interessierte mit einer kleinen Bahn die 300 Meter tiefer liegenden Stollen erkunden.

In Westernbödefeld halten wir uns zuerst in Richtung Meschede. Nach wenigen hundert Metern zweigt dann eine kleine Strecke nach Kirchrarbach ab. Das folgende Teilstück entpuppt sich als landschaftlicher Leckerbissen. Es führt über einen Höhenzug und bietet weite Einblicke ins Bödefelder Land. Saftig grüne Wiesen und dichte Nadelwälder huschen an uns vorüber. Auch die nächste Station, Kirchrarbach, ist hübsch anzusehen. Seine Fachwerkhäuser sind schön restauriert und bestens gepflegt.

Über Sögtrop und Landenbeck peilen wir Reiste an. Dort richten wir den Lenker nach rechts. Steil geht es bergauf, ein Blick über das Bödefelder Land, dann schwingen wir uns mit 14 Prozent Gefälle nach Reiste hinab. An der Bundesstraße 55 Blinker links nach Bremke.

Die B 511 bringt nach dem ganzen Klein-Klein der zurückliegenden Kilometer eine willkommene Erholung. Allerdings nur bis Dorlar. Hier zweigen wir links ab und navigieren auf Altenilpe und Bad Fredeburg zu. Ein Abschnitt, um die Seele baumeln zu lassen. Grün so weit das Auge reicht. Eine völlig intakte Natur umgibt uns, einzelne Bauernhöfe liegen wie auf einer Modelleisenbahn verstreut. In Bad Fredeburg biegen wir Richtung Schmallenberg ab, überqueren die B 511 und halten auf Ebbinghof zu. Das schmale Sträßchen mit seinem holperigen

Warsteiner Brauerei

Untergrund scheint eine Insiderstrecke zu sein, da uns nur einheimische Kennzeichen entgegenkommen. Ein Bahnübergang, dann bessert die Fahrbahn ihre Manieren und serviert uns gepflegten Untergrund. Wir lassen Ebbinghof mit seinen urigen Bauernhöfen hinter uns, überqueren eine Kuppe und lenken das Bike über Wormbach nach Felbecke. Von nun an geht es in einer ständigen Berg- und Talfahrt über die Höhenlagen des zentralen Hochsauerlandes. Spektakuläre Ausblicke auf die gesamte Region sind die Folge.

Felbecke kommt in Sicht. Im Ort halten wir uns links in Richtung Oedingen. Lockere Bögen erlauben einen ganz passablen Schnitt. Kurvenschwingen in Reinkultur. Erst kurz vor Oedingen warten ein paar enge Ecken, dann stoßen wir auf die Bundesstraße 55.

Richtung Eslohe führt die Strecke an einem Schrein vorbei. Speziell für die auto- und motorradfahrende Klientel aufgebaut, soll die »Madonna der Straße« für sichere Fahrt sorgen. An der Stelle eine besinnliche Minute einzulegen, kann deshalb sicher nicht schaden.

Weiter auf Eslohe zu. In Cobbenrode erwartet uns eine Gaumenfreude. Die alte Mühle im Ort wurde von einigen Bewohnern in jahrelanger, mühevoller Arbeit restauriert und wieder in Betrieb genommen. Heute wird dort wie eh und je Korn gemahlen. Das Mehl gelangt zum ebenfalls historischen Backhaus, um dort zu Brot verarbeitet zu werden. Jetzt den Terminkalender zücken: Denn an jedem ersten Samstag im Monat ist Backtag. Von überall her strömen die Menschen, um das knusprige Cobbenroder Steinofenbrot zu kaufen. Für den Fan leckerer Backwaren ein absolutes Muss.

Die Bundesstraße 55 mit ihren sauber angelegten und gut ausgebauten Kurven bringt uns zum Luftkurort Eslohe. Bereits im Jahr 1072 erstmals urkundlich erwähnt, zählt Eslohe zu den ältesten Kirchdörfern des Sauerlandes. Einen Besuch wert sind die Pfarrkirche St. Peter und Paul sowie das Maschinen- und Heimatmuseum (Öffnungszeiten samstags 15.00 bis 17.00 Uhr und sonntags 10.00 bis 12.00 Uhr).

Wir durchqueren Eslohe, halten für ein paar Meter auf Bremke zu und nehmen dann Kurs auf Wenholthausen. Idyllisch gluckert die Wenne neben der Straße. In Wenholthausen erwarten uns mehrere Gelegenheiten, dem Körper in Form von Kaffee und Kuchen Kalorien zuzuführen. Anschließend kurven wir nach Berge, wo wir uns rechts halten und Richtung Meschede/ Calle weiterfahren.

Übrigens: Wer sich die bekannte Veltins-Brauerei in Grevenstein ansehen will, muss in Wenholthausen links abbiegen. 1824 wurde sie von dem Gastwirt Franz Kramer gegründet, der sie 28 Jahre später an Clemens Veltins verkaufte. Die Brauerei ist heute die viertgrößte in Deutschland. Jeden Dienstag um 9.30 Uhr findet eine Führung statt.

Kurz hinter Calle biegen wir rechts ab nach Schüren. Eine kleine, aber feine Allee geleitet uns über Schüren und Enkhausen zum Henne-Stausee. Enge Kurven, holperiger Belag – man sollte sein Augenmerk nicht nur auf die reizende Umgebung richten. Der Weg windet sich hinunter zum Hennesee und trifft auf die Bundesstraße 55. Jetzt geht es nach links an der knapp 40 Millionen Kubikmeter fassenden Henne-Talsperre entlang. Das Ufer säumt ein schöner Badestrand. Mittels Ausflugsbooten lässt sich das Wasser auch trockenen Fußes überqueren.

Auf der Rückfahrt nach Warstein statten wir dem westlich von Meschede stehenden Schloss Laer einen Besuch ab. Das weiße Wasserschloss mit seinem grauen Schieferdach stammt aus dem 17. Jahrhundert. Leider ist es in Privatbesitz und kann nur von außen bestaunt werden. Hinter Meschede bleibt die Route weiterhin auf der B 55 und endet in Warstein, dem Ausgangspunkt unserer Tour.

Rothaargebirge

Das Rothaargebirge ist die höchste Region des Sauerlandes. Der Kahle Asten streckt seinen Gipfel 841 Meter hoch in den Himmel, und Winterberg ist mit 770 Metern die höchst gelegene Stadt im Sauerland. Da drängt sich die Vermutung auf, dass es in dieser gebirgigen Region eigentlich jede Menge motorradtauglicher Straßen geben müsste. Und das ist sehr richtig. Die Empfehlung kommt quasi aus den eigenen Reihen. Am Wochenende sind im Rothaargebirge nämlich immer verdächtig viele Motorräder mit Ruhrgebiets-Kennzeichen unterwegs. Und das, obwohl das Rothaargebirge ein gutes Stück von der heimatlichen Garage entfernt liegt. Würden diese Fahrer hierher kommen, wenn nicht tolle Strecken auf sie warten würden? Wohl kaum.

Also nichts wie los und ausprobiert, wo die attraktivsten Routen des Rothaargebirges liegen. Die Tour beginnt am Schnittpunkt der beiden Bundesstraßen B 511/B 236 in Gleidorf bei Schmallenberg. Den Ort erreichen wir über die Autobahn A 46 und die beiden Bundesstraßen B 55 und B 511.

In Gleidorf nehmen wir die B 236 Richtung Winterberg. Aber was heißt schon Bundesstraße. Schon nach kurzer Zeit krümmt sich der Asphalt in alle Richtungen. Links-Rechts-Kombinationen am laufenden Band bringen uns bergauf. Die Unebenheiten im Belag sind eine echte Herausforderung für das Fahrwerk. Von wegen eintönige Bundesstraße.

Nach zwölf Kilometern stoßen wir auf die B 480, wo wir links abbiegen. Grobe Richtung weiterhin Winterberg. Die B 480 verläuft nun schon etwas gesitteter und verwöhnt mit wunderschönen Ausblicken auf die Berge des Hochsauerlandes. In weiten Bögen stürmen wir dem bekanntesten Gipfel des Sauerlandes entgegen – dem Kahlen Asten.

Der ist gut ausgeschildert. Kurz vor Winterberg geht es nach links, und kurz darauf zweigt die Stichstraße zum Gipfel ab. Eine Handvoll Kehren, dann ziehen wir auf dem Parkplatz in 841 Meter Höhe den Zündschlüssel ab. Erste Erkenntnis: Der Kahle Asten ist gar nicht so kahl. Wer sich die Umgebung ansehen möchte, muss den Aussichtsturm erklimmen. Dann aber ist der Blick auf die ganz unter Naturschutz stehende Hochheide eine Wucht. Erkenntnis Nummer zwei: Der Kahle Asten ist kulinarisch perfekt erschlossen. Ob Restaurant, Imbiss-Bude oder Freiluft-Stehcafé – verhungern oder verdursten muss niemand. Ein kleiner Rundgang führt uns zur Wetterstation. Man sollte den Jungs für ihre Arbeit danken, denn gerade wir Motorradfahrer sind abhängig von genauen Vorhersagen.

Wieder zurück auf der Hauptstraße nehmen wir Kurs auf Altastenberg. Dort dominiert der Wintersport das Ortsbild. Schilder mit der Aufschrift Skilift oder Skiverleih zeigen deutlich, wo es hier im Winter langgeht. Wir kehren in Altastenberg dem Kahlen Asten erst einmal den Rücken zu und biegen rechts ab in Richtung Sorpetal. Ein letzter Blick auf die Skipisten, dann tauchen wir in den Wald hinein. Ein Abzweig kommt in Sicht. Wir bewundern den Schrein namens Hilligen Pösteken und biegen dann links nach Rehsiepen ab.

Klein, eng und gespickt mit Kurven ist der Weg hinab ins Sorpetal. Ein Dutzend Kehren auf einem Kilometer – was will man mehr? Mit der Übersicht ist es jedoch nicht zum Besten bestellt, weshalb ein aufmerksamer Blick nach vorn von Vorteil ist. Im Tal rollen wir nach Rehsiepen hinein und verfolgen dem Lauf der Sorpe. Dieser Bach hat übrigens nichts mit der Sorpe-Talsperre im Westen des Sauerlandes zu tun. Dennoch suchte hier schon so mancher Urlauber verzweifelt nach einem Stausee.

In fein säuberlicher Reihenfolge durchqueren wir anschließend die Orte Obersorpe und Mittelsorpe. In Niedersorpe ein Abzweig, wir biegen rechts zum Schiefermuseum nach Holthausen ab. Den asphaltierten Landwirtschaftsweg als Straße zu bezeichnen, wäre übertrieben. Kommt ein Auto entgegen, muss Verkehrsteilnehmer A oder B in die Botanik ausweichen. So eng geht er hier zu. Der Weg gabelt sich, wir halten uns links. Bei langsamer Gangart lassen sich schöne Aussichten auf das Ebbegebirge genießen.

In Holthausen hat die Maschine erst einmal Pause. In der ehemaligen Schule kann man alles erfahren, was mit Schiefer zu tun hat. Öff-

Typisch Sauerland

nungszeiten: Mittwoch, Freitag und Samstag von 15.00 bis 17.00 Uhr, Sonntag von 10.00 bis 12.00 Uhr. Wer den Geist des Sauerlandes und seiner Bewohner richtig kennen lernen will, kommt um das Schiefermuseum nicht herum. Das Gestein hat die Region geprägt und ist bis heute ein wichtiger Wirtschaftszweig. In Holthausen hat heute noch jeder zehnte Einwohner beruflich mit Schiefer zu tun. Und wer zu Hause immer schon eine Schiefertafel haben wollte, kann sich im Museum die passende aussuchen.

Unser nächstes Ziel Bad Fredeburg ist ein bekanntes Kneippbad im Sauerland. 1945 wurde der Ort gänzlich zerstört und nach historischen Vorlagen wieder aufgebaut. In Bad Fredeburg streifen wir die Bundesstraße und nehmen die Orte Bestwig und Westernbödefeld ins Visier.

Jetzt kommt Stimmung auf. In unzähligen Windungen kurvt die Fahrbahn durch die Landschaft. Auf einem Teilstück der Hochsauerland-Höhenstraße schwingen wir Rimberg entgegen. Die gut ausgebaute Etappe mit ihren eleganten Bögen erlaubt einen zügigen Schnitt. Hinter Osterwald nimmt uns eine Art Achterbahn auf, und wir lassen es auf dem Wald- und Wiesensträßchen nach Bödefeld ordentlich fliegen. Rechts ab nach Siedlinghausen. Nach wie vor präsentiert uns die Hochsauerland-Höhenroute wunderschöne Aussichten auf die Gipfel rund um Winterberg.

In Siedlinghausen nehmen wir Kurs auf die höchst gelegene Stadt im Sauerland. Woh deshalb geht es von nun an ständig bergauf Kurz vor Winterberg trifft die Route auf die B 480. Wir befinden uns nun im Quellgebiet de Ruhr. Wer sehen will, wo der Fluss entspringt muss links abbiegen und der Ausschilderung zur Quelle folgen. Kaum vorstellbar, dass dieser kleine Bach nach 218 Kilometern als eine der mächtigsten Flüsse Nordrhein-Westfalens bei Duisburg in den Rhein mündet.

Der Name Winterberg sagt schon alles: An 9 bis 100 Tagen liegt hier oben eine geschlossene Schneedecke, da die Hochflächen de Rothaargebirges den kalten Nordwest-Winde schutzlos ausgeliefert sind. Haupterwerbsquele der Region ist seit eh und je der Tourismus

Vorher ging es der Bevölkerung alles andere als rosig. Viele durchstreiften als Wanderhändler Deutschland und Europa. Besonders erträglich war der Verkauf von Sensen. Dabei zog man wohl den einen oder anderen Kunden über den Tisch. Denn heute ist der »Hampelkniffer«, der betrügerische Sensenhändler, in der Region immer noch ein verbreitetes Schimpfwort.

Winterberg besitzt alle gastronomischen Einrichtungen eines modernen Fremdenverkehrsortes, und die sonnigen Straßencafés wirken äußerst verlockend. So kann es durchaus eine Weile dauern, bis wir weiterfahren und uns auf der B 236 Richtung Hallenberg halten. Kurvenreich geht es auf der gut ausgebauten Bundesstraße talwärts.

In Züschen zweigt die Tour rechts Richtung Bad Berleburg ab. Was nun folgt, lässt sich am besten mit den Worten Fahren und Genießen beschreiben. Rund 25 Kilometer lang geht es durch die für das Hochsauerland so typische Wald- und Wiesenlandschaft. Landschaftsgenuss mit integriertem Fahrvergnügen. Vor unserem Vorderrad spielen sich wahre Kurvenorgien ab. Wir durchqueren Mollseifen und kurz darauf Girkhausen. Erst auf der B 480 geht es wieder einmal für ein längeres Stück geradeaus. Schnell erreichen wir Bad Berleburg, wo wir uns mit einem Fußmarsch hinauf zur Residenz der Familie Sayn-Wittgenstein die Füße vertreten können.

Ein Stück hinter Bad Berleburg verlassen wir die B 480 und nehmen den Ort Berghausen ins Visier. Danach erreichen wir Raumland Bahnhof, wo wir uns nach rechts Richtung Kirchhundem orientieren. Wieder nimmt uns die Berglandschaft des Rothaargebirges auf. Eng schmiegt sich die Eder an die Straße. Kurve an Kurve. Langsam rollen wir durch das lang gestreckte Straßendorf Aue. Die Fahrbahn wird nun holperiger und nimmt sich die Hohe Hessel vor. Dieser Bergrücken teilt das Wasser des Rothaargebirges in zwei Hälften. Westlich fließen alle Bäche in den Rhein, östlich münden sie in die Weser. Der Rhein-Weser-Turm markiert schon von weitem sichtbar diesen Punkt. Die Aussichtsplattform und das Café sind ein idealer Ort, um ein paar Liter frische Luft zu tanken und sich mental auf die kommenden Kehren vorzubereiten.

Denn nun stürzt sich diese Straße in anspruchsvollen Haarnadelkurven ins Tal. Dabei schießt sie ein Dauerfeuer der Schräglagen auf uns ab. Die fünf Kilometer hinab nach Oberhundem sind eine Strecke, auf der man sich schwindelig fahren kann. Unten angelangt, fahren wir an den hübschen Fachwerkhäusern des Ortes vorbei, halten uns links und passieren das aus dem Jahr 1677 stammende Wasserschloss Adolfsburg. Nächstes Ziel ist Kirchhundem. Das Städtchen, dessen Erscheinungsbild von gepflegten Fachwerkhäusern bestimmt wird, ist Hauptort einer aus 30 Ortschaften bestehenden Großgemeinde.

Wir biegen rechts ab auf die B 517. Die letzten Kilometer dieser Tour liegen nun vor uns. Wir folgen der Bundesstraße ein Stück in Richtung Lennestadt, bis uns die Schilder den Weg nach Schmallenberg und Winterberg weisen. Die B 236 folgt dem Lauf des Flüsschens Lenne in sanften Bögen. Die Maschine schneidet durch die gut einsehbaren Kurven wie das Messer durch die Butter.

Schmallenberg kommt in Sicht. Ein weiteres Prachtexemplar aus dem fast unerschöpflichen sauerländer Vorrat an Fachwerkstädtchen. Keines der Häuser Schmallenbergs ist älter als 180 Jahre, denn im Jahr 1822 brannte der Ort voll-

kommen ab. Seinen Namen hat Schmallenberg von der alten Schmalenburg, die leider schon im 13. Jahrhundert zerstört wurde.

Das Stadtbild wird von zwei parallelen Hauptstraßen aus dem 19. Jahrhundert geprägt. Ganz in der Nähe stehen zwei Einrichtungen, in denen Kindheitserinnerungen wach werden können: Das Puppenmuseum in der Oststraße und das Spielzeugmuseum in der Weststraße. Öffnungszeiten jeweils mittwochs, freitags und sonntags von 15.00 bis 18.00 Uhr und samstags von 11.00 bis 17.00 Uhr.

Bad Fredeburg
GPS: N 51°12´37" - E 8°19´25"

EZ ab € 45,00
DZ ab € 90,00

Hotel Kleins Wiese

Kleins Wiese 1 • 57392 Bad Fredeburg • Telefon 0 29 74 / 9 69 60 • Fax 0 29 74 / 51 15
E-Mail: kleins-wiese@t-online.de • www.kleins-wiese.de

- Absolute Einzellage - 600m NN im Naturpark Rothaargebirge
- Kleiner Wellness- und Fittnessbereich mit Massagen
- Herrliche Sonnenterrasse zwischen Wiese und Wald
- Hausgemachte Kuchen und Torten aus eigener Konditorei

11791

vom Hotel "Kleins Wiese" in Bad Fredeburg

Wir starten von Kleins Wiese (2km vor Bad Fredeburg) und fahren Richtung Bad Fredeburg auf der L776 – nach 4,5km (Gefälle, enge Kurven, Waldgebiet) links Richtung Schmallenberg auf die B511, kurz vor Ortsende Richtung Holthausen. Nach 2,9km Weggabel, rechts halten, gesperrt für Kfz – nach 1,6km auf schmaler Straße (Landwirtschaft) links auf die L742 nach 9,3km geht es Richtung Altastenberg. Dann rechts auf die K75 über Längsrillen, Wald, Erholungsgebiet nach 3,2km links Richtung Winterberg auf die L640 nach 1,1km Richtung Kahler Asten scharf rechts. Auf der L640 fahren wir durch Wald und Erholungsgebiet, nach 3,4km wieder Richtung Winterberg. Dann links auf die B236, B480, nach 1,9km Richtung Winterberg Zentrum 1. Ampel rechts Richtung Brilon/Meschede. Dann auf die L740 8,6km Richtung Meschede- Fort Fun links 0,7km. Danach Richtung Elpe auf die K48 + K16 Richtung Ramsbeck Fort Fun und Wasserfall. Von Bestwig/Ramsbeck halb links auf L776 halten Richtung Westernbödefeld – nach 17,5km sind wir wieder am Hotel Kleins Wiese durstig und hungrig angekommen!

11791

Bad Wünnenberg
GPS: N 51°31´11" - E 8°39´10"

EZ ab € 36,00
DZ ab € 68,00

VP Tipp

Landgasthof Kaiser G***

Unsere Speisekarte bietet dem Gast eine reichhaltige Auswahl an Köstlichkeiten aus der Heimat: Die Kaiser-Küche ist ein unverkennbarer Gruß an Westfalen. Leckere Wildgerichte lassen die Nachbarschaft zu den größten Hochwäldern zwischen Rhein und Weser erkennen. Im Biergarten genießen Gäste kühle Getränke oder probieren im Wintergarten selbstgebackenen Kuchen. Unsere, modern eingerichteten, acht Gästezimmer (26qm) sind mit Dusche, WC, Telefon, TV und Couch ausgestattet. Es steht eine kostenlose DSL Internetverbindug per Wireless Lan zu Verfügung. Wochenend-, Firmen- und Gruppenpreise auf Anfrage.

Hauptstr. 42 • 33181 Bad Wünnenberg • Telefon 0 29 53 / 4 07 • Fax 0 29 53 / 9 90 13
E-Mail: landgasthof-kaiser@t-online.de • www.landgasthof-kaiser.de

1166

Balve-Mellen
GPS: N 51°19´44" - E 7°54´09"

Gaststätte "Haus Rumland"

In der Nähe vom Sorpesee liegt unser gemütliches Haus mit großem Biergarten, ein idealer Zwischenstopp auf Ihrer Tour durch das Sauerland. Unsere Küche wird Sie verwöhnen. Unser Super-Angebot: Drei Gänge "Biker´s Special" Menü für 9,90 Euro, ein Pott Kaffee für 2,- Euro. Ausreichend Parkplätze - teilweise überdacht - sind vorhanden. Wir haben für alle Wünsche ein offenes Ohr.
Ride on! Ute and Team - you´r welcome!

Balver Str. 28 • 58802 Balve-Mellen • Telefon + Fax 0 23 75 / 37 70
E-Mail: utenikolay@aol.com

117

Brilon
GPS: N 51°23´44" - E 8°34´05"

EZ ab € 42,00
DZ ab € 64,00
40 22 HP

Hotel - Restaurant - Café "Starke"

Sie wohnen zentral und ruhig in der Fußgängerzone, direkt am historischen Marktplatz. Alle Zimmer verfügen über Dusche, WC, SAT-TV und Telefon. Das Schaufenster zum Marktplatz ... so nennt man unser Restaurant-Café. Ihr Tag beginnt mit einem reichhaltigen Frühstück vom Buffet bis 11.00 Uhr. Unsere Küche ist täglich ab 12 Uhr durchgehend geöffnet, preiswertes Tagesgericht, wechselnder Mittagskarten und großes á la carte Angebot. Lassen Sie den Abend in unserer gemütlichen Bierstube ausklingen. Für Motorräder stellen wir kostenlos Garagenplätze zur Verfügung.

Am Markt 15 • 59929 Brilon • Telefon 0 29 61 / 80 08 • Fax 0 29 61 / 22 89
E-Mail: info@hotel-starke.de • www.hotel-starke.de

11671

Finnentrop
GPS: N 51°09´51" - E 7°57´27"

Landgasthof "Zum Lindenbaum" Familie Robert Hufnagel

Für alle Gelegenheiten das Richtige! Ob Familienfeier, Betriebsfeier oder auch nur ein ganz privates Abendessen...Spezielle Menüwünsche können individuell im Vorfeld besprochen werden. Unser Team steht Ihnen hierbei gerne zur Verfügung! In unseren Zimmern werden Sie sich genau so wohl fühlen wie in unserem Restaurant. Ausgestattet mit Dusche/WC und TV bieten sie das Wesentliche für einen unbeschwerten Aufenthalt. Damit auch Ihr Motorrad sicher untergebracht ist bieten wir eine abschließbare Garage an. Kegelbahn im Haus.

Attendorner Str. 26 • 57413 Finnentrop • Telefon 0 27 21 / 74 22 • Fax 0 27 21 / 74 22
E-mail: info@zum-lindenbaum.de • www.zum-lindenbaum.de

11796

Hagen
GPS: N 51°22´18" - E 7°33´03"

EZ ab € 56,00
DZ ab € 80,00

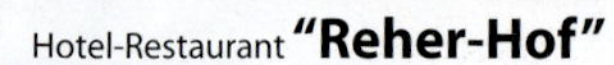

Herzlich willkommen auf den Seiten des Hotel-Restaurants Reher Hof in Hagen-Hohenlimburg. Unser Haus erwartet Sie in dörflich ruhiger, jedoch verkehrsgünstiger Lage . Genießen Sie gepflegte Gastlichkeit in wohltuend familiärer Atmosphäre. Unser Hotel ist für Sie durchgehend geöffnet. Sie finden hinter unserem Haus einen großen Parkplatz und eine zusätzliche Garage für Ihr Motorrad. Genießen Sie gepflegte Gastlichkeit. Unsere Küche bietet Ihnen reichhaltige gutbürgerliche Speisen. Die hauseigene Kegelbahn steht Ihnen während der regulären Restaurantzeiten zur Verfügung.

Alter Reher Weg 13 • 58119 Hagen • Telefon 0 23 34 / 5 03 50 • Fax 0 23 34 / 5 18 81
E-Mail: reher-hof@t-online.de • www.reher-hof.de

11731

Hagen
GPS: N 51°19´59" - E 7°27´57"

Panoramahotel "Auf´m Kamp"

Genießen Sie die prachtvolle Aussicht und lassen Sie Ihre Seele baumeln. Aus unseren gastlichen Räumen oder von der Terrasse genießen Sie eine herrliche Aussicht bis hinab zur Windmühle des Freilichtmuseums. Unsere Zimmer sind komfortabel ausgestattet mit · Telefon, Kabel –TV, Dusche/WC, Internetzugang über T-Com Hotspot. Unser Café-Restaurant mit insgesamt 130 Sitzplätzen ist in viele gemütliche Ecken und Nischen aufgeteilt. Lassen Sie sich verwöhnen von leckeren Speisen und einem frisch gezapften Bier oder einem erlesenen Wein. Wir servieren ganzjährig Wild-Spezialitäten aus heimischen Wäldern.

Selbecker Stieg. 26 • 58091 Hagen • Telefon 0 23 31 / 7 00 66 • Fax 0 23 31 / 97 01 36
E-Mail: info@hotel-aufm-kamp.de • www.hotel-auf-dem-kamp.de

1173

Kirchhundem-Ahe
GPS: N 51°02´39" - E 8°05´06"

EZ ab € 33,00
DZ ab € 56,00

*** Landhotel Ferienhof "Gut Ahe"

Familienhotel und Bauernhof-Café in waldreicher, idyllischer Einzellage im südlichen Sauerland. Komfortabel eingerichtete Zimmer lassen keinen Wunsch offen. Von hier aus können Sie zahlreiche Spaziergänge und Wanderungen durch das Rothaargebirge unternehmen. Anschließend lädt Sie unser Café zu frischen Waffeln oder einer Schinkenplatte aus der hauseigenen Räucherei ein. Unsere regionale Küche hebt sich besonders durch die Hausschlachtung hervor. Besuchen Sie uns im Internet, wir freuen uns auf Sie.

Ahe • 57399 Kirchhundem • Telefon 0 27 23 / 32 51 • Fax 0 27 23 / 92 53 27
E-Mail: info@hotel-ahe.de • www.hotel-ahe.de

11684

Kirchhundem-Oberhundem
GPS: N 51°05´11" - E 8°10´26"

EZ ab € 37,00
DZ ab € 68,00

Hotel-Gasthof "Zu den Linden"

Unsere abwechslungsreiche Speisekarte bietet reichlich Auswahl an regionalen und saisonalen Gerichten. Der reiche Frühstückstisch am Morgen verscheucht bereits die Tagessorgen. Am Frühstücksbuffet Jedermann stets etwas Gutes finden kann. Unser Haus bietet Ihnen 2 Einzelzimmer, 11 Doppelzimmer sowie 1 Dreibettzimmer. Die Zimmer sind mit Dusche oder Bad und WC und Fernseher ausgestattet. Sauna, Solarium und Whirlpool stehen für alle Gäste zur Verfügung.

Hauptstr. 15 • 57399 Kirchhundem-Oberhundem • Telefon 0 27 23 / 7 26 25 • Fax 0 27 23 / 7 25 88
E-Mail: info@gasthof-zu-den-linden.de • www.gasthof-zu-den-linden.de

11688

Lennestadt-Bilstein
GPS: N 51°05´45" - E 8°01´18"

EZ ab € 27,00
DZ ab € 52,00

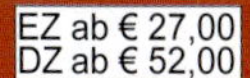

Hotel "Zur Freiheit"

Wir freuen uns Sie für ein paar Tage verwöhnen zu dürfen. Wir bieten unseren Gästen anerkannte gute Küche mit frischen regionalen aber auch überregionalen und internationalen Gerichten. In unseren gemütlichen und komfortablen Gästezimmern können Sie nachts optimal entspannen und genug Kraft für die nächste Tour tanken. Das reichhaltige Frühstücksbuffet ist der beste Start in den Tag. Eine kleine Schrauberecke haben wir natürlich auch für Sie eingerichtet. Gerne bereiten wir Ihnen auch Lunchpakete für die nächste Tour vor. Wir freuen uns auf Ihren Besuch!

Freiheit 21 • 57368 Lennestadt-Bilstein • Telefon + Fax 0 27 21 / 8 12 56
E-Mail: info@hotel-zur-freiheit.de • www.hotel-zur-freiheit.de

11794

Lennestadt-Oedingen
GPS: N 51°10´36" - E 8°07´23"

EZ ab € 25,00
DZ ab € 50,00

Gasthaus Mester

Die familiäre Atmosphäre und gemütliche Einrichtung in unserem Hause garantieren Ihnen einen angenehmen Aufenthalt. Die gepflegte Gastlichkeit im Hause Mester soll dazu beitragen Ihnen Stunden des Genießens zu bereiten. Wir sind stets bemüht Sie mit einer großen Auswahl an Speisen und Getränken zu verwöhnen. Wir bieten unseren Gästen eine gemütliche Gaststätte, Speisesaal und Kegelbahn. Unsere behaglich eingerichteten Gästezimmer sind ausgestattet mit DU/WC und TV. Genießen Sie an warmen Sommertagen und in lauen Sommernächten kühle Getränke in unserem kleinen aber feinen Biergarten.

Hunold-Rump-Str. 87 • 57368 Lennestadt • Telefon 0 27 25 / 9 54 10 • Fax 0 27 25 / 9 54 18
E-Mail: gasthaus-mester@t-online.de • www.gasthaus-mester.de

11793

Lennestadt-Langenei

GPS: N 51°06´46" - E 8°06´46"

EZ ab € 38,00
DZ ab € 70,00

80 45 VP

Hotel-Restaurant-Café "Schweinsberg"

Vom großen Frühstücksbuffet am Morgen über die regionalen Spezialitäten am Mittag bis hin zu den Klassikern der internationalen Küche am Abend reicht das kulinarische Angebot. Kaffee und Kuchen, köstliche Eisbecher und eisgekühlte Getränke servieren wir Ihnen gern auf unserer Sonnenterrasse vor dem Haus. Die Gästezimmer sind gemütlich eingerichtet und verfügen über Dusche/WC, Telefon und Kabel-TV. In ungezwungener, fröhlicher Atmosphäre können Sie hier einen unbeschwerten Aufenthalt erleben.

Fredeburger Str. 23 • 57368 Lennestadt • Telefon 0 27 23 / 8 09 90 • Fax 0 27 23 / 80 99 64
E-Mail: hotel.schweinsberg@t-online.de • www.hotel-schweinsberg.de

11795

Meschede-Freienohl

GPS: N 51°23´04" - E 8°09´25"

EZ € 52,00
DZ € 84,00

Hotel-Restaurant "Luckai"

Genießen Sie die Ruhe unserer Ortsrandlage, schlafen Sie wohl und tanken Kraft für den neuen Morgen. Ihr behagliches Zimmer ist mit DU/WC, Durchwahltelefon und teilweise mit Radio, Kabel-TV und Balkon ausgestattet. Die Küche und Gastlichkeit unseres Hauses wird von den Einheimischen sehr geschätzt. Unser Küchenschwerpunkt liegt auf einer ideenreichen und vielfältigen; bodenständigen und regionalen Küche. Manchmal wagt der Küchenchef auch einen Blick nach Asien, oder in mediterrane Länder, was sich auf der Speisekarte widerspiegelt. Gerne führen wir Sie auch über interessante Strecken durch das Sauerland. Fragen Sie nach unseren Übernachtungsangeboten!

Christiane-Koch-Str. 11 • 59872 Meschede • Telefon 0 29 03 / 9 75 20 • Fax 0 29 03 / 97 52 52
E-Mail: info@hotel-luckai.de • www.hotel-luckai.de

11743

Meschede-Grevenstein

GPS: N 51°17´56" - E 8°08´08"

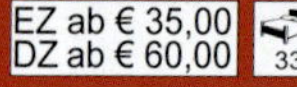
EZ ab € 35,00
DZ ab € 60,00

Hotel-Landgasthof "Grevenstein"

Angenehm wohnen im holländisch familiär geführten Landgasthof. Unser Landgasthof liegt mitten im Grünen, umgeben von einer reizvollen, typischen sauerländischen Landschaft. Gerne arbeiten wir für Sie auch ein Motorradprogramm für einige Tage aus. Unser Hotel hat 15 Zimmer, zwei Familienzimmer, zehn Doppelzimmer und drei Einzelzimmer. Jedes Zimmer hat TV, Dusche/WC oder Bad. Jaap und Wilma sind fanatische Motorradfahrer. Sie können Ihnen alles über die schönsten Wege durch das Sauerland erzählen.

Ostfeld 25 • 59872 Meschede-Grevenstein • Telefon 0 29 34 / 9 60 40
E-Mail: info@landgasthofgrevenstein.de • www.landgasthofgrevenstein.de

11742

Schmallenberg-Fleckenberg

GPS: N 51°08´08" - E 8°15´39"

EZ ab € 28,00
DZ ab € 56,00

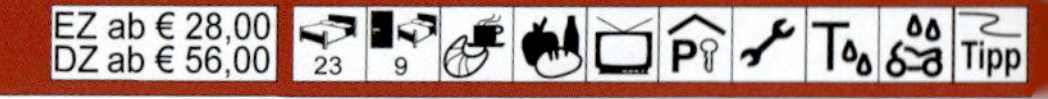

Unser familiär geführter Landgasthof liegt zentral im schönen Fachwerkdorf Fleckenberg und ist ein idealer Ausgangspunkt für Biker! Seit Generationen steht für uns das Wohl der Gäste im Vordergrund. Unsere Küche bietet Ihnen eine umfangreiche Speisekarte, ein anspruchsvolles Frühstücksbuffet und ein großzügiges Salatbuffet. Sie können bei uns zwischen einem Raucher - und Nichtraucherrestaurant wählen. Unsere modern ausgestatteten Zimmer mit DU/WC, Fön, TV-Anschluss und Balkon laden Sie zum Wohlfühlen ein.

Hauptstr. 25 • 57392 Schmallenberg-Fleckenberg • Telefon 0 29 72 / 63 69 • Fax 0 29 72 / 43 96
E-Mail: roehrich@landguthotels.de• www.gasthof-roehrig.de

1179

Schmallenberg-Lenne

GPS: N 51°08´03" - E 8°13´14"

EZ ab € 26,00
DZ ab € 52,00

Gasthof "Heimes-Willmes"

Gerne begrüßen wir Sie als Gast in unserem Hause! Ruhen Sie sich nach einem erlebnisreichen Tag bei uns aus und entspannen Sie sich. Unsere Zimmer haben für Ihren Komfort sämtlich Dusche/WC. Wir bieten Ihnen sowohl Einzel- als auch Doppelzimmer. Unsere besondere Spezialität sind Heidschnucken-Gerichte. Da wir das Fleisch selbst erzeugen können wir höchsten Qualitätsansprüchen genügen. Als weitere Delikatesse bieten wir Wild aus heimischen Wäldern. Natürlich pflegen wir auch die regionale Küche. Verwöhnen Sie Ihren Gaumen! Ihr Motorrad können Sie gern bei uns einstellen und in aller Gemütlichkeit den Tag bei uns ausklingen lassen.

Lennestr. 6 • 57392 Schmallenberg • Telefon 0 29 72 / 61 27 • 0 29 72 / 92 13 34
E-Mail: gasthof_heimes-willmes@t-online.de • www.heimes-willmes.de

11797

Schmallenberg-Nordenau

GPS: N 51°10´51" - E 8°25´54"

EZ ab € 39,00
DZ ab € 78,00

★★★ Haus Rehblick

Wir heißen Sie herzlich willkommen zu entspannenden Tagen im Haus Rehblick. Lassen Sie sich von uns verwöhnen in der rustikalen Gaststube oder auf unserer sonnigen Terrasse - wir servieren Ihnen immer knack frische und deftige Speisen. Sie wohnen bei uns in absolut ruhigen, gemütlichen und modernen Zimmern mit Bad, Dusche, WC und teilweise Balkon. Am Morgen beginnt der Tag mit einem reichhaltigen Frühstücksbuffet. Hier sorgt der Chef selbst für das leibliche Wohl seiner Gäste.

Talweg 22 • 57392 Schmallenberg-Nordenau • Telefon 0 29 75 / 9 63 10 • Fax 0 29 75 / 96 31 46
E-Mail: info@rehblick.de • www.rehblick.de

11790

Sundern

GPS: N 51°18´24" - E 8°04´23"

EZ ab € 30,00
DZ ab € 52,00

Gasthof-Restaurant "Jagdhaus Nöcker"

Das Jagdhaus liegt am Fuße des Dümberges inmitten des schönen Sauerlandes. Unser Haus verfügt über insgesamt 8 Betten in modernen behaglichen Gästezimmern/Appartements mit Dusche/WC oder Bad/WC. Reservieren Sie einfach telefonisch oder per Mail. An der Theke soll der schönste Platz sein, heißt es in einem Lied. Probieren Sie es aus. Aus unserem rustikalen Restaurant haben Sie einen einzigartigen Panoramablick. Entspannen Sie sich in idyllischer Landschaft vom hektischen Leben. Genießen Sie unser gemütliches Restaurant. Unsere naturnahen Gartenterrassen sind der ideale Platz für eine zünftige Feier.

Linneper Str. 32 • 59846 Sundern-Linnepe • Telefon 0 29 34 / 4 12
E-Mail: info@jagdhaus-noecker.de • www.jagdhaus-noecker.de

11773

vom Gasthof - Restaurant "Jagdhaus Nöcker" in Sundern

Das Sauerland bietet dem Motorradfahrer eine Vielzahl an Touren an, wobei es dem Einzelnen überlassen ist, die kürzere oder längere Strecke zu befahren. Hier ein paar Touren: Die Tour am Sorpesee vorbei verläuft von uns aus über Langscheid, in der Nähe auch ein bekannter Motorrad-Treff, direkt am Sorpesee vorbei in Richtung Amecke und weiter nach Plettenberg. In diesem Bereich sind sehr kurvenreiche Straßen und Waldgebiete sowie Ortsdurchfahrten. Weiter verläuft die Tour über Rönkhausen, Weuspert und Endorf. Gemütlich geht die Fahrt über Meinkenbracht, Visbeck, Rumbeck und Hirschberg in Richtung Wamel und Stockum am Möhnesee weiter. Viel Natur und herrliche Aussicht lädt hier zum Verweilen ein. Nach der Rast geht es zurück über Neheim-Hüsten, Müschede und Arnsberg. Interessant ist auch die Fahrt zu der Versetalsperre und dem Biggesee, nicht so lang wie die Vorherige. Zuerst geht es in Richtung Plettenberg und dann weiter über eine kurvenreiche Waldgebietsstrecke mit mehreren Kehren über Werdohl und Brüninghausen zur Versetalsperre. Nach der Versetalsperre führt der Weg über Reblin, Valbert und Hunswinkel zur Listertalsperre und dem Biggesee weiter. Die interessante Strecke führt dann über Repe, Niederhelden und Finnentrop wieder zurück zum Ausgangspunkt.
Es gibt noch viele weitere interessante Fahrtrouten in diesem Gebiet.

11773

Warstein
GPS: N 51°27´06" - E 8°21´03"

EZ ab € 45,00
DZ ab € 76,00

80 43 P Tipp

Landkomforthotel - Restaurant "Lindenhof"

Am Tor zum Sauerland finden Sie ein gutes Stück Westfalen zum Erholen und Ausspannen aber auch einen Ort zum Feiern und zum Freunde treffen. In unserem Restaurant verwöhnen wir Sie mit den Spezialitäten nach Sauerländer Art und mit Leckereien der internationalen Küche. Unsere Hotelzimmer sind komfortabel und gemütlich eingerichtet und verfügen über eine zeitgemäße Ausstattung: Dusche, WC, Sat-TV, Internetanschluss und teilweise Telefon. Sauna und Solarium bieten wohltuende Entspannung. Fragen Sie nach unseren speziellen Motorradangeboten.

Ottilienstr. 4 • 59581 Warstein • Telefon 0 29 02 / 9 70 50 • Fax 0 29 02 / 97 05 40
E-Mail: hotel@lindenhof-warstein.de • www.lindenhof-warstein.de

11670

Warstein
GPS: N 51°28´55" - E 8°15´36"

EZ ab € 57,00
DZ ab € 87,00

90 40 HP

Im Dreieck zwischen Arnsberger Wald, Möhnesee und Soester Börde ist das Landhotel Püster idealer Treffpunkt für Biker. Das Haus Püster – 40 Zimmer und Appartements, Swimmingpool, Sauna, Solarium, Gartenterrasse und das Wellness-Studio "Charisma". Das Übermaß an Natur und Landschaft ist schon beeindruckend. Im Norden die Weiten der Soester Börde, im Westen der Möhnesee, im Osten das Möhnetal und im Süden die Atem beraubende Schönheit des Naturpark Arnsberger Wald. Willkommen im Restaurant! Wir bieten Ihnen täglich von 18.00 Uhr bis 21.30 Uhr (außer Sonntagabend) warme Küche mit dem Besten der Region und internationalen Spezialitäten.

Marmorweg 27 • 59581 Warstein • Telefon 0 29 25 / 9 79 70 • Fax 0 29 25 / 97 97 67
E-Mail: info@hotel-puester.de • www.hotel-puester.de

11741

Warstein
GPS: N 51°25´49" - E 8°16´35"

EZ ab € 54,00
DZ ab € 78,00

58 30 HP

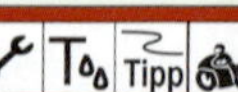

Landhotel & Gasthof Cramer

Lieber Gast, herzlich willkommen im Landhotel & Gasthof Cramer. Hier steht bereits seit der zweiten Hälfte des 18. Jahrhunderts das Wohlbefinden der Reisenden im Mittelpunkt. Es erwarten Sie 30 helle, freundliche Zimmer im gemütlichen Landhausambiente mit Telefon, Sat-TV, Internetanschluss, teilweise Balkon und Bäder mit Fön, Dusche/WC oder Bad/WC. Unsere regionale Küche lädt zum Wohlfühlen ein. Erleben Sie genussvolle Stunden im Kaminzimmer, in der alten Wirtsstube oder im prächtigen Jagdzimmer. Eine Garage für Ihr Motorrad halten wir selbstverständlich bereit sowie einen kleinen Trockenraum und eine Ecke mit Werkzeug. Fragen Sie uns einfach nach interessanten Touren in der Region. Wir haben selbst Motorradfahrer im Haus.

Prinzenstr. 2 • 59581 Warstein-Hirschberg • Telefon 0 29 02 / 98 80 • Fax 0 29 02 / 98 82 60
E-Mail: info@landhotel-cramer.de • www.landhotel-cramer.de

11765

Willingen-Usseln
GPS: N 51°16´56" - E 8°39´59"

EZ ab € 34,00
DZ ab € 64,00

26 HP

Landhotel Westfalenhof

Direkt am Uplandsteig. Zentral, nur wenige Meter zu Minigolf und Milchmuseum. In der Nähe: Heimatmuseum, Freibad. Traditionsreiches, über 100 jähriges Familienhotel (ehemaliger Gutshof mit Posthalterei). Auerhahnstube und Restaurant mit gutbürgerlichen Spezialitäten, kostenlose, abschließbare Garagen. Komfortable, behaglich eingerichtete Gästezimmer mit DU/WC, auf Wunsch mit Sat-TV, 2 Hotelappartements mit separatem Wohnraum. Fewos im Gästehaus (ca. 30 Meter vom Hotel entfernt). Beide Ferienwohnungen sind komfortabel ausgestattet und sehr geräumig geschnitten.

Korbacher Str. 10 • 34508 Willingen-Usseln • Telefon 0 56 32 / 50 10 • Fax 0 56 32 / 56 7
E-Mail: westfalenhof@t-online.de • www.landhotel-westfalenhof.de

116

Winterberg

GPS: N 51°11´31" - E 8°32´03"

EZ ab € 40,00
DZ ab € 60,00

★★★ Pension "Zum Kreuzberg"

Unsere familiär geführte Pension*** ist mit drei Sternen ausgezeichnet worden. Sie ist ruhig, aber dennoch zentral in einer Nebenstraße gelegen. Die Geschäfte und das Zentrum sind schnell, nach nur 100-200 Metern zu erreichen. Am Morgen erwartet Sie in unserem großen und gemütlichen Aufenthaltstraum ein reichhaltiges, sauerländisches Frühstücksbuffet. Im Sommer öffnen wir die Tür zu unserem parkähnlichen Garten und bei schönem Wetter können Sie das Frühstück sogar auf unserer Gartenterrasse genießen. Zur Entspannung finden Sie in unserem Haus eine Sauna und ein Solarium. Außerdem veranstalten wir auch gerne mit unseren Gästen schöne und gemütliche Grillabende.

Kapellenstr. 4 • 59955 Winterberg • Telefon 0 29 81 / 17 26 • Fax 0 29 81 / 90 83 29
E-Mail: pension-zum-kreuzberg@t-online.de • www.pension-zum-kreuzberg.de

11740

Winterberg-Niedersfeld

GPS: N 51°15´26" - E 8°32´01"

EZ ab € 32,00
DZ ab € 54,00

Waldhaus Hochsauerland

Landhaus Herberge Pension

Hildegard und Wilhelm

Nichtraucherhaus
4 Einzel-, 5 Doppel - und 5 Mehrbettzimmer
4 Aufenthaltsräume
Außenanlage zum Verweilen
gut bürgerliche deutsche Küche
5 Gehminuten zum Hille-See

Unterm Kreuz 22, 59955 Niedersfeld, Telefon / Fax: 02985 / 289

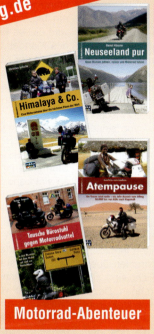

11837

Schleswig-Holstein
Motorrad fahren von Küste zu Küste

Nordsee

Die Nordseeküste von Schleswig-Holstein erstreckt sich von der Unterelbe im Süden bis zur dänischen Grenze im Norden. Flüchtig betrachtet bietet sie keine Sehenswürdigkeiten. Es gibt "nur" Wasser und flaches Land. Die einzige Erhebung ist der Deich, die von Menschenhand geschaffene Trennlinie zwischen den Elementen Wasser und Erde. Von seiner Krone blickt man zur einen Seite auf die endlose Weite des Meeres und zur anderen Seite auf das flache Binnenland mit seinen ausgedehnten Marschflächen. Der Küste vorgelagert sind die Inseln und Halligen.
Ein markantes Kennzeichen der Landschaft sind die rot-weiß oder schwarz-weiß geringelten Leuchttürme. Eine wichtige Aufgabe erfüllen sie nachts, wenn sie alle paar Sekunden in einem bestimmten Rhythmus ihre Lichtstrahlen über das Meer schicken. Bei klarer Sicht sind sie mehr als 40 Kilometer weit zu erkennen. Dazu kommt noch eine größere Anzahl von kleineren Leuchtfeuern und unbeleuchteten Seezeichen.
Ein besonderes Naturerlebnis ist die Tide, der ständige Wechsel von Ebbe und Flut. Zweimal am Tag steigt und fällt das Wasser. Verursacht wird dieses Ereignis durch die Anziehungskraft des Mondes. Die Tide bestimmt auch das Leben an der Küste, auf den Inseln und Halligen. Die Fahrpläne der Fähren und Fahrgastschiffe, die Badezeiten und die Möglichkeiten zu Wattwanderungen ändern sich jeden Tag.

Stürmische Geschichte

Ursprünglich reichte die Nordseeküste rund 30 Kilometer weiter nach Westen. Gewaltige Sturmfluten im 14. und 17. Jahrhundert haben so viel Land weggeschwemmt, dass von dem ehemaligen Festlandsockel nur die Nordfriesischen Inseln (Sylt, Amrum, Föhr, Pellworm und Nordstrand) und zehn Halligen als Reste übrig blieben.
Wie alte Karten zeigen, hat sich die Küstenlinie unter dem ständigen Anrennen der Meereswogen erheblich verändert. Erst mit der Errichtung der Deiche wurde die Küste stabilisiert. Begonnen wurde mit dem Deichbau zum Schutz des Landes um das Jahr 1000. Trotz baulicher Verbesserungen haben im Laufe der Zeit Sturm

fluten Teile der Deiche zerstört und das Land überschwemmt. In eindrucksvoller Weise erzählt der in Husum geborene Dichter Theodor Storm in seiner Novelle "Der Schimmelreiter" von einer solchen Naturkatastrophe. Diese Gefahr ist bis heute nicht vollständig gebannt, wie die großen Sturmfluten in den letzten Jahrzehnten gezeigt haben.
Die Menschen dieser Region – Fischer und Bauern – sind geprägt vom ständigen Kampf gegen die Naturgewalten. Zahlreiche Heimatmuseen geben einen Einblick in die Lebens- und Arbeitsbedingungen vergangener Zeiten. Reizvoll für Binnenländer ist die dokumentierte Entwicklung der Küsten- und Hochseefischerei.

Wattenmeer
Zwischen Küste und Inseln liegt das Wattenmeer. Der Abschnitt Nordsee Schleswig-Holstein ist die größte zusammenhängende Wattenmeerlandschaft Europas. Im Jahr 1985 wurde das Gebiet zum Schutz der seltenen Tierarten in diesem einzigartigen Lebensraum als Nationalpark mit besonderen Schutzzonen ausgewiesen.
Zweimal am Tag wird der trockene Meeresboden sichtbar. Bei Ebbe dehnt er sich kilometerlang aus. Bei der nächsten Flut ist er verschwunden, und das Wasser reicht wieder bis an den Strand. Auch das Strandleben wird davon beeinflusst. Manche Badefreunde sind enttäuscht, wenn sie an den Strand kommen und das Wasser nicht mehr da ist. Viele Besucher haben aber den besonderen Reiz der sich ständig verändernden Naturlandschaft Wattenmeer entdeckt.
Eine Wattwanderung ist ein besonderes Erlebnis. Vorher sind einige Vorsichtsregeln zu beachten. Zunächst sollte man sich darüber informieren, wann der Hoch- und wann der Niedrigwasserstand erreicht ist. Jeden Tag verschieben sich die Zeiten. Ein Fehler kann lebensbedrohend sein. Nicht zu unterschätzen sind die Priele. Gegen ihre Strömung anzuschwimmen, ist selbst für erfahrene Schwimmer fast unmöglich. Bei Nebel sollte das Watt unbedingt gemieden werden, weil keine Orientierung möglich ist. Am sichersten ist es, die Wattwanderungen unter der Leitung eines erfahrenen Wattführers zu unternehmen. Er kann viel Wissenswertes über das Meer erzählen und auf das vielfältige Leben im Watt hinweisen, was dem unerfahrenen Wanderer verborgen bleibt. Und er führt seine Gruppe sicher an das Ziel.

Brauchtum
Altes Brauchtum wird bei den örtlichen Schützen- und Reiterfesten, bei Sonnenwend- und Erntefeiern, bei Regatten und anderen sportlichen Wettbewerben lebendig.
Das Bosseln wird außer in Nordfriesland und auf der Insel Sylt auch in West- und Ostfriesland betrieben. An der schleswig-holsteinischen Nordseeküste wird es vorwiegend als Mannschaftswettbewerb durchgeführt. Bevorzugte Spielflächen sind Deiche und Straßen. Die Männer oder Frauen versuchen, mit einer kräftigen Armbewegung wie beim Kegeln eine Holzkugel so weit wie möglich zu befördern. Der "Stocklegger" markiert die erreichte Weite.

Gewonnen hat die Mannschaft, die als erste das festgesteckte Ziel erreicht hat.
Das Klootstockspringen ist eine Eiderstädter Spezialität. Früher übersprangen die Marschbauern mit einer ca. vier Meter langen Stange, die am Ende eine gabelartige Spitze hat, die mit Wasser und Schlamm gefüllten Gräben ihrer Ländereien. Damit sparten sie weite Umwege. Heute ist das Klootstockspringen ein großer Spaß: Für die Aktiven, wenn sie den Wassergraben übersprungen haben, für die Zuschauer, wenn der Springer im Wasser landet.
Das Ringreiten war ursprünglich eine Kampfübung der Ritter, die durch einen gezielten Lanzenstich den Gegner vom Pferd warfen. Heute soll im Galopp ein herunterhängender Ring mit einer hölzernen Lanze aufgespießt werden.

Ostsee

Die Bewohner von Schleswig-Holstein rühmen sich damit, in ihrem Land am Morgen die Sonne aus dem Meer steigen und abends in einem anderen Meer untergehen zu sehen. An seiner schmalsten Stelle zwischen Nord- und Ostsee misst das nördlichste Bundesland etwas mehr als fünfzig Kilometer.
Beide Meere sind sehr unterschiedlich: Durch den Tidehub an der Nordsee steigt und fällt der Meeresspiegel jeden Tag zweimal zwischen zwei und drei Metern. An der Ostsee dagegen ist von Ebbe und Flut kaum etwas zu spüren. Während an der Nordseeküste das kilometerlange Wattenmeer vorgelagert ist, gibt es an der Ostsee eine klare Trennlinie zwischen Wasser und Land. Steilküsten wechseln sich mit breiten Sandstränden ab.
Das Hinterland an der Nordseeküste bildet das flache Marschland. Die Ostseeküste hingegen geht in eine seenreiche Parklandschaft über, die von Wäldern und Feldern durchzogen wird. Die Küste der Nordsee ist relativ glatt, während die Ostseeküste in Schleswig-Holstein von zahlreichen Buchten und fjordartigen Förden geprägt ist. Die bekanntesten sind die Flensburger Förde, die Eckernförder Bucht, die Kieler Förde und die Lübecker Bucht.
Dennoch ist die weniger salzhaltige Ostsee kein ruhiges Binnengewässer. Obwohl die Weststürme nicht ungehindert die Küste erreichen, zeigen die angenagten Steilküsten, mit welcher Gewalt Sturm und Wellen anbranden.

Museumshafen Lübeck

Insel Fehmarn

Die Ostseeinsel Fehmarn nennt sich gerne die "grüne Sonneninsel am Sund". Tatsächlich scheint hier die Sonne rund 20 Prozent länger als auf dem Festland. Die Einheimischen bezeichnen ihr Eiland als "Knust". Sie wohnen in der geschichtsträchtigen Kleinstadt Burg oder in einem der rund 40 Dörfer. Jahrhundertelang lebten sie abgeschottet und verwalteten die Insel selbst. So brauchten sie keine Steuern oder andere Abgaben zu entrichten. Mächtige Gehöfte zeugen von dem Wohlstand einiger Bauern. Heute sind die Bewohner offen für Besucher und Feriengäste. Zahlreiche Ferienhäuser und Campingplätze stehen für Urlauber zur Verfügung. Die feinen Sand- und steinigen Naturstrände laden zum Baden und Wassersport ein.

Die flache, landwirtschaftlich genutzte Insel wird von Wiesen und Weiden sowie einigen Binnenseen bedeckt. Die Umrundung der gesamten Insel dauert 77 Kilometer. Teilbereiche der Küste sind als Naturschutzgebiete ausgewiesen. Hier haben zahlreiche Vogelarten ein ungestörtes Brutrevier gefunden. Besonders laut geht es zu, wenn im Frühjahr und Herbst Tausende von Zugvögeln auf der Insel Rast machen.

Das Leben der Ostseeinsel hat sich entscheidend verändert, als im Jahr 1963 die "Vogelfluglinie" errichtet wurde. Seitdem fahren viele Urlauber mit dem Auto oder mit der Eisenbahn über die imposante Fehmarnsundbrücke auf die Insel Fehmarn, um vom Fährhafen Puttgarden aus nach Dänemark weiterzureisen. Die modernen Fährschiffe erreichen in 45 Minuten die dänische Stadt Rödby.

Sehenswerte Orte

Schleswig

Die Wikingerstadt liegt in reizvoller Umgebung am Ende der Schlei, einer schmalen Ostseebucht. Im Jahr 804 erstmals erwähnt, wurde Schleswig um 1200 zur Stadt erhoben. Reizvoll ist ein Bummel zu Fuß durch die historische Altstadt mit dem Dom St. Petri, dem Marktplatz und den zahlreichen Fachwerkhäusern. Im Stadtteil Friedrichsberg steht Schloss Gottorf, eine mächtige vierflügelige Anlage, in der heute das Landesmuseum untergebracht ist.

Holm

An der Schlei liegt die malerische uralte Fischersiedlung Holm. Wer wissen will, wie die Menschen im Mittelalter gelebt haben, ist dort richtig.

Kappeln

Die Stadt der Heringe liegt ebenfalls an der Schlei. Hier wird noch mit Zäunen aus dem 15. Jahrhundert der Heringsfang betrieben. Bei den Kappelner Heringstagen an Himmelfahrt stehen kulinarische Köstlichkeiten auf dem Programm.

Plön

Mit seinem Renaissance-Schloss liegt das hübsche Plön inmitten einer Ansammlung von Seen. Von der Schlossterrasse aus bietet sich ein traumhafter Blick über die Seenplatte.

Eutin

Einen Besuch wert sind in Eutin die gemütliche Altstadt mit ihren Backsteinhäusern und das von Wassergräben umgebene Schloss aus dem 17. Jahrhundert.

Husum

Die „graue Stadt am Meer“ besitzt einen schönen Kern mit bunten Fachwerkhäusern und engen Gassen. Der Hafen reicht bis ins Zentrum hinein und sorgt für eine fast schon mediterrane Stimmung. Neben dem Markplatz ist vor allem das Geburtshaus des Dichters Theodor Storm interessant.

Kiel

Der größte Passagierhafen Deutschlands gefällt mit einer hübschen Altstadt, aus der vor allem der Martkplatz und das Schloss hervorstechen.

Lübeck

Die „Königin der Hanse“ zieht den Besucher mit zahlreichen Kulturschätzen in ihren Bann und wurde von UNESCO zum Weltkulturerbe erhoben. Unbedingt besuchen sollte man das bekannte Holstentor, die Salzspeicher, das Rathaus, das Buddenbrock-Haus und den Dom.

Schleswig-Holstein-Rundfahrt

Startort Husum, die graue Stadt am Meer. In Richtung Seebüll geht es an Hunderten von Windrädern vorbei nach Norden. In Seebüll baute sich der Maler Emil Nolde inmitten einem Meer von Blumen ein Wohnhaus mit Atelier. Wie schon vor ihm der Dichter Theodor Storm, war auch Nolde von den Farben und der Stimmung der Nordseeküste fasziniert. Über Süderlügum führt die Route nach Leck. Zwar ohne Steigungen, dafür mit reichlich Kurven garniert. Nadelbäume fliegen links und rechts vorbei, jetzt wird es sogar etwas hügelig: Der so genannte Geest-Rücken ist erreicht.

In den Hüttener Bergen warten regelrechte Kurvenstrecken auf uns – wer hätte das von einem flachen Land wie Schleswig-Holstein gedacht? Von Ascheffel aus erklimmen wir den 98 Meter hohen Aschberg. Oben warten ein Restaurant und eine Statue des Reichskanzlers Bismarck. Der Blick über Wiesen, Seen bis zur Eckernförder Bucht ist grandios.

Bei Schleswig fräst die Schlei eine lange, schmale Bucht ins Land, an deren Ende Haithabu liegt. Der Ort war vor 1.000 Jahren ein wichtiger Handelsplatz der Wikinger, heute steht dort in interessantes Wikingermuseum. Kurvig geht es weiter. Über Kappeln nach Schleswig. Sanfte Hügel, runde Bögen, perfekter Belag, herrliche Blicke auf das Wasser der Schlei. Vom Bülker Leuchtturm genießen wir den Blick über die Kieler Förde und Dänemark. In Laboe steht ein Besuch des Marine-Ehrenmals mit dem U-Boot aus dem 2. Weltkrieg auf dem Programm.

Über die Orte Kalifornien und Brasilien fahren wir weiter nach Giekau, um dort den Selenter See zu umrunden. Ein Abstecher zum Aussichtsturm Hessenstein in einem Waldstück nahe Lütjenburg, dann passieren wir Panker mit seinem herrlichen englischen Park und gelangen schließlich zur Hohwachter Bucht. Dort warten wunderschöne Strände auf Ruhe suchende Spaziergänger. Die Windmühle von Farve zieht vorbei, Oldenburg wird durchquert, dann peilen wir die Insel Fehmarn an.

Seit 1963 verbindet eine Brücke die Insel mit dem Festland. Unverzichtbar ist eine Inselrundfahrt, ohne die man das hübsche Fehmarn keinesfalls wieder verlassen sollte. Zurück auf dem Festland, erreichen wir über Grube den Ort Lensahn, wo mit dem Café „Chrome“ ein bekannter und gut besuchter Motorradtreff steht. Danach wird es gebirgig: Der Bungsberg wartet, die mit 168 Metern höchste Erhebung Schleswig-Holsteins. Kein Wunder, dass man dieser Region den Beinamen „Holsteinische Schweiz“ gab.

Steilküste zwischen Sehlendorf und Hohwacht

Travemünder Vorderreihe

Holsteinisch geht es weiter, und zwar mit der Holsteinischen Seenplatte. Auf der Strecke von Malente über Neversfelde nach Grebin reihen sich die Seen auf wie Perlen an einer Schnur. Von Plön aus bietet sich eine ganz spezielle Wasser-Fahrt an: die große Plöner Seerundfahrt. Danach erreichen wir über Eutin und Ahrensböck die Stadt Lübeck. Ein Stadtbummel zu Fuß ist ein Muss. Man spaziert an der Trave entlang und wirft einen Blick auf die Segelschiffe und die Salzspeicher. Von den Salzstöcken bei Lüneburg wurde früher das Salz auf der so genannten Salzstraße in den Hafen der Hansestadt Lübeck geschafft.
Ratzeburg fliegt vorüber, dann taucht Mölln auf mit seinen sehr schön restaurierten Fachwerkhäusern und seinem idyllischen Marktplatz. Mölln ist die Heimatstadt von Till Eulenspiegel. Dem Spötter und Satiriker schuf man am Markt einen eigenen Brunnen. In Lauenburg trifft die Route auf die Elbe, die wir bei Schnakenburg der Fähre übequeren. Nach einem Bogen um Hamburg erreichen wir bei Pinneberg die holsteinischen Elbmarschen. Hohe Deiche und mächtige Sperrwerke verhindern, dass sich die Nordsee nicht über das flache Land ergießt.
In Neuendorf bei Wilster führt die Strecke durch die tiefste Stelle Deutschlands: 3,54 Meter unter dem Meeresspiegel. Ein acht Meter hoher Pfahl markiert den Tidenhub und zeigt anschaulich, wie hoch hier das Wasser stehen würde, gäbe es die Deiche nicht. In Brunsbüttel überqueren wir auf einer Brücke den Nord-Ostsee-Kanal und fahren auf den Grünen Küstenstraße nach Büsum. Dort warten in fast schon mediterraner Stimmung unzählige Fisch- und Imbissbuden auf den hungrigen Motorradfahrer.
Tönning und sein Fischerhafen kommt in Sicht, dann taucht St. Peter Ording auf. Der Badeort gefällt mit seinen langen Sandstränden und seinen Häusern auf Stelzen, die bei Flut trockene Füße garantierten. Einmal an der Küste der Halbinsel von St. Peter Ording entlang, am Leuchtturm von Westerhever vorbei, dann ist mit Husum der Ausgangpunkt der Tour erreicht.

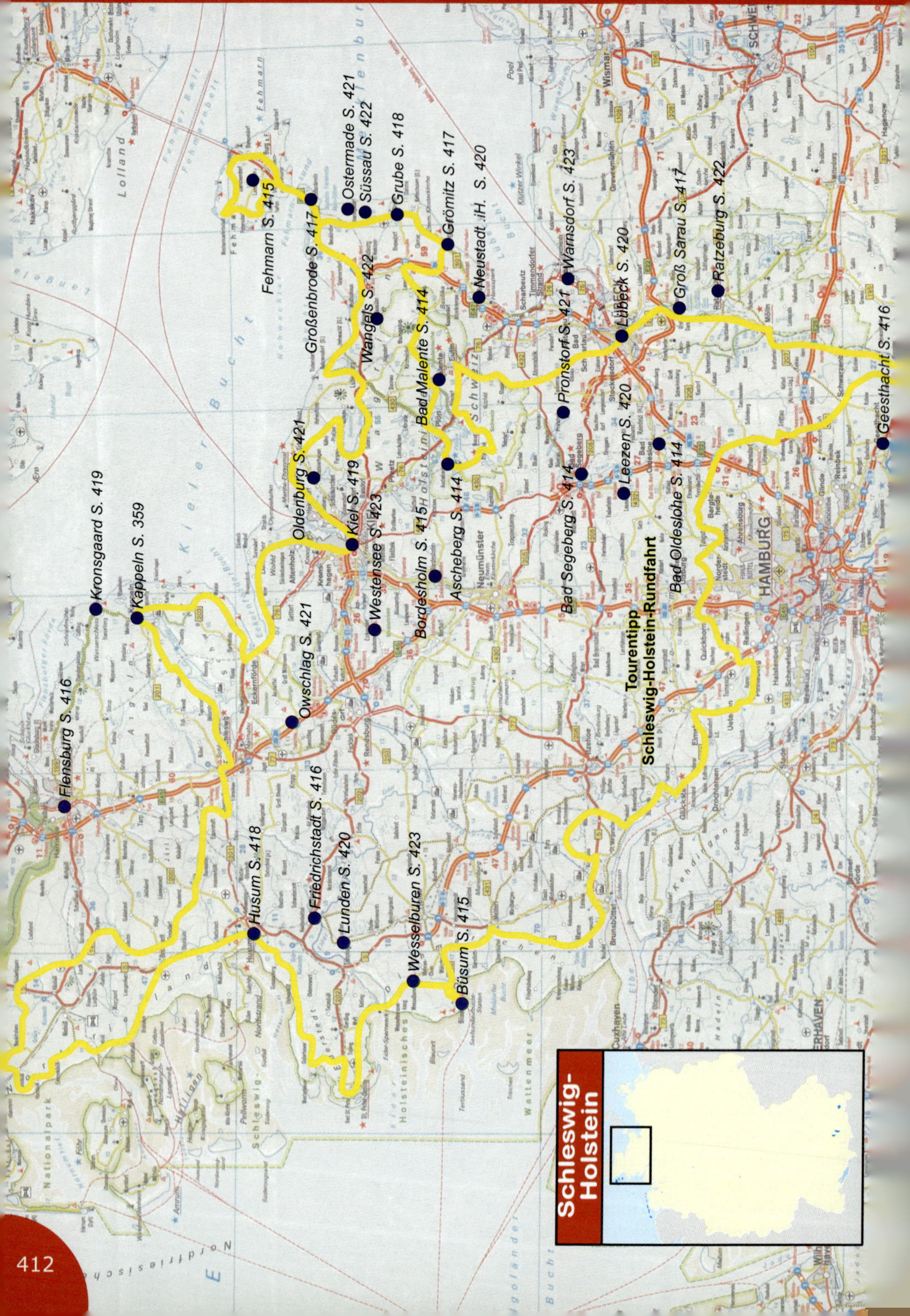

Fehmarn S. 415
Großenbrode S. 417
Ostermade S. 421
Süssau S. 422
Grube S. 418
Grömitz S. 417
Neustadt i.H. S. 420
Wangels S. 422
Bad Malente S. 414
Warnsdorf S. 423
Pronstorf S. 421
Lübeck S. 420
Groß Sarau S. 417
Ratzeburg S. 422
Geesthacht S. 416
Leezen S. 420
Bad Segeberg S. 414
Bad Oldesloe S. 414
Oldenburg S. 421
Kiel S. 419
Westensee S. 423
Bordesholm S. 415
Ascheberg S. 414
Kronsgaard S. 419
Kappeln S. 359
Owschlag S. 421
Flensburg S. 416
Husum S. 418
Friedrichstadt S. 416
Lunden S. 420
Wesselburen S. 423
Büsum S. 415

Tourentipp
Schleswig-Holstein-Rundfahrt

Schleswig-Holstein

MOGO 2009
Hamburger Motorrad Gottesdienst
am Michel
7. Juni
12.30 Uhr
MOGO Husum
12.04.09 - 13 Uhr
25 Jahre MOGO Husum
MOGO Kiel
28.06.09 - 13 Uhr
10 Jahre MOGO Kiel
www.MOGO.de
Predigt: Pastor Erich Faehling • Veranstalter: MOGO Hamburg – in der Nordelbischen Kirche e.V.

Ascheberg/Holstein

GPS: N 54°09´07" - E 10°21´13"

EZ ab € 87,50
DZ ab € 130,00

Mitten im Herzen der Holsteinischen Schweiz liegt der idyllische Urlaubsort Ascheberg. Erholsame Wälder und sanfte Hügel charakterisieren diese Landschaft. Malerisch am Ufer des Plöner Sees gelegen empfängt Sie das mit vier Sternen ausgezeichnete Seehotel Dreiklang. Warme Farben und liebevolle Details sind für ein angenehmes Ambiente aufeinander abgestimmt. Jedes Appartement verfügt über eine Pantryküche mit Kühlschrank und Herd sowie über Sat.-TV. Sie können also ganz unabhängig planen oder den Komfort unserer Gastronomie nutzen. Alle Gäste können die herrliche Aussicht von der eigenen Terrasse oder dem Balkon aus genießen! Liegestühle laden zum Verweilen, Sonnen und Entspannen ein.

Plöner Chaussee 21 • 24326 Ascheberg • Telefon 0 45 26 / 3 39 00 • Fax 0 45 26 / 3 39 02 99
E-Mail: info@seehotel-dreiklang.de • www.seehotel-dreiklang.de

11490

Bad Malente

GPS: N 54°09´42" - E 10°32´39"

EZ ab € 38,00
DZ ab € 68,00

40 | 30 | HP | Tipp

Hotel-Restaurant-Café "Seerose" ***

Herzlich willkommen im Hotel Seerose in Bad Malente-Gremsmühlen! Wir begrüßen Sie herzlich und laden Sie ein, einen unbeschwerten Urlaub in wohl einer der schönsten Urlaubsregionen Deutschlands zu verbringen. Unser Haus liegt unmittelbar an der Uferpromenade des Dieksees in der Nähe des Zentrums von Bad Malente. Die exklusive Lage, komfortable und moderne Zimmer, ein Restaurant mit regionalen Spezialitäten und einer eigenen Konditorei versprechen einen entspannten und erholsamen Aufenthalt. Gerne sind wir Ihnen behilflich bei Ihrer nächsten Tourenplanung in der Region. Ein Garage für Ihr Motorrad ist vorhanden.

Renversweg 1 • 23714 Bad Malente-Gremsmühlen • Telefon 0 45 23 / 20 12 20
Fax 0 45 23 / 20 12 22 99 • E-Mail: kontakt@seerose.de • www.seerose-malente.de

12150

Bad Oldesloe

GPS: N 53°48´28" - E 10°22´51"

EZ ab € 50,00
DZ ab € 72,00

41 | 26 | P

Hotel-Restaurant "Wigger´s Gasthof"

Unser Haus verfügt über 11 Einzel- und 15 Doppelzimmer. Alle Zimmer sind mit Dusche/Bad,WC, Fernseher & Telefon ausgestattet. Internetverbindung mit eigenem Laptop über WLAN möglich. Direkt am Haus befindet sich der hoteleigene Parkplatz der von allen Gästen kostenfrei genutzt werden kann. Nehmen Sie Platz auf einem der rund 90 Plätze in unserem gemütlichen Restaurant. Erfreuen Sie Sich an einer jungen Küche, die Holsteiner Spezialitäten, Klassiker der französischen Cuisine sowie internationale Gerichte für Sie zubereitet und dabei auf Ihre individuellen Wünsche eingeht.

Bahnhofstr. 33 • 23843 Bad Oldesloe • Telefon 0 45 31 / 8 81 41 • Fax 0 45 31 / 8 79 18
E-Mail: info@wiggers-gasthof.de • www.wiggers-gasthof.de

114

Bad Segeberg

GPS: N 53°56´11" - E 10°18´49"

EZ ab € 44,00
DZ ab € 65,00

20 | 9 | P

Hotel-Restaurant "Bürgerstuben"

Ein denkmalgeschütztes Haus in der Altstadt der Kreisstadt Segeberg gegenüber des Rathauses. In unserem behaglichen Restaurant oder unserem gemütlichen Clubraum werden Sie sich wohl fühlen. Unsere Hotelzimmer sind im gemütlichen Bauernstil eingerichtet und alle mit Dusche/WC, TV und Radio ausgestattet. Wir sind in Bad Segeberg und weiterer Umgebung durch unsere sehr gute gutbürgerliche Holsteiner Küche bekannt. Es lohnt sich immer wieder, einen Blick auf unsere monatlich wechselnde Sonderkarte mit Spezialitäten, Besonderheiten und saisonalen Köstlichkeiten zu werfen.

Lübecker Str. 12a • 23795 Bad Segeberg • Telefon 0 45 51 / 74 75 • Fax 0 45 51 / 20 6
E-Mail: hotel.buergerstuben@t-online.de • www.buergerstuben-segeberg.de

11

Bad Segeberg
GPS: N 53°56´24" - E 10°18´28"

EZ ab € 51,00
DZ ab € 77,00
56 31

Hotel Residence ★★★

Das Hotel Residence liegt in ruhiger zentraler Lage der Kreisstadt. Von hier aus sind es nur wenige Gehminuten zur Fußgängerzone, zum Kurpark und zum großen Segeberger See mit den vielen Freizeiteinrichtungen. Im gemütlich eingerichteten Frühstücksraum erwartet Sie ein reichhaltiges Buffet, damit Ihr Tag bei uns gut beginnt. Für Erholung und Entspannung vom Alltagsstreß steht Ihnen unsere Sauna zur Verfügung. Das Hotel garni verfügt über 30 Zimmer - 56 Betten. Alle Zimmer sind geschmackvoll eingerichtet und bieten allen Komfort der heutigen Zeit, wie Dusche, WC, Haarfön, Durchwahltelefon, Kabel-TV und Weckradio.

Krankenhausstr. 4 • 23795 Bad Segeberg • Telefon 0 45 51 / 96 50 • Fax 0 45 51 / 96 54 00
E-Mail: info@hotel-residence-online.de • www.hotel-residence-online.de

11547

Bordesholm
GPS: N 54°10´32" - E 10°01´36"

EZ ab € 34,00
DZ ab € 50,00

Unser 1976 gebautes Hotel bietet modern eingerichtete Gästezimmer mit Dusche/Bad und WC auf jedem Zimmer. Auch TV und Telefon gehören zu den Ausstattungen unserer Zimmer. Das Gästehaus ist ca. 100 Meter vom Haupthaus entfernt und verfügt über eigene Parkplätze direkt am Haus. Montag bis Freitag werden Sie im Haupthaus von 6:15 Uhr bis 10:00 mit einem reichhaltigem Frühstücksbuffet erwartet. Samstag und Sonntag ist das Buffet ab 7:00 Uhr geöffnet.

Holstenstr. 23 • 24582 Bordesholm • Telefon 0 43 22 / 7 58 00 • Fax 0 43 22 / 75 80 80
E-Mail: info@hotel-carstens.de • www.hotel-carstens.de

11544

Büsum
GPS: N 54°07´45" - E 8°51´40"

EZ ab € 42,00
DZ ab € 84,00

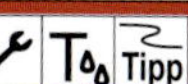

Hotel&Restaurant "Zur alten Post"

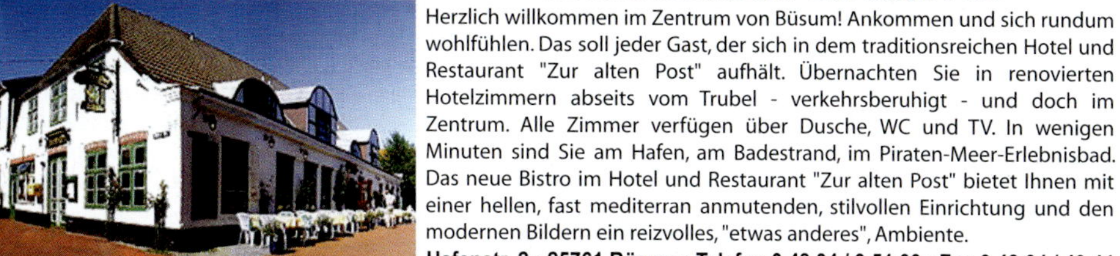

Herzlich willkommen im Zentrum von Büsum! Ankommen und sich rundum wohlfühlen. Das soll jeder Gast, der sich in dem traditionsreichen Hotel und Restaurant "Zur alten Post" aufhält. Übernachten Sie in renovierten Hotelzimmern abseits vom Trubel - verkehrsberuhigt - und doch im Zentrum. Alle Zimmer verfügen über Dusche, WC und TV. In wenigen Minuten sind Sie am Hafen, am Badestrand, im Piraten-Meer-Erlebnisbad. Das neue Bistro im Hotel und Restaurant "Zur alten Post" bietet Ihnen mit einer hellen, fast mediterran anmutenden, stilvollen Einrichtung und den modernen Bildern ein reizvolles, "etwas anderes", Ambiente.

Hafenstr. 2 • 25761 Büsum • Telefon 0 48 34 / 9 51 00 • Fax 0 48 34 / 49 44
E-Mail: altepostbuesum@aol.com • www.zur-alten-post-buesum.de

11600

Fehmarn/Avendorf
GPS: N 54°25´01" - E 11°08´15"

EZ ab € 40,00
DZ ab € 60,00

Hotel-Restaurant **"Grüner Jäger"**

Willkommen in unserem idyllisch gelegenen Hotel! Hier finden Sie die Erholung, die Sie sich in den schönsten Tagen des Jahres - im Urlaub - verdient haben. Entspannen Sie sich in unserer ruhigen Gartenanlage oder genießen Sie einen Spaziergang über die weiten Felder der Sonneninsel Fehmarn zum eindrucksvollen Naturstrand. Wir servieren Ihnen eine abwechslungsreiche Küche mit Insel-Spezialitäten und prämierten Gerichten. Lassen Sie sich von unserem Küchenchef verwöhnen.

Sundstraat 22 • 23769 Avendorf/Fehmarn • Telefon 0 43 71 / 8 70 87 • Fax 0 43 71 / 8 70 88
E-Mail: hotel@gruenerjaeger.com • www.gruenerjaeger.com

11540

Flensburg

GPS: N 54°47´06" - E 9°26´21"

EZ ab € 42,00
DZ ab € 62,00

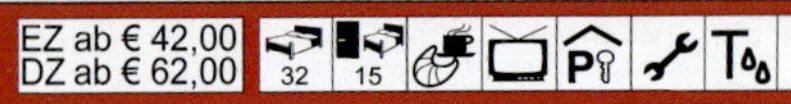

Hotel Handwerkerhaus

Wir heißen Sie herzlich willkommen in unserem im Stadtzentrum gelegenen Hotel mit gemütlicher und familiärer Atmosphäre. Unsere Zimmer sind gemütlich und komfortabel eingerichtet. Unsere Küche verwöhnt Sie mit nationalen und internationalen Speisen. Morgens starten Sie mit unserem Frühstücksbuffet optimal in den Tag bevor Sie Ihre nächste Tour antreten. Gerne stehen wir Ihnen für Touren- und Ausflugstipps zur Seite. Ihr Motorrad bringen wir in einer Garage unter. Einen Trockenraum sowie eine kleine Schrauberecke haben wir für unsere Motorradgäste eingerichtet. Wir freuen uns auf Ihren Besuch.

Augustastr. 2 • 24937 Flensburg • Telefon 04 61 / 14 48 00 • Fax 04 61 / 1 44 80 44
E-Mail: handwerkerhaus@versanet.de • www.hotel-handwerkerhaus.de

12147

Friedrichstadt

GPS: N 54°22´40" - E 9°05´22"

EZ ab € 65,00
DZ ab € 85,00

28 14 Tipp

Hotel "Herzog Friedrich"

Wir heißen Sie herzlich willkommen in unserem Hause. Gemütlich eingerichtete Zimmer, herzliche und familiäre Atmosphäre und morgens ein reichhaltiges Frühstücksbuffet - das alles bekommen unsere Gäste damit Sie sich rundum wohl fühlen. Unsere Zimmer sind mit WC, Duschbad und TV ausgestattet. Für Ihre Tour am nächsten Tag bereiten wir Ihnen gerne Lunchpakete. Ihre Motorräder können Sie bei uns in einer Garage unterstellen und eine kleine Schrauberecke mit Werkzeug haben wir auch für Sie eingerichtet.

Schmiedestr. 11A • 25840 Friedrichstadt • Telefon 0 48 81 / 17 71 • Fax 0 48 81 / 10 27
E-Mail: info@herzog-friedrich.de • www.herzog-friedrich.de

1159

Geesthacht

GPS: N 53°24´44" - E 10°24´10"

EZ ab € 46,00
DZ ab € 74,00

Krümmler Hof

In schöner Lage, direkt an der Elbe befindet sich unser Hotel-Restaurant. Unsere abwechslungsreiche Küche verwöhnt Sie im Restaurant oder auf der großen Terrasse mit regionalen und saisonalen Gerichten, sowie vielen Fisch- und Wildspezialitäten. Die Hotelzimmer sind mit Dusche/WC, Kabel-TV und Telefon ausgestattet. Für Motorradausflüge geben wir Ihnen gern Tourentipps und stellen Ihnen auf Wunsch Lunchpakete zusammen.

Elbuferstr. 72 • 21502 Geesthacht-Krümmel
Telefon 0 41 52 / 7 41 28 • Fax 0 41 52 / 8 16 57
E-Mail: info@kruemmler-hof.de • www.kruemmler-hof.de

116

vom Hotel-Restaurant Krümmler Hof in Geesthacht

Geesthacht liegt im Südosten von Schleswig Holstein und gehört zum Kreis Herzogtum Lauenburg. Es ist ein guter Ausgangspunkt für schöne Touen in die Umgebung.

So liegt die Metropole Hambug mit ihren Sehenswürdigkeiten nur 30km entfernt. Die Hansestadt Lübeck mit dem Holstentor erreichen Sie nach 70km.

Zur Strandpromenade in Travemünde an der Ostsee sind es ca. 100km. Über schöne Nebenstrecken geht es in die Eulenspiegelstadt Mölln, oder durch eine reizvolle Landschaft in die Domstadt Ratzeburg. Dort lädt der Ratzeburger See zu einer Bootstour ein.

Zum beliebten Bikertreffpunkt am Zollenspieker, können Sie von Geesthacht aus direkt an der Elbe am Deich entlang fahren. Hier gibt es die Möglichkeit mit der Fähre auf die andere Elbseite überzusetzen und fahren dann durch beschauliche Dörfer.

116

Grömitz
GPS: N 54°09´26" - E 10°56´50"

EZ ab € 45,00
DZ ab € 70,00

Hotel "Hof Krähenberg"

Ehemaliger Gutshof ruhig und idyllisch am Ortsrand des quirligen Ostseeheilbades Grömitz gelegen. Wellness mit Sauna, Hallenschwimmbad, Massagen, zahlreiche Sport- und Freizeitmöglichkeiten, Internet. Vielgelobtes Frühstücksbuffet, abends 3-Gang-Auswahlmenü mit frischem Salatbuffet. Doppel-/ Einzelzimmer, Hotelappartements, für Gruppen Ferienhäuser bis 11 Personen

Nienhagener Weg • 23743 Ostseeheilbad Grömitz • Telefon 0 45 62 / 2 27 22
Fax 0 45 62 / 22 72 50 • E-Mail: info@hof-kraehenberg.de • www.hof-kraehenberg.de

11489

Grömitz
GPS: N 54°08´50" - E 10°57´50"

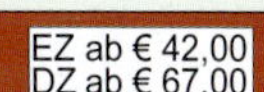
EZ ab € 42,00
DZ ab € 67,00

GarniHotel Meereswoge / Gästehaus Seewind

Herzlich willkommen im GarniHotel Meereswoge und Gästehaus Seewind in Grömitz an der Ostsee. Zentral aber doch ruhig 2, 3 Tage oder auch 2-3 Wochen frische Ostseeluft schnuppern, den Tag mit einem tollen Frühstücksbuffet beginnen...wäre das nichts für Sie? Die Fußgängerzone und die vielen einladenden Geschäfte, Cafés und Restaurants sind in wenigen Gehminuten leicht zu erreichen.

Fischerstr. 17 + 14a • 23743 Grömitz • Telefon 0 45 62 / 2 55 53 30 • Fax 0 45 62 / 2 55 53 33
E-Mail: hausseewind@aol.com • www.hotel-ami.de/hotel/meereswoge

11539

Groß Sarau
GPS: N 53°46´18" - E 10°44´13"

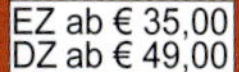
EZ ab € 35,00
DZ ab € 49,00

Restaurant-Hotel-Kulturstätte "Nobis Krug"

Unser Nobis Krug, ein altes, über 300 Jahre altes reedgedecktes Fachwerkhaus, liegt zwischen Lübeck und Ratzeburg an der "Alten Salzstraße". Es stehen für unsere Gäste 8 Zimmer zur Verfügung. Unsere Zimmer sind alle hell und freundlich eingerichtet und sind aufgrund des Laminates allergikerfreundlich. Unser Restaurant, welches Sie mit Spezialitäten aus Schleswig-Holstein, frischem Fisch und anderen Köstlichkeiten verwöhnt, ist ebenfalls freundlich eingerichtet. Auf unserer Terrasse mit Seeblick können nochmals ca. 50 Personen einen schönen Platz finden. Der Seeblick lädt zum Verweilen und Genießen ein.

Tüschenbeker Weg 1a • 23627 Groß Sarau • Telefon + Fax 0 45 09 / 80 86
E-Mail: info@nobis-krug.de • www.nobis-krug.de

12153

Großenbrode
GPS: N 54°21´19" - E 11°04´57"

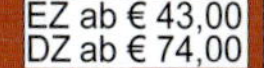
EZ ab € 43,00
DZ ab € 74,00

Hotel "Am Wind"

Wir heißen sie herzlich willkommen in unserem gemütlichen und komfortablen Hotel in ruhiger und sonniger Lage. Unsere Zimmer sind modern und liebevoll eingerichtet. Sie verfügen alle über Dusche/WC und Fernseher; Telefon auf Wunsch. Morgens erwartet Sie ein reichhaltiges Frühstücksbuffet. Genießen Sie aktiven und sportlichen Urlaub in unserem Hotel und entspannen Sie sich in lockerer Atmosphäre.

Strandpromenade/Am Kai 11 • 23775 Großenbrode • Telefon 0 43 67 / 99 99 11
Fax 0 43 67 / 99 99 19 • E-Mail: hotel.am.wind@t-online.de • www.hotel-am-wind.de

11538

Großenbrode
GPS: N 54°22´28" - E 11°05´12"

EZ ab € 40,00
DZ ab € 70,00

Landhaus Alter Krug

Seit 8 Generationen befindet sich das 1638 erbaute Haus im Familienbesitz. Im Sinne dieser Tradition ist das Wohlbefinden unserer Gäste für uns oberstes Gebot. Gut Essen, fröhlich feiern, gemütlich wohnen, rundum erholen - genießen Sie die familiäre Atmosphäre unseres Restaurants und Hotels. In gemütlicher Atmosphäre freuen wir uns, dass wir Sie hier verwöhnen dürfen. Lassen Sie sich von unseren immer wieder neu gestalteten Tischdekos und kulinarischen Spezialitäten verwöhnen.

Schmiedestr. 13 • 23775 Großenbrode • Telefon 0 43 67 / 3 94
E-Mail: alter-krug@t-online.de • www.alter-krug-grossenbrode.de

11550

Grube
GPS: N 54°15´54" - E 11°04´39"

Wohnw. ab € 28,00
Stellpl. ab € 10,90

P Tipp

Rosenfelder Strand Ostsee Camping

Unser Campingplatz liegt direkt am Ostseestrand der Lübecker Bucht, 15 min von der E47/A1 entfernt. Es ist ein sehr gepflegter Platz in ruhiger Lage mit familienfreundlichen Preisen und ausgezeichneten Sport- und Freizeitmöglichkeiten. Übernachtungsmöglichkeiten bieten wir in Form unserer Mietwohnwagen und der Zeltwiese. Beste Versorgung findet durch Kochmöglichkeiten, Waschmaschine und Trockner, Biergarten, Gartennutzung, Liegewiese und Grillmöglichkeit vorhanden. SB-Markt und Gastronomie in Strandnähe statt. Unser Platz ist kurtaxefrei.

23749 Grube/Ostholstein • Telefon 0 43 65 / 97 97 22 • Fax 0 43 65 / 97 95 94
E-Mail: info@rosenfelder-strand.de • www.rosenfelder-strand.de

11673

Husum
GPS: N 54°28´41" - E 9°00´35"

EZ ab € 55,00
DZ ab € 79,00

Die ruhige Lage unseres Hauses und die gediegen komfortabel eingerichteten Zimmer werden sicher auch Ihnen gefallen. Genießen Sie den Blick aufs Meer oder auf den Hafen direkt aus Ihrem Zimmer. Bei uns können Sie zum Einschlafen echte Schafe zählen. Erleben Sie den Sonnenuntergang über dem Nordfriesischen Wattenmeer. Unser Restaurant und die rustikal eingerichtete Zinnstube bieten einen repräsentativen Rahmen für Familienfeiern, kleine Gesellschaften etc. Spezialitäten aus heimischen Produkten - Fisch und Fleisch - werden hier landschaftstypisch zubereitet. Sauna, Solarium und Schwimmbad laden zur Entspannung ein.

Dockkoog • 25813 Husum • Telefon 0 48 41 / 50 -21 oder -22 • Fax 0 48 41 / 6 32 37
E-Mail: info@nordseehotel-husum.de • www.nordseehotel-husum.de

115

Kiel
GPS: N 54°25´45" - E 10°20´02"

EZ ab € 49,00
DZ ab € 85,00

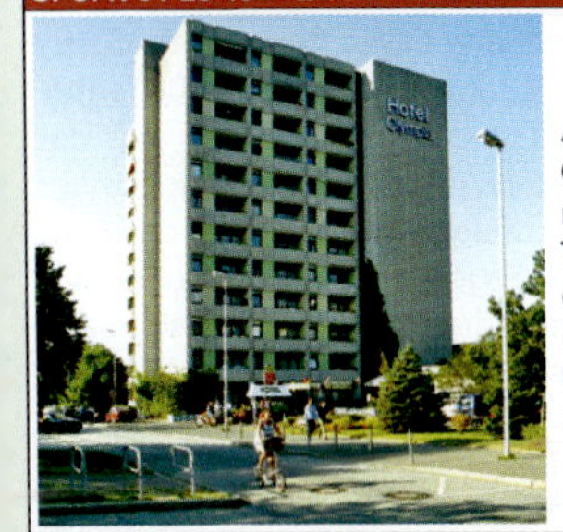

Hotel Olympia

Als Segler-Hotel für die Olympischen Spiele 1972 wurde das Hotel bekannt. Das Hotel Olympia verfügt über 12 Einzel- und 21 Mehrbett-Appartements. Die Mehrbettappartements können mit bis zu fünf Personen genutzt werden. Alle Appartements sind mit Telefon, Radio und Farb - TV ausgestattet. Je nach Wunsch wohnen Sie zur Seeseite - oder Landseite. Unser Haus liegt direkt im Olympia-Zentrum mit Blick auf die Ostsee und auf das Schleswig-Holsteinische Hinterland. Es eignet sich gleichermaßen für Urlaubs - und Geschäftsreisen. Wir bieten Ihnen den Service eines erstklassigen Hotels. Zum Frühstück erwartet Sie ein reichhaltiges Buffet mit großer Auswahl.

Drachenbahn 20 • 24159 Kiel-Schilksee • Telefon 04 31 / 37 57 50
E-Mail: info@olympia-hotel-kiel.de • www.olympia-hotel-kiel.de

11610

Kiel
GPS: N 54°20´30" - E 10°08´23"

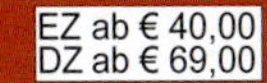

EZ ab € 40,00
DZ ab € 69,00

Hotel garni Düvelsbek

Unser gepflegtes Haus bietet Ihnen in angenehmer Atmosphäre eine nette Unterkunft. Wir sind ein familiär geführtes Haus und legen großen Wert auf den persönlichen Kontakt zu unseren Gästen. Wir verfügen über 32 Zimmer mit 50 Betten. Ein komplette Etage haben wir als Nichtraucherbereich zur Verfügung gestellt. Unser Angebot reicht vom kleinen, gemütlichen 1- Bett-Refugium, bis zum großzügigen 3-Bett-Zimmer. Dabei sind alle Räumlichkeiten individuell eingerichtet und haben eine unterschiedliche Aufteilung. Der Standard unserer Zimmer entspricht den 2-Sterne-Anforderungen. Von der morgendlichen Sonne beschienen, bieten wir Ihnen an unserem Frühstücksbuffet, einen angenehmen Start in den Tag. Da wir selbst Biker sind, können wir Ihnen auch jederzeit schöne Tourentipps in der Region geben. Ihr Motorrad steht bei uns selbstverständlich in einer abschließbaren Garage. Restaurant Cosimo, der Italiener bei uns im Haus.

Feldstr. 111 • 24105 Kiel • Telefon 04 31 / 88 66 70 • Fax 04 31 / 8 86 67 60
E-Mail: mail@hotel-duevelsbek.de • www.hotel-duevelsbek.de

12151

Kronsgaard
GPS: N 54°44´15" - E 9°58´29"

EZ ab € 46,00
DZ ab € 88,00

HP P

Landhaus Ostseeblick

Sie suchen Ruhe und Erholung in ursprünglicher Natur und natürlicher Atmosphäre? Dann kommen Sie zum Landhaus Ostseeblick. Hier bieten wir Ihnen Einzel- und Doppelzimmer mit Dusche, WC, TV in gepflegter Ausstattung. Sie können aber auch eines unser 7 komfortablen Appartements beziehen. Für Ihr leibliches Wohlbefinden sorgt unsere Teilpension mit reichhaltigem Frühstücksbuffet und Abendbuffet. Unsere rustikale Kaminstube mit Bar, das Kachelzimmer und der großzügige Wintergarten mit Terrasse laden zu gemütlichen Stunden ein. Entspannung bietet auch unser hauseigener Wellnessbereich.

Pottloch 3 • 24395 Kronsgaard • Telefon 0 46 43 / 22 37 • Fax 0 46 43 / 22 07
E-Mail: info@ferienspass-ostsee.de • www.ferienspass-ostsee.de

11597

Lauenburg
GPS: N 53°22´27" - E 10°33´15"

Restaurant "Lavastein"

In unserer geschichtsträchtigen Gaststätte "Lavastein" bieten wir Entspannung beim Mittag-, Abend-Biker-Menu. Sie haben die Wahl zwischen Pizza, Pasta und Burger. Wir haben das ganze Jahr über geöffnet und haben keinen Ruhetag und bieten somit durchgehend warme Küche. Ideal an der Durchagangsstraße gelegen. Alle Speisen auch für unterwegs. Unsere Filialen in Ratzeburg, HH-Bergedorf und Travemünde freuen sich ebenso über Ihren Besuch.

Hamburger Str. 2-4 • 21481 Lauenburg • Telefon + Fax 0 41 53 / 59 93 44
E-Mail: info@restaurant-lavastein.de • www.restaurant-lavastein.de

11498

Leezen
GPS: N 53°52´06" - E 10°15´09"

EZ ab € 30,00
DZ ab € 60,00

35 18 HP Tipp

Landgasthaus Kühl

Schönes Gästehaus in Seenähe (3Min. zum Neversdorfer See). Geräumige Zimmer DU/WC und Sat-TV. Küchenbenutzung, Balkon, Parkplatz am Haus. Blick auf das Naturschutzgebiet. Frühstück nebenan im Landgasthaus Kühl. Allergikerzimmer. Ausflüge: an die Ostsee ca 35km, zum Kalkberg nach Bad Segeberg ca. 9km oder nach Hamburg für eine Hafenrundfahrt oder zum Fischmarkt oder Stadtbesichtigung ca. 50km. Wir freuen uns auf Ihren Besuch.

Hamburger Str. 24 • 23816 Leezen • Telefon 0 45 52 / 9 92 00 • Fax 0 45 52 / 99 20 32
E-Mail: info@landgasthaus-kuehl.de • www.landgasthaus-kuehl.de

11495

Lübeck
GPS: N 53°51´44" - E 10°42´07"

EZ ab € 53,00
DZ ab € 78,00

36 21

Hotel Wakenitzblick (Hotel-Garni)

Unser Haus liegt ruhig, unmittelbar am Wasser, mit dem einmalig schönen Blick auf die Wakenitz. In 16 Zimmern des Haupthauses und den 5 Zimmern des Gästehauses können Sie sich wie zu Hause fühlen und den gewöhnten Komfort genießen. Alle Zimmer sind ausgestattet mit Dusche und WC, Telefon und Kabel-TV. Bei schönem Wetter können Sie auf unserer gemütlichen und sonnigen Terrasse bei unserem Frühstück herrlich entspannen.

Augustenstr. 30 • 23564 Lübeck • Telefon 04 51 / 79 12 96 • Fax 04 51 / 79 26 45
E-Mail: wakenitzblick@aol.com • www.wakenitzblick.de

11496

Lunden
GPS: N 54°19´47" - E 9°01´26"

EZ ab € 28,00
DZ ab € 55,00

6 3 HP P Tipp

Hotel "Lindenhof"

Lunden - staatlich anerkannter Luftkurort. Zentral gelegen (Husum oder Heide ca. 18 km, Tönning oder Friedrichstadt ca. 6 km, Büsum oder St. Peter-Ording ca. 40 km). Wir möchten Sie mit unserer familiären Atmosphäre und ruhigem Ambiente verwöhnen. Dithmarscher Spezialitäten oder auch Speisen der leichten Küche finden Sie auf unserer Speisekarte. Ein reichhaltiges Frühstück stärkt Sie für den Tag. Unsere Zimmer sind gemütlich und komfortabel ausgestattet. Lunchpakete - Tourentipps für unsere Region - oder was auch immer, wir helfen Ihnen gerne und freuen uns auf Ihren Besuch in unserer schönen Region.

Friedrichstr. 39 • 25774 Lunden • Telefon 0 48 82 / 4 07
E-Mail: info@lindenhof-lunden.de • www.lindenhof-lunden.de

1154

Neustadt i. H.
GPS: N 54°06´21" - E 10°48´19"

EZ ab € 45,00
DZ ab € 65,00

35 14

Hotel "Hamburger Hof"

Unser kleines familiärgeführtes Frühstückshotel liegt fast im Herzen von Neustadt, direkt am Radwanderweg und in der Nähe des Hafens. Bequem erreichbar mit Bus, Bahn, Auto, Fahrrad, Motorrad oder zu Fuß. Bei uns sind alle willkommen egal ob auf Durchreise oder im Urlaub. Wir haben Zimmer von 1 bis zu 6 Personen. Unser Hotel liegt in zweiter Reihe und daher sehr ruhig, so können Sie auch bei geöffnetem Fenster schlafen. Die Zimmer verfügen über Balkon oder Terrasse in Südwestlage und laden so zu einem entspannten Sonnenbad ein und haben Vollausstattung. Wir starten jeden Morgen mit einem reichhaltigen Frühstücksbuffet.

Lienaustr. 26a • 23730 Neustadt • Telefon 0 45 61 / 5 15 70 • Fax 0 45 61 / 51 57 10
E-Mail: hotel-hamburger-hof@t-online.de • www.hotel-hamburger-hof.de

115

Oldenburg in Holstein
GPS: N 54°17´23" - E 10°53´24"

EZ ab € 45,00
DZ ab € 65,00

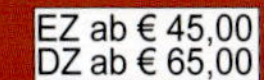

Unser gemütliches Hotel befindet sich zentral gelegen in Oldenburg in Holstein in der Nähe des Ortszentrums. Zu Fuß erreichen Sie den Innenstadtbereich in 5 Minuten. Alle unsere Zimmer sind mit Dusche/WC, TV und Telefon ausgestattet. Einige Zimmer haben einen Balkon. Beliebte Ausflugziele in der Nähe sind der Hansa-Park, der Eselpark, Weissenhäuser Strand, die Promenade in Grömitz, das Meereszentrum Fehmarn, der Fischereihafen Heiligenhafen und vieles mehr. Zu unseren Stärken gehören Partyservice und Catering ab 10 Personen. Komplette Menüs oder Warm-/Kaltes Büfett (Holsteiner Art, deutsch-italienisches Büfett und vieles mehr) Unsere gemütliche, geschützte Terrasse ist im Sommer der ideale Platz um Ruhe und gutes Essen mit anderen Bikern zu genießen.

Lankenstr. 1a • 23758 Oldenburg in Holstein • Telefon 0 43 61 / 28 95 • Fax 0 43 61 / 51 92 01
E-Mail: info@hotel-restaurant-schuster.de • www.hotel-restaurant-schuster.de

12149

Ostermade
GPS: N 54°19´27" - E 11°04´13"

Zelt/2 Pers.
Tag 12,00 €

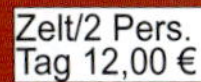

Zeltplatz Ostermade

Willkommen auf dem Campingplatz "Hohes Ufer" an der Ostsee. Der Campingplatz liegt direkt am Strand, umgeben vom idyllischen, landwirtschaftlichen Ambiente. Zur einen Seite endlose Felder, Wiesen und Weiden, auf der anderen Seite die herrliche Ostsee mit einem wunderbaren Sandstrand. Sie hören nur das leise Rauschen der Wellen, die Ruhe auf unserem Platz ist einzigartig

Hohes Ufer • 23779 Godderstorf • Telefon 0 43 65 / 4 96 • Fax 0 43 65 / 9 73 34
E-Mail: info@urlaub-mit-herz.de • www.urlaub-mit-herz.de

11549

Owschlag
GPS: N 54°23´28" - E 9°36´00"

EZ ab € 45,00
DZ ab € 60,00

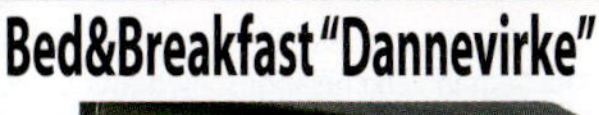

Das Bed & Breakfast Dannevirke hat sein Angebot speziell auf die Bedürfnisse von Motorradfahrern ausgerichtet. Zu sehr bikerfreundlichen Preisen finden Sie bei uns eine angenehme Atmosphäre zum Entspannen nach einem langen "Tag auf dem Sattel".

Für das „liebste Stück" bietet eine große Garage sicheren Schutz und Platz für 10 Motorräder. Auf der sehr schönen, großen Terrasse mit Gartenmöbeln und Sonnenschirm lässt es sich in der Abendsonne genüsslich ein Bier zischen und den Tag Revue passieren. Eine Auswahl an alkoholfreien Getränken steht ebenfalls eisgekühlt zur Selbstbedienung bereit - und alles zu günstigen Preisen. Unsere liebevoll eingerichteten Zimmer bieten komfortabeln Schlafkomfort in ruhiger Lage. Nur ein paar Kilometer von der Ausfahrt 7 auf der A7 zwischen Hamburg und Flensburg.

Flachsberg 9 • 24811 Owschlag • Telefon 0 43 36 / 99 98 20 • E-Mail: info@bb-dannevirke.de • www.bb-dannevirke.de

12182

Pronstorf
GPS: N 53°57´23" - E 10°28´27"

EZ ab € 55,00
DZ ab € 80,00

Wir heißen Sie recht herzlich willkommen im Hotel, Restaurant und Café Pronstorfer Krug. Den Alltag vergessen, rundum versorgt sein, sich um nichts kümmern müssen und doch genügend Raum haben für ganz individuelle Entdeckungsreisen. Erleben Sie den Charme unseres Hotels und fühlen Sie sich wie zu Hause. Unsere 24 architektonisch reizvollen Zimmer sind rund um unseren Hotelpark mit hoteleigenem Swimmingpool angesiedelt. Beginnen Sie Ihren Tag entspannt mit unserem reichhaltigen Frühstücksbuffet, in ungezwungener Atmosphäre serviert Ihnen unser Serviceteam warme und kalte Köstlichkeiten. Nach einem Spaziergang in belebender Natur oder einem herrlichen Strandtag lernen Sie die frische und innovative Küche unseres Küchenchefs kennen.

Lindenstr. 2 • 23820 Pronstorf am Wardersee • Telefon 0 45 53 / 2 50 • Fax 0 45 53 / 3 36
E-Mail: info@pronstorfer-krug.de • www-pronstorfer-krug.de

11493

Ratzeburg

GPS: N 53°41´57" - E 10°45´51"

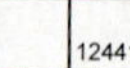

...wir heißen Sie herzlich willkommen! *Restaurant • Café • Catering • Hotel • Tagungen*

Das Vier Sterne Hotel „Der Seehof" ist ein stilvoll eingerichtetes Haus mit 50 Zimmern. Jedes Zimmer verfügt über Bad/Dusche/WC, Kabel-TV, Radio und Telefon. Genießen Sie auf der Terrasse oder dem Balkon eines unserer Komfort Zimmer den direkten Blick auf den „Küchensee".

Was bietet „Der Seehof" und Umgebung echten Bikern?

- Erstklassigen und persönlichen Service
- Entspannung, Erholung und kulinarische Köstlichkeiten direkt am malerischen „Küchensee"
- Einmalige Lage mitten im Städtedreieck Hamburg, Lübeck, Schwerin
- Kurvenreiche Seestrecken
- Kostenlose & geschützte Abstellmöglichkeiten

Lüneburger Damm 1-3 • 23909 Ratzeburg
Tel.: 0 45 41 - 86 01 01 • Fax: 0 45 41 - 86 01 02 • info@der-seehof • www.der-seehof.de

Süssau

GPS: N 54°16´20" - E 11°04´57"

P Tipp

Camping "Am Minigolf"

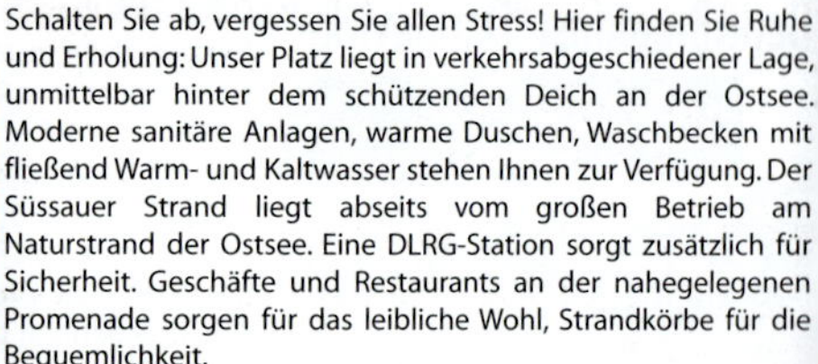
Schalten Sie ab, vergessen Sie allen Stress! Hier finden Sie Ruhe und Erholung: Unser Platz liegt in verkehrsabgeschiedener Lage, unmittelbar hinter dem schützenden Deich an der Ostsee. Moderne sanitäre Anlagen, warme Duschen, Waschbecken mit fließend Warm- und Kaltwasser stehen Ihnen zur Verfügung. Der Süssauer Strand liegt abseits vom großen Betrieb am Naturstrand der Ostsee. Eine DLRG-Station sorgt zusätzlich für Sicherheit. Geschäfte und Restaurants an der nahegelegenen Promenade sorgen für das leibliche Wohl, Strandkörbe für die Bequemlichkeit.

Strandstr. 26 • 23777 Süssau • Telefon 0 43 65 / 2 84 • Fax 0 43 65 / 90 95 03
E-Mail: gerd.heino@online.de • www.ferienhof-heino.de

1214

Wangels-Hansühn

GPS: N 54°15´23" - E 10°45´14"

P

Krug "Zur alten Mühle"

Am Fuße des Bungsbergs im Herzen der Holsteinischen Schweiz im besten Motorradrevier des hiesigen Gebietes, liegt unser großer Landgasthof mit Biergarten, auch überdacht, und anderen großen Räumlichkeiten. Unsere bekannt gute Küche mit vielen landesüblichen Spezialitäten, ist ab 11.30 Uhr bis 23.00 Uhr für Sie da. Zimmervermittlung ist selbstverständlich möglich. Wir freuen uns auf Ihren Besuch. Ihre Familie Thermann.

Lütjenburger Str. 1 • 23758 Hansühn • Telefon 0 43 82 / 3 75
E-Mail: dagmarthermann@freenet.de • www.krug-zur-alten-muehle.d

115

Warnsdorf
GPS: N 53°50´02" - E 10°49´22"

EZ ab € 36,00
DZ ab € 66,00

18 10 P Tipp

Hotel "Warnsdorfer Hof"

Treten Sie ein. Unser gemütliches Hotel und Restaurant bieten Ihnen traditionell alles, was man zum "sich Wohlfühlen" erwartet. Bei schönem Wetter können Sie die schmackhaften Gerichte auch auf der idyllischen Terrasse genießen. In ruhigen, komfortablen Gästezimmern werden Sie wohnen, die alle mit Dusche, WC und Farb - TV ausgestattet sind. Für Ihr Motorrad bieten wir Ihnen einen geschützten Parkplatz auf unserem Hof an. Gerne bereiten wir Ihnen Lunchpakete für Ihre nächste Tour zu oder stehen Ihnen für eventuelle Tourentipps zur Verfügung.

Travemünder Str. 1 • 23626 Ratekau-Warnsdorf • Telefon 0 45 02 / 21 36
Fax 0 45 02 / 30 29 70 • E-Mail: info@warnsdorfer-hof.de • www.warnsdorfer-hof.de

12152

Wesselburen
GPS: N 54°13´05" - E 8°55´43"

EZ ab € 30,00
DZ ab € 48,00

22 10 Tipp

Motel & Camping "Seeluft"

Das gemütliche Ferien Motel liegt in ruhiger Ortsrandlage von Wesselburen und bietet 6 Doppel- und 4 Dreibett- Zimmer, ebenerdig, separater Eingang, mit DU/WC - Farb TV und Terrasse. Ein reichhaltiges Frühstücksbuffet, von 6:30 bis 10:30 Uhr, sorgen für Stimmung und gute Laune. Gemütliches Restaurant mit internationaler Küche und Fischspezialitäten sind ebenfalls vorhanden. Oder Sie haben natürlich Ihr Zelt im Gepäck und möchten auf unseren schön angelegten ganzjährig geöffneten Campingplatz Ihr Lager aufschlagen. Bei uns haben Sie die Wahl. Wir freuen uns auf Ihren Besuch!

Neuenkirchener Weg 1 • 25764 Wesselburen • Telefon 0 48 33 / 7 65 • Fax 0 48 33 / 7 55
E-Mail: seeluft@t-online.de • www.motel-seeluft.de

11601

Westensee/Wrohe
GPS: N 54°16´06" - E 9°57´43"

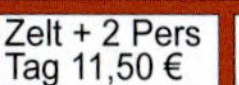

Zelt + 2 Pers
Tag 11,50 €

P Tipp

Campingplatz Wrohe am Westensee

Badestelle, Kiosk, Imbiss, Café und Gaststätte, Biergarten, 10 Warmwasserduschen, 25 Toiletten, Waschmaschine, behagliche Sanitär-Anlagen, Imbiss/Restaurant, Wohnwagenvermietung.

Seeweg • 24259 Wrohe/Westensee • Telefon 0 43 05 / 10 76

11546

Geben auch Sie eine Bewertung zu Ihrem Aufenthalt ab

Schwäbische Alb
Im Motorradparadies aus Karst und Kalk

Die Schwäbische Alb zählt wegen ihrer vielen Naturschönheiten zu den Insider-Tipps für Anhänger des ruhigen und entspannten Motorradfahrens. Das Kalkgebirge erstreckt sich mit einer Länge von rund 200 Kilometern und einer Breite bis zu 40 Kilometern zwischen Neckar und Donau, von Villingen-Schwenningen bis nach Ellwangen. Die höchsten Erhebungen erreichen Höhen von mehr als 1.000 Meter, der Lemberg im Westen der Alb ist 1.015 Meter hoch. Kaum zu glauben, dass diese Landschaft vor mehr als 100 Millionen Jahren den Meeresboden bildete. Zahlreiche Ablagerungen und Versteinerungen bestätigen dies. Gewaltige tektonische Kräfte haben den einstigen Meeresboden angehoben und zu einer reizvollen Mittelgebirgslandschaft mit Kalkfelsen und Wasserfällen, Quelltöpfen und Tropfsteinhöhlen verwandelt. Wer eigenhändig auf Fossilienjagd gehen will, der sollte sich ins Museum Hauff nach Holzmaden bei Weilheim/Teck begeben. Dort darf man im Freigelände nach Herzenslust in der prähistorischen Erde wühlen.

Einzigartige Naturlandschaft

Das Zeichen der Schwäbischen Alb ist die Silberdistel. Diese unter Naturschutz stehende Blume wächst zwar auch in anderen Gegender Deutschlands, aber sie findet auf den Kalkböden der Alb besonders günstige Voraussetzungen. Die typische Landschaftsform ist de von schlanken Wacholderbüschen geprägt Trockenrasen, auf dem neben der Silberdiste auch andere botanische Kostbarkeiten, wie z.B verschiedene Arten von Orchideen, gedeihen. Die Schwäbische Alb bildet die Europäisch Wasserscheide. Die nach Norden fließende Flüsse münden im Atlantik (mit Nord- und Os see), während die nach Süden abfließende Gewässer im Schwarzen Meer enden. An e nigen Stellen „kämpfen" die beiden Flusssys teme um das Wasser. Die Folge davon ist, das Bäche und Flüsse in den „geköpften Tälerr plötzlich verschwinden und unterirdisch ihr Fließrichtung verändern. Auch die junge Dona verschwindet plötzlich von der Oberfläche, u an anderer Stelle wieder aufzutauchen.

In dem Kalkgestein der Schwäbischen Alb sind durch chemische und mechanische Einflüsse zahlreiche Höhlen entstanden. Beeindruckend sind die Schauhöhlen mit ihren Sinterablagerungen, Stalaktiten und Stalakmiten, die durch Verbindungen mit unterschiedlichen Mineralien verschiedene Färbungen zeigen. Die schönsten begehbaren Tropfsteinhöhlen sind die Nebelhöhle und die Bärenhöhle südlich von Reutlingen sowie die Charlottenhöhle südlich von Heidenheim.

Brauchtum
Das überlieferte Brauchtum der Region erreicht einen besonderen Höhepunkt in der „fünften Jahreszeit". Jedes Jahr beginnt am 11.11. um 11.11 Uhr die Schwäbisch-Alemannische Fasnet. In vielen Städten und Dörfern erwachen historische Bräuche, bei den Festumzügen werden individuelle Kostüme getragen. Am „Funkensonntag", dem Sonntag nach Aschermittwoch, soll die kalte Jahreszeit beendet sein und die Schwäbische Alb zu neuem Leben erwachen.

Sehenswerte Orte

Nördlingen
Bis ins 19. Jahrhundert war Nördlingen Freie Reichsstadt. Seine kreisrunde Stadtmauer aus dem 16. und 17. Jahrhundert blieb vollständig erhalten und kann heute mitsamt ihren 15 Türmen betreten und besichtigt werden. Vom 90 Meter hohen Turm der Georgskirche, „Daniel" genannt, bietet sich ein wunderschöner Rundblick über die Stadt und die umgebenden Hügel der Schwäbischen Alb. Nördlingen liegt inmitten des so genannten Rieses. Das ist ein ca. 100 Meter tiefer Krater von etwa 25 Kilometer Durchmesser, den vor 15 Millionen Jahren ein Meteorit schlug.

Aalen
Seit 1978 darf sich die alte Freie Reichsstadt „Bad Aalen" nennen. Damals wurde nämlich in der Nähe mineralhaltiges Thermalwasser entdeckt, in dem man heute malerisch oberhalb der Stadt mit einem bezaubernden Ausblick baden kann: In den Limes-Thermen fühlt man sich wie in einem römischen Bad. Reizend ist auch die historische Altstadt Aalens mit ihren engen Gassen, netten Cafés und gepflegten

Fachwerkhäusern. Eine Vielzahl von gut ausgeschilderten Wanderwegen laden ein, das Motorrad stehen zu lassen und die Umgebung Aalens zu Fuß zu erkunden. Sehenswert: das gut gemachte und interessante Limes-Museum.

Schwäbisch Gmünd
Im Volksmund scherzhaft „Schwäbisch Nazareth" genannt, blickt die Stauferstadt auf eine lange kirchliche Tradition zurück. Hauptattraktion ist daher nicht zufällig das Heilig-Kreuz-Münster, dessen Bau im 14. Jahrhundert begann. Nicht versäumen sollte man eine Kaffeepause auf dem hübschen Marktplatz mit seinen umstehenden barocken Bürgerhäusern.

Bad Urach
Im Herzen der Schwäbischen Alb gelegen, gefällt das Städtchen vor allem durch seinen reizenden Stadtkern mit Fachwerkhäusern und Pflastergassen. Entlang der Durchfahrtsstraße kann man verkehrsgünstig parken und in einem der vielen gemütliche Restaurants und Cafés

schwäbische Spezialitäten wie Maultaschen oder Käsespätzle probieren.

Blaubeuren

Bekannt geworden ist das reizende Städtchen durch den Blautopf, eine 20 Meter tiefe Quelle, die einem weit verzweigten Höhlensystem entspringt. Blaubeuren geht aus einem im 11. Jahrhundert gegründeten Benediktinerkloster hervor. Der Blautopf entspringt mitten im Ort kann leicht besichtigt werden.

Zwiefalten

Nicht nur wegen seines süffigen Bieres ist der am Rande der Alb gelegene Ort bekannt, sonder in ersten Linie wegen des mächtigen Barockmünsters mit seinen beiden Türmen. Das wurde zwischen 1744 und 1765 erbaut und gehört zu den schönsten Kirchenbauten Süddeutschlands.

Sigmaringen

Die hüsche ehemalige Residenzstadt der Fürsten von Sigmaringen-Hohenzollern liegt direkt am Ufer der Donau, die an dieser Stelle durch die Schwäbische Alb bricht. Sehenswert ist neben dem historischen Kern vor allem das herrliche Schloss, das auf einem Felsen über der Donau aufragt.

Kirchheim/Teck

Glanzpunkt der alten Zähringer-Stadt ist ihr Fachwerk-Rathaus aus dem Jahr 1724. In der reizenden Altstadt stehen weiterhin die Martinskirche, das Kornhaus und das Renaissance-Schloss zur Besichtigung bereit.

Burgen und Schlösser

Immer einen Abstecher wert sind die zahlreichen Burgen und Schlösser der Schwäbischen Alb Zum Beispiel die drei Kaiserberge Hohenrechberg, Staufen und Stuifen nahe Göppingen Oder die Burgruine Hohenneuffen bei Neuffen Burg Teck bei Kirchheim/Teck, Burgruine Reußenstein bei Neidlingen, Burg Lichtenstein be Pfullingen und Burg Hohenzollern bei Hechingen.

Schwäbische Albstraße

Man muss sich die Schwäbische Alb vorstellen wie einen großen, breiten Keil inmitten der Landschaft. Vorn ragt sie steil, fast senkrecht auf, während sie nach hinten allmählich sanft abfällt. Vorn, das ist der so genannte Albtrauf. Um diesen zu erklimmen, sind zahlreiche schmale und kurvige Bergsträßchen nötig. Wer also Fahrspaß sucht, sollte auf seiner Alb-Tour möglichst viele dieser Auf- und Abstiege mitnehmen.

So wie die Schwäbisch Albstraße. Die knapp 400 Kilometer lange Route startet im Norden in Aalen und endet im Süden in Trossingen kurz vor dem Schwarzwald. Sie passiert die hübschesten Städte und markantesten Sehenswürdigkeiten der Alb und verwöhnt den Motorradfahrer durch eine abwechslungsreiche Streckenführung. Ob verwinkelte Bergstrecken oder breite Bundesstraßen – sämtliche Varianten sind im Spiel. Die komplette Distanz lässt sich durchaus an einem Tag bewältigen, wer jedoch den Motorradsattel auch mal verlassen will, der sollte sich zwei oder besser drei Tage Zeit nehmen.

Startort Aalen. Noch schnell einen Kaffee in der hübschen Fußgängerzone getrunken, dann geht es los. Und zwar auf der B 29 in Richtung Osten. Vor Lauchheim grüßt auf der Höhe die Kapfenburg, der ehemalige Sitz der Deutschordensritter. Vorbei am Kegel des Hohen Ipf und an den typischen Wacholderheiden der Alb erreichen wir Bopfingen und sein gut erhaltenes Rathaus. Weiter auf der B 29 Richtung Nördlingen. Jetzt erreichen wir das Ries, diesen gewaltigen Krater, den vor 15 Millionen Jahren ein Meteorit schlug. Erst in den 1960er-Jahren konnte diese Tatsache wissenschaftlich bewiesen werden. Der Brocken aus dem All hatte einen Durchmesser von rund 1.000 Metern.

Nach einem Stopp in Nördlingen und seinem pittoresken Marktplatz biegen wir auf die B 466 ab und fahren weiter nach Neresheim, dessen Benediktinerkloster man schon von weitem sieht. Über die typische karge Hochfläche der Alb stoßen wir hinab ins Tal der Brenz und rollen nach Heidenheim hinein. Mit ihrer geballten Industrie- und Wirtschaftskraft ist die 50.000-Einwohner-Stadt das Zentrum der Ostalb. Von der City aus führt ein Fußweg hinauf zum Schloss Hellenstein, wo man einen tollen Blick über Heidenheim hat.

In Königsbronn, wo der Quelltopf der Brenz auf einen Besuch wartet, verlassen wir die Bundesstraße für kurze Zeit und steuern auf wenig befahrenem Bauernasphalt den Ort Steinheim an. Der liegt wie Nördlingen in einem durch Meteoriteneinschlag entstandenen Becken. Da beide Ereignisse etwa zur selben Zeit stattfanden, vermutet man, dass sich der Meteorit kurz vor seinem Einschlag in zwei Teile spaltete. Der

Donaudurchbruch

eine schlug das Ries, der andere das Steinheimer Becken. Das lässt sich sehr gut vom Steinhirt überblicken, einem Hügel am Ortsrand.

Die B 466 hat uns wieder, und nach einer kurzen Distanz über die Albhochfläche stürzt sich die Route bei Böhmenkirch steil ins Roggental hinab. Wer sich nicht nur auf die Kurven und Kehren konzentriert, wird sich an der einzigartigen Naturkulisse kaum satt sehen können: Steil ragen die Talflanken in den Himmel, gefärbt vom Grün der Nadelbäume und Weiß der Kalkfelsen.

Im breiten Tal der Fils, in das wir als nächstes einfahren, kommt wieder Ruhe ins Fahrwerk. Gepflegter Asphalt, sanfte Bögen. Geislingen taucht auf. In der WMF-Stadt kann man im Werksverkauf des bekannten Haushaltswarenherstellers das eine oder andere Schnäppchen machen. Aber auch ein Bummel zu Fuß durch das Zentrum Geislingens lohnt sich. Dann weiter die Fils hinab. Auf beiden Seiten ragen die hellen Kalkfelsen empor, die für die Alb so charakteristisch sind. Deggingen und seine oberhalb des Ortes stehende Wallfahrtskirche Ave Maria kommt in Sicht. Der Abzweig hinauf zur Kirche ist ausgeschildert und wird von einem tollen Weitblick belohnt. In Wiesensteig hat man zwei Möglichkeiten, wieder die Albhochfläche zu erklimmen: Entweder man nimmt die direkt Route über Westerheim, die jedoch fahrerisch weniger interessant ist. Oder man macht einen lohnenswerten Umweg über Neidlingen und Hepsisau, der mit Kurven und Kehren nur so gespickt ist. Oben angelangt links ab nach Schopfloch, vorbei am Reußenstein, dann weiter Richtung Römerstein-Böhringen. Die Route quert nun wieder die Albhochfläche, streift bei Grabenstetten den Heidengraben, einen keltischen Ringwall, und kurvt dann hinab ins Tal der Elsach, wo mit Bad Urach der nächste Pausenstopp wartet. Lust auf einen kleinen Fußmarsch? Dann auf zum Uracher Wasserfall, der sein Wasser 37 Meter tief zur Erde schickt.

Frisch gestärkt gehen wir die Kurven an, die uns über Bleichstetten und Würtingen wieder auf den Albrücken hinaufführen. Schon von weitem ist Burg Lichtenstein zu erkennen. Auf einem Felssporn thronend, war die Anlage jahrhundertelang uneinnehmbar. Um 1800 wurde sie abgerissen und später im Stil der Burgenromantik wieder aufgebaut.

Die Bundesstraßen 312 und 313 führen uns weiter nach Stetten, von dort geht es auf dem schmalem Asphalt von verwundenen Landstraßen nach Kornbühl und Hechingen. Der Besuch der dort auf einem Vulkankegel aufragenden Burg Hohenzollern ist Pflicht. Sie ist das Stammhaus der Grafen von Zollern und erhielt ihr heutiges Gesicht im 19. Jahrhundert. Nun überqueren wir die B 27 und gelangen über Thanheim und Onstmettingen nach Albstadt. Die Stadt enstand 1975 im Zuge einer Verwaltungsreform durch die Zusammenlegung der beiden Gemeinden Tailfingen und Ebingen. Relativ unspektakulär geht es über Meßstetten auf der Albhochfläche entlang, bis mit dem Lochenstein einer der schönsten Aussichtspunkte der Region auftaucht. Vom Parkplatz aus führt ein Fußweg in 20 Minuten hinauf zur Kuppe des Berges.

Ein Stück im idyllischen Tal der Bära folgt, danach fahren wir vorbei an Böttingen und Dürbheim nach Spaichingen. Kurve an Kurve, Bogen an Bogen, Schräglagen am laufenden Band. Nicht auslassen sollte man in Spaichingen die Serpentinen hinauf zum Dreifaltigkeitsberg. Wegen des Fahrspaßes und wegen der Aussicht. Eine kurze Etappe auf der B 14 folgt, bevor die Schwäbische Albstraße in Trossingen zu Ende geht.

Das große Lautertal

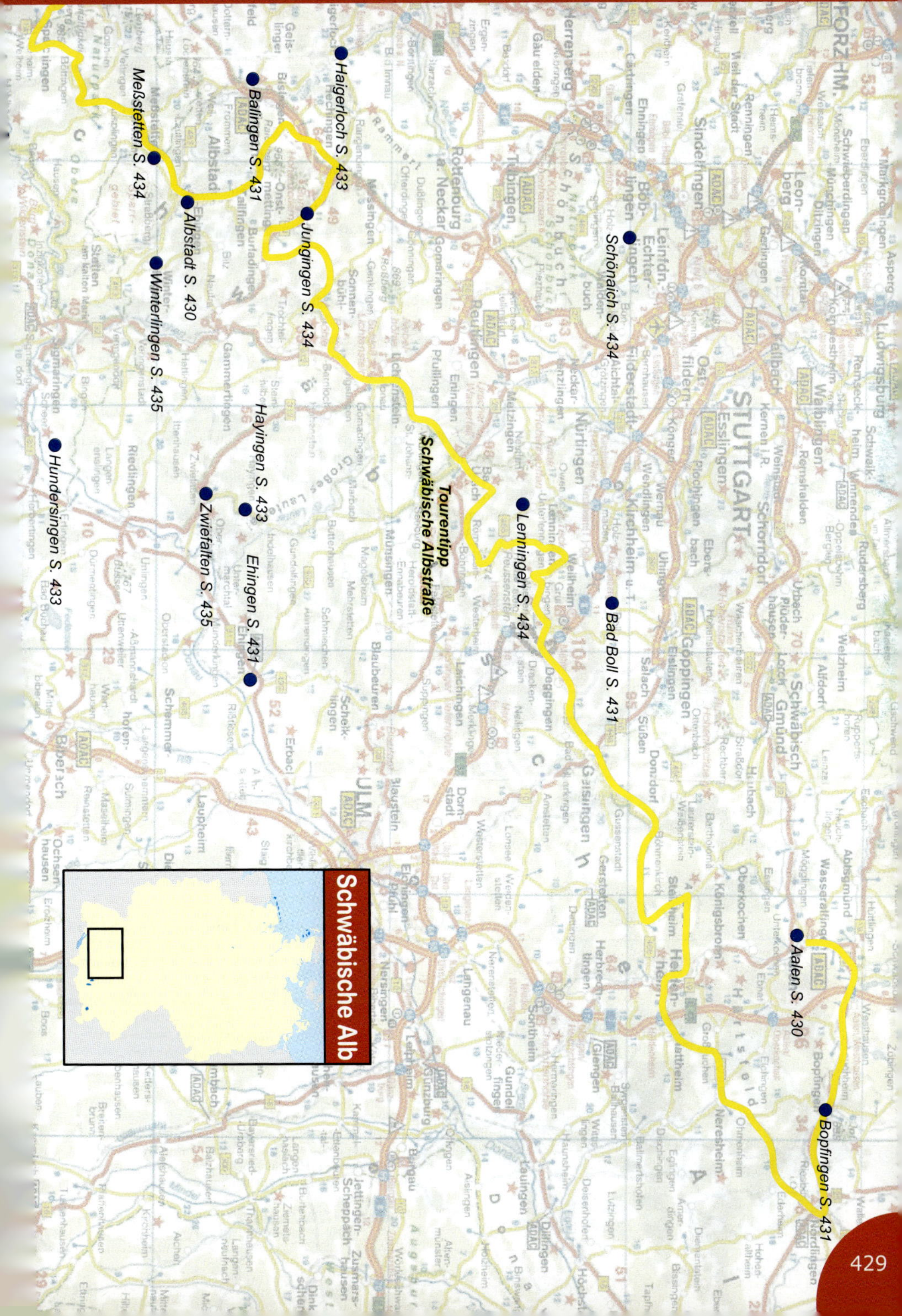

Schwäbische Alb

Tourentipp
Schwäbische Albstraße

Haigerloch S. 433
Balingen S. 431
Meßstetten S. 434
Albstadt S. 430
Jungingen S. 434
Winterlingen S. 435
Hundersingen S. 433
Hayingen S. 433
Zwiefalten S. 435
Ehingen S. 431
Lenningen S. 434
Schönaich S. 434
Bad Boll S. 431
Aalen S. 430
Bopfingen S. 431

Aalen
GPS: N 48°50´21" - E 10°05´56"

EZ ab € 22,00
DZ ab € 44,00

26 18

Hotel "Villa Rad"

Wir bieten:
- günstige Übernachtung in ordentlichen Zimmern teilweise mit Bad
- Standardfrühstück (auf Wunsch erweiterbar)
- zentrale Lage vom Bahnhof und Stadtzentrum in Laufdistanz
- kostenlose Garage für Ihr Motorrad
- Trockenraum und Schrauberecke sind vorhanden

Hugo-Closs-Str. 13 • 73431 Aalen • Telefon 0 73 61 / 3 26 76
E-Mail: hotel-villa-rad@t-online.de • www.hotel-villa-rad.de

12602

Albstadt-Burgfelden
GPS: N 48°14´27" - E 8°55´51"

EZ ab € 44,00
DZ ab € 58,00

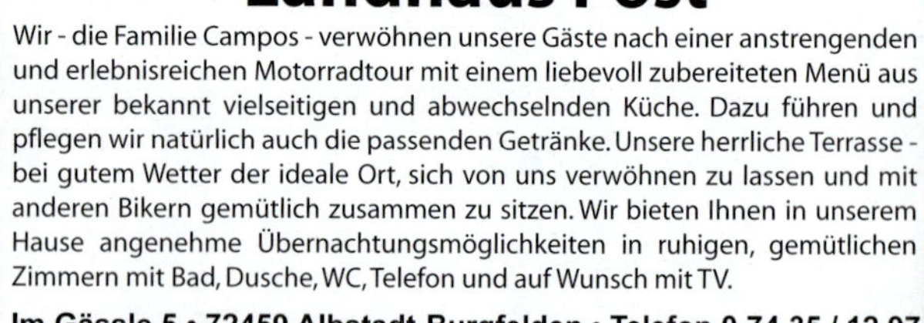

Landhaus Post

Wir - die Familie Campos - verwöhnen unsere Gäste nach einer anstrengenden und erlebnisreichen Motorradtour mit einem liebevoll zubereiteten Menü aus unserer bekannt vielseitigen und abwechselnden Küche. Dazu führen und pflegen wir natürlich auch die passenden Getränke. Unsere herrliche Terrasse - bei gutem Wetter der ideale Ort, sich von uns verwöhnen zu lassen und mit anderen Bikern gemütlich zusammen zu sitzen. Wir bieten Ihnen in unserem Hause angenehme Übernachtungsmöglichkeiten in ruhigen, gemütlichen Zimmern mit Bad, Dusche, WC, Telefon und auf Wunsch mit TV.

Im Gässle 5 • 72459 Albstadt-Burgfelden • Telefon 0 74 35 / 12 97
Fax 0 74 35 / 9 19 05 17 • www.landhauspost.de

12598

Albstadt-Laufen
GPS: N 48°12´49" - E 8°55´56"

Café-Restaurant "Brunnental"

Unterhalb vom "Tierberg" und von der "Hossinger Leiter" gelegen, ist unser "Café-Restaurant Brunnental" immer einen Ausflug wert. Lassen Sie die Seele baumeln auf unserer großen Terrasse und genießen Sie dabei Köstliches aus italienischer und heimischer Küche: die selbst gemachte Pasta ist ebenso lecker wie die traditionellen deutschen Gerichte. Immer günstige Tagesessen für 6,20 ?.
Durchgehende Küchenzeiten Di. - So. 11.30 bis 0.00 Uhr, Montag ist Ruhetag! Mit Voranmeldung auch Frühstück (Brunch) möglich! Ferienwohnungen in unmittelbarer Nähe können vermittelt werden.

Raiten 1 • 72459 Albstadt-Laufen • Telefon 0 74 35 / 15 00

1259

Albstadt-Onstmettingen
GPS: N 48°18´15" - E 8°53´37"

EZ ab € 26,50
DZ ab € 50,00

Höhengasthof - Wanderheim "Nägelehaus"

Egal ob Sie als Einzelperson oder in der Gruppe anreisen. Wir bieten die entsprechenden Räumlichkeiten, um flexibel auf unsere Gäste reagieren zu können. Zur Verfügung stehen Ihnen mehrere Einzel-Doppel-, Drei-, Vier- sowie Sechsbettzimmer. Alle Zimmer sind mit Dusche und WC ausgestattet! Morgens erwartet Sie ein reichhaltiges Frühstück mit allem, was Sie sich für einen schönen Motorradausflug benötigen. Stil, Atmosphäre und Gemütlichkeit unseres ruhig gelegenen Hauses prägen den Ruf des "Nägelehaus in Albstadt-Onstmettingen". Fernab von Stress und Großstadtlärm ist Ihnen Entspannung und Erholung sicher. Die gemütliche Atmosphäre des Restaurant mit Blick über die Albhochfläche kommt sicher auch Ihrer Lebenseinstellung entgegen.

Raichberg 1 • 72461 Albstadt-Onstmettingen • Telefon 0 74 32 / 2 17 15
E-Mail: info@naegelehaus.de • www.naegelehaus.de

1259

Bad Boll
GPS: N 48°38´34" - E 9°37´02"

EZ ab € 51,00
DZ ab € 81,00

Eintreten und sich wohlfühlen in einem Gästehaus ganz besonderer Art

Gästehaus "Rosa Zeiten"

Eintreten und sich wohl fühlen in einem Gästehaus der ganz besonderen Art. Unser Haus befindet sich in ruhiger und idyllischer Lage. Mit einem umfangreichen Frühstücksbuffet können Sie den Tag willkommen heißen. Unsere Zimmer sind mit allem ausgestattet was den Aufenthalt bei uns äußerst angenehm macht. Selbstverständlich haben wir einen Trockenraum für nasse Motorradkleidung. Gerne geben wir Ihnen ein paar Tourentipps in unserer Umgebung.

Bahnhofsallee 7 • 73087 Bad Boll
Telefon 0 71 64 / 20 22 • www.rosa-zeiten.de

11305

Balingen
GPS: N 48°16´21" - E 8°51´32"

EZ ab € 52,00
DZ ab € 77,00

Hotel Stadt Balingen

Herzlich willkommen im Hotel Stadt Balingen! Die vielfältige und umfangreiche Bepflanzung hüllt das Hotelgebäude in einen warmen, grünen Mantel. Ein Rundblick durch die Lobby: Großzügig, stilvoll und modern. In unseren modernen und gemütlichen 40 Einzel- und 20 Doppelzimmern werden Sie sich von der 1. Minute wie zu Hause fühlen.

Hirschbergstr. 48 • 72336 Balingen • Telefon 0 74 33 / 26 00 70 • Fax 0 74 33 / 2 60 07 77
E-Mail: info@hotel-stadt-balingen.de • www.hotel-stadt-balingen.de

11408

Bopfingen
GPS: N 48°51´25" - E 10°21´17"

EZ ab € 38,00
DZ ab € 62,00

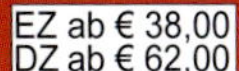

Gasthof "Zum Bären"

Der Gasthof zum Bären in Bopfingen liegt im Stadtzentrum und trotzdem ruhig gelegen. Von hier aus kann man unterschiedliche Touren durch die Schwäbische Alb durchführen. Der Wirt fährt selber und kann, wenn es die Zeit zulässt, auch eine Tour führen! Sie werden sich in unseren modernen (mit WLAN) und gemütlich eingerichteten Gästezimmern wohlfühlen. Alle Zimmer sind mit Dusche, WC, TV und Telefon ausgestattet. Es stehen Ihnen 3 Einzel-, 1 Dreibett und 6 Doppelzimmer zur Verfügung. Wir bieten Ihnen einen großen Parkplatz und auf Wunsch auch Garage.

Nördlinger Str. 3 • 73441 Bopfingen • Telefon 0 73 62 / 72 67 • Fax 0 73 62 / 77 31
E-Mail: baerbo@gmx.net • www.gasthof-baeren-bopfingen.de

12603

Ehingen
GPS: N 48°16´50" - E 9°44´48"

EZ ab € 45,00
DZ ab € 75,00

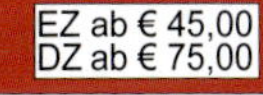

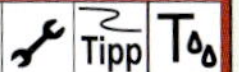

Hotel "Panorama"

Wer unterwegs ist, geschäftlich oder zum Vergnügen, fühlt sich besonders dort zu Hause, wo man gepflegt zu Gast ist. Mit unserem Haus eröffnet sich unseren Gästen deshalb ein ganzes Panorama gehobener Gastlichkeit. Dafür stehen 8 Doppelzimmer und 24 Einzelzimmer zur Auswahl. Großzügige Räumlichkeiten mit dem Komfort von DU/WC, Kabel-TV, Telefon, Faxanschluss und Mini-Bar auf jedem Zimmer. Unser Service hat ein erklärtes Ziel: Wir wollen, dass Sie sich auch unterwegs wie zu Hause fühlen. Morgens in aller Ruhe frühstücken (ab 6.00 Uhr). Das gibt neuen Schub fürs Tagesgeschäft. Besonders, wenn die Auswahl an knackig frischen Energiespendern so verführerisch ist.

Karpfenweg 7 • 89584 Ehingen • Telefon 0 73 91 / 7 74 60 • Fax 0 73 91 / 77 46 77
E-Mail: info@panorama-ehingen.de • www.panorama-ehingen.de

11367

Ehingen OT Dächingen

GPS: N 48°18´37" - E 9°36´50"

EZ ab € 35,00
DZ ab € 50,00

39 17 HP Tipp

Landgasthof Krone

In unserem Kronenhof stehen 10 Appartements für Sie zur Verfügung. Alle Appartements haben eine Küche mit Kochplatte, Mikrowelle, Kaffeemaschine, ein Telefon, Sat-TV mit DVD-Spieler, einen CD-Spieler sowie einen Internetanschluss. Es besteht die Möglichkeit, Frühstück, Halb- oder Vollpension im Landgasthof Krone zu buchen. Ob Mittag- oder Abendtisch, ob saisonale Spezialitäten wie Wild oder Spargel, ob Fleisch, Fisch oder vegetarische Gerichte, lassen Sie es sich schmecken!

Drei-Kreuz-Str. 3 • 89584 Ehigen OT Dächingen • Telefon 0 73 95 / 3 31 • Fax 0 73 95 / 10 95
E-Mail: krone-daechingen@t-online.de • www.krone-daechingen.de

11304

Fridingen an der Donau

GPS: N 48°01´19" - E 8°56´01"

EZ ab € 36,00
DZ ab € 53,00

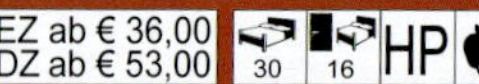

Eine angenehme, familiäre Atmosphäre empfängt Sie als Gast im Hotel Gasthof Sonne, direkt am Donauradweg gelegen, umgeben von unberührter Natur in der Nähe von Bodensee, Schweiz und Schwarzwald. Besonders unser Küchenchef Willi Hipp versteht es, seine Gäste kulinarisch zu verwöhnen. Für Übernachtungsgäste, ob Biker oder Urlauber; wir haben für jeden das richtige Zimmer. Der Chef fährt selbst Motorrad, er hat einige Touren ausgearbeitet!

Bahnhofstr. 22 • 78567 Fridingen an der Donau • Telefon 0 74 63 / 9 94 40 • Fax 0 74 63 / 99 44 88
E-Mail: info@sonne-fridingen.de • www.sonne-fridingen.de

11411

vom Hotel-Gasthof Sonne in Friedingen

Wir sind hier am Fuße der Schwäbischen Alb beheimatet und liegen zentral Richtung Bodensee, Schweiz, Österreich, Oberland, Schwarzwald usw. Heute gehts zum Bodensee über Neuhausen (Freilichtmuseum); Stockach, Ludwigshafen, direkt am See entlang, Sipplingen, Überlingen. Halt bei der schönsten Barockkirche am Bodensee, freie Sicht über den ganzen See und malerische Sicht auf das schweizerische und österreichische Alpenpanorama! Weiter nach Unteruhldingen (steinzeitliche Pfahlbauten), Meersburg, danach geht es Richtung Markdorf. Hier abbiegend nach links durch den Ortskern auf den Gehrenberg (400m über dem Bodensee, tolle Aussicht!) Weiter durch Roggenbeuren, Wittenhofen (in das wohl schönste Tal am See, das Deggenhauser Tal,) Richtung Eschbeck und Illmensee. Kurze Rast am See oder Weiterfahrt auf den 15 Km entfernten Höchsten (850m) mit seinem überwältigendem Blick über den Bodensee und die Alpen. Weiterfahrt über Pfullendorf, Krauchenwies nach Sigmaringen (Schloss und schöne Altstadt). Kurvige Straßen ,in Fels gehauene Tunnels, immer der Donau entlang (längster Fluss Europas), links und rechts steil aufsteigende Felsen. Dann über den Berg (Knopfmacher Aussichtspunkt) nach Fridingen, wo Sie in der Sonne mit einem Drink auf der überdachten Terrasse empfangen werden. Ca. 210 km.

1141

Haigerloch

GPS: N 48°21´55" - E 8°48´09"

EZ ab € 44,00
DZ ab € 74,00

36 | 18 | HP | Tipp

Hotel + Restaurant "Krone"

Grüß Gott und ein herzliches willkommen...in unserem Familienhotel und -restaurant mit Flair, gelegen hoch über dem romantischen Eyachtal mit einem traumhaften Blick auf das malerische Schloss Haigerloch. Das alles erwartet Sie bei uns: • Restaurant für 35 Personen • regionale Küche mit schwäbischen und internationalen Spezialitäten • Saal für 80 Personen • Kegelbahn • 16 Betten im Hotel Krone und 20 Betten in unserem Gästehaus • alle Zimmer mit modernem Komfort • traumhafter Blick über das Eyachtal • reichhaltiges Frühstück • Garage (Gästehaus) • Biergarten • Donnerstag Ruhetag. Wir freuen uns darauf, Sie in unserem Hause willkommen heißen zu dürfen.

Oberstadtstr. 47 • 72401 Haigerloch • Telefon 0 74 74 / 9 54 40 • Fax 0 74 74 / 95 44 44
E-Mail: info@krone-haigerloch.de • www.krone-haigerloch.de

11406

Hayingen-Indelhausen

GPS: N 48°17´35" - E 9°29´32"

EZ ab € 42,00
DZ ab € 70,00

60 | 30 | HP

Flair-Hotel "Gasthof Hirsch"

Die gute Schwäbische Küche lädt zu jeder Jahreszeit ein. Zu den traditionellen Spezialitäten der Region gehören fangfrische Lautertal-Forellen, ein deftiger Schwäbischer Rostbraten, herzhafte Maultaschen und interessante Variationen von Albschneck. In unseren gemütlich, freundlich und hell eingerichteten Zimmern mit Dusche/WC und TV werden Sie sich schnell wohl fühlen, oder in einer Ferienwohnung mit ähnlich komfortabler Ausstattung. Ihr Motorrad findet bei uns einen Platz in einer abschließbaren Garage. Für Tourentipps und Lunchpakete ist gesorgt.

Wannenweg 2 • 72534 Hayingen • Telefon 0 73 86 / 9 77 80 • Fax 0 73 86 / 97 78 99
E-Mail: info@hirsch-indelhausen.de • www.hirsch-indelhausen.de

12569

Hundersingen

GPS: N 48°04´40" - E 9°23´58"

EZ ab € 36,00
DZ ab € 56,00

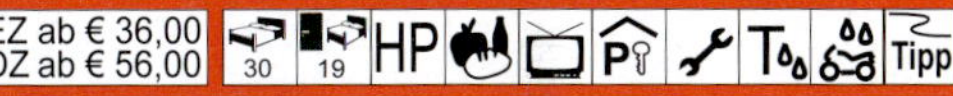

Brauereigasthof ADLER

Der Private Brauereigasthof Adler ist ein moderner und freundlicher Brauereigasthof, am Rande der Schwäbischen Alb, der alles bietet, was Reisende brauchen, um sich wohl zu fühlen. Wir bieten Ihnen ein reichhaltiges Angebot an schwäbischen Gerichten und Bratenküche sowie frisch gezapfte Biere aus unserer hauseigenen Brauerei. Die Zimmer sind alle ausgestattet mit Bad oder Dusche, WC, TV, Radio, Internetzugang für Infos und Planung steht Ihnen auch zur Verfügung. Sie können die oberschwäbische Landschaft mit Donautal, Thermalbädern und Barock genießen. Die Nähe zum Bodensee, Österreich und die Schweiz bringt viele Tourenmöglichkeiten. Wir bieten alles was ein Motorradfahrer benötigt: Garage, Trockenraum, Schrauberecke, Hochdruckreiniger sowie einen Pannenrückholservice.

Ortsstr. 1 • 88518 Hundersingen • Telefon 0 75 86 / 3 78 • Fax 0 75 86 / 53 60
E-Mail: info@adlerbrauerei.com • www.adlerbrauerei.com

11451

Jungingen

GPS: N 48°19´36" - E 9°02´37"

EZ ab € 58,00
DZ ab € 90,00

30 20 HP

Unser familiär geführtes Haus in idyllischer Landschaft bietet Ihnen 10 Doppelzimmer, davon 2 mit französischem Bett, in 3 Zimmern kann ein Sofa als drittes Bett benutzt werden, 10 Einzelzimmer, Nichtraucherzimmer, Anti-Allergiker-Zimmer, alle Zimmer mit Dusche und WC, Fernseher, ISDN Anschluss für E-Mail, Internet etc. Wellnessbereich mit Sauna, Dampfbad, Infrarot-Kabine und Ruheraum - Restaurant mit 60 Sitzplätzen - Rustikale Bauernstube für 20 Personen - Veranstaltungsraum mit Tanzfläche für 60 Personen - Weinstube mit großer Auswahl an internationalen Weinen - Lift und ausreichend Parkplätze direkt beim Haus - Saisonal wechselnde Speisekarte - Vegetarische Menüs und Fischgerichte. Täglich geöffnet- kein Ruhetag!

Killertalstr. 19 • 72417 Jungingen • Telefon 0 74 77 / 9 29 90 • Fax 0 74 77 / 92 99 13
E-Mail: info@hotel-post-jungingen.de • www.hotel-post-jungingen.de

11407

Lenningen

GPS: N 48°33´57" - E 9°27´35"

EZ ab € 37,00
DZ ab € 70,00

16 9 HP

Alte Bauern Stub´n

Etwas abseits der Hauptstraße gelegen, aber durchaus ein Tipp: Die "Alte Bauern-Stub´n" im Lenninger Teilort Unterlenningen bietet deftige regionale Küche zu keineswegs deftigen Preisen. Eine ausgewogene Speisekarte bietet sowohl für den kleinen als auch für den großen Hunger leckere Gerichte, die angesichts der teilweise regional fast schon untypisch günstigen Preise sowohl in Qualität als auch in Menge überzeugen.

Bahnhoifstr. 19 • 73252 Lenningen • Telefon 0 70 26 / 50 33 • Fax 0 70 26 / 50 34
E-Mail: alte-bauern-stube@gmx.de • http://alte-bauernstube.de

11369

Meßstetten-Oberdigisheim

GPS: N 48°10´29" - E 8°53´39"

EZ ab € 38,00
DZ ab € 56,00

20 12 HP Tipp

Gasthof Grottental

Das Gasthaus Grottental ist seit 1881 im Besitz der Familie Stingel. Unsere Küche bietet Ihnen schwäbische Spezialitäten, Wildgerichte, großes Salatbuffet und hausmacher Vesper aus eigener Schlachtung. Die Spezialitäten unseres Hauses bieten für jeden Gaumen und Geldbeutel etwas besonderes. Wir bietet Ihnen nicht nur einen erstklassigen Service und eine angenehme Atmosphäre, sondern auch einen wunderschönen Biergarten. Unsere aufs modernste eingerichteten Gästezimmer mit WC, Dusche und TV liegen auf der Südseite des Hauses. Ferner verfügen die meisten Zimmer über einen herrlichen Panoramablick über Oberdigisheim.

Widumstr. 14 • 72469 Meßstetten-Oberdigisheim • Telefon 0 74 36 / 3 71• Fax 0 74 36 / 85 37
E-Mail: JuergenStingel@swol.de • www.grottental.de

11409

Schönaich

GPS: N 48°40´01" - E 9°05´27"

P Tipp

71101 Schönaich
Telefon 0 70 31 / 7 54 80
Fax 0 70 31 / 75 48 22

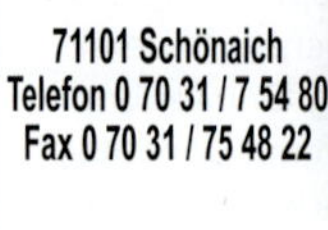

Wer unberührte Natur schätzt und erholsame Ruhe sucht, findet im Sulzbachtal genau das Richtige. Eingebettet in diese naturbelassene Umgebung, liegt am Waldrand unser Haus. Ein idealer Ort zur Einkehr und Entspannung. Genießen und speisen Sie auch unter freiem Himmel - in unserer gemütlichen Gartenwirtschaft. Lokale und internationale Spezialitäten bieten reichlich Auswahl für jeden Geschmack. Sie sind uns immer willkommen!! Montag Ruhetag, Dienstag ab 17.00 Uhr geöffnet, sonst ab 10.30 Uhr! In unmittelbarer Nachbarschaft befindet sich das Waldhotel "Sulzbachtal".

1260

Winterlingen-Benzingen

GPS: N 48°10´15" - E 9°09´11"

EZ ab € 44,00
DZ ab € 65,00

Hotel-Gasthof zum Sternen

Andrea Schneider sorgt für perfekten Service und Koordination. Als Küchenchef bietet Peter Schneider ein reichhaltiges Angebot ausgewählter Speisen. Das Hotel verfügt im Erd- und Obergeschoss über 15 Fremdenzimmer. Alle Zimmer sind als Doppelzimmer mit WC, TV, Telefon und Minibar ausgestattet. Die Zimmer an der Südseite besitzen Terrasse oder Balkon. Ein Zimmer ist behindertengerecht eingerichtet. In einem geräumigen Frühstückszimmer möchten wir Ihnen ihren Tagesstart versüßen. In den Sommermonaten lädt unsere Terrasse im Grünen zum Verweilen ein.

Albstr. 26 • 72474 Winterlingen-Benzingen • Telefon 0 75 77 / 9 22 33 • Fax 0 75 77 / 9 22 35
E-Mail: sternen-benzingen@t-online.de • www.sternen-benzingen.de

11368

Zwiefalten

GPS: N 48°13´51" - E 9°27´49"

EZ ab € 35,00
DZ ab € 56,00

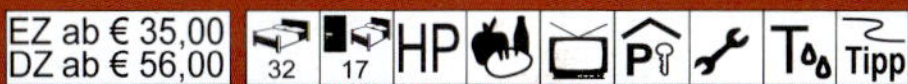
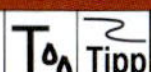

Gasthof "Zur Post"

Unser Haus befindet sich zentral in Zwiefalten, nur ein kurzer Spaziergang durch die Gartenanlagen des ehemaligen Klosters und Sie stehen vor dem Zwiefalter Münster. Unser Garten mit Forellenteich, Liegewiese und Grillplatz grenzt direkt an das glasklare Flüßchen Zwiefalter Aach und den nahegelegenen Waldrand mit schönen Wanderwegen. Wir verfügen über 16 Gästezimmer die alle mit Dusche/WC und größtenteils mit Telefon und Sat-TV ausgestattet sind. Auch verwöhnen wir Sie mit feinen Gerichten. Das breite Angebot reicht von heimischen, schwäbischen Gerichten, gut bürgerlichen Speisen bis zu saisonalen Speisen.

Hauptstr. 44 • 88529 Zwiefalten • Telefon 0 73 73 / 3 02• Fax 0 73 73 / 92 07 60
E-Mail: gasthof.post@t-online.de • www.post-zwiefalten.de

11450

vom
Gasthof Zur Post in Zwiefalten

Die 4 Flüsse-Tour:
Wir starten unsere Tour im schönen Zwiefalten wo man auf alle Fälle das imposante Zwiefalter Münster besuchen sollte.
Über Hayingen gelangen wir ins Lautertal, vorbei an Felsen und Burgen folgen wir der Lauter flussaufwärts bis Gomadingen.
Über die Hochfläche der Schwäbischen Alb kommen wir über Engstingen, das mittelalterliche Trochtelfingen nach Gammertingen ins Tal der Lauchert, diesem Flüsschen folgen wir durch eine tolle Landschaft bis Sigmaringen wo man das malerische Schloss besichtigen kann. Nun kommen wir zur Donau deren Tal wir bis Riedlingen folgen um dann wieder an die Zwiefalter Aach zu gelangen.
Im Gasthof Post können wir uns von der sehr guten Küche verwöhnen lassen und gemütliche Stunden bei schwäbischer Gastfreundschaft genießen.
Tourenlänge 120km, guter Straßenbelag 80% Landstraße
20 % Bundesstraße, viele Kurven.

11450

Geben auch Sie eine Bewertung zu Ihrem Aufenthalt ab

Schwarzwald
Im Land der Wassermühlen, Tannenwälder und Bollenhüte

Als „Svarzwald" wurde er im Jahr 868 zum ersten Mal urkundlich erwähnt. Schon damals trug der Schwarzwald seinen Namen zu Recht: Dunkle Wälder, in denen Erdgeister hausen, nebelumhangene Hügelketten, wildromantische Schluchten, in die kaum ein Sonnenstrahl dringt. Doch das ist nur die eine Seite des Schwarzwaldes. Zu seinem unverwechselbaren Bild gehören genauso die hellgrünen Wiesen, die immer wieder das Tannengrün durchbrechen, die lauschigen Flusstäler und die hübschen Dörfer und Städte mit ihren bunten, blumengeschmückten Marktplätzen.
Geologisch wird Deutschlands höchstes und waldreichstes Mittelgebirge in drei Regionen aufgeteilt: In den Norden bis zur Linie Oberkirch – Alpirsbach, in den Mittelschwarzwald bis Freiburg und in den Süden. Seine Gesamtlänge beträgt 160 Kilometer, im Norden ist der Schwarzwald nur 30 Kilometer breit, im Süden hingegen 60 Kilometer. Seine höchste Erhebung ist mit 1.493 Metern der Feldberg.

Das bekannteste deutsche Mittelgebirge wurde erst spät erschlossen. Über viele Jahrhunderte waren in den Wäldern nur Bergleute, Holzfäller und Köhler tätig. In den tieferen Tallagen erwarben die Bewohner mit Landwirtschaft und Viehzucht, mit der Verhüttung von Erzen und der Verarbeitung von Holz ihren Lebensunterhalt. In den wildreichen Wäldern jagten die adeligen Herrschaften, die in den Burgen am Schwarzwaldrand wohnten.
Das änderte sich im 19. Jahrhundert, als der Schwarzwald als Erholungsgebiet entdeckt wurde. Ein dichtes Netz von Straßen, Eisenbahnstrecken und Wanderwegen erschloss die Region. An den Heilquellen entstanden Kurorte.
Die größte Ausdehnung des Schwarzwaldes beträgt rund 160 Kilometer in Nord-Süd-Richtung. Während im Norden und in der Mitte Höhen bis rund 1100 Meter ü.d.M. erreicht werden, steigen sie im Süden auf fast 1500 Meter ü.d.M. an. Seinen Namen erhielt das Mittelgebirge durch die Tannen und Fichten, die den Höhenzug aus der Ferne dunkel erscheinen lassen. An bedeckten und nebeligen Tagen herrscht eine düstere Atmosphäre. So entstand eine Fülle von Sagen und Legenden

Nördlicher Schwarzwald

Der nördliche Schwarzwald erstreckt sich zwischen dem breiten Tal des Oberrheins und dem schmalen Nagoldtal mit seinen umliegenden

Bergen. Die Landschaft steigt von ca. 100 Metern im Rheintal bis auf rund 1100 Meter ü.d.M. an. In den unteren Lagen sind artenreiche Mischwälder anzutreffen. In den höheren Gebieten herrschen die dunkelgrünen Tannen und Fichten vor. Das Land wird von tiefen Tälern durchzogen, die sich an einigen Stellen zu Schluchten verengen.

Fitness und Wellness

Im nördlichen Schwarzwald sprudeln 55 heiße Quellen. Das heilbringende Wasser wird als Trinkkur genossen und in den Thermalbädern bei Badekuren angewendet. Einen besonderen Badespaß bieten die Außenbecken, wenn man sich im Winter bei Minustemperaturen im warmen Wasser tummeln kann. Von den Kurorten im nördlichen Schwarzwald sollen drei beispielhaft erwähnt werden:

Der bekannteste Kurort der Region ist Baden – Baden. Neben hervorragenden Kureinrichtungen bietet die Stadt ein umfangreiches Angebot mit vielen sportlichen, kulturellen und gesellschaftlichen Höhepunkten. Der Ort wird von einer vielseitigen Naturlandschaft mit Auen, Weinbergen und Wäldern umgeben, die von 112 Metern bis zu 1003 Metern ü.d.M. reicht. Ruhig und beschaulich geht es zu in Bad Teinach - Zavelstein. Der Ortsteil Zavelstein auf der Höhe mit einer sehenswerten Burgruine war die kleinste Stadt Deutschlands. Unterhalb im Tal der Teinach, einem Nebenfluss der Nagold, liegt der gleichnamige Kurort mit seinen Mineral – Thermalquellen. Das "Palais Therma" in Bad Wildbad im Tal der Enz besitzt einen der schönsten Badetempel Europas. Der Besucher erlebt den Reiz eines farbenprächtigen Fürstenbades im maurischen Stil und die Vielseitigkeit einer modernen Bade- und Saunalandschaft.

Mittlerer Schwarzwald

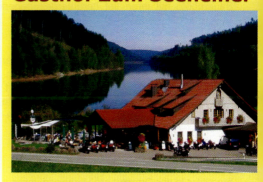

Der Mittlere Schwarzwald erstreckt sich in seinem westlichen Teil von den Weinbergen der Ortenau in die Täler von Kinzig und ihrer Nebenflüsse, im östlichen Teil im Tal des noch jungen Neckar. Weite Gebiete sind bedeckt von den scheinbar unendlichen Wäldern. Die sprudelnden Quellen mit kristallklarem Gebirgswasser vereinen sich zu Wildbächen, die an einigen Stellen über Wasserfälle in das Tal stürzen und sich zu Flüssen vereinen. Die Dörfer und Städte blicken auf eine teilweise sehr lange Geschichte zurück. Einzeln stehen die typischen Bauernhöfe mit ihren tief heruntergezogenen Dächern.

Schwarzwälder Trachten
Ein Markenzeichen für den Schwarzwald ist der rote Bollenhut. Er ist nur in wenigen Gemeinden des Mittleren Schwarzwaldes angesiedelt. Zu besonderen Festen werden die kostbaren Trachten getragen, die sich seit vielen Generationen überliefert haben.

Städte mit Tradition
Die alte, ehemalige Freie Reichsstadt Offenburg liegt in der Ortenau am Übergang von der Oberrheinebene zum Mittleren Schwarzwald. An den Hängen wächst der Wein und in den Tälern gedeiht aromatisches Obst.

Auch Gengenbach im Kinzigtal ist eine ehemalige "Freie Reichsstadt". Der Ortskern mit seinen schönen Fachwerkhäusern am Marktplatz und in den winkligen Gassen, mit dem repräsentativen Rathaus und dem markanten Torturm steht unter Denkmalschutz.

Der Ortsteil Villingen der heutigen Doppelstadt Villingen – Schwenningen hat bereits vor mehr als 1000 Jahren von Kaiser Otto III. eigene Marktrechte erhalten.
Rottweil ist die älteste Stadt in Baden – Württemberg und steht mit seiner sehenswerten Innenstadt unter Denkmalschutz. Die historischen Bauwerke bilden eine stimmungsvolle Kulisse für das Fasnetstreiben, wenn die Narren mit ihren geschnitzten Holzmasken durch die Innenstadt ziehen.

Südlicher Schwarzwald

Die Metropole des Schwarzwaldes
Die alte Universitätsstadt Freiburg wird als Schwarzwaldmetropole bezeichnet. Hauptanziehungspunkt ist das 153 Meter hohe Münster. Der filigrane Turm gilt bei Kunstkennern als der schönste Kirchturm der Welt. Von der Aussichtsfläche des Turmes bietet sich ein grandioser Blick über die Stadt und zu den Höhen von Schwarzwald und Vogesen. Unterhalb pulsiert auf dem Wochenmarkt am Münsterplatz das städtische Leben.

Feldberg und Titisee
Der 1493 Meter ü.d.M. hohe, baumlose Feldberg ist die höchste Erhebung des Schwarzwaldes. Er wird von weiten Nadelwäldern umgeben. In der schneefreien Zeit ist er ein beliebtes Wanderziel. Auch der berühmte Westweg erreicht vom nördlichen und mittleren Schwarzwald her den Gipfel. Er führt in südlicher Richtung weiter zum 1414 Meter ü.d.M. hohen Belchen und endet schließlich in Basel.
Die bekanntesten Seen im südlichen Schwarzwald sind der Schluchsee und der Titisee. In den Sommermonaten kann man auf den Wasserflächen segeln, surfen und rudern. Bequemer ist die Fahrt mit einem Passagierschiff. Naturfreunde schätzen eher die Ruhe am Windfällweiher und Feldsee. In den Wintermonaten verwandeln sich einige der Seen in riesige Eisflächen.

Heimat der Kuckucksuhren
Die Region um Triberg und Furtwangen ist die Heimat der Kuckucksuhren. Die früheren Bewohner lebten vorwiegend von der Land- und Forstwirtschaft. In den langen Wintermonaten wurde gewerkelt und getüftelt. Im Jahr 1640 tauchten die ersten Kuckucksuhren auf. Wenn der Schnee geschmolzen war, zogen die Uhrenträger von Hof zu Hof, von Ort zu Ort. Bisher verkündeten die Glocken der Kirchtürme, was die Stunde geschlagen hatte. Nun rief in den Wohnzimmern der Vogel aus der Kuckucksuhr die halben und vollen Stunden aus.
Das Uhrenmuseum in Furtwangen gibt einen Überblick über die mehr als 600-jährige Geschichte der Uhrmacherei.

Höllentalfahrt
Ein Erlebnis besonderer Art bietet die Höllentalbahn. Die zu Beginn des 20. Jahrhunderts erbaute Eisenbahnstrecke gilt wegen ihrer großen Höhenunterschiede und dem Bau mehrerer Tunnels und Viadukte als technische Meisterleistung. Den höchsten Punkt erreicht die Bahn auf der 976 Meter ü.d.M. hoch gelegenen Bahnstation "Bärental".

Nordschwarzwald

Charakteristisch für den Norden sind seine Täler. In Millionen von Jahren fräste sich das Wasser in den aus Granit und Gneis bestehenden Gebirgssockel und hinterließ viele Täler. Enge und weite, tiefe und flache, raue und heimelige. Für uns Motorradfahrer haben die breiten Gebirgseinschnitte des nördlichen Schwarzwaldes einen entscheidenden Vorzug: Dutzende von Straßen führen zu ihnen hinab, folgen eine Weile ihrem Verlauf, um sich anschließend über alle Berge davonzumachen. Das Resultat: Kurvenkilometer am laufenden Band. So gestaltet sich eine Tour auf und neben der Schwarzwald-Tälerstraße zwangsläufig zu einem großartigen Motorraderlebnis.

Baiersbronn ist der Startort zur Tour. Das Städtchen mit seinen 16.000 Einwohnern kann sich flächenmäßig Deutschlands größte Gemeinde nennen (190 Quadratkilometer). Auf der B 462 rollen wir zunächst das Murgtal hinab. In weiten Bögen folgt der griffige Asphalt dem Lauf der Murg. Reinlegen und wohl fühlen ist die Devise.

Klosterreichenbach mit seiner imposanten ehemaligen Klosterkirche fliegt vorüber. In Röt passieren wir 500 Meter Sägewerk und atmen den Duft von frisch geschlagenem Tannenholz ein. Der Straßenbelag wird allmählich etwas holperiger, lässt aber immer noch sichere und gepflegte Schräglagen zu.

Kirschbaumwasen taucht auf, in der folgenden Ortschaft zweigt nach links der Abstecher zum Schwarzenbach-Stausee ab. Drei Kilometer bergauf, griffiger und übersichtlicher Asphalt – ein Muss.

Zurück auf der B 462 fallen die Kurven bis Forbach wie reife Pflaumen. Stets sollte man allerdings ein Auge auf die immer wieder auftauchenden Bitumenstreifen haben. In Forbach folgen wir dem Schild Baden-Baden. Ein letzter Blick auf den malerischen Ort, dann geht es ans Eingemachte. Schlagartig verabschiedet sich die breite Murgtalstraße und macht einer schmalen, holperigen Fahrbahn Platz. Unend-

lich viele Kurven – geradeaus, was ist das? Das Moto lautet: Je handlicher das Motorrad, desto größer der Fahrspaß. Unten fließt die Murg, gegenüber sind grüne Berghänge zu sehen. Ein Stück Schwarzwald wie aus dem Bilderbuch.
Nach einer bewaldeten Kuppe folgt der Abstieg. Und auch der verlangt volle Konzentration auf Schlaglöcher, Frostaufbrüche und Bitumenstreifen. Unten an der Hauptstraße rechts ab nach Gernsbach. Und gleich geht es weiter im Kurventakt. Doch diesmal auf perfektem Straßenbelag. Ein Stück Wald, eine Kuppe, rechts ab in Richtung Schloss Eberstein. Ein Traum von einer Motorradstrecke.
In Gernsbach folgen wir zunächst der Ausschilderung Bad Herrenalb. Dort biegen wir hinter der Brücke rechts ab und fahren ein Stück in Richtung Freudenstadt/Forbach. In Hilpertsau verlässt die Route die Hauptstraße und folgt den Schildern Bad Wildbad und Reichental. Dann kündigt ein Schild sechs Kilometer kurvenreiche Strecke an. Und hält Wort. Schräglage an Schräglage, Kurve an Kurve wirft man uns vors Vorderrad. Der Untergrund wechselt ständig. Wer hier schnell sein will, muss auf zack sein.
Auf 993 Meter Höhe liegt die Bergkuppe. Eine karge, unwirtliche Gegend. Zerzauste Bäume stemmen sich mutig gegen den Wind. Die Abfahrt von Kaltenbronn nach Sprollenhaus bietet eine willkommene Verschnaufpause. Auf der gut ausgebauten Fahrbahn mit ihren leichten Bögen dürfen sich die Muskeln entspannen. Die vorangegangene Kurverei war ganz schön anstrengend.
Unten an der Hauptstraße biegen wir links nach Bad Wildbad ab. Breit und mit ordentlichem Belag versehen, führt die Straße am Ufer der Großen Enz entlang. Flottes Tempo, lang gezogene Kurven.
Auch hinter Bad Wildbad legt sich die Maschine in großzügig angelegte Kurven. Ab Höfen heißt dann jedoch wieder: Knie an den Tank, Augen auf die Fahrbahn. Ein Kurvenabenteuer in Form einer wenig befahrenen, verschlungenen Nebenstraße wartet. Sie führt in Richtung Bad Herrenalb am rechten Rand eines Tales bergauf in den Wald hinein. Die Reifen finden in dem griffigen Belag perfekten Halt, die Kurven und Kehren sind gut einzusehen.
Die Strecke von Bad Herrenalb nach Gernsbach entpuppt sich als einer der genialsten Abschnitte der Tour. Kurven ohne Ende, weite Ausblicke, wunderschöne Landschaft. Auf dem letzten Stück schmuggeln sich sogar einige 180-Grad-Kurven ein.
Von Gernsbach aus überqueren wir ein zweites Mal das Moorgebiet um Kaltenbronn. In Sprollenhaus geht es dann allerdings rechts ab Richtung Enzklösterle. Ruhig und gelassen führt die Straße an der Großen Enz entlang. Ein paar Kurven bergauf bringen uns zur B 294, hinter Besenfeld geht es kurz und zackig bergab nach Baiersbronn zurück.

Südschwarzwald

Wenn eine Tour den Titel „Tour der Superlative“ verdient, dann ist es die Fahrt zum Feldberg, zum Schauinsland und zum Kandel. Diese drei gehören zu den höchsten Schwarzwaldgipfeln und warten mit einer grandiosen Natur und begeisternden Bergstraßen auf.

Freiburg eignet sich sehr gut als Startort zu dieser Gipfeltour. Zur Weiterfahrt halten wir uns in Richtung Donaueschingen und Colmar. Schon bald ist der Schauinsland ausgeschildert. Auch der freundliche Hinweis, dass die Strecke samstags und sonntags für Motorräder gesperrt ist, lässt nicht lange auf sich warten. So bleibt uns nur der Ausweg, unseren Ausflug auf einen Wochentag zu legen.

Gemächlich folgt die Straße dem Verlauf eines Baches. Ein ruhiger Auftakt. Allmählich werden die Kurven enger und die Schräglagen schräger. Der Aufstieg zum Schauinsland kündigt sich an. Zirka 800 Meter Höhenunterschied auf einer Distanz von zwölf Kilometern – das kann nur eines heißen: Fun, fun, fun. Und so ist es. Die Fahrbahn windet sich in unzähligen Kurven und Kehren den Berg hinauf und zeigt sich dabei als ordentlich ausgebauter und griffiger Reifenpartner. An Radien ist alles vorhanden, das ganze Spektrum von weit bis eng. Hier lässt sich ein zügiger Strich auf den Asphalt zaubern, der den Könner gleichermaßen in den Bann zieht wie den Anfänger. Im unteren Teil gilt ein Überholverbot, das jedoch weiter oben aufgehoben wird. Hinter dem Sattel, einem beliebten Motorradtreff, biegen wir links nach Hofsgrund ab. Auf diese Weise gelangen wir auf eine schmale, steile Abstiegsstraße, die nach vier Kilometern zu der von Kirchzarten kommenden Hauptstraße stößt. Blinker rechts, und die knackigen Kehren hinauf nach Notschrei nehmen uns auf. Die Fahrbahn ist gut in Schuss, flotte Kurvenspiele sind die Folge. In Todtnau biegen wir auf die B 317 ein und halten uns Richtung Feldberg. Schon von weitem ist er zu sehen, der kahle, kugelrunde Kopf des 1.493 Meter hohen Berges. Die kühle Luft ist hier oben selbst im Sommer zu spüren.

Die Fahrt zur 1.234 Meter hohen Passhöhe ist eine flüssige Angelegenheit. Breite Fahrbahn, schnelle Streckenführung, viele Überholmöglichkeiten. Weiter geht es in Richtung Titisee. Im Ort herrscht touristischer Hochbetrieb, immerhin gibt es nach der Hauptkurve rechts einen Motorradparkplatz.

Kurz vor Neustadt zweigen wir links ab ins Jostal und schwingen entspannt auf einem kleinen gepflegten Sträßchen durch eine hübsche Almenlandschaft. Auf der B 500 geht es weiter, grobe Richtung Freiburg. Leichte Schräglagen auf gutem Belag. Kurz vor Hinterzarten folgen wir dem Schild Freiburg und betreten durch einige reizvolle Serpentinen das Höllental. Wir verlassen es in Kirchzarten und biegen nach Stegen/St. Peter ab. Ein wenig befahrenes Sträßchen folgt zuerst einem Bachlauf, um dann in runden Kurven an Höhe zu gewinnen.

Auf einer wahren Berg- und Talbahn peilen wir St. Märgen an. Ein paar Kilometer weiter weist ein Schild mit der Aufschrift „Hexenlochmühle“ den Weg zu einem der letzten Kleinode des Schwarzwaldes. Hier unten im engen und feuchten Tal der Gutach steht eine Wassermühle aus dem Jahr 1825, in der leckerer Schinken und Holzbackofenbrot verkauft wird.

Die Ausfahrt aus dem Hexenloch ist eine verzwickte Sache. Sehr schmale Fahrbahn, blinde Kurven, enge Kehren. Man muss sein Bike hier schon beherrschen. An der nächsten Gabelung links ab hinauf zur B 500 und dann gleich wieder nach links ins Simonstal hinein. Dieses lang gezogene Tal gehört zum Schönsten, was der Schwarzwald zu bieten hat. Sauber angelegte Serpentinen zirkeln zum Talboden hinab uns lassen in puncto Fahrspaß keinen Wunsch offen. Unten schlängelt sich die Straße durch bildhübsche Dörfer. Am Talausgang fahren wir von Bleibach nach Waldkirch, um dort den letzten Höhepunkt des Tages anzugehen: den Aufstieg zum 1.241 Meter hohen Kandel. Dieser Abschnit ist eine knackige Angelegenheit. Zwölf Kilometer lang wieselt das schmale und holperige Sträßchen dem Himmel entgegen. In den Dutzenden von Spitzkehren hat man im Sattel eines wendigen Bikes den größten Spaß. Vom Kandel aus geht es dann durch das Glottertal nach Freiburg zurück.

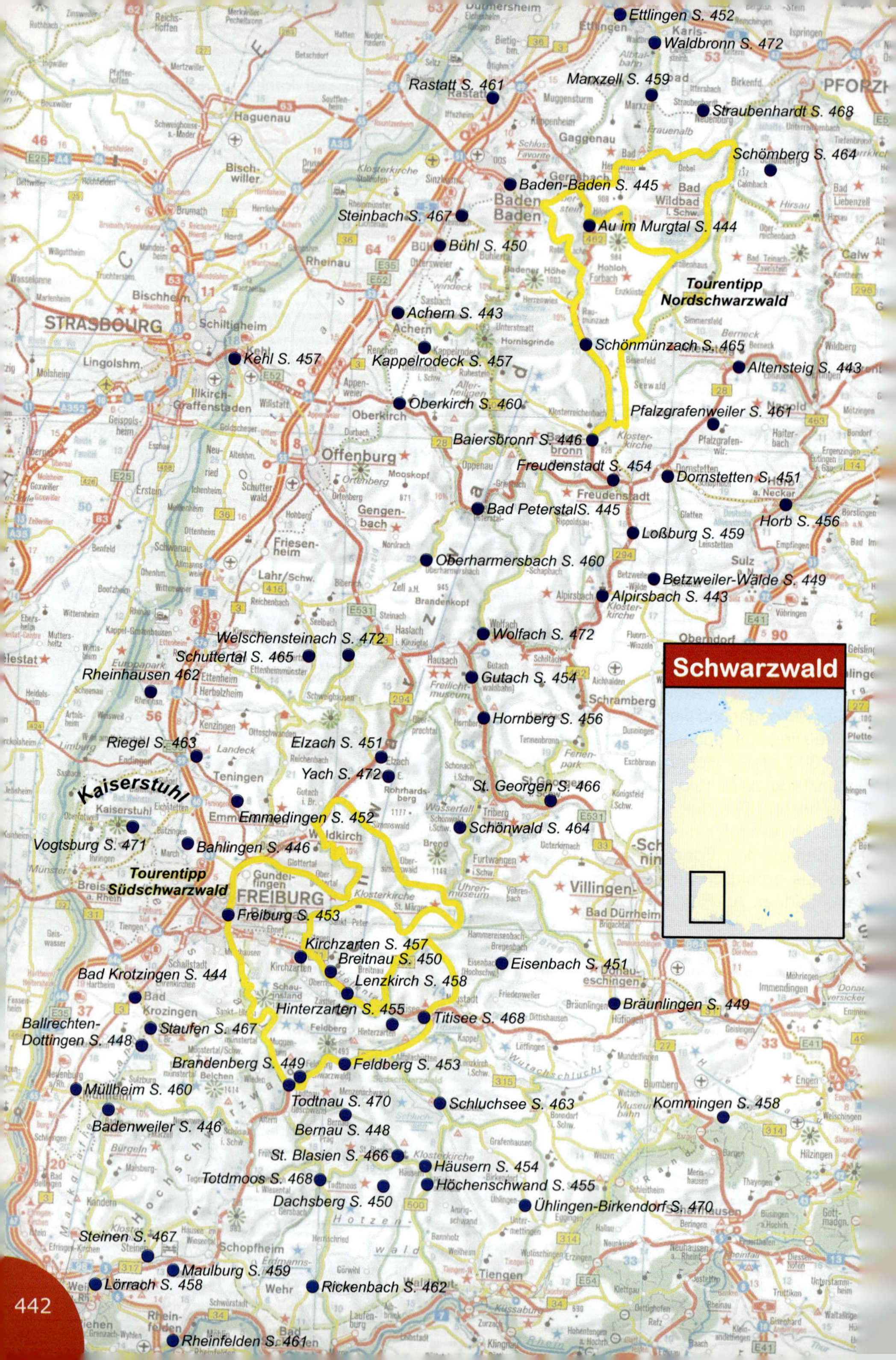
Schwarzwald
Tourentipp Nordschwarzwald
Tourentipp Südschwarzwald
Kaiserstuhl
Ettlingen S. 452
Waldbronn S. 472
Marxzell S. 459
Rastatt S. 461
Straubenhardt S. 468
Schömberg S. 464
Baden-Baden S. 445
Steinbach S. 467
Au im Murgtal S. 444
Bühl S. 450
Achern S. 443
Schönmünzach S. 465
Kehl S. 457
Kappelrodeck S. 457
Altensteig S. 443
Oberkirch S. 460
Pfalzgrafenweiler S. 461
Baiersbronn S. 446
Freudenstadt S. 454
Dornstetten S. 451
Bad PeterstalS. 445
Horb S. 456
Loßburg S. 459
Oberharmersbach S. 460
Betzweiler-Wälde S. 449
Alpirsbach S. 443
Wolfach S. 472
Welschensteinach S. 472
Schuttertal S. 465
Gutach S. 454
Rheinhausen 462
Hornberg S. 456
Riegel S. 463
Elzach S. 451
Yach S. 472
St. Georgen S. 466
Emmedingen S. 452
Schönwald S. 464
Vogtsburg S. 471
Bahlingen S. 446
Freiburg S. 453
Kirchzarten S. 457
Breitnau S. 450
Eisenbach S. 451
Bad Krotzingen S. 444
Lenzkirch S. 458
Bräunlingen S. 449
Hinterzarten S. 455
Titisee S. 468
Ballrechten-Dottingen S. 448
Staufen S. 467
Brandenberg S. 449
Feldberg S. 453
Müllheim S. 460
Todtnau S. 470
Schluchsee S. 463
Kommingen S. 458
Badenweiler S. 446
Bernau S. 448
St. Blasien S. 466
Häusern S. 454
Totdmoos S. 468
Höchenschwand S. 455
Dachsberg S. 450
Ühlingen-Birkendorf S. 470
Steinen S. 467
Maulburg S. 459
Lörrach S. 458
Rickenbach S. 462
Rheinfelden S. 461
STRASBOURG
Offenburg
FREIBURG
Villingen
Baden Baden
Calw
PFORZH

Achern
GPS: N 48°37´03" - E 8°04´57"

EZ ab € 35,00
DZ ab € 60,00
20 9 HP P Tipp

Hotel "Löwen"

Ihr Partner für Gemütlichkeit, Atmosphäre und faire Preise...
Wir heißen Sie herzlich willkommen in unserem gastfreundlichen Hotel in Achern. Wir sind stets für Wünsche unserer Kunden offen und sind selbstverständlich um Ihr Wohl besorgt. Unsere Zimmer sind komfortabel mit TV, Telefon und Dusche/WC ausgestattet. Morgens erwartet Sie ein reichhaltiges Frühstücksbuffet. Unsere Küche verwöhnt Sie mit herzhafter aber auch leichter frischer Hausmannskost sowie Spezialitäten aus der Region. Abends nach Ihrer Tour können Sie gerne in unserer hauseigenen Sauna entspannen und den Tag ausklingen lassen.

Oberkirchstr. 4 • 77855 Achern • Telefon 0 78 41 / 6 80 80 • Fax 0 78 41 / 6 80 81 15

11516

Alpirsbach
GPS: N 48°21´27" - E 8°24´52"

Gasthaus-Pension Erlenhof

Das Hotel Gasthof-Pension Erlenhof liegt in Ehlenbogen, einem Ortsteil von Alpirsbach. Ehlenbogen ist ein idyllisches, locker bebautes Schwarzwaldtal. Der Erlenhof mit Ferienhaus liegt etwa 2 km entfernt von der Alpirsbacher Ortsmitte, in völlig freier Lage. Die 17 Doppelzimmer im Hotel Gasthof-Pension Erlenhof befinden sich im Haupthaus. Alle Zimmer verfügen über Balkon, Dusche und WC. Die Größe der Zimmer liegt zwischen 19m² und 27m². Unsere gutbürgerliche Küche verwöhnt Sie mit Schwarzwälder Spezialitäten sowie mit internationalen Gerichten.

Erlenhofweg 7 • 72275 Alpirsbach • Telefon 0 74 44 / 62 46
E-Mail: scheererW@freenet.de • www.gasthaus-erlenhof.de

11572

Alpirsbach-Aischfeld
GPS: N 48°20´37" - E 8°27´37"

Hotel Landgasthof Sonne

Bereits seit 1879, nun in der fünften Generation, dürfen wir unsere Gäste verwöhnen. Kulinarisch und auch mit sehr viel Herz. Bei uns herrscht eine familiäre Wärme, die wir gerne an unsere Gäste weitergeben. Sie reisen mit dem Motorrad? Für uns kein Problem. Als zentraler Mittelpunkt für Ausflüge, bieten wir auch Motorradfreunden für das Bike einen Unterstellplatz in der Garage. Eine Tourenbegleitung ist ebenfalls kein Problem Unserer ganzen Familie ist es ein Anliegen, Ihnen Ihren Aufenthalt unvergesslich zu machen. Kommen Sie und genießen Sie unvergessliche Stunden im Naturerlebnis Schwarzwald. Viele unserer Gäste kommen als Fremde und gehen als Freunde. Wir wollen, dass Sie sich wohl fühlen. Dazu gehören auch lichtdurchflutete Gästezimmer mit Bad oder Dusche und WC, Telefon, Sat-TV und größtenteils Balkonzugang.

Im Aischfeld 2 • 72275 Alpirsbach-Aischfeld • Telefon 0 74 44 / 23 30 • Fax 0 74 44 / 23 53
E-Mail: mail@sonne-aischfeld.de • www.sonne-aischfeld.de

11569

Altensteig-Garrweiler
GPS: N 48°34´37" - E 8°34´30"

Gasthaus Kohlsägemühle

In unserer gemütlich eingerichteten kleinen Gaststätte erwartet Sie eine gutbürgerliche Küche in familiärer Atmosphäre. Der ideale Zwischenstopp auf Ihrer schönen Tour durch den Schwarzwald. Bei schönem Wetter genießen Sie die Sonne in unserem gemütlichen Biergarten. Sollte es mal regnen haben wir für Ihre nasse Motorradkleidung auch einen Trockenraum. Wir sind täglich von 11.00 Uhr und samstags, sonn- und feiertags ab 10.00 Uhr für Sie da. Dienstag ist bei uns Ruhetag.

Kohlmühleweg 3 • 72213 Altensteig • Telefon 0 74 53 / 95 23 57
E-Mail: mikatmerkle@web.de

11587

Au im Murgtal
GPS: N 48°43´19" - E 8°21´35"

EZ ab € 35,00
DZ ab € 70,00

GasthauS
KRONE

Unser familiär geführtes Restaurant mit gepflegter Gastronomie liegt direkt am Dorfplatz mitten im schönen Dörfchen Au. Unsere ruhige, entspannte Atmosphäre sowie die familiäre Gastlichkeit laden förmlich zum Erholen ein. In der "Krone" werden Sie mit Speisen und Getränken aus "badischen" Landen sowie Köstlichkeiten aus der deutschen und französischen Küche verwöhnt. Die Gästezimmer bieten eine ideale Übernachtungsmöglichkeit für Ihren Urlaub, Kurzurlaub oder Wochenendtripp. Sie sind hell und freundlich eingerichtet und verleihen eine gemütliche Atmosphäre.

Jakob Bleierstr. 21 • 76599 Weisenbach • Telefon 0 72 24 / 31 40 • Fax 0 72 24 / 4 02 75
E-Mail: restaurantkrone@gmx.de • www.kroneweisenbach.de

11586

Bad Krozingen/Hausen
GPS: N 47°57´18" - E 7°40´18"

EZ ab € 49,00
DZ ab € 75,00

140 70 HP Tipp

Fallerhof
Hausen
...fein essen · trinken · schlafen!
www.fallerhof.de
Idealer Ausgangspunkt
für Touren quer durch
die Toskana Deutschlands!
Top gelegen im Dreiländereck:
Deutschland, Frankreich
und Schweiz!
Vom Europa-Park über
den Schwarzwald bis hin
zum Kaiserstuhl!
HOTEL
Fallerhof
Gästehaus

79189 Bad Krozingen-HAUSEN · Südlich von Freiburg im Breisgau · Tunibergstraße 2b
Hinter der Tankstelle · Telefon 0 76 33-44 00 · www.fallerhof.de · info@fallerhof.de

12526

Touren Tipp

vom Hotel-Restaurant Fallerhof in Bad Krozingen

Gestartet wird vom Fallerhof auf der B31 Richtung Breisach. Schon von weitem grüßt das über seine Grenzen hinaus bekannte St. Stephansmünster. Auch ein Abstecher in den Badischen Winzerkeller sollte mit eingeplant werden, allerdings läuft die Tour auf dem Rückweg wieder hier entlang. Über die Grenze nach Frankreich/Neuf Breisach. Die kleine achteckige Stadt ist einen kurzen Abstecher wert. Richtung Colmar geht es weiter auf der N415, welche erst bei Ingersheim wieder verlassen wird Richtung Ribeauvillé auf der Route 10/1b. Dieses schöne Weinstädtchen hat die Häuser fast immer geschmückt und auf ein Fest vorbereitet. Machen Sie eine Pause in einem der vielen Bistros am Marktplatz. Weiter geht es in die Vogesen nach Saint-Marie-aux-Mines wo eine Silbermine besichtigt werden kann. Über die Col du Pré des Raves geht es Richtung Le Bonhomme. Dann weiter auf der N415 Richtung Lapoutroie. Hier beginnen kurvenreiche Strecken Richtung Turckheim. Zurück über Equisheim geht es wieder auf die N415 Richtung Breisach und dem Fallerhof, wo das Fallerhof Team gerne ein kühles Bier für Sie serviert.

125

Bad Peterstal
GPS: N 48°25´40" - E 8°12´09"

Gasthaus Pension "Schützen"

Herzlich willkommen in unserem gastfreundlichen und gemütlich eingerichteten Gasthaus in Bad Peterstal. Von Herzen gerne verwöhnen wir unsere Gäste mit frischen nationalen und internationalen Speisen. Bei uns kocht der Chef persönlich und ist um Ihr leibliches Wohl bemüht. Ob in unseren geschmackvoll eingerichteten Gasträumen, Kaminzimmer oder auf unserer schönen sonnigen Terrasse. Nach einer anstrengenden Tour mit dem Motorrad bieten unsere Zimmer die beste Erholung für den nächsten Tag. Unsere Zimmer sind komfortabel und gemütlich zugleich und bieten Bad, WC, Sat-TV und teilweise Balkon. Von hier aus schicken wir Sie, gestärkt durch ein reichhaltiges Frühstücksbuffet (inkl. Lunchpakete), zu den schönsten Plätzen der Region. Wir freuen uns auf Ihren Besuch! Ihre Familien Falk.

Renchtalstr. 21 • 77740 Bad Peterstal • Telefon 0 78 06 / 2 41 • Fax 0 78 06 / 15 12
E-Mail: bikerhotel@aol.com • www.bikerhotel.de

11616

Baden-Baden
GPS: N 48°44´38" - E 8°15´34"

Café-Bistro "Cléros"

Herzlich willkommen in unserem Bistro in Baden-Baden. Nehmen Sie sich eine Auszeit bei Kaffee und Kuchen oder genießen Sie eine unserer vielen Baguette- und Flammkuchenvariationen. Für den größeren Hunger bieten wir Ihnen ein täglich wechselndes 3-Gänge-Menü an. Langschläfer können bei uns an Sonn- und Feiertagen bis 14.00 Uhr frühstücken. Wir freuen uns auf Sie.

Hauptstr. 68 - Am Brahmsplatz • 76534 Baden-Baden
Telefon 0 72 21 / 99 67 63

11618

Baden-Baden
GPS: N 48°45´07" - E 8°13´49"

Molkenkur Restaurant - Sommergarten

In traumhafter, ruhiger Lage am Rande von Baden-Baden (Nähe Südwestfunk) liegt das Restaurant Molkenkur. 10 Gehminuten von der Innenstadt entfernt. Kleinere Gesellschaften, die in gemütlicher Atmosphäre tafeln wollen, bevorzugen die Bauernstube, unter den Stammgästen als "Bärenstube" heiß begehrt. Wenn Sie dem Alltagsstress mal für eine Weile entfliehen möchten, dann kommen Sie in unseren zauberhaft idyllischen, mitten im Grünen gelegenen Biergarten.

Quettigstr. 19 • 76530 Baden-Baden • Telefon 0 72 21 / 3 32 57 • Fax 0 72 21 / 3 85 79
E-Mail: info@molkenkur-baden-baden.de • www.molkenkur-baden-baden.de

11619

Badenweiler
GPS: N 47°36´39" - E 7°39´40"

EZ ab € 52,00
DZ ab € 104,00

★★★ Hotel & Kaffeehaus Siegle

Hier unter der Sonne Südbadens begrüßt Sie herzlich das Team des *** Hotel Siegle. Die wunderschöne Jugendstilvilla ist eingebettet inmitten tropischer Pflanzen und liegt direkt am Kurpark, 2 Gehminuten von der Cassiopeia Therme entfernt. Genießen Sie die Ruhe unseres Hauses und den besonderen Charme des Jugendstil-Ambiente. Verbringen Sie anregende Ferien und Kurtage bei freundlich familiärem Service. Ein reichhaltiges, ausgewogenes und gesundes Frühstücksbuffet gibt Ihnen Kraft für einen erlebnisreichen Tag. Sie finden im Hotel Siegle ein ideales Zuhause.

Römerstr. 4 • 79410 Badenweiler • Telefon 0 76 32 / 8 22 40 • Fax 076 32 / 82 24 50
E-Mail:info@hotelgarnisiegle.de • www.hotelgarnisiegle.de

11429

Badenweiler
GPS: N 47°48´50" - E 7°40´39"

EZ ab € 47,00
DZ ab € 69,00

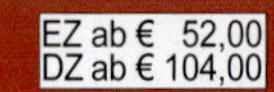

12527

Gasthof „zum Ochsen"

Seit 1684 in der Südbadischen Sonne, begrüßen wir Sie in unserem **** Gasthaus. Moderne Gästezimmer mit Dusche/WC, LCD-TV, W-lan und vieles mehr bieten Ihnen die nötige Enstpannung nach Ihrer großen Motorrad Tour durch den Schwarzwald.

Wir freuen uns auf Ihren Besuch!

Weilertalstr. 41, 79410 Badenweiler Tel.: 07632 / 828 230
E-mail: info@ochsenbadenweiler.de - www.ochsenbadenweiler.de

Bahlingen am Kaiserstuhl
GPS: N 48°07´25" - E 7°44´19"

EZ ab € 45,00
DZ ab € 80,00

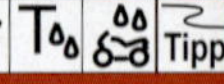

Zwischen dem Schwarzwald und den Vogesen inmitten der Rheinebene liegt der Kaiserstuhl - eine der wärmsten Landschaften Deutschlands, dadurch ist unser Haus der ideale Ausgangspunkt für zahlreiche Motorradtouren. Erleben Sie die unterschiedlichsten Events am Kaiserstuhl. Wir sorgen dabei mit regionalen Köstlichkeiten für Ihr leibliches Wohl. Alle Zimmer verfügen über den aktuellen Komfort, den sich unsere Gäste wünschen – inklusive Premiere-TV, teilweise auch mit Balkon.

Hauptstr. 49 • 79353 Bahlingen a. K.
Telefon 0 76 63 / 9 38 70 • Fax 0 76 63 / 93 87 77
E-Mail: info@lamm-bahlingen.de • www.lamm-bahlingen.de

1259

Baiersbronn
GPS: N 48°30´02" - E 8°22´33"

EZ ab € 40,00
DZ ab € 82,00

★★★ Hotel-Gasthof "Falken"

Familiär geführtes Hotel mit bekannt guter Küche und urgemüt-licher Kneipe "Schaukelpferd"! Komfortable Gästezimmer mit Balkon, DU/WC, TV und Telefon. Lift, Sauna im Haus, große Terrasse, überdachte Parkplätze, kostenlose Garage für Motorräder, Trockenraum. Toller Ausgangspunkt für Touren durch den Schwarzwald, das Rheintal und Elsass. Gleich Hausprospekt anfordern! Gerne geben Wir Ihnen auch für Ihre Tour am nächsten Tag ein Lunchpaket für unterwegs mit.

Oberdorfstraße 95 • 72270 Baiersbronn • Telefon 0 74 42 / 84070 • Fax 0 74 42 / 50 525
E-Mail: info@hotel-falken.de • www.hotel-falken.de

10

Baiersbronn

GPS: N 48°30´21" - E 8°22´17"

Im Herzen von Baiersbronn liegt das gemütliche Hotel Krone. Die engagierte Gastgeber Familie Keim verbindet die typische Schwarzwälder Gastfreundschaft mit dem besonderen Charme der Südtiroler Herkunft. Traditionelle Gastlichkeit, gemütliche Zimmer mit Du/WC, Kabel-TV und Telefon, eine schmackhafte Küche mit reichhaltigem Frühstücksbüffet und abwechslungsreichen 4-Gang-Abendmenüs, einladendes Hallenbad, Sauna, Solarium, Fitnessgeräte, Lift und sonnige Terrassen für Mußestunden sorgen für Ihr Wohlbefinden. Ein angenehmes, komfortables Hotel für alle Jahreszeiten in geradezu idealer Lage. Freuen Sie sich auf eine großartige Landschaft und ein liebenswertes Hotel mit besonderem Charme. Genießen Sie die schönsten Seiten des Schwarzwalds und erleben Sie eine Reise mit vielen Höhepunkten, tollen Ausflügen und großartigen Eindrücken. Wir wünschen Ihnen einen angenehme Tage im schönen Baiersbronn. Wir freuen uns auf Sie.

Freudenstädter Str. 32 • 72270 Baiersbronn • Telefon 0 74 42 / 8 41 10 • Fax 0 74 42 / 44 08
E-Mail: hotel-krone@arcor.de • www.krone-baiersbronn.de

10162

Baiersbronn

GPS: N 48°31´37" - E 8°23´50"

Gasthof Schützen

Familiengeführter Landgasthof im Herzen von Klosterreichenbach im Schwarzwald. Gepflegte Gastlichkeit in stilvoll eingerichteten Räumen. Die bekannt gute Küche wird vom Chef selbst geführt. Regionale und internationale Spezialitäten. Modern ausgestattete, behagliche Gästezimmer mit Dusche/WC, Telefon, teilweise TV, Balkon und Minibar. Vielseitige Freizeitmöglichkeiten das ganze Jahr.

Murgstr. 1 • 72270 Baiersbronn-Klosterreichenbach • Telefon 0 74 42 / 8 41 50 • Fax 0 74 42 / 84 15 34
E-Mail: info@landgasthof-schuetzen.de • www.landgasthof-schuetzen.de

10163

Baiersbronn

GPS: N 48°31´36" - E 8°24´09"

Gasthof - Pension "Zum Ochsen"

Suchen Sie entspannende Ruhe, gepflegte Gastlichkeit und Erholung vom Stress des Alltages, dann sind Sie bei uns in den besten Händen. Die behaglichen, modernen Gästezimmer sind alle mit Dusche/ WC, SAT-TV, teilweise mit Minibar, Radiowecker und Balkon zur Südseite, Sonne den ganzen Tag. In unseren gemütlichen Gasträumen bieten wir gutbürgerliche Küche mit schwäbischen Spezialitäten. Unsere neue Terrasse lädt ein zu Kaffee und Kuchen, Eisspezialitäten und Vesper. Den regionalen Spezialitäten ist unsere Küche treu geblieben, das Angebot ist jedoch heute vielseitiger denn je.

72270 Baiersbronn-Klosterreichenbach • Telefon 0 74 42 / 22 22 • Fax 0 74 42 / 22 17
info@schwarzwaldgasthof-ochsen.de • www.schwarzwaldgasthof-ochsen.de

10164

Baiersbronn

P

Gepflegtes Haus in zentraler Lage. Ferienwohnung, 2 Schlafzimmer, 4 Betten (68m²), zusätzlich 1 Doppelzimmer und 2 Einzelzimmer mit Dusche/WC und TV. Frühstück im Hause. Ab 20 Euro/Person.

Rosenberg 6
72270 Klosterreichenbach
Telefon 0 74 42 / 52 84

Moderne Gästezimmer mit Dusche, WC und Balkon. Gutes Frühstück. Gemütlicher Frühstücksraum und Aufenthaltsraum mit TV und Teeküche. Ruhige Lage in Waldnähe. Direkt an der B500 / Schwarzwaldhochstraße.

Haus Gisela

Rosenberg 35
72270 Klosterreichenbach
Telefon 0 74 42 / 37 23

10168

Baiersbronn

GPS: N 48°31´19" - E 8°19´38"

EZ ab € 30,00
DZ ab € 56,00

10 | 5 | Tipp

Landhaus Mast

Unser Haus liegt in einer der schönsten Täler des Schwarzwaldes umgeben von Tannenwäldern und Berghängen. Das im Landhausstil eingerichtete Haus bietet die optimalen Vorraussetzungen für eine angenehme und erholsame Nacht. Die gemütlich eingerichteten Zimmer verfügen über Bad/WC und Balkon. Morgens verwöhnen wir Sie mit einem reichhaltigen Frühstücksbuffet. Am Abend servieren wir Ihnen gerne etwas aus unserer schwäbischen Vesperkarte. Wir freuen uns auf Ihren Besuch!

Eulengrundweg 27 • 72270 Baiersbronn • Telefon 0 74 42 / 31 38 • Fax 0 74 42 / 12 28 15
E-Mail: urlaub@landhaus-mast-mitteltal.de • www.landhaus-mast-mitteltal.de

11585

Ballrechten-Dottingen

GPS: N 47°51´29" - E 7°41´40"

EZ ab € 42,00
DZ ab € 70,00

24

Landhaus zur Badischen Weinstrasse Käfer

Landhaus zur Badischen Weinstraße

Neue Kirchstraße 26
79282 Ballrechten-Dottingen

Telefon: +49(0) 7634 - 59 19 19
Telefax: +49(0) 7634 - 59 19 20
E-Mail: info@kaefer-landhaus.eu
www.landhaus-zur-badischen-weinstrasse.eu

Unser liebevoll geführtes Hotel garni *** liegt zentral im Bäderdreieck Bad Krozingen, Badenweiler, Bad Bellingen und ist idealer Ausgangspunkt für Wander-, Rad- und Motorradtouren. Alle Zimmer, mit Balkon oder Terrasse, sowie Frühstücks- und Aufenthaltsraum sind freundlich und komfortabel eingerichtet. Unsere Gäste erwartet ein reichhaltiges Frühstücksbuffet. Für Motorradfahrer stehen eine Garage, Schrauberecke und Kartenmaterial zur Verfügung (auf Wunsch auch geführte Motorradtouren!) Fordern Sie unseren Hausprospekt an! Wir freuen uns auf Sie!

12591

vom
Landhaus Zur Badischen Weinstrasse in Ballrechten-Dottingen

Durch die sehr zentrale Lage des Landhauses finden toureninteressierte Motorradfahrer ein Eldorado an kurvigen Landstraßen abseits der viel befahrenen Hauptrouten im direkt an Ballrechten-Dottingen angrenzenden Schwarzwald sowie im ca. 15km entfernten Elsass. So gelangt man etwa direkt nach nur wenigen Kilometern vom Landhaus aus ins Münstertal, von dort geht es zügig "nach oben" ins Belchengebiet. Im Grunde genommen ist es von dort aus eine einzige Berg- und Talfahrt, durch malerisch schöne Ortschaften und mit atemberaubenden Aussichtspunkten. Ebenso ist es ein Erlebnis, mit dem Motorrad die verschiedenen Pässe des Elsass zu erfahren, ebenfalls mit Pausen in den unverwechselbaren elsässischen Kleinstädten und Dörfern. Sehr interessant sind auch die Touren über kleine Landstraßen in die benachbarte Schweiz und ins nahe Bodenseegebiet. Also alles in allem, Motorradfahren für fast alle Altersgruppen mit allen Maschinen-Stärken. Bei den Tagestouren-Planungen ist das Landhausteam mit umfamgreichem Kartenmaterial und Tourenbeschreibungen sehr gerne behilflich. Außerdem fährt der Chef selbst Motorrad und bietet geführte Motorradtouren in die entlegensten Winkel der Region an. Abends bei der zünftigen Vesper, am gemütlichen Grillfeuer oder in einem der unzähligen Winzerhöfe, Bier- und Weingärten oder Straussenwirtschaften kann dann das Erlebte bei den beliebten Benzingesprächen ausgestauscht werden.

1259

Bernau-Dorf

GPS: N 47°48´40" - E 8°01´41"

EZ ab € 29,00
DZ ab € 58,00

★★★ Hotel-Landgasthof "Bergblick"

Herzlich willkommen bei uns im Bergblick - seit 1910 führt unsere Familie das Gasthaus. Vom ehemaligen "Bierhaus" das als einfache Gasthof mit Sattlerwerkstatt geführt wurde, entwickelte sich de "Bergblick" zum komfortablen Hotel mit Flair und kulinarische Raffinesse. Tradition oder Trend? Beides! Landhaus-Ambiente in Schwarzwälder Stil. Im Einklang mit der Natur. Hand in Hand pflegen w die Zusammenarbeit mit unseren Bauern und Handwerkern. Regional Küche mit moderner Note. Zimmerkomfort mit rustikalen Elemente und elektronischen Highlights. Wo der Lärm der Welt aufhört kan vieles beginnen........FERIEN IM BERGBLICK

Hasenbuckweg 1 • 79872 Bernau-Dorf • Telefon 0 76 75 / 2 73 • Fax 0 76 75 / 14
E-Mail: info@bergblick-bernau.de • www.bergblick-bernau.de

11

NEU: Bewertungen der Häuser finden Sie auf www.bikerbetten.d

Bernau-Hof
GPS: N 47°49´15" - E 8°00´55"

Gasthaus-Pension "Bernauer Hof"

Hier, im sonnigen Hochtal des südlichen Schwarzwaldes liegt - abseits der Durchgangsstraße - der gemütlich eingerichtete Schwarzwaldgasthof BERNAUER HOF. Unsere Gästezimmer haben alle DU/WC + TV, zum Teil mit Balkon und sind im typischen Landhausstil eingerichtet. Hier können Sie bei einer Tasse Kaffee den Tag genießen und Ihre nächste Aktivität planen. Mittags und abends werden Ihnen lokale Spezialitäten serviert. Kuchen aus eigener Herstellung, Vesper, Wild aus heimischen Wäldern. Hier finden Sie einen idealen Ausgangspunkt für Ihre Motorradtouren (z.B. die Schweiz, das Elsass, oder die sehr bekannte Schauinslandtour, Wehratal bzw. Albtal, Hexenloch uvm.) Montag Ruhetag. Mittwochs bis 14 Uhr geschlossen.

Hofstr. 11 • 79872 Bernau-Hof • Telefon 0 76 75 / 3 61 • Fax 0 76 75 / 92 92 96
E-Mail: sonjaKreutz@aol.com • www.bernauerhof.de

11427

Betzweiler-Wälde
GPS: N 48°21´46" - E 8°28´58"

Historische Heimbachmühle

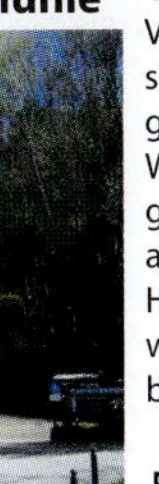

Unser Haus liegt direkt am urwüchsigen Naturschutzgebiet „Heimbachaue". Verbringen Sie ihren Urlaub in einmaligem und historischem Ambiente. Erholen Sie sich in unseren liebevoll eingerichteten 3 *** Appartements und Ferienwohnungen. Unser Angebot reicht von Einbettappartements bis hin zu komfortablen Wohneinheiten mit zwei Schlafzimmern und einem Wohn-Eßzimmer. Alle Wohnungen sind mit TV, WLAN-Internetzugang (optional), Küchenzeile und DU/WC ausgestattet. Schmausen und schlemmen im Restaurant „Heimbachstube" – dem Herz der Heimbachmühle. Frische und hochwertige Produkte aus der Region werden von dem Küchenteam liebevoll für Sie zubereitet. Im Mühlenkeller befinden sich 2 Bundeskegelbahnen.

Im unteren Tal 8 • 72290 Betzweiler-Wälde • Telefon 0 74 55 / 12 36 • Fax 0 74 55 / 83 30
E-Mail: reservierung@historische-heimbachmuehle.de • www.historische-heimbachmuehle.de

11570

Brandenberg
GPS: N 47°50´26" - E 7°58´27"

Landgasthaus Kurz

Freuen Sie sich auf "Urlaub pur" ohne Stress und Hektik. In einer reizvollen, abwechslungsreichen Landschaft, umgeben von blühenden Bergwiesen und saftig-grünen Mischwäldern. Bequem und großzügig eingerichtete Appartements, Einzel- und Doppelzimmer, in denen man sehr gut ruht, komfortable Möblierung, Gästezimmer mit Dusche/WC, TV, Radio, Föhn und Telefon, teilweise mit Balkon stehen Ihnen zur Verfügung. In den Sommermonaten lädt unsere Sonnenterrasse und Gartenwirtschaft zum gemütlichen Verweilen bei einer guten Tasse Kaffee, hausgemachtem Kuchen und Schwarzwälder Kirschtorte oder einem deftigen Vesper ein. In unserer Sauna und im Solarium dürfen Sie sich ausgiebig erholen.

Pass-Straße 38 • 79674 Todtnau-Brandenberg • Telefon 0 76 71 / 9 69 60 • Fax 0 76 71 / 96 96 17
E-Mail: landgasthaus_kurz@t-online.de • www.landgasthaus-kurz.de

12571

Bräunlingen
GPS: N 47°55´38" - E 8°27´02"

P

Brauereigaststätte "Zum Löwen"

Der Treff für nette Leute! Bei uns bekommen Sie ab 11.00 Uhr gutbürgerliche Küche. Nachmittags von 14.00 bis 17.00 Uhr Mittagspause (bei Gruppenvoranmeldung geöffnet). Ein hauseigener Parkplatz ist selbstverständlich auch vorhanden wo Sie Ihr Motorrad abstellen können. Von der gemütlichen Terrasse aus haben Sie das Motorrad auch immer im Blick.

Friedhofweg 4 • 78199 Bräunlingen • Telefon 07 71 / 8 97 86 96

11419

Breitnau
GPS: N 47°55´40" - E 8°05´51"

Bar - Restaurant "Ravenna"

Aufgepasst Cowgirls und Cowboys - es erwartet Euch ein Aufenthalt in gemütlicher Westernatmosphäre. Wer bei saftigen Steaks, Spareribs und frischen Hamburgern, knusprigen Chicken Wings und duftenden Muffins etwas Western - Saloon - Atmosphäre schnuppern möchte, ist bei uns genau richtig. Weiter bieten wir unseren Gästen sieben, gemütliche renovierte Zimmer (12 Betten) mit Dusche und WC oder mit Dusche und Etagen WC an. Ideal für Motorradfahrer: Wir bieten eine Garage als Abstellplatz sowie eine Motorrad-Abspritzmöglichkeit.

Ödenbach 6 • 79874 Breitnau • Telefon 0 76 52 / 3 65 • Fax 0 76 52 / 98 27 35
E-Mail: info@ravenna-bar.de • www.ravenna-bar.de

12575

von der
Bar-Restaurant Ravenna in Breitnau

Ob „Höllental" oder „Himmelreich" Von unserem Haus aus gibt es in alle Himmelsrichtungen die verschiedensten Touren, ganz gleich, ob „schnelle" oder „enge" Kurven erwünscht sind. Wenn man einen Reinfall, im bildlichen gesprochen, erleben möchte, ist man in Schaffhausen in der Schweiz beim größten Wasserfall Europas, dem Rheinfall, gut aufgehoben. In weniger als 1 Stunde ist man dort. Oder möchte man mal das Französische Elsas mit seinen verschlafenen kleinen Städtchen und Dörfern erkunden? Vielleicht ein Tourchen in die Vogesen oder die Alpen? Bei uns ist nichts unmöglich. Aber genauso schön, wenn nicht noch besser, ist es im Südschwarzwald. Das schöne Wehrtal zum Beispiel, die wild romantische Felsenschlucht, der mit ca. 1500 Meter hohe Feldberg, der Titisee oder die alte Schauinsland Rennstrecke, um nur einige wenige zu nennen. Nirgendwo liegen Himmel und Hölle näher beisammen als bei uns im „Höllental" mit angrenzendem „Himmelreich"! Wir stellen Ihnen gerne die Tour Ihrer Wahl zusammen, jeden Tag, tagelang. Und am Abend können Sie bei einem gepflegten Steak oder hausgemachten Hamburger Ihre Eindrücke setzen lassen und die nächste Tour bereden. Bei den vielen, vielen Möglichkeiten kann man leider sich nicht auf eine Tour festlegen, sondern macht sie so zu „Ihrer" Tour.

12575

Bühl-Oberbruch
GPS: N 48°43´42" - E 8°05´21"

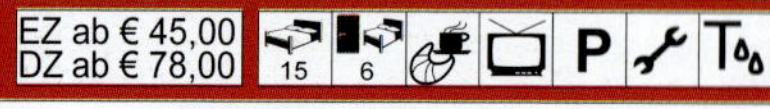

Hotel-Restaurant "Krone"

Unser Hotel ist der ideale Ausgangspunkt für Ihre Motorradtouren - nur 15 Minuten bis ins Elsass und den Schwarzwald direkt vor der Haustür. Inmitten von Rheinauen und Baggerseen, steht unser Haus und bietet Ihnen regionale und böhmische Küche. Unsere 6 komfortabel eingerichteten Zimmer stehen Ihnen zur Verfügung. An sonnigen Sommertagen und warmen Abenden ist unser Biergarten und die rustikale, schattige Scheune, mit Angeboten an hervorragenden Bieren, badischen Weinen und Leckerbissen geöffnet.

Seestr. 6 • 77815 Bühl-Oberbruch • Telefon 0 72 23 / 9 36 00 • Fax 0 72 23 / 96 60 18
E-Mail: pavel@pospisils-krone.de • www.pospisilskrone.de

1259

Dachsberg - Wittenschwand
GPS: N 47°43´38" - E 8°06´00"

Hotel " Dachsberger Hof" ***

Schwarzwald/Schweiz für Motorradfahrer
Nur wenige Meter vom Haus entfernt liegen die kurvenreichen Strecken des Schwarzwaldes, besonders bekannt ist die Schauinslandstrecke. Die legendären Berge der Schweiz, im Elsass die Vogesen, sind in Tagestouren erreichbar. Einstellplätze für Motorräder und Schrauberecke sind vorhanden. Unsere Hotelzimmer sind im Landhausstil gemütlich eingerichtet. Hallenbad, Sauna und Whirlpool laden zum Entspannen ein. Und die Küche wird Sie gerne gut badisch verwöhnen. Wir freuen uns auf Sie. Ihre Wirtsfamilie Fam. Starkloff mit Team.

Kapellenstr. 12 • 79875 Dachsberg-Wittenschwand • Telefon 0 76 72 / 26 47
Fax 0 76 72 / 94 85 • E-Mail: dachsberger.hof@t-online.de • www.dachsberger-hof.de

1245

Dachsberg OT Wolpadingen

GPS: N 47°42´01" - E 8°06´27"

EZ ab € 37,00
DZ ab € 60,00

Landgasthaus "Hirschen"

Unser Landgasthaus liegt ruhig am Waldrand mit herrlichem Ausblick auf die typische Landschaft des südl. Hochschwarzwaldes. Hier genießen Sie die Atmosphäre eines Hauses mit gemütlicher familiärer Gastlichkeit. Die gut bürgerliche Küche lässt keinen Wunsch offen. Torten aus eigener Herstellung. Alle Zimmer sind mit DU/WC ausgestattet. Unser Haus verfügt über ein eigenes Hallenbad, Sauna, Kegelbahn und Liegewiese.

Wolpadingen 15 • 79875 Dachsberg • Telefon 0 77 55 / 15 50 • Fax 0 77 55 / 15 56
E-Mail: info@landgasthaus-hirschen.de • www.landgasthaus-hirschen.de

11454

Dornstetten

GPS: N 48°27´59" - E 8°30´04"

P Tipp

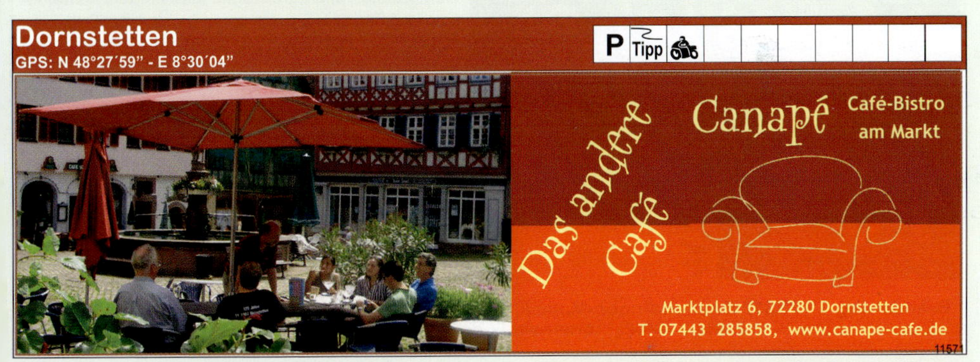

11571

Eisenbach

GPS: N 47°57´48" - E 8°16´20"

EZ ab € 34,00
DZ ab € 58,00

Landhotel - Gasthof "Bad"

Das Beste für unsere Gäste" das ist das Motto unserer Gastlichkeit. Hierfür sprechen unsere modern eingerichteten Fremdenzimmer. Das freundlich eingerichtete Hallenbad steht jedem Gast ohne Aufschlag zur Verfügung. Außerdem sind Sauna und Solarium vorhanden. Die Gemütlichkeit unserer rustikalen Räume, verbunden mit einer anerkannt guten Küche garantieren einen guten und erholsamen Ferienaufenthalt. Alle unsere Zimmer sind mit Dusche/WC und, auf Wunsch, auch mit TV und Telefon ausgestattet. 32 Doppel- und Mehrbettzimmer sowie 4 Einzelzimmer ermöglichen es uns, auch größere Gruppen bei einen gemeinsamen Urlaub im Schwarzwald zu beherbergen. Eine Bogensporthalle ist direkt an unserem Hotel angeschlossen.

Hauptstr. 55 • 79871 Eisenbach • Telefon 0 76 57 / 4 71 • Fax 0 76 57 / 15 05
E-Mail: fam.wursthorn@bogensporthotel.de • www.bogensporthotel.de

11563

Elzach-Oberprechtal

GPS: N 48°12´48" - E 8°08´38"

EZ ab € 38,00
DZ ab € 70,00

*** Hotel Hirschen

Triberger Str. 8 • 79215 Elzach-Oberprechtal
Telefon 0 76 82 / 9 20 00 • Fax 0 76 82 / 9 20 01 23
E-Mail: info@happy-hirsch.de • www.happy-hirsch.de

Herzlich willkommen im Hotel Gasthaus Hirschen im Dreiländereck. Am Ende des Elztals / Schwarzwald, liegt das Hotel Gasthaus Hirschen, als idealer Ausgangspunkt für Motorradtouren in den Schwarzwald aber auch in die Schweiz oder nach Frankreich! Die ansprechend und geschmackvollen Doppel-, Einzel- ,3 Dreibett-, und Familienzimmer sind mit Dusche, WC, Radio, TV - SAT, Telefon, Föhn und meist mit Balkon ausgestattet. Zum Erholen laden ein: Unsere Sauna, ein Fitnessraum, die Parkanlage mit Liegewiese, eine Wassertretanlage und die großzügige Gartenterrasse. Lassen Sie sich kulinarisch verwöhnen! Unser Küchenchef Herr Moser hat sich mit Leib und Seele dem Kochen verschrieben und kreiert für seine Gäste neben traditionellen badischen Gerichten auch mediterrane Spezialitäten.

12638

Geben auch Sie eine Bewertung zu Ihrem Aufenthalt ab

Emmendingen-Maleck
GPS: N 48°07´44" - E 7°53´08"

EZ ab € 56,00
DZ ab € 86,00

Parkhotel Krone

Unser Haus liegt als idealer Ausgangspunkt für zahlreiche Motorradtouren inmitten des Dreiländerecks, nahe Frankreich und der Schweiz in Maleck, einem kleinen verträumten Dorf am Rande des Schwarzwaldes. Hier werden Sie in unserem Parkhotel Krone und seiner reizvollen Umgebung den Alltag vergessen. Lassen Sie sich mit auserwählten Speisen und edlen Getränken einige Stunden oder Tage in der behaglichen Atmosphäre unseres Hauses verwöhnen. Geräumige, komfortable und großzügig geschnittene Zimmer sorgen dafür, dass Sie sich sofort wohlfühlen. Selbstverständlich sind alle Zimmer mit Dusche, WC, Telefon und Fernseher ausgestattet.
Nach einer erholsamen Nachtruhe erwartet Sie dann unser reichhaltiges Frühstücksbuffet. In stilvollem Ambiente genießen Sie die exquisite Kunst unserer Küche. Regionale Gerichte und internationale Spezialitäten aus stets frisch und saisonal abgestimmten Produkten vom heimischen Markt, frei von Geschmacksverstärkern (Glutamat) und Konservierungsstoffen – ein Genuss für festliche Anlässe ebenso wie für entspannte Tage zwischendurch.

Brandelweg 1 • 79312 Emmendingen-Maleck • Telefon 0 76 41 / 9 30 96 90 • Fax 0 76 41 / 5 25 76
E-Mail: info@kronemaleck.de • www.kronemaleck.de

12595

Ettlingen
GPS: N 48°56´33" - E 8°24´31"

EZ ab € 75,00
DZ ab € 100,00

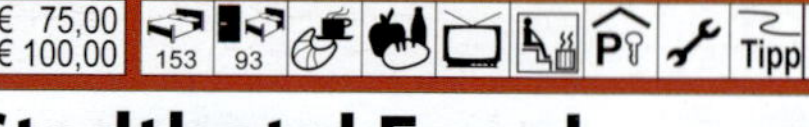

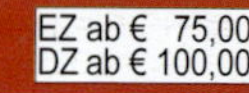

Stadthotel Engel

Unser Haus liegt inmitten der historischen Altstadt von Ettlingen. Eine hauseigene Tiefgarage sowie ideale Verkehrsanbindungen (BAB 5 / BAB 8) runden das Bild ab. Unsere hellen und freundlichen Zimmer und Appartements verteilen sich auf drei Etagen, wobei es den Bauherren gelungen ist, eine besondere Harmonie zwischen den Forderungen der Funktionalität und der Gemütlichkeit zu erreichen. Selbstverständlich sind unsere Zimmer mit Bad oder Dusche/WC, SAT-TV mit Premiere, Radio und Telefon ausgestattet. Über den Dächern von Ettlingen erwartet Sie unsere Sauna und, sollte die Sonne einmal nicht scheinen, ein Solarium.

Kronenstr. 13 • 76275 Ettlingen • Telefon 0 72 43 / 33 00
E-Mail: info@stadthotel-engel.de • www.stadthotel-engel.de

12640

NEU: Bewertungen der Häuser finden Sie auf www.bikerbetten.de

Feldberg OT Altglashütten

GPS: N 47°51´24" - E 8°06´36

EZ ab € 60,00
DZ ab € 90,00

Hotel "Schlehdorn"

Ganz im Stil der Region haben wir unser Haus eingerichtet. Hier sind Sie Gast bei einer Schwarzwälder Familie. Mit einem großzügigen Frühstücksbuffet beginnen Sie Ihren Ferientag. In unserem Restaurant erhalten Sie auf Wunsch Halbpension. Oder Sie speisen à la carte. Am Abend sind Sie willkommen zu einem gemütlichen Plausch am Kachelofen. Die komfortable Ausstattung der großzügig angelegten Zimmer macht Ihren Aufenthalt angenehm gemütlich. Dusche oder Bad, WC und Durchwahltelefon gehören zum Standard. Lassen Sie sich bezaubern von den feinen Aromen unserer Dampfsauna.... oder steigen Sie in das sprudelnde Vergnügen unserer Whirlwanne.

Am Sommerberg 1 • 79868 Feldberg • Telefon 0 76 55 / 9 10 50 • Fax 0 76 55 / 91 05 43
E-Mail hotel@schlehdorn.de • www.schlehdorn.de

11511

Feldberg-Bärental

GPS: N 47°52´09" - E 8°05´44"

Gaststätte Fuhrmannstube

Unser Haus bietet Ihnen einen ideal gelegenen Punkt für einen Zwischenstopp auf Ihrer Tour durch den Schwarzwald zwischen Titisee und Feldberg sowie Richtung Waldshut-Tingen und der Schweiz. Wir bieten Ihnen hier gutbürgerliche Küche. Aber auch leichte Speisen, Kuchen und Eisspezialitäten stehen bei uns auf der Karte. Sollten Sie abends auf der Suche nach einer Pension oder einem Hotel sein, können wir Ihnen bei der Vermittlung einer Unterkunft gerne behilflich sein. Abends finden bei uns öfters Events mit Livemusik statt. Wir freuen uns auf Ihren Besuch!

Feldbergstr. 7 • 79868 Feldberg • Telefon 0 76 55 / 13 22 • Fax 0 76 55 / 93 30 58

12572

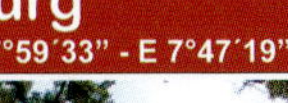

Freiburg

GPS: N 47°59´33" - E 7°47´19"

EZ ab € 44,00
DZ ab € 69,00

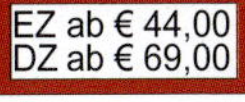

bluhotel freiburg

Sie werden sich wohlfühlen im bluhotel freiburg. Das mediterrane Ambiente, die moderne Ausstattung und das familiär geführte Haus sprechen für sich. Unsere Lage bietet Ihnen fantastische Möglichkeiten nicht nur Freiburg zu erleben. Egal ob Sie geschäftlich oder privat Gast unseres Hauses sind, in unseren Zimmern werden Sie Komfort und Behaglichkeit finden, so dass der Aufenthalt zu einem Genuss wird. Alle Zimmer sind hell und modern eingerichtet mit Dusche/WC, TV, Direktwahltelefon. Wenn Sie Pizza aus dem Steinofen genießen möchten, besuchen Sie das Restaurant im Erdgeschoss. Mittags ganz unkompliziert mit Self-Service, abends mit Bedienung.

Bötzinger Str. 15 • 79111 Freiburg • Telefon 07 61 / 47 09 93 30 • Fax 07 61 / 47 09 93 31
E-Mail: info@bluhotel-freiburg.de • www.bluhotel-freiburg.de

11615

Freiburg-Hochdorf

GPS: N 48°03´00" - E 7°48´07"

EZ ab € 42,00
DZ ab € 70,00

Hotel-Restaurant "Hochdorfer Hirschen"

Unser freundliches und familiär geführtes Hotel in stilvollem Ambiente bietet Platz in sechs Doppelzimmern und neun Einzelzimmern, ausgestattet mit Dusche, WC und TV. Täglich bereiten wir Ihnen ein reichhaltiges Frühstücksbuffet und verwöhnen Sie mit unserer deutsch-mediterranen Küchenkunst. Probieren Sie unsere Forellen aus eigener Zucht. Eine Garage für Ihr Motorrad und eine kleine Schrauberecke haben wir für Sie eingerichtet.

Zur March 2 • 79108 Freiburg • Telefon 0 76 65 / 93 99 22 • Fax 0 76 65 / 93 99 21
E-Mail: info@hirschen-hochdorf.de • www.hirschen-hochdorf.de

11614

Freudenstadt

GPS: N 48°27´05" - E 8°23´30"

EZ ab € 65,00
DZ ab € 100,00

HP Tipp

Hotel "Langenwaldsee"

Urlaubs-Ambiente haben wir für Sie mit viel Liebe zum Detail gestaltet. Denn Wohlgefühl hängt oft auch von den besonderen Kleinigkeiten ab. Freuen Sie sich drauf. Was die Küchenbrigade an jahreszeitlichen Genüssen zelebriert, zählt zu den Höhepunkten der schwäbisch-badischen Küche. Besonderer Wert wird auf die Zubereitung einheimischer Produkte der Bio-Landwirtschaft gelegt - wovon speziell die vegetarische Küche profitiert - denn das Geheimnis unseres Küchenchefs liegt in der Frische. Das reichhaltige Frühstücksbuffet wartet auf Sie, und wenn Sie wünschen, dass der Zimmer-Service Croissants, Müsli, Frühstücks-Ei und Früchte bringt - sehr gern! So steht einem wunderschönen Urlaubstag nichts im Weg.

Straßburger Str. 99 • 72250 Freudenstadt • Telefon 0 74 41 / 8 89 30 • Fax 0 74 41 / 8 89 36
E-Mail: info@hotel-langenwaldsee.de • www.hotel-langenwaldsee.de

11583

Freudenstadt

GPS: N 48°28´26" - E 8°24´18"

EZ ab € 42,00
DZ ab € 80,00

198 108 VP Tipp

11584

Herzlich Willkommen im Schwarzwaldhotel Freudenstadt!

Im Herzen des Bikerparadieses "Nordschwarzwald" gelegen, können Sie Ihren Tourabend in unserem Café-Bistro in gemütlicher Atmosphäre ausklingen lassen. Unsere Zimmer sind komfortabel eingerichtet und unser Haus bietet Ihnen alles was Biker-Herzen höherschlagen lässt. Unsere großzügige Badelandschaft mit Innen- und Außenbecken, Sauna und Wellnesseinrichtungen. Gut erholt und gestärkt durch ein reichhaltiges Frühstücksbuffet können Sie Ihre Tour am nächsten Tag in alle Richtungen fortsetzen. Auf Wunsch richten Wir Ihnen ein Lunchpaket. Ihr Bike verbringt die Nacht kostenlos in unserer geräumigen Tiefgarage.

Wir freuen uns bereits heute auf Sie!

Schwarzwaldhotel Freudenstadt · Helene-Frey-Weg 2 · 72250 Freudenstadt
Telefon (07441) 939-0 · Telefax (07441) 939-231
info@schwarzwaldhotel-freudenstadt.de · http://www.schwarzwaldhotel-freudenstadt.de

Gutach

GPS: N 48°14´04" - E 8°12´53"

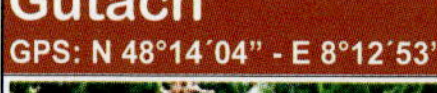

EZ ab € 36,00
DZ ab € 56,00

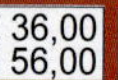

Landgasthof Engel

Mitten im Naturpark Schwarzwald, an der berühmten Landwasser-Eck Strasse gelegen ist unser Haus der ideale Ausgangspunkt für Tagestouren in alle vier Himmelsrichtungen. Seit über 200 Jahren werden in unserem Haus Reisende bewirtet, Feste gefeiert oder einfach nur die Annehmlichkeiten des Lebens genossen. Ob nur als Zwischenstopp um die trockene Kehle zu befeuchten, oder als Mittagsrast um sich mit etwas Leichtem, frisch Zubereitetem zu stärken, die große Terrasse und unser gemütlicher Biergarten mit den alten Linden laden dazu ein die Köstlichkeiten aus Küche und Keller, die wir für Sie bereithalten zu genießen. Wer danach nicht mehr weiter will darf selbstverständlich gerne bleiben.

Steingrün 16 • 77793 Gutach • Telefon 0 78 33 / 3 57 • Fax 0 78 33 / 9 58 90
E-Mail: post@engel-gutach.de • www-engel-gutach.de

11579

Häusern

GPS: N 47°45´22" - E 8°11´18"

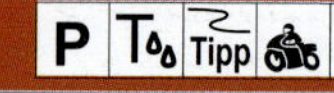

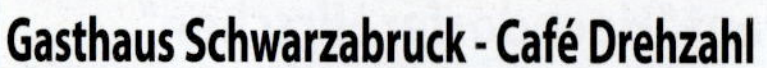

Gasthaus Schwarzabruck - Café Drehzahl

Herrlich ruhig und dennoch verkehrsgünstig, direkt am Eingang zum wildromantischen Schwarzatal begrüßen wir Sie in unserem Haus. Ausgangspunkt für tolle Touren z.B. Schwarzwald, Vogesen... Durchgehend warme Küche (a la Carte) - von 11.30 bis 22.00 Uhr „Schwarzabrucker Sommer-Buffett" mit unterschiedlichen Themen - von 11.30 bis 14.00 Uhr und 17.30 bis 21.00 Uhr (nur in der Sommersaison) Vesperkarte - von 11.30 bis 22.00 Uhr. Platz für unsere Gäste ist genügend vorhanden. Eine Gaststube mit 40 und ein Nebenraum mit 50 Plätzen. Dazu die große See-Terrasse mit Platz für bis zu 150 Personen.

Schwarzabruck 3 • 79837 Häusern • Telefon 0 76 72 / 48 17 81 • Fax 0 76 72 / 48 17 82
E-Mail: info@gasthaus-schwarzabruck.de • www.gasthaus-schwarzabruck.de

1145

Häusern

GPS: N 47°45´04" - E 8°10´04"

EZ ab € 85,00
DZ ab € 154,00

84 | 44 | HP

Schwarzwaldhotel/Restaurant "Adler"

Seit über 150 Jahren ist der "Adler" im Besitz der Familie Zumkeller und hat sich zu einer der führenden Adressen im Schwarzwald entwickelt. Unsere Zimmer lassen keine Wünsche offen. Komfortabel und zugleich gemütlich ausgestattet bieten sie Erholung pur. Aus unserer excellenten Küche werden Sie mit bester Qualität verwöhnt. Dazu noch unser großer Wellnessbereich mit Schwimmbad und Sauna und unsere extreme familiäre, persönliche und individuelle Gastfreundschaft machen Ihren Aufenthalt bei uns perfekt. Ihr Motorrad bringen wir selbstverständlich in einer Garage unter. 2 Restaurants stehen Ihnen bei uns zur Verfügung.

St. Fridolinstr. 15 • 79837 Häusern • Telefon 0 76 72 / 41 70 • Fax 0 76 72 / 41 71 50
E-Mail: adler@relaischateaux.com • www.adler-schwarzwald.de

12454

Hinterzarten

GPS: N 47°53´10" - E 8°01´36"

EZ ab € 30,00
DZ ab € 60,00

30 | 13 | HP

Gasthaus - Pension "Jägerheim"

Herrlich gelegene Pension in Waldrandlage am Ende des Weges mit Blick auf den Feldberg. Schon die Anfahrt zu unserer Pension ist ein kleines Erlebnis. Unsere Zimmer sind gemütlich und komfortabel eingerichtet. Sie bieten Ihnen die nötige Erholung die Sie für die nächste Tour brauchen. Biker sind bei uns gern gesehene Gäste. Lassen Sie sich von uns verwöhnen.

Rinken 9 • 79856 Hinterzarten • Telefon + Fax 0 76 76 / 3 37
E-Mail: r.bindsbergen2qupcmail.nl • www.jaegerheim.de

12573

Höchenschwand OT Tiefenhäusern

GPS: N 47°42´12" - E 8°08´48"

EZ ab € 30,00
DZ ab € 60,00

16 | 8 | Tipp

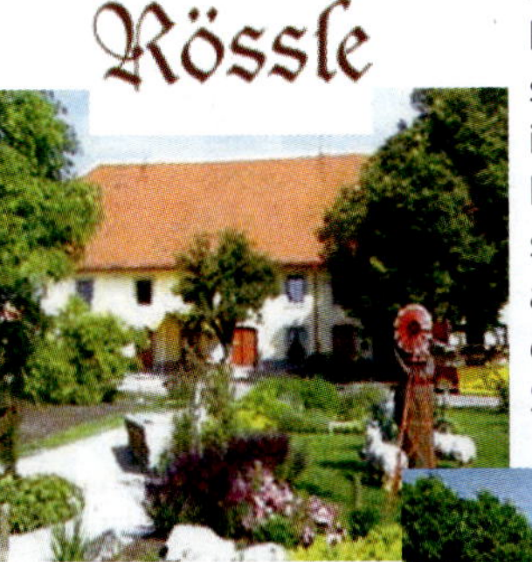

Wir heißen unsere Gäste in erholsamer, familiärer Atmosphäre recht herzlich willkommen! Wir bewirten mit Badischer Küche und heimischen Produkten. Sie werden sich rundherum wohlfühlen! Hier wurde Altes bewahrt und im Jahre 2003 liebevoll renoviert. Komfort wird bei uns im Rössle groß geschrieben. Historischer Charme. Die Gaststube, die Flure, die Zimmer, der ehemalige Kuhstall mit den alten Traktoren und nicht zuletzt der Biergarten im Schatten der alten Linde - der einmalige Charme des historischen Schwarzwaldgasthofes nimmt jeden Besucher gefangen und lädt zum Verweilen ein. In unserer Gaststube schmecken die heimischen Produkte richtig lecker. Darüber hinaus gibt es genügend Platz für Feierlichkeiten bis 150 Personen. Schnuppern Sie herein, schauen Sie sich um und probieren Sie unser Angebot! Halbpension ab 15 Euro Aufpreis möglich!

Tiefernhäusern 12 • 79862 Höchenschwand • Telefon 0 77 55 / 2 81
Fax 0 77 55 / 93 85 88 • E-Mail: info@porten.de • www.porten.de

11663

Geben auch Sie eine Bewertung zu Ihrem Aufenthalt ab

Höchenschwand
GPS: N 47°44´11" - E 8°10´07"

EZ ab € 45,00
DZ ab € 86,00

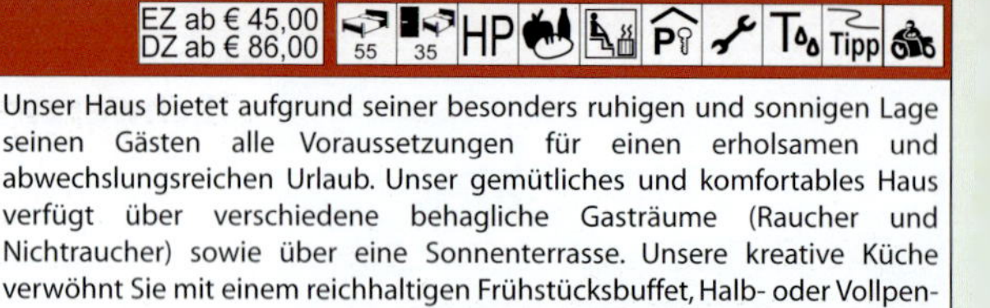

***s Hotel - Café - Restaurant

"Nägele"

Unser Haus bietet aufgrund seiner besonders ruhigen und sonnigen Lage seinen Gästen alle Voraussetzungen für einen erholsamen und abwechslungsreichen Urlaub. Unser gemütliches und komfortables Haus verfügt über verschiedene behagliche Gasträume (Raucher und Nichtraucher) sowie über eine Sonnenterrasse. Unsere kreative Küche verwöhnt Sie mit einem reichhaltigen Frühstücksbuffet, Halb- oder Vollpension (mit Menüauswahl) sowie à la carte. Nachmittags können Sie gerne unsere hausgemachten Kuchen und Torten bei einer Tasse Kaffee genießen. Hatten Sie eine anstrengende Motorradtour? - dann lassen Sie den Tag in unserer Wellness-Abteilung mit Sauna ausklingen.

Bürgermeister-Huber-Str. 11 • 79862 Höchenschwand • Telefon 0 76 72 / 9 30 30
Fax 0 76 72 / 9 30 31 54 • E-Mail: info@hotel-naegele.de • www.hotel-naegele.de

12455

vom
Hotel Nägele in Höchenschwand

Höchenschwand – Häusern – St. Blasien - Albtal – Albbruck – Bad Säckingen – Wehr – Wehratal Richtung Todtmoos in das Gletscherdorf Präg – Bernau – Menzenschwand – Passhöhe Äule – Schluchsee – Häusern – Höchenschwand

Genießen Sie die anspruchsvolle Tour. Das Stadtbild von St. Blasien. prägt die drittgrößte Kuppelkirche Europas, unter Fürstabt Martin Gerbert II erbaut und 1783 eingeweiht. Die kurvenreiche Fahrt durch das Albtal mit seinen Tunneln und Schluchten, wo statt Leitplanken große Quadersteine die Begrenzung bilden, ist ein landschaftlich einmaliges Erlebnis für jeden Motorradfahrer. Bad Säckingen die Trompeterstadt ist jederzeit einen Besuch wert. Genießen Sie eine Führung durch die Altstadt. Erfahren Sie etwas über die historische Stadtgeschichte, den "Kater Hiddigeigei" und den "Trompeter von Säckingen". Die Fahrt von Wehr nach Todtmoos durch das Wehratal ist für Naturfans ein Erlebnis. Tief im Südwesten Deutschlands erstreckt sich eine Urlaubslandschaft, der Naturpark südlicher Schwarzwald. In seiner Mitte, umgeben von lieblichen Tälern, wilden Schluchten und sanften Bergrücken, liegt Todtmoos. Der „Hausberg" Hochkopf (1263 m.ü.d.M.), der bei gutem Wetter einen Blick auf das Alpenpanorama erlaubt. Hans Thoma, der 1839 in Bernau im Schwarzwald geborene große deutsche Maler über sein Heimatdorf: "Da vergesse ich alle Sorgen und der Friede der Natur umschließt auch meine Seele". Genießen Sie die Fahrt von Bernau aus nach Menzenschwand über die Passhöhe Äule zum Schluchsee, dem größten See Baden-Württembergs.

12455

Horb-Isenburg
GPS: N 48°25´53" - E 8°40´15"

EZ ab € 43,00
DZ ab € 59,00

43 23 HP

Forellengasthof Waldeck

Idyllisch eingebettet zwischen saftigen Wiesen und gesunden Tannenwäldern. Abseits von Lärm und Stress, nur wenige Kilometer von Horb entfernt, findet man dieses Kleinod. Unser rustikal eingerichtetes Restaurant lädt Sie zum Verweilen und Essen ein. Genießen Sie eine unserer Spezialitäten nach Herzenslust und lassen Sie sich von unserer Küche verwöhnen (Steaks vom heißen Stein). Unsere Gartenterrasse lädt Sie bei schönem Wetter ein. Die Gästezimmer sind behaglich und auf dem neusten Stand der Technik eingerichtet und verfügen über Dusche/WC oder Bad/WC, Color-TV, Telefon, Minibar und größtenteils Balkon.

Mühlsteige 3 • 72160 Horb-Isenburg • Telefon 0 74 51 / 38 80 • Fax 0 74 51 / 49 50
E-Mail: info@forellengasthof-waldeck.de • www.forellengasthof-waldeck.de

1157

Hornberg-Niederwasser
GPS: N 48°11´40" - E 8°11´06"

EZ ab € 53,00
DZ ab € 94,00

Auf 971 Metern über dem Meer ist man nicht nur der Sonne näher, die Aussicht ist weiter und die Luft ist sauberer. Auch die bekannte badische Gastlichkeit möchte Ihnen hier mit gehobener Küche, Weinkeller und gemütlichem Ambiente zeigen, wie Ihre Tage in der "Schönen Aussicht" zu den herrlichsten Höhepunkten Ihres Urlaubes werden. Mit schönen Sonnenbalkons, satten Wiesen und Wäldern soll es Ihnen hier bei uns an nichts fehlen. Alle Zimmer verfügen über Dusche/WC oder Bad/WC, Sat-TV, Telefon und teilweise über Minibar Safe und Balkon. Selbst einen Fax/Online-Anschluss können wir Ihnen gerne bieten. Unser Haus besitzt neben einer Bauernstube (max. 35 Pers.), 2 abgetrennten Restaurants (max. je 55 Pers.) und einem Festsaal (max. 110 Pers.) eine Sonnenterrasse mit Blick auf das Tal (max. 60 Pers.), sowie eine Kaminecke und eine Bar.

Schöne Aussicht 1 • 78132 Hornberg-Niederwasser • Telefon 0 78 33 / 9 36 90 • Fax 0 78 33 / 16 0
E-Mail: info@schoeneaussicht.com • www.schoeneaussicht.com

115

Kappelrodeck
GPS: N 48°35´25" - E 8°07´07"

Gaststätte "Linde"

Herzlich willkommen in unserer gemütlich eingerichteten Gaststätte. Durch unser gepflegtes und angenehmes Ambiente wird jeder Aufenthalt bei uns zur Erholung. Wir servieren Ihnen gutbürgerliche Deutsche Küche. In unserem Biergarten können Sie Ihre Seele baumeln lassen und sich mit anderen Bikern ein wenig austauschen. Eine Winzerkellerbesichtigung mit Weinprobe ist nach Voranmeldung selbstverständlich auch möglich. Ihr Motorrad stellen Sie sicher auf unserem hauseigenen Parkplatz ab. Donnerstag Ruhetag.

Marktplatz 112 • 77876 Kappelrodeck • Telefon 0 78 42 / 22 61

11507

Kappelrodeck
GPS: N 48°35´19" - E 8°07´12"

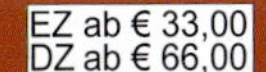
EZ ab € 33,00
DZ ab € 66,00

Gasthaus "Hirsch"

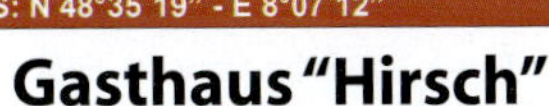

Wir laden Sie herzlich in unser behaglich eingerichtetes Gasthaus ein. Genießen Sie echte Schwarzwälder Spezialitäten und edle heimische Tropfen, gekelterte, gebraute und gebrannte. Sie wohnen in unserem modernen Neubau. Alle Zimmer haben wir mit Dusche/WC, Telefon und Balkon ausgestattet. In unserem gemütlichen Biergarten können Sie in geselliger Runde den Tag ausklingen und die Seele baumeln lassen. Für schöne Tourenvorschläge in der Region stehen wir Ihnen gerne zur Verfügung. Wir fahren selbst Motorrad. Garagen sind vorhanden.

Grüner Winkel 24 • 77876 Kappelrodeck • Telefon 0 78 42 / 99 39 30 • Fax 0 78 42 / 99 39 55
E-Mail: Hirsch-Kappelrodeck@t-online.de • www.Hirsch-Kappelrodeck.de

11515

Kehl-Sundheim
GPS: N 48°33´32" - E 7°50´10"

EZ ab € 60,00
DZ ab € 70,00

Hotel&Restaurant "Schwanen"

Das Komfort *** Hotel Schwanen gelegen am Fuße des schönen Schwarzwaldes, lädt ein zur badischen Gemütlichkeit. Die angenehme Atmosphäre unseres Hauses erschafft eine Oase der Entspannung und des Wohlfühlens sowohl für Geschäftsleute als auch für Urlauber. Lassen Sie sich in unserem Restaurant mit seinem schönen Ambiente und kulinarischen Speisen verwöhnen. Erleben Sie die Köstlichkeiten aus Küche und Weinkeller, die mit dem freundlichen Service und der Behaglichkeit unseres Hauses Ihren Aufenthalt begleiten werden. Kostenloses W-LAN.

Hauptstr. 329 • 77694 Kehl • Telefon 0 78 51 / 30 43 • Fax 0 78 51 / 88 59 64
E-Mail: info@schwanenhotel.de • www.schwanenhotel.de

11617

Kirchzarten
GPS: N 47°57´50" - E 7°57´50"

EZ ab € 35,00
DZ ab € 60,00

Pension Föhrenbacher

In ruhiger Ortskernlage bietet die Pension Föhrenbacher ihren Gästen alle Annehmlichkeiten, um in jeder Jahreszeit einen erholsamen und vielseitigen Urlaub im südlichen Schwarzwald zu erleben. Damit sie sich in unserem Hause wohlfühlen, haben wir keine Mühen gescheut, Ihnen den Aufenthalt so angenehm wie nur möglich zu gestalten: 15 Doppel- und Einzelzimmer mit Dusche und WC, teilweise mit Balkon - 3 Dreibettzimmer mit Dusche und WC, teilweise mit Balkon - alle Zimmer mit Telefon und Fernseher - gemütlicher Frühstücks- und Aufenthaltsraum - großes Frühstücksbuffet, u.a. mit Spezialitäten aus der eigenen Metzgerei - Motoradabstellplätze im Innenhof!

Hauptstr. 18 • 79199 Kirchzarten • Telefon 0 76 61 / 54 16 • Fax 0 76 61 / 46 71
E-Mail: info@foehrenbacher.de • www.foehrenbacher.de

11460

Kommingen
GPS: N 47°48´56" - E 8°36´56"

DZ ab € 35,00

Gasthaus "Zur Linde"

Unser Gasthaus liegt im idyllischen Örtchen Kommingen an der B27/B314.
Vespern am gemütlichen Kachelofen (auf Vorbestellung auch warme Gerichte) - gut bürgerliche Küche - deftige Hausmacher - Sonnenterrasse - Biker sind herzlich willkommen!

Alpenstr. 3 • 78176 Blumberg • Telefon 0 77 36 / 5 46
E-Mail: JGiersig@t-online.de

11415

Lenzkirch
GPS: N 47°51´32" - E 8°13´42"

EZ ab € 59,00
DZ ab € 96,00

80 38 HP Tipp

In Lenzkirch, nahe dem Titisee im Schwarzwald, liegt das Hotel Ruhbühl, ideal für Urlaub und Erholung. Schöne Zimmer mit separater Sitzgelegenheit und Balkon, ausgezeichnete gutbürgerliche Küche, Tennisplätze, Hallenbad, Sauna, Solarium und Kegelbahnen bieten alles für einen angenehmen Aufenthalt. Nach langen Ausflügen stärken Sie sich in unserem Restaurant. Unsere Köche mit langjähriger Erfahrung, sorgen für hervorragendes Essen. Garage, Trockenraum und natürlich traumhafte Tourentipps liegen für Sie bereit.

Am Schönenberg 6 • 79853 Lenzkirch • Telefon 0 76 53 / 68 60 • Fax 0 76 53 / 68 65 55
E-Mail: info@hotel-ruhbuehl.de • www.hotel-ruhbuehl.de

12574

vom
Schwarzwaldhotel Ruhbühl in Lenzkirch

Wir starten am Schwarzwaldhotel Ruhbühl in Lenzkirch in Richtung Bonndorf. Entlang dem Ursprung der Wutachschlucht beginnt auch schon die erste der vielen traumhaft kurvigen Strecken im Südschwarzwald. In Bonndorf angekommen biegen wir rechts ab Richtung Steinatal. Entlang der Steina geht es kurvig weiter Richtung Tiengen. Sie kennen das Gebotsschild „Achtung kurvige Strecke", auf dieser Stecke steht auf alle Fälle eines. In Tiengen angekommen geht's Richtung Gurtweil und von da an entlang dem Bach Schlücht bis Grafenhausen. Ein weiteres Mal zieht sich die kurvige Straße entlang von Felswänden zurück in die Höhen des Hochschwarzwaldes. Am Heimatmuseum „Hüsli" ist das Häuschen von Dr. Brinkmann aus der Schwarzwaldklinik zu sehen. Weiter geht's zur Staatsbrauerei Rothaus, wo das schon legendäre „Tannenzäpfle" gebraut wir. Weiter geht es zum Schluchsee, an der Staumauer vorbei Richtung St. Blasien, wo der 3. größte Kuppeldom Europas steht. In Richtung Bernau geht es rechts ab an Menzenschwand vorbei die nächsten Kurven hoch über das Äulemer Kreuz zurück an den Schluchsee. Über Raitenbuch führt uns der Weg durch das idyllischen Tälchen zurück nach Lenzkirch.

12574

Lörrach
GPS: N 47°36´39" - E 7°39´40"

EZ ab € 49,00
DZ ab € 69,00

60 31 HP

Hotel Meyerhof ★★★

Das Hotel Meyerhof ist ein modernes Cityhotel im Stadtzentrum von Lörrach. Die Nähe zu Basel und der Messe Basel, Weil am Rhein und Frankreich bietet Motorradfahrern einen idealen Ausgangspunkt für ihre Aktivitäten. Unsere Zimmer sind mit Bad/Dusche und WC, Kabel-TV, Telefon und kostenlosem Internet (WLAN), Minibar und Zimmersafe ausgestattet. Lift, Fax-Service, kostenlose Tiefgaragen-Parkplätze, 24h-Check-In. Wir laden Sie herzlich in unser Restaurant Zorbas ein, welches sich gleich neben dem Cityhotel Meyerhof befindet. Es erwartet Sie eine sehr vielfältige mediterrane Küche, serviert von der gleichen Gastfreundschaft, die Sie auch im Hotel erwartet.

Basler Str. 162 • 79539 Lörrach • Telefon 0 76 21 / 9 34 30 • Fax 0 76 21 / 93 43 4
E-Mail: info@hotel-meyerhof.com • www.hotel-meyerhof.com

114

Loßburg

GPS: N 48°25´02" - E 8°26´43"

Unser neu erbautes Haus, nur wenige Gehminuten vom Ortskern entfernt, bietet Ihnen mit seiner betont familiären Atmosphäre alle Voraussetzungen für einen erholsamen Urlaub. Ein gemütlicher Frühstücks- und Aufenthaltsraum mit Kachelofen lädt auch an kalten Tagen zum Verweilen ein. Sonnenterrasse und Liegewiese in frischer, gesunder Luft, tragen zu Ihrem Wohlbefinden bei. Komfortable, wohnliche Zimmer mit Sitzecke, Dusche, WC, Durchwahltelefon, TV, Terrasse oder Balkon. Hier werden Sie sich schnell wohlfühlen. Für Ihr Motorrad stellen wir eine abschließbare Garage zur Verfügung. Eine kleine Schrauberecke sowie einen Trockenraum halten wir für Sie bereit. Für interressante Tourentipps in der Region sprechen Sie uns einfach an.

Freudenstädter Str. 25 • 72290 Loßburg • Telefon 0 47 46 / 9 51 60 • Fax 0 47 46 / 9 10 90
E-Mail: info@gaestehaus-linde.de • www.gaestehaus-linde.de

11652

Marxzell-Schielberg

GPS: N 48°50´35" - E 8°26´55"

Kehren Sie ein fühlen Sie sich wohl. In unseren modernen Gästezimmern finden Sie schnell die Ruhe und Entspannung die Sie nach einer anstrengenden Tour brauchen. Dazu eine gutbürgerliche Küche die Sie mit regionalen und überregionalen Speisen verwöhnt. Morgens erwartet Sie dann ein reichhaltiges Frühstücksbuffet für einen gelungen Start in den Tag. Eine Garage für Ihr Motorrad haben wir selbstverständlich auch eingerichtet sowie einen kleinen Trockenraum für nasse Kleidung. Wir freuen uns auf Ihren Besuch.

Frauenalber Str. 18 • 76359 Marxzell-Schielberg
Telefon 0 72 48 / 9 20 20 • Fax 0 72 48 / 92 02 92

11589

Maulburg

GPS: N 47°38´57" - E 7°46´13"

Hotel-Restaurant "Zum Goldenen Wagen"

Der "Goldenen Wagen" liegt mitten im Deiländereck D-F-CH, zwischen Südschwarzwald, Elsaß und Alpen mit all seinen Kurven und Sehenswürdigkeiten. Robby, der Chef, nimmt sich gerne Zeit seinen Gästen die schönsten Strecken des Südschwarzwaldes auf seiner Yamaha zu zeigen. Weitere Tagestourziele sind die Schweizer Alpenpässe wie auch das Elsaß mit all seinen Reizen. Lasst Euch einfach faszinieren ... Ich wünsche Euch eine allseits Schrott- und gebührenfreie Fahrt, Euer Robby.

Hüsinger Str. 2-4 • 79689 Maulburg • 0 76 22 / 6 86 20 • Fax 0 76 22 / 95 78
E-Mail: info@goldener-wagen.de • www.goldener-wagen.de

12008

Geben auch Sie eine Bewertung zu Ihrem Aufenthalt ab

Müllheim-Niederweiler
GPS: N 47°48´21" - E 7°38´55"

EZ ab € 45,00
DZ ab € 68,00

36 | 9 | HP

Hotel-Gasthaus "Warteck"

Ruhig, modern ausgestattetes Hotel, ca. 1km bis Badenweiler. Von hier aus haben Sie traumhafte Motorradstraßen zum Cruisen bis in die Schweiz (ca. 30km) oder zu den Vogesen (ca. 50km). Motorradfahrer sind unsere liebsten Gäste. Wir verwöhnen Sie mit traditioneller und internationaler Küche. Wir freuen uns sehr auf Ihren Besuch!

Weilertalstr. 7 • 79379 Müllheim • Telefon 0 76 31 / 29 40

12528

Oberharmersbach
GPS: N 48°20´18" - E 8°09´13"

DZ ab € 50,00

Berggaststätte-Wanderheim Brandenkopf

Der schönste Aussichtspunkt im mittleren Schwarzwald auf 945m Höhe mit einmaliger Aussicht auf den Schwarzwald, die Vogesen, die Schwäbische Alp und die Alpen. Hier in unserer gemütlichen und herzlichen Atmosphäre servieren wir Ihnen badische Küche sowie Schwarzwälder Spezialitäten aus bekannt guter Küche. Ihr Motorrad können Sie direkt vor der Tür abstellen. In unseren gemütlichen Zimmern werden Sie sich schnell wohl fühlen. Eine kleine Schrauberecke und ein Platz wo Sie Ihr Motorrad sauber machen können haben wir selbstverständlich auch für Sie. Gerne geben wir Ihnen auch interessante Tourentipps für die Region.

Brandenkopf 1 • 77784 Oberharmersbach • Telefon 0 78 31 / 61 49 • Fax 0 78 31 / 96 60 14
E-Mail: info@brandenkopf.net • www.brandenkopf.de

11568

Oberharmersbach-Hark
GPS: N 48°22´30" - E 8°11´09"

EZ ab € 18,00
DZ ab € 40,00

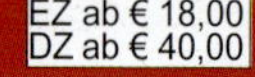

Harkhof

Herzlich willkommen in ländlicher Idylle. Als Etappenziel für große Touren. Als einmaliges Erlebnis für tolle Familienferien. Sie übernachten in schönen, geräumigen Zimmern. Oder zünftig und preisgünstig im Matratzenlager. In der gemütlichen Gaststube gibt's Hausmacherspezialitäten aus eigener Schlachtung, selbstgebackenes Holzofenbrot und auch der Schnaps ist von selbstgebrannter Reinheit. Sind das nicht beste Aussichten zum Pläneschmieden.

Hark 1 • 77784 Oberharmersbach • Telefon 0 78 37 / 8 35 • Fax 0 78 37 / 92 92 35
E-Mail: vesperstube.hark@harkhof.de • www.harkhof.de

1156

Oberkirch-Nußbach
GPS: N 48°31´42" - E 8°01´58"

EZ ab € 39,00
DZ ab € 68,00

29 | 16

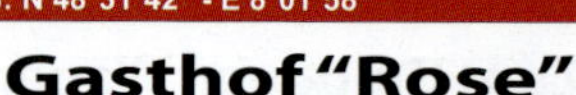

Unser familiär geführtes Haus, das schon seit Generationen in Familienbesitz ist liegt in der Vorbergzone des Schwarzwaldes, in Herztal, einem Ortsteil von Oberkirch. Durch die sehr ruhige Lage in einer traumhaft schönen Gegend des mittleren Schwarzwaldes ist es der ideale Platz für einen erholsamen Kurzurlaub oder auch für Ihren Ferienaufenthalt (nahe der badischen Weinstraße). In dem ausgezeichneten Angebot unserer Küche finden Sie alles - Vom herzhaften Vesper bis zum erlesenen Menü, sowie bekannte Schwarzwälder Spezialitäten und dazu einen badischen Wein aus heimischem Anbau. Unsere Zimmer sind für Sie wie eine zweites Zuhause "komfortabel, gemütlich und bequem" mit Dusche/WC größtenteils Sat/TV und Balkon, mit herrlichem Ausblick auf Wiesen, Wald und unberührte Natur.

Herztal 88 • 77704 Oberkirch-Nußbach • Telefon 0 78 05 / 9 55 50 • Fax 0 78 05 / 95 55 5
E-Mail: info@die-rose-im-herztal.de • www.die-rose-im-herztal.de

115

Pfalzgrafenweiler-Kälberbronn

GPS: N 48°31´36" - E 8°31´11"

EZ ab € 42,00
DZ ab € 48,00

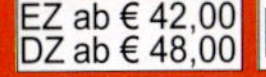

★★★★ Hotel Waldsägmühle

Waldsägmühle 1 • 72285 Pfalzgrafenweiler-Kälberbronn
Telefon 0 74 45 / 8 51 50 • Fax 0 74 45 / 67 50
E-Mail: waldsaegmuehle@t-online.de • www.waldsaegmuehle.de

Genießerparadies inmitten weiter Natur, Schwarzwald pur und Ruhepol für Erholungssuchende und trotzdem in einer zentralen Lage. Das kulinarische Angebot von Küche und Keller ist dem hohen Standard des Hotels angemessen. Die „Waldsägmühle" darf sich der Auszeichnungen in verschiedenen renommierten Hotel- und Restaurantführern erfreuen. Unsere Zimmer sind zu schön um nur die Nacht darin zu verbringen. So richtig zum Wohlfühlen sind die Gästezimmer in der "Waldsägmühle" geschaffen. Ein zweites Zuhause. Mit viel Liebe zum Detail und zur Ästhetik besticht die Gestaltung der Zimmer aber auch der Bäder mit ihrer wohldurchdachten Funktionalität.

11801

Rastatt

GPS: N 48°51´36" - E 8°12´01"

EZ ab € 63,00
DZ ab € 80,00

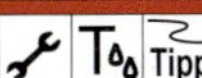

Hotel "Zum Engel"

Das Gasthaus "ENGEL" ist seit 1919 in Familienbesitz und liegt zentral in der Stadtmitte. In unserem 1996 renoviertem Hotel finden Sie 15 modern eingerichtete Zimmer mit Dusche, WC, Kabel-TV, Selbstwahltelefon, Minibar, Tiefgarage und Parkdeck. Auf Anfrage auch ruhige Zimmer zum Innenhof. In unserem gemütlichen Restaurant bieten wir Ihnen Gerichte aus der "badischen Küche". Unser Hotel ist durchgehend geöffnet, die Küche ist samstags und sonntags geschlossen!

Kaiserstr. 65 • 76437 Rastatt • Telefon 0 72 22 / 7 79 80
E-Mail: info@hotel-engel-rastatt.de • www.hotel-engel-rastatt.de

12639

Rheinfelden

GPS: N 47°33´32" - E 7°47´17"

EZ ab € 68,00
DZ ab € 94,00

Hotel-Restaurant "Danner" ★★★

Unser Hotel & Restaurant liegt mitten in der Stadt Rheinfelden (Baden). Das Hotel & Restaurant Danner ist eine Perle der örtlichen Architektur. Unser Restaurant bietet Ihnen außer gutbürgerlichen, deutschen Gerichten und badischen Spezialitäten durchaus auch Kreationen der internationalen Küche. Unsere Zimmer sind alle mit Internetzugang, Telefon, teilw. Minibar, Nichtraucher, Dusche/WC, Föhn, TV, Kabel-/Sat.- Anschluss ausgestattet und bieten die nötige Erholung nach einer schönen Motorradtour. Zudem bieten wir Ihnen eine Garage für Ihr Motorrad an. Ein reichhaltiges Frühstücksbuffet und ein Lunchpaket für die nächste Etappe runden das Angebot ab. Wir freuen uns auf Sie.

Alte Landstr. 1 • 79618 Rheinfelden • Telefon 0 76 23 / 7 21 70 • Fax 0 76 23 / 6 39 73
E-Mail: reservation@hoteldanner.de • www.hoteldanner.de

12451

Geben auch Sie eine Bewertung zu Ihrem Aufenthalt ab

Rheinfelden

GPS: N 47°33´24" - E 7°43´57"

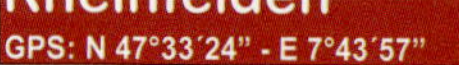

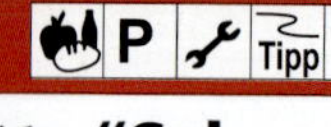

Gaststätte "Schwarzer Adler"

Herzlich willkommen in der Gaststätte "Schwarzer Adler" der ideal gelegenen Gaststätte auf Ihrer Tour. Steigen Sie ab und machen Sie Pause in unserem großen, schön angelegten Biergarten. Fragen Sie nach unseren speziellen Bikerangeboten (Schnitzelparade). Von hier aus haben Sie den idealen Ausgangspunkt für verschiedene Touren. Basel ist von uns aus nur ca. 10km entfernt. Wir stehen Ihnen jederzeit für Tourentipps und Ausflugsziele zur Verfügung. Mittwoch - Ruhetag.

Hauptstr. 27 • 79618 Rheinfelden-Herten • Telefon 0 76 23 / 44 72 • Fax 0 76 23 / 4 00 19

12452

von der
Gaststätte Schwarzer Adler in Herten

Ausgangsort ist Rheinfelden. Entlang der B34 über Schwörstadt erreichen wir Bad Säckingen. Hier besichtigen wir die berühmteste, überdachte und älteste Holzbrücke von Deutschland. Anschließend lädt ein Stadtbummel in die Innenstadt ein. Weiter in der Rheinebene bis Waldshut geht´s dort steil hinauf über die B500 zum Hotzenwald. Ein kurzer Stopp und die Aussicht auf das Rheintal, eventuell Schweizer Alpen, kann bestaunt werden. Langsam knurrt der Magen, ein Anhalten direkt neben der B500 ist ein Muss. Das Brauhaus Waldhaus ist bekannt für eines der besten Biere der Region. Natürlich gibt´s auch etwas Zünftiges zum Essen dazu. Gestärkt geht´s weiter Richtung Schluchsee. Hier lassen wir uns von der schönen Landschaft beeindrucken, bis wir den nächsten See erreichen, den Titisee. Nach einer Pause geht´s hinauf zum Feldberg. Wiederholt lädt der Feldberger Hof zum Verweilen ein. Eine kurvenreiche Abfahrt nach Todtnau und weiter Richtung Todtnauberg. Wir erreichen die höchsten Wasserfälle (97 Meter) Deutschlands. Weiter auf der B317 Richtung Schönau nach Schopfheim, biegen wir in Maulburg hinauf zum Dinkelberg um nach Rheinfelden zu gelangen.
Ca. 180km.

12452

Rheinhausen

GPS: N 48°14´20" - E 7°42´46"

Wernehts Landgasthof Hirschen

Bei uns finden Sie garantiert das, was Sie suchen. Vom Einzelzimmer bis zum Appartement für die große Familie bietet Ihnen unser Haus jede Möglichkeit für einen entspannenden aber erlebnisreichen Aufenthalt. Für Ihr Motorrad steht eine Garage zur Verfügung. Alle unsere 25 Zimmer sind komfortabel mit Dusche, WC und größtenteils Sat-TV ausgestattet. In unserem Appartement finden Sie einen eigenen Balkon, auf dem Sie gemeinsam die warmen Sommerabende genießen können. Die Küche ist das Herzstück unseres Landgasthofes. Ob Sie sie im Restaurant, im Nebenzimmer, im Biergarten oder in unserer Theresia-Stube genießen - sie wird Ihnen einen unvergesslichen Eindruck unserer Kochkunst hinterlassen.

Hauptstr. 39 • 79365 Rheinhausen • Telefon 0 76 43 / 67 36 • Fax 0 76 43 / 4 03 89
E-Mail: info@wernethslandgasthof.de • www.WernethsLandgasthof.de

1146

Rickenbach OT Altenschwand

GPS: N 47°38´12" - E 7°58´42"

★★★ Hotel-Restaurant "Zum Salpeterer"

Das Drei-Sterne-Hotel liegt 800 m.ü.d.M und bietet neben der vollkommenen Ruhe zum Erholen auch etliche attraktive Freizeitmöglichkeiten. Die modernen, rundum mit Edelholz verkleideten Zimmer entsprechen hohen Erwartungen und haben Bad oder Dusche/WC, Radio, Durchwahl-Telefon, Satelliten-TV, Videorekorder (nutzen Sie unsere Gratis-Videothek), Tresor, Kaffeemaschine, Minibar und zum Teil einen Südbalkon, von dem aus Sie bei klarem Wetter den Blick bis zu den Alpen genießen können. Für höhere Ansprüche stehen geräumige Appartements und Suiten mit Wohnraum und 1 oder 2 Schlafräumen zur Verfügung, die zum Teil mit einem Achteck-Wasser-Himmelbett, eigener Bar, Sauna oder einem Großbild-TV ausgestattet sind.

Altenschwand 28 • 79736 Rickenbach • Telefon 0 77 65 / 3 68 • Fax 0 77 65 / 83 98
E-Mail: mail@hotel-salpeterer.de • www.hotel-salpeterer.de

114

Riegel am Kaiserstuhl

GPS: N 48°09´03" - E 7°44´59"

EZ ab € 35,00
DZ ab € 64,00

Gasthof - Hotel Kopf

Im Gasthof Kopf mit seinem Gästehaus Ute können Sie eines ganz besonders: Gast sein im besten Sinne des Wortes! Lassen Sie sich verwöhnen. Rustikales, gemütliches Restaurant, gutbürgerliche Küche und saisonale Spezialitäten. Gartenwirtschaft, Zimmer mit Dusche, WC, SAT-TV, Telefon, Modem, Faxanschluss. Ruhig gelegenes rustikales Gästehaus Ute, Sauna, zentraler Ausgangspunkt für viele schöne Motorradtouren, abschließbare Stellplätze für Ihre Motorräder. Behaglich und erholsam zu allen Jahreszeiten ... Gastlichkeit durchs ganze Jahr!

Hauptstr. 30 • 79359 Riegel • Telefon 0 76 42 / 90 88 90
Fax 0 76 42 / 88 45 • www.gasthof-kopf.de

12594

Schluchsee

GPS: N 47°49´14" - E 8°10´22"

EZ ab € 38,00
DZ ab € 64,00

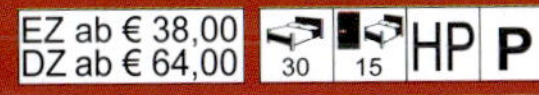

Pension am See

Unsere Pension liegt in malerischer Landschaft am Schluchsee in der Wolfsgrundbucht. Dazu gehört eine Liegewiese mit direktem Seezugang und eigenem Badestrand. Das hauseigene Ruderboot kann gegen eine Gebühr gemietet werden. Das Dorfzentrum ist in ca. 8 Gehminuten zu erreichen. 12 geräumige Doppelzimmer mit Vorraum, Dusche/WC, davon 8 Zimmer mit Balkon (die Zimmer können zum Teil auch als 3-Bett Zimmer gebucht werden) sowie 2 kleinere Doppelzimmer zur Alleinbenützung mit Vorraum, Dusche/WC. Reichhaltiges Frühstücksbuffet - 3 Gänge Abendmenü (auf Wunsch) - Lift - Getränkekühlschrank & Snacks in Selbstbedienung.

Im Wolfsgrund 1 • 79859 Schluchsee • Telefon 0 76 56 / 5 13 • 0 76 56 / 98 81 74
E-Mail: info@pension-am-schluchsee.de • www.pension-am-schluchsee.de

11414

Schluchsee

GPS: N 47°49´07" - E 8°10´56"

EZ ab € 41,00
DZ ab € 67,00

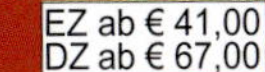

Hotel-Restaurant "Mutzel"

Wohl ausgeruht am Morgen, den richtigen Schwung holen und bei einem reichhaltigen Frühstück in unserem gemütlichen Kachelofen-Stübli gutgelaunt den Tag planen. Unsere Zimmer sind geschmackvoll eingerichtet und mit Dusche oder Bad / WC, Telefon, Color-TV und Radio ausgestattet. Vom eigenen Balkon haben Sie einen herrlichen Ausblick. Zwei volleingerichtete Ferienappartements stehen ebenfalls zu Ihrer Verfügung. Den Tag genießen, Sonne tanken. Die große Café-Terrasse lädt zum Verweilen ein. In unserem Restaurant finden Sie alles, was Essen und Trinken zum Erlebnis macht. Vegetarische Gerichte, Wild- und Fischspezialitäten - dazu ein Glas aus dem gutsortierten Weinkeller.

Im Wiesengrund 3 • 79859 Schluchsee • Telefon 0 76 56 / 9 87 99 90 - 100
Fax 0 76 56 / 91 75 • E-Mail: HotelMutzel@aol.com • www.sbo.de/mutzel

11457

Schömberg

GPS: N 48°47´15" - E 8°38´34"

EZ ab € 45,00
DZ ab € 72,00

50 36 HP Tipp

Unser familiär geführtes *** Hotel liegt im Herzen des schönen Kurortes Schömberg, jedoch abseits der Hauptstrasse in einem der schönsten waldumkränzten Hochtäler im Naturpark Schwarzwald. Im Sommer lädt unsere Gartenterrasse zum Verweilen ein. Entspannen Sie in komfortablen Zimmern alle mit Dusche/Bad, WC, Radio, ISDN- Telefon, SAT-TV teilweise Balkon, die Sie bequem mit dem Lift erreichen. Genießen Sie unsere weitbekannte, ausgezeichnete Küche mit Schwarzwälder sowie internationalen Spezialitäten, auch Sie werden begeistert sein. Für weitere Aktivitäten steht Ihnen Gymnastikraum, und Tischtennis zur Verfügung.

Hugo-Römpler-Str. 21 • 75328 Schömberg • Telefon 0 70 84 / 64 12 • Fax 0 70 84 / 52 72
E-Mail: moenchs-lamm@t-online.de • www.moenchs-lamm.de

11588

Schömberg

GPS: N 48°47´28" - E 8°39´06"

EZ ab € 21,00
DZ ab € 42,00

Pension Wiesental

Unsere Pension bietet helle, gemütliche Mehrbettzimmer. Jedes Zimmer verfügt über ein Waschbecken. Dusche sowie WC befinden sich auf der Etage. Jedes Stockwerk verfügt über einen geräumigen Aufenthaltsraum mit Fernseher. Unser Bistro ist durch seine verschiedenen Räumlichkeiten sehr gemütlich und hell. Unsere Küche bereitet vom Gericht für den kleinen Hunger über Flammkuchen bis zum schwäbischen Zwiebelrostbraten was Ihr Herz begehrt. Unser gemütlicher Biergarten mit seinen ca. 100 Sitzplätzen wird an warmen Tagen gerne heimgesucht. Egal ob zum Eis -, Mittag - oder Abendessen. Bei unserer durchgehend geöffneten Küche bleiben keine Wünsche offen. Bei schönem Wetter grillen wir auch gelegentlich für Sie!

Talstr. 74 • 75328 Schömberg • Telefon 0 70 84 / 42 91 • Fax 0 70 84 / 78 85
E-Mail: wiesental@t-online.de • www.pension-wiesental.de

12642

Schönwald

GPS: N 48°05´59" - E 8°12´00"

EZ ab € 27,00
DZ ab € 52,00

Hotel-Pension "Schwarzwaldtanne"

Die Schwarzwaldtanne liegt ruhig und doch zentral bei den Kuranlagen in sonniger und unverbauter Waldnähe. Viele Freizeiteinrichtungen wie Tennisplatz, Freibad, Hallenbad, Minigolf. Unser Hotel besteht aus 13 Zimmern. Die Zimmer sind mit Dusche, WC, TV und teilweise Balkon ausgestattet. Ein Solarium und eine Liegewiese stehen unseren Gästen zur Verfügung. Unsere reichhaltige Speisekarte können Sie in unserem Restaurant genießen. Von der Forelle bis zum Steak, über hausgemachtes Vesper haben wir alles im Angebot. Unser Restaurant lädt zum gemütlichen Essen sowie zu Festlichkeiten ein.

Ludwig-van-Beethoven-Str. 7 • 78141 Schönwald • Telefon 0 77 22 / 48 35 • Fax 0 77 22 / 86 67 29
E-mail: info@schwarzwaldtanne.de • www.schwarzwaldtanne.de

1151

Schönmünzach
GPS: N 48°36´08" - E 8°21´33"

EZ ab € 40,00
DZ ab € 78,00

★★★ Hotel-Café Klumpp

Schönmünzach 95
72270 Schönmünzach
Telefon 0 74 47 / 9 46 70
Fax 0 74 47 / 94 67 67
E-Mail: info@hotel-klumpp.de
www.hotel-klumpp.de

In herrlicher, bevorzugter Lage von Schönmünzach - fernab von Straßenlärm und Hektik heißt Sie unser schönes ansprechendes Haus willkommen. Sie werden feststellen, dass wir uns dem leiblichen Wohl unserer Gäste in besonderer Weise widmen. Unser Chef legt großen Wert auf frische, leichte, regionale Küche - heimische Produkte werden dabei bevorzugt.
Sie können Ihren Aufenthalt zwischen hochwertigen Landhauszimmern im Hotel oder auch günstige Alternativen in unseren Gästehäusern je nach Geschmack wählen.
Genießen Sie auf unserer Wellnessinsel ruhige, entspannende Momente während einer Beauty-Behandlund bzw. Wohlfühlmassage.
Zum sportlichen Ausgleich stehen Schwimmbad, Fahrräder und im Sommer Tennis und Tischtennis zur Verfügung. Wir freuen uns auf Sie!

11653

Schönwald
GPS: N 48°06´37" - E 8°12´17"

EZ ab € 54,00
DZ ab € 90,00

Hotel Silke

Unser Hotel bietet Ihnen gemütliche Doppelzimmer und Einzelzimmer, aufgeteilt in zwei miteinander verbunden Einzelhäusern. Außerdem befinden sich in unserem Gästehaus direkt neben dem Hotel noch weitere 3 Doppelzimmer und 2 Familienzimmer (2 Räume). Alle Zimmer sind ausgestattet mit Dusche/WC, Telefon, Kabel-TV, Radio und Sitzmöglichkeit. Größtenteils verfügen die Zimmer über Balkon oder Terrasse. In unserem Restaurant bieten wir eine Auswahl an regionalen und internationalen Gerichten. Für Pensionsgäste servieren wir überwiegend ein täglich wechselndes 4-Gang-Menü an. Die Menüs variieren wir auch saisonal als Teil- oder Themenbüffets. Idealer Ausgangspunkt für zahlreiche Motorradtouren im Schwarzwald, in die Schweiz und ins Elsass!

Feldbergstr. 8 • 78141 Schönwald • Telefon 0 77 22 / 95 40 • Fax 0 77 22 / 78 40
E-Mail: info@hotel-silke.com • www.hotel-silke.com

12611

Schuttertal
GPS: N 48°16´14" - E 7°57´19"

EZ ab € 27,00
DZ ab € 46,00

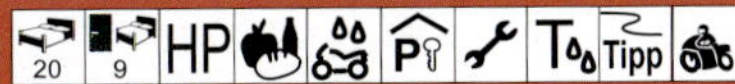
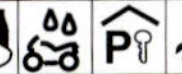
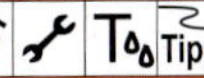

Gasthaus-Pension "Schutterblick"

Hallo Biker! Wir sind selbst leidenschaftliche Motorradfahrer und heißen alle Motorradfreunde und Motorradgruppen herzlich in unserem Hause willkommen. Allen Bikern können wir im Schutterblick auch unser besonderes "Biker-Menü" anbieten. Viele Motorrad-Gruppen zählen schon seit Jahren zu unseren Stammgästen und kommen immer wieder gerne zu uns ins Schuttertal. Unsere Gästezimmer sind komfortabel eingerichtet. Alle Zimmer besitzen Dusche oder Bad / WC und TV, teilweise ausgestattet mit Minibar und Balkon. Wir bieten Ihnen Vollpension oder Halbpension • Einzelzimmer, Doppelzimmer • Dreibett- und Vierbettzimmer.

Talstr. 27 • 77978 Schuttertal • Telefon 0 78 23 / 25 25 • Fax 0 78 23 / 55 34
E-Mail: info@schutterblick.de • www.schutterblick.de

12635

Schuttertal

GPS: N 48°16´09" - E 7°57´24"

EZ ab € 37,00
DZ ab € 66,00

Gasthof & Pension Krone

Unsere bekannt gute Küche mit verschiedenen Spezialitäten sorgt für genussvolle Gaumenfreude. Hier kocht der Chef noch selbst. Seit über 160 Jahren im Familienbesitz! Schöner Biergarten, hauseigene Parkplätze. Sie übernachten bei uns in komfortabel eingerichteten Nichtraucherzimmern. Diese sind mit Dusche, WC, Haarföhn, Farbfernseher, Durchwahltelefon und zum Teil mit Balkon ausgestattet. In unserem neu renovierten Frühstücksraum erwartet Sie ein reichhaltiges Frühstücksbüffet. Die geschmackvolle und komfortable Einrichtung der Gästezimmer und der Ferienwohnung macht unseren Gästen den Aufenthalt so angenehm wie möglich.

Fam. Rowald • Talstr. 20 • 77978 Schuttertal • Telefon 0 78 23 / 24 34
E-Mail: krone.schuttertal@t-online.de • www.krone-schuttertal.de

12637

Schuttertal-Dörlinbach

GPS: N 48°14´19" - E 7°58´15"

Landgasthaus Lieberatsberg

Der ideale Zwischenstopp für Ihre Motorradtour durch den Schwarzwald!!! Wir bieten eine gut bürgerliche Küche - durchgehend warme Küche bis 21.00 Uhr! Eigene Schlachtung und Brotherstellung. Großer Biergarten. Donnerstag Ruhetag.

Lieberatsberg 2 • 77978 Schuttertal-Dörlinbach • Telefon 0 78 26 / 7 19
Fax 0 78 26 / 96 68 97 • E-Mail: lieberatsberg@t-online.de

12636

St. Blasien

GPS: N 47°45´40" - E 8°07´50"

EZ ab € 45,00
DZ ab € 80,00

16 9 HP Tipp

Restaurant-Café "Dom-Hotel" ***

Der heilklimatische Luft- und Kneippkurort St.Blasien (760 m ü.M.) im südl. Schwarzwald bietet sich an für Tagesausflüge in die Schweiz, an den Bodensee und nach Frankreich. Es erwarten Sie wohnlich eingerichtete Gästezimmer - alle mit Dusche, WC, Telefon und Farb-TV, teilweise mit Mini-Bar. Wir pflegen die klassische Küche und die hochgeschätzten, regionalen Rezepte. Unser Küchenchef hält neben der Speisenkarte eine jahreszeitlich abgestimmte Auswahl an Tagesgerichten für Sie bereit, ebenso Menüs und spezielle Arrangements für Festlichkeiten nach Ihren Wünschen.

Hauptstr. 4 • 79837 St. Blasien • Telefon 0 76 72 / 92 46 90 • Fax 0 76 72 / 9 24 69 99
E-Mail: domhotelstblasien@web.de • www.dom-hotel-st-blasien.de

11456

St. Georgen

GPS: N 48°07´36" - E 8°19´46"

EZ ab € 29,00
DZ ab € 50,00

19 14

Hotel Garni Berggasthof

Schöne, ruhige, zentrumsnahe Höhenlage am Waldrand, direkt am Mittelweg. Behagliche Zimmer, gemütliche Aufenthaltsräume mit Selbstbedienungsbar, offener Kamin, Farb-TV. Sonnige Freisitze, Terrasse, Sonnendusche, Sauna, Fitnessraum. Eigene Parkplätze und Garage. Günstige Lage zu Hallenbad, Festhalle, Tennisplätzen und -halle, Trimm-Dich-Pfad. Kleine Abendkarte.

Mozartstr. 18 • 78112 St. Georgen • Telefon 0 77 24 / 62 11 • Fax 0 77 24 / 8 24 46
www.berggasthof.biz • E-Mail: berggasthof-info@t-online.de

11564

Staufen

GPS: N 47°52´54" - E 7°43,´57"

EZ ab € 70,00
DZ ab € 94,00

31 | 16 | HP | Tipp

Hotel-Restaurant-Café

"Fauststube im Löwen"

Gasthaus zum Löwen in Staufen – das drittälteste Gasthaus Deutschlands, schon Doktor Faust hat hier gelebt und gewirkt. Tauchen Sie ein in die Vergangenheit und spüren Sie den Geist dieses Alchimisten, der auf so sagenumwobene Art seine Spuren im Löwen zu Staufen hinterlassen hat. Aber nicht nur das Faustzimmer Nr. 5 birgt gemütliche Atmosphäre, auch die weiteren Zimmer, in Schwarzwälder Fichtenholz möbliert, bieten einen gehobenen Komfort mit Bad oder Dusche/WC, Sat-TV, Telefon und Hot-Spot. Lassen Sie die Seele einfach baumeln. Genießen Sie in der historischen Gaststube und der Fauststube mit den kunstvollen Wandgemälden, die kulinarischen Köstlichkeiten, als kleinen Snack für zwischendurch oder als Menü mit ausgesuchten Weinen aus der Region. Küche und Keller haben für jeden Geschmack das Passende. Und die warmen Sommertage lassen sich auf der neu gestalteten Terrasse im Flair der Staufener Altstadt, mit mediterranen Genüssen wunderbar verleben. Fahren Sie doch einfach mal vorbei – Sie werden begeistert sein!

Rathausgasse 8 • 79219 Staufen • Telefon 0 76 33 / 9 08 93 90 • Fax 0 76 33 / 9 08 93 95 00
E-Mail: willkommen@fauststube-im-loewen.de • www.fauststube-im-loewen.de

11459

Steinbach

GPS: N 48°43´42" - E 8°09´33"

EZ ab € 39,00
DZ ab € 55,00

14 | 7 | HP | Tipp

Gasthaus Zum Hirsch

Herzlich willkommen in unserem gemütlichen und familiären Gasthaus. In unseren Zimmern werden Sie sich schnell wie zu Hause fühlen. Ausgestattet mit TV, Telefon und Bad/WC bieten wir den Komfort den Sie erwarten. Unsere Küche verwöhnt Sie mit regionalen aber auch überregionalen frischen Speisen und Getränken. Einen Parkplatz für Ihr Motorrad bieten wir Ihnen selbstverständlich auch an. Der Chef unseres Hauses fährt selbst Motorrad. Für interessante Tourenvorschläge können Sie Ihn jederzeit ansprechen.

Steinbacher Str. 68 • 76534 Baden-Baden • Telefon 0 72 23 / 8 08 86 80 • Fax 0 72 23 / 80 88 68 10
E-Mail: info@hirsch-rebland.de • www.hirsch-rebland.de

11654

vom Gasthaus Hotel Hirsch in Steinbach

Wir starten vom Hirsch in Steinbach und fahren auf der B3 - Sinzheim-Baden-Oos-Haueneberstein 16,5km. Hier kann man das Schloss Favorite besichtigen. Weiter geht´s auf der B3 nach Kuppenheim, hier verlassen wir die B3 und fahren Richtung Oberndorf-Gaggenau auf die B462. Wir sind jetzt ca. 30km gefahren - fahren auf der B462 weiter nach Gernsbach-Scheuern. Hier biegen wir links auf die Deutsche-Alleenstraße über Loffenau - Bad Herrenalb nach Marxell. Weiter geht es nach Langenalb-Connweiler-Schwann-Richtung Dennach. 2km außerhalb bfindet sich der Motorradtreff Schwanner Warte.Weiter nach Dennach geht es im Wald links Richtung Eyachtal-Neuenbürg.Wir kommen auf die B294 und fahren Richtung Bad Wildbad. Nun kommt Calmbach. Wir fahren an der Enz entlang nach Enzklösterle. Weiter auf der B294 Richtung Freudenstadt-Baiersbronn. Wir sind zurück im Murgtal und fahren Richtung Rastatt. In Raummünzach fahren wir links hoch zur Schwarzenbachtalsperre. Wir sind jetzt auf einer kurvenreichen aber auch gefährlichen Motorradstrecke (Vorsicht Laserblitzer). Nach der Talsperre geht es am Skihang Mehliskopf auf die B500 - die berühmte Schwarzwald-hochstraße. Nach einigen Kilometern verlassen wir die B500 und fahren Richtung Neuweier zurück nach Steinbach.

11654

Steinen-Höllstein

GPS: N 47°38´23" - E 7°44´43"

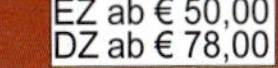
EZ ab € 50,00
DZ ab € 78,00

Hotel "Tannenhof"

Herzlich willkommen in unserem neu erbautem Haus umgeben von Wiesen und Wäldern mit einer ruhigen Umgebung. Bei uns finden Sie komfortabel eingerichtete Einzel- und Doppelzimmer mit Dusche und WC, Telefon, Fax, Farb-TV sowie Minibar vor. Sie werden sich von der 1. Minuten an wohl fühlen. Gediegene Einrichtung, sowie angenehme Atmosphäre empfangen Sie in unserem Frühstücks- und Aufenthaltsraum. Das reichhaltige Frühstücksbuffet wird Sie täglich in die richtige Stimmung versetzen den Tag optimal zu nutzen. Ihr Motorrad können Sie in einer abschließbaren Garage unterstellen.

Friedrichstr. 9/1 • 79585 Steinen • Telefon 0 76 27 / 32 68 • Fax 0 76 27 / 34 68
E-Mail: hotel-tannenhof@arcor.de • www.hotel-tannenhof-steinen.de

11612

Straubenhardt

GPS: N 48°50´16" - E 8°32´44"

EZ ab € 71,00
DZ ab € 92,00

36 22 HP Tipp

***s Landhotel Adlerhof

Der unendlich weite Panoramablick ist ein Erlebnis für jedes naturverbundene Auge. Auf Ruhebänken in der gepflegten Parkanlage um das Hotel können Sie Ihre Seele baumeln lassen. Ruhige gemütliche Gästezimmer mit Dusche, Bad, WC, Balkon, Telefon und TV lassen keine Wünsche offen. Was dem Adler schon gefiel, haben wir uns zunutze gemacht. Dieses begnadete Stückchen Erde können Sie in Ruhe und Beschaulichkeit auf der sonnengeschützten Panoramaterrasse genießen. Küche und Keller sind des Chefs Steckenpferd, weshalb köstliche selbstgemachte Kuchen und Torten ebenso selbstverständlich sind wie die hervorragende Zubereitung heimischer und internationaler Gerichte.

Mönchstr. 14 • 75334 Straubenhardt • Telefon 0 70 82 / 9 23 40
Fax 0 70 82 / 9 23 41 30 • E-Mail: info@adlerhof.de • www.adlerhof.de

12694

Titisee OZ Bruderhalde

GPS: N 47°53´43" - E 8°08´16"

P Tipp

Campingplatz Bühlhof

Bühlhofweg 13 • 79822 Titisee • Telefon 0 76 52 / 16 06 • Fax 0 76 52 / 18 27
E-Mail: hertha-jaeger@t-online.de • www.camping-buehlhof.de

Genießen Sie einen erholsamen Urlaub im Hochschwarzwald eine faszinierende Landschaft. Der einmalig schön gelegene und ruhige Ferienplatz, teilweise in Terrasse angelegten, auf einem Südplateau, mit trockenem Wiesengelände lädt zu vielseitigen Aktivitäten ein. Unser Platz ist ein idealer Ausgangspunkt für wunderschöne Biker-Touren durch den schönen Schwarzwald, zu dem Bodensee und die Schweiz (ca. 80km) oder nach dem nahgelegenen Frankreich (ca. 60km)

11512

Todtmoos

GPS: N 47°44´32" - E 8°00´31"

EZ ab € 80,00
DZ ab € 120,00

300 106 HP Tipp

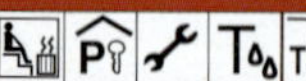

★★★★ Hotel "Fünf Jahreszeiten"

Auf dem Köpfle 1-6 • 79862 Todtmoos
Telefon 0 76 74 / 92 40 • Fax 0 76 74 / 92 41 00
E-Mail: info@hotel-fuenfjahreszeiten.de
www.hotel-fuenfjahreszeiten.de

Das HOTEL & RESORT FÜNFJAHRESZEITEN ist ein modernes und freundliches Hotel, das alles bietet, was Reisende brauchen, um sich wohl zu fühlen. Zu unseren Vorzügen gehört neben der komfortablen Ausstattung der Räumlichkeiten, dem Angebot von Restaurant, Fitness- und Wellnessbereich auch die schöne und verkehrstechnisch günstige Lage zwischen dem Dorfzentrum und der schönen Landschaft. 106 geschmackvoll eingerichtete Wohneinheiten in 6 Häusern (Doppelzimmer, Appartements sowie Suiten) warten auf Sie. Unsere komfortabel eingerichteten Hotelzimmer (Hauptgebäude und Resort) verfügen über Bad/WC, zum Teil Dusche/WC, Haartrockner, SAT-TV und Selbstwahltelefon sowie einen Kühlschrank (im Hauptgebäude).

11424

Todtmoos
GPS: N 47°45´02" - E 7°59´59"

EZ ab € 56,00
DZ ab € 100,00

★★★★ Hotel Rößle

Das Hotel Schwarzwaldgasthof Rößle, das seit der Erbauung (im Jahre 1670) in Familienbesitz ist, bietet allen Komfort eines modernen Hotels, das jeglichen Urlaubsansprüchen gerecht wird, ohne aber seinen ursprünglichen Charme verloren zu haben. Unverändert geblieben, heute wie gestern, ist die besonders herzliche, familiäre Schwarzwälder Gastlichkeit. Wer vom Rößle erzählt, weiß die exzellente Küche mit ihren vorwiegend badischen Spezialitäten zu loben. Hier kocht der Chef – und das mit Leidenschaft!

Kapellenweg 2 • 79682 Todtmoos-Strick • Telefon 0 76 74 / 9 06 60 • Fax 0 76 74 / 88 38
E-Mail: info@hotel-roessle.de • www.hotel-roessle.de

11425

vom Hotel Rößle in Todtmoos

Charakteristisch für den Südlichen Schwarzwald sind seine schöne Landschaft und die kurvenreiche Straßenführung, hervorragend geeignet für ausgedehnte Biketouren. Ideal gelegen als Ausgangspunkt für diverse ausgiebige Bike-Ausfahrten ist das Hotel Schwarzwaldgasthof Rößle in Todtmoos-Strick. Ab hier fährt man in den Hauptort Todtmoos hinunter und biegt links in Richtung St. Blasien ab. Danach folgt man dem stetig ansteigenden, kurvigen Straßenverlauf, passiert dann ein Hochebenen-Gebiet, wo u.a. die Ortschaft Mutterslehen liegt. In St. Blasien empfiehlt es sich den drittgrößten Kuppeldom Europas zu besichtigen. Die Weiterfahrt Richtung Albbruck führt uns durch das malerische Albtal, wo man auf der halben Wegstrecke links in Richtung Schachen abbiegt und es bis zu dem auf einem Hochplateau gelegenen Ort Görwihl noch mal richtig laufen lassen kann. Von hier führt die Route weiter über den Hotzenwald bis nach Bad Säckingen, wo der Besuch und die Begehung der althistorischen, hölzernen, ehemaligen Zollbrücke, welche die Schweiz mit Deutschland verbindet, ein obligatorisches Muss ist. Danach schwingen wir uns wieder in den Sattel um uns in Richtung Wehr auf den Weg zu machen. Ab Wehr reiten wir die letzten 16 km unserer Strecke durch das wunderbare wild romantische Wehratal bis nach Todtmoos hinauf, wobei nicht nur die atemberaubende Natur, einen die Luft anhalten lässt.

11425

Todtmoos
GPS: N 47°05´12" - E 7°59´23"

EZ ab € 36,00
DZ ab € 62,00

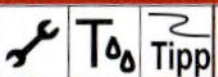

Der Gersbacher Hof liegt im heilklimatischen Luftkurort Todtmoos im südlichen Hochschwarzwald auf einer Höhe von 950 Metern und ist ein urgemütliches Schwarzwaldhaus, wo der Gast sich in familiärer Atmosphäre, mit einer ausgezeichnet guten Küche, wohl fühlen kann. Zu einer urgemütlichen Atmosphäre gehört auch ein moderner Komfort. Unsere Zimmer sind mit Dusche, WC, SAT-TV, Kosmetikspiegel, Föhn, Radiowecker und Balkon ausgestattet. Für sonnenhungrige Gäste steht eine Liegewiese zur Verfügung. Unsere auf der Südseite gelegene Terrasse lädt ein zum gemütlichem Verweilen bei Kaffee und hausgemachtem Apfelstrudel oder einem guten Glas Wein.

Hochkopfstr. 8 • 79682 Todtmoos/Todtmoos-Weg • Telefon 0 76 74 / 4 44
Fax 0 76 74 / 10 40 • E-Mail: gersbacherhof@aol.com • www.gersbacherhof.de

12456

Todtmoos-Weg
GPS: N 47°45´21" - E 7°59´16"

EZ ab € 37,00
DZ ab € 68,00

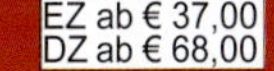

Romantisches Schwarzwaldhotel

Das Romantische Schwarzwaldhotel liegt im beschaulichen Ortsteil Todtmoos-Weg in absolut ruhiger Lage am Ende der Dorfstraße ohne Durchgangsverkehr, eingebettet in Wiesen. Man blickt von hier auf Weiden, Wälder und Berge, die vom Hochkopf (1263m) überragt werden. Die vorzügliche Badische Küche mit französischem Einschlag hat einen hervorragenden Ruf und ist weit bekannt. Das Gästehaus "Kleines Landhaus", ist nur 2 Gehminuten vom Haupthaus entfernt. Die 1 und 2 Zimmer Appartements sind ländlich-elegant eingerichtet und bieten Ihnen jeden Komfort.

Alte Dorfstr. 29 • 79682 Todtmoos-Weg • Telefon 0 76 74 / 9 05 30 • Fax 0 76 74 / 90 53 90
E-Mail: info@romantisches-schwarzwaldhotel.de • www.romantisches-schwarzwaldhotel.de

11426

Geben auch Sie eine Bewertung zu Ihrem Aufenthalt ab

Todtnau-Fahl
GPS: N 47°51´10" - E 7°59´47"

EZ ab € 45,00
DZ ab € 70,00

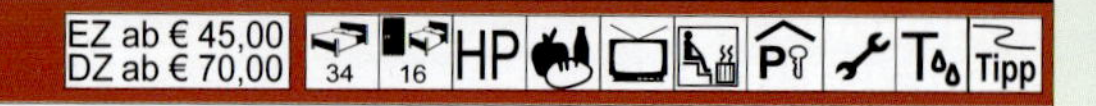

Hotel-Restaurant "Lawine"

Unser Hotel-Restaurant **LAWINE** * * * ist herrlich gelegen im südlichen Schwarzwald am Fuße des fast 1.500m hohen FELDBERGES. Hier finden Sie die bekannte Schwarzwälder Gastlichkeit - umrahmt von der familiären Atmosphäre unseres Hauses. In der architektonisch interessanten Kombination von Tradition und modernem Komfort umfasst unser Haus 18 Zimmer, die alle mit Dusche / WC, Telefon, TV und meist mit Balkon ausgestattet sind. Eine herrliche Liegewiese, Sauna, Solarium runden das Angebot ab.

Fahl • 79674 Todtnau-Fahl • Telefon 0 76 76 / 3 55 • Fax 0 76 76 / 3 66
E-Mail: hotel@lawine.de • www.lawine.de

11613

Ühlingen OT Birkendorf
GPS: N 47°44´57" - E 8°18´35"

EZ ab € 25,00
DZ ab € 44,00

Gasthof-Pension "Waldesruh"

Unsere gemütlichen Gasträume laden Sie zum behaglichen Verweilen ein. Hier können Sie vom Alltag entspannen oder zum Abschluss eines Ausfluges den Tag Revue passieren lassen. Unsere reichhaltige Speisekarte trägt das ihre dazu bei. Wir verwöhnen Sie mit einem außergewöhnlichen Service, einer gutbürgerlichen Küche mit badischen Gerichten erweitert mit italienischen Speisen wie Pizza und Pasta. Unsere Pension verfügt über 4 Doppelzimmer teilweise mit Balkon, ein Einzelzimmer mit Balkon.

Im Oberholz 11 • 79777 Ühlingen-Birkendorf • Telefon 0 77 43 / 92 96 26 • Fax 0 77 43 / 92 96 28
E-Mail: u-maier@t-online.de • www.waldesruh-birkendorf.de

11416

Ühlingen OT Birkendorf
GPS: N 47°44´45" - E 8°18´55"

EZ ab € 28,00
DZ ab € 48,00

Gasthof "Zur Post"

Unser Gasthaus gehört zum Feriengebiet Rothauser Land. Von hier aus gibt es viele Möglichkeiten für Ihre Motorradtouren (z.B. Schwarzwald, Bodensee, Schweiz). Die Gästezimmer sind mit DU/WC und Sat-TV ausgestattet. Die Restauranträume sind gemütlich eingerichtet und auch auf der überdachten Gartenterrasse können Sie sich mit gutbürgerlichen Speisen und Saisonspezialitäten stärken. Kegelbahn, Kicker, Billard, Fußball live. Großer Parkplatz für Autos, Busse und Motorräder (auch Unterstellplätze).

Schwarzwaldstr. 77 • 79777 Ühlingen OT Birkendorf • Telefon + Fax 0 77 43 / 2 04
E-Mail: Post-Schwarzwald@gmx.de • www.gasthauszurpost.com

11417

Ühlingen OT Birkendorf
GPS: N 47°45´07" - E 8°18´28"

EZ ab € 30,00
DZ ab € 50,00

24 13 HP Tipp

Hotel & Restaurant "Sonnenhof"

Hier zwischen Hochrhein und Hochschwarzwald liegt Ühlingen-Birkendorf. Was sich dem Gast hier an Naturerlebnissen bietet, ist schlichtweg einmalig. Die wildromantischen Flusstäler mit ihren Stauseen lassen jedes Motorradfahrerherz höher schlagen. Fahrgenuss und Landschaftserlebnis wirklich vom Feinsten. Eine vielseitige und hochwertige Küche erwartet Sie und unser reichhaltiges Frühstücksbuffet sorgt für die richtige Stärkung am Morgen. Genießen Sie schöne Sonnenuntergänge oder gemütliche Grillabende in unserem Biergarten. Wir bieten Ihnen gemütliche, komfortable Zimmer mit DU/WC, Balkon, TV, Telefon und Radio.

Schwarzwaldstr. 9 • 79777 Ühlingen OT Birkendorf • Telefon 0 77 43 / 9 20 10 • Fax 0 77 43 / 17 89
E-Mail: hotel-sonnenhof@t-online.de • www.sonnenhof-sonnhalde.de

11418

Vogtsburg OT Achkarren
GPS: N 48°04´02" - E 7°37´24"

EZ ab € 38,00
DZ ab € 60,00

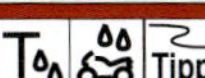

40 20 HP Tipp

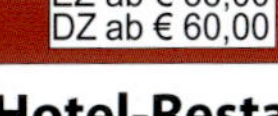

Hotel-Restaurant "Vulkanstüble"

Gemütlich- ruhiges Haus umgeben von Weinbergen. 20 Zimmer mit Dusche/WC/TV teilweise mit Balkon. Gutbürgerliche regionale Küche und Spitzenweine aus der Region. Tourenvorschläge für Schwarzwald und Vogesen vor Ort. Geführte Touren möglich da Betreiberpaar selbst Biker sind. Spezielle Bikerangebote und Rahmenprogramm siehe Homepage. Inhaber selbst Biker.

Schlossbergstr. 10 • 79235 Vogtsburg OT Achkarren • Telefon 0 76 62 / 2 07
Fax 0 76 62 / 87 54 • E-Mail: info@vulkanstueble.de • www.vulkanstueble.de

11461

Vogtsburg OT Oberrotweil
GPS: N 48°05´24" - E 7°38´11"

15 5 HP Tipp

Wein & Vesperstube "Zur Küferei"

Im Jahre 1997 wurde die alte Küferwerkstatt in eine gemütliche Wein- und Vesperstube umgebaut. In der Weinstube erinnert vieles an die alte Tradition des Küferhandwerks. Wir bieten Ihnen ein reichhaltiges warmes und kaltes Vesper, sowie die gutseigenen Weine und Edelbrände vom Weingut Wellenreiter. Ein Auszug aus unserem Angebot: Kaiserstühler Flammkuchen, Steak, Bratkartoffeln einmal anders, div, "Pfännli-Gerichte", Käse und Fleischfondue, saisonal wechselnde Spezialitäten und vieles mehr.. In unmittelbarer Nähe können wir Ihnen Zimmer vermitteln!

Bachstr. 39 • 79235 Vogtsburg OT Oberrotweil • Telefon 0 76 62 / 94 71 46
Fax 0 76 62 / 94 71 47 • E-Mail: infos@weinwelle.de • www.weinwelle.de

11462

von der Wein- und Vesperstube Zur Küferei in Vogtsburg

Unsere Tour beginnt in der sonnenreichsten Ecke Deutschlands - dem Kaiserstuhl – genauer gesagt in Vogtsburg - Oberrotweil. Durch die bekannten Weinorte wie Oberbergen, Bötzingen usw. geht es in eine der schönsten Städte Deutschlands – Freiburg. Wir begeben uns nun auf die Spuren von Dr. Brinkmann und der Schwarzwaldklinik. Über die B 3 verlassen wir Freibung in Richtung Denzlingen um unsere erste Etappe - das Glottertal - zu erreichen. Noch immer spürt man die Aura der bekannten Fernseh-sendung "Die Schwarzwaldklinik". Hinter Oberglottertal wird die Strecke dann kurvig und stimmt uns ein auf den bevorstehenden Höhepunkt ein – den Kandel -. Auf einer gut ausgebauten Waldstrecke schrauben wir uns bis auf 1.242 m. Der Kandel ist einer der höchsten Schwarzwaldgipfel und ein beliebtes Ziel für Biker und Drachenflieger. Über Waldkirch fahren wir über Obersimonswald nach Gütenbach und halten uns dann Richtung Titisee und fahren schnell wieder ins Hexenloch. Nach einem zünftigen Vesper oder einer Erfrischung geht es Richtung St. Märgen und St. Peter. Allmählich nähern wir uns wieder Freiburg in Richtung Kaiserstuhl.

11462

Waldbronn-Etzenrot

GPS: N 48°54´45" - E 8°28´02"

EZ ab € 35,00
DZ ab € 60,00

Lansgasthof-Hotel-Restaurant "Zum Strauß"

Herzlich willkommen im Hotel "Zum Strauß" in Waldbronn-Etzenrot - schön, dass Sie den Weg zu uns gefunden haben. Hier können Sie sich einfach rundum wohl fühlen. Egal, ob Sie sich ein paar Tage erholen möchten, eine Tagung in unseren Räumlichkeiten durchführen oder einfach ein Wochenende mit Ihrem Motorrad verbringen möchten: Unser gepflegtes Haus bietet Ihnen in angenehmer Atmosphäre ein breites Angebot. Wir bieten Übernachtungen im 1-3 Bett – Zimmer, reichhaltiges Frühstücksangebot, reichhaltiges Speisenangebot. Unser freundliches und aufmerksames Service-Team freut sich auf Ihren Besuch!

Hohbergstr. 21 • 76337 Waldbronn-Etzenot • Telefon 0 72 43 / 6 11 30 • Fax 0 72 43 / 62 57
E-Mail: hotel@strauss-etzenrot.de • www.hotelzumstrauss.de

12641

Welschensteinach

GPS: N 48°16´24" - E 8°01´08"

EZ ab € 30,00
DZ ab € 50,00

Gasthaus "Zum Wilden Mann"

Seit fast 200 Jahren ist das Gasthaus "Zum Wilden Mann" als gute Adresse für Urlaub und Erholung bekannt. Finden auch Sie den Weg in unser schönes Tal und genießen Sie die schwarzwälder Gastlichkeit. Das Gasthaus verfügt über vier gemütliche Gaststuben, die nach Bedarf zusammen genutzt werden können. Fragen Sie uns, wir beraten Sie gerne bei der Planung Ihrer Veranstaltung. Unsere sonnige Panoramaterrasse lädt zum Ausruhen und Kaffeetrinken ein. Wenn es das Wetter zulässt, wird hier das Speisen selbstverständlich auch ermöglicht. Unsere gepflegten Gästezimmer sind zweckmäßig eingerichtet und verfügen über Dusche, WC und nach Wunsch einem Fernsehgerät.

Dorfstr. 21 • 77790 Welschensteinach • Telefon 0 78 32 / 22 30 • Fax 0 78 32 / 6 74 90
E-Mail: info@zum-wilden-mann.net • www.zum-wilden-mann.net

11514

Wolfach im Kinzigtal

GPS: N 48°17´54" - E 8°13´23"

EZ ab € 35,00
DZ ab € 60,00

Hotel garni "Sartory"

Auf der Strecke Offenburg - Freudenstadt, am Zusammenfluss von Kinzig und Wolf - im Herzen des Schwarzwaldes - liegt das blumenreiche bildschöne Städtchen Wolfach. Im Stadtzentrum in sehr schöner ruhiger Lage liegt die Frühstücks-Pension-Sartory. Die sich ganz besonders durch seine gemütliche Atmosphäre und ihre entzückend eingerichteten Wohn- und Schlafräume auszeichnet. Biker-Garage im Hause - Parkplätze am Hause. Tagesgäste willkommen. Übernachtung mit Frühstücksbuffet pro Person und Tag 30,- €. Gruppenpreis ab 10 Personen 10% Nachlass. Alle DZ = 3-Bett mit Vorzimmer und sep. Waschgelegenheit. Wir freuen uns auf Ihr Kommen!

Hauptstr. 37 • 77709 Wolfach • Telefon 0 78 34 / 5 34
www.garni-sartory.de

11509

Yach

GPS: N 48°09´32" - E 8°05´27"

EZ ab € 24,00
DZ ab € 48,00

Landgasthaus Zum Adler

Gemütlichkeit, Gastlichkeit und Entspannung möchten wir Ihnen, lieber Gast, in unserer gemütlichen Landgasthaus Pension näher bringen. Wir bieten Ihnen zu jeder Jahreszeit gutbürgerliche Küche, frische Wildgerichte, Vesperteller, sowie täglich Kaffee und Kuchen. Ein gepflegtes Bier oder ein erlesener Wein aus unserem Keller runden das Angebot ab. Wir vermieten 3 große moderne Doppelzimmer und 1 Einzelzimmer jeweils mit Dusche und WC.

Dorfstr. 48 • 79215 Elzach-Yach • Telefon + Fax 0 76 82 / 85 94
E-Mail: christian.giessler@web.de • www.adler-yach.de

11565

Spessart
Mit dem Motorrad auf den Spuren der Räuber

Die Landschaft im Main-Viereck Hanau-Miltenberg-Wertheim-Gemünden mit ihren Naturparks und Weinbaugebieten, mit Burgen und Schlössern, mit Märchen und Sagen ist kein Massentourismus-Gebiet, sondern gewissermaßen Heimat auf Zeit für Urlauber, die Weinbergpfade, altes Kulturgut und eine Schifffahrt auf dem Main zu schätzen wissen.

Abwechslungreiche Kulturlandschaft

Die beherrschenden, intakten Waldlandschaften mit großen zusammenhängenden Eichen- und Buchenbeständen, oft älter als 300 Jahre, sind durchsetzt mit Nadelhölzern. Im Vorspessart, in den Gebieten um Alzenau im Kahlgrund und um Bessenbach im Bessenbachtal, sind die alten Obstbaumgärten, Wildhecken und Baumgruppen mit Äckern und Wiesen gemischt. Entlang des Mains im Bachgau und an den Weinorten wie Alzenau, Hörstein, Michelbach und Wasserlos prägen Weinreben das Landschaftsbild. Winzerdorf reiht sich an Winzerdorf. Die typischen fränkischen Fachwerkbauten, spitzgiebeligen Häuser, enge Gassen und Weinstuben mit Butzenscheiben geben der Gegend eine heitere Note.

Festivals und Kleinkunst

Glanzlichter des menschlichen Geistes kann der Gast auf kulturellem Gebiet in den Städten der Ferienlandschaft finden. Aschaffenburg, die Metropole des Spessarts, besitzt ein kulturelles Spitzenangebot mit Stadttheater, Stadthalle am Schloss, Unterfrankenhalle und der Stadtgalerie in der profanisierten Jesuitenkirche. Ballett, Pantomime, Kabarett, Kleinkunst und Kindertheater sind Aschaffenburger Angebote auf hohem Niveau. Weiterhin stehen im Rampenlicht: Alzenau mit dem Kahlgrund, Gemünden, Lohr, Marktheidenfeld, Wertheim, Amorbach, Miltenberg, Elsenfeld, Mespelbrunn (mit dem berühmten Wasserschloss), Obernburg, die Schifferstadt Wörth, Großostheim mit dem Baugau und die Rotweinstadt Klingenberg mit vielen Sommer-Kulturfestivals auf kleinen Bühnen, oft in prächtigen Bürgerzentren und Veranstaltungshallen.

Welt der Märchen und Sagen

In den Waldgebieten sind immer noch die Märchen lebendig. Nach deutscher Gründlichkeit wurden sie wissenschaftlich erforscht und geschichtlich ausgewertet. Im Spessartmuseum in Lohr am Main ist die Geschichte von Schneewittchen und den sieben Zwergen nachzuvollziehen. Der Romantik-Schriftsteller Wilhelm Hauff brachte mit seinen Märchen und Erzählungen viel „Sagenhaftes" unter das Volk.

Das Wirtshaus im Spessart
Ein anderes Kapitel der Vergangenheit wird bei den Räubern aufgeschlagen. Die Darstellung vom „Wirtshaus im Spessart" mit den Freilichtaufführungen vor dem Wasserschloss Mespelbrunn lässt an den gleichnamigen Film zurückdenken, der 1957 gedreht wurde. Noch heute ist der alte Zelluloidstreifen mit Liselotte Pulver im Spessartgebiet in aller Munde, und die „Spessart-Räuber" sind gewissermaßen lebendig geblieben. Das „Schächerloch" an einem Wanderweg in der Gemeinde Bischbrunn bestätigt den Urlaubern eindrucksvoll, dass sich in früheren Zeiten die Räuberbanden nach getaner Arbeit dorthin zurückzogen. Selbst vor dem „Arm des Gesetzes" waren sie in dieser Einsamkeit sicher.

Breuberg-Neustadt

Sehenswerte Orte

Aschaffenburg
Aschaffenburg, am Ufer des Mains gelegen, besitzt einen wunderschönen Stadtkern, der vom prächtigen Renaissance-Schloss beherrscht wird. Gemeinsam mit der Stiftskirche und der berühmten Mainbrücke bildet das Schloss den Kern der sehenswerten historischen Altstadt. Aschaffenburg liegt auf bayerischem Gebiet.

Schloss Mespelbrunn
Das im 15. Jahrhundert erbaute Schloss liegt 20 Kilometer südlich von Aschaffenburg mitten im Wald und wird noch immer von seinen Eigentümern bewohnt. Es diente dem Film „Das Wirtshaus im Spessart" als Kulisse.

Lohr
Das Fachwerkstädtchen am Ufer des Mains wird geprägt durch seinen romantischen Marktplatz mit dem großen Renaissance-Rathaus und dem kurmainzischen Schloss aus dem 16. Jahrhundert.

Miltenberg
Idyllisch an einer Mainschleife gelegen, gilt das Städtchen als einer der sehenswertesten Orte im Spessart. Der Grund: Seine komplett von Mauern, Toren und Türmen umschlossenen Fachwerkgassen. Ein Bummel durch den historischen Kern versetzt den Besucher ins Mittelalter zurück.

Wertheim
Die Stadt, an der Mündung der Tauber in den Main gelegen, besitzt eine hübsche Altstadt über der sich die Burg Wertheim erhebt. Rund um den Marktplatz stehen prächtige Fachwerkhäuser.

Rund um Aschaffenburg

Der Main, die Grenze zwischen Spessart und Odenwald, bildet nicht nur eine natürliche Barriere, sondern auch eine kulturelle. Die römische Zivilisation endete hier, die Berge jenseits des Flusses sind keltisch geprägt. In der Karolingerzeit war dieses waldreiche Gebiet dem Adel als Jagdgrund vorbehalten, so dass der Spessart noch heute sehr dünn besiedelt ist. Auf unserer Tour kommen wir nur durch eine einzige größere Stadt – Naturliebhaber wissen das zu schätzen. Freunde des lässigen Cruisens erfahren hier einen Hauch von weiter Wildnis, wie man sie sich vielleicht in den Rocky Mountains vorstellt. Endurofahrer können mit geübtem Auge legal befahrbare Waldwege erspähen.

Über die Autobahn A 3 anreisend, bieten sich zwei Startpunkte an: Entweder man nimmt das erzbischöfliche Aschaffenburg als Ausgangspunkt und Ziel oder fährt weiter zur Ausfahrt Weibersbrunn (Nr. 63), so dass die Stadt genau die Halbzeit der Tour markiert. Wir wählen die zweite Variante, nähern uns dem Odenwald also sozusagen von hinten.

Kaum haben wir die Autobahn verlassen, verschluckt uns tiefer Wald. Der Specht-Hard, der Wald der Spechte, wird seinem Namen selbst nach Jahrhunderten noch gerecht, seine Eichenwälder sind unter Naturfreunden weltbekannt. Wie damals der Hochadel, »jagen« wir Richtung Hessenthal und stoßen schon frühzeitig auf die Ausschilderung zum Schloss Mespelbrunn.

Es liegt in einem verschwiegenen Tal und überstand in diesem Versteck alle Kriege der vergangenen Jahrhunderte unbeschadet, so dass es im ursprünglichen Zustand zu besichtigen ist. Von März bis November darf die Öffentlichkeit über den großen Wassergraben in das Gemäuer spazieren, das sich nach wie vor in Privatbesitz befindet (Führungen alle 15 Minuten). Einen schönen Ausblick auf das Schloss hat man vom »Wirtshaus im Spessart« aus, das im Schlosspark in den früheren Stallungen eingerichtet ist. Als Drehort des gleichnamigen Spielfilms mit Liselotte Pulver und Carlos Thompson hat die gesamte Anlage in den 50er-Jahren ihre geheime Lage endgültig einem großen Publikum preisgegeben.

Weiter der Deutschen Ferienroute Alpen-Ostsee folgend, passieren wir das Schloss Oberaulenbach, das ebenfalls noch bewirtschaftet wird, und die Ruine Wildenstein, bevor wir westlich zum Main nach Elsenfeld schwenken. Ortsnamen wie Sommerau und Himmelthal geben dabei durchaus die Stimmungslage wieder, in der sich der motorisierte Zweiradwanderer angesichts der elegant geschwungenen und gut ausgebauten Straße befindet. Mit griffigem Asphalt versehen, schlängelt sie sich durch das Tal eines Flüsschens mit dem hübschen Namen Elsava.

Noch aber bleiben wir östlich des Mains. Klingenberg ist weithin bekannt für seine Rotweine. Die Altstadt bestimmen romantische Gassen zwischen Fachwerkhäusern sowie das 1560 errichtete Stadtschloss mit anschließendem Rosengarten. Auf der Höhe bietet ein Aussichtsturm inmitten einer Ringwall-Anlage eine herrliche Fernsicht vom Spessart ins Maintal bis hinüber in den Odenwald, wohin es uns jetzt zieht. Am anderen Ufer verdeutlicht Wörth die Kulturgrenze. Denn statt mit Ringwällen wie die Kelten, befestigten die Römer ihre Seite zur Zeit des Kaisers Domitian mit einem Kastell. Dessen Grundmauern hat man zwar unter der Erde entdeckt, bislang aber noch nicht freigelegt. Dafür bietet die Altstadt mit Stadtbefestigung und Türmen viel Sehenswertes.

Auf der Deutschen Fachwerkstraße geht es jetzt nach Breuberg, genauer gesagt in den Ortsteil Neustadt. Auf Anweisung der Burgherren wurde im frühen Mittelalter diese neue Stadt unter dem Südhang der Burg Breuberg angelegt und entwickelte sich zu einem befestigten Marktort, der von Kaiser Karl IV. die Stadtrechte bekam. In der Ortsmitte steht noch heute ein in Deutschland einmaliges Holzkreuz mit den Symbolen des Marktfriedens und der Marktgerichtsbarkeit.

Die Feste Breuberg selbst sicherte ab dem 12. Jahrhundert klösterliche Besitzungen im nördlichen Odenwald und beeindruckt heute als eine der am besten erhaltenen Burganlagen Deutschlands. Zu ihr führt ein beschilderter

Weg bis zum Parkplatz unmittelbar an der Burgmauer. Heute dient sie als Jugendherberge und internationale Begegnungsstätte. Nach einer Führung (März bis Oktober täglich von 9.00 bis 12.00 Uhr und 13.00 bis 17.00 Uhr) mit Besuch des Rittersaals und des Handwerksmuseums genießen wir die Gastfreundlichkeit und das breite Angebot des Burgrestaurants im Innenhof.

Gestärkt fahren wir weiter nach Norden und biegen im folgenden Hainstadt links nach Wald-Amorbach ab. Bereits zur Römerzeit führte ein Weg über den Breuberg-Sattel. Für uns krümmt sich ein frisch angelegtes Asphaltband über die hügelige Landschaft Richtung Groß-Umstadt. Griffiger Belag, gute Übersicht, mächtig Fahrspaß. Rechts ab nach Klein-Umstadt, dann an der folgenden T-Kreuzung nach Radheim.

Der Ursprung des Ortsnamens Pflaumheim, das althochdeutsche Wort »pluomo«, hat noch immer Gültigkeit für den fruchtbaren Plumgau rund um Großostheim. Duftende Rapsfelder und grüne Wäldchen bedrängen die nach wie vor perfekt ausgebaute Landstraße, die der Romantik der Ortsdurchfahrten durch Pflasterbelag Rechnung trägt. Zwiebeltürme machen uns darauf aufmerksam, dass wir uns jetzt auf bayerischem Boden befinden. Denn nachdem über 500 Jahre lang die Mainzer Erzbischöfe die Geschicke der Region bestimmt hatten, fiel sie nach der Besetzung durch österreichische Truppen 1814 an das Königreich Bayern.

Den Glanz des ehemaligen Fürstentums Aschaffenburg erkennt der Reisende sofort, wenn er über die Willigis-Brücke in die Stadt rollt. Die Erzbischöfe und Kurfürsten von Mainz hatten dieses sächsische Königsgut zu ihrer Zweitresidenz erhoben und hinterließen mit Schloss Johannisburg einen Prachtbau der Spätrenaissance. Ein beeindruckendes Zeugnis des Beginns dieser Epoche ist die auf das 10. Jahrhundert zurückgehende Stiftskirche auf dem höchsten Punkt der Altstadt. Ihre romanischen Pfeilerarkaden umsäumen den Kreuzgang, den Ostchor und die Portale, während der Turm mit seinem oktogonalen Oberbau erst im 16. Jahrhundert fertiggestellt wurde.

Mit dem Park Schönbusch im Südwesten und seinem darin liegenden Schloss besitzt die Stadt einen der ältesten Landschaftsgärten Deutschlands, der mit künstlichen Bergen, Tempeln, Dörfern und mehreren Brücken ein anschauliches Beispiel für den feudalistischen Lebensstil liefert.

Einen weiteren noblen Superlativ hält die »Rosso Bianco Collection«, die größte Renn- und Sportwagensammlung der Welt, bereit. In der Obernauer Straße parken auf rund 12.000 Quadratmetern ständig über 200 Automobile von Abarth bis Zagato und noch einmal fast genauso viele Motorräder (April bis Oktober, Dienstag bis Sonntag, 10.00 bis 18.00 Uhr www.rosso-bianco.de).

So viele herrlich verpackte Pferdestärken regen natürlich die Lust an, selbst am Gasgriff zu drehen. Wir verlassen deshalb die Residenzstad über die B 8 nach Hanau, um dann Richtung Hörstein und Mömbris in den Spessart einzubiegen. Zügig erklimmen wir den Hahnenkamm und zaubern perfekte Schräglagen auf der Belag. Kurve an Kurve, fast wie am Fließband Das Verkehrsaufkommen hält sich in Grenzen und wir können die Kurverei in vollen Zügen genießen.

Die Römer taten sich am Hahnenkamm vie schwerer. Wie ein keltischer Ringwall westlic von Hemsbach belegt, bissen sich ihre Legionen hier die Zähne aus. Schon 4000 Jahre vc Christus war der westliche Spessart besiedel Im Wald oberhalb Schimborns finden sich Hügelgräber aus der Bronzezeit, die 20 Jahrhunderte vor unserer Zeitrechnung angelegt wu den. Es war eine raue Gegend, dieses riesige Waldgebiet, das erst mit der Christianisierung und der Errichtung von Klöstern allmählich erschlossen wurde. Karl der Große versorgte die Kirchengüter mit großen Forstgebieten, in denen sich später der Landadel ansiedelte. Dieser musste seine Schlösser und Jagdsitze mit Wassergräben gegen Räuberbanden schützen. Was heute an den Schlössern Mespelbrunn oder Oberaulenbach so märchenhaft wirkt, war damals bittere Notwendigkeit.

Außerdem konnten sich die Herrschaften teilweise untereinander nicht leiden und befehdeten sich gegenseitig. König Rupprecht hatte 1405 die Nase voll und ließ die Burgen Hauenstein, Hüttelngesäß und Womburg bei Mömbris als »Raubritternester« niederbrennen. Heute sind die Ruinenreste vom Wald überwuchert.

Die flotten Schräglagenspiele bringen uns in Richtung Schöllkrippen. Dort heißt es, in der Konditorei Denk, noch einmal den Blutzuckerspiegel auf Normalniveau zu bringen. Denn jetzt wird es richtig sportlich.

Hinter dem Abzweig nach Kleinkahl lassen wir quasi die Zivilisation hinter uns und konzentrieren uns nur auf das Sträßchen, das zigfach gekrümmt der Beschilderung nach Wiesen folgt. Die Bäume lassen ihre Äste bis dicht an die Fahrbahn heranragen und malen hübsche Schattenspiele auf den Asphalt. Der Gegenverkehr besteht in der Regel aus Motorrädern mit langen Federwegen, die für den welligen Asphalt und die verwinkelten Ecken dieses Teilstücks wie geschaffen sind.

Vor Wiesen weist die Ausschilderung Richtung Autobahn und Aschaffenburg den Weg zur Spessart-Höhenstraße. Auf ihren lang gestreckten Bögen bekommen Bremsen und Getriebe eine kurze Erholungspause. Der fünfte Gang meldet sich zurück, und wir stoßen am Ende einer langen Geraden links hinunter nach Jakobsthal. In lockeren Wechselkurven geht es am Lohrbach entlang an Heigenbrücken vorbei zurück Richtung Autobahn, zum Ausgangspunkt unserer Räuber-Runde. Wir kreuzen die B 26, lassen hohe Sandsteinfelsen links liegen und sind bald am Ende einer Tour angelangt, die auf perfekte Weise Fahrspaß mit Naturgenuss verbindet.

Birstein/Illnhausen

GPS: N 50°23´59" - E 9°16´19"

EZ ab € 22,00
DZ ab € 46,00

28 | 28 | HP | P

"Gasthaus Reichert Zum grünen Stern"

Das traditionsreiche Gasthaus und Pension lädt Sie ein in das Feriendorf Birstein-Illnhausen. Es liegt in der herrlichen unverfälschten Mittelgebirgs-Landschaft des Vogelsberges. Wir bieten Ihnen Ruhe und Behaglichkeit durch gemütlich ausgestattete Doppel- und Einzelzimmer, Aufenthaltsraum mit Fernseher, Terrasse und Garten. Selbstverständlich bieten wir Ihnen reichhaltige Mahlzeiten, wie Sie es sich wünschen. Abgeschlossene Garage kostenlos. Wir haben auch Wildspezialitäten da wir beide Jäger sind.

Sonnenstr. 6 • 63633 Birstein/Illnhausen • Telefon + Fax 0 60 54 / 17 51
E-Mail: info@gasthaus-reichert.de • www.gasthaus-reichert.de

12391

Eschau

GPS: N 49°49´32" - E 9°15´16"

HP | P | Tipp

Elsavastr. 162a
63863 Eschau
Telefon 0 93 74 / 82 68

Zur Spessarter Räuberscheune
Die Erlebnisgastronomie im Spessart
Jeden ersten Sonntag im Monat:
Brunch von 10 - 14 Uhr
(bitte telefonisch reservieren)
Räuberwirt Lothar Frieß erwartet Euere Ankunft
Gemütlich und kinderfreundlich: im Biergarten lässt sich´s aushalten!
Für Gruppen ab 15 Personen:
Landsknechtessen
(Anmeldung beim Wirt)

11316

Eschau OT Hobbach

GPS: N 49°51´21" - E 9°16´46"

EZ ab € 42,00
DZ ab € 72,00

Hotel-Gasthof "Engel"

Wir sind stets bemüht unseren Gästen nur das Beste aus Küche und Keller zu servieren. Neben den gemütlichen Gaststuben laden im Sommer auch der großzügige Biergarten und der romantische Innenhof zum Verweilen ein. Der Biergarten und auch der Innenhof sind über das Jahr Schauplatz zahlreicher Events - wie z.B. der musikalische Frühschoppen, das Lampionfest oder im Winter das Wintergrillen mit Wildsau am Spieß. In unserem Hotel bietet wir Ihnen helle, freundliche Gästezimmer (Dusche/WC oder Bad/WC, Telefon, Fernseher, zum Teil mit Tresor).

Bayernstr. 47 • 63863 Eschau • Telefon 0 93 74 / 97 89 90 • Fax 0 93 74 / 97 89 91 50
E-Mail: info@engel-eschau.de • www.engel-eschau.de

114

Frammersbach/Habichsthal

GPS: N 50°03´35" - E 9°24´16"

EZ ab € 25,00
DZ ab € 45,00

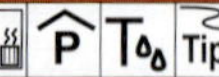

Dorfstr. 10
97833 Frammersbach
OT Habichsthal
Telefon 0 60 20 / 13 93
Fax 0 60 20 / 28 15
E-Mail: info@diefrischequelle.de
www.diefrischequelle.de

Herzlich willkommen in unserem Haus! Erleben Sie familiäre Gastlichkeit verbunden mit gemütliche Atmosphäre und guter Küche. Unsere weitbekannte Küche bietet eine erlesene Auswahl an fränkischen Spezialitäten. Wir bieten Ihnen Frühstücksbuffet Tages-, Vesper- und Abendkarte. Komfortabe eingerichtete Zimmer runden unser Angebot ab Genießen Sie nach einer kurvenreichen Tour z.B. einen Saunabesuch hier im Hause. Auch unsere Terrasse bietet Ihnen einen herrlichen Platz im Freien. Wir freuen uns auf Ihren Besuch.

113

Gelnhausen
GPS: N 50°11´57" - E 9°11´54"

EZ ab € 60,00
DZ ab € 98,00

★★★ Hotel Burg-Mühle

Unser Haus verfügt über 19 Einzelzimmer und 23 Doppelzimmer. Alle Zimmer sind nach dem neusten Standart unter anderem mit Dusche oder Bad, WC, Durchwahltelefon, Kabel-Fernsehen und Radio, alle Doppelzimmer auch mit Minibar ausgestattet. Das geschmackvoll eingerichtete Restaurant, in dem sich noch das Mühlrad dreht, erwartet nicht nur Gourmets. Ob zünftig, ländlich deftig oder fein, unsere Köche verwöhnen Sie mit Köstlichkeiten ganz nach Wunsch und Anlass. Wir bieten Ihnen, neben Gerichten der internationalen Hotelküche eine Vielzahl eigener Kreationen und saisonale Gerichte.

Burgstr. 2 • 63571 Gelnhausen • Telefon 0 60 51 / 8 20 50 • Fax 0 60 51 / 82 05 54
E-Mail: info@burgmuehle.de • www.burgmuehle.de

11345

Gemünden am Main
GPS: N 49°59´49" - E 9°41´22"

EZ ab € 40,00
DZ ab € 70,00

110 51 HP Tipp

Hotel Atlantis - Main-Spessart-Hotel ***

WILLKOMMEN IM ATLANTIS MAIN SPESSART HOTEL. Ein Haus mit allem Komfort und behaglicher Atmosphäre. Ein Ort gepflegter Gastlichkeit inmitten der 3 - Flüsse Stadt Gemünden am Main. Unser Hotel ist die gemütliche und überschaubare Alternative zu großen "Hotels". Unser Hotel ist der ideale Ausgangspunkt für schöne Motorradtouren. Wir geben Ihnen auch gerne Tourentipps! Wir verfügen über 41 komfortable Doppelzimmer sowie 11 komfortable Einzelzimmer. Die alle mit Bad/WC oder Du/WC ausgestattet sind, außerdem verfügen die Zimmer über Telefon, TV, Radio, Föhn, WLAN (3000 DSL) und überwiegend über einen Balkon.

Hofweg 11 • 97737 Gemünden am Main • Telefon 0 93 51 / 6 04 40 • Fax 0 93 51 / 6 04 41 11
hotel-atlantis@t-online.de • www.hotel-gemünden.de

12427

Gemünden am Main
GPS: N 49°59´49" - E 9°41´86"

EZ ab € 34,00
DZ ab € 56,00

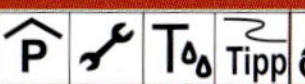
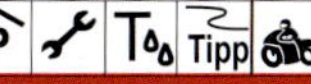

Landgasthof Klingenmühle

Unser urgemütlicher Gastraum verfügt über 60 Sitzplätze und hat einen Kaminofen der sich in der winterlichen Jahreszeit besonderer Beliebtheit erfreut. 6 Geschmackvoll eingerichtete Doppel-Zimmer sowie zwei 3-Bett Zimmer stehen Ihnen zur Verfügung. Alle Zimmer sind mit DU/WC oder Bad/WC und TV ausgestattet. Preise ab 26 Euro pro Person und Nacht inkl. Frühstück. Gruppenrabatte und Sonderkonditionen auf Anfrage möglich.

Massenbuch 32 • 97737 Gemünden am Main • Telefon 0 93 51 / 87 32 • Fax 0 93 51 / 87 32
E-Mail: gasthof-klingenmuehle@t-online.de • www.klingenmuehle.de

12430

Gemünden OT Hofstetten
GPS: N 50°03´09" - E 9°39´24"

Mitten im Ferienland MAIN SPESSART, der ideale Ausgangspunkt für Bike - Touren in den "Naturpark Spessart", "Naturpark Rhön" und das "Fränkische Weinland".

Erleben & genießen Sie Camping mit Komfort in Bayerns Biker - Zentrum " Nr.1 "

Gaststätte mit Vollverpflegung, Top Sanitäranlagen, Dampfdusche, Whirlpool, Fitnessraum, Solarium, Schwimmbad, Aufenthalts- und TV-Raum, Surfpoint für Internetfreaks, Spielothek, Bibliothek mit Leseraum, Caravanvermietung Shuttle- Bus, uvm. Gruppen willkommen!

Spessart-Camping Schönrain, 97737 Gemünden **OT Hofstetten**
Tel.: 09351-8645 Fax.: 09351-8721

11314

Großheubach am Main
GPS: N 49°43´30" - E 9°13´35"

EZ ab € 44,00
DZ ab € 67,00

Hotel "Weinklause Rosenbusch"

Herzlich willkommen in unserem gepflegten, stilvollen Hause! Im gemütlichen Restaurant servieren wir Ihnen saisonale Gerichte, Wild und Steakspezialitäten aus unserer weithin bekannt guten Küche sowie erlesene Eigenbauweine. Unsere behaglichen Komfortzimmer sind mit Dusche/WC, Kabel-TV, Safe, W-LAN, Telefon und Fön ausgestattet.

Engelbergweg 6 • 63920 Großheubach am Main
Telefon 0 93 71 / 65 04 00 • Fax 0 93 71 / 6 50 40 29
E-Mail: info@hotel-rosenbusch.de • www.hotel-rosenbusch.de

11449

Lohr am Main
GPS: N 49°59´49" - E 9°33´72"

P

Gasthaus "Schafhof"

Unsere gemütliche, ruhig gelegene Gaststätte bietet für den Zwischenstopp regionale Küche und deftige Brotzeit. Wir sind ein Familienbetrieb mit Landwirtschaft (eigene Hausschlachtung). Biker sind bei uns willkommen! Wir geben gerne Tipps für Touren im Umfeld. Donnerstag ist Ruhetag! Samstag ab 16 Uhr geöffnet.

Tannenackerweg 1 • 97816 Lohr am Main • Telefon 0 93 52 / 29 47

12429

Mespelbrunn
GPS: N 49°55´50" - E 9°17´27"

EZ ab € 33,00
DZ ab € 62,00

36 20 HP P Tipp

Webers Gasthof "Zum Spessart"

Unser Gasthof verfügt über 16 Doppelzimmer und 4 Einzelzimmer in verschiedenen Kategorien mit insgesamt 36 Betten. Zimmer mit Dusche/WC, Telefon, Sat-TV und teilweise Balkon erwarten Sie. Gerne bewirten wir Sie mit unseren fränkischen Spezialitäten, Wild- & Forellengerichten, sowie anderen Leckerbissen – dazu ein frisches Spessartbier oder einen edlen Tropfen aus dem Frankenland. Lassen Sie den Tag auf unserer schönen sonnigen Terrasse ausklingen oder planen Sie schon Ihre neue Tour bei einem kühlen Bier in geselliger Runde.

Würzburger Str. 4 • 63875 Mespelbrunn • Telefon 0 60 92 / 8 22 70 • Fax 0 60 92 / 82 27 37
E-Mail: gasthof-zum-spessart@t-online.de • www.gasthof-spessart.de

1131

Weibersbrunn
GPS: N 49°55´08" - E 9°20´23"

P

Forsthaus Echterspfahl

Herzlich willkommen in unserem gemütlichen Forsthaus. Hier können Sie Pause machen und frischen Kaffee und Kuchen auf Ihrer Tour in geselliger Runde genießen. Aber auch deftige gutbürgerliche Küche und ein großes Bikerfrühstück haben wir im Angebot für einen idealen Start in den Tag. Wir sind am Mittwoch, Samstag, Sonntag und Feiertag jeweils von 10.00 Uhr bis 20.00 Uhr für Sie da.

An der B8 • 63879 Weibersbrunn • Telefon 0 60 94 / 3 26
Fax 0 60 94 / 98 47 54 • E-Mail: echterspahl@aol.com

Wiesthal
GPS: N 50°01´51" - E 9°25´48"

EZ ab € 28,00
DZ ab € 50,00

Gasthof Wiesthaler Hof

Unser familiengeführtes Haus bietet Ihnen ruhige, komfortabel eingerichtete Gästezimmer, mit Dusche, WC u. teilw. Balkon. Eine gutbürgerliche Küche (eig. Metzgerei), die mit Leckerbissen und regionalen Spezialitäten aufwartet wie z.B. der Köhlermahlzeit, Wild aus dem Spessart, kaltes u. warmes Buffet, Hausmacher und vieles mehr. Der Biergarten lädt zum gemütlich ausklingen ein. Für Gruppen ab 15 Personen bieten wir monatlich wechselnde Arrangements!

Dorfstr. 2 • 97859 Wiesthal • Telefon 0 60 20 / 12 84 • Fax 0 60 20 / 12 91
E-Mail: info@wiesthaler-hof.de • www.wiesthaler-hof.de

11344

Taunus
Der Hausberg der Hessen

Der Taunus ist ein rund 70 Kilometer langes Mittelgebirge, das von den Flüssen Rhein, Main und Lahn begrenzt wird. Seine höchtse Erhebung ist mit 881 Metern der Große Feldberg. Die Höhen des Taunus sind von dichten Laub- und Nadelwäldern bewachsen, das Klima dort oben kann mitunter ganz schön rau sein. Völlig anders seine Südseite: Dieser klimatisch begünstigte Landtstrich zählt zu den mildesten und sonnenverwöhntesten Regionen Deutschlands. Hier reifen Obst, Mandeln und Kastanien. Bekannt ist der Taunus vor allem wegen seiner vielen Mineralquellen – nirgendwo anders in Deutschland ist deren Dichte größer.

Sehenswerte Orte

Bad Homburg
Die 1.200 Jahre alte Residenzstadt der Grafen von Hessen-Homburg ist heute einer der bekanntesten deutschen Kurorte, dessen eisenhaltige Kochsalzquellen einen ausgezeichneten Ruf haben. Der Badebetrieb entwickelte sich ab dem Jahr 1830, kurz darauf wurde eine Spielbank gebaut, später kam der gesamte deutsche Hochadel. Kaiser Wilhelm II. machte Homburg gar zu seinem bevorzugten Kurbad. Ein Bummel durch Bad Homburg führt in die Fußgängerzone, die Louisenstraße, und dann weiter zur Spielbank und zum Kurviertel.

Saalburg
Ein paar Kilometer nordwestlich von Bad Homburg steht die Saalburg, ein auf den Grundmauern einer historischen Anlage neu errichtetes Römerkastell. Es ermöglicht spannende Einblicke in das Leben einer Garnison am Limes.

Königstein
Den besten Blick auf das reizende Städtchen und den Taunus hat man von der Burgruine aus, die 1796 von den Franzosen gesprengt wurde.

Idstein
Ein Besuch Idsteins lohnt sich in erster Linie wegen seines hübschen Stadtkernes, wo sich der Hexenturm, das Rathaus und das alte Schloss zu einem bewundernswerten Ensemble vereinigen.

Großer Feldberg
Auf dem 881 Meter hohen Gipfel des Großen Feldberges warten für den Motorradfahrer gleich mehrere Highlights: Ein Parkplatz mit Bikertreff, eine Aussicht auf die Skyline von Frankfurt sowie diverse Stände, die die berühmte hessische „Rindsworscht“ anbieten.

Touren Tipp

Taunus-Rundfahrt

Kleine und kleinste Sträßchen, beträchtliche Höhenunterschiede, tiefe Wälder – der Taunus ist ein echter Knüller für Motorradfahrer jeglicher Couleur. Start zu der rund 150 Kilometer langen Rundfahrt durch dieses zu Unrecht im Schatten anderer Mittelgebirge stehende Bergland ist das idyllische und verkehrsgünstig an der Autobahn A 3 gelegene Idstein. Etappe Nummer eins führt von dort aus über Heftrich, Oberrod und Glashütten hinauf zum hessischen Biker-Mekka, dem Großen Feldberg. Nicht nur wegen der tollen Kurverei ist die Anfahrt ein unbedingtes Muss. Oben am Parkplatz kann man nämlich auch eine hessische Spezialität versuchen, die „Rindsworscht". Am Wochenende stehen auf dem Feldberg jede Menge „PS", sogar an Heiligabend und Silvester treffen sich die heimischen Biker hier oben.

Kurz hinter Schmitten lohnt sich ein Abstecher nach rechts zum Römerkastell Saalburg. Das einzige wiederaufgebaute Kastell Deutschlands diente 500 Legionären als Quartier und Festung. Außerdem in der Nähe: das große Freilichtmuseum Hessenpark.

Über Neu-Anspach geht es auf leicht geschwungenem Asphalt nach Usingen, dann bringt uns ein kurzes Stück Bundesstraße 275 nach Weilrod. Das Programm für die folgenden Kilometer bis Weilburg heißt, sich in die endlosen Kurven legen, die herrliche Gegend genießen, frische Waldluft einatmen – eben Motorrad fahren. Da ist das schöne Barockstädtchen Weilburg der richtige Ort für eine Pause. Am besten mit „Äbbelwoi" und „ Handkäs mit Mussick", wobei es sich bei der „Mussick" um eingelegte Zwiebel handelt.

Nun geht es entweder nach Osten weiter, wo das Etappenziel Braunfels heißt. Das Städtchen lockt nicht nur mit seiner sehenswerten Altstadt, sondern auch mit seinem Schloss. Der Tipp: Vom Bergfried aus hat man einen ausgezeichneten Blick über den ganzen Taunus. Die Alternativroute biegt nach Westen ab und führt über Runkel nach Limburg und dann weiter nach Aarbergen, Hohenstein, Bad Schwalbach, Taunusstein und Schlangenbad. Hier rollen die Reifen auf der B 54 durch den hügeligen Rhein-Taunus. Keine Angst: Diese Bundesstraße gibt eine wirklich erstklassige Motorradstrecke ab.

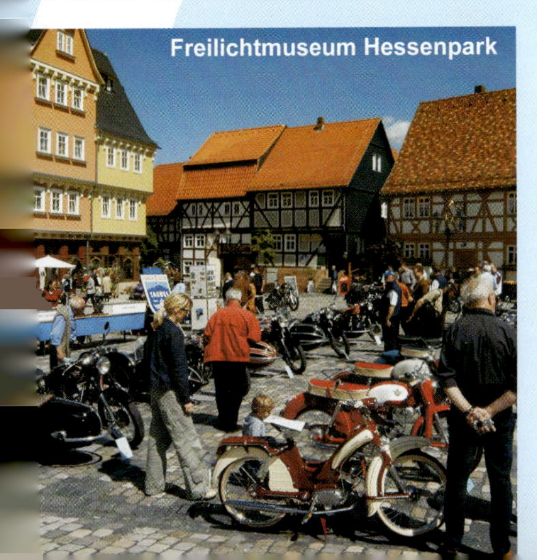
Freilichtmuseum Hessenpark

Braunfels

GPS: N 50°30´57" - E 8°22´55"

EZ ab € 50,00
DZ ab € 80,00

30 | 15 | HP | Tipp

Brauhaus Obermühle

Herzlich willkommen in Hessens kleinstem Spezialitäten-Brauhaus. Das urige Restaurant bietet hessische Gemütlichkeit und ein reichhaltiges Angebot von Gerichten aus der traditionellen hessischen Küche. Der Biergarten bietet ein großzügiges Platzangebot für bis zu 250 Personen. Unser "Gästehaus Schönwetter" befindet sich in Solms und ist in nur 5 Autominuten erreichbar. Es bietet unter Wahrung der Tradition modernen Komfort, der den Wünschen unserer Gäste gerecht wird. Im ganzen Haus herrscht wohltuende Atmosphäre bei gepflegter Gastlichkeit. Gut ausgestattete, behagliche Gästezimmer mit Dusche/WC, Sat-TV, Terrasse, und Telefon erwarten Sie.

Gebr.-Wahl-Str. 19 • 35619 Braunfels • Telefon 0 64 42 / 43 82 • Fax 0 64 42 / 3 39 04 31
E-Mail: obermuehle.braunfels@t-online.de • www.obermuehle-braunfels.de

11755

vom
Hotel Mercure in Lahnstein

Die Stadt Lahnstein, gelegen an der Mündung der Lahn, bietet einen sehr schönen Ausgangspunkt für Motorradtouren jeglicher Art. Ob ruhigere Touren entlang des Rheins, vorbei an den Weinbergen des Bopparder Hamm, weiter in Richtung St. Goarshausen bis hin nach Rüdesheim. Oder erleben Sie ein Abenteuer auf engen, kurvenreichen Strecken zwischen den Gebirgen des Taunus, der Eifel, des Hunsrück, und des Westerwaldes. Erkundschaften Sie eine der schönsten Regionen Deutschlands von einem Ort aus, der wie für Motorradfahrer gemacht ist. Nicht weit von Koblenz, zwischen Köln und Frankfurt am Main gelegen, starten Ihre Touren hoch oben über den Tälern von Rhein und Lahn. Schnuppern Sie benzinhaltige Luft auf dem Nürburgring, treffen Sie sich mit Gleichgesinnten bei dem beliebten Motorradtreff „am alten Postweg" im Westerwald, oder statten Sie dem BMW-Motorrad-Museum in Weisel einen Besuch ab.

1258

Lahnstein

GPS: N 50°18´09" - E 7°38´17"

Mercure Hotel Lahnstein

Das Mercure Hotel Lahnstein, ein 4-Sterne-Hotel mit 228 Zimmern ist in einem Park gelegen, nur 15 km von der nächsten Autobahnauffahrt und 4 km vom nächsten Bahnhof entfernt. Unsere komfortablen Zimmer sind ausgestattet mit Bad/Dusche, Föhn, Telefon, Safe, Minibar und größtenteils mit Balkon. Für das Wohlbefinden bieten wir Ihnen unseren brandneuen Wellnessbereich mit einer Massageabteilung. Nach einer anstrengenden Tour können Sie hier entspannen. Den perfekten Ausklang findet Ihr Tag in unserem Panorama-Restaurant „Tamarillo" auf der 15. Etage. Erleben Sie bei internationalen und regionalen Spezialitäten einen atemberaubenden Sonnenuntergang und besuchen Sie anschließend unsere Bar mit Terrasse. Genießen Sie Cocktail-Spezialitäten aus aller Welt oder ein deutsches Frischgezapftes, während Sie die Tour für den nächsten Tag planen. Unsere Rezeptionsmitarbeiter stehen ihnen dafür gern mit Rat und Tat zur Seite.

Wir freuen uns schon jetzt auf Sie!

Zu den Thermen • 56112 Lahnstein • Telefon 0 26 21 / 91 20
Fax 0 26 21 / 91 21 01 • E-Mail: h5405@accor.com • www.mercure.de

12584

Schmitten OT Oberreifenberg

GPS: N 50°13´59" - E 8°26´33"

EZ ab € 76,00
DZ ab € 106,00

Naturpark Hotel Weilquelle

Das Naturpark Hotel Weilquelle gehört zum Luftkurort Schmitten und liegt mitten im Natur- und Heilklimapark des Hochtaunuskreises, unterhalb des Feldbergs, etwa 700 m über dem Meeresspiegel. In seiner idyllischen Alleinlage bietet es den Gästen eine gesunde und erholsame Atmosphäre in unmittelbarer Nähe der Rhein-Main-Ballungszentren. Der Park des Hotels geht fließend über in den das Hotel umgebenden Naturpark. Sein traumhaftes Ambiente lädt zu Feierlichkeiten aller Art ein. Hier haben schon viele Paare ihre Hochzeit gefeiert. Tagungs- und Seminargäste schätzen ebenso wie Familien das rauchfreie Haus, Café und Restaurant. Von Küche und Service werden Sie mit Fleisch-, Fisch- und vegetarischen Köstlichkeiten sowie mit hausgemachten Vollwertkuchen und –torten verwöhnt.Die Zutaten der Speisen stammen überwiegend aus biologischem Anbau und werden jeweils frisch für Sie zubereitet. Fleisch bezieht der Küchenchef vom Biometzger vom Herzberg und von heimischen Jägern. Das Obst und Gemüse kauft das Hotel direkt auf dem Markt. Im Sommer lädt die großzügige Sonnenterrasse zum Schlemmen und Genießen ein.

Limesstr. 16 • 61389 Schmitten-Oberreifenberg • Telefon 0 60 82 / 97 00 • Fax 0 60 82 / 97 01 13
E-Mail: weilquelle@naturparkhotel.de • www.naturparkhotel.de

11665

Geben auch Sie eine Bewertung zu Ihrem Aufenthalt ab

Teutoburger Wald

Motorrad fahren im Wellness-Land

Das Kernstück von Ostwestfalen bildet der rund 150 Kilometer lange Kamm des Teutoburger Waldes. Das Mittelgebirge ist gleichzeitig Wasserscheide zwischen dem Rhein mit seinem bedeutenden Nebenfluss Ems und der Weser. Zu beiden Seiten des Gebirges bilden landschaftlich unterschiedliche Gebiete die Region von Ostwestfalen: Im äußersten Norden erstrecken sich das Osnabrücker Land und das Tecklenburger Land. Weiter östlich liegt zur norddeutschen Tiefebene hin der Mühlenkreis Minden-Lübbecke, der von der Weser begrenzt wird.

Südlich davon beginnt das nach einem Sachsenherzog benannte Wittekindland. Das Wiehengebirge bildet den geographischen und die alte Hanse- und Reichsstadt Herford den wirtschaftlichen Mittelpunkt. Im Südosten befinden sich das Lipperland und das Weserbergland. Das ehemalige Fürstentum Lippe konnte viele Jahrhunderte lang seine Eigenständigkeit bewahren. Westlich des Teutoburger Waldes geht die von zahlreichen Wander- und Radfahrwegen durchzogene, parkähnliche Landschaft des Ravensberger Landes mit dem Zentrum Bielefeld allmählich in das Münsterland über. Südlich davon beginnt das Paderborner Land mit seinen sandigen Heideflächen, die zu Karsthochflächen und dem Eggegebirge ansteigen. Um die alte Bischofs- und junge Universitätsstadt Paderborn gibt es ein dichtes Netz von Wander- und Radwegen. Östlich davon erstreckt sich zur Weser hin das Corveyer Land, das seinen Namen von dem bedeutenden Klosterbau mit dem karolingischen Westwerk hat.

Wellness

Zur Erhaltung oder Wiederherstellung der Gesundheit entstanden am Rande des Teutoburger Waldes eine Reihe von Heilbädern und Kurorten. Durch die Erschließung und Anwendung von eisen- und solehaltigen Quellen sowie Mineralbrunnen und Schwefelmoor ist vielen Menschen geholfen worden. Es wurden repräsentative Kureinrichtungen und vornehme Kurhäuser gebaut. In einigen Kurorten – Bad Oeynhausen und Bad Pyrmont – kurten bereits Monarchen und Staatsführer.

Reiche Geschichte

Der Teutoburger Wald kam um die Zeitenwende in das Scheinwerferlicht der Geschichte. Schuld daran waren die Römer, die ihr Kaiserreich immer mehr vergrößern wollten. Diesem Tun wurde im oder am Teutoburger Wald durch die Cherusker ein Halt gesetzt. In den folgenden Jahrhunderten ließen sich zunächst die Sachsen und dann die Franken häuslich nieder. Auch das geschah nicht ohne kriegerische Auseinandersetzungen. Ende des 8. Jahrhunderts unterwarf der Frankenherzog Karl die Sachsen. Der spätere deutsche Kaiser ging als Karl der Große in die Geschichte ein.

Landschaft voller Naturschönheiten

Ein beliebtes Ausflugsziel sind die Externsteine. Die Gruppe der bizarren und verwitterten Sandsteinfelsen ist bis zu 37 Meter hoch. Sie entstanden gegen Ende der Eiszeit, als das Schmelzwasser die weicheren Schichten wegspülte und die härteren erhalten blieben. Die Felsen können über einen Treppenweg bestiegen werden. Einst waren sie eine altgermanische Kultstätte. Später bauten Benediktinermönche in den Felsen zwei Grottenkapellen. Ein in den Stein gemeißeltes Relief zeigt die Kreuzabnahme Jesu. Es stammt aus der Zeit um 1125 und war eines der größten Reliefs seiner Zeit.

Das Hermannsdenkmal

Eine der bekanntesten Sehenswürdigkeiten im Teutoburger Wald ist das Hermannsdenkmal. Der Architekt und Bildhauer Ernst von Bandel veröffentlichte im Jahr 1819 Pläne zur Errichtung einer Gedenkstätte zur Erinnerung an die legendäre Römerschlacht im Teutoburger Wald. Aber erst rund zwanzig Jahre später - im Jahr 1838 - wurde mit dem Bau des Denkmals auf der

Grotenburg am Stadtrand von Detmold begonnen. Die Gesamthöhe vom Fuße des Sockels bis zur Schwertspitze beträgt 53 Meter. Die grün schimmernde Bronzefigur ist mit annähernd 27 Metern fast genau so hoch wie der Unterbau aus Sandstein. Sie stellt den Cheruskerfürsten Hermann (die Römer nannten ihn Arminius) mit siegreich erhobenem Schwert dar. Unter seiner Führung sind nach der bekannten Version die Römer in der historischen Schlacht des Jahres 9 besiegt worden. Über die wirklichen Ereignisse im Sommer des historischen Jahres 9 nach Christi Geburt gibt es mehr Spekulationen als klare Beweise. Eindeutig ist nach geschichtlichen Überlieferungen, dass der germanische Stamm der Cherusker um die Zeitenwende zwischen Teutoburger Wald und Elbe lebte. Als die Römer versuchten, ihr Herrschaftsgebiet immer weiter nach Nordosten auszudehnen, kam es zwangsläufig zum Konflikt mit den ansässigen Cheruskern. Ein bekanntes Lied beschreibt die Situation mit dem Satz: „Als die Römer frech geworden, zogen sie nach Deutschlands Norden ...". Gesichert ist auch die Tatsache, dass

die Römer unter Leitung des Feldherrn Quinctilius Varus eine empfindliche Niederlage erlitten haben. Sie verloren drei Legionen ihrer Elitetruppen. Davon haben sie sich nicht so schnell erholt. Angeblich soll der römische Kaiser beim Empfang der Schicksalsnachricht laut ausgerufen haben: „Varus, Varus, gib mir meine Legionen wieder!"
Die Niederlage der Römer hatte zur Folge, dass der Vormarsch nach Nordosten gestoppt war. Sie zogen sich wieder auf das linksrheinische Gebiet zurück und unterließen weitere Eroberungsversuche. Es gibt Zweifel, ob die gut ausgerüsteten und kriegserfahrenen römischen Legionen in einer einzigen großen Schlacht besiegt wurden. Einige Historiker vertreten die These, dass den Römer bei mehreren Gefechten hohe Verluste beigebracht wurden. Eine Theorie besagt, die ortskundigen Cherusker hätten die römischen Legionäre in unwegsame Sumpfgebiete gelockt und dort vernichtend geschlagen. Es scheint heute klar zu sein, dass die Kriegshandlungen nicht in den dichten Waldgebieten des Teutoburger Waldes stattgefunden haben, wie der römische Geschichtsschreiber Tacitus behauptet. Aber niemand kennt den genauen Ort der einen großen Schlacht oder der zahlreichen kleineren Kampfhandlungen. Nur das Ergebnis – die furchtbare Niederlage der Römer – gilt als sicher.

Sehenswerte Orte

Bad Iburg

Das traditionsreiche Kneipp-Heilbad gefällt vor allem durch sein Benediktinerkloster und sein romantisches Schloss.

Paderborn

Die älteste Stadt am Teutoburger Wald kann auf eine mehr als 1 000-jährige Geschichte zurückblicken. In der heutigen Bischofs- und Universitätsstadt trafen im Jahr 799 der spätere Kaiser Karl der Große und Papst Leo III. zusammen. Aus dieser Zeit stammen die erhaltenen Teile der karolingischen Kaiserpfalz. Der Dom und zwei Kirchen jeweils aus dem 11. Jahrhundert prägen das Bild der Innenstadt.

Westfälisches Freilichtmuseum

Mehr als 500 Jahre ländliches Leben werden im Westfälische Freilichtmuseum am Rande des Teutoburger Waldes dargestellt. Auf dem Gelände stehen Gebäude mit originaler Ausstattung. Zu den mehr als 100 Höfen und Häusern gehören der Kotten eines armen Tagelöhners und das prächtige Wohnhaus eines wohlhabenden Schnapsbrenners.

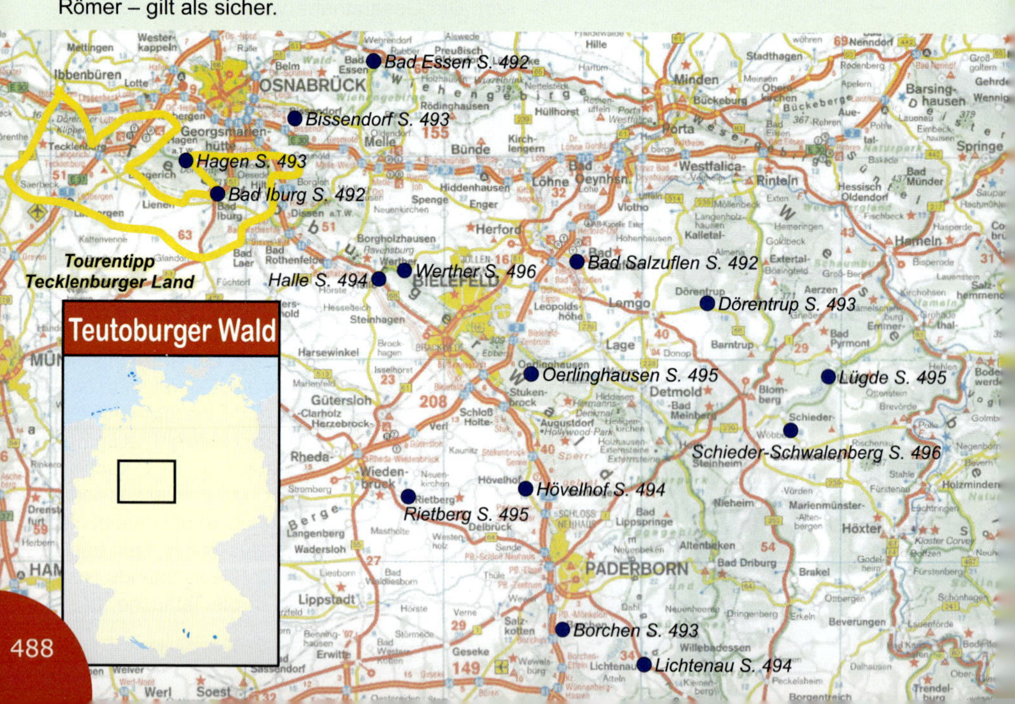

Tecklenburger Land

Die Überschrift zur dieser Tour könnte lauten: »Die Technik machts«. Aber welche Technik? Und was macht sie? Die zweite Frage lässt sich schnell beantworten: Die Technik macht diese Tagestour interessant. Sie ist das Salz in der Suppe. Mit rund 150 Kilometer Länge gehört die Runde eher zu den kürzeren. Dafür haben es diese 150 Kilometer in sich. Sie bieten eine große Portion Fahrspaß und ein grandioses Naturerlebnis. Verlangen aber auch – und damit sind wir bei Frage eins angelangt – eine ausgereifte Fahrtechnik. Der Hauptteil der Tour spielt sich auf den Mittelgebirgssträßchen des Teutoburger Waldes ab. Schmal, kurvenreich und holperig, weisen sie die ganze Palette an Eigenschaften auf, die das Motorradfahren interessant machen. Dazu sollte man fest im Sattel sitzen und sein Bike in allen Situationen wie im Schlaf beherrschen.

Neben der Fahrtechnik begegnet uns auf dieser Tour noch eine andere Art von Technik: die zum Anfassen. Zum Beispiel in Form des Motorradmuseums in Ibbenbüren. Oder der Eisen verarbeitenden Industrie. Oder des Dortmund-Ems-Kanals. Anhalten, schauen und staunen. Technik, die begeistert.

Selbstverständlich kommen auch Natur und Kultur nicht zu kurz. Die bewaldeten Höhen des Teutoburger Waldes muss man ja kaum mehr extra erwähnen. Das Städtchen Tecklenburg mit seiner reizenden Altstadt vielleicht schon eher. Und ganz bestimmt das unbekannte, aber äußerst hübsche Bad Iburg. Sie sehen: Es gibt viel zu Entdecken auf einer Fahrt durch das Tecklenburger Land. Packen wir es an.

Wir starten am südlichsten Punkt der Runde, in dem Ort Glandorf. Eine breite, vernünftig ausgebaute Straße trägt uns durch ihre lang gezogenen Bögen in Richtung Bad Laer. Endlose Reihen von Eichen am Fahrbahnrand sorgen für die naturnahe Optik. Noch ist hier alles sehr münsterländisch. Das typische, von Büschen und Bäumen durchzogene Ackerland. Doch bald wird sich die Landschaft komplett verändern. Wird sich in ein hügeliges und stark bewaldetes Mittelgebirge verwandeln.

In Bad Laer folgen wir der Ausschilderung Hilter. Der Asphalt wird mit einem Mal schmaler und schlechter. Es kann also nicht mehr weit sein bis zum Teutoburger Wald. Und tatsächlich: Am Ortsrand von Hilter sind schon die ersten dunkelgrünen Höhenzüge zu erkennen. In Hilter Blinker links und den Tafeln Richtung Autobahn und Osnabrück folgen. Schwungvoll geht es den Berg hinauf, bis nach ca. fünf Kilometern der Abzweig nach Borgloh auftaucht. Wir biegen rechts ab und bekommen gleich einen wunderschönen Ausblick auf den sich vor uns ausbreitenden Teutoburger Wald serviert.

Einzelne Gehöfte liegen am Straßenrand. Geschmeidig wuselt die Fahrbahn zwischen ihnen hindurch. Öffnet runde und übersichtliche Kurven, vermeidet so gut wie jeglichen Gegenverkehr und setzt uns einen griffigen Belag unter die Räder. Die sporadisch auftauchenden Tempo-70-Schilder schmälern das Vergnügen minimal. In Borgloh weisen Schilder mit der Aufschrift Osnabrück und Kloster Oesede den weiteren Weg. Neues Ziel, derselbe Fahrspaß. Lässiges und lockeres Kurvenschwingen.

Unter der Autobahn hindurch rollen wir nach Kloster Oesede hinein. Der Ort heißt nicht nur Kloster, sondern hat auch ein Kloster. Es steht links der Hauptstraße. Man erreicht es quasi von hinten, indem man nach der Rechts-Links-Kurve im Ort links abbiegt. Das braune Sandsteinbauwerk strahlt viel Ruhe aus. Seine Nebengebäude beherbergen heute eine Schule, sein Hof lädt zum Pausieren ein. Sitzen, schauen, an nichts denken.

Nächster Ort ist Georgsmarienhütte. Was für ein Name. Fast so lang wie die Ortsdurchfahrt. Das Wort Hütte weist darauf hin, dass hier früher Eisen verarbeitet wurde. Die Hütten schmolzen das aus dem Boden geförderte Eisenerz, veredelten das Eisen zu Stahl und belieferten damit Fabriken, die den Stahl walzten, pressten, schnitten und hämmerten. Heute ist die schmutzige der sauberen Industrie gewichen. Weiß gestrichene Gewerbebauten säumen die Straße. Nur noch die Namen der Industrieparks deuten auf die frühere Nutzung hin.

Georgsmarienhütte zieht sich. Wir folgen einfach stur der Hauptstraße und gelangen so nach Hagen. Dort am Kreisverkehr weiter nach Bad

Iburg. Die Gedanken sollten nun wieder von der Eisen verarbeitenden zur Motorrad fahrenden Technik wandern. Denn die Waldstrecke nach Bad Iburg schießt ein wahres Feuerwerk von Bögen, Kurven und Kehren ab. Berg rauf, Berg runter. Die Sonne zaubert pittoreske Flecken auf den dunkelgrauen Asphalt. Der weist einige böse Löcher und Flicken auf und bevorzugt Motorräder mit weichem Fahrwerk.

Bad Iburg verdient es durchaus, mittels einer Ehrenrunde gewürdigt zu werden. Eine freundliche Altstadt mit Pflastergassen, Cafés und Restaurants empfängt uns. Genau der richtige Platz für eine erste Kaffeepause. Wer möchte darf zur Burg hochfahren, in der sich das Bildungswerk der Polizei einquartiert hat. Führungen finden nur nach Anmeldung statt. Der Burghof jedoch ist für alle offen. Außer vielleicht für Maschinen mit nicht ganz TÜV-konformem Zubehör.

Folgender Abzweig Holperdorp. Nomen est omen? Gott sei dank nein. Es ist ein gepflegtes, gut asphaltiertes Sträßchen, das zunächst ein Wiesengelände durcheilt, um dann in beeindruckenden Kehren und Serpentinen den Ort Lienen anzuvisieren. Spitzkehren so weit oben im Norden? Wer hätte das gedacht. In einer der Kurven weist ein Schild den Weg zum Waldgasthof Malebartus. Hört sich nicht nur gut an, ist es auch. Nach einer kurzen Fahrt auf einem asphaltierten Waldweg gelangt man zu einer Lichtung, auf der sich der Gasthof und sein Biergarten befinden. Die Aussicht hinab ins flache Münsterland ist phantastisch. Wer unter der Woche kommt, hat seine Ruhe und kann das Panorama für sich alleine genießen. Kleiner Wermutstropfen: Die überzogenen Preise. Offenbar ist man sich der Traumlage bewusst.

Von Lienen nach Lengerich geht es endlich wieder einmal ein Stück geradeaus. Wir folgen dem Hinweis zum Zentrum von Lengerich und rollen eine Weile entlang der Bahngleise. Sie werden sowohl von der Bundesbahn als auch von der TWE, der Teutoburger-Wald-Eisenbahn, benutzt. Die private TWE schaukelt mit ihren preußischen Dampfloks aus dem Jahr 1915 im Sommerhalbjahr Anwohner und Urlauber von einem Bahnhof zum nächsten.

Nach der Bahnunterführung kommt rechts der Abzweig nach Lotte. Dem folgen wir. Er führt zu einem Waldsträßchen, das in der für diese Tour typischen Art und Weise zuerst den Rücken des Teutoburger Waldes erklimmt, um danach wieder das Flachland anzupeilen. Das nördlichste

Der Dortmund-Ems-Kanal

aller großen deutschen Mittelgebirge erstreckt sich ja bekanntlich recht schmal von Nordwesten nach Südosten. Man durchquert es also am besten der Länge nach und schwingt dabei ständig wie ein Skifahrer beim Parallelschwung von links nach rechts.

In Leeden ist zwar mit Tecklenburg bereits das nächste Zwischenziel ausgeschildert, wir fahren jedoch geradeaus weiter nach Norden. So lange, bis an einer Kreuzung nochmals Tecklenburg beschildert ist. Diesmal stimmt die Richtung. Blinker links und hinein in einen Traum von einer Motorradstrecke. Zügig zu fahren, mit wenig Verkehr und viel Übersicht versehen, schneidet die Fahrbahn durch die Landschaft wie das Messer durch die Butter. Wechselkurven werfen das Bike von einer Schräglage in die nächste. Das ist Motorrad fahren vom Feinsten. Perfekt, wäre da nicht der wellige Untergrund, der die ungestüme Fahrt das eine oder andere Mal einbremst. Macht nichts. Dem Spaß tut das keinen Abbruch.

In Tecklenburg bleibt man so lange auf der Umgehungsstraße, bis in einer Linkskurve bergab auf der rechten Seite das Gebäude der Kreisverwaltung zu sehen ist. Unter dessen Dach wartet ein geschützter Parkplatz auf die Maschine. Die Besatzung macht sich währenddessen zu Fuß auf, um die gleich nebenan beginnende Altstadt Tecklenburgs zu erkunden. Ein Spaziergang, der sich lohnt. Tecklenburg mit seiner von Fachwerk gesäumten Fußgängerzone ist ein echtes Kleinod. Denkmalgeschützte Bürgerhäuser gruppieren sich um den Marktplatz mit seinem Brunnen. Man kann herrlich in Kleinkunstläden und Töpfereien stöbern, nach vorn zur Burg gehen und dort die Aussicht bewundern oder – und das ist ein Muss – im Café Rabbel ein Stück Kuchen vernaschen. Feines Backwerk, gelbe Sonnenschirme, eine mittelalterliche Kulisse rundum – was für ein süßes Paradies.

Tecklenburg, von seinen Einwohnern nicht ganz ernst gemeint »nördlichste Gebirgsstadt Deutschlands« genannt, ist eine Leinenweberstadt. Im 17. und 18. Jahrhundert wanderten Tuchhändler im ganzen Land umher und boten das von ihren Familien gewobene Leinen an. Die Landwirtschaft gab zu wenig her, und so mussten sich die Tecklenburger andere Einnahmequellen suchen. Das blau gestrichene »Schiefe Haus«, an dem man automatisch vorbeikommt, ist so ein Leinenweberhaus und stammt aus dem Jahr 1693. In seinen Räumen erfährt der Besucher alles über die Geheimnisse des Leinenwebens.

In Richtung Ibbenbüren verlassen wir Tecklenburg. Auf der linken Seite bietet der Parkplatz Münsterlandblick interessante Aussichten auf Gegend und Technik: Sonntags versammeln sich hier die Kollegen von der Zweiradfraktion. Mit einem Abschwung lässt die Route das Gebirge hinter sich und nähert sich zügig Ibbenbüren. Ein kurzes Stück vor der 50.000-Einwohner-Stadt kommt das Schild Motorradmuseum in Sicht. Und nach wenigen Minuten stellen wir die Maschine auf dem Parkplatz der alten Ibbenbürener Schule ab. Dort stellen Vater und Sohn Stockmann in fünf Räumen insgesamt 170 zwei- und dreirädrige Motorräder aus. Ob Wankel-Bike, DDR-Relikt oder Münch-Mammut – die komplette deutsche und europäische Motorradgeschichte steht hier beieinander. Jüngster Erwerb ist ein französisches Monotrace aus den 20er-Jahren: ein grüner Blechkasten mit zwei großen und zwei kleinen Rädern. Blickfang unter den Gespannen ist das Zündapp KS 750 Wehrmachtsgespann. Wie sämtliche Ausstellungsstücke glänzt auch dies in perfektem Erhaltungszustand und sieht aus, als hätte es erst gestern die Fabrik verlassen. Das Museum ist samstags von 14.00 bis 18.00 Uhr und sonntags von 10.00 bis 18.00 Uhr geöffnet. Infos gibt es unter 05451/6454.

Auf der B 219 geht es nach Saerbeck. Nach der Teutoburger Kurverei eine Erholung für Mensch und Mechanik. Im Zentrum von Saerbeck zweigt die Straße nach Lengerich ab. Eine kilometerlange Allee, die genau am Dortmund-Ems-Kanal endet. Gleich hinter der Brücke führt ein Fahrweg zum Wasser hinab. Das ideale Fleckchen, um sich in aller Ruhe den Kanal und seinen Schiffsverkehr zu betrachten. 1899 wurde die 280 Kilometer lange Wasserstraße gebaut, um die Kohlehalden des Ruhrgebietes mit der Nordsee zu verbinden. Ihr Bett ist ca. 30 Meter breit und nimmt Schiffe von einer Tragkraft bis 600 Tonnen auf. Die müssen auf dem Weg von Dortmund nach Emden insgesamt 18 Schleusen überwinden.

Über die Imkerstadt Ladbergen geht es zurück nach Glandorf. Schneller Asphalt mit flüssigen Kurven. Und auch hier gilt: die Technik machts.

Bad Essen
GPS: N 52°18´39" - E 8°19´56"

EZ ab € 55,00
DZ ab € 85,00

42 | 22 | P

Waldhotel Bad Essen

Unsere Gäste erwartet eine traditionsbewusste, moderne Gastronomie, Wellness mit vier verschiedenen Saunen und vielen Angeboten für Körper und Seele. Hinter den im Stil der Jahrhundertwende mit geschwungenen Motiven geschmückten Wänden versteckt sich zeitgemäße Hoteltechnik. Modernste Computertechnik hilft, den Komfort und die Sicherheit für unsere Gäste zu erhöhen. Alle Zimmer sind ausgestattet mit Dusche/WC, Fön, Telefon, Farb-TV, Radio, Minibar, Safe und ISDN-Anschluss. Im Preis enthalten sind unser kulinarisches Frühstücksbuffet und die Benutzung der Waldsauna. Wir möchten, dass unsere Gäste schon mit dem ersten "buona sera" die, für unser Restaurant LA VIGNA typische, ungezwungene Atmosphäre spüren und genießen können. Spezial: jeden Donnerstag und Sonntag die hausgemachte Holzofenpizza zum Genießen im Biergarten. (Bikerkochkurse) .
Wir freuen uns auf Ihren Besuch Tanja & Mauro Spessot - Restaurant LA VIGNA

Bergstr. 51 • 49152 Bad Essen • Telefon 0 54 72 / 9 78 80 • Fax 0 54 72 / 97 88 88
E-Mail: info@waldhotel-badessen.de • www.waldhotel-badessen.de

11055

Bad Iburg
GPS: N 52°09´36" - E 8°03´35"

60 | 35 | HP

IDEAL ZUM ENTSPANNEN

Lassen Sie die Seele nach einer ausgedehnten Motorrad-Tour baumeln! Entspannen Sie sich in unserem Wintergarten oder genießen Sie kulinarische Delikatessen aus der Region.

Zum Freden 41 | 49186 Bad Iburg | Fon 0 54 03 / 40 50 | Fax 0 54 03 / 17 06 | www.hotel-freden.de

10992

Bad Salzuflen
GPS: N 52°04´19" - E 8°44´32"

EZ ab € 40,00
DZ ab € 70,00

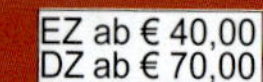

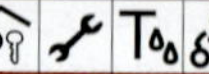
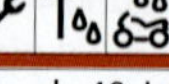

50 | 33 | HP

Hotel Grüner Sand

Der »Grüne Sand« ist seit mehr als 40 Jahren im Familienbesitz. Langjährige Erfahrung, guter Service, moderne Ausstattung und die verkehrsgünstige Lage machen unser Haus zu einem angenehmen Aufenthaltsort. Die komfortabel eingerichteten Zimmer sind mit Dusche und WC, Fernsehen mit Kabelanschluss und Telefon ausgestattet. Á la carte: Genießen Sie die Köstlichkeiten aus unserer Küche. Wir haben gutbürgerliche und internationale Küche im Angebot. In unserem neu gestalteten Biergarten können Sie in gemütlicher Atmosphäre und einem leckeren frisch gezapften Bier den Tag ausklingen lassen.

Lohheide 41 • 32107 Bad Salzuflen • Telefon 0 52 22 / 9 90 50 • Fax 0 52 22 / 8 39 80
E-Mail: info@hotel-gruenersand.de • www.hotel-gruener-sand.de

11057

Bad Salzuflen
GPS: N 52°05´18" - E 8°44´41"

EZ ab € 49,00
DZ ab € 84,00

HP | VP | P

Hotel Salzufler Hof

Verbringen Sie Ihren Aufenthalt in einer freundlichen und persönlichen Atmosphäre. Wir würden uns freuen Sie in unserem familiär geführten Hotel begrüßen zu dürfen. Genießen Sie den Komfort und das besondere Flair unseres Frühstücksraums, die Ruhe und tanken Sie Kraft für den Tag. Morgens erwartet Sie der Duft von frischen Brötchen und heißem Kaffee. Beginnen Sie den Tag mit unseren gut gelaunten Mitarbeitern am fürstlich gedeckten Frühstücksbuffet. Unser Haus liegt sehr ruhig und zentral an der historischen Innenstadt von Bad Salzuflen, bis zum Kurpark oder in die Fußgängerzone sind es nur 2 min. In unserem gemütlichen Biergarten umsorgen wir Sie mit Kaffee, Tee, Bier, Wein und vielem mehr...

Moltkestr. 7-9 • 32105 Bad Salzuflen • Telefon 0 52 22 / 9 12 20 • Fax 0 52 22 / 91 22 40
E-Mail: meinert@salzufler-hof.de • www.salzufler-hof.de

1105

Bissendorf-Holte

GPS: N 52°13´17" - E 8°11´06"

Gaststätte Klefoth-Holtgreve

Das gemütliche Bauernhaus, eingebunden in den Kirchvorplatz, ist ein idealer Anfahrtspunkt für Motorradfahrer die hauseigenen Köstlichkeiten wie (selbstgebackenem Kuchen, Brot und Aufschnitt etc.) genießen möchten. Außerdem bieten wir gutbürgerliche Küche mit deftigen und leichten Speisen aus eigener Herstellung. In den gemütlichen Gasträumen werden Sie sich schnell wohl fühlen. Besonderheit ist die neu gestaltete überdachte Terrasse, die in der Übergangszeit auch durch mehrere Heizstrahler genutzt werden kann. Die ADAC-Bergrennstrecke direkt am Hause zeichnet sich durch eine kurvenreiche Strecke aus (ca. 10 Kilometer) und ist gerade bei Motorradfahrern beliebt, da sie erst 2003 komplett neu asphaltiert wurde. (Kein Rollsplitt) Für weitere schöne Motorradtouren in der Region sprechen Sie uns an. Der Chef persönlich hat ein paar gute Tipps für Sie.

An der Holter Kirche 2 • 49143 Bissendorf • Telefon 0 54 02 / 21 17 • Fax 0 54 02 64 11 44
E-Mail: info@gaststaette-klefoth.de • www.gaststaette-klefoth.de

11098

Borchen-Etteln

GPS: N 51°37´30" - E 8°45´42"

EZ ab € 28,00
DZ ab € 50,00

Gasthof Pension Rustemeier

Wir heißen Sie herzlich willkommen in unseren gemütlichen Gasträumen mit der gutbürgerlichen Küche und dem freundlichen Ambiente. Für größere Gruppen haben wir einen Saal für bis zu 100 Personen. Unsere gemütlich eingerichteten Gästezimmer verfügen über Dusche/WC und TV. Ihr Motorrad können Sie in einer abschließbaren Garage abstellen. Für nasse Kleidung ist ebenfalls ein Platz vorhanden. Speisekarte Ende offen.

Im Winkel 11 • 33178 Borchen-Etteln
Telefon 0 52 92 / 3 31 • Fax 0 52 92 / 93 15 02

10947

Dörentrup

GPS: N 52°01´45" - E 9°01´50"

EZ ab € 48,00
DZ ab € 78,00

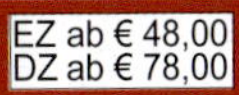

Hotel - Landhaus Begatal

Herzlich Willkommen im Landhaus Begatal im schönen Lipperland. Unser Haus ist ein familiengeführtes Komforthotel und bietet Entspannung und Gemütlichkeit sowohl für den Geschäftsreisenden, als auch den Erholungssuchenden. Gruppen und Vereine schätzen besonders die familiäre Atmosphäre und Behaglichkeit des Hauses. Hervorragend speisen kann man im hoteleigenen Restaurant. Dort serviert Ihnen unser Chefkoch sowohl Lippische Spezialitäten als auch ausgefallene Köstlichkeiten für den "verwöhnten Gaumen". In der rustikalen Bierstube kann man bei einem Glas Frischgezapftem oder einem edlen Wein, den Tag ausklingen lassen. Der nette und gemütliche Biergarten lädt im Sommer zum Entspannen und Relaxen ein. Auch herrliche Grillabende wurden hier schon veranstaltet. Bikerwochenende Freitag - Sonntag, HP, 70,- Euro ab 8 Personen.

Bundesstr. 2 • 32694 Dörentrup • Telefon 0 52 65 / 9 46 40 • Fax 0 52 65 / 94 64 44
E-Mail: info@landhaus-begatal.de • www.landhaus-begatal.de

10995

Hagen am Teutoburger Wald

GPS: N 52°11´35" - E 7°54´56"

Teutoburger Waldsee Campingplatz&Erholungsgebiet

Erleben Sie Ruhe und Entspannung auf den über 1000 Stellplätzen rund um den 12 Hektar großen Teutoburger Waldsee. Der erste Eindruck zählt, so sagt man, wenn man Menschen begegnet. Auf unserem Campingplatz am Teutoburger Waldsee zählt auch der nachhaltige Eindruck. Der Erholungsfaktor Wald- und Seeluft ist nicht zu unterschätzen. Camper, die uns häufiger besuchen sagen: "Hinter der Schranke fällt die Klappe und man ist einfach da und vergisst den Arbeitsalltag".

Am Höneberg 9a • 49170 Hagen a.T.W. • Telefon 0 54 81 / 30 56 10
E-Mail: info@teutoburger-waldsee.de • www.teutoburger-waldsee.de

11010

Hagen am Teutoburger Wald
GPS: N 52°10´58" - E 7°59´46"

EZ ab € 52,00
DZ ab € 82,00

Landhotel Buller

Den Alltag vergessen und sich trotzdem wie zu Hause fühlen. Als privat geführtes Haus steht bei uns die freundliche und familiäre Atmosphäre an erster Stelle. Das Landhotel Buller liegt am Rande des staatlich anerkannten Erholungsortes Hagen am Teutoburger Wald. Es erwarten Sie großzügige und helle Zimmer. Jedes komfortabel und geschmackvoll eingerichtet. Natürlich mit WC, Dusche, Selbstwahltelefon und Sat-TV, teilweise mit Whirl-Wanne und eigenem Balkon. Nach einer erholsamen Nacht beginnen Sie gut gelaunt und gestärkt mit unserem reichhaltigen Frühstücksbuffet den Tag. Jeden Feinschmecker begeistern unsere regionalen Gerichte und die ausgewählten Spezialitäten. Wir verwöhnen Sie einfach gern nach allen Regeln der Kochkunst. Unser Restaurant erwartet Sie. Und an sonnigen Tagen empfehlen wir Ihnen unsere große Terrasse. Wellnessoase im Haus.

Iburger Str. 35 • 49170 Hagen a.T.W. • Telefon 0 54 01 / 88 40 • Fax 0 54 01 / 88 42 00
E-Mail: info@landhotel-buller.de • www.landhotel-buller.de

10993

Halle/Westfalen
GPS: N 52°03´02" - E 8°21´10"

Galerie & Biergarten **Bauerncafé Beuken Schmedt**

Ein ehemaliger Stall ist zu unserem heutigen Bauernhofcafé mit rustikalen Eichenbalken und urgemütlichem Kachelofen umgestaltet worden! Innen stehen 65 Plätze zur Verfügung und im Biergarten finden bis zu 100 Personen zwischen alten Eichen einen Platz. Hier servieren wir unseren Gästen selbst gebackenen Kuchen, selbstgebackenes Brot mit Hausmacher Spezialitäten sowie kalte und warme Speisen. Nach Vorabsprache organisieren wir sogar Grillabende mit Ihnen. Wir freuen uns Sie bald bei uns begrüßen zu dürfen.

Alleestr. 41 • 33790 Halle/Westfalen • Telefon 0 52 01 / 51 11 • Fax 0 52 01 / 66 73 43
E-Mail: beuken-schmedt@web.de • www.beukenschmedt.de

10990

Hövelhof

GPS: N 51°49´12" - E 8°40´45"

Gaststätte Reker

Ab der 1. Minute wie zu Hause fühlen... Wir bieten großzügige Räumlichkeiten (50 Sitzplätze) und einen gemütlichen Biergarten (30 Sitzplätze) mit gemütlicher Atmosphäre und freundlichen Gastgebern. Bei uns haben Sie die Möglichkeit zwischen einem leckeren Imbiss, à la carte oder einem netten Grillabend. Nachmittags gibt es außerdem Kaffee und hausgemachten Kuchen. Wir sind täglich ab 16 Uhr und am Wochenende und Feiertags durchgehend für Sie da. Montag Ruhetag.

Staumühler Str. 99 • 33161 Hövelhof • Telefon 0 52 57 / 22 06
E-Mail: marija.mc@gmx.de

10989

Lichtenau
GPS: N 51°40´39" - E 8°57´40"

EZ ab € 33,00
DZ ab € 60,00

Waldpension Küchmeister

Mitten in der Natur, am südlichen Rand des Teutoburger Waldes, in dem idyllischen Ort Herbram-Wald, liegt die Waldpension KÜCHMEISTER. Die hellen, lichtdurchfluteten Räume mit Balkon, Dusche, WC, Telefon und Satelliten-Fernsehen laden zum Wohlfühlen in unserem Haus ein. Genau das Richtige nach einer schönen Motorradtour. Von hier aus haben Sie den besten Ausgangspunkt für Touren in den Harz, das Weserbergland, das Hessische Bergland und sogar in den Thüringer Wald. Abends finden Sie außerdem in unseren gemütlichen Räumen Ruhe. Geselligkeit und Gemütlichkeit, familiäre Atmosphäre und darüber hinaus eine gute Küche zeichnen unser Haus aus.

Hebram-Wald Eggering 10-12 • 33165 Lichtenau
Telefon 0 52 59 / 9 85 50 • Fax 0 52 59 / 98 55 22

12608

Lichtenau-Dalheim

GPS: N 51°34´19" - E 8°50´29"

HP P

Gasthaus Am Königsweg

Unsere Küche serviert Ihnen westfälische und internationale Gerichte sowie je nach Saison ausgewählte Wildspezialitäten. Außerdem können Sie auch verschiedene Kuchensorten genießen, die nach traditioneller Rezeptur gebacken werden. Bei uns werden ausschließlich Nahrungsmittel und Produkte aus der Region serviert. Das Gemüse ist frisch und das Fleisch, das wir anbieten, stammt direkt vom Erzeuger. Wir legen größten Wert darauf, Ihnen wertvolle und gesunde Speisen zuzubereiten. Je nach Saison wird in unserem Gasthaus frisches Obst und Gemüse angeboten.

Mühlenfeld 2 • 33165 Lichtenau-Dalheim • Telefon 0 52 92 / 93 14 18 • Fax 0 52 92 / 93 14 19
E-Mail: info@gh-am-koenigsweg.de • www.gh-am-koenigsweg.de

11058

Lügde

GPS: N 51°57´15" - E 9°14´43"

EZ ab € 31,00
DZ ab € 51,00

22 11 P Tipp VP

Hotel-Restaurant

Zu den Zwei Linden

In der mittelalterlich anmutenden „Osterräderstadt Lügde" im Weserbergland -zwischen Bad Pyrmont und dem Emmerstausee gelegen - heißen wir Sie in unserem Hotel recht herzlich willkommen. Die ruhige Lage unseres Hauses, im Grüngürtel der alten Wallanlagen, garantiert einen erholsamen Aufenthalt. Unser stilvoll eingerichtetes Restaurant und die gemütliche Gaststube laden zum geselligen Beisammensein, privaten Feiern oder geschäftlichen Veranstaltungen ein. Unsere Küche bietet Ihnen heimische sowie internationale und saisonbedingte Speisen, aber auch kleine Gerichte zum Wein und Bier. Sonnenterrasse und Garten mit Liegewiese, Sauna und Solarium im Haus. Die Hotelzimmer bieten zeitgemäßen Komfort und sind behaglich eingerichtet.

Höxterstr. 1 • 32676 Lügde • Telefon 0 52 81 / 71 79
E-Mail: zweilinden2001@aol.com • www.zweilindenluegde.de

11102

Oerlinghausen

GPS: N 51°58´14" - E 8°42´29"

EZ ab € 30,00
DZ ab € 50,00

Gaststätte Zur Linde

Seien Sie unser Gast in gemütlicher Atmosphäre und unserer gutbürgerlichen Küche. Wir verzaubern Sie mit nationalen und internationalen Speisen. Für die Nacht stehen Ihnen gemütliche Gästezimmer mit Dusche/WC und TV zur Verfügung. Wir freuen uns auf Ihren Besuch!

Gartenstr. 13 • 33813 Oerlinghausen • Telefon 0 52 02 / 68 48

10994

Rietberg

GPS: N 51°48´40" - E 8°25´42"

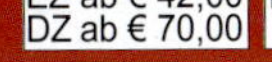

EZ ab € 42,00
DZ ab € 70,00

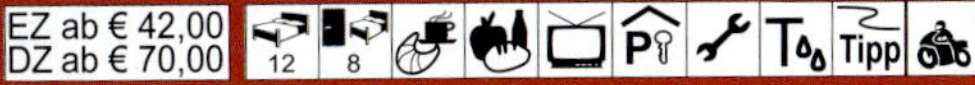

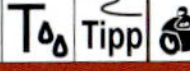

Hotel-Restaurant "Zur Post"

Herzlich willkommen in Rietberg. Unser Haus liegt verkehrsgünstig nur 10 Minuten von der Autobahn entfernt. Zum Ortskern ca. 150 Meter. Wir bieten einen hoteleigenen Parkplatz direkt am Haus, für Motorradfahrer Carport oder Garage. Im Sommer einen gemütlichen Biergarten. Unsere Hotelzimmer sind mit Dusche/WC, Fön, Telefon und TV ausgestattet. Zum Frühstück reichen wir Ihnen ein Buffet. Wir verwöhnen Sie mit guter bürgerlicher Küche. Für Tourenvorschläge sprechen Sie uns an. Wir fahren selbst Motorrad.

Bahnhofstr. 5 • 33397 Rietberg • Telefon 0 52 44 / 89 08
www.hotel-ami.de/hotel/zurpostrietberg

11777

Größtes wöchentliches Motorradtreffen in Deutschland. Brocker Mühle, zwischen Herzebrock und Marienfeld. Nur ca. 25 km von unserem Haus entfernt. Fahrzeit ca. 20 Minuten. Im Sommer (Ende März bis Ende Oktober). Immer mittwochs von ca. 17:00 Uhr bis ca. 22:00 Uhr. Anschrift: Groppeler Straße 63, 33442 Herzebrock -Clarholz, Tel.: (0 52 45) 24 13 www.brocker-muehle.de

Motorradmuseum in Greffen: Mit viel Engagement haben Christa und Heiner Beckmann über 180 Motorräder aus der ersten Hälfte des 20. Jahrhunderts zusammen getragen. Jedes Jahr am Wochenende vor Pfingsten veranstaltet das Motorradmuseum Greffen die Internationale Spökenkiekerfahrt. Nur ca. 35 km von unserem Haus entfernt. Fahrzeit ca. 30 Minuten. Öffnungszeiten: Sonntags 11.00 Uhr bis 17.00 Uhr von Ostern bis Oktober, und nach Vereinbarung. Anschrift: Beelener Straße 32, 33428 Harsewinkel, Tel.: (0 25 88) 13 81

Landesgartenschau Rietberg: Vom 25. April bis zum 12. Oktober 2008 wird Rietberg blühen! Wir laden Sie herzlich ein, die NRW Landesgartenschau 2008 in Rietberg zu besuchen.

11777

Schieder-Schwalenberg
GPS: N 51°55´51" - E 9°11´44"

EZ ab € 37,00
DZ ab € 60,00

30 | 18 | HP | Tipp

Hotel Fischanger

Eine erstklassige, feinbürgerliche Küche sowie die gepflegten Getränke und die auserlesenen Weine haben den guten Ruf unseres stilvoll eingerichteten Hauses begründet und lassen auch den anspruchvollen Gast gern wieder zum Fischanger zurückkehren: Nur 300 m vom Schiedersee entfernt! Unsere Zimmer sind gemütlich, hell und freundlich eingerichtet und verfügen über Dusche/WC, TV, Föhn und Radiowecker. Morgens erwartet Sie ein reichhaltiges Frühstücksbuffet. So können Sie optimal gestärkt auf die nächste Tour durch den schönen Teutoburger Wald starten. Ihr Motorrad bringen wir sicher in einer Garage unter. Dazu gibt's eine kleine Schrauberecke und einen Trockenraum. Gerne gesellen wir uns abends zu Ihnen und geben Ihnen schöne Touren- und Ausflugstipps für die Region.

Fischanger 25 • 32816 Schieder-Schwalenberg • Telefon 0 52 82 / 2 37 • Fax 0 52 82 / 62 11
E-Mail: hotel-fischanger@t-online.de • www.fischanger.de

12712

Werther
GPS: N 52°05´28" - E 8°22´10"

EZ ab € 0,00
DZ ab € 0,00

P | Tipp

Restaurant - Gaststätte Sedan

Treten Sie ein und genießen Sie unsere gemütliche und freundliche Atmosphäre oder nehmen Sie bei schönem Wetter in unserem großen Biergarten Platz. Unsere Küche verwöhnt Sie mit leichten Snacks bis hin zu deftigen Mahlzeiten. Ihr Motorrad stellen Sie auf unserem hauseigenen Parkplatz ab. Wir sind von Montag bis Donnerstag 18.00 Uhr bis 01.00 Uhr / Freitag und Samstag von 18.00 Uhr bis 02.00 Uhr und Sonntag von 10.00 Uhr bis 01.00 Uhr für Sie da. Wir freuen uns auf Ihren Besuch.

Borgholzhausener Str. 98 • 33824 Werther • Telefon 0 52 03 / 53 09
E-Mail: info@sedan-werther.de • www.sedan-werther.de

10991

Thüringen mit Thüringer Wald

Motorrad fahren auf der Thüringer Achterbahn

Schon der Dichter Johann Wolfgang von Goethe schwärmte von der Schönheit des Thüringer Waldes. Gerne besuchte er das waldreiche Mittelgebirge, um zu wandern und den weiten Blick von den Höhen zu genießen. Mitten in Deutschland erstreckt sich von der Werra bis zur Saale der lang gezogene, fast 1.000 Meter hohe Bergrücken, der von zahlreichen Tälern durchschnitten wird. Markante Markierungspunkte sind im Nordwesten die Wartburg oberhalb von Eisenach und im Südosten die Heidecksburg auf einer Anhöhe in Rudolstadt.
Der Thüringer Wald ist zusammen mit dem Thüringer Schiefergebirge rund 110 Kilometer lang und bis zu 30 Kilometer breit. Am Nordrand liegen wie eine Perlenkette in fast gleichen Abständen von rund 25 Kilometern die sehenswerten Städte Eisenach, Gotha, Erfurt, Weimar und Jena. Im Süden warten die Ortschaften Schmalkalden, Suhl, Sonneberg und Saalfeld auf Besuch.
Die markanteste Erhebung im Thüringer Wald ist der 916 Meter hohe Inselsberg, der bei klarer Sicht einen weiten Rundblick ermöglicht. Wer den teilweise mühsamen Aufstieg scheut, kann vom Parkplatz Grenzwiese aus die Höhe mit dem „Inselsberg-Express“ erreichen. Die höchsten Erhebungen aber sind mit 982 Metern der Große Beerberg und mit 978 Metern der Schneekopf.
Die Städte und Dörfer des Thüringer Waldes liegen teils verstreut an den Ausläufern, teils in schützenden Tälern und sogar bis in die Hochlagen zwischen 800 und 900 Metern. Zu allen Jahreszeiten hat das Mittelgebirge seine besonderen Reize. So abwechslungsreich wie die Landschaft, so vielfältig sind die sportlichen und kulturellen Freizeitangebote. Zu Lande, in Höhlen und Schaubergwerken unter der Erde, zu Wasser und in der Luft kann man die Facetten dieser Region kennen lernen. Das Angebot reicht vom stillen Schauen und Genießen bis zum aktiven Tun.

Traditionelle Handwerkskunst

In Museen und modernen Fertigungsstätten sind die Erzeugnisse der traditionellen Handwerkskunst des Thüringer Waldes aus Vergangenheit und Gegenwart zu sehen.
Die Stadt Suhl gilt seit Jahrhunderten als die Waffenschmiede Europas. Noch heute entstehen in Handarbeit Präzisionswaffen, die bei Jägern und Sportschützen geschätzt sind. Als Symbol dieses Handwerks steht auf dem Marktplatz das Denkmal des Waffenschmiedes. Einige der kunstvollsten Waffen sind im Suhler

Waffenmuseum ausgestellt.
Der Name der Stadt Sonneberg wird in Verbindung mit fantasievollem Kinderspielzeug genannt. Das Spielzeugmuseum lässt nicht nur Kinderaugen leuchten. Spielzeug aus allen Teilen der Welt aus unterschiedlichen Materialien wie z.B. Puppen, Plüschtiere, Blech- und Holzspielzeug und Modelleisenbahnen werden einem staunenden Publikum präsentiert.
Lauscha kann auf eine 400-jährige Glasbläsertradition zurückblicken. Das Museum für Glaskunst zeigt Gebrauchs- und Kunstgegenstände aus diesem Zeitraum. In einer Glashütte kann man die Tätigkeit des Glasbläsers vor offener Flamme oder dem Ofen verfolgen. Besonders geschätzt werden die kunstvollen Christbaumkugeln.

Fahrzeugmusum von Simson in Suhl

Kahla nennt sich gerne Porzellanstadt. In der Leuchtenburg östlich des Ortes wird im Porzellankabinett eine Sammlung zur Geschichte des Porzellanhandwerks und der Porzellanindustrie gezeigt.

Historische Bahnen
Eines der reizvollsten Täler des Thüringer Waldes ist das Schwarzatal. Von der Station Obstfelderschmiede aus startet nach Fahrplan die 1923 erbaute Standseilbahn mit einer Spurweite von 1,80 Metern zum 320 Meter höher gelegenen Ort Lichtenhain. Dabei wird eine Steigung von 25 Prozent bewältigt. Von dort fährt ein nostalgischer Triebwagen auf ebener Strecke weiter nach Corsdorf.

Sehenswerte Orte

Schmalkalden
Das im Westen des Thüringer Waldes stehende Städtchen brachte es im Mittelalter durch die Eisenindustrie zu Wohlstand und Reichtum. Das sieht man heute noch: Die historische Altstadt steht unter Denkmalschutz und zählt zu den schönsten Fachwerkensembles Thüringens. Der Altmarkt mit seinen umstehenden Bürgerhäusern lädt zum Kaffeestopp ein, auch Schloss Wilhelmsburg sollte man einen Besuch abstatten.

Oberhof
An einer uralten Passstraße südlich von Suhl gelegen, gilt Oberhof heute als wichtigstes Wintersportzentrum Deutschlands. 1906 enstand eine kleine Skisprungschanze, 1925 auf dem Wadeberg die erste richtige Großsprungschanze. Nach dem Zweiten Weltkrieg wurde Oberhof zum Skisportzentrum der alten DDR ausgebaut. Heute wird der Ort auch im Sommer gerne besucht.

Suhl
Im Jahr 1318 erstmals urkundlich erwähnt, bekam die Bergbausiedlung 1527 das lukrative Stadtrecht. Kurz darauf kamen Büchsenmacher aus Nürnberg in die Region, die Suhl den Namen „Waffenschmiede Europas“ gaben. Einen Besuch wert ist die mittelalterliche Altstadt mit Marktplatz, Barockkirche und Rathaus. Nicht zu vergessen das Fahrzeugmuseum der Simson-Werke.

Ilmenau
Schon immer gaben Handwerk und Industrie in Ilmenau den Ton an: Zuerst der Silber- und Kupferbergbau, dann die Glasindustrie und die Porzellanherstellung. Heute ist Ilmenau ein beliebter Kurort mit hübschem Zentrum. Im Amtshaus am Markt wird das Wirken Goethes dargestellt, der als Weimarer Bergbauminister oft in Ilmenau zu Besuch war.

Einmal quer durch den Thüringer Wald

Man nennt ihn auch gerne das grüne Herz Deutschlands. Kein Wunder. Denn der Thüringer Wald ist tatsächlich so etwas wie die Mutter aller deutschen Mittelgebirge. Er liegt zentral in der Mitte der Republik, und sein Kennzeichen sind die ausgedehnten Wälder, die bis zu den Kammlagen hinauf und in die Täler hinabwachsen. Schmale, kurvenreiche Sträßchen verbinden kleine, gemütliche Ortschaften. Das Ganze ist eine sehr intime Welt. So fühlt sich der Besucher – und ganz besonders der motorradfahrende – im Thüringer Wald auf Anhieb wohl.

Die Schleife durch diese gigantische Motorrad-Erlebniswelt startet in Saalfeld, der Stadt der Felsgrotten. 1914 dem Publikum zugänglich gemacht, halten sie ein äußerst farbenfrohes Tropfsteinerlebnis bereit. Ein interessanter Schlenker über die Saalfelder Höhe bringt uns nach Bad Blankenburg zum Einstieg ins Schwarzatal. Und das hat es in sich. 20 Kilometer lang Kurve an Kurve. Radien aller Art, Schräglagen wie am Fließband. Der bucklige Belag fordert das Fahrwerk heraus. Wer hier schnell sein will, braucht gut funktionierende Federelemente.

Vier Kilometer hinter Mellenbach rechts ab nach Großbreitenbach und weiter nach Neustadt am Rennsteig. Die Fahrbahn wird schmaler, ihr Belag aber kaum besser. Neustadt mit seiner hübschen Schieferkirche ist einer der zahlreichen Einstiege in den berühmtesten Wanderweg Ostdeutschlands. 168 Kilometer lang führt der Rennsteig in 700 bis 900 Metern Höhe über den Kamm des Thüringer Waldes. Seinen Namen hat er von dem Wort Rain, was soviel wie Grenze heißt und die zwischen Thüringen und Franken meint.

Zwischen Schmiedefeld und Stützerbach kreuzen wir die B 4. In Schmücke biegen wir rechts ab und gelangen über Gehlberg hinauf zum 780 Meter hoch gelegenen Wintersportort Oberhof. Kurven im Überfluss, schmale Fahrbahn, ein nicht mehr enden wollender Motorradspaß. Auf der Passhöhe existierte übrigens schon im 15. Jahrhundert ein Hospiz des Johanniterordens. Bevor man nun Oberhof in Richtung Ohrdruf verlässt, sollte man unbedingt einen Blick auf den Sprungschanzen-Komplex werfen.

Ab Ohrdruf rollen die Räder auf dem gepflegten Asphalt der B 88. Entspannen ist angesagt. Sich in aller Ruhe das prächtige Panorama der linker Hand aufragenden Höhen des Thüringer Waldes ansehen. In Ohrdruf ging Johann Sebastian Bach zur Schule. Die Attraktion des Städtchens jedoch ist zweifellos der mit großem Aufwand rekonstuierte Tobiashammer. Die Anlage stammt aus dem Jahr 1482. Bei Führungen werden sämtliche Maschinen und Geräte in Betrieb gesetzt, sogar die 12.000 PS starke Dampfmaschine.

Hinter Tabarz biegen wir rechts ab und fahren auf einem kleinen Umweg nach Eisenach. Ein Umweg, der sich lohnt. Denn in Mechterstädt wartet mit dem Landgasthaus Zum Stern der

Panorama bei Oberhof

ultimative Pausentipp dieser Etappe. Das Haus wurde 1886 als Gasthof und Fleischerei gegründet. Und noch heute versteht die Familie Otto ihr Handwerk. Der Chef schlachtet selbst, die Chefin bringt leckere Spezialitäten wie Klöße oder Rostbrätl auf den Tisch.
Durch Eisenach zu fahren, ohne auf der Wartburg gewesen zu sein, wäre Frevel. Also klinken wir uns in den Strom der Besucher ein und erklimmen zu Fuß die Burg, auf der Luther zwischen 1521 und 1522 in nur zehn Monaten das Neue Testament ins Deutsche übersetzte. Die Wartburg selbst ist hervorragend restauriert, die Aussicht von den Mauern wunderschön, das Essen auf der Südterrasse gut und überraschend preiswert.
Eisenachs Highlight Nummer zwei ist das Automuseum. Es hat umziehen müssen und residiert nun auf engstem Raum im Sparkassengebäude beim ehemaligen Werksgelände. Es zeigt am Beispiel ausgewählter Serienfahrzeuge die Geschichte der 90-jährigen Eisenacher Autoproduktion. Ob Dixi, BMW, Wartburg oder EMW – alles ist da. Dabei ruhen noch weitere 50 Oldtimer im Fundus des Museums. Aus Platzmangel können sie leider nicht ausgestellt werden.
Durch die malerische Drachenschlucht geht es auf der B 19 nach Etterwinden und von dort auf einem klitzekleinen Bergsträßchen hinauf nach Ruhla. Motorradspaß vom Feinsten. Schmale Fahrbahn, rauer Belag, zackige Kehren. Die Strecke führt durch dichten Wald, Lichtreflexe tanzen auf der Straße. In Ruhla stören hässliche Fabrikgebäude das Thüringer Wald-Idyll. Hier arbeiteten einmal 3.000 Menschen und stellten Uhren her. Heute sind es noch 75. Die haben mit der Fertigung von Spezial-Chronometern ihre Marktlücke gefunden.
Auf holperigem Asphalt kurven wir nach Süden, passieren den Rennsteig und kommen nach Brotterode. Jetzt keinesfalls geradeaus weiter nach Kleinschmalkalden, sondern Blinker links, und ab geht die Post hinunter nach Tabarz. Ein Kurventanz der Extraklasse. In Tabarz Blinker rechts, hinüber nach Friedrichroda und dort wieder rechts ab hinauf nach Kleinschmalkalden. Außer Atem? Kein Wunder – bei den vielen Kehren.
Die folgende Etappe bis Schmalkalden verläuft ruhiger. Doch dann geht es gleich wieder zur Sache: Wir zweigen nach Steinbach-Hallenberg ab, halten uns ein Stück Richtung Oberhof, überqueren dann den Ruppberg und fallen schließlich nach Zella-Mehlis ein. Sieben Kilometer weiter liegt Suhl. Klarer Fall: Hier lockt das Motorradmuseum des Simson-Werks. Rund 120 Motorräder, Roller, Fahrräder und Autos stehen hier. Die komplette Simson-Palette ist ebenso dabei wie die Ur-Awo von 1949, nie produzierte Prototypen sowie die Sportbikes der Welt- und Europameister.
Wir legen die Maschine in eine Serie traumhafter Kehren und Serpentinen und rauschen hinauf zum Rennsteigort Schmiedefeld. Dort verabschiedet sich die Route für die nächsten paar Stunden vom breiten Asphalt der Durchgangsstraßen und nimmt sich quasi die Innereien des Thüringer Waldes vor. Neustadt, Gießübel, Massethal, Goldisthal und Scheibe-Alsbach heißen die Stationen. Dazwischen liegen ungezählte Kurven, herrliche Schräglagen und phantastische Landschafts-Panoramen. Denn bei allem Fahrspaß sollte man nie die optischen Reize des Thüringer Waldes aus den Augen verlieren. Deshalb: Ruhig ab und zu die Nase vom Lenker nehmen.
Auf der B 89 lassen wir es ausrollen und steuern Sonneberg an. Der nette Ort ist seit dem 16. Jahrhundert berühmt für seine Spielzeugherstellung. Markenzeichen: das Sonneberger Reiterlein. Ein absolutes Muss ist deshalb der Abstecher ins Spielzeugmuseum. Mit wehmütigen Augen wandert man zwischen den Ausstellungsstücken umher und bestaunt die unglaublich breite Palette von Spielzeugen.
Ab Sonneberg schlängelt sich die Route an der Steinach entlang nach Lauscha. Eine ruhige Etappe. Wer sich für Glasbläserei interessiert, sollte zwischen den schieferverkleideten Häusern von Lauscha den Zündschlüssel abziehen. In der dortigen Farbglashütte darf man den Bläsern über die Schulter sehen. Hinter Lauscha wird es dann nochmal richtig interessant: Kurvig und aussichtsreich windet sich die Strecke über Ernstthal und Spechtsbrunn hinüber nach Gräfenthal. Dort trifft sie auf die nach Probstzella führende Hauptstraße.
Ein Stück B 85 folgt. An der nächsten Kreuzung rechts ab nach Leutenberg. Denn dort wartet der gastronomische Höhepunkt der Tour: der Sormitzblick. Inhaber Reiner König verwandelte das ehemalige FDGB-Ferienheim in eine gemütliche Biker-Herberge. Auf der Speisekarte stehen Bremsklötze und Beschleuniger, das Bier fließt aus einem Boxermotor.

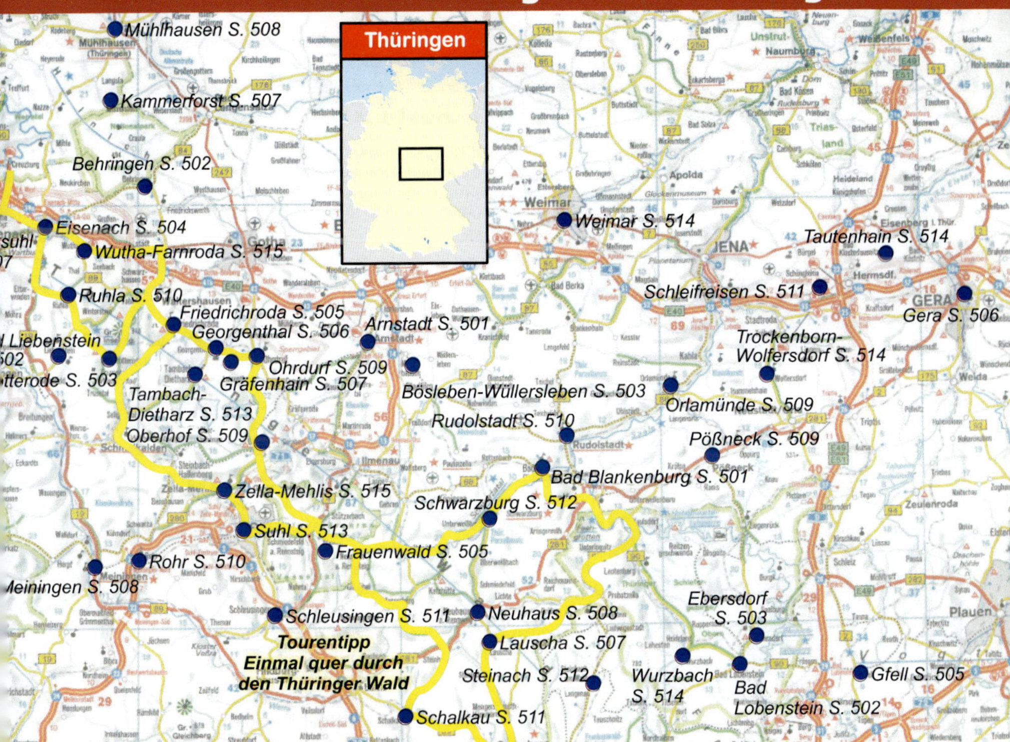

Arnstadt

GPS: N 50°49´39" - E 10°57´34"

EZ ab € 55,00
DZ ab € 79,00

Hotel Anders

Umgeben von Wald und Flur, befindet sich das familiär geführte Hotel Anders mit 37 Zimmern, einem wunderschönen Terrassen-Café und einem Restaurant mit insgesamt ca. 90 Sitzplätzen. Die Zimmer sind komfortabel, hell und freundlich eingerichtet. Hier finden Sie Ruhe und Entspannung. Abends verwöhnen wir Sie mit einheimischer rustikaler Küche. Das Frühstücksbuffet am Morgen verhilft Ihnen zu einem gelungen Start in den Tag und auf die nächste Tour. Eine kleine Schrauberecke für kleine Reparaturen haben wir für Sie eingerichtet. Trockenraum vorhanden.

Gehrener Str. 22 • 99310 Arnstadt • Telefon 0 36 28 / 74 53 • Fax 0 36 28 / 74 54 44
E-Mail: rezeption@hotel-anders.de • www.hotel-anders.de

12710

Bad Blankenburg

GPS: N 50°42´02" - E 11°17´47"

EZ ab € 30,00
DZ ab € 30,00

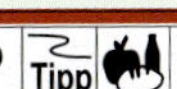

Gaststätte "Zum Landsknecht"

Herzlich Willkommen im Landsknecht! Traditionelle Thüringer Küche! Eine schöne Rast zu entspannenden Preisen in uriger, familiärer Atmosphäre mit gemütlichem Biergarten. Sonntags & Feiertags Thüringer Klöße! Lunchpakete auf Wunsch! Schöne Touren auf den Spuren Goethes & Schillers mit dem Bike: durch das Schwarzatal bis hin zu Burgen & Schlössern wie die Rudolstädter Heidecksburg, Burg Greifenstein mit Falknerei, Schloss Großkochberg sowie zu den Saalfelder Feengrotten u.v.a. .Park/Stellplätze sind am Haus & im Hof vorhanden! Ihre Familie Rosemarie Niedner

OT Ziegerheim 24 • 07422 Bad Blankenburg • Telefon 0 36 72 / 35 17 03
E-Mail: uniedner@freenet.de • www.gasthaus-zumlandsknecht.de

11217

Bad Liebenstein

GPS: N 50°48´54" - E 10°21´06"

P

Restaurant "Logierhof"

Herzlich willkommen in unserem gemütlichen Haus mit der familiären Atmosphäre. Wir führen eine moderne Küche bester Qualität, in der die bewusste Ernährung eine ebensolche Rolle spielt, wie das leckere Schlemmermahl. Nachmittags gibt es aber auch Kaffee und frischen Kuchen - hier findet jeder etwas für seinen Geschmack. Auf unserer gemütlichen Außenterrasse mit Biergarten finden Sie an sonnigen Tagen einen Platz zum Verweilen. Ihr Motorrad können Sie auf unserem hauseigenen Parkplatz abstellen. Wir freuen uns auf Ihren Besuch!

Heinrich Mann Str. 3 • 36448 Bad Liebenstein • Telefon 03 69 61 / 3 17 30
E-Mail: logierhof@gmx.de • www.logierhof-restaurant.de

11481

Bad Lobenstein

GPS: N 50°28´25" - E 11°37´19"

EZ ab € 33,00
DZ ab € 55,00

32 15 HP Tipp

Hotel Silbertau

In einem ruhigen Ort und doch zentral in mitten des Thüringer Waldes gelegen, erwartet unser stilvolles Hotel seine Gäste. Alle Zimmer sind ausgestattet mit DU/WC, TV, Telefon und Radio - Internetzugang durch HotSpot. WLAN erforderlich. Cocktailbar, Kegelbahn. Auch mit dem Motorrad gibt es im Ostthüringer Schiefergebirge viel zu entdecken. Die großteils wenig befahrenen und kurvenreichen Landstraßen eignen sich hervorragend zum entspannten Cruisen. Über sehr gut ausgebaute Bundesstraßen lassen sich auch Ziele in Franken, Vogtland und dem Thüringer Wald schnell und entspannt erreichen.

Oberlemnitzer Weg 4a • 07356 Bad Lobenstein • Telefon 03 66 51 / 85 90 • Fax 03 66 51 / 8 59 11
E-Mail: service@hotel-silbertau.de • www.hotel-silbertau.de

12590

vom
Hotel Silbertau in Bad Lobenstein

Starten Sie am Morgen vom Hotel aus auf der Deutschen Alleenstraße Richtung Saalfeld. Folgen Sie auf einer gut ausgebauten Landstraße dem Sormitztal in Richtung Leutenberg und dann weiter Richtung Saalfeld. In Kaulsdorf verlassen Sie die Bundesstraße und fahren über wenig befahrenen Nebenstrecken auf Umwegen durch verschlafene Orte wie Bucha zur Hohenwartetalsperre. Überqueren Sie die Staumauer und folgen Sie der Saale nach Drognitz bis zum Abzweig nach Altenroth. Dort setzten Sie mit der Fähre über und fahren Richtung Ziegenrück und dort Richtung Schleiz. Halten Sie sich Rtg. Schleiz bis Möschlitz und biegen Sie dann rechts nach Burgk ab. Nach einer kleinen Pause oder einer Führung durch das Schloss fahren Sie zurück bis Möschlitz und wieder Richtung Schleiz. In Schleiz stadteinwärts bis zur Ampelkreuzung. Dort fahren Sie rechts Richtung Gefell. Ab dem OA Schleiz fahren Sie über das Schleizer Dreieck, der ältesten Naturrennstrecke Deutschlands. Dann weiter Richtung Gefell bis zum Abzweig nach Schilbach. In Schilbach fahren Sie kurz vorm OA Richtung Saalburg vorbei am Saalburger Märchenwald mit dem weltgrößten Lebkuchenhaus. In Saalburg wieder Rtg. Schleiz bis zum Abzweig zur Staumauer. Nach der Staumauer fahren Sie über Remtendorf und Friesau zurück zum Hotel.

12590

Behringen/ESA

GPS: N 51°01´21" - E 10°30´53"

P Tipp

Restaurant Kultur- & Kongresszentrum Behringen

Herzlich willkommen in unserem gemütlichen Restaurant. Hier verwöhnen wir Sie mit regionalen sowie mit überregionalen und internationalen Speisen. Ihr Motorrad steht bei uns auf einem hauseigenen Parkplatz. Ein Trockenraum für nasse Kleidung steht natürlich auch bereit. Gerne vermitteln wir auch eine Unterkunft für Sie und wenn Sie ein paar nette Tourenvorschläge in der Region haben möchten dann sprechen Sie uns einfach an. Wir freuen uns auf Ihren Besuch!

Hauptstr. 95 • 99947 Behringen • Telefon 03 62 54 / 7 15 44 • Fax 03 62 54 / 8 53 78
E-Mail: bischoff@kulturzentrum-behringen.com • www.kulturzentrum-behringen.com

11471

Bösleben bei Arnstadt

GPS: N 50°49´33" - E 11°03´24"

EZ ab € 39,00
DZ ab € 56,00

38 | 23 | P | Tipp

Pension Schwalbennest

Steigen Sie bei uns ab und genießen Sie Thüringer Gastlichkeit in unserer ruhig gelegenen Pension, die sich auf einem Hof mit Landgutcharakter zwischen Feldern und Wiesen im Vorland des Thüringer Waldes befindet. Sie erreichen uns auf Ihrer Tour durch das romantische Ilmtal, auf Ihrem schnellen Tripp über die Autobahnen A71 und A4 und auf den Landstraßen zwischen Arnstadt, Erfurt, Ilmenau und Saalfeld, Rudolstadt. Auch feiern lässt es sich bei uns hervorragend! Unsere Bauernscheune und das Kaminzimmer bieten Platz für Gesellschaften von 20 - 200 Personen für Festlichkeiten oder Tagungen. In unserem Hofladen bietet sich die Möglichkeit zum Einkauf thüringischer Fleisch- und Wurstspezialitäten aus eigener Produktion.

Ettischlebener Weg 19 • 99310 Bösleben • Telefon 03 62 00 / 67 70
E-Mail: info@kornbett.de • www.kornbett.de

12698

Brotterode

GPS: N 50°49´42" - E 10°26´38"

EZ ab € 26,00
DZ ab € 41,00

30 | 15 | VP | Tipp

Speisegaststätte "Zum Pfefferstübchen"

Thüringische Gastlichkeit, die vom Herzen kommt, erleben und genießen, dazu heißen wir Sie bei uns herzlich willkommen. Ob auf der Terrasse, im Biergarten, zu einem "Netten Abend zu zweit" oder mit bis zu 150 Personen an gepflegter Tafel, unsere Küche verwöhnt mit bodenständigen Köstlichkeiten. Wildgerichte, frisch aus heimischen Wäldern und Wurstspezialitäten aus eigener Herstellung. Sie finden behaglichen Komfort in liebevoll eingerichteten Gästezimmern und Platz zum Ausstrecken in modernen Ferienwohnungen. Alle Gästezimmer, Appartements und Ferienwohnungen sind mit DU/WC und Sat-TV ausgestattet.

Höhstr. 32 • 98599 Brotterode • Telefon 03 68 40 / 3 10 13 • Fax 03 68 40 / 3 13 71
E-Mail: pfefferstuebchen@t-online.de • www.pfefferstuebchen.de

11482

Brotterode

GPS: N 50°50´43" - E 10°28´46"

EZ ab € 30,00
DZ ab € 50,00

20 | 12

AM RENNSTEIG

Pension und Gaststätte
Haus am Reitstein
W. Ahlschläger
Kleiner Inselsberg 02
98599 Brotterode
Telefon (03 68 40) 3 24 94
Telefax (03 68 40) 3 24 93
www.haus-am-reitstein.de

Unser Haus, am Fuße des Großen Inselsberges, direkt am Rennsteig gelegen, ist ganzjährig ein Zentrum für ruhige Erholung und Entspannung und kann für Sie auch zum Ausgangspunkt für zahlreiche Motorradtouren in die nähere Umgebung werden. Bei uns wohnen Sie in einer absolut ruhigen Lage, mitten im Wald. 15 familienfreundliche, gemütliche Gästezimmer, In unserem Gasthaus erwartet Sie eine original Thüringer Spezialitätenküche zu vernünftigen Preisen.

12437

Ebersdorf

GPS: N 50°29´03" - E 11°40´05"

EZ ab € 41,00
DZ ab € 62,00

50 | 21

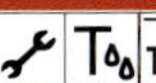
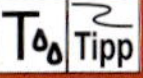

Hotel-Gasthof "Zur Krone"

Motorradfahrerherz, was willst du mehr? Eine einzigartige Landschaft im grünen Herzen Deutschlands. Thüringen, Sachsen, Böhmen, Bayern direkt vor der Haustür. Wenig Verkehr, prima kurvenreiche Straßen, Hügel und schöne Täler. Schöner kann Motorrad fahren kaum sein. Schon gar nicht, wenn man die vom Chef selbst ausgearbeiteten Routen entlang von touristischen Straßen und Wegen in einer abwechslungsreichen und landschaftlich mitreißenden Gegend fährt. Inhaber Lutz Berge hat Beruf und Hobby miteinander verbunden. Nach einer Regenfahrt kommen die nassen Klamotten in den Trockenraum und der Fahrer in die Sauna. Wenn es dann immer noch zwickt, helfen eine Rücken- Massage oder Entspannung im Wellnessareal mit Hallenbad und Solarium. Deftig geht es bei den Rittermahlzeiten im Felsenkeller oder in der Bikerscheune beim Grillfest zu. Die Pauschalangebote reichen vom Wochenendtrip bis zum trendigen All-Inclusive Angebot über eine Woche.

Krankenhausstr. 2 • 07929 Ebersdorf • Telefon 03 66 51 / 8 70 41 • Fax 03 66 51 / 3 09 58
E-Mail: info@zurkrone-ebersdorf.de • www.bikerurlaub.com

11147

Eisenach

GPS: N 50°57´51" - E 10°19´10"

HERZLICH WILLKOMMEN IN DER WARTBURGSTADT

Das Hotel Villa Anna ist ein kleines, feines 4-Sterne Hotel garni in einer schönen Gründerzeitvilla. Es liegt im Villenviertel oberhalb der Stadt in direkter Nähe zum Thüringer Wald, aber dennoch nur 10 Minuten von der Innenstadt entfernt. Jedes der 14 Zimmer ist klassisch modern eingerichtet und verfügt über jeden zeitgemäßen Komfort. Im lichtdurchfluteten Frühstücksraum, mit Blick in den idyllischen Innenhof, beginnt der Tag mit einem extravaganten Frühstück vom Buffet. Individueller Service der Ihre Wünsche erfüllt. Eine Oase der Ruhe und eine Atmosphäre zum Wohlfühlen.

HOTEL VILLA ANNA
FRITZ-KOCH-STR. 12
99817 EISENACH

TELEFON 03691 2395 0
TELEFAX 03691 2395 30

INFO@HOTEL-VILLA-ANNA.DE
WWW.HOTEL-VILLA-ANNA.DE

- ROUTENBERATUNG
- MOTORRADGARAGEN
- GRILLTERRASSE
- AUSSICHTSTERRASSE
- ATRIUM / TAGESBAR

11479

vom Hotel Villa Anna in Eisenach

Sie starten am Hotel und fahren über die B19 in Richtung Meinigen, in Etterwinden biegen Sie ab nach Ruhla. Im „Mini-a-Thür"-Park finden Sie von vielen Sehenswürdigkeiten Thüringens ein kleines Abbild. Von hier fahren Sie über die Glasbach (eine Bergrennstrecke) nach Winterstein, wo übrigens der Hund begraben liegt. Sie kreuzen dabei den Rennsteig und fahren weiter über Fischbach und Tabarz zum Inselsberg – dem höchsten Berg unserer Region.

Auf der anderen Seite des Inselsbergs fahren Sie durch Trusetal (am Wasserfall vorbei) nach Brotterode (ein alter Wintersportort) und weiter über Georgental (mit Klosteranlage und Tobias-Hammer) nach Oberhof. Nach einer Pause im Rennsteiggarten fahren Sie direkt nach Erfurt in die Landeshauptstadt Thüringens. Bei einem Stadtrundgang vertreten Sie sich die Beine und lernen die historische Altstadt mit Dom kennen. Auf dem Rückweg nach Eisenach besuchen Sie eine der „Drei Gleichen", ein Gruppe von drei Burgen bei Wandersleben oder die Residenzstadt Gotha. Auch ein Abstecher in den Nationalpark Hainich zum Baumkronenpfad ist sehr empfehlenswert.

Fahrstrecke rund 200 km, reine Fahrzeit ca. 3 Stunden.

11479

Eisenach

GPS: N 50°58´35" - E 10°19´13"

Göbel´s Sophienhotel ★★★★

Liebe zum Detail und moderner Komfort prägen das familiengeführte 4 Sterne Sophien-Hotel. Excellente Wohnkultur, hohe gastronomische Qualität und ein aufmerksamer Service bilden den Charme unseres individuellen Hauses. Alle Zimmer verfügen über Radio, Minibar, Schreibtisch, Farb-TV mit Sat Empfang, Telefon mit Durchwahl. Fön im Bad. Die Übernachtungspreise gelten pro Tag und Zimmer. Mit 60 Sitzplätzen bietet unser Restaurant „Sophie" eine erlesene regionale Küche aus Frisch-Produkten. Für einen kühlen Drink oder ein frisch gezapftes Pils steht die Tagesbar "Insider" zur Verfügung.

Sophienstr. 41 • 99817 Eisenach • Telefon 0 36 91 / 25 10 • Fax 0 36 91 / 2 51 11
E-Mail: info@sophienhotel.de • www.sophienhotel.de

1148(

NEU: Bewertungen der Häuser finden Sie auf www.bikerbetten.de

Frauenwald

GPS: N 50°34´51" - E 10°51´35"

EZ ab € 37,50
DZ ab € 55,00

39 21 HP Tipp

Gasthaus & Hotel "Drei Kronen"

Herzlich willkommen in unserem Gasthaus und Hotel mit einer angenehmen und familiären Atmosphäre. In unserem Restaurant können Sie nach Herzenslust schlemmen und genießen. Wir servieren Ihnen regionale sowie überregionale und internationale gutbürgerliche Küche. Unsere Zimmer sind mit Dusche oder Bad, WC, TV und Telefon ausgestattet. Teilweise verfügen Sie auch über einen Balkon. Eine Sauna, Solarium und Fitnessraum befinden sich im Haus. In unserem gemütlichen Biergarten können Sie den Tag ausklingen lassen. Für Motorräder stehen kostenfreie Garagen zur Verfügung.

Südstr. 18 • 98711 Frauenwald • Telefon 03 67 82 / 68 00 • Fax 03 67 82 / 6 80 68
E-Mail: info@gasthaus-dreikronen.de • www.gasthaus-dreikronen.de

11381

Friedrichroda

GPS: N 50°51´19" - E 10°33´56"

EZ ab € 38,20
DZ ab € 56,40

11 5 VP P Tipp

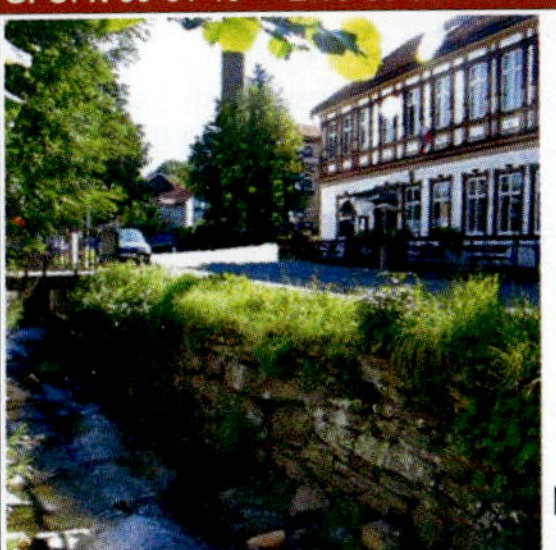

Historisches Restaurant mit Pension "Brauhaus"

Willkommen im historischen "Brauhaus" Friedrichroda, dem urigen Restaurant und 3 Sterne Pension, im Herzen Friedrichrodas. Unsere gemütlichen Zimmer sind komplett und komfortabel ausgestattet mit Dusche/WC, Radio, Telefon und natürlich TV. Unser Restaurant verwöhnt Sie mit frischen und wechselnden Speisen in ruhigem und angenehmen Ambiente. In der warmen Jahreszeit können Sie in unserem großen sonnigen Biergarten ein kühles Bier genießen. In ruhiger Lage direkt am Bach finden Sie hier ein idyllisches Plätzchen, um einen Einkaufsbummel oder eine Wanderung gemütlich ausklingen zu lassen.

Bachstr. 14 • 99894 Friedrichroda • Telefon 0 36 23 / 30 42 59 • Fax 0 36 23 / 30 73 07
E-Mail: info@brauhaus-friedrichroda.de • www.brauhaus-friedrichroda.de

11477

Friedrichroda

GPS: N 50°51´28" - E 10°33´53"

EZ ab € 37,50
DZ ab € 59,00

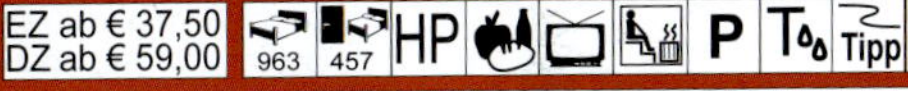

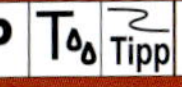

963 457 HP P Tipp

Berghotel Friedrichroda

Auf dem 500m hohen Reinhardsberg am Rande des idyllischen Luftkurortes liegt das Berghotel Friedrichroda. Der unmittelbar angrenzende Wald und die Nähe zum Rennsteig sind optimale Bedingungen für aktive Erholung. Nordic-Walking-Schnupperkurse, geführte Wanderungen , ein Fahrradverleih u.v.m. bieten Abwechslung für jeden Geschmack. Zeit zum Entspannen findet man im hoteleigenen Hallenschwimmbad, in der Sauna sowie bei Massage und verschiedenen Kosmetikanwendungen. Aus den 457 Zimmern und dem Panoramarestaurant können die Blicke ungestört über malerische Berge und Täler der beliebten Wanderregion Thüringer Wald schweifen.

Zum Panoramablick 1 • 99894 Luftkurort Friedrichroda • Telefon 0 36 23 / 35 40 • Fax 0 36 23 / 3 54 44 83
E-Mail: reservierung@berghotel-friedrichroda.de • www.berghotel-friedrichroda.de

12578

Gefell-Mödlareuth

GPS: N 50°24´55" - E 11°52´55"

P

Gasthaus "Zum Grenzgänger"

Unser Angebot:
- ganztags warme Küche - hausgebackener Kuchen - Eis und Eisspezialitäten - Thüringer Spezialitäten.

Öffnungszeiten:
- Montag Ruhetag
- Di. bis Do. 10.00 - 18.00 Uhr
- Fr., Sa., So. und Feiertag ab 11.00 Uhr

Mödlareuth 17 • 07926 Mödlareuth • Telefon 03 66 49 / 7 92 56

12589

Geben auch Sie eine Bewertung zu Ihrem Aufenthalt ab

Georgenthal
GPS: N 50°49´06" - E 10°38´26"

EZ ab € 45,00
DZ ab € 70,00
125 62 HP Tipp

Hotel "Rodebachmühle"

Wir in der Rodebachmühle legen viel Wert auf Ihr Wohlergehen. In mehreren Restaurants und Gesellschaftsräumen können Sie sich wohlfühlen. In unserem Hotel empfängt den Gast ein gemütlicher Landhausstil, Kulinarisches der einheimischen, nationalen und internationalen Küche. An sonnigen Tagen finden unsere Gäste einen Platz auf unserer Sommerterrasse. Unsere Zimmer sind alle modern und komfortabel ausgestattet. Sauna, Solarium und Fitnessraum stehen jederzeit zur Verfügung. Wir freuen uns auf Ihren Besuch!

Tambacher Str. 1 • 99887 Georgenthal • Telefon 03 62 53 / 3 40 • Fax 03 62 53 / 3 45 11
E-Mail: rodebachmuehle@t-online.de • www.rodebachmuehle.de

11472

Georgenthal
GPS: N 50°49´33" - E 10°39´38"

EZ ab € 38,00
DZ ab € 54,00
27 14 HP P Tipp

AURA-Pension

Unsere kleine Pension ist eine gediegene in interessantem Baustil um 1900 erbaute Fachwerkvilla mit persönlichem Charme und familiärem Flair. Sie hat 14 gemütlich eingerichteten Doppel- und Einzelzimmer sowie ein Appartement, alle mit DU/WC, Telefon, Radiorekorder, TV und teilweise Balkon, sowie einen kleinen Clubraum mit Bar und einen Speiseraum in dem ca. 30 Personen Platz finden. Unser freundliches Personal und unsere hauseigene Küche, in der noch traditionelle Thüringer Hausmannskost angeboten wird, garantieren Ihnen einen erholsamen Urlaub.

Schwimmbachstr. 4 • 99887 Georgenthal • Telefon 03 62 53 / 30 50 • Fax 03 62 53 / 3 05 36
E-Mail: info@aura-pension-georgenthal.de • www.aura-pension-georgenthal.de

11473

von der AURA-Pension in Georgenthal

Vom Georgenthal starten wir Richtung Friedrichroda, Tabarz zum Inselsberg, einem der höchsten Berge Thüringens (916 m). Die Tour geht weiter über Brotterode zum Trusetaler Wasserfall und dem Gartenzwergepark. Von Trusetal haben Sie wieder zwei Möglichkeiten das Thüringer Land zu erkunden.

1. Sie fahren über Floh Richtung Tambach- Dietharz, am Ortsausgang befindet sich die Lohmühle ein mit guter Gastronomie bewirtschaftetes Museum, das in seiner Vielfalt der Ausstellungsstücke einzigartig ist und einem Barfusspark. Von hieraus sind es dann nur noch ein paar Kilometer bis Georgenthal.

2. Sie fahren von Trusetal Richtung Schmalkalden einer wunderschönen Altstadt mit Fachwerkhäusern und von dort Richtung Oberhof, dem Thüringer Wintersportgebiet wo Biathlon und Skispringer zu Hause sind und wo man zu bestimmten Zeiten den Skispringern beim Training zuschauen kann und die original Bobbahn als Urlauber in einer rasanten Abfahrt erleben kann. Von Oberhof über Luisental mit der Ohratalsperre und Ohrdruf mit dem Tobiashammer sind es nur noch 20 Minuten bis Georgenthal.

11473

Gera
GPS: N 50°52´51" - E 12°04´29"

P Tipp

Die Restaurant-Kneipe mit Biergarten

Finkenstube

Ebelingstr. 8 • 07545 Gera • Telefon 03 65 / 5 33 14
Fax 03 65 / 5 52 43 46 • www.finkenstube.de

Wir lassen uns für Sie gern etwas besonderes einfallen. In der schönen Jahreszeit lädt unser Biergarten zum Verweilen ein. Hier kann man gemütlich zu Abend essen und den Abend bei einem guten Schoppen Wein ausklingen lassen. Bis in die Nachtstunden hält unsere Küche ein großes kulinarisches Angebot bereit. Für Tourentipps in unserer Umgebung stehen wir Ihnen selbstverständlich gerne zur Verfügung.

1133

Gräfenhain

GPS: N 50°48´49" - E 10°41´58"

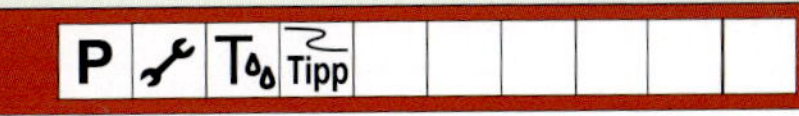

Waldklause "Schöne Aussicht" heißt Sie herzlich willkommen

Wir sind der ideale Zwischenstopp auf Ihrer Motorradtour durch den Thüringer Wald. Nehmen Sie auf unseren gemütlichen Außensitzplätzen Platz und lassen Sie sich von unserer gutbürgerlichen Küche verwöhnen. Wir sind ab 14 Uhr für Sie da. Gerne bereiten wir Ihnen nach Absprache auch Lunchpakete für die Tour vor. Parkplätze sind direkt vor der Tür vorhanden. Für Tourentipps im Thüringer Wald stehen wir Ihnen jederzeit zur Verfügung. Ihr Ronny Holzbrecher!

Am Berg 3a • 99887 Gräfenhain • Telefon 0 36 24 / 31 37 77
E-Mail: Rholzbrecher@aol.com

12438

Kammerforst

GPS: N 51°07´18" - E 10°25´34"

EZ ab € 33,00
DZ ab € 50,00

Straße der Einheit 12 • 99986 Kammerforst
Telefon 03 60 28 / 3 01 14 • Fax 03 60 28 / 3 02 14
E-Mail: hainich-hotel@gmx.de • www.hainich-hotel.de

Genießen Sie in vollen Zügen die angenehme familiäre Atmosphäre unseres Hauses und lassen Sie sich von unserer ausgezeichneten Küche verwöhnen. Individuell eingerichtete Zimmer und Ferienwohnungen mit Dusche, WC, Satelliten-TV und Telefon tragen dazu bei, dass Sie sich bei uns fast wie zu Hause fühlen. Nach einem ausgefüllten Tag mit herrlichen Motorradtouren durch die grandiose Landschaft des Hainichen-Nationalparks, bieten unsere gemütlichen Gasträume Entspannung und Erholung. Nutzen Sie auch unsere Sauna oder die hauseigene Kegelbahn.

12436

Lauscha

GPS: N 50°28´40" - E 11°09´45"

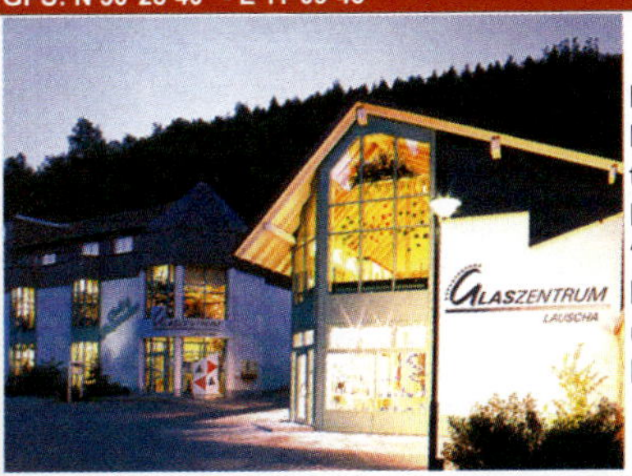

Café-Restaurant Glaszentrum

In unserem Café-Restaurant kann man nach dem Bummeln durch das Haus in gemütlicher Atmosphäre dem Glasbläser zusehen. Neben der typisch Thüringer Küche bieten wir auch ein umfangreiches Kaffeangebot mit Kuchen, Torten und dem Highlight - unserem "Lauschner Hüttenzauber". Gastfreundschaft und Freundlichkeit wird bei unserem jungen Team groß geschrieben und es bemüht sich stets unseren Gästen jeden Wünsch zu erfüllen. Wir würden uns freuen Sie bald in unserem Haus begrüßen zu dürfen.

Straße des Friedens 22a • 98724 Lauscha • Telefon 03 67 02 / 3 04 84
Fax 03 67 02 / 3 04 85 • E-Mail: restaurant-glaszentrum@t-online.de

11133

Marksuhl

GPS: N 50°54´47" - E 10°12´09"

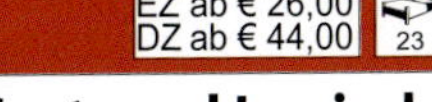

Gast- und Logierhaus "Zum Goldnen Engel"

Planen Sie Ihre Motorradtouren von unserem gemütlichen, familiär geführten Haus als Startpunkt in die Rhön und den Thüringer Wald. Der Ort Marksuhl liegt auf halber Strecke zwischen der Kurstadt Bad Salzungen und der geschichtsträchtigen Stadt Eisenach mit Wartburg. Unsere Zimmer sind komplett und komfortabel eingerichtet und unsere Küche verwöhnt Sie mit regionalen u. internationalen Gerichten. Gerne geben wir Ihnen auch Touren- und Ausflugtipps mit den schönsten Routen und den Highlights der Region.

Markt 7 • 99819 Marksuhl • Telefon 03 69 25 / 93 90 • Fax 03 69 25 / 9 39 49
E-Mail: mail@zum-goldnen-engel.de • www.zum-goldnen-engel.de

12390

Meiningen
GPS: N 50°34´52" - E 10°25´02"

EZ ab € 30,00
DZ ab € 50,00

Hotel-Restaurant-Bistro "Wasunger Tor"

Kleines, familiär geführtes Hotel, zentral jedoch ruhig gelegen. Großer Parkplatz am Haus. Kein Ruhetag. Für unsere Biker - "Extra Essen". Idealer Ausgangspunkt für interessante Touren. Biergarten natürlich am Haus. "Wir sorgen für unsere Biker"! Verschiedene Touren können direkt von unserem Haus aus gestartet werden.
- 1. Kleine Thüringer Wald Tour über Marisfeld, Schleusingen, Eisfeld zum "Ratscher-Stausee" - 80km. - 2. Nach Eisenach-"Wartburg", Stadtbesichtigung und gemütliche Rückfahrt. Strecken sind bestens ausgeschildert. - 140km
- 3. Umfeld von Meiningen - Zella-Mehlis - Oberhof - 100km.

Leipziger Str. 41 • 98617 Meiningen • Telefon 0 36 93 / 50 81 70• Fax 0 36 93 / 44 34 11

11761

Mühlhausen
GPS: N 51°12´52" - E 10°27´12"

EZ ab € 50,00
DZ ab € 70,00

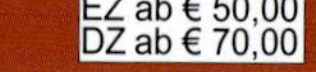

Hotel & Speisegaststätte "Ammerscher Bahnhof"

Das Hotel "Ammerscher Bahnhof" verfügt über 13 gemütlich eingerichtete Zimmer. Jedes Zimmer ist mit Dusche, WC, TV, Telefon, Radio, Faxanschluss und Minibar ausgestattet. Parkmöglichkeiten finden Sie gleich vor dem Haus und auf unserem eigenen abgeschlossenen Parkplatz. Für Ihr leibliches Wohl sorgt unsere gut bürgerliche Thüringer Küche, denn hier kocht der Chef selbst. Besonders zu empfehlen sind die Produkte aus unserer eigenen Hausschlachtung. Bikerparkplätze befinden sich in unserem abgeschlossenen überdachten Hof.

Ammerstr. 83-85 • 99974 Mühlhausen • Telefon 0 36 01 / 87 31 32 • Fax 0 36 01 / 44 07 50
E-Mail: ammerscherbahnhof@web.de • www.ammerscherbahnhof.de

11474

vom Hotel Ammerscher Bahnhof in Mühlhausen

Wir starten den Tag in Richtung Eschwege auf der B 249. Nach dem Ortsausgang von Rodeberg biegen wir rechts in Richtung Struth ab um dort auf einer endlos abwärts führenden kurvenreichen Strecke das malerische Dörfchen Lengefeld unterm Stein zu passieren. Wer möchte kann hier seine Kräfte bei der Fahrt mit der Draisine messen. Nun schweben wir über Geismar, Wiesenfeld und Rüstungen auf gut ausgebauten kurvenreichen Straßen in Richtung Bad Sooden-Allendorf. Nach Rüstungen geht es auf einer schmalen Strecke nach Dieterode. Hier hat man an den Dieteröder Klippen einen herrlichen Ausblick auf den Natupark Eichsfeld-Hainich-Werratal. Weiter geht es über Mackenrode und Fretterode nach Bornhagen auf die Burg Hanstein, wo sich eine Einkehr im uralten Klausenhof anbietet. Hier oben haben wir einen grandiosen Ausblick von der Teufelskanzel auf die Werraschleife. Frisch gestärkt fahren wir nun über Hohengandern auf der B 80 nach Kelbra. Wer es schneller liebt, nimmt die A 38 bis Abfahrt Roßla. Uns erwarten dann 36 schnell aufeinander folgende Kurven, die jedes Bikerherz schneller schlagen lassen und wir haben das Bikerparadies Kyffhäuser passiert. Vom Turm des Kyffhäusers haben wir einen traumhaften Ausblick auf den Südharz. In Bad Frankenhausen angekommen sollten wir wenden und die Kurven über dieses kleine Gebirge noch einmal zu genießen und dann über Badra und Sondershausen auf der B 249 wieder nach Mühlhausen einzufliegen

11474

Neuhaus am Rennweg
GPS: N 50°30´04" - E 11°06´58"

Rennsteigbaude

Direkt an der B281, ca. 800m hinter Neuhaus am Rennweg in Richtung Suhl ist sie zu finden, die in Thüringen und anderswo bekannte und beliebte Gaststätte „Rennsteigbaude". Unsere gemütlich eingerichtete Gaststätte mit offenem Kamin verfügt über 120 Plätze. Bei Thüringer Spezialitäten, selbstverständlich mit echt Thüringer Klößen und hausgebackenem Kuchen, lässt sich gut entspannen. Ein Biergarten mit 60 Plätzen lädt bei schönem Wetter zum Verweilen ein. Direkt am Haus befinden sich genügend Parkplätze.

Bernhardsthal 2 • 98724 Neuhaus • Telefon 0 36 79 / 72 20 78 • Fax 0 36 79 / 72 54 42
E-Mail: info@rennsteigbaude.de • www.rennsteigbaude.de

1121

Oberhof

GPS: N 50°41´15" - E 10°44´19"

98559 Oberhof • Telefon + Fax 03 68 42 / 2 24 51

Unser Forsthaus Sattelbach liegt idyllisch inmitten des Waldes, und ist aufgrund seiner Lage ein perfekter Zwischenstopp auf Ihrer Tour durch den Thüringer Wald genau auf dem Rennsteig. In unserer familiär geführten Waldgaststätte erwartet Sie eine gepflegte Gastlichkeit, eine reichhaltige Thüringer Küche mit Wildspezialitäten, frischen Kuchen und Torten und ein sonniger Biergarten. Der ideale Ort um mal ab zu steigen und Pause zu machen. Genügend Parkplätze sind direkt vor der Tür vorhanden. Da wir selbst Motorrad fahren können wir Ihnen auch die interessantesten Tourentipps in der Region geben. Sprechen Sie uns einfach an.

12439

Ohrdruf

GPS: N 50°49´41" - E 10°44´19"

EZ ab € 39,00
DZ ab € 59,00

Pension "Schlossgartenpassage"

In den Gebäuden der damaligen Spielwarenfabrik befindet sich heute das Familienunternehmen "Schlossgartenpassage" der Familie Czarnotta und Walter. Das angenehme Ambiente der veränderten Bausubstanz und die anheimelnde Innenhofatmosphäre laden zu Geselligkeit und zum Verweilen ein. Einen angenehmen Aufenthalt garantieren attraktive Zimmer in der Pension "Schlossblick", dem Gästehaus "Tobias" und unseren Ferienwohnungen. Die Pension beinhaltet 14 Einzel- und Doppelzimmer, welche sich auf der 1. und 2. Etage befinden. Alle Zimmer verfügen über Dusche, WC und TV. Das Heimatstübchen ist das Restaurant der Passage und bildet den gastronomischen Mittelpunkt im Objekt. Die Küche bietet im allgemeinen für jeden Geschmack etwas auf der Speisekarte und die Portionen sind reichlich. Natürlich servieren wir Thüringer Spezialitäten, wie die weltbekannten Thüringer Klöße, Thüringer Rostbratwurst und Rostbrätel.

Arnstädter Str. 8-10 • 99885 Ohrdruf • Telefon 0 36 24 / 31 47 82 • Fax 0 36 24 / 31 23 54
E-Mail: info@schlossgartenpassage.de • www.schlossgartenpassage.de

11476

Orlamünde

GPS: N 50°46´30" - E 11°31´10"

EZ ab € 20,00
DZ ab € 40,00

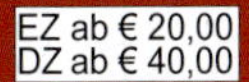

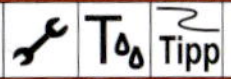

Gaststätte Erholung

Herzlich willkommen in unserer gemütlichen Gaststätte mit herrlicher Panoramalage und Fernsicht soweit das Auge reicht. Ein gemütlicher schattiger Biergarten gehört natürlich auch dazu. Wir sind das ganze Jahr über für Sie da. Von hier aus lassen sich ausgezeichnet Touren planen. Biker sind bei uns herzlich willkommen und auf Anfrage bieten wir auch besondere Arrangements an. Montag und Dienstag Ruhetag.

Markt 2 • 07768 Orlamünde • Telefon 03 64 23 / 2 23 32 • Fax 03 64 23 / 6 35 68
E-Mail: juenge-gaststaette-erholung@t-online.de

11334

Pößneck

GPS: N 50°42´07" - E 11°34´56"

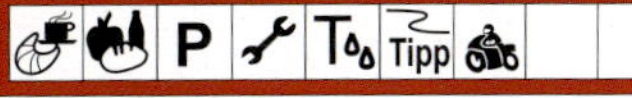

Gaststätte Warthe

Gemütliches Gast- Rasthaus mit Biergarten. Wochenende mit Anmeldung geöffnet.
Schöne "Saale-Touren" möglich, viele Sehenswürdigkeiten in direkter Umgebung, Schiffstouren usw. Öffnungszeiten von 7.30 Uhr - 14.00 Uhr und 17.00 Uhr bis Ende offen. Preiswerte Thüringer Hausmannskost. Biker Service am Haus.

Orlamünder Str. 86 • 07381 Pößneck • Telefon 0 36 47 / 41 43 62

11150

von der Gaststätte Warthe in Pößneck

Pößneck ist eine kleine Stadt im Saale Orla Kreis mit 13000 Einwohnern. Die Motocross Hochburg Thüringens. Die Rennstrecke am Sandberg ist weit über die Grenzen Thüringens bekannt und lädt zu zahlreichen Events ein. Pößneck ist der ideale Ausgangspunkt für viele erlebnisreiche Touren rund um die Saale-Talsperren. Kurvenreiche und bergige Pisten lassen das Bikerherz höher schlagen, und laden dazu ein, die wunderschöne Landschaft zu genießen. Zahlreiche Sehenswürdigkeiten rund um Pößneck, wie das Schleizer Dreieck, Wasserkraftmuseum Ziegenrück, Feengrotten Saalfeld und das Pumpspeicherwerk am Hohenwarte Stausee warten auf ihren Besuch. Von diesem höchsten Punkt aus genießt man den schönsten Blick auf den Saale Stausee. Das schöne Saaletal kann auch vom Wasser aus erkundet werden. Zahlreiche Ausflugsschiffe bieten dazu Gelegenheit. Der Bleilochstausee und der Hohenwartestausee liegen in einer idyllischen Landschaft und gehören zu den schönsten Naherholungsgebieten Thüringens. Die zentrale Lage von Pößneck ermöglicht es, viele Touren in den Thüringer Wald zu starten. Viele Burgen und Schlösser dienen den Bikern als Ausflugsziel. Die Heidecksburg Rudolstadt, die Leuchtenburg Kahla, Burg Ranis, sind nur wenige Kilometer entfernt. Auch ein Muss für jeden Biker ist eine Runde auf der ältesten Naturrennstrecke Deutschlands, dem Schleizer Dreieck. Von Schleiz aus laden kleine Landstraßen zum Crousen ein. Vorbei an der Plothener Seenplatte, erwarten wir Sie nach einem erlebnisreichen Tag in unserer Gaststätte.

11150

Rohr

GPS: N 54°34´20" - E 10°30´49"

EZ ab € 31,00
DZ ab € 55,00

Hotel "Zum Kloster"

Umrahmt vom historischen Ambiente des ehemaligen Benedikter-Klosters Rohr, das ursprünglich im neunten Jahrhundert entstand, genießen Sie anspruchsvolle Gastronomie. Die individuell und großzügig gestalteten Zimmer des Hauses erlauben einen Blick über Wiesen, in eine Vielfalt von Grüntönen. In beiden Häusern verfügen wir über insgesamt 68 Betten, aufgeteilt in Einzel-, Doppel- sowie Dreibett- und Vierbettzimmer. Alle Zimmer sind mit Dusche/WC, Durchwahltelefon und Farbfernseher ausgestattet.

Kloster 7 • 98530 Rohr • Telefon 03 68 44 / 4 48 90 • Fax 03 68 44 / 44 89 22
E-Mail: rohr@hotel-zum-kloster.de • www.hotel-zum-kloster.de

11763

Rudolstadt/Kolkwitz

GPS: N 50°43´20" - E 11°24´58"

EZ ab € 35,00
DZ ab € 50,00

85 40 HP Tipp

Thüringer Landhotel "Edelhof"

Mitten im grünen Herzen Deutschlands liegt das kleine beschauliche Dorf Kolkwitz. Hier im romantischen vielbesungenen Saaletal erwarten Sie ideale Bedingungen für traumhafte Motorradtouren. Das "Landhotel Edelhof", mit seinen 40 Zimmern, hat auch in der heutigen Zeit nichts von seiner romantischen Idylle verloren. Unsere Zimmer sind alle mit Dusche oder Bad, WC, Farbfernseher, Telefon und auf Anfrage, mit Föhn und Bademantel ausgestattet. Unser Küchenteam verwöhnt Sie mit vielen Köstlichkeiten. Nach Ihrer Motorradtour bieten wir Ihnen Entspannung und Erholung, in Zusammenarbeit mit der Saunawelt „Saalemaxx" in Rudolstadt, eine Vielfalt von Möglichkeiten, um Seele und Körper in Balance zu bringen. Tauchen Sie ein!

Kolkwitz 27 • 07407 Uhlstädt-Kirchhasel • Telefon 0 36 72 / 4 80 40 • Fax 0 36 72 / 42 26 28
E-Mail: info@landhotel-edelhof.de • www.landhotel-edelhof.de

12615

Ruhla OT Thal

GPS: N 50°55´02" - E 10°23´36"

EZ ab € 70,00
DZ ab € 90,00

72 36

★★★★ FirstClass Superior "Thalfried"

Unser Wohlfühl-Hotel heißt Sie herzlich willkommen am Fuße des Rennsteigs. Von hier aus haben Sie den idealen Ausgangspunkt für Ihre Touren. Am Abend verwöhnt Sie unser Küchenteam mit regionalen und internationalen Spezialitäten und unser Biergarten lädt zu einem erfrischenden Weißbier vom Faß ein! Wir freuen uns auf Ihren Besuch!

Am Park 11 • 99482 Ruhla OT Thal • Telefon 03 69 29 / 7 90 00
E-Mail: hotel.thalfried@rev.de • www.thalfried.de

1153

Schalkau OT Roth
GPS: N 50°22´09" - E 11°01´31"

P Tipp

Gaststätte "Auf der Höh´"

Rasten Sie auf Ihrer Tour bei uns. Wir haben täglich, außer Montag, ab 11.30 Uhr geöffnet. Unsere gebietstypische ländliche Küche wird auch Ihnen schmecken. Entspannen und genießen Sie in unseren 3 Gasträumen (ca. 80 Sitzplätze) oder unserem idyllischen Biergarten. Parkplätze befinden sich direkt vor dem Haus. Auch eine kleine Schrauberecke haben wir für Sie eingerichtet. Für weitere Tourentipps sprechen Sie uns an.

Seltendorfer Str. 2 • 96528 Stadt Schalkau • Telefon 03 67 66 /2 04 21
E-Mail: gaststaette_aufderhoeh@web.de

11134

Schleifreisen
GPS: N 50°53´31" - E 11°49´05"

EZ ab € 21,00
DZ ab € 42,00

28 14 HP P Tipp

Gasthof & Pension "Bockmühle"

Die Bockmühle Zeitzgrund ist durch ihre Lage ein idealer Ausgangspunkt für Ihren Urlaub. Wir verwöhnen Sie mit einer reichhaltigen Küche und der typischen Thüringer Gastlichkeit. Wir verfügen über mehrere Einzel-, Doppelzimmer und Ferienapartments. Für schöne Tourentipps in der Region können wir Ihnen ein paar Strecken verraten.

Dorfstr. 123 • 07629 Schleifreisen • Telefon + Fax 03 66 01 / 8 01 01
E-Mail: info@freizeitmuehle.de • www.bockmuehle-zeitzgrund.de

11338

Schleusingen
GPS: N 50°30´36" - E 10°45´11"

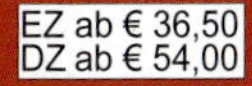

EZ ab € 36,50
DZ ab € 54,00

15 9 HP P

Hotel "Zum Goldenen Löwen"

Genießen Sie das freundliche und warme Ambiente in unserem Hotel und lassen Sie sich, fern ab vom Alltag, am Fuße des Rennsteigs verwöhnen! Unser Hotel bietet Komfort und Behaglichkeit. Die 6 modernen Doppel- und 3 Einzelzimmer verfügen über WC, Dusche, SAT-TV & Weckradio. Eine Aufbettung ist zu jeder Zeit möglich! Das gemütlich eingerichtete Restaurant bietet Platz für 70 Gäste. In 3 Räumen können Sie sich von uns kulinarisch verwöhnen lassen. An sonnigen Tagen ist unsere Terrasse für Sie geöffnet. Besonders schön ist der Blick auf den historischen Marktplatz.

Markt 22 • 98553 Schleusingen • Telefon 03 68 41 / 4 12 78 • Fax 03 68 41 / 4 13 20
E-Mail: info@zum-goldenen-loewen-schleusingen.de • www.zum-goldenen-loewen-schleusingen.de

11274

Schleusingen
GPS: N 51°34´17" - E 14°22´45"

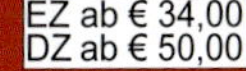

EZ ab € 34,00
DZ ab € 50,00

18 9 VP P Tipp

Restaurant-Pension-Ferienhäuser "Am Waldrand"

Lassen Sie sich in unserem gemütlichen Restaurant mit landestypischer, thüringischer Küche verwöhnen. Wir bieten auch für Vegetarier tolle Gerichte. Typisch Thüringisches, Vegetarisches, Salate, Fisch, Steak, Pfannengerichte und leckere Desserts. Unsere gemütlich eingerichteten Doppelbettzimmer sind mit Dusche/WC, Telefon, Kabel-Farbfernseher ausgestattet. In der warmen Jahreszeit sind unsere zwei Terrassenzimmer mit Blick auf die Sonnenwiese gern gebucht. Fragen Sie nach unseren Angeboten mit Wellnesspaketen. Wir freuen uns auf Ihren Besuch.

Suhler Str. 81 • 98553 Schleusingen • Telefon 03 68 41 / 4 75 63 • Fax 03 68 41 / 4 18 81
E-Mail: amwaldrand@schleusingen.de • www.schleusingen.de/amwaldrand

11350

Schwarzburg

GPS: N 50°38´37" - E 11°11´18"

EZ ab € 35,00
DZ ab € 57,00

Hotel Schwarzatal / Angie´s Diner

Nur etwa 100 Meter vom "Weißen Hirsch" entfernt befindet sich direkt am Waldrand unser Gästehaus. Biker sind herzlich willkommen! Unsere Hotels liegen unmittelbar an einer der beliebtesten Motorradroute Thüringens. Das Haus verfügt über 40 komfortabel eingerichtete Doppel- und teilweise Dreibettzimmer. Alle Zimmer sind mit Dusche, WC, TV, Radio und Telefon ausgestattet. Im frisch renovierten Frühstücksraum in der ersten Etage erwartet Sie ein sehr reichhaltiges Frühstücksbüfett. Für Tourentipps und Ausflugsmöglichkeiten stehen wir Ihnen gerne zur Verfügung.

Friedrich-Ebert-Platz 2 • 07427 Schwarzburg • Telefon 03 67 30 / 2 22 12 • Fax 03 67 30 / 36 24
E-Mail: info@singende-wirtsleute.de • www.singende-wirtsleute.de

12616

Sonneberg

GPS: N 50°22´24" - E 14°11´31"

EZ ab € 30,00
DZ ab € 48,00

66 17 HP P Tipp

outdoor inn fasziniert, begeistert und verbindet! Oberhalb der Spielzeugstadt Sonneberg, in mitten des Thüringer Waldes, befindet sich in einmaliger Lage auf 620 Meter NN unser OUTDOOR-INN. Ein Hotel der besonderen Art mit Pepp, Charme und Know-How, ungezwungener, gastfreundlicher Atmosphäre und dem besonderen Plus an Service. Wir verbinden Ankommen, Wohlfühlen und Neues erleben miteinander. Durch seine Zentrale Lage ist Sonneberg idealer Ausgangspunkt für traumhafte Touren in den Thüringer Wald, Frankenwald und die Fränkische Schweiz. Das outdoor inn Team ist Outdoor-Spezialist und Erlebnisunterkunft in einem. So können Sie nach oder während der Bike Tour verschiedene verrückte Aktionen erleben wie z.B. ein kurzer Sprung in den Hochseilgarten oder einmal kurz umsteigen auf ein verrücktes 7spänniges Fahrrad, oder zum Auspowern mal die Wand hoch. Nach erlebnisreichen Stunden tut es gut sich gemütlich nieder zulassen, etwas Leckeres zu essen und die Abendstunden in netter Gesellschaft zu genießen, um sich anschließend in einem unserer 66 kuschligen Betten ausruhen zu können.

Sternwartestr. 18f • 96515 Sonneberg • Telefon 0 36 75 / 40 68 04
Fax 0 36 75 / 42 89 93 • E-Mail: info@outdoor-inn.de • www.outdoor-inn.de

12613

Steinach

GPS: N 50°25´59" - E 11°09´19"

P Tipp

Gasthof "Zum Goldener Anker"

Treten Sie ein und fühlen Sie sich wohl. Machen Sie Pause und stärken Sie sich auf Ihrer Tour in unserem großen, rustikalen und gemütlichem Restaurant mit herzhafter und frischer Küche. Oder nehmen Sie Platz in unserem sonnigen Biergarten. Hier verwöhnen wir Sie mit typisch Thüringer Küche. Mittwochs ist bei uns Ruhetag. Große Gruppen finden bei uns auch immer einen Platz. 2 separate Gasträume für bis zu 80 Personen.

Dr.-Max-Volk-Str. 10 • 96523 Steinach • Telefon 03 67 62 / 3 27 60
E-Mail: goldener_anker@t-online.de

12614

Suhl

GPS: N 50°36´08" - E 10°41´17"

Bikerhütte im FRIZ

Unser motorradfreundliches Hotel liegt in zentraler Lage im Thüringer Wald, umgeben von unzähligen Ausflugszielen. Ideal für Biker: Garagen, überdachte Stellplätze, Werkstadt, Trockenraum, Tourguides (Chef fährt selbst). Auf einer unserer Bowlingbahnen könnt Ihr nach der Tour einen Strike werfen. Unser Freizeitangebot umfasst: Internetcafe, Fahrradverleih, Tennis, Quadvermietung. Wir führen oder planen für Euch Touren, in welche Spaßteile eingebaut sind, wie z. B. Tontaubenschießen, Gästebobfahren oder Skispringen. Wenn Ihr familiäre Betreuung mögt, gutbürgerliche Küche mit schmackhaften Speisen zu vernünftigen Preisen sucht, ruhige Lage bevorzugt oder einfach mal gemütlich ein Bier trinken wollt, dann seid Ihr bei uns richtig! Unser Gewölberestaurant mit einem umfangreichen Weinkeller (über 150 Weinsorten) und großem Biergarten laden zum gemütlichen Beisammensein ein.

Unser Bikerbonbon: Bringt das Heft mit und es gibt 1 Flasche Wein gratis!

Neundorfer Str. 28 • 98527 Suhl • Telefon 0 36 81 / 7 91 00 • Fax 0 36 81 / 79 10 99
E-Mail: info@bikerhuette.de • www.bikerhuette.de

11835

Tambach-Dietharz

GPS: N 50°47´58" - E 10°36´24"

EZ ab € 46,00
DZ ab € 59,00
40 22 HP

Ferienpark Sonnenhof
An der Burg 15
99897 Tambach-Dietharz

Unser Ferienpark liegt im schönen Naturpark "Thuringer Wald", unterhalb des bekannten Kammwanderweges "Rennsteig. In ruhiger Wakdrandlage, oberhalb des Berg-Städtchens Tambach-Dietharz, mit einem tollen Panoramablick, laden wie Sie ein, die unberührte Natur und Schönheit .des "Thüringer Waldes zu genießen.

Von Haus oder Zimmer aus können Sie kurze oder auch längere Wanderungen, Radtouren, Motortouren, Ski- und Schlittenfahrten oder Ausflüge hoch zu Roß und mit der Pferdkutsche unternehmen. Angelfreunde finden 2 Talsperren, Freunde der Jagd Rot- und Rehwild, Sportschützen ein mordernes Schützenhaus, mit den dazuhörigen Schießanlagen.

Ferienpark Sonnenhof
An der Burg 15
99897 Tambach-Dietharz

Tel: 036252 36253
Email: info@ferienpark-sonnenhof.de
Website: www.ferienpark-sonnenhof.de

12617

Tautenhain
GPS: N 50°55´19" - E 11°54´52"

EZ ab € 41,00
DZ ab € 58,00

Hotel & Restaurant "Zur Kanone"

Auf dem Weg zur Schlacht bei Jena - Auerstedt ließen im Jahre 1806 durchziehende napoleonische Truppen eine Kanone am Tautenhainer Gasthaus zurück, dass seither den Namen "Zur Kanone" trägt. Mitten im waldreichen Thüringer Holzland, zwischen Gera und Jena gelegen, führt Familie Sörgel diese gastliche Stätte bereits in der 5. Generation. Das traditionelle Fachwerkhaus wird ergänzt durch einen modernen 3-Sterne-Hotelneubau. Ein idealer Ausgangspunkt für eine schöne Motorradtour durch das Saale- Holzland. Unsere gemütlichen Zimmer sind ausgestattet mit DU/WC, Telefon, TV, WLAN, und Schreibtisch. Parkplätze befinden sich direkt vor dem Haus. Morgens erwartet Sie ein reichhaltiges Frühstücksbuffet für einen erfolgreichen Start in den Tag. Entspannung finden Sie im KRISTALL Sauna-Wellnesspark (3km). Genießen Sie die familiäre und freundliche Gastlichkeit im historischen Ambiente mit Thüringer Spezialitäten und den beliebten kulinarischen Aktionswochen.

Dorfstr. 3 • 07639 Tautenhain • Telefon 03 66 01 / 5 59 20 • Fax 03 66 01 / 55 92 70
E-Mail: info@zur-kanone.de • www.zur-kanone.de

11337

Trockenborn-Wolfersdorf
GPS: N 50°47´13" - E 11°42´33"

EZ ab € 49,00
DZ ab € 65,00

80 39 HP Tipp

Herzlich willkommen im Hotel Am Kellerberg im Saale-Holzland, im schönen Saaletal in Thüringen gelegen. Freundliche Mitarbeiter, die ausgezeichnete regionale und internationale Küche und ein Gefühl des „Nachhausekommens" sind nur einige Gründe, warum Sie Ihre kostbare Urlaubszeit bei uns genießen sollten. Zum gelungenen Urlaub in Thüringen gehört nach der Tradition unseres Hauses gepflegte Thüringer Gastlichkeit, gutes Essen und gehaltvolle Getränke mit ausgewählten Weinen aus unserem Angebot. Unserer großzügige Sonnenterrasse lädt Sie zum Verweilen ein. Alle Hotelzimmer sind natürlich ausgestattet mit Farb-TV, Selbstwahl-Telefon, Dusche/Bad, WC in einem gepflegtem Ambiente und stilvoller Einrichtung.

Dorfstr. 18 • 07646 Trockenborn-Wolfersdorf • Telefon 03 64 28 / 4 70 • Fax 03 64 28 / 4 71 08
E-Mail: info@hotel-am-kellerberg.de • www.hotel-am-kellerberg.de

11336

Weimar
GPS: N 51°00´38" - E 11°19´56"

EZ ab € 39,00
DZ ab € 49,00

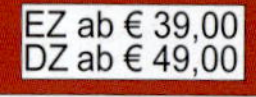

Comfort-Hotel Weimar

Gehen Sie auf eine poetische Zeitreise nach Weimar - Erleben Sie Weimars Geschichte auf den Spuren der großen Dichter und Denker. Übernachten Sie in unseren schönsten Zimmern, mit antikem Mobiliar ausgestattet und liebevoll dekoriert und fühlen Sie sich in die Zeit von Goethe & Schiller zurückversetzt. Arrangement: · Begrüßungsdrink · 2 Übernachtungen in einem unserer Themenzimmer · 2 mal reichhaltiges Thüringer Frühstücksbuffet · „Weimar Card" (freie Fahrt mit allen Stadtbussen & freier Eintritt in zahlreiche Museen und Schlösser) · Lunchpaket · Stadtplan · kostenfreie Parkmöglichkeiten direkt dem Hotel gegenüber. Zum Arrangementpreis von: 74,50 Euro pro Person im Doppelzimmer; 35,00 Euro Einzelzimmerzuschlag. Buchen Sie Ihren Aufenthalt in Weimar ganz individuell unter: www.comfort-weimar.de

Ernst-Busse-Str. 4 • 99427 Weimar • Telefon 0 36 43 / 45 50 • Fax 0 36 43 / 45 58 88
E-Mail: info@comfort-weimar.de • www.comfort-weimar.de

11272

Wurzbach
GPS: N 50°27´44" - E 11°31´46"

EZ ab € 42,00
DZ ab € 60,00

136 HP P Tipp

Aparthotel "Am Rennsteig"

Wurzbach liegt am berühmten Rennsteig, dort wo der Frankenwald und der Thüringer Wald zusammentreffen. 4 km zum Rennsteig. Hier steht unser familienfreundliches Hotel. Der ideale Ausgangspunkt für Touren in jede Himmelsrichtung. Morgens erwartet Sie ein reichhaltiges Frühstücksbuffet und abends nach der Tour eine vorzügliche Küche mit frischen und herzhaften Speisen. Unsere Zimmer sind gemütlich und komfortabel ausgestattet.. Selbstverständlich legen wir für Sie Tourentipps und Ausflugsmöglichkeiten bereit.

Oßlaberg 6 • 07343 Wurzbach
Telefon 03 66 52 / 4 00 • Fax 03 66 52 / 4 07 77
E-Mail: hotel@am-rennsteig.de • www.am-rennsteig.de

1265

Wutha-Farnroda
GPS: N 50°57´24" - E 10°23´43"

EZ ab € 38,00
DZ ab € 58,00

Gasthof & Hotel "Bamberger Hof"

Unser Haus steht unweit vom geographischen Mittelpunkt Deutschlands - im grünen Herzen Deutschlands - in Thüringen. In unserem Hotel haben wir 12 Einzel- und 7 Doppelzimmer die alle mit Dusche und WC ausgestattet sind. Ihr Motorrad steht auf unserem hauseigenen Parkplatz. Bei schlechtem Wetter wird unser Heizungskeller zum Trockenraum umfunktioniert. In unserem Restaurant bieten wir eine Auswahl an regionalen Gerichten an. Halbpension auf Anfrage möglich!

Gothaer Str. 61 • 99848 Wutha-Farnroda • Telefon 03 62 91 / 9 33 01 • Fax 03 62 91 / 27 97 49
E-Mail: info@bamberger-hof.de • www.bamberger-hof.de

11478

vom Gasthof & Hotel Bamberger Hof in Wutha-Farnroda

Von unserem Ausgangspunkt Wutha -Farnroda im westlichen Thüringer Wald (ein Paradies für Motorradfahrer), können wir in jede Himmelsrichtung schöne und interessante Touren starten. Mein Favorit: einmal rund um den Inselsberg, mit 915m die höchste Erhebung des westlichen Thüringer Waldes.
Dabei führt der Weg durch die kleine Bergstadt Ruhla, über den Rennsteig nach Brotterode bis hoch auf den Inselsberg. Bei guten Sichtverhältnissen kann man bis zum Brocken im Harz schauen. Jetzt geht's weiter nach Tabarz und Friedrichroda, von Georgenthal nach Steinbach-Hallenberg. Ein Kurventraum für jeden Biker!
Wenn sich der kleine Hunger meldet: auf nach Oberhof! Denn an der Wegscheide gibt es eine der besten Thüringer Bratwürste, die man nicht verpassen sollte! Nun geht's weiter in Richtung Zella – Mehlis und von dort nach Schmalkalden, ein Städtchen mit wunderschönem Fachwerk. Unser Ziel ist aber Bad Liebenstein, denn hier sitzt man in dem auch von Bikern sehr beliebten Eiscafè „Polarstern" und genießt einen „Mohrenkopf".
Jetzt sind es nur noch 25 waldige und kurvenreiche Kilometer bis Wutha und ein schöner Tag geht zu Ende!

11478

Zella-Mehlis
GPS: N 50°39´10" - E 10°40´15"

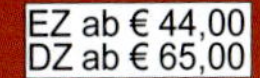

Hotel-Restaurant "Stadt Suhl"

- Traditionsreiches, gemütliches Haus im Stadtzentrum von Zella.
- Komfortable Zimmer im rustikalen Landhausstil und persönliche Atmosphäre sorgen für einen angenehmen Aufenthalt, gutbürgerliche Küche mit vielen Thüringer Gerichten, Biergarten. Durch die zentrale Lage ist das Hotel ein idealer Ausgangspunkt für schöne Ausflüge in Thüringen.

Bahnhofstr. 7 • 98544 Zella-Mehlis • Telefon 0 36 82 / 4 02 21 • 0 36 82 / 4 19 31
E-Mail: hotel-stadt-suhl.@t-online.de • www.hotel-stadt-suhl.de

11762

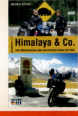

Weserbergland
Heimat der Sagen und Märchen

Das Weserbergland gibt bereits durch den Namen einen Hinweis auf seinen landschaftlichen Charakter. Der Weserfluss durchzieht in seinem mal breiter, mal enger werdenden Tal die Region. An den Ufern liegen zahlreiche Dörfer und Städte, die ihre Entstehung der Land- und Forstwirtschaft, der Schifffahrt und dem Schiffsbau oder dem Handel zu verdanken haben. Zur Silhouette der Landschaft gehören die Türme schlichter Dorfkirchen und die Doppeltürme geschichtsträchtiger Klöster.

Das Weserbergland beginnt dort, wo die Weser ihren untypischen Anfang nimmt. Umgeben von Reinhardswald, Bramwald und Kaufunger Wald fließen in Hannoversch Münden die beiden Flüsse Werra und Fulda zusammen und bilden einen dritten mit dem neuen Namen Weser. Auf einem Gedenkstein ist dort in Versform zu lesen:

„Wo Werra sich und Fulda küssen, sie ihren Namen büßen müssen; hier entsteht durch diesen Kuss, deutsch bis zum Meer, der Weserfluss".

Der Flussabschnitt, der als Weserbergland bezeichnet wird, endet an der Porta Westfalica bei Minden. Hier hat sich das Wasser der Weser zwischen Weser- und Wiehengebirge einen Durchbruch geschaffen und setzt danach seinen Weg im Norddeutschen Tiefland bis zur Nordseeküste fort.

Auf seiner gesamten Länge säumen an beiden Ufern bewaldete Höhenrücken das Wesertal. Typisch für den südlichen Teil des Weserberglandes sind die weiträumigen Waldgebiete von Reinhardswald, Bramwald und Solling mit ihren alten Baumbeständen. Im nördlichen Teil formen die schrofferen Bergzüge von Vogler, Hils, Süntel und der Bückeberge sowie der 22 Kilometer lange Klippenkamm des Ith die Landschaft.

Heimat der Sagen und Märchen

Die Ferienregion Weserbergland wirbt mit dem Slogan „Märchen werden wahr". Und da ist was dran. Denn zahlreiche Sagen und Märchen ranken sich um die Burgruinen und alten Klöster, um die weiten Wälder und historischen Städte. Beim Besuch der Sababurg im Reinhardswald, die früher von einer dichten Dornenhecke umgeben war, wird die Erinnerung an die schöne Königstochter Dornröschen lebendig. Bei Fahrten durch den Solling denkt man an den Wilden Reiter, der in dunklen Nächten sein Unwesen treibt. In der malerischen Altstadt von Hameln wird alljährlich von einheimischen Laiendarstellern die Geschichte vom Rattenfänger nachgespielt. Und in Hannoversch Münden wird im Sommer das schillernde Treiben des Dr. Eisenbarth vor der Kulisse des historischen Rathauses aufgeführt.

Ferienregion mit vielseitigen Angeboten

Die Palette an Freizeitmöglichkeiten ist breit. Für sportliche Aktivitäten gibt es Angebote zu Lande, zu Wasser und in der Luft. Musisch Begabte betätigen sich unter fachlicher Anleitung beim künstlerisch-kreativen Tun. Oder man genießt ganz einfach die schöne Landschaft.

Wandern

Ein dichtes Netz von ausgeschilderten Wanderwegen durchzieht das waldreiche Weserbergland. An den Wanderparkplätzen informieren Hinweistafeln über Länge und Markierung der Rund- und Streckenwanderwege, über natürliche oder historische Sehenswürdigkeiten.

Auf dem mit „XW“ gekennzeichneten Weserbergland-Wanderweg kann man auf Schusters Rappen das Land erkunden. Mit einer Gesamtlänge von 210 Kilometern führt er von Hannoversch Münden bis nach Minden an der Porta Westfalica.

Radwandern

Das Wesertal bietet sich flussaufwärts und flussabwärts für individuelle oder geführte Radtouren an. Der Weser-Radwe“ mit einer Gesamtlänge von 455 Kilometern beginnt an der „Quelle“ in Hannoversch Münden und endet bei Eckwarderhörne an der Mündung des Flusses in die Nordsee.

Kanuwandern

Die Weser schlängelt sich in sanften Bögen durch das Tal und eröffnet immer neue Blicke auf die bewaldeten Höhenrücken. Kanuwanderer können sich ohne große Kraftanstrengungen von der Strömung treiben lassen.

Rattenfänger-gruppe in Hameln

Boots- und Floßfahrten

Zum Erleben des Weserberglandes gehört eine Schiffstour auf der Weser. Bei der gemütlichen Fahrt zieht eine abwechslungsreiche Landschaftskulisse vorüber. In den Sommermonaten starten von zahlreichen Orten aus die Fahrgastschiffe zu mehrstündigen Fahrten oder auch zu mehrtägigen Kreuzfahrten. Die Flößerei hat auf der Weser eine lange Tradition. Heute werden für Gruppen ab 20 Personen Tages- und Abenteuertouren durchgeführt.

Kreatives Schaffen

Zahlreiche Kurse und Seminare bieten die Möglichkeit für kreatives, kunsthandwerkliches Schaffen. In der Porzellanmanufaktur Fürstenberg erlernen Seminarteilnehmer unter Anleitung das Porzellanmalen und schaffen sich auf kostbarem Fürstenberger Porzellan eigene Unikate.

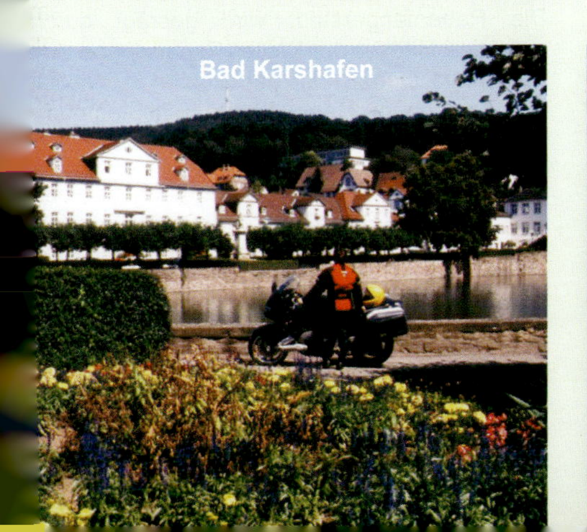
Bad Karshafen

Gierseilfähre in Veckerhagen

Reich an Geschichte

Das Weserbergland blickt auf eine lange und abwechslungsreiche Geschichte zurück.
Die Zentren der Ortschaften und viele historische Bauwerke sind steinerne Zeugen der langen Vergangenheit:
Die Stadt Hannoversch Münden präsentiert sich dem Besucher mit 700 Fachwerkhäusern aus mehreren Jahrhunderten. Die Barockstadt Bad Karlshafen wurde vor rund dreihundert Jahren vom hessischen Landgrafen als neue Heimat für Hugenotten und Waldenser errichtet.
Das Westwerk der Abteikirche in Corvey entstand im 9. Jahrhundert in der Gründerzeit der Benediktinerabtei.
In der historischen Altstadt von Hameln stehen Bauwerke der Weserrenaissance und schöne Bürgerhäuser in Fachwerkbauweise aus dem 16. bis 18. Jahrhundert.Der Westbau des Mindener Doms wurde im 10. Jahrhundert geschaffen. Eine technische Sehenswürdigkeit aus der heutigen Zeit ist das Wasserstraßenkreuz, das mit einem Hub von 13 Metern den Mittellandkanal mit der Weser verbindet.
Viele Museen dokumentieren die örtliche Geschichte, alte Handwerke und Kunstfertigkeiten:
Im Glasmuseum in Boffzen wird die große Tradition des Glasmacherhandwerks lebendig. Zur Ausstellung gehören Exponate mehrerer Zeitepochen. Mit dem Namen Fürstenberg ist eine der berühmtesten Porzellanmanufakturen in der Welt verbunden. Das Porzellanmuseum im ehemaligen Jagdschloss Fürstenberg zeigt Gebrauchsgegenstände und Kunstwerke aus der mehr als 250-jährigen Schaffenszeit.

Sehenswerte Orte

Hannoversch Münden

Die historische Altstadt Hannoversch Mündens gilt als das größte und schönste Fachwerkensemble Deutschlands. Und wer durch die engen mittelalterlichen Gassen des Städtchens spaziert, hat daran keinen Zweifel. Als wäre man in eine Zeitmaschine geraten und um mehrere Jahrhunderte zurückversetzt worden. Neben dem Stadtrecht war das so genannte Stapelrecht verantwortlich für den Wohlstand Hannoversch Mündens: Alle per Schiff ankommenden Waren mussten drei Tage lang vor Ort zu Vorzugspreisen angeboten werden und durften danach nur mit Schiffen aus der Stadt weitertransportiert werden.

Bad Karlshafen

Die „weiße Stadt" ist eine Gründung des Landgrafs Carl von Hessen aus dem Jahr 1699. Sie diente den hugenottischen Glaubensflüchtlingen aus Frankreich als neue Heimat. Hübsch anzusehen sind die vielen gut erhaltenen Barockbauten, für Stimmung sorgt die Flussatmosphäre entlang der Weser.

Sababurg

Wo heute die Gäste stilvoll im Schlosshotel übernachten, trug sich – zumindest der Sage nach – im Mittelalter die Dornröschen-Tragödie zu. Ob hier mitten im Reinhardswald tatsächlich der edle Prinz die Königstochter aus den Klauen einer gigantischen Dornenhecke befreite, sei dahingestellt. Vorstellbar ist es angesichts der wilden Natur in jedem Fall.

Höxter

Das Sahnestückchen Höxters ist seine herrliche Altstadt. Zahlreiche Renaissance-Fachwerkhäuser sowie das wunderschöne Rathaus ziehen den Besucher in ihren Bann. Im Tilly-Haus nahm der gleichnamige Feldherr während des Dreißigjährigen Krieges mehrmals Quartier.

Kloster Corvey

822 von Ludwig dem Frommen gegründet, gilt das Kloster heute als das älteste erhaltene Bauwerk des frühen Mittelalters in ganz Westfalen. Die Innenausstattung der meisten Gebäude stammt jedoch aus der Zeit des Barock.

Hameln

Die Rattenfängerstadt wird geprägt durch prächtige Häuser der Weser-Renaissance. Am Marktplatz stehen die Marktkirche St. Nicolai und das schöne Dempterhaus. Ein Stadtbummel zu Fuß lohnt sich also auf alle Fälle.

Deutsche Märchenstraße

Offiziell startet die Deutsche Märchenstraße in Hanau, der Geburtststadt der Gebrüder Grimm und endet in Bremen am Denkmal der Stadtmusikanten. Unterwegs legt sie einen beträchtlichen Teil ihrer Route entlang der Weser zurück. Man trifft dort auf den Lügenbaron Münchhausen, den Rattenfänger von Hameln und das Dornröschen. Weshalb also nicht das Weserbergland auf den Spuren der deutschen Märchen durchqueren?

Los geht es in Hannoversch Münden, dort wo Fulda und Werra zusammenfließen und die Weser bilden. Ein Bummel durch die fachwerkgesäumten Gassen der Altstadt ist ein Muss. Man braucht sich ja nicht gleich vom berüchtigten Wunderheiler Doktor Eisenbarth einen Zahn ziehen lassen. Der starb hier im Jahr 1727.

Ein Stück weiter wartet ein weiteres Relikt aus dem Mittelalter: Die Gierseilfähre von Veckerhagen. Zum ersten Mal im Jahr 1322 erwähnt, hat sich an ihrer Funktionsweise bis heute nichts geändert: Die Fähre hängt an einem über den Fluss gespannten Kabel und wird vom Fährmann je nach gewünschter Richtung in die Strömung gedreht. Den Rest besorgt der Fluss und drückt den Kahn entweder nach links oder nach rechts. Perfekt – leise, sauber, umweltfreundlich.

In weiten Bögen folgt die Straße den Windungen der Weser und sorgt so für entspanntes Gleiten. Man hat viel Zeit, um sich der herrlichen Flusslandschaft zu widmen. Meditatives Motorradfahren sozusagen. Gieselwerder, Lippoldsberg, dann taucht Bad Karlshafen auf. Unbedingt anhalten sollte man am Hafenbecken, das von prächtigen Renaissancehäusern umgeben wird. Hier mündet das Flüsschen Diemel in die Weser.

Lust auf fahrerische Abwechslung? Dann nichts wie hinauf zur Sababurg. Auf einer Basaltkuppe liegt mitten im Wald die Ruine des ehemaligen Jagdschlosses der Landgrafen von Hessen. Man erreicht es über ein schmales, griffiges Sträßchen, das mit Kurven nur so gespickt ist. Zum Teil hängen die Farne so weit in die Fahrbahn hinein, das man sie mit der Hand greifen kann. Übrigens ist auch die nahe gelegene Trendelburg einen Abstecher wert.

Wieder zurück am Weserufer, verlangsamt sich die Schlagzahl wieder deutlich. Großer Gang, mittlere Geschwindigkeit, in der Ruhe liegt die Kraft. Beverungen taucht auf. In dem hübschen Fachwerkstädtchen laden vor allem die Uferanlagen zu einem Spaziergang am Fluss ein. Dann rollen wir nach Höxter hinein. Auch hier ein mittelalterliches Stadtbild mit wunderschönen alten Häusern aus dem 16. und 17. Jahrhundert. Ein Muss ist der kurze Ausflug von Höxter aus hinüber zum Kloster Corvey. Und natürlich zum Köterberg, der mit knapp 500 Metern höchsten Erhebung des Lipper Berglandes.

Über Bevern erreichen wir Bodenwerder, das aufs Engste mit dem Lügenbaron von Münchhausen verbunden ist. Dessen Geburtshaus, ein um 1600 gebauter Herrensitz, dient heute als Rathaus. Ein Brunnen davor zeigt Münchhausen auf einem halben Pferd, im Inneren des Gebäudes wartet ein Münchhausen-Museum

Wir genießen die wundervolle Flussatmosphäre, bewundern die bewaldeten Hügel links und rechts der Weser und erreichen so entspannt die Rattenfängerstadt Hameln. Im Jahr 1284 soll der Bösewicht 130 Kinder mit seinem Flötenspiel aus der Stadt gelockt haben, nachdem ihm der Lohn verweigert wurde. Vor dem Hochzeitshaus, einem der zahlreichen schönen Renaissancehäuser Hamelns, wird die Geschichte im Sommer jeden Sonntag gegen 12.00 Uhr aufgeführt.

Weiter geht es auf perfekt ausgebautem Asphalt Richtung Norden. Sanfte Bögen, leichte Schräglagen. Nichts für Heizer. In Bückeburg ist das Hubschrauber-Museum ein Eldorado für Technikbegeisterte. Den Besuch in dem ausgezeichnet gemachten Museum sollte man sich nicht entgehen lassen. Weiterhin sehenswert: das prachtvolle Schloss sowie das Rathaus.

In Minden läuft das Weserbergland allmählich in die norddeutsche Tiefebene aus. Vom Glanz dieser einst reichen Handelsstadt ließen die Bomben des 2. Weltkrieges nichts mehr übrig. Umso interessanter ist das Wasserstraßenkreuz vor der Stadt. Der Mittellandkanal überbrückt hier in einem 375 Meter langen Trog die Weser. Eine Autobahnbücke für Schiffe quasi.

Weserbergland

Tourentipp
Deutsche Märchenstraße

Nienburg S. 525
Minden S. 525
Bückeburg S. 522
Porta Westfalica S. 525
Bad Pyrmont S. 521
Bodenwerder S. 521
Alfeld S. 521
Schieder-Schwalenberg S. 526
Deensen S. 522
Holzminden S. 524
Hellental S. 523
Höxter S. 524
Fohlenpacken S. 522
Beverungen S. 521
Hofgeismar S. 524
Hann. Münden S. 523

Barenburg
Liebenau
Heister Berge
Kirchdorf
Steyerberg
Husum
Landesbergen
Hagen
Schneeren
Naturpark Steinhuder Meer
Mandelsloh
Mariensee
Wietze
Celle
Kloster
Wede-Negenborn
Mellendorf
Bissendorf
Resse
Langenhagen
H.-Flughafen
Großes Moor
Uchte
Nendorf
Stolzenau
Leese
Warmsen
Rehburg-Loccum
Raddestorf
Wilhelmstein
Steinhude
Neustadt am Rübenberge
Münchehagen
Bad Rehburg
Großenheidorn
Bordenau
Berenbostel
Wunstorf
Hagenburg
Sachsenhagen
Windheim
Ovenstadt
Wiedensahl
Petershagen
Lahde
Niedernwöhren
Kolenfeld
Garbsen
Seelze
Bad Nenndorf
Suthfeld
HANNOVER
Ronnenberg
Groß Goltern
Stadthagen
Rodenberg
Hille
Minden
Meinsen
Obernkirchen
Apelern
Barsinghausen
Gehrden
Wennigsen
Hemmingen
Laatzen
Bückeberge
Bückeburg
Porta Westfalica
Auetal
Rehren
Bad Eilsen
Pohle
Lauenau
Eimbeckhausen
Springe
Pattensen
Bennigsen
Völksen
Sarstedt
Harsum
Algermissen
Hohenhameln
Bad Oeynhausen
Vlotho
Rinteln
Bakede
Hessisch Oldendorf
Bad Münder
Saupark
Eldagsen
Schulenburg
Nordstemmen
Giesen
Hildesheim
Schellerten
Exten
Möllenbeck
Langenholzhausen
Kalletal
Hohenhausen
Hemeringen
Fischbeck
Hachmühlen
Hasperde
Coppenbrügge
Elze
Gronau
HILDESHEIM
Diekholzen
Bad Salzuflen
Almena
Hameln
Bisperode
Hemmendorf
Lauenstein
Salzhemmendorf
Banteln
Sibbesse
Bad Salzdetfurth
Holle
Lemgo
Dörentrup
Bösingfeld
Groß Berkel
Aerzen
Alverdissen
Kirchohsen
Grohnde
Emmerthal
Marienhagen
Duingen
Eime
Bockenem
Lage
Barntrup
Bad Pyrmont
Lügde
Hehlen
Bodenwerder
Halle
Grünenplan
Alfeld
Lamspringe
Detmold
Bad Meinberg
Blomberg
Ottenstein
Brevörde
Vogler
Eschershausen
Delligsen
Freden
Hils
Horn
Schieder
Wöbbel
Golmbach
Stadtoldendorf
Bad Gandersheim
Kreiensen
Externsteine
Steinheim
Schwalenberg
Rischenau
Negenborn
Bevern
Greene
Einbeck
Stahle
Holzminden
Lüthorst
Vörden
Marienmünster
Nieheim
Altenbergen
Lüchtringen
Hellental
Kalefeld
Bad Lippspringe
Höxter
Kloster Corvey
Boffzen
Neuhaus
Solling
Lauenberg
Dassel
Echte
Altenbeken
Bad Driburg
Brakel
Godelheim
Fürstenberg
Fredelsloh
Moringen
Northeim
PADERBORN
Ottbergen
Schönhagen
Eggegebirge
Neuenheerse
Dringenberg
Erkeln
Beverungen
Lauenförde
Uslar
Hardegsen
Volpriehausen
Nörten-Hardenberg
Willebadessen
Bodenfelde
Wahlsburg
Lippoldsberg
Lichtenau
Peckelsheim
Dalhausen
Oberweser
Gieselwerder
Offensen
Lenglern
Bovenden
Borgentreich
Trendelburg
Gottsbüren
Adelebsen
Marsberg
Bühne
Hümme
Reinhardswald
Sababurg
Bursfelde
GÖTTINGEN
Wesiental
Scherfede
Hohenwepel
Daseburg
Warburg
Ossendorf
Desenberg
Liebenau
Hofgeismar
Hemeln
Dransfeld
Rosdorf
Rheinhausen
Gleichen
Diemelstadt
Rhoden
Niederlistingen
Grebenstein
Immenhausen
Hann. Münden
Scheden
Friedland
Bremke
Volkmarsen
Breuna
Calden
Espenau
Fuldatal

Alfeld
GPS: N 51°58´15" - E 9°50´20"

Landgasthaus "Zum braunen Hirsch"

Wir heißen Sie herzlich willkommen in unserem gemütlichen Landgasthaus. Unsere gutbürgerliche Küche lässt keine Wünsche offen und verwöhnt Sie mit nationalen und internationalen Gerichten, sowie leichten frischen Salaten und anderen köstlichen Gaumenfreuden. Unsere gemütlichen Zimmer sorgen schnell für ein heimisches Wohngefühl. Mit Dusche/WC und TV sind sie komfortabel ausgestattet. Eine abschließbare Garage für Ihr Motorrad bieten wir selbstverständlich auch an. Weitere schöne Tourentipps erhalten Sie von unserem Chef, der selbst Motorradfahrer ist.

Am Thie 14 • 31061 Alfeld • Telefon 0 51 81 / 85 02 90 • Fax 0 51 81 / 8 50 29 30
E-Mail: Aue@ZumBraunenHirsch.de • www.zumbraunenhirsch.de

11131

Bad Pyrmont

GPS: N 52°00´09" - E 9°16´06"

Restaurant - Cafe **Langer Grund**

In herrlich ruhiger Lage abseits vom alltäglichen Stress steht unser traditionsreiches Haus. In dem gemütlichen Ambiente genießen Sie gutbürgerliche Küche aber auch frischen Kaffee und Kuchen. Auf der sonnigen Terrasse können Sie mal richtig abschalten und sich auf die nächste Etappe vorbereiten oder sprechen Sie mit Ihrem Gastgeber - der kann Ihnen vielleicht auch ein paar schöne Tourentipps geben. In unserem kleinen Gästehaus finden 4 Personen Platz. Übernachtung 35 Euro + 5 Euro je weitere Person.

Langer Grund 3 • 31812 Bad Pyrmont • Telefon 0 52 81 / 45 61

11053

Beverungen
GPS: N 51°39´36" - E 9°22´21"

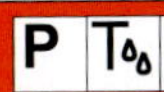

Speiserestaurant "Bürgerstuben"

Wir bieten Ihnen ein ruhiges Plätzchen und dazu eine gutbürgerliche Küche mit Spezialitäten aus der Region. Ihr Motorrad parken Sie auf unserem eigenen Parkplatz direkt vor der Tür.

Inh. Gisela u. Peter Oexle • Hersteller Str. 3 • 37688 Beverungen
Telefon + Fax 0 52 73 / 44 44

10951

Bodenwerder
GPS: N 51°58´42" - E 9°30´59"

Stadt-Café Lutz

Sitzen Sie direkt in der schönen Fußgängerzone von Bodenwerder und genießen Sie eine große Tortenauswahl, Eisspezialitäten und Diabetiker-Gebäck aus eigener Herstellung. Frühstücken können Sie bei uns natürlich auch. Und das alles auf unseren schönen Außenplätzen in der Sonne. Weitere Tourentipps gibts es direkt vom Chef. Sprechen Sie uns an!

Große Str. 36 • 37619 Bodenwerder • Telefon 0 55 33 / 60 10
Fax 0 55 33 / 60 70 • E-Mail: info@s-c-l.de • www.s-c-l.de

11130

Geben auch Sie eine Bewertung zu Ihrem Aufenthalt ab

Bückeburg

GPS: N 52°18´29" - E 9°03´28"

Der Schäferhof bietet Ihnen mit seinen 14 modern eingerichteten Zimmern alles, was Sie von einem zeitgemässen Hotel erwarten können. Halb- und Vollpension sind selbstverständlich möglich. Zu einer erstklassigen Küche gehört ein großzügiger und ansprechender Rahmen. Den finden Sie im Restaurant des Schäferhofes, gemütliches Ambiente in ländlichem Stil und eine gepflegte Tischkultur. Gerne geben wir Ihnen noch schöne Tourentipps in der Region. Außerdem können Sie bei uns Ihr Motorrad sicher in einer abschließbaren Garage abstellen.

Rusbender Str. 31 • 31675 Bückeburg • Telefon 0 57 22 / 44 70 • Fax 0 57 22 / 12 54
E-Mail: post@hotel-schaeferhof.de • www.hotel-schaeferhof.de

11100

Deensen

GPS: N 51°51´41" - E 9°35´24"

30 13

Rittergut Deensen

Alle Zimmer verfügen über Dusche/Bad und WC und auf Wunsch Fernseher. Die Zimmer sind großzügig und liebevoll eingerichtet. Eine Sonnenterrasse und eine Liegewiese laden zum Ausspannen ein. Parkplätze sind ausreichend vorhanden. Morgens steht dann ein reichhaltiges Frühstück für unsere Gäste bereit. Abends wird bei schönem Wetter gegrillt und anschließend lädt der Wellnessbereich mit Solarium, Sauna und Whirlwanne zum Entspannen ein. Preise nach Absprache. Wir geben Ihnen gerne Tipps, wie Sie die Sehenswürdigkeiten des Solling und Weserberglandes kennen lernen!

Am Alten Born 4 • 37627 Deensen • Telefon 0 55 32 / 9 00 30 • Fax 0 55 32 / 90 03 99
E-Mail: Rittergut-Deensen@t-online.de • www.Rittergut-Deensen.de

12606

Fohlenplacken

GPS: N 51°45´51" - E 9°30´28"

Hotel-Restaurant-Café "Waldschloß"

Neuhaus - Fohlenplacken, der heilklimatische Kurort mitten im schönen und wildreichen Waldgebiet Niedersachsens - dem Solling - bietet genügend Voraussetzungen für einen erholsamen Urlaub zu jeder Jahreszeit. Unsere Zimmer sind alle gemütlich und komfortabel eingerichtet und bieten Ihnen Dusche/WC, Telefon und TV. Für einen gelungenen Start in den Tag sorgt unser reichhaltiges Frühstücksbuffet. Unsere sonnige Terrasse dient zum Entspannen bei Kaffee und Kuchen. Auf Wunsch stellen wir Ihr Motorrad in einer Garage unter. Wir freuen uns auf Ihren Besuch!

Fohlenplackener Str. 29 • 37603 Neuhaus • Telefon 0 55 36 / 9 51 00 • Fax 0 55 36 / 95 10 50
E-Mail: webmaster@waldschloss-solling.de • www.waldschloss-solling.de

11833

vom Solling- und Verkehrsverein Hellental

Die Hellentaler Nord-Rundtour führt uns quer durch den nördlichen Solling bis zur Weser und wieder zurück. Sehenswerte Städte, Badeseen, abwechslungsreicher Straßenverlauf über Hügel, durch Wälder und Wiesen erwartet Sie. Nach Hellental schlagen Sie gleich rechts den Weg Richtung Dassel ein. Genießen den weiten Blick bei Sievershausen, weiter über geschwungene Waldstraßen nach Silberborn. Dort erklettern Sie den hohen Moosbergturm - bei guter Fernsicht reicht der Ausblick bis zum Harz. Eine paradiesische Strecke für den Landstraßencruiser führt Sie über Neuhaus, durchs Rottmündetal nach Boffzen und weiter nach Höxter. Hier lohnt sich ein Abstecher in die Altstadt mit vielen Fachwerkhäusern. Wenn Sie gerne an einem Natursee am Strand liegen, fahren Sie auf der B64 nach Godelheim. Dort erwartet Sie ein weißer Sandstrand mit Gastronomie. Zurück über Höxter folgen Sie dem Verlauf der B64 an der Weser entlang bis Stahle. In Stahle links auf die B83 Richtung Polle. Dort genießen Sie die Überquerung der breiten Weser auf einer Fähre. Weiter auf einer landschaftlich schönen Strecke mit vielen Wiesen nach Bevern vorbei am Renaissanceschloss. Die Rückfahrt geht weiter der Straße nach über die Dörfer Lobach und Deensen, bis nach Merxhausen. Dort biegen Sie rechts nach Hellental.

11851

Hann. Münden
GPS: N 51°25´38" - E 9°41´06"

Waldhotel "Jagdhaus Heede"

Inmitten dieser wunderschönen Landschaft, direkt am Naturschutzgebiet Bramwald, befindet sich heute wie damals unser gemütlich gelegenes Waldhotel. In unserem Haus spielt Service eine wichtige Rolle, darum scheuen Sie sich nicht zu fragen was unser Team für Sie tun kann. Starten Sie mit einem reichhaltigen Frühstücksbuffet in den Tag, erholen Sie sich bei Kaffee und selbstgebackenem Kuchen auf unserer Terrasse, bei einem frisch gezapften Pils in unserem Biergarten, einem köstlichen Mal in unserem Restaurant oder beim gemütlichen Miteinander in unserer Gaststube. Küchenmeister Torsten Heede und sein Team bieten Ihnen regionale, aktuelle deutsche und internationale Küche aus saisontypischen Spezialitäten.

Hermannshäger Str. 81 • 34346 Hann. Münden
Telefon 0 55 41 / 23 95 • Fax 0 55 41 / 51 33
E-Mail: kontakt@jagdhausheede.de • www.jagdhausheede.de

11170

Hellental
GPS: N 51°48´44" - E 9°36´46"

Lönskrug Hotel-Restauration-Biergarten

Wunderschön idyllisch am Fuße des Hellentales gelegenes Gasthaus und 3-Sterne-Hotel. 18 Betten, Ferienwohung, Suiten - geschmackvoll eingerichet. Frische und vielfältige Küche, 100 Jahre alter Gewölbekeller, Festsaal, Clubräume und Biergarten. Für mehr Bilder und Informationen klicken Sie bitte auf www.loenskrug-hellental.de. Fahren Sie mal die Hellentaler Nordrundtour - es lohnt sich. Wir freuen uns auf Sie und Ihre Bikes.

Lönsstr. 2 • 37627 Hellental
Telefon 0 55 64 / 2 00 30 • Fax 0 55 64 / 20 03 29
kontakt@loenskrug-hellental.de
www.loenskrug-hellental.de

Restaurant - Pension - Café "Friesenhof"

- Ruhig gelegenes Haus in unmittelbarer Waldnähe
- kein Durchgangsverkehr
- Zimmer mit Dusche/WC und Sat-TV.
Der große Garten mit "Pool" und zahlreichen Parkbänken ist eine Oase der Ruhe. Außerdem bieten wir noch eine wunderschöne Caféterrasse, einen gemütlichen Aufenthaltsraum und ein Kaminzimmer mit Sat TV.

An der Reihe 5 • 37627 Hellental
Telefon + Fax 0 55 64 / 5 71
E-Mail: karl.eikenberg@t-online.de
www.sollingtreff.de

11851

Geben auch Sie eine Bewertung zu Ihrem Aufenthalt ab

Hofgeismar

GPS: N 51°29´40" - E 9°22´44"

EZ ab € 40,00
DZ ab € 70,00

44 | 26 | HP

Hotel-Restaurant-Café "Zum Alten Brauhaus" ***

Das "Alte Brauhaus" liegt in der malerischen Altstadt und Fußgängerzone von Hofgeismar, mitten im Zentrum, direkt neben Rathaus und Stadthalle - doch herrlich ruhig, unberührt von Verkehrslärm und Hektik. Unser Hotel verfügt über 26 Zimmer, ausgestattet mit Dusche/WC, Telefon, Sat-TV, Schreibtisch und Sitzgelegenheit. Alle Zimmer sind bequem mit dem Aufzug zu erreichen. In unserem Restaurant verwöhnen wir Sie mit herzhafter und frischer Küche. Genau das Richtige am Abend mit Ihren Bikerkollegen nach einer schönen Motorradtour. Für Touren in den Harz, Thüringer Wald, in den Teutoburger Wald und in das Hessische Bergland sind wir der ideale Ausgangspunkt.

Marktstr. 12 • 34369 Hofgeismar • Telefon 0 56 71 / 30 81 • Fax 0 56 71 / 30 83
E-Mail: humburg@zumaltenbrauhaus.de • www.zumaltenbrauhaus.de

12607

Holzminden

GPS: N 51°49´32" - E 9°27´51"

EZ ab € 38,00
DZ ab € 72,00

65 | 38 | HP | Tipp

Hotel Hellers Krug

Wir bieten Ihnen 38 geschmackvoll und modern eingerichtete Zimmer. Das Restaurant ist in einem Fachwerkhaus und seit 1756 in Familienbesitz. Die Hotelzimmer sind in zwei Hotelgebäuden nebenan, abseits der Straße gelegen. Ein von der Straße nicht einsehbarer, asphaltierter Parkplatz befindet sich hinter dem Haus (sowie 1 Garage). Alle Zimmer sind ausgestattet mit Dusche/WC, Fernsehen und Telefon. Teilweise verfügen die Zimmer über Balkon oder Terrasse. Der Tag beginnt mit einem gemütlichen und reichhaltigen Frühstücksbuffet. Wir verwöhnen Sie mit monatlich wechselnden saisonalen Gerichten. Auf unserer reichhaltigen Getränkekarte finden Sie eine große Auswahl guter Weine. Im Sommer servieren wir unsere Spezialitäten auch auf der Terrasse. Die Harley Owner Group aus Lyon machte bei ihrer Fahrt nach Skandinavien bei uns Halt. Schon ein komisches Gefühl, wenn man mit einer CBR1000 vorneweg fährt und 35 Harleys aus der Stadt eskortiert ;-)

Altendorfer Str. 19 • 37603 Holzminden • Telefon 0 55 31 / 20 01 • Fax 0 55 31 / 6 12 66
E-Mail: mail@hotel-hellers-krug.de • www-hotel-hellers-krug.de

11132

Höxter

GPS: N 51°46´26" - E 9°22´42"

EZ ab € 36,00
DZ ab € 64,00

40 | 20 | P

Hotel Corveyer Hof

Eines der ältesten und schönsten Häuser, in der Weserstadt Höxter, ist das Hotel "Corveyer Hof". Als Gastbetrieb, in dem man verstanden hat, Alt und Neu auf angenehmste Weise zu verbinden, bietet der "Corveyer Hof" für jeden Gast das Beste: Übernachtungen mit Frühstück, Teil- oder Vollpension, Zimmer mit behaglicher Ausstattung, erlesene Speisen, vom Chef persönlich zubereitet, in gemütlichen Gaststuben oder auch den im Innenhof gelegenen Biergarten, hinter dem Haus. Auch der tägliche Mittagsgast ist willkommen. Die altdeutsche Bierstube schließlich ist genau das Richtige für einen gemütlichen Stammtisch nach Feierabend, ein gepflegtes Bier in geselliger Runde oder die kleine Pause zwischendurch. Ihre Motorräder können sicher im Hinterhof geparkt werden.

Herr Stich • Westerbachstr. 29 • 37671 Höxter
Telefon 0 52 71 / 9 77 10 • Fax 0 52 71 / 97 71 13
E-Mail: hotelcorveyerhof@t-online.de • www.hotelcorveyerhof.de

10950

Höxter

GPS: N 51°46´22" - E 9°22´53"

EZ ab € 54,50
DZ ab € 84,00

75 | 40 | HP | P

HOTEL STADT HÖXTER ***
... einfach märchenhaft

Unser 3 Sterne-Komfort-Hotel finden Sie zentral in der Hänsel & Gretel-Stadt Höxter/Weser an der Deutschen Märchenstraße. In unserem geschmackvoll eingerichteten Hotel-Restaurant erwarten Sie 40 moderne Zimmer mit allem zeitgemäßem Komfort und eine familiäre Atmosphäre. Unser freundliches Team heißt Sie hier immer herzlich willkommen. Unsere hellen und freundlichen Zimmer sind ausgestattet mit Badewanne/WC oder Dusche/WC, Fön, Ankleidespiegel, Direktwahl-Telefon mit Message-system und Weckruf, Safe (auch für Notebooks geeignet), TV mit Infokanal sowie Radio.

Uferstr. 4 • 37671 Höxter • Telefon 0 52 71 / 6 97 90 • Fax 0 52 71 / 69 79 79
E-Mail: info@hotel-stadt-hoexter.de • www.hotel-stadt-hoexter.de

11831

Minden OT Stemmer

GPS: N 52°20´16" - E 8°52´22"

EZ ab € 45,00
DZ ab € 67,00

Hotel - Restaurant - Bierstube **"Zur Stemmer Post"**

Die ideale Adresse für Motorradfahrer. Alle Zimmer sind hell, freundlich und modern mit Dusche/WC, Telefon, TV-SAT-Anschluss und ISDN. In unserem Restaurant und in der gemütlichen Bierstube verwöhnen wir Sie mit Gerichten der regionalen und internationalen Küche. Der Biergarten lädt im Sommer zum beschaulichen Verweilen ein. Ihr Motorrad können Sie sicher in unseren Garagen abstellen. Mittwoch Ruhetag.

Stemmer Landstr. 152 • 32425 Minden-Stemmer • Telefon 05 71 / 64 60 80
Fax 05 71 / 6 46 08 80 • E-Mail: info@stemmer-post.de • www.stemmer-post.de

11011

Nienburg

GPS: N 52°40´29" - E 9°13´32"

EZ ab € 44,00
DZ ab € 65,00

21 10 HP Tipp

Hotel "Zur Krone"

Durch das gepflegte Ambiente, die traditionelle deutsche Küche, hier kocht die Chefin persönlich, gemütliche Zimmer im Landhausstil und die sehr verkehrsgünstige Lage, erinnern sich unsere Gäste gerne an Nienburg zurück. Wir möchten, dass Sie sich wohlfühlen! Alle Zimmer sind mit Fernseher und Telefon ausgestattet. Natürlich müssen Sie auf ihre eigene Dusche und Toilette nicht verzichten. Da wir ein motorradfreundliches Haus sind, begrüßen wir jeden Biker mit einem Begrüßungsdrink. Einen Biergarten haben wir natürlich auch zu bieten.

Verderner Landstr. 245 • 31562 Nienburg • Telefon 0 50 21 / 6 43 33 • Fax 0 50 21 / 91 09 99
E-mail: info@zur-krone-nienburg.de • www.zur-krone-nienburg.de

11502

Porta Westfalica

GPS: N 52°14´53" - E 8°55´00"

EZ ab € 30,00
DZ ab € 49,00

22 11 Tipp

12708

Untere Breede 8 – 32457 Porta Westfalica

Zentral im Ortsteil Barkhausen unterhalb des Kaiser-Wilhelm Denkmals, sind wir besonders auf Kurzurlauber eingestellt. In unseren 6 modernen Doppelzimmern, jeweils mit Dusche, WC und TV (auch als Einzelzimmer belegbar) werden Sie sich bestimmt wohl fühlen. Selbstverständlich verwöhnen wir Sie morgens mit einem reichhaltigen Frühstück.

Tel: (0571) 77534 & 52453 - Fax: (0571) 7100076
www.Pension-Westfalica.de / info@Pension-Westfalica.de

und

„Gasthof Waldkrug"

Barkhauser Weg 10 - 32457 Porta Westfalica

Gerne begrüßen wir Sie als Gast in unserem Hause und bieten in ruhiger Lage westfälische Gastlichkeit. In 5 renovierten Fremdenzimmern mit Dusche, WC und TV können Sie sich ausruhen. Außerdem „Frischgezapftes" und gutbürgerliche Küche im Restaurant oder separaten Clubraum bis zu 40 Personen. Im Sommer servieren wir auch im Biergarten.

von der
Von der Pension Westfalica und dem Gasthof Waldkrug in Porta Westfalica

Porta Westfalica, übersetzt das „Tor Westfalens", öffnet sich nach Süden dem Weserbergland und nach Norden der Norddeutschen Tiefebene. Erst am Ende des 18. Jahrhunderts fand die Bezeichnung Porta Westfalica für das Durchbruchstal der Weser zwischen Weser- und Wiehengebirge erstmals Erwähnung.

Es offenbart seinen Besuchern eine einzigartige landschaftliche Schönheit. Wahrzeichen und Sehenswürdigkeit zugleich ist das Kaiser-Wilhelm-Denkmal. Aus Porta-Sandstein in den Jahren 1892-1896 erbaut, zieht es seit mehr als 100 Jahren Besucher magisch an. Die Landschaftsbezeichnung stand Pate bei der Namensgebung der am 1. Januar 1973 gegründeten Stadt Porta-Westfalica, die aus mehreren Dörfern besteht. Der Ortsteil Barkhausen, in dem sich die Pension und unser Gasthof befinden, ist der einzige auf der linken Weserseite. Durch eine moderne neue Brücke sind wir mit der anderen Weserseite verbunden. Auf unserer Seite befindet sich auch das Wiehengebirge mit dem Kaiser-Wilhelm-Denkmal und der „Goethe Freilichtbühne", die in den Sommermonaten gerne besucht wird. Auch Möglichkeiten zum Drachenfliegen, Schifffahrten nach Minden, sowie Kanufahrten gehören zum Angebot. Ein Besucherbergwerk im Ortsteil Kleinenbremen, das man von Minden aus mit einer alten Traditionseisenbahn erreichen kann, runden das Programm ab.

12708

Westerwald, Bergisches Land, Siegerland

Kurventräume im Lande der Winde und Wälder

Westerwald

Das Lied "Oh, du schöner Westerwald ..." hat mit seiner einprägsamen Marschmelodie den Westerwald bekannt gemacht. Der Text spricht davon, dass im Westerwald dauernd ein kalter Wind pfeift. Diese Aussage ist jedoch einseitig. Der häufige Wind sorgt zwar für frische Luft auf den Bergen, in den niedrigen Regionen wie z.B. im Rheintal herrscht aber ein mildes Klima. Die Höhenlagen des Westerwaldes bewegen sich zwischen 50 und 650 Metern. Das hat starke Temperaturschwankungen zur Folge. Jede Jahreszeit übt daher ihre eigene Faszination aus. In allen vier Himmelsrichtungen wird der Westerwald durch Flüsse und deren Täler begrenzt: Im Norden bilden das Tal der Sieg und im Westen der Rhein die Grenze. Im Osten sind es das Tal der Dill und im Süden die Lahn. Die zentralen Gebiete sind der Hohe und Obere Westerwald sowie der Vordere und Untere Westerwald mit Wiedtal.

Sauerstoffreiche Waldluft

Der Westerwald mit seinen unterschiedlichen Landschaften bietet Feriengästen viele Naturschönheiten, historische Denkmale sowie eine Fülle von Freizeitmöglichkeiten in frischer und sauerstoffreicher Luft. Der größte Reichtum des Westerwaldes ist der Wald.

Im Hohen Westerwald gibt es auch große Wasserflächen, die teilweise unter Naturschutz stehen: Die Krombachtalsperre, der Secker Weiher und der Wiesensee sind begehrte Freizeit- und Feriengebiete. Auf einem Hochplateau liegen sieben Seen, die der Region den Namen "Westerwälder Seenplatte" einbrachten.

Land der Töpfer

Die Wied im Naturpark Rhein-Westerwald fließt eingebettet zwischen bewaldeten Höhen zum Rhein hin. Das ca. 30 Kilometer lange Teilstück gehört zu den schönsten des Flusslaufes und ist ein beliebtes Revier für Motorradfahrer.

Die Raiffeisenstraße von Hamm/Sieg über Altenkirchen, Weyerbusch, Flammersfeld nach Neuwied trägt den Namen von Friedrich Wilhelm Raiffeisen, einem der bedeutendsten Männer des Westerwaldes. Er wurde im Jahr 1818 in Hamm /Sieg geboren. Während seiner Tätigkeiten als Bürgermeister in Weyerbusch (1845 – 1848), Flammersfeld (1848 – 1852) und Heddesdorf (1852 – 1865) gründete er mehrere soziale Vereine zur Selbsthilfe.

Das Kannenbäckerland im südwestlichen Westerwald ist bekannt geworden durch das handgefertigte graublaue, salzglasierte Steinzeug. Das Grundmaterial ist das "weiße Gold" des Westerwaldes, das seit mehr als zweieinhalb Jahrtausenden gewonnen und verarbeitet wird. Die Keramikindustrie setzt seit dem vorigen Jahrhundert die Tradition des Töpferhandwerks fort. Die mit einem blauen Krug auf braunem Grund markierte Kannenbäckerstraße führt zu rund 40 Töpfereien und Keramikfabriken, die besichtigt werden können. Sehenswert sind das Keramikmuseum in Höhr-Grenzhausen und drei private Museen.

Im Siegtal und den angrenzenden Gebieten wurde bereits vor mehr als 2.000 Jahren Eisenerz gefördert und Eisen verhüttet. Heute ist der Bergbau vollständig eingestellt. Zwei sehenswerte Museen vermitteln der heutigen Generation einen Einblick in den einst wichtigen Wirtschaftszweig: Das ehemalige Erzbergwerk "Grube Bindweide" in Steinebach/Sieg und das Bergbaumuseum in Herdorf-Sassenroth.

Bergisches Land

Im Bergischen Land gerät selbst ein Kurzbesuch zur Entdecker-Tour: Das Bergische Land bietet die einmalige Mischung aus reizvoller Landschaft, frischer Luft, viel Wasser und einem riesigen Angebot an geschichtlichen und kulturellen Höhepunkten.

Zwischen Rhein, Ruhr und Sieg erstreckt sich entlang der Wupper eine der interessantesten Regionen Deutschlands. Eine ursprüngliche Landschaft an Flüssen und Seen, ein großstädtisches Kultur- und Sportangebot des Städtedreiecks Wuppertal-Solingen-Remscheid, das Flair der historischen Fachwerkhäuser und die einmaligen Dichte von industrie- und verkehrshistorischen Denkmalen. So zeugen die Stahlkonstruktionen der Wuppertaler Schwebebahn und Deutschlands höchster Eisenbahnbrücke, der 107 Meter hohen Müngstener Brücke, seit über 100 Jahren vom bergischen Erfindergeist. Viele Burgen im Oberbergischen sowie Schloss Burg an der Wupper, Stammsitz der Grafen zu Berg, erinnern an den frühen Stolz der Region. Zahlreiche Museen wie Deutsches Klingenmuseum in Solingen, Deutsches Werkzeugmuseum und Röntgenmuseum in Remscheid sowie Von-der-Heydt-Museum in Wuppertal sind von nationaler Bedeutung.

Siegerland

Naturnahe Landschaftserlebnisse gibt es im Siegerland-Wittgenstein. 64 Prozent der Kreisfläche sind mit Wald bedeckt, Nadel- und Laubwälder reichen von Horizont zu Horizont. Von den Bergen – bis 800 Höhenmeter im Naturpark Rothaargebirge im Wittgensteiner Land – hat man prächtige Rund- und Fernblicke über diese Landschaft.

Die Region Siegen-Wittgenstein hat viel erlebt und aus allen Epochen Schönes bewahrt: Auf den Besucher warten historische Städte und Ortsteile, Schlösser, Burgen, Fachwerkhäuser, kunstvolle Fassaden, historische Gassen, technische Kultur- sowie historische Baudenkmäler und sonstige Kleinode, die Geschichte machten. Es gibt viele Meilensteine bewegter Vergangenheit und interessanter Gegenwart anzusehen.

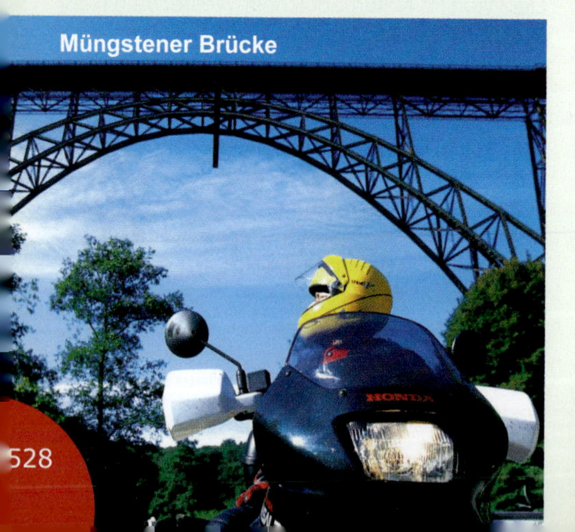

Müngstener Brücke

Der Druidenstein

Sehenswerte Orte

Limburg
Hoch über der Limburger Altstadt thront der aus dem 13. Jahrhundert stammende imposante Dom. Ein Spaziergang durch die Altstadt ist ein Muss.

Montabaur
Weithin sichtbares Kennzeichen Montabaurs ist das große, ockerfarbene Schloss. Die Stadt erhielt ihren Namen nach dem „Mons Tabor" im Heiligen Land.

Wirges
In dem kleinen Ort Wirges erwartet den Besucher die herrliche Kirche St. Bonifatius, auch „Westerwälder Dom" genannt.

Hachenburg
Um den historischen Marktplatz Hachenburgs reiht sich ein Fachwerkhaus ans andere. Auch das Schloss, das heute die Fachhochschule der Deutschen Bundesbank beherbergt, ist einen Besuch wert.

Solingen
Der Solinger Stadtteil Gräfrath ist einmalig im gesamten Bergischen Land. Rund um den Marktplatz gruppieren sich die schönsten Schieferhäuser mit ihren typischen grünweißen Fenstern.

Siegburg
Sichtbares Erkennungszeichen von Siegburg ist der Michaelsberg mit der Benediktiner-Abtei St. Michael. Die Stadt besitzt eine sehr schöne Fußgängerzone mit vielen Cafés und Kneipen.

Hückeswagen
Von ihren Einwohnern gerne „Rothenburg über der Wupper" genannt, gefällt die Stadt mit ihrem wunderschönen historischen Kern. Einige Häuser besitzen noch die so genannten „Klöntüren", deren oberer Teil für ein Schwätzchen separat geöffnet werden konnte.

Siegen
Die Altstadt von Siegen gilt als besonderes Kleinod. Die Alte Poststraße ist eine von drei Fußgängerzonen. Besuchenswert sind außerdem das Untere Schloss, das Obere Schloss, die Nikolaikirche und die reizende Obere Metzgergasse.

Freudenberg
Mit ihren wunderschönen Fachwerkhäusern und deren symmetrischer Anordnung gilt die Altstadt Freudenbergs als eine der schönsten in der Region Bergisches Land/Siegerland.

Bad Berleburg
In der hübschen Kneipp-Kurstadt ist vor allem das Renaissance-Schloss der Grafen Sayn-Wittgenstein einen Besuch wert.

Neuwied
Die acht Kilometer lange Deichmauer ist die einzige Binnen-Deichanlage Deutschlands.

Westerwald-Rundfahrt

Wer aus den milden Niederungen des Rhein-Main-Gebietes die Höhen des Westerwaldes erklimmt, merkt schon auf den ersten Etappen dieser ca. 400 Kilometer langen Wochenendtour, dass hier oben tatsächlich ein kalter Wind pfeift. Die Konturen des Westerwaldes sind nicht so scharf wie z. B. die der Eifel. Tiefe Schluchten und steile Gipfel fehlen völlig. So wird eine Westerwälder Motorradtour zur absoluten Genießersache. Unbeschwert durch die Kurven schwingen, in Ruhe die Gegend anschauen – das ist das richtige Rezept.
Der Startschuss zur Runde fällt in Neustadt/Wied. Von hier aus folgt ein wunderschönes, verträumtes Sträßchen dem Flüsschen Wied und führt uns durch ein enges Tal hinab bis zur Ortsgrenze von Neuwied. Kurz vor Neuwied geht es links ab nach Bendorf und von dort ein Stück die B 413 nach Norden bis Dierdorf.
Nun gilt die Devise: Nimm den Lenker fest in die Hand und mach was draus! Denn bis Döttesfeld folgen rund 25 mit Kurven gespickte Kilometer durch das Holzbachtal. Kurz nach rechts auf die B 256, vor Schürdt links ab nach Weyerbusch und dann auf traumhafter Strecke bis Windeck/Dattenfeld mit seinem legendären Motorradtreff Bikers Rast.
Entspanntes Gleiten ist auf der Weiterfahrt entlang der Sieg angesagt. Ab Betzdorf wird der Asphalt schmaler und die Gegend einsamer – wir verlassen die B 62 und kurven quer durch die Provinz über Herdorf, Daaden, Nister-Möhrendorf, Driedorf und Odersberg nach Weilburg. Der Bummel durch die reizende Altstadt Weilburgs ist Pflicht, bevor mit einem kurzen Stück auf der Lahn-Ferienstraße wieder der Asphalt ruft.
Limburg heißt die nächste Station mit obligatorischem Besuch des herrlichen Doms. Über Diez und Isselbach geht es weiter nach Montabaur, wo das wohl eindrucksvollste Schloss des Westerwaldes steht. Auf einem Hügel mitten im Ort thront der Bau mit gelber Fassade und schiefergrauem Dach. Durch die Orte Wirges und Selters führt die Route anschließend nach Dierdorf, dem Ziel der Runde.

Odenthal S. 533
Hilchenbach S. 533
Nümbrecht S. 533
Waldbröhl S. 534
Hamm S. 532
Wissen S. 535
Haiger S. 532
Bischoffen S. 531
Mittenaar S. 533
Hellenhahn-Schellenberg S. 532
Runkel S. 534
Tourentipp
Westerwald Rundfahrt
Westerwald
Bergisches Land
Siegerland
KÖLN
SIEGEN
KOBLENZ

Bischoffen

GPS: N 50°42´10" - E 8°28´37"

EZ ab € 50,00
DZ ab € 75,00

28 VP P

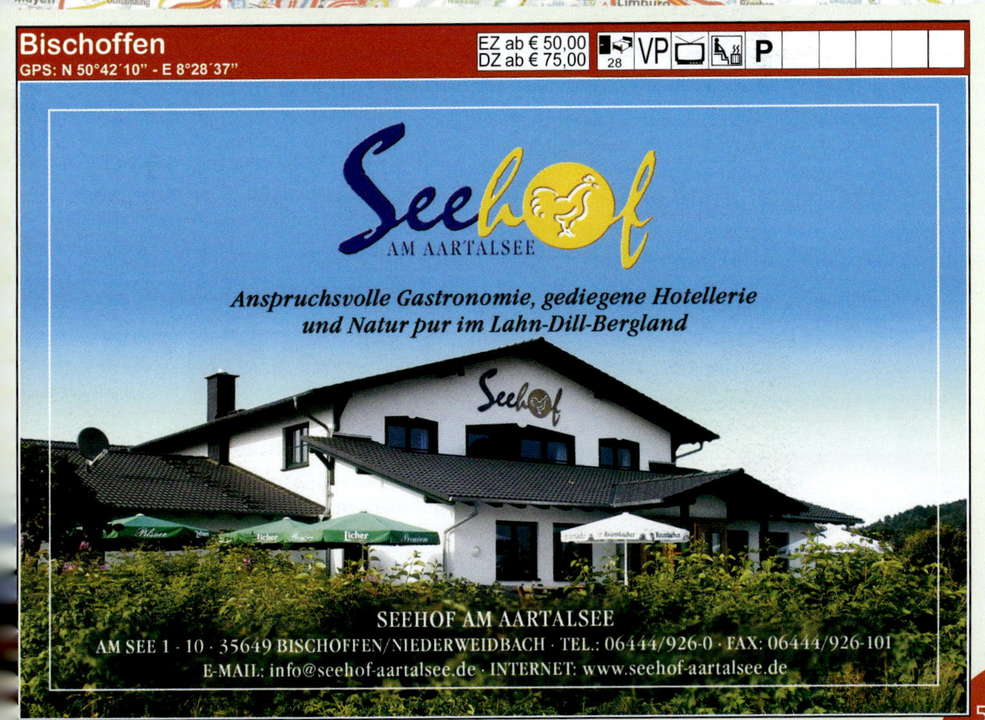
Seehof
AM AARTALSEE
Anspruchsvolle Gastronomie, gediegene Hotellerie
und Natur pur im Lahn-Dill-Bergland
SEEHOF AM AARTALSEE
AM SEE 1 - 10 · 35649 BISCHOFFEN/NIEDERWEIDBACH · TEL.: 06444/926-0 · FAX: 06444/926-101
E-MAIL: info@seehof-aartalsee.de · INTERNET: www.seehof-aartalsee.de

Haiger-Offdilln
GPS: N 50°49´23" - E 8°13´36"

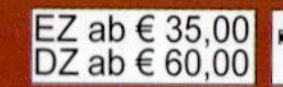

Hotel-Pension "Landhaus Mühlenhof"

Unweit vom romantischem Rothaarsteig gelegen lädt der Mühlenhof zum kurzen oder langen Aufenthalt im Restaurant in urig rustikalem Landhaus-Stil oder auf der großzügigen Terrasse an der Dill ein. Diese ist hier noch ein kleiner plätschernder Bachlauf. Der Schwerpunkt der Küche liegt im gut bürgerlichen Bereich, aber auch kulinarische Leckerbissen finden Ihren Platz auf der Speisekarte. Unsere Zimmer verfügen alle über Dusche/WC sowie Satelliten-TV.

Mühlenhof 1 • 35708 Haiger-Offdilln • Telefon 0 27 74 / 24 52 • Fax 0 27 74 / 80 00 56
E-Mail: landhaus-muehlenhof@t-online.de • www.landhaus-muehlenhof.de

11767

Hamm/Sieg
GPS: N 50°46´10" - E 7°39´32"

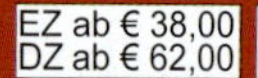

Hotel "Auermühle"

Das Hotel Auermühle wird in der vierten Generation von der Familie Fischer gastronomisch betreut. Nach umfangreichen Um- und Ausbauten verfügt unser Haus über 14 Komfortzimmer und ein Appartement, alle mit Bad oder Dusche, WC, TV - Anschluss, Telefon und z. T. kostenlosem W-LAN-Hotspot. Weiterhin stehen Ihnen eine rustikale Gaststätte, ein Restaurant mit regionaler und internationaler Küche, solarbeheiztes Freibad (10m x 5m) nur für Hotelgäste zur Verfügung.

Auermühle 4 • 57577 Hamm • Telefon 0 26 82 / 2 51 • Fax 0 26 82 / 84 38
E-Mail: hotel-auermuehle@online.de • www.hotel-auermuehle.de

11800

Hellenhahn-Schellenberg
GPS: N 50°36´16" - E 8°01´14"

EZ ab € 35,00
DZ ab € 65,00

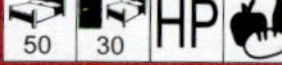

Ihr Ausflugsziel mitten im Grünen, im schönen "Hohen Westerwald"

HOTEL-CAFÉ Marienhof Restaurant

Der Marienhof verfügt über 20 Doppelzimmer und 10 Einzelzimmer (Bj.1996) , TV, WC/Dusche und teilweise mit Balkon. Unser Restaurant bietet Platz für bis zu 120 Gäste und unser Saal ist ideal für Familienfeiern, Geschäftsessen und sonstige Anlässe, hier können wir weitere 120 Personen bewirten. Im Sommer gibt es nichts schöneres als ein kühles Getränk und ein gutes Essen in unserem schattigen Biergarten (ca. 60 - 70 Sitzplätze). Gerne bereiten wir für Ihre nächste Tour das ein oder andere Lunchpaket zu. Ihr Motorrad steht bei uns in unserer abschließbaren Garage.

Marienhof 1 • 56479 Hellenhahn-Schellenberg • Telefon 0 26 64 / 70 51 • Fax 0 26 64 / 9 03 98
info@hotelmarienhof.de • www.hotelmarienhof.de

11756

NEU: Bewertungen der Häuser finden Sie auf www.bikerbetten.de

Hilchenbach-Lützel

GPS: N 50°58´35" - E 8°09´17"

EZ ab € 38,50
DZ ab € 74,00

Hotel-Restaurant "Ginsberger Heide"

Treten Sie ein und genießen Sie unsere Zimmer mit dem direkten Ausblick in die schöne Natur. Die einzigartige Einzellage unseres Hauses inmitten der Natur garantiert Ihnen eine besondere Ruhe. Selbstverständlich bieten unsere Zimmer Dusche / WC, TV sowie Balkon. Viel Abwechselung erwartet Sie in unserem Restaurant. Unser Küchenchef mit seinem Team ist mit großem Enthusiasmus bei der Sache, wenn es darum geht die Gäste über alle Maßen zu verwöhnen. Genießen Sie unsere neue einzigartige Aussengastronomie. Lassen Sie sich mit Speisen und Getränken verwöhnen. All das mit dem besonderen Blick in die Natur. Wann dürfen wir Sie verwöhnen?

Hof Ginsberg 2 • 57271 Hilchenbach-Lützel • Telefon 0 27 33 / 32 24 • Fax 0 27 33 / 32 53
E-Mail: ginsberger-heide@t-online.de • www.hotel-ginsberger-heide.de

11685

Mittenaar-Bicken

GPS: N 50°41´27" - E 8°22´59"

EZ ab € 48,00
DZ ab € 77,00

26 18

Hotel Thielmann

Abseits vom Hauptverkehr, in einer landschaftlich wunderschönen Gegend, dennoch mit einer guten Verkehrsanbindung liegt unser familiär geführtes Hotel Thielmann. In unseren Walliser Stuben bieten wir Ihnen Gastronomie der Extraklasse. Neben deutschen Gerichten servieren wir Ihnen Erlesenes aus der Schweiz (Wallis). Dazu halten wir die passenden Getränke bereit. In den gemütlichen Zimmern unseres Hotels finden Sie die Ruhe, Erholung und ansprechende Betreuung, die Sie nach einer langen Motorradtour oder in Ihrer Freizeit wünschen. Die komfortablen Zimmer sind mit Durchwahltelefon und Sat-TV, alle mit Dusche/WC oder Bad/WC ausgestattet.

Wiesenstr. 5 • 35756 Mittenaar-Bicken • Telefon 0 27 72 / 65 90 20 • Fax 0 27 72 / 6 59 02 44
E-Mail: info@hotel-thielmann.de • www.hotel-thielmann.de

11766

Nümbrecht

GPS: N 50°55´13" - E 7°32´21"

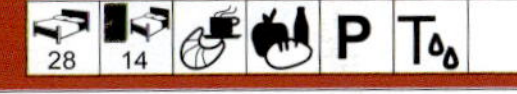

Gasthof-Restaurant-Café "Holstein´s Mühle"

Ein Gasthaus einmal anders! Die ursprünglich erhaltenen Räume bieten reichlich Platz für bis zu 300 Gäste. Und in der warmen Jahreszeit bieten wir Ihnen die freie Natur. Ein Sommer- oder Grillfest auf unserer Gartenterrasse, ein romantisches Seefest - was immer Ihnen vorschwebt, wir realisieren es gern! Nach Ihrer Motorradtour können Sie in unseren komfortablen Bauernzimmern ausruhen. Alle Zimmer in der Holstein´s Mühle sind mit Bad, WC und Telefon ausgestattet.

51588 Nümbrecht • Telefon 0 22 93 / 69 56 • Fax 0 22 93 / 10 22
E-Mail: info@hotel-zur-post-wiehl.de • www.hotel-zur-post-wiehl.de

11829

Odenthal

GPS: N 51°01´59" - E 7°07´03"

P

Herzogenhof

Wir begrüßen Sie in unserem Restaurant in Odenthal unmittelbar am Altenberger Dom. In einer gemütlichen, unkomplizierten Atmosphäre genießen Sie die typisch gutbürgerliche Küche. Zum Wochenende bieten wir frische Waffeln, sowie Kuchen an. Eine ständig wechselnde Tageskarte, saisonale Gerichte, sowie wechselnde Weine des Monats runden das Angebot ab. Während der Sommermonate genießen Sie die warmen Stunden auf unserer Außenterrasse. Für Veranstaltungen stellen wir unsere Räumlichkeiten für bis zu 250 Personen zur Verfügung. Eigener Biergarten.

Altenberger-Dom-Str. 36 • 51519 Odenthal • Telefon 0 22 02 / 70 91 45
E-Mail: info@herzogenhof.de • www.herzogenhof.de

11807

Runkel-Wirbelau

GPS: N 50°26´37" - E 8°13´33"

EZ ab € 29,00
DZ ab € 58,00

25 12 HP Tipp

Gaststätte & Pension **"Zum Lahntal"**

In unserem Restaurant mit gut bürgerlicher Küche und gepflegten Getränken können Sie sich so richtig verwöhnen lassen. Unser Biergarten lädt bei schönem Wetter zum Verweilen ein und rundet das gastronomische Angebot ab. Unsere modernen und neu gestalteten Fremdenzimmer laden zur Erholung ein. Alle unsere Zimmer haben Dusche, WC, Fernsehen und Telefon.

Hauptstr. 23 • 65594 Runkel-Wirbelau • Telefon 0 64 71 / 5 28 36
Fax 0 64 71 / 5 19 36 10 • E-Mail: lahntal@t-online.de • www.zum-lahntal.de

11666

Waldbröl

GPS: N 50°50´23" - E 7°38´04"

EZ ab € 34,00
DZ ab € 54,00

Hotel-Restaurant

Haus am Mühlenberg

Vierbuchermühle 2
51545 Waldbröl
Telefon 0 22 91 / 70 52
Fax 0 22 91 / 38 19
E-Mail: info@vierbuchermuehle.de
www.vierbuchermuehle.de

Vierbuchermühle ist der ideale Ausgangspunkt für schöne Motorradtouren ins Oberbergische, ins benachbarte Sieger- und Sauerland, in den Westerwald sowie an den Rhein und Mosel. Auf unserer großen Sonnenterrasse können Sie bei frischen Kaffee und Kuchen aber auch bei deftigen und leichten frischen Speisen die Seele baumeln lassen. Unser Biergarten lädt ebenfalls zum entspannten Pläuschchen ein. Gerne veranstalten wir auch schöne Grillabende in unserer Grillhütte nach vorheriger Absprache. Wenn Sie Ihr Zelt mitbringen können Sie auch auf unserem kleinen Zeltplatz die Nacht verbringen. Dienstag Ruhetag.

11771

Touren Tipp

vom "Haus am Mühlenberg" in Waldbröhl

Start: Vierbuchermühle Haus am Mühlenberg, gleich links talabwärts durch das idyllische Wiesental entlang des Baches bis zur Sieg (5 km). Rechts Sieg-Freizeitstraße über Schladern, Dattenfeld, Herchen bis Bhf. Herchen. Hier links über Leuscheid nach Weyerbusch. Nun rechts und gleich wieder links Richtung Neuwied über Flammersfeld. Hinter Flammersfeld kurvenreiche Gefällestrecke und im Tal gleich links über Döttesfeld, rechts über einen schönen Höhenrücken des Westerwaldes nach Puderbach. Dort an der 2. großen Kreuzung rechts Richtung Dierdorf über Raubach. In Dierdorf Richtung Selters-Mogendorf-Siersheim - Wirges - Walmerod - Hadamar - Limburg. Hier trifft man sich am besten am Dom. Eine schöne Mittagsrast in Limburgs historischer Altstadt. Zurück über die B 8 in Richtung Altenkirchen bis Freilingen. In Freilingen rechts Richtung "Westerwälder Seenplatte" über Dreifelden (Badegelegenheit oder Bootfahren) und Alpenrod nach Hachenburg. Auch hier erwartet uns eine historische Altstadt. Von Hachenburg wenige Meter Richtung Altenkirchen und an der Tankstelle gleich rechts Richtung Wissen über Nister, Gebhardshain. In Gebhardshain hinter der Kirche links nach Wissen. In Wissen Richtung Waldbröl / Morsbach bis Volperhausen. Nun links über Holpe Richtung. Waldbröl bis Ausfahrt Schnörringen - Vierbuchermühle.

11771

Wissen
GPS: N 50°46´23" - E 7°44´37"

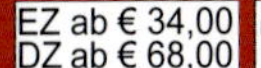

Haus "Schönstein"

Herzlich willkommen im Haus Schönstein. Unser Küchenteam freut sich darauf Ihren Gaumen mal so richtig verwöhnen zu können. Egal ob national oder international - bei uns können Sie nach Herzenslust schlemmen. Nach Absprache veranstalten wir auch gerne eine gesellige Grillfeier auf unserem schönen Außengelände. Zudem bieten wir gemütlich eingerichtete Zimmer. Auf Wunsch bereiten wir Ihnen auch Lunchpakete für die bevorstehende Tour vor. Wir freuen uns auf Ihren Besuch! Bitte Anfrage per E-Mail bei nicht besetztem Büro.

Steinweg 15 • 57537 Wissen • Telefon 0 27 42 / 91 03 56 • Fax 0 27 42 / 91 03 57
E-Mail: info@haus-schoenstein.de • www.haus-schoenstein.de

11798

Titelfoto	Highlights-Verlag S. 3-4 Highlights-Verlag
Allgäu-Bayerisch Schwaben:	S. 6 u.8 Bayern Tourismus Marketing GmbH, S. 7 Highlights-Verlag
Bayerischer Wald	S. 24-27 Bayern Tourismus Marketing GmbH
Bodensee	S. 50 Bayern Tourismus Marketing GmbH, S. 51-54 Highlights-Verlag
Brandenburg:	S. 61 Boettcher/TMB Fotoarchiv S. 62 links Highlights-Verlag S. 62 rechts Boettcher/TMB Fotoarchiv S. 63 Hirsch/TMB Fotoarchiv S. 67 Highlights-Verlag S. 65 TMB Fotoarchiv
Eifel	S. 83-87 Highlights Verlag
Emsland	S. 97, 98 Emsland Touristik GmbH
Erzgebirge	S. 103, 105 Highlights-Verlag S. 104 Tourismusverband Erzgebirge e.V.
Franken	S. 127-129 Bayern Tourismus Marketing GmbH S. 130, 131 Highlights Verlag
Harz Eichsfeld Kyffhäuser	S. 154, 156, 157 Harzer Verkehrsverband e.V. S. 155, 158 Highlights-Verlag
Hessisches Bergland	S. 175-177 Highlights-Verlag
Hunsrück	S. 185-188 Highlights Verlag
Kraichgau – Hohenlohe – Taubertal	S. 190, 192 Touristikgemeinschaft Liebliches Taubertal e.V. S. 194 Highlights Verlag
Lausitz	S. 203 links Marketinggesellschaft Oberlausitz-Niederschlesien mbH S. 202, 203-208 Highlights-Verlag
Lüneburger Heide:	S. 220 Tourismusverband Lüneburger Heide e.V.
Mecklenburg Vorpommern	S. 232, 233 links, 235, 238, Highlights-Verlag S. 233 rechts, 236 Tourismusverband Mecklenburg Vorpommern
Mosel	S. 255-259 Highlights Verlag
Münsterland	S. 264-267 Highlights Verlag
Niederbayern	S. 274 Archiv Bayerischer Tourismusverband e.V. S. 276-277 Highlights-Verlag
Niederrhein und Ruhrgebiet	S. 282-286 Highlights Verlag
Niedersachsen Küstenregion	S. 290 Tourist-Information Wittmund
Oberbayern:	S. 297, 298, 299, 305 Archiv Bayerischer Tourismusverband e.V. S. 300, 302, 304 Highlights-Verlag
Oberpfalz	S. 315-317 Bayern Tourismus Marketing GmbH
Odenwald	S. 327-328 Touristikgemeinschaft Odenwald e.V. S. 329-331 Highlights Verlag
Pfalz	S. 335-339 Highlights Verlag
Rhön	S. 348, 349 Motorrad Hotel Sturm, S. 347 unten Fremdenverkehrsverband Rhön e.V.
Romantischer Rhein	S. 358 Touristinfo Boppard, S. 359 Highlights Verlag
Saarland	S. 366-368 Highlights Verlag
Sachsen und Sachsen-Anhalt	S. 372, 373 Archiv TMGS Sachsenbike Tours S. 374, 376, 377 Highlights Verlag
Sauerland	S. 390-397 Highlights Verlag
Schleswig-Holstein	S. 406-411 Tourismus-Agentur Schleswig Holstein GmbH
Schwäbische Alb	S. 424, 427-428 Schwäbische Alb Tourismusverband eV. S. 426 Highlights Verlag
Schwarzwald	S. 436-440 Schwarzwald Tourismus GmbH
Spessart	S. 473-476 Highlights Verlag
Taunus	S. 482-483 Archiv Taunus Touristik Service
Teutoburger Wald	S. 486 OWL Marketing GmbH S. 487-491 Highlights Verlag
Thüringen	S. 497 Fremdenverkehrsverbund Thüringer Wald e.V. S. 498-499 Highlights Verlag
Weserbergland	S. 516-517 Highlights Verlag
Westerwald, Bergisches Land, Siegerl.	S. 527, 528 links, 529, 530 Highlights Verlag S. 528 rechts Rheinland-Pfalz Tourismus GmbH

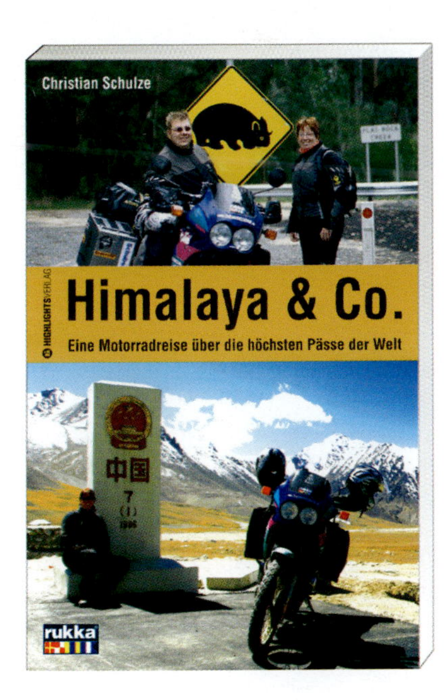

Taschenbuch
232 Seiten
33 Fotos
€ 9,90
ISBN 978-3-933385-38-3

www.highlights-verlag.de

„Sympathisch und humorvoll nehmen die Autoren uns mit, raus aus der Bequemlichkeit, rein ins Abenteuer."
Berliner Tagesspiegel

Eine Motorradreise über die höchsten Pässe der Welt

Christian und Tanja Schulze kündigten ihre Jobs, gaben ihre Wohnung auf und fuhren los. Von Neuseeland über Australien, Malaysia, Thailand, Laos, Kambodscha, Nepal, Indien, Pakistan, Iran, Türkei, Griechenland und Italien zurück nach Deutschland. 15 Monate und knapp 50.000 Kilometer waren sie unterwegs.

Sie befuhren den legendären Ninety Mile Beach in Neuseeland, durchquerten auf dem Stuart Highway Australien, lernten in Malaysia das Erbe der englischen Kolonisten zu schätzen, kämpften sich in Laos über verschlammte Pisten, wurden in Thailand vom Monsun fast von der Straße gespült und in Kambodscha vom aberwitzigen Verkehr in die Straßengräben gedrückt. Dann Indien, Nepal und Pakistan. Der Himalaya, das Dach der Welt, die Höhepunkte ihrer Reise: Karakorum Highway, Khunjerab Pass, Ladakh Umfahrung. Mit Polizei-Eskorte ging es durch den Iran in die Türkei, wo sie die legendäre Gastfreundschaft der Türken genossen und Kräfte für die winterliche Rückreise nach Deutschland sammelten.

Verändert haben sich Christian und Tanja Schulze auf ihrer Reise kaum, wurden eher in ihrer bisherigen Lebensauffassung bestätigt. Und können die Frage, ob sie eine solche Reise noch einmal machen würden, eindeutig beantworten: Ja!

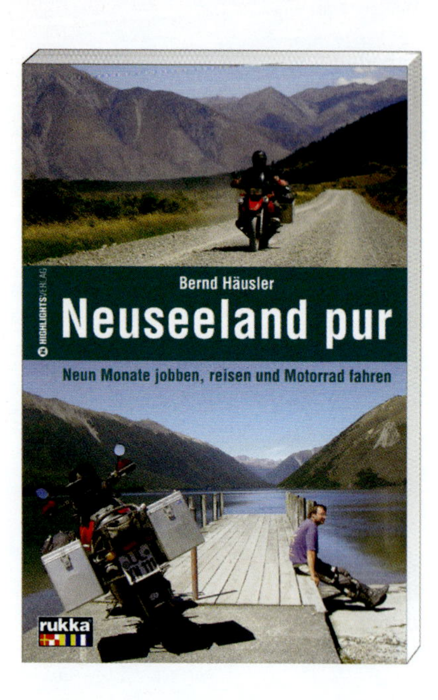

Taschenbuch
248 Seiten
33 Fotos
€ 9,90
ISBN 978-3-933385-39-0

www.highlights-verlag.de

„Mit einer Prise schnoddrigen Humors hebt sich BMW-Fahrer Bernd wohltuend von der Riege heldenhafter Erstbefahrer und Kontinentdurchquerer ab."
Motorrad News

Spuren im Herzen

»Die Menschen Neuseelands haben Spuren in meinem Herzen hinterlassen« – ein schöneres Kompliment kann man einem Land und seiner Bevölkerung nicht machen. Der intensive Kontakt zu den Neuseeländern ergibt sich für Bernd Häusler zwangsläufig, da er seinen neunmonatigen Aufenthalt mit Arbeit vor Ort finanziert.

Der gelernte Banker bewirbt sich als Lastwagenfahrer, Friedhofsgärtner und Tankstellenwächter. Er arbeitet eine Zeit lang als Farmarbeiter, hütet Kühe und landet schließlich als Mädchen für alles auf einem Weingut in Auckland. Schnell integriert er sich in die neuseeländische Gesellschaft, findet Freunde und Bekannte, tritt dem BMW-Club bei und entdeckt auf diese Weise die wahre Welt der Kiwis, die dem gewöhnlichen Durchreisenden verborgen bleibt.

Seine Jobs geben Bernd Häusler nicht nur den finanziellen Rückhalt, sondern lassen ihm auch genügend Zeit, um im Sattel seiner BMW ganz Neuseeland zu bereisen. Ninety Mile Beach, Coromandel-Halbinsel, Rotoura und die Geysire, Southern Alps, Mitre Peak, Milford Sound – keine Sehenswürdigkeit, keine verschlungene Landstraße, keine Schotterpiste bleibt unentdeckt.

DIN A5 broschiert
192 Seiten
€ 16,90
ISBN 978-3-933385-14-7

www.highlights-verlag.de

„Selten kommen Sachkenntnis und Motorradbegeisterung so rüber wie bei diesem Pässe-Buch."

Enduro

Die 100 Top-Pässe der Alpen

Haben Sie Lust auf Pässe? Lust auf grenzenlosen Kurvenspaß? Möchten Sie den ganzen Tag lang eine knackige Serpentine nach der anderen unter die Räder nehmen? Dann ist dieses Buch für Sie die richtige Lektüre. Zu Hause und unterwegs.

Es zeigt Ihnen auf detaillierte und informative Weise die 100 schönsten Pass-Straßen der gesamten Alpen. Zu jeder Route gehören ein ausführlicher Beschrieb, ein Kartenausschnitt im Maßstab 1:300.000 und ein Kurz-Check mit Höhe, Länge und Schwierigkeitsgrad des jeweiligen Passes. Stimmungsvolle Farbfotos und 100 motorradfreundliche Hotels machen diesen Reiseführer zum Standardwerk.

RESCHENPASS

See mit Kirchturm

Kurz-Check

GRÖDNER JOCH

Herrliche Aussichten

Kurz-Check

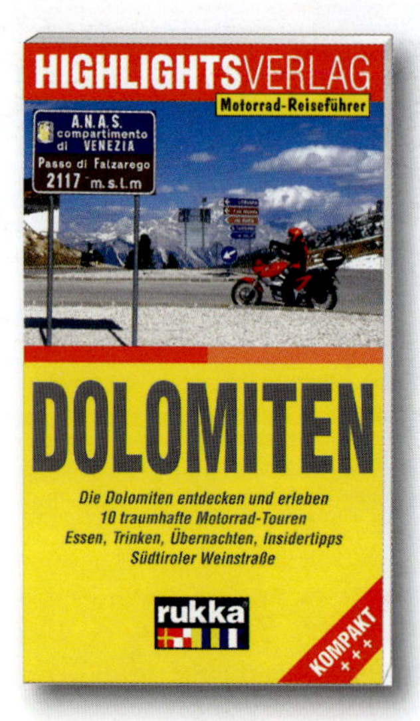

Taschenbuch
96 Seiten
je € 9,90

Dolomiten
ISBN 978-3-933385-42-0

Gardasee
ISBN 978-3-933385-43-7

Oberitalienische Seen
ISBN 978-3-933385-44-4

www.highlights-verlag.de

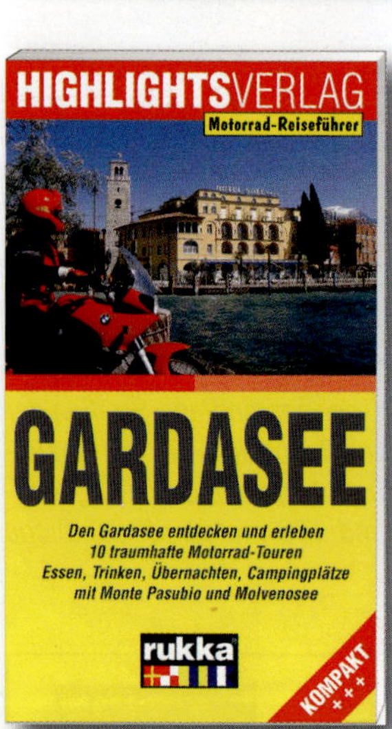

„Mit den neuen, kompakten Reiseführern bietet der Highlights-Verlag den perfekten Tourbegleiter für den Tankrucksack oder die Jackentasche.“

Kradblatt